中国交通运输改革开放40年

地方卷

中华人民共和国交通运输部
《中国交通运输改革开放40年》丛书编委会 编

人民交通出版社股份有限公司
China Communications Press Co.,Ltd.

图书在版编目(CIP)数据

中国交通运输改革开放40年. 地方卷/中华人民共和国交通运输部,《中国交通运输改革开放40年》丛书编委会编. —北京：人民交通出版社股份有限公司,2018.12

ISBN 978-7-114-15140-8

Ⅰ. ①中… Ⅱ. ①中… ②中… Ⅲ. ①交通运输业—成就—中国—1978-2018 Ⅳ. ①F512.3

中国版本图书馆CIP数据核字(2018)第253988号

Zhongguo Jiaotong Yunshu Gaige Kaifang 40 Nian　Difangjuan

书　　名：中国交通运输改革开放40年　地方卷
著　作　者：中华人民共和国交通运输部　《中国交通运输改革开放40年》丛书编委会
责任编辑：韩亚楠　李　刚　赵瑞琴　陈　鹏　崔　建
责任校对：宿秀英　张　贺
责任印制：张　凯
出版发行：人民交通出版社股份有限公司
地　　址：(100011)北京市朝阳区安定门外外馆斜街3号
网　　址：http://www.ccpress.com.cn
销售电话：(010)59757973
总　经　销：人民交通出版社股份有限公司发行部
经　　销：各地新华书店
印　　刷：北京印匠彩色印刷有限公司
开　　本：787×1092　1/16
印　　张：62
字　　数：1433千
版　　次：2018年12月　第1版
印　　次：2018年12月　第1次印刷
书　　号：ISBN 978-7-114-15140-8
定　　价：298.00元

(有印刷、装订质量问题的图书由本公司负责调换)

1993 年改造后的西直门立交桥

昌平西关环岛桥梁改造工程成功实施"千吨级驮运架一体机"2 号桥新梁整体运架新工法

2015 年 11 月 14 日凌晨，三元桥改造工程现场

1987 年首次大修成功 DK3 型地铁电动客车，结束了在北京运营的地铁客车需要到外地大修的历史

2017 年 12 月 30 日，中低速磁浮交通示范线（S1 线）开通试运营

天津中环线　　　　　　　　　　　　天津之眼——海河永乐桥

天津之眼——海河永乐桥

天津港全貌

京津相连——京津城际复兴号

河 北

大道通衢

地方铁路

衡德故城支线更换雄安新区指示标牌

太行山邯郸段大桥建设场景

农村公路

1998年干线路

现代化路面施工

忻保高速公路米家寨大桥

运城互通立交

长平高速公路长治东互通立交

2013 年 30 条出区高速公路、一级公路通道建成

二连浩特物流园区

公路通到草原深处

鄂尔多斯市达拉特旗"四好农村路"

鹤大高速公路前阳互通立交

沈四高速公路

沈四高速公路杏山互通立交

吉 林

畅通

村村通

大美高速公路

中俄朝联合勘察

鹤大高速公路

2012年绥芬河至牡丹江高速公路正式开通

密山市畅路霜花

开通齐齐哈尔—满洲里—欧洲冷链班列

界河黑龙江航道工作船

建三江垦区公路

2014年12月26日,上海、北京、江苏、浙江等14省市高速公路电子不停车收费(ETC)正式联网运行

2016年国内第一列重载UTO列车在上海地铁10号线上线运营

2017年12月,上海洋山深水港四期码头正式开港试生产,为全球最大的单体全自动化码头

繁忙的轨道交通换乘图

新一轮地铁工程建设水准走在国际前列

228 国道临海高等级公路

五峰山长江大桥主跨 1092 米，是世界荷载最大的公铁两用悬索桥，计划 2020 年 8 月通车

泰州长江大桥获 2014 年度杰出结构工程奖

京杭运河苏南段

江苏省旅游风景道之一——溧阳 1 号公路

浙江

2008年1月12日,我国第一条30万吨级人工航道——虾峙门口外航道建成

大榭45万吨原油码头

杭州湾跨海大桥

世界直径最大的盾构隧道——钱江通道

西堠门大桥

生态隧道

合肥港突破100万标箱

内河航道疏浚

"布局合理、功能协调、资源优化配置、服务高效"的港口体系

芜湖长江公路二桥

福 建

205 国道福建明溪段

南平联络线中洋枢纽互通立交

厦门地铁

厦门港

永安市农村公路上坪休息区

江西第一条高速公路南昌至九江高速公路

改造后的320国道江西宜春段

赣江石虎塘航电枢纽

集养护应急服务于一体的宜春公路综合养护中心

南昌公交开通"精品示范线路"

2015年青岛前湾港成为中国最大的集装箱中转港、冷藏箱进出口港之一

2004年10月,省交运集团大件运输公司执行海南海口至新疆喀什的大型石油设备运输任务

2011年6月30日,胶州湾大桥全线通车

青岛港集装箱作业达到国际现代化水平

河 南

大山的音符（241国道呼北线）

红旗渠畔飘彩带（228省道东南线，现升级为234国道）

今夕两条道（244省道三邓线，原322省道伊卢线）

郑新黄河公铁两用桥是世界上最长的公铁两用大桥，荣获"中国建设工程鲁班奖"

致富的纽带（栾川县秋扒乡白岩寺村道）

武汉火车站高铁动车组

2014年9月26日,新中国成立以来第一条运河——江汉运河正式通航

2016年12月28日,武汉首条快速公交线——雄楚大街BRT开通试运行

武汉天河机场T3航站楼

宜昌山村致富路

中国交通运输改革开放40年　　　　　　　　　　　　　　　湖 南

洞庭湖大桥

吉首十八弯村道

建设中的矮寨大桥

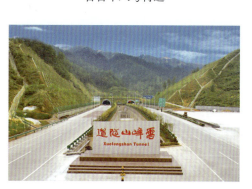

邵怀雪峰山隧道

岳阳城陵矶新港开港

广 东

港珠澳大桥青州桥

港珠澳大桥收费站

广州南沙集装箱码头

虎门二桥

深圳蛇口集装箱码头

广 西

2017年11月9日,阿联酋航运班轮停靠北部湾港,广西北部湾港集装箱远洋航线实现零的突破

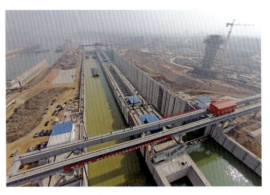

2015年1月20日,通过能力超亿吨的长洲水利枢纽三线四线船闸建成通航

2013年12月,南宁至广州的航道等级由六级提高到二级

2017年9月13日建成的中越北仑河二桥

被誉为最美公路的合那高速公路

海 南

班车开到五指山区

石梅湾至大花角旅游公路

屯琼高速公路

洋浦港小铲滩码头

中线高速公路屯昌县枫木互通立交

2011年1月28日，渝新欧国际铁路联运试验专列启程

2013年12月5日，果园港开港

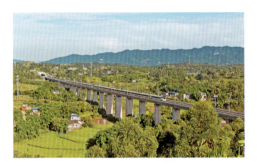
2015年12月26日，成渝高铁开通运营

2017年8月29日，江北国际机场T3A航站楼及第三跑道投入使用

2017年12月26日，万利和九永高速公路通车

2018年1月25日，重庆西站一期建成并投入使用

2010年12月29日，宜宾港开港试运营

2016年2月19日，宜宾—昆明铁水联运集装箱班列首发

金沙江航道

四川成都传化物流基地

成都市政工程典型示范项目——天府大道南延线

贵 州

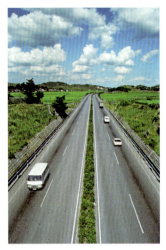

贵州第一条高等级公路——
贵阳至黄果树汽车专用公路

贵州赤水河谷旅游公路

北盘江大桥

开阳县农村公路

总溪河大桥

云南高速公路第一路

水麻高速公路于 2008 年 7 月 1 日正式建成通车

2008 年通车的保龙高速公路怒江大桥

2017 年通车的蒙文砚高速公路

水富港一期工程

拉萨机场结束 43 年无夜航历史

1998 年 11 月 20 日,空客 A340-300 投入西藏航线

香嘎山隧道于 2018 年 6 月 25 日贯通

陕 西

西北第一大跨桥——石门水库特大桥

亚洲第一高墩——三水河特大刚构桥

中国首条沙漠高速公路——榆靖高速公路

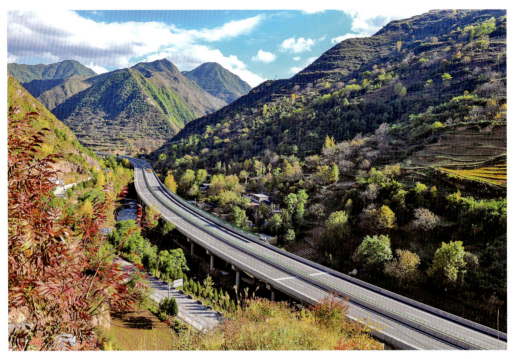

2014年12月建成通车的成县至武都高速公路成为川陕渝连接西北地区的快速通道

2015年10月31日通车的兰州至永靖沿黄河一级公路河口特大桥

通村公交从武山县龙台乡杨庄村前通过

2016年建成的清水县新城乡农村公路

2017年7月15日，京新高速公路甘肃白疙瘩至明水段与内蒙古临河至白疙瘩段、新疆明水至哈密段同时通车

青海

1981 年青海客运班车

西宁朝阳立交桥

2002 年起举办环青海湖国际自行车赛

2018 年路网监测现场

2017 年牙同高速公路海黄大桥

全区农村公路在西部地区率先实现 90% 以上的建制村通沥青水泥路

公交都市创建成效明显

建设中的吴忠至中卫城际铁路

全长 9.48 公里的青(岛)兰(州)高速公路六盘山特长隧道

"欧洲西部—中国西部"高速公路重点项目——218国道霍尔果斯口岸段公路正式通车

2005年新疆组织一百多辆国际道路运输车辆紧急抢运援巴物资

京新高速公路双井子立交桥

满载汽柴油的国际危货运输车辆即将前往蒙古国

中国、吉尔吉斯共和国、乌兹别克斯坦三国联运车辆通关

2017年建成的五家渠市公交智能电子候车厅

参建巴基斯坦伊斯兰堡新机场控制塔项目

第十师客运站

参建塔吉克斯坦杜乌边境公路

塔里木河三桥

大 连

长山大桥顺利通车

滨海公路庄河特大桥

有轨电车革新历史

和平广场公交枢纽站

青岛港集装箱码头

胶州湾大桥

夏双高速机场立交桥

董家口港区超大型矿石码头

流亭立交桥

1994年12月竣工启用的栎社二级民用机场远机位停机坪

宁波潘火立交桥

2005年8月24日，大榭招商国际码头正式开港运营

2006年6月引进的当时宁波市最大吨位船舶——7万吨级的"明州68"轮

杭州湾大桥北航道桥

"中远之星"大型客滚轮

厦门港集装箱运输

海翔大道

环岛干道

集美大桥

深 圳

1988年盐田港区一、二期工程堆场工地

1990年深圳机场候机楼建设情景

2014年盐田港区

滨河皇岗立交桥

深圳机场航站楼

《中国交通运输改革开放40年》地方卷
编委会

编审委员会主任委员

杨传堂　李小鹏　冯正霖

编审委员会委员

李建波　马军胜　何建中　宋福龙　戴东昌
刘小明　杨宇栋

编纂工作委员会委员（以姓氏笔画排序）

马德芳	王本举	王　晋	毛占彪	冯健理
永　吉	邢昌友	师　强	任　忠	刘道刚
孙　跃	杨冬华	李小林	李天碧	李占川
李和平	李学东	李学辉	李　静	肖文伟
吴春耕	吴德金	张大为	张世芳	张业岩
张晓杰	张福通	陆永泉	陈　钧	范正金
林　东	周　伟	庞　松	单宝凤	赵　也
赵建锋	胡钊芳	施　平	贾力克	徐亚华
唐彦民	容　军	黄祥谈	章征宇	蒲继生
潘　杨				

编纂工作办公室（以姓氏笔画排序）

马国栋	王力军	王佳强	王 磊	王德祥
邓振胜	石 斌	成 华	师国梁	朱军贤
向毓志	刘云方	刘伟平	刘洪波	闫 鹏
许 喆	孙伟生	杜贰鹏	杨欣欣	杨 保
杨俊波	杨朝晖	李伟杰	李灿云	李国峰
李新军	吴 倩	吴 敏	何佳媛	汪建江
陆青云	陈吉华	陈益君	林才让	林健芳
周 义	段兰芬	高晓炜	席长城	黄 丽
黄 俊	常静泉	梁志琳	谢俊林	魏晓莉

奋力谱写新时代交通运输改革开放新篇章

1978年，以党的十一届三中全会为标志，中国改革开放的大幕正式拉开。40年来，伟大的中国共产党带领中国人民，成功走出一条中国特色社会主义道路，创造出一个又一个人间奇迹，推动中国发生翻天覆地的变化，书写了国家和民族发展的壮丽史诗。

交通运输是经济社会发展的先行官，也是改革开放的亲历者和重要参与者。40年来，在党中央正确领导下，交通运输始终坚持改革创新、开放发展，始终把自身发展与国家民族命运紧密相联。铁路从实行经济承包责任制到"政企分开、企业重组、市场经营"，再到"高铁时代"开启；公路从提高养路费征收标准、开征车辆购置附加费和"贷款修路、收费还贷"等扶持公路发展的三项政策陆续出台到农村公路建设全面推进，再到港珠澳大桥等一大批超级工程横空出世；港口从率先对外开放到港口下放，再到区域港口整合；民航从"军转民和企业化"到政企分离，再到民航机场属地化改革；邮政从邮电分营到邮政政企分开，再到邮政快递业飞速发展……一代代交通人逢山开路、遇水架桥，勇当改革开放的开路先锋和时代尖兵，开拓了交通运输改革创新发展的新局面。不仅有力支撑了国家经济社会发展，也为自身繁荣发展壮大注入了勃勃生机。

特别是党的十八大以来，在以习近平同志为核心的党中央坚强领导下，我国交通运输改革开放步伐不断加快，迈入了加快现代综合交通运输体系建设新阶段。交通运输大部门体制基本建立，综合交通运输基础设施加速成网，各种运输方式有效衔接日趋顺畅，交通基础设施和装备加快走出国门、走向世界，现代物流业发展日新月异，综合运输服务保障水平不断提升……在新时期改革开放的历史洪流中，交通运输行业紧紧抓住历史机遇，成功实现了从"瓶颈制约"到"初步缓解"，再到"基本适应"的重大跃升，与世界一流水平的差距快速缩小，部分领域已经实现超越，一个走向现代化的综合交通运输体系正展现在世界面前。

忆往昔峥嵘岁月稠，看今朝时代正扬帆。40年来，交通人坚持团结拼搏、砥砺奋进，取得了举世瞩目的成就。高速铁路、高速公路里程从无到有，跃居世界第一。特大桥隧、离岸深水港、巨型河口航道整治以及大型机场工程等建造技术迈入世界先进或领先行列。网约车、共享单车、互联网物流、"黑马"快递等新业态蓬勃发展。多层次、多渠道、全方位的交通运输对外开放格局加快形成。交通运输国际影响力、话语权不断提升。40年来，交通人坚持解放思想、实事求是，充分显示了思想引领的强大力量。"一不怕苦、二不怕死，顽强拼搏、甘当路石，军民一家、民族团结"的"两路"精神，"挑战极限、勇创一流"的青藏铁路精神，港珠澳大桥建设者"逢山开路、遇水架桥"的奋斗精神，"中国民航英雄机组"精神成为交通人共同的精神指引，成为一代代交通人的共同精神坐标。新时代的交通精神、铁路精神、民航精神、邮政精神，构成了交通人共同的精神家园。40年的交通运输改革开放历程和辉煌成就雄辩地证明，改革开放是当代中国发展进步的必由之路，是实现中国梦的必由之路，也是实现从交通大国迈向交通强国的必由之路。只有坚持以改革、开放、创新为动力，不断解放和发展交通运输生产力，才能推动交通运输发展行稳致远。

"一个时代有一个时代的问题，一代人有一代人的使命。"随着中国特色社会主义进入新时代，改革开放也进入了新时代。历史要求我们承续前人的事业，历史呼唤我们将改革开放继续进行到底，把全面建设社会主义现代化强国的宏伟蓝图变为现实。全体交通人必须不忘初心、牢记使命，开新局于伟大的社会革命，强体魄于伟大的自我革命，更加紧密地团结在以习近平同志为核心的党中央周围，团结奋斗、顽强拼搏，逢山开路、遇水架桥，努力完成新时代赋予我们的神圣使命，在我们广袤的国土上继续书写13亿多中国人民伟大奋斗的交通强国新篇！

杨传堂

2018年12月

目　　录

砥砺奋进　开拓担当 …………………………………… 北京市交通委员会（ 1 ）

公铁水航齐发力　津门交通换新颜 …………………… 天津市交通运输委员会（ 25 ）

春风吹拂暖燕赵　交通先行谱华章 …………………… 河北省交通运输厅（ 49 ）

兴晋富民路先行　奋力开启新征程 …………………… 山西省交通运输厅（ 72 ）

交通先行　打造祖国北疆亮丽风景线 ………………… 内蒙古自治区交通运输厅（103）

奋力谱写辽沈大地振兴发展的先行华章 ……………… 辽宁省交通运输厅（136）

服务城乡发展巨变　擎起白山松水脊梁 ……………… 吉林省交通运输厅（159）

龙江沃野　交通先行 …………………………………… 黑龙江省交通运输厅（189）

开拓进取　追求卓越 …………………………………… 上海市交通委员会（211）

"一带一路"交汇点　交通强国先行区 ………………… 江苏省交通运输厅（237）

干在实处　走在前列　勇立潮头 ……………………… 浙江省交通运输厅（264）

勇立潮头敢为先　奋楫扬帆谋新篇 …………………… 安徽省交通运输厅（284）

大道通衢贯八闽 ………………………………………… 福建省交通运输厅（309）

改革开放展新颜　赣鄱交通新跨越 …………………… 江西省交通运输厅（338）

不忘初心　砥砺前行 …………………………………… 山东省交通运输厅（363）

中原出彩　交通先行 …………………………………… 河南省交通运输厅（387）

从"瓶颈制约"到"超前发展" …………………………… 湖北省交通运输厅（412）

凝心聚力　砥砺奋进 …………………………………… 湖南省交通运输厅（440）

开放前沿　敢为人先 …………………………………… 广东省交通运输厅（461）

干支纵横贯通八桂大地 ………………………………… 广西壮族自治区交通运输厅（486）

改革潮涌海之南　扬帆起航谱华章 …………………… 海南省交通运输厅（509）

改革开放　砥砺奋进　开创交通发展新时代 ………… 重庆市交通委员会（534）

日新月异蜀道畅　交通先行谱华章 …………………… 四川省交通运输厅（559）

为开创多彩贵州提供强有力的交通运输保障 ………… 贵州省交通运输厅（587）

云南交通跨越发展的新时代新篇章 …………………… 云南省交通运输厅（613）

乘改革春风　写交通华章 ……………………………… 西藏自治区交通运输厅（638）

发展现代交通　奉献一流服务 ………………………… 陕西省交通运输厅（662）

飞天故里　大道如织 ……………………………………………………… 甘肃省交通运输厅（686）

栉风沐雨　铸就辉煌 ……………………………………………………… 青海省交通运输厅（711）

改革东风吹绿塞上江南　交通先行筑就时代辉煌 ……… 宁夏回族自治区交通运输厅（737）

天山南北通大道　东连西出新丝路 ……………………… 新疆维吾尔自治区交通运输厅（764）

抢抓机遇　创新发展　努力为新疆社会稳定和长治久安提供交通运输保障

………………………………………………………… 新疆生产建设兵团交通运输局（789）

奋力谱写新时代大连交通改革发展新篇章 ………………………… 大连市交通局（812）

跨越发展的岛城交通 …………………………………………… 青岛市交通运输委员会（830）

宁波交通再续辉煌 ……………………………………………… 宁波市交通运输委员会（858）

蓄势乘风大发展　鹭岛明珠放异彩 …………………………………… 厦门市交通运输局（884）

改革开放四十年　深圳交通再出发 …………………………… 深圳市交通运输委员会（915）

砥砺奋进　开拓担当

北京市交通委员会

1978年,党的十一届三中全会开启改革开放和社会主义现代化建设新时期。站在新的历史起点,北京交通事业也迈入全面发展新征程。40年光辉岁月,北京交通的体制机制、市场体系、监管模式、治理能力等发生广泛而深刻的变革。40年砥砺奋进,北京交通工作在市委、市政府的坚强领导下,在交通运输部的强力支持下,经过一代又一代交通人的不懈追求,牢牢抓住发展第一要务,科学谋划阶段性发展目标、思路和举措,从破解"出行难""乘车难""运货难"到加快构建安全、便捷、高效、绿色、经济的现代化综合交通体系,从"平面交通"到"立体交通",从"高速度增长"转向"高质量发展",再到全面建设支撑大国首都、国际一流和谐宜居之都的首善交通,交通事业取得重大突破,承载能力全面提升,运输服务提质增效,智慧交通引领未来,绿色交通深入推进。特别是党的十八大以来,北京交通行业深入贯彻落实习近平总书记两次视察北京重要讲话精神,抢抓京津冀交通一体化发展、2022年冬奥会举办、北京新机场和城市副中心建设等重大战略机遇,坚定践行新发展理念,坚定不移推进供给侧结构性改革,聚焦发展不平衡不充分问题,精准发力解痛点,综合施策破难题,在首都经济社会发展中发挥了强有力的支撑引领作用。

栉风沐雨四十载,砥砺奋进谱新篇。回首北京交通40年的发展进程,大致可划分为恢复发展、探索起步(1978—1990年),优化发展、重点突破(1991—2002年),协调发展、统筹推进(2003—2010年)和科学发展、全面提速(2011年至今)四个阶段。

(一)恢复发展、探索起步阶段(1978—1990年)

"文革"十年,北京市道路建设进展缓慢。1978—1990年,在改革开放的总方针指引下,北京加快公路网建设步伐,道路基础设施建设发展思路由国防战备、养护施工为主,向服务于经济发展、大规模建设公路转变。先后改建、扩建城市进出口公路——京密路、京张路、京开路、京塘路、京榆路等多条一级公路。1983年,交通部"交通运输发展座谈会"等一系列会议后,市委、市政府把高速公路建设摆上重要议事日程。1986年4月,京石高速公路开始分期分段建设,北京结束无高速公路历史。1987年起,北京致力实施"打通两厢,缓解中央""建设二、三环快速路"战略目标,道路基础设施建设进入第一个高峰期。到1990年底,北京地区公路总里程达到9648公里,比1976年增加3306公里。其中高级、次高级路面达到5057.22公里,占公路总里程的52%。公路密度0.625公里/平方公里,居全国之首。进入20世纪80年代,随着城市机动化的发展,城市轨道交通需求逐步增大,1984年9月,二期工程地铁顺利实现通车。

20世纪七八十年代以来,为确保首都交通正常运转,公共汽车、有轨电车、地铁城铁、出租汽车获得前所未有的发展规模。随着"电汽并举"方针的贯彻,无轨电车有所增加、公共汽车大幅增长。公共汽车数量从1976年的1954辆增加到1984年的3369辆。同时,线网进一步扩大。1984年4月,北京增加小公共汽车,实行线路固定、招手上车、就近下车的服务方式,成为公共交通体系的有益补充。1985年,公交线网从1975年的96条增加到150条。1988年,全市快车线路达到21条,覆盖市区主要线路网的快车客运网基本形成。地铁客流不断递增,从1978年到1983年平均每年递增21.52%,1989年年客运量增至3.1亿人次。出租汽车行业逐渐复苏,北京亚运会举办后,市政府提出"一招手就有五辆车",启动新一轮出租汽车行业改革,成为北京出租车行业发展的风向标。到1990年,北京出租车发展到约1.5万辆。

随着商品经济和城乡物资交流的快速发展,公路运输市场逐步活跃,公路管理体制改革迈出新的步伐。1979年后,北京市运输系统调整,国营运输企业延续30多年独家经营的"大一统"制度开始打破,全民、集体、个人以及合资合营经济形式的社会运输单位车辆参与到长途客货营运,"运输难"问题成为历史。到1990年,全市共有长途客运经营者269户,客车1019辆,通往山西、河南、江苏、辽宁等省市线路279条,总里程3.12万公里。民用载货汽车16.6万辆,公路营运货运量1.8亿吨、周转量47.7亿吨公里,公路货运量占全市各种运输方式货运总量的87.5%。开办零担货运班车省市23个,开辟63条货运线路,沟通华北、东北、华中、西北、西南众多城镇。

从改革开放初到"七五"时期末,北京交通坚持服从、服务经济社会发展,加快补齐基础设施短板,优化调整运输结构,逐步完善监管体制,交通运输事业平稳健康发展。但由于该时期社会经济各领域都处于探索性实践阶段,交通发展遗留问题与满足时代需求双重压力交织并存,北京交通运输发展还不够平衡,道路对交通的容纳能力也极其有限,在资金投入、运输管理、企业利润以及国有资产的维护与增值方面也都存在不同程度的问题。

(二)优化发展、重点突破阶段(1991—2002年)

进入20世纪90年代,北京市为解决困扰城市经济建设发展的"出城难"问题,致力于调整和完善城市道路系统规划,加快城市快速路系统、主干路系统、中心区路网加密系统建设,解除"断头路""瓶颈路"对交通的制约,先后扩建贯通市区二环、三环、四环快速路,改建扩建广外大街、广内大街、阜石路,建成京石一、二期工程和京津塘(北京段)、京通快速路、首都机场高速公路等一批市政交通设施和公路改扩建工程,八达岭高速公路(二期)、京沈高速公路(北京段)相继竣工。1992年6月,北京建成第一个一级公路客运站——赵公口长途客运汽车站。城市物流和配送业开始起步,货运站场设施实现零的突破。

"八五"时期末,北京公路总里程11811公里,比1990年增加2163公里。其中高速公路、汽车专用和一级公路达到378公里,比1990年增加129公里。高级、次高级路面8359公里,比1990年增加3302公里。公路桥梁2080座,总长6.8万延米,比1990年增加178座1万延米。公路密度75公里/百平方公里,仍居全国各省、自治区、直辖市之首。到2002年,北京公路总里程达到14359公里,其中高速公路463公里,公路密度85.43公里/百平方公里,初步构成以高速公路为龙头,国道、市道为骨架,县、乡公路为支脉的公路网体系。随着北京城市铁路西线(13号线)投入运营,地铁通车运营总里程增至75公里。

20世纪90年代初,为扭转城市公共交通总体运营服务保障能力不足的局面,解决市民"出门难、乘车难"问题,公共交通领域从优化运营结构入手,逐步形成以大客运交通为主体、多种经济成分、多种筹融资渠道、多种运营方式并存的新格局。2000年公共交通客运量达到40.67亿人次,比"八五"末增长3.51亿人次,公共交通出行占居民日常出行比重的33.5%。小公共汽车因政策调控减少为3251辆,完成客运量1.57亿人次。出租汽车行业在政策推动下,形成了工农商学全民办出租的热潮,出租汽车发展到6.5万辆,比1995年增加1900多辆,完成客运量5.98亿人次。省际客运行业规模迅速扩大,营业性省际长途客运业户达到1269户,营运客车达到5653辆,比"八五"末增加23%;营运线路达到926条,比"八五"末增长41.4%。道路货运行业结构调整加快,到2002年,公共交通客运量达到44.39亿人次,比1995年增长12.81亿人次。小公共汽车企业18家,运营线路73条。城市公共交通运送能力进一步增强,"乘车难"问题明显缓解。

尽管这一阶段全市上下形成广泛共识,十分重视交通运输基础设施的建设和发展,但北京交通基础设施总量还不足,城乡公共交通快速走廊所依托的城市快速道路、主干道和高等级公路快速走廊系统也不够完善,城市路网规划设计、交通出行结构不够合理,公共交通发展滞后,出行服务水平低下,各种交通方式定位不清,社会化公共运输未真正占据主导地位,交通发展依然面临诸多挑战。

(三)协调发展、统筹推进阶段(2003—2010年)

北京申奥成功后,为推进实施"新北京、新奥运"战略构想,市委、市政府坚持交通先导政策,在各方面给予积极支持和有力保障。2003年,北京市全面整合交通职能,调整组建北京市交通委员会,统筹协调城乡交通设施规划、建设和城市交通运营服务、管理。2005年,市政府颁布《北京交通发展纲要(2004—2020)》,提出建设"新北京交通体系"目标,加快城市交通结构优化调整。北京交通发展的科学性、协调性、可持续性得到高度统一,公路、轨道交通与其他运输方式充分衔接和配套,交通行业逐步由传统行业向现代服务业转变,由传统的基础设施建设向基础设施建设和管理服务并重转变。

进入"十一五"时期,随着奥运会筹办工作不断推进,北京市加快城市空间结构与功能布局调整,坚持交通设施扩容挖潜并举、建管养并重,统筹推进中心城区路网系统,建设完成东北城角联络线、通惠河北路、阜石路、蒲黄榆路等一批城市快速路,完成110项疏堵工程。市区城市道路总里程达到6355公里,其中城市快速路达到263公里,比"十五"期末增长14.3%。全市公路总里程达到21114公里,干线公路里程达到3462公里,比"十五"期末增长15.6%,高速公路达到903公里,比"十五"期末增长64.8%,实现"区区通高速"。公交专用道里程达到294公里。以国道、市道为骨干,县、乡、村道为支脉的放射状公路交通网络进一步完善。轨道交通建设进度加快,地铁4号线、5号线、大兴线等10条轨道交通线路建成,新增运营里程222公里,总里程达到336公里。特别是2010年5条轨道交通线路同时开通试运营,成为世界轨道交通建设史上的奇迹。北京南站、西苑等5个综合客运枢纽和17个轨道交通驻车换乘停车场建成,市民换乘更加方便。

2006年,市政府发布《关于优先发展公共交通的意见》,提出"两定四优先"政策,确定公共交通在城市中的重要战略地位和社会公益性地位,"公交城市"建设得到长足发展。奥运会后,北京市坚定不移地优化调整交通结构,促进交通、环境、资源之间协调发展,成为这一阶段乃至今后的重要战略任务。"十一五"时期,公共交通吸引力明显增强,日均客运量从"十五"时期末的1200万人次增长到1886万人次,公交出行比例由2003年的28.2%提高到40.1%。出租汽车年客运量达到6.9亿人次,增长6.2%,更新出租汽车3.5万辆。道路运输业得到快速发展。到2010年,省际客运量达到0.25亿人次,比"十五"时期末增长11.9%。旅游客运车辆档次和服务水平明显提升,年客运量达到0.44亿人次。货运行业组织化程度不断提升,营业性货运量达到2.02亿吨,增长17.4%,货物周转量达到101.59亿吨公里,增长45.8%。

在这一时期,北京市充分利用举办奥运带动城市发展的机遇,按照"两轴、两带、多中心"城市空间新格局,大力发展交通建设,基础设施建设规模达到前所未有的水平,交通综合体系运行管理水平大幅提高,中心城区交通拥堵加剧的势头基本得到遏制,局部地区有所缓解,但由于交通需求总量的急剧增长及需求的多样性和复杂性,北京路网结构还不尽合理,公交出行比例偏低,区域发展不够平衡,现代物流及多式联运发展中公路骨干作用发挥不够充分,综合交通枢纽发展不足,交通拥堵的形势依然严峻。

(四)科学发展、全面提速阶段(2011年至今)

进入"十二五"时期,市委、市政府提出首都发展仍处于大有作为的重要战略机遇期。这一科学判断,为北京交通发展提供了基本立足点。北京交通行业以科学发展观为统领,牢牢把握"稳中求进"总基调,调结构、控规模、保重点、促稳定、惠民生,从推动城市可持续发展的战略高度,转变发展方式,调整交通结构,缓解交通拥堵,加强发展能力和服务能力,促进首都交通全面协调可持续发展。

特别是党的十八大以来,北京市积极推进理念创新和手段创新,推动发展的总体目标更加明晰、工作重点更加突出、思路举措更加有力。坚持扩容与挖潜并举建设原则,优化城市路网结构,围绕缓解城市交通拥堵,实施十大"交通惠民工程"、新一轮"排堵保畅"工程,一批重大工程创造了"北京速度、北京品牌"。从2013年至2017年,全市交通领域完成投资4922亿元,同比增长44%。高速公路年均在建里程由60公里增至150公里,通车里程从922公里增至1017公里。城市快速路及主干道里程从1226公里增至1365公里,京台高速、广渠路二期等重点道路项目建成通车,市区与城市副中心间形成4条轨道交通、5条道路构成的快速通勤走廊。四惠、宋家庄综合交通枢纽建成投用。地铁7号线、燕房线等线路开通试运营,轨道运营里程从442公里增至608公里,运营线路达22条,轨道交通骨架作用更加突出。

2012年12月,《国务院关于城市优先发展公共交通的指导意见》在国家层面进一步确立了城市公共交通优先发展战略,北京市统筹谋划、系统推进首都交通科学发展,在空间统筹、结构优化、资源节约、技术创新、管理提升等方面取得长足进步。进入"十三五"时期,面对新常态下加快推进结构性改革的新要求,北京市全面提升交通综合治理能力,深入推进京津冀协同发展和城市副中心建设,坚持精治、共治、法治并举,努力建设人民满意交通。截至2017年底,新开、优化调整公交线路800余条,增开微循环公交近百条,新开定制公交、快速直达专线、节假日专线等多样化公交318条,高峰日运送乘客达2.9万人,公交车辆、线路达到2.85万辆、1332条。轨道交通运营管理首创"千分制"评价机制,在全路网实施"人物同检"。轨道交通全路网先后65次提升既有线路运力,最短发车间隔降至2分钟以内,列车兑现率、正点率均达99.9%以上,日均客运量达1035万人次,最高日客运量突破1290万人次。地面公交和轨道交通京津冀一卡通互联互通,"一卡走遍京津冀"出行模式初步形成。

改革开放的实践证明,没有解放思想、实事求是的思想路线,就不会有北京交通今天的发展速度和巨大成就。40年发展变化,我们深刻体会到:坚定不移贯彻落实党中央、国务院和市委、市政府决策部署,解放思想、更新观念、与时俱进、开拓进取,主动适应城市发展形势确定基本思路、工作重点和预期目标,是北京交通发展的正确方向;坚持全面深化改革,优化组织框架,完善体制构建,充分发挥交通体系各方面的优势与合力,是北京交通发展的前提条件;坚持推进科技创新、政策创新、制度创新和模式创新,建立和完善综合交通运输体系,强化政策支持和监管保障,推动交通行业新旧业态融合发展、有序推进,是北京交通发展的基础保证;坚持规划先行,把综合交通承载能力作为城市发展的约束条件,大力实施交通先行战略,加强交通需求调控,构建出行大数据助力城市智慧交通,是北京交通发展的思路对策;牢固树立以人民为中心的发展思想,强化党建引领,推动作风建设,建强人才队伍,深化精神文明创建,举全市之力、集全民之智全力推进交通事业再提升,是北京交通发展的根本动力。

一、基础设施成就

(一)城市道路建设突飞猛进

城市道路是城市的骨架,打造便捷通畅的城市道路系统是北京城市规划建设的重中之重。1976年至1985年,北京城市道路建设重点放在提高市区干道通行能力,尽力开拓一些城市干道,打通一些卡口、断头路,以及在规划的快速路上有计划地建设立交桥。1986年,按照"人车分流,各种车辆各行其道,路口交通渠化,路段设港湾停车站,建设主路不设信号灯管制的城市快速路"的要求,落实市政府"建设二、三环快速路"等战略部署。2001年北京申奥成功后,随着北京经济实力的大幅提升和筹办奥运交通的需要,北京城市道路建设实现历史性跨越。2003年后,北京城市道路面积以每年近300万平方米的速度拓展,2005年,城市道路里程达到4073公里。到2008年,北京市二环路完成全线加铺和整治,三环路实现全封闭、全立交,四环路全线通车,完成平安大街、广安大街工程,陆续建成西外大街、学院路、德外大街、南中轴路、马家堡西路、丰北路、莲花池西路、万泉河路、东北城角联络线等,市区基本建成17条放射干线与4条快速环路构成的中心城区快速路网系统,路网整体通行能力明显改善。

奥运会之后,通州、顺义、亦庄等11个新城成为首都城市发展建设的重点,北京交通基础设施重点向新城转移。2009年,北京城市道路达到6204公里。到"十一五"时期末,北京城市道路总里程已达6312公里,其中,城市快速路263公里,主干路874公里,次干路651公里,支路及以下等级道路4534公里,基本形成"环路+放射线"的城市道路骨架。2011年后,北京交通工作全力实现保畅通、保安全、树形象目标任务,重点整合完善城市道路和公路信息系统,下大力气解决城市道路塌陷问题,推行城市道路"巡养一体化""24小时修复"机制,强化养护工程质量管理,城市道路建设速度有所放缓。2016年以来,北京市签署城市道路购买服务模式框架协议,提高网络有效供给,完善分级养护机制,制定长期重点地区、临时重点地区和一般养护地区分级养护标准。截至2017年底,城市道路里程达到6359公里,城市道路面积达10347万平方米。

(二)高速公路路网功能日趋完善

改革开放以来,作为现代化交通的重要组成部分,高速公路成为衡量国民经济和社会发展水平的重要标志之一。改革开放初期,中国收费公路建设规模远不能适应国民经济的发展需求,迫于资金的压力,国务院在1984年制定了"贷款修路,收费还贷"政策。在该政策支持下,北京市开始重点建设放射线高速公路。1986年,当时以"汽车专用路"立项的京石公路(六里桥—杜家坎段,现为G4京港澳高速北京段),成为我国最早探索全封闭、全立交标准建设公路的工程项目。1990年,京津塘高速公路北京段的建成,标志着北京市高速公路从无到有的真正发端。1993年机场高速公路建成通车,是我国大陆第一条为空港(机场)提供交通服务的高速公路,被称为国门第一路,是国内外政治、经济、文化、科技交流的纽带。

"十五"期间,北京市高速公路发展驶入"快车道"。京开高速公路、五环路、八达岭高速公路北京段三期及联络线工程、京承高速路一期工程、六环路工程相继建成通车。2003年随着五环路全线贯通,北京市各条主要放射线高速公路均通过五环路实现"高"接"高"连通。2009年9月,历时11年建设的六环路实现全线贯通,标志着北京市高速路网架构基本建成,路网整体功能得到大幅提升。2010年至2014年,北京市高速公路进入一个相对短暂的调整发展时期。其间,高速公路建设速度有所放缓,年平均增长率低于2%,年平均通车里程20公里。随着《国家公路网规划(2013—2030年)》的公布和京津冀一体化发展的步伐加速,北京市高速公路发展再次迎来新的发展契机,京台高速、京秦高速、承平高速、首都地区环线(通州大兴段)同步建设,对接太行山高速公路推进建设,兴延、延崇等高速公路加快建设,有力促进了区域经济的协调发展。从20世纪80年代初的京石公路,到首都机场高速公路和八达岭高速公路,再到21世纪初的六环路,一直到京台高速北京段,以及"十二五"期末全国首例通过公开招标建设的高速公路PPP项目——兴延高速公路,北京市高速公路发展在项目前期工作、制度建设和执行、技术创新、人才培养、投融资体制、高速公路建设标准、工程建设项目管理、工程质量监督以及新材料、新工艺、新技术、新设备应用等众多方面,自始至终在行业发展中处于领先地位,起到重要的示范和引领作用。五环路跨石景山电气化铁路编组站转体斜拉桥,创造了单铰转体重量当时的世界纪录;六环路丰沙铁路转体斜拉桥,成功采用了墩顶转体技术;京新高速公路上地铁路分离式立交桥,是当时国内顶推荷载最重、跨度最大的独塔单索面混凝土曲线斜拉桥。

从1997年至2017年,北京市高速公路通车总里程从144公里增长到1013公里,截至2018年6月,建成高速公路ETC专用车道621条,人工车道1216条,电子支付车道覆盖率100%,ETC用户达380万人。近40年来,北京市高速公路实现跨越式发展,先后建成G4京港澳高速公路北京段(京石高速)、G2京沪高速公路北京段(京津塘高速)、S12首都机场高速公路、G1京哈高速公路北京段(京沈高速)、G6京藏高速公路北京段(八达岭高速)等23条技术含量高、质量过硬的高速公路,在路面、桥梁、隧道、智能交通等方面也取得众多科技突破和创新。如今,北京市环形加放射状、高效运行的高速公路网系统已经形成,对外出入口通道基本以高速公路为主,辅以国省道干线公路相结合的布局结构也已构建完成。

(三)一般公路建养并举协调发展

改革开放的最初十年,北京市通过引进先进技术和理念,在确保养护的前提下,先后改扩建城市进出口公路,京密路、京张路、京开路、京塘路、京榆路、昌平路相继完工,八达岭过境公路竣工通车。进入"八五"时期,北京市公路发展进入快速发展时期。1991年,北京市公路总里程突破1万公里,达到10259公里。2005年初,北京市开始实施郊区公路三年提级改造计划。"十五"期间,北京市推进公路体制改革,实施养护生产方式和管理方式改革,落实"管养分离"。到"十一五"时期,为实现建立现代一体化综合交通体系的战略目标,北京市进一步优化北京市路网,强化北京公路主枢纽功能,加快新城间和县域内城镇间公路通道建设。同时,继续贯彻"建养并重"的原则,加大道路与公路养护资金投入,全面提高既有设施完好率及运行效率。截至2007年底,北京市公路总里程达到20754公里(含村道5606公里),其中三级以上公路达到8462公里,公路密度达到126.5公里/百平方公里。

2008年,北京市路政部门加强对一般公路行业监管,逐步形成制度、标准,规范管理,一般公路建设完成投资32亿元。2009年至2010年,按照市委、市政府贯彻落实"扩大内需、促进经济增长"政策措施的意见,北京市大力支持城乡一体化发展,完成一般公路新改建30项206公里、养护大修580公里、指路标志改造1627公里。到"十一五"时期末,北京市加快改造一般公路交通标识系统,加大一般公路养护力度,公路好路率达到92%以上,安全保障能力和服务水平明显提高。"十二五"时期,北京市提出"精细管理、无痕服务"理念,工作重点逐步实现从"重建轻养"向"建养并重"的根本转变。2011年,北京市完成一般公路大修74项、旧桥改造29项。2014年,持续增加交通设施供给,实施马北路支线等59项一般公路新改建、提级工程,到2015年底,全市公路总里程达到21885公里,其中,国道1360公里,市道2245公里,县道3972公里,公路密度133公里/百平方公里,二级及以上等级公路比例92.6%,路网结构水平显著优化。"十三五"时期,北京市提出加快推进市域新增规划国道建设,进一步完善网络布局,加大公路养护力度。截至2017年底,北京市公路总里程已达22226公里,公路密度达到135.44公里/百平方公里。

(四)农村公路全力向"四好"目标迈进

农村公路包括县道、乡道和村道。改革开放前,北京农村公路建设资金投入不足,公路建设等级低下。1976年,北京远郊区县有400多个山区行政村不通公路。1976年至1983年间,北京采取"民办公助"和"包干合同制"办法,总投资3532.7万元,建成农村公路3165.5公里。1986年9月,密云县西北深山区对家河村四级公路建成通车,北京郊区3637个行政村实现"村村通公路"。到1990年底,北京在全国率先实现"乡乡通油路",全市农村公路面貌发生巨大变化。2003年,市政府调动交通行业、财政、社会各界的积极性,多方筹集资金,启动"村村通油路"工程。到2005年,全市农村公路新增2000公里,总里程达到1.25万公里,其中,乡道7500公里,村道5000多公里,在全国率先实现"村村通油路(水泥路)"。

"十一五"期间,北京市按照国务院办公厅《农村公路管理养护体制改革方案》要求,以"安全、环保、舒适、和谐、耐久""统筹城乡、服务奥运"为原则,全面实施乡村公路管理养护体制改革,推动郊区路网规模化改造,组建市路政局农村公路办公室,出台《北京乡村公路管理养护体制改革实施意见》,制定完善乡村公路养护管理办法等规章制度,实行科学、规范管理。到2008年,北京基本实现"村村通公交"。2009年后,北京农村公路进入集中养护期,由建设为主转入养护为主。同年,北京乡道和村道市级补助资金转移支付至各区政府。到"十一五"

时期末,北京市新改建乡村公路5000公里,约4500个村庄全部通达沥青(混凝土)路,提前2年实现"通达、通畅、联网"乡村公路建设目标。

进入"十二五"时期,北京加快推动城乡一体化发展,推进农村道路建设。2012年后,坚持把农村公路危病桥改造作为重大民生工程来抓,四、五类危桥比例逐年下降。2013年,建立农村公路养护管理考核体系,将农村公路纳入市政府绩效考核中,农村公路列养率达到100%,实现"有路必养、养必到位"。2014年以后,北京实施农村公路提级改造、安保和危桥改造工程,全力推进"四好农村路"建设工作,促进农村公路建管养运全面协调发展。截至2018年6月,北京农村公路总里程达到17070公里,占全市公路总里程的77%。农村公路桥梁2906座,占全市公路桥梁的45%。完成农村公路安全生命防护工程1163公里,改造危桥247座,危桥比例持续降低,农村公路危桥比例为1.33%。农村公路相关机构健全,人员配置到位。

（五）轨道交通网络"骨架"基本形成

轨道交通是城市公共交通中的骨干力量,是城市的生命线工程。改革开放前,北京仅建成23.6公里的地铁一期工程,且作为战备工程长期不对市民开放。1984年9月,北京地铁二期工程建成通车。1987年12月,北京地铁复兴门底层350米折返线工程建成,实现1号线和2号线独立运行,地铁通车运营总里程达到40公里。1990年,地铁西单站和复兴门至西单区间首次采用浅埋暗挖法施工,成为北京城市轨道交通建设的一个里程碑。1995年,复兴门至八王坟(四惠)工程开工建设并于1999年9月通车。2002年9月,地铁13号线建成。2003年12月,八通线建成通车。2007年10月,地铁5号线建成通车。2008年奥运会前,奥运支线、地铁10号线一期工程、机场线同时建成通车,北京城市轨道交通运营线路达到8条,总里程200公里。到2009年地铁4号线建成通车,北京城市轨道交通线路增加至9条总里程达228公里。

进入"十二五"时期,北京市提出加大中心城轨网密度,大力提高中心城地铁可达性,发挥轨道交通对城市空间结构优化调整的引导与支撑作用,建立以轨道交通为骨干的多种交通方式协调运转的绿色出行系统。2010年,地铁大兴线、房山线、亦庄线、昌平线、15号线一期建成通车,北京轨道交通运营线路达到14条,总里程336公里。2011年至2012年,面对投融资和征地拆迁难等问题,北京市加强组织领导和统筹协调,创新轨道建设工作机制和推进模式,着力提高交通设施承载能力,轨道交通工程建设实现新突破,地铁6号线、8号线一期、9号线、10号线二期相继建成通车,北京城市轨道交通线路增加至15条总里程达373公里。2013年,北京市持续增加交通设施供给,先后建成地铁14号线西段、10号线二期、8号线二期、昌八联络线4条轨道新线,打通轨道网关键节点,完善整体路网功能。到2015年,北京城市轨道交通线路增加至18条总里程达554公里。"十三五"时期,北京市研究落实轨道交通项目社会化融资实施方案,增加轨道交通线网的有效供给,推进轨道交通建设。到2017年底,轨道交通路网规模达22条、608公里,370座车站。轨道交通全路网年客运总量达37.78亿人次,日均运送乘客达1035万人次,轨道交通出行占比达22%,线网由常规地铁B型车发展为常规地铁,有轨电车,机场专线,磁悬浮,A、B型车等多种制式互补的网络结构。

（六）枢纽场站建设夯实长远发展根基

客运交通枢纽由传统逐步向现代转变。1985年，北京市建成运营祁家豁子客运枢纽站，但其功能离真正意义上的客运枢纽有着较大差距。1994年，展览中心楼客运枢纽运营。进入21世纪之后，随着经济的不断发展和迎接2008年奥运会，北京市加快客运枢纽建设。2004年，动物园公交客运枢纽投入使用，极大改善了动物园地区交通混乱情况。2005年初，集公交、出租汽车、轨道交通和社会车辆等多种换乘方式于一体的六里桥客运主枢纽投入使用。2007年，成立北京公联交通枢纽建设管理有限公司，建立"政府主导、建管合一、管用分离"的新型交通枢纽建管机制。2009年9月，西客站南广场公交枢纽开通使用，与北广场共同形成地区性运营调度管理体系，改善北广场的交通状况。西苑交通枢纽部分投入运营，东承东直门枢纽，南接北京南站枢纽，承载北京西北部地区与市区、空港及城际铁路等交通方式的换乘与接驳，实现人车分流，体现现代交通枢纽"以人为本、换乘方便、管理高效、科学合理"的综合布局。2010年底，北京市有客运枢纽9个，正在建设中的2个。截至2018年6月，全市共建设综合交通枢纽8个，北苑北、苹果园、望京西综合交通枢纽实现开工，奥体南综合交通枢纽、郭公庄立体公交停车场启动前期工作，支撑城市副中心的东夏园交通枢纽有序推进。

公交场站发展迅速。1990年，公共汽车公司共有6个保养场，全市公交场站近400个。1996年至2000年，建成中心站4个，指挥中心、保养厂、长途站5个，首末站34个。2005年，结合规划用地新建一批换乘中心站，改造阜成门、木樨园等5个公交车站。2006年，对安定门、北官厅、四惠等13个公交车站进行改造。2007年，新建、改造大屯中心站、积水潭中心站等12个公交换乘场站，2008年，完成西客站北广场、崇文门、白石桥等10个公交换乘场站建设。2016年9月，北京首个综合性公交立体停车楼在马官营公交场站开工建设，并将于2018年投入使用。2017年8月，国内首个机械式公交立体停车楼在首钢二通厂开工建设，预计2019年底投入使用。截至2018年6月，北京市共有公共汽（电）车客运站685个，郊区客运场站181个。配合市郊铁路城市副中心线，建成北京东站、通州站临时公交接驳场站，支撑城市副中心的郝家府、东小营公交场站有序推进。

省际长途客运站建撤并举。1978年至1985年，北京市长途汽车公司相继改建7个长途汽车站，其中莲花池客运站成为当时规模最大、设施较为完备的客运站。1990年，北京市有5个省际客运站。1992年6月，北京市第一个一级客运站——赵公口长途客运汽车站成立。到2010年底，全市共有11个省际客运站，其中一级站2个，二级站9个。各客运站不仅具有完整的规模，而且具备完善的咨询、售票、候车、检票、停车、发车等运营服务设施，为旅客提供良好的出行环境。随着疏解非首都核心功能总体计划的推进，北京市先后撤销北郊、丽泽、木樨园客运站和八王坟北京站配载点，客运站数量由2010年的11个减少为8个，其中一级站5个、二级站3个，四惠站、六里桥站为综合枢纽型场站，方便旅客公交、地铁换乘。到2018年，北苑北枢纽主体工程已封顶，计划于2019年投入使用，通州、大兴、房山3个枢纽前期工作正在推进。

货运枢纽场站从无到有。1997年7月，汉龙货运服务中心在丰台区新发地成立，北京市货运交易场所和场站建设实现零的突破。1998年，马驹桥一级公路货运主枢纽（现名北京祥龙物流园）开始建设。同年12月，交通部、市政府批准《北京公路主枢纽布局规划》，北京市道路货运站建设的进程加快。2005年,建成百子湾、吴家村、西三旗等公路货运主枢纽。货运枢纽的发展,使北京货运市场交易能力得到增强,有利于货运需求的有效、合理供给。2009年底,全市共有货运站场13个。2010年,北京市共有16个货运站。随着非首都功能疏解措施的逐步落实,截至2018年6月,北京市有货运场站9个。

二、运输服务成就

(一)客运服务

1.公交都市建设全面推进

地面公交有序发展,运营线网逐步优化。改革开放以来,北京公交经过不断探索,找到优先发展的道路,制定了公共交通"两定四优先"政策("两定"即确定发展公共交通在城市可持续发展中的重要战略地位,确定公共交通的社会公益性定位;"四优先"即公共交通设施用地优先、投资安排优先、路权分配优先、财税扶持优先)。首先是结合实际对公交票制票价进行调整,提升公共交通可持续发展能力。2007年1月1日,北京市就低统一市区地面公交票制票价,发行市政交通一卡通普通卡和学生卡,实行持卡成人4折、学生2折优惠。为进一步处理好政府和市场的关系,2014年12月28日,北京市再次对公共交通票制票价进行调整,城市公共电汽车价格调整为10公里(含)内2元,10公里以上部分,每乘坐5公里增加1元,一卡通普通卡刷卡实行5折优惠,学生卡刷卡实行2.5折优惠。二是优化公交线网,减少重复线路,扩大覆盖范围。截至2017年底,优化调整线路1100余条,逐步建立起以快线网为骨架、普线网为基础、支线网为补充的相匹配的三级公共交通网络。同时,大力布设微循环线网络,选择8米、6米级中小型纯电动公交车,开辟"专"字头微循环线路,实现居住区与干线、普线的有效衔接,共开设"专"字头微循环线路92条,线路长度569.34公里。三是加大施划公交专用道的力度,2017年底,北京市公交专用道里程达到907公里,"一环、八放射、三横"的地面公交快速通勤系统走廊网络初见端倪。

郊区客运快速发展,方便郊区群众出行。1984年至1999年,为解决郊区县群众出行,北京市共审批境内客运企业432家,营运车辆1622辆(中巴车为主,大客车为辅),营运线路253条(包括跨省市长途线路),安置从业人员4085人。1999年,根据客运市场的实际,共审批境内客运企业158户,营运车辆967辆,营运线路154条。2002年,北京市对境内长途客运行业进行为期两年的治理整顿,郊区客运行业得到初步规范。2007年,根据市委十届二次全会"解决好郊区公交问题,坚持实行公交公益性低票价政策"要求,北京市推进城乡公共交通一体化,对郊区公共客运进行改革,实现市郊9字头公交线路持卡乘车与市区公交线路同折扣优惠,各远郊区县境内客运也实行票价折扣优惠政策。2010年,北京市积极推广"政府公交""百姓公交""公车公营"的郊区客运新公交体系,支持和引导运营企业特别是挂靠、承包企业进行整合,完成郊区客运经营主体公司化、经营方式公交化、经营行为规范化、城乡服务均等化的行业改革。2014年12月28日起,按照市政府统一部署,城市公交行业施行新的票制票价政策,各郊区县政府积极响应,出台区县票制票价政策,与城市公交保持一致并同步实施。2015年、2017年分别对郊区客运程序性规定进行修订,将区县内的经营许可、线路许可下放至郊区交通局。2016年,出台《北京市郊区客运行业油价退坡补助资金管理及考核暂行办法》，北京市完成郊区客运场站、候车亭资金补助资金改革，进一步提高郊区客运场站服务水平，提高农村及郊区边缘地区公交候车亭覆盖率。截至2017年底，北京市郊区客运共有企业14家，运营车辆4350辆，运营线路446条，郊区客运场站181个，从业人员8422人，全年客运量4.07亿。

小公共汽车完成历史使命退出运营市场。1984年，北京市出现了第一辆"招手即停、就近下车"的小公共汽车。4月，第一条北京站至动物园12.89公里的小公共汽车线路投入运营。1985年末，开线达28条，线路总长度272公里。经过十年的发展，小公共汽车大量增加，为维护乘客的合法权益、保障公共交通秩序，1994年，北京市市政管理委员会成立北京市公共交通管理办公室，负责小公共汽车行业管理工作。1998年，北京市颁布《北京市小公共汽车管理条例》。截至1999年底，小公共行业共有企业33家，车辆3664辆，营运线路499条，驾乘人员7328人，年客运量1.9亿人次。2000年，市政府下发《关于整顿本市小公共汽车经营和营运秩序意见的通知》（京政发〔2000〕26号），开展为期两年的小公共汽车行业整顿工作。小公共行业逐步走入正常有序的发展阶段，成为公共交通的补充。2004年，随着公共交通的快速发展，小公共汽车基本失去作为公共交通补充的地位。2007年底小公共汽车退出客运市场，完成了其历史使命。

2. 出租汽车行业稳定发展

规范出租汽车运营市场。1978年，北京市共有出租汽车企业2家，出租汽车1000余辆，从业人员2000余名，车型以华沙、上海、212吉普、小丰田、菲亚特等为主。1984年，市政府放宽对出租汽车行业的审批政策，出租汽车行业形成国营、集体、合资、个体共存的局面，行业规模不断扩大。20世纪90年代初，为解决乘车难，市政府鼓励各种经济形式自筹资金开办出租汽车企业，出租汽车行业由此进入迅猛发展阶段，出租汽车由1000多辆迅速发展到6万余辆，从业人员由2000余人发展到9万余人，经营方式也由定额经营管理逐步转变为单车承包式经营方式。1996年至2002年，市政府对出租汽车行业集中开展两次整顿，企业由1008家减至277家，形成以公司制经营为主体的企业经营体制。2004年12月，北京市颁布《更新出租小轿车技术要求》，第一次统一规范车辆的技术要求，提高了出租汽车的车辆技术水平。2011年至2012年，北京市探索区域运营模式，开展区域电动小客车示范运营。2013年，北京市出台《关于加强出租汽车管理提高运营服务水平的意见》，推广出租汽车行业新业态服务模式，建成601处路侧扬招站，建立统一电召平台96106，提前4小时约车成功率达到99%。2016年12月21日，北京市发布《北京市人民政府办公厅关于深化改革推进出租汽车行业健康发展的实施意见》《北京市网络预约出租汽车经营服务管理实施细则》和《北京市私人小客车合乘出行指导意见》等3个政策文件。2017年，制定《北京市巡游出租汽车深化改革重点工作任务方案》，大力推进巡游车改革；印发网约车驾驶员从业资格考试规定、行政许可程序性规定、改革出租汽车驾驶员从业资格考试有关工作通告等配套规范性文件，先后向首约科技、飞嘀智慧（飞嘀）、东方车云（易到）、滴滴北京分公司、神州北京分公司、先锋智道（AA租车）、杭州优行（曹操）、假日阳光等平台发放网约车经营许可证，规范网约车发展，促进出租汽车行业健康稳定可持续发展。截至2017年底，北京市共有出租汽车企业227家、郊区区域运营电动小客车企业9家，营运车辆共7.1万辆，年完成客运量3.9亿人次。

调整出租汽车运价及补贴机制。2006年5月，北京市调整出租汽车租价，每公里租价由

1.6元调整为2.0元,并按国家规定对出租汽车增发燃油补贴。2009年,完善行业油价与租价、油补联动机制,明确政府、企业、驾驶员、乘客四方分担的原则,同年11月起,向运距超过3公里的乘客加收每运次1元燃油附加费。2012年3月31日起,燃油附加费调整为每运次3元,同年6月18日起,燃油附加费再次调整为每运次2元。2013年7月1日,为提高出租汽车运营效率和高峰时段出车率,北京市对出租汽车价格标准进行了再次调整,出租汽车价格调整为3公里以内13元,基本单价每公里2.3元,燃油附加费标准调整为每运次1元,有效维护了出租汽车行业稳定。

3. 汽车租赁行业规范发展

1989年8月1日,中国第一家汽车租赁公司——北京市出租汽车公司租赁分公司正式营业。1992年首汽租赁分公司(首汽租赁公司前身)和北京东方汽车租赁公司相继成立。截至2000年底,北京市登记的汽车租赁企业共有223户,租赁车辆20165辆。2002年8月,《北京市汽车租赁管理办法》颁布,明确行业主管部门的职责,在广泛调研和摸底调查的基础上,北京市确定了两套管理模式,先后制定《汽车租赁备案管理办法》《汽车租赁特许经营管理办法》和以加强监管为核心内容的监管考核、企业等级评定、信息服务、经营服务与安全管理规定等项制度。2007年,北京市颁布地方标准《汽车租赁经营服务规范》,规范汽车租赁企业的经营服务行为,促进行业公平竞争和健康发展;发布《汽车租赁经营备案管理办法》和《汽车租赁行业监管考评办法》,有效加强汽车租赁行业的监管工作。2015年6月18日,GREENGO绿狗租车(北京恒誉新能源汽车租赁公司)在北京汽车博物馆举行"绿出行·卫蓝天"——"绿豆"计划启动仪式,无人值守自助取车的分时租赁公司在京正式运营。从2009年至2018年的近十年间,北京市加强对汽车租赁行业的管理,树立行业品牌,提升服务质量,促进行业规模化、集约化、网络化发展,在"互联网+"背景下,汽车租赁从传统的长租、短租发展到长租、短租和分时租赁多种模式,汽车租赁行业持续保持良好发展势头。截至2018年6月底,北京市共有汽车租赁备案经营企业642家,车辆62789辆(含纯电动汽车15064辆),其中开展分时租赁企业12家,分时租赁车辆9166辆、网点超过2144个,分时租赁服务平台和异地还车网点开发不断成熟完善,服务网点涵盖交通枢纽、高端写字楼、高校和科技园区等。

4. 旅游客运行业稳步发展

北京旅游客运行业起步较晚,20世纪80年代初,市政府批准组建"国旅""中旅""青旅"三大旅行社,当时主要为国外旅游者、港澳台同胞和旅居国外的侨胞服务。直到20世纪90年代,北京成为国内旅游的热点地区和中心城市,随着承揽国内旅游的旅行社大量涌现,承担旅游客运任务的专业公司纷纷成立,旅游客运逐步走向市场化经营的道路并进入发展最快的时期。2003年,北京市运输管理局设立旅游车管理处,对市内、省际旅游客运统一管理。2006年底,北京市发布《旅游客运行业经营技术条件(试行)》和《旅游客运行业安全服务管理基本规范(试行)》,分别从车辆、设施、人员和经营管理及企业管理、安全生产、运营服务、公共卫生、运营人员管理等方面予以规范。自2008年以来,随着班车、重大活动、会展等市场需求的兴起,企业公车公营车辆持续增加,旅游客运与旅游产业发展深度融合,高端旅游和区域绿色旅游特色示范项目进展顺利,经营模式进一步多样化,形成旅游包车、通勤班车、商务会展、大型专项政治活动运输保障等业务多样发展的局面。截至2017年底,全市旅游客运行业共有企业77家,旅游班线17条,营运车辆规模6644辆,在岗驾驶员7460人,其中具有省际包车客运资质企业36家。

5. 省际客运服务水平稳步提高

1976年1月，北京市成立第一家经营长途客运的企业——北京市长途汽车公司。1979年，北京市重点发展跨省市长途客运线路，开通河北廊坊、唐山、承德、保定、沧州、衡水、张家口等7个地区26条线路。之后，北京市长途客运行业打破了由国营企业独家经营的局面。随着多种经济成分进入长途客运行业和外省市长途客运汽车进京运营，"乘车难"问题得到有效缓解，但同时也带来了盲目竞争和运营秩序混乱等问题。1985年11月，市政府颁布《北京市公路长途客运管理暂行办法》，规定长途客运线路、站点由北京市运管部门统一规划设置，客运经营者必须在批准的线路、站点内经营，做到定路线、定站点、定班次、定时间的"四定"运输。1994年12月，市政府发布《北京市道路长途旅客运输管理规定》，进一步规定长途客运必须遵循安全、正点、方便、舒适的经营原则和实行定路线、定站点、定班次、定发车时间的方式运输。1997年7月，北京市颁布《北京市道路运输管理条例》，标志着省际客运法律规范体系的建立。2001年，北京市针对行业"小、散、乱"现象，开展省际客运行业整顿工作。2005年，作为市政府折子工程之一的北京市省际客运联网售票系统建设完成并投入试运行。奥运会前夕，北京市落实各客运站进出京旅客行包安检。2008年实现全市10个省际客运站、社会代理点的互联，以及网上查询、订票等功能。2012年，北京市实现对全部省际客车的GPS动态监控，并于2014年建立外埠进京省际客车动态监控平台，对外埠进京客车在北京行政区域内的运营活动实施监管。同年，实现了实名制售验票。2015年至2016年，北京市颁布《省际道路客运站经营服务规范》地方标准，对客运站硬件设施、服务流程、服务项目、服务质量等进行全面规范，实现手机移动客户端售票，协调开通6条京津冀毗邻区域道路客运公交化运营班线。2017年9月28日，京津冀道路客运联网售票系统上线运行，北京市8个省际客运站全部接入联网售票体系，实现在京津冀区域内通过统一的门户网站、手机APP和站际互售渠道等方式售票。2018年，北京市修订《省际客运站监管考核办法》，进一步细化规范服务保障环节。

(二) 货运服务

道路货物运输是北京市货物运输的主要方式。改革开放以来，在"有路大家走车"政策指导下，城近郊区和远郊区县部分机关、企事业单位和个人，纷纷购置车辆，或将多余运力组成营业性货物运输公司、汽车场和汽车运输队。同时，道路货物运输逐渐趋于专业化，如长途货物运输、化学危险品运输、集装箱运输、零担货物运输等等，并形成了一定的规模，长途货物运输逐渐增多。1989年，北京市交通运输总公司成立公路货运配载信息服务处，全市建立23个配载站，相互沟通协调，形成货运配载信息网络，实施配载的车辆，里程利用率明显提高。随着高等级公路的不断增多，道路货物运输的合理运距逐步延长，鲜活易腐货物经济运距可达1000公里。1983年，北京市成立国际集装箱汽车运输联营公司，集装箱运输进入飞快发展的时期，2006年，北京市公路标准集装箱（TEU）合计货运量达到83万吨，箱运量达到49504个。2009年至2017年，北京市公路货物运输经营业户数从6.5万户降低到4.6万户，下降29.2%；公路货物营运车辆从15.8万辆增长到18.3万辆，增长率15.82%；营业性公路货运量从1.9亿吨到1.94亿吨，增长率2.1%，货物周转量从87.9亿吨公里到159.2亿吨公里，增长率为

81.1%。

(三)运输装备

公交车辆更新速度加快。公交行业高等级车辆逐步投放,整体技术装备水平得到显著改善。同时,大力推进和落实清空行动任务,公交行业车辆加快实现低排放,优化实现以新能源车和清洁能源车为主、以欧Ⅵ阶段超低排放柴油车为辅的车型结构。2008年,北京市公交行业开发生产出第一批50辆锂电池电动公交车,为奥运会提供了安全可靠的交通运输服务。2009年在国内率先使用油电混合动力车,与同长度国Ⅳ柴油车相比,节油率在20%左右。2010年,在国内率先使用国Ⅴ排放标准柴油车。2014年,在国内率先购置并普及达欧6排放标准超低柴油车。2013年至2017年,累计完成14258辆市区、市郊公交车更新,其中,新能源(电驱动)公交车6409辆、清洁能源(天然气)公交车6504辆、低排放柴油公交车1345辆。北京市市区、市郊新能源和清洁能源公交车已达14932辆,比例达到65.8%。同时,郊区客运新增及更新纯电动、天然气、混合动力等新能源车辆2488辆,占郊区客运车辆总数的62%。此外,配套建设纯电动车换电站1座,充电站45处,充电桩245个,LNG橇装式加气站61个,有效保证了新能源和清洁能源公交车正常使用。

轨道交通装备进入发展快车道。北京地铁自1969年建成通车以来,逐步走出一条自力更生、艰苦创业的国产化道路。1990年,北京第一辆BD1型电动宽体客车成功研制。1998年,第一列采用交流异步电机的调频调压(VVVF)电动车组运抵北京,实现中国地铁车辆从直流牵引控制向交流控制转变。2003年开始,13号线DKZ5型车陆续到达,投入运营。2006年5月,1号线、2号线更新DKZ16车辆,首次实现自动驾驶。2007年上半年,13号线、八通线车辆扩编增大列车运量。2008年7月19日,10号线和奥运支线(8号线一期)开通,运营车型为DKZ15,具有全自动无人驾驶功能。2009年9月28日,地铁4号线建成通车,运营列车为SFM05车型,首次在国内地铁车辆上采用前端逃生坡道设计。2010年,中国首列时速达到100公里、具有完全自主知识产权变频变压交流传动(VVVF)B型车暨北京地铁房山线首列车下线。2014年底,北京地铁7号线35组车全部交付完成,首次实现车辆设备与信号系统全部国产化,这为推进轨道交通事业的国产化进程、振兴民族工业书写了浓墨重彩的一笔。2015年,北京成功试制100%低地板现代有轨电车。2016年,采用8辆编组的A型车在16号线北安河车辆段正式亮相,相比运营的6A、6B车型运能分别提升33%和76%。

出租汽车行业节能减排成效明显。2013年,首汽、北汽九龙、祥龙和三元4家国有骨干企业完成2000辆天然气出租车更新任务。2014年,首汽、祥龙公司完成1000辆混合动力出租汽车的更新任务。2014年12月至2017年8月,新增1000辆纯电动出租车示范运营。2015年,北京市相继印发《北京市人民政府办公厅关于对出租汽车提前报废或更新实施相关鼓励措施的通知》(京政办发〔2015〕17号)《关于调整北京市出租汽车报废年限的通告》(京交运输发〔2015〕61号),明确自2015年5月1日起,更新或新增的汽油出租汽车执行6年强制报废标准,并鼓励出租汽车提前报废和更新为纯电动汽车。2016年至2017年,北京市组织对超期三元催化器进行更换,共完成51864辆汽油和双燃料出租车使用两年以上三元催化器的更换工作。

旅游客运车辆性能结构持续优化。截至2018年6月,北京市旅游营运车辆以大客车为主,中小型及部分商务车为辅。其中高级客车5989辆,占营运车总数76%;20座以上大型车5468辆,占营运车总数的82.3%;10~19座中型车484辆,占7.3%。北京市旅游营运车辆为适应市场对个性化包车需求,积极调整车辆类型,更新小型高档商务车692辆,占营运车总数的10.4%;新增电动车365辆,LNG车99辆。

(四)水运、汽修和驾培

水路运输保持安全运行。北京市属于内陆非水网地区,城市河道功能以排洪泄洪为主。境内水域除官厅水库、密云水库、怀柔水库、海子水库(金海湖)等大型水库水域面积较大外,其他水域分布较零散,以小块封闭水域为主,互不通航,多分布于公园、风景游览区以及中小型水库。受水域面积、水深、航道、季节等因素影响,全市的水上运输仅限于水上旅游观光。2003年北京市运输管理局(北京市地方海事局)成立以后,逐步理顺了区县水上交通安全管理体制,远郊区县交通主管部门均成立了地方海事机构,市交通执法总队组建了海事执法专业队伍,初步实现了管理制度、机构布局、监督管理、证件服装、执法装备"五统一"。从2004年开始,水运行业起草编制了《北京市水域游船安全保障规划》,对北京市游船业的发展及安全保障起到了积极推动作用。2005年,在全市范围内联合开展了低质量船舶专项治理活动。2006年,海事系统在京城水系、什刹海等水域配备了海事执法船,将其拥有的公务船艇和驾船人员纳入海事监管的范畴,逐步全面履行海事管理职能。2007年,北京市船舶检验所正式挂牌成立,各项工作步入正轨。2009年,市地方海事局实施"水上安全督查通知书、水上安全检查通知书、水上安全情况报告书,水上安全检查记录册,水上安全检查统计表"的"三书、一册、一表"制度,创新工作方法,加强源头管理。2011年,针对游船、游客数量逐年上升趋势,积极推进水上安全科技监管步伐,在重点水域督促相关游船单位安装摄像探头、做到水上监控不留死角。同时以颐和园为样板,宣传推广GPS游船定位监控系统,改进水上安全监管手段,探索水上安全技防模式。2013年,持续深入推进海事"革命化、正规化、现代化"建设。同年,成立了北京水运游船行业协会。到2018年,深化"放管服"改革,梳理行政许可和公共服务事项,将"通航水域岸线安全使用及水上水下活动许可"事项下放至区级海事部门审批,进一步精减业务管理流程。截至2018年6月,北京市现有经营游船业务的单位74户,自航船船舶592艘,非自航船船舶5757艘,从业人员1460余名。

汽车维修产能持续增长。改革开放以来,北京市汽车维修行业市场经历了一个从小到大、从传统维修方式到现代维修方式、从无序到基本有序的发展历程。汽车维修企业逐步实现由生产型向服务型转变,汽车维修行业开始出现多种经济成分并存的发展局面,到1987年增加到1873户。1995年发展到5420户,年完成大修汽车4944辆,发动机1.3万台,小修125.92万辆。1998年,依据《北京市道路运输管理条例》,将汽车维修经营业户的技术级别核定为一类、二类、三类,一批不符合资质条件业户被取消。2000年,北京市汽车维修行业多种经济成分协调发展,维修业户4823户,特约维修站510个,涵盖110余种品牌车型,汽车维修技术得到加强和提高,现代化维修设备在一、二类企业中普遍使用。2007年,全市基本形成以一类企业为骨干、二类企业为基础、三类专项维修业户为补充的汽车维修网络。2010年,全市机动车保有量480.9万辆,汽车维修经营业户6147户,完成汽车维修量1178.37万辆次。到2017年底,汽车维修企业3862户,汽车维修从业人员7.2万余人,年维修车量1158.7万辆次。

驾培行业规范发展。按照市编(办)批复意见,原由市公安交管局负责的机动车驾驶员培训、考试管理职责由市交通委、市公安交管局分别承担。2017年8月30日,北京市完成驾培管理职责从公安交管部门向交通运管部门的划转。职责交接后,市交通委积极开展政策宣贯及业务指导,建立完善法规考核体系,加强行业管理,持续推进行业信息化建设,开展驾培许可、监管系统建设使用工作。2018年5月15日,北京市驾培监管服务平台开始试运行,实现学员网上查询、报名等功能,后续将逐步推出学时监控、学员评价、公示考核结果等功能,还将增加先培后付服务模式,为广大学员提供更加便捷高效的学车环境。目前,北京市已经办理工商营业执照的驾培机构共93家,教练场28家,教练车约1.3万辆,教练员约1.3万名。

三、行业管理成就

(一)法治建设迈出新步伐

交通法规体系逐步完善。党的十一届三中全会以来,北京交通认真贯彻执行调整、改革、整顿、提高方针,陆续出台《北京市远郊公路路政管理办法》《北京市公路养路费征收和使用执行办法》等一系列法规制度,交通法制工作逐步回归正轨。党的十二大、十三大明确提出要加强社会主义法制建设,做到有法可依,有法必依,执法必严,违法必究。以此为指导,北京交通法制逐步走向完善。1985年到1989年,市政府先后出台9部地方性基础法规,北京市公路货运、公路客运、海事水运、路政管理、汽车维修等行业法规制度逐步健全和完善。1997年,北京交通深入贯彻党和国家基本方略,及时做好法规新立、修订、废除工作。到2018年出台《北京市机动车停车条例》,共形成18部地方性法规引领,308部规范性文件配套的交通法规体系,有力支撑了北京交通建设与发展。

依法行政逐步深入。1990年3月,市政府办公厅转发《北京市人民政府各部门法制处工作任务和职责》通知,明确各部门法制处(室)是本部门政府法制工作的职能机构以及14项具体职责。依据通知要求,北京市交通运输总公司成立法制部门,逐渐建立交通运输法制工作联系机构,设立交通运输法制工作信息报告员,在全市范围内形成法制工作网络,北京交通工作进入法治化轨道。1999年全国依法行政工作会议召开后,北京市陆续制定《交通依法决策程序暂行规定》《交通法规规章草案及规范性文件起草暂行规定》等7部规定,明确规范行政权力运行,推进依法行政的具体要求。2004年3月,国务院印发了《全面推进依法行政实施纲要》,市交通委依据要求制定《交通委系统推进依法行政实施项目》,明确北京交通系统推进依法行政的20项任务,陆续制定了《交通系统法制工作规则》《北京市交通依法决策程序规定》等11项工作制度,为推进行政决策科学化、民主化、法治化提供了强有力的制度支撑。随着中国特色社会主义进入新时代和依法治国重大战略思想的深化,北京交通建立完善领导干部学法制度,建立"9+X"权力清单,实施"双随机一公开",推进公职律师、法律顾问制度机制建设,深化"放管服"改革,交通依法行政工作得到进一步深化和拓展。

交通执法规范化水平逐步提升。改革开放40年来,北京交通行政执法从无到有,从小到大,从单一执法到综合执法,不断取得发展。1985年以前,北京市交通运输行业实行部门管理。1991年4月,市政府颁布《关于取缔无照经营出租汽车的暂行规定》,标志着打击非法运营客运工作有法可依。2000年,北京市交通执法总队正式成立,负责公共交通、公路及水路交通行业的执法工作,北京交通执法由部门管理走向综合执法。2003年,北京市交通执法总队调整为市交通委所属执法机构,实施执法依据、执法标准、执法程序、执法文书、执法管理制度和方式的统一。2009年,增设机场执法大队。2014年,增设轨道执法大队,推进交通执法"三基三化"建设,北京交通综合执法体制进一步完善。2016年开始,启动"十三五"交通运输行政执法综合管理信息系统建设,在首都机场、北京西站、北京站、北京南站开展"非现场执法"。截至2017年底,北京市交通系统行政执法主体共27个,行政职权549项,交通执法人员3000余人,年行政处罚量4万余件,行政检查量11万余件。

(二)管理体制改革顺应新时代发展要求

改革开放40年,北京交通行政管理体制始终朝着适应现代综合交通运输的方向推进。1978年10月,北京市交通局调整组建北京市交通运输局和北京市公共交通局。1979年,北京市撤销城区和城近郊区区级交通行政管理机构,形成市、区(城区和城近郊区)集中、专司公路运政和公路路政管理的交通行政管理体制。1984年4月,北京市交通运输局改为北京市交通运输总公司,代行政府职能。1990年12月,北京市公路局成立,为北京市交通运输总公司下属副局级事业单位。1991年9月,北京市交通运输总公司撤销,成立北京市交通局,标志着长达7年多的"以企代政"管理体制结束。1993年4月,北京市交通局成立货运管理处、客运管理处、汽车维修管理处,为局内职能处。1997年12月,北京市交通局对水路实施运输管理。2000年3月,北京市交通局、出租汽车管理办公室和公共交通管理办公室撤销,新组建北京市交通局。同年8月,北京市交通执法总队成立,为北京市交通局下属副局级单位。2002年11月,经市政府批准,北京市公路局不再承担公路养护施工和公路建设企业的管理工作,北京交通政企分开、事企分开和市场主体管理持续深化,首次实现交通内部综合执法,再次实现公路运输与城市公共交通、公路运政与公路路政的统一管理。

2003年3月,市委、市政府决定在市交通局基础上调整组建北京市交通委员会,首次按照决策层和执行层层级关系设置机构,实现市政道路管理纳入交通行政管理体制下统一管理。2009年8月,市路政局、市运输局调整为市交通委内设机构。2015年6月,市交通委成立轨道交通办公室,整合市运输管理局、市路政局、北京交通执法总队等二级部门的轨道交通管理职能。至此,市交通委作为统筹北京市交通工作的政府组成部门,主要负责北京城市道路、公路、轨道等交通基础设施的综合规划、行政管理,以及公路路政和运输行业执法工作,承担公共交通、出租汽车、道路运输、水路运输、汽车租赁、经营性停车场等行业管理,统筹协调全市行政区域内铁路、民航和邮政等综合运输工作。

(三)投融资体制改革取得新突破

1.公路建设资金筹集

1984年,国务院批准同意提高养路费征收标准、开征车辆购置附加费,允许"贷款修路,收费还贷",公路建设有了稳定的资金来源和加快发展的环境。2009年"燃油附加费"替代养路费后,北京交通主管部门通过BT(建设—移交)、贷款等模式进一步扩大普通公路融资体量。1992年10月,首都高速公路有限公司通过BOT模式(建设—运营—移交)负责首都机场高速公路项目的投资建设和运营。1999年,北京市首都公路发展集团有限公司(简称"首发集团")组建,负责北京市高速公路的建设、运营、筹融资和相关产业开发。到2014年,北京市高速公路建设资金主要通过市财政安排项目资本金及贴息补助,其余资金采取贷款筹集的模式解决。2014年,中央决定加强地方政府债管控,北京市政府通过固定资产投资对重点普通公路给予30%建设补助,每年给予一定规模的地方政府普通债。2015年,北京市启动政府与社会资本合作(PPP)模式建设高速公路的研究工作,成功完成我国首条PPP模式引资的兴延高速,之后又完成首都地区环线(通州—大兴段)、新机场北线等PPP项目。同时,北京市保持既有政府出资渠道不变的原则,将政府性资金整合为授权经营服务费,支撑首发集团提供投资、建设、运营等整体服务。

2. 轨道建设资金筹集

1991年1月,国家批复地铁复八线工程利用日本海外协力基金贷款192亿日元,北京市轨道交通建设实现首次利用外资。1992年11月,地铁总公司首次发行"北京地铁建设债券"2亿元,用于地铁复八线建设。1997年12月26日,北京地铁首次向国家开发银行、建设银行贷款30亿元投入建设。2003年,《北京市城市基础设施特许经营办法》颁布,北京基础设施投资有限公司成立,负责城市轨道建设投融资,解决轨道交通建设主要资金来源问题。同年12月,市政府批转市发展改革委《关于全市深化城市基础设施投融资体制改革的实施意见》,开放城市基础设施建设和经营市场。2005年,地铁4号线建设特许经营项目研究与实施工作正式启动。

"十一五"时期,轨道交通作为北京市交通行业投融资体制改革的突破口,落实企业投资自主权,建立投资回报机制,初步实现投资主体由单一到多元、投资管理由直接到间接的转变。"十二五"期间,按照"社会多元参与"精神,北京市继续扩大市场化融资规模,分担轨道交通整体筹资压力。2015年3月,《北京市人民政府关于创新重点领域投融资机制鼓励社会投资的实施意见》出台,确定在轨道交通领域采取PPP模式吸引社会投资参与交通基础设施项目投资建设及运营,并要求完善轨道交通运营竞争机制,适度增加轨道交通运营主体。同年,启动轨道交通新机场线特许经营项目,研究探索项目范围、合作方式、股权结构、收入分成原则、补贴回报方式、调价机制等方面的模式创新。进入"十三五"时期,北京市在体制机制方面积极探索研究ABO(授权—建设—运营)等轨道交通融资新模式,推进交通基础设施投融资改革创新。2016年4月,《北京市轨道交通授权经营(ABO)协议》签署,通过整合轨道交通建设及运营期财政投入,委托国企安排轨道交通专项资金,并负责全产业链的建设运营养护。2017年8月,市交通委代表市政府正式签署《新机场轨道线社会化引资项目特许协议》,标志着北京地铁运营市场竞争格局从"双雄竞争"进入"三足鼎立"的新阶段。

3. 枢纽建设资金筹集

2007年前,北京综合交通枢纽投资建设采用开发代建设模式,由相关建设单位负责筹措资金,通过增加开发面积等方式无偿为政府建设枢纽,但配套设施不全、周期较长,政府承担了相应配套设施的建设及运营成本。2007年,市政府确定"政府投资主导、统一规划建设、统一运营管理"基本原则,成立北京公联交通枢纽建设管理有限公司,负责中心城区综合交通枢纽的规划设计、融资建设、运营管理工作。市政府建设非经营性纯枢纽,按投资计划全额负担,并以补贴方式承担后期运营管理费用,枢纽建设进展明显加快。

（四）技术政策及标准建设整体推进

2003年以前，北京市交通行业标准参照国家交通部颁布的行业标准执行，交通标准主要由原市交通局科技部门负责。2003年市交通委成立后，在推广使用国家标准和行业标准的基础上，突出行业管理职能，对行业标准实施归口管理。2005年8月，《北京市交通标准发展规划（2005—2010）》编制出台，本着解决交通重点难点工作，按照"理清思路、规划引路、突出重点、抓出实效"的原则，组织拟订了一批交通基础设施建设工程技术及维修养护、道路运输管理等方面的地方标准，初步构建了以国家标准、行业标准为骨架，地方标准为补充的交通标准体系，成为交通基础设施建养、运输服务、安全环保等方面的技术支撑。到2010年，市交通委进一步明确标准实施的监督考核要与依法实施行业管理的措施相结合，与各实施单位的工作考核制度相结合，共组织制定修订北京市交通地方标准55项，发布39项，其中道路运输管理14项，城市公共交通管理21项，出租汽车管理2项，水上安全管理1项，汽车租赁管理1项。

2011年，市交通委推进以"平安工地"建设为重点的安全标准化体系建设，制定《建设项目交通影响评价报告编制规范》等10项交通地方标准，完成《公共交通客运标志》等14项标准实施情况的评估工作。2012年，着力推进行业规范化管理，修订地方性法规1部，政府规章3部，颁布实施50项地方标准。2014年，完成《城市道路大修工程质量检验标准》《公共汽电车站台规范》等8项地方标准制修订工作，启动《公共汽电车线路设置及运营标准》研究，对《公交专用车道设置规范》《城市轨道交通安全运营管理规范》《城市中心区货运汽车营运技术要求》等重点标准的实施情况进行监督评估。2015年，为推进安全生产标准化建设和千分制考核，发布了公交、轨道、货运、出租4大行业5项节能标准，初步建成交通能耗排放统计监测体系。到"十二五"时期末，先后成立了北京市交通标准化技术委员会，组建了京津冀一体化交通标准化工作领导小组，发布了《交通标准化工作规则》《标准调研项目管理试行办法》《标准评估项目管理试行办法》《技术文件管理试行办法》等近10部规范性文件，形成"三个层次、六个专业、二十二个门类"的标准体系，从标准立项、调研、制修订、宣贯实施、评估等各环节进行规范。截至2017年底，通过梳理现行有效的1344项交通行业类标准，形成道路建设养护、道路运输、轨道交通、停车设施与管理、安全与应急、节能环保、信息化等七大领域33个专业标准体系，初步建成了北京市交通标准库，制定了《城市道路人行导向标识一体化设计设置指南》等12项指导副中心建设的技术文件，完成了11项标准编制、2项标准调研、3项标准评估及3项技术文件的编制工作。

四、科技创新成就

（一）科研能力建设

20世纪90年代以来，北京市交通行业充分发挥交通科研的引领作用，为交通发展提供强有力的支撑。2002年1月，经市委、市政府批准，北京交通发展研究中心成立，并逐步设立城市交通运行仿真与决策支持北京市重点实验室、城市交通节能减排检测与评估北京市重点实验室、城市交通北京市国际科技合作基地，系统开展交通问题研究。

"十二五"时期，市交通委发布《北京市交通委员会关于加快推进北京市交通行业信息化建设的指导意见》《智慧交通行动计划(2013—2017年)》《北京智慧交通顶层设计(2014—2017年)》,促进"互联网+交通"融合发展。党的十八大以来,市交通委累计完成科研项目270项,财政支持资金35836.3万元,企业投入3034.4万元。2003年至2017年,北京市交通行业共获省部级以上奖项447项,由北京市交通主管部门主导参与的150项。2016年8月8日,市交通委编制完成《北京市"十三五"时期绿色交通发展规划》《北京市"十三五"时期智慧交通发展规划》和《北京市"十三五"时期道路工程科技发展规划》,用以指导"十三五"期间交通科技发展。2015年至2017年,市交通委创新建设模式和实现路径,推动成立"交通基础设施安全风险管理交通运输部行业重点实验室""综合交通运输大数据应用技术交通运输部行业重点实验室""城市公共交通智能化交通运输行业重点实验室""智能交通技术与设备交通运输行业研发中心""公路交通节能与环保技术及装备交通运输行业研发中心(北京)""综合交通运输大数据处理与应用技术交通运输行业研发中心""交通运输网络安全技术行业研发中心",形成了一系列省部级的科技研发和重点实验室等科研平台,为交通科技发展创新夯实了基础。2017年5月,市交通委依托北京交通发展研究院成立国内首个行业性、国家级能源计量中心——"国家能源计量中心(城市交通)",进一步发挥计量在京津冀城市交通节能减排中的作用。

(二)重大科技创新成果及推广应用

智慧交通引领发展新路径。搭建了北京市交通行业大数据平台,整合并实时接入40余个交通运输业务系统、8000多项数据,数据存储量达51TB,每天新增数据量28GB。初步构建了交通感知体系,实现客运车辆、危化车及12吨以上重载货车卫星定位监控全覆盖,高速公路视频覆盖率达到85%,其中7条高速公路实现视频全覆盖。建成首个省级综合交通运输运行监测协调中心TOCC,实现19个交通领域、多粒度的动态运行监测和协同服务,23950路交通相关视频的统一集成应用以及公众信息统一发布,全面支撑市交通委系统及行业企业的业务应用。"十一五"期间,大容量快速公交系统(BRT)、高速公路不停车电子收费系统(ETC)、省际长途联网售票系统、北京公众出行网、市政交通一卡通工程等智能交通技术广泛应用于交通各领域。2008年,北京市8条城市轨道交通线路开通运营自动售检票系统(以下简称AFC系统),创造了世界上一次开通线路最多、车站最多、终端设备最多的AFC系统工程建设奇迹。2010年,以交通管理数据中心,指挥调度平台、综合业务平台、信息发布平台为基本框架,涵盖八大基础百余个应用子系统的"城市智能交通管理指挥控制系统"基本建成。2017年,国内首条自主研发的全自动运行FAO(Fully Automatic Operation)北京地铁燕房线正式开通,标志着我国率先进入轨道交通全自动运行新时代。"北京实时公交"和北京"e路通"公交信息服务适时推出,覆盖线路583条,手机软件累计下载量250余万次。市政交通一卡通开通手机服务功能,一卡通累计发卡量8991万张(全国首位),日均刷卡量1718万次。ETC实现信用卡、手机客户端等充值业务,ETC车道覆盖100%收费站,用户使用率超过35%。

工程科技推动建设新拓展。2009年以来,开发与研制的长寿命沥青、抗车辙、融雪阻燃降噪、废旧橡胶利用等多功能沥青路面与道路功能型材料成果达到国际先进水平。自主研发的新型吸附降解PM2.5的路面材料、煤直接液化残渣改性沥青材料、废弃植物油再生沥青路面材料、温拌再生沥青混合料,以及沥青路面再生技术、超薄磨耗层技术等成果达到国内领先水平。三维数字化技术开始应用,编制了《城市道路养护作业规程》《城镇桥梁养护技术规程》,重点对道路井口铣钻机等新型设备进行研发和推广应用。根据北京市交通特点,优化研究高边坡锚索格构梁结构等桥梁结构,采用环氧沥青桥面铺装技术,产生直接经济效益1640万元。在城市桥梁大修工程实现54小时不间断施工组织模式,桥梁整体置换技术获得北京公路学会科技进步特等奖以及6项发明专利。2003年,石景山南站高架桥采用斜拉索锚点构造设计和局部应力处理技术,创造了预应力混凝土曲线斜拉桥单铰重量达1.4万吨的世界纪录。2015年,三元桥大修采用"千吨级驮运架一体机"桥梁整体置换工法,在重要交通节点上实现43小时完成桥梁整体置换架设,在国内属首次、在国际上技术领先。

轨道技术关键领域取得新突破。2013年起,开展隧道工程材料、隧道结构检测关键理论研究,从材料和结构的角度解决隧道内部降噪的问题,获得中国铁道学会特等奖2项、一等奖3项,以北京地铁隧道为代表的铁路隧道建设技术进入世界前列。在隧道检测上,融合应用卫星遥感与快速敲击扫描检测技术、ITECS新技术,技术水平达到国际先进。在隧道养护上,开展的隧道预防性养护技术研究、特长隧道建设与运营节能关键技术等相关研究获得1项中国公路学会一等奖、5项省级科技进步一等奖等国家级和省部级奖项。

交通节能减排助力绿色发展。围绕"一控、双降、四提升"的绿色发展目标,加快建设绿色交通管理体系,构建"6+1"绿色交通发展体系。2016年,21家货运企业被评为"绿色货运企业",减排255.98吨。2017年,实现交通行业能耗330.7万吨标准煤的调控目标,交通行业污染物较2015年下降13.25%,单位人公里出行能耗较2016年下降1.1%,中心城绿色出行比例提升至72%。温拌沥青、再生沥青混合料等节能环保材料2017年使用量达157.9万吨,比2016年提升25.9万吨。交通出行结构持续优化,全市公共自行车系统覆盖15个行政区,累计建成3280个站点,达到10.2万辆规模。截至2017年底,在城六区和通州区施划自行车停放区1.5万个,运营车辆达到220万辆。新开、优化调整公交线路600余条,增开微循环线路近百条,方便651个小区居民出行。新开定制公交、快速直达专线等多样化线路318条,日运送2.9万余人。2018年6月,新能源和清洁能源公交车15643辆,占实际运营车辆数65.74%,提前完成规划目标。

五、对外开放成就

(一)国际合作交流积极务实开展

地面公交对外交流成就显著。1992年,公交集团工会与日本东京交通劳动组合开展交流。1995年,正式建立隔年互访交流关系。2004年3月,老挝人民革命青年团万象市委一行到访公交集团,就公交改革发展、创建青年文明号和加强青年团建设等问题进行友好交谈。2004年12月,意大利总统卡洛·阿泽利奥·钱皮到公交集团参观带有意大利天然气发动机的新型环保车。2006年7月17日,朝鲜金日成社会主义青年同盟平壤市委员会代表团到公交集团参观访问,双方就青年组织、城市建设、交通发展以及公共交通的运行模式等问题深入交换意见。2010年,公交集团工会与日本东京交通劳动组合签署备忘录。2010年起,公交集团工会共组织16人访日,接待日本访华团18人。2015年1月,公交集团与法国凯奥雷斯集团、上海申凯公司共同签署合作意向书,标志着公交集团在国际化合作和拓展现代有轨电车业务方面实现新的突破。2016年,公交集团选派优秀技术维修工,赴德国开展行业技术交流活动。2017年9月,公交集团加入国际公共交通联合会(英文简称UITP),成为UITP亚太分会会员、无轨电车分会会员。

(二)企业"走出去"步伐加快

省际长途客运班线走出国门。2013年,通过与蒙古国交通部门的沟通联系和实地调研,北京开通至蒙古扎门乌德的国际客运班线,极大方便了两国民间商贸往来。

市属企业承揽国外基础设施建设项目。20世纪80年代以来,市政路桥率先走出国门,先后参与伊拉克水厂建设,承建斯里兰卡、巴基斯坦、赤道几内亚等国家多个基础设施建设和技术服务项目。20世纪90年代援建斯里兰卡,累计建成场站、水塔等环境工程20余座,铺设供水管线数百公里。修建斯里兰卡高速公路连接线、乡村公路等项目,总里程达到110余公里,公路桥梁30余座。1993年2月,承建完成巴基斯坦卡拉奇真纳桥二期工程项目,总面积41000平方米。1995年至1999年,承担援建赤道几内亚首都马拉博至涅方地区公路工程,全长63.343公里,在商务部内部验收中被评为优良级工程,赤道几内亚总统授予中国专家组最高荣誉"共和国独立骑士高级勋章"。"市政路桥"品牌被当地政府和主管部门所接受,先后又承揽多项道路、桥梁、河道整治工程,路线总长度近百公里,大小桥梁几十座。

六、党的建设与精神文明建设

(一)党建工作引领助推中心工作

改革开放40年来,市交通委系统各级党组织深入持久开展以马克思列宁主义、毛泽东思想、邓小平理论、"三个代表"重要思想、科学发展观、习近平新时代中国特色社会主义思想为主要内容的学习和培训,不断用党的最新理论武装头脑、指导实践、推动工作。特别是党的十八大以来,党组(委)始终坚持强班子、带队伍、严制度、促落实,推进全面从严治党,把坚定理想信念、加强党性修养、提升道德境界作为重点内容,从抓理想信念教育入手,强化中心组理论学习和党员干部日常教育,从领导机关、领导班子、领导干部抓起,制定出台《北京市交通委员会党组工作规则(试行)》,进一步规范了党组工作。

深入推进学习型、服务型、创新型党组织建设,严格落实党的组织生活制度,2003年以来,先后3次召开市交通委系统的党员代表大会。认真落实党日活动制度,结合"七一"纪念日,持续开展爱党、爱国教育主题党日活动,组织党员开展"双报到"和志愿服务。在保障党的全国代表大会,建国35周年、50周年、60周年庆祝活动,2008年奥运会、园博会、亚太经济合作组织(APEC)、抗日战争暨世界反法西斯战争胜利70周年纪念活动,世界田径锦标赛等重大活动中,以及面对"7·21"特大暴雨、"11·3"特大暴雪等自然灾害,各级党组织和广大党员充分发挥战斗堡垒和先锋模范作用,出色地创造性地完成了各项任务。坚持将党建融入中心、主动作为,2014年,组织交通委系统78个党支部、近1400名党员,深入城六区106个典型社区进行停车调研,摸清了城六区社区停车的大量基础数据和第一手情况,为制定《北京市机动车停车条例》提供了有力支撑。截至2017年底,市交通委系统基层党支部145个,在职党员1698名。

强化品牌创建意识，打造北京交通"移动政务服务"品牌，组织全市交通运输行业窗口单位开展"三亮三比三评"活动，以及"党员先锋岗""党员志愿服务队""党员服务区""党员执法车组"等交通便民服务活动。依托微博、微信、手机客户端新媒体，组织党员开展"亮明身份""绿色出行、文明出行""寻找爱岗敬业驾驶员和汽修工楷模""我为首都交通献良策"等主题活动。积极推进"两新"组织党建工作，2015年成立了北京市出租汽车协会党委，实现党的组织和党的工作双覆盖。积极探索有效载体，努力形成"一支部一品牌"的党建工作特色，朝阳片区党建联合体受到中央直属机关工委表彰。交通运输行业先后共有500余人（次）被国家部委、市委市政府及市交通委评选表彰为先进个人，200余单位（部门）被评选表彰为先进集体，2000余名出租汽车驾驶员获得"北京的士之星"称号。2015年以来，市交通委机关连续两届荣获"全国文明单位"荣誉称号。2018年，交通委直属机关团委被团中央授予"全国五四红旗团委"称号。

（二）精神文明建设创新发展

改革开放40年来，北京市交通行业紧密结合建设首善交通，围绕培育和践行社会主义核心价值观，在顶层设计、工作部署、考核考评等环节，始终做到与业务工作同研究、同部署、同考核。成立了北京市交通行业精神建设指导小组，由市交通委党组书记、主任担任组长，组织领导行业精神文明工作。

践行社会主义核心价值观，自下而上组织开展交通精神大讨论活动，"绿色出行畅通北京"交通宣讲团成为社会宣讲交通文明的品牌，直接受众16万人次。开展"学习身边典型，传递榜样力量"系列活动，劳模宣讲团走遍全行业巡回宣讲。2015年9月，市交通委等五部门联合发起"向交通陋习说不"主题宣传引导活动，倡导公众文明行车、文明停车、文明乘车、文明过马路。连续举办十届"北京市体育大会暨北京自行车日"活动，深入开展"爱满京城"主题学雷锋志愿服务月、"义务修车学雷锋，绿色出行助畅通"等活动，招募平安地铁志愿者31万余人，参与现场服务50余万小时。首都的哥的姐组成的共产党员车队、爱心车队、雷锋的士车队等公益出租车队达38个，成员约5000人。连续11年开展排队日（11日）、让座日（22日）推广宣传活动，9000名文明引导员成为交通文明服务的亮丽风景。

充分利用"两微一端多平台"新媒体矩阵，开展丰富多彩的精神文明创建活动。市交通委官方微博@官方微博粉丝535万，连续6年获得"全国政务微博交通机构TOP10"。北京交通APP下载量55万，接入20多项服务项目，基本涵盖市民所需的交通服务信息。"北京交通微博平台"共计2000万粉丝，44个成员单位共同携力，积极传播正能量。

（三）行业先进典型不断涌现

改革开放以来，北京市交通行业涌现出一大批立足本职、为民服务的先进典型。公交集团李素丽，岗位作奉献，真情为他人，先后荣获"全国五一劳动奖章""五四奖章""全国三八红旗手""全国职业道德标兵"和"全国优秀共产党员"等荣誉称号。1996年10月7日，中宣部等六部门在人民大会堂举办李素丽先进事迹报告会。李素丽参加中国妇女第七次全国代表大会和中国共产党第十五次全国代表大会期间，受到江泽民、李鹏等党和国家领导人的亲切接见。首汽集团出租汽车驾驶员于凯,安全行车100多万公里,从未发生服务投诉,2005年被评为"全国劳动模范",2006年被授予"全国文明出租汽车驾驶员""北京市优秀共产党员"等荣誉称号。以于凯同志名字命名的"首汽于凯车队",2005年8月被推为全国先进典型。2007年9月,于凯同志获"全国道德模范提名奖",受到胡锦涛总书记的接见。市交通委路政局门头沟公路分局曹广辉,先后参与主持30余项道路建设改造工程,多项工程被评为交通部级、市级优质工程,为区域路网改造和大中修工程建设做出了突出贡献,2005年因积劳成疾,不幸辞世,被追认为"公路建设者的楷模",中央电视台、《人民日报》等众多新闻媒体深入报道,宣传他"为着修路而来,为着修路而去"的先进事迹。首发集团收费员方秋子,在普通的收费员岗位上践行着"首都的表情,北京的微笑"理念,创立了"秋子服务"品牌。方秋子于2015年荣获"全国劳动模范"称号,被评选为"2015年感动交通十大年度人物",2017年光荣当选党的十九大代表。公交集团104路电车驾驶员刘美莲,把安全行车作为自己的天职,安全行车23万余公里,没有出现过一次交通违章,没发生一次哪怕是小到剐蹭的交通事故。刘美莲于2010年荣获"全国劳动模范"称号,先后当选党的十八大、十九大代表。北京地铁13号列车司机廖明,2015年荣获"全国劳动模范"称号。2016年3月17日,他实现安全行车100万公里,成为"安全行驶百万公里第一人",被评选为"2016年感动交通十大年度人物"。市政路桥集团瑞通八处清水路基专养段段长高玉爱,以路为家,用崇高的职业道德和敬业精神,保障了山区道路的畅、洁、绿、美,获全国最美养路工称号。还有公交"活地图"张鹊鸣、北京"的士之星"标兵王建生等等先进典型。这些先进典型,是新时代交通人的代表,在平凡的岗位践行着核心价值观,引导和激励广大交通干部职工进一步强化为民服务理念,在加快推进"首善交通"建设的生动实践中建功立业。

过去40年,是首都交通发展砥砺奋进、极不平凡的40年。当前,中国特色社会主义进入新时代,北京也将奋力开创交通发展新篇章。未来北京市交通行业将深入学习贯彻落实党的十九大精神,紧紧围绕落实《北京市城市总体规划(2016—2035年)》,坚持以人民为中心的发展思想和源头治本、精细治标、标本兼治、综合治理的总体思路,着力认清和解决交通发展中的不平衡不充分问题,落实好交通强国战略,建设北京"首善交通"。到2020年,基本建成涵盖区域交通系统、公共交通系统、自行车步行系统、道路设施与运行系统、停车设施与管理系统、交通管理系统、物流运输系统、智慧交通系统、绿色交通系统和平安交通系统等十大系统的北京现代化综合交通体系,全市轨道交通里程达到1000公里,公路网总里程达到2.25万公里,新建地区道路网密度达到8公里/平方公里,中心城区公交专用道里程提高到1000公里左右,自行车出行比例提高到不低于10.6%,城市绿色出行比例提高到75%以上。

公铁水航齐发力　津门交通换新颜

天津市交通运输委员会

一、综述

习近平总书记在党的十九大报告中指出：全面深化改革取得重大突破。蹄疾步稳推进全面深化改革，坚决破除各方面体制机制弊端。改革全面发力、多点突破、纵深推进，着力增强改革系统性、整体性、协同性，压茬拓展改革的广度和深度，推出一千五百多项改革举措，重要领域和关键环节改革取得突破性进展，主要领域改革主体框架基本确立。中国特色社会主义制度更加完善，国家治理体系和治理能力现代化水平明显提高，全社会发展活力和创新活力明显增强。京津冀协同发展，是习近平总书记亲自谋划、亲自推动的重大国家战略，是以习近平同志为核心的党中央推进区域协调发展和打造新的经济增长极的战略举措。天津市认真学习贯彻习近平新时代中国特色社会主义思想，特别是关于京津冀协同发展的重要讲话精神和对天津工作"三个着力"的重要要求，全面落实《京津冀协同发展规划纲要》，扎实推进"一基地三区"建设，在承接非首都功能疏解、交通一体化、生态环境保护、产业升级转移、协同创新及体制机制改革等方面取得明显成效，京津冀协同发展迈出新步伐。

回顾总结天津交通运输改革开放40年特别是近几年的历程可以看到，在以习近平同志为核心的党中央的领导下，按照交通运输部和市委市政府的统一部署，在几十万交通人的奋力拼搏、共同努力下，天津交通运输改革开放取得丰硕成果。

交通基础设施建设取得突破性进展，路网更加完善。改革开放以来，天津辖区内建成铁路25条，营运里程达1212公里，其中高铁5条，营运里程355公里。公路建设实现跨越发展，通车总里程由改革开放之初1978年的3391公里，到2017年底的16532公里，通车总里程增加了近4倍。天津港自20世纪80年代实行了港口管理体制改革后，极大地调动了港口建设的积极性，水路基础设施建设突飞猛进，港区由改革开放前的1个，发展到如今的8个，规模以上港口码头泊位达到160个，其中万吨级以上泊位123个，并建成了30万吨级主航道。改革开放以来，天津民航在经历了三次重大体制改革后，实现了政企分离，建立了多种所有制企业平等竞争的新型民航管理体制，促进了天津民航的腾飞。改革开放之初的1978年，天津机场仅有1个640平方米的候机室和527平方米的货库，旅客吞吐量年仅1000余人次，货邮吞吐量每年也仅为1000余吨，而到了2017年，天津机场已建起了36.4万平方米的航站楼，7.2万平方米的现代化货库，旅客吞吐量已达到2100万人次，货邮吞吐量也达到了27万吨。改革开放之初的1978年，天津的邮电局（所）仅有94处，经过近40年的发展，截至2017年末，全市邮政局（所）达到了418个，邮政储蓄网点在零基础上发展到285个。改革开放以来，天津市的城市运输和轨道交通建设突飞猛进。1978年改革开放之初,全市市区道路总面积仅为731万平方米。截至2017年末,全市道路总面积达到了14742万平方米。轨道交通由改革开放前的1条,运营里程7.4公里,发展到目前已有5条线网,车站118座,营运里程达182公里。改革开放前人民群众乘车难、出行难、运货难的状况已得到根本改善。全市公共交通得到了飞跃发展,公交线路由1978年的94条,1631.7公里,达到2017年底的791条,18882公里。出租汽车在改革开放中得以发展,目前出租车保有量已达到31940辆,从业人员4.5万余人;道路旅客车辆达到8469辆,营运总里程达到15.88万公里。同时,全市还建成了综合交通运输枢纽站7座,实现了多种运输方式的无缝衔接,群众出行零换乘。

承接非首都功能,协同服务能力明显增强。推进重点领域协同发展,交通实现率先突破,交通互联互通加快推进。加快打造"轨道上的京津冀",《京津冀城际铁路网规划》获国家批复;京滨、京唐城际铁路取得国家核准,已开工建设;京台高速天津段建成通车,唐廊高速天津段主体工程基本完工,G103天津段拓宽改造开工建设;京津冀公共交通"一卡通"在12个城市实现互联互通。

依法行政,服务群众,服务企业,行业管理更加规范。改革开放以来,天津市交通行业管理,坚持"依法行政,以人为本,服务发展,改革创新"的原则,将依法作为前提,将服务作为基础,组织起草制定了公路、城市道路、道路运输、港口水运、公共交通、工程建设等领域的地方性法规,市政府规章和行政规范性文件60余件,基本形成了以交通运输领域国家相关上位法为基础,以地方性法规为骨干,以行政规章和行政规范性文件为补充的四级法律规范体系。在改革开放的实践中,天津市健全完善了全市综合交通管理体制,规范了行政审批流程,最大限度地减少自由裁量权,形成全事项、全过程、全环节的标准化审批。坚决地、毫无保留地下放应该由下一层级办理的行政审批事项23项,进一步方便了群众,方便了企业,减少了环节,提高了效率。全面深化投融资体制改革,按照"中央支持,市级统筹,区级负责"的原则,构建了事权清晰、权责一致的农村公路三级投资体系。加强行业标准化建设,用行业标准规范行业管理行为,用规范的行业管理保证行业标准的实施。近年来,在工程建设、公路工程、轨道交通、交通运输等四个方面建立地方性标准58项,有力地促进了行业管理的标准化、规范化。

坚持创新引领,交通科技成果更加丰硕。改革开放以来,特别是近十几年来,城市交通运输行业自主创新能力不断增强,人才结构持续优化,产、学、研、用各个环节相互衔接,交通科技充满活力。截至2018年,全市交通行业共取得科研成果近2000项,其中达到国内领先水平的成果达1200项,获得部、市级科技奖项的有600余项。

加强国际合作交流,开放成果更加明显。进一步扩大开放力度"引进来",天津交通集团与日本三八五株式会社建立了员工培训的长效机制,此项活动已坚持三十余年;天津长途汽车公司与韩国大宇株式会社合资建立了津宇长途客运公司;天津公交集团与西班牙阿尔莎集团合作建立了天津阿尔莎公司;天津交通集团与西班牙阿尔莎集团合资建立了通莎客运公司,取得了良好的经济和社会效益。进一步加大对外合作"走出去",天津市市政工程设计研究院主动投身"一带一路"建设,先后与东南亚、西亚、非洲、南美洲等10多个国家开展了国际合作项目。

坚持党要管党,从严治党,党的建设全面加强。改革开放以来,特别是党的十八大以来,自觉以习近平同志为核心,交通运输系统各级党组织认真学习贯彻习近平新时代中国特色社会主义思想,牢固树立"四个意识",坚决做到"两个维护",按照市委的统一要求部署,把政治建设放在首位,推动十九大精神进机关、进学校、进场站、进车船、进班组、进服务窗口、进执法站点、进网站,加快提升党员群众的思想政治素质。全面落实党委主体责任,建立了党委负主体责任,党委书记第一责任,党委成员一岗双责,纪检监察部门负监督责任,党务部门负直接责任的党建工作责任体系。用制度保障和提升党建服务大局的工作质量和水平,行业精神文明建设得到加强。全行业干部职工努力践行社会主义核心价值观,"人便于行,货畅其流,服务群众,奉献社会"的行业价值观正在深入人心并付诸行动。近年来,天津交通系统有7个单位获得第五届全国文明单位称号,16个单位获得市级文明单位称号。

改革开放40年,特别是十八大以来,以习近平同志为核心的党中央高举改革开放旗帜,闯难关、涉险滩、啃下硬骨头,全面布局,协同推进,推动党和国家的事业迎来了历史性的变革。天津交通运输改革开放所取得的成就,首先得益于以习近平同志为核心的党中央的英明决策和正确领导;得益于天津市委、市政府的精心领导、精心组织、精心安排、精心推动;得益于交通运输部的顶层设计,统筹安排,大力支持;得益于交通行业干部职工的解放思想,勇于探索,大胆实践。

二、推进基础设施建设,交通承载力更强

(一)铁路建设快速发展

天津铁路枢纽是我国北方重要铁路枢纽之一,地处津山、京沪、京九三大普速铁路干线和京津城际及延伸线、京沪、津秦、津保五大高铁的交汇处,是关内外铁路交通的咽喉,担负着繁重的旅客和货物的集散、中转任务。改革开放40年来,面对艰巨繁重的发展任务和严峻复杂的困难挑战,在中国铁路总公司和北京局集团有限公司的正确领导下,天津铁路干部职工迎难而上,开拓创新,攻坚克难,加速铁路建设,取得显著成效。辖区已建成铁路25条,营业里程达1212公里。其中,高速铁路5条,运营里程355公里;普速铁路20条,运营里程857公里。

1.加快路网建设,提升枢纽能力

1988年天津铁路枢纽改造工程竣工,扩建了天津客站和南仓编组站,增建了北环二线,新建了南曹联络线,提升了天津铁路枢纽的客运能力和编组能力。1996年津霸联络线开通,实现了京九线引入天津铁路枢纽,开辟了天津直达华中、华南的运输通道。2001年蓟港铁路开通,成为西煤东运的又一通道。2004年南仓东疏解工程完工,彻底解决了津山、京沪干线间客货运输联络困难的问题。

2.加快高铁建设,提升运输能力

2008年8月1日京津城际铁路开通,成为我国第一条设计时速350公里的城际高速铁路;2011年6月30日京沪高铁开通,成为当今世界标准最高的高速铁路,此段线经由天津南站;2013年12月1日津秦高铁开通,成为东北联通华北、华东的主要通道;2015年9月20日京津城际延伸线开通,持续推进了京津冀交通一体化;2015年12月28日津保高铁开通,成为天津通往中西部地区的便捷通道。天津高铁已形成"十字形"四通八达的架构,大大提升了铁路运输能力。

3. 加快疏港铁路建设，提升疏港能力

2016年6月28日进港主线机中铁天津港集装箱中心站开通运营，实现了天津港集装箱海铁联运功能布局的全面升级，形成了新的国际集装箱运输快速通道，提升了国内集装箱发运和接卸能力。2017年6月30日天津大北环铁路开通，2017年12月1日天津西南环线开通，共同形成了半环状集疏港铁路大通道。此外，在建的南港铁路将极大地提升南港对外集疏运能力。

4. 加快场站建设，提升保障能力

改革开放以来，特别是近几年来，天津相继建成天津站、天津西站等一批综合交通枢纽站以及天津南站、武清站、军粮城北站、滨海站、滨海北站、塘沽站、于家堡站等一批高铁中间站。同时建成了天津大功率机车检修基地，机务整备、检修设备设施持续增强；建成并投产天津动车用所，形成10线20列位检查库线、50条存车线检修能力；完成天津车辆段车轮车间扩能改造，实现货车轮轴月均检修能力达2000条，日均生产能力达100条；客车轮对自动化流水线生产能力日均达到20条。

（二）公路建设突飞猛进

1978年初，全市公路通车总里程为3391公里，其中干线公路961公里，县社公路2184公里，专用公路146公里。2017年底，公路通车总里程为16532公里，其中干线公路3855公里，农村公路11692公里，专用公路985公里。基本形成了"布局合理、层次分明、干支协调、衔接顺畅"的公路网体系，既确立了天津在全国的公路主枢纽地位，又提供了天津以及京津冀、环渤海地区赖以发展的交通基础设施保障。

1. 高速公路建设快速超前

1993年，我国第一条跨省市高速公路——京津塘高速公路建成通车，这是我国第一条经国务院批准并部分利用世界银行贷款建设，第一条按照国际标准、进行国际招标、遵照国际咨询工程师联合会（FIDIC）条款实施建设的高速公路。1995年，津沧高速公路建成通车，这是天津自行设计和施工的第一条高速公路。截至2017年底，天津市高速公路总里程达到1248公里，密度为10.5公里/百平方公里，位居全国第二。构成"九横六纵"网络格局，其中"7918"国家高速公路网天津段全部建成，形成京津"1小时"交通圈、京津冀"3小时"交通圈。

2. 普通公路建设完善提升

1987年，按一级公路技术标准新建71公里长的天津城市外环线顺利建成通车。之后，集中修建了16条、全长842公里的普通干线公路。普通干线公路的规模和技术等级都有了大幅提高。截至2017年底，普通干线公路总里程达到2607公里，二级及以上比例为95.5%，其中普通国道二级及以上比例为98.3%，普通省道二级及以上比例为93.8%，均位居全国第四。

3. 农村公路建设力度加大

改革开放以来，天津市按照国家关于乡村公路"民办公助、民工建勤、自建自养"的政策，采取以"干线带支线，县乡连通、乡村相连、一村一路"的办法，大力兴建乡村公路，20世纪80年代基本实现了行政村村村通公路。自2010年公路管理体制改革后，天津市加速了农村公路建设的步伐，至2012年在全国率先实现了自然村村村通油路。截至2017年底，农村等级公路比重达到100%，乡镇通达率、通畅率、建制村通达率、通畅率均达到100%。

(三)港口建设硕果累累

天津市是北方最大的港口城市,天津港是中国最大的人工深水港,腹地广阔,服务辐射范围涵盖京津冀以及中西部地区14个省区市,总面积达500万平方公里。天津港的发展,完全是改革开放的硕果。1984年6月,天津港完成了"双重领导、地方为主"的管理体制改革,实现了"以港养港、以收抵支"的财政政策,这无疑为天津港的腾飞注入了活力,插上了翅膀。

1.港区建设跨越发展

改革开放前,天津港只有北疆港一个港区。经过40年的拼搏进取,接续努力,现在,天津港已拥有北疆港区、东疆港区、南疆港区、大沽口港区、高沙岭港区、大港港区、北塘港区和海河港区8个港区。截至2017年底,天津港沿海主要规模以上港口码头泊位已达160个,其中,万吨级以上泊位123个。高等级深水航道3条,分别为天津港主航道(新港航道)30万吨级,大沽沙10万吨级航道及大港港区10万吨级航道。

2.专用码头加速发展

改革开放以来,特别是1994年以来,天津港加快了专用码头建设,实现了专业化装卸。

1994年完成了天津口岸国际集装箱运输系统(多式联运)工业性试验,为天津港集装箱业务开辟了新渠道。

2000年,天津港第一个焦炭专用泊位在南疆港区建成使用。

2001年,世界最大最现代化焦炭泊位在天津港南疆港区建成使用;南疆煤码头(南疆7、8段)通过验收,通道通过能力达到1000万吨;建成接卸第五代、第六代集装箱船舶专用码头。

2004年,南9、10号泊位完成专业化扩能改造,通道通过能力从1000万吨提高到2300万吨;天津港东突堤北侧码头集装箱化改造完成。

2005年,天津港北港池滚装码头竣工投产,标志着我国北方第一座专业化滚装码头正式启用;天津港大沽区港区液体化工码头正式打桩。

2006年,天津港南疆11号泊位20万吨级铁矿石码头建成。

2006年12月,"黄万铁路运营暨神华天津煤码头试运行典礼"隆重举行。神华天津煤炭码头是天津港地区第一个纯铁路运输的自动化专业煤炭码头,对于改善环渤海地区铁路网布局,促进铁路沿线地方经济发展,加强港口间联系,缓解华东及沿海地区能源紧张状况均具有重要意义。

同年12月,天津港"北煤南移"工程告竣。

2007年,天津港25万吨级航道工程竣工。12月,全国第一座工作船专用码头——天津港东突堤东侧(横头)工作船码头竣工,结束了天津港在海港没有专用工作船码头的历史,吞吐量突破3亿吨。

2008年,天津港——满洲里过境集装箱班列正式开通。同年,天津港30万吨级原油码头建成投产,是天津港进一步提高泊位等级,向更大型化发展的重要工程,也是天津100万吨乙烯项目的重要配套设施。

2009年,时任中共中央政治局常委、书记处书记、国家副主席习近平视察东疆保税港区和临港工业区。同年,天津开发区、大港区、天津港集团签署协议,共同组建天津市南港工业区开发公司。

2010年,天津国际邮轮母港正式开港,并迎来第一艘国际豪华邮轮——歌诗达"浪漫号"的中国首航。

2011年,大沽区港区首艘10万吨级货轮靠泊成功。"金洋69轮"安全靠泊大港港区建材码头,南港工业区迎来首艘货轮。

2012年,大港港区通用码头1—4号泊位正式投入使用。

2013年,天津港南疆26号铁矿石码头投产。本项目是继天津港30万吨级原油码头后又一个高等级、专业化码头项目。适应天津港矿石吞吐量的快速增长达到港船舶大型化趋势需求,实现天津港北矿南移战略目标及南疆港区规划和功能定位,保证天津港的可持续发展。

同年,南疆中海油天津浮式LNG码头建成试投产,该项目是我国目前比较成熟的清洁能源项目,是天津市"十二五"规划重点项目,是天津市发展天然气产业、改善能源结构的重大能源战略工程,对缓解京津冀区域能源供需矛盾,优化能源消费结构,促进产业结构升级,实现节能减排目标,具有十分重要的意义。

2013年底,天津港国际邮轮码头二期工程完工,进一步完善了东疆港区整体功能配套及邮轮母港区域功能,扩大邮轮码头作业规模及业务范围。

2014年,中海集团在天津港举办世界最大19100TEU集装箱船"中海环球轮"首航天津港仪式。

2018年初,中石化天津液化天然气(LNG)接收站项目投产运行,是贯彻执行国家发改委"迎峰度冬能源综合供应保障"专题会议的完美实践,同时对确保京津冀鲁地区供气安全,优化环渤海地区能源结构,改善空气质量,优化生态环境,促进区域经济和社会可持续发展提供了可靠的能源保证。

3.深水航道着力发展

2001年8月,天津港十万吨级深水航道一期工程通过验收,设计深度-13.9米,可满足第五、六代集装箱船乘潮进出港。

2002年6月,天津港十万吨级航道二期工程竣工,航道总长28.8公里,设计底宽210米,水深-14.6米至-14.8米,进一步提高了港口航道的通航能力和等级。

2007年12月,天津港25万吨级航道工程竣工。航道水深达-19.5米,底宽315米,可接卸30万吨级船舶进出港,满足第六代集装箱船双向通航要求。这一航道的建成,标志着天津港已经成为我国最大的人工港,跻身国际深水港之列。

2013年,天津港10万吨级大沽沙航道试通航启动仪式暨新闻发布会在天津临港经济区航运服务中心顺利举办,确定10万吨级大沽沙航道通航标准正式通过,并于2014年1月1日起正式实施。同年,天津港大港港区10万吨级航道工程开工,2018年2月,该工程竣工,实现了大港港区深水航道通航。

2014年,天津港30万吨级航道暨复式航道正式启用。

4.邮轮产业逐步壮大

天津港国际邮轮母港码头位于东疆港区南外堤南侧,建设两个大型邮轮泊位和5.8万平方米的客运大厦,码头岸线长625米,码头顶面高程+6.0米,码头前沿设计水深-11.5米,可停靠目前世界上最大的邮轮船舶,设计年旅客通过量为50万人次。工程总投资12.9亿元,于2010年6月建成投产。

天津港国际邮轮码头二期工程位于东疆港区邮轮码头东侧,水工部分拟建设2个客运泊位,码头岸线长度442米,码头结构按最大可停靠22.35万总吨客轮设计,同时兼顾滚装业务。项目建成后新增滚装汽车吞吐量10万辆/年,转移原邮轮码头集装箱6万TEU/年,旅客42万人/年。项目2013年底完工,进一步完善了东疆港区整体功能配套及邮轮母港区域功能,扩大邮轮码头作业规模及业务范围,适应大型邮轮及汽车滚装船多样化发展趋势,满足天津港滚装及客运业务发展需求,保证邮轮码头公司的可持续发展。

近年来,天津市邮轮运输实现快速发展,2017年天津港国际邮轮接待艘次、客流量、母港航线运营邮轮艘数均创造了历史新纪录,2017年邮轮旅客吞吐量达94.2万人次,歌诗达和地中海两家邮轮公司实现在天津母港航季全年运营,并成功开辟国内首个46天环南太平洋超长航线,进一步提高了天津邮轮母港在业内地位和美誉度。

(四)机场建设实现突破

改革开放以来,天津机场同全国民航一样,经历了三次大的体制改革,于2001年4月28日注册成立全民所有制企业"天津滨海国际机场",2002年12月28日,天津机场加入首都机场集团公司,成为首都机场集团公司的全资子公司。

1.候机楼规模成倍扩大

改革开放前的1978年,天津机场的候机室仅有640平方米,根本无法适应天津经济发展的需要,也与天津直辖市的地位极不相称。改革开放后的1979年,天津机场建成了5500平方米的航站楼,但仍然无法满足全市经济发展的速度。1990年又将原航站楼改造为2.6万平方米的候机楼和1.5万平方米的现代化货库。2008年4月28日,建成了11.6万平方米、旅客吞吐能力达1000万人次的具有现代水平的T1航站楼。2014年8月28日,天津机场又建成了24.8万平方米、旅客吞吐能力可达1500万人次的T2航站楼。至此,天津机场的候机设施由改革开放前的640平方米剧增至36.4万平方米,达到2500万人次的规模。

2.跑道建设创造纪录

改革开放前至2008年,天津机场仅有一条跑道供飞机起降。随着天津市经济建设的快速发展,特别是欧洲A320空客总装线的引进和大飞机的试飞,急需建设第二条跑道。从2008年8月至2009年4月,二跑道建设者克服了建设资金、建设原材料、选址征地、规划设计、地上物迁移等诸多难以想象的困难,在外国专家认为不可能建成的期限内,仅用9个月时间,就建成了Ⅰ类精密进近跑道,经验收合格后于2009年5月交付使用,创造了民航跑道建设史上的"天津速度"。第二跑道的交付使用,使天津机场成为国内少数几个具备双跑道独立运行条件的大型机场之一。

3.保障设施建设更加完善

改革开放以来特别是最近几年,天津机场在加大对航站楼建设的同时,也进一步加大了相关保障设施的建设。目前,站坪面积达111万平方米,可同时停放各类飞机125架;现代化货库3座,建筑面积共计7.2万平方米;包括油库、输油管线、航空加油站在内的配套供油设施,目视助航条件分别为Ⅰ类(西跑道)、Ⅱ类(东跑道)的精密进近灯光系统。2015年实施完成了公务机楼改造,总面积为2830平方米,可全面满足保障公务机业务年起降4730架次的需要。

在改革开放中前行,在改革开放中发展,天津机场实现了"双区、双楼、双跑道"运营模式,实现了从规模到品质的跨越。

(五)邮政建设稳步推进

天津邮政在改革开放中迎来了多次重大改革。1999年1月邮电分营,政企分开;2007年11月,中国邮政储蓄银行天津分行成立;2009年9月中邮保险挂牌成立;2009年12月速递物流改制;2016年9月邮储银行香港上市。伴随着邮政改革改制,邮政基础设施建设也在同步推进。

1.局房改造升级

改革开放之后的1987年,天津邮政通信枢纽工程开工建设。该工程为国家大中型重点建设项目,占地面积27901平方米,总建筑面积42048平方米,由通信生产楼、办公营业楼和综合服务楼3幢建筑及地下邮运通道组成,是中国当时规模最大的邮政通信枢纽。2006年6月,天津邮件处理中心暨邮政汽车运输中心竣工投产。

2.加大科技投入

在推进基础设施建设的过程中,邮政建设也加大了科技含量。1995年6月,从比利时引进的OVCS信函自动分拣系统正式投入运行,每小时分拣信件可达3万多件,比人工最快分拣速度提高15倍。

2015年9月,邮政智能报刊亭亮相津门。可为客户购买报刊、彩票,交电话费、有线电视费,为游戏卡充值、为电动车充电,还可与亭身的智能屏实时互动,浏览查阅旅游导览、天气预报、政府信息、邮政业务、公交线路等。

2016年起,邮政投递实现了科技管控,提高了管理效率。统一安装投递网点监控视频系统,启用了特殊包裹(内装"邮件定位器"),规范了工业级掌上电脑(PDA)设备使用。

3.推进网点建设

改革开放前的1978年,全市邮电局所仅为94处。1981年至1985年,全市新建和扩建的局所125处,截至2017年,全市邮政局所总数达到418个,其中农村局所166个。自办局所353个,代办所65个,邮政储蓄点285个,信筒、信箱3214个。

(六)城市交通基础设施建设发展迅猛

改革开放之前,天津市城市经济较为脆弱,交通基础设施建设很不完善,发展相对滞后。当时天津市的市区道路总面积仅为731万平方米,桥梁97座,地铁1条,运营里程7.4公里。

改革开放为天津市城市交通基础设施建设注入了动力,带来了活力,天津交通基础设施呈现出迅猛发展的良好态势。1985年以来,天津市区内环线、中环线、外环线先后开工建设,"三环十四射"干道路网架构基本形成,完善了中心城区快速路网骨架,打破了百年来市区南北不畅、东西不通的旧道路网络格局。

2000年以后,天津市加快中心城区快速路系统建设,形成快速路、主干路、次干路、支路等各种等级道路,组成新的城市快速路网体系。截至2017年底,天津市城市铺装道路长度7941公里,道路面积14742万平方米;中心城区快速路累计通车长度达到289公里,城市桥梁244座,立交桥70座。

改革开放以来,特别是近几年,天津的轨道交通建设有了长足发展。2017年底,全市已开通地铁1、2、3、6号线和津滨轻轨(9号线),共计5条线路,运营里程182公里,日均客运量超过百万人次,地铁5号线于2018年10月开通,运营里程达到217公里覆盖全市11个行政区域,极大地促进了我市经济社会的发展,方便了人民群众的出行。

三、运输服务安全优质,人民群众更加满意

天津是老工业城市,城区内街道狭窄,河流纵横,人口集中,交通多有不便。当时,天津市道路运输的运力结构是以人力三轮车、畜力车、拖拉机、机动三轮车为主,汽车主要集中在专业运输企业,形成了"一家独大"的局面,使得天津市道路运输业发展缓慢,货物运输难,群众出行难,即是当时天津交通的真实写照。"方向盘"也成了当时人民群众反映的热点问题之一。改革开放以来,按照国家"有河大家走船,有路大家走车"和"全民、集体、个体一起上"等交通政策的实施,打破了原有专业运输企业"一家独大"的局面,出现了全民办交通,百舸争流的大好形势。

随着交通基础设施的改善,运力结构的调整,运输装备的提升,运输服务的改进,做到了"人尽其行,物尽其流",群众出行难、运货难的问题得到了根本改善,群众对交通服务的满意度逐年提升。

(一)客运服务安全准时便捷

改革开放以来,特别是近年来,天津市认真贯彻习近平总书记"牢记使命、不忘初心"的教导,始终把让人民群众"走得了、走得好、走得安全"作为我们公共交通的基本要求,以此为据,在铁路客运、长途客运、城市公交和出租车行业中实行了标准化服务、标准化管理的模式。

1.铁路客运

铁路完善了客票系统,实现了实名制购票、实名制挂失补票,推出全国通退通签,实行阶梯退票费率。互联网售票全面投入使用,推出"铁路12306"APP,网上日均售票占比73.9%,客流高峰期所占比例达到84.2%。

2.道路旅客运输

截至2017年底,全市道路旅客运输企业194家,客运车辆8469辆,开通线路617条,拥有城乡公交线路18条,通车总里程达到15.88万公里。辐射全国18个省(市)、自治区的112个地级市和480个县级市。全市共有客运场站20座,其中一级客运站6个、二级客运站4个、三级客运站4个,四级及以下客运站6个。全市2017年累计完成公路旅客运输量12538万人次;旅客周转量728264万人公里。开通滨海国际机场至市区、北京八王坟、唐山、廊坊等多条滨海国际机场至京津冀地区客运班线。

3.城市客运

1978—2018年间,天津公共汽车行业从市场规模、经营管理、运营服务质量诸方面都发生了巨大的变化。按照1996年市政府批转的《关于进一步深化公交体制改革的方案》,引进社会资金,实现了全社会办公交的生动态势,彻底改变了公交独家经营的垄断局面,进而解决了市民"乘车难"问题。截至2017年底全市拥有公共汽车经营企业12家。运营线路也由1978年的94条,线路长度1631.7千米,增加到791条,线路长度18882千米。中心城区线网密度

2.72千米/平方千米,年客运总量由1978年的63730.4万人次增加到138122.7万人次。1988年全市公共(电)汽车首末站56处,用地面积185277平方米,截至2017年底,我市公共汽车首末站189处,含大寺新家园、天津公交新能源基地等4处公交场站,用地面积772197平方米,实现了多功能、模块化、标志性、现代感,极大地提升了公交场站的功能和形象,改善了群众的候车环境。

截至2017年底,天津市轨道交通已开通1、2、3、6号线和津滨轻轨(9号线),共计5条轨道交通线路,车站118座,运营里程为182公里;日均客运量超过百万人次;全年日均开行1072列次;列车正点率99.93%,运行图兑现率99.99%。

自2008年以来,先后实施离休干部、老年人、残疾人免费乘坐全程票价2元以下公共汽车的政策。2017年,全市累计完成城市客运量17.31亿人次。其中,公共交通完成13.81亿人次;轨道交通完成3.5亿人次。

4. 出租车

目前,天津市共有出租汽车31940辆,其中企业管理的车辆25926辆,个体出租汽车6014辆,从业人员4.5万人。主营出租汽车经营企业61家,出租汽车联众服务中心对出租汽车个体工商户统一纳管。近年来,在出租车行业实行了"统一车型、统一标识、统一服装、统一服务标准"的管理方式,组建了"学雷锋献爱心"小分队;开展了"志愿者"活动和星级车评比活动;完善了出租车调度指挥监控系统,逐步实现电子预约、网上约车等,方便群众出行。

(二)货运服务高效及时安全优质

1. 公路运输

改革开放前,由于运输行业一家独大,唯我独尊,因此社会上称其为"惹不起、靠不住、离不开"的行业,"亏、损、洒、漏、丢"的运输质量问题时有发生。改革开放以来,特别是20世纪90年代以后,彻底改革了交通运输管理体制,激发了全社会的积极性,使多年来的交通"瓶颈"得以解决,铁路无占场、港口无压货。

截至目前,全市道路货运业户共有26089家,道路货物运输车辆17.92万辆。2017年,累计完成公路货物运输量34720万吨,货物周转量3980160万吨公里。特别是在急难险重的任务面前,交通运输始终冲锋在前。1996年,圆满完成了向河北省运送抗洪物资的任务;1998年,圆满完成了向湖北省武汉市运送抗洪救灾物资的任务;2003年,圆满完成了向北京市、河北省、山西省、内蒙古自治区运送抗击"非典"物资的任务;2008年,圆满完成了向四川汶川运送抗震救灾物资的任务。此外,还完成了周恩来总理专机、空客A320大客机的专项运输任务。交通运输系统受到了市委、市政府和有关方面的高度赞扬。

2. 水路运输

改革开放以来,天津的水运企业有了很大的发展。截至2017年底,全市共有水运企业100家,船舶261艘,总吨位4854万吨,水运服务企业769家。2017年,全市累计完成沿海货物运输量8338.50万吨;货物周转量1290.46亿吨公里。2017年,天津港累计完成货物吞吐量50056.05万吨,位居全国第七;累计完成集装箱吞吐量1506.90万标准箱,位列世界第十;累计完成旅客吞吐量97万人次。

3. 铁路运输

天津铁路为方便货主需要,改革了原有的业务受理渠道和方式,实行了多渠道敞开受理的模式,货主可通过电商自助受理、"95306"专线受理、营业厅电话受理、营业厅办理多种方式,随时随地方便快捷地办理货运承运手续,极大地提升了货运办理效率,降低了运营成本。

4. 航空运输

随着改革开放的不断深入,特别是近年来为加速天津民航发展,天津市政府实行了开通新航线政府补贴的政策,极大地调动了机场开办新航线增加新航班的积极性。天津机场通过完善路线网络,创新"空铁联运""空港联运"等方式,不断拓展航线网络,提升航线运行密度,使得机场货运量持续快速增长。2017年,天津机场共执行运输航线196条,通航144个城市;天津机场累计完成起降架次16.53万架次;完成旅客吞吐量2100.5万人次;完成货邮吞吐量26.8万吨。

5. 邮件运输

改革开放以来,邮件运输业务也在改革中前行。1987年以后,采取增添干线运邮车次、增挂自备邮车和自办长途干线自办汽车邮路等措施,服务群众,保证需求。截至2016年底,国内包件840.98万件,国际及港澳包件5.74万件,国内汇票40.99万张,订销报纸期发数83.65万件,订销杂志期发数52.83万件,国内特快专递108.3万件,国际及港澳特快专递2.11万件。

6. 安全运输

改革开放以来,特别是近年来,始终把安全运输摆在首位,作为重中之重的工作。全面实行行业负监管责任和企业负主体责任,实行"一把手"负主责,主管领导负专责,领导班子成员"一岗双责"的安全生产责任制,确保人民群众出行安全。

(三)运输装备大为改观,运力结构更加合理

改革开放前,天津交通的运输装备单一、陈旧、落后。运输车辆多为5吨以下带斗拖车,大型车、集装箱车基本为零,装卸机械更是处于比较原始的阶段,"人拉肩扛滚地牛"司空见惯,铲车、叉车、传送带、门吊等装卸机械少之又少。改革开放吹响了城市运输装备升级换代的进军号,运输装备的提升,为运力结构的调整带来了契机、奠定了基础,使之更加合理。

1. 道路货运

截至2017年末,全市货物运输车辆保有量为17.92万辆,其中危险品运输车辆8141辆;全市货物运输共有集装箱式挂车13424部、大型物件运输车辆377辆;清洁能源及新能源货车保有量共6494辆。组织开展无车承运人试点工作,8家企业被批准为无车承运人试点项目;整合运力资源,促进区域甩挂运输发展。

2. 道路旅客运输

截至2017年末,全市共有道路旅客运输车辆8469辆,其中,包车(旅游)客车7415辆,班线客车1054辆,40座位及以上的车辆共5216辆;清洁能源及新能源客车保有量共1655辆。所有包车(旅游)客车、三类以上班线客车全部安装了符合标准的卫星定位装置。

3. 城市客运

1978年天津市有公共(电)汽车运营车辆1188辆,主要是国产"解放"牌和依卡路斯、道奇、奔驰、贝利埃等牌子的进口老旧车型。随着科技进步和我国装备制造业的发展,公交运营车辆不断更新换代。截至2017年底,拥有公共汽车运营车辆12686辆,其中燃气车辆709辆,纯电动车辆1768辆,混合动力车辆2527辆,新能源和清洁能源车辆共计5004辆,占车辆总数

的39%,空调车达到11154辆。通过车辆更新,全市公交车辆的硬件水平和节能环保水平进一步提升,市民的乘车环境更加舒适环保。

城市轨道运营客车932辆、168列,其中六节编组130列,四节编组38列;从业人员6550人。

出租汽车管理部门结合新能源车辆推广应用,配合汽车生产企业开展宣传、推介活动,引导驾驶员更换节能、新能源车型。全年更新车辆13910辆,其中节能、新能源车型91辆。

4.水运装备

天津新港船舶重工有限责任公司临港造修船基地于2010年造船项目投产,随着2017年11月份公司修船厂最后一家从新港厂区整体搬迁至临港造修船基地,标志着公司整体搬迁结束。天津新港船舶重工有限责任公司是中国船舶重工集团公司下属的驻津国有企业,专业从事船舶制造、修理、海洋工程和陆地装备制造,是天津市重点支持的大型国有企业,也是天津市唯一一家具备船舶修理资质的企业,是天津建设成中国北方航运中心核心区的重要组成部分。

四、依纪依法行政,行业监管更加规范

习近平总书记深刻指出:转变政府职能,深化简政放权,创新监管方式,增强政府公信力和执行力,建设人民满意的服务型政府。

(一)加速体制改革,规范行业管理

改革开放以来,天津市交通体制经历了多次重大改革。交通管理体制的改革、优化,为进一步加强和规范运输行业管理,提供了体制、机制和制度保障。

1.综合交通运输管理沿革

1960年初,组建天津市交通运输委员会,为主管全市交通运输工作的职能部门。

1962年7月,天津市交通运输委员会撤销,由天津市经济委员会主管。

1983年9月,经市委、市政府批准,将市经委的交通运输管理职能剥离,重新组建天津市交通委员会,其职能为统筹、协调全市交通、邮电工作,综合平衡运力、运量,推进联合运输,制定并组织实施交通运输、邮电技术经济发展规划及相应的政策、措施。1992年5月,市联合运输办公室划归市交通委直属领导。

2009年5月,天津市交通委员会改组为天津市交通运输和港口管理局,整合全市公交、出租、长途运输、港口等9个行业,统一优化配置全市交通资源,实行全市交通统一管理。

2010年8月,天津市建设管理委员会更名为天津市城乡建设和交通委员会。

2014年7月,天津市整合市交通运输和港口管理局、市市政公路管理局、市城乡建设和交通委员会相关职能,组建市交通运输委员会,实现了一城一交的综合交通管理体制。

2.公路交通运输管理沿革

天津解放后至1954年2月初,全市公路运输处于多头管理状态。市内短途运输和搬运装卸,由市公用局运输事务所和天津市运输(搬运)公司负责管理,公路长途汽车客、货运等事项,则由华北区(交通部)与河北省部分驻津单位行使管理职能。

1954年2月天津市交通运输管理局成立,公路运输多头管理的局面始告结束。由此至

1970年,天津市交通运输管理局(其间,先后改称天津市公用交通运输管理局、天津市交通局)成为统管全市公路客、货运输和汽车维修、搬运装卸的行政主管机构。

1971年,公路长途汽车客运的经营与管理,移交市公用局。

1993年1月,公路长途汽车客运的经营、管理从市公用局划出,此后即由天津市交通局行使行政管理职能。

1996年4月,天津市交通局改组为市交通运输总公司,仍保留天津市交通局牌子,行政管理权转给市交通委员会,过渡期间,由市交通委委托市交通局行使行政管理权。

2005年,天津市交通局政企分开,改制为市交通集团,由市交通局代管的运政、航运、汽车维修等行政管理职能完全归市交通委,原市交通局管理的运输管理、运政稽查、航运管理、机动车维修管理4个行政管理处室由市交通委直接管理。

3.公路管理沿革

1949年天津市辖区只有市区和塘沽区。市区公路由天津市工务局负责,塘沽区公路由市工务局塘大工程处负责。

1955年河北省将原天津县境的津沽、津德、津盐和津同4条公路移交天津市,由市属东、南、西、北4个郊区管理,业务上接受市市政工程局(原市工务局领导)。

1958年,河北省交通厅撤销京塘国道管理局,将京塘国道自汉沟经天津市区至塘沽区河北路的京塘南段移交天津市,由市建设局管理。

1963年3月,组建天津市建设局郊区公路管理处,统筹天津市郊区公路养护管理工作。

1970年,市建设局郊区公路管理处并入局属市政工程管理处。

1976年,市市政工程局恢复公路管理处,统管全市公路建设和养管工作。

1991年1月,市委、市政府决定,市公路管理处改建为市公路管理局,为副局级单位,隶属市市政工程局,负责全市公路的建、管、养工作。

2007年1月,市委、市政府决定成立天津市市政公路管理局,撤销天津市市政工程总公司(天津市市政工程局)和天津市公路管理局。

2007年7月,天津市公路管理局变更为天津市公路处。

2010年,天津市实施公路养管体制改革,将各区公路处从市公路处剥离,划归所属区领导,同时将区县级公路管理权划归各区县,国、市干线公路由市公路处委托所属区县管理。

4.高速公路管理沿革

1991年7月成立京津塘高速公路管理处,隶属天津市市政工程局领导,由市公路管理局管辖。

1994年12月,组建天津市公路建设发展公司,隶属市公路管理局,其下属合作经营的高速公路公司,基本为"一路一桥一公司"的模式独立经营。

1998年天津市公路建设发展公司从市公路管理局剥离,直属天津市市政工程局领导。2003年11月更名为天津市高速公路投资建设发展公司,2007年归属天津城市基础设施建设集团有限公司管理,2010年更名为天津市高速公路集团。

2001年1月,京津塘高速公路组建华北公司有限公司,京津塘高速由华北公司有限公司经营管理。津滨高速公路、海滨高速公路由滨海新区投资修建,独立经营,由滨海新区主管。

2007年以前,市公路管理局对全市高速公路的管理养护实行行业管理,路政实行派驻式管理。2007年7月组建天津市高速公路管理处,全市高速公路行业管理及路政管理职能由市公路处划归市高速公路管理处负责。

2014年7月,天津市交通运输委员会成立后,市公路处、市高速公路管理处归市交通运输委直接管理。

5.公共客运交通管理沿革

新中国成立以来,天津市公共交通、出租汽车一直归市公用局管理;2000年,市公用局撤销,公共汽车、出租汽车归市建委管理;2010年,市建委将公共客运交通(含出租汽车)管理职责划给市交通运输和港口管理局管理。

1970年地铁筹建工作由市公用局负责,1976年改由市市政工程局领导,2004年市政工程局所属地铁总公司划归市城投集团,地铁管理职能归市建委。2014年7月,轨道交通行业管理和市场监管职能划归市交通委。

6.港口管理沿革

1950年9月,成立交通部天津区港务管理局。

1957年交通部天津区港务管理局改属河北省,1961年又改为交通部直属。

1984年6月起,天津港务局实行交通部和天津市双重领导以天津市为主和"以港养港"的管理体制,港口实行政企分开,港务局代表市政府行使行政管理职能,天津港所属基层单位实行独立经营、独立核算、自负盈亏,成为责、权、利统一的具有法人地位的经济实体。

2003年11月,经天津市委批准,天津港务局将行政职能转交给天津市交通委员会,转制为天津港(集团)有限公司。

2004年6月3日,天津港(集团)有限公司正式挂牌。

2016年7月,成立市港航管理局,为市政府部门管理机构,规格为副局级,由市交通运输委管理。

(二)加强法治建设,规范执法行为

随着改革开放的不断深化,交通法治建设不断得到强化。逐步建立完善了立法项目的征集、起草、论证、协调、审议的工作机制,进一步提升了立法工作的透明度和公众参与度。先后组织起草制定了公路、城市道路、道路运输、港口水运、公共交通、工程建设等领域的地方性法规、市政府规章和行政规范管理文件60余件。基本形成了以交通运输领域国家相关上位法为基础,以地方性法规为骨干,以行政规章和行政规范性文件为补充的四级法律规范体系,为全市交通运输事业健康持续发展提供了有力的法治保障。

在做好立法工作的基础上,坚持不间断地进行普法教育,建立了普法领导小组和办事机构,明确了相关责任、考核机制。自1986年起,全市交通运输行业已组织实施了七个"五年"普法规划,累计举办不同层次的骨干培训班、法律知识讲座900余次,大型法律咨询活动140余次,发放普法宣传资料30余万份,对依法决策、依法行政、依法办事能力的提升,起到了基础的作用。

在全面进行普法教育的基础上,着力加强了行政执法的监督工作,成立了专门的监督部门;制定了《天津市交通运输行政执法监督规定》《天津市交通运输行政执法监督平台管理办法》,创新建立了《执法监督通知书》制度,从而严格规范了行政执法行为。特别是针对行政执法自由裁量权行使,制定了《天津市交通运输行政处罚自由裁量基准》,按照公路路政、城市道路、道路运政、港口水运、安全监督、工程建设、公共交通、交通战备等八个方面设置了对违法行为处罚的裁量基准,减少了行政处罚的随意性。同时将信息化引入到行政执法中来,建立了行政执法综合管理信息系统,积极推进网上办案,广泛应用了执法记录仪和POS机,使交通行政执法更加规范化。

(三)加大放权力度,服务行业发展

1.转变政府职能,深化简政放权,关键是一个"放"字

天津市交通运输委近年来承接了交通运输部下放事项13项,分别是:①外商投资道路运输业立项审批;②水运工程监理乙级企业资质认定;③水运机电工程专项监理企业资质认定;④水路运输、水路运输辅助业经营许可的子项省际普通货物水路运输许可;⑤港口、航道及其设施等水运建设项目竣工验收(国家重点水运建设项目竣工验收);⑥港口经营许可的子项经营港口理货业务许可;⑦建设工程施工许可的子项公路建设项目施工许可(国家重点公路工程施工许可);⑧船员适任证书核发;⑨海事船舶管理许可的子项船舶油污损害民事责任保险证书或者财务保证证书核发;⑩水运工程监理甲级企业资质认定;⑪水路运输、水路运输辅助业经营许可的子项外资企业、中外合资经营企业、中外合作经营企业经营中华人民共和国沿海、江河、湖泊及其他通航水域水路运输审批;⑫暂不列入行政许可事项"危险化学品水路运输人员从业资格认定"和"港口危险货物装卸、过驳作业许可及相关从业人员资格认定"的子项"港口危险货物运输驾驶员、装卸管理人员、押运人员资格、集装箱现场检查员资格认定"(危险化学品水路运输人员资格认可);⑬港口、航道及其设施等水运建设项目竣工验收(地方人民政府审批或核准的港口设施和航道及其设施建设项目竣工验收)。

下放或委托下放给区县(不含市内六区)的行政审批事项23项,分别是:①在公路上行驶履带车和其他可能损害公路路面运输机具许可;②水路运输企业审批;③水路运输服务企业审批;④道路旅客运输及班线经营许可;⑤船舶进出港口许可;⑥船舶国籍证书签发;⑦船舶安全与防污染证书、文书核发(地方海事局主体);⑧船舶国籍证书核发(地方海事局主体);⑨船舶进出港口许可(地方海事局主体);⑩防治船舶污染港区水域作业许可(地方海事局主体);⑪海事签证(地方海事局主体);⑫水上拖带大型设施和移动式平台许可(地方海事局主体);⑬通航水域岸线安全使用许可(地方海事局主体);⑭通航水域水上水下施工作业许可(地方海事局主体);⑮通航水域内沉船沉物打捞作业审批(地方海事局主体);⑯通航水域禁航区、航道(路)、交通管制区、锚地和安全作业区划定审批(地方海事局主体);⑰船舶安全与防污染证书、文书核发;⑱水上拖带大型设施和移动式平台许可;⑲通航水域内沉船沉物打捞作业审批;⑳外商投资道路货物运输立项许可(不含危险品运输);建设港口设施、使用非深水岸线许可;客运出租汽车经营资格证件核发;公路、水运工程监理企业资质认定。

2.规范审批流程,提高审批效率,关键是一个"快"字

随着改革开放的深化,天津市交通运输行政审批事项已全部进入市行政许可服务中心,纳入"天津市行政许可服务与绩效管理系统"。每个行政许可事项,从接件、受理、审核、审批等各个环节均确定具体人员,按照承诺办结时限分解锁定各个阶段时间,全面规范了行政许可办理程序,细化量化审批各个环节的内容标准,形成全事项、全过程、全环节的标准化审批。

审批事项、办事指南、办理部门、处理时限等均在市行政许可服务中心公示。按照市行政许可服务中心相关要求,到2017年行政许可事项承诺办理时限在法定时限基础上压缩了40%左右。

(四)加快农村公路投资体制改革,构建多元长效机制

随着改革开放的不断深化,全市农村公路建设资金渠道单一的矛盾逐步呈现出来,为解决这一矛盾,天津市政府印发了关于我市创新农村基础设施投融资体制机制实施方案。据此,天津市于2017年制订了《关于我市创新农村公路投融资体制机制的实施方案》,明确了"到2020年,全市主体多元、权责明确的农村公路投融资体制基本形成,农村公路建设管理水平明显提高,农村公路条件明显改善"的主要目标。

在责任划分上,按照"中央支持、市级统筹、区级负责"的原则,构建事权清晰,权责一致的农村公路三级投入体系。明确区政府为农村公路投融资建设的责任主体,并鼓励社会资本和农民参与。

在支持方式上,充分发挥各区政府投资撬动引导作用,采取投资补助、资本金注入、财政贴息、先建后补等多种方式支持农村公路建设。鼓励将农村公路与产业文化旅游、生产生活生态同步开发和建设,实现一、二、三产业深度融合、互促互利。将农村公路管理机构经费纳入各区政府的一般公共财政预算。推广"建养一体化"模式。

探索建立全过程、多层次的农村公路建设项目综合评价体系。对具备条件的项目,通过公开招标、邀请招标、定向委托、竞争性谈判等多种方式选择专业化的第三方机构,参与项目前期论证、招投标、建设监理、效益评价等,建立绩效考核、监督激励和定期评价机制。

(五)加快标准化建设,规范交通经营行为

在改革开放的进程中,天津越发意识到,道路交通行业的标准化建设势在必行,迫在眉睫。近十年来,天津在这方面下了功夫,做了大量工作。初步形成了交通运输行业地方标准,共计58项,分为工程建设、公路工程、轨道交通、交通运输四个方面。其中天津市工程建设地方标准共19项,对市政道路工程、桥梁工程、混凝土技术、快速路、高速公路、沥青路面、人行道等方面的技术施工做了规范;天津市公路工程地方标准共23项,主要涉及公路沥青路面、交通标志设置、路基、城市隧道、公路绿化、公路桥梁等方面,对这些技术做了严格规范和详细的施工指导;轨道交通地方标准共4项,分别为城市轨道交通公共信息导向标识系统设置规范、城市轨道交通自动售检票系统技术标准、轨道交通运营安全管理规范和城市轨道交通运营服务规范,这4项标准规范了城市轨道交通运营管理,保障了城市轨道交通运营安全,维护了乘客和运营单位的合法权益,促进了城市轨道交通行业健康发展;运输服务地方标准共12项,对机动车维修服务、高速公路联网收费、高速公路监控、高速公路通信、公共汽车服务等方面做了规范及要求。

五、加快科技创新步伐,交通科研成果丰硕

习近平总书记强调指出:创新是引领发展的第一动力,是建设现代化经济体系的战略支撑。改革开放40年来,天津市紧紧抓住"科技兴交"这一课题,不断加快科技创新步伐,通过

创新科技体制,引进领军人才,提升科研能力等改革措施,取得了多项重大科研创新成果。

(一)加快科技创新体制改革

改革开放以来,全市交通运输行业始终坚持以经济建设为中心,牢固树立科学技术是第一生产力的指导思想,在以知识经济为代表的科学技术促进交通运输事业进入全面实现现代化发展的进程中,科技创新体制的完善、优化对促进行业发展发挥了重要作用。自20世纪90年代开始,天津市交通运输系统出台了一系列鼓励创新、人才引进的激励政策,如进入市政公路系统的博士生、硕士生可享受县团正、副级别待遇。与此同时,积极拓展科研经费来源渠道,不断完善科研项目管理制度,大力推进新技术开发应用基地建设,加快先进技术设备、装备的研发与引进,诸多政策为科技创新工作的快速发展奠定了坚实基础。

40年来,天津市交通运输行业自主创新能力不断增强,人才结构持续优化,产学研用各单位不断加强合作交流,科技工作充满活力。截至2018年,取得了近两千项科技成果,其中达到国内领先水平以上的成果超过1200项,获得部、市级各类科技奖项600余项。诸多科技成果应用于全市公路、港口、交通场站建设,为永和大桥、京津塘高速公路、天津港高桩码头等数十项重大工程的顺利实施提供了强有力的技术支撑作用。

(二)加强科研能力建设

改革开放40年来,天津市交通运输系统不断加强科技创新平台建设,取得了显著成效。在公路、桥梁、水运等交通领域成立了港口水工建筑技术国家工程实验室、国家水路绿色建设与灾害防治国际科技合作基地、中国—印尼港口建设和灾害防治联合研究中心、国家水运工程检测设备计量站等4个国家级科研平台,路桥技术工程中心、桥梁结构安全与耐久性国家地方联合共建工程实验室、基础设施耐久性企业重点实验室、桥梁工程企业重点实验室、港口岩土工程技术重点实验室、水运工程测绘技术企业重点实验室等7个天津市科研平台,工程泥沙重点实验室、水路交通环境保护技术重点实验室等5个部级科研平台,以及3个博士后科研工作站和2个院士专家工作站。依托这些重点科研平台建立了以科技创新为引领的产学研一体化科技创新机制,为重大创新成果的产出、专业人才的培养提供了良好的平台。

同时,在人才建设方面也取得了良好成效,造就了一大批高端领军人才和专业技术人才。共有12人次获得国家级人才称号,70余人次获得省部级人才称号。其中包括中国工程院院士1名、全国工程勘察设计大师3名、全国水运工程勘察设计大师3名、全国水运工程建造大师4名、国家百千万人才工程人选2名、交通运输部新世纪十百千人才工程第一层次人才1名、交通运输部十百千青年科研人才1名、交通青年科技英才6名等。人才的培养为重大科研及重大工程研究提供了不竭动力,形成了公路、桥梁、水运等交通专业领域的领军人才摇篮。

(三)加紧科研成果转化应用

1.道路工程方面

改革开放40年来,全市交通运输系统认真贯彻落实党中央、国务院科技创新重大战略部署,实施科技兴交战略,推进产学研用结合,自主创新能力显著提升,形成了一批创新成果,为公路建设、养护跨越式发展起到了强大的支撑作用。

(1) 高等级公路软土地基、盐渍土路基处理技术

自1989年修建京津塘高速公路开始,针对天津软土、盐渍土特点,研究了氯盐渍土改良利用技术、泡沫轻质土处理软土技术、强夯加固技术、土壤固化剂处治盐渍土技术、软土地基强度随固结变形增长规律等,研究并提出了软土路基沉降计算方法、复合地基设计方法。这些新技术、新工艺、新材料在京津塘高速、唐津高速、津晋高速、京沪高速、津滨高速、秦滨高速等数条高速公路广泛应用,在减少工后沉降、保证路基稳定、加速施工进度等方面取得良好效果。

(2) 高等级公路沥青路面材料与结构设计技术

随着时代的发展和社会的进步,高等级公路的路面材料与结构设计从过去单纯的沥青碎石上加铺沥青混凝土的传统做法,逐渐发展为采用多种不同功能的材料结构。近年来,先后研究了基于GTM的沥青混合料设计方法、SMA配合比设计方法、高性能沥青混合料施工技术、废轮胎胶粉改性沥青技术、半刚性基层抗裂技术、高钙粉煤灰基层施工技术、振动成型法水泥稳定碎石混合料配合比设计等一系列路面材料创新成果,不断改进和完善了路面材料设计方法和施工工艺,显著提高了路面使用性能和耐久性指标。

(3) 路面检测、病害诊断与养护技术

先后引进自动弯沉测定车、落锤式弯沉仪、地质雷达、瑞雷波、动力贯入仪、多功能路况检测车等快速无损检测设备,对路面结构性能进行检测评价。研究建立道路预防性养护决策体系,研究改进改性乳化沥青及微表处技术、沥青面层维修工艺、灌缝工艺,形成了公路沥青路面预防性养护技术规程。研究了沥青面层、基层和底基层材料再生技术,应用于全市多条高等级公路养护工程,公路废旧材料再生利用率显著增加,逐步实现高速公路资源的循环利用。

先后开发了高速公路路面桥梁管理系统、高速公路精细化日常养护管理系统等信息系统。

2. 桥梁工程方面

天津市桥梁建设在20世纪70年代后期特别是进入80年代以后迎来了迅速发展,桥梁结构向轻质、高强、大跨度方向发展,大跨度连续箱梁桥、斜拉桥、拱桥、悬索桥等大量涌现,注重科技的力量兼容并蓄不断创新,开创了许多新理念、新工艺、新工法,为全国的桥梁建设提供了宝贵的经验。以下撷取一些典型的桥梁工程介绍。

永和斜拉桥,是我国第一座选址位于地震烈度8°软土路基的斜拉桥,该桥1979年开始建设,1987年竣工,为当时国内最大跨度斜拉桥,为其后的我国建设大型斜拉桥提供了经验。

20世纪80年代,天津市以"三环十四射"为代表的市政工程将城市建设带入新的发展阶段。立交桥建设在创新理念方面取得突破,一批以八里台立交、中山门立交为代表的立交工程在学习交通工程学原理基础上,采用国内首创立交交通分析构思新方法——交通流量发展趋势图的分析方法,突出交通主流进行建设,这些探索加快了立交交通分析与方案形成的过程。20世纪90年代初,在总结国内设计研究成果基础上,建立了技术、经济、社会、环境为主的立交方案评价的结构模型,并采用层次分析法,将立交选型提高到系统工程水平。此方法为国内首创,成果编入建设部《城市道路交叉设计规程》,并在天津市高速路网立交枢纽系统研究中推广应用。

海河开启桥,桥梁总长度868.8米,主桥为跨度76米的开启桥,是集桥梁、机械、电气、液

压、控制为一体的特种开启式桥梁。开启形式为竖转式,最大开启角度85°,是一个集节能、智能、功能、效能为一身的四维建筑,为亚洲同类最大跨度的竖转开启桥,也是世界第五大竖转开启桥。

在保证桥梁交通使用功能情况下,桥梁造型也开创了桥梁建筑造型和桥梁美学新概念。海河上的桥梁丰富多彩,无论是以文化旅游为主题的天津之眼永乐桥,还是开创国内首座整体提升的北安桥,以及重新恢复开启功能的见证天津近代历史的解放桥等均令人称赞。因而天津也被国内同行誉为桥梁博物馆。

3.港口建设方面

天津港于1999年成立了技术中心,现已建立起以技术中心为核心的天津港技术创新体系。近年来,天津港致力于智慧港口建设以及集装箱自动化码头改造,并取得了显著成果。

实例1:"天津港深水航道、港池、泊位适航水深应用与水深动态维护研究",该项目提升了天津港提升航道水深等级,解决了泥沙回淤与浮泥应用两大技术难题。该项目成果填补了国内水运工程界有关适航水深应用方面的空白。该项目获国家级科技进步奖二等奖。

实例2:"插入式箱筒型基础防波堤和护岸结构机理和应用研究",该项目在国际上首创了箱筒型基础防波堤结构形式,达到了国际先进水平。该成果已获得国家专利和国家工法,并列入交通运输部重点推广应用类项目,荣获2008年天津市科技进步奖一等奖。

实例3:天津港自2012年末启动自动化集装箱码头项目研究,将集装箱码头岸壁与堆场之间的运输、堆场内的作业、闸口的进出等全过程实现自动化运作。该项目已申请专利5项,其中发明专利4项,国际发明专利1项,此项专利已在美国获得公开。

实例4:2017年,"京津冀港口智慧物流协同平台示范工程"项目被交通运输部确定为智慧港口示范工程项目。本项目打造"一个核心、三个智慧方向"。通过智慧港口建设,发挥天津港集装箱及外贸领域枢纽作用,为天津建成北方国际航运核心区提供有力支撑。

(四)信息化应用方面

1.道路交通

(1)建设天津市路网管理与应急处置系统,实现了天津市域普通公路、高速公路视频设备的大整合,实现了天津市域普通公路、高速公路、市内道路网络通信一张网;实现了路网数据一个中心;实现了指挥调度移动视频指挥,实现了高速公路、普通公路应急信息沟通渠道。

(2)天津市道路客运联网售票系统工程为全社会提供多元化的互联网信息服务媒介,使全社会更加便捷地获取道路客运信息和购票服务。

(3)天津市公路水路建设与运输市场信用信息服务系统,建设道路运输诚信考核管理系统,为全市所有营运车辆配发IC卡道路运输证、为所有从业人员配发IC卡从业资格证。

(4)天津市智能交通信息系统,建设"1511"体系框架,即"一个大数据资源中心、五大应用系统、一套交通云技术支撑体系、一个智能化管理和应急指挥场所",为政府管理和决策、企业运营、公众出行提供全方位综合交通信息服务。

(5)搭建京津冀联网售票服务平台、正通物联网+项目服务平台,为道路客运和物流配送发展注入科技新活力。建设应用自动售票机、客运站监控系统、安检系统、调度系统等,为旅客提供便利化优质化服务。

2.停车

路边泊位停车相关软硬件建设,智能化停车管理(包括:车位检测器、业务管理系统、手持智能终端、门户网站、对讲监控调度系统、手机APP客户端等),提高了停车收费的可信度,提高了停车管理人员的工作效率,提高了停车泊位利用率,减轻了交通污染。

3.公交车

目前,全市所有公交车辆安装了GPS定位系统、视频监控系统和智能报站系统,手机APP公交信息查询系统覆盖所有公交线路,公交线路实现了智能调度、实时监控、实时查询;在市区重点地区推出NFC电子站牌;手机扫码付费实现市区线路全覆盖;IC卡刷卡付费实现运营车辆全覆盖。智能化、信息化技术在公交运营服务中的广泛应用,使乘客出行更方便,更快捷。

为实现京津冀区域交通一卡通系统的互通,天津一卡通公司进行了新建互联互通清算系统、二级系统、终端改造、发卡系统、密钥系统等;天津市公交集团自主研发公交二维码刷卡机并生产投入使用,建立模块化清分结算系统。

4.出租车

(1)规范网约车管理

随着信息化社会的迅猛发展,网约车逐步进入了客运市场,为市民百姓的出行提供了新颖的出行服务。为规范本市网络预约出租汽车经营服务行为,更好地满足社会公众多样化出行需求,保障运营安全和乘客合法权益,天津市于2016年12月23日出台了《天津市网络预约出租汽车经营服务管理暂行办法》,为网约车的规范运营和服务提供了政策支持。

(2)提升巡游车信息化管理水平

为推动传统巡游出租汽车转型升级,天津市于2017年8月启动了巡游出租汽车信息化设备(智能顶灯、卫星定位车载终端、防作弊计价器等)的安装工作,先期为全运会服务保障的276部巡游车安装了信息化设备,并于2018年3月开始了大规模安装工作。完成后,将进一步加强行业监管能力,提升出租汽车行业整体服务水平,为群众出行提供更加高效、便捷、优质的客运服务。

六、坚持改革开放并举,开放成果更加显著

(一)加强国际合作交流"引进来"

天津港航道等级达到30万吨级,建成可满足四艘船舶同时"双向通航"的复式航道,世界级大型船舶可以自由进出;建成并投入使用30万吨级南疆26号矿石码头、中海油LNG码头等一批高等级专业化码头;大力发展集装箱运输,持续扩大港口航线航班的覆盖范围,着力打造北方国际集装箱枢纽港。2017年以来,共成功开通了THE联盟欧洲线、美国线、2M联盟美国线和森罗商船韩国线4条新航线。截至目前,天津港拥有集装箱班轮航线123条,外贸航线90条,内贸航线33条,每月到港航班550余班,与世界上180多个国家的500多个港口保持贸易往来。天津交通集团与西班牙阿尔莎集团合资于1998年建成了天津市通莎客运站。

天津市交通(集团)有限公司完成中蒙俄跨境国际运输,与知名上市公司达成千亩物流园项目战略合作意向。

(二)投身"一带一路",企业"走出去"

天津市市政工程设计研究院积极响应国家"走出去"战略,不断开发国际市场,主动投入到"一带一路"沿线国家的基础设施建设中,目前在东南亚、西亚、非洲、南美洲等十几个国家开展国际项目。2016年1月,该院与北京市高速公路监理有限公司组成的联合体经商务部批准,获得对外援助成套项目管理企业资格(公路与桥梁专业、市政专业),同时具备该两项资格的仅有该院与北京市高速公路监理有限公司组成的联合体、中铁二院工程集团有限责任公司和中铁二院(成都)咨询监理有限公司联合体。

天津市市政工程设计研究院作为联合体牵头单位,分别于2016年9月中标"援乌干达坎帕拉市立体停车场项目管理任务";于2017年11月中标"援苏丹打井供水项目管理任务"和"援尼泊尔沙拉公路修复改善项目管理任务"。项目均采用"项目管理+工程总承包"PC方式组织实施,项目管理机构为国际经济合作事务局,负责承担项目的专业考察、工程勘察、方案设计、深化设计、编制工程总承包企业的采购招标方案、组织招标、审查总承包企业提交的施工详图设计,并在项目开工后提供现场管理团队及国内管理团队负责施工过程中的施工监理、中间验收、竣工验收、交付使用,提供全过程的项目管理服务。此外,在"一带一路"倡议的引领下,设计院还配合中国建筑总公司、中国电力建设集团、中国能源建设集团有限公司等各大央企,在蒙古国、孟加拉国、沙特阿拉伯、几内亚、科威特、塔吉克斯坦、突尼斯等十几个国家跟踪了一些较有影响力的项目。

七、坚持从严治党,基层党组织全面加强

(一)党建工作

1. 把政治建设放在首位,党员干部思想政治素质稳步提升

40年来,坚持以马列主义、毛泽东思想、邓小平理论、"三个代表"重要思想、科学发展观和习近平新时代中国特色社会主义思想为指导,始终把党的政治建设放在首位。特别是党的十八大以来,不断提高"四个意识",不断增强"四个自信",坚决维护习近平总书记的核心地位、坚决维护党中央权威和党的集中统一领导,坚持把习近平新时代中国特色社会主义思想武装头脑作为根本任务,采用多种举措,持续深化党的群众路线主题教育、"三严三实"教育、"两学一做"主题教育实践活动,推动十九大精神进机关、进学校、进场站、进车船、进班组、进服务窗口、进执法站点、进网站,进一步增强广大党员干部对党中央、对习近平总书记的信赖,坚决听党话、跟党走的信念更加执着。

2. 扎实推进制度建设,全面夯实管党治党责任

全委系统牢固树立"抓党建就是最大的政绩"的理念和全系统是一盘棋的思想,每年党建任务都能做到目标、任务、责任明确清晰。同时不断完善党建工作考评体系、党组织书记报告党建工作制度,推进实施述职述党建、评议评党建、考核考党建、任用干部看党建的格局在委属单位全覆盖。认真落实责任清单和问题清单,建立管理台账,实行销号管理。以制度机制

来保障和提升党建服务大局的工作质量和水平。

3.加强党的组织力建设,基层党组织战斗堡垒作用得到加强

多年来,牢固树立一切工作到支部的鲜明导向,以提升组织力为重点,突出政治功能,制定规范化建设标准和工作手册,推动以基本组织、基本队伍、基本活动、基本制度、基本保障"五基"为主要内容的规范化建设。推动主题党日活动、"三会一课"、组织生活会、民主评议党员等基本制度的全面落实落地。推进基层党组织标准化建设,"三会一课"、党日活动、民主评议党员、谈心谈话、双重组织生活等党内制度扎实落地、日渐规范;"五好党支部"创建考核标准细化量化具体化,形成"后进赶先进、先进再提升"的浓厚氛围;加大教育培训力度,处级干部、党支部书记、一般党员、党务干部、入党积极分子培训轮训形成制度化体系化,党员干部履职素质能力大幅提升;党建信息化水平不断提高,全委11629名党员,707个党组织,实现电子信息全覆盖;各级组织换届风清气正,困难村帮扶工作有序进行,国有企业和"两新"组织党建工作不断加强。

4.着力修复政治生态,党风政风呈现新面貌

坚持以学促做,深入贯彻党内政治生活若干准则,持续开展圈子文化和好人主义专项整治,坚决肃清黄兴国恶劣影响,坚决铲除圈子文化和好人主义滋生土壤;持续净化政治生态,深入开展不作为不担当问题专项治理,积极搭建发挥作用的实践载体,以实际行动展示先锋形象;坚持问题导向,抓紧基层党建巡查,充分突出问题整改,以督查问责倒逼各项整改任务见底到位;开展巡察监督,党的十八大以来实现了对直属28个单位巡察全覆盖,发现问题276个,督促被巡察单位制定整改措施370条,建立完善制度196项,管党治党的责任进一步压实、压力进一步传递,体现了党内监督无禁区的鲜明立场和全面从严治党的坚定决心。

5.围绕中心工作加强干部队伍建设

"政治路线确定之后,干部就是决定的因素。"天津交通运输行业高度重视干部选拔任用工作,始终将其作为落实政治路线、推动交通运输事业发展的关键性、根本性问题来抓。尤其是党的十八大以来,按照习近平总书记提出的好干部标准,大力建设政治强、懂专业、善治理、敢担当、作风正的高素质干部队伍,为推动交通强国建设在天津实施,加快构建天津现代综合交通运输体系提供了坚强组织保证。

一是切实发挥党组织的领导和把关作用。坚持党管干部原则不动摇,把加强党的领导、发挥党组织把关作用贯穿选人用人全过程。坚持政治立身,注重知行合一,严把政治这一首关。"首关不过、余关莫论",注重对人选的政治考察,有问题的要一票否决。二是树立正确用人导向,依事选人、人岗相适。加强系统单位处级干部和基层领导班子分析研判,选好干部、建设队伍。注重事上练、事中看,大力选拔清廉为官、事业有为的干部。注重把交通运输事业需要、工作岗位要求与促进干部个人成长、调动各方面积极性有机结合起来,做到以事择人、依岗选人、人岗相适,使事业在优秀干部推动下兴旺发达,让干部在推动事业发展中健康成长。三是优化干部资源和领导班子配备。选优配强"一把手"和关键岗位领导干部,加大培养选拔优秀年轻干部力度,重视培养选拔女干部、少数民族干部和党外干部;注重干部交流,尤其是组建交通运输委以后原市政公路局和原交通港口局的干部交流融合,交流调整处级干部96人次,保持交通运输系统干部队伍"一池活水"。四是严格选拔任用组织程序,加强选人用人监督问责。严格按照《干部任用条例》规定的原则、标准条件、程序方法选人用人,把好动议

提名、推荐考察、讨论决定等重要关口,该有的程序一个都不能少,该守的规矩一条都不能破,确保把好干部选出来、用起来,坚决防止"带病提拔""带病上岗"。五是深入落实全面从严治党要求,推动从严管理监督干部常态化。认真落实领导干部个人有关事项报告制度,用好提醒函询的组织措施,严格按照规定的情形、程序、方式方法,该提醒的提醒,该函询的函询,该诫勉的诫勉,充分发挥提醒、函询和诫勉的教育、警示作用。认真开展超职数配备干部、违规选人用人、干部到龄不退、关系不转、领导干部违规兼职、"裸官"、档案造假等专项整治。注重用好巡察、考核、审计、信访、个人有关事项报告抽查核实等结果,加强干部管理监督,积极创新干部监督手段和方式方法,保持了交通运输系统干部队伍的良好作风。

(二)精神文明建设

持续加强精神文明创建,认真学习宣传贯彻习近平新时代中国特色社会主义思想,用习近平总书记关于社会主义精神文明建设的重要思想指导精神文明建设实践,坚持物质文明建设和精神文明建设"两手抓、两手都要硬"的战略方针,贯彻落实全国精神文明建设表彰大会和全国宣传部长会议精神,坚持培育和践行社会主义核心价值观,大力推动行业文明创建、弘扬交通精神、凝聚交通力量,为交通运输事业发展提供有力的精神动力。

1.强基固本抓引领,大力培育践行社会主义核心价值观

持续开展"爱岗敬业明礼诚信"社会主义核心价值观主题实践活动,坚持落细落小落实,把培育和践行社会主义核心价值观落实到交通运输改革发展实践和行业治理的方方面面。

一是深入宣传教育,凝聚思想共识。广泛深入地开展社会主义核心价值观主题宣传教育活动,教育和引导干部职工将社会主义核心价值观铭记于心。认真做好社会主义核心价值观创作刊播工作,广泛发放宣传品,播放"讲文明树新风"公益广告,制作标语横幅、宣传挂画,传播正能量,引领行业文明新风尚。特别是在迎接党的十九大和第十三届全运会期间,持续加大公益宣传力度,利用天桥、路名牌、公交站牌、公交车、出租车以及车站、码头、机场、建设工地等广泛开展中国梦、社会主义核心价值观等"讲文明树新风"公益广告宣传,地铁推出十九大主题列车,营造了浓厚的社会宣传氛围。此外,印制发放5万册公交乘车指南、2万册出租车迎全运服务手册,引导广大市民树立文明意识,遵守社会公德,文明乘车,营造文明、和谐、融洽的出行环境。

二是开展专项活动,提升行业素养。着眼于交通运输的服务行业本质,积极倡导培育精益求精的工匠精神和奉献精神,努力提高广大干部职工的思想素质、道德风尚和文明素养,把"人便于行,货畅其流,服务群众,奉献社会"的行业价值观付诸于行,引导广大干部职工以更大热情、更足干劲投入到行业的建设、发展和服务工作之中。2016年以来,积极倡导"公、铁、水、航、邮"各行业深入开展交通设施清洁、服务提升、礼仪培训和品牌创建专项行动,不断创新服务理念,深化服务内涵,拓展服务领域,全力提升行业文明程度和服务水平。

三是强化实践养成,深化志愿服务活动。认真贯彻落实中央《关于支持和发展志愿服务组织的意见》,推进志愿服务融入创建活动,探索志愿服务工作机制,广泛设立学雷锋服务岗、青年志愿服务岗等,推动学雷锋志愿服务活动不断深化。2018年,铁路天津站、天津机场、地铁营口道站、公交体育中心站等首批设立"天津V站"服务岗,成为展示形象、服务群众、表率文明的示范岗。多年来,出租"高考应急服务车"免费送考、地铁"高考加油站"、红铆钉志愿

服务、彩虹服务岗、天津站高铁玫瑰365等,已经成为服务市民一张张亮丽的名片。

2.拓展思路抓载体,大力弘扬交通运输正能量

一是创新载体丰富文明创建。为充分展示党的十八大以来我市交通运输事业发展的丰硕成果,展现天津交通人立足本岗干事创业的时代风采,凝心聚力,调动全行业的奋斗热情,吹响建设"交通强国"的进军号角,积极创新活动形式,丰富活动载体。2016年组织了"迎七一"天津交通风采摄影展,2017年组织了由书画摄影展、演讲比赛、征文、知识竞赛四部分组成的迎庆党的十九大系列活动。2017年交通运输部领导在天津检查工作之际参观了书画摄影展,给予了充分肯定。这一系列活动用文化和精神力量凝聚了全行业,增强了文化影响力,增进了行业认同感。

二是加强平台建设传播正能量。开通交通运输委官方微博、微信,利用网络阵地唱响交通好声音,讲好交通故事,传播交通正能量,形成良好的宣传舆论声势。在交通运输委官方网站开辟"不忘初心,继续前进,以优异成绩迎接党的十九大胜利召开"专栏和"不忘初心跟党走,牢记使命做贡献"专栏,汇聚网络正能量,构筑网上网下同心圆。在天津市举办的党的十八届六中全会、十九大知识竞赛活动中,交通运输委参赛队伍获得优异成绩,多次获得优秀组织奖。

(三)行业先进典型

作为天津市文明委成员单位,天津市交通运输委员会积极参与到文明城市、文明单位创建中。以文明单位的"小创建"推动文明城市的"大创建",把文明单位创建放在文明城市创建的大局中统筹谋划,把文明城市创建任务贯穿文明单位创建工作始终,切实发挥窗口单位和文明标兵的带头示范作用。对照《天津市全域创建文明城市三年行动计划》,制定天津市交通运输委全域创建文明城市工作方案,对三年行动计划的八大工程进行细化,形成推动全域文明创建七大工程,逐项明确责任单位和部门。召开专题部署会,压实责任,形成一级抓一级、层层抓落实的工作机制。

近三年来,天津市交通运输行业单位和个人取得了百余项国家级、市级荣誉,16个行业单位获得2015—2017年度市级文明单位称号,其中交通系统2个单位获此荣誉;7个行业单位获得第五届全国文明单位称号,其中交通系统2个单位获此荣誉。充分发挥先进典型的示范带动作用,注重做好培养、树立和宣传先进典型工作,大力发掘、宣传推广体现新时期交通运输风采的"最美"典型。2017年举办行业敢担当有作为先进典型事迹报告会和天津市交通运输行业全国文明单位表彰交流会,用身边人的先进事迹激励行业广大党员干部职工高举旗帜,践行社会主义核心价值观,弘扬主旋律,传播正能量,共同构筑交通精神、交通价值、交通力量。

春风吹拂暖燕赵　交通先行谱华章

河北省交通运输厅

一、综述

河北,简称"冀",因在战国时期大部分属于燕国和赵国,所以被称为"燕赵之地"。河北省面积18.88万平方公里,下辖11个设区市,定州、辛集两个省直管市,雄安新区,168个县(市、区),总人口7600万,拥有487公里海岸线,是全国唯一兼有高原、山地、丘陵、盆地、平原、草原和海滨的省份。河北区位特殊,为京畿重地,东临渤海,内环京津,北靠燕山,西倚太行,是全国各地通往北京的必经之地,也是华东、华南、西南连接东北、西北和华北地区的重要枢纽。

改革开放以来,河北省交通运输厅在交通运输部的正确指导下,在省委、省政府的坚强领导下,不断解放思想、改革创新,转变观念、转变方式、转变作风,坚持稳中求进工作总基调,推动河北交通运输事业取得长足发展,多项指标位居全国前列。截至2017年底,全省总里程达到19.2万公里,其中:高速公路通车里程6531公里,二级及以上比例达到87.9%,居全国第3位,基本实现县县通高速;普通干线公路通车里程1.9万公里;农村公路通车里程16.6万公里,实现了所有乡镇和行政村通油(水泥)路、通客车;港口生产性泊位208个,设计通过能力10.5亿吨,居全国第2位;运输机场达到6个,年旅客吞吐能力2200万人次。交通运输事业的蓬勃发展,成为拉动国民经济增长的重要力量,为全省经济社会发展提供了强有力的支撑。2017年,河北省生产总值实现3.6亿元,位居全国第8位,同比增长6.7%。

(一)春雷激荡,交通发展阔步向前

回首改革开放以来河北交通运输事业走过的光辉历程,通过一代又一代交通人的接续奋斗、攻坚克难、解放思想,促进了观念大转变、质效大提升、发展大跨越,前行的步伐坚定有力。

1979—1992年,积极破瓶颈。河北交通运输事业乘着改革开放的东风,开始起步发展:加快改造既有公路,建设高等级公路。1987年3月,启动建设京石高速公路,成为全国少数几个开始修建高速公路的省份。1990年9月,京津塘高速公路河北段通车,拥有了首条具有国际水准的全幅高速公路。1984年,河北省快速发展个体运输业,省运输企业下放各设区市。1986年9月,黄骅港河口港区2个1000吨级煤炭杂货泊位建成投产,标志着河北省地方港口正式起步。

1993—2002年,主动求适应。河北省以高速公路建设为重点,加快了公路网建设步伐。1997年12月,省内第一条利用世界银行贷款修建的高速公路——石安高速公路建成通车,开

辟了河北省利用国际金融组织贷款建设高速公路的新路。大力实施干线公路新改建工程,相继新(改)建了承栗、富武、承围等公路,打通了大量断头路和卡脖子路;重点改造了部分影响农村经济发展的县道、乡道,农村公路状况有了较大改善。狠抓货运市场建设,全省初步形成了以大宗货源为节点,以货运交易市场为依托,以信息服务系统为纽带的货运服务网络体系,交通运输保障水平明显提高。1992年7月唐山港正式通航,黄骅港、秦皇岛港不断加快发展步伐,河北沿海港口开始进入多港共同发展、综合实力迅速攀升的新阶段,对促进沿海地区经济发展、推动对外开放发挥了重要作用。

2003—2007年,全面上水平。河北交通人促进交通建设提档升级,加速高速公路网络形成,加快农村公路建设。截至2007年底,高速公路通车里程达到2853公里,11个设区市实现了市市有高速,高速公路成为河北公路网络的主骨架;全省农村公路总里程达到12.8万公里;村村通班车率由2003年的90%提高到2007年的97%,高出全国平均水平14个百分点,解决了3590多个行政村通客车和510多万人的出行难问题。2002年,以曹妃甸开发建设为标志,河北沿海港口进入一个高速增长的新时期。截至2007年底,全省万吨级以上泊位达到77个。管理与服务走向规范化、现代化,全省基本实现通车高速公路联网收费,联网里程达到2756公里。在全国首创高速公路服务区星级管理,2007年全省高速公路建成五星级服务区9个、四星级服务区17个。

2008—2012年,跨越新台阶。河北强力推进交通运输基础设施建设,加快推进综合运输发展,集中力量抓重点、攻难点、破难题。西柏坡等一批高速公路建成通车,截至2012年底,全省高速公路通车里程突破5000公里。同时,不断推进高速公路运营管理智能化、数字化、信息化,高速公路的现代化管理水平迈上新台阶。农村公路发展势头迅猛,2012年,全省5000余个帮扶村主街道硬化工程任务全部完成,共硬化道路0.6万公里。港口建设蓬勃发展。秦皇岛、唐山和黄骅三大港口全部跻身亿吨大港,河北实现了从单一港口向综合性港口转变,从传统港口向现代港口转变,从港口大省向港口强省转变。全面提高行业服务水平,2011年,"郭娜陆地航空班"先进典型经验被交通运输部推广到全国交通运输系统。

2013—2017年,质效大提升。河北深入贯彻落实京津冀协同发展国家重大战略,2015年底,京港澳改扩建河北段等一批对接路建成通车。高标准规划、高质量建设雄安新区交通基础设施,2017年,津石高速公路开工建设,打响了雄安新区重大基础设施建设的第一枪。加快推进张家口冬奥会交通基础设施建设,延崇高速公路开工建设。交通精准扶贫工作成效显著,加快推进太行山、燕山和黑龙港流域集中连片特困地区高速公路扶贫大通道建设,全长680公里的太行山高速公路采用PPP模式建设,有效破解了高速公路筹资难题。深入推进执法改革,2017年,出台交通运输执法公示、执法全过程记录、重大执法决定法制审核三个制度,被交通运输部列为全国唯一在省级层面同时开展"三项制度"试点。

(二)书写辉煌,交通运输跨越提升

40年来,河北交通运输事业收获了累累硕果。成绩的取得离不开党中央、国务院的高度重视和亲切关怀,离不开交通运输部的正确指导和省委省政府的坚强领导,离不开社会各界的共同努力和大力支持。总结起来,有以下几方面经验:

1. 坚持改革开放,狠抓改革创新

从基础设施建设、资金筹措到与市县、企业合作模式,从行业体制机制改革到深化"放管服"改革,河北交通依靠改革创新解决制约发展的主要矛盾、破解制约发展的难题。例如,河北省成立了交投集团公司,深化高速公路建设管理体制改革,用企业模式推动高速公路建设,盘活高速公路存量资产,以经营性的模式拓宽融资渠道,推动全省高速公路可持续健康发展。

2. 坚持新发展理念,狠抓高质量发展

牢固树立创新、协调、绿色、开放、共享理念,准确把握五大发展理念的整体性和关联性,把新发展理念融入交通运输工作的全过程。坚持质量第一、效益优先,把高标准、高质量作为交通运输事业发展的首要目标,作为确定发展思路、制定政策措施、实施行业管理的根本要求,把主要着力点由高速度发展转向高质量发展。在交通运输规划、建设、管理、运营、服务等各领域和各环节,全方位强化质量观念、质量素养和质量水平,时时、处处、事事注重工作和服务的高质量。

3. 坚持稳中求进工作总基调,狠抓重点补短板

尊重经济发展规律,紧密联系实际,不以规模大小论英雄,本着尽力而为、量力而行的原则,相应适度超前地发展交通运输事业。正确处理稳中求进与重点突破的关系,抓住主要矛盾和矛盾的主要方面,聚焦京津冀协同发展,打好防范化解重大风险、精准脱贫、污染防治攻坚战,解放思想、深化改革、扩大开放,抓重点、补短板、强弱项,尽锐出战,精准施策,以重点突破带动交通运输事业发展质量整体提升。

4. 坚持问题导向,狠抓工作责任落实

紧紧抓住事关全局的关键问题、群众关心的热点问题和制约发展的难点问题,拉出时间表、路线图,列出任务清单,建立任务台账,形成了工作任务明确,细化分解精确,落实措施具体的干事机制,促进了各项工作的落实。

5. 坚持反腐败高压态势,狠抓党风廉政建设

全面加强党的领导,增强"四个意识",坚定"四个自信",坚持党政同责、"一岗双责",层层压实责任,统筹谋划、扎实推进党建工作。深入推进党风廉政建设和反腐败工作,加强基层纪检机构建设,发挥监督专责作用。坚持把纪律挺在前面,加强党风廉政巡察,强化内部审计,加强对权力集中、资金密集的重点部门、关键岗位干部的监督,营造了风清气正的政治生态。

(三) 蓝图绘就,谱写交通强国河北篇章

习近平总书记对河北知之深、爱之切。党的十八大以来,习近平总书记亲自谋划推动京津冀协同发展重大国家战略、北京城市副中心和雄安新区规划建设,为河北发展带来了千载难逢的宝贵机遇。当前,河北省交通运输事业发展处于转型升级、高质量发展的黄金时期,既面临着规划建设雄安新区、北京携手张家口筹办冬奥会、京津冀协同发展向深度广度拓展等前所未有的战略性机遇,也面临着交通运输发展不平衡、不充分,基础设施存在短板、运输结构不尽合理、服务水平有待提高、债务风险日益凸显、安全形势依然严峻等突出问题。河北交通运输人决心抓住机遇、乘势而上,切实把重大机遇转化为高质量发展成果,迈出谱写交通强国河北篇章的坚实步伐。

当前和今后一个时期,河北交通运输行业发展的总体思路是:以习近平新时代中国特色社会主义思想为指导,深入学习贯彻党的十九大精神,坚持和加强党的全面领导,全面落实

习近平总书记对河北工作重要指示和中央、省委省政府重大决策部署,坚持稳中求进工作总基调,坚持新发展理念,紧扣我国社会主要矛盾变化,按照高质量发展的根本要求,统筹推进"五位一体"总体布局,协调推进"四个全面"战略布局,以交通运输供给侧结构性改革为主线,抓住历史性窗口期和战略性机遇期,进一步解放思想、转观念、转方式、转作风、抓重点、补短板、强弱项,加快交通运输各方式之间、交通运输与全省经济社会之间、交通运输与国家战略之间的紧密结合与协同发展,推动交通运输质量变革、效率变革、动力变革,奋力谱写交通强国河北篇章,不断开创建设河北现代化综合交通运输体系新局面,为建设交通强国和新时代经济强省、美丽河北做出新贡献。

河北交通运输事业发展的战略安排是:从2018年起至2020年,紧紧围绕全面建成小康社会,突出抓好"三大攻坚战",实现京津冀交通一体化率先发展的中期目标;从2020年至2035年,紧紧围绕全面建成经济强省、美丽河北,突出抓好现代化综合交通运输体系建设,基本实现交通运输现代化;从2035年至21世纪中叶,紧紧围绕把河北建设成为在国内外具有广泛影响力的社会主义现代化强省,全面建成现代化综合交通运输体系,绘就交通强国河北篇章。

按照《河北省综合交通运输"十三五"发展规划》,到2020年,河北轨道网、公路网、港口群、机场群布局更加完善,实现"市市通高铁、县县通高速、市市有机场、市市通道连港口",形成中心城市与新城卫星城半小时交通圈、京津冀核心区域1小时交通圈、相邻城市间1.5小时交通圈,基本建成快速便捷、高效安全、大容量、低成本、低碳绿色的现代化综合交通运输体系。

蓝图已绘就,奋进正当时。河北省交通运输厅将高举习近平新时代中国特色社会主义思想伟大旗帜,更加紧密地团结在以习近平同志为核心的党中央周围,不忘初心、牢记使命,保持革命精神、昂扬革命斗志,团结奋进、砥砺前行,在奋力谱写交通强国河北篇章中做出无愧于时代的历史业绩,为建成现代化综合交通运输体系不懈奋斗。

二、交通基础设施成就

(一)1978年河北省交通基础设施现状

改革开放之初,河北省交通运输基础设施十分贫乏,公路水运发展缓慢,民航处于空白,交通基础设施落后局面与国民经济发展需求的矛盾日益突出。一是公路方面,全省公路通车总里程仅有4.02万公里,其中晴天通车里程1.78万公里,干线公路不足1万公里。公路建设缓慢,运输业滞后也制约着经济发展,当时全省运输公司属于各地区直属的全民所有制运输单位,处于汽车运输多头领导、条块分割、分散经营局面,国有运输企业独家经营,线路开发、车辆更新以计划为导向,班线短、班次少、覆盖面小,无法满足城乡居民出行需求。二是水路方面,全省水路运输很不发达,全省内河航道仅有177公里,机动船81艘、5.31万载重吨位。三是铁路方面,改革开放之初,全省共修建了秦石线、高易线等地方铁路运营线路10条,延展里程562.7公里,其中只有大宋线为准轨铁路。

(二)改革开放以来交通基础设施取得的重大成就

改革开放40年来,河北省综合交通基础设施发展步伐不断加快,实现跨越提升,形成了陆海空综合交通运输网。

1. 公路基础设施突飞猛进

为满足经济社会对交通的快速便捷要求，河北省以高速公路建设为重点，加快了公路网建设步伐。

高速公路建设方面，经历了从无到有、从缓慢起步到快速发展，实现了五个阶段的跨越发展。一是初期起步阶段（1987—1994年）。当时正处于计划经济向市场经济过渡阶段，全国高速公路建设均处在起步阶段，每个省市都在摸索前进，几乎没有经验可借鉴。为此，河北省摸着石头过河，着手研究探索设计、施工、监理、招投标等技术标准和管理模式。其中代表项目是京津塘、京石、石太等高速公路项目。二是引进吸收阶段（1995—2002年）。这个时期，河北省借助利用国际金融组织贷款的机遇，直接引入了国际管理模式（FIDIC）。通过边干、边学、边消化，并结合我国国情，逐步摸索出一套具有河北特色的高速公路建设管理新路子，并融入自身抓项目管理的一些特点，工程管理、质量水平有了明显提高，其代表项目是石安、京秦、京沪、保津、石黄、京张等一批高速公路建设项目。三是多元快速发展阶段（2003—2008年）。这一时期，河北省及时抓住国家宽松的投资政策，调动全社会力量全面加速高速公路建设，大多数地市主动做业主建设本区域内的高速公路，突出特点是发展快、规模大，但管理水平不够均衡，项目建设呈现百花齐放、百家争鸣的局面，其中代表项目是京承、丹拉、张石、津汕、青兰、沿海等一批高速公路建设项目。四是整合提升阶段（2009—2013年）。随着国际国内金融形势的变化，河北省开始对高速公路建设资源进行整合，将原省厅三家法人单位整合成立省高管局，提高自身竞争力和抗风险能力，并对市做业主出现困难的项目进行并购合作，逐渐向整合集中方向发展。这一阶段，工程建设理念、管理水平也明显得到了提高，开始全面推行现代工程管理，重点是推行了设计、施工标准化等一系列手段，全面提升了管理水平，其代表项目是大广、承唐、承赤、邢汾、承秦等一大批高速公路建设项目。可以说，高速公路建设正在逐步全面深入地落实科学发展观，也正在向更好、更快、更优、更节能环保方向发展。五是转型升级阶段（2014年至今）。党的十八大以后，特别是2014年以来，中央和河北省实施了"调结构、稳增长"战略，提出了经济发展新常态，这个阶段的特点是减少政府债务，控制政府收费还贷新建项目规模，大力推进PPP模式，以引进社会资本建设为主。在项目管理方面，大力推进建设管理体制改革，推行适合社会资本投资和我国国情的管理模式，如"小业主、大监理"等，其代表项目是衡德故城支线、沿海曹妃甸支线等。

干线公路方面，从1979年开始，河北省集中力量对一般国省干线公路实施新改建，历经3个长效发展阶段。一是长足发展阶段（1978—2000年）。1979年，河北省一般国省干线以三级公路为主，路面宽度为7~8米；现在发展为以二级公路为主，路面宽度增加到9~12米，部分大交通量的路段已加宽到15米。路面结构由渣油表面处治路面改建为8厘米以上的沥青混凝土路面。1985年，在京深公路邯郸至马头段进行了15公里的快慢车分道行驶试点，将新建的二级路复线作为快车道供汽车专用，成为全省第一条汽车专用公路。二是公路建设"抓两头"阶段（2001—2007年）。进入21世纪，尤其是党的十六大以来，在公路建设"抓两头"的同时，河北省根据现有路网状况，提出了通过抓高速公路、农村公路，促进一般干线公路的发展思路。从2003年到2007年的5年中，相继安排实施了数十条重要国省干线公路新改建项目，着力解决打通大中城市出入口、接通西部山区和坝上地区断头路等问题，路网结构日趋合理。随着管养力度的不断加大,全省干线公路的养护工作逐步走上良性循环的轨道,公路路况、通行环境和服务水平都得以显著改善。1997年、2000年、2005年全国干线公路养护管理检查评比河北省均荣获全国第三名。三是转型发展的黄金时期(2008年至今)。进入新阶段,特别是党的十八以来,河北省干线公路建设进入转型发展的黄金时期。河北省着力加强补齐短板、扩大合力有效投资。为配合沿海地区经济社会发展,服务沿海港区建设,加快滨海公路建设。截至2017年底,全省普通干线公路里程达1.9万公里,二级及以上比例达到85.8%。近40年来,河北省干线公路从不足1万公里增加到2.6万公里。

农村公路方面,可分为两大阶段:一是缓慢发展时期(1978—2005年)。由于当时河北省物资贫乏,资金短缺,地方道路(农村公路当时被称为"地方道路")建设采用"以工代赈"模式,农村公路建设缓慢。二是公路建设"抓两头"阶段(2005年至今)。这一时期河北省农村公路建设进入飞快时期。2005年以来,一方面从地方道路中明确了"农村公路",另一方面河北省举全省之力"一手抓"农村公路建设,解决农村群众出行难问题。农村公路建设投资模式由"以工代赈"转变为"县政府主办、国家补助",2013年实现了所有乡镇和行政村通油路、通客车。农村公路延伸了干线公路的"触角",促进了国、省、县、乡、村道的有效衔接,实现了从"大动脉"到"毛细血管"的融合贯通,使公路的网络化布局更加科学、合理,使"门到门"的公路运输优势得到更大程度地发挥。2016年以来,按照建设"四好农村路"以及打赢脱贫攻坚战的决策部署等相关工作要求,河北省多措并举,加大政策支持,聚焦精准扶贫、精准脱贫。农村公路从2.9万公里增加到16.6万公里。

2.港航建设迈上新台阶

河北海运条件十分便利,有黄骅港、秦皇岛港、唐山港京唐港区、曹妃甸港区等较大出海口岸。改革开放40年来,河北港口建设实现跨越式发展。一是通过能力提高40倍,吞吐量增长41倍。20世纪70年代末,全省港口仅有一个隶属交通部管理的秦皇岛港,港口生产性泊位为12个,通过能力仅2565万吨。80年代国家选择秦皇岛港作为第一条煤运大通道的入海口,并相继建成了一期、二期7个专业化煤码头,装船能力达到6000万吨。到80年代末,全省沿海生产性泊位达到27个,总通过能力达到9630万吨。90年代,唐山港京唐港区一港池8个泊位相继建成,秦皇岛港建设了新开河港区,1997年,黄骅港煤炭一期工程开工建设。以黄骅港的开工建设为标志,全省沿海港口开始进入多港共同发展、港口综合实力迅速增加的新阶段。其间,全省沿海新建泊位22个,新增通过能力5161万吨,其中煤炭泊位8个,通过能力4075万吨。进入21世纪,尤其是2002年港口体制改革以来,以全省"一号工程"——曹妃甸的开发建设为标志,全省港口建设进入一个快速发展的新时期。到2007年底,设计通过能力达到92个/3.92亿吨,居全国沿海省份第三位。"十二五"期间,全省港口基础设施建设实现井喷式发展,全省港口固定资产投资连续多年居全国第一,全省港口累计完成固定资产投资约849亿元,比"十一五"期间增长130%,港口固定资产投资占全省交通运输固定资产投资的18%。全省港口生产性泊位通过能力突破10亿吨,上升为全国第二位。截至2017年底,全省港口生产性泊位达到208个,通过能力10.5亿吨。同时,全省港口建设项目工程质量也涌现出一批优质工程,唐山港曹妃甸港区煤炭码头工程先后获得"鲁班奖""国家优质工程金奖""詹天佑奖"等荣誉称号,实现国家级工程项目建设顶级奖项的"大满贯",也成为国内水运行业首个获得此殊荣的项目。神华黄骅港煤炭港区三期工程等3个项目获得交通运输部和国家安全监管总局的"平安工程"冠名,特别是2015年全省2个项目一次性获得冠名,成为全国水运工程获此冠名最多的沿海省份。二是港口生产同步快速增长,吞吐量增长41倍。20世纪70年代末全省港口吞吐量仅为2655万吨,80年代末全省港口吞吐量达到6565万吨,90年代末全省港口吞吐量迅速达到9012万吨。进入21世纪,全省港口出现快速增长势头,2006年港口吞吐量首次突破3亿吨,达到3.38亿吨,2007年全省港口吞吐量净增6000万吨,达到历史性的3.99亿吨,居全国沿海11省(市)第6位。特别是2011年以来,全省港口吞吐量继续保持高速增长态势,先后突破7亿吨、8亿吨、9亿吨大关,2017年首次突破10亿吨大关,达到10.9亿吨,跃居全国沿海港口第4位。三是货种结构不断优化,港口功能明显完善。由于特殊的地理位置,为满足国家能源运输需要,全省沿海港口主要以装卸煤炭、钢铁、金属矿石等能源为主,随着全省不断加大港口转型升级、结构转型力度,一批集装箱、LNG、原油码头也如雨后春笋般涌现。煤炭吞吐量占全省港口货物吞吐量的比重由2010年的71%下降到2017年底的55%。金属矿石吞吐量占比由2010年的17%上升到2017年的26%,成为继煤炭之后的第二大货种。特别是集装箱增速迅猛,2006—2011年全省港口集装箱年均增速约21.2%,2012—2017年年均增速达33%。"十二五"期间,全省港口集装箱增速居全国沿海港口第1位,共完成集装箱吞吐量737.9万标箱,是"十一五"的2.81倍,增速为34.6%。2013年突破100万标箱,2015年突破200万标箱,2016年突破300万标箱,2017年完成集装箱吞吐量374.3万标箱,同比增长22.6%。四是海运船队发展迅速,运力规模增长37.5倍。1978年,全省海运运力仅为21艘、5.2万载重吨,货物运输量为147万吨、8.7亿吨公里,以千吨驳船为主。40年来,全省海运船队规模发展迅速,海运运力和货物运输量实现大幅增长。到2017年底,全省货物船舶保有量达到155艘、200万载重吨,分别是1978年的7.4倍和38.5倍。水路完成货物运输量2162万吨、2057.3亿吨公里,分别是1978年的15倍和236倍。

3.民航建设实现新突破

机场建设蹄疾而步稳,一干多支机场运输体系日趋完善。

河北民航事业发展起步晚,速度快。经过40年的砥砺前行,特别是近几年来积极融入京津冀世界级机场群发展,截至2017年底,河北省运营运输机场已达到6个,旅客、货邮吞吐能力分别达到2200万人次/年、26万吨/年。1984年,因借用空军石家庄大郭村机场临时完成一些民用航空任务,中断17年之久的河北民航事业得以恢复,1995年2月石家庄机场建成并正式通航,2008年5月完成奥运会改(扩)建,2014年10月新建T2航站楼投入使用;1985年通航的秦皇岛山海关军民合用机场于2016年3月正式转场至秦皇岛北戴河机场;2007年8月邯郸民用机场正式通航运营;2010年7月唐山三女河军民合用机场正式通航;2013年6月张家口宁远军民合用机场建成通航,2017年启动2022年冬奥会改(扩)建工程;2017年5月承德普宁机场正式通航。截至2017年底,正式通航运营通用机场4个。2003年5月沧州黄骅机场通航运营;2011年9月唐山迁安机场通航运营;2014年12月石家庄栾城机场通航运营;2015年11月承德平泉机场通航运营。民航运输发展日新月异,生产指标屡创新高,石家庄机场区域航空枢纽建设初见成效。2010年以来,河北省民航发展战略定位逐步明确,全省机场运输规模不断拓展。2017年,全省机场旅客、货邮吞吐量分别完成1186.2万人次、4.36万吨,首次突破千万人次,其中石家庄机场完成958.3万人次、4.10万吨;累计运营航线136条,累计通航城市达到86个;异地城市候机楼达到14座,旅客直通车线路达到16条;空铁联运全年运送旅客73.8万人次。基地航空公司不断做大做强,2010年6月河北航空公司首航仪式举行,结束了河北没有本土航空公司的历史;2017年底石家庄机场驻场运力达到34架,其中河北航空公司22架、春秋航空公司8架、中联航河北分公司3架、中国邮政航空公司1架。

4.枢纽场站发展实现新成效

改革开放以来,河北省着力加快客货运枢纽场站建设。随着运输管理体制改革的进行和运输市场管制的逐步放松,运输市场的开放度不断提高,交通运营管理、服务和维修均不同程度地对外资和民营资本开放,公路运输基础设施加快完善。截至2017年底,全省公路等级客运站达到543个,其中一级客运站29个,二级客运站114个,全省公路等级货运站达到85个,其中,一级货运站4个,二级货运站5个,三级货运站7个,四级货运站69个。

5.城市客运发展逐步完善

河北省城市交通发展起步晚,基础薄,自2009年河北省城市客运管理局成立以来,城市客运发展进入新阶段。为解决居民出行难问题,河北省市内客运运输方式加快完善,截至2017年底已拥有城市轨道交通、城市地面公共交通、巡游出租汽车、网络预约出租汽车、汽车租赁、共享自行车等城市客运行业,为广大市民提供了绿色、便捷、多样的城市客运服务。城市公交建设方面成效瞩目。一是基础设施建设全面提高。2009年初全省只有公交车1.9万辆,1.8万标台,公交线网9700公里,年客运量1.6亿人次,发展为现在的公交车辆3.2万辆、3.4万标台,公交线路长度5.8万公里,公交专用道159.6公里,公交停保场面积618万平方米,城市公交年客运量20.1亿人次。二是绿色公交全面实现。2009初,全省只有1400辆天然气公交车,只占到公交车数量的7%。截至2017年底,全省已拥有新能源公交车1.6万辆,新能源公交车数量占全省城市公交车总数的50%以上,位于全国前列,清洁燃料公交车1万辆,新能源公交车清洁燃料公交车数量占到了全省公交车数量的80%以上。三是智能化信息化管理和服务全面提升。2009年初,全省大型国有公交企业刚刚开始开发应用智能化调度,截至2017年底,全省11个设区市市区公交企业及部分县级公交企业已经实现了智能调度,部分企业实现了智能管理。全省8个设区市为市民提供了"掌上公交"手机实时公交信息查询,安装电子站牌800余块,交通一卡通实现了全国互联互通,部分城市提供了手机移动支付乘车服务。四是城市轨道交通运营实现零的突破。2017年6月26日,石家庄轨道交通1号线一期、3号线一期首开段正式开通运营,标志着全省城市轨道运营零的突破。截至2017年底,轨道交通运营33列198辆,运营线路里程28.4公里,运营总里程119.6万列公里,日均客流量21万人次,最高日客流量达30.7万人次。

6.地方铁路建设稳步发展

改革开放40年来,受运输市场多元化等因素影响,河北省地方铁路建设不断在调整、适应中寻求新发展。管理体制经历了直属管理,到直属和行业管理并重,再到事企分开全面依法行业管理的过程。全省地方铁路建设经历了由复兴、调整到发展三个阶段。同时,铁路建设的投融资体制也遵循着市场规律发生着深刻的变化;地方铁路营运单位也与时俱进地进行了不同形式的改革、改制,按照现代企业制度的要求经营发展。新建或国家有关部门移交形成的地方铁路11条,其中窄轨2条,准轨6条;窄轨扩建成准轨2条;拆除不适应发展需求的窄轨铁路10条,窄轨铁路逐步退出了历史舞台,线路质量、设备技术水平明显提高,全省地方铁路已均为准轨铁路,与国家铁路过轨运输。2001年7月开始,省地方铁路局行业管理范围和力度有了新的转变,首先将首钢矿业公司运输部专用铁路作为试点纳入管理范围开始。2002年11月,以正线长度141.6公里位居全省第一的沙蔚铁路全线铺轨贯通,由此地方铁路延展里程突破1000公里,达1004.7公里。随着张双、遵小、蓝丰、司曹等铁路项目相继开工建设,到2008年末,全省地方铁路延展里程已达1628.45公里,跃居全国第一位。准轨铁路所占比例已由1978年的7.5%提高到2008年的96.4%,实现了与国家铁路的直接过轨、交接货物。到2017年先后有12家企业专用铁路纳入行业管理,专用铁路单位的加入,使全省铁路运输力得以迅速扩充,服务区域经济社会发展的作用明显增强。截至2017年底,全省地方铁路延展里程已达2350公里,较1978年增加1787.3公里。全省地方铁路营运里程1243公里,均为准轨线路,线路总长较1978年增加1134公里。

三、运输服务成就

1978年12月召开的党的十一届三中全会,吹响了改革开放的号角,开启了新的历史征程。40年来,河北交通运输系统解放思想、众志成城、砥砺奋进,道路运输能力稳步增长,服务质量持续提升,运输市场日趋规范,行业信息化智能化水平稳步提高,城乡一体化和区域协同发展强力推进,全省道路运输行业旅客运输、货物运输及相关的运输服务系统有机结合,道路运输产业结构和运力结构趋于合理,多层次、多形式、多功能的道路运输新格局基本形成,人民群众的幸福感、获得感不断增强。

2017年,全省营业性运输车辆达到1464952辆。其中,营运客车达到24737辆,营运货车达到1440215辆。道路运输行业全年完成客运量38492万人,旅客周转量2398164万人公里;完成货运量207309万吨,货物周转量78969867万吨公里。为促进经济社会的发展、满足人民日益增长的美好生活需要提供了有力支撑。

(一)客运服务

改革开放东风吹,风雨兼程40年,道路客运行业已经进入转型升级发展时期。2018年,是改革开放40年,全省道路客运行业取得了突破性发展,客运服务保障能力明显提高,客运市场秩序明显改善,客运安全和服务质量明显提升,城乡一体化和区域协调发展步伐明显加快,道路客运在综合运输体系中的骨干作用明显增强,道路客运市场发展和行业管理取得了明显成效,有力地促进了全省经济和社会发展。

客运服务保障能力得到新提升。截至2017年底,全省道路客运业户数达到3539户,客运车辆24737辆。其中,班车20474辆,旅游包车4263辆,乡镇和行政村通客车率均达到100%,客运服务保障能力显著提升,极大地方便了人民群众出行。省域道路客运联网售票工作稳步推进,全省122个具备条件的二级以上汽车客运站已经接入京津冀道路客运联网售票系统平台并实现联网售票,联网比例为95.3%,实现了多元售票方式和多项服务功能,旅客出行更加便捷。同时,具备条件的134个汽车客运站实现了省内联网,安装自助售票机158台,98个汽车客运站实现向社会联网售票。

城乡客运一体化建设取得新成效。自2010年以来,为充分发挥道路客运比较优势,全省各市先后积极推进辖区内客运线路公交化改造,同时稳步推进城乡客运一体化发展,完成了邢台市"一城五星"和邯郸中心城区"1+6"等客运班线公交化改造工作。2014年起草并提请省政府办公厅出台了《关于加快推进全省城乡道路客运一体化发展的指导意见》（冀政办函〔2014〕42号），明确了地方政府的主体责任、发展重点和目标要求。全省各级运管机构紧紧围绕贯彻落实指导意见，坚持政府主导、行业推动、市场运作、共同推进的原则，以"两化"（公司化改革、公交化改造）为抓手，实施"双十六"试点工程、开展农村客运"清零行动"，总结经验、稳妥推进，全省城乡客运一体化工作取得明显成效。2017年底，县城20公里范围内农村客运班线公交化运行率达到46%，43%的乡镇基本完成农村客运班线公交化改造。基本完成交通运输部部署的2015—2017三年内完成10条以上京津冀省际毗邻地区主要通道客运班线公交化改造试点任务，牵头与京津两市积极协商并促进平谷至兴隆等10条省际客运班线实现公交化改造。

客运市场管理取得新进展。一是根据交通部关于汽车客运站站级评定的有关规定，1997年3月河北省交通厅印发了《关于认真做好全省汽车客运站级别申报和普查工作的通知》，对全省汽车客运站级别进行统一普查并核定站级，2013年对全省一二级汽车客运站站级进行了重新复核。通过核定、复核工作完善了站场基础设施和配套设备，强化了汽车客运站基础管理，提升了各等级汽车客运站的公共服务能力。二是2012年7月1日及时启用了全省包车客运管理信息系统，规范了包车客运标志牌的申领和发放，推进了包车客运信息化管理工作。三是从2014年1月1日起建立了新增省市际道路客运班线推行服务质量招投标制度，以服务质量招投标方式确定经营主体。2015年印发了《河北省道路旅客运输班线经营权招投标实施办法（试行）》（冀运管客〔2015〕41号），组织开展了2次新增客运班线招投标工作。四是2016年与京津协商实现简化京津冀省际客运班线许可程序，并与山西、山东、内蒙古、河南、辽宁5省区就简化部分省际客运班线许可程序达成了一致意见，减少了部分发函征求终到地省级运管机构意见环节，促使客运许可业务更加便民、高效，受到了广大经营者的赞扬和肯定。

客运服务能力创新实现新突破。自2010年，河北省从构建综合运输体系出发，积极落实河北省委、省政府促进民航业跨越发展的要求，提出了支持民航业发展开通石家庄机场至周边城市直通车的意见，加速推进了道路客运和航空运输的无缝衔接。2014年，鼓励公车公营的客运企业扩大经营自主权，对上一年度质量信誉等级为AAA级的客运企业，允许在公车公营的客运线路上，选择20%的客运班车增加省市际包车客运经营范围，从事包车客运和节假日加班运输任务。2017年，在晋州至石家庄、邯郸至大名客运班线开展了县际客运班车增加省际市际包车客运经营范围试点，努力探索道路客运发展方式，提高服务水平。2018年，在已经取得经营许可的市内县际、县内客运班线上组织开展道路旅客运输班线定制客运试点工作，按照"先试点、后推广"的工作思路，指导各市选取试点企业、试点区域、试点线路先行先试，以点带面，逐步扩大试点范围，加快推动客运行业精准转型。

客运行业服务水平得到新提高。随着改革开放的深入，由20世纪70年代末"乘车难、出行难"逐渐转变为"舒适行、文明行"。为提高客运服务水平，1996年12月，交通部公路管理司印发《关于执行〈道路旅客运输"三优""三化"规范〉的通知》，省运管局制定《河北省道路汽车客运站规范化服务星级站管理办法》和《星级站验收标准》，开展了"争创规范化、服务星级站"活动；2011年，制定《河北省汽车客运站文明服务规范》和《河北省长途客车文明服务规范》，进一步完善了客运行业服务标准。以保定客运中心站和郭娜陆地航空班为样板、为标杆,在全省道路客运行业组织开展了向"郭娜陆地航空班"学习活动,全省一级汽车客运站均组建了郭娜式服务班组,部分二级汽车客运站也成立了服务班组,拓展了服务内容,增强了咨询服务功能。积极打造邯郸市万合集团"快乐乘"服务品牌、廊石快客"幸福之旅"服务品牌、保定至首都机场客运班线等服务品牌,同时在全省组织开展了汽车客运站服务质量提升年活动、精品客运班线创建活动,创建了张家口汽车客运"心心服务"、唐山客运西站"玫瑰天使爱心服务队"等十佳汽车客运站服务品牌,评选出廊坊至石家庄"廊石快客"、邯郸至武安"快乐乘"等10条精品班线。

改革开放40年以来,道路客运行业的内外发展环境发生了很多变化,人民群众有多样化、多层次、高品质的出行需求,同时面临铁路、民航、网约车、私家车等运输方式的激烈竞争,这些新常态要求道路客运行业加快推进改革创新,实施战略调整,加快转变发展方式,优化运输组织结构,优化市场主体结构,不断创新服务范围,寻找新的增长点,促进全省经济繁荣,以便更好地发挥道路客运在促进国民经济发展、活跃城乡商品流通、方便人民群众生产生活、扩大社会就业等方面的重大作用。

(二) 货运服务

20世纪70年代末期,河北省道路货物运输能力不足,压港压站,物资积存现象严重,对国民经济和人民群众生活造成极大影响。随着改革开放的步伐,道路运输事业迅速发展,货物运输服务保障能力显著增强,运输服务转型升级步伐加快,运输服务治理能力稳步提升。

货物运输服务保障能力显著增强。1979年,全省只有民用货运车辆59567辆。其中,公路运输部门拥有营运载货汽车8096辆,35106个吨位,远不能满足国民经济发展的需要。1984年国务院27号文件做出允许个体户购买机动车从事道路运输业的决定以后,河北省营运货车快速增长。1985年,全省已有民用汽车17.8万辆。其中,营运货车达到79526辆,397312.5吨位。营运拖拉机达到152477台,220430吨位。随着道路运输市场经济的逐步建立和完善,道路货物运输也呈现繁荣发展的局面。各种大型、重型车辆和专用运输车辆的增长,满足了集装箱、大件、零担货物、危险货物、各种重点物资运输的需求,保证了河北省经济建设的持续发展。截至2017年底,全省共有货运经营企业21889家,货运车辆1440215辆、14083495吨位。其中,普货运输车辆1043682辆、12897764吨位,危货运输车辆29648辆、699719吨位。2017年全省公路货运量为207309万吨,货物周转量达到78969867万吨公里,有力地促进了全省经济社会发展。

货物运输服务转型升级步伐加快。在原有传统货物运输的基础上,河北省积极开展行业转型升级,促进货运行业"降本增效",开展、探索了无车承运、甩挂运输、多式联运等模式,通过模式创新,推动货运物流新业态、新模式创新发展。2009年交通运输部、国家发展和改革委员会、公安部、海关总署、保监会5部委联合下发了《关于促进甩挂运输发展的通知》,确定开展甩挂运输试点工作。河北省印发了《关于加快推进全省道路货运业转型升级高效发展的指导意见》,同时积极与交通运输部道路运输司汇报沟通,将河北省列为首批试点省份,筛选推荐河北快运集团、万和集团、兴隆汇丰物流配送公司、秦皇岛动力设备物流公司等5家企业分4批开展甩挂运输试点工作。据交通运输部统计,持续推进4批209个甩挂运输试点项目,车辆平均里程利用率超过80%,有效促进了货运降本增效。无车承运试点成效初显。2016年8

月,交通运输部印发了《关于推进改革试点加快无车承运物流创新发展的意见》,河北省积极开展试点工作,10家企业纳入交通运输部试点。无车承运人利用移动互联网等先进信息技术,整合了大量的货源车源,并通过信息网络实现了零散运力、货源、站场等资源的集中调度和优化配置,逐步引导和带动行业从"零、散、小、弱"向集约化、规模化、组织化方向发展,有效提升了物流运输的组织效率。无车承运试点企业通过线上资源合理配置,实现线下物流高效运行,促进行业"降本增效"。根据典型企业的调查分析,试点企业的车辆里程利用率较传统运输企业提高50%,平均等货时间由2~3天缩短至8~10小时,交易成本下降约6%~8%,有效促进了资源整合和集约发展。

道路运输应急保障能力不断提高。反应灵敏、运转有序、精干高效、保障有力,是对道路应急保障运输提出的要求。改革开放后,全省道路运输系统按照国家和省统一部署,认真履行行业管理职能,道路应急保障能力大幅跃升。近年来,全省已组建了一支2000余部客、货车应急车辆、一次运送2.75万人,货物5.5万吨的常备应急运力,先后圆满完成了张北抗震救灾、四川汶川抗震救灾、电煤抢运、抗击"非典"、北京奥运会与国庆60周年安保、上海世博会运输服务等急难险重运输保障工作,取得了显著成绩,得到上级领导和社会各界的高度评价。成立专门机构,健全三级联动的工作管理体系,并在各市有针对性的轮流开展道路运输应急演练,应急保障能力得到大幅提升。

典型案例:在运输汶川灾区安置房任务中,按照省政府统一部署,全省道路运输系统在省厅的领导下,承担起支援灾区3.3万套安置房运输任务。积极完善协调机制,认真编制运输计划,合理安排调度运力,在余震不断的情况下,第一时间派出工作组奔赴灾区现场协调解决公铁转运问题,并组织力量派专人解决运输车辆途中加油难、道路不畅通等问题,保证了运输工作有效开展。唐山、邢台、衡水等市交通运输局领导带队进驻灾区现场指导运输;张家口、廊坊等市运管处领导班子成员轮流护送安置房运输车队前往灾区。其间,全省共组织运输车辆2260辆次,圆满完成了安置房运输任务,受到了省委、省政府、交通运输部的充分肯定。省运管局被交通运输部评为抗震救灾先进集体,邯运集团公司被省委省政府授予抗震救灾模范集体,全省有2人被省委省政府授予抗震救灾模范个人,1人被省委组织部授予抗震救灾优秀共产党员,50人被市级以上单位评为抗震救灾先进个人。

道路运输服务治理能力稳步提升。改革开放以来,河北省道路运输业发展十分迅猛,为维护道路运输市场经营秩序,保护道路运输经营者的合法权益,河北省交通运输厅采取了经济、法律、行政手段和措施,包括制定各种规范性文件和规章制度,经常性地开展道路运输行业精神文明创建活动,有针对性地进行道路运输市场的治理整顿等,保证了运输市场向统一开放、竞争有序的方向发展。1985年12月23日,经河北省政府批准,河北省经济委员会、交通厅、财政厅、工商行政管理局联合印发了《河北省公路运输管理暂行办法》,随后围绕客运、货运、危险货物、运输线路、车辆检测等方面出台多部实施办法、管理制度和技术标准。1997年6月29日,经河北省第八届人民代表大会常务委员会第二十七次会议审定通过了《河北省道路运输管理条例》,条例的颁布实施是河北省道路运输法制建设的一座里程碑,标志着全省道路运输管理步入法制化轨道。伴随社会的发展进步,2017年出台《河北省道路运输管理条例》进行修改,进一步奠定了运输服务治理的法律基础,规范了道路运输活动,维护了道路运输秩序。在运输安全治理上,尤其是危险货物运输上,河北省各级运管部门实行规范化管理。

要求使用专用车辆,申领注明从事道路危险货物运输的营运证,安装悬挂统一制式的危险货物运输顶灯和标志牌。开展从业人员素质提升工程,先后开展"两客一危"营运驾驶员安全警示教育、《安全生产法》、深化安全生产及安全应急教育等培训,2014年全年就完成了46808名"两客一危"营运驾驶员培训考核,并积极筹措资金100多万元,免费发放培训教材。在管理方式上不断创新,推行系列活动,在全系统相继开展了道路危险货物运输市场专项整治年、管理规范年、新道路危险货物运输管理规定宣贯、安全标准化管理等一系列活动,推行了危货运输"一图、三档案、四台账、五记录、九制度"标准化管理模式,最大限度地消除了运输安全隐患,确保了道路运输安全发展。

四、行业管理成就

(一)法治建设

改革开放40年来,河北省交通运输厅把依法行政作为工作的根本准则,贯穿于行业建设的各个方面和每项工作的始终。经过不懈努力,交通运输系统干部职工法治意识不断增强,依法行政能力不断提高,交通运输制度建设取得新进展,初步形成了较为完备的制度体系。

一是构建科学制度体系,优化立改废释机制。加强制度顶层设计,出台《关于加快建设法治交通的实施意见》《河北省交通运输厅重大行政决策制度》《河北省交通运输部门法律顾问工作实施办法》等一系列指导行业法治工作的制度文件,有效推动了全省交通运输行业法治建设。行业立法成果颇丰。先后颁布或修订了《河北省港口条例》《河北省地方铁路条例》《河北省道路运输条例》等一系列交通运输行业地方性法规,推动了全省交通运输事业持续快速健康发展。近年来,陆续出台了10余部厅发规范性文件,废止了26件不适应当前法治政府部门建设要求的厅发规范性文件。推进京津冀区域交通运输政策法规一体化,对三地交通运输领域的规范性文件进行了全面梳理;与京津两市联合印发了《京津冀交通运输行政执法合作办法》和《京津冀公路立法协同工作办法》,建立了京津冀交通运输执法合作机制和政策出台协同机制。经过多年努力,基本形成了法律、行政法规、地方性法规、政府规章、规范性文件5个层次的行业管理法律法规制度体系。

二是优化执法工作机制,严格规范行政执法。首亮系统行政处罚和行政检查清单,对全省交通运输系统行政处罚事项148项、行政检查事项24项在网站公布,让权力在阳光下进行。推行罚没清单制度,梳理92项省级罚没事项,明确了事项名称、罚没依据、实施主体等内容,为行政执法提供依据。推进"互联网+执法服务"建设,提升执法信息化水平。完善自由裁量权执行标准,对301项行政处罚自由裁量权标准进行了公示,接受社会监督。健全交通运输行政执法与刑事司法衔接工作制度,进一步完善了衔接沟通机制。与此同时,河北省交通运输厅作为全国交通运输系统唯一同时在全省范围内推行行政执法三项制度的试点单位,先后制定了《河北省交通运输执法公示办法》《河北省交通运输执法全过程记录办法》《河北省交通运输重大执法决定法制审核办法》,不断规范执法行为,提升执法质量,为建设法治交通夯实基础。

三是严格规范管理,强化执法队伍正规化建设。制发领导干部学法计划,对每年学法工作作出安排,提高全系统各级领导干部法律素养。推行领导干部任职前法律知识考察、考核,建立了《领导干部任职前法律知识考察、考核制度》,凡是新提拔的处级领导干部必须接受任职前法律知识考试,考察结果和考试成绩被人事部门采用。规范行政执法人员管理,严把行政执法人员准入关,执法人员经考试合格取得执法资格后,方可授予执法证件。建立了行政执法人员管理数据库,所有执法人员数据信息全部入库,实行动态管理。每年定期组织全省各级交通运输主管部门,通过执法案卷评查、执法人员考试、交叉互查、实地督导检查等形式,就执法工作进行全面考核,对评议考核中发现的共性问题及时进行整改,规范了行业执法工作。

四是抓好法治宣传教育,增强依法行政软实力。按照法治宣传教育工作要求,制定五年普法规划,建立"谁执法谁普法"工作机制,法治交通氛围愈加浓厚。对法治宣传教育遵循的原则、工作流程和有关工作要求做出了明确具体的规定,确保交通运输系统法治宣传队伍的专业化以及法治宣传教育工作的有效性。通过在高速公路服务区设立橱窗、显示屏和问询处等方式,面向驾乘人员普及有关法律知识;通过送法到企业、送法到车头、送法到货场等活动,增强了群众和驾乘人员的爱路护路意识。针对交通运输领域受众群体的差异性,对机关干部、一线职工、运输企业、驾乘人员、公路沿线居民制订个性化的宣教内容,确保法治宣传教育贴近实际,取得实效。

(二)管理体制建设

为不断适应交通事业的蓬勃发展,河北省交通运输厅紧扣时代发展脉搏,积极推进行政管理体制改革。

1980年,河北省革命委员会交通局改称河北省交通局。1983年,省交通局改称省交通厅。30多年来,河北省交通厅多次进行机构调整,将人员进行合理分流,使厅机关各处室、厅属各职能部门设置更加精干、合理、科学,职能更加清晰、明确,逐步形成较为完善的行业管理体系。1985年成立河北省公路运输管理局,2000年10月更名为河北省道路运输管理局。1993年河北省交通厅公路处更名为河北省交通厅公路管理局。1990—1994年先后成立省高速公路管理局、省交通厅国际金融组织贷款项目办公室、省道路开发中心3个高速公路项目法人单位,负责全省高速公路建设、运营与管理。1998年,成立河北省交通规费征收稽查局。2000年,河北省航运管理局改变企业性质后,更名为河北省港航管理局,受河北省交通厅委托,承担全省航运管理的职能。2001年,河北省港航监督处进行调整,更名为河北省地方海事局。

进入21世纪,交通跨入大发展时期,河北省交通厅坚持"精简、统一、效能"原则,大力推进行政管理体制改革,逐步实现政企分开、政事分开。2002年,重新组建河北省交通厅港航管理局,建立了全省统一的港航管理体制,港航工作的管理得到强化。河北省公路工程局由事业改为企业,改制成"河北省公路工程建设集团有限公司",并最终划归省国资委序列,实现了与河北省交通厅的彻底脱钩。在行业结构调整的基础上,自1992年开始,陆续组建了河北省交通厅通信管理局、河北省交通公路工程定额站、河北省交通厅宣传中心、河北省交通厅国有资产管理中心、河北省交通厅机关服务中心、河北省交通厅招投标中心等直属事业单位。2004年11月,河北省地方铁路管理局更名为河北省铁路管理局,并于2006年9月加挂河北省铁路工程质量监督站的牌子,全省铁路行政管理职能得以明确和加强。2009年,河北省交通厅改称河北省交通运输厅,将原省交通厅的职责、原省民航管理委员会负责全省民航业行业规划、政策的职责,原省建设厅指导城市客运的职责,整合划入省交通运输厅。2011年组建河北省民航发展建设领导小组办公室,为河北省民航发展建设领导小组的办事机构,挂靠河北省交通运输厅,2013年8月更名为河北省民航发展建设办公室,调整为省厅所属单位。2009年1月,经河北省委、省政府批准,为适应建设经济强省的新形势,根据《公路法》和国务院《收费公共管理条例》有关规定,按照精简、统一、效能的原则,在撤销原河北省交通厅国际金融组织贷款项目办公室、原河北省高速公路管理局、原河北省道路开发中心和原河北省交通引资办公室等处级事业单位基础上,组建新的河北省高速公路管理局(河北省高速公路集团),负责河北省省属高速公路的建设,承担项目法人和投资主体职责;负责河北省省属高速公路的投融资工作,根据国务院《收费公路管理条例》有关规定,对河北省省管收费公路实行统贷统还;负责河北省省属高速公路的养护、通行费征收,服务设施管理、科技研发及智能交通建设;负责河北省省管一般干线收费公路的管理;受河北省交通运输厅委托负责河北省省属高速公路的路政管理,保护路产路权;负责内部财务管理、资产管理、内部审计、人事劳动管理、党建工作、精神文明建设、廉政建设和行风建设;负责河北省交通运输厅交办的其他工作。2013年10月,组建河北交通投资集团公司,由省交通运输厅代省政府履行出资人职责,负责经营性高速公路项目的筹资、建设、运营和管理。2016年,为落实省委、省政府关于省级机关内设机构改革和精简人员编制工作有关要求,省交通运输厅机关内设机构由13个调整为11个。

同时,结合管理体制改革,河北省交通运输厅不断深化"放管服"改革,切实转变政府职能。2014年以前,先后对行政审批事项进行了3轮改革,共计精简65项行政审批事项(含职业资格审批),做到了能够精简的审批事项几乎全部精简;2015年,取消了厅本级所有非行政许可审批事项;2016年,对照国家指定地方实施的行政许可事项清单,建立了56项省本级行政许可通用目录清单;2017—2018年,进一步取消、下放15项行政许可,保留省本级行政许可41项。通过行政审批制度改革,对交通运输部门许可机构设置、性质、权限划分进行了清理和明确,不断转变政府职能,提升了群众和企业满意度和获得感。

(三)投融资体制改革

改革开放以来,河北省高速公路项目筹融资体制不断改革和深化,筹融资模式不断创新和完善。目前已经形成了以财政资金为引导、贷款资金为支撑、民间资金和外资为补充的筹融资格局和"国家投资、地方筹资、社会融资、利用外资"的筹融资体制,为河北省高速公路的飞速发展提供了强有力的支撑。

一是全力争取商业银行贷款。京石高速公路是河北省第一条自行设计、自行建设的高速公路。自此以后,河北省充分利用"贷款修路、收费还贷"的政策,积极争取国内商业银行信贷资金支持。河北省交通运输系统立足"互惠互利"原则,本着"全面联系,重点合作"的工作思路,与省内各商业银行均建立了良好的信贷合作关系,加大与商业银行的合作深度,拓宽合作领域,创造了良好的融资环境,在银根紧缩前基本以基准利率下浮10%的优惠利率贷款,充分发挥了信贷资金的支撑作用。

二是积极争取政策性资金支持。2005年以来,面对筹资任务重、消耗时间长,不能满足高速公路快速建设发展的资金需求的困难实际,河北省交通运输厅抓住国家开发银行软贷款允许用于建设项目资本金的机遇,与国家开发银行签订了145亿元的软贷款合同,为全省27条段高速公路建设项目提供了资本金。其中,4条段省作业主项目使用软贷款26.2亿元,23条段市作业主项目使用软贷款118.8亿元,有效帮助各项目业主缓解了筹措资本金的压力,发挥了资本金的乘数效应,带动了400多亿元贷款资金的及时到位,为圆满完成全省"十一五"期高速公路建设任务发挥了重要的支撑作用。

三是探索拓宽融资方式。2011年以来,面对银行贷款受控、信贷规模大幅缩减的情况,全省交通运输部门主动作为,不断探索新筹融资渠道,通过直接融资方式筹措高速公路建设资金,通过企业债券、中期票据、短期融资券、公司债券等多种方式筹集资金,不但有效开辟了新的融资渠道,筹集了所需的建设资金,而且提高了直接融资比例,优化了债务结构,降低了融资成本,改变了过度依赖信贷资金的融资结构。

四是大力推进项目业主多元化。自1998年开始,中央连续多年实施积极的财政政策和稳健的货币政策,银行信贷政策较为宽松。2003年,为了用足用活用好中央"贷款修路、收费还贷"的政策,加速高速公路的发展,全省各级交通运输部门转变观念,树立"不求所有,但求所建"的观念,改变由省交通运输厅一家唱主角的做法,鼓励和支持有条件的市当项目法人,按照"谁作业主,谁筹集建设资金"和"谁投资、谁受益"模式建设、管理高速公路项目。

五是推进省市合作。2011年,国家实施宏观调控,清理地方政府融资平台,全省高速公路建设遇到了前所未有的资金困难,特别是部分市作业主的高速公路项目面临着资金断链的风险。为帮助市级交通运输部门缓解资金断链的难题,2012年以来,省级顾全大局,克服困难,安排省高管局通过省市合作、移交的方式,承接石家庄、廊坊、张家口、保定、承德、邢台6个市16个项目,筹资压力大幅增加。2013年省级成立交投集团后,又先后通过受让高速公路收费权益方式承担了衡水市衡德高速、保定市张石和保阜高速、承德市承秦高速、邢台市邢临高速等原市作业主高速公路项目。

六是积极推行PPP模式,激发社会资本投资活力。从2013年开始,每年都推出一批公路项目,公开向社会招商,畅通社会资本投资信息渠道。其中,津石高速公路被交通运输部列为第一批交通运输基础设施PPP试点项目,克承高速公路等4个交通基础设施项目被列为财政部2015年第二批PPP示范项目,长深高速公路等5个公路项目列入全省首批32个PPP重点项目名单,张承高速公路等11个项目被确定为全省第三批鼓励社会投资项目,太行山等高速公路项目包、延庆至崇礼高速公路项目被列为财政部2017年第三批PPP示范项目。先后出台了《关于鼓励和引导民间资本进入高速公路建设领域的实施意见》《关于在收费公路领域推广政府和社会资本合作模式的实施意见》《关于进一步促进交通运输业民间投资措施办法》《关于促进交通运输业扩大对外开放积极利用外资实施意见》等文件,形成了吸引社会资本的长效机制。

(四)技术政策及标准建设

改革开放40年来,河北省交通运输厅一直十分注重技术研究课题向专利、标准、指南、规范的转化工作,提出了以提高交通工程建设质量和交通运输服务质量为目标,以标准化管理体系和技术体系建设为重点,以自研项目和成熟技术为依托,把标准化工作与科技创新工作协同推进的工作思路。

1.贯彻落实《京津冀协同发展规划纲要》,以交通运输标准化推动京津冀交通运输一体化

三地交通运输与质量技术监督部门建立了京津冀一体化交通标准化联席会议制度,定期对京津冀交通一体化标准化工作合作进行会商。目前,京津冀三地交通部门联合编制了6项区域性标准,已通过三地质监局审批发布了3项。由河北省牵头修订的《京津冀高速公路服务区服务规范》《京津冀高速公路收费站服务规范》《京津冀高速公路智能管理与服务系统技术规范》均已通过了京津冀三地质监、交通运输部门的联合审定,目前均已发布并实施。

2.开展钢结构桥梁研究,促进化解全省钢铁过剩产能

向河北省质监局申请立项了《公路装配式组合钢箱梁设计规范》《公路装配式组合钢箱梁制造与安装规程》《钢波纹管(板)涵洞通道设计与施工技术规程》《公路中小跨径钢—混凝土组合梁桥设计与施工技术规程》《公路波形钢腹板预应力混凝土组合箱梁桥设计与施工规程》等钢结构桥梁技术标准。目前,已有3项钢结构桥梁技术标准通过了河北省质监局的审定,面向社会发布。

3.加强重点领域标准制修订,奋力建设绿色交通

加快综合运输、安全应急、节能环保、管理服务、信息化智能化等领域的技术标准制定,制定并实施了《废轮胎橡胶沥青及混合料技术标准》《温拌沥青混合料施工技术指南》《废轮胎橡胶颗粒自除冰沥青路面技术指南》《废橡塑基热塑性弹性体改性沥青》等技术标准和规范,对全省交通运输领域节约资源和能源、废弃物重新利用等技术提供了重要依据。

同时,河北省交通运输厅注重完善交通运输标准化体系。一是建立健全交通运输标准化管理体系。成立河北省交通运输标准化技术委员会,指导全省交通运输领域标准化技术归口管理,审议交通运输标准化战略、规划和政策,审定交通运输标准化年度工作计划,统筹开展交通运输领域的标准制(修)订工作,协调衔接各种交通运输方式标准。二是构建交通运输行业标准体系。紧紧围绕全省交通运输科学发展和京津冀交通一体化发展的需求,着力构建以国家标准、行业标准为骨架,地方标准为补充的交通标准化体系,有效解决了各部门之间缺乏统一规划造成的标准相互交叉、相互重叠以及标准缺失的问题。三是完善标准化保障体系。积极争取地方财政资金投入,将标准制修订、标准实施监督等标准化工作纳入预算管理,鼓励和引导企业和社会组织加大标准化工作经费投入。

五、部分科技创新成就

(一)科技创新体制改革

1977年10月,河北省交通科学研究所经河北省革命委员会交通局报请河北省编委批准成立,是集科研、试验、检测、计量、技术咨询与技术服务为一体的省级综合性科研机构。

1978年,河北省交通行业以河北省交通科研所为科研主体,开展系列科研活动。

1991年,对全省交通行业实行科技项目计划管理,下达年度科技计划项目,对重点项目进行资金补助。

1995年,提出"科技兴交"战略,加大对科技的支持力度,增加了科研经费,科技体制改革和科技事业取得了迅速发展。

1999年,以"创新、产业化"为指针,推进科研院所深化改革和转制。

2006年《国家中长期科学和技术发展规划(2006—2020)》实施,河北交通科学技术的发展沿着"自主创新,重点跨越,支撑发展,引领未来"的方针,十几年来取得了巨大进步,研发经费持续上升,科技产出大幅增加。

2015年,响应国家和河北省关于科技体制改革的号召,河北省交通运输厅对科技管理体制进行改革,主要负责全省交通运输行业科技发展战略、规划、政策、布局和监管,瞄准重大、核心、关键科技问题,凝练交通运输发展重大需求,促进跨行业、跨部门、跨区域整合资源,协同创新,强化对研究开发、成果转化、产业发展的全链条创新设计和一体化组织实施。建立市场导向机制,发挥市场对技术研发方向、路线选择和各类创新资源配置的导向作用,调整创新决策和组织模式,促进企业真正成为技术创新决策、研发投入、科研组织和成果转化的主体。

(二)科研能力建设

(1)不断加强和完善科研基地建设,组建河北省道路结构与材料工程技术研究中心,引进全套法国高模量试验设备,成为全国唯一一家具备完整法国高模量沥青混合料体系研究能力的实验室,有力提升了研究中心的路面材料研究水平。

(2)打造公路设施使用状态监测与养护保障核心技术协同创新平台,并成为交通运输部19个协同创新平台之一。深化"产、学、研"合作,围绕产业链部署创新链,形成推动产业发展的强大创新合力。

(3)建成河北交通投资集团公司院士工作站、河北省交通规划设计院博士后工作站以及邢台路桥建设总公司技术中心,对开展高水平科技研发活动、培养优秀科技人才发挥了巨大作用,为进行高层次学术交流打造了高端平台,为快速提升行业整体科技创新能力奠定了坚实基础。

(三)重大科技成果及推广应用

(1)路基方面,1993年11月,京港澳高速公路京石段西半幅全线222公里建成通车,开启了我国高速公路分幅施工的模式,有效解决了混合交通问题,大幅度降低了前期投资。

(2)路堤填筑技术方面,自创一套粉煤灰路堤施工独门绝技。利用该法,1995—1998年河北省共使用粉煤灰1800万吨,修筑粉煤灰路堤近130公里,节省修路取土占地、新建灰场占地共25200余亩,为全国粉煤灰路堤的推广应用做出典范。组织开展"九五"行业联合科技攻关项目——公路粉土填筑路基技术研究,在国内首次对低塑性粉土的工程特性进行了全面系统的分析研究与评价,形成了一套可操作性强、行之有效的低塑性粉土路基压实施工工艺,为修订路基设计与施工规范提供了可靠的基础资料,填补了我国低塑性粉土研究利用的空白。

(3)路基变形沉降处治技术方面,相继开展"注浆技术在高速公路软弱地基处理中的应用研究""滨海地区高速公路软土地基硬壳层工程特性及处理技术研究"等近30项关于软土地基处治的科研项目,成果应用近600公里,有效改善了不良地质的工程特性,开启了公路行业对软土地基研究的新局面。并通过开展"高填方路基的沉降速度分析与稳定性研究""高速公路路基稳定性与变形控制技术研究""泡沫聚苯乙烯路用性能及其在高速公路路桥过渡段中的应用研究""气泡混合轻质材料在软土地基路桥过渡段中的应用研究"等30余项关于地基变形沉降处治的科研项目,大大推动了土工格室柔性结构体系及流态粉煤灰回填新技术。至2016年底,这些成果在保沧高速公路、青银高速公路冀鲁界至石家庄段等10余条高速公路的应用里程超过800公里。

提出"粉煤灰水泥流态处理路基/基坑回填"技术,形成了流态粉煤灰水泥混合料施工核心技术体系。编制《流态水泥粉煤灰台背回填施工工法》《流态粉煤灰水泥混合料施工技术指南》,有效解决了台背边角无法碾压、孔隙不易填补的难题,极大缓解了高速公路桥头跳车的难题。截至2016年底,河北省高速公路建设在数万个台背、短路基回填中采用流态粉煤灰,体积超过900万立方米。

(4)半刚性基层沥青路面研究方面,国内首创采用加速加载试验,对实体工程进行数据采集、验证,推出了适合河北省不同交通等级、不同土基等级的36种典型路面结构,为完善我国半刚性基层沥青路面结构研究提供了数据支持。在国内率先采用与施工现场更加吻合的室内振动成型法,开展"水泥稳定碎石基层振动成型法在高速公路中的应用"研究。到2016年底,研究成果在半刚性基层沥青路面累计应用超过1500公里。

(5)开展"SMA路面早期损坏研究""沥青玛蹄脂碎石混合料性能及指标研究"等课题研究。从2007年开始,先后在青银高速公路冀鲁界至石家庄段、廊涿高速公路、京承高速公路河北段、邢汾高速公路邢台至冀晋界段、京港澳高速公路河北段改扩建工程以及延崇高速公路河北段等10余条高速公路上大面积采用SMA路面,应用里程超过1000公里,居全国之首。

(6)引进GTM沥青混合料试验设备,完成河北省交通运输厅重点研究项目"美国工程兵旋转压实剪切实验机(GTM)开发应用"和交通运输部"重载交通沥青路面材料试验标准(GTM对比)"专题研究,形成了重载交通GTM沥青混合料设计核心技术体系。到2016年底,采用GTM技术设计的沥青路面在河北省高速公路建设和养护工程中应用累计里程超过6000公里,对河北省乃至全国沥青路面的建设产生了积极的影响。

(7)开展"骨架大粒径沥青混合料组成设计与路用性能的研究""大粒径碎石沥青混合料推广应用研究""重载交通高速公路沥青路面柔性基层抗车辙性能研究",为我国解决沥青路面早期车辙破坏探索出一条新出路,对于减少沥青路面开裂、车辙以及水损害效果显著。

(8)开展"沥青路面结构防水层的研究""高速公路沥青路面抗滑表层与解决水破坏的研究""高速公路沥青路面车辙、水损害、裂缝等病害养护技术和对策研究"等系列研究,首创性提出了热沥青封层由基层顶面提到中面层顶面的新思路,并改名为防水黏结层。应用里程累计超过5000公里,并取得了显著成效。同时通过开展"公路沥青路面功能层组合结构技术""公路路面防水抗裂层设计施工技术"等高性能薄层沥青路面系列研究,减少了基层裂缝处沥青面层应力集中现象的出现,具有面层裂缝少、排水效果优等特点。研究成果在近20公里试验路中得到成功验证,并于2014年被列入交通运输部推广项目。

(9)开展"废旧轮胎橡胶粉道路应用成套技术研究",形成橡胶粉改性沥青应用成套技术,并编制《橡胶粉改性沥青及混合料的施工技术指南》。首创性发展了工厂化稳定型胶粉/SBS复合改性沥青技术,完整实践了研发→设计→生产→运输→施工→质量管理的全产业链运作模式。在保沧高速公路罩面工程、京港澳高速公路河北段改(扩)建工程以及邢汾高速公路邢台至冀晋界段等路面工程中应用累计里程超过600公里,节约工程费用6000余万元。

(10)开展"高性能沥青混合料路面成套技术""长寿命沥青路面结构设计与材料参数一

体化研究""河北省提高高速公路沥青路面使用性能关键技术研究"等耐久型沥青路面研究项目,使得沥青混合料技术由普通沥青和改性沥青混合料,进阶到了高性能沥青混合料时代。2007年,在张石高速公路石家庄段开展"CRCP+AC连续配筋复合式沥青路面"大规模应用工程,有效提高了高速公路沥青路面寿命,使沥青路面的耐久性研究步入了新阶段。

(11)桥梁隧道方面,1995年1月,针对高速公路中小桥涵等构造物设计繁重,工作人员手工制图较慢的情况,河北省开发了"中小桥涵参数CAD系统"。2009年,通过对实体桥梁进行动静加载破坏性试验、数据计算分析与评价,避免了当时计划全部拆除重建造成资源浪费的问题,并编制《预应力混凝土连续梁桥病害诊断与评估技术指南》,规范了河北省预应力混凝土连续梁桥病害诊断、评估、加固的方法与流程。

(12)桥梁支座技术方面,创造性研制出具有水平方向弹性变形能力的固定型盆式支座,满足了上部结构横向温变收缩和共同分担水平力的要求,使上下部结构传力受力更加均匀,彻底解决了现有桥梁使用盆式支座时只能设一个固定支座的问题,大幅提高了桥梁结构的耐久性。

自主创新研制弹塑性防落梁球型钢支座,引入多道设防的设计理念,实现了桥梁等构筑物小震不坏、中震可修、大震不倒的预期效果,并于2013年颁布实施了《弹塑性防落梁球型钢支座技术条件》地方标准。

(13)桥梁施工工艺方面,开展"双预应力混凝土梁桥研究",解决了顶压筋失稳、管壁应力集中的问题;开展"下穿重载高速公路箱型桥施工技术研究",对于需要拆除重建上部结构的小桥、新建段的一等通道,首次采用密排T梁代替空心板,并制定了密排T梁通用图,从根本上解决了空心板梁桥普遍存在的铰缝破坏导致单板受力和支座脱空、内模上浮导致顶板偏薄等问题;开展"装配式组合钢箱梁生产安装技术"研究,通过采用工厂化、自动化制造,现场拼装工艺,组合出高强度和高刚度的钢箱叠合结构。该技术在河北省被广泛使用,并于2013年被交通运输部定为全国重点推荐推广应用技术。

(14)隧道工程方面,2001年9月,开展"寒冷地区隧道冻害防治技术研究",在国内首次将完善的防排水系统与防冻隔温技术相结合,形成了一套完整的隧道冻害防治技术方案。研究成果在秦皇岛梯子岭隧道冻害防治实体工程中成功应用,并在青藏铁路昆仑山隧道、风火山隧道和川藏公路雀儿山隧道中得到推广。2001—2008年,相继开展"公路隧道施工质量控制关键技术研究""公路隧道围岩精细分级与动态优化设计"等10余项课题研究,提出了一套跟踪公路隧道施工过程的围岩快速精细分级方法和支护方案动态优化设计方法,将公路隧道塌方灾害归纳为6种模式,并建立了围岩稳定性超前预报预测与防治对策,提出了隧道施工质量控制关键技术。这一系列新方法、新技术在京承高速公路河北段、青兰高速公路河北段以及大广高速公路承赤段等高速公路上的50多座隧道中成功应用,有效避免了隧道施工过程中地质灾害的发生。

(15)公路绿化技术方面,首次筛选出8种适合我国华北地区公路的绿化植物种类,填补了华北地区干旱、盐碱等条件下在难绿化或不可绿化公路上规模化造林和经营管理技术上的空白。

(16)景观护栏设计研究方面,开展"高速公路安全设施持续适应设计理念及景观混凝土护栏研究"。其中,长圆孔造型的中央分隔带景观混凝土护栏、护栏持续适应设计方法、综合定量化路侧护栏设置、无缝连接设计技术、"错台搭接"纵向连接方式等新产品、新技术、新工艺得到推广应用。研究成果降低了护栏改造费用,提高了护栏的防护能力和纵向连接强度,具有景观效果优、耐久性好、施工养护方便以及与改扩建工程相适应的特点。

(17)绿色通道检查系统方面,承唐高速公路唐山段丰南收费站率先引进 TC-SCAN 绿色通道检查系统,这也是我国首套正式投入使用的绿色通道检查系统。该系统具有检查速度快、准确性高、安全性高、节省成本的优点,随后在全国高速公路收费站被全面推广使用。

(18)ETC 联网工程方面,截至 2014 年底,河北省高速公路实现 ETC 系统全覆盖,2015 年全国 29 个省市实现了 ETC 联网收费。高速公路全程监控系统方面,黄石高速公路黄骅港至藁城西段、京秦高速公路河北段、大广高速公路京衡段、大广高速公路衡大段率先实现高速公路全程无盲点监控,黄石高速公路黄骅港至藁城西段也成为河北省第一条全程使用激光夜视摄像机的高速公路。

六、党的建设与精神文明建设

(一)党建工作

改革开放 40 年来,河北省交通运输直属系统各级党组织在厅党组的直接领导下,坚决贯彻党在不同历史时期各项方针政策要求,围绕服务中心、建设队伍两大任务,以改革创新的精神带领广大党员干部职工,讲政治,学理论、抓基层、打基础,当先锋、做表率,对标先进,创新品牌,为交通运输事业健康发展提供了坚强的政治保障。

一是统一思想认识,始终把握正确的政治方向。着力抓好各级党组织理论中心组的学习工作。制订理论中心组年度集体学习计划,确定学习主题,编纂学习资料,发放理论书籍,召开集体学习会,撰写调研体会文章。大力开展形式多样的党情国情省情教育活动。围绕年度理论热点,邀请专家学者举办专题辅导报告会,组织收看时事教育片,积极组织参加省委形势政策报告会等。加强党员干部培训。按照党员干部集中培训学习要求和分级管理原则,每年举办党委书记、支部书记、党务干部、党员专题培训班、学习会,为全厅党员干部政治学习理论、提高能力素质提供学习平台。

二是牢记职责使命,不断推进基层党的建设工作。狠抓基层组织工作,每年举办书记岗位专业知识培训班,通过专业学习、交流基层党建经验,基层党组织书记党务工作能力和"一岗双责"的使命担当意识得到不断增强。狠抓党组织生活。通过推进抓班子带队伍、讲党性做表率等活动,各级领导班子的民主、科学决策水平及民主生活会、双重组织生活和"三会一课""一岗双责"等制度的贯彻落实效果日渐明显。狠抓党员教育管理。严格遵守发展党员程序,严把入口关,注重从革命化、知识化、年轻化等方面培养发展党员;在党员管理上,严格执行党的纪律,通过"两学一做"学习教育专项检查和加大纪检监察力度,及时清理了不合格党员。狠抓群团组织管理工作。坚持党建带团建、带妇建,充分发挥群团组织与职工群众的桥梁纽带作用,积极倡导和推进"善行河北""幸福党建"等活动,文明单位创建、巾帼建功、争当青年排头兵等活动开展有声有色。进入新世纪后,党组织和党员人数从 2001 年的 301 个 3249 名,分别发展到 807 个 7625 名。涌现出了创建"春雨行动""微笑服务"品牌的石家庄收费站等,以及公路设计科研专家母焕胜、美丽交通追梦人苏俐等在全国交通行业和省内具有影响力的一批先进基层党组织和优秀共产党员。

三是强化廉政建设,为优化交通环境提供政治保障。认真开展在重点单位、重要领域等高危岗位的巡查监督工作,积极履行监督责任。针对近年来交通建设招投标领域腐败现象多发的特点,不断完善和建立健全惩治和预防腐败体系的实施办法,出台深化高速公路建设"十公开"、农村公路建设"七公开",建立领导干部插手干预工程建设登记制度、廉政承诺和报告制度,规范用权,强化监督,坚决防止和遏制领导干部干预工程问题的发生,形成了具有交通运输惩防腐败和廉政建设特点的工作格局。

(二)精神文明建设

改革开放以来,河北省交通运输厅创新开展思想政治教育、核心价值践行、行业文明创建、文化建设示范和宣传舆论引导"五大工程",为推动交通强国建设、决胜全面建成小康社会提供了强大的思想保障和精神动力,被交通运输部授予"全国交通运输文明行业",被河北省文明委授予"全省创建文明行业优胜行业",90%以上的各级交通运输局进入市级以上文明单位行列。

一方面,以群众性精神文明创建活动为抓手,持续深入推进社会主义核心价值观落地落实。纵深拓展"道德讲堂"主题活动,扎实推进干部职工思想道德建设。围绕社会公德、职业道德、家庭美德、个人品德教育,以"身边人讲身边事、身边人讲自己事、身边事教身边人"为基本形式,弘扬"善、敬、信、礼、孝"。持续开展"提质提效、文明服务"创建竞赛活动,培树行业文明新风。以收费站、服务区、公交、出租、班线客运等交通运输窗口服务单位(企业)为重点,扎实开展"流动红旗收费站""流动红旗服务区"等优质服务竞赛活动,引导客运、货运、出租车驾驶人落实"三个文明公约",创造安全、畅通、和谐、文明的交通环境。大力弘扬"奉献、友爱、互助、进步"的志愿者精神,实施党员志愿者"单位、社区双报到",在全系统形成践行雷锋精神、争当模范的新风尚。另一方面,狠抓治理,补齐影响社会文明程度和群众生活品质的短板。持续开展公共场所治乱行动。坚持点面共抓、立破并举、疏堵结合的原则,在全系统扎实开展文明行动暨整脏治乱专项大排查大整治,坚持教育引导与惩罚惩处并重,通过细化管控责任、强化执法管理等措施,提升公共文明水平。深入开展交通秩序整治行动。综合运用教育、科技、经济和法律等手段,坚决打击非法营运、拉客宰客等现象,开展"整治出租汽车拒载和不按规定使用计价器"专项行动,营造和谐、有序、安全的交通环境。全面开展城乡环境提升行动。组织开展"四好农村路"示范县创建,建设一路一景、一路一特色品质工程,全面提升农村公路绿色廊道建设水平,打造"畅、安、舒、美"的农村公路,服务乡村振兴战略。积极开展户外广告提质行动。充分发挥交通运输各类媒体资源和"车船路港站"等窗口单位服务优势,做好公益广告刊播工作,服务引导公众文明出行。紧扣交通运输服务经济社会发展主题,突出人民交通为人民的思想,做好交通运输行业"讲文明、树新风"公益宣传,提升户外广告质量。全力开展"厕所革命"推进行动。在小厕所上做大文章,坚持以人为本,在设备创新、环境优化、打造精品等方面做文章,完善相关配套设施,持续推进高速公路服务区标准化、现代化、国际化建设工作。

(三)行业先进典型

改革开放40年来,河北省交通运输系统涌现出了一批先进典型,他们在平凡的工作岗位上,兢兢业业、无私奉献,传播着正能量,展示着交通一线职工的情怀和风采,提升交通运输行业在百姓心目中的认知度和影响力。其中,全国劳模7人,全国先进工作者4人,全国"五一劳动奖章"10人,全国交通运输系统劳模20人,全国交通运输系统先进工作者11人,河北省劳模60人,河北省先进工作者14人。

郭娜,女,中共党员,现任保定交通运输集团有限公司保定汽车总站站长、党总支副书记,郭娜陆地航空班班长。为更好地服务旅客,她推出"航空式标准,零距离服务"的陆地航空式服务模式,推行轮滑式服务、温馨短信服务,设置了困难旅客救助基金,开通了"知心姐姐热线""360免费亲情热线"。她荣获全国劳动模范、"全国五一劳动奖章""五一巾帼奖章"等荣誉称号。曾先后两次到人民大会堂领奖,受到党和国家领导人习近平、胡锦涛、刘云山、王兆国等亲切接见,是党的十八大、十九大代表。

母焕胜,男,中共党员,现任河北省交通规划设计院交通工程专业正高级工程师,先后参加主持完成了京沈、京石、京沪高速公路等20多条段的勘察设计工作。其中,京沈高速公路、唐曹高速公路、张石高速公路分别获河北省优秀工程勘察设计一等奖。母焕胜2008年经省政府批准为"河北省有突出贡献的中青年科学、技术、管理专家",先后获得"河北省五一劳动奖章""全国五一劳动奖章",2015年被党中央、国务院授予"全国先进工作者"荣誉称号,2014年享受国务院特殊津贴。

刘凤丽,女,中共党员,现任河北省高速公路宣大管理处深井收费站副站长。作为一个从大山里走出来的农村姑娘,从勤杂工到分管收费业务的副站长,她以崇高的道德操守,务实的工作作风,高尚的人格魅力,在平凡的岗位上绽放出最美丽的花朵,成为一束扎根基层的"战地黄花"。她先后荣获"河北省交通系统劳动模范""全国交通行业文明职工标兵""全国交通系统劳动模范",2015年被党中央、国务院授予"全国先进工作者"荣誉称号。

苏俐,男,中共党员,现任河北省高速公路管理局路政总队京秦支队遵化大队副大队长。在工作中,他始终以"与人为善、爱心执法、文明服务"为准则,精益求精,走出了一条"在创新中求发展,在执法中求和谐"的路政执法新路子。他热心公益事业,带头参与志愿服务活动,被称为高速路上的"好人雷锋""及时雨",曾荣获河北省十大优秀志愿者标兵、河北省职工道德模范、全国最美志愿者、中国好人、"河北省五一劳动奖章"等荣誉称号,2014年被评为"感动交通年度人物"。

冯兵辰,男,中共党员,现任河北省交通建设监理咨询有限公司常务副总经理兼总工程师,正高级工程师。他先后参加石家庄至安阳高速公路石家庄段、京沈高速公路宝坻至山海关段、山西省大运高速公路祁县至临汾段第四合同段、青银高速公路、张石高速公路石家庄段等的建设,所监理里程为674公里、9个路段,工程投资金额约为299亿元。其中山西省祁临高速公路获得詹天佑奖,青银高速公路河北段的滏阳新河特大桥被评为国家银质奖。2005年被评为交通部劳动模范,2008年被评为中国交通建设监理优秀人物,2010年被评为全国劳动模范。

兴晋富民路先行　奋力开启新征程

山西省交通运输厅

交通运输作为经济发展的先行官,在推动山西经济社会发展中起到举足轻重的作用。改革开放40年来,山西无论是在交通基础设施规模、运输服务质量、技术装备等方面,还是在理念转变、体制创新、市场化发展等方面,都取得前所未有的成绩。从改革开放初期的"瓶颈"制约到目前与经济社会发展相适应,山西省交通运输生产力得到极大地解放和发展。

一、综述

(一)放开搞活时期(1978—1992年)

中共十一届三中全会后,全省公路建设和运输生产得到很大发展,公路框架渐成规模,运输格局日趋合理,公路交通从几十年的计划经济体制向市场经济转变,公路商品化、运输多元化开始起步,公路交通事业呈现欣欣向荣的发展势头。其间,交通部将"普及与提高相结合,以普及为主"的公路建设方针及时修改为"以提高为主",全省公路建设也由重视数量转为重视质量。1979年,根据交通部部署和统一标准,省交通局对省内公路进行了一次普查,除去不符合标准的等外路4607公里,将1978年的总里程由31868公里复核为27261公里。与此同时,全省第一批二级公路——太原—忻州、阳泉—大寨、太原—东观段先后建成通车。

进入20世纪80年代以后,由于煤炭产量和社会物资运输量增加,交通运输滞后的矛盾显得越来越突出。1983年,全省有路面里程仅占60%,尚有11091公里为土路,11个县不通油路,1240个乡镇不通公路,4203个行政村不通机动车。许多干线公路日交通量超过设计标准几倍、十几倍。通往河北、北京、天津、河南等邻省重点公路,因通过能力小,经常出现堵塞现象。如太旧路原路,小堵天天有,大堵三六九,最长一次堵车整整七天七夜,引起国际舆论关注。其他出省通道,大部分为低等级公路或断头路。落后的交通,成为能源重化工基地建设的主要制约因素之一。一方面,晋煤和其他外运物资大量积压,仅1983年,全省积压待运煤就有3000余万吨,不少煤矿积煤出现自燃和被洪水冲走;另一方面,全国各地对晋煤的迫切需求得不到有效解决。面对严峻现实,山西省委、省政府决心打破全省公路交通半封闭状态,在加强省内干线和县乡公路建设同时,打开通向省外出口,并制定修建12条晋煤外运公路规划。从此,全省公路交通围绕能源重化工基地建设,进入全面发展新阶段。山西省交通厅在集中投资和技术力量的同时,对施工管理体制进行大胆改革,对各项工程采取公开招标和地(市)县承包办法,有效调动地方政府积极性,大大加快工程进度,降低工程造价。

"六五"期间,全省新建公路1411公里,桥梁516座,高级、次高级路面1200公里,新修通

7个县油路和175个乡公路。新建大同倍加皂—孙启庄、阳泉白毛岭—地都、晋城—大口、晋城—张路口4条晋煤外运公路,总长248公里。经过1年零8个月紧张施工,分别比原计划提前3~15个月,于1985年国庆节前胜利建成通车,使运输成本降低20%,每年可节约运费7238万元。到1985年底,全省公路通车里程达到28762公里。其中,省道9420公里,县道12550公里,乡道6167公里,专用公路602公里。有次高级路面里程7427公里,二级公路503公里,公路桥梁3504座,分别比1980年增长19.3%、16%和18.93%。公路密度17.4公里/百平方公里。与此同时,全省公路养护质量再创新水平,1985年末全省好路率达82.9%,跃居全国前列。其中干线好路率91.7%,县级公路好路率73.4%。在党中央"放宽、搞活"方针指导下,全省公路运输形成多层次、多形式、多渠道,国营、集体、个体一齐上新局面。到1985年末,全省民用汽车拥有量达12.9286万辆,拖拉机15万辆,分别比1980年增长1倍、1.5倍;运输专业户达到9.7868万户,个体汽车拥有量2.3万辆。1985年,全省公路完成货运量13071万吨,货运周转量522878万吨公里,晋煤外运1850万吨,客运量7173万人次,客运周转量310432万人公里,分别比1980年增长0.68倍、2.3倍、2.6倍、1.1倍、1.2倍。1985年全省公路交通工业完成总产值6248万元,实现利润4995万元,养路费征收38787万元,分别比1980年增长13.1%、2倍、3.14倍。

"七五"期间,随着经济体制改革不断深入,全省交通体制改革迈出重要步伐。如扩大厅属企业自主权,实行多种形式承包经营责任制,将厅属11个修造企业全部下放地市管理,将拖拉机养路费全部下放地市县征收管理使用,加强行业管理等。1986年3月26日,省政府印发《关于山西省公路建设和公路管理体制改革方案》。批准省公路局升格为二级局,各市地公路总段改称公路分局,县区养护段改称公路管理段,明确全省公路建设和养护实行统一领导,分级管理;原省公路局工程处改称省第一工程公司,实行企业化管理。1987年5月30日,省政府印发《通知》,将交通监理移交公安部门管理,公路养路费征收仍由交通部门负责。随后,省编委印发〔1987〕48号文,同意省交通厅设立交通征费稽查局,各市设处,县市区设所站,揭开征稽发展新篇章。5年完成投资11.35亿元,全省公路通车里程达到30784公里,分别比1985年增长7.3倍、7%,新增公路通车里程2022公里。其中等级公路25241公里,高等级公路1598公里,高级、次高级路面里程9418公里,分别比1985年增长9.3%、2.2倍、24%。其中,国道3636公里,省道6544公里,县道13172公里,乡道6810公里,专用公路622公里。晴雨通车15493公里,绿化里程15820公里,公路密度19.7公里/百平方公里。先后建成和顺—董坪沟、薛村—军渡、陵川—修武、原平—长城岭、长治—下浣、左权—涉县、晋城周村—黎川、长治荫城—壶关8条总长385公里晋煤外运出省公路。至此,全省规划的12条晋煤外运公路全部建成,其中周黎公路还是全省第一条商品公路。被列为全国"七五"建设27条重点公路项目之一、全长737公里的大(同)运(城)公路于1990年9月28日胜利竣工通车,为缓和交通运输紧张局面、加速全省煤炭资源开发利用创造了有利条件。大运路由国道208线大同—太原段、国道108线太原—侯马段、省道太原三门峡线侯马—闻喜水头段、水头—永济线的水头—运城段组成,由大同经朔州、忻州、太原、晋中、临汾到运城,经过7市23县市区,拥有人口占全省67.5%,是纵贯山西南北、连接省内主要工矿区和农业区的重要干线公路,总投资6.9亿元,对实现全省"发展中部、开发两翼"战略,发挥了极其重要的作用。"七五"期间,全省新增通油路县9个,实现全省县县通油路;新增通公路乡镇98个,新增通机动车行政村

1863个。与此同时,投资4697万元,建成太原、运城、侯马、阳方口等客运汽车站及雁北、长治、阳泉等货运站,并改建县级客运站14个。1990年全省民用汽车达23.2665万辆,完成货运量26706万吨,货物周转量1152520万吨公里,客运量12728万人次,客运周转量587953万人公里,分别比1985年增长44%、51%、55%、44%、45%;1990年全省完成水路客运量69万人次,旅客周转量254万人公里,分别比1985年增长35%、30%;完成货运量72万吨,货运周转量259万吨公里。按1980年不变价,1990年全省县营以上交通工业企业总产值完成7353万元,比1985年增长15%;大修汽车4900辆,客车改装1957辆,制造挂车6438辆;征收养路费、货运补偿费21.41亿元,车购费1.0040亿元,三项规费合计完成22.41亿元,年平均增长10%以上,年超收5000余万元。

(二) 率先推进时期(1993—2000年)

"八五"期间,特别是"八五"后3年,山西省委、省政府高举"改革开放"和"艰苦奋斗"两面旗帜,从兴晋富民迫切需要和经济发展客观要求出发,制定交通优先发展战略,把公路建设作为重中之重来抓,出台支持公路重点工程建设"八条"优惠政策,带领全省人民大打公路建设翻身仗,掀起轰轰烈烈的全民义务修路热潮,取得辉煌建设成就。截至1995年底,全省公路通车里程达到33644公里,比1990年增加2859公里。其中,国道4027公里,省道6735公里,县道14259公里,乡道7909公里,专用公路714公里。公路密度21.53公里/百平方公里;公路等级里程达到29506公里,二级以上高等级公路4303公里,公路有路面里程28112公里,高速公路94公里。从1992年底到1995年3年间,全省共筹资132亿元进行公路建设,总投资是1983—1992年10年间投资37亿元的3.6倍,拓宽二级以上国、省道公路16330公里,新建公路16330公里,改造公路25186公里,修建油路、水泥路10468公里,新建村间道路37845公里,分别是前10年的2.3倍、2.2倍、1.9倍、1.4倍和1.7倍。与此同时,全省汽车运输事业也得到更快发展。到1995年末,全省拥有民用汽车39.72万辆,完成货运量39776万吨,货物周转量1815463万吨公里,客运量17956万人,旅客周转量861061万人公里;公路煤炭外运量4471万吨;全省水上船舶达260艘,完成货运量90万吨,货运周转量321万吨公里,客运量85万人次,旅客周转量315万人公里;全省完成交通工业总产值10596万元,改装汽车138辆,制造汽车912辆。共征收汽车养路费、货运附加费59.08亿元,车购费9.16亿元,分别比"七五"递增175.94%、816%;从1993年开始,征收新增车辆费2.73亿元,车辆通行费2.56亿元。

"九五"时期,全省交通系统广大干部职工坚持发展是硬道理的思想,以邓小平理论和党的十五大精神为指导,认真贯彻中央和省委、省政府一系列方针政策和战略部署,大力推进交通改革与发展,全面完成目标任务。交通"瓶颈"制约得到改善,运输紧张状况得到缓解,统一、开放、竞争、有序的交通建设运输市场体系初步建立。全省公路建设累计完成投资338亿元,新增公路通车里程21764公里,新增二级以上高等级公路5018公里,新增高速公路424公里,新增高级次高级路面里程14954公里。继1996年第一条高速公路——太旧高速公路全线建成通车后,全省主要建成原太、京大、太原南环段、太原东环段、运风、夏汾、晋阳等424公里高速公路,霍侯、祁介、汾介等484公里一级公路,太古、东长、忻台等4110公里二级公路,离临柳石、晋西北等2900公里扶贫公路和以忻州东(冶)芙(城口)公路、阳泉巨(城)龙(庄)公路、临汾马务汾河大桥、太原小店汾河大桥为代表的一批国防公路,开工建设晋焦、长邯、运

三、祁临高速公路等。截至2000年底,全省公路通车里程达到55408公里,高速公路达到518公里,公路密度提高到35.5公里/百平方公里;二级以上高等级公路达到9321公里,占公路通车里程16.8%,比1995年提高4%;高级次高级路面里程达到29327公里,占通车里程52.9%,比1995年增长10.2%。全省提前3年实现"镇镇通油路、乡乡通公路、行政村通机动车"战略目标,并有81.7%乡和43.5%行政村通油路,94%行政村通公路。全省公路好路率达到83.8%,其中干线公路好路率达到84.1%;县公路好路率达到83.5%。全省建成干线文明样板路2568公里,GBM工程3229公里,绿化里程达到28997公里,占通车总里程52.3%,太旧高速公路、大运二级公路、108国道晋中段、307国道太原—军渡段4条绿色通道基本建成,受到国家绿化委表彰。全行业营运汽车达到17万辆,民用汽车达到54万辆。全省完成公路客运量2.88亿人,旅客周转量135亿人公里,完成公路货运量5.78亿吨,货物周转量270亿吨公里,分别比1995年增长60.4%、56.8%、45.4%、48.8%,占全社会运输量比重分别达到90.4%、61.2%、69.2%、35.8%,公路运输在全省综合运输体系中的基础性作用得到进一步巩固和加强。与此同时,黄河水运及水上旅游得到发展,部分渡运设施得到改善,黄河小浪底库区水运及旅游加快规划与开发步伐。

(三)加快发展时期(2001—2005年)

"十五"时期,全省交通系统以科学发展观统领全局,以调整路网结构和运输结构为主线,坚持"三个并重"方针,大力实施"三小时高速通达"、县际公路改造、乡通油路、村村通水泥路"四大工程",积极推进理念、体制、融资、科技、管理"五项创新",超额完成各项目标任务,是全省交通史上发展最快最好的时期,山西交通跨入全国先进行列。5年间,全省新增公路通车里程14155公里,新增高速公路1168公里,新增一二级公路4693公里。到2005年底,全省公路通车里程达到69563公里,路面铺装里程达到45599公里,公路密度达到44.5公里/百平方公里。其中,高速公路达到1686公里,全国排第9位,在中部排第2位;二级以上高等级公路达到14283公里,全国排第8位。全省公路运输完成客运量3.6亿人、旅客周转量181亿人公里、货运量7.6亿吨、货物周转量390亿吨公里,比2000年分别增长26.5%、33%、31.8%、44.5%,在综合运输体系中的比重分别达到90%、60%、65%、30%。省交通厅党组认真贯彻落实省委、省政府掀起以大运高速公路和国道主干线为重点的公路建设新高潮的重大决策,紧紧抓住国家宏观调控历史机遇,改革开放,创新思路,调动各方面积极因素,集中力量推进大同—运城、太原—晋城、汾阳—离石、太原绕城等纵贯全省高速公路大动脉和重要出省通道建设。规划"人"字形高速公路主骨架全面建成,省会到市"三小时高速通达"目标胜利实现。组织编制"人字骨架、九横九环"高速公路网规划,并经省政府批准实施;开展大运高速公路经济带建设研究规划,进一步增强高速公路发展的前瞻性、科学性和指导性。全省高速公路跨越式发展,大大改善交通运输紧张状况,提高运输保障能力和安全性。5年新改建农村公路89592公里(包括村内巷道)。其中,完成县乡油路改造13717公里,村村通水泥(油)路工程75875公里。全省新改建农村水泥路、油路里程占全国同期建成的农村油路、水泥路总里程近1/3,是建国51年全省建成农村油路、水泥路总里程5倍。全省100%乡镇、80%建制村基本通水泥(油)路,比"九五"末分别提高13.5%、37.5%,运城、太原、阳泉、晋中、长治5个市和59个县(市、区)基本实现村村通水泥(油)路。大力推进农村客运网络化,先后建成乡镇汽车站

105个、农村候车亭1797个、招呼站牌11534个,全省100%乡镇、83.6%建制村通客车,并有30个县市实现城乡客运一体化。全省开通鲜活农产品运输"绿色通道"。

(四)转型提升时期(2006—2018年)

"十一五"时期,全省交通运输系统坚决贯彻省委、省政府扩大内需、应对国际金融危机的一揽子计划,再掀公路建设新高潮,全力推进交通运输改革发展稳定,圆满和超额完成"十一五"规划确定的目标任务,交通运输对经济社会发展的"瓶颈"制约基本缓解,为促进经济平稳较快增长和社会发展、民生改善做出重要贡献。5年来,全省交通基础设施建设完成投资1746亿元,新改建公路12万公里,分别为"十五"的2.8倍和1.1倍,交通基础设施实现质和量双重跨越:一是公路通车里程大幅增长,路网结构进一步优化。新增公路通车里程6.2万公里,达到13.16万公里,公路密度达到84公里/百平方公里;新增二级以上高等级公路4821公里,达到19104公里,占通车总里程的14.5%;新增铺装和简易铺装路面里程63789公里,达到10.94万公里,占通车里程的83.1%,比"十五"末提高17.%。另外,全省新增水运通航里程160公里,达到1393公里。二是高速公路建设突飞猛进,实现历史性跨越。全省开工建设高速公路3300公里,项目总投资2500亿元,建成1316公里,达到3002公里,国家高速公路网项目建成76.3%,全省有88个县通高速公路,太原大都市圈基本实现高速公路"一小时通达",一个纵横交错、覆盖全省、东连京冀、西达秦蜀、南通中原、北出长城的高速公路网初具规模。三是国省干线基本消灭差等路,路网技术状况达到历史最好水平。全省新改建国省干线公路6839公里,新增一级公路636公里、二级公路657公里,93.5%的国道、81.7%的省道实现了二级化。截至2010年底,全省高速公路优良路率99.9%,干线公路好路率83%,均创历史最好水平。四是农村公路通达深度提高,实现村通水泥(油)路"全覆盖"。全省新改建县乡公路15416公里,通村水泥(油)路98821公里,27925个具备条件的建制村全部通了水泥(油)路。五是站场码头建设扎实推进,覆盖城乡的客运站场体系基本形成。全省建成一、二级客运站41个,乡镇汽车站421个,基本实现了地级市有一级站、县(市)有二级站,一半左右的乡镇有等级客运站。六是实施华北五省联合治超和全省"无缝隙、拉网式"治超专项行动,长期制约交通运输发展的车辆超限超载顽症在全省首先得到治理,并建立起治超长效机制。货车超限超载率连续三年稳定控制在0.2%以下,高速公路、国省干线杜绝车货总重55吨以上非法超限超载车辆,公路和桥梁得到有效保护,公路养管成本和交通事故大幅下降。全省9611家政府公示的货运源头企业全部纳入运管机构监管范围;公路超限检测站达到191个,并基本实现不停车快速检测,路面监控网络基本形成。山西省治超工作得到充分肯定,全国治超领导小组在山西召开了现场会,推广山西治超经验。七是规费征收大幅增长。2006—2008年,全省征收公路养路费等交通规费144亿元,基本相当于"十五"的总收入。"十一五"收取车辆通行费456亿元,是"十五"的3.3倍。其中高速公路通行费收入366亿元,是"十五"的4.4倍。从2004年起,全省收费公路统一开通"绿色通道",累计为500多万辆鲜活农产品运输车辆减免车辆通行费10亿多元。2010年全省营业性道路运输完成客运量3.26亿人、旅客周转量215.7亿人公里、货运量6.1亿吨、货物周转量970亿吨公里,同口径比2009年分别增长4.8%、2.6%、11%、7%;水路运输完成客运量183万人次,比2005年增长69.4%;城市公交和出租车分别输送旅客11亿人次、10亿人次,分别增长80%、44%。

"十二五"时期,全省交通运输系统深入学习贯彻习近平总书记系列重要讲话精神,认真贯彻落实党的十八大和十八届三中、四中、五中全会精神,贯彻落实省委、省政府、交通运输部各项部署要求,着力推进综合交通、智慧交通、绿色交通、平安交通建设,大力加强交通运输基础设施建设,不断提升交通运输服务能力,努力当好发展先行官,实现交通运输发展阶段由"总体缓解"向"基本适应"的重大跃升。特别是2014年9月以来,全省交通运输系统认真贯彻落实省委"五句话"要求,探索"六权治本",推进"六大发展",推动交通运输系统弊革风清、科学发展,取得新的成绩。一是交通基础设施建设实现新突破。全省公路水路交通运输完成投资2160亿元,新增公路通车里程9316公里,达到14.1万公里。其中,新增高速公路通车里程2025公里,达到5028公里,是"十一五"末的1.67倍,全省119个县(市、区)有112个通高速公路;打通省界高速公路互联互通出口9个,达到19个,与河北、河南、陕西、内蒙古4个周边省区实现省会城市、相邻地级市高速直达。新建改建国省干线公路2538公里,一、二级公路在普通干线路网中的比重达到86.34%。新建改建农村公路1.9万公里,极大地改善农村生产生活条件。二是综合交通运输体系建设实现新发展。公路客运枢纽站场建设加快,长治、晋城、晋中、忻州、临汾等一批区域客运中心建成投入运营,山西省交通运输物流信息平台建成投入使用,并与国家交通运输物流公共信息平台联网运行。全省营运货车达到51.8万辆,较"十一五"末增长32.6%;水路运输稳步发展,新建改建渡口码头30个,达到130个。三是交通运输公共服务能力建设取得新成效。全省公交运力达到1.22万标台,营运线路里程达到2.1万公里,公交出行分担率达到23.5%。太原市创建国家公交都市成绩显著,累计新增更新公交车辆2790标台,公交出行分担率达到31.57%;大西高铁太原—运城段15个高铁站全部开通城市公交;太原、晋中同城化公交系统增加线路一倍多,晋东南、晋南城镇群城际公交发展势头良好;太原、晋中、晋城分别建成公共自行车慢行系统,有效解决城市公交"最后一公里"问题。认真贯彻落实国家鲜活农产品"绿色通道"和重大节假日小型客车免费通行政策,累计减免公路通行费35.2亿元。高速公路ETC建设成效显著,全省与全国实现高速公路ETC联网。"十二五"末,高速公路、干线公路、农村公路优良路率分别达到99.9%、81.4%、76.3%。全省货运车辆超限超载率始终控制在0.2%以内,高速公路基本消除非法超限超载车辆,干线公路车辆非法超限超载率控制在0.1%以内,全省公路治超工作得到国务院和交通运输部领导充分肯定。

"十三五"时期,山西省交通行业全面贯彻落实党的十九大精神,以习近平新时代中国特色社会主义思想为指导,坚持新发展理念,紧扣社会主要矛盾变化,按照高质量发展的要求,统筹推进"五位一体"总体布局和协调推进"四个全面"战略布局,坚持"保基本、补短板、抓重点、促衔接、强服务"的方针,以深化交通运输供给侧结构性改革,转变发展方式、提质增效升级为主线,以保障改善民生、提升服务水平为根本,继续完善公路水路交通基础设施网络,加快提升交通运输服务品质、可持续发展能力和安全生产水平,加快构建畅通高效、绿色智能、安全便捷的公路水路交通运输体系,促进现代综合交通运输体系发展。

二、基础设施建设

(一)公路建设成就显著

改革开放40年来,山西共用于公路事业的投资达5000亿元之多,特别是"十一五""十二五"期间,公路固定资产投资达 3900 亿元,是前 30 年的两倍之多,从而使山西交通运输业得到迅速发展,交通事业面貌焕然一新。

截至 2017 年底,全省公路线路里程已达 14.29 万公里,是 1978 年的 4.4 倍,每百平方公里平均里程由 1978 年的 20.3 公里提高到 91.16 公里。高速公路从无到有,有等级公路迅速增长。2017 年底,全省已建设等级公路 14.02 万公里,比 1978 年增长 21.1 倍,平均每年增长 8.3%。在等级公路中,高速公路和一级公路从无到有,已分别达到 5335 公里和 2638 公里。特别是太旧、太长、长晋、大运等高速公路的建成,对山西的经济建设产生了巨大影响和有力推动,也深深影响了山西省全社会经济生活的方方面面。与此同时,其他等级公路的建设也取得了显著成绩。到 2017 年底,全省建设二级公路 15691 公里,三级公路 19102 公里,四级公路 97434 公里。近几年,县乡村公路发展非常迅速,交通闭塞状况基本改善。到 2017 年底,国道为 11095 公里比 1978 年增长 3 倍之多,而县乡村公路则高达 12.49 万公里,占总里程的 87.48%,比 1978 年增长 5.1 倍。其中:县道 19906 公里,乡道 48911 公里,村道 55621 公里。乡镇通公路、通油路,对推动农村经济发展起到了重要作用,农村交通闭塞的状况已成历史。

(二)铁路运输业绩辉煌

山西作为全国重化工能源基地,铁路运输在全省乃至全国有着举足轻重的作用。经过多年的建设,山西铁路网骨架已初步形成,有力地促进了山西省和全国经济的发展。

改革开放以来,国家、省对铁路建设投入了大量的人力、物力和财力,使山西铁路运输业得到长足的发展,运输设施不断增加和改善,运输能力显著提高。国铁相继建成朔黄铁路、北同蒲原平—太原增建二线改造工程、忻河支线改造及新建河边—东冶联络线工程和南同蒲侯马—东镇增建二线工程,完成大秦线 2 亿吨、侯月线 1 亿吨和南同蒲线扩能改造工程。地方铁路相继建成孝柳、武墨、宁静、沁沁、阳涉铁路,开工建设岢瓦铁路。铁路煤炭运输,一直是晋煤外运的主通道,近年运量则占到全省煤炭外运总量的 70%~80%。建成的中南部铁路通道、准朔铁路以及和顺至邢台铁路,形成东西方向 5 条(大秦线、石太线、侯月线、邯长线、中南通道)运力强大的晋煤外运系统。新建静乐—静游、沙泉—五寨、兴县—保德、保德—偏关、沁源—安泽、蔚县—应县、阳泉(孝义)—双池(交口)、嘉丰—南陈铺等地方铁路,有效推动当地经济社会发展。

"十二五"时期是全省铁路的快速发展期。山西新增铁路里程 2570 公里,其中新增快速铁路里程 529 公里,全省铁路总里程达到 6000 公里。太原至中卫至银川铁路、大同至西安铁路客运专线太原以南段、山西中南部铁路通道、韩家岭至原平铁路、太原至兴县铁路、太原南站等一批大中型铁路项目建成投入运营,铁路运输瓶颈制约基本缓解。大秦铁路成功试验开行 3 万吨组合列车,开辟全国铁路重载运输新纪元,以石太客专、大西高铁开通及太原南站的开通运营为标志,拉开全省崭新高铁时代序幕。

"十三五"期间,山西铁路运输将以构建现代交通体系为目标,全面提升铁路基础设施网络建设,以干线运输快捷化、运输结构合理化、运输服务系统一体化为总体目标,加快铁路发展。到 2020 年,基本建成与全省经济社会发展相适应,有效满足客货运输需求,比较发达、结构合理的铁路运输体系,力争运营里程达到 6400 公里。

(三)航空事业蓬勃发展

1978年,山西航空事业十分落后,规模窄小的太原机场设施简陋,运力低下,空运物资和旅客很有限。太原机场客运量不足2万人次,旅客周转量仅508万人公里,货运量只有900吨,货物周转量只有77万吨公里。这样的运输条件和运输能力严重制约着全省经济的发展。党的十一届三中全会以后,到2017年底,山西已拥有4个飞机场(太原武宿机场、长治机场、运城关公机场和大同机场),空中航线达60余条,通航城市约50个,已基本形成以太原为中心辐射全国的空中运输网络。太原武宿机场为北京2008年奥运会的国际备降机场,2006年,国家和山西省共投资约15亿元进行扩建,完全可以满足旅客吞吐量600万人次,货物运输吞吐量10万吨、高峰小时旅客2500人、高峰小时起降飞机30架次需要,2008年8月底投入使用。

2008年以来,山西航空以经济效益为中心,积极组织开展生产经营活动,取得较好业绩。到2020年,省内运输机场要覆盖省内所有县城及人口10万以上城镇,在直线距离150公里内能够享受到航空服务,形成层次清晰、功能完善、结构合理的机场布局。

(四)水运航道发展迅速

山西属内陆省份,省内河流主要分属黄河、海河两大水系,共有大小河流450条,大中型水库80余座。黄河、汾河、漳河、沁河是境内主要河流,是典型非水网省份、水运不发达地区。截至2017年底,全省航道总里程1557公里(其中晋、陕、豫、蒙界河航道里程1004公里,其他水域航道里程553公里);监管水域为黄河、汾河、漳河、沁河流域形成的大中型通航水域83处,重点水域为"两湖十库一线"(晋阳湖、九女仙湖、小浪底水库、万家寨水库、汾河一库、汾河二库、漳泽水库、后湾水库、关河水库、册田水库、云竹水库、浍河水库和黄河沿线);有渡口、码头252个;水运企业36个、个体经营户6家;各类船舶6000余艘。2017年,全省水路运输完成客运量157.79万人,旅客周转量1134.53万人公里;货运量20.16万吨,货物周转量1046.9万吨公里。

"十三五"期间,山西交通运输部门积极推进航道建设。建设黄河老牛湾至龙口段(山西段)、黄河小浪底库区老鸦石至三门峡库区(山西段)和汾河二库航运工程,建设总里程125公里。建设重点水域客运100吨级泊位20个。黄河航道整治和泊位建设完成之后,黄河晋豫大峡谷长航运输的码头、泊位、航标、航道将实现全面整体提升。

(五)城市交通日新月异

改革开放以来,山西省委、省政府确立优先发展公共交通战略,不断提高公共交通出行分担比例,完善城市公共交通基础设施,科学优化城市交通各子系统关系,统筹区域交通、城市对外交通、市区交通以及各种交通方式协调发展,加快智能交通建设,合理引导需求,提升城市综合交通承载力,支撑城市可持续发展。

"十二五"期间,山西公共交通客运量持续稳定增长,在城市交通出行中所占比重不断提高,全省城市有公交车辆10217辆、出租汽车42297辆,2016年共运送旅客26.62亿人次,11个市公共出行分担率平均达20.14%;省会太原是全国首批创建国家公交都市试点城市,公交出行分担率达到29.8%。公共自行车系统建设太原市基本覆盖建成区,自行车总数已达到

4.1万辆,单日租骑量、单车周转率全国之首。忻州、晋中、阳泉、临汾、长治、吕梁6市基本实现城市公交"一卡通"。太原、晋中"同城化"城际公交运行良好,晋东南城镇群公交系统基本建成。山西全省实施城乡客运一体化工程,新增建制村通客车393个,建制村通客车率达到90%。到2020年,基本确立公共交通在城市交通中的主体地位,较好地满足社会公众基本出行需求。初步形成以城市公交、城镇客运、镇村公交为主体,其他客运方式为补充的城乡客运体系。11个设区市实现中心城区公交站点500米全覆盖;具备条件的建制村通客运班车。逐步建设规模合力、网络通畅、结构优化、有效衔接的城市综合交通系统。

三、运输服务成就

(一) 客运服务

1978年,在国家改革开放、搞活经济方针指引下,运输市场逐步放开,旅客运输日趋繁荣。客运线路由干线公路延伸到支线,从城镇渗透到乡村,由本区营运发展到跨区出省。1979—2018年,在不到40年的时间内,道路客运事业发生翻天覆地的巨大变化。

改革开放初期,特别是20世纪80年代中期,党中央提出"以国有经济为主,集体经济为辅,个体经济为补充"的政策以后,县(市)运输企业、非交通部门及个体运输户的客运车辆大幅度增长。从1984年开始,国有运输企业为了适应市场,加强三、四级保养,基本上不再进行客车大修,由于当时长途客车仍然实行计划分配销售,民间购买客车渠道不畅,国有运输企业仍然占据着客车销售计划分配的主导地位,于是将一批下线退出经营的老旧客车转卖到个人手中,从此山西省有个人开始经营公路客运,同时,一些国有运输企业退休的客车驾驶员也加入到个体客运户行列或为个体经营户驾驶客车。到1985年底,全省大型客车发展到5332辆,其中交通部门国有企业客车1739辆,占客车总数的32.6%;非交通部门企业客车3150辆,占客车总数的59.1%;个体客运户客车443辆,占客车总数的8.3%。山西省的小型客车自1971年开始进入客运市场,到1985年已发展到15636辆。至80年代末全省营运客车增加到41277辆,客运量13183万人次,客运周转量62165万人公里。

客运市场的放开和激烈竞争,促进了客运班车线路的延伸和扩展,造就了一个纵横交错、四通八达的公路客运网络。特别是1987年底,遵照国家经委和交通部"站场脱钩,车站开放"的改革精神,全省将新建的迎泽街太原汽车站全面向社会开放,凡国营、集体、个体客车,只要证照齐全,均可进站营运,拉开全省汽车站面向社会全面开放的序幕,形成全省各地、县干支线客运班车全面交汇于省城太原的格局和以各地(市)所在地为中心向外辐射的客运班线网。全省多种经济成分共同发展,迅速改变计划经济体制下运力不足的状况。随着客车的持续增长,到1996年太旧高速公路通车之前,全省营运客车已超过10万辆、客运量近1.8亿人次、客运周转量86亿人公里,出现客运市场运力增长超过运需增长的竞争局面,人民群众乘车难的问题基本解决。

1996年太旧高速公路通车和县县通油路、乡乡、村村通公路的逐步实现,使山西道路运输业进入一个划时代的发展时期,出现国营、集体、个体万车竞运,班车密度加大,昼夜发车,途中招手即停,运行时间缩短,高中低档,大中小型、卧铺或豪华型客车任由旅客选乘的局面,满足乘车者个性化出行需求,彰显经营者人性化服务理念。1997年,太原汽车站日发班次达

507个,车型结构为高档车157辆,中档车313辆,普通车37辆。507个班次中省运总公司各运输企业301个,集体45个,个体161个,线路162条。全省开通营运性客运班车线路4344条,日发班车14009班次,形成覆盖全省并通达全国11个省、市、自治区64个城市和地区的客运网络。2001年底,全省营运客车达到27621辆、308262座。其中,民营个体客车17478辆、173071座,占全省营运客车总数的63.28%。到2004年底,全省营运客车达到21270辆、281608座,其中个体客车8345辆、占全省营运客车总数的39.23%。较2001年减少9.47%,原因是根据交通部和山西省交通厅的安排,进行了客运企业资质评审,引导企业实现规模化经营和规范化服务,全省60.35%以上的车辆成为股份制及联营挂靠车辆,运输组织形式有了明显的进步和优化。仅2002—2005年,山西道路客运市场集中度增长87.1%,高级客车增长128.7%。2005年,全省计有客运线路4440条,年平均日发班次26282班。地市内线路3021条,年平均日发班次19479班;县内线路2067条,年平均日发班次11781班。2006年末,全省载客汽车拥有量达83.3万辆,比2005年增加15.5万辆,增长22.9%,增幅快于载货汽车增速27.3个百分点。地市内线路1136条,年平均日发班次7929班;县内线路2435条,年平均日发班次12828班。2008年,山西省共有道路旅客运输经营业户1247户,客运车辆21216辆、416324客位,年客运量达31397万人,客运周转量达2425444万人公里。

随着道路客运市场的发展,在"十五"期间,党和国家更加注重农村客运市场的发展,村村通客车工程在2005—2010年多次被省政府确定为全省人民办的十件实事之一,省运管局科学制订村村通客车规划,加大站场建设力度,推动农村客运市场的发展。同时,为了消除"农村客车进不了城市、城市公交延伸不到农村"的二元体制现象,推进城乡客运一体化试点,2009年底,省城市出租汽车客运管理处和各市县公交公司划归交通运输部门管理,在省级层面实行城乡客运一体化管理体制。进入"十二五"时期,村村通客车工程得到大力推进,2017年底全省农村客车达到3652辆、82965客位,农村班线达到1762条,日发9474班次,农村旅客运输量达到3379万人,占营业性客运量19.5%;旅客周转量为7.4亿人公里,占营业性旅客周转量的4.9%,有力地服务了社会主义新农村建设。城市客运稳定发展。2017年底,全省城市公交客运车辆达到14313辆,运营线路里程达到2.97万公里,年均完成客运量15.8亿人次,运营里程达到6.4亿公里。全省出租汽车达到4.3万辆,年均完成客运量超10亿人次。

(二)货运服务

20世纪80年代,在国家"改革开放,搞活经济"和"有路大家跑车,国有、集体、个体一起上"的方针指引下,省营运输企业独家经营的局面被打破,运力结构有了变化,尤其是社会运力得到长足发展。钢铁、粮食、物资、外贸、煤炭等几大行业各自投资增加运力,以满足自身的需求,初步形成全省道路货物运输以专业运输企业为主、社会车辆运输为补充的格局。随着改革开放和发展市场经济的逐步推进,由于道路货运准入门槛低,投资回报快,一度成为许多个体经营者的首选,大批民间运力也投入社会营运,出现运力供应充足甚至过剩的局面。根据山西煤炭能源重化工基地建设的特点,省营运输企业重点发展晋煤外运经济,进一步贯通全省乃至全国各地的整车、零担货运网络,充分体现了国有运输企业在运输市场中的主渠道作用。在山西公路建设取得越来越大进展的基础上,初步形成以太原为中心向四周辐射,各地(市)、县、乡向太原交汇,地区(市)与地区(市)纵横,县(市)与县(市)交错,干线直达贯通,支线联网成片的全省货运网络。与此同时,跨省货运能力也进一步得到提升。

21世纪初,在运力结构调整中,为解决煤焦运输的效率问题,各级运管机构从当地的实际出发,鼓励有条件的企业发展大吨位重型运输车辆。但由于"百吨王"大货车普遍是采用高马槽敞开式煤炭运输,不仅污染道路环境,影响安全,尤其是对道路造成非常大的损坏。2003年,道路管理部门实行限制超载,禁止"百吨王"上高速公路行驶。从此,山西省道路货物运输车辆发生结构性的调整,长期以来的煤炭散装运输从此结束,逐步由厢式货车或集装箱运输取代。截至2004年底,全省营业性货车达189580辆,其中大型货车107113辆,占营运货车总量的56.5%;重型货车44588辆,占到大型货车总数的41.6%,为晋煤外运提供保证。由于全国煤、电、油需求持续增长,2004年再次出现晋煤外运紧张的运输局面。重新刺激山西省道路货物运输大吨位车辆的快速增加,"百吨王"煤炭货运汽车又开始涌入货运市场,大型货运车辆数及吨位数较2003年底增加28097辆、328748吨位,分别增长17.4%和40.3%。

"十五"期间,特别是随着铁路的大提速,实施"万吨运煤列车"进行"晋煤运外",使道路长途"晋煤外运"逐步得到缓解。再加上山西省"大"字形公路主干线的形成,基本实现二级路网化,特别是2005年从省城太原到其余10个市的"三小时高速通达"工程全面竣工以及县乡村公路基本实现纵横成网,山西省通过道路晋煤外运越来越多地由长途转向中、短途运输。

"十一五"时期,全省积极发展农村物流大市场。在全省17个县开展农村物流试点,各地因地制宜,出现物流交易中心、经纪人中介、连锁配送等多种经营模式。山西省运管局还相继在全省组建12支战略物资运输保障车队,拥有705辆货车、1.46万吨位。2016年以后,省运管局多次开展物流发展专题调研和政策研究;选树一批物流典型示范企业,推动传统货运与互联网融合发展,1万余户物流企业和17.2万名货运驾驶人加盟"兴荣物流联盟"和贵阳"货车帮",临汾兴荣物流联盟园区及信息平台建设、甩挂运输试点、城乡物流配送取得显著成效,晋中市丰矿物流投资开发基于"互联网+"煤炭供应链生态为主的"56快车"平台,山西汽运集团积极培育壮大"线上资源合理配置、线下物流高效运行"的"云仓"物流服务品牌,全省现代物流发展迅猛。

截至2017年底,全省营运货车达到574572辆、6814301吨位。现代物流业快速发展。2017年底全省货运经营户达到867户,其中:物流服务578户,货运代办89户,信息配载192户,从业人员为3471人。

(三)运输装备

改革开放40年来,随着道路建设日新月异的变迁,客货运输装备也发生快速改变,道路客运逐渐从满足人们日常出行需求向舒适化、人性化方向迈进,道路货运逐步从"货畅其流"向专业化、高效化突进,使得全省道路运输业在发展的道路上高歌猛进、再现辉煌。

20世纪90年代初,全省客车车型开始向沃尔沃、凯斯鲍尔、金龙等高档豪华型和舒适型方向发展。1996年太旧高速公路建成通车后,省营运输企业实施"百台依维柯翻身工程",一次性将100台高档中型依维柯客车投入到全省多条干线,提高全省客车的档次。随着道路客运企业调整产业结构,许多客运企业开始购进JT6121型卧铺客车,并先后开通太原至北京、洛阳、天津、银川、呼和浩特等外地的直达卧铺班线,填补山西省公路卧铺班车、班线的空缺。

21世纪初期,全省投放1600辆高、中档客车,开通至北京、上海、广州、浙江等经济发达地区的跨省班线。还投放7130辆中档以下客车,用于开行县内串乡通村客运班车。到2006年底,全省共有营运客车16833辆、309339客位;其中卧铺客车262辆、8382客位;客运班车12927辆、263398客位。2010—2015年,全省道路运输业坚持以组织结构和运力结构调整为重点,不断推进道路运输业规模化发展、集约化管理、公司化经营。到2014年底,全省公路客运业户户均车辆数由2010年底的22辆增加到37辆,拥有100辆以上客车的企业达到20户,拥有50辆至100辆客车的企业47户,客运市场集中度明显提高。运力结构调整步伐加快。高级客车达到4070辆,较"十一五"末增长53.23%。重型货车达到202482辆,较"十一五"末增长42.16%。

20世纪90年代,全省货物运输业进入了划时代的发展阶段。20世纪末,山西交通社会化大生产经营体制基本形成,国营、集体、个体运输得到了全面发展。车型结构实现高、中、低档和大、中、小型全面配套,货物运输网络覆盖面进一步加大,跨省货运线路通达全国各地,基本满足社会物资流通和人民生活的需求。进入21世纪后,山西货物运输由数量型向质量型转变,围绕现代物流的发展,向货运服务和零担配送延伸,并调整运力结构,推进资源整合,形成新的货运生产力;建设了以快速货运为龙头,普通货运为基础,集装箱、大件、危货、鲜活、特种货物运输为补充,物流配送为重点的贯南北、跨东西、覆盖全省、辐射全国的道路货物运输网络。

"十一五"时期,全省不断引深企业改革,重点扶持大型货运企业做大做强,推进道路货运规模化发展、集约化管理、公司化经营。省运管局采取产业引导、政策扶持等办法,发展节能型、环保型、专用型等车型,甩挂运输、集装箱运输得到了进一步发展。

"十二五"时期,全省积极贯彻落实国务院办公厅和山西省政府办公厅《关于进一步促进道路运输业健康稳定发展的通知》精神,引导企业调结构、转方式,加快转型升级。全省客运、货运经营户户均车辆分别达41.7辆和2.04辆,较"十一五"末分别增加了82.1%和15.6%。高级客车达3545辆,重型货车达20.63万辆,分别增长了7.4%和44.8%。危货、冷链、特种设备运输车辆达1.22万辆,较"十一五"末增长10.7%。大力推进传统货运业转型升级,形成以迎泽物流、晋中丰矿物流、大同康圆冷链物流等为代表的一批集仓储加工、分拣配送、信息服务为一体的现代物流企业,纳入行业管理的物流企业达880户。依托汽车站和客运班线、客车行李仓资源发展小件快运,形成了山西"祥鸽快运"品牌。推进甩挂运输发展,13户企业开展甩挂运输,临汾兴荣、山西晨光、省运晋南三家企业纳入国家试点,甩挂牵引车、半挂车分别达1900辆和4000辆,主挂比达1∶2.1。

四、行业管理成就

(一)法治建设

1992年以来,山西省委、省政府十分重视交通法治建设。交通立法工作重点从原来主要填补空白逐步转变到进一步提高立法质量、提升立法层次上来,逐步实现交通行业发展有法可依,交通法律法规数量大幅增长,对促进交通事业发展起到重要保障作用,长期困扰交通行业的"立法滞后"问题得到初步解决。

2010年9月29日,山西省第十一届人民代表大会常务委员会第19次会议审议通过《山西省道路运输条例》,自2011年1月1日起施行。该条例共8章75条。一是明确道路运输安全责任。从安全监管责任、责任主体、禁止行为等方面,对道路运输安全管理做出明确规定;二是明确道路货物运输源头治超工作机制。从治理方式、治超原则、工作机制、源头治超提供法律依据,形成全省道路运输地方性法规的鲜明特色。三是明确道路运输便民服务工作。对道路运输管理机构及其工作人员应当公开办事制度,简化工作程序,组织制订行业服务标准和管理制度,文明执法,秉公办事,提供优质服务等方面作出规定,符合依法行政高效便民原则;四是明确规范市场监管措施。从监督检查、规范执法、强制措施、保管义务、信息共享、吊销和注销许可证6个方面进行规定,为道路运输管理提供法律依据,便于对执法行为有效监督,推动道路运输管理依法行政。

2011年7月28日,山西省第十一届人民代表大会常务委员会第24次会议审议通过《山西省水路交通管理条例》,共7章41条,从10月1日起施行。该条例共分7章41条,明确规定各级人民政府应当将水路交通事业纳入国民经济和社会发展规划,将水路交通管理列入本级财政预算;进一步明确各级人民政府、行业管理部门、水路运输企业的管理责任;对船舶、船员、港口、渡口、航道的管理进行规范,对长度在5m以下、载客12人以下的小型船舶从事水路运输活动做出具体规定;对完善水上应急救援体制和机制提出要求;并确定适合全省实际的水路交通行政处罚标准,填补全省水上交通管理的一项空白,解决全省海事航运机构实施管理无法可依的问题,是一部符合山西水路交通运输实际的地方性法规,具有较强的可操作性。

2012年11月29日,经山西省第十一届人民代表大会常务委员会第32次会议审议并通过,《山西省公路条例》于2013年1月1日起正式施行,这是全省交通法治建设取得的又一重大成果。1994年9月29日山西省第八届人民代表大会常务委员会第11次会议通过,1997年12月4日山西省第八届人民代表大会常务委员会第31次会议修正的《山西省公路管理条例》同时废止。该条例共分总则、公路规划和建设、公路养护、路政管理、超限运输管理、收费公路、乡道村道特别规定、法律责任和附则9章,共68条。该条例与原条例(1994年9月2日通过,1997年12月4日修正)相比,增加21条。增加超限运输管理、收费公路、乡道村道特别规定等内容。以地方性法律、法规形式,对道路运输中超限、超载严禁行为及主管机构责任等作出规定。今后,在公路旁卖特产、公路上打场晒粮的行为被依法处罚。新条例明确规定:在公路及公路用地范围内,禁止任何单位和个人有设置路障、摆摊设点、堆放物品、打场晒粮、挖沟引水、种植作物、放养牲畜、经营性修车洗车及其他影响公路畅通的行为。同时,在公路上倾倒垃圾杂物,擅自设置、损毁、移动公路标志,堵塞公路排水系统,擅自挖掘公路等行为也属违法行为,违反者,视情节处1000元以上、3万元以下罚款。新条例还规定,超限车辆未经许可擅自在公路上行驶的,公路管理机构应当收取公路损害赔偿费,公路损害赔偿费专项用于受损公路的修复。新条例的颁布施行,对于依法保障公路路网有效运转,更好地发挥公路在国民经济发展、社会主义新农村建设以及人民群众安全、便捷出行方面的作用,具有十分重要的意义。

2013年9月29日,省第十二届人大常委会第5次会议审议通过《山西省高速公路管理条例》,从2014年1月1日正式实施。新条例共9章55条,分别对高速公路养护管理、经营与服务、服务区、路政、超限运输、应急与救援、违反条例的法律责任等方面都进行规范。该条例不仅新增加高速公路经营者和使用者权利义务方面的规定,还囊括具有本省鲜明的地方立法特色的规定。对于规范全省高速公路管理,保障高速公路完好、安全和畅通,维护高速公路经营者、使用者的合法权益,促进全省经济社会快速发展,具有十分重要的意义。

2015年5月28日,山西省十二届人大常委会第20次会议表决通过《山西省城市公共客运条例》,自2015年10月1日起正式实施。该条例共7章46条,从总则、规划与建设、管理与服务、安全与应急、监督检查、法律责任、附则7个方面涵盖城市公共客运运营发展的全过程,是全省城市公共客运发展必不可少的一部地方性法规。该条例的实施,为全省实现城市公交优先发展战略,规范城市公共客运市场秩序,维护乘客、经营者和从业人员的合法权益,保障城市公共客运安全,促进城市公共客运事业发展以及行业监管提供重要的法律依据和保障,对于推进城市公共客运持续、快速、健康发展,提升城市公共客运行业法治水平,均具有重要意义。

(二)管理体制改革

山西省交通运输厅是隶属于山西省人民政府的职能厅局,是省政府组成部门,主管全省公路水路交通运输行业和民航机场管理,指导城乡客运及有关设施规划与管理、出租汽车行业管理、城市地铁、轨道交通运营管理,协助做好邮政管理相关工作。

1978年6月,山西省交通局机关驻地迁至太原市新建南路文源巷13号;同年,省交通局撤销运输处、公路处,计划财务处分设为计划统计处和财务处,并成立科教处、生产调度处和战备办公室。1979年成立社会运输管理处。同年12月,将山西省交通局改为山西省交通厅,撤销原交通局党委,成立中共山西省交通厅党组。截至1979年底,厅机关内设机构有:办公室、政治处、计划统计处、工业处、监理处、劳动工资处、科教处、生产调度处、战备办公室、社会运输管理处等11个职能处室。这一时期,山西省交通运输厅的主要职能有4项。

1995年,按照山西省委、省政府批准的三定方案,山西省交通厅机构改革时确定的厅机关内设机构有:办公室、人事劳资教育处、计划统计处、财务征费处、公路管理处、水运港监船检处、科学技术处、体改法规处、离退休干部处、厅直机关党委、审计处、纪检组与监察室(合署办公)、公路运输工会、交通战备办14个处室。1996年,为了适应公路交通建设引进外资工作的需要,省编办批准增设项目办,专门负责交通引资工作。这一时期,山西省交通厅的主要职能有11项。

2000年8月,根据中共山西省委、山西省人民政府《关于印发山西省人民政府机构改革方案的通知》精神和山西省人民政府办公厅晋政办发〔2000〕71号文件批准的职能配置、内设机构和人员编制方案,山西省交通厅再次进行机构改革。

这次厅机关机构改革,坚持德才兼备、党管干部原则和公开、公正、公平、竞争、择优原则,以精简机构、压缩编制为手段,以转变职能、提高效率为目标,重点解决政企、政事、事企不分问题,科学规范职能,依法实施行政,努力建设一支政治合格、业务精良、作风过硬的高素质的行政管理干部队伍和办事高效、运转协调、行为规范的交通行政管理体系。

在这次机构改革中,厅机关处室由过去15个精简到12个,机关编制由原来100名精简为58名。同时,厅机关内设机构及其职能也进行调整。一是人事劳资教育处改为人事处,将教育管理职能划出;二是科技处改为科技教育处,新增教育管理职能;三是计划统计处改为综合规划处,增挂外资处牌子;四是撤销项目办,其职能并入综合规划处;五是成立运输管理处;六是撤销水运港监船检处,其职能并入运输管理处;七是根据晋办发〔2000〕18号文件精神,厅离退休干部处编制单列,更名为离退休人员管理处,人员按照公务员条例管理;八是根据省委办公厅晋办发〔2000〕16号文件,撤销原省审计厅驻交通厅审计处,内审职能由财务征费处承担;九是将机关后勤服务职能全部划归厅后勤服务中心,同时推进厅机关后勤管理体制改革。内设职能调整后,厅机关设办公室、政策法规处、综合规划处、财务征费处、公路管理处、运输管理处、科技教育处、公安处、交通战备办公室、人事处等10个职能处室和机关党委、省纪委驻交通厅纪检组与省监委驻交通厅监察室。厅离退休人员管理处批准编制5人,省公路运输工会仍按原批准的编制11人。经过这次机构改革之后,山西省交通厅的主要职能有13项。

2009年3月12日,山西省委、省政府晋发〔2009〕13号文件印发《山西省人民政府机构改革方案》,明确提出要适应全省交通运输大建设、大发展需要,组建山西省交通运输厅,促进交通运输快速发展。2009年9月4日,山西省人民政府办公厅晋政办发〔2009〕139号文印发《山西省交通运输厅主要职责内设机构和人员编制规定》。省交通运输厅主要职责有11项。

此次机构改革,内设机构设置总的原则是根据厅机关职责和任务来合理确定,同时考虑与交通运输部内设机构设置相对应和全省交通运输发展实际需要,内设12个处室和机关党委、离退休人员工作处。即办公室、人事处、政策法规处、综合规划处、财务收费管理处、建设和管理处、综合运输管理处、安全监督处、科技处、公安处、治超处、审计处。另处,省交通战备办公室实行挂靠管理。与原交通厅内设机构数量相比,增设安全监管处、治超处、审计处。

山西省交通运输厅机关行政编制为95名(含离退休人员工作处编制5名)。其中:厅长1名,副厅长3名,总工程师1名,总会计师1名,省交通战备办主任1名(按正厅长级配备)、专职副主任1名(按副厅长级配备);处级领导职数为16正21副(含机关党委、离退休人员工作处和省交通战备办领导职数)。

2012年5月3日,省编委晋编字〔2012〕8号文下发《关于贯彻中央"完善省级以下邮政监管体制"有关精神的通知》,按照中央要求,各市设立市级邮政管理局,邮政管理体制由中央垂直管理调整为中央和地方双重管理、以中央为主,省市两级邮政管理局由上级邮政管理部门与所在地人民政府双重管理,邮政业务、机构编制、干部、财务等,以上级邮政管理部门管理为主。省市两级邮政管理局主要负责人兼任同级交通运输部门副职领导(不占用交通运输部门领导职数)。

2015年5月13日,经山西省编办批准,省交通运输厅增设行政审批管理处。

2015年7月27日,山西省编委晋编字〔2015〕99号文印发《山西省机构编制委员会关于实施省纪委派驻机构全覆盖抽编工作方案》,从省交通运输厅抽编1名,抽编后行政编制为94名。2016年11月22日,省纪委组织向驻厅纪检组发出通知:按照省委常委会研究同意的省纪委派驻机构全覆盖方案,驻省交通运输厅纪检组核定行政编制12名;核定纪检组组长职数1名、副组长(正处长级)职数2名;下设3个副处级建制的室(综合室、第一纪检室、第二纪检室),核定副处长级室主任3名。负责综合监督:省交通运输厅、省公路局、省交通运输执法局、省高速公路管理局等5家单位。

2015年10月16日,山西省编办晋编办字〔2015〕122号印发《关于省交通运输厅调整处级领导职数的通知》,同意将晋政办发〔2009〕139号文核定的省交通运输厅机关党委专职书记调整为专职副书记,仍为正处长级。

2016年5月17日,山西省直机关工委、省编办晋直发〔2016〕6号文印发《关于省直单位机关纪委书记领导职数的通知》,为适应全面从严治党新要求,加强机关纪委工作,经研究,省直单位配备机关纪委书记时可统筹使用本单位副处级领导职数。

2017年8月2日,山西省人民政府晋政函〔2017〕100号文下发《关于同意成立山西交通控股集团有限公司的批复》,根据2017年7月14日省政府第155次常务会议精神,同意成立山西交通控股集团有限公司,原则同意《山西交通控股集团有限公司筹组方案》有关事宜。自2017年12月31日起,大同南、忻州北、吕梁北、临汾南、运城北5个高速公路分公司筹备领导组,大同、忻州、临汾、运城、太原、祁临、长治、晋城等11个高速公路公司,广源、同源、大同、灵河(神河段)、灵河(原神段)、岢临、临离、太佳(吕梁段)、太佳(太原段)、临吉、吉河、闻垣、大呼、天大、忻保、临汾环城、河运、三门峡二桥连接线、太古、阳黎、长平、阳翼、高沁等23个高速公路建设管理处,山西省交通规划勘察设计院、山西省交通科学研究院、山西省交通物资供应总公司、山西省交通信息通信公司、山西省高速公路开发有限公司等5个企业,省公路局管理的远方、朔州、远大、太原、晋中、平阳、运城、吕梁、长兴、晋城等10个路桥公司,共54个机构及其工作人员、山西省物流中心工作人员及所属机构与人员交由山西交通控股集团有限公司管理。

2017年11月17日,山西省机构编制委员会晋编字〔2017〕59号文印发《关于省交通运输厅增加职责和机构编制的通知》,根据省政府办公厅《关于山西省民航机场管理局(山西省民航机场集团公司)改革事宜的通知》(晋政办发〔2017〕153号),省民航机场管理局及其主要职责划转省交通运输厅。经省编委会议研究同意:在省交通运输厅内保留山西省民航机场管理局牌子。增设民航综合协调处、民航建设运行处,具体承担民航机场管理相关职责,均为正处级建制,各核定行政编制4名(5名由省交通运输厅内部调剂,3名从省级机动行动行政编制中调剂),处级领导职数1正1副。

2017年12月6日,山西省机构编制委员会晋编字〔2017〕62号文印发《关于省交通运输厅增加领导职数的通知》,经省编委会议研究同意:省交通运输厅增加1名副厅长(兼省民航机场管理局局长)职数,主要负责民航机场管理相关工作。

截至2018年9月,山西省交通运输厅机关编制103名,在编91人。厅领导班子成员11人(其中驻厅纪检组组长、省公路局党委书记、省邮政管理局局长不在厅机关列编),厅机关内设处室18个(含挂靠的省交通战备办公室),下设厅直属事业单位21个,省公路局、省交通运输执法局、省道路运输管理局、省高速公路管理局直属事业单位54个,全系统在职人员10981人。厅直属21个事业单位是:①山西省公路运输工会(参照公务员法管理);②山西省公路局;③山西省交通运输执法局;④山西省道路运输管理局;⑤山西省高速公路管理局;⑥山西省地方海事局(山西省航运管理局、山西省船舶检验局);⑦山西省交通运输厅重点公路工程建设办公室(山西省重点公路工程建设领导组办公室);⑧山西省交通建设质量安全监督局;⑨山西交通职业技术学院;⑩山西交通技师学院(山西省交通高级技工学校);⑪山西省交通职工中等专业学校(山西省交通干部教育培训学校);⑫山西省交通运输厅后勤服务中心;⑬山西省交通运输厅资料信息中心;⑭山西省交通运输厅新闻宣传中心;⑮山西省交通运输厅信息化管理中心;⑯山西省交通运输厅发展规划研究中心;⑰山西省交通运输厅公路交通工程定额站;⑱山西省交通运输厅会计核算中心;⑲山西省交通运输厅审计中心;⑳山西省物流中心;㉑山西省交通环境保护中心站。

截至2018年9月,全省交通运输实行条块结合的管理体制。干线公路实行省以下垂直管理;农村公路、道路水路运输、城市客运实行市县为主管理;邮政管理实行中央和地方双重管理、以中央为主。

(三)投融资体制改革

党的十一届三中全会以来,全省公路建设驶上快车道。公路建养投资逐步形成多渠道筹集资金的局面。

1991年,随着山西省第一条以贷款形式修建的公路109国道大同云冈至云西段的建设通车,开创全省公路收取通行费的历史。随之,由各种集资贷款形式修建的公路逐步增多。贷款修路,收费还贷成为公路建设融资的新模式,收费公路养护也由养路费变为收取通行费。1992年11月,省政府印发《关于全省动员开展义务修路的通知》。1993年10月13日,省委、省政府召开"三项建设"电视动员大会,会上出台《山西省义务修路实施方案》。提出在指导思想上,坚持"三个转变",即部门行为变政府行为,行业行为变社会行为,一家积极性变多家积极性。坚持"三个依靠",即土方靠群众,征地拆迁靠政府,修建靠交通部门。

"九五"时期,全省共完成投资894536万元。山西省交通厅积极探索公路建设新路子,由单纯依靠计划投资逐步发展到政策筹资和社会融资,由单一养路费、车购税发展到向银行贷款、社会发行债券和有偿转让公路收费权以及利用外资等,逐步形成公路投资主体多元化,较好地解决了公路建设资金缺乏的问题。同时义务修路拓宽配套做法经过不断实践探索和总结提高,形成比较完善的管理和融资体系。1997年,省公路局对原《山西省干线公路拓宽配套工程管理办法》进行修改和完善,使拓宽配套工程管理更加科学、合理、有效。

"十五"时期,山西省交通厅认真贯彻省委、省政府关于加快县际公路建设的指示精神,迅速掀起县际公路建设新高潮。全省累计完成建养投资701.5亿元,其中干线公路完成117.5亿元。这一时期,公路建设资金来源除中央国债、地方国债、中央车购税及养路费投入外,银行贷款,特别是开发银行贷款成为公路建设资金重要渠道。截至2005年底,省公路局利用开发银行贷款共3期,总贷款额度90.6亿元;利用亚行贷款1100万美元,其他银行贷款10多亿元。干线公路养护工程初步实现专业化,养护工程资金来源渠道逐步规范为两种,即收费公路养护资金使用收费公路收取的通行费,非收费公路使用收取的养路费。

"十一五"时期,以高速公路建设为主。共完成投资1744.4亿元,其中,干线公路完成建养投资304.1亿元。2006—2009年,干线公路建设融资模式仍延续"十一五"模式,即利用银行贷款资金为主,中央车购税、养路费作为配套资金。据不完全统计,银行贷款资金规模超过干线公路建养资金总规模50%以上。但是随着国家对土地政策收紧,导致银行放款步伐逐步放缓。对于市(县)过境公路的建设实行省市共建模式,即地方政府负责征地拆迁及路基小桥涵工程,省配套路面。2009年6月底,撤销二级收费公路后,干线公路原有融资平台消失,融资渠道减少,融资模式逐步过渡为以省财政投资为主,地市筹资为辅。这一时期干线公路养护工程除收费公路利用收取的通行费支出外,其他公路养护工程全额由省财政,即养路费(2009年后燃油税)支出。

"十一五"时期,全省公路建设筹融资工作,比较成功的做法主要有三点:一是并购重组,盘活路产。集中体现在大运高速公路上。这一项目上马于2000年,建设里程562公里,总投资178亿元,约需资本金54亿元。为保证该项目按期开工,省交通厅从挖掘交通资源潜力出发,突破仅仅依靠公路基金筹集建设资本金的固有模式,尝试利用优势资产置换资本金,进行大运高速公路建设。在当时对于已完工并实行企业化且经济效益较好的公路项目,国家投入的资本金如何回收、如何利用这些项目去争取银行的固定资产投资贷款等方面,国家暂无相关的政策与管理办法,也没有成型的模式可供操作。本着创新思路,省交通厅对本省交通资源进行摸底排查,从资产规模、变现能力、运营效益等方面进行综合评估和全面分析,选出资产最优良、变现能力最强的太旧高速公路,通过企业并购,进行资产重组和资源整合,置换出20亿元资本金,成功启动大运高速公路工程建设。大运高速公路建设资本金融资创新的成功运作,为全省运用市场经济思路筹集公路建设资金开创新路子,被中国工商银行作为新型信贷模式成功案例在全国范围内推广。之后,省交通厅运用类似方式,从东长、汾柳、晋夏等一、二级公路中置换出建设资本金10亿元,并在太旧高速公路置换资本金两年后,再次通过资本扩张方式获得扩容资金8亿元。据统计,2000—2002年的3年内,通过产权置换和股权收购、管理资产等办法,共获得公路建设资本金48亿元,有力保证全省公路建设资金需求。二是招商引资,合作共赢。保险资金一直是省厅关注并想方设法引进的主要社会资金之一。2005年,省交通厅正式与拥有6000亿元资产实力的中国平安保险公司接触。经反复交流,平安保险认识到投资基础设施建设对保险资金的保值增值作用,开始寻求政策方面的支持。2006年3月,中国保监会颁布《保险资金间接投资基础设施项目试点管理办法》,5%的寿险资金和2%的产险资金获准投资于基础设施项目。之后,国务院正式批准平安保险设立总规模600亿元的山西—平安交通能源基金,开辟全国利用保险资金投资交通基础设施建设的先河。2006年7月,平安信托投资有限责任公司与厅属山西省交通建设开发投资总公司签署太原—焦作(省界)高速公路41%股权转让的意向书和《股权投资协议》,并于2006年7月完成了股权交割。此次转让股权收回投资22.76亿元,减少省交通厅负债70多亿元,成为国内保险资金投资基础设施项目的第一单,也是平安保险获准保险资金投资基础设施试点后的首批执行项目。三是资本运作,滚动发展。省交通厅坚持走改革开放的路子,通过改革投资体制、开放公路投资市场,引导社会资本进入高速公路领域。2004年以来,成功实施京大高速公路山西段转让经营权,并采用BOT方式由中国交通建设集团投资建成了翼城—侯马65公里高速公路。

"十二五"时期,全省共完成投资2156.2亿元,其中,干线公路完成建养投资210.3亿元。随着费改税后成品油消费税政策的实施,干线公路原有融资平台被打破,除成品油消费税和交通运输部车购税外,干线公路再没有新的融资渠道。在公共财政无力负担公路建设的情况下,使全省干线公路建设资金的筹措压力加大。在新形势下,为了适应干线公路投融资体制改革的需求,拓宽渠道筹措公路建设资金。省公路局主动与各地市联动,在干线融资方面积极探索可行的模式,通过BOT、PPP等建设模式,筹措建设资金。

"十二五"时期,针对全省公路建设资金需求量大、到位要求急的两大特点,省交通运输厅本着力求融资规模大、时效快的原则,突出资本金的筹措,多渠道探索运作。一是与金融机构联手,共建平台,巩固基础,深化合作,实现双赢。重点以开发银行、中国工商银行、中国农业银行、中国银行、中国建设银行、交通银行6大国有银行作为依托,充分考虑各行筹资实力,金融产品,结构设计等因素达成合作意向。2008年12月27日,在省政府主持下,省交通厅与开发银行、中国工商银行、中国农业银行、中国银行、交通银行签订1750亿元的战略合作框架协议。已基本落实项目贷款465亿元,正在积极推进落实的项目贷款590亿元。二是创新融资方式,采用资本金搭桥贷款筹集资本金。首先,充分利用高速公路通行费资源筹集资本金。通行费收入结余用于高速公路建设资本金,基于几点:基础是全省高速公路在保证正常运营、还本付息之后有较大结余空间;前提是得到政府支持,同意将结余资金转作公路建设资本金;环境是银监会2009年1月下发《关于调整当前部分信贷监管政策,促进经济稳健发展的通知》(银监发〔2009〕3号),允许在一定额度内发放搭桥贷款(适度宽松货币政策)。使得未来5~10年内收益变现成为可能;更为重要的是中国工商银行和省交通厅经过长期相互合作、信赖和支持,对未来交通发展达成共识。为此,实现两个突破:一是通行费结余作为资本金用于新建高速公路建设;二是通过搭桥贷款方式以未来通行费收入变现。具体运作是:以未来10年全省高速公路通行费收支结余总量,按70%搭桥贷款200亿元作为资本金,用于公路建设。以全省已运营的1400公里的21条政府还贷高速公路2009—2014年的通行费收入结余131亿元,由中国工商银行搭桥贷款变现100亿元,用于已开工的高速公路建设资本金。其次,用好"四个不变",将中央转移支付中的未来公路建设基金,采用搭桥贷款方式变现。适应成品油价格和税费改革,用好"六费"资金属性不变、资金用途不变、地方预算程序不变、地方事权不变的政策,将省原公路养路费中用于公路建设资本金的部分,取得等量的搭桥贷款,作为公路建设资本金。具体办法是以未来5~10年中央转移支付中包含的约50亿~100亿元原公路建设基金部分委托山西信托有限责任公司和建设银行山西省分行分时间段同时运作,提供搭桥资金变现。三是深化改革,扩大开放,积极引进社会资本。积极研究制定有关法规制度和政策,拓展投资方式,引导促进社会资金直接或间接投向交通建设领域。通过健全国有企业投资行为监管机制,政府组织银企洽谈会等途径方式,为重点项目搭建融资平台,积极扩大对外开放,大力整治和优化投资发展环境,在全系统营造"诚实守信"和"亲商、富商、安商"的良好氛围。积极帮助投资者解决实际困难和问题,提供完善周到的服务,实现互利双赢。把招商引资与调整优化项目结构紧密结合起来,努力拓展利用外资的空间和领域,建立招商引资项目库,完善招商引资促进机制和配套措施。通过一系列招商引资的有效举措,已有8个新建高速公路项目通过公开招投标采用BOT方式建设。具体为汾邢高速汾阳至平遥段,阳五高速阳泉至盂县段、五台山至盂县段,汾邢高速平遥至榆社段、榆社至和顺段,青兰高速长治至临汾段,陵川至高平高速公路,榆次至祁县高速公路等,投资总额380.4亿元。此后还有10个项目采用招商引资的办法。四是充分发挥厅属交通建设投资总公司融资职能,为高速公路建设筹集资金。总体思路是:将省交通建设投资开发总公司进行股份制改造,能够吸收约30亿元的企业入股资金,投入公路建设;由交通建设投资总公司以BOT方式投资高速公路建设;太焦高速公路即太原至长治、长治至晋城、晋城至焦作高速公路整体股权转让后,省交通建设开发投资总公司尚持有59%的股权,以此股权投入引进社会资金,建立新的投资公司,融资建设高速公路,据测算扩融量可达40亿元。五是积极探索、广泛调研,开辟筹融资的多种渠道。如发债、股权转让、中期商业票据、信托融资、并购贷款等筹资方式,尽最大量挖掘筹融资潜力。

受全省经济发展影响,"十三五"前三年公路建设融资额度较"十二五"有明显下滑。全省融资模式出现较大变化。原有贷款修路,收费还贷模式逐步被PPP模式所取代。干线公路省级投资(燃油税)逐级减少,到2018年全省干线公路建养燃油税投资维持在15亿元左右,其中,新改建工程燃油税投资仅为不足5亿元。面对省级财政投资不足的实际情况,省公路局积极寻求对策,2017年12月19日与山西交通控股集团在太原签署《战略合作框架协议》,围绕山西省干线公路新改建项目建设,重点采取PPP、BOT、EPC工程总承包等多种方式开展合作,破解干线公路建设资金紧张的困局。同时积极与各地方政府合作,探索实行普通国省干线公路建设由部门责任转变为政府责任、由行业行为转变为社会行为的"省市共建,以市为主"的建设模式。2018年地方政府计划筹措资金达到38亿元,占到2018年干线公路新改建工程计划总投资的57.6%。

2017年以前,全省高速公路建设主要以政府融资"统贷统还"的建设模式。省交通运输厅负责筹资建设,省高管局负责运营管理,收支纳入省级财政预算管理。按照省政府战略部署,2017年8月组建山西交通控股集团有限公司,将省交通运输厅全部高速公路债务、资产等划转到该集团,全省政府还贷高速公路债务已成功化解并转变为企业债务。

截至2017年底,全省高速公路(含在建)85个项目,累计里程5949公里,累计投资3797亿元。一是政府还贷高速公路62个项目,其中,已运营55个(4157公里),在建7个(332公里),累计投资约2806亿元。二是经营性高速公路23个项目,其中,已运营17个(1177公里),累计投资约641亿元;在建6个(283公里),累计完成投资65亿元。截至2017年底,全省政府还贷高速公路债务余额约2802亿元。债务余额在全国31个省份排第4位,低于湖南、河北和陕西省(据2016年的数字)。经营性高速公路债务由企业自行偿还。2017年,政府还贷高速公路通行费收入135亿元,可用于还本付息的资金约90亿元。2017年省交通运输厅全年还本付息约619亿元,其中本金约449亿元,利息约170多亿元,利息缺口约80亿元。省交通运输厅通过以项目贷款置换短期贷款,以低利率贷款置换高利率贷款,节约利息支出,加强金融合作,积极落实开行专项基金等方式,不断优化债务结构,圆满完成当年还本付息任务,有效防范系统性、区域性金融风险。

(四)建设市场管理

"八五"时期,太旧高速公路1993年开工建设后,交通主管部门、建设管理者采取走出去、请进来多种方式,积极向国家部委、其他省份学习、借鉴市场管理经验,依托太旧高速公路建设过程对建设市场管理进行初步探索。

"九五"时期,全省大力加强公路建设市场管理,一方面坚决贯彻执行国家、部委相关法律、法规、规章、制度,转发交通部《公路建设市场准入规定》《公路建设四项制度实施办法》《公路建设监督管理办法》,另一方面积极完善全省公路建设市场,结合自身实际及公路建设市场管理发展,制定相关制度。市场管理方面,2000年转发山西省人民政府《印发关于健全和规范有形建筑市场意见的通知》,印发《山西省交通建设工程监理市场管理办法》;招投标管理方面,转发原山西省计委《山西省基本建设物资采购招投标实施细则》。

"十五"时期,是全省公路建设发展的第一个高峰阶段,市场管理依托项目管理实践进行总结、创新和尝试。继续加大建设市场规范和整治工作,转发山西省政府办公厅《关于进一步加强整顿和规范建筑市场秩序工作的通知》;招投标管理方面,逐步健全规范管理范畴,转发山西省计委《山西省工程建设项目勘察设计招标投标实施细则》,着力强化监督管理,制定《山西省公路建设工程招投标监督管理办法》《关于进一步规范全省公路建设招投标活动的意见》,建立行业评标专家库,出台《山西省公路建设项目评标专家库管理办法》。

"十一五"时期,迎来山西公路建设史上的第二个高峰时期。在国家实施拉动内需的积极经济政策的背景下,2008年之后陆续开工建设43个高速公路项目,大批项目集中上马对建设市场管理提出严峻考验,山西交通管理部门切实加强建设市场管理力度。信用管理方面,进一步强化细化信用信息管理,建立起以信用评价为手段的市场管理机制,出台《山西省公路建设市场信用评价管理办法(试行)》《山西省交通运输厅公路施工企业信用评价实施细则》;招投标管理方面,联合省人大、省检察院、省发改委、省监察厅、省审计厅、省重点办等相关部门共同构建联合监督机制,出台《高速公路建设招标投标联合监督办法》。高速公路建设市场管理制度架构基本形成完整体系。

"十二五"时期,国家、省以及各级政府大力强化法治建设,各行业领域法律法规不断健全,一大批国家法律法规进行修订。市场管理方面,根据交通运输部《公路建设市场管理办法》修订成果,山西省交通运输厅深入研究公路建设市场发展及变化,针对全省实际,2015年印发《公路建设市场督查工作规则》,对全省公路建设市场督查工作进行规范;信用管理方面,进一步加大信用信息管理工作力度,2012年印发《工程建设项目信息公开和诚信体系建设工作实施方案》,2013年印发《公路建设市场信用信息管理办法》,2014年印发《公路设计企业信用评价实施细则》,公路建设市场信用体系建设不断加强;资质管理方面,根据国家、相关部委资质管理规定出台《关于进一步加强公路行业资质审查工作的通知》,切实做好行业审查工作;招投标管理方面,根据国务院《招标投标法实施条例》,省交通运输厅于2011年发布《公路工程招标投标管理办法》,2015年,以问题为导向,结合工作实际,提出针对性措施,发布《关于进一步加强公路工程招标投标管理工作的若干意见》,进一步加强全省公路建设项目招标投标管理。

"十三五"时期,随着山西省公路建设管理体制改革的深入推进和公路建设市场形势的发展,省交通运输厅进一步加强市场管理制度建设。根据交通运输部《公路工程建设项目招标投标管理办法》(2015年第24号令),2017年山西省交通运输厅修订完成《公路工程招标投标管理办法》,实施分类归口监督管理,扩大适用范围,改进评标办法,取消清标环节,资格审查委员会改为全部由专家组成,进一步减少人为因素。2017年印发《公路工程施工分包管理实施细则(试行)》,规范全省公路工程施工分包活动。2018年印发《关于实施电子招标投标的通知》和《关于启用山西省公路市场管理平台的通知》,全力推进全省电子招标投标工作,强化公路工程项目和从业单位管理,完善公路市场信用信息数据库,有效规范公路市场秩序。

五、科技创新

(一)科技创新体制改革

1978年11月,为进一步加强交通科研管理工作,省交通厅机关增设科技教育处。此后,随着国民经济建设发展和公路交通事业繁荣,山西交通科研机构(山西省交通规划勘察设计院、山西省交通科学研究院)日益完善,专业科研队伍不断壮大,科研管理逐步严格和规范。

先后制定印发项目、资金、奖励、软科学管理等办法,有力促进交通科技事业发展。

"八五"期间,山西省交通厅不断加大科技投入,努力推进科技进步。累计投入资金2290万元,加上厅属各单位科技投入,总计达3500多万元。全系统共开展厅级以上科研项目170余项,完成107项,鉴定验收85项。其中,"预应弯桥设计与施工技术""HQJ-35型混凝土路面切缝机""移动式公路基层混合料拌和设备""汽车润滑油节能技术应用"等科研成果得到推广应用。特别是推广应用"沥青路面旧料再生利用"新技术,共铺再生路面227.12公里,节省投资196万元;推广应用"阳离子乳化沥青"新方法,铺筑路面1050.2公里,节省沥青1200吨,节煤4300吨,创造直接经济效益1000多万元,被交通部授予"优秀推广省"的光荣称号。全系统有14项科研项目获省科技进步奖,36项获厅级科技进步奖,有4项达到国际水平,37项达到国内领先或先进水平,22项获国家专利,18项列入交通部、省科委科技成果推广应用推荐项目。

"九五"期间,山西省交通厅认真实施"科教兴交"战略,不断加大科技开发与创新力度,追踪行业发展方向,积极开展科技攻关。1996年,山西省交通厅印发《山西省交通科技发展基金暂行办法》。1997年,省交通厅与厅直单位(包括11个市交通局)签订的《工作目标责任书》中增加科技进步考核内容,建立各单位推进科技进步制度。累计投入科研经费4000多万元,开展科研项目238项,完成150多项,并有51项获奖。其中获美国世界发明大会金奖和北京国际发明大会金奖3项;获国家科技进步二等奖1项;获国家专利6项;获交通部科技进步奖9项;获交通部行业联合科技攻关优秀奖2项;获省科技进步奖18项。1996年9月1日,武宿立交枢纽获"鲁班奖";1997年11月5日,太旧高速公路获"鲁班奖";一大批科技成果在本省及全国公路建养、运输管理和规费征管中得到推广应用,大大提高全省交通运输基础技术水平。全省高速公路建设基本形成成套技术。在公路测设中,计算机辅助设计普遍采用,遥感、航测等先进技术开始推广;在公路施工中,路基综合处置技术、改性沥青、大跨径桥梁建设技术和大型压实机械、路面铺筑机械等施工机械及一体化检测、试验设备等得到推广和应用,科学技术在交通发展中发挥着越来越重要的作用。

"十五"期间,山西省交通厅继续实施"科教兴交"战略。5年用于科技投入2亿元,是"九五"期间近2倍。组织开展科技攻关课题215项,其中省部级重点项目12个,取得科研成果130多项,其中有10项获国家专利。"公路工程灾害预防与治理综合技术研究及工程应用"获国家科技进步二等奖,并有4项成果获省科技进步一等奖,实现两个领域零的突破。在高速公路建设中,紧紧依靠科技进步与创新,建成一批在全国有影响的公路、桥梁和隧道。临侯高速公路赵康枢纽获国优工程"鲁班奖",祁临高速公路获"詹天佑"奖,大新高速公路康庄飞机跑道被北京军区评为优质工程,大运高速公路全线达到部优工程。以全长5.2公里雁门关隧道和全国第一座高矮塔组合式斜拉桥龙门黄河大桥、桥高180米晋济高速公路仙神河斜拉桥建设为标志,全省公路桥梁隧道建设达到一个新水平。

"十一五"期间,全省交通运输行业科技进步硕果累累,行业创新能力明显提高。全行业投入科研经费2亿元,组织开展科技攻关项目200余项,有40项获省部科技进步奖;取得QC小组活动成果500余项,有122项获奖。特别是依托全国在建最长公路隧道太原西山隧道等重大工程开展的长大隧道施工运营与防灾减灾、桥隧下伏采空区治理等关键技术研发,大大提升全省交通建设与运营管理水平,也标志着全省公路建设技术达到一个新高度。全省科技成果转化率达到70%。忻阜、灵山高速公路被交通运输部确定为全国科技示范工程和勘察设计典型示范工程,共开展科技攻关项目3项,推广应用新技术、新工艺、新材料16项。雁门关隧道、祁临高速公路分别荣获詹天佑大奖;大运二级公路、太旧高速公路、丹河特大桥、雁门关隧道4项工程入选新中国成立60周年全国60项公路勘察设计经典工程。

"十二五"期间,全省交通运输行业科技工作迈上新台阶。全行业组织开展科研项目280项,42项成果获山西省与中国公路学会科学技术奖。依托省交通科研院、省交通设计院构建国家地方联合工程实验室1个,部省重点实验室和研发中心14个。省交通设计院获准入驻省科技创新城,并与中国地质大学联合筹建公路桥梁采空区处治研发中心。积极开展以QC活动为载体的群众性创新活动,提高行业创新实力,358项成果受到国家、交通运输部和省质量协会表彰。

"十三五"期间,省交通运输厅围绕交通运输科学发展,认真抓好科技工作。2016—2017年,先后组织开展在研项目147项;举办全省交通系统"十二五"科技创新优秀成果展览,23家单位400余项成果参展取得圆满成功。起草《山西省交通运输科技"十三五"发展规划》《山西省交通运输厅科技项目管理办法》;积极推荐优秀科技成果参与省部科技进步奖评选,获得2016年度山西省科学技术奖13项,位居省直各部门前列。鼓励和推动厅直单位依托创新,取得专利授权400余项;组织开展26项地方标准编制计划,其中制订15项、修订11项。

(二)科研能力建设

山西省交通规划勘察设计院、山西省交通科学研究院是全省交通运输系统两大科研主力军。

1.山西省交通规划勘察设计院

1964年正式挂牌成立,是集公路规划、勘察设计、工程咨询、环境保护、智能交通、试验检测、地质灾害治理、施工监理和建筑工程设计、市政工程设计、高速公路运营管理为一体的国家级高新技术企业。全院在职职工633人,有博士、硕士学历155人,本科学历224人;成绩优异高工58人,高级工程师160人,工程师118人。通过ISO9001:2008标准质量管理体系、ISO14001:2004标准环境管理体系、GB/T 28001—2011标准职业健康安全管理体系认证。截至2018年8月,先后完成省内高速公路勘察设计3541公里,占全省高速通车里程的66%。完成特大桥和大桥勘察设计1200余座,完成公路隧道勘察设计230余座320公里,其中10公里以上隧道4座,复杂水文地质、采空区、瓦斯等共存条件下的结构设计和施工方案,救援、消防、通风等综合设计技术在全国属先进水平。在省外,河北、四川、重庆、云南、广西、广东、安徽、甘肃、青海、新疆和西藏等十余省份均有勘察设计业务。伊朗、老挝、孟加拉、苏丹等国外也有少部分业务。承担全国第一条山区高速公路——太旧高速公路勘察设计,全国第一座黄土连拱隧道——离石隧道入选全国交通企业新纪录。太古高速公路西山特长隧道,创新全国公路设计单位公路特长隧道设计历史。运宝黄河特大桥采用波形钢腹板矮塔斜拉桥,主跨200米居世界同类桥梁之首。忻阜高速公路荣获2016年度国际工程师联合会FIDIC(菲迪克)工程项目优秀奖,为全球21个获奖项目中唯一的公路项目。太原至旧关高速公路、大同至运城二级公路被评为全国"新中国成立60周年公路交通勘察设计经典工程"。主编的交通运输部行业规范《采空区公路设计与施工技术细则》填补国内公路建设采空区处治设计规范的空白；编制的《公路工程试验检测仪器设备校准指南》由部质监总站核准出版。截至2018年9月底，主编、参编已发布的国家和行业规范8部，在编9部。近10年，荣获省部级以上科技进步奖22项，省部级以上勘察设计奖56项，拥有自主研发国家发明专利2项、实用新型专利27项、软件著作权4项。1996年以来，有111项工程项目获省部级以上优秀勘察设计各等级奖项217项。先后荣获国家级优秀工程设计银奖4项、铜奖6项，全国优秀工程设计软件银质奖1项，全国优秀工程勘察设计行业一等奖1项，国家级优秀工程咨询成果二等奖2项、三等奖4项。围绕采空区勘察设计及处治技术、湿陷性黄土地基处治技术、特长隧道设计施工技术、黄土高边坡设计技术、波形钢腹板大型桥梁设计施工技术等打造核心技术，已获得知识产权76项，其中国家发明专利3项、实用新型专利69项、软件著作权4项。历年来已经完成科技项目49项，其中获省部级科技进步奖25项，"公路采空区处治成套技术研究""高速公路联网运营交通决策支持系统"分别于2011年度和2012年度获中国公路学会科学技术奖一等奖；"桥隧下伏采空区处治关键技术研究""高烈度地震区特高桥设计的研究""国产环氧沥青混合料桥面铺装技术研究"，分别于2010年度、2011年度和2013年度获山西省科技进步二等奖；"高速公路沥青路面改造技术研究""基于运行速度的公路路线三维设计技术研究"分别获2011年度和2013年度获山西省科技进步三等奖；"高等级公路数模与仿真技术研究"于2001年度山西省科技进步一等奖。目前在研科技项目22项，主要有"软岩隧道渗水条件下时效变形破坏机理及长期稳定性评价""公路下伏多层和陡倾采空区处治技术研究""公路护岸水力计算及冲刷机理分析""高速公路收费车道数计算方法研究""基于IHSDM高速公路立体交叉评价安全研究"等。主编、参编国家标准、行业标准、团体标准共17部，已颁布实施8部。

2.山西省交通科学研究院

该院是集科技研发、技术咨询、勘察设计、试验检测、交通产业等科技、产业一体化的创新型企业。产业范围覆盖路基路面、桥梁隧道、交通安全、信息机电、节能环保、岩土地质、建筑市政和新型材料等多个领域。拥有24个国家、省部级创新平台（团队），7个高新技术企业，8大数据库。各类国家甲级资质共计29项。全院共有33个部门和科研、产业化单位，包括9个职能部门、10个研究所、14个产业化公司。重点针对黄土地区、重载交通、采空区等区域特色，结合长大纵坡、特长隧道、长大桥梁等工程特点，开展公路建设与养护技术研发和产业化相关工作。具有解决公路行业重大、复杂技术问题的能力，可为集团及交通行业创新发展提供技术引领、支撑和保障作用。现有正式员工870人。其中，博士研究生18人，硕士研究生370人，硕、博士研究生占总人数44.6%，大学本科及以上占93%。各类专业国家级注册师375人，成绩优异高级工程师59人，高级工程师260人。已形成知识结构科学合理、专业学科门类齐全、核心技术形成系列、极具创新力人才梯队。拥有博士后科研工作站、院士工作站等国家级创新平台4个，黄土地区公路建设与养护技术交通行业重点实验室等省部级创新平台17个，省部级科技创新团队3个，已成为黄土地区公路行业组织高水平基础和应用研究、聚集和培养优秀科技人才、促进成果转化与推广应用、开展高层次学术交流的重要基地。从2010年至2017年，全院产值连续8年超过10亿元，分别为10.39亿元、11.67亿元、10.73亿元、12.60亿元、10.91亿元、11.00亿元、10.30亿元、12亿元。

(三)重大科技创新成果及推广应用

1.加强组织体系建设,保障创新工作开展

通过不断强化科研基础条件与科技人才队伍建设,促进产学研用相结合,打破行业与区域界限,充分发挥市场机制配置资源的基础性作用,优化交通科技资源配置,吸引全社会优势科技力量参与交通重大研发活动,保证质量和效益。省交通运输厅对在建工程科研项目从申报、立项,到过程监管和项目结题等程序上加强管理,避免重复立项、提高立项标准,有效提升科研水平。

2.组织重大关键技术研发,有效支撑重点工程建设

坚持以行业发展需求为导向,紧紧抓住交通基础设施建设与养护、运输服务、安全保障、节能减排和环境保护等重点领域急需的共性和关键技术,调动行业和社会力量开展科技攻关,取得一系列具有国内外领先水平的成果。如"山西省运煤重载水泥混凝土路面典型结构的研究""雁门关隧道运营安全管理及防灾救灾预案研究""桥隧下伏采空区治理关键技术研究"等项目研究成果达到国际领先水平,为全省乃至全国公路建设养护提供科学依据和先进技术。省交通设计院完成的"桥隧下伏采空区治理关键技术研究"等成果成功解决在采空区上修筑桥梁、隧道及路基的诸多技术难题;完成的湿陷性黄土地基处理、连拱隧道设计、滑坡处治设计、采空区处治勘察设计、特长隧道和特高大跨径桥梁设计、桥梁隧道下伏采空区设计等技术步入全国同行前列。

3.积极推广应用科研成果,有效提升交通运输生产力水平

全省交通运输部门依托已取得的科技成果,不断进行归纳、总结和提炼,切实加强地方和行业技术标准规范编制。2007年由省质量技术监督局发布全省交通行业第一项标准——《山西省公路改性沥青路面施工技术规范》(DB 14/T160—2007),之后相继起草发布40余项地方标准。对全省交通行业自主研发、拥有自主知识产权和具有市场前景的科研成果,大力推进其产业化进程,培育一批成熟先进、效益显著的科技产品。如省交通科研院研制的液体聚合物沥青改性剂,在稀浆封层、微表处、黏层油、桥面防水材料等方面得到规模化推广应用,并获实用新型专利3项。在交通基础设施规划、设计、施工及运营等各个环节上积极推广应用已取得的成果。2008—2017年,广泛推广和应用了柔性基层沥青路面结构技术、湿陷性黄土地基处理技术、软弱黄土路基关键技术、旧路面沥青再生利用技术、粉煤灰综合利用技术、重轴载交通路面修筑技术、长大公路隧道建设、运营和管理成套技术等具有全省特色的公路修筑技术,产生显著经济和社会效益。

4.充分发挥科技示范作用,形成良好外部研发环境

多年来,山西省交通运输厅集中有限政府资金,解决交通建设与发展中的重大科技问题,同时引导行业各个方面加大科技投入,积极开展多种形式的科技交流与合作,利用一切科技资源为交通发展服务。坚持优化创新环境,鼓励创新,支持创新,促进全行业形成关注创新、参与创新的良好氛围。

5.大力开展技术革新,推动群众性活动开展

以"小、实、活、新"为主要形式的技术革新活动,有效带动员工为企业节能降耗,增加效益,提高工作质量和服务质量等方面的积极性、创造性和主动性,营造全员参与技术革新活动的有效氛围。省高管局通过开展 QC 活动,形成涉及路政、养护、服务区、收费、信息监控与机电设备等内容的《高速公路精细化管理标准体系》。

六、对外开放成就

1978 年以来,山西交通运输部门紧抓机遇,不断深化投融资体制改革,创新理念,健全机制,优化环境,转变方式,明确方向,搭建平台,不断提高规模和效益。

"九五"时期,山西交通运输部门通过转让经营权、合资合作建设经营公路等,引进外资 28.78 亿元,其中到位 23 亿元,并就 15 条公路组成中外合作企业。大同市从马来西亚引资 1.3 亿元开工建设兴旺煤炭专用公路。祁临高速公路争取到亚行贷款 2.5 亿美元,运城地区利用世行贷款建成 6 条扶贫公路。省交通厅连续 3 年被省委、省政府授予"利用外资先进单位"和"外商投资企业先进单位"。

"十五"时期,山西省交通系统通过 BOT 模式开工建设关门至侯马高速公路项目,大同市引进马来西亚资金建成两条煤炭专用公路。通过加强资金合作,扩大融资通道,共落实国内银行贷款 350 亿元,利用亚行贷款 3.75 亿美元、西班牙政府贷款 412.6 万欧元。

"十一五"以来,山西主要通过加强和银行交流,加大合作力度,千方百计发挥好国有商业银行、地方金融机构以及驻晋外省银行的融资主渠道作用。同时,积极同尚未进入本省的国内外银行接洽,充分利用多层次、多样化金融服务市场,最大限度挖掘潜力,全力拓展融资空间。

七、党的建设与精神文明建设

(一)党建工作

党的十一届三中全会以来,省交通运输厅党组在全省交通系统认真开展以学习马克思主义哲学和社会主义理论为主要内容的干部理论教育,不断提高党员领导干部理论水平和拒腐防变警惕性、自觉性;进一步加强党组织建设,广泛开展以"奉献"为主要内容的"创先争优"活动,提高战斗力;有效发挥各级党群团组织的积极作用,加强对精神文明建设的领导。通过大力加强党的建设和思想政治工作,充分发挥厅直各级党组织的战斗堡垒作用和党员的先锋模范作用,保证并促进厅直系统文明建设和各项工作的顺利进行,充分发挥为交通建设发展改革保驾护航的作用。1989 年 7 月,省交通厅成立厅直党校,对干部进行马克思主义理论教育,开辟长期、稳固的阵地。截至 1992 年底,厅直 1400 多名在职干部,受教育面达 95%以上,其中有 90%的干部参加省直工委统一考试,并领取结业证书。

"八五"期间,省交通运输厅党组坚持以邓小平建设中国特色的社会主义理论为指针,认真学习贯彻党的基本路线、方针与政策,紧紧围绕交通建设特别是太旧高速公路建设,大力加强党的建设和精神文明建设,大力开展思想政治工作,广泛深入地开展反腐败斗争,各项工作都取得较好的成绩。在思想政治建设方面,重点抓好党员、干部的"三基"(党的基本理论、基本路线、基本方针)教育和"三观"(世界观、人生观、价值观)教育,积极开展向先进模范人物学习的活动,有效提高广大党员、干部的思想政治素质和贯彻执行党的路线。方针、政策,为交通建设事业发展建功立业的自觉性与积极性。在组织建设方面,建立健全基层党组织,加强对党员的管理教育,深入开展"创先争优"活动,注重入党积极分子队伍建设,努力做好发展党员工作,充分发挥基层党组织战斗堡垒作用和党员的先锋模范作用,有效增强各级党组织的凝聚力和战斗力。在作风建设方面,认真进行党风党纪教育,深入开展反腐败斗战,严肃查处党内违纪行为,加强对党员领导干部民主生活会的管理与监督,坚持民主评议党员制度,有效提高党员干部的思想政治水平,增强廉洁勤政、克己奉公意识,有力推动厅直单位党风廉政建设开展。

"九五"期间,省交通运输厅党组认真贯彻党要管党、从严治党方针。在思想政治建设方面,认真开展"三讲"教育,进一步提高各级党组织的凝聚力、战斗力和治党治政水平;坚持标本兼治、重在治本的方针,不断加强党风廉政建设,强化监督制约机制,认真落实党风廉政建设责任制,实行一票否决制;突出工程建设领域反腐倡廉工作,加大从源头上预防和治理腐败的力度;把治理"三乱"与推行政务公开、开展行风评议结合起来,不断加大治理公路"三乱"力度,巩固和发展全省干线公路基本无"三乱"成果,树立交通行业良好形象。在组织建设方面,一是各级领导班子核心作用得到较好发挥,基层党组织建设进一步规范。2000年,厅直党委认真贯彻《中国共产党和国家机关基层组织工作条例》,加大对基层党组织工作指导力度,加强对年度目标责任制中党建目标的考核,各级领导班子核心作用得到有效发挥,切实提高各级党组织的战斗力、凝聚力。二是对入党积极分子培养和发展党员工作提出新要求。按照"坚持标准、保证质量、改善结构、慎重发展"的16字方针,注重将共青团组织作为推荐优秀青年入党主渠道,稳步推进"推优"工作;重视在生产、教学、科研一线建设重任相符的积极分子队伍和党员队伍;把在重点工程建设一线发展党员工作继续作为"围绕工程抓党建,抓好党建促工程"的切入点和结合点。在作风建设方面,一是开展以胡长清、成克杰以及交通系统典型违纪违法案件和交通系统"管钱、管人、管项目、管工程"为特点的警示教育。通过教育,不仅提高全体干部廉洁自律性,而且各级领导班子对干部廉洁自律教育的党风廉政建设得到重视,特别是增强各级领导班子的警觉性,有力促进党风廉政建设和反腐败斗争。二是继续贯彻落实《廉洁准则》和中央八项规定,规范执行新的"五不准"和企业干部的"五不准",深化领导干部廉洁自律工作。

"十五"期间,省交通运输厅党组坚持用"三个代表"重要思想推进党的建设新的伟大工程,牢牢抓住提高执政能力这条主线,用科学发展成果体现党的先进性,用执政为民行动巩固党的执政基础,用反腐倡廉实效提高党的执政地位。一是把学习实践"三个代表"重要思想贯穿于交通改革发展稳定全过程,不断把理论学习成果转化为推进交通发展正确思路,进一步加深对科学发展观、构建和谐社会、建设节约型行业等重大问题认识。2005年,按照中央和省委部署,认真开展保持共产党员先进性教育活动。厅党组带头学习,带头查找问题,带头整改问题,建立和完善党员受教育、群众得实惠长效机制,把党的先进性建设提高到一个新水平。二是竭尽全力为民办实事,解难事,做好事。从2004年开始,抓住广大人民群众关心关注问题,坚持每年为民办好十件实事,认真做好交通扶贫和定点扶贫工作,树立负责任部门、负责任行业形象。三是深入开展反腐倡廉工作,抓党风,促政风,带行风,加大从源头上治理和预防腐败力度。出台《建立健全教育制度监督并重的惩治和预防腐败体系实施办法》和《交通基础设施廉政建设十项制度》。坚持修好一条路、不倒一个人,把反腐倡廉寓于工程建设全过程,实行纪检书记派驻制、总会计师委派制和工程建设廉政建设双合同制,并邀请省人大、省纪委、省检察院、省审计厅、省发改委、省重点办对重大工程招技标实行全过程监督,有效克服工程建设领域腐败现象。深入开展治理公路"三乱"和"三项治理"工作,在国纠办组织的历次明察暗访中,交通系统基本没有发现大的"三乱"案件。清车清房和制止奢侈浪费通过省纪委验收。厅党组班人带头廉洁自律,集体做出并严格履行"六项廉政承诺",树立清正廉洁形象。

"十一五"期间,省交通运输厅党组认真贯彻党的十七大和十七届三中、四中、五中全会精神,以加强党的执政能力和先进性建设为主线,紧紧围绕交通运输发展大局来谋划和推进厅直系统党的建设,扎实抓好"三基"工作,充分发挥党组织的政治核心、战斗堡垒作用和党员领导干部的表率作用、党员的先锋模范作用,为全省交通运输事业又好又快发展提供了思想、组织和作风保证。一是认真组织开展深入学习实践科学发展观活动和创优争先活动,抓基层、打基础、提高党员基本素质,党组织的政治核心作用、战斗堡垒作用进一步增强,党员的先锋模范作用进一步发挥。二是开展商业贿赂、工程建设领域突出问题和小金库等专项治理。在继续坚持重点工程建设纪检书记派驻制、廉政合同制等行之有效措施的基础上,建立巡视制度、跟踪审计制度、"三重一大"集体决策制度和廉政风险防控机制,巡视厅属单位9家,开展各类审计500多项。三是加强政风行风建设,狠刹"四股歪风",全行业的社会满意度不断提高。大力弘扬右玉精神、太旧精神、大运精神,树立行业新风。

"十二五"期间,省交通运输厅党组认真贯彻落实全面从严治党要求,聚焦严重腐败案件,牢固树立"抓好党建是最大政绩""不抓党风廉政建设是严重失职"的理念,严格落实全面从严治党主体责任。加强党的组织建设,积极争取有关部门支持,规范厅机关党委专职副书记设置;调整厅机关党支部设置,基本实现"党支部建在室外",促进党支部活动正常开展;分批完成14个厅直属单位党组织和223个党支部的换届;交流、调整、充实部分厅直单位党委书记、纪委书记。加强干部队伍建设,扎实开展"三个一批""一倒查六整治",理顺1698人的人资人岗分离问题;先后调整干部34名,提拔使用7名,营造风清气正用人环境。加强干部教育培训,依托省交通干部学校建设开通"山西交通在线教育培训平台";扎实开展党的群众路线教育实践活动、学习讨论落实活动和"三严三实"专题教育,不断加强党的思想建设、组织建设、作风建设、反腐倡廉建设和制度建设。认真落实党风廉政建设"两个责任",加大监督执纪问责力度,努力减少腐败存量、遏制腐败增量,提高管党治党能力。

在党的群众路线教育实践活动中,厅党组带头落实党风廉政建设主体责任,持之以恒狠抓中央八项规定精神和落实省委四个实施办法,以开展党的群众路线教育实践活动为抓手,集中开展纪律松懈、奢侈浪费、"衙门"作风等专项整治,坚决纠正"人不在位、心不在公、责不落实"的倾向,营造干事创业新风正气。为严格治理为官不为、奢侈浪费、请客送礼的歪风邪气,专门下发《关于严格党的纪律进一步加强作风建设的通知》,重申严明和遵守党的政治纪律、组织纪律、工作纪律、生活纪律和财经纪律,对严格纪律约束,狠刹不正之风,持之以恒加强作风建设提出了具体要求。对群众反映强烈的不正之风,一项一项整治、一个一个突破,一个时间节点一个时间节点抓,对"四风"问题,坚持露头就打、快查重处,并追究单位领导责任,使端正"四风"、严格守纪成为新常态。

2016年以来,厅党组把"双学"作为重要任务,突出学习重点,坚持每周一集中学习,以逐字逐句学原著的模式,深入学习习近平新时代中国特色社会主义思想,学习党章和党的纪律规定等有关内容,通过读原著、学原文、悟原理,拧紧思想上的"总开关"。同时,学习以习近平同志为核心的中央领导集体"崇尚实干、勇于担当、廉洁自律"的优良作风,从自身做起,从细节做起,自觉践行"三严三实"。厅党组明确要求各级党组织、各级领导干部强化问题意识,坚持问题导向,对照中央和省委要求,立行立改,真正使专题教育有的放矢,成为交通运输系统改革发展稳定的动力。

2017年,全省交通运输系统各级党组织及广大党员干部牢固树立"四个意识",做到"四个服从",严肃党内政治生活,坚决维护以习近平同志为核心的党中央权威和集中统一领导。扎实推进"两学一做"学习教育常态化制度化,深入推进"三基建设",加强工青妇等群团组织建设,党的组织、制度和群众基础更加牢固,为推动全省交通行业改革建设发展提供有力保障。

(二)精神文明建设

1982年以来,全省交通运输系统各级各部门党组织以党的十二届六中全会通过的《关于加强社会主义精神文明建设的决定》为指针,先后制定"七五""八五""九五""十五""十一五""十二五"行业文明建设计划,进一步明确精神文明建设在全省公路交通发展中的战略地位和根本任务,坚持两个文明一起抓,把精神文明建设列入各级党组织重要议事日程,用共同理想动员和团结全体职工,为实现交通运输现代化而努力奋斗,取得明显成效。

1991年3月6日,省交通厅党组研究决定成立厅精神文明建设领导组,厅长任组长,副厅长任副组长,下设办公室具体落实。自此之后,精神文明建设成为全省交通运输系统一项重要工作,更加引起各级领导高度重视,步入规范化建设新阶段。1992年5月25日,省交通厅晋交发〔1992〕31号文印发《山西省交通系统"八五"社会主义精神文明建设规划》。

1996年1月26日,省委、省政府晋发〔1996〕13号文印发《关于在全省开展学习"太旧精神"活动的决定》;6月23日,省委、省政府印发《关于向省交通厅学习的决定》;6月23日,太旧功臣表彰大会在工人文化宫举行,省委书记胡富国、省长孙文盛及省委、省人大、省政府、省政协、省纪委领导为116个集体、751名个人颁奖。有20个集体、40名个人被省劳动竞赛委员会授予"省重点工程建设功臣单位"和"省重点工程建设功臣"称号;6月30日,省交通厅党组召开太旧路建设暨交通扶贫"一优两先"表彰大会,对太旧路建设做出突出贡献的18个先进基层党组织、155名优秀共产党员、20名优秀党务工作者进行表彰;10月30日,省委印发《关于树立精神文明建设先进典型的决定》,省交通厅党组书记刘俊谦被树立为全省精神文明建设标兵。1996年12月,交通部在南京召开全国交通系统创建文明行业大会,推广了太旧高速公路建设"修筑一条公路,带好一支队伍,创育一种精神"的成功经验,并播放反映太旧精神的政论片《热土壮歌》,产生轰动效应。1997年1月10日,省交通厅先后出台厅党组贯彻十四届六中全会决议的《实施意见》《精神文明建设"九五"规划》《开展创建文明单位活动的实施办法》《关于在全系统开展"两学一创"活动的决定》等一系列重要文件,加强对全系统精神文明建设的领导。7月27日,厅党组召开全系统精神文明建设先进典型暨示范"窗口"命名表彰大会,表彰一批先进集体和个人,从而使全系统学有榜样,赶有目标,营造良好精神文明建设氛围。10月,成功筹备全国公路系统创建文明行业大会,编印《三晋交通精神文明建设荟萃》一书,摄制《山西交通精神文明建设巡礼》电视片。省交通厅开展精神文明建设的做法和取得的成绩,得到交通部领导和与会代表高度评价。交通部专门做出决定,在全国交通系统推广学习太旧精神。1997年,全系统共有15个省级文明单位,公路部门97%的分局、95%的公路养护段进入文明单位行列,交通征稽部门文明单位达到85%。厅直单位文明单位数接近50%。1999年,厅文明办先后出台《精神文明建设委员会工作制度》《全省交通系统创建文明行业实施办法》《全省交通系统创建文明行业考核条件和评分标准》,全系统创建文明行业走上规范化、制度化轨道。"九五"期间,全系统以提高交通职工素质和文明程度为目标,以深入开展"两学一创"活动为重点,大力实施"五大工程",开展一系列具有行业特点的群众性精神文明创建活动,规模大,范围广,内容丰富,效果好。在厅属处级单位中,先后有1个单位进入国家级文明单位行列,19个单位进入省级文明单位行列,全系统有58个集体荣获省部级先进集体称号,有179人被评为省部级劳动模范,有267人受到省劳动竞赛委员会记功表彰。

2001年,全省交通系统文明行业创建工作力度不断加大,文明程度显著提高。厅党组于4月和11月,分别召开全系统精神文明建设工作会议和传达贯彻交通部创建文明行业会议精神大会,印发精神文明建设"十五"规划,对深入开展"两学四建一创"活动做出安排部署;以党组会议纪要形式,做出进一步加强全行业精神文明建设工作的四条决定,在厅直党委增挂厅文明办牌子;每年保证不少于100万元的精神文明建设专项经费;加大创建文明行业工作在年度目标责任制中所占分值;把创建工作和中心工作进一步紧密相结合。"十五"期间,全省高速、征费、高管三大系统创建为全国交通系统文明行业,大运高速公路被评为全国"十佳交通运输文明畅通工程"。全行业有104个集体和234名个人受到省部级以上表彰,6个单位被交通部评为"创建文明行业先进单位",4个基层单位被交通部命名为"全国交通行业文明示范窗口",109国道山西段成为全国"文明样板路",全省跨入所有公路基本无"三乱"行列。到"十五"末,全行业省级文明单位达到70个,占全省总数九分之一。国家级"青年文明号"达到11个,省级"青年文明号"达到148个。

2006年,省交通厅印发《山西交通行业"十一五"社会主义精神文明建设规划》。"十一五"期间,全省交通运输行业紧紧围绕促进交通运输科学发展这个中心,以"学先进、树新风、创一流"活动为载体,以持续提高交通运输行业干部职工队伍整体素质为重点,以深入推进交通运输系统政风行风建设和文化建设为抓手,不断增强工作主动性、针对性和实效性,行业精神文明建设在促进交通运输快速发展、科学发展、安全发展、协调发展中发挥重要作用,为圆满和超额完成交通运输"十一五"规划各项目标任务提供强大动力和有效支撑。"十一五"期间,全省交通运输系统获得中央文明委表彰的全国文明单位1个,85个单位荣获省部级"文明和谐单位标兵"和"文明和谐单位"称号;8个窗口单位荣获"全国交通运输行业文明示范窗口"称号。大运高速公路被省政府和交通部联合命名为"千里文明高速路"。全省交通运输行业被授予山西省"文明和谐行业"称号。全省交通运输行业及所属公路、征费、高管系统被评为"全国交通文明行业"。共建成文明路8120公里、文明车541辆(条)、文明和谐示范窗口154个、有600余人荣获"文明职工"称号。

2011年11月11日,省交通运输厅党组以晋交党发〔2011〕113号文印发《山西省交通运输行业精神文明建设规划(2011—2015年)》,主要包括现状分析与形势要求、指导思想和主要目标、主要任务和基本要求、保障措施4章。省交通运输厅随后又以晋交文明〔2011〕631号文印发《山西省交通运输行业精神文明建设表彰管理规定》,该规定为总则、表彰种类、范围条件、评选程序、表彰奖励、监督管理、附则7章33条,自公布之日起执行。并附文明和谐行业、文明和谐单位、文明和谐示范窗口、文明职工(标兵)、精神文明建设先进工作者评选标准及申报表。11月25日,省交通运输厅召开全省交通运输系统精神文明建设暨创先争优推进大会,进一步掀起精神文明建设高潮。

"十二五"时期,全省交通运输行业认真学习习近平总书记系列重要讲话精神,以践行社会主义核心价值体系为主线,以"学先进、树新风、建体系、创一流"活动为载体,紧紧围绕全省交通运输发展目标,坚持高举旗帜、围绕中心、服务大局、改革创新总要求,践行社会主义核心价值观,把精神文明建设、党的建设和文化建设结合在一起,进一步深化群众性文明创建活动,不断提高全省交通运输系统职工文明素质、行业文明程度和"三个服务"水平。2013年10月以来,省交通厅党组深刻吸取腐败案件教训,把精神文明创建作为重塑形象、推进发展的重要抓手,取得显著成效。"十二五"期间,全系统有379人、103个单位(集体)获得省部级以上表彰,为全省交通运输转型跨越发展提供精神动力和思想保证。其中,有1个单位被授予全国"五一劳动奖状",2个单位被授予全国"工人先锋号",27个单位被评为全国"五型班组"等国家级荣誉;1人被评为全国"先进工作者",3人被评为全国"模范养路工";53个单位被授予全省"五一劳动奖状",14个单位被授予山西省"工人先锋号",1个单位被评为全省"模范集体",1人被评为省级劳模,106人被授予"山西省五一劳动奖章"。

2016年以来,全省交通运输系统以培育和践行社会主义核心价值观为导向,以基层党支部建设为政治保证,以文明创建作为推进交通运输改革发展稳定各项工作的强大动力,形成人人做贡献、个个创佳绩的喜人景象。围绕重塑形象、推动发展的创建主题,扎实推进"寻找最美山西交通人"活动,全行业职工广泛参与,选树身边先进典型,推荐出5类先进典型16名,并组织广泛宣传,用身边典型教育身边人。在纪念建党95周年至97周年大会上,先后表彰优秀共产党员392名、优秀党务工作者129名、先进基层党组织86个。通过自下而上、层层推荐,表彰一批近年来全省交通运输建设中做出突出贡献的先进单位(集体)和个人,分别授予全系统五一劳动奖状11个、工人先锋号22个人、劳动模范18名、五一劳动奖章30名。与此同时,积极推进文化建设。以加强培育品牌文化建设优秀单位和示范单位为重点,坚持突出行业特色,着力打造具有山西特色的行业文化品牌,精心培树山西高速"畅享三晋"文化品牌,充分发挥品牌的辐射带动作用,促进全行业文化建设稳步推进,不断扩大交通运输行业的社会美誉度和影响力。通过多种形式教育和引导,广大干部职工讲文明、重礼仪,讲诚实、守信用,牢固树立责任意识,始终做到恪尽职守,努力达到以岗为家、爱岗敬业的职业境界和道德自觉。进一步形成知荣辱、讲正气、爱岗位、守信用的良好风尚,为推动山西交通运输科学发展营造勇于担当、干事创业、敬业负责、改革创新的良好氛围。

山西交通运输行业蓬勃发展40年的实践证明,改革开放是兴晋富民之路,也是交通行业持续、健康、快速发展的有力保障。在山西省委、省政府正确领导下,在交通运输部鼎力支持下,山西交通运输系统13万干部职工决心认真学习贯彻习近平新时代中国特色社会主义思想和党的十九大精神,服务交通强国建设和全省转型发展,不忘初心、牢记使命、锐意进取、埋头苦干,奋力开启建设交通强国山西新征程,为建设人民满意交通、实现山西振兴崛起交出一份满意答卷,做出新的更大的贡献!

交通先行　打造祖国北疆亮丽风景线

内蒙古自治区交通运输厅

党的十一届三中全会开启了中国改革开放的历史新时期,启动了我国从计划经济体制和封闭半封闭状态,到全面改革和全方位开放的伟大历史转折。40年来,尤其是党的十八大以来,在中国特色社会主义伟大旗帜指引下,在内蒙古自治区党委、政府及交通运输部的正确领导下,内蒙古交通运输系统抓住机遇,深化改革,扩大开放,奋力拼搏,着力发展交通运输生产力,取得了历史性的跨越,为自治区经济社会发展和人民生活水平提高提供了有力保障。

一、综述

改革开放之初,内蒙古自治区公路交通虽然经过了新中国成立以来30年的发展,但总体水平依然很低,运输能力薄弱。全区公路总里程为3.5万公里,其中晴雨通车里程仅为6078公里,占通车里程的17.4%,其余公路都是等外路或自然路,20%以上的旗县、25%的乡镇(时称人民公社)不通公路。全区民用汽车为36696辆,其中货车29027辆、客车7669辆。货运量4352万吨、客运量1669万人次,全区年人均货运量2吨、年人均出行不到1次。出行难、运输难是当时交通发展的基本状况,也是制约经济发展、社会进步的突出"瓶颈"之一。

40年来,几代内蒙古交通人坚持解放思想、锐意改革,立足实际、大胆创新,把握机遇、扩大开放,因时而进、服务大局,全区交通运输事业日新月异,蓬勃发展。基础设施建设逐年加快,公路运输车辆迅猛增加,组织管理水平极大提高,服务保障能力全面提升,"人便于行、货畅其流"的交通格局基本形成。

公路通车里程大幅增加。全区公路总里程达到19.9万公里,是改革开放之初的5.7倍。公路密度由2.96公里/百平方公里提高到16.86公里/百平方公里。

公路技术等级全面提升。高等级公路从无到有,已建成高速公路6320公里,一级公路7056公里,二级公路17235公里。等级公路达到公路总里程的96.4%。

公路通达深度逐年加大。全区103个旗县区全部通油路,乡镇苏木通硬化路率达到100%,具备条件的嘎查村全部实现通硬化路。

公路运输车辆迅猛增长。全区营运客货车辆达到33.1万辆,其中客车11607辆,货车31.9万辆。城市客运车辆79469辆,其中公交车11644辆、出租汽车67825辆。

公路运输网络日趋完善。客运线路5204条,是改革开放初期的124倍。其中跨省区客运线路768条,通达28个省市区;跨盟市客运线路809条,国际旅客运输班线18条。

公路运输能力极大提高。2017年全区公路客运量达到0.9亿人次、货运量达到14.7亿吨,分别是改革开放之初的5.4倍和33.0倍。旅客平均运距从56公里增至151公里,货物平均运距从 22 公里增至 188 公里。

抚今追昔,40 年来内蒙古交通运输发展大致经过以下 5 个阶段。

(1)党的十一届三中全会到党的十四大召开前的 14 年里,内蒙古交通运输积极解放思想、放开市场,着力发展交通运输生产力。改革开放之后,随着党的工作重心的转移,自治区公路建设步入了快速发展时期,在国家优先发展交通事业的政策支持下,内蒙古自治区交通厅(现内蒙古自治区交通运输厅)根据国家总体路网规划和自治区经济社会发展及国防建设的需要,对全区公路按行政级别、技术等级进行了重新规划和调整,1987 年经自治区人民政府批准发布了《内蒙古自治区公路网规划线路表》,对国道、省道、县道、边防公路、乡镇道路、专用公路、森林道路进行了全面规划。在这个规划的指导下,形成了现有内蒙古公路网的雏形。在此期间,内蒙古交通行业进行了两次市场开放:一是对运输市场的开放,标志是 1983 年交通部提出"有路大家走车、有河大家走船",国营、集体、私营、个体等多种经营模式投入到运输行业,特别是购置车辆从事公路运输的个体运输户迅猛增加,到 1990 年全区运输车辆发展到 127260 辆;二是对建设市场的开放,标志是公路建设招投标制度的推广实行,公路勘察、设计、施工、监理单位的选择确定实行了市场化,为工程企业的发展提供了空间,也为公路基础设施的大规模建设提供了队伍保障。到"八五"末,全区公路总里程达到 44753 公里。

(2)党的十四大以后至党的十六大召开前的 10 年里,内蒙古交通运输按照建立社会主义市场经济体制的要求,着力深化改革、加快发展。在这期间,内蒙古制定了"九五"至 2010 年远景的"三横九纵十二出口"公路主骨架发展规划和"一个中心、两个体系、三个循环"的道路运输发展规划,勾画出内蒙古公路交通发展的宏伟蓝图;实现了公路建设由部门行为向政府行为的转变和由行业行为向社会行为的转变,极大地调动起全社会修路的积极性;打破了单纯"等、靠、要"的传统思维方式,实现了多渠道筹融资,形成了国家投资、地方筹资、政策引资、社会集资、银行贷款、民营企业投资、利用外资和农牧民投工投劳全方位投资交通建设的格局,使交通发展有了比较充足的资金来源;公路建设坚持一路多等、先通后畅,小油路、草原定线公路等满足了不同地区不同条件下运输的需要。全区公路建设高潮迭起,建设规模和速度极大提升。特别是 1998 年国家做出实施积极的财政政策、加快公路等基础设施建设、拉动国民经济增长的重大决策,2000 年以来国家实施西部大开发战略,为交通发展带来了千载难逢的历史机遇。自治区党委、政府及时采取措施,抢抓机遇,加大投入,掀起了加快交通发展的高潮。内蒙古交通行业进行了第三次市场开放,即对投资市场的开放,标志是国内外银行贷款的引入和 BOT 公路建设模式的试行,1997 年第一次成功引进世界银行贷款 8000 万美元,1998 年第一次利用民间资本建成了自治区第一条 BOT 公路——东胜至杨家坡二级公路,开启了内蒙古自治区多元化筹融资建设公路的发展模式。1991 年,110 国道包头东兴至东河桥段改建工程全面开工,1992 年建成通车,结束了自治区无一级公路的历史。1993 年,110 国道呼和浩特—集宁公路呼市段开工。全区第一条高速公路呼和浩特—包头线正式开工建设。2002 年实现了县县通沥青(水泥)路,2005 年建成了全区县际公路网。其间,最值得关注的大事是省际大通道的建设。该项目于 2002 年开工,2005 年 9 月 14 日建成。这是我国距离最长的一条省际大通道,东起呼伦贝尔市的阿荣旗,西至鄂尔多斯市的苏家河畔,全长 2515 公里,横贯内蒙古东西,穿沙漠、过草原、跨河湖、穿山岭,贯穿 9 个盟市 40 多个旗县,辐射地域面积 83 万平方公里,受益人口 1914 万人,总投资达 340 亿元。大通道的贯通,给通道沿线带来巨大的财富与商机,对内蒙古自治区的政治、经济、文化产生了极其重要的影响。

(3)党的十六大以后至党的十八大召开前的10年里,内蒙古交通运输深入贯彻落实科学发展观,积极探索科学发展之路。这一阶段总体要求是突出加快公路建设和运输发展这两个重点,做到"两个进一步",即围绕自治区"两个水平""两个高于""两个实现"的目标,进一步加快公路交通基础设施建设,进一步提高公路运输服务水平。"十一五"期间完成1200亿元建设投资,努力推进公路布局网络化、城镇际公路快速化、农村牧区公路等级化、公路运输服务化的"四化"进程,不断适应并适度超前于自治区经济社会全面协调持续发展的需要,基本满足人们不断提高和日益丰富的物质文化生活需要,实现人便于行、货畅其流。在这一期间,内蒙古交通行业进行了第四次市场开放,使融资方式实现新突破。2007年发行公路建设债券8亿元,2008年积极推进资源置换公路的新模式,资源整合、资源置换取得实质性进展,合同金额30亿元,开启了自治区多元化筹融资建设公路的发展模式。自治区政府出台《关于进一步加快公路建设的意见》,力争2009—2013年全区公路建设完成投资2200亿元。总体目标是全面加快干线公路网和农村牧区公路网两个网络建设。干线公路网突出加快高速公路网建设,加快通关出区和资源开发两个通道建设,尽快构建一个统筹规划、布局合理、设施完善、结构优化、管理现代、衔接顺畅的公路交通体系。其间,建成了具有标志性意义的"区内第一环"——呼和浩特市绕城高速,该项目是呼和浩特市城市规划路网中最主要的骨架道路之一,也是国家高速公路网在内蒙古境内规划的唯一一条城市环线,是自治区党委、政府实行公路建设管理权限下放以来,第一条由呼和浩特市人民政府组建项目法人建设管理的高速公路,使自治区道路网间的转换更加便捷,对呼和浩特区域道路网起到很大的优化作用。从2010年起,自治区提出以高速公路、一级公路打通与邻省市区中心城市公路出口,包括之前已建成的出区通道和后续增加的共规划了14个高速公路和16个一级公路出区通道,涉及12个盟市所在地,连通北京、天津等8个邻省(区、市)的中心城市,经努力,到2013年底,30条出区通道全部建成。

(4)党的十八大以来,面对外部环境制约、国家政策大变、发展平台失效等客观因素,内蒙古交通运输坚持稳中求进的工作总基调,主动适应经济发展新常态,积极应对各种困难和挑战,事业发展跃上了一个新台阶。5年来,内蒙古积极突破筹融资困境,鼓励和引导社会资本参与交通运输投资运营,大力推广社会资本与政府合作模式(PPP)。经自治区人民政府批准,成立了国有大型特许经营企业内蒙古公路交通投资发展有限公司,设立了总规模500亿元的公路交通基础设施产业基金。与央企和金融机构合作不断深化,引进社会资本,采取延期支付等模式,缓解了资金压力。交通运输固定资产投资和规模大幅增长,全区公路建设累计完成投资3694亿元,其中2016年创历史新高,完成了916亿元,是2012年的1.64倍,为自治区经济稳增长、扩内需做出了积极贡献。公路总里程达到19.8万公里,其中高速公路6320公里,较2012年通车里程增长104%,一级公路6682公里,农村公路里程达到15.7万公里,苏木乡通畅率达到100%,嘎查村通畅率达到96%。公路网密度达到16.74公里/百平方公里,较2012年增长21%,路网结构更趋于合理,公路里程全国排名上升至第9位。综合运输服务能力全面提升,营运客车高档化、舒适化和货运车辆大型化、专业化程度不断提高。5年累计完成营业性公路客运量、旅客周转量、货运量、货物周转量分别为5.64亿人、743.36亿人公里、56.96亿吨和10376.22亿吨公里。共计开通客运班线5413条,平均日发12048万次。"公交优先"战略扎实推进,城乡客运一体化发展迅速,全区嘎查村通班车率达到99.16%,人民群众出行由"走得了"向"走得好"升级发展。累计取消运营收费的政府还贷二级公路里程7589公里,占全区收费公路里程的37.7%,物流业降成本取得明显成效。甩挂运输、多式联运等先进运输组织方式全面推进,传统货运企业大力拓展营业范围,向提供全程化服务的现代综合物流企业转型。持续深入开展交通扶贫工作,坚持精准扶贫、精准脱贫,加快推进高速公路向贫困地区延伸,加大贫困地区干线公路提等升级改造力度,集中抓好贫困地区农村公路和客运站建设。5年交通扶贫累计完成投资1900亿元,占全区完成总投资的51%。新增通沥青水泥路嘎查村5995个,嘎查村通畅率比2012年提高51.4个百分点。新增通客车嘎查村127个,农村牧区通车率达到99%。实施公路安全生命防护工程5824公里,危桥改造519座。开展了集中连片特困地区的交通扶贫开发、38个省级领导联系贫困旗县交通扶贫开发及"三到村三到户"精准扶贫工作。交通运输市场体系、管理机制和法规体系全面完善,开创了全区交通运输快速发展的新局面。

(5)党的十九大以来,内蒙古交通运输深入贯彻落实习近平新时代中国特色社会主义思想,正在迈入高质量发展的新阶段。党的十九大是在全面建成小康社会决胜阶段、中国特色社会主义进入新时代的关键时期召开的一次十分重要的会议。内蒙古交通运输系统始终把学习宣传贯彻党的十九大精神作为首要政治任务,按照"十个深刻领会"和"六个聚焦"的要求,认真学习党的十九大提出的新论断、新理念、新任务、新举措,以习近平新时代中国特色社会主义思想为指导,坚决维护习近平总书记在党中央、全党的核心领袖地位,牢固树立"四个意识",坚定"四个自信",坚持稳中求进工作总基调,坚定不移地贯彻落实新发展理念,紧扣社会主要矛盾变化,按照高质量发展的要求,坚持以深化交通运输行业供给侧结构性改革为主线,统筹推进稳增长、促改革、调结构、惠民生、防风险各项工作,大力推进交通运输改革开放和创新融合发展,推动交通运输行业质量变革、效率变革、动力变革,打好防范化解重大风险、精准脱贫、污染防治三大攻坚战,不断满足人民日益增长的美好生活需要,凝心聚力开启交通运输发展新征程。今后5年,全区将基本形成安全、便捷、高效、绿色的公路、水路交通运输体系,实现基础设施衔接顺畅、运输服务便捷高效、科技信息化先进适用、资源环境集约绿色、安全保障措施完备、行业管理规范有序,为建设"交通强国"发挥内蒙古作用。

总结40年的发展实践,内蒙古交通人走出了一条"建设什么样的内蒙古交通、怎样建设内蒙古交通"的成功之路,积累了宝贵的成功经验:

一是必须坚持创新发展,把创新摆在交通运输发展的核心位置,以创新引领交通运输跨越式发展。

二是必须坚持协调发展,正确处理改革、发展、稳定的关系,不断增强交通运输发展整体性。

三是必须坚持绿色发展,推动形成绿色发展方式和生活方式,促进生态文明建设。

四是必须坚持开放发展,积极参与全球公共产品供给,发展更高层次的开放型行业。

五是必须坚持共享发展,不断增进民生福祉,使人民群众在交通运输发展中有更多获得感。

六是必须坚持廉政发展,坚持不懈加强党风廉政建设和反腐败斗争,为交通运输事业发展提供可靠保障。

回首40年发展历程，艰辛与自豪并行，艰巨与自信并存。党的十九大报告明确提出要建设"交通强国"，意味着交通人将在新时代开启建设交通强国新征程，这是党和人民赋予交通运输行业新使命。站在新的历史起点上，内蒙古将进一步完善交通运输基础设施网络，积极构筑承东启西、连通内外、覆盖城乡、舒适高效的现代化综合交通运输体系，为建设"交通强国"、推动自治区经济社会发展发挥强有力的支撑和保障作用。

二、交通运输基础设施建设

改革开放40年来，内蒙古交通运输基础设施建设取得了令人瞩目的成就，实现了跨越式发展，极大地改善了人们的出行方式，成为经济社会发展的重要支撑和保障条件。

(一) 高等级公路建设

党的十一届三中全会之后，公路建设步入了快速发展时期。内蒙古自治区交通运输厅根据国家总体路网规划和内蒙古自治区的经济发展及国防建设的需要，对全区公路按行政级别、技术等级进行了重新规划和调整，制定了《内蒙古自治区公路路网规划》。同时动员一切力量，利用国家的优惠政策，全面开展公路建设。截至2017年底，全区公路通车里程达19.9万公里，其中高速公路通车总里程达6320公里，12个盟市、60个旗县(市、区)通高速。由14条出区高速公路和16条出区一级公路组成的30条出区通道公路全部建成，满洲里、二连浩特、策克等主要口岸都实现了一级公路连通，形成了"南联北开、承东启西"的开放格局和"人便于行、货畅其流"的通行目标。

"八五"期间高速公路实现零的突破。在公路建设上遵循"普及与提高相结合，以提高为主"的指导思想，积极筹措建设资金，完善公路建设管理体制，强化质量意识，公路建设取得了可喜的成绩。1992年自治区研究决定投资建设呼和浩特至包头高速公路(一幅)，标志内蒙古自治区拉开了高速公路建设的序幕。

"九五"期间高速公路建设稳步推进，正式进入高速时代。1997年7月8日，呼和浩特至包头高速公路(一幅)通车试运行典礼仪式在呼和浩特市一间房互通举行，第一条高速公路正式建成通车，标志着自治区公路进入高速时代。自治区结合全国国道主干线规划，提出了具有里程碑意义的公路发展总体规划——到2010年建成"三横九纵十二出口"公路网布局。在此期间，共有3条高速公路开工建设，齐头并进，高速公路建设正当时。其中，G65包茂高速公路包头至东胜段、呼和浩特至包头(另一幅)分别于2002年、2001年建成通车，两条高速公路的顺利实施，为加快推进"呼包鄂"金三角融合发展提供了有力支撑。G6京藏高速公路集宁至呼和浩特段作为自治区第一条通往首都的高速公路，被草原儿女称为区门第一路，于2004建成通车，彻底疏解了国道110通行压力，也再一次拉近了草原儿女与首都的距离。

"十五"期间高速度、高标准发展。"十五"期间，自治区公路建设着重解决一个"通"字。在实施"三横九纵十二出口"公路主骨架布局规划的同时，积极打通与周边地区的出口通道，抢抓西部大开发机遇，以降低工程造价、提高公路工程质量为目标，全区高速公路建设取得翻天覆地的变化，公路保障能力显著提升。全区12个盟市政府所在地基本实现以高速公路、一级公路连通，通往北京、西安、银川、沈阳、承德等大中城市的重要出口公路以高速公路、一级公路打通。在此期间，全区10条高速公路齐通，通车里程达1001公里，一级公路达2139公路,二级以上公路达11500公里,是"九五"末的2.7倍,公路密度由"九五"末的5.69公里/百平方公里增加到6.68公里/百平方公里。

"十一五"期间乘势而上,再铸辉煌。G6京藏高速公路、G12珲乌高速公路、G65包茂高速公路内蒙古境内段落全部建成通车。一个以高速公路和一级公路为骨架、农村牧区公路为补充的公路网格局初步形成,盟市行署政府所在地与周边省区大城市正在以高速公路、一级公路连通,旗县政府所在地基本以高等级公路连通。5年全区高速公路由1001公里发展到2365公里,一级公路由2139公里发展到3387公里,高等级公路由1.15万公里发展到1.8万公里。随着生态文明理念不断深入人心,"十一五"期间,"绿色公路"理念首次融入自治区公路建设,以G10绥满高速公路内蒙古段、G1013锡张高速公路内蒙古段为试点,积极打造全区最美高速公路,最大限度地把高速公路与周边环境、景观融为一体,打造旅游、环保、生态等结合的多功能高速公路,做到了经济、社会、生态多赢。

"十二五"期间拓出口通道、扩高速网络。自治区以"8988"高速公路网规划为依据,以"综合交通、智慧交通、绿色交通、平安交通"发展为导向,把建设高速公路出区通道作为重点,交通运输发展又迈上了新台阶。截至2015年底,全区公路通车总里程达17.5万公里,较"十一五"末新增1.7万公里,公路网密度达到14.8公里/百平方公里,先后建成30条出区通道。在此期间,全区共有12条高速公路开工建设,高速公路新增里程1400公里,总计5016公里。其中G7京新高速韩家营至呼和浩特段是自治区目前唯一一条新建重载六车道高速公路,于2015年交工通车,是继G6京藏高速后又一条自治区进京通道。它的建设,有效缓解了G6京藏高速内蒙古境内的交通拥堵,进一步完善了自治区公路布局,提高了公路供给能力,加强了"呼包鄂"经济圈与周边地区的经贸往来,促进了自治区资源开发及经济和社会发展。"十二五"期间,自治区建成了第一条双向八车道高速公路,即G6京藏高速呼和浩特至包头段改(扩)建工程,该工程路线全长217.1公里,是首都北京通往西北的公路主动脉。呼包高速公路连接首府呼和浩特和包头两大中心城市,是自治区最主要的经济干线,也是准格尔、东胜、包头、呼市等地区的煤炭、石油、稀土等矿产资源外运的主要通道。呼包高速公路四车道改八车道,改善了国高网的快速通行能力,缓解了交通压力,对促进沿线地区的经济发展,带动周边城市的资源转换、开发都具有十分重要的意义。该项目2017年荣获内蒙古自治区"草原杯"工程质量奖、优质样板工程及公路建设行业优秀工程奖。

"十三五"以来,特别是党的十九大以来,以新理念引领高质量发展。全区计划新增高速公路5000公里,高速公路通车里程突破10000公里大关,原国家高速公路网全部建成,到2020年,自治区内通外畅、便捷高效的高速公路网络基本形成。其中2016年全区公路建设完成投资创历史新高,完成916亿元,是2012年完成投资559亿元的1.64倍,为自治区经济稳增长、扩内需做出了积极贡献。截至2017年底,全区12个盟市全部实现高速公路与周边省区中心城市相连通。自治区东西部通道全部按照高速公路或一级公路标准建成。自治区与邻省市区大城市高速公路出口共建设14个,里程2467公里,涉及全区12个盟市所在地,连通了北京、天津等8个邻省市区的大城市。在14个出区高速公路通道基础上,又建设了16个出区一级公路通道,总里程1752公里,对接了东北三省及河北、陕西、宁夏等6个邻省区及蒙古、俄罗斯等邻国。其中G7京新高速公路临河至白疙瘩段931公里于2017年提前半年建成通车,京新高速公路是亚洲投资最大的单体公路建设项目、"一带一路"标志性工程,也是世界上穿越沙漠最长的高速公路,全线穿越中国四大沙漠之一的巴丹吉林沙漠,多次经过无人区,施工环境异常恶劣,是继青藏铁路后又一具有典型艰苦地域特点的代表性工程,是中国公路人建设的骄傲。下一步,自治区将持续加快国家高速公路网建设,大力提升国省干线公路道路服务水平,实现国家规划的高速公路正线全部建成通车,盟市所在地与首府、自治区与周边省区大城市全部以高速公路连通,旗县市区全部通一级公路。

(二)农村公路建设

内蒙古自治区是传统的牧业聚居地,也是我国重要的农粮产区,发展农村牧区公路是推动农村牧区文明演变、加快实现农牧业现代化的必然要求、重要前提和基础条件。

1978年改革开放初期,自治区农村牧区公路建设从投工投劳、以工代赈开始逐步起步。受地域面积大、基础底子薄、经济条件差等因素的制约,农村牧区公路建设投入很少,主要以群众大会战的形式进行建设,到1995年,共完成投资2亿多元,建成县乡公路2.3万多公里,多为土路或砂石路,缺桥少涵,晴通雨阻。

经过40年的不懈努力,特别是近几年的加速发展,全区农村牧区公路取得了比较显著的成绩,广大农村牧区从无路可走、有路难走,逐步发展到通达通畅。截至2017年底,全区农村公路总里程已达到15.9万公里,其中县道3.9万公里、乡道4万公里、村道8.1万公里。乡镇通达率、通畅率达100%,建制村通达率达100%,具备条件的嘎查村全部实现通硬化路。一个以县道为骨架、以乡道为连接、以村道为脉络的纵横交织、遍及乡村的农村公路网络基本形成,不仅提升了农牧民群众的获得感和幸福感,更成为拉动地方经济发展的有力支撑。

"九五"期间,在国家扶贫政策的大力支持下,自治区交通实施"两个转变"政策,依靠群众投工投劳、以工代赈,进一步加快了农村牧区公路建设,"九五"期间完成投资43亿多元,新改建农村牧区公路3万多公里。并创造性地实施了"草原定线路"、"3.5米小油路"等符合自治区区情的实用建设标准。经过这一时期的建设,全区农村牧区公路交通落后的面貌逐步得到了改善。

"十五"期间,按照交通部提出的"修好农村路,服务城镇化,让农民兄弟走上沥青路和水泥路"的发展要求,自治区把农村公路建设作为三大重点工程之一,坚持以服务"三农"为出发点和落脚点,立足区情实际,按照"实事求是、因地制宜、分类指导、区别对待"的指导思想,进一步深化两个转变,加大对农村牧区公路建设的投资补贴力度,创造性地建设造价低适用性强、具有地方特色的小油(水泥)路。5年间,包括旗县通油路、县际公路通达工程和各地自筹资金建设的乡村公路在内,全区累计完成农村牧区公路建设投资117亿元,新改建县乡公路4.96万公里,新增338个乡(镇、苏木)通油路,2977个行政村(嘎查)通公路。全区乡(镇、苏木)通油路率达到73%,行政村(嘎查)通公路率达到91.5%,分别比九五末提高36%和8.7%。农村牧区公路的快速发展,极大地促进了农村牧区经济社会发展,改善了农牧民群众的生产生活条件。

"十一五"期间,自治区农村牧区公路交通建设整体推进速度始终保持了加快发展的态势。5年间共完成农村牧区公路交通建设总投资409亿元。新(改)建农村牧区公路8.37万公里,其中通乡镇(苏木)沥青(水泥)路1.6万公里,通行政村(嘎查)公路5.6万公里,其他农村公路1.1万公里。建成乡镇(苏木)农村客运站490个,完成投资2亿元。农村渡口改桥65

座9617延米,完成投资3.9亿元。农村牧区公路养护体制改革工作全面完成。到2010年底,全区农村牧区公路总里程已达到13.2公里,乡镇(苏木)公路通畅率为99.7%,行政村(嘎查)公路通达率为100%。农村牧区公路交通的快速发展,对农村牧区面貌的改变、农牧民的增收、农牧业的增效发挥出了积极的促进作用。农村牧区公路发展已经成为全区经济社会发展的亮点、成为新农村新牧区建设的亮点、成为交通运输发展的亮点,被广大人民群众誉为民心工程、德政工程。

"十二五"期间,嘎查村(场)街巷硬化工程助推"生产发展、生活宽裕、乡风文明、村容整洁、管理民主"的社会主义新农村新牧区变成现实。全区完成硬化2701个嘎查村(场),街巷建设规模7820公里。全区农村牧区公路建设规模达50789公里,通油路的行政村个数为5370个。5年间,农村公路总里程在增加,路的结构也在变化和改善,沥青混凝土、水泥混凝土高级铺装和其他简易铺装路面的农村公路里程占比也越来越高。越来越多的农牧民再不用愁"晴天一身灰、雨天一身泥",越来越多的农业机械通过坚实的农村公路涌进乡村,开始了农业现代化的进程。

进入"十三五",特别是党的十九大以来,自治区深入贯彻落实习近平总书记关于"四好农村路"的系列指示批示精神,按照"建管护运一个不能少、畅安舒美一个不能缺"的发展思路,制订了"四好农村路"建设实施方案、建设标准、创建目标、考评办法,以及推进乡村公路管理养护体制改革指导意见、标志标牌配置方案等一系列规章制度,达拉特旗、喀喇沁旗、开鲁县被部评为"四好农村路"全国示范县,农村公路发展进入了新时代。

一是"建好"迈上新台阶。始终坚持以瞄准通村路、建设扶贫路、衔接联网路、疏通旅游路、拓宽小油路和连通林区路等为建设重点,农村牧区公路通畅水平快速提升。近5年,全区累计完成建设投资715亿元,新(改)建农村公路7.3万公里,新增通沥青水泥路嘎查村5996个。截至2017年底,全区农村公路总里程达到15.9万公里,全区具备条件的嘎查村全部通沥青水泥路,提前3年完成自治区"十三五"规划目标。群众出行和农产品外运更加便捷,习近平总书记关于"四好农村路"的指示精神正在自治区不断转化为农村公路富民安邦的生动实践。

二是"管好"实现新突破。按照分级管理原则,不断完善政策措施,落实主体责任,行业管理有效规范。深化管养体制改革,"十三五"以来,重点推动乡村级公路向乡村的移交,主体责任进一步落实,乡村两级管理机构进一步建立健全。截至2017年底,乡村公路移交里程达到63815公里,乡村两级设置养护机构达到近2500个,乡村管养人员达到7900多人,打开了农村公路管养长效机制的通道。加强质量管理,村村通建设工程实施之初,自治区就首先制定了《嘎查村通沥青水泥路管理办法》等规章,落实旗县政府主体责任和自治区、盟市、旗县三级交通运输主管部门的监管职责,强化对项目全过程的督导检查。积极推动"四长"负责制,按照一把手负总责的原则,落实以旗县长为总路长,交通运输局长为县道路长、苏木乡长为乡道路长、嘎查村主任为村道路长的行政一把手负责制,并加大考核力度,许多乡村都制订了乡规民约、村规民约,促进了群众和社会从"政府部门的路""交通部门的路"到"咱乡的路""咱村的路"的观念转变。

三是"护好"打开新局面。按照"有路必养、养必到位"的要求,全面推动农村公路由"建设优先"向"建养并重"、由"部门统管"向"政府主导"的转变,逐年加大养护资金投入力度,全面推动危桥改造、生命安全防护工程和指路标志标牌配置等重点工作。近5年,全区累计投入农村牧区公路专项养护资金23.8亿元,改造危桥885座,实施生命安全防护工程9021公里,增设标志标牌16378块。在全区所有县道和重点乡道实现专业人员常年养护的基础上,一般乡道和村道分别采取乡村集中养护、承包到户、政府购买服务等形式,逐步加强日常养护工作,优良中等以上里程占比达到75%,"以县为主、分级负责、群众参与"的养护格局初步形成。

四是"运营好"取得新进展。近年来,随着农村公路不断向偏远地区延伸,客运发展采取"建成一条,运营一条"的跟进措施,使农村公路客运步入了"建设引领客运,客运紧追建设"的快速发展周期。近5年,全区新建农村牧区客运站16个,形成了以县城为中心、乡镇为节点、建制村为网点的四通八达的农村客运网络。截至2017年底,全区苏木乡和嘎查村通客车率分别达到100%和99.37%。自治区交通运输厅、商务厅、农牧业厅、邮政管理局、供销合作社联合出台《关于推进交邮合作促进农村物流健康发展的实施意见》,各地交通运输、供销、邮政等部门通力合作,推进整合农村牧区物流资源、搭建物流信息平台,加快县乡村三级农村牧区物流服务体系建设步伐,广大农村牧民"出门水泥路,抬脚上客车"的梦想正在加快实现。

(三)国边防公路建设

内蒙古自治区地处祖国北疆,全区12个盟市中有7个分别与蒙古国和俄罗斯接壤,边境线东起呼伦贝尔市恩和哈达镇,西至阿拉善盟鄂勒斯特浑迪音额山,长达4200余公里。边防公路作为国边防建设的重要组成部分,在自治区公路建设中一直处于特殊地位。

40年来,内蒙古交通系统不断加强边防公路建设和交通战备工作,国防交通保障能力进一步提高。先后建成航天路、神州路、朱日和基地公路等,在7个盟市组建了11个边防公路机械化养护队,是全国9个陆地边境省市唯一组建专职边防公路养护单位并保留至今的省区。截至2017年底,内蒙古军区所辖边防团全部通油路,85%的边防一线连队通了公路,77%的空军雷达站通沥青水泥路。12个盟市、96个旗县(区)交通战备组织机构建设全部完成,交通战备工作逐步走上了正规化、规范化轨道。成功完成神舟系列飞船回收、部队"跨越2009洮南·青铜峡"实兵对抗演习、庆祝中国人民解放军90周年阅兵等重大交通保障任务。全区交通战备系统先后有60个单位、143名个人受到上级表彰。

(四)公路运输场站建设

改革开放以来,内蒙古自治区国家运输枢纽、区域枢纽、客货站场、口岸站场、农村客货场站建设齐头并进,逐步建成了一个以综合枢纽站场为龙头、等级站场为骨干、农村站场为基础的现代化道路运输基础设施网络,全区道路运输站场得到极大改善,设施等级不断提升,运输能力显著提高。

改革开放初期,全区仅有汽车站92个,大部分汽车站站房及候车室狭小,内部设施比较简单。1988年自治区人民政府批准开征客运附加费,用于汽车站场的建设和升级改造,极大促进了汽车站场的建设进程。到1990年,全区汽车客运站数量发展到147个。

"九五"期间,全区汽车客运站按照公用型汽车客运站的要求进行建设管理,凡是由公路客运附加费为主投资建设的客运站由管理单位按公用型汽车客运站模式组建独立经济实体经营。客运站的建设逐步实现设备设施自动化、组织管理的科学化。计算机在客运站的生产调度、售票、检票、结算、问询服务及其内部管理中的应用得到普及。到2000年底,全区汽车客运站数量发展到189个,货运站场数量发展到6个。

"十五"期间,全区交通系统努力克服资金短缺的困难,借鉴公路建设"两个转变"的成功经验,多方筹集资金,鼓励社会资金投资站场建设,实现了投资主体的多元化。全区累计筹集各类资金69424万元投入站场建设,较"九五"时期投资增加57624万元,其中88.97%由社会力量投资建设。新建、改建、迁建和扩建客运站183个,建成了包头北方物流园区、巴盟陕坝物流园区以及通辽物流园区等一批货运站、物流园区。到2005年底,全区汽车客运站发展到334个,货运站发展到40个。盟市所在地的汽车客运站基本达到一级站标准,67%的旗县所在地汽车站达到二级站标准,14.5%的乡镇建有等级站,遍布全区的客货运输站场网络基本形成。

"十一五"期间,自治区继续加大运输场站投资规模,深入开展运输场站提升改造工程,全区站场面貌大为改观,遍布全区的客货运输站场网络构架基本形成。"十一五"时期,全区累计筹集各类社会资金28亿元投入站场建设,约为"十五"期间投资的4倍。到2010年底,全区汽车客运站(含简易站)数量达到2036个,是"十五"的6倍,其中等级站663个,是"十五"的2.9倍。全区86%的乡镇建有等级站,较"十五"末提高63个百分点。"十一五"末,全区货运站数量达到58个,较"十五"末增长45%。

党的十八大以来,国家公路枢纽的投资补助限定被打破,自治区紧紧围绕"构建畅通安全高效的现代综合交通运输体系""加快形成西部综合交通枢纽"的总体目标,以建设9个国家公路运输枢纽为契机,进一步推动区域性公路客运枢纽布局规划和建设,初步形成与城镇布局相协调、方便百姓安全便捷出行的公路枢纽站场系统。同时坚持"路、站、运"一体化发展,实行农村客运站点与农村公路"同步规划、同步设计、同步建设、同步验收",有效推进了乡镇等级客运站建设。优化公路货运枢纽站场布局,推动公路货运枢纽站场与港口物流园区、空港物流园区、铁路集装箱站场统一规划建设,促进与产业园区、商贸市场、国际口岸的有效对接,形成了层次分明、互动有序的综合运输节点格局。"十二五"期全区公路运输站场建设累计完成投资28亿元。截至2015年底,全区建成等级客运站678个,简易站和招呼站1267个,等级货运站82个。12个盟市政府所在地及二连浩特、满洲里口岸均建有一级客运站,全区91.3%的旗县拥有二级及以上客运站,74.4%的乡镇拥有乡镇客运站。

"十三五"以来,特别是党的十九大以来,自治区全面贯彻落实新发展理念,积极谋划和完善综合运输枢纽网络布局,推动区域性公路客运场站的建设和改造,配套推进城市公交场站建设,实现了不同运输方式之间的顺畅转换。同时加快具有多式联运功能的物流园区、货运集散地、国际货运中心的建设,强化基础设施协调建设、枢纽衔接和集疏运配套,着力提高一体化服务水平和集散效率。实行项目储备制度,形成了"建成一批,续建一批,新开工一批,储备一批"的良性循环局面。截至2017年底,全区共建成等级客运站704个,其中,一级站24个,二级站75个,三级站31个,四级站574个。建成客运简易站和招呼站1744个,货运站场和物流园区87个。客运站基本达到功能齐全、服务配套、设施完备,信息化水平稳步提高,实现了全区96个二级及以上汽车客运站和13个三级客运站的网上售票、电话售票,极大方便了公众出行。未来,自治区将持续加快综合运输枢纽建设,努力构建运营规范、服务高效的综合运输枢纽体系。

(五)水运基础设施及航道建设

内蒙古自治区属非水网地区,通航期年平均为5个月。全区水域面积约为1647万公顷,河流总长度6546公里,重点河流水域主要是额尔古纳河界河949公里、黄河内蒙古段846公里,分布着乌梁素海、哈素海、岱海、居延海、达赉湖、达里湖等大小湖泊1000多个。

改革开放初期,自治区水路运输行业十分落后,基础设施数量少、质量差、等级低、布局偏,尤其是内河航道等级普遍较低、质量较差、缺乏维护。经过20世纪80年代恢复性治理,自20世纪90年代步入了以提高等级航道为主的新时期,先后完成了额尔古纳河、嫩江的航道建设规划和航道定级,黄河万家寨库区、呼伦贝尔市嫩江尼尔基库区、巴彦淖尔市乌梁素海等航运工程顺利完工,呼伦湖海事工作船码头、中俄界河额尔古纳国际边境河安全监管系统、拖轮建造项目支持保障系统相继实施,为水运事业的发展奠定了基础。党的十八大后,内蒙古水运基础设施及航道建设进入了稳定发展时期。到2017年底,全区共有内河航道2516.5公里,航道通航里程2402.8公里,拥有船舶790艘,总吨位3.3万吨,渡口27道,浮桥12座、码头68个。

三、道路运输服务

改革开放40年,自治区道路运输发展和基础设施建设形成相辅相成、互相促进的互动关系,取得了巨大成就,其发展惠及了每一个老百姓。

(一)客运服务

1.公路客运

改革开放前,我国道路客运以国有运输企业为主,市场没有放开,运力严重短缺。1978年,全区营业性客运量仅为1669万人,旅客周转量9.4亿人公里,班车路线仅有42条。改革开放后,公路客运生产力获得巨大的解放。40年来,全区旅客运输服务不断取得新进步,运输装备水平不断提升,高级化、专业化趋势明显,运输组织化程度不断提高,客运量稳步提高,在综合运输体系中已经占据主导地位。2017年,全年营业性客运总量达9421万人,旅客周转量142.7亿人公里,分别约是40年前的6倍和15倍。旅客周转量在综合运输体系中的占比由1978年的29.6%发展到2017年的39.3%,旅客平均运距从56公里增至151公里。

1983年,交通部提出"有路大家走车、有河大家走船"的口号,打破所有制限制,开放交通运输市场。公路客运部门适应运输市场新形势,积极开辟省际联营线路。农村客运逐步形成以旗县为中心,向乡镇及部分建制村辐射的班车客运网络,农村牧区群众乘车难的问题逐步得到缓解。

"九五"期间,全区将客运发展的中心转移到"车型结构调整"上来。1997年,包头市运输公司首次投放了高级大客车,全区运力结构逐步得到优化,运力布局逐渐趋向合理。中型企业向股份制或股份有限公司转化,小型企业向民营转化。截至2000年底,全区班线和旅游客运车辆达到7847辆,是"八五"末的3.3倍,共开通各类客运班线3727条,比"八五"末增加1700余条,乡镇班车通达率达到100%。

"十五"期间,随着公路基础设施的快速发展,道路客运也得到迅猛发展。自治区根据实际,提出"以通为重点,开线织网,繁荣运输市场"的发展思路。以国省道重点线路为基础,加快出区线路的开辟,提高区外通达深度和广度。在区内重点加强连线织网,实现区内循环。把解决"三农"问题作为工作中的重中之重,积极鼓励"车头向下,车头向外"。推动"首府到盟市班车豪华化,盟市到旗县班车高档化",车型结构和车辆技术状况逐步得到改善。

"十一五"期间,道路客运继续平稳快速发展,按照"优化运力结构、整合线路、合理设置班次"的思路,推行客运班线和运力发展年度计划。截至2010年底,全区开通客运线路5566条,比"十五"末增长9.1%。客运班线通达蒙古国、俄罗斯和国内18个省市区,最长运距达2800多公里。按照"多予、少取、放活"的原则,大力组织实施农村牧区客车通畅工程,提高农村牧区客运班车的通达密度和服务质量,城乡客运一体化步伐明显加快。截至2010年底,全区共有农村客运班线3185条,平均日发班次6716班,农村客运车辆4743辆,嘎查村通车率达到85.2%。

"十二五"期间,坚持惠民发展,加大城乡统筹力度,推进运输公共服务均等化。整合中长途客运班线,减收定线班车通行费,试点开展接驳运输,积极发展旅游运输,打造"巴运情""草原情"等快客品牌。省际客运班线扩展至24个省市区,最远延伸至福建省。公路客运车辆和客位数在2013年达到历史峰值,分别为12880辆和42.6万客位。因地制宜发展农村客运,积极培育以城乡一体化为主体的赤峰经验,推动城乡班线和农村客运的公交化改造,初步实现了城乡客运基本公共服务均等化。全区行政村通客车率达98.3%,比"十一五"末提升了13.1个百分点。5年来累计完成营业性公路客运量5.64亿人、客运周转量743.36亿人公里,人民群众出行由"走得了"向"走得好"升级发展。

"十三五"以来,特别是党的十九大以来,铁路、民航迅速崛起,公路客运大幅下滑,面对险峻的内外部环境,全区持续推进道路客运转型升级,改革客运线路资源配置及运力投放,积极引导道路运输企业通过重组、兼并等形式提高规模化、集约化程度。大力实施"全域旅游、四季旅游"发展战略,推动过剩班线运力转向旅游运输,逐步形成以呼和浩特市、呼伦贝尔市、鄂尔多斯市为中心,辐射重要旅游景区,连接一般性景点的"旅游+客运"发展新格局。到2017年底,旅游包车数量达2569辆,较"十二五"末增长16.7%。全区农村客运网络化发展进程加快,农村牧区客运车辆的通达密度和服务质量不断提升,嘎查村通班车率达到99.4%。城乡客运一体化发展取得明显进步,赤峰市、鄂尔多斯市、乌海市等农村客运公交化改造进程加快,为全区统筹推进新型城镇化和新农村建设提供先行示范。今后一个时期,自治区将以推进旅客联程运输发展为突破口,逐步建立一体化的城乡客运服务网络,更好满足公众出行需求。

2.城市公交

改革开放的40年,是内蒙古城市公共交通大调整、大改革、大重组和大发展的40年。

2008年国务院机构改革后,自治区公交由原归属交通、城建等不同部门管理的方式转变为全部由交通运输部门管理。自治区、盟市、旗县均设置了公交管理机构和职能部门,履行公交管理职责。截至2010年底,全区所有地级市全部开通城市公交营运线路,共拥有公共汽电车运营车辆7769辆,公共交通运营线路931条,总长度24572公里,年运营总里程达68446万公里,年运送乘客约10.0亿人次。

党的十八大以来,全区深入推进城市公交优先发展。2013年,内蒙古自治区人民政府印发关于城市优先发展公共交通的意见,从保障公交的基础设施和路权"两个优先"入手,深入推进呼和浩特市国家公交都市示范工程,落实公交车免征车购税政策,新型公交网络初见规模。截至2015年底,全区公共汽电车运营车辆、运营线路、年均客运量均较"十一五"末增长20%左右。建成公交专用车道152公里,是"十一五"末的5倍,500米站点覆盖率达到84.7%。

"十三五"以来,特别是党的十九大以来,全区紧紧围绕"基本确立城市公交在城市交通中的主体地位"目标,紧密呼应国家公交优先发展战略,积极探索"行业公益性、运作市场化"的发展新路。建成了一批具有一定规模的公共交通基础设施,城市公共交通整体服务能力与保障水平得到全面提升,发展成果显著。截至2017年底,全区拥有公共汽电车运营车辆11644辆,公共汽电车运营线路1251条,运营线路总长度30715万公里,设置公交专用道305公里,年运送乘客约12.8亿人次。公交车辆更新速度加快,高等级车辆逐步投放,车辆排放标准不断提高,整体技术装备水平得到明显改善。截至2017年底,全区87.7%的公交车辆达到国Ⅲ及以上标准;安装空调的公共汽电车车辆占比由2010年的8.9%上升至21.3%;新能源车辆从2015年的零起点迅速增至2424辆,占全部公交车的比例已经超过五分之一。IC卡结算技术、卫星定位服务技术、智能化调度等先进技术和科技创新成果在城市公共交通领域得到应用。截至2017年底,全区70%的公共汽电车运营车辆安装车载卫星定位终端,IC卡累计售卡量达411.3万张,分别较2010年增长约6倍和5倍。呼和浩特市开发推广了"掌上青城"手机应用,实现了全市100余条公交线路、3000多个站点的信息查询。

3. 出租汽车

改革开放初期,全区只有呼和浩特、包头等大中城市拥有少量出租汽车,20世纪90年代出租汽车逐渐开始进入普通百姓的生活。

"九五"期间,呼和浩特、包头、赤峰、海拉尔等一批出租汽车客运发展较早的城市,率先提出了"限制车型,提高档次",新型高档次年辆的投入加大了出租汽车客运市场的竞争力。主要车型集中在夏利、桑塔纳、富康等几大品牌,同时也投入了部分红旗、奥迪、皇冠等高档次车辆,出租汽车客运行业"高、中、低相结合,大众性为主"车型结构基本形成。1997年,自治区出租汽车客运行业开始迅速发展并形成规模,尤其是社会各行各业普遍实行"减员增效",一批具有驾驶经验、经营观念的"分流人员"为出租汽车客运行业提供了充足的人力资源。出租汽车客运成为社会投资热点,出租公司、联合体、个体经营业户纷纷申请从事出租汽车客运。乌海、集宁等地在短短的3个多月,出租汽车从几十台迅速增长到近千台。截至2000年底,全区共有出租汽车35242辆,5年间年均增长44.8%,其中仅1999年就增加17015辆。

"十五"期间,多地出租车开始实行总量控制。2004年,国务院办公厅下发《关于进一步规范出租汽车行业管理有关问题的通知》,各地逐步理顺管理体制,建立长效机制,规范出租车行业管理。通过整治,有效遏制了非法营运车辆的发展,保持了市场的稳定。截至2005年底,全区客运出租汽车总量为39961辆。呼和浩特市、包头市大批量更新旧夏利车,代之以1.6升排量以上轿车。全区1.6升排量以上的出租车有12526辆,占总数的30%。

"十一五"期间,交通运输管理部门不断促进行业体制、机制改革和模式创新,完善出租汽车企业运营机制,推广GPS卫星定位安全管理服务系统,全区出租汽车呈平稳上升趋势,服务品牌和管理理念不断深化,较好地满足了人民群众的出行需要。2009年,为促进城乡道路客运健康发展,保障国家成品油价格和税费改革顺利实施,财政部、交通运输部印发《城乡道路客运成品油价格补助专项资金管理暂行办法》,对出租汽车经营者给予临时油价补贴。截至2010年底,全区出租汽车发展到52965辆,年载客车次总数达5.8亿车次,年运送客运量11.4亿人次,1.6升排量以上的高档出租汽车已占车辆总数的39%。

"十二五"期间,全区规范稳定发展出租汽车行业,建立了厅际联席会议制度、出租汽车运价与成品油价格联动机制、矛盾隐患排查和化解工作机制,持续开展创建和谐劳动关系、打击"黑车"等非法营运、规范驾驶人从业资格、服务质量信誉考核等活动,呼和浩特市、乌海市等多次成功投放出租汽车,有效缓解了"打的难""服务差"状况。出租汽车车型品牌档次不断提高,整体技术装备水平得到明显改善。截至2015年底,全区出租汽车发展到67035辆,年载客车次总数达8.3亿车次,年运送客运量14.7亿人次,分别较"十一五"末增长了23.3%、43.1%和16.3%。全区99.0%的旗县区拥有出租客运,出租汽车成为城市流动的一道亮丽风景线。

"十三五"以来,网约车新业态登上历史舞台,传统巡游车的垄断地位被打破,为出租汽车全面深化改革奠定了基础。2016年,按照国家部署,自治区着手推动出租汽车改革。2017年,出台了《关于深化改革推进出租汽车行业健康发展的实施意见》,明确了出租汽车发展定位。随后建立了巡游车运价灵活调整与成品油价格联动机制,一定程度上提高了出租汽车驾驶人收入。同时,针对滴滴等网约车运营安全问题,交通、公安、网信等多部门组织开展联合执法,有效遏制了恶性事件蔓延势头,打击了非法营运活动,保障了行业健康发展。截至2017年底,全区拥有出租汽车67825辆,年载客车次总数达8.9亿车次,年运送客运量16.1亿人次,分别较"十二五"末增长了3.8%、7.2%和9.5%。出租汽车行业保持了可持续发展态势,在完善城市功能、方便群众出行、扩大社会就业等方面发挥了重要作用。

(二)货运服务

改革开放初期,道路运输市场开放的步伐不够大,道路货运主要由交通专业运输企业承担,行业发展缓慢,全区年货运总量不到5000万吨,货运周转量不到10亿吨公里。随着交通部做出放开道路运输市场的决策,极大地激发了社会各界从事道路运输的积极性,自治区道路货物运输从过去以原材料为主、批量大、品种单一的货源结构,逐步转向货类多、批量小、价值高的货源结构,道路货物运输的优势得以充分发挥,完成运输量逐年增高,在综合运输体系中的基础性地位日益突出。

到20世纪末期,全区共有载货汽车68206辆,总吨位338051吨。进入新世纪后,随着自治区经济的迅速发展,道路货物运输适应新形势的要求不断加快发展。货物运输运力短缺的矛盾得到有效缓解,鄂尔多斯的煤炭、呼伦贝尔的木材、锡林郭勒的石油、阿拉善的化工原料、通辽的粮食源源不断地运往区内外,为实现自治区物资的有序流通、促进国民经济发展发挥了重要作用。

"十五"期间,运输能力得到迅速发展。自治区提出以提高运输效率、降低能耗和实现货物运输厢式化的道路货运发展目标,在政策导向上,先后制定了《关于加快推进交通产业发展的意见》等规范性文件;在规费征收上,对新增车辆实行3年减半征收养路费政策,吸引了社会力量对道路运输业的投入，自治区营运货车增速加快。依托鄂尔多斯的煤炭、呼包两市的工业产品、其他盟市的农副产品及化工原料等资源，兴起了多支专业或半专业货运车队。在呼包等大中城市，城市快速货运迅速崛起，部分城市的物流业已初具规模，货运业向更高水平货畅其流的目标迈进。"十五"期间，全区道路运输累计完成货运量 20.5 亿吨，货物周转量 1286 亿吨公里，分别是上个 5 年的 1.3 倍和 1.4 倍。

"十一五"时期，自治区道路货运市场经历了国际金融危机的考验，化解了燃油税费改革的不适，度过了京藏高速公路和 110 国道的拥堵，始终保持快速增长势头。截至 2010 年底，全区共有道路货物运输经营业户 19.7 万户，较"十五"末增长了 51.5%，年平均递增 8.7%。全区载货汽车拥有量为 28.1 万辆，218.9 万个吨位，较"十五"末分别增长 55.2%和 55.0%，年平均递增量均为 9.2%。道路货物运输经营规模化、集约化发展初见成效。2010 年道路货物运输业户中车辆数在 100 辆以上的 241 户，较"十五"末提高了 34.9%。

"十二五"期间，货运业积极向现代物流方向转型发展，国家、自治区以及各物流企业对物流建设投入不断加大，物流发展规模有序扩大。全区建成投资亿元以上物流园区 54 个，年营业额 270 亿元。物流主体更具市场活力，通过改造、整合等方式，不同经营模式的物流企业共同发展。物流市场进一步细分，社会化、专业化程度明显提高，更加符合现代社会集中生产、分散消费的发展趋势。全区初步形成了东部以赤峰、通辽，中西部以呼和浩特、包头、巴彦淖尔等地区为中心的交通物流体系。

"十三五"以来，特别是党的十九大以来，围绕习近平总书记关于"推进供给侧结构性改革，促进物流业降本增效，交通运输大有可为"的指示，全区从提升组织效率和降低成本方面发力，通过落实重点车辆通行费减免、取消政府还贷二级公路收费、清理行政性收费等政策措施，切实降低运输成本，推动道路运输发展。截至 2017 年底，从事道路货物运输的业户发展到 20.0 万户，其中道路货物运输企业 7456 户。当年完成公路货运量 14.7 亿吨、货物周转量 2764.5 亿吨公里，分别较改革开放初期增加了 33 倍和 287 倍。货物周转量在综合运输体系中的占比由 1978 年的 4.3%发展到 2017 年的 53.1%，货物平均运距从 22 公里增至 188 公里。公路运输完成产值在第三产业占比约为 14%，在 GDP 的占比约为 5%，有效拉动了消费增长，为保障自治区经济社会发展做出了积极贡献。今后一个时期，自治区将持续推进传统货运业转型升级，大力发展先进运输生产方式，更好发挥交通运输在物流业发展中的基础和主体作用。

（三）运输装备

运输工具的发展真实反映运力的状况，改革开放以来，自治区公路运输装备在数量和品质上均有了较大发展，为保障运输提供了基础条件。

改革开放初期，全区民用汽车仅为 36696 辆，其中货车 29027 辆、客车 7669 辆。经过"八五"的发展，到 1995 年，全区载客汽车达到 9981 辆，其中集体、个体等社会车辆达到 6114 辆，占全部客车的 61%。客运市场运力不足的基本矛盾得到了解决，群众出行"有车可乘"的目标基本实现。全区载货汽车达到 68206 辆，共计 33.8 万吨位。但运力发展中还存在一些问题，车辆老旧、车型档次低、舒适性差、局部运力过剩等成为严重制约全区客运发展的因素；营运货车的车型结构"缺重少轻"，主要以中型载重吨位的解放 CA141 型和东风 EQ140 型载货汽车为主,专用货车、大吨位载重货车、轻型货车数量很少,还不能满足运输需求。

"九五"之初,将客运车辆发展的中心转移到"车型结构调整"上来。长途客运的车型结构调整较为困难,多数企业认为内蒙古地区经济发展相对落后,路况较发达省市较差,投放高档次车辆的市场前景普遍不被看好。除此之外,大部分专业运输企业刚刚经历了市场转型的冲击,投资潜力不足问题也成为车型调整的巨大阻力。1997年,自治区第一条高速公路——呼包高速公路(一幅)建成通车,给道路客运创造了发展条件和尝试机会,包头市运输总公司首次购进2辆凯斯鲍尔高级大客车,投放到呼包高速公路,实行快速直达的经营方式,单车日发2班,全线开通4个班次。这一尝试也成为全自治区道路客运史上的一次标志性调整,结束了自治区无高档客车的历史。高档客车投入后,短短一个月,其经济效益、社会效益都得到了明显提高。2辆客车日均客运量382人次,平均实载率95.5%,一时出现了众多旅客不惜等待,竞相乘坐高档客车的情景,在全区交通运输行业引起了高度关注。截至2000年底,全区班线客运车辆达7842辆、179759客位。"九五"期间,全区载货汽车无论从数量上还是质量上都有了大幅度的提高,迅速缓解了运力紧张的矛盾。其中以社会车辆增长最为迅猛,个体私营经济在货运市场中所占比例越来越大。截至2000年底,全区载货汽车达到11.2万辆,其中私营及个体经营者拥有7.3万辆。营运货车的车型结构有了明显改善,初步形成了大、中、小配套,专用车型、普通车型齐全的格局。

"十五"期间,按照"首府到盟市班车豪华化,盟市到旗县班车高档化"的要求,车型结构和车辆技术状况逐步得到改善。以呼包线客运班车更新为标志,拉开了自治区营运客车更新换代的序幕。高档客车发展到1510辆,占总数的16.2%,较2000年增长14.9个百分点,初步形成高、中、普齐全,大、中、小配套的客车车型结构格局,基本能满足不同层次旅客的需求。以中高档客车为主要车型的京呼线、呼包线、呼锡线快速客车在运输市场激烈的竞争中抢得先机,并出现了顺达高速客运公司等专营快速客运的企业。实现了600公里以上长距离线路"朝发夕至""夕发朝至",300公里线路当日往返,道路客运的竞争力有了明显提高。营运货车车型结构调整也取得了突破,到2005年底,营运货车达18.5万辆、141.2万吨位,分别是"九五"末的1.65倍和2.66倍,重型车辆比重由2000年的3.8%提高到31.4%。

"十一五"期间,运输装备水平明显提高,全区客运车辆向高档化、舒适化方向发展。2010年,班线客运高级、中级与普通客车的比例为1∶1.8∶1.3,中高级客车占总数的69%,高于全国平均水平16个百分点。道路货物运输装备总量不断提高,结构进一步改善。2010年全区共有载货汽车28.1万辆,较2005年增长51.9%。大、中、小型营运货车数量均呈上升趋势,数量比例为6.1∶1∶5.3,吨位数比例为26.7∶1∶2.2。

"十二五"期间,运输装备水平持续改善,高级化、专业化趋势明显。全区营运客车向大型化、高级化方向发展,大中型客车、中高级客车所占比重达到91.5%和75%。营运货车向专业化、重型化发展,大型车和专用货车占货车总量的比重分别达到39.1%和3.9%。与此同时,全区大力推广天然气、油气双燃料、混合动力、纯电动等清洁能源和新能源车辆,节能与清洁能源车辆占城市客运车辆数的比例达47.5%,较2012年末提升11.9%。新能源公交从无到有,到2017年底已形成2424辆的运营规模。

"十三五"以来,特别是党的十九大以来,大力推进道路货运车型标准化、组织高效化、服务一体化,鼓励厢式化、模块化、轻量化等先进车型发展。全区货运集约化程度明显提高,在危险品、专用运输、大型物件运输领域,企业化、专业化、规模化趋势更为明显。截至2017年底,全区营业性载货汽车发展到31.9万辆(含牵引车4.9万辆),254.7万吨位,道路运输能力得到巨大增长。未来,自治区将加快发展先进适用的运输装备技术,大力提升运输装备的现代化水平。

四、行业管理

改革开放之初,各级交通主管部门兼有行业宏观调控及掌控国有企业经营的双重责任。随着改革开放的不断深入,交通主管部门把主要精力放在了行业的宏观管理上,行业管理手段不断加强,促进了市场的规范和繁荣。

(一)法治建设

改革开放以来,自治区积极推进交通运输法律、法规的修订工作,着力完善公路法规体系和道路运输法规体系,先后制定发布《内蒙古自治区公路条例》《内蒙古自治区高速公路条例》《内蒙古自治区道路运输条例》《呼和浩特市客运出租汽车管理条例》《呼和浩特市公路路政管理条例》《包头市城市公共汽车客运条例》等地方性法规,以及《内蒙古自治区治理货物运输车辆超限超载办法》《包头市客运出租汽车管理办法》等政府规章,基本形成了完备的交通运输法规体系。

2007年,交通部印发了《关于推进交通行政执法责任制的实施意见》,自治区交通运输系统以落实行政执法责任为核心,按照交通行政执法合法、规范、便民、高效的基本要求,建立了执法公示制、执法人员资格制、案卷评查制、执法监督制、执法评议考核制、责任追究制、执法奖励制等7项制度,进一步统一了执法依据,设定了执法岗位,界定了执法职责,公开了执法流程,加强了执法评议,落实了责任追究,提升了执法效果。依托基层执法站所"三基三化"建设加强行政执法保障,印发了《内蒙古自治区交通运输基层执法站所"三基三化"建设指导规范(试行)》。加强公路"三乱"等重点领域执法整治,2002年进入国家第二批所有公路基本无"三乱"省区的行列。

党的十八大以来,内蒙古交通运输系统加快法治政府部门建设,把公众参与、专家论证、风险评估、合法性审查、集体讨论决定确定为交通运输重大行政决策法定程序。深入推进交通运输行政审批制度改革,建立内部重大决策合法性审查机制,积极推行交通运输部门法律顾问制度,建立重大决策终身责任追究制度及责任倒查机制。编制了《内蒙古自治区交通运输厅行政权力清单》,累计申请下放审批事项214项,保留313项。深入贯彻落实《全面推进依法行政实施纲要》,编制了《内蒙古自治区交通运输厅建设法治政府部门规划纲要(2015—2020年)》,广泛学习《公路法》《行政处罚法》《行政许可法》《道路运输条例》《公路安全保护条例》等法律法规,完善交通运输部门领导干部学法制度,交通运输理发、学法、行政执法、执法监督和执法队伍建设等工作取得积极进展,干部职工的法治意识明显增强,有效提高运用法治思维和法治方式解决问题的能力。

(二)管理体制改革

1.公路建设管理体制改革

内蒙古自治区公路建设管理体制先后经历"指挥部"模式、建设项目法人管理模式及多元化建设经营模式。

1993年3月,自治区政府同意成立了"全区重点公路建设指挥部",作为呼包高速公路的建设单位负责建设管理,同时也负责自治区其他重点公路的建设管理。这是自治区高速公路建设管理的第一次尝试,在当时正处在计划经济向市场经济的转型的时期,"全区重点公路建设指挥部""呼包高速公路建设指挥部"由行政一把手亲自抓项目,充分体现了对项目的重视,有效整合了资源,举自治区交通全行业之力,为项目的顺利实施提供了坚实的保障,也为高速公路的建设管理培养了大批技术管理人才,提供了管理经验。

1996年,国家计委出台了《关于实行建设项目法人责任制的暂行规定》,自治区政府批准交通运输厅成立了临时事业单位"内蒙古世界银行贷款公路项目执行办公室"作为包头至东胜高速公路的项目法人。2002年3月,自治区人民政府出台了《内蒙古自治区人民政府关于加快公路交通发展的意见》,明确了公路建设要全面推行项目法人制、招投标制和项目监理制,全区高速公路建设管理正式进入了项目法人管理阶段,项目法人制度一直延续至今。

"十五"期间的高速公路建设管理反映出全部依靠自治区交通运输厅组织建设管理难以满足新时期的建设要求,建设资金、技术力量及征地拆迁等压力逐渐加大。面对这一形势,为充分发挥地方的建设积极性,同时广开渠道多元化筹集公路建设资金,自治区对高速公路建设管理模式进行了调整,2006年自治区政府明确了各级地方政府为公路建设主体,按照"分级管理、分级建设"的原则,根据财权和事权的划分,合理确定各级政府在公路建设中的投资管理责任和义务,实行了重点公路建设项目下放盟市管理,极大地调动了地方政府建设公路的积极性,形成了公路建设管理新模式。从此自治区交通厅不再直接成立项目法人,由直接管理转变为监督管理,自治区高速公路建设管理呈现出政府投资项目、企业管理的政府投资项目和经营性公路等多种形式。

2.收费公路管理体制改革

1987年,根据国务院《关于全国道路交通管理体制改革的通知》要求,公路养路费征收不再使用交通监理机构名称,交通监理和公路征费分为两个单位。为适应新形势发展的要求,1991年,根据重新制定的《公路养路费征收管理规定》,自治区政府下发了《公路养路费征收管理规定实施细则》,明确了养路费征收实行统一领导、集中管理。按照"收管用一体,统收统支,收支两条线,严格核查"的原则,由盟市交通局(处)组建养路费征收稽查机构负责具体实施,厅公路征费稽查处对全区的征费稽查机构不进行人财物的统一管理,只对征收业务进行管理和指导。征稽机构的职能和征稽人员的职责在1987年监理体制改革后首次予以明确。

1995年,根据自治区人民政府办公厅《关于改革全区交通征费稽查管理体制有关事项的通知》、自治区编委《关于成立内蒙古自治区交通征费稽查局的批复》和《关于内蒙古自治区交通征费稽查局所属盟市、旗县交通征稽机构"五定"方案的批复》,撤销自治区交通厅征费稽查处,成立内蒙古自治区交通征费稽查局,同时加挂内蒙古自治区车辆购置附加费征收管理办公室的牌子,组织领导全区交通规费的征收管理工作。至此,除呼伦贝尔征费稽查分局外,自治区交通征费稽查局对全区各级交通征费稽查机构的业务、人事、财务、计划和基建设备实行统一管理。

为积极响应2008年国家关于实施成品油价格和税费改革号召,2009年12月30日经自治区编委批准,撤销内蒙古自治区交通征费稽查局,成立内蒙古自治区公路路政执法监察总队,同时加挂内蒙古自治区收费公路监督管理局牌子。2013年1月,经自治区编办批准加挂内蒙古自治区高速公路联网收费结算管理服务中心牌子,下设13个支队和内蒙古畅捷高速公路联网收费结算有限公司,实行垂直管理。至此,一套人马、三块牌子的三级(自治区—盟市—旗县)管理模式正式建立。自1995年体制上收以来,共征收各项交通规费224亿元。

2014年,为解决自治区撤销高速公路主线收费站的问题,启动了高速公路联网收费建设工程,于2015年6月12日实现联网收费上线运行,随后于2017年11月1日成功实现与全国联网。截至目前,共建成覆盖19条高速公路、376条ETC车道、1460条MTC车道的联网收费系统,省界主线收费站ETC覆盖率达94%。ETC蒙通卡采取银行代理发行模式,与内蒙古农信社、中信银行、邮政储蓄银行、中国银行、中国工商银行等合作,共计开通500个办理网点,在12个盟市建成了售后服务机构,用户数突破47.6万,ETC通行车辆达1045.9万辆,有力助推了内蒙古社会经济腾飞发展。

2017年5月1日,自治区积极响应国家号召,落实取消政府还贷二级公路收费政策,先后争取中央撤站补助资金57.4亿元,共计取消收费公路项目96个、收费站点121个,取消运营收费的政府还贷二级公路里程7589公里,占全区收费公路里程的37.7%(不包括一级一幅和经营性BOT二级收费公路),进一步优化了收费公路结构,降低了道路运输成本和社会负担,对促进自治区经济社会发展具有重要的现实意义。

3.交通运输国有资产经营管理改革

改革开放以来,自治区加快建立独立核算、自负盈亏、自主经营的公司法人管理模式,按照"事企分离、市场运作"的原则,全区各级交通运输直属运输企业、设计、施工和物资供应等单位进行了现代企业化改革,取得良好效果。

2004年,为适应政企分开、国有资产所有权和经营权分离的形势需要,内蒙古高等级公路建设开发有限责任公司应运而生。该公司是自治区人民政府批准组建的特许经营的大型国有独资企业,对自治区境内已建成运营并移交公司经营的高速公路、一级公路、二级公路和公司新建的其他高等级公路的融资、建设、养护、收费、还贷、开发服务、资本运营等进行统一经营管理。公司自成立以来,按照自治区交通厅"贯通区内、畅通三北、连通俄蒙"的总体规划和"拓出口、保干线、扩网络、提效益"的工作思路,全力推进"重点东移、打通西线、南接北开"的战略框架,突出出区高速公路通道建设,加快干线路网升级改造,公路建设实现了从无到有、日新月异的高速发展。截至2018年7月,公司共开展公路建设项目40个,总投资概算931亿元,总建设规模2853公里,其中高速公路960公里、一级公路1247公里、一级公路一幅487公里、二级公路159公里。累计交(竣)工项目30个,完成投资835亿元,建成公路2339公里,其中高速公路837公里。目前在建公路项目10个,建设规模514公里,其中高速公路123公里,有效发挥了全区公路建设主力军的作用。

"十三五"以来,随着国家关于投融资政策、体制变化以及打赢三大攻坚战、化解政府债务等系列政策措施的出台,"贷款修路、收费还贷"的既定模式遭遇了资金瓶颈。为解决资金难题,自治区交通运输厅积极推进投融资体制改革,提出了搭建自治区本级公路融资、建设和管理新平台,组建内蒙古公路交通投资发展有限公司(以下简称"公投公司")的大胆构想。这一构想一经提出,立即得到了自治区人民政府的有力支持。2016年12月29日,自治区人民政府批复成立公投公司,明确公投公司为国有大型特许经营企业,是自治区人民政府授权的投资机构,委托自治区交通运输厅履行出资人职责,并依法履行行业监管责任。公司注册资本900亿元,自治区交通运输厅以实物出资的方式,将其直接管理的高等级公路路产委托公投公司经营管理。该公司下设12个盟市分公司、6个全资子公司、5个股份制公司,干部职工人数达7000多人。通过一年多的实际运行,公投公司资产规模已发展到1684亿多元,居自治区国有企业前列。经营管理公路26条,收费里程5045公里,其中:高速公路3111公里,一级公路1934公里。预计2018年通行费收入22亿元。

(三)投融资体制改革

改革开放以来,随着自治区交通基础设施建设规模的不断扩大,建设资金缺乏成为制约公路交通快速发展的重要因素,为适应新形势下交通基础设施建设筹融资体制,自治区不断拓宽融资渠道,基本形成了"国家投资,地方筹资,社会融资,引进外资"的多元化交通融资格局。

1.金融机构贷款

金融机构是自治区公路建设资金的基础来源,内蒙古自治区交通运输厅始终重视金融机构融资工作,重点通过国内银行贷款、国外金融机构贷款及国债转贷资金开展公路建设。

国内银行贷款方面,借助"国道主干线建设""西部大开发省际通道建设""国家高速公路网规划"等不同时期发展战略,审时度势进行项目推荐,保证了公路贷款的审批和及时投放。截至2017年底,自治区本级交通基础设施建设累计利用国内金融机构贷款2188.3亿元。

国外金融机构贷款方面,2002年G65包头至东胜高速公路开创自治区利用外资建设高速公路的先河,该项目建设里程101公里,工程总投资13.57亿元,利用世界银行贷款4.79亿元人民币,为此后自治区利用世界银行、亚洲开发银行等国外金融机构贷款积累了成功的经验。截至2017年底,累计利用国外金融机构贷款5.45亿美元。

国债转贷融资方面,为应对亚洲金融危机,2008年自治区利用国债转贷资金20.23亿元用于高速公路建设。

2."统贷分还"融资模式

为尽快打通自治区与邻省市区快速通道,解决公路建设筹资问题,2010年,自治区人民政府出台了《内蒙古自治区一级公路建设资金统贷分还暂行办法》,把交通一家建设变为与盟市共建,由行业行为变为社会行为,一举解决了一级公路融资难的问题。

"统贷"是指由自治区交通主管部门以公路收费权作质押,以燃油税费改革形成的交通专项资金、自治区与盟市财政资金作为项目资本金,以项目通行费收入作为主要还款来源,向国内外金融机构统一进行的融资贷款。"分还"是指将上述统贷资金按属地管理原则,转贷给项目所在地盟行政公署、市人民政府,由其负责筹集资金按期偿还贷款。

统贷分还模式既利用了省级交通主管部门向银行"统贷"的优势,又解决了盟市按项目由财政分还的问题,同时破解了自治区与盟市分层级筹资问题,将公路建设资金筹集由交通一家筹措变为行业与地区共同筹措。截至2017年底,自治区利用统贷分还建设的项目共有22个,贷款资金255.61亿元。

3.交通建设融资平台

2003年之前,内蒙古公路建设筹融资工作一直由自治区交通运输厅采取"统贷统还"方式融资,受融资资格影响,导致借款评级授信低,难以满足公路建设需要。针对此种情况,自治区积极筹措设立交通建设融资平台,经自治区人民政府批准,分别于2004年、2016年成立了内蒙古高等级公路建设有限责任公司及内蒙古公路交通投资发展有限公司,作为独立法人向银行贷款,并发行企业债券,使用理财产品、中期票据、短期债券等方式筹集资金,累计完成融资3000亿元。2016年设立了总规模500亿元的公路交通基础设施产业基金,在自治区交通基础设施建设中发挥了重要作用。

4.政府和社会资本合作(PPP)

PPP作为目前鼓励社会资本参与投资的一种方式,能够有效减少地方政府债务,提升政府公共服务能力。党的十八大以来,全国掀起了利用PPP模式的高潮。内蒙古始终把引入社会资本作为建设公路基础设施的重点,PPP模式首先在车流量较大、民营企业比较活跃的鄂尔多斯市推开,主要建设了G18大饭铺至东胜段高速公路、东胜至察汗淖尔段高速公路、察汉淖尔至棋盘井段高速公路、S24准兴高速公路段高速公路、S31呼市(白庙子)至大饭铺段高速公路。2015年将G1611赤峰至乌兰布统通项目列为交通运输部首批(11个)PPP试点项目,2016年又列为财政部第二批PPP试点项目。目前自治区交通运输厅正全力推进13个在建项目转PPP事宜。

5.收费公路专项债券

党的十九大以来,国家提出坚决打好防范化解重大风险攻坚战,随着新《预算法》实施,自治区交通运输厅原有融资职能被打破,"借新还旧"政策无法延续,基础设施建设面临无钱可用的严重风险。为应对新形势下交通基础设施建设融资难的问题,内蒙古自治区交通运输厅迎难而上,充分利用国家政策,积极与交通运输部、自治区财政厅沟通协调,全力争取发行我区收费公路专项债券。截至2018年8月,共计发行内蒙古自治区地方政府债券资金34.4亿元,其中政府收费公路专项债券12亿元,用于林西至大水菠萝一级公路和临河至干其毛都一级公路建设,开启了利用收费公路专项债券的里程碑。

(四)技术政策及标准建设

1988年设立内蒙古自治区公路工程质量监督站,2012年11月经自治区编办批复,更名为内蒙古自治区交通建设工程质量监督局,2017年10月批准加挂"内蒙古自治区交通运输发展研究中心"牌子,主要负责工程质量监督、技术政策制订及行业地方标准建设等职能。

1.技术政策方面

2011年,积极推行公路施工标准化管理,制定《内蒙古自治区交通运输厅关于推行高速公路和一级公路施工标准化管理的实施意见》,深入开展质量通病治理活动,加大在建项目的检查力度,强化施工工艺控制,大力推行规范化、标准化、机械化施工,有效杜绝了试验检测资料造假行为。

2012年,制定了《内蒙古自治区高速公路和一级公路建设质量监督管理办法》《内蒙古自治区高速公路和一级公路工程工地试验室监督管理制度》《内蒙古自治区高速公路和一级公路工程检测机构备案登记实施细则》及《内蒙古自治区公路工程试验检测收费标准》,利用网络平台,对监理、试验检测单位和人员进行履约信息采集和统计分析工作,及时掌握质量动态。

2013年,将施工标准化和"平安工地"建设作为工程质量监督抽查的一项重要内容常态化实施。在部分高速公路项目推广使用了智能张拉与压浆、钢筋智能加工与制作的施工工艺。

2016年,根据工程特点、特殊工艺以及特殊结构抽调相关人员,创新性提出"监督组+专家"的模式对重点项目进行质量安全监督抽查。

2018年,积极推进"品质工程"示范创建工作,将苏张高速公路苏尼特右旗至化德(乌市段)公路建设项目列入《品质工程攻关行动试点方案(2018—2020年)》项目,开展施工班组规范化管理攻关行动。同年完成《内蒙古交通运输安全体系建设研究》(NJ-2015-25)、《内蒙古自治区交通运输安全体系建设研究》及《内蒙古自治区科技创新促进交通运输安全发展实施方案(2016—2020年)》编制,出版专著《寒冷地区重载公路沥青路面服役性能研究》,标志着自治区交通运输科学技术研究工作步上了一个新的台阶。

2.行业地方标准建设方面

注重标准化建设的顶层设计,于2017年成立内蒙古自治区交通运输标准化技术委员会,确立了"质量、科研、环保"为三位一体的工作重点。

2008年制定和发布了《内蒙古自治区公路工程质量控制标准——土建工程》(DB 15/441—2008)地方标准,规范了公路项目建设管理。

2017年参编交通运输部计量检定规程《沥青针入度实验仪》(JJG2017-4)、中国公路学会团体标准《SMC改性沥青路面施工技术指南》、内蒙古自治区地方标准《硅钙渣粉煤灰稳定材料路面基层应用规范》(DB 15/T 1225—2017)及山西省地方标准《桥梁预应力孔道注浆密实性无损检测技术规程》(DB 14/T 1109—2015)《公路桥梁预应力钢绞线局部释放法测试现存应力技术指南》(DB 14/T1324—2016);正在制定内蒙古地方标准《内蒙古自治区公路沥青路面技术状况评定标准》《常温改性沥青及沥青混合料设计与施工技术规范》《抗凝冰沥青混合料设计、施工技术细则》《桥梁预应力孔道注浆密实性无损检测技术规程》,修订《内蒙古自治区公路工程质量控制标准——土建工程》(DB 15/441—2008)。

截至目前,内蒙古交通运输行业共发布实施地方标准37项,列入地方标准制修订计划24部。当前正在开展《内蒙古自治区交通运输标准体系研究》(NJ-2016-15),着眼于实现交通运输现代化和建设交通运输强区的战略目标,对今后一段时期交通行业标准化工作进行整体设计和总体布局,促进各种交通运输方式标准协调衔接和融合发展,推动交通运输行业转型升级、提质增效。

五、科技创新

40年来,内蒙古交通运输系统始终紧跟中央关于科技改革与发展的一系列战略部署,深入实施科教兴交战略,有力地支撑了交通运输事业又好又快发展。

(一)科技创新体制改革

科技创新体制改革是解放科教生产力、调动积极性的基础性工作,是交通运输科技事业发展的原动力。经历40年的改革,尤其是党的十八以来的深入推进,内蒙古交通运输科技管理体制日趋完善。

1. 科学设置管理模式，提高管理水平

通过规划、拨款、评估、信息服务、政策指导、执法监督和必要的行政手段对科教工作进行宏观管理，逐步实现交通运输科技创新主管部门刚性管理向柔性管理的过渡。贯彻落实《内蒙古自治区交通运输科技项目管理办法》，对科技项目实行制度化、流程化管理，严格按照管理办法规定进行项目立项、评审和验收等工作，使科研立项、审批等环节更加科学，充分体现出公开、公平、公正的原则。

2. 深化科技创新改革，不断增强生机与活力

推动各类科研机构积极进行结构调整，逐步向高新技术及其产业化方向转移，引导科研单位面向市场创办科技服务经济实体。逐步实现和完善科研项目招标办法。推行课题组人员自由组合、首席专家负责等办法，改革科研运行机制，使科技与经济、科技与交通运输建设紧密结合，为科技成果转化创造条件。逐步完善科技推广体系，使交通运输科技有效服务于全区交通运输的改革和发展，并产生良好的经济效益和社会效益。

3. 积极转变观念，探索建立创新模式

根据自治区的客观实际，积极鼓励自主创新和专利技术的研制，把引进技术和消化吸收以及组合集成作为提高自主创新能力的一个有效手段，加强对技术引进的宏观指导和统筹协调。把主要力量集中在消化吸收与创新上，并与人才和智力引进相结合，提高技术引进成效。强化知识产权地位，改变成果所有权的单一形式。优选一批在我区有优势并与交通运输建设相关联的新技术和新材料，集中力量，协同攻关，取得突破。

4. 广开渠道筹措资金，不断吸纳优势资源

积极争取国家和各级政府的经费投入及工程配套性资金等政策性投入。建立和完善"以政府投入为主导，以社会投入为主体，以利用外资为辅助"的投资体系，努力拓宽经费来源，积极运用财政、金融、税收政策，建立多渠道、多元化的投资机制。建立资金投入评价制度，充分发挥科研经费的杠杆和引导作用，将科技经费与科技项目挂钩，建立健全财务制度，加强财务审计和监督，保证科技经费专款专用，使有限资金发挥最佳效益。

5. 大力加强基地建设，扶持科研基地发展壮大

积极扶持部分科研机构，提高其生存能力、创新能力和科研能力，形成较为稳定的科研班底。建立起一些具有示范作用的科研机构，带动全区交通运输科技工作开展。调动各级交通运输部门和单位参与科技工作的积极性，坚持科学研究与技术服务并举，提高科研单位科研成果转化能力和服务生产一线的能力。加强与科研院所、大专院校的合作，大力引进国内外的科技和人才资源，使其成为自治区交通运输科技事业必要的补充，带动全区交通运输科技教育整体水平的提高。与此同时，充分利用公路学会、行业协会等社会团体来组织开展信息交流、学术讨论、科技合作多种形式的科技服务活动，为科技交流与合作搭建平台。

(二) 科研能力建设

1. 科研平台和行业重点实验室建设

制定《内蒙古自治区交通运输科技创新平台管理办法》。截至2017年底，自治区交通运输行业科技创新平台已达9家，其中自治区级重点实验室与工程实验室4家，工程技术研究中心2家，院士专家工作站2家，工程研究中心1家。目前正在积极申报"北疆生态屏障区公

路建设与路域生态防护技术行业重点实验室"交通运输部重点实验。

2.科研合作

利用自治区交通运输建设任务多,科研项目有依托工程支持的优势,与同济大学、长沙理工大学等国内科研院所、高等院校广泛合作,建立了稳定的合作关系。多次聘请专家来自治区开展研讨讲学,解决了交通运输建设中的诸多难题,并为多渠道、多形式、多层次人才培养创造了条件。这些形式的合作,不仅使项目得以高质量完成,也使广大科技人员在科研思路、基础理论以及将理论与实践的结合应用能力上都得到了很大的提高,同时实现了先进理论和技术的有效引进。通过这一开放式科研模式的应用,现在自治区已初步形成了"优势互补、强强联合"的科研工作体系,使自治区交通运输科研水平得到明显提高。

3.人才强交战略

把高层次人才引进作为工作首位,制定并实施《高层次人才引进工作方案》。改革人才激励机制,积极推行《科研项目及学术成果管理办法》。设立"内蒙古自治区交通运输发展研究中心",积极追踪交通运输行业的发展动态,把握交通运输业的发展方向,研究交通运输业发展战略、规划和政策等热点和重点问题。充分利用交通运输部交通科技项目(原交通运输部西部交通建设科技项目)实施的有利条件,紧紧围绕《内蒙古自治区中长期人才发展规划纲要(2010—2020年)》,以自治区特色政策体系为依托,大力培育交通运输专业人才。利用京蒙对口帮扶合作培训项目,与北京市交通委和交通运输部管理干部学院共同开展京蒙合作人才培养计划。推行"人才+项目"的培养引进模式,与长安大学、内蒙古农业大学、交通运输部公路科学研究院等20余所区内外高等院校、科研院所开展合作,积极开展干部职工教育培训、专业技术人才培育和年轻后备干部培养等三大工程,通过刚性、柔性引进交通运输事业发展急需的各类人才。截至目前,厅直系统共有3人享受国务院政府特殊津贴,2人荣获全国技术能手称号,2人入选交通运输部"交通运输科技英才",9人获得自治区突出贡献专家称号,6人被自治区政府授予"有突出贡献中青年专家"称号,2人获得自治区青年创新拔尖人才奖,1人获得自治区杰出人才奖,29人获得自治区"草原英才"称号,培养了2个"草原英才"产业创新创业人才团队,高层次人才队伍不断壮大。

(三)重大科技创新成果及推广应用

改革开放以来,紧紧抓住重点领域急需的共性和核心技术,组织调动行业和社会力量开展科技攻关,取得了一系列具有先进水平的重大科技成果。自"十一五"以来,每年财政投入科研经费300万元,共获国家科技进步二等奖1项,内蒙古自治区科技进步奖54项,其中一等奖4项,二等奖19项,三等奖31项。科技成果涵盖了公路养护、桥涵新结构、桥涵水文、寒区隧道施工、公路管理信息化等,这些科研奖项的取得,使自治区交通运输科研水平和行业科技含量得到明显提升。

为加强科技成果的推广应用,做好技术咨询服务工作,2012年内蒙古自治区交通运输厅成立了内蒙古交通运输科技成果推广中心,重点加强基础设施建设、运输服务、智能交通、交通安全、资源节约、环境保护等方面先进成熟适用技术的推广应用。截至目前,共有35项科研成果纳入了自治区交通运输科技成果推广目录,推动了科技成果向现实生产力的转化。通过这些重大科技攻关和成果的推广应用,较好地解决了自治区交通运输建设中的技术难点和难题,促进了自治区交通运输事业的发展和科技进步,取得了显著的经济效益和社会效益。

交通基础设施建设技术方面,围绕制约自治区交通基础设施建设的技术难题,针对自治区复杂地质地形和恶劣气候条件,重点攻克了山区、冻土、软土等特殊地质筑路、改扩建工程、重载交通斜拉桥结构、弱质围岩公路隧道建设等技术瓶颈,高等级公路建设、隧道建造、特大桥梁建设等领域取得了一系列具有国际领先水平的重大科技成果,有力支撑了自治区重大基础设施建设。

交通运输管理技术方面,针对运输服务面临的突出问题,加强了公路电子口岸系统、超限超载源头治理管理系统等一系列应用技术的研发,在基于北斗的公共物流云位置综合服务平台、高速公路联网收费和服务系统等方面取得了显著突破,交通运输信息技术集成应用不断深化,智能交通由研究试验向集成应用转变,提升了交通运输管理和服务水平。

交通安全、资源节约和环境保护技术方面,开展了长大纵坡交通安全综合保障、高速公路全程监控风光互补供电系统、高速公路 LNG 加气站安全设置、土壤菌绿化岩石边坡等技术的研究,有效提升了交通运输安全和生态恢复能力。路面新材料应用、材料循环利用、节能减排等技术取得了重要进展,增强了交通运输可持续发展能力。

交通信息服务技术方面,大数据、云计算等信息通信技术在交通运输领域广泛应用,建成并推广应用公众出行信息服务系统、场景式网上办事大厅、客运联网售票、交通物流公共信息平台等系统,"智慧交通"建设初见成效,交通运输面向社会公众和企业的公共信息服务水平明显提高,服务效能显著改善。

六、对外开放

国际道路运输是我国与蒙古国和俄罗斯物资交流和人员往来的最重要的运输方式之一,在促进两国贸易往来、推进地区经济发展和文化交流过程中发挥着重要的作用。从 1982 年起,经国务院批准,我国重新打开了陆地边境大门,陆续开通了满洲里、黑山头、室韦、二卡、胡列也吐等 5 个对俄公路(水路)口岸,二连浩特、策克、甘其毛都、珠恩嘎达布其、阿日哈沙特、满都拉、额布都格、阿尔山、巴格毛都等 9 个对蒙公路(水路)口岸。公路口岸的开通,不仅促进了边贸的发展,也为国际道路运输注入了生机和活力。改革开放以来,内蒙古自治区国际道路运输大体分 4 个发展时期:

(一)第一个时期(1988—1996 年)

1988 年是内蒙古自治区国际道路运输元年,满洲里、二连浩特口岸列入国务院批准为全年开放的一类公路口岸,满洲里市运输公司成立边境贸易汽车队,配备半挂车 5 辆,试运行于自满洲里至后贝加尔斯克边境贸易运输。1989 年,满洲里国际客运站、出入境运输储货场等基础设施相继投入建设。当年,中苏货运量为 2.7 万吨,通过二连浩特口岸运送的货物有 400 吨。1991 年,中蒙开通首条国际道路货运线路,同年,中俄开通首条国际道路客运线路。1992 年,中蒙第一条道路客运线路开通(二连浩特—扎门乌德),由二连浩特市客运公司承运。

在国际道路运输发展的起步阶段,中苏、中蒙关系刚刚解冻,从长期敌视对峙到互相试探性地接触往来,这一时期以满洲里和二连浩特口岸为代表,进口货物以化工产品、废弃金属等为主,出口货物则以日用百货、小型电子产品、罐头、饮料等为主,边民互市易货贸易是这一时期的主要交易方式。出入境汽车运输上表现为：口岸较少、运量较小、品种单一、各项制度尚不健全,这一阶段为以后的发展打下了基础。"八五"期间,全区国际道路运输旅客运输量完成185.6万人次,货运量完成128.9万吨。

(二) 第二个时期(1997—2004年)

此期间,自治区充分认识到交通运输在对外贸易经济中的先行作用,本着先易后难、先通后畅的原则,加大出入境汽车运输管理工作力度和口岸交通基础设施建设。主动与蒙古、俄罗斯交通主管部门建立联系,积极促成出入境汽车运输,经过认真调研,陆续开辟了新线路,初步实现了国际循环。该时期仍以满洲里和二连浩特口岸为代表,新增了珠恩嘎达布其、黑山头、室韦等口岸。货物种类更加丰富,涌现了进口绒毛皮等畜产品和少量原油、原木等物资,出口则增加了果蔬和机电产品等,交易方式发展为以现金结算为主、易货贸易为辅。

"九五"期间,全区国际道路运输旅客运输量完成376万人次,货运量完成118万吨。"十五"期间,全区国际道路运输旅客运输量完成758万人次,货运量完成219万吨。

(三) 第三个时期(2005—2011年)

2005年以来,自治区大力实施"走出去"发展战略,坚持"与邻为善、与邻为伴"的对外发展思路,继续推进与俄罗斯、蒙古的双边合作机制,探索国际客货运线路组织模式,通过双方例会、交换许可证会谈、信函交涉等形式积极与俄罗斯、蒙古国展开磋商,谋求双边国际道路运输的健康、可持续发展。开通自治区与蒙古境内煤矿、铜矿等国际道路运输长期货运线路,建成满洲里、二连浩特、策克等口岸国际客运站及阿拉善盟东达国际物流园区并投入使用,推进交通电子口岸建设进程,打造了精品口岸。

(四) 第四个时期(2012年至今)

党的十八大以来,自治区紧抓国家推进"一带一路"建设带来的机遇,国际道路运输已经进入了基础设施不断完善、客货运量稳定增长、管理服务持续提升、部门协同更加顺畅的持续稳定发展时期。

一是运输服务能力不断增强。国际道路运输网络不断拓展优化,截至目前,自治区与蒙古国、俄罗斯达成开通协议国际道路客货运输线路共有47条,初步统计线路总长度超过1万公里,基本形成了以口岸地区重点城市为中心、边境口岸为节点、覆盖蒙俄边境地区重点城市、重点矿区并向其腹地不断延伸的道路运输网络。国际道路运输企业规模实力不断壮大,由最早的2家发展到目前的40余家,国际道路运输车辆数由不足20辆发展到今天的将近1000余辆。运输结构日趋合理,货运车辆从平均吨位不足5吨发展到现今超过20吨,车型由单一普通货车发展到今天的集装箱、保温冷藏、罐式危货等专用车型一应俱全。高级客车占比不断增加,舒适性、安全性、便捷性有了很大的提高。客货运输量不断攀升,国际道路运输开始呈现出快速发展趋势。2017年全区国际道路运输累计完成客运量355.6万人次、客运周转量0.6亿人公里、货运3543.1万吨、货运周转量13.4亿吨公里,分别较上年增长35.5%、32.7%、14.1%和10.9%,其中货运量自2007年起已连续11年位列全国第一。

二是拉动边境地区开放能力明显提升。自治区国际道路运输的最大优势是与蒙、俄两国的能源运输合作。在国家提出实施"能源战略"的总体部署后,自治区及时调整国际道路运输发展方向,扶持区内企业做大、做强,鼓励企业走出去。在抓重点的同时,结合各口岸的实际情况,因地制宜的发展符合当地经济发展需求的运输项目,做到整体优势突出、各口岸特色鲜明。目前自治区国际道路运输基本形成了"东油、西煤、中商贸"的对蒙国际道路货物运输新格局。其中东部额布都格、珠恩嘎达布其口岸重点发展服务于中石油大庆—塔木察格油田的原油运输。西部策克、甘其毛都口岸重点发展对蒙煤炭运输,中部二连浩特口岸重点发展对蒙商贸运输。国际道路运输的发展,巩固和发展了我国与蒙、俄两国的睦邻友好关系,加快了自治区对外开放大格局形成,促进了沿边地区人文交流和经贸合作,也活跃了边境贸易,富裕了一方经济,维护了边疆稳定,起到了富边、扶边、稳边作用。

三是双边沟通协调机制日趋成熟。自治区与蒙古国交通运输部门、俄罗斯外贝加尔边疆区的口岸汽车运输定期会晤机制均始于20世纪80年代末,至今已分别进行了32次和30次,其间,虽经历多次大的国际形势变换也从未中断。口岸汽车运输例会机制已经成为自治区交通运输外事沟通的重要平台,通过定期例会机制使区与蒙、俄相关部门就国际道路运输事务有关问题进行磋商,并就政府间汽车运输协定、议定书的执行情况,行车许可证使用、查验情况,出入境客货运输量的统计情况交换信息和意见,对双方国际道路运输过程中发生的问题进行友好磋商,寻求解决办法,达成共识。通过例会机制,双方进一步加强了在国际道路运输领域的交流与合作,深化了互信,加深了友谊,为促进双边经贸合作和人员往来起到了积极的作用。

四是管理队伍正规化建设得到加强。在注重提升行业发展水平的同时,也积极推进全区国际道路运输管理队伍的规范化、法治化建设。各口岸盟市交通运输主管部门积极争取当地政府和其他口岸联检部门支持,理顺管理体制,规范机构设置。呼伦贝尔市5个口岸全部实现运管机构进入口岸限定区执法;巴彦淖尔市、阿拉善盟专门成立口岸国际道路运输管理机构。各地通过建立健全各项管理制度、加大监督检查力度、宏观调控口岸运力等方式严格规范运输行为,为市场的正常运转保驾护航。各级口岸运管机构积极改进工作方法,提升服务意识,形成了对企业上门服务、一站式办理等多种符合企业和市场发展需求的工作方式。同时借助高校理论研究优势不断提升国际道路运输管理水平,通过多个科研项目从不同角度对国际道路运输相关内容进行了重点研究。为解决国际道路运输人才短缺问题,积极协调内蒙古大学设立了国内首个国际道路运输专业。

七、党的建设与精神文明建设

改革开放40年来,在党中央、自治区党委的正确领导下,自治区交通运输厅全面加强党的领导和党的建设,持续加强精神文明建设、提升文化软实力,为自治区交通运输实现跨越式发展提供了坚强的政治保证。

(一)党建工作

40年的实践证明,党的领导核心作用是实现交通运输事业健康发展、确保行业改革稳定的根本所在,这也是内蒙古交通运输加强党的建设的基本经验。

1.坚持加强思想政治建设,加油补钙、坚定信仰

改革开放40年来,在党中央、自治区党委的正确领导下,内蒙古交通运输系统始终把思

想政治建设和意识形态工作摆在突出位置来抓,党的理论每创新一步,理论武装工作就跟进一步,深入学习贯彻马克思列宁主义、毛泽东思想、邓小平理论、"三个代表"重要思想、科学发展观、习近平新时代中国特色社会主义思想,接续掀起集中学习教育热潮,深入开展了"双学"活动(学习新《党章》、学习市场经济理论)、"三讲"教育(讲学习、讲政治、讲正气)、"三个代表"学习实践、"解放思想,优化开放环境"教育、保持共产党员先进性教育、深入学习实践科学发展观、"创先争优"等一系列党的专项教育活动,坚持用党的创新理论,用马克思主义中国化的最新成果,用新时代的中国特色社会主义思想武装头脑、指导实践、推动工作。

  党的十八大以来,在党中央的科学部署下,在自治区党委的坚强领导下,全系统接续掀起集中学习教育热潮,有力促进了交通运输系统广大党员干部思想理论水平的提高,更加自觉维护以习近平同志为核心的党中央权威和集中统一领导,树牢"四个意识",坚定"四个自信",更加激发出不忘初心、砥砺奋进的责任感使命感,焕发出蓬勃的干事创业热情。

  2013—2014年,深入开展了党的群众路线教育实践活动,广大党员干部认真贯彻"照镜子、正衣冠、洗洗澡、治治病"的总要求,以作风建设为切入点,聚焦解决"四风"问题,高质量完成"六个一"专题活动,触及思想灵魂,深挖"四风"病根,圆满完成中央和自治区党委部署的21项专项整治任务,受到了深刻的政治洗礼和严格的党性锻炼。

  2014—2015年,深入开展了"三严三实"专题教育,全系统把学习贯彻习近平总书记系列重要讲话精神作为首要任务,聚焦解决不严不实突出问题,引导和促使党员干部扫除思想尘垢,争做严实干部,始终坚持与以习近平同志为核心的党中央保持高度一致是最严的"修身",始终坚持完成党委政府交给的各项工作任务是最大的"实"。

  2016年至今,深入开展了"两学一做"学习教育并持续推进学习教育常态化制度化,按照"基础在学、关键在做"的要求,坚持全覆盖、常态化、重创新、求实效,突出问题导向,突出以上率下,进行全面的"党性体检",不断严肃党内政治生活,扎实开展理论学习,进一步筑牢同以习近平同志为核心的党中央保持高度一致的思想根基。全系统深入实施"北疆先锋"工程,深化"双建双创"活动,广大党员亮身份、亮承诺,通过严格的"政治点名",进一步强化党员身份意识和政治觉悟,把党员先锋模范作用充分发挥出来。不断强化党建引领交通运输发展,积极开展党建阵地宣传、先锋模范创建、清风正气弘扬、党员干部联系基层、党建文化提振、基层堡垒强化等专项行动,提升党的建设质量,推动党建与交通运输各项工作深度融合,为"建设亮丽内蒙古,共圆伟大中国梦"当好先行提供坚强的政治保证。

  2.坚持加强党的组织建设,固本强基、夯实基础

  改革开放40年来,自治区交通运输厅直系统高度重视、全面加强基层组织建设和党员队伍建设。党的基层组织不断发展壮大,组织力和政治功能不断提升,在交通运输各项工作中充分发挥战斗堡垒作用。

  一是不断健全完善党的组织。从党的十一届三中全会到十三届五中全会,自治区交通运输厅基层党组织建设从恢复整顿组织、健全党的生活和加强党员队伍建设入手,逐步走上健康发展轨道。党的十二大对基层组织建设提出明确要求,厅直系统深入开展全面整党,基层党组织恢复"三会一课"等组织生活制度,民主集中制不断健全。党的十三大以后,深入贯彻中央从严治党方针,妥善处置不合格党员工作,逐步实行了民主评议党员制度。从党的十三届四中全会到十六大,党的基层组织建设适应社会主义市场经济体制的建立和发展,实现整

体推进、全面提高,党员队伍不断壮大。党的十七大以来,厅直系统全面推进基层党的建设,加强党内基层民主,基层党组织领导班子成员"公推直选"等工作取得实效。党的十八大和党的十九大以来,围绕贯彻落实全面从严治党要求和新时代党的建设总要求,厅直系统牢固树立"大抓基层"和"党的一切工作到党支部"的鲜明导向,持续推进党支部标准化建设,突出强化政治功能,推动全面从严治党向基层延伸,分类抓、统筹抓,攻弱项、补短板,着力突破基层党建薄弱环节,推动基层党组织全面进步全面过硬。同时坚持正确的用人导向,不断完善人事管理制度,严格落实干部选任程序,加强干部日常管理和教育培训,努力建设高素质的干部职工队伍。

二是切实加强和改进机关党委建设。1978年以来,中共内蒙古自治区交通运输厅机关委员会召开了9次厅直系统党员代表大会,选举产生了第二届至第十届机关党委委员会。40年来,在厅党组的坚强领导下,机关党委认真履行职责,深入贯彻落实中央、自治区和厅党组各项决策部署,定期召开机关党委会议,听取工作汇报、研究分析形势,明确工作任务、做出安排部署,开展督查考核、切实压实责任,扎实推进基层党组织晋位升级、换届选举、党员发展、党员培训教育、群团建设等各项工作。目前,厅直系统党组织数达到464个(其中党委33个、党总支2个、党支部429个),党员达3871人。厅机关党委多次被评为"自治区直属机关先进机关党委"和"一类"党组织,着力形成厅直系统党建工作齐抓共管的工作格局。

三是扎实推进基层党支部建设。牢固树立"大抓基层"和"党的一切工作到党支部"的鲜明导向,突出强化政治功能,推动全面从严治党向基层延伸,基层党建工作整体提升、全面加强。以提高党支部以"三会一课"为主要形式的党内政治生活质量为核心不断提高党支部工作质量,坚持党支部书记轮训、过好定期组织生活、普遍推行党支部政治例会、主题党日等活动,规范收缴管理使用党费、规范党务工作程序和档案、规范使用党员信息系统,强化党支部党的基础组织作用,落实党支部直接教育、管理、监督党员的职责。在厅机关、路政监察执法大队、收费站所票亭以及高路公司、公投公司收费站等窗口单位设置党员先锋岗、党员示范岗。全系统51.39%的党组织达到"一类",其余全部达到"二类","三类"党组织已全面晋位升级,基层党建工作水平不断提高。广大党员立足本职、尽责担当,干出了党员的样子,彰显了党组织"主心骨"和党员"排头兵"作用。

3. 坚持从严管党治党,立规明矩、激浊扬清

40年来,全系统始终把党风廉政建设作为交通运输工作的重中之重,狠抓惩治和预防腐败体系建设。成立厅机关纪委,整合行业监察资源,探索建立厅机关纪委、厅审计部门、路政执法监察机构组成的"一体两翼"执法执纪新机制,逐步建立了廉政建设长效机制和刚性约束。推行双合同管理、无标底招标、专家评标、预防职务犯罪联席会议、交通运输建设"十二公开""四个不准""八项规定"等廉政制度,建立并完善了党风廉政建设责任书、述职述廉、廉政谈话、检查考核等廉政机制,制度体系不断健全。

党的十八大以来,着力强化执纪问责,有效运用监督执纪"四种形态",深入开展"雁过拔毛"式腐败问题集中整治,切实做到有责必问、执纪必严,形成了"问责一个,警醒一片"的震慑作用,有力推动了全面从严治党向纵深发展。

2018年,为进一步加强党的全面领导,自治区交通运输厅在广泛深入调研的基础上,建立实施了交通运输工作督查制度,成立交通运输工作督查领导小组,按照"项目建设到哪

里、资金拨付到哪里、公路延伸到哪里、干部履职到哪里、权力运行到哪里,监督管理工作就跟进到哪里"的"五个全面跟进"原则,制订内蒙古自治区交通运输督查工作方案,全面加强交通运输工作全过程、全覆盖监督管理,不断提高项目资金使用效益,不断提高工程建设质量,不断提高运输服务水平,不断提高廉政风险防控能力,保障交通运输工作优质、安全和健康发展。

(二)精神文明建设

改革开放以来,围绕党中央关于加强社会主义精神文明建设的一系列重要部署,全区交通运输系统紧密结合行业实际,不断强化行业精神文明建设,团结广大干部职工争先创优,凝心聚力,进一步树立了交通运输行业良好形象,为交通运输改革发展注入了强大精神动力。

一是坚持以理论武装凝聚共识,行业凝聚力战斗力持续增强。40年来,结合深入推进党的专项教育活动,在交通运输行业全体干部职工中广泛深入开展了爱国主义、集体主义、社会主义教育,不断加强中国特色社会主义理论体系教育,使中国特色社会主义理论深入人心,并落实到工作实践中去。深入开展了热爱内蒙古、建设内蒙古教育,深入开展社会主义道德和职业道德教育,引导党员干部职工热爱美丽富饶的内蒙古,热爱聪明智慧的各族人民,热爱改革开放和现代化建设事业,发扬团结向上、艰苦创业、无私奉献的敬业精神,为内蒙古交通运输事业实现跨越式发展而努力。

二是深入开展行业精神文明创建活动,交通运输服务品质不断提升。在机关,深入开展了"五讲四美""树机关良好形象工程""做人民满意的公务员"等活动;在公路建设部门,开展了"以人为本,奉献在岗位""保护生态环境,实现可持续发展"活动;在养护部门开展了以"三创两树一优"为主题的"公路养护质量年"活动,"最美养路工""最美道班"评选和宣传活动;在"窗口"单位,深入开展"两学一树""学包起帆、学华铜海轮、学青岛港、树行业新风""三优三化"优质服务、"交通运输文明杯"规范化服务竞赛、"三基三化"创建等系列活动,大力改善机关事业单位和收费站、服务区等窗口单位的服务,优化服务流程,注重服务细节,增加便民设施,不断提升文明行业创建水平,走出了一条惠及民生、推动发展的文明创建之路。

三是深化培育践行社会主义核心价值观,推动社会主义核心价值观在交通运输行业落地生根。深入推进理想信念教育工程、典型宣传和培树工程、"最美行业"创建工程、行业风气建设工程、舆论宣传导向工程,不断加强中国特色社会主义理论体系教育。以"十百千"工程为载体,学习弘扬先进英模人物事迹精神,推进社会主义核心价值观进机关、进工地、进站所。在客运站、出租车、公交车、城市重要出口路及交通运输网站加大社会主义核心价值观宣传力度,引领行业文明风尚。在全区交通运输行业中发掘和宣传冯库、王高乐、孙卫东、"全国文明单位""全国交通文明行业""全国民族团结进步模范集体""全国青年文明号""全国巾帼文明岗""文明客运站""文明客车队"等一大批体现交通运输风采的先进典型和感人事迹,弘扬新时期交通运输精神,展示交通文明的亮丽风景。

四是坚持文化引领,积极拓展文明创建活动内涵。自治区交通运输厅以"打造昂扬奋进、具有交通特色的行业文化"为目标,将交通文化建设纳入交通发展的整体规划,坚持让文化上路入机关。在交通基础设施建设、交通运输硬件建设和交通工作环境建设上融入文化品位，建成了一批具有民族特色的高速公路服务区和收费站场，"巴运情""草原驿站""爱心车队""雷锋车队"等成为家喻户晓的运输服务品牌。大力弘扬"穿沙精神"，举办了"美在交通""路之魂"杯文学、摄影、书法比赛，推出了小品《爱在路上》《票亭风波》，歌曲《最美高路人》、微电影《天边》等一批反映交通发展成就，热情讴歌交通职工新风貌的文艺作品。融合草原文化，精心策划和组织一系列富有独特内涵的交通系统重大文化活动，形成了具有浓郁地域特点、体现行业价值理念和符合时代要求的交通文化。

（三）行业先进典型

新中国成立以后，特别是改革开放以来，内蒙古交通运输行业涌现出一大批的先进集体和个人，他们用劳动续写光荣与梦想，是自治区交通运输行业千万劳动者的杰出代表，向社会展示了"交通人"昂扬向上的精神风貌。

1."穿沙精神"——"不屈不挠敢为人先解放思想艰苦奋斗"的典型

库布其沙漠在内蒙古鄂尔多斯市杭锦旗境内有9700平方公里，横亘于杭锦旗东西，这里曾经被判定为"生命禁区""死亡之海"，严重阻断了当地生产生活和经济发展，多年来，当地百姓深受其苦。

20世纪90年代，数万农牧民扛着铁锹、背着干粮汇聚于此，展开与沙的斗争。他们日夜奋战，克服资金、技术等诸多困难，终于在我国第七大沙漠——库布其沙漠腹地建成了一条打通当地经济命脉的公路——锡乌扶贫穿沙公路，从此大漠变通途。这就是我国建设最早也是目前最长的一条"穿沙公路"，被盛赞为"大漠奇迹"。

1993年，杭锦旗委、政府组建治沙公司，无偿划拨8万亩沙丘，派专职人员进行沙漠生态植被建设试验。在治理了5万多亩后，当地政府看到了希望，加快了穿沙公路的修建。

1997年6月14日，穿沙公路正式开工建设，南起杭锦旗锡尼镇，北至巴彦淖尔市，横穿库布其沙漠，全长115公里，于1999年全线贯通。

在沙漠腹地修路，困难可想而知。风沙、高温、缺水等问题接踵而至，尤其令人恼火的是头天千辛万苦修好的路基一晚上就被风沙刮平了。修路治沙必须同时进行。治沙需要施行大面积的人工沙障，当地发动了全旗万人大会战，动员农牧民、干部职工等参与建设。全旗13万群众捐资，沿线农牧民不仅捐款，还要参与建设，一度出现万人空巷的局面。恶劣的自然条件让参与建设的农牧民吃尽了苦头。这里荒无人烟，方圆20公里几乎没有人家，没有吃处、住处，大家只能带干粮。一年一场风，从春刮到冬，环境相当恶劣。男人都抹口红，防止嘴唇干裂。"清汤挂面碗底沙，夹生米饭沙碜牙，帐篷卧听大风吼，早晨起来脸盖沙"，这是当时流传下来的一首顺口溜，记录了修路的真实情景。

经过三年苦战，公路两侧共实施了近5万亩沙障，设置沙障后再飞播造林，种子撒到格子里就不会被刮走。如今，公路两旁的沙地被郁郁葱葱的植被覆盖，不见漫天黄沙，大漠风采却依旧可感。这一变化也让当地百姓深刻体会到"绿水青山就是金山银山"。

115公里的穿沙公路连接了10万多人，打通了几个城市，当地农牧民的生活有了很大改善，当地企业的运输成本也大大降低。近几年，当地政府还依托库布其沙漠资源搞起了沙漠旅游,每年还要搞好多次的沙漠越野赛,其中有国际性的大型国际沙漠越野、沙漠拉力赛等,大大提振了当地经济,改变了当地人民的生活。

修路还把当地老百姓的精气神与齐心协力的干劲儿凝聚了起来,杭锦旗人民在修路治沙中涌现出的"不屈不挠,敢为人先,解放思想,艰苦奋斗"的精神被称之为"穿沙精神"。路虽修好了,"穿沙精神"却不曾被忘却,它在内蒙古交通运输行业不断地传承和弘扬,有了"穿沙精神",没有干不成的事情,只要想干,什么事情都难不倒我们。

2.劳模先进——"爱岗敬业、争创一流,艰苦奋斗、勇于创新,淡泊名利、甘于奉献"的典型

冯库——"60位新中国成立以来感动交通人物"。冯库同志,曾任内蒙古自治区呼伦贝尔市黑山头航道处副处长,2009年被交通运输部授予"60位新中国成立以来感动交通人物"称号。30多年来,冯库同志在多条船上担任过船长,由于他严格遵守航行规则和边境管理条例,没有发生任何水上交通事故和边境涉外事件。在多年的船上工作中培养了一大批船舶驾驶人员。为保证船舶出坞的安全,冯库同志深入第一线,带领船员做好船舶的出坞工作。在上冰放炮炸冰、推冰等有危险的工作时,他能身先士卒,确认无危险时才让大家放心作业,从而保证了船舶出坞的安全。出坞后,他又带领船员们进行船舶维修,哪里有脏活累活,哪里就有他的身影。额尔古纳界河地处我国北部高寒地区,冯库同志长期工作在环境艰苦的第一线,由于长期的风寒及长时间处于紧张驾驶状态,他患有严重的风湿和颈椎病,但他没有向病魔屈服,始终以饱满的工作态度战斗在艰苦的环境中。忘我的工作和真诚无私的奉献,使他在平凡的工作岗位上做出了不平凡的业绩,赢得了党和人民的信任。

王高乐——"2013年感动交通十大年度人物"。王高乐同志曾任内蒙古自治区包头市土右旗交通运输局局长,2013年被评为"感动交通十大年度人物"。十多年来,他以宽广的思路谋大事,以宽厚的胸襟聚人心,以身作则倡导了土右交通人"引项目说尽千言万语,筹资金想尽千方百计,搞建设愿付千辛万苦,求发展不怕千难万险"的"四千精神"和"困难再大吓不倒,问题再多难不倒,任务再重压不倒"的"三不倒精神",努力塑造"顶酷暑,冒严寒,任劳任怨;讲团结,谋发展,同心同德;尽职责,乐奉献,无怨无悔"的"三十字形象",带领干部群众修筑了全旗"两环三纵四横六出口八连接"公路网框架,初步构筑了一个内外衔接、城乡协调的交通网络,成功创造了"村村通"建设的"土右模式"。铺下的是路,树起的是碑,连接的是心,通达的是富,土右旗公路建设从包头市的倒数几名到自治区的先进,王高乐是当之无愧的拓荒者。如今土右旗地方财政收入和农民人均纯收入均达到2002年王高乐上任时的十几倍,农村的特色高效种养业和度假村等休闲农业项目得到极大的发展。土默特右旗10多年的交通基础设施建设堪称奇迹,这背后是王高乐艰辛的付出,他逐步兑现上任伊始"让乡亲们走上不沾泥巴的路"的承诺,用"三不倒精神"挺起土默特右旗经济腾飞的脊梁。

孙卫东——"2016年感动交通十大年度人物"。孙卫东同志现任内蒙古阿拉善盟达来呼布边防养护队赛汉陶来养护站站长。公路养护工作十分艰苦,"晴天一身灰,雨天一身泥"是一线养路工外部形象最明显的特征。30多年来,孙卫东凭借在部队上练就的爱岗敬业、扎实工作的优良作风,尽责尽职完成好各项工作。2009年他担任达来呼布边养队赛汉陶来养护站站长以来,承担起682.3公里的公路养护任务。为保公路畅通和行车安全舒适,他时常告诫自己和身边的站员"吃不了苦中苦,当不了养路工,只有公路畅通,心里才能踏实",这是他工作

的原则也是他从事公路养护事业的初心和动力。他处处身先士卒,脏活累活抢着干。多年来,每天他总是第一个到单位,烧油锅、备油料、提油壶,检查各项养护工具,做好准备工作。中午也顾不上休息,冒酷暑、战严寒,利用工余时间给一辆辆养护车辆加好油。下午又投入到紧张的养护生产工作中。晚上还要忙着检查这检查那,都整理地顺顺当当了才拖着疲惫的身体最后一个回家。在他的带动下,每年的公路养护工作进度上去了,质量也上去了,养护站所管养公路的路容路貌有了很大改观。在全国有名的生态恶化区、水资源奇缺区、沙尘暴多发区养好公路,凭的是一种精神、一种信念,孙卫东同志用高昂的工作热情和对事业的真诚和执着,为公路事业耕耘着、付出着。

奋力谱写辽沈大地振兴发展的先行华章

辽宁省交通运输厅

一、综述

改革开放以来,辽宁交通运输系统在省委、省政府和交通运输部的正确领导下,紧紧围绕辽宁经济社会发展大局,牢牢把握满足经济社会发展和人民群众出行需求这个核心,团结一心、抢抓机遇、锐意进取、接续奋斗,以前瞻性眼光和战略性思维,统筹谋划辽宁交通运输各项工作,谱写了辽宁交通运输事业大发展、大繁荣的历史新篇章,为实现辽宁振兴发展和全面建成小康社会作出了历史性重大贡献。

一是开启了中国大陆高速公路建设的新纪元。1984年,为适应经济社会发展对公路交通的迫切需求,以沈大高速公路为标志,辽宁在全国率先吹响了高速公路建设的号角,全部工程由我国自行设计、自行施工,开创了国内建设长距离高速公路的先河,为全国大规模掀起高速公路建设高潮奠定了坚实基础。在此基础上,辽宁交通人不断探索前进,创造了独具特色的统一规划、统一建设、统一管理、统还统贷的"四个统一"高速公路建设和管理体制,推动辽宁高速公路走上了发展快车道。到2017年底,全省开通高速公路27条、里程4212公里,密度2.86公里/百平方公里,主线桥梁96.6万米/1.35万座、隧道20万米/221座,辽宁不仅实现了与相邻省(区、市)全部通高速公路,而且在全省范围相继实现了"市市通高速""县县通高速"。高速公路在提高运输能力、降低运输成本、增强运输安全性、优化产业布局、提高地区经济竞争力等方面,发挥出越来越重要的作用,已经成为全省经济社会发展不可或缺的重要交通基础设施。

二是开创了普通公路建设发展的新局面。改革开放40年来,经过辽宁交通人的不懈努力和奋斗,普通公路路网结构日益优化,国道、省道、县道、乡道、村道五级路网体系基本形成,普通公路发展实现了量的突破和质的飞跃。目前,全省已经形成了层次分明、功能齐全、四通八达、遍布城乡的普通公路网络。特别是辽宁交通人深入贯彻习近平总书记"四好农村路"重要指示批示要求,深化农村公路管理体制改革,建立了以县级政府为主的农村公路管养体制,出台了农村公路管理办法、三年行动计划等一揽子文件政策,建立起投资、监管、考评等一系列长效机制,全省农村公路发展进入了新时代。党的十八大以来,全省累计投入60.4亿元,新建农村公路1.1万公里、总里程达到100553公里、占全省公路总里程82.6%,农村公路路面铺装率达64.5%、优良路率达69%,农村客运车辆达到7883台,乡、村通客车率达到100%。到2017年底,全省普通公路总里程达到11.8万公里,较改革开放初增长了3倍,晴雨通车里程11.1万公里,较改革开放初增长了7倍。二级以上普通公路总里程达到22306公里,比重由15.1%提高到18.8%。农村公路和交通的发展,彻底改变了农村交通运输长期落后的局面,为全省统筹城乡协调发展提供了有力支撑。

三是开辟了道路运输发展的新天地。改革开放以来,辽宁交通人从全省道路运输实际出发,坚持全面规划、远近结合、整体推进、协调发展的原则,转变观念、强化管理,道路运输在综合运输体系中的地位和作用日益增强。到2017年底,全省营业性运输车辆达79.5万辆。其中,到2017年底,营运客车30939辆,营业性载货车76.4万辆,分别是1977年的19.8倍、138倍。全省公路运输完成客运量5.77亿人次、旅客周转量298.9亿人公里,货运量18.4亿吨、货运周转量3058.6亿吨公里,分别为1977年的7.5倍、14.4倍、22.4倍、208.1倍,基本满足了经济社会发展和人民群众出行需求。道路运输基础设施不断完善,改革开放之初,全省客货场站主要由运输公司自行建设形成,规模较小、设施简陋、功能不全,没有专业性货运站。改革开放后,通过征收客货建设基金,全面规划客货场站建设,不断提高建设标准和集疏运能力,道路运输基础设施体系逐步形成。到2017年底,全省共有等级客运站509个、货运站108个。道路运输结构明显优化,改革开放之初,全省营运客车1561辆,营业性载货车5535辆。到2017年底,全省营运客车16348辆,营业性载货车34.3万辆,分别是1977年的10.5倍、62倍。同时,随着计划经济体制的转轨,全省涌现出了辽宁虎跃快速汽车客运(集团)股份有限公司、锦州盛通物流有限公司等一批规模化客货运企业,实现集约化经营客运线路639条,企业规模化、集约化水平显著提升。

四是开拓了沿海港口发展的新阶段。改革开放前,辽宁沿海港口吞吐能力严重不足,港口基础设施功能不完善。经过"七五""八五""九五"的建设开发,辽宁港口建设实现了跨越式发展。到2000年底,全省港口泊位达到250个,吞吐能力达到10112万吨,曾经长期困扰经济发展的"压船、压港、压货"等难题从根本上得到了解决。2001年,大连港港口吞吐量首次突破亿吨大关,成为全国第7个国际化亿吨大港,建成了亚洲地区作业效率最佳的集装箱码头。党的十八大以来,辽宁一方面大力推进以港口为核心的大枢纽建设,着力打造了"辽满欧""辽蒙欧""辽海欧"三条内连外通、设施完备的综合交通运输大通道。到2017年底,集装箱运量累计突破10万标准箱,年均增长27%以上,"辽满欧"货运量占满洲里口岸出境货物的50%以上,"辽蒙欧""辽海欧"均实现往返双向通航,大大缩短了辽宁与欧洲的区域时空距离,促进了人流、物流、信息流在更大范围内、以更快速度流动。另一方面,辽宁加快大连东北亚国际航运中心建设,打造东北亚国际航运枢纽。到2017年底,全省港口基础设施建设累计投资704亿元,建成生产性泊位415个,其中万吨级以上泊位231个,完成吞吐量11.26亿吨,其中集装箱吞吐量1949.8万标准箱。同时,与招商局集团合作,采取市场化方式,推进大连港、营口港等六个沿海港口实施整合,进一步提高港口集约化、现代化水平,全面提升辽宁港口整体竞争实力。

回顾改革开放40年的风雨历程,辽宁交通人深刻认识到,改革开放是决定当代中国命运的关键抉择,是发展中国特色社会主义、实现中华民族伟大复兴的必由之路。回首40年,辽宁交通运输不仅取得了辉煌的成就,而且积累了宝贵经验:

第一,推进交通运输事业发展,必须牢牢抓住解放思想这个基本前提。改革开放40年,也是全省交通运输系统广大干部职工思想不断解放的40年。交通运输发展取得的每一次进步,根本上都是思想的一次解放、观念的一次转变。我们必须坚持用习近平新时代中国特色社会主义思想武装头脑,始终做到与时俱进,确保交通运输事业发展始终沿着正确的方向不断前进。

第二,推进交通运输事业发展,必须牢牢抓住发展这个第一要务。深入推进交通运输事业发展,服务国家重大战略,服务现代化经济体系,就要强化发展意识,把握发展机遇,创新发展模式,破除发展难题,发挥好交通运输对国土开发、产业布局、对外开放等引领作用,进一步提高发展的质量和效益。

第三,推进交通运输事业发展,必须牢牢抓住以人为本这个关键核心。坚持以人民为中心的发展思想,把实现好、维护好、发展好人民群众的根本利益作为交通运输工作的出发点和落脚点,正确把握改革的力度、发展的速度和社会可承受的程度,坚持依法行政,加强安全管理,完善路网结构,让广大人民群众有更多获得感。

第四,推进交通运输事业发展,必须牢牢抓住全面从严治党这个根本保证。改革开放40年的实践证明,辽宁交通运输事业之所以能取得巨大成就,关键在于党的全面领导。站在辽宁交通运输事业发展新的历史方位上,必须把政治建设摆在首位,思想建党和制度治党同步发力,统筹推进全面从严治党各项工作,努力为交通运输事业发展提供坚强的政治保障。

二、基础设施成就

1.高速公路

十一届三中全会后,辽宁公路交通的落后局面与国民经济迅速发展的矛盾日益突出。为了适应经济社会发展对公路交通的迫切需求,辽宁省交通厅以沈大高速公路为标志,在全国率先吹响了高速公路建设的号角。

沈阳至大连高速公路(沈大高速公路)是国家"七五"重点建设项目,总投资22亿元,全长375公里,路基宽26米,为双向四车道,全线封闭为汽车专用公路,设计时速100~120公里,1984年6月开工建设,历时6年零2个月,1990年8月建成通车,是当时我国公路建设项目中规模最大、标准最高的公路建设工程。该工程由我国自行设计、自行施工,开创了我国建设长距离高速公路的先河,被誉为"神州第一路"。更为重要的是,这条公路的建成,为全国高速公路建设探索了经验、提供了典范。

沈大高速公路建成后,辽宁省交通厅紧紧围绕全省经济社会发展需求,抢抓机遇,奋力拼搏,全省高速公路步入了发展的快车道。2002年,辽宁省提前8年完成国家"五纵七横"路网规划在辽宁境内的建设任务,在全国率先实现了省辖市"市市通高速"。2014年实现了全省陆地县"县县通高速",进一步完善了辽宁高速公路网络,大大提升了公路通行能力和服务水平。截至2017年底,全省高速公路通车总里程达到4212公里,密度2.86公里/百平方公里,初步构建起"一网、三环、七射、五连、六通道、五疏港"的高速公路网络新格局。特别是沈山高速公路的建设,打通了东北地区的进京大通道。沈山高速公路是国家"五纵七横"国道主干线,是东北三省及内蒙古东部地区入关进京的主通道,也是"九五"期间国家重点建设项目。沈山高速公路全长361公里,总投资102.8亿元,按8车道规划,6车道标准建设,其中路堑段、特大桥、互通立交、跨线桥及服务区路段按8车道建设。设计行车速度120公里/小时。沈山高速公路为当时国内建设规模最大、标准最高、里程最长的高速公路建设项目。该项目的建成通车,对辽宁乃至东北地区的经济发展和对外开放,对促进辽宁西部地区的经济发展和环渤海经济带建设具有重大意义。

随着辽宁社会经济的不断发展，对公路通行能力需求也急剧上升。为此，从2002年5月至2016年9月，全省累计投资224.1亿元，相继实施了沈阳至大连高速公路348公里、沈阳至丹东高速公路（沈阳至桃仙段）11.7公里、沈阳绕城高速公路82公里和沈阳至四平高速公路148.5公里改扩建工程，其中2004年8月建成的全国首例348公里8车道高速公路改扩建工程——沈大高速公路改扩建工程，被国家评为"全国交通建设十佳优质管理项目""第七届詹天佑土木工程大奖""国家优质工程金奖""百项重大经典建设工程"等荣誉称号。

改革开放40年来，辽宁在高速公路建设中实现了多个全国"第一"。1986年在全国公路系统率先实行工程承包责任制，开始实行工程招标试点；1992年在全国公路系统第一个对外开放公路建设市场，第一个利用亚行贷款修建高速公路；1997年在全国率先执行在签订工程合同时，签订"廉政协议"，建立专家会审制度。在高速公路建设和运营管理中，辽宁始终坚持集中统一的管理模式，即"四个统一"：一是统一规划，省交通厅作为行业主管部门，负责统一编制全省高速公路中长期发展规划；二是统一建设，由辽宁省高等级公路建设局（现改制为辽宁省交通建设管理有限责任公司）分项目统一组织全省高速公路建设，对工程项目实施全过程负责；三是统一管理，由辽宁省高速公路管理局（现改制为辽宁省高速公路运营管理有限责任公司）对已建成通车的高速公路实施集中统一管理，负责收费、养护、监控指挥和服务区经营等管理工作（路政和超限治理由省高速公路路政管理局负责）；四是统一收费还贷，由省交通厅作为融资主体（2016年后转由辽宁省交通建设投资集团作为融资主体），统一筹措和使用建设资金，对全省高速公路通行费实行"统收统支"，对全省高速公路建设贷款实行"统贷统还"。

2. 普通公路

改革开放40年来，经过艰苦努力和不懈奋斗，辽宁公路事业一直保持持续快速健康发展的良好势头，实现了量的突破和质的飞跃。1978年全省公路总里程为30439公里，到2017年全省公路总里程达到122705公里，比1978年增加了92266公里；公路密度由20.8公里/百平方公里增加到83.4公里/百平方公里；二级以上公路总里程达到26518.5公里，比重提高到90.7%；新增有铺装路面82138.6公里，总里程达到86739.6公里，比重由15.1%提高到52.0%。经过40年的大建设、大发展，辽宁已经形成了层次分明、功能齐全、四通八达、遍布城乡的公路交通网络。

回顾改革开放以来辽宁省公路建设的发展历程，从发展理念、发展思路和发展水平上，大致经历了三个历史阶段。

第一个阶段是"七五"和"八五"时期（1986—1995年）。这一阶段的显著特征是历经"文化大革命"十年浩劫之后，经济发展刚步入正轨，全省百废待兴，对公路交通需求空前迫切。而公路交通基础设施薄弱，供给严重不足，已经出现了明显的"瓶颈"制约，突出的供求矛盾亟待尽快解决。这一时期辽宁公路实行"普及与提高相结合，以普及为主"的发展方针。"七五"期间，辽宁省于1986年9月颁布了全省第一部公路管理法规《辽宁省公路管理条例》，公路建设和养护管理从此步入法制化轨道。1988年12月《辽宁省贷款修建高等级公路和大型公路桥梁、隧道收取车辆通行费办法》出台，各地市收费站陆续建成并开始收费，这为全省公路建设提供了新的资金来源。辽宁实现了省会沈阳到所有省辖市通油路，市到县通油路。鞍山市台安县在全国率先实现了乡乡通油路、村村通油路。"八五"期间，全省新改建黑色路面1万多公里，工程量相当于前7个五年计划的总和，全省43个县际全部通黑色路面，形成了

"一网、四射、两环"的公路网格局。十年间,辽宁按照"统筹规划、全面安排、分期改造、逐步提高"的原则,围绕辽东半岛对外开放和"三辽"贫困地区开发建设,深化体制改革,创新发展方式,精心组织实施,国省干线公路交通"瓶颈"得到极大改善,全省实现市到县全部通黑色路面,公路通行能力明显提高。到1995年底,全省公路总里程达到42925公里,公路密度达到29.2公里/百平方公里。等级公路达到41923公里,占总里程的97.6%,其中二级以上公路达到6093公里,占总里程的14.2%。

第二个阶段是"九五"和"十五"时期(1996—2005年)。这一阶段的显著特征是辽宁正处于老工业基地脱困和经济转型的重要时期,大力实施结构优化、外向牵动、科教兴省战略,是辽宁老工业基地振兴和辽宁公路实现跨越式发展的重要历史阶段。同时,全省公路网络基本形成,养路费和通行费收入达到一定规模,具备了很好的物质基础。这一时期辽宁公路实行"普及与提高相结合,以提高为主"的发展方针。"九五"期间,辽宁"一网、五射、两环"的公路布局基本形成,实现了"工程出精品,养护树形象,管理上水平,科技求进步,改革促发展,精神文明出成果"的奋斗目标。"十五"期间,全省公路建设实现了"两个突破"和"两个百分百"的目标,即公路总里程突破5万公里,高级、次高级路面突破3万公里,实现100%乡镇通油路,基本实现100%行政村通油路。到2005年底,全省公路总里程达到51748公里,公路密度35.1公里/百平方公里。等级公路达到50980公里,占公路总里程的99.6%,其中二级以上公路14568公里,占公路总里程的28.5%;高级、次高级路面达到35588公里,占公路总里程的69.5%。省到市全部通高速公路,市到县、县到县通二级以上公路,主要城市进出口均为一级公路,乡乡通油路,村村通公路,布局合理、纵横贯通、干支结合、连接城乡的现代化公路网基本形成。

第三个阶段是"十一五""十二五""和十三五"时期(2006—2020年)。这一阶段的显著特征是东北老工业基地全面振兴和全面建设小康社会的关键时期,经济发展对公路建设提出了新需求,人民群众出行需求也日益增长。这一时期,辽宁公路实行"进一步完善公路路网,发挥路网整体功能"的发展方针。全面贯彻落实科学发展观,用"安全、舒适、美观、和谐、经济、耐久"的新理念指导工程设计、施工和养护管理工作。全省公路系统坚持以科学发展为主题,深入贯彻"稳增长、调结构、惠民生"的一系列政策举措,全面落实支持东北振兴的若干重大政策措施,紧紧围绕加快推进综合交通、智慧交通、绿色交通、平安交通、民生交通发展的总体要求,全省公路网体系得到进一步完善,路网规模显著扩大,技术等级大幅提高,路网结构趋于科学合理。到2017年底,全省公路总里程达到122705公里,公路密度达到83.4公里/百平方公里。等级公路达到111358.1公里,占公路里程的90.7%,其中二级以上公路26518.5公里,占公路总里程的21.6%;高级、次高级路面达到86739.6公里,占公路总里程的70.7%。全省形成了以国省干线公路为主通道,县乡村公路紧密衔接,功能完善、四通八达的公路网络格局,基本适应了全省经济社会发展需要,为全省公路交通向现代化迈进奠定了坚实基础。

3.水运工程

辽宁是中国东北地区唯一的沿海省份,是东北地区及内蒙古东四盟联通世界的海上门户,南临渤海与黄海,大陆海岸线东起鸭绿江口,西至辽冀海域行政区域界线,全长2292.4公里;背靠广袤的工业腹地,沿海城市众多,港口密集,交通发达。改革开放以来,在旺盛的运输需求带动下,辽宁港口事业保持了持续快速增长。

改革开放前,辽宁沿海港口吞吐量总计不足 1000 吨。随着国民经济与对外贸易的持续高速增长,港口建设与生产逐年提升。到 1985 年底,全省建成大、中、小商港 11 个,拥有码头 139 个,其中生产性码头 96 个、万吨级泊位 26 个。全省港口完成货物吞吐量 4570 万吨,是 1949 年的 32 倍,是 1978 年的 4 倍。

"九五"期间,累计完成投资 24.13 亿元,新建泊位 26 个,其中万吨级以上泊位 17 个、集装箱泊位 3 个。新增吞吐能力 1905 万吨、85 万标准箱。到 2000 年底,全省港口泊位达到 250 个,比"八五"增加了 48%,吞吐能力达到 10112 万吨,比"八五"增长了 31%,构建起以大连港、营口港为枢纽,丹东港、锦州港为两翼,大中小港口合理分布的沿海港口体系。

"十五"期间,辽宁坚持以经济发展为根本,以结构调整为主线,以改革开放和科技进步为动力,以资金投入为保障,在全国港口行业率先引入民营资本,积极探索和运用股票上市,通过内外合资合作、国际国内信贷等方式,不断加大基础设施建设力度,先后建成了具有世界先进水平的 30 万吨原油码头、国内最大最先进的 30 万吨矿石码头、亚洲规模最大的现代化粮食专业码头,具有国际水平的汽车滚装专用码头等一系列重点工程,具备了完善的内外贸集装箱、原油、成品油、铁矿石、散粮、煤炭、散杂货、钢材、商品汽车、液体化工的装卸、仓储、运输、服务,以及滚装运输和火车轮渡等功能,为辽宁成为我国重要的装备制造业基地和原材料工业基地提供了便捷、高效的服务。2003 年,中央明确提出"充分利用东北地区现有的港口条件和优势,把大连建成东北亚重要的国际航运中心",赋予了辽宁港口再开放、再提速、再发展的良机。五年累计投入 241.3 亿元,新增综合通过能力 9800 万吨,其中集装箱泊位 12 个、112 万标准箱。到 2005 年底,全省港口共有码头泊位 288 个,其中万吨级及以上泊位 108 个,综合通过能力达到 2.23 亿吨。

"十一五"期间,辽宁港口投资强度进一步加大,发展速度和质量持续提升,服务水平显著提高。五年累计完成投资 687 亿元,是"十五"时期的 3 倍,远远超过了自新中国成立至"十一五"前全部港口建设投资的总和。全省港口新增泊位 124 个,新增港口吞吐能力 2.7 亿吨。到 2010 年底,港口生产性泊位达到 340 个,其中万吨级以上泊位 153 个;港口货物吞吐能力达到 4.4 亿吨,其中集装箱吞吐能力达到 667 万标准箱。

"十二五"是辽宁港航发展速度最快、服务能力最强的五年。五年累计完成港口基础设施建设投资 1022 亿元,是"十一五"的 1.9 倍。港口生产性泊位达到 410 个,新增港口通过能力 1.5 亿吨、达到 5.8 亿吨。2016 年以来,为了进一步满足东北腹地经济对港口发展的需求,特别是"一带一路"倡议、供给侧结构性改革等重点战略实施带来的新机遇,辽宁港口建设由"大干快上"向"转型升级"转变,港口建设速度逐步企稳向好,服务水平稳步提升。

4.铁路、民航、邮政基础设施建设

2008 年国务院大部制改革,交通部、民航总局、国家邮政局撤并重组,成立交通运输部,下设国家民用航空局和国家邮政局,民航和邮政业务正式纳入交通运输行业管理。2013 年铁路政企分开,铁道部行政职责转由国家铁路局负责,由交通运输部管理。至此,现代综合交通运输管理体系初步确立。

截至 2017 年底,全省铁路运营里程达到 6462 公里(国铁 5961 公里,地方铁路 205 公里,企业铁路 296 公里),其中高速铁路运营里程 2038 公里(哈大客专辽宁段 556 公里、秦沈客专辽宁段 380 公里、京沈客专辽宁段 407 公里、沈丹客专 208 公里、丹大铁路 293 公里、盘营客专

89公里、通辽至京沈客专连接线辽宁段105公里)。占辽宁境内铁路运营里程92.2%的5961公里国铁由中国铁路总公司所属的沈阳局集团有限公司负责建设、运营和管理。205公里地方铁路包含城庄铁路(城子坦—庄河)、北保铁路(北票—保国老)以及正在履行移交沈阳局集团有限公司手续的海岫铁路(海城—岫岩)。296公里企业铁路包括国电投集团出资建设的锦赤铁路和春城集团出资建设的巴新铁路。

到2017年底,全省民用航空专用机场共有8个。具体为由辽宁省机场管理集团公司负责管理的沈阳桃仙国际机场、丹东浪头国际机场、锦州湾国际机场、朝阳机场和鞍山腾鳌机场,由大连国际机场集团有限公司负责管理的大连周水子国际机场和长海机场,由营口机场有限公司负责管理的营口兰旗机场。全省各民航专用机场共有跑道8条,累计长度19740米。全省共开通各类航线436条,其中国际航线72条,国内航线364条。

到2017年底,全省邮政行业拥有各类营业网点7125处,平均每一营业网点服务面积为20.77平方公里,其中设在农村的2368处,快递营业网点5407处。全省拥有邮政信筒信箱3650个、邮政报刊亭298处。全省邮政行业拥有各类汽车7172辆,其中快递服务汽车5218辆。全省邮政邮路总条数761条,农村投递路线2767条,城市投递路线2609条。全省快递服务网路条数7361条。

三、运输服务成就

(一)客运服务

1.班车客运

20世纪80年代初期,辽宁省班车客运线路多为市县境内短途班线,最长线路不超过60公里。1984年10月,中共十二届三中全会通过《中共中央关于经济体制改革的决定》后,辽宁省道路旅客运输企业获得经营自主权,国家指令性计划逐渐减少,代之以指导性计划,实行总量控制。20世纪80年代中期,随着社会运力进入道路客运市场,客运线路不断增加。到1986年底,全省共有道路运输企业142家,完成客运量2.3亿人,周转量71亿人公里。20世纪90年代以后,随着道路通行条件的改善和市场经济的发展,全省跨市班线数量逐步增多,以满足商品批发、采购客流需求为主的集贸班线蓬勃发展。到1990年底,全省道路运输部门县及县以上运输企业达到165个,完成客运量2.87亿人、周转量99.4亿人公里。20世纪90年代,省内线路并行且班次密集的线路开始整合,出现早期的集约化经营。到1992年底,全省客运线路达到2126条,其中跨省客运线路30条。到2017年底,全省班车客运线路达到6702条,跨省线路421条,跨地(市)线路1469条,客运量和周转量分别达到5.8亿人、298.9亿人公里。

2.包车客运

20世纪80年代到90年代末,包车客运刚刚兴起,全省包车客运主要以旅游包车为主,经营范围较小。旅游包车初始阶段发展较慢,没有形成稳定的包车客运市场。"十五"期间,随着旅游产业的兴起和通勤服务、会议包车等需求增长,农民外出务工、跨省旅游逐年增多,包车客运得到一定程度发展。"十一五"时期后,包车客运发展较快,包车数量从"十一五"时期初的1871辆,发展到2017年底达8965辆,不仅满足了长短途旅游和职工通勤的需要,而且还为节假日客流高峰时段提供了充足的预备运力。

3. 出租汽车

1979年5月,全省第一家出租汽车公司——沈阳市出租汽车公司成立。继沈阳、大连等大城市开始发展出租汽车行业后,到20世纪80年代中期,其他省辖市也都有了出租汽车。最初出租汽车主要承担外事、旅游、会议用车,也从事接送病人和为市民婚礼提供用车等服务,后来逐步面向普通居民。20世纪90年代后,出租汽车服务区域由城市逐步扩展到农村。经过近40年的发展,出租汽车由最初的高档消费成为大众消费,数量也由100多辆发展到2017年的93260辆,对于满足居民的个性化出行需求发挥了重要作用。特别是在国家全面启动深化出租汽车行业改革,将规范网约车发展作为改革重要内容统筹推进后,辽宁省政府办公厅印发了《关于深化改革推进出租汽车行业健康发展的实施意见》。2017年,省交通运输厅联合省公安厅、省通信局等部门完成了"全在用车""途途约车""容出行""鼎骏出行""舒行约车"等5个网约车平台线上服务能力认定工作,"全在用车"成为东北地区第一个、全国第八个网约车平台。各地全面推进网约车准入许可工作,截至2018年7月,共向50家网约车平台公司(含分公司)发放经营许可证,累计发放网约车运输证7000余张、驾驶员从业资格证3万余张。2017年,全省出租汽车完成客运量268456.6万人次、载客里程779137万公里。

4. 水路客运

十一届三中全会以来,全省实行开放搞活政策,形成了适应性较强的多层次、多样式的水上运输结构。1985年,水路运输完成客运量288.7万人次、周转量56826万人公里。"九五"期末,水路运输完成客运量达到650万人次、周转量达到110000万人公里,比"八五"期末分别提高了17.1%和27%。"十五"期间,伴随着港口的全面繁荣,辽宁航运走上了快速发展之路,水路运输完成客运量3061万人次、周转量41亿人公里,同比"九五"增长2%、1.5%。"十一五"期间,全省水路运输行业发展研究和监管体系建设能力持续提升,行业协会在行业自律和价格协调等方面的重要作用日益显现。"十二五"期间,水路运输完成客运量2720万人次、周转量335103万人公里。2017年,全省水路运输已实现客运量552万人次、周转量6.0609亿人公里。

(二)货运服务

改革开放前,道路货物运输按政府指令性计划安排,"运货难"的问题始终存在。1983年以后,随着改革开放政策的不断深入人心,允许个体及联户经营道路货物运输业。到1983年底,全省交通专业运输企业拥有营运货车7200辆,个体业户拥有营运货车4000辆。1990年底,全省交通专业运输企业拥有营运货车9150辆,个体业户拥有营运货车3.59万辆,个体运输户经营的货运车辆有效缓解了当时道路货物运输需求的紧张局面。1992年后,道路货运市场因准入门槛低、投资回报快,一度成为许多个体经营者的首选,大批社会运力投入市场营运,出现了运力供应过剩的局面。"十五"时期以后,全省道路货运生产平稳增长。"十二五"期末,全省道路货运量、周转量分别达到17.2亿吨和2850亿吨公里,比"十一五"时期分别增长35.4%和47.7%,道路货运量、周转量在综合运输体系中的比重持续提高。2017年,全省道路货运量、周转量分别达到18.4亿吨和3058.6亿吨公里。

1986年后,辽宁通过道路运输的危险货物的种类和数量不断增长,危险货物运输企业的数量逐渐增多,规模不断扩大,危险货物运输车辆也从以单一的普通货车为主,向以集装箱车、罐式车和厢式货车等专用车型为主的方向发展。到2017年底,全省道路危险货物运输企业所承运的危险货物主要涉及9大类、12个项别,共计121个品种。

2015年以来,辽宁积极推动货运及交通物流发展,建立了全省交通物流联席会议制度、全省农村物流及农产品现代流通体系和联席会议制度,以及区域交通物流合作机制,制定各项发展政策、规划及实施意见,明确全省交通物流战略和具体发展目标,加快物流产业结构调整、推动物流产业转型升级。联合山东省共同推进辽鲁陆海货滚甩挂运输大通道建设,打造我国第一条货滚甩挂运输多式联运通道。构建了以大连港、营口港为起点,途经满洲里,再到俄罗斯乃至欧洲各地的"辽满欧"综合交通运输大通道。大力推进甩挂运输、无车承运人、汽车之家等试点项目和示范工程,道路货运和交通物流工作取得突破性进展。

改革开放进一步深化的同时,也给水路运输带来巨大物流,为辽宁船队发展提供了难得发展机遇。"九五"期末,全省水路运输完成货运量2800万吨、周转量510亿吨公里。"十五"期间,水路运输完成货运量19623万吨、周转量5599亿吨公里,同比"九五"增长20.4%、30%。"十一五"期间,全省完成水路运输货运量、周转量年均增长14%和29%,船舶运力年均增长20%,均超过辽宁年GDP增长速度,为辽宁经济发展提供了有力的水路运输保障。"十二五"期间,全省累计完成水路运输货运量63952万吨、周转量39011亿吨公里。2017年,全省水路运输已实现货运量1.4亿吨、周转量8.6089亿吨公里。

特别是2014年辽宁省确定了以加快推进物流园区建设、推进物流基础设施和信息化发展,带动全省交通物流全面发展的工作思路,为辽宁水路交通物流业迎来了历史性发展元年。截至2017年底,大连东北亚国际物流中心核心功能区"一港、八区、六系统"的发展格局基本确立,以大连为中心,集海、空、铁、陆、管等多种运输方式于一体的国际物流运输体系初步建成,东北地区内陆干港及节点网络、环黄渤海公共内支线网络全面完善,国际保税物流、国际集装箱物流、国际冷链物流、国际木材物流、进口食品物流、国际空港物流等重大项目顺利推进,仓储集群能力超过千万吨。

(三)运输装备

1.道路运输装备

1988年全省共有客运班车3079辆,1990年增加到3276辆,2000年增至15516辆,"七五"到"九五"期间年平均增长17.5%。2001年,全省客运班车达到16095辆。"十一五"和"十二五"时期,由于推行集约化经营和高速铁路的兴起,客运班车数量呈下降趋势。2010年,全省共有客运班车14655辆。到2017年底,全省客运班车达到13538辆。

"七五"和"八五"期间,全省道路客运车辆在车种、车型方面虽然有所改善,但总体结构不尽合理,老旧车、小型车所占比重很大。为解决运力严重不足问题,新增运力多是40座以上大型客车。大型车辆主要是解放CA10B661、大连客车厂生产的大连远征DK6111、抚顺客车厂生产的抚顺号、四平生产的660客车和丹东生产的黄海客车等,个别干线上投放了匈牙利生产的依卡路斯车、南斯拉夫生产的桑诺斯车。小型客车以沈阳生产的11座金杯车、松辽车为主。"八五"期间,全省道路运营车辆中中型客车占一定比例,主要是国产牡丹、少林等品牌车辆。"九五"期初,全省车辆档次仍处较低水平,中、高档客车占比不足10%,其中中型客车有少林、华西等车型,小型客车有牡丹、金杯等车型。2000年以后,全省车辆更新改造步伐逐渐加快,高档次车辆比例明显提高。"十五"期间,全省营运客车车型结构日趋合理,老旧车型逐步被淘汰,车辆档次提高,大型、中型、小型车辆基本各占1/3,其中大型客车有金龙、宇通等车型,中型客车有宇通、少林等车型,小型客车有迎客松、飞碟等车型。截至2005年底,全省中、高档车辆占比达到29.53%。"十一五"期间,全省营运客车车辆档次不断提升,大型客车有黄海、金龙、宇通等车型,中型客车有天菱、舒驰、江淮等车型。"十二五"期间,大中型营运客车车辆档次持续提高,大型客车有金龙、宇通、安凯、海格等车型,中型客车有海格、舒驰、中通等车型,小型客车有舒驰、友谊等车型。到2017年底,全省中高级班车达到9583辆,所占比重达到70.8%。

20世纪80年代至90年代末,全省旅游包车车型主要以日野、三菱等中型客车,以及尼桑等面包车、皇冠等轿车和一些班线淘汰的黄海牌老旧客车为主。1996年以前,旅游包车绝大部分未纳入行业管理,以非交通部门管理和个体经营为主。1997年至1999年,纳入行业管理的旅游包车总数为237辆,未纳入行业管理的车辆总数在1500辆左右。2000年,全省共有包车客运车辆353辆,其中高级车53辆,占比15%。2005年,全省包车客运车辆数量增加到1189台,以沈阳、大连两市车辆数量最多。2006年以后,全省包车客运车辆进入快速发展阶段,车辆档次进一步提高,中高级车辆比重增加,车型主要以大型、中型为主,分别占52%和42%,以宇通、金龙等品牌为主,还有部分沈飞、丹东产黄海和少量的沃尔沃、凯斯鲍尔等。小型车较少,以金杯、丰田考斯特等品牌为主。2010年,全省包车客运企业达到168家,车辆总数5344辆,其中中高级车辆4973辆、占比93.1%。到2017年底,全省中高级包车客运车辆达到8847辆,所占比重达到98.7%。

1990年以前,全省出租车车型主要为菲亚特125型与126型、波罗乃茨和二手拉达等。1997年,全省出租汽车达到52478台,车型主要有拉达、菲亚特、夏利、皇冠等。1998年后,全省出租汽车行业进入总量控制、结构调整、转变发展方式阶段。这一时期,车辆数量保持平稳,中、高级出租汽车比例得到较大提高。到2005年,沈阳、大连等市以捷达、中华、奇瑞等车型为主;中、小城市以夏利、长安、吉利等车型为主;县城由原来的以微型面包车为主,逐步提升为以夏利等车型为主。"十二五"期间,全省出租汽车车辆档次进一步提高,车型以桑塔纳、中华、捷达、伊兰特、现代为主。从2012年开始,出租汽车陆续使用清洁能源车型,通过改装气瓶或者新购置等方式增加清洁能源车辆比例。2012年,全省共有清洁能源出租汽车14808辆,占比16.4%。截至2017年底,全省共有出租汽车93260辆,其中清洁能源出租汽车59237辆,占比63.5%。

1985年以前,全省道路货运车辆以老旧低效和高能耗的中型普通货运车辆为主。1986年以后,货运车辆的运力结构逐步得到优化,集装箱运输、罐式容器和冷藏保鲜运输等货物专用车辆迅速增加。随着大连港、营口港逐渐成为东北及内蒙古东部地区外贸、内贸中心并成为区域性集装箱运输枢纽,旺盛的运输需求带动了集装箱运输车辆的快速增长,20世纪80年代后期平均每年的增长幅度达到23%。大型物件运输特别是特大型物件运输逐年增多,辽宁省先后为全国16个地区生产厂家完成大型设备的运输任务,1986年以后共承运国家重点工程设备近210车次。"七五"期间,全省运输企业新增货运车辆3693辆,更新货运车辆1701辆。到1990年底,全省货运车辆发展到47408辆。"八五"期间,全省货运企业根据市场需要和自身经营状况,仅以小批量新增和更新车辆,货运车辆的数量增长和结构调整进入平稳期。

1995年,全省货运车辆共有60248辆。1995年以后,随着国家各项产业的快速发展和道路货运市场的逐步放开,道路货运需求量大幅增加,大批社会车辆涌入道路货运行业,货运车辆数量快速增长。到2000年底,全省货运车辆达到239579辆。到2005年底,全省营运货车达到308081辆。"十五"时期以来,通过鼓励货运经营者重点选用燃料消耗量达标车型及集装箱、厢式、多轴重载、专用车辆等优先发展车型,使辽宁优先发展专用车型取得长足进步。到2017年底,全省货运车辆达到76.4万辆,其中集装箱、厢式货车、多轴重载车辆分别达到1.8万辆、14.1万辆和10.9万辆。

2.水路运输装备

改革开放以来,在交通运输部的政策支持下,辽宁水路运输迈进新的发展阶段。"九五"期末,辽宁拥有营运船舶833艘、135万载重吨、3万客位。"十五"期间,辽宁航运部门注重提质增效,转变发展方式,紧紧依托密集的疏港公路、发达的高速公路、四通八达的铁路、航空和管道网络,大力发展客滚船、内外贸集装箱船、大型散杂货船、液化气特种船,逐步淘汰老旧船舶,提升单船运力,形成了船龄合理的梯形层次分布,运力总量达324万吨,相当于"八五"时期和"九五"时期十年的总和。"十一五"期间,辽宁加快客运船队更新升级步伐,2艘渤海湾大型豪华客滚船舶、8艘陆岛运输客船、6艘30万吨级油轮、4艘大型散装化学品船上线营运。到2010年底,全省拥有国内沿海客船(含客货船)75艘、3.25万客位;货船445艘、740万载重吨,其中油船72艘、589万载重吨,集装箱船15艘、8108标准箱。"十二五"期间,辽宁着重转变水路运输发展方式,鼓励和吸引了一批大型航运公司与大企业、大货主、大港口及本省航运企业合资合作,培育壮大辽宁航运骨干力量,拥有国内沿海运输船舶535艘、807万载重吨,运力较"十一五"期同比增长12.1%。

四、行业管理成就

(一)法治建设

1.交通运输法治体系框架建设

1978年以前,辽宁省交通事业行政管理主要沿用20世纪60年代颁布的地方规章和交通行业规范性文件,主要包括1962年出台的《辽宁省机动车管理办法实施细则》、1963年出台的《辽宁省公路路产保护奖惩办法(草案)》、1964年省人民委员会《关于加强公路运输市场管理的暂行规定》和1978年出台的《辽宁省公路汽车旅客运输实施细则》等。这些地方性规章和行业规范性文件,立法层次低,法律效力弱,管理力度小,覆盖面单一和狭窄,缺少衔接和配套,全省交通事业行政管理未能形成适应省域经济社会发展需求的交通法治综合体系。

改革开放以来的40年间,根据国家改革开放的总体要求和全省经济发展不同时期的特点以及交通行业快速发展的需要,辽宁按照立法程序规定,陆续制定、颁布和出台了一系列交通行政法规和政府规章及行业规范性文件,逐步建立起了一套适应辽宁经济社会发展和交通事业快速发展需要的公路、水路和道路运输法治体系框架。

1978年至1994年,辽宁交通立法工作主要是解决交通发展中较为突出的公路建设资金筹措、道路运输市场化、港口基础设施建设和水路运输管理等问题。这一时期法治建设工作主要呈现以下五个方面特点:一是层次逐渐提高,法规、规章多为省人大、省政府出台;二是立法规范性、操作性明显增强,基本上能够适应全省交通事业发展需要;三是省级、市级立法数量不断增加,省及各有立法权的市相继出台了多部地方法规和规章;四是立法规划受到了高度重视;五是法规修订和清理工作也开始启动。按照立法程序规定,辽宁适时对全省交通运输法规规章进行清理,以适应全省交通运输发展和行业管理的需要。这些交通法规的制定和实施,在很大程度上解决了一批由于行业法规规章滞后于交通运输行业发展而引发的突出问题,在原来许多方面无法可依的局面得到了较大改观。辽宁先后制定出台的主要法规有1986年的《辽宁省公路管理条例》、1987年的《辽宁省公路运输管理实施细则》、1991年的《辽宁省地方港口建设行政管理办法》、1994年的《辽宁省高速公路管理条例》和《辽宁省公路养路费征收管理办法》等。

1995年至2018年,为适应辽宁经济社会快速发展、建设法治政府和交通事业发展需要,辽宁交通立法思路和立法方式都有了根本性提升。这一时期法治建设工作的最主要特点是在充分总结前一段时间交通法规规章执行和落实情况的基础上,交通立法质量和层次得到了质的飞跃。2003年重新修订出台了《辽宁省道路运输管理条例》;2004年对《辽宁省高速公路管理条例》进行了修改,使全省高速公路管理更加规范。同时,强调服务性交通立法理念,更加注重公众利益,在贯彻行政诉讼法和强化行政复议工作上也采取了一些新举措。2005年出台的《辽宁省港口管理规定》是继国家港口法颁布后国内沿海地区第一部港口管理的地方性法规。立法机制也更加健全,省、市交通主管部门基本健全了法治工作体系和机构,立法工作从行业发展实际出发,更加注重完整性和配套体系。截至2015年,全省交通运输领域已出台省级地方性法规5部、省级政府规章5部、厅级规范性文件86部;市级地方性法规20部、政府规章23部,在全省形成了较为完备的系统性地方交通法规体系。

在推进法治建设的过程中,辽宁交通运输行业十分注重法规体系系统配套建设工作。在与国家法律、法规和规章衔接,使之成为国家交通法规体系的一个组成部分的同时,注重本省地方性法规规章的有机配套,尽量让法规规章覆盖交通行政管理的各个方面,做到有法可依。1983年《中华人民共和国海上交通安全法》、2000年《中华人民共和国内河交通安全管理条例》发布后,制定出台了《辽宁省乡镇船舶安全管理办法》《辽宁省海船登记办法》;1986年交通部、国家经济贸易委员会联合制定《公路运输管理暂行条例》和1987年国务院发布《中华人民共和国水路运输管理条例》后,制定出台了《辽宁省水路运输管理实施办法》《辽宁省公路运输管理实施细则》。同时,根据全省交通行政管理需要,在国家尚未颁布法律法规的情况下,遵循不与国家有关方针政策相抵触的原则,先后提请省政府批准颁布了《辽宁省高速公路管理办法》《辽宁省地方铁路管理办法》。

2.执法队伍

到2017年底,辽宁14个地级市设立了交通(运输)局(委),4个沿海地级市设立了港口与口岸局,101个县区绝大部分设立了交通局。交通行政执法涵盖了道路运政、公路路政、水路运政、港口行政、地方海事、船舶检验、航道行政、综合执法、交通工程质量与安全监督等9大行业门类,执法主体477个、执法人员9836人,其中省厅直属执法单位91个、执法人员2513人;市县执法主体386个、执法人员7323人。辽宁执法队伍建设坚持以人为本、从源头抓起,不断提高执法人员法律观念。制定了《交通行政执法人员岗位培训规划》,落实交通部《交通行政职业道德基本规范》《交通行政执法岗位规范》,严格执行培训上岗制度。从2001

年起,辽宁规定交通执法人员必须经过培训考试合格才能取得执法证件,必须符合具备45岁以下、具有大专以上学历等条件才能从事交通运输系统执法工作。

3.执法监督

从2005年初开始,辽宁重点加强对《行政许可法》《交通行政许可程序规定》《交通行政许可责任追究办法》等法律法规执行情况的监督检查。通过检查执法队伍建设、执法责任制度落实、社会监督、罚缴分离等情况,纠正违法和不当的行政执法行为。全面实行执法公示制和承诺制,各基层执法单位普遍做到执法主体、执法程序、执法依据、执法标准、执法监督和当事人权利"六公开",方便人民群众监督。为扩大监督面,设置了举报电话、举报箱,通过宣传栏、新闻媒体、电子网络等形式推行政务公开、执法公示等社会监督。截至2015年,全行业聘请了1208名行风监督员,通过加强内外监督,促使交通行政执法人员在人情关、关系关、金钱关面前坚持原则、秉公执法,使执法队伍的形象发生了明显变化。

(二)管理体制改革

1.机关管理体制改革

十一届三中全会以后,国家分别进行了八次较大规模的政府机构改革,省、市、县也相应进行了地方政府机构改革。在历次机构改革中,全省交通管理部门按照精简、统一、效能的原则,精简编制,转变职能,强化管理,实行政企、政事分开,不断完善交通管理体制。根据辽宁省委、省政府关于党政机关与所办企业脱钩规定,辽宁公路水泥厂于2001年9月与辽宁省交通厅解除行政隶属关系,由辽宁资产托管经营有限责任公司管理;辽宁省路桥建设总公司于2002年3月与辽宁省交通厅解除行政隶属关系,交由省国有资产管理委员会管理。2016年2月,辽宁省成立辽宁省交通建设投资集团有限责任公司,将辽宁省交通厅所属经营性事业单位全部转制为企业,与辽宁省交通厅所属企业一并划归省交投集团管理,实现了政企分开。2017年5月,辽宁省交通厅更名为辽宁省交通运输厅。

2.公路养路费征稽管理体制改革

1983年以前,公路养路费(以下简称养路费)征收管理由省市公路管理部门负责。1983年1月,改由交通监理部门负责。1985年8月,因交通监理职能划归公安部门,辽宁下发《关于公路养路费征收工作单独设置机构办理的通知》,决定从1985年9月1日起,养路费征收管理工作从交通监理部门划出,由养路费征稽部门负责。1990年,辽宁省机构编制委员会、交通厅、财政厅联合印发《关于辽宁省交通征费稽查机构和人员编制管理试行办法的通知》,明确养路费征收机构为省、市、县三级分级管理体制,各级交通征费稽查机构为隶属于各级交通部门领导的事业单位。全省共设14个养路费征稽处,各县(市、区)共设98个养路费征稽所。全省养路费征稽人员编制1801名。1991年12月,交通部、计划委员会、财政部、物价局下发《关于发布公路养路费征收管理规定的联合通知》,确定"养路费征收工作实行统一领导集中管理的原则"。从1992年1月起,辽宁省养路费征收体制采取税务征收体制的模式,辽宁省政府决定交通征稽机构的人、财、物由辽宁省交通厅统一管理,并于当年4月完成接收工作。同年8月,辽宁省机构编制委员会印发《关于省、市、县(市、区)交通征稽机构更名的批复》,将省交通征费稽查处更名为省交通征稽局。2008年12月,国务院印发了《关于实施成品油价格和税费改革的通知》,决定自2009年1月1日起实施成品油税费改革,取消原在成品油外征收的公路养路费等6项收费。按照《国务院办公厅转发交通运输部等部门关于成品油价格和税费改革人员安置工作指导意见的通知》精神,辽宁全省各市县路政人员与省交通征稽人员合并。2009年7月,经辽宁省机构编制委员会批准,组建辽宁省公路路政管理局。

3.车辆购置附加费征稽管理体制改革

辽宁省车辆购置附加费(简称车购费)征稽管理,由各级养路费征稽部门负责。1992年3月前为分级管理,1992年4月后为全省统一管理(沈阳、大连除外)。1992年4月,省政府办公厅下发文件,明确车购费由交通征稽机构统一征收和管理。辽宁省车购费征收管理办公室设在省交通征稽局,全省12个市征稽处(不含沈阳、大连)也设立相应的机构。根据2000年10月国务院颁布的《中华人民共和国车辆购置附加费暂行条例》,2001年1月车购费改为车辆购置税。2001至2004年,由于车购费改为车辆购置税后的机构、人员尚未划转安置,车辆购置税由交通部门原车购费征收管理机构代征。2004年末,全省车辆购置税在职代征管理人员255人考试录用到省国家税务局。

4.高速公路管理体制改革

1989年7月,省政府发布《辽宁省高速公路管理办法》,规定高速公路由省统一管理,省高速公路管理局实行交通厅、公安厅双重领导体制,行政机构挂靠交通厅。省高速公路管理局统一负责全省高速公路管理工作。1994年3月,高速公路交通安全实行属地化管理,全省高速公路交警支队所属的各大队成建制地划归各市(地级)公安机关。1994年9月,省人大颁布《辽宁省高速公路管理条例》,规定省政府交通行政管理部门是全省高速公路管理的主管部门,其所属的省高速公路管理部门具体负责全省高速公路的养护、路政、收费、通讯监控和综合服务的监督管理工作,以地方法规的形式确立了辽宁高速公路的管理体制。1996年9月,经辽宁省政府批准,在省高速公路管理局基础上组建国有独资公司"辽宁省高速公路发展有限责任公司",实行一套人马、两块牌子,并授权为国有资产经营主体,对总公司范围内的国有资产进行经营和管理,确保国有资产的保值增值。2016年2月,辽宁省高速公路管理局更名为辽宁省高速公路路政管理局,人员编制1259名,主要负责全省高速公路路政管理相关工作,下设20个路政管理处。原来由辽宁省高速公路管理局承担的高速公路运营、养护等职能由省交投集团承担。

(三)投融资体制改革

1.普通公路投融资管理

普通公路建设养护实行中央、省补助和地方自筹的投资政策,资金来源主要为中央车购税补助、公路养护费(燃油税返还资金)和自筹资金。

1988年12月,辽宁省政府发布《辽宁省贷款修建高等级公路和大型公路桥梁、隧道收取车辆通行费办法》。1989年2月,鞍山、锦州等市部分收费站开始收费。截至2009年,全省共设立收费站84个。"贷款修路、收费还贷、滚动发展"政策为公路建设增添强大动力。2009年4月,辽宁省政府发布通告,决定自2009年5月1日零时起,全省政府还贷普通公路收费站停止收费,取消收费后的贷款余额纳入高速公路统贷统还。

2011年,按照实施沈阳经济区、突破辽西北及沿海经济带开发战略,辽宁省政府决定将滨海公路、公铁立交、辽河和凌河生态文明示范路建设贷款纳入高速公路统贷统还。2016年,辽宁与中国农业发展银行辽宁省分行联合转发《关于用好抵押补充贷款资金支持农村公路建设的通知》,积极探索新融资方式。

2.高速公路投融资管理

辽宁省高速公路建设资金来源主要为国家投资、公路养护费(燃油税返还资金)、高速公路通行费和银行贷款。高速公路建设资本金比例占25%或35%,其余建设资金均利用银行贷款。省交通厅作为融资主体,统一筹措和使用建设资金,对全省高速公路通行费实行"统收统支",对全省高速公路建设贷款实行"统贷统还"。辽宁于1991年开始尝试"贷款修路、收费还贷"的筹措融资办法,1993年开始试点利用外资修路。通过利用国内银行贷款、亚洲银行贷款,以及国债、地方政府债券、国开行软贷款等筹融资方式,积极筹措建设资金,保证高速公路建设需求。同时,利用银行发行信托理财、采取贷款优惠利率、优先使用低息贷款等金融政策努力降低融资成本。为解决高速公路建设资金困难,"十二五"期间,经省政府同意葫芦岛建昌至兴城、辽阳灯塔至沈阳辽中及盘锦辽滨疏港高速公路项目采用BT模式投资建设,即由投资方负责项目总承包投资建设,工程验收合格后由省交通厅回购并运营管理。为推动交通基础设施持续健康发展,构建新的投融资和运行管理模式,2015年9月省政府批复组建辽宁省交通建设投资集团有限责任公司。2016年5月31日,省交通厅与省国资委签订移交协议,将省交通厅债务余额及所属省高等级公路建设局、省高速公路实业发展总公司、省高速公路管理局账面资产、负债、所有者权益及省交通厅纳入高速公路统贷统还项目划转省国资委管理,并将省本级对铁路项目各项补助及借款形成的投资划转省国资委管理。2016年6月,省国资委将上述资产、债务注入省交通建设投资集团有限责任公司。

3.积极探索PPP模式

2014年,国务院《关于加强地方政府性债务管理的意见》(国发〔2014〕43号)出台后,交通基础设施建设无法再利用银行贷款融资,只能利用地方政府债券资金或采用政府和社会资本合作模式(PPP)解决。为鼓励和引导社会资本参与交通运输领域的投资、建设和运营,推进投资主体多元化,2015年10月省交通厅与省财政厅共同印发了《辽宁省高速公路PPP项目实施办法》,以指导省内高速公路政府和社会资本合作项目的实施。

(四)技术政策及标准建设

改革开放以来,辽宁省交通运输厅制定了一系列指导交通运输技术发展的相关政策。1997年,根据经济快速发展和公路交通量猛增的实际情况,制定下发了《辽宁省公路发展技术政策》,对公路建设技术标准提出详细要求。特别要求路面基层全部采用水泥稳定砂砾半刚性基层,面层采用沥青混凝土与沥青碎石双层摊铺,部分路段实施GBM工程标准。

2001年,制定下发了《辽宁省公路发展技术政策》(修订稿)。2006年,制定下发了《辽宁省"十一五"公路技术政策》。分别对公路等级、路线、路基工程、路面工程、桥涵工程、隧道工程、路线交叉、养护决策、路基养护及路面养护等方面的内容进行明确说明,对辽宁"十一五"期间公路建设养护工程的实施起到了指导作用。同年,印发了"十一五"期间辽宁公路硬件设施和软件管理的纲领性文件——《辽宁省"十一五"公路养护技术政策(试行)》,对提升辽宁公路养护管理和路网服务水平起到了积极的推动和促进作用。

2012年,制定了《辽宁省"十二五"公路技术政策》,主要从养护评价及决策分析、新建、改建工程、大修工程、中修工程、预防性养护工程、小修保养、交通工程及沿线设施、保障措施等八大方面说明了各个公路工程实施阶段的技术指标、相关要求及注意事项,为辽宁"十二五"期间的普通公路工程建设提供了技术依据,指明了发展方向。

2015年,制定了《辽宁省"十三五"普通干线公路技术政策》,包括评价及对策、新建、改建工程、大修工程、路面中修工程与预防性养护工程、小修保养、交通安全及沿线设施等方面,进一步拓展服务功能和安全应急处置能力,更好地适应经济社会发展和人民群众安全便捷出行的需要。还制定了《辽宁省"十三五"农村公路技术政策》,根据农村公路建设、养护的特点,本着适度超前、协调发展、逐步提高的原则,积极推广应用经济、耐久、环保技术,为省内农村公路建设与养护提供了指导。2015年9月,印发了《辽宁省公路水路交通运输主要技术政策》,分公路工程、水运工程、运输服务、城市交通、安全应急、节能环保和信息化7个领域,共计45条技术政策,作为今后一个时期,辽宁交通运输技术发展的纲要文件,为有关规划、标准、规范、规程等的编制和修订提供政策支持。

在不断完善地方标准体系建设方面,辽宁省交通运输厅面向现代交通运输业的发展需求,加强交通运输工程建设养护、运输组织管理、安全应急保障、节能减排和信息化等方面的标准化建设,在提升行业治理能力和服务水平方面发挥了积极作用。以成熟科技成果为基础,通过对生产实践经验的总结,共编制发布了35项地方标准。在公路水运工程方面,陆续编制发布了《SBS改性沥青混合料设计与施工技术规范》《高模量沥青混合料施工技术规范》《沥青路面养护工程质量检验评定规范》《CAPE封层设计与施工技术规范》《沥青路面就地冷再生施工技术规范》《高速公路微表处设计与施工技术规范》《公路桥梁加固工程质量检验评定标准》《沥青路面厂拌冷再生设计与施工技术规范》《高速公路隧道LED照明设计规范》《水运工程混凝土结构实体质量验证性检验技术规程》《辽宁省农村公路检测与评价技术指南》《高速公路绿化工程质量检验评定标准》等,有效指导了科研成果在辽宁交通运输生产建设领域的规范应用,为交通运输基础设施建设、养护管理提供了重要技术支撑;在运输管理和服务方面,陆续编制发布了《经营性道路运输驾驶员职业健康评价规范》《城市公共汽(电)车客运服务规范》《道路旅客运输服务规范》《城乡一体化运营客车类型划分及等级评定》等,进一步促进运输管理和服务工作的规范化,强化运输安全,提高安全运营服务能力,进一步满足广大人民群众出行需求;在信息化方面,陆续编制发布了《交通地理信息电子地图数据分类》《交通地理信息电子地图要素》《交通云环境 第1部分:WEB应用安全技术规范》《交通云环境 第2部分:信息安全保护技术规范》等,为信息共享和信息安全提供了技术支撑。

五、科技创新成就

(一)科技创新体制改革

改革开放以来,辽宁省交通运输厅制定了一批科技管理方面的规范性文件,主要有《辽宁省交通科技发展基金管理办法(试行)》《辽宁省交通厅科学技术成果有偿转让暂行办法》《辽宁省交通系统科研项目招投标管理办法》和《辽宁省交通厅科研管理办法》等。其中《辽宁省交通厅科研管理办法》发布于1995年,1998年、2002年、2011年、2014年相继作四次修改,并于2014年更名为《辽宁省交通厅科技项目管理办法》。通过对前期工作、招投标管理、组织实施、经费管理、专家咨询、项目验收、成果管理等环节严格把关，突出"面向实际、重点突破、立足创新、注重推广、强化管理"的原则，实现科研工作的规范化、制度化、科学化管理。2011年，建立了辽宁省交通科技项目申报系统，强化了科研项目遴选专家评审打分和网评环节，进一步优化了科研项目遴选立项程序，推进了科技成果的网上公开共享工作，目前已实现290项科技成果的网上公开。

1988年以来，辽宁省交通厅共下达辽宁省交通科技项目计划767项。从管理模式看，1986—1991年是第一个阶段，年度科技计划由省交通厅科技处按平时掌握情况，将意向型项目和资金"捆绑式"下发给厅直属单位及各市交通系统，但由于资金缺乏，科技转化为生产力的效果不甚理想；1992—2016年是第二个阶段，在年度科技计划安排中，集中力量开展重点项目攻关，解决交通运输发展的关键性、普遍性技术问题。由厅直属单位和各市交通局申报项目，省厅组织专家审定，经厅党组审议后下发执行；2016年至今是第三个阶段，结合科技体制改革，省厅更加注重支持企业开展科技创新工作，在计划项目立项过程中，坚持"企业为主体、市场为导向、政府搭平台"的原则，顺应科技管理改革要求，一方面发挥企业在市场导向类科技创新中的主体作用，支持企业以自筹经费形式开展技术创新类项目研究，另一方面发挥政府在政策性、基础性研究及重大科技攻关中的统筹引导作用，利用财政资金开展标准、政策类项目研究。

辽宁省交通运输厅组织实施科研项目攻关，始终遵循"面向实际、立足创新、加强联合、注重推广、强化管理、重点突破"的指导思想，在年度计划下达中，加强与"通达计划"及五年规划的结合，遴选和推荐交通运输发展中的热点、难点和关键技术，开展重点科技攻关。同时，面向发展需求，加强科技成果推广应用。1989年，省交通厅接受交通部下达的编制"八五"时期科技进步"通达计划"的任务，于当年12月编制完成辽宁省交通厅"八五"二级"通达计划"。在科研项目安排上，注重实用性和可行性。列入推广应用的技术必须是成熟技术，如乳化沥青、稀浆封层、沥青路面预切缝和汽车综合节能技术等；列入技术开发的项目必须有依托工程，能够提高辽宁交通运输技术水平和对外竞争力，如"组合式大跨径桥型研究"等；1995年，省交通厅制定《辽宁省交通厅"九五"科技发展计划及2010年科技发展规划》，坚持开发、研制和引进、消化、吸收并举，着力在转化上下功夫，重点解决对行业发展具有直接促进作用和长远影响的重大科技课题；2005年，省交通厅制定《辽宁省交通科技发展规划（2005—2010）》，确定交通信息化建设、公路工程基础设施建设、公路工程养护、港航建设养护、交通领域可持续发展、交通运输管理及安全保障等方面的研究方向共58个课题；2010年，省交通厅制定《辽宁省公路水路交通"十二五"科技发展规划》，提出公路基础设施建设养护关键技术、港口航道建设维护关键技术、综合运输体系建设和现代物流关键技术、智能交通与信息化关键技术、资源节约与环境友好关键技术、交通运输安全与应急保障关键技术、交通运输科学决策支持研究等为科技研发主攻方向，为各时期全省交通运输科学有序发展提供了重要科技支撑。

（二）科研能力建设

20世纪80年代以来，辽宁省交通厅依托"一校两院"暨省交通高等专科学校，省交通运输科学研究院、省交通设计研究院不断加强创新能力建设。"十二五"以来,科技创新体系建设成效更加显著,形成了以行业重点实验室和研发中心为引领,地方企业和重点科研平台为依托,有关大专院所为全方位合作对象的科技创新体系,为全省交通运输科技工作向高水平发展夯实了基础、创造了条件:一是以科研院为依托的高速公路养护技术交通运输行业重点实验室以优秀成绩通过交通运输部评估,充分利用试验设备齐全先进优势,开展路面综合养护等技术研究,聚集和培养了一批优秀科技人才,形成了一批具有重要价值的基础性研究成果和实用技术;二是以设计院为依托的公路桥梁诊治技术交通运输行业研发中心顺利完成基地建设,在开展高层次学术交流和促进科技成果转移转化方面发挥了重要作用;三是与省科技厅、省工信委等部门沟通协调,成功获得"辽宁省桥梁与隧道诊治技术研究中心""辽宁艾特斯智能交通工程技术研究中心""辽宁交规院公路养护技术专业技术创新平台""辽宁交科院公路安全设施专业技术创新平台""辽宁省交通规划设计院有限责任公司省级企业技术中心""辽宁省路桥建设集团有限公司省级企业技术中心""全国公路科普教育基地"等省部级重点科技创新平台资质;四是以国家科技支撑计划、交通运输部西部交通建设科技项目以及省重大科技专项为依托,与大连理工大学、大连海事大学、部科研院、部公路院等国内大专院所建立了战略合作关系,深入开展交流合作,积聚了科研优势,促进了产学研一体化发展;五是以科研基地建设、重点项目实施和技术培训交流为依托,培养造就了一批高层次创新型科技人才。辽宁交通运输行业现有科技从业人员百余人,科研一线梯队中以中青年科技人员为主,3人享受国务院政府特殊津贴,4人荣获交通运输部科技英才称号,1人荣获辽宁省杰出科技工作者称号,6人入选辽宁省百千万人才工程"百层次人选",2人入选交通部百千万人才工程"百层次人选"。为辽宁交通运输行业科技创新工作的顺利开展提供了坚实的智力保障。六是强化企业科技创新主体地位,企业逐步成为科技创新决策、研发投入、科研组织和成果转化的主体。以多车道高速公路改扩建研究、无机结合料稳定铁尾矿砂道路基层应用研究、公众出行服务系统开发为代表的企业科技多元化投入机制逐步形成。

(三)重大科技创新成果及推广应用

1986年以来,辽宁省在公路建设、勘察设计、筑养路机械、道路运输、软科学等领域,研究、开发一大批科技成果。共获得324项科技成果奖,其中国家级奖12项,省、部级奖155项。紧紧围绕交通建设、养护和管理的重点,大力实施科技攻关,以沈大高速公路改扩建工程为代表,集中攻克了一批关键技术难题,集中解决了一批常见的工程质量通病,集中研究或应用了一批如高模量沥青混凝土、SMA、SBS改性沥青、旧沥青路面再生、废橡胶沥青改性等适用技术,全面推广应用了稀浆封层、碎石封层等养护技术,使公路建设的质量实现了质的飞跃。特别是"十二五"以来,围绕支撑"四个交通发展",科技研发成效更加显著。

公路基础设施领域。开展了大跨度斜拉桥建设、橡胶沥青、生态环保服务区建设等一批公路建设技术攻关,有效解决了大跨度桥梁建设、钢桥桥面铺装、生态环保型公路建设等关键技术问题,有力地支撑了中朝鸭绿江界河公路大桥、丹通生态景观示范路等重大工程的顺利实施;开展了沥青路面预防性养护、桥梁预应力主动加固设计与施工、路面桥梁隧道管理信息系统开发等一批公路养护技术研究,在桥梁提载加固和公路病害诊治技术方面取得了重要进展,推进了公路全寿命周期养护管理,极大提高了公路管理水平和服务能力。

水路基础设施领域。加快发展铁水联运,通过联运通道优化运输布局和结构,完善综合运输体系,加强水陆口岸功能衔接,实现货物运输无缝衔接。攻克了鸭绿江航道疏浚、东北地区深水码头建设等一批技术难题,取得了一批创新性科研成果,提高了港航建设养护、运营管理的技术水平,推动了辽宁港航事业快速发展。

运输服务领域。开展了全省联网售票、公交智能调度与监管、综合客运枢纽建设运营、城乡客运一体化、多式联运等一批运输组织和管理关键技术研究,建立了全省城市公共交通考核评价体系,率先在全国实现县级以上客运站联网售票和对"两客一危"车辆的联网联控。

绿色交通领域。开展了沥青温拌、路面再生、公路除雪、隧道保温节能、电子不停车收费系统(ETC)等一批绿色低碳新技术、新材料和新装备的研发应用,推进了全省绿色拌和站建设,实现了智能照明系统、地源热泵、扫滚式除雪机等节能环保设备在高速公路的集成应用,全省电子不停车收费系统(ETC)车道站点覆盖率达到100%,为辽宁创建全国交通运输低碳示范省提供了强有力的科技支撑。

安全应急领域。开展了公路水路交通应急指挥系统、恶劣天气下路网通行能力、高速公路运营安全、道路运输驾驶员疲劳监控等一批安全应急关键技术研究,完善了全省交通运输系统突发事件应急响应技术方案,初步实现了全系统应急指挥协同调度,有效提高了辽宁交通运输的安全保障和应急组织能力,有力支持了平安交通建设。

智能交通领域。开发了政务管理、路网监测、应急指挥、工程造价等一批信息管理和服务系统,形成了全省"一个'云'数据中心、一个监测网络、一个支撑体系、五大共享平台"的交通信息化基础框架,初步实现了交通运输各行业间的业务协同与资源共享;积极探索政企合作新模式,促进了动态信息的实时发布,大幅提升了交通运输服务社会经济发展的能力。

决策支持领域。紧密围绕辽宁交通运输发展的全局性、战略性和前瞻性重大问题,开展了辽宁省公路水路交通发展思路与对策、辽宁省综合交通运输体系战略、辽宁大通道建设战略等一批决策支持技术研究,提升了发展理念,为辽宁经济社会和交通运输有效融入"一路一带"倡议和"京津冀一体化"发展战略,提供了重要决策依据和研究支持。

为打造"产学研用"全方位科研链条,辽宁省交通运输厅注重对科研成果的跟踪评估,保证了新技术成果和推广应用有效衔接。一是打造示范,树立典型。以连鞍线节能环保示范工程为样板,全省相继打造了尹石线、小小线、沈通线、明沈线、京哈线等9项省、市级科技示范工程,集中展示辽宁在温拌沥青、路面再生、改性沥青、柔性基层等技术领域取得的丰硕成果,推动了全省公路新技术、新材料的推广应用。二是加强培训,广泛交流。与国内知名学者专家和企业技术人员开展技术交流,采用专题讲座、实地观摩等形式,对全行业管理和施工技术骨干进行技术培训。通过召开全省普通公路新技术暨节能减排技术应用示范现场会、重载交通路面建设养护新技术示范现场会、厂拌冷再生技术现场会等形式,大力宣传了科技创新成果,提高了全行业职工的技术水平,确保了科技创新工作实效。三是加大科技成果及产品推广应用力度。物联网一体化票亭等12项智慧交通产品列入省重点推广应用工业产品目录,并在国际交流会做现场展览。环保型交通标线、新型复合式改性乳化沥青研发成果已完成试应用,桥梁快速检测系统已在省高速公路桥梁荷载试验中得到应用,首次实现不中断交通条件下桥梁荷载试验。隧道智能检测车研制取得重大进展,为提升隧道检测效率提供了技术支撑。高模量外加剂等产品质量均达到了国际先进水平,产品累计销售额达7000万元。温拌沥青技术、高速公路沥青路面预防性养护成套技术、半刚性基层加固及修复技术等多项研究成果在工程实践中的推广应用,有效支撑了公路养护技术的发展,取得了良好的经济效益和社会效益。省交通运输厅实施科技推广计划以来,温拌沥青、路面再生、桥梁管理系统等36项适用技术应用于实际工程中,有效推动了行业技术升级,极大促进了行业管理服务水平提升。

六、对外开放成就

(一)国际合作交流

改革开放以来,辽宁省交通部门与国(境)外技术交流日益增多。交流的国家主要有美国、日本、德国、澳大利亚等,交流的对象有南非蓝派公司、韩国道路公社、美国博杰公司、德国维特根公司、德国宝马公司、法国斯科美达公司、瑞典ASFT公司、德国ZIV智能交通中心、法兰克福机场、杜伊斯堡港等。考察、引进的技术装备主要有SMA、SUPERPRAVE、木质纤维素、路面再生、超薄磨耗层等路面技术以及高速公路地理信息系统等管理技术,DYNATEST、加速加载等路面检测和试验装备。通过实地考察和技术交流,吸收、引进国内外先进的交通运输管理经验和工程建设养护技术、装备,为实施沈大、沈山高速公路建设等重大工程项目提供有益借鉴和重要技术支撑,使辽宁公路建设养护管理技术水平处于全国前列。

同时,省交通运输系统先后有121批计550余人次到美国、日本、德国、澳大利亚、英国、芬兰、意大利、西班牙、丹麦、法国、瑞典、挪威、新西兰、韩国、印度等国,就高速公路建设与管理、交通工程设施、养筑路机械设备制造、资金与收费管理、公路设计施工、交通安全检测、沥青路面再生技术、运输管理与汽车维修技术、物流技术、工程质量监督、港口规划管理等方面进行技术交流;并就公路施工与管理、混凝土预制构件技术、计算机和高速公路养护管理技术、道路施工管理、项目监理培训、高速公路管理、世行项目管理、公路建设利用BOT投资、汽车快件货物运输组织与管理、综合运输管理、交通基础设施建设统计调查方法、港口管理等出国进行研修和培训。

(二)企业"走出去"

1.中朝国际道路运输

辽宁省唯一的公路口岸是丹东口岸。辽宁省丹东口岸是1955年经中朝双方商定,由国务院批准开放的国家一类口岸,通过鸭绿江大桥与朝鲜新义州相连,是中华人民共和国与朝鲜民主主义人民共和国通商往来的唯一公路、铁路并用的口岸,也是中朝之间重要的陆域交通通道。1966年丹东口岸关闭。1981年恢复通关。改革开放前,丹东口岸基本是货物出口运输,主要是运往朝鲜的救援物资,运输量很小。改革开放后,随着中朝双边贸易特别是边境贸易的不断增加和赴朝旅游人员的逐渐增多,丹东口岸国际道路运输业迅速发展。"九五"期间,通过该口岸的外贸出口供货总值223亿元,比"八五"期间增长2.9倍;公路货运量1244万吨,客运量113万人次,平均日出入境车数500余辆次。"十五"时期—"十三五"时期国际道路运输客货运量统计见表1。

"十五"时期—"十三五"时期国际道路运输客货运量统计表　　　　表1

时期	十五	十一五	十二五	十三五
货运量(吨)	403932	1401180	305292	1673800
货运周转量(吨)	2019690	5802360	1526460	6279800
客运量(人)	139620	92500	55620	136870
客运周转量(人公里)	279240	185000	111240	273740

1996年3月经交通部批准,辽宁省正式设立中华人民共和国丹东口岸交通运输管理站,将公路口岸出入境汽车运输纳入行业管理。辽宁省交通厅依据1995年交通部颁布的《中华人民共和国出入境汽车管理规定》,制定了《辽宁省出入境汽车运输管理实施细则》,指导国际道路运输工作。2003年地方道路运输管理机构正式进入口岸地,并履行其管理职能。

2005年6月,丹东市完成了口岸联检大楼及配套项目建设并投入运行,基本满足了口岸通关的要求。丹东口岸交通运输管理站与边检、海关等部门多次开展联合整治,把车况差、车龄长、无经营手续的车辆清退出市场,引导车型结构向统一化方向发展。根据《中华人民共和国道路运输条例》和《国际道路运输管理规定》的要求,逐步取缔一车一户的经营方式,稳步推行集约化经营。经过整治,丹东公路口岸所有国际道路运输车辆技术等级均达到一级车标准,车辆均统一喷涂企业名称,统一张贴国籍识别标识,保持车体整洁,维护了国家的对外形象。

2008年,中朝两国签署了《中华人民共和国政府和朝鲜民主主义共和国政府汽车运输协定》,对中朝汽车运输的基本原则和主要内容进行了约定。随后,中朝两国政府着手起草实施该《协定》的议定书,以确定运输线路、管理部门、管理职责等具体要求内容,但由于种种因素,议定书尚未正式签署。

2.中俄国际道路运输

2012年,中国和俄罗斯总理定期会晤委员会运输合作分委会海运、河运、汽车运输和公路工作组第十六次会议上,中俄双方签署了《中俄总理定期会晤委员会运输合作分委会第十六次会议海运、河运、汽车运输和公路工作组会议纪要》和《中俄总理定期会晤委员会运输分委会第十六次会议纪要》,双方同意开通大连—沈阳—绥芬河—波格拉尼奇内—符拉迪沃斯托克(海参崴)国际道路旅客运输线路。2015年8月2日,大连至符拉迪沃斯托克(海参崴)国际道路旅客运输线路正式开通。大连至符拉迪沃斯托克(海参崴)国际道路旅客运输线路营运里程约1500公里,途经辽宁、吉林、黑龙江三省,经黑龙江省绥芬河口岸出境。在线路的设定上以行驶国家高速公路为主。具体线路为G15大连至沈阳段(境内)、G1沈阳至哈尔滨段(境内)、G10哈尔滨至绥芬河段(境内),A184绥芬河至波格拉尼奇内、M16波格拉尼奇内至符拉迪沃斯托克(海参崴)。

根据中俄定期总理会晤交通运输合作分委会汽车运输和公路工作组第二十一次会议纪要,中俄两国交通运输主管部门联合举行了中俄国际道路运输试运行活动,2018年5月18日在大连举行了中俄国际道路运输试运行暨中国TIR运输启动仪式,试运行车队(包含中方3辆货车列车和2辆大客车,俄方2辆货车列车,共7辆车辆)从大连启程沿试运行线路(大连—松原—呼伦贝尔—满洲里口岸—后贝加尔斯克—赤塔—乌兰乌德—伊尔库兹克—图论—克拉斯诺亚尔斯克—克麦罗沃—新西伯利亚)于5月28日抵达试运行终点俄罗斯新西伯利亚市,俄方于 29 日举行了试运行接车仪式。

七、党的建设与精神文明建设

(一)坚持从严治党,不断用党的创新理论武装头脑

改革开放以来,特别是党的十八大以来,辽宁省交通运输行业坚持把对党的新理论新思想的学习摆在重要位置来抓,用党的创新理论武装头脑、指导实践。厅党组通过中心组理论学习扩大会等方式,紧密联系交通工作实际,与各市交通部门领导、厅直单位班子成员及厅机关公务员一起,共同学习马克思列宁主义、毛泽东思想、邓小平理论、"三个代表"重要思想、科学发展观和习近平新时代中国特色社会主义思想,共同学习领会中央和省委省政府振兴东北老工业基地的决策精神,加强思想理论武装,确保全系统上下进一步统一思想、明确目标、凝聚力量、开拓创新,齐心协力加快交通运输发展,为辽宁振兴发展做出了贡献。

坚决贯彻中央和省委决策部署,认真履行"两个责任"。厅党组组织全厅党员干部扎实开展了保持共产党员先进性教育、创先争优活动、党的群众路线教育实践活动、"三严三实"专题教育、"两学一做"学习教育、"两学一做"常态化制度化工作,严格落实中央和省委巡视组巡视反馈意见,夯实管党治党基础,狠抓"四风"问题整改,全厅干部职工思想工作作风和精神面貌焕然一新。

坚持不懈地开展党风廉政建设和反腐败斗争。深入研究交通领域腐败现象发生的特点和规律,加大从源头上治理和预防的力度,制定和完善了一整套制度和办法,狠抓责任落实。不断完善工程招投标机制,实行了工程建设与廉政建设"双合同制"。坚持大额度资金使用集体决策,实行资金运行全过程监督管理。加大交通行政执法监察力度,自觉接受党内、行政、法律和社会监督,积极防范违法违纪问题的发生。

(二)坚持"两手抓、两手硬",加强行业精神文明建设

持续深入开展形式多样、富有成效的群众性行业精神文明创建活动。全行业紧密结合中心工作,精心设计创建载体,先后开展了全省交通系统窗口行业规范服务竞赛、文明服务竞赛,全省公路建设文明市(县)竞赛,全省文明样板路、文明服务区创建,全省"十佳养路工""十佳道班"评选,全省文明出租汽车和文明公交车竞赛,以及文明单位、青年文明号和巾帼建功等一系列文明创建活动,显著提高了全行业的文明服务水平。

制定印发行业精神文明建设规划。在制定交通运输发展规划时,同步提出行业精神文明建设工作意见,并一同规划部署、一同检查考核,确立了目标任务,研究制定了保证措施,大力推进交通行业文明创建工作。先后制定了《辽宁省交通行业精神文明建设规划》《辽宁省交通系统文明建设标准》《辽宁省交通系统文明建设先进单位检查评定标准》《辽宁省交通行业文化建设指导意见》和年度工作要点等一系列文件、规定,对加强行业文明创建、文化建设、思想作风建设等工作提出具体要求。定期召开全省交通行业精神文明建设工作会议,总结交流先进经验,评选表彰先进典型,积极推动"两个文明"建设,取得了明显进展。

积极培育和践行社会主义核心价值观。开展学雷锋活动。印发开展"学雷锋活动月"通知,组织全厅干部职工大力弘扬雷锋精神,学习雷锋事迹,立足岗位学雷锋,推动交通运输中

心工作;组织全厅党员干部参观雷锋纪念馆,结合实际撰写体会文章,开展专题学习讨论,引导党员干部学习雷锋精神,争做合格党员。开展"交通行业核心价值体系学习实践教育月"活动。每年4、5月份,以"人便于行、货畅其流、服务人民、奉献社会"为主题,在全行业组织开展学习实践教育月活动,进一步加深了对社会主义核心价值观的理解和认识,提高了干部职工的思想道德素质和践行交通行业核心价值体系的自觉性。开展主题读书活动。印发活动通知和荐读书目,教育引导干部职工强化"爱读书、读好书、善读书"的学习理念,促进"学习型"机关建设,提高干部职工队伍整体素质。开展"树良好家风、建廉洁家庭"等活动,购买并发放《中国家规》等优秀家风家训、警句格言书籍,开展专题学习讨论,开辟宣传专栏,教育引导党员领导干部带头坚定理想信念、遵守公序良俗、廉洁修身、廉洁齐家,教育管理好亲属和身边工作人员,以良好家风促进形成良好党风政风。开展"春暖辽宁"志愿服务活动。各地区、各单位结合行业实际,通过开展交通政策宣讲、交通信息咨询、交通出行服务等活动,帮助服务对象解决实际困难;开展义务劳动、捡拾白色垃圾、清洁美化服务场所或道路环境等活动,提升交通运输服务水平;开展关爱困难家庭、空巢老人和残疾人志愿帮扶活动,向社会奉献交通人一片爱心。加强交通职工队伍建设。培养造就了一支团结向上、奋发有为、能够驾驭全局工作的领导干部队伍,一支精于业务、依法行政、努力适应市场经济需要的管理干部队伍,一支勇于钻研、献身科技、致力于科教兴交的专业技术干部队伍。

面对空前繁重的发展任务,全行业迎难而上,勇挑重担,发扬特别能吃苦、特别能战斗的作风,全力以赴完成任务,向党和人民交出满意的答卷;在抗击非典、抵御禽流感、抗洪抢险、抗击特大暴风雪等急难险重任务面前,拉得出、打得响、过得硬,忠实地履行了交通人的神圣职责,充分展示了辽宁交通行业的精神和风貌。

(三)培育和弘扬行业精神,培养树立了一批先进典型

大力培育和弘扬"科学发展、创新实干、团结和谐、敬业奉献、当好先行"的行业精神,不断激励广大交通职工积极投身交通改革发展和创新实践。各地区、各行业将交通文化建设与业务工作相结合,树立职业精神,规范职业行为,积极培育特点鲜明的公路文化、运输文化、港航文化、高速公路建设文化、高速公路管理文化,丰富了行业文化创建活动。大力培养树立行业先进典型,充分发挥先进典型的示范带动作用,先后培树立全国劳动模范、大连港客运总公司客运服务员王红,全国劳动模范、营口港"门机状元"赵文祥等一大批先进典型,以及锦州客运站的"陆路航空班"、省高速公路实业发展总公司的"快乐驿站"、辽宁城际客运公司的抚顺"雷锋号"、大连市的"庆泰的士"等一批交通服务品牌,在社会上产生了广泛影响。"十二五"以来,全省共有530个集体、203名个人受到省部级以上表彰,省交通厅于2008年被交通部评为"全国交通文明行业",提前2年完成创建全国交通文明行业目标;2012—2014年连续3年以综合排名第一的成绩被评为省直属机关目标绩效管理先进单位,2009年被中央文明委评为全国精神文明建设工作先进单位;2011年以来连续9年被中央文明委评为全国文明单位。

服务城乡发展巨变　擎起白山松水脊梁

吉林省交通运输厅

一、综述

1978年12月,党的十一届三中全会作出改革开放的伟大抉择,吉林省交通主管部门把握历史机遇,按照经济发展"交通先行"的客观需求和"适度超前"的原则,加快交通基础设施建设步伐,全省交通运输事业取得长足进步,为全省经济和社会发展作出了重要贡献。

(一)交通行业改革发展的历史进程

改革开放40年来,吉林省交通运输行业改革发展大致经历以下历程。

1.放宽搞活,推动交通运输健康有序发展(1978年12月至1992年10月)

吉林省交通运输工作以市场发展需求为导向,解放思想、放宽搞活,探索出一条符合本省交通工作实际的改革开放和创新发展之路。

一是实现工作重点的转移。1979年4月,吉林省交通主管机关下发了《关于工作重点转移和把我省交通工作搞上去的意见》,为交通工作实现工作重点转移指明了方向。1980年,省政府批准的《吉林省交通运输"六五"计划纲要》明确提出:全省交通工作要把工作重点转移到公路建设上来,按照"通盘安排,立足治本,坚持标准,逐年提高"的原则,使全省路况得到明显改善和提高。

二是开创公路建设新局面。1982年8月,吉林省交通厅提出《关于开创我省公路工作新局面的意见》(以下简称《意见》),10月29日,将《意见》正式报告省委。《意见》的实施,对指导当时的交通工作起到了积极的作用。1987年1月,全省公路管理工作会议决定在全省公路战线实行领导和干部制度、用工制度、分配形式、养护生产组织四项改革。1987年8月,交通部在长春召开了全国公路养护经济责任制经验交流会,推广了吉林省公路管理的改革做法。1991年9月,省政府召开了以开创全省公路建设新局面为主题的全省公路建设工作会议。

三是放宽搞活发展运输业。1983年3月22日,省交通厅召开地区交通局长会议,着重解决放宽搞活发展运输业的认识问题。同年4月8日,全省运输工作会议提出:加快改革步伐,放宽运输政策;改善经营,积极扶持,把整个社会运输搞活、管好、搞上去。4月12日,会议通过了《全省运输工作会议纪要》,对本省运输改革原则和具体内容也作了具体明确。1984年7月23日,省交通厅下发了《关于进一步放宽运输政策的几项规定》,对于扭转各地"行动谨慎,不敢迈步,害怕犯错误"思想,起到了很好的推动作用。1991年10月24日,省政府发布《吉林省道路运输管理规定》,为道路运输市场管理和依法治理奠定了基础。

2.深化改革,实现交通运输跨越式发展(1992年11月至2002年11月)

1993年,省交通厅印发了《吉林省30年路网建设规划(1991—2020年)》,提出以"四纵三横两环出口成网"公路为主骨架的建设规划。1993年3月,全省交通工作会议提出"积极培育和发展交通运输市场,公路运输市场对经营者平等开放;完善运输市场组织工作,改进和加强对运输市场的调控"。这些意见对积极推进道路运输业的市场化进程,开创运输工作的新局面具有重要意义。1996年,省交通厅从改革公路管理体制和生产运行机制入手,在全国率先提出了探索构筑公路养护市场,进行"国路民养"的改革思路,1997年,在50个县(市)的104个公路养护道班推行"国路民养"经验,占道班总数的15%。

1998—2002年,全省交通运输完成投资398亿元,是前五年的2.9倍。其中,基础设施建设完成投入274亿元。据测算,拉动GDP增幅0.75个百分点,提供了283万个就业机会。到2002年末,全省乡通公路率保持100%,并列全国第一;全省干线好路率达到89.7%,专养路线好路率达到83.1%,在全国均位居第四位。

3.与时俱进,推动交通运输统筹协调科学发展(2002年12月至2012年11月)

2003年3月26日,全省交通工作会议通过了推进吉林省交通新的跨越式发展的近期目标和分三步走的20年长远规划。2004年,全省现代物流按照"一个核心、四个网络"(即围绕价值核心,将"道路网络、枢纽网络、信息网络、组织网络"连接到一起,最大限度地降低流通成本,创造经济和社会效益)的要求,发展初见成效。2006年,调整完善了《吉林省公路、水路和地方铁路交通"十一五"发展规划》《吉林省高速公路路网规划》,明确了"五纵五横"的高速公路规划总体布局。同时,编制了《吉林省"十一五"边防公路建设规划》《吉林省"十一五"农村公路发展规划纲要》,为完成"十一五"及今后交通发展任务奠定了基础。2012年,省政府出台《关于进一步促进道路运输业健康稳定发展的通知》,明确了资金、税费、用地等一系列优惠政策,在行业发展政策方面取得了重大突破。

4.稳中求进,全面开创交通运输发展新局面(2012年12月至2017年12月)

2012—2015年,是完成"十二五"任务的关键期。"十二五"期间,全省完成投资963.7亿元,新增公路里程6889公里。全省完成高速公路建设投资671.5亿,比"十一五"增加140.7亿元。国省干线公路完成投资138.4亿元,普通国省干线二级及以上公路比重达到75.2%。农村公路完成投资142.8亿元,建成农村公路1.9万公里。建设了7个综合客运枢纽,新改建30个二级以上客运站,公路、城市公交与高铁和城际铁路的运输衔接更加顺畅。完成航道养护1064公里,改造18个渡口码头。2016年,编制了《松花江航道(吉林省段)建设工作2016—2020年建设计划》。2017年,全面推行高速公路设计和施工标准化,提升项目品质,制定了26项公路建设行业标准,高速公路建设质量抽检合格率较上年提高5.8个百分点。

(二)交通行业改革发展的重大成就

1.交通基础设施实现跨越式发展

1978年,全省公路总里程为30817公里。1997年,全省公路总里程为33078公里,实现了高速公路零的突破,高速公路里程达到312公里。到2017年底,全省公路总里程、高速公路里程分别达到103896公里、3119公里,总里程比1978年增长了2.4倍,高速公路里程比1997年增长了9倍。1978年,全省有公路桥梁3572座,100250延长米;到2017年,全省有公路桥梁 16331 座,682407 延长米,桥梁数量和长度分别比 1978 年增长了将 3.6 倍和 5.8 倍。1978 年,全省有公路客运站 64 个,内河运输港口(码头)3 个,等级航道 19 条,通航里程 1179 公里。2017 年,全省有公路客运站 552 个,比 1978 年增长 7.6 倍;内河运输港口(码头)31 个,比 1978 年增长 9.3 倍;等级航道 30 条,比 1978 年增长 0.6 倍;通航里程 1621 公里,比 1978 年增长 0.4 倍。

2. 农村公路基础设施建设取得新的突破

1978 年,全省有农村公路总里程为 20754 公里,其中晴雨通车里程 4575 公里,公路密度为每百平方公里 10 公里。2007 年,全省农村公路总里程达到 73471 公里,是改革开放前的 2.5 倍,其中晴雨通车里程达到 61253 公里,是改革开放前的 12.4 倍。2017 年,全省农村公路里程达到 87748 公里,比 1978 年增长 3.2 倍,公路密度达到每百平方公里 55.4 公里,比 1978 年增长了 4.5 倍,全省所有乡镇和建制村 100%实现通达通畅。

3. 道路运输服务和保障能力显著提高

1978 年,全省有载客汽车 2955 台,完成客运量和旅客周转量分别为 4080 万人次和 128605 万人公里;有载货汽车 31123 台,完成货运量和货物周转量分别为 5602 万吨和 68693 万吨公里;有汽车维修保养厂 64 家,为社会提供车辆维修服务 21471 辆次。2017 年,全省有经营性营运载客汽车 97822 台,比 1978 年增加 32 倍,完成客运量和旅客周转量分别为 25203 万人次和 1629859 万人公里,比 1978 年分别增加 5.2 倍和 11.7 倍;有营业性载货汽车 320975 台,比 1978 年增加 9.3 倍,完成货运量和货运周转量分别为 44728 万吨和 11515948 万吨公里,比 1978 年分别增长 7 倍和 166.6 倍;为社会提供车辆维修服务 474.1 万辆次,比 1978 年增长 220 倍;检测车辆 42.4 万辆,培训驾驶人员 50.6 万人。

4. 交通法治建设取得重大进展

1978—2017 年,吉林省人大、省政府发布直接涉及交通法治方面地方性法规 8 部,省政府规章 9 部,确保和及时指导交通改革与发展。同时,还对新中国成立以来交通规范性文件进行了 8 次清理,及时修改和废止了 690 个不适应市场经济和依法行政的文件,及时清除了交通改革与发展的制度障碍,保证了交通改革与发展的顺利进行。省交通厅党组还制定了《吉林省交通行政执法程序规定》《吉林省交通行政执法监督办法》《吉林省交通行政执法责任制实施办法》等十几个规范交通行政执法的文件,使交通法治建设真正步入了"公正、公开、文明、规范"的轨道。

5. 交通科技创新迈出新步伐

吉林省交通运输厅坚持以"依靠科技、振兴交通"为指导思想,全面启动"科教兴交通"战略,不断加大对交通科技的投入,1986—2017 年,全省交通科技投入达 3.6 亿元,开展科研项目 400 余项,通过鉴定、验收 350 余项,主持项目获得国家科技进步二等奖 1 项,参加项目获国家一、二等奖 3 次,省部级科技进步奖 80 余项。从 1993 年开始,不断完善各项制度管理机制,先后印发了《吉林省交通科技发展基金管理暂行办法》《吉林省交通行业联合科技攻关管理暂行办法》和《吉林省交通科技成果推广计划管理暂行办法》等管理规定,同年重新修订了《吉林省交通科技奖励办法》,在原有的科技进步奖基础上,增设了交通科技成果推广奖、科技先进集体奖和优秀科技管理者奖等奖项。1998 年,制定了《吉林省交通青年科技英才评选暂行办法》,这些办法的实施,极大地鼓励和调动了广大技术人员开展新技术、新工艺、新材料和新设备研究及推广应用的积极性和主动性,推动交通科技工作不断取得新成果。SMA(沥青玛蹄脂碎石混合料)和SBS(苯乙烯—丁二烯—苯乙烯)等新技术、新材料在高等级公路建设中得到普遍推广应用,并形成地方性技术规范标准;高等级公路沥青路面柔性基层研究等国家科技进步成果,得到大规模推广应用,并修建了试验路段;240t间歇式沥青拌和设备技术成功引进并已形成产业化;季冻区高速公路抗冻耐久及生态保护关键技术获2017年度国家科技进步二等奖,成果依托鹤大高速公路建设实现了规模化应用,并在"十三五"期间12条高速公路建设中推广应用。

6.交通对外开放不断扩大,合作领域不断拓宽,国际道路运输快速发展

积极探索促进交通发展的国际合作与交流的有效途径,先后与马来西亚、韩国、苏丹、蒙古等国家合作开发公路工程建设等方面的项目。围绕着高速公路建设与管理方面的新技术、新工艺,急需解决的技术层面的问题,与世界上交通发展先进国家进行学习、交流和培训。利用世界银行贷款、亚洲开发银行贷款等修建公路项目,缓解了吉林省公路建设资金的短缺问题。加强与俄罗斯、朝鲜相关部门会晤,签署了一系列协议、协定和备忘录。1986—2017年,与朝方进行双边会晤27次,就中朝界河、航标设置维护管理、航道调查测量、航运等相关事宜进行磋商,并签订相关协议;省交通部门与俄罗斯相关部门进行多次会晤,就推进国际道路运输发展进行磋商,并达成多项协议,共开辟客货运输线路11条。

7.行业精神文明建设取得新成果

1993年,全省以运输、公路、征费三条线为龙头,全面组织开展了"创建文明窗口,争当岗位标兵"活动。1994年,做出《关于在全省交通系统开展"文明在交通"活动的决定》,以"文明在交通"活动为载体,建立"两个文明"一起抓的工作机制。省交通厅还通过多种形式引导全系统职工参与到"创一流工作业绩,创双文明单位和个人"活动中来,使交通行业精神面貌焕然一新,有力地促进了各项改革的不断深入和交通事业的发展,也涌现出一大批文明单位和先进个人,党的十八大以来,全省有8家单位获得"全国文明单位"称号,131家单位获得省部级文明单位称号。

(三)交通行业改革发展的基本经验

改革开放40年来,全省交通运输发展主要坚持以下基本原则:坚持以人为本,增强行业向心力、凝聚力、战斗力,推动交通和谐发展原则;坚持统筹兼顾、公路(水路)建设和运输发展并重,科学发展的原则;坚持统一规划、分级负责、合力推进交通发展的原则;坚持交通建设与资源、环境和生态相和谐,促进可持续发展的原则。

回顾改革开放40年发展历程,主要积累了7条基本经验:一是把服务经济建设和满足人民群众对交通的美好需求作为落脚点,是交通运输发展的根本;二是把坚持新发展理念、转变发展方式作为重要前提,是交通运输发展的关键;三是把统筹质量、效益、节能、环保作为工作重点,是交通运输发展的基本方针;四是把开拓进取、改革创新作为切入点,是交通运输发展的动力;五是把充分发挥市场配置的基础作用,建立多层次、多渠道的交通投资体制作为重要资源,是交通运输发展的活力;六是以人为本,把安全放在更加突出的位置,坚持"放管服"有机结合,是交通运输发展的基础;七是把各级党委政府的坚强领导和相关部门的配合,把广大群众和全社会的支持作为重要支撑,是交通运输发展的保障。

二、基础设施建设成就

(一) 高速公路

吉林省高速公路发展可概括为建设起步、稳步发展、跨越发展阶段。

1.建设起步(1990—1997年)

1994年,省交通厅完成了《吉林省干线公路网规划总报告(1991—2020)》,确定了"四纵三横"的发展格局,四纵:沈阳—长春—哈尔滨、丹东(大连)—通化—松江—延吉—牡丹江、大连—吉林—哈尔滨、沈阳—松原—明水;三横:珲春—图们—吉林—长春—乌兰浩特、集安—四平—通辽、浑江(白山)—长春—长岭—通榆—白城。

1990年,省交通厅成立了高等级公路前期工作组,1992年12月,国家计委批复了《长春至四平高速公路可行性研究报告》,1994年1月,完成了工程建设招投标工作;1994年5月10日,长平高速公路破土动工,1996年9月19日建成通车,比计划工期(五年)提前两年半完成。

1994年9月,吉林省委、省政府果断决策修建长春至吉林高速公路,1995年5月开始动工兴建,与长吉高速公路同时开工的还有长营高速公路和长春绕城高速公路。1997年9月,上述三条高速公路同时建成通车,吉林省高速公路通车里程比上年增加了180公里,排位跃居全国前列(里程居第七位,建设速度1996年、1997年连续两年居第三位)。

长平高速公路、长吉高速公路、长营高速公路和长春绕城高速公路西段的建成,形成了以长春为中心的放射状高速公路的网络雏形。

2.稳步发展(1998—2007年)

(1)紧抓公路主骨架建设,带动全省路网整体水平提高。

1997年陆续开工了珲乌高速公路江密峰至吉林段(简称"吉江高速公路")和珲乌高速公路图们至延吉段(简称"延图高速公路")建设。1999年11月,吉江高速公路建成通车,2001年8月,延图高速公路建成通车。1998年10月,又开工建设北京至哈尔滨高速公路长春至扶余段(简称"长余高速公路")。2002年8月,长余高速公路建成通车。长余高速公路与长平高速公路共同形成了吉林省境内第一条贯通南北的运输大通道,"四纵三横"骨架公路网形成了"第一纵"。

(2)建设绕城高速公路,实现交通流在省会长春市的便捷转换。

为实现交通流在长春市的便捷转换,长春市政府将长春绕城高速公路列为"八五""九五"重点建设工程。长春绕城高速公路北段于2002年8月竣工。西段和南段分别于1997年9月和1999年8月竣工。长春绕城高速公路全部建成,以长春市为中心的放射状高速公路网更加清晰,吉林省"四纵三横两环出口成网"的高速公路网规划布局中,形成了完整的"一环"。

(3)推进大通道建设,适应经济"快跑"需要。

建设珲乌高速公路珲春至江密峰段(简称"江珲高速公路"),向东形成开边通海大通道。图们至延吉段于1997年5月开工建设,2001年8月竣工通车。延吉至江密峰高速公路于2003年7月按全封闭全立交一级公路开始建设。2005年,吉林省人民政府决定将江珲高速公路列为"十一五"重点推进的项目,实施全线按高速公路标准贯通,2008年9月,延吉至江密峰高速公路建成通车;珲春至图们段于2007年7月开工建设,2010年9月建成通车。

建设珲乌高速公路长春至白城段,向西形成连接蒙东的高速公路大动脉。2006年4月和8月,相继开工建设松白高速公路和长松高速公路,至2010年11月,以上两段高速公路全部建成通车。

2006年,相继开工建设大庆至广州高速公路(简称"大广高速公路")肇源至松原段、通化至沈阳高速公路(简称"通沈高速公路")通化至下排段等项目,为吉林省与相邻的黑龙江省及辽宁省的联系增加两个新的出口通道。

3.跨越发展(2008—2017年)

2008年,珲乌高速公路延吉至吉林(江密峰)段、大广高速公路肇源至松原段、通沈高速公路通化至下排段3条高速公路建成通车,高速公路通车总里程达到925公里,在全国排位由2005年至2007年连续三年的第28位提升到第23位。

2009年,开工建设营城子经东丰至梅河口高速公路,进行了长春至长白山高速公路(简称"长长高速公路")营城子至松江河段、珲乌高速公路长春至松原段、大广高速公路松原至双辽段等8个续建项目的建设,同时启动了长平高速公路八车道改扩建项目。大广高速公路乌兰图嘎至深井子段、珲乌高速公路白城绕越路段,以及伊通至开原高速公路(简称"伊开高速公路")的伊通至辽源段建成通车,这一年吉林省高速公路突破了1000公里,总里程达到1035公里。

2010年,继京哈高速公路之外,吉林省又形成了两条出海入关快速通道,其间,贯通了吉林省西部地区南北纵向大通道大广高速公路吉林段;东西横向大通道珲乌高速公路吉林段也实现全线贯通。此外,长长高速公路营城子至抚民段建成通车,还建成了营城子至东丰高速公路等项目。2010年,新增高速公路通车里程815公里,通车总里程达到1850公里。

到2015年底,"7918"国高网项目全部开工建设,建成高速公路877公里,高速公路通车里程达到2629公里,8个市(州)和80%县(市、区)政府所在地通了高速公路,形成"二纵二射一横"的高速公路主骨架,吉林省通往京津冀、沈阳经济区及环渤海、哈尔滨、大庆等地的主要对外联络通道实现了高速化。

2016年10月,鹤岗至大连高速公路全线通车,成为吉林省东部地区的山水大道。2017年,长春至大岭段建成通车,使长春至双辽高速公路全线贯通,长春市等中部地区又增加一条南下西进的大通道。截至2017年末,全省高速公路通车里程达到3119公里。

(二)干线公路

自改革开放到20世纪90年代初期,吉林省交通发展低于同期国民经济增长的速度和水平,落后的交通状况已经越来越不适应经济和社会发展的需求,成为制约经济发展的"瓶颈"。

"八五"期间,主要是建设国家主干线和省会到省辖市、联络开发区经济区的干线公路,建设改造省市之间的二级路,加大三级公路在公路网中的比重,增加县、乡公路晴雨通车里程。1995年,全省等级公路达到29509公里,比"七五"期末增加6467公里,增长了28.1%;等外公路为1812公里。二级以上公路达到1806公里,占公路总里程的5.8%,其中,高等级公路达到118公里,二级公路达到1688公里。

"九五"期间,公路网主骨架初具规模,国省干线公路等级得到较快提高,公路网的结构和等级发生明显的变化。"九五"期末,全省所有地市实现了与省会二级以上公路连接,有27个县(市、区)实现与市(州)二级以上公路连接,占县(市、区)总数的61.4%,26.7%的乡镇实现与县(市、区)二级以上公路连接。全省公路交通主要指标在全国综合排序由"八五"期末的第17位,提升到"九五"期末的第14位,在全国居中上游水平。

"十五"期间,以提高公路网整体功能和服务水平为主线,继续加快国省干线公路建设,全省路网等级、服务水平和通达深度有了显著提高。"十五"期末,全省等级公路为48487公里,占公路总里程的96.4%,其中,高速公路达到了543公里,比"九五"期末增加189公里;一级公路达到1529公里,比"九五"期末增加1119公里;二级公路达到7335公里,比"九五"期末增加3185公里;二级及以上公路达到9407公里,占总里程的18.7%。除延边州外,全省地级市均实现了与省会长春一级以上公路连接,市(州)到县基本实现了二级公路连接。

"十一五"时期,干线公路实现快速发展,以高速公路为重点的公路建设取得突破,交通供给能力显著增强。"十一五"期末,全省等级公路里程达81005公里,占公路总里程的89.6%。高速公路通车里程1850公里,比"十五"期末增加1307公里,是"十五"前建成总量的2.4倍。除通化、白山为一级公路连通外,省会长春至其他市(州)政府所在地全部实现高速公路连接,高速公路网主骨架初步形成。全省一级公路1855公里,二级公路9087公里。二级及以上公路达到12792公里,占总里程的14.1%。

"十二五"期间,干线公路发展的首要任务是建设省级大通道、旅游大通道、国防战略通道。到2015年底,干线公路网覆盖所有县级以上城市和主要乡镇,连接了所有口岸、重点景区和重要产业园区。全省等级公路为90087公里,占公路总里程的92.6%,其中:高速公路2629公里,一级公路2027公里,二级公路9300公里。二级及以上公路达到13956公里,占总里程的14.3%。

"十三五"期前几年,全省的公路建设从以建设为主转向以建设和管理服务并重的新阶段,实现由"基本适应"向"适度超前"的历史性跨越,为吉林老工业基地新一轮振兴和全面建成小康社会提供有力支撑和保障。2017年底,全省等级公路为98910公里,占总里程的95.2%,其中,高速公路3119公里,一级公路2154公里,二级公路9498公里。二级及以上公路达到14771公里,占总里程的14.2%。

(三)农村公路

1978年末,全省农村公路(泛指乡和建制村公路)20754公里。其中,乡级公路只有11528.2公里,晴雨通车里程仅4575公里,占总里程的20.8%,且90%以上是三、四级标准,缺桥少涵,断头路多;村级公路全部为砂石路和土路,基本上是晴通雨阻。全省63%的乡镇和70.5%的行政村不通公路。

从"八五"开始,省交通主管部门冲破农村公路"三自"(自修、自建、自养)方针的屏障,用改革的思路探索出"政府领导、部门参谋、群众参与"的农村公路建设格局。1990年6月,省政府在扶余市召开全省乡(村)公路建设现场经验交流会,充分肯定扶余、东辽两县(市)"调整结构,增加投放,自我完善,加快发展"的乡村公路建设经验。扶余会议之后,全省各地呈现利用民工建勤、以金代劳等多种形式,筹集资金修建乡村公路的高潮。当年全省共集资1.3亿元公路建设资金,大部分用于改建24500公里乡村公路。1992年,全省交通会议又明确提出

"八五"期间,大部分乡镇和主要村屯达到晴雨通车,20世纪末实现村村晴雨通车的目标。1993年,省交通厅将乡村道路建设纳入全省路网规划,即乡村道路与干线连接形成网络,在6年路网计划中提出"村村通公路,路路通汽车"的建设目标。1994年,吉林省率先在全国实现乡乡通公路。1995年,扶余市采取征收农村拖拉机养路费和征收农民土地附加税的办法筹集资金,修建弓棚子至五家站17公里三级标准油路。这是吉林省第一条由农民集资修建的油路。1996年8月,经省政府同意,省交通厅在辉南召开全省水泥路建设工作会议,提出"把农民从泥泞中解放出来"的奋斗目标,使全省交通建设更加贴近农村、贴近农民。同年10月,省交通厅先后印发《吉林省交通厅关于提高水泥路补贴投资的通知》和《吉林省乡村公路建设补贴办法》,并经省政府批准执行。"九五"期间,全省农村公路建设累计投入40亿元,建成农村公路11200公里。"十五"期间,新改建农村公路油路或水泥路3.73万公里,比原计划目标增加2.77万公里,是"九五"实际完成的10倍。"十一五"期间,全省完成投入265亿元,全省9382个建制村,有9335个建制村通公路,通达率98.6%。"十二五"期间,全省农村公路建设数量和质量并行增加和提高。省交通主管部门进一步调整支持农村公路建设的政策,特别是在解决建设资金方面,除争取国家的政策支持外,通过以奖代补的形式,进一步调动各级政府的积极性。"十二五"期间,农村公路建设投入142.8亿元,建成农村公路1.9万公里,新增427个建制村通水泥(沥青)路,建制村通畅率达到99.9%,比2010年提高4.5个百分点。

截至2017年底,全省农村公路(县道、乡道、村道)87748公里,占公路总里程的84.5%。全省有乡镇714个,其中通水泥路94个,通沥青路620个,通畅率达到100%;有行政村9398个,其中通水泥路7590个,通沥青路1423个,通其他硬化路385个,通畅率达到100%。

(四)收费公路、交通扶贫、桥梁(隧道)

1985年3月5日,省政府批复抚松县政府集资改建鹤岗至大连公路抚松县城至仙人桥段,并原则同意建成后收取车辆通行费,偿还集资的资金和利息。该段公路全程21.8公里,改造工程于1986年5月1日开工,1988年7月18日建成通车并开始收费,这是吉林省第一条收费路。1989年9月20日,省政府发布了《吉林省集资贷款修建公路桥梁、隧道收取车辆通行费管理办法》,对收费公路的设立及管理进行规范。1992年,省交通厅对符合国家交通部、财政部、物价局联合发布的《贷款修建高等级公路和大型公路桥梁、隧道收取车辆通行费的规定》的二级以上公路、桥梁、隧道建设项目,建成通车后设立收费站点,收取车辆通行费。1993年至1996年,省交通厅先后下发《关于进一步强化车辆通行费管理的有关规定》《吉林省车辆通行费收费站管理办法》《吉林省路、桥、隧收费站规章制度(试行)》《吉林省公路收费站稽查奖惩办法(试行)》,对全省收费和管理进一步规范。1996年9月,省交通厅印发《关于开展创建收费站示范窗口达标活动实施意见》,并向社会公布公路收费站示范"窗口"10项优质服务承诺。全省的公路收费站点在全社会树立了良好的形象:乌金屯大桥收费站被交通部评为全国公路收费行业"示范窗口";珲乌线的白平收费站、辽那线的辽那收费站等9个收费站被评为省级"青年文明号"。

2012年,全省普通公路撤销了123个政府还贷二级公路收费站,保留普通公路收费站28个,其中,政府还贷收费站21个,经营性收费站7个,收费站的设置和收费期限,全部符合《收费公路管理条例》和国家有关规定。每个收费站均向社会公开收费批准文件、收费站名称、收费标准、收费期限和监督电话,接受社会公开监督。

省交通运输厅把交通扶贫作为一项重大政治任务,主动调整资金政策和使用方向,加快扶贫公路建设。梅河、东辽、大安、柳河等地方政府通过加大财政投入、整合涉农扶贫资金等方式,优先保障贫困地区农村公路建设。2017年,全省用于扶贫公路投资达23.8亿元,新改建农村公路2787公里,实施安防工程1544公里,改造危桥184座,自然屯通硬化路率由69.7%提高到76.2%。其中,交通脱贫攻坚完成投资17亿元,新改建农村公路2679公里,实施安防工程360公里,改造危桥52座,自然屯通硬化路率由70.1%提高到78.5%,超额完成农村公路脱贫攻坚70%以上的任务。

1978年,全省共有各种桥梁3572座、100251延长米。其中,永久性桥梁2727座、85435延长米;半永久性桥梁154座、3376延长米;临时桥梁(木桥)691座、11440延长米;涵洞23107道。随着交通运输事业的发展,公路等级的不断提高,对桥梁的发展和要求也越来越高。1997年,全省共有各种桥梁5033座、151258延长米,经过20年的建设和发展,分别增长41%和51%。其中,永久性桥梁4825座、147948延长米,比1978年分别增长77%和73%;半永久性桥梁61座、1278延长米;临时桥梁(木桥)147座、2032延长米;涵洞35538道;隧道19处、3180延长米。2017年,全省共有各种桥梁16331座、682407延长米,比1978年分别增长3.6倍和5.8%。其中,特大桥24座、33446延长米;大桥1081座、261179延长米;中桥3441座、196785延长米;小桥11785座、190996延长米;隧道171处、206142延长米。

(五)交通枢纽

1978年末,全省运输场站建设进展缓慢,有5个市县由于场站过小需要重建,有5个市县空白。随着道路运输业的迅猛发展,运输场站建设有了较快的发展。

"八五"期间,吉林省开始征缴公路客、货运输附加费,为运输基础设施建设提供了资金保障。全省新(改)建二级以上客运站20个,乡镇客运站76个,建成货场7个。

"九五"期间,全省公路运输基础设施建设确定了以"一个中心、两个系统、三个层次、农村成网"的发展目标,将长春、吉林、四平等15个城市作为主枢纽系统的布点城市,将其组合为6个主枢纽子系统,进行有计划、有目标、有步骤的公路运输站场建设,构建了全省公路运输主枢纽总体布局。全省新(扩)建二级及以上客运站22个,改建二级以上客运站28个,建设农村客运站82个。

"十五"期间,全省道路运输市场机制初步建立,运输条件和环境得到明显改善。全省新建二级以上客运站11个,农村客运站102个;改建二级以上客运站18个;新建三级以上货运站32个。长春公路主枢纽信息服务中心建成并投入使用,全省62个二级以上客运站、41个三级以上货运站完成了信息系统建设,初步形成了依托长春公路主枢纽和8个市(州)中心城市,辐射经济较发达县市的运输站场服务体系。2004年,《汽车客运站级别划分和建设要求》(JT/T 200—2004)正式出台,全省对汽车客运站级别进行了重新核定,并对各级别客运站数量进行了统计。

"十一五"期间,全省公路运输基础设施建设发展较快,客运站的服务设施设备进一步完善,布局趋于合理,为旅客出行创造了良好的环境。全省新(改)建二级及以上客运站41个,建设农村客运站304个,候车亭446个,站牌107个,新建货运站3个。

"十二五"期间,吉林省围绕综合运输体系发展,结合高铁建设布局新建7个集多种运输方式于一体的综合客运枢纽,基本满足了旅客"零换乘"需求。全省新(改)建二级以上客运站30个,建设农村客运站52个,候车亭1363个。围绕珲乌、哈大等主要物流通道新建货运枢纽5个。

截至2017年末,全省已建成等级以上客运站552个,其中,一级客运站24个,二级客运站48个,三级客运站33个,四级客运站64个,五级客运站383个。8个市州(除辽源市外),已建成的综合客运枢纽有长春凯旋路、吉林、延吉西、图们、德惠西、敦化、双辽7个,在建的有四平东、松原、安图、珲春、洮南5个,已规划的有通化、白山、白城3个,县级以上城市全部建有二级以上客运站。全省已建成货运场站60个,其中,省级货运枢纽6个,一级货运站21个,二级货运站16个,三级货运站17个,基本形成了省、市、县三级货运枢纽服务体系。

(六)港口航道

改革开放之初,全省通航里程仅有737公里;9个有吞吐能力的港口,年吞吐能力33万吨左右。1978年至1985年期间,完成了300多平方公里松花江河道连续测量和浅滩测量;完成了大安港、扶余港建设和松花江半拉山至三岔河口段238公里航道开发建设的可行性研究。1986年至2000年期间,本着"先通后畅,逐步提高,逐步实现干支畅通"的原则,先后完成了松花江航道勘测设计及疏浚;对吉林市哈达湾至扶余的294公里航道工程项目按V级通航标准进行设计;完成了青山至三台子段航道浅滩疏浚和勘测设计;完成了吉林市区段航道测量及疏浚;完成了鸭绿江航道勘测设计及疏浚;完成了图们江航道勘测设计及疏浚,主要包括:图们市区段的航道测量和图们江下游(洋官坪至河口段28公里)航运工程预可行性研究报告。同期,完成了吉林省港口总体布局规划,吉林省内河水运发展规划研究报告、图们江甩湾子取水垛头审批等工作。

1978年至1987年期间,先后新建(改扩建)扶余港、大安港、丰满港、吉林港、吉林市青年园码头、吉林港起步码头、扶余航道段码头、扶余油田码头、下六家子码头、集安航标段码头、安子哨码头等。在此基础上,1987年省交通厅制定并经省政府批准的《吉林省1987—2000年内河发展要点》中明确提出以航道港口建设为基础,以扩建、新建水路联运枢纽港为主,坚持谁使用、谁投资、谁管理、谁受益原则,加快水路运输基础设施建设。在新建航道和港口,按照国家和省各投资50%的规定,全省平均每年投入300万元作为配套资金用于港口建设,并根据国家规定开征内河航道和港务费用,确保航道和港口建设资金有稳定来源。

1987年至1990年期间,分两期对大安港实施改造,改建后的大安港,船舶装卸全部实现机械化,吞吐能力达到100万吨。1990年,大安港被国务院批准为国轮外贸运输口岸,并相继获得外贸经营权、外事审批权、对俄轮开放权。1995年,省投资551.16万元对吉林港起步码头进行改造,1996年10月竣工,年吞吐量15万吨。2001年至2005年期间,开工建设松花江吉林市区至陶赖昭段(177公里)四级航道,维护性疏浚航道64.9公里。新建查干湖、松花湖客运泊位各1个,扩建松原港宁江作业区5号泊位。新建港航监督船舶1艘,维修改造链斗式挖泥养护船队1个。2006年至2010年期间,累计投入水运建设维护资金1.0566亿元,建设(新增)四级航道160公里、新增达标六级航道112公里。改造渡口码头60个,渡船86艘。建设水运行业管理码头和航道管理船舶停靠基地各1处、松花江干流3个千吨级泊位。2011

年至2015年期间,积极争取将界河航道养护资金纳入国家财政一般性预算,破解了吉林省航道养护资金短缺和无固定来源的难题。"十二五"期间,全省航道建设与养护管理累计完成投资1.8亿元,建设航道17.5公里、图们江界河航道管理码头1座,航道管理与养护船舶34艘,养护航道里程达1046公里。

2017年底,全省已有内河港口(码头)31个,年吞吐能力达到180万吨,是改革开放之初的5.5倍,全省航道通航里程达到1595公里,是改革开放之初的2.17倍;投入界河航道养护资金1100万元,比2012—2016年年均705万元,增加56%,并确定以此为基数列为财政一般性预算;内河航道管理养护投入由过去50万元增长为计划安排865万元;内河航道管理实现了全域管理;推进航道行政管理和航道资源保护工作,将航道管理纳入了水资源综合管理。

三、运输服务成就

(一)客运服务(城市公交、出租汽车)

1. 城乡道路客运

改革开放初期,全省9065个行政村,通公路客运的不足60%,不少地方出现利用拖拉机载人的现象。1980年7月,在全省交通工作会议上印发《关于大力发展公路客运的意见》。1984年7月23日,省交通厅下发的《关于进一步放宽运输政策的几项规定》明确,允许城乡企业单位和个人从事公路客运或出租包车经营业务,国营、集体、个人一起上的运输局面随即形成。1985年底,全省公路客车2676辆,其中,交通系统的1600辆,占59.7%;机关企事业单位285辆,占10.7%;个体781辆,占29.2%。1991年10月24日,省政府发布《吉林省道路运输管理规定》,这对促进道路客运发展起到了极其重要的作用。1993年,对客运线路实行了有偿使用办法。同年,对长春至大连线路6个班次的客运线路,实行了有偿使用。1994年底,全省共有187条线路、1003个班次实行了有偿使用。1998年,省交通厅决定停止行政审批新增客运线路,运用市场机制、合理调控运力发展、实现运输资源优化配置。1999年11月13日,省政府印发了《吉林省人民政府批转省交通厅关于道路旅客运输资源优化配置若干意见的通知》,同年,省交通厅印发了《全省道路旅客运输资源优化配置实施方案》,为在全省范围内全面实行运输资源优化配置工作提供了政策保障。1999年11月下旬,在四平市召开了全省道路旅客运输资源优化配置现场会,总结推广了四平市的试点经验。2000年,选择长春至白山客运班线,采取招投标确定运输企业、根据市场需求确定投放车数车型、运用价格机制调节合理竞争的方式优化配置运输资源。同年又选择了57条线路,配置了516个班次。2001年,出台了《吉林省道路客运线路经营招标投标管理办法》,2002年,实行客运线路服务质量招投标的做法,共设9条客运线路、41个班次、34辆车。有7户二级客运企业投标,5户企业中标。2005年,抓住准入、退出、监管三个环节,稳步推进运输资源优化配置改革,实行客运经营权有期限使用,新增客运班线一律实行服务质量招投标,全年共有52台车辆、7名乘务员被取消经营资格,有2条客运班线被取消经营权。2006年,在全国率先实行客运班线经营权有期限使用,对5900余条客运班线经营权进行重新许可。2007年,省交通厅提出,大力发展农村客运,促进城乡客运一体化。2009年5月,省交通运输厅印发《关于大力推进全省城乡客运一体化的工作方案》的通知,重点做好规划和试点。2012年,省政府出台了《关于进一步促进道路运输行业健康稳定发展的通知》,对农村客运的公益属性予以了明确,要求各地政府为农村客运发展提供有力支撑。2013年,省交通运输厅下发《关于加快发展农村道路客运市场的通知》《关于城乡道路客运一体化发展的意见》等相关指导性文件。2013年以来,全省共实施公交化改造线路138条,新开通农村线路308条,有效地推进了城乡道路客运一体化发展。截至2017年末,全省共有道路客运经营业户25.5万户,其中,企业1.3万户,个体24.2万户,在全国率先实现了村村通客车,实现城乡客运全覆盖。

2.城市公共交通

2008年,在国家大部制改革的背景下,省委、省政府决定将公交管理职能由原来的城建部门转移到了交通运输部门。

2012年,省交通运输厅组织指导编制中心城市公交发展规划,加大政府财政资金投入,加快车辆更新,实施暖车厢改造工程,开辟公交专用车道,落实扶持公交企业发展的政策措施,城市公交发展步伐加快。省交通运输厅会同省国税局下发通知,对1929台新购公交车辆免征车购税4800余万。长春、四平、辽源等市政府投入专项资金用于改善公交设施、更新公交车辆和开通城际公交。2013年,省政府出台了《城市优先发展公共交通的实施意见》,明确了公交规划编制、基础设施建设、资金政策扶持和路权优先等9项任务、25项保障措施,并在全省启动实施了"公交便民"工程。省政府办公厅制定了《城市"公交便民"工程实施方案》,确定了"公交便民"工程发展目标,并纳入政府年度绩效考核,分解落实到全省各市、县。2014年、2015年又相继实施了"城市畅通"公交都市等工程,均列入省政府民生实事,由政府给予全力推动,地方政府对公共交通的主体责任得到有效落实,涉及资金、用地、税费等方面的扶持政策陆续出台,公共交通的资金投入和建设力度持续加大,公交出行条件和服务水平明显提升。

2013年至2015年,城市"公交便民"工程实施以来,经过三年努力,共完成了5147辆城市公交车的更新,约占全省公交车总数的41.4%,显著改善了我省城市公交基础设施状况和乘车环境。全省新建扩建城市公共汽车停车场(含暖库)53.47万平方米,为9000多台公交车提供了停车位置,有效缓解了停车难、冬季起车难的问题。全省新建候车亭牌10403个,为百姓乘坐公共交通出行提供了极大的便利。长春市结合国家公交都市创建工作,每年安排资金3.5亿元左右,更新新增公交车500辆以上,并依托"两横三纵"快速路开设公交快线。

3.出租汽车客运

20世纪80年代初,全省各市陆续发展了出租汽车客运,由交通部门承担管理。1986年,相继有长春、吉林、通化、浑江(今白山市)等5个市的出租汽车客运(不含市辖县)划归城建部门管理,其他4个市(地、州)及全省所辖县(市)仍归交通部门管理。2008年,出租汽车客运管理职能又由原来的城建部门转移到了交通运输部门,至此,出租汽车客运全部纳入到全省交通运输发展的总体规划中。1991年,省运输管理局下发了《关于出租车客运发展和管理的若干意见》,要求各地进一步开放出租车客运市场,拓宽发展渠道。1993年,省运输管理局转发交通部《出租汽车客运服务规范(试行)》,对规范车辆的经营服务、车容仪容、业务受理及调度、运行服务等方面提出具体规定。1996年,省交通厅正式下发《关于在全省出租客运汽车行业开展"创建文明窗口、争做文明使者"活动的通知》。1998年末,省交通厅本着"积极稳妥、量力平衡、分步实施"的原则,引导各地通过运输资源优化配置,有计划合理发展,5年制定一次规划,并每年进行一次调整,引导出租汽车行业健康发展。到2007年前后,全省各地也逐步实施紧缩政策,控制准入条件和数量,并以有偿使用方式确定出租汽车经营权。2014年以后,网约车的出现转变传统出租汽车人等车、车找人的问题,实现了人和车的无缝衔接。2016年11月15日,省政府办公厅印发《关于深化改革推进出租汽车行业健康发展的实施意见》,成立了省深化出租汽车改革工作领导小组,推进出租汽车行业改革工作。省交通运输厅与省委宣传部、省公安厅、省维稳办等9个部门联合制定了《吉林省出租汽车行业群体性突发事件应急预案》,保证改革工作平稳进行。2016年11月末,省级网约车监管平台搭建完成,实现用高速公路光纤专网与部网约车监管平台连接。网约车企业及平台通过交通运输部测试验收,除长春市、四平市自建监管平台外,其他地级城市都使用省级网约车监管平台。

(二)货运(物流)服务

1978年12月,省革命委员会颁发了《吉林省运输市场管理办法(试行)》明确规定:凡在省内公路从事营业性质货物运输的专业及非专业运输,均纳入运输市场的统一管理。1983年,全省货运车辆迅猛增加,货运基础设施的建设跟不上,车、货缺少见面的场所,出现了有车难找货、有货难找车,以及有市无场的现象。1993年,公路货运取消了运力额度控制和货源扎口运输,除抢险救灾、港站集散物资和国家重点物资、涉外运输物资实行指令性计划运输外,其余货源全部放开,实行市场调剂。1994年,省运输管理局组织制定了"三主三网"的运输市场发展蓝图,货运市场以4个交易市场(长春、吉林、四平、延边)为主中心,开发4个货运主通道和一个沿边走廊,形成以大促小、以大联小的货运网络化市场。1995年,完成长春、吉林、四平、延边四个货运主中心的建设。1996年,全省70%的县(市)都建立了有形货运市场(有形货运市场总数已达到61个),绝大部分车辆进入市场,纳入统一管理。全省组建个体货物运输联合体24个,进入联合体车辆377台。1998年,依托高等级公路开展了快货运输试点。2005年,全省所有二级以上客运站全部开展了小件快货运输工作,各客运站积极扩大服务领域,与邮政、商业网点加强沟通,业务网络已覆盖了吉林、黑龙江、辽宁、山东等12个省248个市。

2006年,在全省推广长春市运送液化气罐车辆实行半封闭式运输的经验,全省运送瓶装液化气的572辆车全部完成改装,实现了半封闭式运输。2008年,组织对运送剧毒品、爆炸品、放射品、易燃品、腐蚀品等五类危货运输车辆安装GPS车载终端设备,强化对危货运输车辆的动态安全监管。

2008年,省运输管理局制定了《吉林省交通战备运输暨突发事件道路运输应急预案(试行)》,并开展应急演练。2008年汶川地震发生,省运输管理局接到指令,立即启动应急预案,仅用7小时就动员组建和集结了一支具有丰富山区驾驶经验和重型货车抢修经验的驾驶员及维修人员组成的抢险救援队伍,分赴四川省茂县、汶川等地,圆满完成了运输保障任务。

2012年,省交通运输厅、省财政厅、省发展和改革委员会、省国土资源厅、省地方税务局下发了《吉林省公路甩挂运输试点工作方案的通知》。2015年末,培育国家级和省级甩挂运输试点34个,开辟甩挂运输线路63条,试点企业牵引车达877辆,挂车1433辆,甩挂运输车辆实载率较传统运输方式平均提高30%。

2013年,省交通运输厅印发了《关于道路运输业"现代物流"工程的实施意见》。交通运输部领导对《实施意见》做出了重要批示。《中国交通报》刊发了《吉林高位起步,疾书现代物流大文章》一文,系统介绍了吉林省现代物流业发展现状及未来发展举措。2017年,省交通运输厅印发了《交通运输促进物流业降本增效的实施意见》,落实、细化物流业降本增效各项工作任务,推动物流业向集约化、信息化、智慧化方向发展。省交通运输厅等二十个部门印发了《关于鼓励开展多式联运工作的通知》,引导企业开展多式联运业务,鼓励发展公铁联运、铁水联运。同年,省交通运输厅印发了《吉林省农村物流网络节点体系建设实施意见》,指导有条件的运输企业积极搭建县、乡、村三级物流节点网络,解决农村物流"最后一公里"问题。

(三)机动车维修和驾驶员培训

1978年以后,汽车修理业伴随着汽车数量增加得到迅速发展,其特点是国营企业逐渐萎缩,集体、个体修理业户发展迅速。1987年,省交通厅等七部门印发《关于颁发〈吉林省汽车维修行业管理实施细则〉的联合通知》,明确汽车维修的市场化方向和各级交通主管部门的管理职责。同年12月,省交通厅开始把汽车综合性能检测纳入行业管理。1988年6月,省交通厅印发《吉林省汽车维修质量管理办法》。1990年至1991年,省运输管理局制定《吉林省道路运输汽车运行技术条件》《吉林省汽车维修企业开业技术条件》,分别经省标准计量局、省技术监督局批准,以省地方标准的形式发布。1996年5月,省交通厅、省物价局修订出台《吉林省机动车维修工时定额和收费标准及结算办法》。2000年2月,省交通厅、省劳动厅印发《关于对全省汽车维修业技术工人进行职业技能培训鉴定的通知》,对汽车维修技术工人均实行职业资格证书制度。2011年,省运输管理局下发《关于做好二级维护管理工作的通知》,将二级维护向所有具备条件的企业放开。2013年,省运输管理局组织开展企业质量信誉等级考评工作并向社会公布,24户维修企业被评为全国诚信企业。2014年,省运输管理局在长春选择25户维修企业建立了汽车维修配件追溯体系,积极打造"吉林快修"品牌,统一标识、价格和服务标准,引导汽车维修向品牌化、连锁化方向发展。2015年12月10日,省物价局、省交通运输厅印发《关于放开道路运输营运车辆二级维护作业费的通知》,决定放开道路运输营运车辆二级维护作业费,实行市场调节价。2017年,省运输管理局印发《吉林省运输管理局关于做好道路运输行业环境保护工作的通知》,对道路运输行业环境保护工作作了具体规定。

1978年、1979年、1982年,省交通局修订完善颁发《吉林省机动车驾驶员考核办法》。1986年至1994年,省机动车驾驶员培训行业管理工作隶属于公安部门,1994年7月27日,驾驶员学校和驾驶员培训的行业管理工作从公安部门移给交通部门。1995年1月19日,省交通厅印发《吉林省机动车驾驶学校和驾驶员培训行业管理办法(暂行)》。1998年3月23日,省物价局、省交通厅印发《关于机动车驾驶员培训收费标准的通知》。1999年2月1日,省交通厅、省审计厅、省工商行政管理局、省物价局、省地方税务局、省技术监督局下发《关于加强我省机动车驾驶员培训市场行业管理工作的意见》。2005年至2006年,在长春市进行了机动车驾驶员培训学时计时IC卡管理系统试点工作。2010年,全省建立了9家从业人员培训考试机构,实现了无纸化培训考试。2013年,推进驾驶员培训规范化教学,组织实施新版考试大纲,开展了指纹认证和IC卡计时。2015年,制定了《吉林省道路运输从业资格考试中心建设投资标准》,长春市、松原市从业资格综合考试中心建成并投入使用。

(四)国际道路运输

1989年8月2日,经省编委批准在省运输管理局加挂吉林省口岸交通运输管理办公室牌子,并在延边州、浑江市(今白山市)、通化市运输管理处设立办事处。1990年,省交通厅与苏联滨海边疆区签订《珲春至克拉斯基诺口岸间国际汽车货物运输协议书》。1992年,吉林省和俄罗斯滨海边疆区共同签署《国际汽车运输行车许可证制度协议》。同年11月15日至21日,中国吉林省交通厅与俄罗斯滨海边疆区汽车运输生产联合总公司签署《关于中国吉林省与俄罗斯滨海边疆区之间开通珲春(长岭子)口岸和克拉斯基诺口岸开展汽车旅客(旅游)运输的协议》《中国吉林省运输管理局与俄罗斯滨海边疆区汽车运输生产联合总公司关于建立双方国际汽车运输行车许可证制度的协议》。同年,中国吉林省与朝鲜咸镜北道签订《关于两国边境地方贸易货物汽车直达运输补充协议书》。1995年,中国吉林省政府同朝鲜罗津、先锋区政府签订恢复开通圈河至元汀口岸协议。1998年10月7日至10日,应中国吉林省交通厅邀请,俄罗斯滨海边疆区交通委员访问吉林省,双方就双边汽车运输发展、运输管理、口岸通行及合作等问题进行会谈。1999年6月1日至4日,中国珲春市政府和韩国东北航运株式会社组成联合代表团,对俄罗斯滨海边疆区进行考察,并与俄罗斯滨海边疆区船舶港口通信及交通委员会达成利用俄罗斯波谢特港或扎鲁比诺港的协议。2013年,在临江口岸联检楼设立了交通运输口岸办公室,并悬挂中国运输管理标识,经与临江市口岸办协调,允许交通进入口岸联检通道并履行职责。2014年,与吉林省商务厅、邮政公司、东北亚铁路总公司以及长春兴隆综合保税区等单位就近年来经中俄珲春—克拉斯基诺公路(铁路)口岸过境货物主要品类、流向、运输量以及货运市场需求预测等情况进行调研。2015年,与俄联邦运输部道路运输署驻远东分署就珲春—扎鲁比诺陆路运输线路确认一事进行了多次交换。2016年,中俄两国交通运输部正式确认了珲春—扎鲁比诺港国际客、货运输线路为已开通的运输线路。同年,省交通运输厅完成了对珲春—扎鲁比诺港、珲春—符拉迪沃斯托克(海参崴)、延吉—符拉迪沃斯托克(海参崴)3条客运线路的班线审核工作。2017年,参与省政府口岸办组建的"国际贸易单一窗口"办公室工作小组,定期就推进"国际贸易单一窗口"工作与海关、边检等部门进行协商,明确各单位申报信息、可提供信息以及需求信息等。

对朝国际道路运输工作稳步推进:对朝运输始于20世纪80年代末,中朝两国政府2008年签订了《汽车运输协定》,但未签议定书,开通的线路也未能正式运营。1987年,开通中国长白至朝鲜惠山国际旅客和货物运输线路;1988年,开通中国延吉至朝鲜清津、中国集安至朝鲜滑源国际公路货运线路;1992年,开辟中国延吉经图们口岸出境,经朝鲜南阳口岸直达先锋地区的国际货运线路;1996年,开辟中国珲春同朝鲜罗津港直达韩国釜山的国际陆海联运线路;1997年,开通中国珲春至朝鲜罗先国际旅客运输线路;1998年,开通中国延吉至朝鲜罗津国际陆海联运线路;2000年,开通中国和龙至朝鲜大红彤国际公路货运线路;2012年,开通中国延吉至朝鲜罗先国际旅客运输线路。

对俄国际道路运输取得新进展:对俄运输始于20世纪90年代,已开通的客货运输线路运营状况良好。1990年,开通中国珲春至苏联克拉斯基诺国际公路客运线路;1996年,开通中国图们至俄罗斯斯拉夫扬卡、中国珲春至俄罗斯斯拉夫扬卡国际货物运输线路;1998年,开通中国珲春至俄罗斯斯拉夫扬卡国际旅客运输线路;2000年,开通中国珲春至俄罗斯扎鲁比诺国际旅客运输线路;2010年11月26日,开通中国长春至俄罗斯符拉迪沃斯托克(海参崴)国际客运线路;2013年,开通中国长春至俄罗斯符拉迪沃斯托克(海参崴)国际货运线路;2014年,开通中国长春至俄罗斯符拉迪沃斯托克(海参崴)国际货运线路。2016年,开通中国珲春至俄罗斯扎鲁比诺港、中国珲春至俄罗斯符拉迪沃斯托克(海参崴)、中国延吉至俄罗斯符拉迪沃斯托克(海参崴)3条国际旅客运输线路。

(五)水路运输

改革开放之初,吉林省水上运输能力较低,全省有登记的船舶仅42艘,年完成客运量4万人次、旅客周转量220万人公里,年完成货运量16万吨、货物周转量7880万吨公里。从1980年起,松花湖的旅游运输业开始起步,1985年底,松花湖上已有9个单位24艘各类船只参加旅游运输,年旅游客运量达130340人次左右。1987年,强化水运安全管理,对性能、结构、设备不符合规范要求和危及航行安全的老旧船舶实行强制报废。1996年,按照"统一管理、统一票据、统一售票、统一结算"的原则,对松花湖水运市场进行重点整顿。1998年至2000年,省交通厅进一步采取优化运力结构、加强总量控制、加强船运业者管理3项措施,加强水上生产管理,引导业户实现规模化、集约化经营。到2000年,全省水上运输船舶已达到1044艘、总载重量15439吨、功率18127千瓦、客位11717个,分别是1986年的13.6倍、6.5倍、9.6倍、1.45倍。到2005年底,全省水上运输能力进一步提高,拥有各类运输船舶1421艘,总功率5.03万千瓦,2.82万总吨,净载重量2.51万吨,载客量2.07万客位。2007年6月,吉林红石国家森林公园有限公司购客船进入水运市场,开辟了3条新航线共153公里,填补了吉林省跨地区长途水上旅游运输的空白,促进了旅游经济发展。2011年8月,吉林红石国家森林公园与吉林森工旅游集团白山湖航运公司联合成立白山湖旅游接待中心,投入12艘旅游船只,打造水路游长白山的"黄金水道",使红石国家森林公园成为吉林省长白山旅游大环线中的重要节点。

"十一五"期间,全省投入2000多万元,完成了108道渡口和166艘渡船的改造任务,取缔隐患渡口3道、渡船34艘,新增渡船86艘、改造渡船46艘,各项涉渡工作顺利通过国家达标验收,解决了全省356个行政村,210多万(其中学生8万)人口的安全乘渡问题。

"十二五"期间,省交通运输厅制定《吉林省渡口渡船标准化建设方案》,启动实施了全省渡口标准化建设试点工程,投资44万元建设渡口安全设施17处,投资281万元改造渡船16艘。在德惠老牛道、大岗和马家店3道渡口4个码头进行示范工程试点。到2015年底,吉林省水上运输能力明显提升,全省拥有各类运输船舶1510艘,完成水路客运量188万人次、旅客周转量2749万人公里;完成水路货运量187万吨、货物周转量6089万吨公里。"十二五"期间,吉林省稳步推进界河发展,助推图们江出海复航取得历史性突破。抓住国家加大支持界河建设力度机遇,根据巡航和旅游需要,疏浚图们江、鸭绿江六级航道17.3公里,建成图们江界河码头,新增航政管理船和鸭绿江测量船。力争恢复出海权限,省交通运输厅作为图们江出海权领导小组的主要成员单位和航运、海事主管部门,为国家历次与朝、俄方协商中国船只经图们江出海事宜,提供了技术支撑。经国家、省有关部门多年不懈努力,最终使朝、俄方进一步确认了中国船只享有经图们江出海的权益。

四、行业管理成就

(一)交通运输管理体制

1978年以来,随着交通基础设施规模不断扩大,服务能力和水平得到大幅度提高,承担的管理职责有所调整,全省交通运输管理体制也经历了多次的改革调整,交通运输体系日臻完善,逐步向科学、高效、法治化的管理迈进。

1.省交通运输厅机构及职能变化情况

1980年9月,省交通局改为省交通厅。

1987年6月,省交通厅原公路交通安全管理和驾驶员管理职能划归公安交警部门,并于同年6月办理交接手续。

1990年5月,省编委印发《关于省交通厅设立地方铁路管理处的批复》,同意省交通厅设立地方铁路管理处,增加地方铁路管理职能,增加行政编制5名。

1993年10月,省交通厅决定,将厅内设机构中的地方铁路管理处和内河航运管理处整编制并入省运输管理局,实行合署办公。原地方铁路和内河航运管理业务、职能不变。

2008年12月,组建省交通运输厅,原省交通厅的职责、省建设厅指导城市客运的职责、省民航机场集团公司的民航机场安全生产和空防安全管理职责整合划入省交通运输厅。

2009年4月,省人民政府印发《吉林省交通运输厅主要职责内设机构和人员编制规定》,对厅职责进行调整。将原省交通厅的职责和原省建设厅的指导城市客运职责、指导城市出租车管理职责,整合划入省交通运输厅;取消已由省政府公布取消的行政审批事项;取消公路养路费、航道养护费、公路运输管理费、公路客货运附加费、水路运输管理费、水运客货运附加费等六项交通规费的管理职责;将原省交通厅的全省地方铁路规划、建设和运营职责划给省发展和改革委员会。不再承担省民航机场集团公司的民航机场安全生产和空防安全管理职责。邮政管理体制实行中央和地方双重管理以中央为主的管理体制,各级政府交通运输部门根据政府要求,协助做好邮政管理相关工作,统筹协调本地区邮政行业规划与交通运输规划的衔接,促进邮政与交通运输资源的整合。

2.省交通运输厅所属事业单位

省高速公路管理局、省高等级公路建设局、省公路管理局(省公路重点工程建设管理办公室)、省运输管理局(加挂"省口岸交通运输管理办公室"牌子)、省公路路政管理局、省航道管理局、省地方海事局、省交通科学研究所、省交通规划设计院、省公路技工学校、省交通运输厅物资供应站、省交通基本建设质量监督站(加挂"省交通工程质量检测中心"牌子)、省交通运输厅机关服务中心、省交通宣传中心、省政府驻北京办事处交通联络处、省交通工程造价管理站、省交通信息通信中心。

(二)交通运输法治建设

改革开放以来,省交通运输厅行业管理工作重心从计划经济时代包管一切的管理模式转移到按照法律授权,依法培育和构筑交通市场,依法管理交通市场,依法监督交通市场的职能上来。1993年,提出"依法治交通"战略措施。1994年,确立了"立法是基础,普法是保证,依法行政是重点,执法监督是关键"的工作思路。1995年,成立法律咨询委员会,为重大决策和投资经营行为提供法律依据和支持。1999年,出台了《关于加强依法治交通工作的意见》,为交通建设和改革创造了良好的法治环境,使交通行业管理逐步走上科学、规范、法治的轨道,促进了交通工作跨越式发展。

1.公路法治建设

1986年9月26日,《吉林省公路管理条例》经省第六届人民代表大会常务委员会第二十一次会议通过,于1987年1月1日起施行。

1992年9月24日,省人民政府印发《关于筹措四平至长春高速公路建设资金有关问题的批复》。

1997年12月26日,省人民政府印发《吉林省集资贷款修建公路桥梁隧道收取车辆通行费管理办法》。

2004年10月27日,省人民政府颁布《吉林省乡道管理办法》。

2005年3月31日,《吉林省高速公路路政管理条例》经吉林省第十届人大常委会公告第十九次会议通过,于2005年7月1日起施行。

2007年3月1日,省人民政府颁布《吉林省农村公路养护和路政管理若干规定(试行)》。

2010年7月15日,省人民政府颁布《吉林省高速公路管理办法》,自2010年9月1日起施行。

2011年11月23日,《吉林省公路条例》经省第十一届人民代表大会常务委员会第二十九次会议通过,于2012年1月1日起施行。

2015年9月16日,《吉林省农村公路条例》经省第十二届人民代表大会常务委员会第二十次会议表决通过,于2016年1月1日起施行。

2015年12月11日,省人民政府办公厅印发《关于加快推进高速公路建设的意见》。

2016年5月,全省开展超限超载运输车辆集中治理工作,共查处违规超限超载车辆1295台,劝返车辆203台,行政处罚88620元。

2016年9月,全省集中开展"双排"车辆运输车治理,对8个车辆运输车运行通道进行24小时全面布控,投入18个执法中队,劝返"双排"车辆运输车277台,不合规单排运输车15台。

2.运输法治建设

1984年2月18日,省人民政府发布《吉林省河道管理条例》。

1984年7月23日,省人民政府颁发了《关于进一步放宽运输政策的几项规定》。

1989年5月8日,省人民政府发布《关于整顿治理道路、水路运输市场的决定》。

1991年10月24日,省人民政府发布《吉林省道路运输管理规定》。

1992年11月7日,《吉林省河道管理条例》经省七届人大常委会第三十一次会议通过,并于1992年11月7日起施行。

1993年11月2日,省人民政府发布《吉林省航道管理办法》。

1993年11月2日,省人民政府发布《吉林省乡镇运输船舶安全管理办法》。

1997年3月28日,经省第八届人民代表大会常务委员会第三十次会议通过了《吉林省道路运输管理条例》,并于同年4月9日起施行。

1999年9月16日,省人民政府发布《吉林省渡口管理办法》。

2006年9月29日,经省第十届人大常委会第二十九次会议通过《吉林省道路运输条例》,并于2007年1月1日起施行。

2009年9月25日,《吉林省城市公共客运管理条例》经省第十一届人大常委会第十四次会议通过,并于2010年3月1日起施行。

2010年11月26日,《吉林省道路运输条例》(2010修改)经省第十一届人大常委会第二十二次会议通过,并于2010年11月26日起施行。

2012年11月29日,省人民政府办公厅印发《关于进一步促进道路运输行业健康稳定发展的通知》。

2013年4月18日,省人民政府印发《吉林省人民政府关于城市优先发展公共交通的实施意见》。

2013年7月26日,《吉林省水路交通条例》经吉林省第十二届人大常委会第三次会议通过,并于2014年1月1日起施行。

2013年10月10日,省人民政府办公厅印发《吉林省人民政府办公厅关于印发城市"公交便民"工程实施方案》。

2017年,组织构建"互联网+道路运政服务系统",通过应用"系统",深入推进简政放权,进一步创新监管方式,提升道路运输信息化管理和服务水平。

(三)交通运输投融资体制改革

随着改革开放的不断深入,交通运输事业的快速发展,吉林省交通运输投资结构也在不断优化,在交通建设资金的筹措上,主要采取"国家投资、地方筹资、社会融资、利用外资"的方式,形成投融资渠道多层次、主体多元化、方式多样化的局面。

1.地方筹资、群众投劳

为加快各地交通基础设施建设,省交通运输厅坚持"统筹规划、条块结合、分级负责、联合建设"的方针,充分调动和发挥地方政府和各方面的积极性,努力创造广泛筹融资、全民办交通、全社会办交通的局面。1994年,省交通厅为调动各地积极性,坚持鼓励先进,促进后进的政策,提出在公路建设上"谁积极谁先上"的原则,省交通厅与市(州)政府签订公路改造协议,实行投资包干、联合建设的办法。在建设资金上,省交通厅按标准给予补助,包干基数以外不足经费由地方自己想办法解决。在工程实施上,由地方完成征地拆迁、路基土石方填筑,达到垫层通车,后由省交通厅安排桥涵建设和路面铺筑。2015年12月,省政府出台《关于加快推进高速公路建设的意见》,一方面,明确高速公路建设由原来的省交通运输厅一家承担,改为采取"省市共建"模式,筹融资主体也由省厅改为企业。另一方面,明确"十三五"国高项目贷款给予10年期贴息政策扶持,通过地方政府债券转贷资金方式帮助市县政府落实征地拆迁资金,并对转贷资金给予贴息;"十三五"省高项目,省财政按总投资的10%给予投资补助,还可通过地方政府债券转贷资金方式帮助市县政府筹集一部分(不超过总投资的10%)资本金,并对转贷资金给予贴息。通过这一体制的变革,积极发挥吉高集团企业融资平台作用,充分利用政府的优惠政策,打开了企业市场化融资的大门,确保了我省新建国高网项目的融资需求。

2.银行贷款、社会融资、引进外资

省交通厅充分利用交通系统是资金过往结算大户的优势,与国家开发银行、建设银行、工商银行等建立良好合作关系,积极争取贷款用于公路建设。1994年,长春至四平高速公路开工建设后,吉林省争取亚行贷款1.26亿美元,相当人民币10亿元。在长春至扶余高速公路及长春至白山一级公路建设中争取到国外贷款3.2亿元。1996年,在长吉高速公路建设中,发行公路建设债券,筹集资金1.5亿元。1999年,延边公路股份公司和东北高速公路股份公司先后在深圳和上海成功上市,筹集资金6.4亿元。1986—2000年,为公路建设贷款152.06亿元,用于长春至四平、长春至吉林高速公路和长春至白山、四平至白山一级公路建设。2009年,成功发行第一笔10亿元的企业债。2011年12月,成功发行第一期中期票据10亿元。2012年12月,成功取得第一笔吉林到草市的项目贷款,贷款总额为63.95亿元。2016年5月,成功发行第一笔永续中票10亿元。

2017年,省交通运输厅通过完成资产划转,将吉林省高速公路集团有限公司资产规模提升至1000亿元以上,并通过引入竞争机制等有效手段,成功将公司信用等级提升至AAA级,为公司降低融资成本、拓宽融资渠道打下了坚实基础,成为东北三省第一单获批的DFI,为日后的融资工作提供了强有力的保障与支持,开拓了融资新局面;同年成功完成首期融资租赁融资工作,融资15亿元,盘活松肇高速公路17亿元高速公路资产,实现售后回租。

(四)交通运输技术政策及标准

伴随改革开放的大潮,全省交通系统紧密结合交通建设发展需要,适时制定出台相关技术政策、规范和标准,提升了交通科技实力,引导公路建设、养护和运输管理走上可持续发展轨道。交通行业地方标准见表1。

交通行业地方标准　　　　　　　　表1

序号	地方标准名称	编制单位	发布时间	发布机关
1	载客汽车运行燃料消耗标准	吉林省运输管理局	1987-07	吉林省质量技术监督局
2	载货汽车运行燃料消耗标准	吉林省运输管理局	1987-07	吉林省质量技术监督局
3	吉林省道路运输汽车运行技术条件	吉林省运输管理局	1990-12	吉林省质量技术监督局
4	吉林省汽车运输业汽车运输及修理技术经济定额	吉林省运输管理局	1990-12	吉林省质量技术监督局
5	沥青玛蹄脂碎石混合料设计与施工技术规范	吉林省交通科学研究所	2003-05-01	吉林省质量技术监督局
6	石灰粉煤灰稳定材料路面基层、底基层设计施工技术规范	吉林省交通科学研究所	2009-10-20	吉林省质量技术监督局
7	汽车综合性能检测站检测能力评价规范	吉林省汽车维修协会	2012-04-28	吉林省质量技术监督局
8	营运车辆综合性能检测车辆外观及底盘检验方法和评定	吉林省汽车维修协会	2012-04-28	吉林省质量技术监督局
9	汽车综合性能检测站经营服务规范	吉林省汽车维修协会	2012-04-28	吉林省质量技术监督局
10	汽车维修服务质量规范	吉林省汽车维修协会	2012-04-28	吉林省质量技术监督局
11	汽车小修竣工技术条件	吉林省汽车维修协会	2012-04-28	吉林省质量技术监督局

续上表

序号	地方标准名称	编制单位	发布时间	发布机关
12	公路客运站车辆安全技术检测条件	吉林省汽车维修协会	2012-04-28	吉林省质量技术监督局
13	危险货物道路运输安全技术要求	吉林省汽车维修协会	2012-04-28	吉林省质量技术监督局
14	营运车辆二级维护质量规范	吉林省汽车维修协会	2012-04-28	吉林省质量技术监督局
15	道路危险货物运输车辆维修企业技术条件	吉林省汽车维修协会	2013-08-23	吉林省质量技术监督局
16	汽车快修企业技术条件	吉林省汽车维修协会	2013-08-23	吉林省质量技术监督局
17	公路填石路基施工技术规范	吉林省交通科学研究所	2013-12-18	吉林省质量技术监督局
18	寒区公路工程煤矸石应用技术指南	吉林省交通科学研究所	2014-05-04	吉林省质量技术监督局
19	摩托车快修企业技术条件	吉林省汽车维修协会	2014-05-04	吉林省质量技术监督局
20	公路工程火山灰材料应用技术指南	吉林省交通科学研究所	2014-06-30	吉林省质量技术监督局
21	硅藻土沥青混合料设计与施工技术指南	吉林省交通科学研究所	2014-12-11	吉林省质量技术监督局
22	公路隧道LED照明应用技术指南	吉林省交通科学研究所	2015-09-28	吉林省质量技术监督局
23	波纹钢管涵洞设计与施工技术规范	吉林省交通科学研究所	2015-12-15	吉林省质量技术监督局
24	SMA路面设计与施工技术规范	吉林省交通科学研究所	2017-06-12	吉林省质量技术监督局
25	玄武岩纤维复合筋及玄武岩纤维混凝土设计与施工规范 第1部分:玄武岩纤维复合筋	吉林省交通科学研究所	2017-12-11	吉林省质量技术监督局
26	玄武岩纤维复合筋及玄武岩纤维混凝土设计与施工规范 第2部分:玄武岩纤维水泥混凝土	吉林省交通科学研究所	2017-12-11	吉林省质量技术监督局
27	玄武岩纤维沥青混合料设计与施工技术规范	吉林省交通科学研究所	2017-12-11	吉林省质量技术监督局
28	公路工程混凝土强度无损检测技术规范	吉林省交通科学研究所	2017-12-11	吉林省质量技术监督局
29	水泥混凝土抗冻防腐设计与施工技术规范	吉林省交通科学研究所	2017-12-11	吉林省质量技术监督局
30	季冻区机制砂水泥混凝土设计与施工技术规范	吉林省交通科学研究所	2017-12-11	吉林省质量技术监督局
31	农村公路砌块路面应用技术规范	吉林省公路管理局	2017-12-11	吉林省质量技术监督局

(五)交通运输安全生产

省交通运输厅交通安全生产工作与交通建设管理同步规划、同步部署、同步检查。近些年来,结合"大数据""互联网+""云+端"的理念,采用移动互联网技术、空间定位技术、数据融合技术、离线采集和存储技术,实现数据的实时采集、共享和分析,加强了对交通运输行业安全动态监管。

1986年,省交通厅决定,增建东丰县小四平乡、东辽县榆树乡、大安县大安港等3个联合检查站,加强对禁运物资的检查。

1989年4月,省港监船检工作会议明确,要加强对松花湖、白山库区、云峰库区、石头口门库区等重点区域和载人游船、游览船舶、渡船的日常监督检查,杜绝一切违章行为,整顿航行秩序,确保水上安全。

1993年,省运输管理局印发《关于进一步做好重大生产、安全事故报告的通知》,明确安全职责,并及时掌握全省运输安全等动态情况,协助上级领导机关和地方做好对突发性的重大生产、安全事故的抢救、指挥、协调工作。

1995年5月19日,省运输管理局印发《吉林省运输管理局关于加强道路危险货物运输管理的通知》,通知中对危险货物运输的申请、审批,车辆标志灯、牌的发放和管理,运输管理,车辆设备的维修管理,基础工作管理作出规定。

1996年10月,省交通厅下发《关于进一步明确水上交通安全管理责任的通知》,要求对水上安全生产实行目标管理。

1999年7月19日至7月30日,对全省道路运输行业开展"百日安全优质服务竞赛"活动进行互检,纠正违章358台次,罚款11470元,补收客建基金36.5万元。

2000年4月,省交通厅下发《吉林省交通厅关于开展"水上运输安全管理年"活动的通知》,按照"企业负责,行业管理,国家监督,劳动者守纪"的原则,全面落实水上运输的安全生产责任制,确保全年不发生死人沉船事故。

2001年,对化学危险品运输市场进行了清理整顿,共审查业户378家,取缔了不具备经营资质的业户47家,同时对从业人员在安全技术规定和操作规程、危险品的理化特性和运输要求及紧急情况应急处理等方面进行了培训。

2016年5月31日,编制《城市公交运营安全管理规范》,并以地方标准发布。

2016—2017年,共实施国省干线公路生命防护工程2780公里,农村公路生命防护工程3240公里。同时,健全完善车辆超限超载的联合协作机制,有效地保证了全省运营公路的安全畅通。

2017年10月27日,省交通运输应急办和白山市应急办,在白山市共同组织了"公路阻断"应急演练,演练取得了较好的效果,检验了应急工作整体效能。

2015年至2017年底,全省全行业事故指标均逐年下降,安全形势逐年好转。特别是事故总数从2015年的101起下降到2016年的84起和2017年的48起,分别下降16.83%和42.86%,死亡人数从2015年的27人下降到2016年11人、2017年的6人,分别下降59.26%和45.46%,轻伤人数分别下降28.16%和52.80%。

五、科技创新成就

改革开放以来,省交通运输厅认真组织实施科教兴交、人才强交战略,推进产学研相结合的交通创新体系建设,有力地支撑了公路交通事业又好又快发展。

(一)科技创新体制改革

1986年初,全省交通科技体制改革启动。1月16日,省交通厅将技术处更名为科学技术处,承担全省交通系统科学技术项目研发管理和业务指导职能。同年2月,将省交通科学研究所确定为科技体制改革的试点单位。1986年7月4日,省交通科学研究所向省交通厅党组提交改革方案。自1987年,省交通科学研究所开始削减事业费30%,到1993年事业费全部削减到位,脱离财政支持,通过自身的科技力量取得经济收入。自此,省交通科学研究所由原来财政支持的性质单一的科研型事业单位向以科研为主的技术开发型企业转换。

省交通厅制定了《吉林省交通行业联合科技攻关管理暂行办法》《吉林省交通科技成果推广计划管理暂行办法》等科技管理规定。1996年,省交通厅修订《吉林省交通科技发展基金管理暂行办法》,明确项目的立项原则、检查办法、鉴定(验收)标准、经费的使用等事项。在项目立项上,采取申请项目查新、厅科技处初审、专家主审、技术路线论证、厅领导审批等6个步骤,使科技经费得到科学合理的使用。2004年,制定了《吉林省交通运输科技项目管理办法》,后结合国家政策,于2014年、2017年进行了修订,进一步明确了科技项目立项验收程序,调动和激发科技人员积极性和创造性。

(二)科研能力建设

1990年,成立"吉林省公路工程质量检测中心";1998年,省公路工程质量检测中心成立全省第一家通过交通运输部评审的公路工程甲级试验室;2005年1月,成立吉林省公路工程重点实验室;2007年,被交通部认定为"季节性冻土区公路建设与养护技术交通行业重点实验室(长春)";2008年,新建重点实验室科研基地"吉林交通科技园";2009年2月,通过交通运输部公路工程综合甲级评审;2012年,省质量技术监督局批准成立"交通运输标准化技术委员会";2013年被认定为全国首批"交通运输节能减排第三方审核机构";2013年,省人社厅批准成立"专业技术人员继续教育基地";2014年,省发展和改革委员会批准建立"吉林省公路建设与养护技术工程实验室";2014年,批准成立"专家服务基地";2015年省发展和改革委员会批准成立"吉林省交通公路建设与养护技术工程实验室";2016年,省科技厅批准成立"吉林省绿色公路建设工程技术研究中心";2016年12月,获得交通运输行业优秀实验室称号;2017年,省科技厅批准成立"第五批吉林省技术转移示范机构"。

(三)交通信息化建设

1987年3月,成立吉林省公路信息通信总站(2002年更名为吉林省交通信息通信中心),主要负责管理与指导全省交通系统信息化建设工作。自20世纪80年代末至21世纪初,开发、引进推广应用了一批实用软件,并建立了全省微机远程联网系统。1998年8月,完成了交通大厦现代办公楼宇综合布线工程;2000年3月,全面解决了交通系统计算机2000年问题;2001年3月,建立吉林省交通公众信息网站;2005年,视频会议系统建立;2008年底到2010年,完成吉林省省级公路交通信息资源整合与服务工程;2013年,开通移动应急通信指挥平台;2014年10月,全面开展信息化项目建设工作,同年11月,"吉林省交通运输厅网上行政许可审批系统"正式运行。2017年,省厅交通行政许可审批事项可全部"上网"办理,特别是手机APP的开发,成为全省各厅(局)中第一个建立的行政审批移动客户端,实现了"让群众少跑腿,让数据多跑路"的服务理念。

(四)重大科技创新成果及推广应用

公路水路建设过程中,交通科研人员结合吉林省区域特点,因地制宜研发了公路建管养的新技术、新产品、新材料、新设备,并结合地区和行业特点积极开展管理政策研究,这些研究对保证工程建设进度、提高工程质量发挥了重要作用。在全省广大科技工作人员和工程建设人员的共同努力下,交通建设新工艺、新产品、新技术得到了广泛的推广和应用。

截至"十二五"期末,吉林省共完成西部交通建设科技项目30余项,完成省交通运输科技项目200余项。在这些课题中,从课题规模、经济效益、社会影响、完成水平、获奖情况等方面综合评价后,有22项课题列为重大科研课题(表2)。

重大科研课题统计表　　表2

序号	项目名称	项目来源	承担单位	起止时间	评价等级
1	草炭土地区公路建设技术的研究	西部项目	吉林省交通科学研究所	2001—2005.10	国际先进
2	西部季冻区路基土冻胀破坏机理及防治技术研究	西部项目	吉林省交通科学研究所	2007—2010.7	国际先进
3	季节性冻土区路基土冻胀融沉机理及检测手段的研究	西部项目	吉林省交通科学研究所	2011—2012.12	国际先进
4	运营期路基安全监测与评价技术	西部项目	吉林省交通科学研究所	2008—2011.12	国际先进
5	季冻地区高等级公路边坡防护工程实用技术的研究	省厅科技计划项目	吉林省交通科学研究所	1998—2001.10	国内领先
6	路基土冻胀测试仪的研究	省厅科技计划项目	吉林省交通科学研究所	2002.5—2006.6	国内领先
7	东北地区高速公路路面典型结构及路面材料指标的研究	西部项目	吉林省交通科学研究所	2006—2009.9	国际先进
8	季冻区橡胶粉改性沥青、橡胶粉SBS复合改性沥青及相应沥青混合料成套技术研究	省厅科技计划项目	吉林省交通科学研究所	2011—2014.12	国际先进
9	细火山灰改善沥青混合料路用性能的应用研究	西部项目	吉林省交通科学研究所	2009—2012.6	国际领先
10	冰雪路面防滑材料开发与应用技术研究	西部项目	吉林省交通科学研究所	2011—2012.7	国际先进
11	氯盐类融雪剂对公路交通基础设施及环境影响检测评价防治技术	西部项目	吉林省交通科学研究所	2009—2013.10	国际先进
12	沥青混合料冷拌冷补技术的应用研究	省厅科技计划项目	吉林省交通科学研究所	2004—2008.11	国内领先
13	吉林省域高速公路路网运行状态监测技术研究	省厅科技计划项目	北京航空航天大学	2011—2013.8	国际先进
14	大跨度预应力混凝土薄壁梁桥结构特性的研究	省厅科技计划项目	吉林省高速公路重点办	2005—2009.3	国际先进
15	预应力钢—混凝土先简支后连续组合梁桥优化设计研究	省厅科技计划项目	吉林省高等级公路建设局	2006—2011.4	国际先进

续上表

序号	项目名称	项目来源	承担单位	起止时间	评价等级
16	多塔矮塔斜拉桥设计施工安全关键技术研究	省厅科技计划项目	吉林省交通规划设计院	2010—2015.12	国内领先
17	隧道施工多元信息反馈优化及超前预警技术研究	省厅科技计划项目	吉林省交通规划设计院	2011—2014.12	国际先进
18	寒区公路隧道保温防冻及路面防滑关键技术	省厅科技计划项目	吉林省高等级公路建设局	2010—2015.6	国际先进
19	吉林省域高速公路路网运行状态监测技术研究	省厅科技计划项目	北京航空航天大学	2011—2013.8	国际先进
20	长白山区公路建设中野生动物资源保护技术研究	省厅科技计划项目	吉林省高等级公路建设局	2009—2011.5	国际先进
21	寒冷地区高速公路沿线设施低碳关键技术研究及示范	省厅科技计划项目	吉林省高等级公路建设局	2012—2016.12	国际先进
22	面向多数据源的高速公路网交通信息融合与利用技术研究	省厅科技计划项目	哈尔滨工业大学	2010—2013.9	国内领先

六、对外开放成就

改革开放以来,省交通运输厅结合交通建设实际需要,积极拓宽与国际交流合作,取得了可喜成果。

(一)国际合作交流

1991年,吉林省交通建设集团完成国家援建项目——苏丹辛加青尼罗河407米大桥工程建设项目。该企业还在俄罗斯、蒙古、柬埔寨等国完成多项公路工程建设项目。

1993年9月20日,吉林省汽车贸易集团(简称汽贸集团)与马来西亚签订《中外合资企业吉林省如意大酒店有限公司合同》,合资兴办吉林省如意大酒店有限公司(简称如意大酒店),投资总额为10000万元,其中汽贸集团投资比例占48%,马方投资比例占52%,合营期限为27年。1997年6月27日,经省外经贸厅批准"吉林省如意大酒店有限公司"变更为"吉林省吉隆坡大酒店有限公司",马来西亚投资比例增至85%,汽贸集团投资比例减少至15%,经营期限为30年。2017年1月5日,马来西亚与吉林卓越集团签署《股权转让协议书》,将其持有的85%股权全部转让给吉林卓越集团。

吉林省吉运集团有限公司和韩国锦湖韩亚集团于2007年1月合资成立了吉林省吉运锦湖运输有限公司,合资公司主要从事高速公路客运服务。公司注册资金6936万元,吉运集团占51%股本,韩方占49%股本,拥有职工133人,年收入达7000余万元。2012年5月,该企业被省运输管理局、省运输协会评为"诚信客运企业"。2008年,作为第29届北京奥运会交通保障车队,被省交通厅评为"先进集体"。2009年,被中国道路运输协会评为"道路旅客运输二级资质"企业。公司成立后,通过引进先进管理理念,效益呈逐年递增趋势,但由于受高铁开通冲击,韩方2012年5月撤资,由集运集团单独经营,保留吉运锦湖公司名称20年。

2009年4月27日至4月30日,以韩国高速公路服务区协会会长金吉生为团长的韩国高速·公路服务区考察团一行6人,考察长吉图高速公路服务区建设、经营等情况。2011年4月14日,金吉生一行第四次来吉林省考察,并启动了合作经营的延吉、安图和黄泥河服务区开业的前期筹备工作。在韩国高速公路服务区协会、吉高集团双方的共同努力下,延边友好商贸有限公司、延边善山商贸有限公司、延边鲜一商贸有限公司、延边外恩商贸有限公司四家中韩合资企业注册成立,其承包经营的延吉服务区、黄泥河服务区、安图服务区、图们服务区分别于2010年9月、2011年9月、2012年5月、2012年9月正式营业。多年来,韩国高速公路服务区协会所经营的各服务区按照"卫生第一、标新立异、遵守法规、热情服务"经营方针,引入韩国服务管理理念,逐步成为长吉图高速公路独特风景线。吉林省交通运输系统国际合作情况见表3。

吉林省交通运输系统国际合作情况表　　　　表3

序号	时　　间	合作方	合作交流内容
1	1990年5月	德国	应邀赴德国访问交流,考察波鸿高等技术学校教育情况,并就中德两校建立校际关系、达成开展两校教育与科技合作意向
2	1990年10月—1992年9月	苏丹	援建辛加尼罗河大桥项目
3	1992年11月18日—12月9日	俄罗斯	应俄罗斯桥梁建设局邀请,就中俄双方建设联合企业和共建俄方桥等合作进行会谈
4	1993年	澳大利亚	吉林省交通科学研究所与澳大利亚合作完成亚洲银行援助吉林省项目《吉林省公路网规划》任务
5	1995年3月5—20日	马来西亚吉隆坡	吉林省交通厅与马来西亚合资筹建如意(后改称吉隆坡)大酒店应邀参加董事会议
6	1995年5月上旬	朝鲜	参加中朝界河航运合作委员会第34次会议
7	1995年6—12月	亚洲开发银行	中国与亚洲开发银行,协定贷款修建四平至长春高速公路聘请美国专家提供咨询服务
8	1995年6月8—10日	俄罗斯	签署《中国吉林省交通运输代表团与俄罗斯滨海边疆区交通运输代表团汽车协议》及《会议纪要》
9	2000年3月	柬埔寨	考察、签署公路施工协议
10	2000年3月10—25日	韩国	赴韩国西州综合建设株式会社与吉林省弘盛开发有限公司合资公司参加董事会议洽谈合作项目
11	2000年6—7月	德国	考察洽谈从德国引进筑路沥青混凝土摊铺机等工程设备
12	2000年5月26日—6月8日	巴西	随交通部组团考察并协商建立合资公司事项
13	2000年6月24—31日	蒙古国	出席中方承建的乌兰巴托至达尔汗道路维修及敖洪桥、博格亚泰桥重建工程主体竣工、道路通车典礼仪式
14	2000年9月15—30日	韩国	应邀参加中韩合资公司董事会
15	2000年9月10日—10月10日	柬埔寨	应邀参加中柬埔寨6号公路国道修复工程项目投标,进行实地考察和商定投标细节

续上表

序号	时间	合作方	合作交流内容
16	2000年11月5—25日	老挝	应邀考察援建老挝水电站工程项目进行现场勘查
17	2013年6月9—12日	美国	2013年公路路面与场道国际会议
18	2016年7月18—25日	巴基斯坦 哈萨克斯坦	"一带一路"倡议交通标准与科研合作调研
19	2016年10月12—16日	日本	参加第十五届中日冬季道路交通技术交流会
20	2016年11月22—24日	俄罗斯	参加中俄第三次口岸管理部门定期工作会议

（二）企业"走出去"

2007年6月至2010年2月，省交通建设集团承揽柬埔寨76号公路改建项目，总投资12051628美元，工程项目包括：临时工程、路基土石方工程、路面工程、桥梁工程、涵洞、排水防护工程、平面交叉工程、其他工程及沿线设施等。

2004年10月至2007年12月，省交通建设集团承揽柬埔寨7号公路改建项目，总投资7117352美元，工程项目包括：临时工程、路基土石方工程、路面工程、桥梁工程、涵洞、排水防护工程、平面交叉工程、其他工程及沿线设施等。

2008年10月至2011年10月，省交通建设集团承揽柬埔寨57号公路马德望—拜林—柬泰边境改建工程项目，总投资10499634美元，工程项目包括：路基土方、涵洞、排水防护、交通维护、底基层和基层、路面工程、桥梁和交通标线等。

另外，省交通建设集团还参与了印度东西通道公路建设、苏丹辛加青尼罗河大桥建设、蒙古陶申陈格勒—哈拉赫林分段修复工程、中国友谊桥—尼泊尔加德满都120公里路基路面工程、中国长岭口岸（现珲春口岸）—俄罗斯克拉斯基诺8.2公里道路工程建设。

2011年5月1日至2012年8月30日，吉林省长城路桥建工有限责任公司承揽朝鲜元汀至罗津港全长50.282公里的公路建设项目，工程项目主要包括土石方747914立方米，排水工程59922米，防护工程22824立方米，面层463900立方米，垫层389033立方米，路肩36950立方米；中桥264.12米/4座，小桥124.19米/6座，分离式立体交叉97米/1座，平面交叉54处，涵洞2292.54米/118道。钢筋混凝土护柱520块，波形梁钢护栏13752米，交通标志133个，里程碑46个，百米牌423个，标线13597平方米，轮廓标5488个，避险车道128米/1处，紧急停车带160米/2处。

七、党的建设与精神文明建设

改革开放40年来，省交通运输厅党组始终把党的建设与精神文明建设作为加快发展交通建设和管理的重要保障，在实践中坚持把党的建设、精神文明建设与交通行业不同历史时期的任务紧密联系起来，通过广泛开展各种形式的主题活动，保证和促进交通事业快速发展。

（一）党的建设

1986年2月，省交通厅组织了"形势、政策教育答题赛"活动。经评比，辽源市获第一名，四平市获第二名，浑江市（今白山市）获第三名，还有14人获优秀奖。

1987年,省纪律检查委员会对交通系统的党风和行业风气建设问题做了深入调查研究,总结了18个典型经验,并撰写了《用改革的精神纠正不正之风》的文章发表在中纪委主办的《党风与党纪》杂志1988年第二期。

2006年,省交通厅党组印发了《关于推进2006年全省交通系统惩防体系建设工作全面落实的意见》,集中开展了商业贿赂专项治理和基础设施建设领域廉政建设工作,软环境建设、治理公路"三乱"等项工作得到加强。

2009年,省交通运输厅对应新职能强化各项措施,深入开展反腐倡廉建设,强化工程建设领域突出问题专项治理工作取得较好成效,得到省纪委和交通运输部的充分肯定。

2011年,全省交通运输系统深入扎实推进具有吉林交通特色的惩防体系建设,组织开展了工程建设领域突出问题、公务用车、办公用房、会员卡专项治理和纠风工作。

2013年,省交通运输厅认真开展党的群众路线教育实践活动,特别是针对"四风和不落实"方面的突出问题,以及社会和群众关注的热点问题集中进行整改。同时狠抓建章立制,完成了29项制度的制订工作。

2014年,制定了厅党组落实党风廉政主体责任的实施意见,制定下发了《贯彻落实建立健全惩治和预防腐败体系2013—2017年工作规划》的实施办法,开展了省委巡视组整改要求落实情况的专项检查,对86名厅管干部进行任免职谈话和廉政谈话。

2015年,完成省交通运输厅新一届机关党委和直属单位党组织换届工作,开展了基层党组织负责人抓党建工作述职和考核评议。建立了厅党组重大事项议事决策、经济责任审计等廉政风险防控制度,梳理和确定了权力清单并向社会公示。

2016年,省交通运输厅党组组织党员干部持续开展学习《准则》《条例》和"四个意识"教育,认真开展廉政约谈,制定了责任清单,层层签订党风廉政建设责任书和廉洁从政公开承诺书,从严治党主体责任和监督责任进一步落实。

2017年,省交通运输厅党组把学习宣传贯彻党的十九大精神作为首要政治任务,开展了以"整治不作为、乱作为,增强干部干事创业积极性"为主题的专项行动,深入排查交通领域廉洁风险,全厅共排查出10个重点方面、77个权力事项、370处廉洁风险点,有针对性地新建和修订完善制度69项,形成"一项权力一套运行制度、一个风险点一套防范措施"的管理体系。

(二)精神文明建设

1982年11月25日,省人民政府在长春召开了"全省文明单位和优秀十大员命名表彰大会"。省交通厅机关、延边公路客车厂、辉南县汽车大修厂被授予文明单位称号;有18人被授予"优秀驾驶员""优秀乘务员"称号。

1983年6月,省交通厅成立了"五讲四美三热爱办公室",具体负责这项活动的筹划、组织、检查、评比等工作。

1984年、1985年连续两年开展了以提供优质服务、创造优美环境、建立优良秩序为主要内容的"十、百、千"(即每年评出10个文明客运站、文明公路段和文明运管所,100个文明车队或班组、100个文明道班,1000名文明职工)竞赛活动。配合竞赛活动,公路部门开展了"好路率杯"竞赛,公路客运开展了"88畅达杯""流动杯"竞赛,稽征部门开展了"文明杯"竞赛活动等。

1985年10月26日,省交通厅党组印发《关于加强交通系统思想政治工作的决定》,要求全省交通系统积极开展思想政治工作,推动两个文明建设不断向前发展。

1986年6月24日至27日,交通部在北京召开了"两个文明建设经验交流会议"。交通部领导对吉林省交通厅两个文明建设的经验给予了充分肯定。同年6月20日,省交通厅成立"交通职工思想政治工作研究会"。

1987年5月,省交通厅在全省交通战线开展了学雷锋活动,授予图们市公路管理段施工员高万吉和延边公路客车厂工人金正龙两人为"学雷锋优秀工人"。

1993年11月3日,省交通厅发布《关于印发全省交通系统"创建文明窗口,争当岗位标兵"活动方案的通知》;1994年7月26日,省交通厅又作出《关于在全省交通系统开展"文明在交通活动"的决定》。

1998年9月3日,省委宣传部、省交通厅、省技术监督局等9部门联合发出《关于在全省开展"服务效益工程"活动的通知》,通过这项活动的开展,涌现了长春公路客运站等11个"服务效益工程标兵单位",全省交通系统的社会满意度也由1998年末的82.83%提高到1999年末的99.8%。

2000年3月17日,省交通厅下发《全省交通系统"文明在交通"精神文明创建工作要点》,明确对精神文明建设不设定统一的评比细则和模式,精神文明创建工作实行动态管理的考核方式。

2003年,省交通厅以"文明在交通活动"为载体,坚持精神文明建设和物质文明建设并重,实行同部署、同检查、同评比、同表彰。2003年,通过建立激励机制,共奖励交通文明市县520万元。

2013年,以"文明交通、美好随行"为载体,深入开展了行业文明创建活动,涌现出白山市、梅河口市交通运输局先进集体和一批优秀人物,交通行业社会形象得到较大改善。

2015年,开展了"文明交通、美好随行"等一系列文明创建活动。

2016年,省交通运输厅、省教育厅、省人社厅等部门开展了为期三年的道路运输从业人员素质提升工程,启动大客车驾驶员职业教育试点工作。

2017年,组织开展第二届"最美吉林交通人"(2014年开展第一届)评选活动和"爬坡过坎勇担当、攻坚克难见行动、对标先进学榜样、大干百天建新功""服务在岗位温馨在高速"等主题创建活动。

(三)行业先进典型

1.公交战线模范驾驶员——聂永军

聂永军,1993年参加工作,在公交驾驶员岗位一干就是二十多年,他用真诚、爱心、汗水和良好的职业道德,谱写了当代公交人的时代颂歌。2004年,被评为"吉林省劳动模范",荣获共青团中央授予的"中国青年志愿服务金奖";2006年,荣获"全国五一劳动奖章";2007年,被选举为中国共产党吉林省第九次党代会党代表,获省委授予的"第四届吉林省十大杰出青年"荣誉称号和"第四届吉林省杰出青年岗位能手"称号,被选举为吉林省第十二届人大代表;2009年,被评为"吉林省特等劳动模范";2010年,被评为"全国劳动模范"。

2.站务工作劳动模范——王大平

王大平,1989年5月参加工作,中共党员,辽源市客运总站副站长。她二十年如一日立足岗位学雷锋,在站务工作岗位上全心全意为旅客服务,受到人民群众的广泛赞誉,为客运总站的创新发展做出了突出的贡献。先后被授予"市特等劳动模范""辽源市道德模范""省十佳职业道德标兵"、交通部"道路运输先进工作者""省五一劳动奖章""省技术创新标兵""吉林好人·吉林最美家庭"等20余项荣誉;同时被选举为中国共产党吉林省第十次、第十一次党代会党代表。

3.公路养护劳动模范——张存佳

吉林省集安市增大公路工程养护有限公司土口道班班长张存佳,历任道班工人、统计员、拖拉机驾驶员、班长。他所带领过的养护道班多次被集安市市政府、通化市公路处、省公路管理局评为"先进单位";他本人也多次获得省市县"先进工作者"荣誉称号。2009年,获"省劳动模范"称号;2010年,被交通运输部授予全国交通系统"文明标兵""全国模范养路工"称号。

4.科研创新带头人——陈志国

陈志国,省交通科学研究所副所长、交通运输部"季节性冻土区公路建设与养护技术交通行业重点实验室"主任,路面方向学术带头人,主持和参加省部级交通科技项目34项,研究成果达到了国内、国际领先水平,"十二五"期间完成的省部级科研项目24项中获得省部级奖13项,其中中国公路学会科学技术奖7项,吉林省科技进步奖2项,吉林省标准创新贡献奖1项;先后获"吉林省劳动模范""吉林省五一劳动奖章""中国公路百名优秀工程师""交通运输行业优秀科技人员"等称号。

5.高速公路文明收费员——韩笑

韩笑,1987年生,2011年5月参加工作,任吉林省高速公路管理局吉林管理分局蛟河收费站收费员。她从事收费工作以来,在工作上一丝不苟,用仪表美、语言美、心灵美树立了收费人员文明服务的良好形象,未发生过一起服务质量投诉事件。所在单位连续两年开展了"向身边榜样——韩笑同志学习"的活动。2012年,获省直机关"优秀团员"称号;2014年,获吉林省交通系统首届"最美吉林交通人"称号。

龙江沃野　交通先行

黑龙江省交通运输厅

黑龙江省地处祖国东北边疆,面积45.3万平方公里,辖13个市(地)、63个县(市),总人口3800万。经过多年发展建设,黑龙江已成为国家重要的商品粮生产基地、绿色食品产业基地、重大装备制造基地和能源及原材料基地,肩负着保障国家国防安全、粮食安全、生态安全、能源安全的重大责任,战略地位十分重要。

黑龙江省交通运输建设发展,是随着时代的进步而不断开拓发展的。党的十一届三中全会以来,在改革开放的方针指引下,龙江交通进入了前所未有的快速发展时期。在省委省政府和交通运输部的正确领导下,全省坚持把交通运输作为经济先导、民生保障摆在突出位置,全面落实省、部各项工作部署,主动作为,迎难而上,龙江交通运输发展取得明显成效。到2017年底,全省公路总里程16.6万公里,水路通航航道5495公里,铁路总里程6122公里,机场11个,邮政业务服务网点1641个,村邮站8990个。

改革开放40年来,全省交通基础设施建设持续完善,充分发挥了先行先导作用,有力保障了龙江经济社会发展。高速公路、普通国省干线、农村公路三大路网不断完善,逐渐构筑起了横贯东西、纵穿南北、覆盖全省、连接周边的现代公路骨架网络,并通过与铁路、民航、水运、管道等运输方式有效衔接,以及与邻省及俄罗斯远东地区全面对接,形成了对内大循环、对外大开放的现代化大交通格局。高速公路跨越发展。1978年底全省公路总里程仅4.5万公里,且普遍技术等级偏低,通行状况较差。20世纪90年代初,为提高公路运输效率,龙江开始启动高速公路建设。1992年开工建设了哈尔滨至阿城全封闭、全立交四车道的一级汽车专用公路,具备了高速公路主要功能,成为省内高速公路的雏形。1997年随着经济社会发展的需要,哈尔滨至大庆二级汽车专用公路扩建成高速公路项目正式启动,这也是省内的第一条高速公路,随后相继开工建设了哈尔滨至拉林河、哈尔滨至绥化、哈尔滨至佳木斯、哈尔滨至牡丹江等一批高速公路,到2007年底高速公路里程达到1044公里。2008年省委省政府着眼全省经济社会发展需求,做出了公路建设"三年决战"的重大战略部署,全省高速公路建设进入跨越式发展阶段。到2017年底,全省高速公路里程达到4512公里,覆盖除加格达奇外的12个市(地)和36个县(市),形成与吉林、内蒙古等邻省的6条省级高速公路通道,连通了绥芬河、同江、抚远、黑河等国家一类口岸,连接了五大连池、亚布力、镜泊湖、兴凯湖等重点景区,形成以哈尔滨为中心,覆盖除加格达奇、黑河以外市(地)的3小时经济圈。国省干线联网成片。1995年全省正式启动"网化工程建设",从1995年到2005年10年间,大规模的路网改造、等级提高,使龙江国省干线公路得到了跨越发展。2008年随着全省公路建设"三年决战"启动,国省干线建设再获突破。到2017年底,全省普通国省道里程达2.34万公里,其中普通国省道二级及以上公路里程达到1.25万公里,实现了63个县(市)全部通二级及以上公路,其中16个通一级公路,普通国省干线公路的基础网络更加完善。与此同时,随着国家"一带一路"倡议的提出,全省还加大了服务"一带一路"国省干线的建设,主要以建设口岸公路、跨境基础设施为主,积极打造跨境通道,助力龙江稳步迈向对俄发展前沿,中俄界河桥黑河黑龙江公路大桥历经28年谈判,于2016年正式开工建设,东宁、洛古河两座界河桥也在积极推进。农村公路实现"村村通"。20世纪90年代,黑龙江省农村公路建设在全国一直处于落后地位,农村公路技术等级低、路面状况差,通达、通畅水平低。到2003年底,全省农村公路总里程仅3.3万公里,路面硬化率只有13.6%。为尽快改变落后状况,从2003年开始,全省克服底子薄、基础差、里程长等不利条件,抢抓国家加快发展农村公路的历史机遇,采取有力措施,农村公路建设取得了较大发展。经过10多年的集中建设,全省农村公路路网规模持续扩大,通达深度、覆盖广度稳步提高,路网结构进一步优化,服务"三农"成效进一步突出,成为全省三大路网的重要组成和基础支撑,成为全省新农村建设的突出亮点。到2017年底,全省农村公路(含专用公路)总里程达13.8万公里,较2003年新增10.5万公里,增长3.2倍;路面硬化率由2003年的13.6%提高到71.4%。全省931个乡镇和9121个建制村全部实现通畅,提前完成全面建成小康社会的建制村通畅目标,跨入全国先进行列。农村公路的建设促进了农村经济发展,农村公路通达程度的不断提高,增强了城市对农村的辐射带动作用,拉近了农村与市场中心的距离,农业成本特别是运输成本降低,极大地提高了农业综合效益。

改革开放40年来,全省道路运输发生了质的飞跃,充分发挥了经济社会发展的"生命线"作用。黑龙江省开发较晚,道路运输发展相对滞后。从20世纪70年代末起,特别是党的十一届三中全会以来,龙江交通运输系统在改革开放的方针指引下,聚精会神搞建设,一心一意谋发展,经过40年努力,使龙江道路运输事业发生了一系列深刻变化,基本适应了国民经济发展和社会进步的需要。全省营运客车、营运货车从1978年的1315辆、7819辆分别发展到2017年的1.6万辆、48.4万辆;道路运输完成客运量、旅客周转量、货运量、货物周转量四个主要经济技术指标从1978年5560万人、17.53亿人公里、7888万吨、11.1亿吨公里分别提高到2017年23917万人、177.1亿人公里、44127万吨、913.5亿吨公里,增长了4.3倍、10.1倍、5.6倍、82.3倍,在综合运输体系中所占比重分别达到了64.9%、20.9%、72.2%、49.4%。客运转型扎实推进。1978年全省仅有营运线路545条、跨省线路13条,且营运客车车型单一、数量少,远远满足不了群众乘车需求。改革开放以来全省客运服务能力和水平不断提升,到2017年底全省营运线路已达6502条、跨省线路192条,有客运班车1.3万辆、旅游客车和包车等其他客车0.3万辆,形成了科学配套的运力结构。全省乡镇和建制村已全部通客车,农民"出门水泥路,抬脚上客车"的梦想成为现实。物流效率不断提升。改革开放以来,道路货物运输市场全面开放,千家万户搞运输。到2017年底全省有营运载货汽车482601辆。仅集装箱、大型物件、危险货物运输方面,就从2007年仅有402户运输企业、3506辆运输车发展到2017年有646户运输企业、11017辆运输车。积极应对发展需要,全省打造了俄运通、俄e邮等跨境物流信息平台,大力推广多式联运、甩挂运输,有效推进传统运输企业加速向现代物流业转型。积极推进农村物流网络体系建设,全面推广农村电商物流"富裕模式"和交邮合作"牡丹江模式"成功经验,"多站合一"新模式在全省铺开,有效打通了农村物流"最后一公里"。城市公交优先发展。到2017年底,全省城市公交线路达到2.9万公里,公交车2.2万标台、出租车11

万辆,哈尔滨地铁2条线路投入运营,大力实施"共享单车"推广、公交都市创建,不断满足公众出行需求。改革开放40年来,龙江道路运输的发展,带给老百姓实实在在好处是,长期困扰人们的乘车难、运货难的紧张状况得到根本缓解,形成了货畅其流、人便于行的新局面。

改革开放40年来,全省水运事业取得了长足发展,水运面貌发生了根本变化。黑龙江水运是全省沿江地区大宗货物运输的主要通道,改革开放以来,经过不懈努力,建立起了航道、港口、船舶运输为主体,其他支持保障系统相配套的较为完整的水运体系,1978—2017年,全省累计完成水运建设投资72.64亿元,在促进沿江地区经济社会发展、沿边开发、对外开放和巩固国防、维护国家领土主权等方面发挥了重要作用。内河航道由自然状态向系统治理和梯级渠化迈进,界河航道建设有效地维护了国家权益。重点实施了松花江主要浅滩河段治理、松花江大顶子山航电枢纽工程,启动了松花江梯级开发建设进程。2008年以来,重点实施黑瞎子岛主权接管工程,同时对界河重点河段进行了疏浚。这些航道建设项目的实施,有效地改善航道通航条件,提高了航道尺度、航道等级和通航保证率。特别是界河航道建设项目的实施,在满足了中俄双方运输船舶安全航行的同时,还有效地维护了国家领土完整和航行权益,促进了中俄贸易的进一步发展。港口由简易码头、人力作业发展为专业化、机械化作业,从根本上改变了港口严重落后面貌。1978年前,除哈尔滨、佳木斯港有一定规模的港口设施,其他港口基本为自然码头。20世纪90年代以来,重点对内河主要港口进行改扩建,提高港口综合通过能力和机械化作业水平;实施界河开放港口建设,大幅度提升界河通过能力;完善港口综合功能,改善港口集疏运条件。经过多年建设,全省港口大型化、专业化和现代化水平得到提升,规模化、集约化港口建设取得明显进展,港口在对俄外贸运输、江海联运和大宗货物运输中发挥着重要的作用。水运服务向多元化发展,服务品质、适应市场能力和对区域经济社会发展支撑作用日趋增强。20世纪90年代中期前,水运是黑龙江省沿江地区大宗货物运输和民众出行的主要运输方式。20世纪90年代中期后,重点加强了中俄运输合作,木材联合运输、滚装运输快速发展,集装箱航线运输规模逐步扩大;引进和研制了水翼艇,客运在全国率先实现了高速化;引进和研制了气垫船,用于流冰期中俄对应口岸之间的运输,保证了界河口岸全年畅通。1992年开通了从黑龙江下游出海的江海联运航线,恢复了我国商船经俄罗斯境内黑龙江下游的出海权,对全省粮食、重大件装备外运发挥了重要作用。2000年以后内河水上客运旅游迅速发展,同时货运向多元化方向发展。改革开放40年来,全省水运累计完成客运量6600万人次、货运量3.1亿吨、港口吞吐量4.0亿吨,其中国际客运量614万人次,外贸货运量800万吨、港口吞吐量1933万吨。

改革开放40年来,龙江交通始终坚持发展不动摇,牢固树立新发展理念,立足创新驱动,全面推进"四个交通"建设。综合交通加快发展。建立综合交通管理协调机制,承接民航运输管理职能,大交通管理模式迈出坚实步伐。积极推进交通与邮政"六个融合发展",全省邮政快递业务实现持续快速增长。抓好各种运输方式无缝衔接,哈尔滨西客站等一批综合运输枢纽投入使用,31个无铁路地区客运站实现公铁联运。智慧交通成果丰硕。全面落实交通运输"互联网+"行动计划,积极推进交通运输信息化建设,实名制联网购票、交通"一卡通"、高速公路电子不停车系统(ETC)等一批项目投入使用,有效提升了群众智能化出行体验。绿色交通稳步发展。坚持绿色发展理念,加快建设绿色低碳交通运输体系,完成全省营运黄标车淘汰工作,清洁能源和新能源车在公共交通领域得到广泛使用。平安交通常抓不懈。安全生产责任体系不断健全,法规制度不断完善,监管能力不断提升,行业安全生产形势总体稳定。

改革开放,40年风雨历程,40年沧桑巨变。"十三五"黑龙江省交通建设发展又迎来新的历史机遇期,进入了一个前所未有的黄金时期,迈入了一个崭新的发展阶段。站在改革开放的新起点上,回顾历史成就,"十三五"期黑龙江省将继续发挥区位、产业和后发优势,寻求在"一带一路"建设中的契合点,加快建设"中蒙俄经济走廊"黑龙江经济带,促进与东北亚地区全面合作,构筑全方位开放新格局。围绕"一带一路"及东北振兴,全面落实"中蒙俄经济走廊"经济带建设、"五大规划"和新型城镇化战略,坚持适度超前、先行发展,全面推进实施黑龙江省交通运输"十三五"规划,以优化网络、提升服务为两大主攻方向,加快完善交通基础设施网络,到2020年,龙江交通基础设施网络更完善、结构更优化,切实为当好发展的"先行官"做出新的更大的贡献。

一、基础设施建设

(一)公路建设

1.高速公路

黑龙江省高速公路建设规划和发展经历了建设起步、稳步发展、历史跨越和持续发展四个阶段。

建设起步阶段(1992—1997年)。时值国民经济和社会发展"八五"规划时期,为加快公路交通事业建设与发展,黑龙江省编制了《黑龙江省三十年公路网规划(1991—2020)》,开始启动高速公路建设。1992年,开工建设了哈尔滨至阿城全封闭、全立交四车道一级汽车专用公路,具备了高速公路主要功能,成为省内高速公路的雏形。1997年哈尔滨至大庆二级汽车专用公路扩建成高速公路,成为黑龙江省境内的第一条高速公路,全省高速公路建设正式起步。

稳步发展阶段(1998—2007年)。自1998年开始,在国民经济与社会发展"十五"规划时期国家扩大内需、实施积极财政政策的推动下,黑龙江省高速公路建设进入了稳步发展阶段,哈尔滨至拉林河、哈尔滨至绥化、鹤岗至佳木斯、哈尔滨绕城高速、哈尔滨至牡丹江、哈尔滨至佳木斯、哈尔滨机场高速等多条高速公路相继建成通车。2006年,全省根据发展需要,综合考虑路线功能、沿线城镇和人口密度、经济发展水平、交通需求以及地形地质条件等各方面因素,在国家高速公路网的基础上,构建了总里程4632公里的"两环、七射、六联"高速公路网。到2007年底,全省高速公路里程达到1044公里。

历史跨越阶段(2008—2011年)。2008年5月,为彻底改变交通基础设施落后面貌,打通经济社会发展命脉,黑龙江省委省政府从推动全省经济社会发展大局出发,做出举全省之力、决战三年,推进全省公路建设实现跨越式发展的战略决策。省交通(交通运输厅)厅在原有骨架公路网基础上,围绕全省经济社会发展总体布局,制订了2008—2011年加快公路建设规划,经省委、省政府审议通过后,下发了《黑龙江省人民政府关于进一步加快公路建设的意见》,正式启动公路建设"三年决战"。国家出台扩大内需政策出台和取消二级公路收费后,经过两次调整,总投资达到1100亿元,规划建设高速公路3042公里、一级公路420公里、二级公路2935公里,农村公路60799公里。其中高速公路项目21项,总投资727亿元,占规划总投资的66%。在省委、省政府的正确领导下,全省广大交通干部、职工经过三年多的奋力拼搏,公路建设"三年决战"取得全面胜利。到2011年底,累计完成投资1100亿元,相当于新中国成立以来省内公路建设投资的总和,全省高速公路(含高速化公路)总里程达到4300公里。

持续发展阶段(2012—2015年)。2013年6月,国家发改委和交通运输部联合印发《国家公路网规划》,对国家高速公路布局做出了重大调整,黑龙江省内新增了嫩双、铁科、北漠、建黑4条国家高速公路,境内国家高速公路由原有的7条3402公里调整为11条4980公里,增加1600公里。在此基础上,结合全省"三年决战"建设成果,根据发展需要,在《省道网规划》中又补充了伊春至齐齐哈尔、建三江至鸡西、绥化至北安等2276公里的地方高速公路,构建了总里程7256公里的"两环、八射、六横、六纵"的省域高速公路网(简称"2866"网),为今后一段时期全省高速公路建设奠定了网络基础。到2017年底,全省高速公路总里程4512公里,全国排名第19位,13个市(地)除加格达奇外已全部通高速公路,63个县(市)有36个通高速公路,打通与吉林和内蒙古的6个高速公路出口,连通绥芬河、东宁、同江、黑河、抚远等国家一类口岸,服务五大连池、亚布力、镜泊湖、兴凯湖等重点景区,基本形成除加格达奇外以哈尔滨为中心的4小时高速公路经济圈。

2.普通干线公路

1978年全省普通干线公路通车里程仅有7739公里,多为三级、四级公路及等外公路。1995年全省"网化工程建设"正式启动。1996年编制了全省第一部干线路网规划,规划全省干线公路共10176公里,以此规划为指导,全省干线公路建设进入了一个蓬勃发展的新阶段,全省大规模的路网改造、等级提高使龙江普通国省干线公路得到了跨越式发展。2008年随着全省公路建设"三年决战"启动,普通国省干线公路建设再获突破,到2011年全省普通国省干线公路路面铺装率达到89%。2015年根据国家公路网规划调整方案,重新规划调整了全省干线公路网布局规划。到2017年底,全省普通国省道总里程23430公里,其中已建成二级以上公路12507公里,占53%,路面铺装率达到92.7%,所有县(市)均已通二级及以上公路,一个四通八达的干线公路网已经初步建立。

3.农村公路

1978年黑龙江省农村公路里程仅有28079公里,有路面里程几乎为零。20世纪90年代,黑龙江省农村公路建设在全国处于落后地位,多数农村公路技术等级低、路面状况差,通达通畅水平低。到2003年底,全省农村公路总里程3.3公里,路面硬化率只有13.6%。为尽快改变落后状况,全省克服底子薄、基础差、里程长等不利条件,抢抓国家加快发展公路的历史机遇,采取有力措施,农村公路发展进入了快车道。经过10多年的集中建设,全省农村公路路网规模持续扩大,通达深度、覆盖广度稳步提高,路网结构进一步优化,服务"三农"成效进一步突出,农村公路成为全省三大路网的重要组成和基础支撑,成为全省新农村建设的突出亮点。到2017年底,全省农村公路(含专用公路)总里程达到13.8万公里,路面硬化率达到71.4%,全省931个乡镇和9121个建制村通畅率达到100%。

4.跨境基础设施

近年来,在国家"一带一路"框架内,黑龙江省加强同俄罗斯主导的欧亚经济联盟战略对接,以"三桥一岛"通道建设为突破口,推动跨境基础设施多点对接、互联互通,加快形成全方位对外开放新格局的重要跨境基础设施,着力构建跨境多式联运交通走廊。黑河黑龙江大桥、东宁界河桥、洛古河大桥是黑龙江省主动对接国家"一带一路"倡议,积极参与"中蒙俄经济走廊"建设,落实"打造一个窗口、建设四个区"对外发展定位的重要跨境基础设施。黑河黑龙江大桥自 1988 年两国共同动议筹建,历时 28 年,于 2016 年 12 月实现双方同步开工,计划 2019 年交工通车。东宁、洛古河公路大桥两座界河桥目前正在推进中。积极对接黑瞎子岛陆路口岸、俄罗斯"滨海 1 号"国际运输通道、符拉迪沃斯托克(海参崴)国际自由港建设,进一步构建龙江联通内外、安全畅通、立体通道的跨境互联互通网络。规划了 9 条由哈尔滨向边境辐射的沿边开放公路运输通道,目前全部实现二级以上公路连接,其中绥芬河(东宁)、黑河、同江、抚远、密山、虎林等重要口岸全部实现了高速公路连通。积极推进沿边公路通道国道丹东至阿勒泰公路建设,到 2017 年底龙江境内段二级及以上公路里程达到 2140 公里。

(二)道路运输基础设施建设

改革开放之初,黑龙江省道路运输基础设施建设相对滞后,一度成为制约运输生产力发展的瓶颈。从 1993 年起,根据交通部(交通运输部)制定的发展规划,全省抓住机遇、乘势而上、加大投入,基础设施建设步入快速发展时期。"九五"期间,全省投资 8 亿元,对道路运输区域枢纽、县域场站和出入境口岸等基础设施开始分层次、有重点地建设。"十五"和"十一五"期间,累计投资 34 亿元,加快了以哈尔滨为中心,以齐齐哈尔、牡丹江、佳木斯、绥化等为重点的主枢纽系统建设步伐,对 7 个中心城市客运站进行了改扩建,在 8 个中心城市建设了较大规模的货运站,在 11 个国家一级边境口岸建设了客运站,在绥芬河、东宁建设了公路口岸,道路运输的集疏运能力得到明显增强。"十二五"期间,道路运输基础设施建设投资力度进一步加大,共投入 34.4 亿元,是"十一五"期的 3 倍,大大加快了黑龙江省公路站场建设步伐,重点建设了哈尔滨哈西公路客运枢纽站、齐齐哈尔客运南站公路综合客运枢纽站等 9 个客运站枢纽站,七台河公路客运站、富锦公路客运站等 72 个市县级公路客运站场,佳木斯新纪元物流有限公司物流园聚集功能区等 6 个货运枢纽(物流园区),嘉荫口岸公路货运站等 13 个县级货运站,初步形成层次分明、结构完善的道路运输站场体系。围绕中俄贸易合作提档升级,着眼于与俄相邻五个边区(州)边境口岸的国际道路客货运输需求,沿绥—哈—满、哈同和哈黑 3 条通道,建设了牡丹江交通枢纽国际物流中心等集口岸通关、运输组织、仓储加工、信息处理等功能于一体的大型物流园区和部分县级口岸货运枢纽,以口岸城镇和区域中心城市为节点的国际道路货运体系初步形成,有效促进了对外合作进一步深化。"十三五"前两年,运输基础设施建设不断完善,完成投资 32.2 亿元。交工 2 个综合客运枢纽,开工建设佳木斯公铁联运枢纽;打造物流集散枢纽,交工 2 个货运枢纽,在建 8 个货运枢纽(物流园区)项目。完善市级、县级公路客运站场建设,交工 42 个市县客运站,在建 25 个市县客运站。对集中连片特困地区实施"交通扶贫",着力解决一直困扰连片特困地区的交通出行问题,在大兴安岭南麓集中连片特困地区建设 5 个县级客运站、88 个乡镇客运站、1034 个停靠站,贫困地区百姓出行条件得到明显改善。

(三)水运建设

改革开放以来,黑龙江省水运基础设施建设深入落实国家和全省发展战略,加快提升水运基础设施现代化水平,水运基础设施建设在改善通航条件、提升港口现代化水平、完善水资源综合利用的同时,为全省沿江地区经贸发展和综合交通体系建设做出了重要贡献。航道基础设施建设取得长足发展。40年来,航道建设累计完成投资51.19亿元。主要实施了松花江三姓浅滩、佳同段、依佳段航道整治,中俄界河航道疏浚,松花江大顶子山航电枢纽,黑瞎岛主权接管工程等几十项航道基础设施建设项目。到2017年底,全省航道通航里程为5495公里,其中高等级航道里程2873公里,约占全国内河高等级航道里程的15%和全省航道通航里程的52%。在全省航道通航里程中,二级航道967公里、三级航道928公里、四级航道1209公里、四级以下航道2391公里,四级及以上航道占全省航道通航里程的56.5%。航道养护里程4312公里,占全省航道通航里程的78.5%,航道养护范围涵盖全部四级及以上航道。港口基础设施建设稳步推进。40年来全省港口建设累计完成投资8.09亿元。到2017年底,全省共有港口17个,生产用泊位154个,码头长度11834米,货物通过能力1447万吨,旅客通过能力673万人。先后建设了黑河、同江、抚远、嘉荫、萝北、逊克、饶河等界河港口,提升了内河港口现代化水平,改变了界河港口落后局面,到2017年,界河港口生产用泊位达到55个,货物年综合通过能力641万吨,旅客年综合通过能力182万人,基本适应区域经济发展和对外贸易运输的需要。实施了齐齐哈尔、哈尔滨依兰重大件码头建设,进一步完善了黑龙江省重大件装备江海联运体系。针对改革开放初期界河港口集疏运条件极度落后,不通铁路、公路等级低、路况差的实际,通过20年的建设,黑河、同江、抚远等已通铁路,连通各主要开放口岸公路等级和输送能力大幅度提升,扩大了铁水、公水联运规模,提高了港口辐射能力。支持系统基础设施建设获得突破性进展。40年来支持系统累计完成投资13.36亿元。主要购置建造了航道维护、航道疏浚、航政管理、航道测量、航道清障、救助打捞船等支持保障系统各类船舶500余艘;建设了哈尔滨、佳木斯、黑河、同江、漠河5个船舶卧泊基地,漠河、鸥浦、呼玛、黑河、黑瞎子岛等21处航道站房,黑龙江省水上交通救援基地,以及航道生产维护平台、航道运行监管平台、航道综合业务为一体的航道综合管理系统,为保障水运发展发挥了重要作用。进入"十一五"后,老旧航道船舶更新加快,船舶结构明显优化,船龄明显改善,更加先进的航道维护船舶投入使用,有效提高了航道养护能力,改善了航道养护工作环境,提高了突发事件下保证航道畅通能力和界河应急救助能力,为服务保障黑龙江省沿江区域经济发展、满足对俄经贸、加强国防建设发挥了重要作用。

二、运输服务

(一)道路运输

改革开放以来,黑龙江省道路运输发展分为五个阶段:

起步阶段(1978—1988年)。1978年以前,黑龙江省国有运输企业实行计划经济、部门管理、独家经营。十一届三中全会以后,按照"改革、开放、搞活"的方针,有计划、有步骤地整顿国有运输企业,改革国有运企管理体制,改变不合理运输结构,推行承包经营,鼓励自主经营、自我发展,逐步把国有运输企业推向了市场。1983年按照交通部部署要求,对公路运输管理体制进行改革,组建省公路运输管理局,统筹全省公路运输工作。

开拓阶段(1989—1998年)。进入20世纪90年代,黑龙江省政府颁布了《黑龙江省公路运输管理条例实施细则》,省交通厅制定了《公路旅客运输管理办法》《公路货物运输管理办法》《公路危险货物运输管理办法》《出租汽车管理办法》等一批行业管理规定。1997年根据公路运输市场不断发展变化的新情况,黑龙江省人大重新颁布了《黑龙江省道路运输管理条例》,把计划经济体制下的"公路运输管理"调整为适应市经济体制下的"道路运输管理",黑龙江省道路运输市场逐步走上有法可依、依法管理、健康发展的轨道。

跨越阶段(1999—2008年)。进入21世纪,黑龙江省道路运输行业跨越式发展的思路基本形成并进入全面实施阶段,全省道路运输行业拉开了以企业结构、运力结构、经营结构、组织结构调整推动道路运输快发展、大发展的帷幕,交通物流、旅游客运、农村客运、国际道路运输都得到了长足发展。学生接送客运、包车客运、城镇专项配送、行包快件运输、车辆救援等新兴的运输形式不断涌现,进而为全面推进道路运输行业发展注入了新的活力,从这时起龙江道路运输开始由数量增长型向质量集约型转变。

发展阶段(2009—2015年)。紧紧围绕公路建设"三年决战"和"十二五""十三五"发展规划,全省道路运输行业在运输保障能力、运输结构优化、基础设施建设、安全监管、行业管理、信息化建设、管理体制改革等方面均取得明显成效,道路运输服务能力和水平不断提高。特别是"三年决战"之后,全省干线骨架已经形成,运网规模不断扩大,公路的大建设大发展极大地改善了道路运输条件,增强了道路客运的竞争力。到2014年底,全省道路客运量达到3.6人次,客运周转量达到231.2亿人公里。从出行次数以及出行距离来看,2014年黑龙江省道路旅客运输相当于全省人口选择公路出行9.5次,出行距离达到63.6公里。

深化改革阶段(2015年起)。随着黑龙江省社会经济发展和人民出行方式选择多样化,从2015年开始客、货运输量开始逐年下降,特别是客运量到2017年已经下降到2.4亿人次,较2014年下降50%。2016年2月国务院修订了《中华人民共和国道路运输条例》,同年11月交通运输部对《道路旅客运输及客运站管理规定》进行修改,12月交通运输部出台《关于深化改革加快推进道路客运转型升级的指导意见》。这些上位法规政策的调整修订,为黑龙江省进一步深化改革、破解道路客运面临的困境和难题,提供了有利契机和有效抓手。2018年3月,黑龙江省政府出台了《黑龙江省深化改革加快推进道路客运转型升级实施意见》,为客运转型发展指明了方向。

1.道路客运服务

长途客运。1984年全省各级交通主管部门及道路运输管理机构通过制定网络规划,健全运输法规,综合运用法律、经济和必要的行政手段,培育完善统一、开放、竞争、有序的道路运输市场。1995年编制了《黑龙江省道路运输市场建设规划》,提出全省道路运输市场的基本框架和建设原则。2000年省交通厅颁发了《黑龙江省道路旅客运输经营权招投标管理暂行办法》。2012年黑龙江省政府办公厅出台了《关于促进黑龙江省道路运输业健康稳定发展的通知》,这是1984年以来省政府出台的第一个有关道路运输行业管理的政策性文件。2013年省交通运输厅出台了《黑龙江省道路运输行业深化改革加快发展的若干意见》,明确了当前和今后一个时期道路运输行业的发展方向、总体思路和主要任务,综合运输规划、物流发展、旅游客运以及客运市场清理整顿等方面的部门协同配合力度不断加强。2018年正式出台《实施意见》,明确提出制定支持龙头骨干企业率先发展的政策意见,推动干线客运规模化、集约化经营,合理控制与高铁并行省际长途客运班线发展,重点完善城际客运、农村客运、旅游客运三大网络,稳步拓展多样化与个性化客运市场,大力发展包车客运、精品班线、机场快线、商务快客、短途驳载等特色客运业务,进一步丰富道路客运服务内容,形成与其他运输方式合理分工、优势互补、协同发展的良性格局。

城市公交。省委省政府对城市公交优先发展始终高度重视,2012年省政府办公厅下发了《关于进一步促进道路运输行业健康稳定发展的通知》,2014年省交通运输厅出台了《黑龙江省道路运输行业深化改革加快发展的若干意见》,哈尔滨、齐齐哈尔、鸡西、鹤岗、七台河等地相继出台政策性文件和地方性法规,加大支持保障力度。2012年哈尔滨市被交通运输部确定为全国第一批创建公交都市15个示范城市之一,2017年牡丹江市被交通运输部确定为"十三五"第一批创建公交都市50个示范城市之一。积极落实城市公共交通补贴、城市公交车辆免征车辆购置税、城市公交车辆燃油补贴等政策,有序推进城市公交站点建设,全省共建设57座公交首末站、3座公交换乘枢纽站和综合客运枢纽站、2200余个公交标准化站亭点。大力推广应用新能源公交车辆,2015—2017年全省新增及更换公交车7227台,新增及更换新能源公交车5914台,新增及更换比重为81.8%,远远超出国家下达的推广指标。市民乘车环境和安全状况得到极大改善,城市公交初步实现低碳化发展目标。城乡公交一体化取得新突破,深入推进农村客运发展,推广规范化、标准化服务,在运营主体、运营模式、服务方式、票价福利等方面实现一体化、同质化、均衡发展,实现服务人人共享、普遍受益。从2012年开始,全省累计完成超过130条的农村客运班线公交化改造,直接受益农村群众近500万人,2017年黑龙江省城乡公交一体化在交通运输部考核评比中获得AAA级标准。2017年公交全年运营里程14.31亿公里,客运量26.48亿人次。

轨道交通。目前省内哈尔滨市开通了轨道交通运营。哈尔滨地铁1号线一、二期,3号线一期两条线运营,共设车站21座,通车里程21.8公里,地铁运营车数108辆,日最高客运量30.97万人次,运行图兑现率99.97%,准点率99.94%,均达到国家标准。哈尔滨地铁一号线于2013年9月26日正式通车试运营,是我国首条耐高寒地铁线。3号线一期工程于2017年1月26日正式通车试运营,哈尔滨开启了地铁换乘时代,初步形成了城市公共交通与铁路零换乘的交通运输格局。目前在建线路共有3条(段),在建里程69公里。轨道交通同地面公交初步形成层次分明的公交客运体系,交通运输方式立体化发展初具模型,多元化交通运输体系初见成效,极大地减轻了城市道路通行压力,有效缓解了城市交通拥堵现象。

出租汽车。黑龙江省是全国较早实行出租汽车统一行业管理的省份之一,1987年经省政府批准,全省各级交通部门对出租汽车行业实行统一管理,2006年出租汽车行政许可权下放到县级以上出租汽车管理机构。1989年省交通厅颁发《黑龙江省出租汽车管理办法》,对出租汽车客运的营业审批、营运管理、价格及单证管理、质量管理、监督检查与处罚都做出明确规定。1991年省交通厅会同省财政厅、省工商局印发《黑龙江省出租车营运管理办法(试行)》,规定了出租车运输在国家计划指导下,实行国营、集体、个体多家经营,统一管理,协调发展,保护合法经营,鼓励合理竞争。2002年落实国家五部委《关于进一步加强城市出租汽车行业管理工作的意见》,积极营造统一管理、有序竞争、规范运作的出租汽车市场,促进了出租汽车行业的健康发展。2005年经省政府同意,印发了《黑龙江省交通厅关于进一步规范全省出租汽车行业管理工作意见》。随着改革开放不断深入,黑龙江省出租汽车行业迅速发展,已由20世纪80年代传统的独家经营、单一结构向多家经营、多元化、多层次发展。2016年7月国家7部委《网络预约出租汽车经营服务管理暂行办法》出台后,黑龙江省随即出台了《关于深化改革推进出租汽车行业健康发展的实施意见》,进一步为全省出租汽车改革指明了方向,全省已有14家网络平台获得网约车经营许可。目前,全省有出租汽车企业485家,出租车11万辆,从业人员20余万人。全年运营里程101.42亿公里,完成客运量30.03亿人次。

2.道路货运服务

经过40年发展,全省初步形成了多种所有制、不同经营规模、各种服务模式构成、具有行业特色的企业群体。全省物流企业形成的主要途径有四个:一是通过大中型工业企业的主辅分离和物流业务的剥离重组逐步实现企业内部物流向物流企业的转变。如大庆石油管理局运输公司、三大动力物流等一批大型国有物流企业。二是通过资源整合与流程再造形成国有第三方物流企业。如黑龙江邮政速递物流、龙运物流、农垦北大荒物流等一批有较大影响力和竞争力的国有第三方物流企业。三是伴随着经济快速发展和物流需求不断扩大,非公有制物流企业不断壮大。如安瑞佳危险品运输物流、牡丹江华晟等企业凭其创新的体制机制和灵活的经营方式,在专业领域有所突破。四是随着物流企业规模扩张和战略布局,一些外埠物流企业大举进入。如中远、远成物流、中海、中外运、顺丰速运、佳吉物流、联邦快递等都已在黑龙江建立分公司、子公司或分支机构,他们以先进的物流理念和信息管理技术,以及遍布全国乃至全球的网络优势,对全省区域物流发展起到了示范和推动作用。截至2017年,全省从事道路货物运输经营的业户27.8万家,拥有营业性载货汽车48.3万台,从业人员56.8万人。2017年全省公路货运量4.4亿吨、货运周转量913.5亿吨公里,按照抽样调查数据显示,全省公路运输货物品类排名前十的是粮食(16.7%),农林牧渔业产品(11.47%),矿物性建材(11.32%),轻工、医药产品(10.89%),水泥(9.58%),煤炭(8.44%),机械设备电器(7.17%),杂品(5.91%),木材(4.69%),天然气及其制品(3.97%)。

3.道路运输装备

货运车辆结构不断优化。2017年黑龙江省营业性载货汽车达到48.3万台,占全国营业性载货汽车3.5%左右,营业性载货汽车平均吨位7.9吨,高于全国6.8吨的平均水平,按照吨位划分大型车21.4万辆、中型车辆3.3万辆、小型车辆18.8万辆;目前有专用载货汽车12846辆。道路货运基础设施不断完善。全省有县级以上货运场站114个,"十二五"期间重点建设了龙运物流、牡丹江交通枢纽国际物流中心、佳木斯新纪元物流有限公司物流园、佳木斯浦东货运枢纽、双鸭山中俄国际文化物流经贸产业园货运枢纽等公路货运枢纽(物流园区)项目,基本形成了以哈尔滨市为龙头、地市为骨干、县级货运站为补充的道路货运基础设施平台,货运场站服务功能、辐射范围、社会影响力不断增强,在交通物流中发挥的作用越来越大。信息化支撑作用不断增强。具备一定规模和连锁经营的企业都设有专门的信息化部门并与专业的物流信息化公司合作,应用互联网、移动互联网、卫星定位系统、电子标签等技术开展业务,货运受理、分拣、包装、运输、配送等环节及车辆管理、财务管理等实现了信息化,基本实现了物流的可视化。中小物流企业的信息化应用为货运交易环节,主要是提供车辆和货物信息,撮合承托双方交易,目前已经非常成熟。全省有近6万台重型载货汽车、危险品运输车辆安装了卫星定位系统,车辆的联网联控为未来的物流信息化建设打下了坚实基础。

(二)水路运输

1.水路客运服务

20世纪七八十年代,水路旅客运输作为黑龙江省主要的交通运输方式之一,为沿江百姓出行、满足生产生活需求发挥了极其重要的作用。进入90年代,随着国家加大对公路的建设投资,高速公路尤其是沿江公路得到了快速发展,全省水路旅客运输也开始转变发展方式。一是注重提档升级,引进时速达60公里的俄罗斯先进高速客船——水翼艇,率先实现了旅客运输高速化,这一重大突破在黑龙江省航运史上具有里程碑意义。二是在引进水翼艇的同时,结合黑龙江省冬季流冰期船舶无法航行的实际,引进并研制建造了国产气垫船,在黑河至布拉戈维申斯克、同江至下列宁斯阔耶等口岸运行,有效地解决了中俄对应口岸在长达一个月流冰期间不能开关的难题。三是随着人民群众收入的提高、居民生活水平的改善以及对美好生活的向往,黑龙江省水上旅游客运从无到有、方兴未艾,湖泊游、水库库区游、湿地游等吸引了大量游客休闲娱乐。全省水路客运量从1978年的99万人次增加到2017年的341万人次,40年间增长了3.44倍。

2. 水路货运服务

黑龙江省水路货物运输主要在黑龙江、松花江、嫩江干线水域,20世纪90年代中期前,沿江城市间公路基础设施落后且不通铁路,成品油、粮食、木材、煤炭、矿建材料等大宗生产生活物资主要依靠水路运输完成,水运为促进全省沿江地区国民经济社会发展发挥了重要作用。进入20世纪90年代中后期,随着改革开放持续深入,公路、铁路等交通基础设施建设加快发展,为适应市场需要,水路运输开始向多元化方向发展。一是开通黑龙江江海联运航线。1992年中华人民共和国交通部和俄罗斯联邦运输部签订了《关于在黑龙江和松花江利用中俄船舶组织外贸货物运输协议》,标志着俄方自1992年5月15日开始为中国商船通航开放共青城港至河口的黑龙江河段,终结了黑龙江省物资无法通过水路运输方式出海的历史,恢复了黑龙江下游的航行权。同时,开通了江海联运航线,将哈电集团的发电站大型装备、农垦的粮食运送到我国南方沿海港口及日本和韩国。二是大力发展界河外贸运输。与俄罗斯合作实行进口俄方木材联合运输,发展界河滚装运输,开通集装箱运输航线,有力促进了中俄外贸发展。目前有7条中俄界河国际航线,2017年中俄界河从事国际航线运输企业20家,投入船舶157艘。三是充分利用水运优势,发展沙石等矿建材料运输。目前年运输矿建材料近千万吨,为沿江地区基本建设提供了有力支撑。全省水路货运量从1978年的314万吨增加到2017年的1110万吨,40年间增长3.5倍;港口货物吞吐量从1978年的442万吨增长到2017年的1351万吨,40年间增长3倍。

3. 水路运输装备

改革开放以来,黑龙江省水路运输装备技术水平发生了重大变化。船舶动力由改革开放初期蒸汽机升级为内燃机。20世纪70—80年代主力运输船队在全国内河率先实现了分节驳顶推运输方式,大幅度提高了运输效率。运输船舶功能实现了多元化,开发了适用于界河的滚装运输船、高速水翼艇、气垫船和江海两用船、槽型驳等新型船舶,适应了水运市场发展变化的需要。船型基本实现标准化,从改革开放初期的船型杂乱、小吨位、木质船、水泥船等发展到以标准化船型为主的大吨位船型,且全部为钢质船。目前从事货物运输的船舶以1000载重吨、600载重吨、300载重吨驳船和485千瓦、272千瓦、198千瓦推轮为主力船型,船舶标准化率、船舶平均吨位高于全国平均水平。2000年以来,又陆续建造了500吨浮吊、大吨位车客渡船、豪华旅游船等一批新型船舶,运力结构得到进一步优化。

三、行业管理

(一)法治建设

十一届三中全会以来,黑龙江省交通法治建设以邓小平理论、"三个代表"重要思想、习近平新时代中国特色社会主义思想为指引,紧紧围绕依法行政、全面推进依法治国总目标,认真落实党中央、国务院和交通运输部决策部署,凝心聚力,攻坚克难,不断强化依法行政意识,健全交通运输法规体系,规范行政执法行为,加强行政权力监督,为交通运输事业发展提供良好的法治环境和有力的法治保障。完善依法行政制度体系,地方交通运输立法框架基本形成。紧密结合黑龙江省交通运输发展实际,围绕交通运输发展迫切需要解决的问题,不断健全和完善地方交通运输法规体系,先后制定和修改了《黑龙江省道路运输管理条例》《黑龙江省农村公路条例》《黑龙江省高速公路管理条例》《黑龙江省道路货物运输源头治理超限超载暂行规定》等11部地方性法规和规章,为交通运输事业全面、协调、可持续发展提供了充分坚实的法律支撑。依法全面履行政府部门职能,"放管服"改革不断深化。按照职权法定、简政放权、便民高效和公开透明的原则,全面清理行政审批事项,全部取消非行政许可审批事项。最大限度减少对生产经营活动的许可,最大限度缩小投资项目审批、核准的范围,做好国务院取消下放事项的落实承接,建立完善权责清单的动态调整和长效管理机制。深化商事制度改革,清理工商登记前置审批,落实"多证合一"和"证照分离"制度改革,最大限度促进和激发市场活力。坚持严格、规范、公正、文明执法,执法公信力不断提升。落实行政执法人员持证上岗和资格管理制度,通过知识讲座、技能培训、岗位大练兵等活动,执法人员素质不断提升。全面推行"双随机、一公开"监管,建立"一单两库一细则",行政监管的公平性、规范性和有效性明显提升。全面落实行政许可行政处罚"双公示",提高行政执法透明度。制定行政处罚自由裁量标准,整顿执法风纪、规范执法用语、细化执法流程、统一执法文书,确保法律法规的正确实施。完善行政执法监督制度,监督制约力度不断加大。建立行政执法责任制和执法过错责任追究制度,梳理执法依据、界定执法职责、落实执法责任,建立层级监督机制。定期开展行政执法评议考核、执法案卷检查和巡查暗访活动,健全罚缴分离、案件合议、考评通报、奖惩监督制度,执法监督效能明显提高,行政问责力度明显加强,行政权力运行明显规范。加强行政复议诉讼,社会纠纷依法有效化解。成立行政复议委员会,建立行政复议工作制度,规范工作程序,提高办案质量,切实维护公民、法人和其他组织合法权益。加强对各级交通部门行政复议工作的指导,积极引导和协调各类行政争议和投诉,及时化解社会矛盾和行政争议。建立健全依法出庭应诉、支持法院受理行政案件、尊重并执行法院生效裁判等行政应诉工作制度,保障行政诉讼法有效实施,全面推进依法行政。增强依法行政意识和能力,社会满意度明显提升。广泛开展法治学习和培训,各级领导干部运用法治思维和法治方式管理交通运输事务、推动改革发展、处理矛盾纠纷的意识和能力不断提高,广大干部职工尊法学法守法用法的意识越来越强。完成执法形象建设任务,统一执法标志标识、执法证件、执法服装和执法场所外观,大力推进基层执法队伍职业化、基层执法站所标准化、基础管理制度规范化建设,交通运输行政执法社会满意度明显提升,行业公信力和凝聚力不断增强。

(二)管理体制改革

党的十一届三中全会以后,在改革开放的方针指引下,龙江交通进入了前所未有的快速发展时期。与此同时,交通运输管理体制改革也在不断推向深入。特别是党的十八大以来,龙江交通以邓小平理论、"三个代表"重要思想和习近平新时代中国特色社会主义思想为指引,结合省情、行情,在新的历史起点上全面深化改革,最大限度调动一切积极因素,以更大决心冲破思想观念束缚,妥善处理各种利益关系,稳步有序推进谋划重点领域管理体制改革和工作举措,在关键环节取得了实质性进展。实践表明,只有具备强烈的改革意识、创新的发展理念和充分发挥干部职工的创造力,才有今日龙江交通事业的骄人业绩。

改革开放以来,随着政府职能转变,龙江交通不断深入推进管理体制改革,进一步规范机构设置、优化组织结构、完善运行机制。2009年省编委对省交通运输厅职责进行了调整。将原省交通厅的职责、省住房和城乡建设厅的指导城市客运职责,整合划入省交通运输厅;取消已由省政府公布取消的行政审批事项;取消公路养路费、航道养护费、公路运输管理费、公路客货运输附加费、水路运输管理费、水运客货运附加费等六项交通规费的管理职责;加强综合运输体系的规划协调职责,优化交通运输布局,促进各种运输方式相互衔接,加快形成便捷、通畅、高效、安全的综合运输体系;加强统筹区域和城乡交通运输协调发展职责,优先发展公共交通,大力发展农村交通,加快推进城乡交通运输一体化;继续探索和完善职能有机统一的交通运输大部门体制建设,进一步优化组织结构,完善综合运输行政运行机制。截至2018年7月,厅直系统现有直属单位19个,所属单位70个,实有人员20814人。

进入新时代,龙江交通正以崭新的姿态,全力破解发展难题,突破固有的体制机制障碍,推动交通运输持续健康发展。推进干线公路管养体制改革。在省、市、县各级交通、公路等部门的共同努力下,研究确定了"一管控、两核定、三分开、四提升"的改革思路。与省编办、省财政厅联合印发了《关于加强普通国省干线公路养护管理工作的实施意见》,全面推行养护生产资金预算管理和计量支付管理,全省104个省以下干线公路管养机构的管理经费和离退休人员经费纳入地方财政预算,化解了困扰多年的"重养人轻养路"问题,在推进干线公路养护体制改革上迈出了坚实的一步。推进交通综合管理体制改革。进一步加强综合运输体系的规划协调,优化交通运输布局,促进各种运输方式相互衔接,加快形成便捷、通畅、高效、安全的综合运输体系。推进交通运输综合行政执法体制改革。进一步理顺交通运输行政执法管理体制,解决多头执法、重复执法、执法力量和资源分散等问题,增强执法合力,切实提高交通运输行政执法效能和执法规范化水平。推进行政管理体制改革。按照政事分开、事企分开原则,科学界定单位类别,明确功能定位,实行分类管理。逐步剥离所属事业单位的生产经营职能,撤销承担生产经营职能的事业单位,扎实推进所属事业和企业单位的改革,加强综合绩效考核,增强发展活力。深化行政审批制度改革。进一步减政放权,省级交通部门审批事项从35项下降到29项,全部改为省级一次审批,全部纳入网上审批。省交通运输厅权力清单共157项,精简约一半,进一步增强了交通运输发展的活力和动力。

(三)技术政策及标准建设

改革开放40年来,科技在经济社会发展中的地位越来越突出。在黑龙江省交通运输科技发展进程中,始终坚持技术需求与政策引导相结合、长远战略与近期目标相结合的原则,推动国家及省委省政府技术政策具体落实,制定和完善交通运输行业科技创新制度和措施,充分调动科技人员积极性和创造性,科技对交通运输发展的技术支持能力不断增强。标准体系建设不断完善。围绕黑龙江省季冻区地理气候特点开展技术标准建设,以技术攻关和成果推广应用为基础,形成具有寒区特色的地方性技术标准,有效缓解了季冻区冻融循环对公路造成的早期损坏,解决了诸多寒区特有的技术难题。以规范交通运输参与者和使用者行为为目的开展管理标准建设,主要结合道路运输相关工作,编制了汽车维修、安全生产、甩挂运输场站建设等地方标准,规范道路运输行为,指导和保障相关工作顺利开展。科研机构创新服务能力显著提高。通过政策引导和协同创新,道路工程创新团队、交通组织与交通安全创新团队等科技创新团队逐步形成。同时建成"季节性冻土区公路建设与养护技术交通行业重点实验室""交通安全特种材料与智能化监控技术交通行业重点实验室""寒区公路养护技术工程研究中心"三个省部级重点实验室,基础试验能力大幅度提升,为行业提供技术服务的能力显著增强。科研项目管理逐步规范化科学化。制定了《黑龙江省交通厅科技项目管理办法》,有针对性地加强项目立项、中期、结题等重点阶段监管,严把鉴定验收关,确保项目进度和质量,保障了项目研究的针对性和适用性,统筹解决了行业发展过程中重大技术难题,有效提高了项目成果技术水平和后期推广应用价值,带动了科技人才队伍的壮大和素质的提升,规范了科研资金的使用和提高了使用效率。标准对行业建设与管理的作用日益显著。开展交通运输标准体系建设,搭建地方标准体系架构,依据技术成熟程度和需求迫切程度,逐步出台相应的地方标准,为交通运输行业健康有序发展提供技术支持。已编制地方性技术标准22项、道路运输管理标准18项。这些标准突出了对工程建设的指导作用,规范了道路运输行为,为行业发展做出了重要贡献。

四、科技创新

改革开放40年来,黑龙江省交通运输科技事业蓬勃发展,科技实力不断增强,自主创新能力稳步提高,科技经费投入逐步加大,科研基础条件明显改善,科研队伍不断壮大,取得了一大批具有自主知识产权的先进科研成果,科技对交通运输建设发展的支撑作用更加显著。

(一)坚持推进科技创新体制改革

科技创新体系进一步完善和优化。构建了行业科研院所、大专院校、设计和施工单位为一体的科技创新体系,推进产学研深度融合,有效保障了科技研发成果转化为行业生产动力。积极与其他省份的科研机构开展交流与合作,引进全国交通领域的先进技术,开展在黑龙江省季冻区特殊的地理和气候环境下的适应性研究和应用,提升黑龙江省交通运输行业的科技研发水平。推动技术开发类科研机构走向市场,支持省交通科学研究所等科技型中小交通运输企业发展,把开发新技术、新产品与提高企业经济效益统一起来,不断增强企业的市场竞争力,促进科技型企业发展壮大。人才发展和激励机制逐步改进。加大创新型专业技术人才培养力度,落实中央及省委省政府关于深化人才发展体制机制改革的部署要求,鼓励和支持在职技术人员继续教育及读取硕士、博士学位,按比例支持其在学期间的学费;支持中青年技术人才承担科技项目研发,在项目立项期间同等条件下优先考虑;对承担项目获得省部级以上科技奖励、重要期刊发表学术论文、研发产品或技术获得国家专利等做出重大科技贡献的负责人及团队给予奖励；允许和鼓励科研人员离岗创业，推进科研事业单位实施绩效工资。科技成果转化率明显提高。在科研项目立项过程中，以需求引导、注重应用为原则，向工程建设管理、设计、施工及公路养护等一线部门开展技术需求征集，请行业专家评审论证进行技术把关，充分保障项目研究内容的针对性和适用性，项目成果能够切实解决生产过程中的具体问题，推进项目成果转化应用；对技术成熟、指导性较强的科技成果设立科技成果转化专项计划，直接用于指导生产实践，并进一步编制技术指南或地方性技术标准，有效提高了科技成果转化率。

（二）不断加强科研能力建设

以省交通科学研究所为科研基地，推进科研基础设施建设，积极组织和引导省交通科学研究所参加交通运输部和黑龙江省行业重点实验室认定工作，先后获得交通运输部"季节性冻土区公路建设与养护技术交通行业重点实验室""交通运输部甲级试验检测机构"和黑龙江省"寒区公路工程技术重点实验室"资质。"十一五"前期省交通交通运输厅共投入3150万元用于实验室基础设施建设。2010年末交通运输部与厅共投入1800万元，更新了近100台（套）国内一流的科研仪器设备，科研工作条件得到显著改善，科研开发能力步入国内先进行列。在科技项目研发中，充分与哈尔滨工业大学、东北林业大学、黑龙江工程学院等大专院校合作，依托院校提高科研能力和水平。着眼交通科技事业的可持续发展，制定人才培养计划，完善激励机制和人才引进机制，大力宣传交通科技人员的拼搏奉献精神，在全行业营造尊重人才的良好社会氛围。根据"科教兴交"和"人才强交"发展战略的需要，出台《黑龙江省交通运输厅关于加快培养交通专业技术人才的实施意见》《黑龙江省交通运输厅关于硕士及以上学位研究生培养工作的规定》等政策，为开展继续教育和培养高层次拔尖人才提供政策支持，有力地调动了全系统专业技术人员和管理干部学习专业技术和提高管理水平的积极性。"十二五"期间有7人考取博士学位研究生、135人考取硕士学位研究生；同时选派100余人到国内知名高校和科研院所学习、考察，数十人次赴国外学习、进修。围绕全省公路建设的重点研究方向，整合科技人才资源，依据年龄、学历、专业结构合理的原则，加强科研梯队建设，力求年龄结构合理、职称结构合理、学历结构合理、专业方向合理。已培育交通运输部青年科技英才5人、中国公路学会百名优秀工程师7人，省级领军人才梯队带头人3人、后备带头人4人。挂靠在黑龙江省交通科学研究所的"道路工程""公路标志·信号与监控工程""公路运输管理"三个重点学科（专业）被省人社厅批准为"黑龙江省省级领军人才梯队"，一批优秀的创新团队相继形成，高层次人才梯队建设成效显著。

（三）积极推广应用重大科技创新成果

改革开放以来，特别是进入20世纪90年代，通过聚合行业科技资源，优化资源配置，健全和完善科技体制机制，开展科技项目攻关和成果转化，逐步形成了一批具有寒区特色的行业先进技术成果，在局部领域实现了全国性的突破和创新，填补了黑龙江省交通行业地方性技术标准的空白和我国区域公路建设专项技术指南的空白，为交通运输建设及管理提供了强有力的技术保障。一是《寒区公路水泥路面结构性损坏原因及预防技术研究》项目。针对黑龙江省寒区公路水泥路面结构性裂缝、沉陷错台等病害,通过原因分析和改进措施研究,揭示了季冻区公路水泥路面结构性损坏机理,提出了缩缝传力杆的优化参数、指标及基层抗冲刷技术与施工工艺,并形成相应的技术指南。项目成果先后在前嫩公路嫩江支线、绥满公路二期扩建工程、吉黑高速公路北安至黑河段铺筑了试验路并进行工程应用,获中国公路学会科学技术三等奖及授权实用新型专利1项。二是《公路路基冻胀置换深度计算方法的研究》项目。以季冻区公路路基设计指标开展基础研究,确定了以土的冻胀率作为划分路基土冻胀分类的依据,首次提出了水泥混凝土路面与沥青混凝土路面容许冻胀变形值,以路面容许冻胀变形确定路基容许冻层厚度的方法,路基土质、路基土冻胀性以及地形坡向对标准冻深的修正系数和科学简便的路基冻深计算方法,以路面容许冻胀变形计算路基置换深度的方法(黑交研法)。该成果改变了路基置换深度要达到最大冻深的理念,具有重大工程应用价值和经济效益,填补了国内外空白,为相关规范修订提供了重要科学依据,总体达到国际领先水平。三是《严寒地区浅埋高含水率黏土公路隧道支护结构试验研究》项目。以哈尔滨绕城高速公路天恒山隧道为依托,采用现场试验和理论计算的方法,首次在高含水率土质隧道中开展严寒地区浅埋高含水率黏土公路隧道支护结构的现场试验研究,首次提出高含水率土质隧道初期支护采用"钢架+喷射混凝土+钢筋网+锁脚锚管+纵向连接筋"组合结构,研究成果具有重要的工程应用价值,对隧道工程学科发展和技术进步具有推动作用。其中高含水率黏土公路隧道初期支护采用"喷射混凝土+钢筋网+钢架+锁脚锚管"的组合结构体系达到国际领先水平。四是《高纬度岛状多年冻土区高速公路路基设计与施工技术研究》项目。针对黑龙江省岛状多年冻土融沉导致路基不均匀沉降的公路病害开展研究,揭示了高纬度岛状多年冻土的分布与退化规律,提出了适合于高纬度岛状冻土区高速公路路基工程主要技术方案,首次将CFG筏板桩、碎石桩、沙砾桩等复合地基类工程措施应用于高纬度岛状多年冻土地区高速公路路基处理中,并开展了冻土复合地基承载力、沉降、温度等方面的现场试验和有限元模拟分析,得出了高纬度岛状多年冻土地区复合地基及筏板的温度场分布规律及特点。项目研究成果对我国甚至国外低海拔、高纬度岛状多年冻土区建设高等级公路,甚至铁路提供了设计、施工技术支持,潜在经济社会效益巨大。项目成果获中国公路学会科技进步一等奖,黑龙江省政府科技进步三等奖,总体达到国际先进水平。五是《黑瞎子岛乌苏大桥大挑臂钢箱结合梁力学性能试验研究》项目。通过对大挑臂钢箱结合梁剪力滞效应、扭转特性、挑臂荷载分配系数的试验研究,得到了大挑臂钢箱结合梁独塔单索面斜拉桥在复杂受力状态下的剪力滞系数分布,验证了带大挑臂的新型主梁结构在复杂受力状态下的扭转性能,得到了挑臂在单轴集中荷载作用下的荷载分配系数,大部分项目研究内容在国内外尚属首次。项目研究成果总体达到国内领先水平,2017年获得黑龙江省科技进步三等奖。六是《寒区大跨径连续箱梁温度场分布及温度裂缝控制措施的研究》项目。针对寒区箱梁温度裂缝及对桥梁结构安全性、耐久性产生的危害,通过对大跨径混凝土箱梁温度场的观测、大跨径混凝土箱梁温度场的数值分析、影响参数分析、温度梯度研究以及温度作用效应分析,确定了箱梁温度场影响因素,论证提出了混凝土箱梁温度梯度及横向温度应力计算参数。项目研究成果为寒区桥梁设计中非线性温度效应的计算及结构细部尺寸的优化提供了理论指导,总体达到国内领先水平,获得了黑龙江省科技进步三等奖。

五、对外开放

(一)深入开展国际道路运输合作

黑龙江省与俄罗斯联邦5个边疆区(州)相邻,现有国家一类边境口岸15个,目前开展对俄国际道路运输的口岸有9个:绥芬河—波格拉尼奇内、东宁—波尔塔夫卡、密山—图里罗格、虎林—马尔科沃、饶河—波克罗夫卡、同江—下列宁斯阔耶、萝北—阿穆尔捷特、逊克—波亚尔科沃、黑河—布拉戈维申斯克。黑龙江省对俄国际道路运输分为4种方式,即汽车公路运输、夏季汽车轮渡运输、冬季汽车冰上运输和冬季浮箱固冰通道运输。改革开放以来,黑龙江省国际道路发展经历了3个发展阶段。

开通起步阶段(1988—1998年)。随着边境口岸的开放,黑龙江省对俄经贸迅速发展,进出口货物和出入境人员快速增长,依靠原有铁路和港口夏季航运已远远不能满足市场需求,大量货物和人员滞留在边境口岸,迫切需要开通国际道路客货运输缓解市场压力。黑龙江省各级道路运输管理机构积极与有关部门协调,争取支持配合,加快推进国际道路运输发展。到1998年底,中俄两国间开通和延伸了7条国际道路运输线路。这一时期,黑龙江省国际道路运输完成客运量141.1万人次,完成货运量460.4万吨,占同期国际综合运输量的15%和24%。国际道路运输线路的开通和延伸,方便了广大货主和旅客,促进了国际道路运输的快速发展。

快速发展阶段(1999—2008年)。随着中俄宏观经济形势好转和两国政治经济关系升温,两国贸易水平也呈现加速发展态势,推动中俄国际道路运输进入快速发展阶段。重点组织实施了2个公路口岸、6个运输站场建设,累计投资近3亿元,有效推动了国际道路运输市场发展。2001年由省道路运输管理局牵头,哈尔滨、牡丹江、鸡西等沿线运输企业参股,组建了龙运外运集团,经营范围拓展到国际道路客货运输、货运代理、零担运输等领域。在此期间,黑龙江省国际道路运输线路发展至41条,其中客运线路21条、货运线路20条。年完成客货运量稳定在100万人次和100万吨以上的水平。国际道路运输在国际综合运输体系中的基础性作用明显增强,其中客运量已占48%,居首位;货运量占20%,居第二位。黑龙江省对俄国际道路运输的发展,为促进黑龙江省对外经贸发展和人文交流,巩固和发展黑龙江省与俄罗斯地区间的睦邻友好关系,提供了有力运输服务保障。

科学发展阶段(2009—2018年)。2013年习近平总书记提出建设"一带一路"倡议,指引黑龙江省国际道路运输进入科学发展阶段。全省道路运输行业深入贯彻"一带一路"倡议、"中蒙俄经济走廊"战略,积极对接俄"滨海1号"国际运输走廊建设,逐步从量变向质变发展。在基础设施建设方面,组织推进龙运物流、牡丹江交通枢纽国际物流中心、双鸭山中俄国际文化物流经贸产业园货运枢纽、绥芬河国际客运枢纽等项目建设。在拓展国际道路运输市场方面,经中俄两国交通运输部确认,黑龙江省对俄国际汽车运输线路已达67条。2017年经黑龙江省各边境口岸出入境货运车辆9.8万辆次,完成货运量153.3万吨,较上一个十年平均运量增长50%;出入境客运车辆3.3万辆次,完成客运量93.3万人次。在创新国际道路运输方式方面,经交通运输部批准,在黑河—布拉戈维申斯克口岸、萝北—阿穆尔捷特口岸、同江—下列宁斯阔耶口岸、饶河—波克罗夫卡口岸中俄界江上,组织开展冬季浮箱固冰通道运输,不仅延长了通关时间,还提高了冬季运输的安全性。在完善会谈沟通机制方面,积极参加历年中俄总理定期会晤委员会运输合作分委会会议,并加强与俄罗斯相邻的边疆区(州)交通运输主管部门建立交流合作机制和定期会晤机制。在此期间,黑龙江省与俄方对应主管部门会谈60余次,签署会谈纪要60余份。

经过多年发展,黑龙江国际道路运输合作交流取得显著成效。一是国际道路运输协定体系逐步建立。2018年上海合作组织领导人峰会期间,中俄两国交通运输主管部门签订了《中华人民共和国政府与俄罗斯联邦政府国际道路运输协定》(以下简称《协定》),将中俄国际道路运输开放范围扩大至双方全境,并取消了对货运线路的限制,具体由承运人根据市场需要自行选择。《协定》还允许从事过境对方领土或从对方往返第三国的运输,这些举措对激发运输市场活力、促进经贸合作具有重要现实意义。同时,《中俄过境运输协定》《国际道路货物运输车辆选型技术要求》《中华人民共和国政府与俄罗斯联邦政府间关于建设、使用、维护和管理浮箱固冰通道协定》等也在履行相关审批程序或在磋商中。二是积极拓展了国际道路运输范围。为贯彻落实《国务院办公厅关于印发能源发展战略行动计划(2014—2020年)的通知》,加强国际合作,提高优质能源保障水平,进一步满足地区居民对民用液化石油气的迫切需求,经交通运输部批准,在我国尚未加入《危险货物国际道路运输欧洲公约》(《ADR公约》)情况下,组织开展了经密山口岸进口俄罗斯液化石油气运输试点。经交通运输部授权,省道路运输管理局于2018年5月17日向俄罗斯滨海燃气股份有限公司运输车辆发放了《国际道路运输特别行车许可证》,密山口岸于同年5月25日正式开展进口俄罗斯液化石油气运输,极大促进了黑龙江省口岸贸易活跃,有力推动地方经济发展。三是加强了国际道路运输合作与交流。为加强中俄国际道路运输合作,响应"一带一路"倡议和"欧亚经济联盟"战略对接,积极参与并组织龙运集团参加大连—新西伯利亚客货运输试运行和中国TIR运输活动,标志着《国际公路运输公约》(《TIR公约》)正式在我国实施,是国际运输便利化、深化与周边国家经贸合作的里程碑,使我国在便利化通关和国际道路便利化运输领域发展进入了一个新阶段。龙运集团作为首批《TIR公约》成员企业参加了中俄国际道路运输试运行和中国TIR运输活动,标志着黑龙江省国际道路运输正式接轨国际化运输组织,将有效提升黑龙江省国际道路运输能力,促进国际道路运输便利化。四是促进了国际道路运输信息化建设。完成国际道路运输政务管理平台系统和国际道路运输企业管理平台系统建设,实现国际道路运输行政许可、运输企业及车辆档案电子化管理等功能。同时,积极推进"北斗—格洛纳斯"卫星导航系统在黑龙江省国际道路运输行业应用。五是有力推进了国际道路运输通关便利化。根据交通运输部等8部委联合下发的《关于贯彻落实"一带一路"倡议快推进国际道路运输便利化的意见》《黑龙江省落实"三互"推进大通关建设改革方案任务分工》,结合国际贸易"单一窗口"标准版应用,努力营造便利通关环境,绥芬河、同江、逊克、密山4个口岸国际道路运输管理机构已经进入口岸联检通道并对出入境运输车辆实施联合登临检查。同时,通过中俄总理定期会晤委员会运输合作分委会等途径与俄方磋商,简化了黑龙江省国际道路运输驾乘人员办理赴俄签证程序。

(二)积极开展界河航道和运输合作与交流

中俄界河航道管理属中央事权,两国于1951年10月组建了中苏国境河流航行联合委员会(简称中苏航联委,1992年更名为中俄航联委)。中俄航联委的主要工作职责是管理中俄界河航道和航行事务。1978年改革开放以来,双方本着实事求是、友好合作的态度,通过年度例会、联合检查、专题会晤和电报磋商等机制研究解决了大量有关航道调整、航道疏浚、测量及航标分管等问题,研究制定了《中俄国境河流航标管理规则》等双边协定,为规范界河航道管理、维护边界稳定、促进界河水运事业及边境区域经济发展、改善通航条件、保障通航安全做出了重要贡献。随着中俄两国战略合作伙伴关系的不断深入,在研究制定中俄界河航道通航标准和中俄国界联合检查水文等方面,与俄方进行更为深入的交流,进一步巩固了先期合作成果,开辟了新的合作领域,形成了互惠合作的新局面。在中俄总理定期会晤机制框架下,黑龙江省交通运输厅及航务管理局参加由两国交通运输主管部门组成的中俄运输分委会海运河运工作组,通过每年工作例会,双方共同协商解决中俄界河国际运输中出现的问题,维护双方水运企业利益,研究中俄界河航运发展规划,较好地发挥了我省对俄贸易重要运输通道和发展外向型经济重要窗口作用,促进了两国经贸发展。在黑龙江省与哈巴罗夫斯克(伯力)边区年度工作交流机制框架下,与哈巴罗夫斯克(伯力)州工业、交通运输部门定期就有关抚远至哈巴罗夫斯克(伯力)口岸间客运航线水上运输发展问题进行工作会晤,双方在航期开始前共同研究该航线具体运行计划和工作措施,航期结束后总结工作成果,解决航期中运输出现的问题,积极推进边贸经济发展。根据中俄两国交通运输主管部门的授权,与俄罗斯阿穆尔国家流域航道航政局就中俄开放口岸间有关船舶运输和在双方港口向对方船舶计收港口费统一费率等方面达成协议。通过这些会晤工作机制,有效解决了双方船舶运输中出现的问题,极大地推进了双方边境贸易的发展,促进了两岸人民的友好往来。

(三)加强对外科技合作与交流

广泛开展国际交流,奠定良好合作基础。改革开放以来,黑龙江省交通运输与多个国家建立了合作交流关系。"中日冬季道路交通研讨会"作为两国交通技术交流的已举办多年,黑龙江省作为寒区地域气候的代表性省份,多次组织人员参加技术交流并做典型经验介绍。2009年由季节性冻土区公路建设与养护技术交通行业重点实验室在哈尔滨承办了第8届中日冬季道路交通研讨会。2006年省交通科研所技术考察团走访了俄罗斯科学院西伯利亚分院自然资源、生态和低温学研究所、俄罗斯道路科学研究所哈巴罗夫斯克研究中心及太平洋国立大学等单位,确定了合作领域,拟定了合作意向书。此外,黑龙江省科技人员还参加了国际冻土工程会议等多项国际学术会议,在把黑龙江省公路建养经验推向世界的同时,也把国际上先进的理念和技术带到国内。深入引进先进技术,提升公路建设水平。近年来黑龙江省结合承担西部交通建设科技项目等重点科研项目,充分利用应用国际先进技术和试验手段,如"公路风吹雪雪害成因与预警预报"利用日本室内真雪试验室进行了风洞模拟现场试验,与芬兰共同合作开发适合寒冷地区的油砾石路面技术等。由科技部批准,通过日本JICA(国际协力事业团)渠道,日本新潟县和黑龙江省交通厅针对寒冷地区道路铺筑问题开展了为期三年的"排水路面、路面结构排水及水泥混凝土路面铺装技术研究""中国黑龙江省桥梁养护管理技术"技术合作,通过中日双方不断探讨、试验和研究,在绥满公路尚志—亚布力公路辅道上修筑了2500米的沥青混凝土路面试验路和500米的水泥混凝土路面试验路,效果良好,项目成果达到国际先进水平。这些科研项目的合作开展实现了优势互补、资源共享,为利用国际先进技术提高黑龙江省路面质量树立了典范。加强科技人才培养,建立顺畅研修途径。在加强技术交流、合作的同时,黑龙江省还输送科技人员到先进国家学习国际前沿知识。以学习引进国外先进工程建设技术和工程管理经验为目的,多次组织工程技术人员赴日本研修,对日本道路交通研发体系、公路桥梁建设技术、公路养护技术等相关重点技术进行学习、观摩,并在实际工作中转化应用,在提升自身专业素质的同时,也带动了相同领域专业技术水平的提高。

六、党的建设与精神文明建设

(一)党建工作全面加强

黑龙江省交通运输厅直属系统现有各级党组织712个,包括61个党委、38个党总支、613个党支部,8187名党员。多年来,黑龙江省交通运输厅坚持以马列主义、毛泽东思想、邓小平理论、"三个代表"重要思想、科学发展观、习近平新时代中国特色社会主义思想为指导,认真贯彻党的十八大、十九大精神,牢固树立抓好党建是最大政绩的理念,坚持立规范、严制度、重基层、强基础、求创新、增动能,党的建设不断加强,党员队伍不断壮大,党员干部素质不断提高,党组织的政治核心、战斗堡垒作用和党员先锋模范作用充分发挥,有力推动了黑龙江省交通运输事业高质量发展。政治建设不断加强。引领各级党组织和广大党员干部牢固"四个意识",坚定"四个自信",坚决维护以习近平同志为核心的党中央权威和集中统一领导,严格遵守政治纪律和政治规矩,始终在思想和行动上同党中央保持高度一致。理论武装不断强化。紧紧围绕强化党性信念、牢记初心不忘使命主题,深入开展"党员先进性""科学发展观""群众路线""三严三实""两学一做""不忘初心牢记使命"等主题教育活动,通过邀请省委宣讲团、省委党校专家教授进行宣讲辅导和专题讲座,开展"交通人讲交通故事"教育活动,组建十九大精神宣讲团到基层单位集中宣讲、定期举办干部和党务人员政治理论培训班,组织开展党的知识竞赛,在黑龙江交通报、交通运输厅网站开辟党建专栏,建立龙江交通党建公众号、微信公众平台和QQ工作群、"互联网+微学堂",通过微博、微信、微视频和手机客户端等开展"微学习""微党课""微交流"等深入学习党的创新理论,深入学习贯彻习近平新时代中国特色社会主义思想,扎实推进"两学一做"学习教育常态化制度化,党员干部队伍理论素养和思想觉悟不断提升。组织建设不断巩固。健全完善基层组织体系,优化设置,理顺关系,及时调整,实现党组织全面覆盖。坚持"好干部"标准,严格执行干部选拔任用制度,选优配强各级党组织领导干部。扎实开展"星级党组织"创建活动,创建"五星级党委"15个、"四星级党委"26个、"五星级党总支"14个、"四星级党总支"9个、"五星级党支部"113个、"四星级党支部"200个。深入贯彻落实《中国共产党章程》和《关于新形势下党内政治生活的若干准则》,进一步加强和规范各级党组织党内政治生活。严格贯彻执行民主集中制原则,认真落实党员领导干部"五个在支部"要求和党员领导干部双重组织生活制度、民主生活会制度;坚持执行党支部"三会一课"、组织生活会、民主评议党员等基本制度,每年组织开展各级党组织书记述职评议工作,党内生活的政治性、时代性、原则性、战斗性进一步增强。按照中组部统一要求,建立健全了党组织党员信息管理系统,实现了党组织基本信息网络管理和党员组织关系网上接转。纪律作风全面改进。严格执行落实中央八项规定精神和省委九项规定要求,严格执行党风廉政建设 4 项新机制,逐级压实管党治党责任,关口前移,强化监督,持续运用"四种形态"开展执纪问责,始终保持惩治腐败高压态势。大力开展作风整治,行业作风持续改进。制度建设不断完善。制定下发了《中共黑龙江省交通运输厅党组关于深入贯彻落实新时代党的建设总要求切实加强党建工作的实施意见》《中共黑龙江省交通运输厅党组关于进一步加强党支部建设的实施意见》《贯彻落实〈中国共产党党委(党组)理论学习中心组学习规则〉实施细则》《厅党组关于进一步改进作风密切联系群众规定》等文件,建立了党风廉政建设领导干部清单制、纪实制、台账制、巡查制"四项机制",编制印发了《党委办公室工作规范》《党支部工作规范》《党委工作记录本》等,党建工作规范化制度化标准化水平进一步提升。

(二)行业文明成果丰硕

改革开放 40 年来,全省交通运输行业精神文明建设工作认真贯彻落实省委省政府和交通运输部决策部署,紧紧围绕交通中心工作,以培育和践行社会主义核心价值观为主线,大力弘扬主旋律、汇聚正能量、树立新风尚,为交通发展提供了提供了坚强思想保证和强大精神力量。先后建成国家级文明先进集体 15 个、青年文明号 32 个,省部级文明先进集体 3350 个、先进个人 236 人,全省交通运输系统 2012 年被交通运输部评为文明单位,2013 年被省委省政府命名为"文明行业建设先进系统标兵"荣誉称号。理论武装取得新成效。始终把加强理论武装、提高职工思想政治素质作为行业精神文明建设的首要任务,坚持以邓小平理论、"三个代表"重要思想,科学发展观和习近平新时代中国特色社会主义思想为指导,深入学习贯彻党的十三届三中全会,特别是党的十八大、十九大精神,坚持用党的创新理论武装头脑、指导行业,广泛开展"不忘初心、牢记使命"主题教育,推进党的十九大精神进机关、进企业、进基层、进工地。引导干部职工自觉维护党中央权威和集中统一领导,把思想和行动统一到习近平新时代中国特色社会主义思想和党的十九大精神上来。核心价值体系建设取得新突破。不断深化交通运输行业社会主义核心价值观主题实践,运用行业媒体和网站、微博微信等,深入宣传普及核心价值观,大力开展"社会主义核心价值观宣传月""爱岗敬业明礼诚信"等主题实践活动,践行弘扬"两路"和新时代交通精神,传承中华优秀传统文化。行业文化建设有了新提升。以交通运输文化建设"十百千"工程、"五个一工程"为载体,推动反映交通运输改革发展实践的文艺作品创作活动。积极宣传交通运输行业文化品牌和文化建设示范单位,培育和发展具有鲜明特色的公路文化、航运文化、道路运输文化、路政文化和机关文化。推进交通文博工程,加强交通主题展览馆、陈列室和网上展馆建设,开展交通运输"开放周""宣传日""普法行""送文化"等活动。注重以行业文化元素美化服务环境,展现交通文化魅力。积极探索开创网上文化建设阵地,推动"互联网+"交通文化建设工作。文明创建工作得到新加强。深化交通运输行业"学先进、树新风、创体系、建一流"创建,广泛开展向杨怀远、包起帆、许振超、李素丽、青岛港等先进集体和个人学习活动,以典型群体示范带动,激发行业树新风创一流。通过开展文明示范窗口、文明示范岗(服务区)、文明样板航道、文明执法、文明驾校、"文明交通走廊""文明交通线"等创建,不断提升交通运输服务品质。推进志愿服务常态化,大力宣传发扬雷锋精神,积极组织"学雷锋"志愿服务活动,扩大行业学雷锋志愿服务活动的社会参与和工作覆盖面,打造富有交通特色的志愿服务品牌。

(三)行业先进典型引领行业发展

改革开放以来,全省交通运输系统涌现出全国和省部级劳动模范 472 人、全国和省五一劳动奖章获得者 172 人、全国交通运输系统金桥奖和金锚奖获得者 43 人,全国交通运输系统文明职工和精神文明建设先进个人 48 人、全国和省五一劳动奖状获得者 66 个、全国和省工人先锋号 133 个、全国和省交通运输系统工人先锋号 191 个、全国青年文明号 32 个、全国交通运输系统精神文明单位和文明示范窗口 162 个等一大批先进典型,在他们身上体现了锲而不舍、持之以恒、攻坚克难、甘于奉献,用劳动创造奇迹,用创新引领发展,用实干结出硕果的龙江交通精神,用自己的辛勤劳动谱写了可歌可泣的动人赞歌,汇聚成了龙江交通人奋力前行的磅礴力量。

40 年来龙江交通取得的辉煌成就,凝聚着一代又一代龙江交通人的心血和汗水,特别是不同时期涌现出来的一批又一批劳动模范,不仅创造了巨大的物质财富,而且为龙江交通创造了巨大的精神财富。从 20 世纪 80 年代的张隶威,负责主持设计的松花江大桥获得全国优质工程鲁班奖;到 90 年代的王守恒,在指挥哈双高速公路建设中创下了全国 22 个在建项目工程质量名列第一的纪录;再到新时期感动全国交通十大人物路桥建设铁娘子人称当代"花木兰"的周岩,以愚公移山的执着和勇气带领团队攻克了一系列建设难题,科学引进先进技术,提前 10 个月完成任务,结束了木兰人民靠摆渡出行的历史,创造了龙江桥梁建设史上的奇迹。他们秉承爱岗敬业,争创一流,精益求精,严谨细致的工匠精神,将可望而不可即的工作做到了极致。从 20 世纪 80 年代的许承铮,以科学的态度夜以继日,刻苦攻关,在桥梁水文研究中两项成果获省交通科技成果一等奖,填补国家空白;到 90 年代的毕万本,秉承吃苦耐劳,不断创新的工作精神,陆续研发和完善"互通立交辅助设计系统""公路桥涵设计辅助工具""涵洞工厂"及"CARD/1"二次开发等多个软件在公路设计部门广泛的推广应用;再到新时期"铁人式职工"金宝林,连获优秀道班二十年,创立劳模创新工作室,搭建从个人创新到团队创新的平台,使劳模实现从光荣几天到贡献一生的转变。他们刻苦钻研,永攀高峰,发扬艰苦奋斗,勇于创新的精神,书写了劳模精神与时俱进的时代特色。从 20 世纪 80 年代被称为"红色车厢"的乘务员潘丽娟,自编几万字的服务用语宣传改革开放的大好形势,激励旅客大干"四化"的热情,光荣当选全国七届人大代表,交通运输部号召全国交通系统广大干部职工向她学习;到 90 年代的姜天亮,每天工作 14 个小时,每年 600 多个工作日,打破林口县无高等级公路的历史,使 9 个乡镇和 46 个村实现村村通;再到新时期王立冬,三年大决战中担任公路重点工程建设副总指挥,工程建设推进组组长,带领工程建设一班人,与天斗,与地斗,与各种陈腐观念斗,用亮剑的精神和锐气打赢了这场攻坚战役,完成路基土石方 6.3 亿立方米、路面 3.4 亿平方米、桥梁 3560 座 230 公里、涵洞 17720 道,创造了"四个一流"。他们展示了交通人顽强拼搏,特别能吃苦,特别能承重,特别能打硬仗,淡泊名利,勤政廉洁,甘于奉献的精神。

龙江交通各个历史时期的典型模范人物,为推动全省交通改革发展、促进龙江经济社会发展做出了重大贡献,他们是有形的正能量,也是鲜活的价值观,他们的身上既见信仰、信念、信心,又见风格、人格、风骨,更见家国情怀,彰显着报效祖国、一心为民,为振兴龙江不懈奋斗的大爱,他们如一面面旗帜、一盏盏灯,挺立起推动龙江交通改革发展巨轮破浪前行的桅杆,激励着龙江交通人为建设交通强国和实现中国梦再筑辉煌。

开拓进取　追求卓越

上海市交通委员会

一、综述

上海是我国重要的综合交通枢纽之一,拥有排名世界前列的海港和航空港,拥有涵盖航空、高速铁路、城际铁路、磁浮、高速巴士等各种大交通的巨型综合枢纽和我国运营里程最长的城市轨道交通网。经过40年的改革开放,上海交通运输在经济模式、管理方式、市场管理等方面都发生了深刻的变革,交通基础设施建设有序推进,交通综合管理水平逐步提高,交通运输服务能力持续提升。上海国际航运中心建设取得重大突破,航运要素加快集聚,港口集装箱吞吐量连续八年保持世界第一。上海航空枢纽建设基础已经奠定,虹桥、浦东两大机场建成4座航站楼、6条跑道,旅客年吞吐量达到突破1亿人次,浦东机场货运量跻身世界第3位,国际货运枢纽地位基本确立。以高速公路为主干、干线公路为骨架的公路网已经形成,公路建设养护管理的信息化、科技化水平全国领先,公路运输运力结构优化,集约化、专业化程度逐步提高。公共交通优先发展,轨道交通成网运行,交通信息化系统初步形成,市民出行条件明显改善,2017年,全市公共交通日均客运量达到1794万乘次,中心城居民公共交通出行比重(不含步行)超过50%。邮政业规模进一步扩大。交通行业精神文明建设蒸蒸日上。

改革开放40年来,上海交通运输先后经历整顿恢复、结构调整、加快发展等阶段,统筹协调、科学发展,大力构建市场运行体制和机制,推进重大交通工程建设,取得显著成就,基本形成"枢纽型、功能性、网络化"综合交通体系架构,有力支撑了上海经济社会发展,为带动长江流域发展,作出了重要贡献。

(一)整顿恢复,改革探索(1978—1990年)

1978—1990年,上海交通运输行业面临三大突出矛盾,即交通设施落后及通过能力严重不足与迅速恢复和日益增长的客货运输需求之间的突出矛盾,计划经济模式下传统交通运输管理体制与解放交通运输生产力之间的突出矛盾,"文革"十年动乱造成的企业管理混乱、职工素质下降与交通现代化发展需求之间的突出矛盾。面对三大矛盾,上海交通运输行业以整顿、恢复、适应性调整和大胆改革探索为主线,重点解决历史遗留的老大难问题,迅速提升交通运输能力。

公交和出租汽车行业引进竞争机制。公共汽电车行业积极探索社会资金办公交,先后为部分地处郊区的企事业单位开辟公交专线。同时调整内部管理格局,引进竞争机制,增强了公交系统活力。出租汽车行业是公共交通较早进入市场的行业。1983年后,上海推出了多层次、多渠道兴办出租汽车企业的措施,运能快速增长,缓解了市场供需矛盾。1988年,市政府推进出租汽车行业公司化经营,停止发展个体户并规范个体户经营行为;完善规章、制定规范性文件;理顺运价,调整收费方法,规范计价器;增加运能。大众出租汽车公司率先成立,以全新的管理方法和优质服务,在行业内刮起"红色旋风"。

公路建设加快实施。1978年起,为配合宝山钢铁总厂建设,先后修建了蕴川路、同济路、富锦路、泰和路等外围公路。1984年起,上海开始兴建高速公路。1988年10月31日沪嘉高速公路建成通车,成为我国大陆上第一条建成通车的高速公路,在中国公路史上具有里程碑的纪念意义。1989年,亭卫公路竣工通车;312国道曹安公路由三级公路改建成二级公路竣工。

道路运输市场实行开放,迅速形成多种经济成分并存、多家经营的新局面。根据交通运输部提出的"有河大家走船、有路大家走车""各部门、各行业、各地区一起干"和"国营、集体、个体一起上"的准入政策,上海在1983年后迅速推出系列放宽搞活道路运输市场的举措,包括允许非道路交通部门的运输企业进入市场,组建合资企业,发展个体运输户等,使大批非道路交通部门运输企业迅速成为上海运输市场增长最快、市场占有率最大的一支力量;同时推动国有骨干运输企业转变机制,包括下放经营权、推行"以业养业"和承包责任制。经过一系列改革,到20世纪80年代末,上海公路运输运力充足,形成多种经济成分并存、多家经营的新局面,国有骨干企业市场竞争意识逐步加强。农村经济改革后,上海跨省市公路旅客运输成倍增长。1982年组建了市长途汽车运输公司,当年新辟沪浙等客运班线11条;1984年和1985年先后开通沪闽、沪鲁、沪赣、沪豫间公路客运业务。到1990年底,全市省际班车客运企业有16家,客运线路286条,营运里程95523公里,形成了以上海为中心,扇形辐射覆盖苏、浙、皖、赣、闽、鲁、豫7省的公路客运网。

上海海洋运输行业步入快速发展的历史新时期。1978年9月,上海地区的主要远洋运输企业上远公司以半集装箱船"平乡城"轮首辟上海至澳大利亚集装箱班轮航线,标志着上海及国内开始拥有国际集装箱班轮航线。上海海运局率先打破沿海运输企业只能从事沿海运输的局限,开始跻身国际航运市场,实行沿海运输与远洋运输并举。至1992年底,上海远洋运输船队已先后开辟上海通往世界各大洲的集装箱班轮航线38条,每月发出68个航班;在太平洋沿岸国家之间初步建成集装箱运输网络,使环太平洋沿岸15个国家40多个港口的货箱都能及时、安全运抵。

为从根本上解决港口能力不足的矛盾,在投资匮乏的情况下,上海港按照老码头升级改造为主、新港区建设为辅的建设方针,先后建成煤炭、木材、散粮、矿石机械化装卸作业线;在长江口南岸新建宝山装卸区码头,在黄浦江中游和下游新建关港装卸区码头和朱家门煤码头。1984年上海港跻身亿吨大港行列。至"六五"期末,上海港压船压货的严重局面得到缓解。至"七五"期末,煤炭和散粮装卸码头全部实现机械化作业,散化肥、散纯碱、圆木、生铁装卸大部分实现机械化作业。1986年,海港管理体制实行重大改革,变中央直属领导为中央和地方双重领导、以地方为主。上海港不断扩大企业自主权,增强企业活力;改革分配制度,推行承包经营责任制,增强装卸公司市场揽货能力,使港口由内向封闭型逐步转变为外向开拓型。

民用航空为解决乘机难的问题,通过贷款购买飞机。20世纪80年代,上海民航加快开拓航空运输市场,不断适应旅客对航空运输的需求。自 1981 年起,民航上海管理局相继开辟 8 条上海通往国内主要城市的直达航线和上海通往庐山、黄山、厦门等地的旅游航线。1987 年 12 月,上海民航实施管理体制改革,中国东方航空公司(简称"东航")正式成立。是年末,上海民航开辟通往 34 个大中城市的 37 条国际航线,以上海为中心的华东地区航空运输辐射运输网基本形成。同时,上海民航还开辟了通往日本、美国、加拿大、意大利、新加坡以及我国香港等地的国际和地区航线。1990 年,上海虹桥机场完成旅客吞吐量为 398.3 万人,货邮吞吐量为 85634 吨。

1978 年后,"中取华东"和"再取华东"铁路基本建设大会战,使上海铁路局管内长期以来运能与运量之间的矛盾开始缓解,铁路运输出现新的增长点。随着长三角经济的发展,上海地区铁路货物运输中承运超长、超限、集重特殊运输,鲜活易腐冷藏运输及零担、集装运输等特种运输有增无减。1990 年上海铁路货运到发总量为 3540.7 万吨,较 1951 年增长 5.12 倍。上海铁路地区的旅客发送人数为 2375.8 万人次,日均 67830 人。其中,上海站为 1933.1 万人次,日均 52961 人,占上海铁路地区旅客发送总人数的 78.1%,平均每年递增 8.5%。

1980 年 7 月,上海邮政作为全国三大邮政特快专递业务试办点,1984 年 11 月开办了国内特快专递业务。1994 年 11 月在长江三角洲区域 10 个城市开通了快速邮路,实现了该地区邮件当日收寄,次日投递。1989 年 6 月,台湾当局正式开办寄往大陆函件业务,与上海互换局建立直封航空总包关系。1986 年,恢复了停办 33 年的邮政储蓄业务,并成立上海市邮政储汇局,邮政储蓄点多面广,营业时间长,大大方便了社会用户。1990 年底,上海邮政储蓄网点达 276 个,储蓄额 11.05 亿元。

(二)结构调整,深化改革(1990—2000 年)

20 世纪 90 年代,浦东开发开放和上海国际经济、金融、贸易中心建设为上海交通运输发展提供强大动力。同时,社会主义市场经济体制确立、上海城市向浦东拓展及布局重大变化、产业结构深度调整、运输业务市场竞争日趋激烈,对上海交通运输行业提出新的要求和严峻挑战。

1992 年以来,上海实施了大规模的城市交通基础设施建设。先后建成内环线高架、南北高架、延安路高架和"三纵三横"等主干道,基本形成南北相通、浦东浦西相连、高架地面相接的快速道路网络框架。1990 年 1 月国务院批准上海轨道交通 1 号线建设,上海轨道交通实现零的突破。

公路建设进入了全面拓展和推进期。1997 年竣工的外环线越江工程和郊区环线的大亨公路,为缓解市中心区的交通压力起到了十分重要的作用。建成了交通大众客运站、交运高速恒丰路站、浦东白莲泾站等一批客运站,进一步提高了公路运输服务能力。

"建设上海国际航运中心"成为上海海洋运输业持续发展的强大动力。1995 年底,中共中央、国务院提出"建设上海国际航运中心"战略目标。1997 年 7 月新组建的中国海运(集团)总公司(以下简称中海集团)将总部设在上海;由此,吸引更多货代、船代、无船承运人、船舶管理公司和外商航运企业的进驻,加快航运要素在上海的集聚。1999 年 1 月,中远集团、中海集团等 5 家原交通部直属大型交通运输企业与交通部正式解除隶属关系,为上海海洋运输行业政企分开的管理体制改革画上了圆满句号,全行业进一步走向市场化。上海立足江海转运的有利区位,形成公路、水路、铁路、航空等多种运输方式联运的格局,运输服务通达长江流域和沿海各港。至2001年,上海在全球12个航区都有航班,从上海港始发的集装箱班轮航线通达全球120多个港口。每天都有船只行驶欧洲、北美航线,每周都有航班前往地中海、波斯湾、澳大利亚等地。每月的集装箱航班超过1000班。

推进洋山深水港论证,启动长江口深水航道建设,调整港口生产结构,是这10年上海港发展的主线。上海港开始推进外高桥新港区建设,先后完成一期多用途码头工程、一期码头集装箱化改造和二期工程,启动三期工程建设;引进港资,完成上海集装箱码头有限公司的集装箱化码头改造,适时缓解集装箱专用泊位能力不足的矛盾。在交通部主持下,启动并完成长江口深水航道治理一期工程,实现8.5米水深并试通航。在洋山深水港选址论证方面,开展大量细致深入的研究,形成科学合理的结论。同时,对黄浦江老港区采取"限制规模,调整功能,更新改造"的方针,完成一批重大技改项目。港口企业深化劳动用工制度改革,发展多元产业,开拓多种经营。改革开放初期以煤炭装卸和客运为主的生产格局,逐步演变为集装箱一枝独秀的格局。至2000年,海港货物吞吐量突破2亿吨,成为世界第三大货运港;集装箱吞吐量达到561.3万标准箱,晋升世界集装箱港口第6位;内河港也在城市建设中发挥重要作用,装卸的建材量占上海城市基本建设需求量的四分之三以上。

20世纪90年代,上海航空运输生产快速增长,运输服务质量得到提升,上海民航跨入新的发展时期。1991年8月6日,东航第一条远程国际航线上海—洛杉矶航线正式开航。经营重心由国内航线为主逐步转为国际、地区航线和国内航线并重。1994年,中国民航局正式将虹桥机场交给上海市地方政府管理,成为国内首家由国家管理转为地方管理的机场,在我国民航发展史上翻开崭新的篇章。1997年10月,浦东国际机场一期工程全面展开,总投资130.56亿元人民币。1999年10月,浦东国际机场正式投入运营,使上海成为全国第一个拥有两个民用机场的城市。2000年,与上海通航的城市达到128个,其中国内通航城市90个,国际通航城市有38个(不含包机)。

1996年,上海铁路局推行沪宁杭甬车站"便捷服务",落实"沪宁杭,短途车,1小时内,随到随走"的承诺,通过一系列便民服务措施进一步扩大客流。当年4月1日,中国第一列快速旅客列车"先行号"在上海站首发,时速140公里,上海至南京全程2小时48分,开创了中国铁路既有线路提速的先河。2000年,上海地区铁路旅客发送量为2980.2万人次,旅客到达量为2775.1万人次。

上海邮政大力推进邮政通信的自动化和信息化,传统邮政向现代邮政转变。1991—1997年,从德国先后引进5台全自动信函分拣机,获美国邮政赠送2台分拣机,自此改变了邮政信函长期以来使用手工分拣的历史。1995年起,上海邮政陆续在全市74个支局(所)安装了"综合业务计算机管理系统",推广使用业务办理"一席清"。沪、台两地开通信函业务后,上海邮局业务量骤升,1989—2001年,两岸往来信件8992万(封)件。

(三)对标国际,攻坚克难(2000—2010年)

21世纪头10年,上海四个中心建设进入夯基础、搭框架,大步迈入世界城市前列的新阶段。加快建设以具有国际竞争力的海空枢纽为核心、铁空公水齐头并进的现代化综合交通运输体系,加快形成以轨道交通为主骨架,汽、电车和出租车为辅助的大都市公共客运交通体系,加快推进以现代物流、现代航运服务、公路运输服务、城市快递等为代表的现代化交通运输服务体系,成为这一阶段上海交通运输行业的主攻方向。

2003年以后,上海坚持以人为本,着力推进公共交通全面、协调、可持续发展,落实优先发展城市公共交通战略,先后制订了《关于优先发展上海城市公共交通的意见》和《优先发展上海城市公共交通2007—2009年三年行动计划》。交通供应能力快速增长,公交线网调整优化,市民出行条件得到改善。出租汽车行业进入稳步发展阶段,运力大幅度提高。轨道交通进入大规模建设新阶段,环线加射线的网络运营格局初步形成。2004年上海轨道交通建设指挥部成立,组织近十万建设大军,运用集团化管理协同施工建设。通过组成全国12家银行展开银企合作,确保建设资金。区域路网建设进一步完善,"153060"目标基本实现。

上海道路运输行业不断完善运输市场机制,调整运力结构,提升服务质量。集运力、货源信息、配载、交易信息、验证、中介功能、票据、统计管理为一体的上海陆上货运交易中心平台建成投用,为建立国内一流的货物功能性要素市场创造了条件。上海货运车结构向特种货、专用化、专业化发展,形成了集装箱、冷藏、危运、商品车发送、搬场运输、货运出租、零担货运、汽车租赁等多功能、多方式经营的货运体系。危险货物运输全部车辆安装了GPS。道路客运快速发展,通过推进线路整合,提高整体效率,让旅客出行更加舒适、安全、快捷。交运股份、巴士股份、上海交投、巴士长运等公司联手重组上海交运巴士客运(集团)公司,积极创建上海高速客运品牌。在上海至昆山等线路上探索公交化发车模式。上海长途汽车客运总站和上海长途客运南站相继建成,正在推进虹桥枢纽长途客站建设。

上海港围绕国际航运中心建设目标,开启从黄浦江、长江走向海洋,从老港、大港跃进世界强港的新征程。港口系统深化管理体制改革,实现政企分开,加快推进深水港、深水航道和集装箱码头建设,推进新一轮产业结构调整,巩固和发展集装箱优势产业,有效应对周边港口激烈的同质化竞争和船舶大型化的严峻挑战。在中央和浙江的支持下,洋山深水港建设取得重大突破,至2008年,洋山深水港区形成具有16个大型泊位的规模化集装箱港区。同时,在外高桥港区连续完成三期、四期、五期和六期工程,集装箱吞吐能力得到极大提升。长江口深水航道治理完成二期和三期工程,12.5米的深水航道为上海港和南京以下港口创造出巨大的经济和社会效益。这些重大工程为上海建设国际集装箱枢纽港、稳居世界大港前列,奠定坚实基础。2003年,上海港进入集装箱吞吐量1000万标准箱超级大港行列。2005年,上海港成为全球货物吞吐量第一大港。2010年,港口货物吞吐量达到6.5亿吨,继续保持全球第一;集装箱吞吐量达到2906.9万标准箱,成为全球第一大集装箱港。

进入21世纪,上海民航按照建设亚太航空枢纽的战略目标,进一步完善机场设施建设,强化企业经营管理,逐步建立航线中枢辐射式网络。2002年,上海航空物流得到迅速发展,上海机场抓住历史性机遇,确立率先打造货运枢纽的战略思路,提前5年实现140万吨货邮吞吐量目标。2007年,浦东机场与UPS、DHL签署建设国际、区域转运中心协议,引入世界大型货运航空公司和物流集成商开展国际转运中心业务,使浦东机场一跃成为全球第一家拥有两个国际转运中心的机场,货邮运量在世界机场中排名跃升至第五位,国际货邮运量超过东京成田机场,排名第三,国际货运枢纽地位初步确立。2010年,上海浦东机场和上海虹桥机场完成航班起降分别332126为架次和218985架次,位列全国机场的第二名和第四名;旅客运输量分别为4057.8621万人次和3129.8812万人次,位列全国机场的第三名和第四名;货邮吞吐量分别为322.8081万吨和48.0438万吨,位列全国机场的第一位和第五位。是年末,共有87家国际、地区和国内航空公司开辟至上海的定期航班,与上海通航城市达到219个。

2004年上海至南京开行城际特快旅客列车。上海站首发Z14次庞巴迪京沪直达列车。2006年京沪铁路电气化开通运营,上海南站正式开通使用,上海站首发K164次沪萨列车。2007年,上海铁路局管辖范围内时速160公里及以上快速线路2187公里,时速200公里及以上线路784公里,沪宁线上海西至安亭间的最高时速250公里。运输组织方式得到创新,动车组列车始发和运行正点率均达99%以上。2008年,首次开行2对上海至北京的卧铺动车组列车,全程运行时间均为9小时59分,比Z字头一站直达列车运行时间缩短约2小时。2009年上海铁路局与中国移动上海公司合作开发建成电话订票系统并投入运营。2010年,沪宁城际高速铁路建成通车,上海虹桥站建成运营,当天上海虹桥站首发沪宁城际高铁列车。铁路一系列提速增能重大举措,上海地区旅客客流大幅度上升。仅上海市区上海站等主要客运站,2000年发送旅客为2790.00万人次,2005年仅上海站就突破了4000万人次,2010年上海西站、虹桥站启用后旅客发送达到6015.17万人次。

(四)创新驱动,提升服务(2010年至今)

2010年以来,上海综合交通体系坚持"交通引导、管理优先、服务提升、城乡统筹"的基本思路,交通基础设施建设有序推进,交通综合管理水平逐步提高,交通运输服务能力持续提升,全面完成"十二五"规划目标,继续完善和提升"枢纽型、功能性、网络化"的综合交通体系构建。交通发展基本适应并有力支撑了城市经济社会的快速发展和市民多元化的出行需求。

公共交通整体服务水平显著提升,轨道交通运输能力大幅提高,客运主体地位逐步体现;公共汽(电)车线网优化调整力度持续加大,运营水平和服务品质得到提升。公共交通2017年完成客运总量65.5亿人次,日均客运量1794万人次。轨道交通基本成网,2017年底运营线路16条,长度达到666公里。交通综合管理水平显著提高。交通法制、体制、机制不断完善,交通信息化建设取得显著成效,建成市级交通综合信息平台。通过实施非经营性客车额度拍卖政策,小客车保有量过快增长的势头得到了有效控制,2017年全市注册私人机动车保有量296万辆。交通环境污染治理不断加强,率先实施机动车更高排放标准,持续淘汰高污染车辆。

城市道路容量增加,新城和重点地区发展得到了支撑,金山铁路、轨道交通9号线三期南延伸、轨道交通11号线二期和轨道交通16号线通车运营,嘉闵高架路南段一期、北段一期建成通车,国际旅游度假区、国家会展中心等重点地区交通配套设施陆续建成投入运营。高速公路将形成"一环""十二射"以及"一纵""一横""多联"的布局形态,规划总里程达到1061公里,其中包括925公里高速公路和136公里快速路。

经过多年来的发展,上海国际航运中心建设成效卓著,新华·波罗的海"2017国际航运中心发展指数"和挪威梅农"2017世界领先海事之都报告"中,上海全球排名分别列第五、第四,国际影响力稳步提升。目前,上海港国际班轮航线遍及全球各主要航区,成为中国大陆集装箱航线最多、航班最密、覆盖面最广的港口。2017年,上海港完成货物吞吐量7.51亿吨,同比增长6.9%;集装箱吞吐量4023万标准箱,同比增长8.3%,集装箱吞吐量连续八年保持世界首位,货物吞吐量位居世界前列。2014年12月23日,洋山深水港四期工程开工建设;2017

年12月10日,洋山四期工程建成并投入试运行,是全球最大规模的全自动码头,形成400万TEU/年的吞吐能力,后期将继续扩大规模,年吞吐量将达到630万TEU。2017年,洋山深水港区共完成1655万标准箱。邮轮产业持续发展,2017年,上海邮轮港共计靠泊各类船舶512艘次,完成邮轮旅客吞吐量297.3万人次。港口集疏运体系不断优化,上海港依托长江黄金水道发展水水中转业务,集疏运结构不断完善。内河高等级航道整治工程有序推进,长江沿线集装箱物流实现班轮化运作,洋山深水港区主航道实施双向通航,并实现内支线集装箱船舶双档靠泊作业及国际干线集装箱船舶双套、双窗口作业,"长江口深水航道大船双向通航"取得突破性进展。2017年,集装箱水水中转比例达46.7%,其中长江中转完成1058.8万标准箱,占水水中转量的56.4%,占全港吞吐量的26.3%。

亚太门户复合航空枢纽地位基本确立。目前,上海拥有2个机场、4座航站楼、6条跑道、总面积147万平方米的货运区、1个机场综合保税区,客货设计保障能力1亿人次、520万吨。航线网络遍布全球297个城市,成功构建了国内首个"一市两场"城市机场体系,布局和规模看齐国际主要大都市水平。基于世界级航空枢纽设施,浦东和虹桥两个国际机场的航班起降量、旅客吞吐量和货邮吞吐量三个主要指标创出新高。2016年,上海机场旅客吞吐量达到1.06亿人次,成为全国第一个、全球第五个亿级航空城市。2017年,上海机场旅客吞吐量达到1.12亿人次,同比增长5.1%;浦东机场货邮吞吐量连续10年排名全球机场第三;国际旅客和货邮吞吐量全国占比分别达1/3和1/2,成为我国大陆第一空中门户。

上海铁路总体格局以沪宁、沪杭通道为主轴,两主轴由铁路外环线连通,引入线路有沪宁通道3条(京沪线、京沪高速、沪宁城际)和沪杭通道2条(沪杭线、沪杭客运),内部线路有浦东铁路和金山、南何、何杨、北杨、淞沪、新闵、吴泾7条支线。客运车站包括上海、上海南、上海虹桥3座主站,货运车站包括芦潮港集装箱中心、北郊、桃浦、闵行、杨浦等主要货运站,以及南翔和新桥一主一辅编组站。近五年,上海铁路旅客运输量呈稳步上升趋势。2017年,上海完成铁路旅客运输量23319.5万人次。其中,上海虹桥站完成旅客运输量12642.55万人次,占上海铁路旅客运输总量的54.2%;上海站完成旅客运输量5947.37万人次,占25.5%;上海南站完成旅客运输量3093.94万人次,占13.3%。

二、基础设施成就

(一)轨道交通

1990年1月,国务院批准上海轨道交通1号线建设,上海轨道交通实现零的突破。1993年4月9日,轨道交通1号线南段(锦江乐园站—徐家汇站)对外售票观光试运营;1995年4月10日,1号线全线(锦江乐园站—上海火车站站)开通投入运营。其建成通车,大大增强上海城市基础设施的服务功能,有利于改善城市中心区域的交通结构和缓解市民出行难,标志着上海城市公共交通迈入立体交通的新阶段。

2002年12月31日,上海磁浮示范运营线实现单线通车试运营,成为世界上第一条也是唯一一条采用常导高速磁浮交通技术的商业示范运营线路。

1999—2005年,轨道交通2号线(中山公园站至龙阳路站)、3号线(铁路南站站至江湾镇站)、5号线(莘庄站至闵行开发区站)、轨道交通1号线北延伸段(上海火车站站至共富新村站)、4号线 C 字形(蓝村路站至大木桥路站)先后开通,2005 年底,上海轨道交通初步形成"申"字形网络基本骨架。

2007—2009 年,上海先后开通轨道交通 6 号线,7 号线一期,8 号线一、二期,9 号线一、二期、11 号线一期等 5 条线路,并实现 4 号线环通,延伸 1 号线至富锦路停车场,新增运营线路 186 公里,新增车站 127 座。

2010 年,轨道交通 2 号线西西延伸段、东延伸段先后开通,直接连通浦东国际机场和虹桥国际机场,成为东西联动快速交通干线;轨道交通 13 号线世博段在上海世博会前贯通,连接浦西、浦东的世博园区。至 2010 年底,全市轨道交通投入运营 12 条线(含磁浮线,13 号线世博段退出运营)、运营线路长达 452.6 公里,形成覆盖中心城区、连接市郊新城、贯通重要枢纽的"四纵三横一环"(四纵为南北走向的 1 号线、3 号线、7 号线和 8 号线,三横为东西走向的 2 号线、9 号线和 10 号线,以及 4 号线环线)的轨道交通网络化运营格局。尤其是 2005—2010 年新增轨道交通运营里程 324 公里,年均增加 54 公里,是国外常规每年新增 5 公里左右的 10 倍以上。这样的建设规模和速度,被世界地铁协会(COMET)称为"世界城市地铁建设发展的奇迹"。

"十二五"期间,轨道交通建设继续推进并基本成网。至 2017 年底,上海市轨道交通运营线路 16 条,运营里程 666 公里,运营车站 389 座,其中,换乘站 52 座。日均客运量 969.23 万乘次,日均客运周转量 8731 万人公里。

(二)公路

1978 年起,为配合宝山钢铁总厂建设,先后修建了蕴川路、同济路、富锦路、泰和路等外围公路。1984 年起,上海开始兴建高速公路。1988 年 10 月 31 日沪嘉高速公路建成通车,成为我国大陆上第一条建成通车的高速公路,在中国公路史上具有里程碑的纪念意义。1989 年,亭卫公路竣工通车;312 国道曹安公路由三级公路改建成二级公路竣工。1991 年和 1992 年,月罗公路和杨高路分别实现改建工程当年开、竣工。1992 年 12 月,崇明岛陈海公路中段改建工程竣工通车。至 1992 年底,全市公路总里程由 1978 年的 1978 公里增加到 3625.36 公里,增长 83.28%,其中高速公路 36.38 公里,一级公路 46.85 公里;养护公路里程 1857.58 公里;全部公路好路率达 78.43%;公路绿化里程 2451.47 公里。

1978—1992 年,公路建设加快步伐,交通基础设施陈旧状况大有改善,上海的高速公路建设进入新阶段。1978 年起,为配合宝山钢铁总厂建设,先后修建了蕴川路、同济路、富锦路、泰和路等外围公路。1984 年起,上海开始兴建高速公路。1988 年 10 月 31 日沪嘉高速公路建成通车,成为我国大陆上第一条建成通车的高速公路,在中国公路史上具有里程碑的纪念意义。随后亭卫公路、月罗公路、杨高路等先后竣工通车。至 1992 年底,全市公路总里程由 1978 年的 1978 公里增加到 3625.36 公里,增长 83.28%,其中高速公路 36.38 公里,一级公路 46.85 公里;养护公路里程 1857.58 公里;全部公路好路率达 78.43%;公路绿化里程 2451.47 公里。

快速道路网络框架基本形成。1992 年以来,上海实施了大规模的城市交通基础设施建设。先后建成内环线高架、南北高架、延安路高架和"三纵三横"等主干道,基本形成南北相通、浦东浦西相连、高架地面相接的快速道路网络框架。

上海公路建设进入加快发展阶段,跨市高速公路网初步构架。1993年建成沪嘉高速公路东延伸段工程、沪青平改建工程竣工,实现了上海公路史上一级公路零的突破;1994年竣工的罗山路立交桥和龙阳路立交桥,开创了本市交通立体化的先河。1995年竣工沪太公路改建工程和奉浦大桥,1996年先后建成南芦公路和沪宁高速公路(上海段)。1997年竣工的外环线越江工程和郊区环线的大亭公路,为缓解市中心的交通压力起到了十分重要的作用。1998—2002年,先后竣工特大型交通枢纽莘庄立交桥、沪杭高速公路(上海段)、莘奉公路、沪南公路改建、嘉浏一级公路(一期)、外环线一期、沪宜公路、同三国道主干线(上海段)、莘奉金高速公路,以及浦东国际机场疏港公路远东大道、龙东大道、迎宾大道。2002年12月竣工的A30(同三高速公路),是第一条连接沪杭、沪青平、沪宁等上海通往外省高速公路的环状连接线,至此已初步构架起上海通往长三角地区快捷的高速公路网。截至2002年底,上海全市公路总里程由1992年的3625.36公里增加到6286.59公里,增长73.41%。其中拥有高速公路240.23公里,一级公路442.03公里;全部公路好路率达77.20%,干线公路好路率达91.52%,公路绿化里程达4796.15公里。

2002年后,上海区域路网建设进一步完善。根据"153060"高速公路网规划,2004—2006年,先后建成A1(迎宾大道)、A2(沪洋高速公路)、A5嘉金高速公路、A20(外环浦东、浦西高速公路)、A30(东南环、北环、同济高速公路、南环高速公路)、A7(亭枫高速公路)、A9(沪青平高速公路)和A6(新卫高速公路)。2007年底,农村公路(乡道和村道)7480公里,占上海公路设备量67%,其中三级及三级以上技术等级公路里程所占比例达到39%;全市所有的行政村达到"村村通"。截至2017年底,上海公路总里程13322公里,其中高速公路通车里程829公里,形成"两环、十一射、一纵、一横、多联"的基本布局。

(三)水路

1978年开始,上海港先后建成煤炭、木材、散粮、矿石机械化装卸作业线;在长江口南岸新建宝山装卸区码头,在黄浦江中游和下游新建关港装卸区码头和朱家门煤码头。1984年上海港跻身亿吨大港行列。

20世纪末,国际航运中心开始起航,深水港建设取得突破性进展,2002年6月,洋山深水港一期工程开工,2005年12月竣工,总投资143亿元。2005年6月,二期工程开工,2006年12月竣工,总投资57亿元。三期分两阶段建设,一阶段工程2007年12月竣工,二阶段工程2008年12月竣工,总投资170亿元。2014年12月23日,洋山四期工程正式开工建设。2017年12月10日,洋山四期工程建成并投入试运行,成为全球最大自动化码头。从1997年至2000年,外高桥港区先后完成外高桥一期集装箱化改造工程、新建二、三、四期工程和配套内支线码头工程,形成大型集装箱泊位12个和支线泊位2个,码头长3925米,实现了外高桥港区集装箱业务规模化运营。2009年1月,外高桥港区六期工程开工建设,建设3个集装箱泊位,设计能力210万TEU/年;2个汽车滚装泊位,设计能力73.6万辆,共计泊位长度1538米。工程于2010年10月建成。以洋山深水港区、外高桥港区为主体的国际枢纽港基本建成。

作为上海国际航运中心的重要基础设施建设内容,1998年1月27日,长江口深水航道治理一期工程正式开工。由交通部、上海市和江苏省三方出资组建的长江口航道建设有限公司挂牌成立。2000年一期工程竣工,实现了8.5米目标水深。整治工程二期2002年4月开工,2005年3月10米水深北槽双向航道全面贯通,航道水深由8.5米增深至10米。三期工程于2006年9月30日开工建设目标是加深到12.5米,形成全长92.2公里、底宽350~400米的双向航道。长江口深水航道治理工程形成的整套技术获得国家科技进步一等奖,创新多达74项,其中原始创新49项,极大地推进了我国河口及内河航道整治、港口工程、疏浚工程、海岸及近海工程等相关学科领域的科技进步,被专家誉为"世界河口航道治理的成功范例"。

内河水运设施建设全面推进。"十五"期间,上海内河航道相继完成了苏申外港线(上海段)、蕰藻浜东段(一期)、平申线(上海段)、浦东运河(南汇段)一期、上海化学工业区内河配套等航道整治工程和蕰藻浜东段(二期)航道疏浚工程等,完成了135公里高等级内河干线航道的整治改造。"十一五"以来,上海加快组织开展内河高等级航道建设,先后启动大芦线、赵家沟等航道建设。2010—2017年,内河高等级航道整治工程继续有序推进,苏申外港线、大芦线一期(临港新城段)、赵家沟、黄浦江上游(泖港段)等航道整治工程相继竣工。

(四)民航

20世纪80年代,客机扩容和机场扩建,机场能力获得大提升。通过先后两次扩建,1991年,建成由荷兰WAEO集团负责设计、面积达2.97万余平方米的虹桥机场国际候机楼。

20世纪90年代,航空枢纽港建设加快推进,1997年10月,浦东国际机场一期工程全面展开,总投资130.56亿元人民币。1999年10月,浦东国际机场正式投入运营,使上海成为全国第一个拥有两个民用机场的城市。

2010—2017年,浦东机场完成第四跑道、T1航站楼改造工程,启动以南卫星厅建设为核心的三期扩建工程;虹桥机场实施T1航站楼改造。经过上海民航各方面的共同努力,上海在机场规模和保障能力上,由改革开放初期的1座候机楼、1条跑道,发展成为拥有2个国际机场、4座航站楼、5条跑道、2个货邮转运中心、1个虹桥综合交通枢纽、1个浦东机场综合保税区的总体规模,客货设计保障能力1亿人次、520万吨。成为亚太航空枢纽港。

(五)铁路

1978—1990年,开展铁路枢纽建设,完成上海铁路网络化搭建。1978年以来,上海市和铁道部规划,要将上海铁路枢纽成为华东沿海地区最重要的交通枢纽之一,其范围包括沪宁线安亭站、沪杭线新桥站以东地区的干线、支线和各专业车站。上海铁路局当年将何家湾站扩建成二级三场的地区编组站,南翔编组站下行场进行驼峰自动化试验,并于1985年建成中国第一座计算机控制的溜放自动化设备。1983年,结合上海铁路枢纽改造的推进,除南翔编组站至上海北站一段外,沪宁双线全线通车。1984年建成宝钢支线,张庙、杨行车站。1985年将真如站改建成主要辅助客站——上海西站。

1984年开始,"中取华东"和"再取华东"的铁路建设大会战展开,累计完成投资160多亿。沪宁、沪杭和浙赣双线先后建成投产。1987年12月,上海铁路新客站建成投产,每天接发旅客列车72对,上海发往全国各省会所在地(除台湾、西藏、宁夏、内蒙古、海南外)的旅客快车全部开通。经过多年建设,上海市境内铁路成环成网,形成以沪宁、沪杭线为骨干,以沪杭内环线和外环线为联络,有9条支线、81条专用线相衔接,拥有40个车站其中包括12个主要货场、3个编组站的大型铁路枢纽。这里有国内客运设施先进的上海站,全国铁路最大的零担货运站之一的北郊站,全国铁路编组站的"排头兵"——南翔站等,上海市境内铁路总延长达670公里,比上海解放时增加4.5倍。

1990—2000年,进一步加大铁路建设力度。1996年基建投资25.72亿元,其中大中型项目22.68亿元。沪宁杭地区十大客站计算机售票系统建成启用。1997年适应京沪线扩大提速、开行快速列车的需要,基建投资22.6亿元,实施了各项技术改造。1998年基建投资28亿元,上海南站应急工程等以"四线四点"为重点的建设项目胜利竣工。率先在京沪线成功铺设长达104公里的超长无缝线路和全路第一组大号码提速道岔。1999年基建投资16.4亿元,建成上海南站客运便捷设施。国内首列时速180公里的内燃动车组"新曙光"号投入试运行,沪宁电力贯通线全线竣工开通。

2000年以来,铁路路网建设飞跃发展。进入"十五"以来,党中央、国务院批准《中长期铁路网规划》,上海铁路局也开启了建设高潮。2001年上海地区建成沪杭线松江—新浜"双绕"工程,全面完成沪杭扩大提速工程。2002年上海地区启动上海南站和浦东铁路的建设。2003年启动上海浦东铁路建设,全面完成管内京沪线提速主体工程。2004年,以京沪、沪杭等提速干线为重点的配套工程全面展开,浦东铁路、沪杭电化工程深入推进。2005年浦东铁路一期工程按期完工投入运营,上海南站主体工程完工,启动沪宁城际、沪乍嘉、沪通铁路改造、虹桥站等一大批重大项目。

十二五期间,京沪高速铁路建成开通,形成上海站、上海南站、上海虹桥站三个铁路主客运站。沪通铁路(南通—安亭段)开工,铁路集疏运量保持平稳。截至2017年底,铁路拥有京沪、沪昆2个方向5条通道,形成了"三主三辅"铁路客运枢纽布局。

(六)综合交通枢纽

为构筑长三角大都市交通圈,进一步完善城市网络化、功能性、枢纽型综合交通体系,促进公交优先发展,促进交通、土地资源的合理配置和综合利用,上海市市政府于2006年批复全市145个综合客运交通枢纽布局规划。结合两大机场和铁路客站,全市共形成虹桥综合交通枢纽、浦东国际机场、铁路上海站、铁路上海南站和铁路浦东客站枢纽共5个一体化市内外综合交通换乘枢纽。

2006年4月10日,上海市发展改革委批复同意虹桥机场对虹桥综合交通枢纽规划地块进行前期基础性开发,实施土地储备。2010年2月10日,该工程通过了竣工验收。虹桥综合交通枢纽是上海"十一五"期间规划建设的重大工程,虹桥枢纽的核心体建筑总建筑面积达150万平方米,长1000米、宽220米、高45米,呈东西向布局"五大功能模块",同时,枢纽拥有上海最大的公共地下空间,地下面积达50万平方米,是一个涵盖航空、高速铁路、城际铁路、磁浮、高速巴士等各种大交通为主的巨型综合枢纽,设计客流吞吐量为110万~140万人次/日。2010年3月16日虹桥枢纽正式投入运营以来,客流规模增长迅速,成为国内外综合交通枢纽规划及运营的典范,对服务上海经济社会发展、服务长三角、服务长江流域、服务全国具有重要意义。

三、运输服务成就

（一）客运服务

1. 地面公交

1978—1985年，扶持公共交通，缓解"乘车难"。1978年底，上海全市共有公共汽电车线路186条，至1980年增加到231条。"六五"期间，上海扶持公共交通，缓解"乘车难"矛盾。5年间，公交线路从231条增加到297条；新增公交车辆1315辆；年客运量从34.1亿人次增加到50.1亿人次，增长幅度达46.9%。1985年全市公共汽电车行驶总长度达到10138公里。

1986—2000年，着力提高运力，解决公交供需矛盾。1986—2000年，上海市委、市政府连续15年把提高运力、解决公交供求矛盾列为市政府实事工程项目，通过增加公交车辆，新辟延伸调整公交线路，强化交通管理等，不断为市民出行提供方便。其中："七五"期间，共新辟线路89条，延伸线路81条；公交车辆总数从5036辆增加到6264辆；运营线路增至390条；线网长度从10138公里延长至18593公里，较好地改善了市区乘车条件。"八五"期间，配合浦东开发开放、市政动迁和郊区建设，上海公交继续新辟、延伸、调整公共汽电车线路，并重点改善郊区居民的出行条件，至1995年末，公共汽电车线路数达501条，线路总长度达28796公里。"九五"期间，共新辟、延伸、调整线路617条，填补43个新建小区交通空白，改善78个新建住宅小区出行条件。内外环线之间的线网密度从1.3公里/平方公里提高到1.6公里/平方公里。至2000年末，全市共有公共汽电车线路978条。

2000年后，实施"公交优先"战略，进一步优化调整公交线网。随着轨道交通基本网络的逐步形成，上海公共交通体系从以公共汽电车为主体转变为以轨道交通为主骨架，上海公交系统进一步优化调整公交线网。先后制订了《关于优先发展上海城市公共交通的意见》和《优先发展上海城市公共交通2007—2009年三年行动计划》。交通供应能力快速增长，市民出行条件得到改善。截至2017年底，上海市共有公交运营企业29家，运营车辆17461辆，运营线路1496条，线路总长度24161公里，线网长度8591公里，全市公共汽（电）车线路日均客运量602.9万人次。

2. 出租汽车

1978—1990年前后，出租汽车行业在改革开放形势推动下，发展迅猛。1980年全市只有3家出租汽车企业，1700辆车。至1986年末，全市经营出租汽车有全民、集体、合资企业及个体户达628家，拥有出租汽车7492辆，成为公共交通的有力补充。20世纪80年代后期，上海出租汽车行业针对乱收费和有车不供的拒载等现象先后开展两轮整顿治理，推出一系列措施，推行规范服务。到1992年底，全市拥有各类出租汽车17951辆，其中小客车14192辆；日均服务车次13.3万车次，其中小客车12.6万车次，服务供应能力提高。

1992年后，出租汽车行业取得突破性发展。初步建立了本市出租汽车法规体系，开展了规范服务达标活动，开通24小时"出租汽车热线"，推出优质服务的星级驾驶员和红顶灯车。1996年上海开始对出租汽车实行总量控制。2000年，继五大骨干企业创建品牌后，又推出蓝色联盟和法兰红等第六、第七服务品牌。2001年率先在国内推出区域性出租汽车。

2000年后，出租汽车行业整体服务水平再上台阶，出租汽车行业稳步发展。2000年，出租汽车行业提出创建文明行业三年计划。明确创建目标为,关注京港(北京、香港),保持国内领先;瞄准东京,力争国际一流。具体达到"六好"标准,出租汽车行业整体服务水平再上台阶,车况设施和技术档次明显提高,站点建设全面推进,服务水平稳步提升,品牌效应充分显现,行业管理不断创新。

2006年,根据国家石油综合配套调价政策要求,上海成功推出出租汽车油价运价联动机制。2009年,上海市政府出台《关于进一步促进本市出租汽车行业健康持续发展的指导意见》,管理部门推出降低出租汽车承包指标、出租汽车通行长江隧桥段实行"单向收费"优惠等8项措施,推进出租汽车行业发展。

截至2017年底,上海市共有出租汽车企业125家,运营车辆47177辆,全市出租汽车日均客运量208.0万人次,日均载客里程989.9万公里,日均载客车次116万次。

3. 水上客运

1978—1990年,长江客运稳步增长。省际客运先后开辟了上海至武汉的申汉快班和上海至九江的申浔快班;崇明、长兴、横沙"三岛"客运不断发展;浦江游览自1979年5月恢复,开发了淀山湖水上旅游等项目;随着上海城市整体发展、浦西浦东联动加强,从20世纪80年代初起,黄浦江轮渡客源激增,渡运需求急剧扩大,至20世纪80年代中期,年渡运量达3.9亿人次,日渡运超百万人次,居国内同行业之首,名列世界之最。

1990—2000年,上海江河运输繁荣持续到20世纪90年代中期,国际及国内旅游船舶开始停靠上海港,邮轮先后恢复上海到我国香港地区及日本客货航线。

2000年后,内河客运呈现此消彼长之发展态势,上海开始加快邮轮母港建设步伐。三岛客运随崇明三岛联动开发的深入,进入爆发性发展阶段。2008年完成客运量1492.82万人,达到历史巅峰。2009年11月1日,上海长江隧桥建成通车后,三岛客运由盛转衰;随着多个越江隧道、跨江大桥、地铁等建成通车,黄浦江的客流量逐步减少,浦江游览迅速升温。2002年,杨浦大桥至南浦大桥间的两岸确定为旅游休闲区,浦江游览完成游客量突破100万。2003年上海市人民政府出台促进上海水上旅游的发展政策。2004年,建设十六铺水上旅游公共码头,浦江游览完成游客量突破200万。2010年,苏州河观光游览夜航正式开通,水上以浦江游览、苏州河游览为主干,长江旅游为补充,乡镇水上游为基础的水上游览体系初步建立。豪华邮轮先后访问上海港,丽星邮轮、歌诗达邮轮、皇家加勒比在上海设立办事处,旗下邮轮先后开出以上海港作为母港的航线,上海母港邮轮航线增至3条。2008年4月,上海港国际客运中心客运综合楼建成并启用,2010年,上海港国际客运中心邮轮码头2号廊桥正式启用,吴淞口国际邮轮码头一期工程2个泊位于2010年前基本建成。歌诗达、皇家加勒比两大邮轮集团设立驻沪独资船务公司。天海邮轮成为国内首个豪华邮轮品牌,"海娜"号、"中华泰山"号等中资邮轮正式开展"本土化"运营。国内首家邮轮票务销售渠道服务平台在沪建立。

截至2017年底,上海城市轮渡由上海市轮渡有限公司运营,共16条航线,船舶39艘。三岛轮渡由上海市客运轮船有限公司和上海崇明客运轮船有限公司运营,共有航线8条,船舶28艘。上海浦江轮渡完成客运量4966.6万人次。三岛轮渡完成客运量448.0万人次。完成车运量102.6万辆次。上海邮轮港共计靠泊各类船舶512艘次,完成邮轮旅客吞吐量297.3万人次,其中母港邮轮靠泊481艘次,旅客吞吐量290.8万人次。上海黄浦江游览完成客运量

331.0万人次。

4. 道路客运

1978—1990年,省际班线开始大量开辟。20世纪70年代,开通2条沪皖班车客运线路。20世纪80年代,上海与全国诸多省市增强经济交往省际班车线路大量新辟,班车线路终点延伸到苏北、浙东、浙中、浙西、浙南、皖北、皖中等地区,并首次通达华东地区山东、福建、江西、中南地区河南省的个别市、县。1990年末,上海有通达华东6省的线路285条、到达河南省的线路1条,共计286条,最长营运长度868公里。

1990—2000年,上海省际客运市场向"以班车客运为主体,包车客运为辅助,旅游客运为专项服务"的方向发展。1991年,上海始发线路首次通达湖北省,1996年,开通广东省、重庆市客运线路。随沪宁、沪杭高速公路通车,沪苏、沪浙间大部分线路里程缩短、运营时间缩短、运输效率提高。诸多线路日发班次增加,上海至杭州线日发班次达到40个车班。1996—2000年,共辟驶上海至苏、浙、皖、闽、赣、鲁、豫、鄂、粤、渝等省市的客运线路223条,增幅145%。

2000—2010年,省际客运继续通达全国。先后开辟上海至北京、陕西、辽宁、山西、河北、海南、广西、四川、贵州等线路,线路覆盖面进一步扩大,共辟驶新线303条。2006年,发布《上海市省际道路客运班线经营权管理规定》,开始对全市53家班车客运企业及1316条线路进行全面审核梳理,交运股份、巴士股份、上海交投、巴士长运等公司联手重组上海交运巴士客运(集团)公司,积极创建上海高速客运品牌,2010年上海世博会举办期间,全市省际客运量大增。

截至2017年底,上海市共有道路旅客运输企业138户,开通省际客运班线3309条,日均发送班次2939次。上海市省际客运旅客对外发送量3420万人次,日均9.37万人次。

5. 民航

1978—1990年,上海民航加快开拓航空运输市场。1979年,民航上海管理局停止客户源长期不足、经营亏损的航线,开通新的航线,增加航班密度。1980年,中美两国签订《民用航空运输协定》,并分别开辟北京—上海—旧金山—纽约、北京—上海—旧金山和旧金山—东京—上海—北京等航线。自1981年起,民航上海管理局相继开辟8条上海通往国内主要城市的直达航线和上海通往庐山、黄山、厦门等地的旅游航线。1985年,上海航空公司(简称上航)成立1987年12月,东航正式成立。是年末,上海民航开辟通往34个大中城市的37条国际航线,以上海为中心的华东地区航空运输辐射运输网基本形成。

1990—2000年,上海航空运输生产快速增长,上海民航跨入新的发展时期。1991年开始,东航先后开航上海—洛杉矶、巴林、布鲁塞尔航线,开航汉城(现首尔)及济南、宁波至香港的定期包机航线,经营重心由国内航线为主逐步转为国际、地区航线和国内航线并重。至1997年,东航共有141条航线,其中国际航线16条,香港航线12条,国内航线113条,飞往国际国内107个城市,形成了一个比较完整的航线网络。1999年10月1日,上海浦东国际机场正式通航。2000年3月和5月,民航部分航班从虹桥国际机场转到浦东国际机场,航空枢纽港逐渐从虹桥国际机场向浦东国际机场转移,各项业务指标均呈现快速增长态势。

2000年后,上海民航逐步建立航线中枢辐射式网络,旅客运输快速增长。2002年10月27日零点起,虹桥机场国际、港澳地区航班全部转移至浦东国际机场起降。十二五期间,上海

"一市两场"格局优势初步显现。浦东机场高峰小时容量限制标准得到提升,旅客吞吐量增幅位居全球前列。定期通航上海的航空公司达100家,通达国内外256个城市航点,形成以上海为核心、衔接国际和国内的枢纽航线网络。依托航空口岸管理创新,上海两场的国际客、货吞吐量保持全国第一,国际及地区客、货占比分别达33%、78%,国内第一空中门户地位得到巩固。

截至2017年底,110家航空公司开通了至上海浦东机场和虹桥机场的航班,航线网络遍布全球297个城市,全年共完成旅客吞吐量11188.5万人次。

6.铁路

1978—1990年,上海铁路客运完成从普通运输到高铁运输的跨越。1978年后,随着国民经济发展的人民生活水平的提高,铁路旅客运量呈快速增长势头。1984年开始,每年均突破2000万人次。1987年,上海新客站建成,运能明显加大。当年旅客发送1859.0万人,占上海市交通客运总量的35%。1988年达到2838.3万人次,日均77753人。

1990—2000年,上海铁路提升服务质量,铁路开始提速。1991年,应对百年不遇气象灾害,采取优化运输组织、客车加挂扩能、提高客车正点率、开行客运专列等方法保持市场份额。1992—1995年,上海铁路局以开行新型空调客车、旅游列车和双层客车为契机推出群众性"建线"活动。1996年,中国第一列快速旅客列车"先行号"在上海站首发。1997年开行特级、快速、双优、夕发朝至列车。1998年,全面推行计算机联网售票,推广流动售票、异地售票、电话订票、磁卡售票、公交化售票。2000年10月21日,全国铁路实现第三次列车大提速,全年上海地区旅客发送量2980.2万人次,旅客到达量2775.1万人次。

2000—2010年,铁路不断提速,上海地区旅客客流大幅度上升。其间,全国铁路实施3次提速,至2017年,上海铁路局管辖范围内时速160公里及以上快速线路2187公里,时速200公里及以上线路784公里,沪宁线上海西至安亭间的最高时速250公里。此外,2006年6月25日,京沪铁路电气化开通运营。7月1日,上海南站正式开通使用。10月,青藏铁路建成通车,上海站首发K164次沪萨列车。2007年1月28日,首列国产动车组列车在上海站始发。2009年12月8日,上海铁路局与中国移动上海公司合作开发建成电话订票系统并投入运营。2010年7月1日,沪宁城际高速铁路建成通车,上海虹桥站建成运营。10月26日,沪杭城际高速铁路建成运营。

铁路通过一系列重大举措,上海地区旅客客流大幅度上升。截至2017年底,上海完成铁路旅客运输量23319.5万人次,上海虹桥站完成旅客运输量12642.55万人次,占上海铁路旅客运输总量的54.2%;上海站完成旅客运输量5947.37万人次,占25.5%;上海南站完成旅客运输量3093.94万人次,占13.3%。

(二)货运服务

1.道路货运

1978年起,公路运输快速发展,至20世纪80年代中期,上海公路货运多渠道、多层次、多种经济成分并存,在市场竞争中快速发展,1986年,上海公路交通部门的汽车年运量首次突破亿吨大关。1987年达到2.63亿吨。80年代后期,上海国际集装箱公路运输运力迅速扩大,运输能力不断提高,多式联运初步发展。1990年,以超市、商场、门店、各类企业总部、机关、居民家庭为服务对象的物流配送运量占货运总量的比重达80%。是年末,上海全市货运汽车增至7.92万辆。

1990年起,上海加快调整产业结构和布局,工业原材料和成品运输量减少,商业配送和快件急送等运量不断增长。1993年,上海建立首个道路货运交易市场——宜山路道路货运交易所,初步形成全市有形的货运交易网络。1990—1993年,交通部在上海开展国际集装箱系统(多式联运)工业性试验项目,以上海港为枢纽的上海口岸国际集装箱多式联运的框架体系和管理体系开始建立。至20世纪90年代末,上海公路运送集装箱类型及车辆均有升级提升,全市国际集装箱运输过程均实现运输管理系统(TMS)管理,还采用RQHSE安全控制体系确保货物安全规范运输。

2000年后,公路货运向特种货、专用化、专业化发展。上海道路运输行业不断完善运输市场机制,调整运力结构,提升服务质量。截至2017年底,上海市共有道路货物运输企业32025户,道路货物运输车辆(不包含外地车辆)212316辆,2017年,上海市道路货物运输量39743万吨,占全社会货物运输总量40.9%。2017年,道路货物运输周转量2979069万吨公里。道路集装箱运输量2316万TEU。

2.水路货运

随着1979年"柳林海"轮首航美国西雅图港,上海远洋航线开通迅速发展,市属远洋船队开始起航。从20世纪80年代起,上海远洋运输公司对船队结构进行大幅度调整,增添集装箱船、多用途船,减少普通散杂货船。海港生产能力大解放,1984年突破1亿吨,成为当时世界上为数不多的亿吨大港之一。"平乡城"轮、"张家口"轮、"抚顺城"轮先后开航,国际集装箱运输开始起步。长江客货运输稳步增长,内河运输步入机动化和拖带化。内河运输企业积极延伸航线,扩大服务,拓展进江出海运输,创办"运销联营"项目,改善干支直达运输服务。

1990—2000年,国际航运中心开始起航,水路货运迅速发展。航运及服务业开始集聚,在沪注册航运企业加快发展。上海港货物吞吐量和集装箱吞吐量跻身世界前茅,稳步增长。江河货运的货源充沛,业务繁忙,运输效率提高,经济效益明显,运输船舶不断新增,新型的集装箱、滚装船运输初步发展,代理服务业渐成网络并拓展至长江,运输航线不断拓展。

2000—2010年,国际航运中心建设成效明显,港航水平跻身世界先进行列,江河运输再创佳绩。中海集团和中远集运跻身世界十强。世界上最大的8个国外船级社在上海开设了代表处。上海航交所已基本确立了中国航运政策研究中心和国际航运信息发布中心的地位,同时成为国家级的二手船买卖平台。中国海事仲裁委员会在上海设立了目前国内唯一的区域性海事调解中心。江河运输再创佳绩,2005年,组织设置外高桥—洋山深水港区的"穿梭巴士"集装箱运输航线。2006年,崇明三岛联动开发正式实施,集装箱、滚装船运输亦成为上海长江货运的主要方式。

2010—2017年,上海港国际班轮航线遍及全球各主要航区,成为中国大陆集装箱航线最多、航班最密、覆盖面最广的港口,集装箱吞吐量继续保持全球首位,货物吞吐量位居世界前列。水路集疏运效率持续提升。长江沿线集装箱物流实现班轮化运作。洋山深水港区主航道实施双向通航,并实现内支线集装箱船舶双档靠泊作业及国际干线集装箱船舶双套、双窗口作业。上海港水上中转服务平台模式得到优化。2017年,上海市完成水路货物运输量56622.2万吨,完成远洋货量23874.3万吨,占比42.2%;沿海货运量完成30836.9万吨,占比54.4%;内河货运量完成1911.1万吨,占比3.4%。

3. 铁路运输

1978—1990年,上海铁路运能与运量之间矛盾开始缓解,铁路运输出现新增长点。随着长三角经济的发展,上海地区铁路货物运输中承运超长、超限、集重特殊运输,鲜活易腐冷藏运输及零担、集装运输等特种运输有增无减。1990年上海铁路货运到发总量为3540.7万吨,较1951年增长5.12倍。

1990—2000年,铁路运输积极面对货运市场竞争。"九五"期间,上海铁路分局积极运用市场营销手段,简化、优化货运计划审批手续,加大揽货和协议运输力度。"五定班列"(定点、定线、定车次、定时间、定运价),集装箱运输实现超常规发展。2000年,上海地区铁路货物发送完成1191.8万吨。全分局完成换算周转量221.6亿吨公里,货运量占上海市的6.6%。

2000年后,在新的体制下进一步加强货物运输组织工作。2005年,原铁道部改革管理体制,撤销铁路分局,由铁路局直管站段。2006年,上海铁路局日均开行图定货物列车1448对。沪宁线货物列车平均密度为每公里6792万吨,位于世界前列。2017年,上海完成铁路货物运输量1180.79万吨。

4. 航空货运

1978—1990年,航空运输开始进入快速加速扩展扩张期,地方航空企业展翅飞翔。"七五"时期,上海民航实施管理体制改革,运输企业加强内部管理,货邮运输呈现增长态势。1988年,东航实行货物运输集中管理,建立国际货物跟踪制度,提高托运货物的管理。上航实行24小时收货和发货措施。

2000年后,上海航空公司集团化规模化发展,上市融资助推上海航空业快速发展,航空货运量逐年增加。上海航空逐步引入货运专机,开辟货运专线。1998年,我国第一家航空货运专业企业中国航空货运公司在上海组建并投入营运。

至2007年,上海航空枢纽建设基本实现了"打牢枢纽建设基础"的第一阶段目标,有41个国家的97个城市和国内82个城市(含香港和澳门)与上海通航,有20家国内航空公司和51家国际及地区航空公司开通上海的定期航班。2007年浦东机场货运量跃升世界第5位,国际货运枢纽地位初步确立。航空运输能力迅速扩张,机队结构不断优化。基地设在上海的航空运输公司增至8家:东航、上航、春秋航、吉祥航、中货航、上货航、扬子江航、长城航;运输飞机由1998年的98架增至2007年的311架。此后,上海航空货邮吞吐量保持增长态势。2017年共完成货邮吞吐量423.2万吨。

5. 邮政货运

1978—1990年,特快专递业务率先开办,邮政储汇点多面广了国际特快专递业务。1980年7月,上海邮政作为全国三大邮政特快专递业务试办点,1984年11月开办了国内特快专递业务。1994年11月在长江三角洲区域10个城市开通了快速邮路,实现了该地区邮件当日收寄,次日投递。1989年6月,台湾当局正式开办寄往大陆函件业务,与上海互换局建立直封航空总包关系。1986年,成立上海市邮政储汇局。1990年底,上海邮政储蓄网点达276个,储蓄额11.05亿元。

1990—2000年,上海邮政大力推进邮政通信的自动化和信息化,促进传统邮政向现代邮政转变。1991—1997年,从德国先后引进5台全自动信函分拣机,获美国邮政赠送2台分拣机,结束邮政信函手工分拣历史。1995年起,上海邮政陆续在全市74个支局(所)安装了"综合业务计算机管理系统",推广使用业务办理"一席清"。沪、台两地开通信函业务后,上海邮局业务量骤升,1989—2001年,两岸往来信件8992万(封)件。

2000—2007年,邮政服务加快走向现代化,快递服务形成发展新格局。2003年,上海浦东邮件处理中心竣工投产。2006年,上海邮政南站邮件转运站投产启用,拥有242台(套)各类信件处理和自动分拣设备。邮政EMS加快发展。2006年,上海邮政实行政企分开,成立上海市邮政管理局。上海快递服务形成了国有、民营、外资企业相互竞争、共存发展的新格局。2005年开放了除中国邮政依法专营以外的快递业务,国际快递公司开始落户上海,四大国际快递企业巨头美国联邦快递(FedEx)、美国联合包裹公司(UPS)、荷兰天地集团(TNT)、德国敦豪(DHL)相继进入中国市场。民营快递企业迅速崛起,全国九大民营快递公司,有七大公司的总部设在上海。2017年,上海市邮政行业业务总量累计完成711.9亿元,上海快递服务企业业务总量31.2亿件,占全国快递业务量的7.8%。

(三)运输装备

1.公交车辆

第二次公交改革中,改善公交装备技术,促进公交车辆升级换代,8米以下中巴车退出中心城区公交线路。进一步发展公交空调车,2003年全市公交空调车比例超过30%。设立"公交专项",强化政府对公交发展的调控手段。从市财力或专项资金中每年拨出1.5亿元,交投集团每年拨出5000万元,定向用于引导和调节公交行业发展,帮助解决常规公交企业历史形成的富余劳动力包袱;对于企业为适应城市发展和环保要求,发展清洁能源车辆、完成政府指令性项目等,给予一定的政策补偿。第三轮公交改革中,公交车辆更新步伐加快,至2004年投放高等级公交车达1500辆,空调车占营运车辆比例达37%,涉及33家企业、78条线路的1485辆中巴车被置换,中巴车退出中心城区公交线路运营目标基本实现。两轮公交改革后,车辆装备技术全面提升,空调车从无到有,发展到8229辆,占营运车辆的45%;高等级车2499辆,占空调车的30%;车辆更新加快,折旧年限从原14年缩短到8年。

2.航空运输装备

1983年,经民航总局批准,上海管理局首次使用贷款8000万元人民币向美国麦克唐纳道格拉斯飞机制造公司购买2架客机。"七五"期末,东航拥有飞机64架,其中空中客车A300型3架。

1991年11月,东航在国内首次尝试采用美国税务杠杆租赁结构,成功引进1架MD-11型飞机。1997年5月,东航又率先在国内采用35%商贷部分无担保融资,引进1架A340-300型飞机。

进入21世纪,中国商用飞机有限责任公司在中国特色民用飞机型号研制上取得重大突破。C919大型客机2007年立项,2008年开始研制,2015年101架机总装下线,2017年5月5日成功首飞,项目研制取得重大突破。ARJ21新支线飞机2002年立项,2008年首飞,2014年取得中国民航局型号合格证。2015年11月,正式交付首家用户成都航空公司。2016年6月,投入商业运营,我国航线上首次拥有了自己研制的喷气客机。2017年7月,取得生产许可证。2018年3月26日,冰岛大侧风试飞圆满成功,标志着ARJ21飞机具备在全球所有预期环境下的安全运营能力。

四、行业管理成就

(一)法治建设

改革开放40年来,上海市交通行政主管部门认真贯彻落实国务院《全面推进依法行政实施纲要》《关于加强市县政府依法行政的决定》《关于加强法治政府建设的意见》以及中共中央《关于全面推进依法治国若干重大问题的决定》相关文件和十九大精神,按照交通运输部和上海市委、市政府的要求,围绕建设"服务政府、责任政府、法治政府、廉洁政府"的重点,聚焦实现上海"行政效率最高、行政透明度最高、行政收费最少"的目标,大力推进依法行政工作,法治建设取得重大进展。

交通行业地方法律体系基本健全。改革开放以来,经过不断的努力,本市交通行业形成了较为完备的法规体系,现有地方性法规13件、政府规章19件、规范性文件27件,基本覆盖了交通运输各个行业,为全行业的依法行政发挥了积极作用。对立法项目进行动态调整,逐年制定地方性法规、政府规章和规范性文件年度立法计划,做到了"长远有纲要、五年有规划、年度有计划"。注重加强法规规章后评估和清理以及立法前期调研和政策储备等工作。

深入清理行政审批事项、扎实推进行政审批标准化建设、有序推进行政审批信息化建设、深化"证照分离"改革、全面推进"双随机、一公开"工作,不断向纵深推进行政审批制度改革和"放管服"改革工作,形成了较为领先的营商环境优势。

全面建立行政处罚自由裁量基准制度、重大行政执法决定法制审核制度,试点开展行政执法全过程记录制度。严格实行行政执法人员持证上岗和资格管理制度。在不断规范和加强前端执法工作的同时,注重后端的监督体系建设,增强监督合力和实效。除行政系统内部的执法评议考核、执法监督检查外,还自觉接受人大和政协监督、审计监督、舆论监督等外部监督。

(二)管理体制改革

1978至今,上海交通运输体制机制发生了深刻变化,从下放企业经营自主权到现代企业制度建设,从运输市场逐步向社会开放到企业投融资改革、合资合作、企业上市,从管理体制政企分开到监管制度深化改革,从探索交通综合管理到公交改革等,上海交通运输行业大胆探索,敢为人先,创造了不少领先全国、指导行业的改革经验和典型。

1.综合交通管理体制建设

改革开放以来,上海市交通运输行政管理体制历经多次改革,逐步由政企合一、条块分离的传统交通管理模式,转变为政企分开、统筹协调的综合交通管理体制。20世纪80年代初,上海市政府组建交通办公室,统筹铁路、公路、水路、民航行政管理,构建了由地方政府统一归口在沪交通运输机构管理、统筹协调陆海空交通运行的管理体制。在其后的30余年间,上海市交通运输管理机构经历多次调整,大致可分为三个阶段:一是2000—2008年,上海市交通管理按照分工分别由三个不同的主管部门负责:运输管理由上海市城市交通管理局负责,港口航运由上海市港口管理局负责,道路公路由上海市市政工程管理局负责;二是2008—2014年,本市交通管理进一步整合,将运输管理和港口航运主管部门进行整合,成立了上海市交通运输和港口管理局。同时撤销上海市市政工程管理局,道路公路管理职责由上海市城乡建设和交通委员会承担,上海市城乡建设和交通委员会还同时承担了综合交通层面的协调职责;三是2014年至今,在原上海市交通运输和港口管理局的基础上,重组成立了上海市交通委员会,统筹全市交通管理职责,实现"一城一交"综合交通管理模式。

上海市交通委员会的成立标志着本市构建成立了综合交通管理体系,其管理职责涵盖水、陆、空、铁、邮等各交通领域,重点是突出加强了交通规划、建设与管理的有机衔接。综述上海市交通委员会的主要职责:负责本市综合交通体系建设,编制本市综合交通发展规划和交通专项规划,管理交通基础设施建设,承担本市公路和城市道路、道路运输和城市交通、港口和航运等交通行业管理与安全监管,组织开展交通行政执法,负责本市国防交通工作,归口协调航空、铁路、邮政运输管理。

2.港口和水运管理体制改革

20世纪80年代初,上海港进出口货物快速增长,码头装卸能力严重不足,扩大港口能力建设和加快疏港任务繁重,需要地方政府的参与和支持。中央政府开始酝酿港口管理体制改革,在上海试行中央与地方政府联合管理模式。1984年6月,交通部与上海市政府就联合管理上海港达成协议:上海港务管理的一切重大工作,由交通部和上海市政府协商处理。运输业务在交通部统一指挥、统一调度,集中管理;疏港事宜,由上海市政府为主处理。上海港务局干部的日常考核工作,由上海市负责;干部的任免、奖惩事项,由上海市在日常考核的基础上提出意见,请交通部审定。上海港务局思想政治工作,由上海市为主管理。

1986年4—5月,上海港开始实行中央和地方双重领导、以地方为主的管理体制和以港养港财务体制。交通部将上海港务监督和上海航标测量处分别从上海港务局和上海航道局划出,合并成立交通部上海海上安全监督局,主管上海港航政及水上交通安全;引航等从上海港务监督划出,由上海港务局领导。

1986年8月,上海实施内河港航、政企分开改革,撤销市内河航运局,成立市内河航务管理处,隶属于市交运局,行使内河港航监督、航道管理、港口管理、船舶检验、船员考试以及水路运输管理等职能。市内河航运局下属公司改制为自主经营、自负盈亏的经济实体。

1999年6月4日和6月12日,交通部与上海市人民政府就在上海市实施水上安全监督管理体制改革事宜达成协议。该协议规定,交通部上海海上安全监督局和上海市航务管理处的管辖范围基本维持不变,但其中崇明岛、横沙岛、长兴岛各河口以外长江水域的安全监督工作,由交通部设立的上海海事机构管辖,各河口以内的三岛水域的安全监督工作,由上海市航务管理处管辖。同年,在上海海上安全监督局基础上成立上海海事局,统一管理上海市沿海、沿长江水域和上海港区所有水域内海事管理工作。

2003年1月3日,市委、市政府下发《关于上海港口体制改革有关问题的批复》,决定建立上海市港口管理局,作为市政府负责港口和航运管理的职能部门,同时挂国航办的牌子。按照"一港一政",实现上海内外港口、港航的统一管理的原则,调整归并港口管理职能,将由市城市交通局承担的水路运输管理、内河航道和内河港口管理及相关工作职能划转市港口局。原上海港务局整体改制为上海国际港务(集团)有限公司,为企业经济实体。1月27日,市港口局和上港集团正式挂牌成立。作为这次港口管理体制改革的组成部分,上海同时启动港口理货体制、港口工程质量监督管理体制和引航管理体制改革。

3.民航管理体制改革

改革开放之初,上海民航面临着机型陈旧、设施落后、运输生产严重滞后与航空运输市场迅速开放、客货运输需求日益增长之间的突出矛盾,空运市场供求矛盾十分突出,"买票难""乘机难",政企合一的管理体制已不适应经济社会快速发展的形势。1980年初,邓小平同志指出,民航一定要走企业化的道路。3月15日,国务院、中央军委决定,民航不再由空军代管,改由国务院直接领导。民航上海管理局成为独立核算单位,对经营指标完成情况进行全面考核。1987年11月28日,民航局批准《民航上海管理局体制改革方案》,实行政企分开,简政放权。1988年6月25日,民航华东管理局、中国东方航空公司和上海虹桥国际机场宣告成立,迈出地区民航管理体制改革的重要一步,对促进航空运输事业长远发展具有深远影响。20世纪90年代,上海市政府成立上海市空港管理委员会,建立起适应"一地两场"的机场管理模式。为充分发挥中央和地方建设和发展民用机场的积极性,1992年,国务院作出把上海虹桥机场下放给上海市政府管理的决定。1994年,民航总局正式将虹桥机场移交上海市政府管理,虹桥机场成为国内首家由地方管理的机场。1997年3月,上海市政府批准组建上海机场控股公司。1998年5月28日,上海机场控股有限公司正式更名为上海机场(集团)有限公司。上海机场集团作为国有独资企业,直属上海市政府领导,经上海市国资委授权,统一经营管理浦东、虹桥两个机场。2003年,中国民航实施了"政企分开、机场下放"的政府行业管理体制改革和民航机场管理体制改革,上海两大机场下放上海市管理。

(三)投融资体制改革

1.公路

上海公路管理部门对公路建设投融资体制改革进行了积极的探索。1994年,以股份制形式集资建设奉浦大桥,以国营企业集资建设徐浦大桥,1997年,以"贷款建设、收费还贷"集资形式改建沪宜公路(嘉定段)等公路建设项目多渠道投融资模式应运而生。1999年10月,市政府先后对沪青平、同三国道(上海段)和莘奉金三条高速公路项目面向社会公开招商,实行BOT融资建设模式,使高速公路投融资体制改革取得实质性进展。

2.港口

20世纪70年代末至80年代末,海港公用码头建设投资体制发生重大转变,从原先的全部由国家投资,逐步向国家投资、企业自筹、银行贷款、利用外资并存的投资多元化发展。1981—1984年的固定资产投资中,国家投资占一半以上,其次是远洋贷款和油改煤投资,港务局自筹和集体自筹投资较少。1982年11月,交通部与世界银行签署第一个港口建设贷款协议,协议总金额1.24亿美元,实际贷款6900万美元,其中包括用于上海张华浜码头1号、2号集装箱泊位建设。1985年,国家投资改为拨改贷,在港口建设投资中接近60%。"七五"期间,上海港开始实行"以港养港"财务管理体制,留利建港、不足贷款。贷款主要是国家拨改贷和中国建设银行贷款,其次是煤代油贷款和国家重点建设债券,以及少量日元贷款。

在上海交通系统中,港口基础设施建设任务最重,港口建设负债过重。1993年3月,国务院批准上海港务局与香港和记黄埔集团合资经营上海集装箱码头有限公司(SCT)。8月合资公司成立,投资总额56亿元,注册资本20亿元,合资双方各出资50%;经营管理张华浜、军工路、宝山3个国际集装箱专用码头。通过合资,上海港不仅解决了集装箱专用设备添置和件杂货码头改造为集装箱泊位的资金不足问题,而且引进香港集装箱码头管理先进经验,迅速提升自身的管理水平。1998年11月,由上海港务局作为主发起人,联合上海交通投资(集团)有限公司、上海外轮代理公司、外轮理货上海分公司和上海起帆科技股份有限公司四家发起人,以发起方式设立上海港集装箱股份有限公司。2000年7月,上港集箱在上海航交所成功上市,发行A股股票,募集到资金24.7亿元,解决了港口投资资金不足的矛盾。上港集箱以此收购外高桥二期码头和4家国际集装箱企业,添购改善集装箱装卸设备设施,投资筹建新的企业,拓展市场范围。

2005年5月,上海市国资委联合招商局国际码头(上海)有限公司等,对上港集团进行股份制改造。并于2006年10月以换股吸收合并上海港集装箱股份有限公司方式在上海证券交易所挂牌上市,是全国第一家整体上市企业。

3. 水运

1994年,上海海兴轮船有限公司在全国水运行业率先改制为上海海兴轮船股份有限公司。11月11日,该公司发行的H股股票在香港联合交易所挂牌上市交易,成为在香港发行上市H股的国内首家航运企业。

2004年6月16日,中海集装箱运输股份有限公司向境外投资者公开发行的H股股票在香港联交所主板上市。6月21日,中海集团以租赁方式开发建设的美国洛杉矶100号码头启用世界上第一个环保型岸上供电系统。

4. 航空

从"六五"起,上海民航已开始尝试融资租赁飞机,以适应航空运输发展需求。1985年6月21日,民航上海管理局首次以融资租赁方式从欧洲引进2架A310-200型飞机。截至1988年东航成立之前,共租入飞机13架。东航成立后的10年中,通过融资租赁方式引进34架大中型飞机,融资总额达23亿美元。20世纪80年代末,上航在国内地方航空企业中首先采用融资租赁的方式引进新飞机。

1991年11月,东航在国内首次尝试采用美国税务杠杆租赁结构,成功引进1架MD-11型飞机。1997年5月,东航又率先在国内采用35%商贷部分无担保融资,引进1架A340-300型飞机。

1997年2月,东航股份公司股票先后在纽约、中国香港成功挂牌上市,共筹集资金2.81亿美元;11月,在上海证交所挂牌上市,募集资金7.35亿元。

2000年,上航整体改制为上海航空股份有限公司。上海虹桥机场发行13.5亿元5年期可转换债券,募集的资金用于购买浦东国际机场候机楼及相关资产。这是《公司法》和《证券法》颁布后第一个由上市公司发行的规范的可换债券。

2002年11月,上航A股上市发行,募集资金10.32亿元,用于引进新飞机、建设浦东机场的机库和航空电子商务项目。2007年1月,东航股权分置改革工作圆满完成,东航集团对东航股份公司的持股比例改变为59.67%。

(四)技术政策及标准建设

上海交通运输行业标准化工作,坚持以需求为导向,以企业为主体,激发企业发挥主观能动性,积极参与制定各级标准,充分发挥行业管理部门、行业协会的组织作用,在全行业营造贯标采标氛围,使标准化工作成为交通运输业健康发展的重要保障。在轨道交通、交通建设工程、道路工程、公交汽电车信息化等行业或领域分别开展了标准化体系研究,明确了标准化需求,完善了标准化体系框架。

截至 2017 年底,本市交通行业现行地方标准规范共计 147 个,包括运输服务标准(33个)、交通建设标准(13 个)、交通设施标准(39 个)、安全应急标准(8 个)、交通环境标准(11个)、科技信息标准(35 个)、交通服务业标准(8 个),共 7 大类 28 子类。综合交通标准体系初步形成。

五、科技创新成就

(一)公交

市中心城区两大公交企业已完成所有车辆的集群调度管理工作,公交线路集群调度已实现常态化管理,同时相关车辆实时信息已接入"上海公交"APP。公交信号优先技术在延安路、西藏路试点应用,通过公交信号优先系统,大大提升了快速公交系统的运营效率。

(二)轨道交通

轨道交通 9 号线试点开展既有列车加装列车辅助追踪预警系统的改造工作,并开展无线顶层规划及 LTE 综合承载技术、室内定位导航、SVG 地图等技术的试点应用。加强轨道交通防撞技术、大客流站点安全评价和组织等的研究和试点,加大国产化装备应用。推进轨道交通全自动驾驶运营策划,推进互联互通 CBTC 系统关键技术及核心装备研制。"车辆电池安全监测系统"获发明专利授权,"用于地铁车辆系统的辅逆控制器的测试装置"获实用新型专利授权。

(三)港口

2017 年 12 月 10 日,洋山港四期智能集装箱码头开港,标志中国港口的技术应用和运营模式,实现里程碑式的跨越。洋山四期采用全自动化集装箱码头建设方案。洋山港四期注重自主创新,自力更生攻克现代化港口核心技术、关键技术,独立自主研发自动化码头生产管控系统;采用最新一代自动化集装箱装卸运输设备,所有设备都由中国制造商提供;首创多元化堆场作业交互模式,在全球自动化码头中独一无二。形成自动化集装箱码头行业标准 12 项,已经成为行业标杆。大力推进绿色港口建设。构建上海国际航运中心绿色低碳可持续发展模式。积极推进船舶与港口绿色行动计划,全面实施长三角船舶排放控制区方案以及长三角港口联动机制,推广岸电应用技术。实施低排放控制区后,环保效果明显,污染物指标显著好转。

(四)公路

不停车收费系统实现了所有收费站全覆盖,本市共建设 ETC 车道超过 300 条,利用大数据等技术推动交通拥堵治理及规划方法、客流调查方式、交通模型、建设管理等的创新,提升辅助决策能力,逐步利用自动化处理替代人工调查。推广桥梁、高架、道路等预防性养护和维修加固技术及装备。实施道路养护的自动化检测,主要路况技术指标自动化检测率达到 100%。

(五)建设

加强复杂条件下快速施工和修复、道路检测及分析评价、道路养护噪声防治、提升车道使用效率等技术示范应用,推广道路机械化施工和预制拼装技术。推进沥青还原处治技术、生活垃圾焚烧炉渣集料应用技术、微罩面铺装技术、桥梁铰缝损坏维修技术、抗滑雾封层预防性养护技术、桥梁薄层加固技术、环保减噪型伸缩缝等多项新技术的应用推广。发展深水航道建设和维护疏浚技术,提高航道通过能力。推动机场航站楼不停航改造、机场道面性能感知和快速修复技术应用。同时,大力推广建筑信息模型(BIM)技术在轨道交通、隧道、快速路等规划建设中的应用,强化项目全寿命周期管理。

六、开放合作成就

(一)台商港商合作交流

1992年,市公交总公司探索与台商、港商合作办公交,台资长城汽车服务公司和港资汽车服务公司相继成立。1993年8月,上海港集装箱公司与香港和记黄埔合资组建了当时国内最大的港口合资企业——上海集装箱码头有限公司(SCT),为上海港集装箱运输的发展提供了现代化管理经验,充实了集装箱专用机械。

(二)企业"走出去"

上海建工集团的海外业务始于20世纪50年代的对外援助项目,经过多年发展,海外业务从单一工程建设向EPC工程总承包、投资建设运营一体化发展。集团累计在60多个国家和地区完成了200多个项目,其中厄特金矿,柬埔寨金边码头,埃塞俄比亚格特拉立交桥,巴基斯坦中巴友谊宫,几内亚、赞比亚和加蓬体育场,圭亚那万豪酒店8个项目获得境外工程鲁班奖。特多国家演艺中心、越南国家体育场等项目都成为当地的标志性工程。2013年以来,上海建工在"一带一路"沿线国家重点聚焦道路交通基础设施项目,业务共涉及沿线国家和地区13个,累计完成(或在建)基础设施类项目25个,合同金额超过100亿元人民币。新建成的有印尼万隆高速公路,在建的有东帝汶、柬埔寨、蒙古等国的道路项目。2017年,上海建工全年完成海外营业额95亿元。截至目前,集团共有22个在建海外项目,分布在亚、非、美洲共13个国家和地区。

(三)航运市场进一步开放

1994年,上海海兴轮船有限公司在全国水运行业率先改制为上海海兴轮船股份有限公司(以下简称海兴公司),由该公司发行的H股股票在香港联合交易所挂牌上市交易,成为在香港发行上市H股票的国内首家水运企业。

七、党的建设与精神文明建设

(一)党建工作

在改革开放40年中,上海交通工作始终高举中国特色社会主义伟大旗帜,坚持党的领导不动摇,坚持解放思想、实事求是、与时俱进、求真务实,在实践中不断丰富和发展马克思主义。十一届三中全会以来,上海交通行业各级党组织和广大党员干部积极响应党中央关于全党工作重心转移到经济建设上来、实行改革开放的重大决定,以邓小平理论、"三个代表"重要思想、科学发展观和习近平新时代中国特色社会主义思想为指导,坚定共产主义理想信念,坚守全心全意为人民服务宗旨,贯彻落实中国特色社会主义路线、方针、政策,在社会主义事业发展的各个时期大力发展交通事业,推进上海交通运输领域党的建设科学化水平不断提升。

党的十八大以来,上海交通行业坚持把牢固树立和自觉践行政治意识、大局意识、核心意识、看齐意识作为根本政治要求,坚决维护以习近平同志为核心的党中央权威和集中统一领导,始终同以习近平同志为核心的党中央保持高度一致。特别是党的十九大以来,在习近平新时代中国特色社会主义思想的指导下,深刻把握党的建设新要求,进一步推进全面从严治党向纵深发展。一是把党的政治建设放在首位。市交通委每年召开全面从严治党大会,明确任务、统一思想、凝心聚力。二是用科学思想理论武装头脑。开展群众路线教育实践活动、"三严三实"专题教育、"两学一做"学习教育及常态化制度化建设、"不忘初心、牢记使命"主题教育等党内教育活动,认真学习贯彻习近平新时代中国特色社会主义思想,推动基层党组织和广大党员更加自觉地为实现新时代党的历史使命不懈奋斗。三是强化党的基层组织建设。优化组织设置,夯实基层基础,加强对基层党组织"三会一课"、主题党日、换届改选、党费收缴使用管理等基础工作的监督检查,强化制度执行,在市交通委系统开展"百个支部建百个服务站"主题活动,深化基层服务型党组织建设,开展"两优一先"评选表彰,培育先进典型。四是加强党的纪律和作风建设。加强党建和党风廉政建设"两个责任制"检查评议工作,推进主体责任落实,认真组织开展巡视巡察工作,加强党内监督,推动全面从严治党向基层延伸,认真落实中央八项规定精神,持之以恒纠正"四风"。五是建设高素质专业化干部队伍。贯彻落实新时代党的组织路线,做好干部培育、选拔、管理、使用工作,为党的事业选拔符合新时期好干部标准、忠诚干净担当的高素质专业化干部队伍,注重加强优秀年轻干部培养选拔,集聚各方优秀人才,为交通事业发展不断输送力量。上海交通行业各级党组织不断加强党的建设,扛起主责、抓好主业、当好主角,把各战线、各领域、各环节的党建工作抓具体、抓深入,为上海交通事业改革发展提供坚实的政治、思想和组织保障。

(二)精神文明建设

1.行业创建

1999—2017年,上海交通各行业荣获"上海市文明行业"情况如下:1999—2016年,上海航空港行业连续9届荣获"上海市文明行业"称号。2005—2016年,上海轨道交通行业连续6届荣获"上海市文明行业"称号。2011—2016年,上海市政公路行业连续3届荣获"上海市文明行业"称号。2001—2014年,上海出租汽车行业连续7届荣获"上海市文明行业"称号。2017年,上海地面公交行业荣获第九届"上海市文明行业"称号。

2.单位创建

迄今为止,上海交通系统创建全国文明单位2家(上海市城市交通运输管理处、上海市交通委执法总队)。

交通运输部文明单位7家(上海市交通委行政服务中心、上海市路政局、上海中国航海博物馆、上海市城市交通运输管理处、上海市交通委执法总队、上海市码头管理中心、上海市航务管理处)。

上海市文明单位13家(上海市交通委行政服务中心、上海市城市交通运输管理处、上海市交通委执法总队、上海市公用事业学校、上海市码头管理中心、上海市航务管理处、上海市路政局、上海中国航海博物馆、上海航运交易所、上海市交通建设工程安全质量监督站、上海市交通港航发展研究中心、上海市交通委干部学校、上海市市政公路行业协会)。

3. 同创共建

上海航空港作为上海门户和复合型枢纽,既是城市发展的新亮点,也是改革创新的最新实验区。围绕"有事共协商、难题共探讨、顽疾共治理、信息共交流、风险共承担、成果共享受"的"六共"原则,2014年组建了"空港社区交通枢纽专业委员会",互不隶属、性质各异的成员单位积极构建空港社区利益共同体。上海地铁高度重视并积极构建文明共创平台,现已完成全网络395座车站与站点周边160多个街镇社区结对。公交行业积极参与全国文明城区创建工作,路政行业扎实推进"公共服务进社区"活动,停车行业在最大限度挖潜利用住宅小区、医院、学校等内部停车资源的前提下,充分挖掘周边公共、专用、道路等各类停车资源,形成"内外联动、错时共享"的停车资源共享利用格局。

(三)行业先进典型

注重发挥品牌和先进对行业文化建设的辐射带动作用。上海交通行业曾经涌现过包起帆、马珏、马卫星这样在全国范围内有较大影响力的行业领军人物,出现过公交49路、大众出租这样的服务品牌。近年来,更是注重典型的培树,轨道交通推出"熊熊3D服务品牌",浦东公交涌现"为一位盲人,每天等待三分钟"的786路,交通运输部文化示范单位市路政局、浦东公交等,在行业内形成了赶超先进、追求卓越、不断进取的良好氛围。

"一带一路"交汇点　交通强国先行区

江苏省交通运输厅

改革开放40年来,江苏交通运输面貌发生了翻天覆地的变化,交通基础设施能力快速增长,交通运输服务水平大幅提升,交通运输发展总体上走在全国前列,已经成为名副其实的交通大省,有力支撑了全省经济社会率先发展。

一、江苏交通运输发展综述

(一)发展的四个阶段

1.重点突破阶段(1978—1991年)

改革开放之初,江苏百业待兴,交通基础设施比较薄弱,是影响全省投资环境、制约经济社会发展的"瓶颈"之一。1978年底,江苏公路里程为17721公里,铁路732公里,航道23657公里,机场1个。

1984年,根据中共中央两个"1号文件"精神和交通部有关政策,江苏省委省政府制定了允许社会力量购买机动车、船的相关政策,全省机动车、船数量激增,运输能力出现爆发式增长,逐步形成了多形式、多层次、多渠道的运输经济发展格局,交通运输体制改革在公路、水路两大重点领域取得了突破。

为了尽快缓解交通基础设施不足形成的"瓶颈"制约,省委、省政府做出了加快交通发展的重大决策,重点建设了一批事关全局的交通重点工程,以解决城市出入口道路和干线公路"卡脖子"路段为重点,对11个省辖市的出入口道路进行了改造,疏通和接通了一批国省道干线公路"卡脖子"路、"断头"路,掀起了改革开放以来江苏交通建设的第一个高潮。

2.跨越发展阶段(1992—2002年)

1992年起,江苏交通运输事业进入跨越发展时期,最显著的特点是交通基础设施建设大规模推进,特别是公路建设实现了跨越式发展。其间,虽然遇到项目资金紧缺、建设任务繁重等巨大挑战,但始终保持投资规模大、发展速度快、改革力度强的迅猛态势。

1992年起,全省集中力量建设了沪宁高速公路江苏段、江阴长江公路大桥、南京禄口机场高速公路等重点工程,高速公路建设形成了"南北并举、东西共进、滚动发展、规模推进"的局面,还重点实施了苏南运河全面整治、重点港口建设、陇海铁路江苏段复线和电气化改造、新沂—长兴铁路、南京禄口国际机场一期工程、南通兴东机场、徐州观音民用机场等工程。

经过10年发展,全省客运总量增长了131%,货运总量增长了56%。全省高速公路从无到有,通车总里程2000年突破1000公里,2002年突破1700公里。沿江沿海港口共新建生产性泊位276个,新增通过能力1.4亿吨。南京禄口国际机场投入运营并对外开放。运输市场机制初步建立,管理体制逐步完善。

3.统筹发展阶段(2003—2012年)

2003年起,江苏交通运输系统贯彻落实科学发展观,服务全省"两个率先"(在全国率先建成小康社会、率先实现基本现代化),积极探索构建综合交通运输体系,在全国各省区中率先形成了公铁水空齐抓共管的综合交通管理体制,交通运输事业进入各种运输方式统筹协调发展的新阶段。

公路:全省高速公路通车总里程2003年突破2000公里,2006年突破3000公里,2012年突破4000公里,在全国各省区率先实现高速公路联网畅通。建成苏通大桥等一批世界级跨江大桥。普通国省干线公路总里程由2003年的8193公里增长至2012年的9045公里。2003年起,江苏大规模推进农村公路建设,截至2007年底,提前3年实现了交通部提出的东部沿海地区所有建制村通等级公路的目标;2008年起,江苏将农村公路建设向居民集中居住点和新增经济节点延伸,截至2012年底,近3万个居民集中居住点通达等级公路。

水路:进入21世纪以后,江苏开始逐步重视内河水运发展,航道建设投资规模持续扩大,航道投融资能力明显增强,航道规费征收实现良性持续增长,一批有较大影响力的航道重点工程相继开工。"十五"期间,全省新增五级及五级以上航道158公里、船闸5座。"十一五"期间,续建和新建航道工程32项,新建成船闸10座,四级以上高等级航道达到1930公里,初步形成了千吨级干线航道网的主骨架。内河航道总里程数保持平稳,但等级航道特别是四级以上高等级航道的里程逐步提升。"十五"末,七级以上等级航道7592公里,其中四级及以上高等级航道1436公里,占全省航道5.79%。至2012年底,内河航道总里程24280公里,等级航道8269公里,其中四级以上航道达2253公里。2012年共完成水路货运量5.9亿吨,货运周转量为6053亿吨公里,分别约占全省社会运输总量的1/4和2/3。完成太仓港二期、南京港龙潭港区等一批重点工程,全省万吨级及以上泊位连续6年以每年建成20个以上的速度增长;开工建设连云港港25万吨级矿石码头、太仓港20万吨级矿石码头等重点工程。

铁路:全省铁路营业里程增长147%;实现了电气化铁路、高速铁路、城际铁路的全面突破。

民航:全省机场旅客吞吐量突破2000万人次,货邮吞吐量36.8万;运输机场达到9家,先后建成4个通用航空机场。

城市轨道交通:南京、苏州2市建成地铁3条,运营里程102公里。

4.探索推进现代化建设阶段(2013—2018年)

2012年11月24日,交通运输部与江苏省主要领导在南京会谈,部省签署了全国第一个以交通运输现代化为主题的共建协议——《共同推进江苏交通运输现代化建设会谈备忘录》,决定部省合力推进江苏交通运输现代化建设,为全国交通运输现代化建设积极探索经验。

党的十八大以来,江苏交通运输系统坚持稳中求进工作总基调,坚持贯彻落实新发展理念,服务"一带一路"建设、长江经济带发展等,深化交通运输供给侧结构性改革,加快构建现代综合交通运输体系。

五年来,全省综合交通设施能力明显提升。全省铁路通车里程由2012年的2348公里增加至2791公里,其中高铁由627公里增加至846公里。高速公路通车里程由4371公里增加至4688公里,省际出口由18个增加至26个。跨江通道由11座增加至14座。四级以上航道里程由2252公里增加至3081公里,省干线航道达标率由46%提升至63%。港口万吨级以上泊位数由410个增加至490个。南京禄口机场二期工程建成投运。通用机场由6个增加至10个。城市轨道交通开通里程由102.6公里增加至622.16公里(截至2018年6月底),总里程位居全国第四。综合客运枢纽由7个增加至17个。具有多式联运功能的货运站场由14个增加至42个。省级交通债务全部置换完成。国防交通基础设施建设得到加强,军民融合发展进入新阶段。

五年来,全省客货运输保障能力持续提升。综合客、货运周转量年均增长4.2%、7.1%。港口货物吞吐量连续五年居全国第一。新增国际(地区)民航航线45条,其中洲际航线由2条增加至9条(7条客运,2条货运);民航客、货吞吐量年均增长16.1%、9.2%,其中国际(地区)旅客吞吐量年均增速达到19.4%。快递业务量年均增长41.3%,人均快件量居全国第五位。社会物流总费用与GDP的比率由15.4%下降至14.2%。

五年来,智慧绿色交通建设加快推进。建成全国首个省级交通地理信息服务云平台,所有设区市均实现通过百度地图等实时发布公交信息,省交通运输厅实现交通运行综合监测。公路ETC非现金支付比例达到46%;水上过闸非现金支付比例达到26%;"巴士管家"APP市场占有率居全国公路联网售票类软件之首。在全国率先建成内河船舶全天候、全方位实时跟踪监控系统。绿色循环低碳交通运输示范省建设全面推进,77个重点支撑项目基本完成。交通干线沿线初步实现洁化、绿化、美化,干线公路平均超限率控制在2%以内。

五年来,平安交通建设稳步推进。开发"江苏省公路水路交通安全畅通与应急处置系统"并投入试运行。"海江河全覆盖的港口安全监管信息平台",入选交通运输部智慧港口示范项目。联合公安和安监部门共同建设"江苏省道路运输第三方安全监测平台",对全省"两客一危"车辆实施24小时不间断监测;在试点基础上推广应用"车辆及驾驶员主动安全智能防控技术",实现道路运输安全监管由"人防"向"技防"的转变。开发高速公路智能检测系统,实现高速公路路网监控覆盖率100%。完成本省籍2302艘危化品船舶VITS船载终端安装,基本实现对辖区内危化品船舶航行、停泊、作业的动态管控。

五年来,交通运输行业软实力稳步增强。交通运输法规进一步完善,制定(修订)出台了2件省地方性法规和2件省政府规章,省级交通运输部门"不见面审批(服务)"率达到100%。加强廉政建设风险点排查和防控,形成《交通工程建设项目廉洁风险防控指南》。全行业每年实施一批为民实事工程,深受社会各界好评,展示了行业惠民便民形象。"文明职工"和"服务品牌""文化品牌""诚信品牌"选树等活动深入开展。对口支援与帮扶、行业工会、综合治理、群团统战、离退休干部等工作有声有色,有效凝聚了发展合力。

(二)江苏交通运输发展的主要经验

改革开放以来,江苏交通运输系统深入解放思想,抢抓机遇,改革创新,不仅全面加快推进交通运输发展,也积累了一些宝贵的经验,形成了一些创新的做法。

1.不断推动交通运输发展由部门主导向政府主导转变,为交通运输持续快速健康发展提供了重要保障

改革开放以来,交通运输对经济社会发展的基础性、先导性作用日益凸显,越来越受到各

级党委政府的高度重视。交通运输部门积极争取各级党委政府的关心支持,积极推动交通运输发展从部门主导向政府主导的转变。

一方面,建立了政府主导下的交通建设新机制。省政府建立了全省铁路建设领导小组等多个领导小组,专题研究重大项目的推进工作,制定筹资政策,督查建设进度,营造良好的发展环境。对润扬大桥和苏通大桥等规模大、标准高、技术难的工程,省政府与交通运输部建立了联合协调机制,共同研究解决重大问题,为我省跨江大桥等建设始终走在全国前列提供了组织保证和技术保证。同时,在交通基础设施建设中充分发挥地方积极性,大力推行"省市共建",工程沿线市、县政府在财政投入、外部配套、相关协调以及税费征收等方面都给予了大力支持。

另一方面,构建了合力推动行业管理的新局面。各级政府主动协调解决交通运输行业管理工作中的热点难点问题,形成了政府领导下部门协作、合力推动的良好格局。在省政府的关心支持下,我省交通运输立法工作取得了喜人进展,立法的数量和质量都走在了全国前列。其中:《江苏省民用航空条例》是全国第一部全面规范和促进地方民航发展的省地方性法规,填补了我省民航立法的空白;《江苏省机动车维修管理条例》是全国第一部专门规范机动车维修经营行为的省地方性法规;《江苏省治理公路超限运输办法》是全国第一部专门针对公路超限运输的省政府规章;《江苏省内河水上游览经营活动安全管理办法》是全国第一部全面规范水上游览经营活动生产经营和安全管理行为,保障并促进涉水旅游业平稳、有序发展的省政府规章。同时,交通运输行业管理中出台的一系列重大改革、创新举措都与群众息息相关,有一些涉及面比较广,直接影响到管理相对人切身利益的,都是在政府支持下才得以有力推进。

近年来,江苏省委、省政府对交通运输尤其是对加快构建现代综合交通运输体系高度重视。省委娄勤俭书记在2018年全国两会期间指出,"高质量发展是一项系统性工程,其中最核心的是创新驱动,最主要的是建设现代化经济体系,最迫切的是建设综合交通运输体系"。2018年7月,江苏省委、省政府进一步强调,要"把构建现代化综合交通运输体系作为全省全局性重点任务"。省委十三届四次会议把着力建设综合交通运输体系作为2018年下半年七项重要任务之一。

2.大力推进市场化改革,极大地促进了社会资源根系向交通运输行业集聚

改革开放以来,江苏交通之所以能够克服诸多"瓶颈",获得跨越式发展,经验之一就是按照建立社会主义市场经济体制的要求,充分发挥市场在资源配置中的基础性作用,有效借助市场的力量吸引社会优质资源参与交通基础设施建设;同时,科学合理地利用市场手段,充分发挥竞争的作用,大力营造统一开放、竞争有序的交通建设和运输市场。

一是通过市场化改革广开交通建设筹资渠道。逐步完善"政府投资、地方筹资、社会融资"的投融资体制。高速公路建设,主要由江苏交通控股有限公司作为省级投资主体,地方政府承担一定比例的资本金。普通国省干线公路建设,由省级补助,以市为单位作为建设主体。农村公路建设,建立了高速公路反哺机制。港口建设,积极吸引和利用外资、民资,成功探索了市场化运作模式。政府投资和市场化筹资相结合,极大地发挥了政府投资的引导作用和杠杆效应,有效地解决了交通建设的资金制约。

二是通过培育交通运输市场解决运输"瓶颈"。全面放开公路水路运输市场,打破地区分割和部门垄断,鼓励各种经营主体和多种经济成分共同参与,运输市场从根本上解决了运力

供给紧张、"行路难"、"运货难"的局面。在量的扩张基本完成后，又着眼于解决运输市场结构不合理的问题，创造性地实施了公路客运班线公司化经营改造，以及出租车行业、汽车维修和驾驶员培训行业信誉管理，加快了运输产业结构调整步伐，提高了运输集约化程度和服务水平。

三是通过开放交通建设市场来提升工程质量。江苏交通建设从勘察、设计到施工、监理已经完全按市场化模式运作。建设市场向全国开放，从国内外市场选择一流的设计、施工、监理队伍和最好的材料、设备参与江苏重点工程建设，不断提升建设质量和水平。结合公路、航道事企分离改革，建立健全以养护市场化为导向的养护市场规则体系，促进了全省统一的公路、航道养护市场的形成。

3.积极加快政府职能转变，交通主管部门更好地履行了行业监管职能

江苏交通运输主管部门积极深化部门自身改革，积极推进管理职能调整、管理机制转换、管理手段革新，着力提升交通运输部门治理能力，为交通运输发展不断注入新的活力。

一方面，全力推进政企分开、政事分开。通过改革，省交通运输厅不再有任何直属企业和生产经营类事业单位，全省公路、航道系统养护改制也不断深化。从过去管理企业的具体事务中彻底解脱出来，有利于行业主管部门真正站在公平、公正、公开的立场上来培育交通市场主体，规范交通市场秩序，促进交通运输产业发展。全省交通运输部门的工作重心逐步转移到政策引导、行业调控、执法监管和为社会提供优质、高效、便捷的公共服务上，较好地履行了政府主管部门的职责。

另一方面，探索建立"大交通"管理体制，促进综合交通运输体系建设。2005年6月成立了省港口管理局，作为省交通厅副厅级的内设机构，下设2个处，负责全省港口的规划和管理；2006年8月将省铁路建设办公室整建制并入省交通厅，负责全省合资铁路、地方铁路（含专用线）的建设和管理；2007年1月在省交通厅增挂江苏省航空产业发展办公室牌子，下设航空产业处，负责全省航空产业的规划和管理，标志着江苏在全国各省区中率先构建了公铁水空齐抓共管的大交通管理体制架构；2009年，新的"三定"方案（苏政办发〔2009〕142号）将原省交通厅的职责、原省港口管理局的职责、原省建设厅指导城市客运的职责，整合划入省交通运输厅，省交通运输厅新增了组织编制全省综合运输体系规划、指导城市客运管理及出租汽车行业管理工作、组织拟订并监督实施交通物流业规划等职责，交通运输大部门制体制进一步完善，加快发展综合交通运输体系的共识进一步形成，初步实现了各种运输方式之间的统筹规划、统筹建设、统筹管理，交通运输的效益得到显著提升。

二、江苏交通基础设施建设成果辉煌

改革开放40年来，全省不断加大交通基础设施建设投资。"七五"期间（1986—1990年）公路、水路交通建设完成投资19.72亿元，"八五"期间（1991—1995年）227.10亿元，"九五"期间（1996—2000年）726.58亿元。"十五"期间（2001—2005年）全省公铁水空交通建设完成投资1712亿元，"十一五"（2006—2010年）完成3677.31亿元，"十二五"（2011—2015年）完成3972.99亿元。全省高标准、高质量、高速度建设了一批事关全局的战略性重点工程和众多惠及民生的基础工程，交通基础设施支撑和保障能力大幅提升，综合交通网络规模迈上新台阶，为江苏经济社会持续快速发展奠定了坚实的基础。

(一)公路交通基础设施率先基本实现现代化

公路里程实现了跨越式增长,密度位居全国前列。1978年江苏公路总里程17721公里、公路密度17.27公里/百平方公里。截至2017年底,全省公路总里程15.8万公里,公路面积密度居全国各省区第二(仅次于山东),公路总里程中二级及以上公路占比26.5%,居全国各省区之首。

江苏高速公路的发展进程,至今可分为4个阶段:一是起步阶段(1985—1996年),主要是以沪宁高速公路江苏段筹建为始,江苏省委、省政府把该工程建设作为全省社会经济发展的头等大事,作为各项工作的重中之重,并授予该项工程特殊的政策。1996年11月沪宁高速公路江苏段正式通车,标志着江苏高速公路从无到有的突破。二是决战苏北阶段(1997—2000年)。省委、省政府提出在加强苏南高速公路建设的同时,挥师北上,决战苏北,打一场高速公路建设的"淮海战役",基本实现全省高速公路联网畅通。到2000年底,全省高速公路通车总里程突破1000公里。三是全面建设阶段(2001—2005年)。全省高速公路建设"南北并举、东西共进、滚动发展、规模推进",形成每年建成250公里以上、在建规模1000公里以上的滚动发展的良好态势。四是完善网络阶段(2006年以来)。2006年10月9日,省政府正式批复了"五纵九横五联"5200公里的《江苏高速公路网》规划,全省进一步又好又快地推进高速公路的新一轮建设,在全国率先实现全省高速公路的联网畅通。截至2017年底,全省高速公路已建成通车4688公里,实现了"县县通"高速公路,高速公路基本覆盖10万人以上城镇,对国家级开发区的覆盖率达到了100%,为我省经济持续、稳定、快速地发展提供了有力保障。全省高速公路面积密度4.37公里/百平方公里,位列全国各省区首位。江苏"十年路面百年桥"的质量品牌享誉全国,特别是苏通大桥、泰州大桥等成为中国由桥梁大国向世界桥梁技术强国转变的标志性工程。

改革开放以来,江苏普通国省干线公路建设探索实行"统筹规划、条块结合、分层负责、联合建设"的管理模式,在经历打通"卡脖子"路、干线公路网改造、网化工程建设、打造路网新格局过程中,里程稳步增长,结构不断优化。截至2017年底,全省普通国省道总里程超过10745公里,其中二级以上公路占比超过98.6%,有力支撑了现代化综合交通运输体系的构建。城区范围以外的高速公路互通、机场、重要火车站、沿海沿江重要港区实现了二级及以上公路全覆盖,国家级开发区、省级开发区一级公路通达率100%,4A级及以上景区一级公路通达率85%。

2003年以来,江苏大力推进农村公路建设。2003—2007年,积极落实交通部提出的"让农民兄弟走上水泥路"要求,新改建农村公路6万多公里,至2007年底,提前3年实现交通部提出的"东部沿海地区所有建制村通等级公路(四级以上公路)"目标。2008—2012年,农村公路建设向居民集中居住点和经济节点延伸,新改建农村公路2.7万公里,近3万个居民集中居住点通达等级公路。2013年以来,以保障镇村公交、校车以及城乡客运班车等安全通行为主要目标,以单车道通村公路(乡道)拓宽改造为双车道四级公路以及县、乡道危桥改造为重点领域,全面实施农村公路提档升级工程。截至2017年底,农村公路总里程达到14.2万公里,面积密度达到132.46公里/百平方公里,密度居全国第五位、各省第三位(列上海市、重庆市、山东省、河南省之后);农村公路中二级以上公路占比达到18%,居全国第二位(仅次于上海市),行政村双车道四级公路覆盖率达71%,新增加覆盖农村经济节点2600多个,基本实现县到乡通二级、乡到乡通三级、乡到村通四级公路,实现了100%行政村通硬化公路(沥青或水泥路面),农村公路覆盖全省乡村,惠民利民效果显著。2018年1月2日,江苏省委常委会传达学习习近平总书记关于"四好农村路"重要指示精神,研究部署"四好农村路"建设工作,明确提出要突出打造"特色致富路"、全面打造"平安放心路"、积极打造"美丽乡村路"、致力打造"美好生活路",确保江苏"四好农村路"建设走在全国前列。2018年5月2日,省政府常务会议审议通过《省政府关于进一步加强"四好农村路"建设的实施意见》。

公路桥梁建设取得重大突破,桥梁建设水平达国际领先水平。1978年全省公路桥梁6503座,多为中小桥梁;2017年全省公路桥梁总数达70679座,计357.8万延米,数量是1978年的10.9倍。跨江大桥建设取得突破性进展,1978年江苏境内跨越长江仅有1座南京长江大桥,至2017年已建成江阴大桥、南京二桥、润扬大桥、南京三桥、苏通大桥、南京四桥、泰州大桥、崇启大桥等8座世界级公路跨江桥梁,在世界同类桥梁中均名列前茅,其中苏通大桥创造了四项世界第一,获得国际桥梁大会乔治·理查德森奖,成为我国由桥梁大国跨入桥梁强国的标志性工程。同时,建成了一批像灌江口大桥等内河航道上的大桥,也都具有较高的建设水平。

(二)水运基础设施能力显著提高

等级航道快速增长。江苏水网密布,河渠交叉,河湖相通,发展内河航运具有得天独厚的资源条件。1978年江苏内河航道里程23657公里,大多处于自然和原始状态。20世纪80年代始,苏南地区乡镇工业纷纷崛起,交通运输的压力就越来越大。省委省政府将解决苏南运河严重"卡脖子"段的整治工程,列入"六五""七五"期间全省交通重点建设计划,同时将苏北运河徐扬段续建工程摆上议事日程,之后积极推进苏南干线航道网化工程,积极推进京杭运河等船闸扩容工程建设。截至2017年底,共有内河航道总里程24366公里,约占全国航道总里程的1/5,占长三角地区内河航道总里程的2/3,航道密度为24.2公里/百平方公里,居全国之首。其中等级航道8715公里,分别为:一级航道370公里,二级航道481公里,三级航道1397公里,四级航道833公里,五级航道1024公里,六级航道2133公里,七级航道2477公里;另有等外级航道15651公里。先后建成了苏北运河三改二、苏南运河四改三、连申线东台至长江段、盐河以及连云港港、大丰港、太仓港疏港航道等一批重大项目,在全省初步形成了"东部达海、中部连江、苏南成网"的高等级航道网主网络,千吨级(即三级)及以上干线航道达到2248公里,设区市均通达千吨级航道,并配套建有千吨级泊位内河港区,千吨级航道县级节点覆盖率75.6%。从2011年开始,通过长江南京以下12.5米深水航道一期、二期工程建设,历经7年努力,2018年5月实现了南京至长江口12.5米深水航道全线贯通,通航的主要船型从3万吨级提高到5万吨级,5万吨级集装箱船可以直达南京,10万吨级散货船减载后可直达南京,20万吨级散货船减载乘潮可到江阴。

港口通过能力大幅提高。1978年,江苏港口通过能力仅为0.5亿吨,最大靠泊等级仅为1万吨级,主要生产设施简陋落后,有的港口甚至靠人拉肩扛装卸货物。改革开放以后,江苏全面加强港口基础设施建设,相继开辟了南京新生圩、镇江大港、张家港、南通狼山、连云港庙岭等新港区,江苏港口口岸开放区域逐步由沿海向沿江地区拓展。1991—2000年,江苏多个市县实施"以港兴市"的发展方针,全省港口进入加快建设、集聚产业的发展阶段。2013年7月,连云港港30万吨级航道一期工程建成。2018年9月,二期工程开工建设,为江苏"一带一路"交汇点建设和打造连云港港区域性国际枢纽港提供有力支撑。至2017年底,全省共有10个沿江沿海港口、13个内河港口,是兼有江港、海港和河港的省份。全省港口共有生产性泊位6925个(沿江沿海1335个,内河5590个),其中万吨级及以上泊位490个,5万吨级及以上泊位达224个,万吨级及以上泊位数是1978年的61.25倍;港口综合通过能力达19.7亿吨(其中沿江沿海13.3亿吨,内河6.4亿吨),是1978年的39.4倍;苏州港、南京港、南通港、连云港港、泰州港、无锡(江阴)港、镇江港成为亿吨大港。江苏的亿吨大港数、港口通过能力、万吨级及以上泊位数等多项指标均居全国第一。

（三）铁路建设实现根本性突破

1978年江苏境内只有中华人民共和国成立前建成的京沪铁路、陇海铁路、宁芜铁路3条铁路,铁路营业里程772公里,中华人民共和国成立之后基本上没有新建铁路。2005年,建成了新长铁路、宁启铁路,实现了铁路营业里程倍增,结束了苏中腹地不通铁路的历史;2008年4月,建成国内第一条按时速250公里设计的高速铁路——合宁铁路;2010年,建成国内第一条城际高速铁路——沪宁城际铁路;2011年,建成京沪高速铁路。至此,江苏铁路实现了高速铁路、城际铁路、电气化铁路的三大突破。之后又相继建成宁杭高速铁路、宁安城际铁路、宿淮铁路、海洋铁路、郑徐客运专线等。2017年底,江苏境内铁路营业里程(不含各类铁路专用线)达2791公里,是1978年的3.6倍。其中:时速200公里以上的快速铁路1569公里,占总里程的56.2%;电气化铁路1816公里,占65%。

截至2018年8月,江苏铁路在建规模位居全国前列,在建铁路9条,共计1421公里,投资约2100亿元,其中高速铁路4条,共计958公里。包括:2013年12月开工建设的连盐铁路,预计2018年建成通车;2014年8月开工建设的沪通铁路一期,预计2020年初建成通车,其中过江通道沪通铁路长江大桥是目前中国跨度最大的斜拉桥,也是世界上最大跨度的公铁两用斜拉桥;2014年8月开工建设的青连铁路,预计2018年建成通车;2014年12月开工建设的宁启铁路二期(南通至启东段),预计2018年建成通车;2015年9月开工建设的连淮扬镇铁路,预计2019年建成通车,其中过江通道五峰山长江大桥是世界首座大跨重载高速铁路公铁两用悬索桥;2015年底开工建设的徐宿淮盐铁路,预计2019年建成通车;2015年底开工建设的符夹铁路扩能改造项目,计划2018年建成;2016年11月开工建设的连徐高铁,预计2020年建成通车;2018年初开工建设的盐通铁路,预计2021年建成通车。在建的9个铁路项目中,有7个集中在苏北地区,里程数占总量的75.2%,特别是连淮扬镇铁路、徐宿淮盐铁路和连徐高铁的建设,迅速搭建了苏北地区的高铁主骨架。

（四）民航机场建设快速发展

1955年1月1日,民航南京站在明故宫机场正式开办航空客运业务,1956年7月迁至大校场机场,至1976年底,开通航线10条。1984年后,江苏民航进入快速发展时期,1984年至1985年间,空军连云港白塔埠机场、空军盐城南洋机场、海军常州奔牛机场相继实行军民合用。1993年8月24日,南通兴东机场经扩建后正式复航,成为江苏省内第一个民航单独使用的运输机场。1995年2月28日,经国务院、中央军委批准,南京禄口国际机场正式开工建设。1995年3月14日,空军无锡硕放机场实行军民合用并扩建。1996年1月12日,徐州观音民用机场破土动工。2008年10月和2010年2月,淮安涟水机场、扬州泰州机场相继开工建设。在加快运输机场建设步伐的同时,江苏通用航空机场建设也取得了积极进展。

截至2017年,全省已有南京禄口、无锡硕放、徐州观音、常州奔牛、南通兴东、连云港白塔埠、盐城南洋、淮安涟水、扬州泰州等9个民用机场(其中4个为军民合用)。有南京老山直升机场、南京石佛寺警用直升机场、江阴华西直升机场、徐州杨庙农用机场、苏州唯亭直升机场、镇江大路通用机场、南通启东直升机场(停航)和泰州春兰直升机场(停航)共8个通用机场。

(五)邮政服务网络不断完善

改革开放以来,全省邮政通信网的总体规模、技术层次和服务水平都发生了很大变化。至2017年底,全省邮政局所数达2372个,其中自办局所2327个,所有局所全部提供邮政全功能服务,达到网络布局相对合理、方便用户、讲求效益的目的。全行业拥有各类营业网点15190处,其中设在农村的5084处。全行业平均每一营业网点服务面积为7.1平方公里;平均每一营业网点服务人口为0.5万人。邮政城区每日平均投递2次,农村每周平均投递7次。

三、交通运输服务能力大幅提升

改革开放40年来,江苏交通运输行业积极扩大运输线路,提高运输装备,改进营运组织,运输生产不断取得新突破,区域和城乡交通发展不平衡明显改善,综合交通运输保障能力不断增强,现代交通服务业增长迅速。

(一)旅客运输服务

40年来,江苏的旅客运输能力总体上持续增长,随着旅客运输结构的调整,特别是私家车的快速增长,公共交通工具客运量更趋向于合理。2017年,全省旅客运输量12.8亿人次(2011年24.7亿人次),旅客周转量1659亿人公里(2011年1778亿人公里),分别是1978年的5.0倍、15.8倍。

公路客运:1978年江苏公路客运量为1.87亿人次,客运周转量为49.93亿人公里,货运量为0.45亿吨,货运周转量为11.24亿吨公里。随着高铁、民航的快速发展及私家车的逐步普及,居民出行方式发生改变,高品质、定制化趋势愈发凸显,2011年起公路客运量结束快速增长,2015年起客运结构调整进一步加快。2017年全省公路客运量10.46亿人次,客运周转量747亿人公里,货运量12.89亿吨,货运周转量2378亿吨公里,分别是1978年的5.59倍、14.96倍、28.64倍、211.57倍。2017年全省公路客运量10.5亿人次,客运周转量747亿人公里,分别是1978年的5.6倍、15.0倍。2017年,全省开通公路客运线路8990条,平均日发89831班次,通达国内大部分省、市、区,覆盖所有市县。其中省际班线2931条,日发6305班次,高速公路线路3208条,日发9007班次。全省行政村客运班车通达率达100%,镇村公交开行率

72.4%。全省营运载货汽车发展到80.8万辆,其中厢式货车、集装箱车等专用货车达到18万辆、133万吨位,道路货运能力达到760万吨以上。

水路客运:由于道路客运的快速发展,江苏的水路客运逐年萎缩,2000年之后基本退出运输市场,仅保留一些渡口和水上旅游运输。近年来,国际水运旅游热度不减,近洋客运成为江苏水路客运重要发展方向,陆续开通连云港至韩国、连云港至日本航线。2017年客运量2431万人次,旅客周转量3.2亿人公里,分别占综合客运总量、综合旅客周转量的1.9%和0.2%。

铁路客运:1978年江苏境内客车运行速度只有每小时40公里左右;1996年4月中国第一列快速客运列车在沪宁线上运行,最高时速140公里;1997年起全国铁路先后进行了六次大提速,江苏境内的京沪铁路、陇海铁路都是提速的重点,每一次提速都提高了铁路运输能力;2006年,京沪线开行客运动车组,最高时速达到200公里,沪宁段每天开行40对动车组,是全线开行密度最大的路段;2008年,新建合宁铁路开行动车组,客车时速达到250公里;2010年,沪宁城际高速铁路建成后,时速达到300公里;2011年京沪高速铁路时速为350公里。2011年起,沪宁间每日开行的客车达到200对以上,新长、宁启铁路开行跨省客车列车20对以上,铁路客运量持续上升,高铁和动车组成为深受人民群众喜爱的出行方式。2017年,全省铁路客运量19786万人次,旅客周转量750亿人公里,分别是1978年的7.2倍、16.2倍。

航空客运:1976年江苏民用航空运输仅有10条航线、10个航点。1980年,南京至香港地区航线正式列入正班飞行,南京至日本名古屋不定期旅游包机航线亦相继开航,江苏民航旅客吞吐量首次突破10万人次。1981年8月,江苏民航开始办理国际客运业务,江苏民航旅客吞吐量有较大增长,达14.17万人次,是1978年6.5万人次的2倍多。1986年9月12日,新中国成立后的江苏省内首家航空公司——中国联合航空江苏公司在南京成立,随后于1993年、1994年相继成立了中国东方航空江苏有限公司、南京航空公司等。1997年11月18日,经国务院批准,南京航空口岸对外国籍飞机开放,为南京架起了一座直接通向世界的"空中桥梁",结束了江苏民航不能起降外国籍飞机的历史。2017年,全省9个机场共保障运输起降36.8万架次,完成旅客吞吐量、货邮吞吐量4446.1万人次、57.1万吨。国内通航城市76个、国际(地区)城市39个。

城市客运:1978年,全省只有省辖市和地区所在地有公共汽车和有轨电车,经过40年的发展,城市客运已经呈现多元化的格局。2017年,全省共有公共汽(电)车44909辆,标准运营车辆数53179标台,运营线路4048条、74722公里,运营里程25.16亿公里,客运量达到47亿人次;出租车客运量13.5亿人次,轨道交通运量13.5亿人次。全省有3个设区市建设了BRT专用公交,线路里程共650.6公里,其中:常州市294公里、盐城市218.6公里、连云港市138公里。

(二)货物运输服务

40年来,江苏货物运输随着经济快速发展而持续增长。1978年全省货运量14626万吨,货运周转量283.85亿吨公里。2017年全省货物运输量23.4亿吨,货运周转量9727亿吨公里,分别是1978年的16倍、34.3倍。

水路货运：江苏滨江临海，河湖众多，水路运输历史悠久，1978年全省水路货运量0.66亿吨，货运周转量87.97亿吨公里。2017年全省水路货运量8.6亿吨，货运周转量6382亿吨公里，分别是1978年的13倍和72.6倍，水路货运周转量占到全省货运周转总量的65.6%，成为货运的主力军。1978年江苏港口货物吞吐量仅为0.59亿吨；2017年全省港口货物吞吐量25.7亿吨，位居全国第一，是1978年的43.56倍。港口集装箱运输从无到有、从缓慢起步到高速增长，20世纪90年代初全省港口集装箱吞吐量只有11万标准箱；进入21世纪后，全省港口集装箱吞吐量以年均40%以上的速度增长，2017年全省集装箱吞吐量达1724.5万标箱，集装箱吞吐量超百万标箱的港口达4个（南京港、苏州港、南通港、连云港港）。远洋运输从无到有迅速发展。江苏海洋运输1980年开始起步，当时只有1条船。截至2017年底，全省有近、远洋集装箱航线68条，远洋货运量5116亿吨。

公路货运：公路货运随着道路水平的提升和运输市场的发展而发展。1978年全省公路货运量4488万吨，货运周转量11.24亿吨公里。2017年全省公路货运量12.9亿吨，货运周转量2378亿吨公里，分别是1978年的28.7倍、211.6倍。

铁路货运：40年来，江苏的铁路货运保持稳定增长的态势。1978年铁路货运量3224万吨，货运周转量172.12亿吨公里。2017年铁路货运量5720万吨，货运周转量291.4亿吨公里，基本上适应了运输需求。新欧亚大陆桥运输是江苏铁路货运的一个亮点，1994年江苏铁路在全国首次实现了大陆桥双向国际集装箱运输，2000年实现了港铁直通运输，2017年发送中欧班列880列。

民航货运：40年来，民航货运业务从无到有，快速发展。1978年，南京大校场机场出港货邮1308吨，1980年开始办理国际货运业务。1988年货邮吞吐量达到10299吨，1996年突破3万吨。随着禄口国际机场的建成和国（境）外航线的开辟，货邮运输量开始较快增长，2017年货邮吞吐量达到57.1万吨，在全国名列前茅位居全国第6位。拥有1家专门从事航空货运的基地航空公司中邮航南京分公司，现有全货运客机26架。

邮政运输：为适应经济社会发展需要，在邮路建设中继续以加快邮件传递速度为主线，不断提高邮政运输能力，以适应不断增长的邮政通信需求。至2017年底，全省邮政邮路总条数1356条，邮路总长度（单程）53.9万公里。其中：全省邮政农村投递路线4934条，农村投递路线长度（单程）26.3万公里；全省邮政城市投递路线3421条，城市投递路线长度（单程）9.9万公里。全省快递服务网路条数15430条；快递服务网路长度（单程）186.9万公里。全省年人均函件量为4件，每百人订有报刊量为14份，年人均快递使用量为44.8件。年人均用邮支出698.3元，年人均快递支出508.4元。

（三）运输装备水平

在交通运输快速发展的同时，为更好地服务于人民群众，江苏的交通运输设备进行了多轮的更新换代升级提高。党的十八大以后，更是按现代化交通的要求努力提升交通运输设备水平，取得了显著的成效。

公路运输装备：江苏汽车拥有量1970年才达到1万辆。1978年，全省拥有货运汽车7689辆，大量的货运工具是简易汽车和轮式拖拉机。1984年道路运输市场放开后，道路运输车辆迅猛增长，但水平低下。1987年全省上路行驶的机动车辆达到64.7万台，但汽车只占30%左右。随着改革开放的推进,一方面汽车生产水平不断提高,一方面采取了对运输业户进行公司化改造、专业化改造,低质量的道路运输工具被淘汰,专业道路运输工具迅速发展,公路运输装备逐步迈进现代化。2017年,全省全社会营业性公路运输客车达到50778辆,客位168.6万个;货车80.8万辆,吨位764.2万吨。2017年全省公路客运企业达到562户、公路货运企业36.4万户,机动车维修企业超过2.6万户,驾驶员培训机构约1060户,汽车综合性能检测机构达到124户。

水路运输装备:1978年,江苏的船舶基本上都是200吨以下的小船,大量的是水泥船和挂桨机船。1984年之后,船舶数量迅速增长,但质量低下的十分突出。通过治理整顿、取消"三无"船只,情况有所好转。2002年起,对水泥船开始限航和禁航;2003年起,对京杭运河实施标准化船型改造,取得了明显成效。随着航道条件的改善,干线航道的船舶水平显著提高。2017年,全省机动船30732艘,总载质量4191万吨,平均每艘1363.7吨。其中货船29404艘,总载质量4188万吨,平均每艘1424.3吨。2017年水上货运企业达到979家。全省船舶建造能力突飞猛进,2018年建造能力达到万吨,居全国首位,可以建造各种类型的民用船舶。

铁路运输装备:1978年,江苏铁路牵引动力均为蒸汽机车,客车为绿皮车。20世纪80年代起,开始引进内燃机车,并逐步实现牵引动力内燃化;2006年开始配备电力机车,进入牵引电气化阶段。2007年,京沪铁路开行动车组,2009年,陇海铁路开始电气化牵引,主要干线实现了电气化。铁路客车经历了22型车(绿皮车)、25型车(红皮车)和动车组三个阶段。南京浦镇车辆厂先后试制成功25K型客车(时速140公里)、25T型客车(时速160公里)、紫金号双层客车、新曙光号动车组(时速180公里)和CRH6型城际动车组(时速200公里),多次获得国家奖励,有效地提高了江苏铁路的客运水平。

民航运输装备:1978年,江苏民航运输机型为涡轮螺旋桨、中小型、中短程飞机。20世纪80年代末开始使用大中型飞机,如波音737型、麦道82型等。1997年以后,南京禄口国际机场可以起降各种大型飞机,导航等保障设施全面实现了与国际接轨。经多年发展,截至2017年底,省内共有东航、深航、吉祥、中邮航4家基地航空公司,运输飞机119架(其中客机93架、全货机26架)。

城市客运装备2017年,全省公共汽(电)车营运车辆44909辆、53179标准台,每万人拥有公共交通车辆16.4标准台。全省出租汽车营运车辆59994台。全省城市轨道交通运营车辆2615辆、6241标准台。

邮政运输装备:至2017年底,全省邮政行业拥有各类汽车22958辆,其中快递服务汽车19269辆。快递服务企业拥有计算机35786台,手持终端90397台。近几年,为适应农村电商业务的发展,邮政企业重点增强机动汽车投递能力,目前已有投递机动汽车1012台。其中,2017年新增机动汽车205台。同时,为推进绿色邮政建设,大力推广使用新能源电动车辆。

四、江苏交通运输行业管理逐步规范

改革开放40年来,江苏交通运输行业不断深化改革,加强法治建设,创新投融资体制,积极推进运输市场化进程,基本形成了适应经济社会发展的运输市场。管理部门积极履行职责,严格依法行政,创新管理机制,革新管理手段,加大交通运输行业管理力度,有效地提高了交通运输行业管理水平。

(一)法治建设

江苏省委、省政府对交通运输事业的发展十分关注、高度重视。改革开放40年来,省人大常委会先后颁布了《江苏省内河交通管理条例》《江苏省公路条例》《江苏省邮政条例》《江苏省高速公路条例》《江苏省内河水域船舶污染防治条例》《江苏省机动车维修管理条例》《江苏省航道管理条例》《江苏省港口条例》《江苏省水上搜寻救助条例》《江苏省收费公路管理条例》《江苏省道路运输条例》《江苏省民用航空条例》等12件省地方性法规。省政府先后出台了《江苏省船舶过闸费征收和使用办法》《江苏省农村公路管理办法》《江苏省机动车驾驶人培训管理办法》《江苏省邮政普遍服务保障监督管理办法》《江苏省内河水上游览经营活动安全管理办法》《江苏省港口岸线管理办法》等13件省政府规章。

江苏交通运输行业认真执行国家法律法规和省地方性法规,按照交通运输部和省政府的工作部署,认真抓好路政、航政、运政、海事、水上安全监督等行业管理工作,阶段性地重点抓好治理整顿、治理"三乱"、超载超限等工作,江苏省成为全国首批无"三乱"的省份。执法工作方式逐步规范,严格规范执法行为,坚持文明执法水平,通过信息化手段提高规范执法和执法监督水平。还根据有关规定开展了交通运输从业人员管理,做好规费征收、航空安全监管等工作。不断开放和规范交通建设市场准入,制定了整套工程质量检测评定标准、质量管理体系和企业资质管理系统,在全国率先形成了较为完整的交通行政执法规范体系,初步形成了指导和完善交通建设市场、养护市场、运输市场、检测市场的政策法规体系。同时在全国率先对重大工程实行监督工程师现场派驻制,组建了公路、桥梁、水运、交通工程、房建、试验检测和定额造价等7个质量监督专家组,形成了可靠高效的工作体系。

(二)管理体制改革

1978年以来,江苏的公路、水路一直由政府交通部门负责行业管理。1980年,恢复江苏省交通厅,为省政府的交通行业主管部门,2009年更名为江苏省交通运输厅。2000年以前,江苏省交通厅下辖多家企业,2000年实行政企分开,所有企业与江苏省交通厅脱钩,有的企业(高速公路建设管理企业)划归省国有资产管理委员会管理,有的进行下放或改制,交通厅专门负责行政管理方面的职能。

水路管理方面,江苏省交通厅负责全省内河航道管理,沿海和长江航道一直由交通部直接管理。沿江沿海港口原由交通部直接管理,1988—2001年间改由港口所在地与交通部双重领导,先由交通部管理为主,后由地主政府为;2001年起全部下放港口所在地政府管理。2005年省政府批准设立江苏省港口管理局,归口江苏省交通厅。

江苏境内的干线铁路一直由原铁道部直接管理,分属于济南铁路局和上海铁路局,设有3个铁路分局。2005年铁道部撤销铁路分局,江苏境内设立济南铁路局徐州办事处和上海铁路局南京办事处。2008年,济南铁路局徐州办事处划归上海铁路局,之后对徐州铁路地区的管辖范围按省界进行了调整,江苏境内的国有铁路全部归上海铁路局管理。1992年省政府设立江苏省地方铁路办公室,1996年更名为江苏省铁路建设办公室,为省政府直属机构,与省铁路有限责任公司合署办公,负责全省合资铁路、地方铁路建设的有关工作,逐步形成了全省的铁路建设管理体系;2006年省铁路建设办公室并入省交通厅,保留建制、职能、编制;2007年更名为江苏省铁路办公室。

江苏的民航管理体制先后经历了三次较大改革。1980年起脱离军队建制,走企业化道路,实行民航上海局和江苏省人民政府双重领导,以上海民航局为主管理;1987年起实行政企分开,仍实行双重领导;2003年实行机场属地化管理,设立中国民用航空江苏安全监督管理办公室,2009年更名为中国民用航空江苏安全监督管理局。

2006年,江苏省委省政府决定实行大交通管理体制,将江苏省铁路建设办公室并入江苏省交通厅,保留正厅级事业单位建制;2007年在江苏省交通厅增挂江苏省航空产业办公室牌子;原江苏省铁路公司、江苏省航空产业集团等划归省国资委领导的江苏省交通控股公司。至此,在全国各省中江苏交通行业率先实现了公铁水空统一管理,为加快综合交通运输体系发展奠定了基础。

(三)投融资体制改革

改革开放40年来,江苏交通基础设施建设坚持政府主导,不断探索和深化投融资体制改革,积极引入市场机制,走出了一条"政府主导、分级负责、多元筹资、规范高效"的新路,逐步形成了多层次、多渠道、规范化筹集资金的格局20世纪80年代末,省政府出台一系列扶持交通建设的政策,多渠道筹措交通建设资金。1987年9月,响水灌河大桥收费站设立,江苏以此为起点迈出了"贷款修路、收费还贷"的第一步。1992年起,多个建设项目分别采取了"以地方为主、省定额补助"、外商合资合作、利用世行贷款等筹资方式。1996年,根据国家有关规定,交通建设资金来源由政府财政投入为主转变为以公司市场融资为主,按照"责权利相结合"和"谁投资、谁经营、谁受益"的原则,省市各按一定比例注入资金作为项目公司资本金,其余资金向银行贷款。随着江苏交通基础设施建设的全面推进,项目筹融资方式不断丰富,形成银行贷款、企业债券、股票、利用外资、BT、股权融资、收费公路经营权转让等全面开花的格局。

铁路、民航项目则主要是部省合资建设。2010年以前铁路项目以铁道部出资为主,此后多个铁路项目由地方政府投资为主。城市轨道交通项目则完全是地方政府投资。

2011年以来,为贯彻中央关于加强地方政府性债务管理的决策部署要求,江苏采取了一系列有效措施,防控交通建设债务风险,规范举债融资行为,公益性交通基础设施建设投融资体制不断深化。2015年通过地方政府存量债务置换债券将省级交通主管部门全部存量债务进行了置换化解。与此同时,江苏通过逐步加大公共财政资金投入力度,充分应用收费公路专项债券政策等方式,建立了稳定的普通公路和内河航道公益性交通运输建设项目公共财政保障机制和合法规范的举债融资机制。

(四)技术政策与标准建设

制定完善科技政策。省交通运输厅印发《关于江苏省交通运输"十三五"科技发展的意见》《关于加强交通运输科技平台建设与运营管理意见的通知》《江苏省交通运输科技与成果转化项目管理办法》《江苏省交通运输科技与成果转化专项资金管理办法》《关于深入推进公路水运工程BIM技术应用的实施意见》《江苏省公路钢结构桥梁推广实施方案的通知》《关于加快培育新动能的实施意见》,增创发展新优势《关于在公路水运品质工程创建行动中加强科技创新工作的通知》《贯彻落实省政府关于加快推进产业科技创新中心和创新型省份建设若干政策措施的实施细则》等一系列科技政策，推动体制机制改革，营造良好的创新氛围。

加强交通运输标准化等技术基础工作。1989年4月《中华人民共和国标准化法》正式实施后，江苏交通行业全面贯彻国家、部省关于加强标准化工作的意见，2015年成立了省交通运输厅标准化管理委员会，分公路、水运等6个领域设立分委员会，构建了全省交通运输标准化工作组织管理架构，理顺了标准化工作机制，编制印发了《省交通运输厅关于加强交通运输标准化工作的实施意见》《省交通运输厅关于规范标准制修订管理有关意见的通知》，建立了省交通运输系统地方标准制定修订的申报、计划下达、资金配套、审查和批准管理体系。积极参与国家重点研发计划和标准制修订工作，近年来，参与2项科技部国家重点研发计划《国家质量基础的共性技术研究与应用》和《公共安全风险防控与应急技术装备》中3个子课题研究工作，主编或参编国家标准7项。加强省地方标准研究和制修订工作，近年以来，我省交通运输系统共有《高速公路施工安全技术规程》等118项标准列入省地方标准计划，制修订出台省地方标准61项，《汽车客运站服务规范》等5项列入省级服务标准试点项目。积极参与国家、行业标准研究编写，牵头编制了《内河船舶射频识别（RFID）2.45G技术规范》《集装箱海铁联运电子数据交换标准》，推动了长三角船联网工程建设，作为主要参编单位编制了《收费公路联网收费技术要求》《城市公共交通IC卡技术规范》等规范，实现了ETC全国联网以及公共交通一卡通区域联网。加强计量标准工作，保证计量溯源合法化和准确性。依托行业协会开展质量管理（QC）工作，近年来，我省交通运输行业QC小组活动发展迅速，获优数量逐年递增，活动水平不断提高，走在全国交通行业前列。2012—2017年QC小组数分别是66个、111个、143个、181个、166个和200个，被评为省交通优秀的1186个（组次），累计获评部省优秀小组533个（组次），获评国优小组30多个（组次）。通过QC小组活动的开展，一些优秀成果得到推广应用，涉及工程建设、航道管养、高速公路（大桥）管养和汽车维修等，取得了良好的经济效益和社会效益。

五、科技创新成就

改革开放40年来，江苏省坚持科技兴交通、人才强交通的发展战略，紧紧依靠科学技术提升交通发展水平，统筹推进创新能力建设、科技研发、成果转化与推广应用和科技保障体系建设，在迅速发展中取得了一大批科技成果，并在全省广泛推广使用，自主创新能力与水平明显提高，科学发展效能显著提升，科技在支撑和保障综合交通运输体系建设方面发挥着越来越重要的作用；持续提升从业人员素质和能力。40年来，一批科技成果在全国得到广泛推广使用，取得了巨大的效益，一批交通品牌享誉全国，涌现了一大批科技人才，在交通事业发展中发挥了领军作用；形成了一批交通科研机构，与高校、企业进行多种形式的合作，产学研密切结合，提升了交通科研能力和水平。1978年，为提升交通科技研究水平，江苏省交通管理部门成立了江苏省交通工程设计院和江苏省交通科学研究所，后分别更名为江苏省交通规划设计院和江苏省交通科学研究院，两院在江苏交通发展过程中发挥了重要作用，承担了大量交通科研任务。进入21世纪后，两院先后转制为科技型企业，更名为中设设计集团和苏交科集团，并先后上市，业务范围涉及公路、市政、水运、铁路、城市轨道、航空、建筑、环保等行业，经营范围扩大到全国，并走出国门，成为国内知名的科技创新型企业。

（一）科技创新体制改革

深化"放管服"改革，政府职能逐步向创新服务转变，为科技活动提供了更加良好的科技创新政策环境。为激发以企业为主参与科技创新的积极性，省交通运输厅会同省财政厅制定出台了交通运输科技与成果转化《项目管理办法》和《专项资金管理办法》，明确科技与成果转化项目全面向全社会公开征集，以企业为主体的技术创新项目，科技项目研究成果及其形成的知识产权均为项目承担单位所有；科研项目承担单位应通过竞争择优方式选择，强化政府购买公共服务的市场导向，探索实行由行业协会等专业机构管理项目的方式。每年度征集企业、协会和专家意见，编制印发《项目申报指南》，以保证科研项目的生产实践性和经济社会效益。推动《贯彻落实省政府关于加快推进产业科技创新中心和创新型省份建设若干政策措施的实施细则》落地见效，从完善创新型企业培育机制、大力推进简政放权、加大政府引导和支持力度等6个方面明确了15条具体措施。

完善建成了"江苏交通运输科技管理系统"。以项目关键过程管理为核心，优化项目管理流程。实现对项目立项、实施、结题验收等关键环节的监控和管理，促进项目管理工作的便捷化和规范化，提高项目管理质量和效率。并为省厅行业科技管理、科研绩效评估等工作提供数据支撑。

（二）科研能力建设

交通行业科研平台布局建设卓有成效。着力推动构建政府引导、企业主体、科研院所和高校支撑、产学研一体的科技创新体系，建成覆盖交通运输各重点领域的创新技术平台。相继建成了2个国家实验室（新型道路材料国家工程实验室、在役长大桥梁安全与健康国家重点实验室）；4个交通运输行业技术研发中心（长大桥梁健康检测与诊断技术交通行业重点实验室、智能交通技术和设备交通运输行业研发中心、公路建设与养护技术材料及装备交通运输行业研发中心、综合交通运输大数据处理及应用技术交通运输行业研发中心）；江苏省水运工程技术研究中心、江苏省交通节能减排工程技术研究中心等6个省级技术研发中心。国家智能交通系统工程技术研究中心江苏省分中心、国家ITS中心智能驾驶及智能交通产业研究院分别落户南京江宁和常州天宁。

"政产学研用"合作机制逐步建立完善。结合我省交通运输发展实际需求，将交通发展融入全省创新驱动战略实施的大局中。加大对徐工集团、英达热再生、东南大学等企业、科研院校支持力度，加强交流合作，促进科研成果转化应用。在解决交通自身技术难题的同时，兼顾全省科技创新工程的需求，推动在养护装备、工程材料等多层面技术水平提升和产业集聚发展。与徐工集团签订了养护装备战略合作协议，明确在公路养护装备研发、推广应用等方面进行合作，为我省公路养护机械化、现代化提供了装备支撑，推动了徐工集团在筑养路机械板块创新研发能力的提升。

推动科技平台的开放、交流与合作共享。鼓励企业研发机构与高校、科研院所整合创新资源，调动产学研用各方面力量，形成多元投入、广泛参与、多种方式扶持我省交通运输科技平台发展的新格局。要求加强实验室间交流合作，促进行业重点实验室仪器设备向社会开放，发挥好行业重点实验室的公用科研平台作用。

创新人才机制,提升人才观念。认真落实交通运输行业科技创新人才推进计划、省"科技40条""人才26条"等政策,大力开展"十百千人才工程",培养造就一批具有国际视野、国际水平的交通工程科技领军人才、青年科技人才和高水平的创新团队,建成一批具有国际水平、突出学科交叉和协同创新的交通科研创新基地。

(三)交通科技创新和重大成果

围绕我省现代综合交通运输体系构建,立足国家、部省决策部署和当前省交通运输重点工作急需,着眼未来发展,以问题为导向,应用为根本,重点推进重大科技专项关键技术攻关和成果转化应用,实施重大专项和科技示范工程,加强标准体系建设、"四新技术"研发和信息化等现代工程技术应用,以科技创新促进我省交通运输发展转型升级。

推进重大工程科技攻关和重大专项研究。20世纪90年代开始,江苏在全国率先解决了道路施工中软土地基处理、沥青路面早期损坏、桥头跳车等工程质量难题,编制发布了《江苏省特大跨径桥梁施工测量规范》《江苏省高速公路沥青路面施工技术规范》等一批省级地方标准,研发生产了一批在全国领先的设备和产品。特别是高速公路建设质量一直保持全国领先水平,桥梁建设更是创造了多项全国和世界纪录,从江阴大桥到南京四桥,江苏新建的多座长江大桥,每个项目都在技术创新上有所突破,润扬大桥"南锚碇深大基坑排桩冻结法关键技术研究"达到国际领先水平,苏通大桥建设"9项工法"上升为国家和省级工法,创造了4项世界纪录,成为中国由"桥梁建设大国"向"桥梁建设强国"转变的标志性建筑。

进入21世纪,依托泰州大桥开展的国家科技支撑计划项目"多塔连跨悬索结构与示范工程"、连云港港30万吨级航道开展的863计划项目"开敞海域关键技术研究"等,突破关键技术难题,形成了一批拥有自主知识产权、技术水平国内领先国际先进的科研成果和实用性强、经济效益显著的科技产品。2014年以来共实施了公路桥梁工业化与标准化建造关键技术等13项省级重大科技专项。公路桥梁工业化与标准化建造关键技术成果,推动我省交通基础设施建设工业化、标准化、智能化。大跨径缆索承重桥梁养护技术研究成果,在预防性养护策略、新型检测技术与设备、评估技术、维修与更换技术等方面取得突破,成果在国内多座大桥中得到应用;江苏城市客运运营与服务技术研究成果在我省城市客运规划、运营及管理中得到应用。开展高速公路路面结构长期保存技术及智能养护研究,为保障和提升现有交通基础设施能力提供有效技术对策;开展京杭运河苏北段养护管理现代化关键技术研究,打造我省智慧、绿色、富有文化内涵的现代航道;开展新一代海绵型道路规划设计、关键材料、评价标准综合研究及工程示范,形成海绵道路设计,施工和管养成套技术。开展腰沙—冷家沙海域通州湾港区开发关键技术研究,服务港口建设和沿海开发;启动沪宁高速公路超大流量路段通行保障关键技术研究与工程示范,突出信息化等现代技术应用,提升通行保障水平,也为交通基础设施内涵式探索新的路径。开展危险品水路运输安全风险防控技术研究与示范,进一步提升我省危险品水路运输安全生产管理科技水平,防范危险品水路运输安全生产事故;开展南京长江五桥关键建设技术研究,提高大跨径钢结构桥梁工程建设自主创新能力,提升工程建设管理信息化和智能化水平。

实施国家和省级科技示范工程。完成了3项部科技示范工程,实施完成连云港绿色智能港口建设与运营科技示范工程,新型岸壁结构工程技术、疏浚土综合利用、高压岸电以及铁水联运信息平台等技术都在实践中得到推广和应用;开展江苏省高速公路网智能化运营管理平台科技示范工程、绿色智能航道建设与维护交通运输部科技示范工程项目建设。省交通运输厅印发《关于实施省交通运输科技示范工程促进科技成果转化的通知》,2018年新立项实施内河船舶污染防治、江苏省货物多式联运、苏州港太仓港区四期堆场自动化等6项省交通运输科技示范工程,依托交通重大基础设施建设、信息化等领域拟建或在建项目,以及运输服务、行业治理、安全应急保障和节能环保等发展方面专项工作或专项行动,开展科技成果转化应用工作。

大力开展科技成果转化。每年都选择一批社会经济效益显著、应用前景良好的科技成果,列入年度推广计划,明确实施主体责任,给予资金支持,加强考核验收,全省交通运输科技成果转化率达到62%。连云港港靠港船舶使用岸电项目被列为交通运输部节能减排示范项目,依托该示范项目形成的岸电技术标准上升为国家标准;作为全国首批科技创新促进交通运输安全发展试点省份,我们着重推进长江水运、长大桥梁运营等五个方面的行业安全风险管理关键技术攻关,沿江危化品港口作业安全风险防控技术等研究成果已在我省港口生产实践中得到应用推广。

(四)交通信息化

江苏交通的信息化建设随着交通事业的发展和科学技术的进步而不断发展和提升。铁路和民航基于自身运营的特点,均与基础建设同步建设了信息系统。铁路经历了由电话高度到微机联网,由调度指挥管理系统(DMIS)到全线分散自律式控制系统(CTC),初步实现了调度指挥现代化;随着动车组的开行,正式使用中国列车运行控制系统(Chinese Train Control System,简称CTCS),达到了国际领先水平。民航的信息化建设经多年的发展,已经与国际水平完全接轨。公路、航道的信息化建设则于20世纪90年代起步,进入21世纪后形成发展高潮,极大地提升了运营和管理水平。

江苏交通行业取得的重大科技成果有:

1. 东风11型柴油机车(DF11)

该车是戚墅堰机车车辆厂研制的时速160公里级别准高速旅客列车,列为"八五"计划国家重点科技攻关项目。1994年4月11日,东风11型0001号机车最高实验速度达到了183公里/小时,创下了当时的"中国铁路第一速"。投入使用后,在中国第一条准高速铁路——广深铁路开行。1997年,东风11型柴油机车(DF11)获国家科技成果一等奖。

2. 电刷镀技术

电刷镀技术亦称快速电镀,是维修设备、修复废品、改善零件局部表面机械性能和理化性能的新技术。戚墅堰机车车辆工艺研究所1979年研制成功,1981年列入国家经委的全国推广应用计划,并持续成为国家"六五""七五""八五"及"九五"计划的重点推广项目。1984年获江苏省科技进步一等奖,1985年获国家科技进步一等奖。该技术从路内推广到全国,创造了巨大的社会经济效益。

3. 准高速空调双层客车

准高速空调双层列车是国家"八五"重点科技攻关项目,由南京浦镇车辆厂研制成功,运行时速可达160公里。该车采用多项新技术、新工艺、新材料,是代表当时我国铁路装备最新水平的客车。1996开始投入批量生产。1997年荣获国家科技进步一等奖。

4.沪宁高速公路江苏段工程技术和建设管理

该项目由宁沪高速公路股份有限公司和有关单位共同研发,1997年获江苏省科技进步特等奖,1998年获国家科技进步一等奖。项目有7个创新、6个"国内首次"。即:突破国内外在同类情况下分期铺筑路面或修建过渡路面技术,首次在软土地基上高质量一次铺筑高速公路路面;突破国内外过湿性黏土不宜作高速公路路堤填料的禁区,首次成功地在水网地区大规模利用过湿性黏土填筑高速公路路堤(平均填土高度3.7米),且路堤压实度达到了重型击实标准,保证了路堤强度;首次研究使用了适合高温、多雨、大交通量下的高速公路路面设计、施工成套技术,保证了路面的高温稳定性、水稳性和抗滑安全性,路面平整度、强度、摩擦系数等技术指标达国内较好水平;首次与道路工程同步建成收费、通信、监控系统,安全、服务、管理设施及环保工程;开发应用大型公路建设项目管理计算机网络信息系统,首次按国际FIDIC条款进行高速公路建设工程建设项目实施全过程、全方位动态控制与监理;还采用定性与定量相结合的计算模型方法,较客观地评价了公路对沿线社会经济发展的影响。该项研究成果在全省其他高速公路建设中得到广泛应用并取得了良好的效益。

5.江阴长江公路大桥

江阴长江公路大桥是国内第一座跨长江悬索桥,在工程技术上突破了许多世界级难题,获得英国建筑协会2000年度优质工程奖,此后获"中国建筑工程鲁班奖"和"中国土木工程詹天佑奖",2002年10月第十六届匹兹堡国际桥梁协会上荣获"尤金·菲戈"奖,是中国首次荣获此国际桥梁大奖。

6.苏通长江公路大桥

苏通长江公路大桥工程建设突破制约千米级斜拉桥建设的关键技术难题,攻克了工程中的十大关键技术,创造了最深桥梁桩基础(120米)、最高索塔(300.4米)、最大跨径(1088米)、最长斜拉索(577米)等4项斜拉桥世界纪录,时为国内建桥史上建设标准最高、技术最复杂、科技含量最高的现代化特大型桥梁工程。该工程多项技术达到国际领先水平,是中国由"桥梁建设大国"向"桥梁建设强国"转变的标志性建筑。2008年6月,苏通长江公路大桥获得国际桥梁大会(IBC)"乔治·理查德森"奖,是中国第一个获得该奖项的桥梁工程,是继法国诺曼底大桥和希腊里翁大桥后获得该奖项的又一座大型桥梁工程。

7.交通教育

1978年以前,交通系统和铁道系统在江苏境内都有一些学校,但主要是为系统内服务,规模不大,培养的学生不多,交通建设和管理人才严重匮乏。改革开放以后,随着交通事业的发展,交通行业对教育的需求迅速提高,江苏省境内的交通行业院校积极适应社会需求,调整办学方向,转变办学机制,扩大招生数量,开设的学科和专业也更接近社会的需求。

交通教育的主要特色是紧密结合交通事业发展的需要开设专业,围绕现代交通产业链,校企互动,工学结合,培养高素质技能型专门人才。截至2017年底,江苏省交通运输厅直属院校中,拥有7个国家级特色专业、46个省级品牌(特色、重点)专业,国家级精品课程16门、省级精品课程65门。

1978年,江苏交通厅所属院校仅有教师113人,具有高级职称和中级职称的仅有2人和9人;2017年,江苏省交通运输厅直属院校教师队伍已有1901人,是1978年的16.8倍;具有高级职称和中级职称的分别为599人和815人,是1978年的299.5倍和90.5倍;招生专业扩大到202个;在校生35400余人,平均年毕业人数10000余人。

改革开放以后,江苏交通行业积极开展职工在职教育和培训,为提升职工的素质和工作水平发挥了重要的作用。

六、国际合作与交流

(一)援外工程

20世纪80年代中期,以中国公路桥梁工程公司江苏分公司(省内注册更名为江苏公路桥梁建设公司)的身份进入国际承包、劳务市场,开始参与境外国际工程承包和劳务派遣,先后在马达加斯加、苏丹、赞比亚、新加坡等国家签订工程承包、劳务合同70余项,主要有苏丹迈—格公路和青尼罗河大桥、马达加斯加35号国道等大型工程,工程合同额逾1.7亿美元。

1. 苏丹青尼罗河大桥工程

跨径120米、全长550米的苏丹青尼罗河大桥,于1973年3月23日开工,1976年底完工,1977年2月交付使用,总造价人民币7000万元。此项工程国内前往苏丹参加施工的工程技术人员达1000多人次。

2. 苏丹迈—格公路工程

全长228公里,1980年初正式动工,1983年全部工程结束,被评为优质工程。

3. 马达加斯加35号公路工程

1986年8月开工,1988年8月竣工,12月7日马达加斯加总统拉齐拉卡参加竣工剪彩仪式,1989年9月全部移交马达加斯加。

(二)企业"走出去"

苏交科集团股份有限公司(以下简称"苏交科")前身为"江苏省交通科学研究院",成立于1978年,2002年成为全国交通行业省属科研设计院所第一个由事业单位改制为员工持股的科技型民营企业,2008年整体变更为股份有限公司,2012年1月10日苏交科首次公开发行A股股票并在深圳证券交易所正式挂牌上市。2015年5月,"苏交科集团股份有限公司"揭牌。2009年,苏交科设立第一家海外子公司——安哥拉公司,此后相继设立马来西亚、斯里兰卡等海外分支机构;2013年,公司成立海外部。与此同时,与中信建设、中电建等央企合作,"借船出海"共同开拓海外市场。2007年底,苏交科受中国中信委托,以第三方实验室的模式承接阿尔及利亚东西高速公路西标段项目中心试验室的组建与运营工作。苏交科首创实验室管理技术输出模式,派出13人团队,依托总部的科研和检测技术专家,迅速掌握欧洲规范的技术要求,在现场组建北非地区试验检测能力最强的公路工程试验室,独立完成高速公路路面平整度检测、桥梁荷载试验等多个专项试验检测项目。"一带一路"倡议实施后,苏交科全球业务布局和国际化步伐大大加快。2016年,先后完成对欧美知名企业——西班牙EPTISA公司和美国TestAmerica公司的战略联合。

中设设计集团从战略层面出发,制定"走出去"发展的战略目标和路线图,对"一带一路"沿线国家进行深入研究,利用在路桥、水运等优势专业上的技术能力,与海外合作伙伴互通客户资源和市场运营能力,建立长期稳定合作机制。中设设计集团2014年11月与荷兰王国基础设施和环境部(2014—2018年)就船闸运行与航道养护的提升与改进(2014—2018年)项目开展合作,2015年10月与德国KZA建筑设计事务所签署战略合作协议。2016年10月,常州科教城中德创新园区项目入选"中国—欧盟城镇化伙伴合作计划",是国家发改委、欧盟委员会中欧合作示范园区。

近年来,中设集团把"借船出海"作为"走出去"的主要策略,通过与大型央企组建"产业联盟"和"联合舰队"以实现优势互补,合作共赢,抱团协作。集团与中国路桥、中信建设、中港湾等企业合作,成功"驶"出国门,业务遍及非洲、东南亚、南亚市场,落地了黑山共和国南北高速公路、阿尔及利亚援建项目、缅甸古特大桥设计咨询等大型项目。

阿尔及利亚东西高速公路是北非马格里布(MAFHREBINE)高速公路的重要组成部分,全长7000公里,沿线集中了阿尔及利亚80%以上人口,于2016年8月开工。中设设计集团作为该项目的参与单位,主要负责西段W1~W3标段(位于RELIZANE省境内)的主体设计工作。

黑山共和国南北高速公路为国际招标总承包公路建设项目,该项目是黑山共和国迄今为止兴建的首条高速公路,地形条件极为复杂,合同金额8.09亿欧元。2015年初该项目正式启动设计工作。中设设计集团主要承担主体工程施工图设计咨询,2017年5月,主体工程设计基本完成并取得最终批复,集团咨询工作进入施工配合阶段。

2016年9月中标的缅甸古特大桥设计咨询与监理项目,是中设设计集团首次以第三方国际咨询工程师团队身份参与海外项目的设计咨询及项目管理,古特大桥项目是缅甸南北通道的一个重要交通节点,总长度为870米,建成后将成为云南—缅甸公路的标志工程,并成为跨越南庞河的一道捷径。

中设设计集团积极承办各类国际学术交流会议、研讨活动。2013年10月,集团承办复杂条件建港技术国际学术交流会(Hold an international conference);2014年5月,承办第四次国际地下空间学术大会(The 4th international underground space conference);2015年4月,集团承办第十四届亚太智能交通论坛会议(Hold the 14th ITS Asia-Pacific forum)。

(三)教育对外和对港澳台交流与合作

改革开放40年来,江苏交通教育系统积极拓展国际视野,引进国(境)外优质高职教育资源,有效开展国际(含港澳台)交流与合作。南京交通职业技术学院积极顺应国家开放大局,实施教育国际化提升工程,与美国、英国、加拿大、中国台湾等10余个国家和地区的院校开展交流合作,引进国际优质教育资源。学院成为教育部"中德职业教育汽车机电合作项目(SGAVE)"试点院校。是全国唯一一所与英国考文垂大学开展"学分互认"的高职院,联合开展"3+1+1"专本硕项目,提升国际合作办学层次。联合江苏交通工程集团等大型交通建设企业,成立"江苏交工·南京交院越南分院",开办"路桥国际工程师班""港航建造师班"等交通工程国际化人才培养项目,参与伙伴企业国外交通工程建设。南通航运职业技术学院坚持国际化办学,服务"一带一路",已与英国思克莱德大学、利物浦约翰摩尔斯大学、马来西亚航运学院、缅甸航海学院、泰国切姆斯特航海学院、日本船级社、韩国船级社等40多个国家和地区的近百家企事业单位建立了战略合作伙伴关系。与马来西亚世纪大学、乌克兰赫尔松国立海事学院签订了《合作备忘录》,开展"3+1"海外升硕、航海类专业学生"2+1"模式联合培养等合作项目。为服务"一带一路"倡议,在缅甸成立缅甸海事培训中心,与中航国际成套设备有限公司共同在肯尼亚开展焊接专业培训。江苏省交通技师学院深入推进人才强校战略,积极拓展国际交流与合作,努力建设一支具有国际化视野的师资队伍。先后与加拿大联邦学院、加拿大不列颠哥伦比亚理工学院、法国国家职业汽车学院、加拿大北极光学院、美国南西雅图社区学院、韩国新星大学、德国可再生新能源培训中心等机构开展国际合作与交流,签订了合作办学协议,并通过考察交流、选派师资团形式交流学习。2018年以来,学院积极抢抓"一带一路"倡议机遇,与巴基斯坦教育部、高教委、开博尔教育厅等就合作办学事宜进行多次交流洽谈,现已达成合作意向。江苏省无锡交通高等职业技术学校与印度软件技术(NIIT)开展长期合作,与南澳职业技术教育学院、台湾明新科技大学等建立长期稳定的合作关系。江苏汽车技师学院与台湾龙华科技大学签订合作交流备忘录,在学术交流与科研、教师培养、学生交流等方面开展合作交流。江苏省交通运输厅直属院校对外交流合作情况见表1。

江苏省交通运输厅直属院校对外和对港澳台交流合作情况　　　　表1

院校	合作项目	合作院校	开始合作时间（年）
南京交通职业技术学院	模具制造与设计专业"2+1"培养	加拿大圣克莱尔学院	2006
	会计与审计专业人才培养	澳大利亚堪培门理工学院	2008
	"3+1+1"专本硕项目	英国考文垂大学	2012
南通航运职业技术学院	软件工程专业"2+1"模式合作办学	加拿大莫哈克应用文理学院	2007
	机械制造与自动化专业"2+1"模式合作办学	加拿大莫哈克文理学院	2007
	动漫设计与制作专业"3+0模式"合作办学	加拿大罗耶斯特文理学院	2008
	船舶工程专业"2+1"模式合作办学	乌克兰赫尔松国立海事学院	2018
	管理类专业"3+1"海外升硕合作办学	马来西亚世纪大学	2018
江苏省交通技师学院	教育教学交流合作	加拿大不列颠哥伦比亚理工学院	2010
	汽车专业交流与合作	法国国家职业汽车学院	2011
	飞机维修工程专业合作	加拿大北极光学院	2012
	航空维修领域合作	美国南西雅图社区学院	2012
	汽车维修专业职业技能培训	韩国新星大学	2012
	能源交流与合作	德国可再生新能源培训中心	2012
无锡交通高等职业技术学校	江苏交通-OTC焊接技术培训中心	日本OTC公司	2003
	NIIT软件人才培养	印度国家信息技术学院	2006
	师资交流	台湾明新科技大学	2016
江苏汽车交通技师学院	教育教学交流合作	台湾龙华科技大学	2018

七、精神文明建设持续推进

改革开放40年来,江苏交通运输行业认真贯彻执行中共中央关于"两手抓、两手硬"的要求,按照交通运输部和省委、省政府的部署,在全面加快交通建设和运输发展的同时,全面加强党建工作和廉政建设,积极推进精神文明建设,取得了显著的成果。

(一)全面加强党建和廉政建设

全面加强党的建设。长期以来,江苏交通高度重视党的工作,积极探索新形势下党建工作方式方法,把党建工作与行业管理紧密结合,以履行好全面从严治党主体责任为己任,在全省率先构建条块结合、行业共管的党建新格局,先后出台《江苏省交通运输厅党组抓基层党建工作责任制实施意见》《江苏省交通运输厅党组在全省交通重点工程实行党建统管制意见》《江苏省交通运输厅党建工作现场例会制度》等规章制度。近年来,省交通运输厅党组以习近平新时代中国特色社会主义思想为指导,按照新时代党的建设总要求,着力围绕体制机制、理论研究、服务中心等方面着力推进党的建设,先后出台《党组、机关党委、基层党组织三级责任清单》《江苏省交通运输厅领导班子成员基层党建工作联系点制度》《江苏省交通运输厅基层党组织党建工作考核办法》《加强基层党组织规范化标准化建设意见》等多个文件。同时,在重大任务、重要时期、关键节点,积极发挥基层党组织战斗堡垒和党员先锋模范作用,在全行业扎实开展"保畅通、保安全、强服务"专项行动,受到全社会一致好评,为江苏交通加快构建现代综合交通运输体系提供了坚强的政治保证和组织保障,有力推动了江苏交通运输事业的健康有序发展。

扎实开展反腐倡廉。改革开放以来,交通运输事业始终处于加快发展、转型发展时期,江苏交通把管党治党政治责任牢牢扛在肩上,按照党中央全面从严治党的要求,努力构建具有交通运输行业特色的反腐倡廉工作格局。2005年,在全国首创农村公路建设纪检监察巡查制,得到交通部和江苏省委充分肯定,并在全国推广。2008年起,受交通运输部委托研究制订了《交通基础设施建设项目廉政风险防控手册》《交通工程建设项目廉洁风险防控指南》,并在全国推广。党的十八大以后,按照"管行业就要管党风廉政建设"的要求,制定出台《进一步加强全省交通运输系统党风廉政建设意见》《全面从严治党"两个责任"履责纪实工作办法》等多项反腐倡廉制度。江苏省交通运输厅扎实推进省委巡视反馈问题整改,深入开展内部政治巡察,出台《省交通运输厅党组巡察工作实施办法》一系列工作制度。扎实开展建设人民满意交通"大走访大落实"活动,全面开展共产党员"亮牌示范"活动,形成了风清气正的新局面。

(二)积极推进精神文明建设

江苏省交通厅1983年在全系统开展了优质服务活动;1984年开展创建文明单位活动;1986年开展提高交通职工队伍素质,纠正行业不正之风活动;1996年起全面开展创建文明行业活动。1996年12月,交通部在南京召开全国交通系统创建文明行业大会,提出用10~15年时间把全国交通运输系统各个行业创建成文明行业。江苏省交通厅积极响应交通部号召,全面开展以"服务人民、奉献社会"为宗旨,以"筑桥铺路为人民、优质运输创一流"为主题的"三学一创"文明行业创建活动。1998年,省交通厅制发了《江苏省交通系统创建文明行业实施办法》,专门聘请了40位省人大代表、政协委员为行风监督员,并在全系统建立了总数超5000人的三级行风监督员网络,对创建工作进行检查监督。2000年,在全省交通运输系统开展"啄木鸟行动",邀请部分关心交通运输发展、熟悉文明创建工作的老同志,组织了18个暗访小组,不打招呼,不要接待,以普通旅客身份暗访基层"窗口"单位文明创建情况,抽查了全省13个市、64个县311个交通运输基层单位,提出改进创建工作的建议,推动了文明创建更扎实、深入地开展。

2001年,省交通厅下发《全省交通运输行业深化创建文明行业工作实施意见》,要求全省交通运输行业在"十五"末创建成江苏省文明行业。2002年,省交通厅对全省交通运输系统5大系列38个门类文明行业千分制考核标准进行全面的修订和完善。

2003年12月,全省交通运输系统被省文明委命名为"江苏省文明行业",提前实现全省交通运输文明行业的创建目标。

2007年11月,省交通厅制发《江苏省交通运输行业文明创建管理办法》,对文明行业创建的工作体系、基本原则、标准条件、工作机制做出新的规定。

2008年,江苏省交通运输系统建成全国文明行业。

近年来,深入学习贯彻习近平新时代中国特色社会主义思想和党的十九大精神,紧紧围绕"交通强国"战略、江苏"六个高质量"发展,紧贴综合交通运输体系建设,以培育和践行社会主义核心价值观为主线,以打造交通"三大品牌"为载体,以"凝聚人、引导人、服务人"为关键,以增强软实力、激发正能量为路径,铸造共同追求,丰富交通精神,引领道德风尚,讲好交通故事,内聚精神、外树形象,推动行业精神文明建设工作迈上新台阶,为江苏交通运输改革发展提供强大精神动力和文化支撑。

深化"三大品牌"创建。优质服务品牌:以提升服务为导向,每两年举办一次,至今已经历7届15年,共命名交通优质服务品牌78个。文化示范品牌:以提升行业软实力为导向,每两年推出一批,至今已表彰3批次,共命名文化建设示范单位34家。行业诚信品牌:以培育诚信文化为导向,每两年开展1次遴选命名活动。已评审命名首批行业"十佳诚信单位"。

近年来,全省交通运输行业精神文明创建成果丰硕。以践行核心价值观为要义,不断释放行业正能量。省厅按照中央和部省要求,在全行业大力推进社会主义核心价值观进机关、进岗站、进车船、进工地、进窗口活动,开展"爱岗敬业、明礼守信"主题实践活动,形成了具有江苏交通运输行业特色的核心价值实践形式和成果;常州、扬州、镇江等市局深化"道德讲堂"建设,进一步创新激活创建载体和路径;南京、苏州等地开展公交车礼让斑马线,提升了行业美誉度;南通、镇江、宿迁等城市成立爱心(雷锋)车队帮助弱势群体。作为践行社会主义核心价值观的重要力量,全省交通运输行业干部职工发扬交通精神,创新交通运输服务形式,拓展行业服务内涵,在平凡的岗位上做出了不平凡的业绩,得到了社会的认可和褒扬,涌现出一批在全国有影响力的先进集体和个人,引领行业发展新风尚。连云港市新浦汽车总站"雷锋车"组入选全国重大先进典型,走进人民大会堂作先进事迹报告,成为全国、全行业精神文明建设的旗帜和标杆;马浪岗海事所、飞燕班组、顾建明班组、刘静班组等先进集体层出不穷;李瑞、任同昌、沙惠林等几十名行业楷模荣膺全国劳模。联合省文明办举办江苏省道德模范与身边好人(交通专场)现场交流活动,对"最美交通人"进行现场发布,邀请部、省领导,以及参创行业主管部门现场观摩活动。

以群众性创建活动为载体,不断提升行业美誉度。根据交通运输行业特点,紧扣群众出行需求,开展各种形式的创建活动,注重品牌培育和提升,坚持典型引路,以点带面,全面提升文明品牌含金量。近三年来,全省交通运输行业有8家单位获得全国文明单位,近百家集体、近百名个人获得厅级以上先进荣誉称号,行业品牌创建活动在优质交通服务、人员素质提升、规范文明执法等方面蓬勃开展。依托品牌建设,为群众出行提供更加优质、贴心的服务,"省交通服务热线96196""港城车大夫""邮乡阡陌服务组""刘飞温馨服务示范线""水上搜救12395"等7个交通服务品牌被评为全省优质服务品牌;依托学习型行业建设,实施素质提升工程,涌现出"刘二伟工作室""乔森工作室""陈泳工作室"等一批以个人名字命名的技师工作室;依托规范执法、严格执法、阳光执法、智能执法、文明执法为主题,全面提升全省交通运输执法能力和水平,省厅机关、连云港市航道管理处、盐城民航站等单位荣获全国文明单位;泰州市公路处、徐州客运西站等单位获评全国交通运输行业文明单位;作为拥有"全国文明城市"最多的省份,交通运输系统积极配合做好交通牵头和协助的创建活动,镇江、无锡、泰州、南通、苏州、扬州、常州、张家港等地交通运输系统均受到当地政府的表彰。

以文化品牌打造为特色,不断增强行业向心力。文化是整个行业的根与魂,是精神文明建设的重要组成部分。在精神文明建设工作中坚持注重交通文化建设,不断增强交通软实力。以庆祝各大纪念日为契机,全省各级交通运输系统组织了系列文化活动,以群众路线教育实践活动为契机,举办多种形式的下基层活动,提升了全行业干部职工对党情、国情、省情的认识和了解;发挥党政工团的作用,通过开展各种劳动竞赛、技能比武和文体活动,丰富职工生活,提升文化品位,增强文化凝聚力。省厅组织开展了全省交通运输行业文化建设示范单位创建活动,每两年开展1次,目前已开展2届,创建成示范单位24家,极大地提升了交通运输行业文化建设水平。广泛开展主题教育、文化实践、形象展示、交流研讨等活动,组织干部职工深入挖掘交通文化底蕴,探索特色机关文化、企业文化、廉政文化、服务文化,使新时期的江苏交通精神内化于心、外化于行;全面推进海事视觉形象建设,溧阳"风情乡村路"常州"的哥节"连云港寻找"港城最美的哥(的姐)"等活动深入人心;邵伯船闸精神文明建设基地、常州公交文化展览馆、淮安漕运博物馆等一批博物馆、陈列馆、展览馆,成为展示交通发展历程和传承交通精神的基地。加强机关文化建设,在厅机关设置"文化走廊",营造交通运输各级机关文化氛围。

(三)行业先进典型

通过多年的文明创建活动,全省交通运输系统涌现出了一大批先进集体和个人,形成了"雷锋车""爱心始发站""爱心车队"等一批优质服务品牌,有上千人次先后受到省部以上的奖励和表彰,有的在社会上产生了较大的反响,发挥了先进模范的带头作用。

1.雷锋车

从1963年起,连云港市新浦汽车总站长途服务组的姐妹们就开展学雷锋、做雷锋的活动,她们跨越岗位的区域,超出工时的界限,以"宁愿自己千般苦,不让旅客一时难"的服务理念为岗位服务的准绳,用小板车为下火车到汽车站换乘的旅客免费接送行李,还为有困难的旅客提供各种帮助。目前,"雷锋车"组不断创新服务,增设了流动售票车送票上门、邮政代售车票、开通服务热线、开通"雷锋车号"长途客车等,并与全国各地近百家企业、军政机关、院校团体结成了精神文明共建单位。

1997年,省交通厅决定在全省交通运输行业开展向新浦汽车总站长途服务组学习的活动。1998年2月5日《人民日报》发表了《"雷锋车",文明的旗帜》的文章,中央电视台播出了专题节目。之后,省委宣传部、省文明办、省交通厅等7个部门联合决定在全省广泛开展向连云港新浦汽车总站长途服务组学习的活动。"雷锋车组"还被中宣部、中央文明委和全省多家单位邀请做报告。1999年,连云港新浦汽车总站荣获"全国精神文明建设先进单位"称号。2008年元月4日,"文明的旗帜——连云港雷锋车事迹图片展"在中国人民革命军事博物馆正式开展。

"雷锋车组"先后获得全国"五一"劳动奖状、全国"三八"红旗集体、全国"巾帼文明示范点"中国"集体雷锋标兵""全国模范职工小家"等荣誉,在江苏客运系统衍生了一大批"巾帼服务车""党员先锋车""优质标兵车""文明示范车",成为江苏运输行业"奉献社会、服务人民"的一道亮丽的风景线。

2.李瑞班和"爱心始发站"

南京中央门长途汽车站服务员李瑞,在老模范、"微笑站长"王凤英的影响下,视旅客为亲人,真心、热心、贴心地为他们排忧解难,不断更新服务观念,提高服务艺术,传播精神文明的新风,被人们誉为"爱心天使",获得"江苏省五一劳动奖章",并被评为全国劳动模范。在她的影响下,全班18位姐妹钻研业务技能,创新服务手段,规范服务方式,不断为爱心服务添加新的内容,创造了"一问、二听、三看、四帮、五到位、六勤、七心"的"李瑞工作法",设立了"爱心账号""爱心基金",为特殊困难旅客排忧解困。她们自学英语、哑语、心理学、服务语言学、公共关系学等课程,全部获得了"星级服务员"称号,打造了"爱心始发站"集体服务品牌,被省、市交通部门命名为"李瑞班"。

2003年,南京长途汽车站从"理念识别系统,行为识别系统以及形象再树"等三个方面打造"爱心始发站"品牌,完成了企业文化品牌的行为以及视觉识别系统。2007年初,车站编制了《南京市交通行业长途客运站服务行为规范手册》,以统一、规范、和谐的标准化服务体系对"爱心始发站"品牌形象进行了刷新和完善。

2005年12月,李瑞班被命名为江苏省交通行业十大服务品牌,被中华全国总工会授予全国"五一"劳动奖状,并先后荣获"全国交通系统先进基层班组""全国模范职工小家""全国青年文明号""巾帼文明示范岗"等多个荣誉称号,被中央文明办列为"迎、讲、树"活动全国重点先进典型。

3.马浪岗海事所

位于淮河进入洪泽湖口处的一座孤岛上,距洪泽城区24公里,离最近的集镇8公里,交通不便,条件艰苦。作为洪泽湖水上交通安全监管的最前沿阵地,马浪岗海事所长期担负着入湖船舶控制管理、航道防堵保畅、水上险情应急救援以及服务船民等多项重任,而正是这个仅有9人(其中4人随海巡艇轮值)驻守的小小海事所,在极其艰苦、枯燥的工作环境中,以极其有限的人力,每年护佑着20万艘船舶安全过往洪泽湖。

自1987年起,马浪岗海事人便长期坚守"孤岛",守卫着大湖。他们不叫苦、不埋怨,坚持以服务为使命、安全为天条、船民为亲人,为湖区安全、船民安康作出了巨大贡献。31年来,马浪岗海事人共抢救遇险船舶近2万艘,抢救遇险船员近8万人次,抢救遇险货物500多万吨,挽回经济损失近亿元,广大船民亲切地称他们为"大湖卫士""洪泽湖上的守护神"。曾获全国交通运输系统文明单位、全国交通运输系统先进集体、全国交通建设系统工人先锋号、全国青年文明号、全国"安康杯"竞赛优胜班组、全国海事"三化"好形象好品牌先进集体、江苏省先进基层党组织等荣誉称号,连续多年被命名为"全国海事系统文明执法示范窗口"。2018年4月,被交通运输部评为"感动交通十大年度人物"。

2016年5月10日上午,洪泽湖突起8级偏北大风,湖区45艘船舶遇险。马浪岗海事人在风浪中成功救助遇难船员117人,创造了近年来全国内河海事单次救助人数最多的纪录。2016年严冬,洪泽湖遭遇30年一遇的恶劣冰冻天气,湖区大面积封冻,部分航段冰层堆积厚度达20厘米,船舶航行受阻。马浪岗海事人安全护送船舶500余艘,破冰里程达1000余公里。

2017年盛夏时节,洪泽湖先后两度进入枯水期,航道变窄,船舶通行严重受限。马浪岗海事人累计疏导船舶5000余艘次,排除搁浅险情300余次。

干在实处　走在前列　勇立潮头

浙江省交通运输厅

一、综述

交通运输是国民经济的命脉,是经济增长和社会发展的重要基础设施和先行产业,具有战略性、先导性、基础性、服务性的特征。党的十一届三中全会吹响了改革开放的号角,开启了改革开放的历史征程。40年来,坚持改革开放的基本国策,无论是在交通基础设施规模、运输服务质量、技术装备等方面,还是在发展理念转变、体制创新、市场化发展等方面,都取得了前所未有的成绩。具体分为三个阶段:

(一)"恢复发展"阶段(1979—1990年)

改革开放给中国带来了经济社会发展的历史新契机,也带来了浙江交通事业大发展的春天。浙江交通人解放思想,开拓创新,在实践中开始探索具有浙江改革开放特色的交通发展之路。因"文化大革命"而几乎徘徊不前的浙江交通逐步"恢复发展",交通事业的面貌呈现了深刻的变化:公路运输市场空前活跃、公路运输独家经营的格局开始打破、公路管理体制改革迈出新的步子、改革水路交通体制,放宽搞活、开放口岸,扩大外贸运输、港口航道建设迈出新的步伐。1990年底,浙江公路密度29.6公里/百平方公里,为全国平均水平的2倍以上。基本完成了杭、宁、温等城市进出口道路的改造,改善了车辆拥挤状况。通过新建、改建贫困地区公路,使浙西南老少边穷地区的公路状况也有一定的改善。该时期浙江省境内的320国道养护质量居各省之首,104国道湖州段养护工作受到交通运输部表彰。该时期加快了车站建设速度,一大批车站的建成投产,改善了旅客候车条件,增强了客运服务功能。

同时,在党的"十二大"把交通列为国民经济发展的战略重点之后,20世纪80年代初开始掀起建设新港和老码头技术改造的热潮,推动了浙江水运建设进程。1982年12月建成投产的国内第一个现代化10万吨级矿石中转码头使宁波港靠泊船型从万吨级提高到10万吨级。1983年杭甬运河一期工程基本通航。1989年2月1日新建船闸——三堡船闸正式通航运行,京杭运河与钱塘江"双流奇汇",开拓出一条江河直达航线,使水运直达里程延伸了400多公里,是浙江省航道建设史上空前的壮举。到1990年,我省已建成了万吨级以上深水泊位17个。全省27个万人岛屿中,有20个已建成了客货交通码头,改善了陆岛、岛屿之间的交通条件。到1990年底,全省内河航道通航里程达到1.06万公里,实现了5级航道零的突破。

浙江民航运输事业在改革开放之初,仅有杭州笕桥机场一家。为适应形势发展需要,始终坚持"保证安全第一、改善服务工作、争取正常飞行"的工作方针,紧紧围绕"建设机场、开辟航线、增加运力、完善设施、确保安全"的工作宗旨,在国家开放十四个沿海城市之际,建设了宁波、温州、台州、义乌、衢州、舟山等可供大中型运输飞机起降的机场,从而形成了以杭州机场为龙头,宁波、温州机场为骨干,台州、义乌、衢州、舟山机场为补充的航空运输体系。

但随着浙江率先市场化改革和经济社会发展进程的逐步加快,交通作为先行行业,各方面期望较高。浙江交通无论在基础设施、运力结构和经营管理等方面,还是在财力、物力、人力保障方面,仍远滞后于国民经济发展的需要。

(二)"全面发展"阶段(1991—2002年)

1992年浙江省政府出台"四自"(自行贷款、自行建设、自行收费、自行还贷)政策,变交通部门一家建设为全社会建设,交通事业实现快速发展,与社会经济发展需求的差距逐步缩小,交通紧张状况得到全面缓解。在公路建设方面,1992年建成钱江二桥及接线工程,实现了我省高速公路零的突破。1993年省内第一条"四自"公路工程项目104国道建成通车。1996年实施"三八双千工程",省内第一条高速公路杭甬高速公路(杭州—宁波段)全线建成通车。2002年"四小时公路交通圈"顺利实现。至2002年底,全省公路总里程达45646.7公里,其中高速公路1307.7公里,公路网密度为44.8公里/百平方公里。在水路建设方面,重点建设集装箱专用泊位、石油化工泊位、车客渡滚装泊位和高速客运泊位。2000年宁波港首次迈入全球超亿吨大港行列。1996年省内首个水上"四自"工程三堡二线船闸建成通航。以京杭运河、长湖申线、杭申线、乍嘉苏线和六平申线5条航道浙境段为主的杭嘉湖内河五级以上主要干线航道网基本形成。到2002年底,全省沿海港口34个,货物吞吐量达2.57亿吨,万吨级以上泊位58个;内河航道通航里程1.05万公里,四级以上航道993公里。

(三)"跨越发展"阶段(2003年至今)

全省交通运输系统以"八八战略"为总纲,认真落实省委省政府关于"建设大交通、促进大发展""港航强省"等重大决策,先后实施交通"六大工程"现代交通"五大建设""5411"综合交通发展战略,加快构建现代综合交通运输体系,实现从瓶颈制约到总体适应的跨越,被交通运输部列为全国唯一的省域现代交通示范区。

基础设施建设取得重大成就。杭州湾跨海大桥(2008年建成通车,建成时是世界上最长的跨海大桥)、舟山跨海大桥(2009年建成通车,是世界上规模最大的岛陆联络工程)、嘉绍大桥(2013年建成通车,是世界上主桥最长最宽的多塔斜拉桥)重大项目成为我国迈入桥梁强国的重要标志;大榭45万吨原油码头、北仑四期集装箱码头、钱江通道、富春江船闸等重大工程技术领先,连续四年获得堪称世界工程领域"诺贝尔奖"的"菲迪克奖"。2013年全国首条现代人工开挖运河杭甬运河全线贯通,实现千年京杭运河通江达海。截至2017年底,全省综合交通总里程突破13.6万公里。全省铁路里程达2661公里、高速公路4154公里、内河高等级航道1561公里,沿海万吨级以上泊位235个。

宁波舟山港向世界强港迈进。2005年,时任省委书记习近平同志授牌成立宁波—舟山港管理委员会,按照"统一品牌、统一规划、统一建设、统一管理"原则,2016年实现全省港口一体化发展。宁波舟山港2009年以来货物吞吐量连续九年居世界首位,2017年成为全球首个货物吞吐量超"10亿吨"大港,承担了长江经济带原油、铁矿石进口总量90%、45%和长三角

1/3 国际集装箱量,连通世界 100 余个国家 600 余个港口。2015 年舟山江海联运服务中心获批设立。到 2017 年底,全省沿海港口货物吞吐量达 12.6 亿吨、集装箱吞吐量达 2687 万标箱。

统筹城乡交通发展率先推进。2003 年浙江省在全国率先实施"乡村康庄工程"。按照习总书记亲自绘制的蓝图,我们举全省之力大抓"四好农村路"发展,累计投入资金超 2000 亿元,新改建农村公路 9 万公里,率先实现等级公路通村率、路面硬化率"双百"目标。推行渡运公交化,建成陆岛码头 81 个,完成建桥撤渡、渡埠改造、渡船更新项目 1381 个,全面解决农村地区群众出行难问题。

交通运输综合改革改革深入推进。我省成为全国仅有的两个交通运输综合改革省之一。2015 年率先建立省综合交通改革与发展领导小组,将办公室设在省交通运输厅。省政府以 2017 年 1 号文件颁布现代综合交通发展意见。组建海陆空三大投融资平台,出租汽车、道路客运、驾培维修等改革先行先试,杭州巡游出租车和网约车改革、湖州港航"六证联办"等经验全国领先,中央深改办专报刊发我省交通综合改革经验。

交通物流发展先行先试走向国际。2007 年启动建设国家物流信息平台,实现从省内、国内到国际的跨越,被列为国家《物流业发展中长期规划》重大工程,互联世界 32 个港口,服务企业 45 万家,日交换量峰值达 3000 万条,年服务物流货值 13.5 万亿元。治理城市交通拥堵开创全国先河。2012 年起在全国率先启动实施省级层面城市治堵工作,至 2017 年底全省设区市市区公交分担率达 26.8%;群众对城市交通总体满意度达 88.8%。公共自行车、"斑马线"文明礼让等经验全国推广。平安智慧绿色交通全国领先。2013 年成立全国首个省级综合交通应急指挥中心,安全生产事故主要指标十年连降。以第一名的成绩通过交通运输部组织的专家评审,被交通运输部列为"绿色交通省"试点省份。ETC 车道率先覆盖全省,并实现全国联网。

二、基础设施成就

(一)发挥公路先导作用,实现路网布局全面优化

1. 以干线公路建设为重点,步入"恢复发展"阶段(1979—1990 年)

1978 年全省公路总里程为 1.86 万公里,公路密度为 18.29 公里/百平方公里。按照"先缓解,后适应"的工作方针,确定了一批交通重点建设"四、四、三、一、一"工程(即 13 项交通重点建设项目)。其中杭枫和杭父公路的全线改造,摘掉了"车子跳,浙江到"的帽子。飞云江大桥实现了浙南、闽北交通的通途。甬江水底隧道位于宁波镇海的甬江入海口,被称为我国交通事业发展的一个里程碑。它是我国第一条用"沉管法"修建在软土地基上的大型水底交通隧道;它的建成,填补了"沉管法"新工艺在我国软土地基上建造水下隧道应用的空白,开创了我国沉管隧道空设的新纪元;《宁波甬江水下隧道管段沉放法施工技术》获交通部 1997 年度科技进步二等奖。20 世纪 80 年代,浙江还相继建成了温州汽车西站、温州瓯江大桥、舟山海峡轮渡等公路基础设施。

2. 高速公路从无到有,进入"快速发展"阶段(1991—2002 年)

1991 年按照"统筹规划,条块结合,分层负责,联合建设"的原则,重点建设沪杭甬高速公路钱江二桥段 7 公里,1992 年 4 月通车,开创了浙江省高速公路建设的先河,实现了高速公路

零的突破。20世纪90年代浙江公路桥梁事业取得突破性发展,相继建成了钱江二桥、钱江三桥等特大型桥梁,其中钱江二桥是当时我国公路连续梁桥中连续长度最长的。为了更好地发挥浙江公路的整体作用和规模效益,1995年省委省政府提出公路建设实施"三八双千工程",即从1996年开始,用3年时间继续全线拓宽104、320等主要国省道干线公路约1000公里,形成各市(地)至省城杭州的一级或二级加宽公路网络;用8年左右时间,建成杭甬、杭沪、甬台温等高速公路约1000公里,形成各市至省城杭州的高速公路网络。它的实施标志着浙江公路建设从打通卡口、缓解"瓶颈",转变为集中力量打歼灭战,实行整条路网建设,以发挥公路的整体作用和规模效益。随着2002年杭金衢、金丽高速公路的通车,浙江"四小时公路交通圈"胜利建成,有效缓解了浙江公路交通运量增长压力,也标志着"三八双千工程"的提前实现。

3.提升网络化水平,进入"跨越式发展"阶段(2003年至今)

2003年实施交通基础设施建设"六大工程"。时任省委书记习近平同志批示"能快则快,适度超前"。"六大工程"建设也标志着浙江公路建设上实现了由低等级混合公路向高等级公路的跨越,进入了完善高速公路主网架,畅通省际通道为主攻方向阶段。杭州湾跨海大桥、舟山跨海大桥、嘉绍大桥等重大项目相继建成,基本形成内畅外联的高速公路网络。

2003年在时任浙江省省委书记习近平同志的决策部署下,我省在全国率先实施"乡村康庄工程",累计投入资金超2000亿元,新改建农村公路9万公里。2005年所有乡镇通等级公路,2010年率先实现农村公路"村村通",2013年习总书记两次批示肯定嘉善统筹城乡交通发展经验,2016年全面开展万里美丽经济交通走廊创建,2017年实现农村客车"村村通"。浙江省"四好农村路"获全国综合评定第1名,有关经验在世界农村公路大会上作了介绍。

目前,全省路网总里程达12万公里,其中高速公路4154公里,普通国省道7855公里,农村公路10.8万公里。全省建制村通硬化路率、通客车率均达100%,陆岛交通泊位、渡口达700余个,为全省成为全国城乡均衡度最高、收入差距最小省份提供了重要支撑。

(二)把握港航资源优势,服务国家战略和浙江开放发展(1991—2002年)

1978年浙江主要港口吞吐量为867万吨,没有万吨级泊位,2017年浙江拥有沿海港口泊位1084个,其中万吨级以上泊位235个,完成货物吞吐量12.6亿吨,集装箱吞吐量达2687万标箱;构建了"三位一体"港航物流服务体系,舟山江海联运服务中心获批设立,国内首艘2万吨级江海直达船下水,全省江海联运量超2.6亿吨;海铁、海河联运集装箱量超100万标箱;"海上丝绸之路指数"成为首个在伦敦波罗的海交易所发布的国外指数。1978年浙江内河航道总里程为100公里,2017年浙江内河航道总里程为9765.9公里,是1978年的97.66倍,其中500吨级及以上高等级航道里程1561.4公里(居全国第三位)。

(1)沿海港口方面:1978年建成的宁波港镇海港区两个连续式煤码头,奠定了宁波港从中小型港口过渡到大型港口的基础,也是宁波港第一个万吨级深水泊位,从此拉开了深水港口建设的帷幕。20世纪90年代浙江沿海开始形成了以宁波港为中心,温州、海门、舟山、乍浦港为骨干的大中小配套、布局合理、分工协作的港口群体。进入21世纪,浙江提出将水运大省建设为水运强省。2007年浙江在水运强省的基础上又提出了建设港航强省的战略目标。全省现有宁波舟山、温州、台州和嘉兴等4个沿海港口,形成"一主两辅"的港口发展新格局。大榭45万吨原油码头、北仑四期集装箱码头等重大工程技术领先。

(2)内河水运方面：为了充分发挥水运优势，"六五"期间，先后实施了杭甬运河航道改造工程和京杭运河与钱塘江连通工程，其中后者配套工程三堡内河码头是我国内河水系第一个利用外资进口机械装备的现代化码头。"七五"期间，浙江内河航道建设集中力量打歼灭战，对全省交通重点3条航道进行改造。进入21世纪，浙江努力实施水运强省战略，首先是对浙北杭嘉湖水网干线航道进行了改造。内河航道实现了由五级、四级向四级、三级改建跨越的阶段。富春江船闸、杭甬运河、钱塘江中上游航运工程等重大项目相继建成。京杭运河浙江段被交通运输部正式命名为国家级文明样板航道。

（三）机场资源整合全面完成，形成省内机场协同发展新格局

浙江省是全国通用航空综合试点省和低空空域管理改革试点省。目前，浙江已形成以杭州萧山国际机场为龙头，宁波、温州国际机场为骨干，台州、义乌、舟山、衢州支线机场为补充的运输机场体系。杭州萧山国际机场已实现双跑道运行。通用航空得到较快发展，全省已建成投运通用机场11个，包括建德千岛湖、东阳横店、绍兴柯桥、湖州安吉、湖州德清、绍兴新昌和舟山五岛（东极、岱山、嵊泗、衢山、桃花），每万平方公里拥有通用机场1.05个，高于全国平均水平。"十二五"末，杭州机场呈现快速增长态势，位列全国十大机场，成为全国第五大空港口岸。宁波、温州机场开发国际航线取得重大突破，宁波机场开通至罗马、法兰克福包机航线，温州机场开通温州至罗马定期航线。义乌机场开通了至韩国包机航线，机场旅客吞吐量首次突破100万人次。浙江本土航空公司长龙航空公司投入运营。

2017年全省民航旅客吞吐量达5759万人次，货邮吞吐量为80万吨，其中杭州萧山国际机场旅客吞吐量位列229个境内民用航空（颁证）机场的第10位，货邮吞吐量位列第6位。2017年11月，机场集团有限公司揭牌仪式在杭州举行，标志着新时代浙江民航发展踏上新征程。

三、运输服务成就

随着改革的不断深化，浙江交通运输运力运量迅猛增长，运输方式向高速运输、集装箱运输和特种运输转变，车辆船舶结构向大型、专业化发展，基本适应了国民经济发展和人民生活水平提高的需要，浙江现代化交通运输取得了长足发展。

（一）客运服务

自改革开放以来，浙江客运服务发生了重大的变化。1978年公路和水路的客运量分别为1.28亿人、0.58亿人；2017年公路、水路的客运量分别为8.01亿人、0.43亿人。40年间，公路客运量增长了5.30倍，水路客运量下降26%。

1.公路客运

(1)快速发展阶段(1979—1990年)

改革客运市场，大力发展省（市）际直达旅客运输，形成旅客运输竞争格局，浙江公路旅客运输实现较快发展(1979—1990年)。1978年公路运输市场开始放宽搞活，形成国营、集体、个体多家经营的格局，省汽运公司旅客运输"一统天下"的格局开始改变。20世纪80年代初，形成了以杭州为中心，连接各市（地）、县，8281个营业站遍布城乡、山区、海岛的客运网；同时，省汽运公司大力发展省（市）际直达旅客运输。1990年全省有营业性客车1.43万辆、

37.29万客位,完成公路客运量5.11亿人次,是1978年客运量的2.74倍。

(2)高质量发展阶段(1991—2002年)

依法治理整顿客运市场,发展快客、快线、快旅等高质量的运输经营方式(1991—2002年)。为规范公路运输市场,1993年《道路运输管理办法》及11个配套规定出台。大力拓展省内、省际客运,发展高速客运,更新运输装备。安全、新颖、舒适客车大量投入运营。市县公路企业大力发展公路长途旅客运输及高速客运,厂矿企事业单位客运、个体联户汽车客货运输得到进一步发展。公路建设事业突飞猛进,公路成网和路面等级的提高,以及全省"四小时公路交通圈"的形成,为发展高档车辆创造了条件。

(3)推进统筹城乡交通发展(2003年至今)

推进城乡客运一体化,强化服务质量,推动旅客运输向舒适、安全、环保方向发展,推进统筹城乡交通发展(2003年至今)。2003—2007年,站场建设按照城市总体规划、各功能区、客源点分布和客流方向,完善了国家级、省级公路主枢纽和市县站场设施,加快了乡镇客运站的建设;提前3年实现全省客车"村村通",全面解决农村地区群众出行难问题。

2.内河客运

(1)较快发展阶段(1979—1990年)

为了满足日益增长的内河客货运输的需要,1981年开辟杭州经太湖至无锡的旅游航线。1983年航运公司杭州分公司投入豪华型卧铺客轮首航苏州,打破了杭州—苏州客运航线长期以来由江苏省航运部门独家经营的局面。1987年个体户和联户客运量超过专业运输部门。该时期沿海旅客运输发展较快,开辟宁波—上海、宁波—温州、温州—上海等沿海各地间的客运航线,并不断提高服务质量;中断40多年的象山石浦—上海的客运航线,也于1989年正式恢复通航。高速客船从无到有,并投入营运,1986年全省第一艘高速客船投入营运。

(2)水路客运网基本形成阶段(1991—2002年)

由于其他运输方式的迅速发展,内河客源分流现象加剧,与之相反,随着旅游业的发展,内河旅游运输却有一定发展。2002年全省内河旅客运输量为2122万人。随着航空、铁路、公路运输继续迅速发展,对浙江水路旅客运输产生强大冲击,但陆岛旅客运输、岛际旅客运输和旅游运输,由于采用先进的高速客船和车客渡船组织运输,却有所发展,并基本形成了客运网。

(3)运输结构逐步优化阶段(2003年至今)

2003年以来,浙江通过调整改造船舶运力、拓展休闲观光旅游客运以及发展内河现代化货物运输等举措,极大地促进了内河运输的发展,内河运输实现持续增长。2004年杭州市水上公共观光巴士有限公司成立,水上巴士对于内河旅游客运具有开创性意义,是展示运河文化旅游的新亮点。2003年至2007年间,浙江海运业规模不断扩大,运输保障能力大幅提升,客运量从2122万人发展到3164万人,增加49%,年均增长8.3%。2008年至2012年间实施水上康庄工程基本解决海岛居民的出行问题。2013年至2017年期间推行渡运公交化,建成陆岛码头81个,完成建桥撤渡、渡埠改造、渡船更新项目424个。

(二)货运服务

改革开放以来,浙江货运服务渐趋正常。随着浙江城乡经济迅速发展,货物运输量需求逐渐增长,货运服务取得了较快发展。1978年公路和水路的货运量分别为0.27亿吨、0.44亿吨;2017年公路和水路的货运量分别为15.20亿吨和8.65亿吨,40年间分别增长了55.30倍、18.66倍;民航货运量2003年实现零的突破,到2017年增长为47万吨。

1. 公路货运

开放货运市场,创办公路集装箱运输,初步形成零担货物运输网,浙江公路货物运输实现较快发展(1979—1990年)。1979年省汽运公司面对日趋激烈的竞争,大力发展货车双班运输和拖挂运输,开辟新货源,更新货车,改善服务。1979年8月始办1吨货物集装箱运输,实现浙江公路集装箱运输零的突破,继办零担集装箱公铁联运、直达班车和国际集装箱水陆联运。恢复和开拓定线、定车、定班零担货运业务。改进零担公铁联运,缓解铁路运输压力。基本形成省内、省外干支线相连的零担货物运输网。

完善承包经营责任制,强化道路运输服务业管理,浙江公路货物运输实现持续发展(1991—2002年)。1991年以来,在汽运企业内部从推行经理负责制起步,逐渐深化为各个层次、不同形式的承包经营责任制,下放省营汽运企业,不断增强地市县企业活力。省汽运公司下放到市、县汽运企业后,推行各种形式承包经营责任制,调整运输结构,开展多种经营,增开跨区零担货运班车,承办货物中转联运及仓储业务。2002年全省拥有货运汽车36.03万辆,其中营业性货车19.44万辆、58.15万吨位,比1990年增长3.10倍和2.12倍。集装箱专用车辆达到2742辆、4139标箱,厢式货车达到2951辆、7289吨位。完成公路货运量6.46亿吨。

引导公路货运运力结构调整,推进传统货运业逐步向现代物流业转型,浙江公路货运在高起点上实现快速发展(2003年至今)。"十五"期间,道路货运业以发展快速货运、培育现代物流业为主线,提升行业服务水平,成立了"浙江快运"联盟机构,推进"小件快运"标准化作业的形象和服务体系,完善小件快运县级网络,推出20年市县的"站到门"业务,开展城乡配送网络研究和试点,推动长三角地区道路货运业的一体化进程。2008—2012年间浙江成为全国首个交通物流业发展试验先行区,农村物流得到长足发展。2013—2017年间坚持"互联网时代企业要创造市场,政府更要创新服务",做大做强国家物流信息平台,以信息化标准化推动现代物流发展。近五年来,随着国家物流信息平台的推进发展,货车空载率不断下降。

2. 水路货运

多种经济成分开放活跃水运市场,远洋运输兴起并迅速发展,浙江水路货运实现较快发展(1979—1990年)。这一时期,为了满足日益增长的内河货运的需要,通过基建投资、群众集资等多种筹措资金的渠道,发展船舶运力。随着浙江水路运输体制和运输市场发生变化,个体户和联户(简称"两户")船舶担负着部分工农业生产资料、生活资料的水上运输任务。1987年"两户"水路运输货运量超过专业运输部门。该时期,随着对外贸易的发展,大量的外贸物资急需运输,外贸运输和国际集装箱运输起步。宁波港对外开放后,给浙江的远洋航运及对外贸易带来了转机,外贸进出口吞吐量大幅增长。

内河集装箱运输兴起,具有浙江特色的海运队伍逐渐壮大,浙江水路运输蓬勃发展(1991—2002年)。随着浙江国民经济的快速发展和商贸业的大量增长,集中了主要内河货物运输量的京杭运河浙江段、长湖申线浙江段和杭申线浙江段,在内河货物运输中,发挥越来越大的作用,为地区物资交流作出了重要贡献。2002年全省内河货物运输量为1.62亿吨、货物周转量为1092.64亿吨公里。20世纪90年代后,浙江远洋运输事业呈现多家经营、共同发展的良好势头。截至2002年底,全省海上运输船舶达到346万吨,完成海运货运量8346万吨。

2003年以来,浙江海运业规模不断扩大,提升运输船舶向大型化、专业化发展,运输结构不断趋向优化,运输保障能力大幅提升,基本形成"北网南线、双十千八"的骨干航道布局,海运运力居全国各省份首位。特别是近五年来,浙江牢牢把握港口这个最大优势,以宁波舟山港为龙头,全力服务国家战略和开放发展。宁波舟山港向世界强港迈进,货物吞吐量连续9年居世界首位。多式联运快速发展,构建"三位一体"港航物流服务体系,舟山江海联运服务中心获批设立,湖州成为全国唯一的内河水运转型示范区。

(三)运输装备

改革开放初期公路运输车辆技术状况差,公路运输事故频发,"乘车难、运货难"的问题十分突出。同时,沿海港口没有深水泊位,沿海运输船舶遭到破坏严重,沿海城镇航运几乎陷于停顿。该时期浙江交通在运输装备方面严重落后,使得交通发展滞后于国民经济发展的需要。改革开放以来,浙江交通运输事业实现了跨越式发展,交通运输设备不断升级完善,基本满足了国民经济增长和人民生活的需要。

客货运车辆大量增加,运力结构以汽车为主,船舶技术改造得到提升(1978—1990年)。1978年公路运输市场开始放宽搞活,客运汽车大量增加。1979年8月实现浙江公路集装箱运输零的突破。1983年11月,浙江省首个个体客运在温岭诞生。在这一时期,各种形式的三轮、四轮机动车运输也随着乡镇企业的发展而兴起。1987年浙江市县汽车运输企业共有载货汽车4127辆,运力结构初步实现以汽车为主。1985年全省"两户"船舶5.4万艘、46万载重吨,相当于全省专业运输船舶的81%。1986年"两户"水路运输发展迅猛。在国家扶持下,利用银行贷款,新建了一批技术性能较好的1000~10000吨级货轮和550座双体客轮等新型运输船舶,较大地改变了船舶的状况。1986年船舶技术部门运用现代科学技术,完成了沿海货轮、客轮等客货船的船型、机型的定型系列工作,向船舶技术改造的标准化、规范化迈出了重要一步。

提高运输装备档次,提升运输服务质量(1991—2002年)。该期间大力拓展省内、省际客运,发展高速客运,更新运输装备。安全、新颖、舒适客车大量投入运营。截至2002年,嘉兴、湖州、绍兴、金华等市农用客车全部退出农村客运市场。2002年全省拥有货运汽车36.03万辆,其中营业性货车19.44万辆、58.15万吨位,比1990年增长3.10倍和2.12倍。高速客船在浙江沿海和杭州湾地区旅客运输中得到应用且形成一定规模。

提升运输设备技术,强化运输服务质量(2003年至今)。"十五"期间,随着经济社会的快速发展和交通基础设施的日益完善,公路运输保障能力迅速提高,满足了经济社会发展对交通运输的需求。舒适、安全、环保的高级客车比重逐步增加,班线高级客车占其总数的比重达到20%。2004年我国内陆湖第一艘豪华酒店式游轮"伯爵号"首航千岛湖,营运水泥船退出浙江历史舞台。2007年底内河船舶结构调整取得突破性进展,内河船型已逐步实现标准化。随着舟山江海联运服务中心的加快建设,国内首艘2万吨级江海直达船下水,2017年全省江海联运量超2.6亿吨。

四、行业管理成就

(一)法治建设

这些年浙江依靠法治改革,解决了许多长期想解决而没有解决的难题,办成了许多过去想办而没有办成的大事。建立和加强交通法规规章体系建设。现行有效的法规规章颁布最早的是1995年《航道管理办法》。从1995年到2017年,22年时间内颁布了12部交通地方性法规规章,基本形成地方交通运输法规体系,其中2012年4月制定出台全国首部质量安全管理方面的省政府规章《浙江省交通建设工程质量和安全生产管理办法》,以质量评定"备案制"代替质量"鉴定制"。2018年9月出台《浙江省交通建设工程质量和安全生产管理条例》,是全国唯一一个包含公路、水运、铁路的交通建设质量安全监管地方性法规。强化法治思维,完善重大决策程序,充分发挥法律顾问作用,制定事中事后监管标准。在全国交通运输行业率先开展行政执法规范化建设,深入实施行政执法"三基三化"和"五小工程"建设,加强执法形象"四统一"工作,提高基层站所标准化建设水平。深化非现场执法,进一步规范行政执法行为。推进信用交通省建设。聚焦交通出行、运输物流、工程建设、安全生产等重点领域,完善交通信用法规规范和标准体系,建成统一信用信息共享平台和浙江"信用交通"网站,加快推进行业监管"信用记录、信用共享、信用应用、信用规范、信用文化、信用保障"六个全覆盖。

(二)管理体制改革

1.公路水运行业管理体制改革

一是公路管理体制改革。从2001年开始,全面推行以"两合并,两分开,一加快"为主要内容的公路管理体制和运行机制改革。通过改革,公路管理机构与养护公司之间关系初步理顺,基本做到了管养分开、事企分开,同时建立并完善了省、市、县三级公路(路政)管理体制。二是水路行业管理体制改革。在水路行业管理上,随着《水路运输管理条例》《港口管理条例》相继实施和全省港航管理法规体系逐步完善,全省港航发展的法治环境得到了不断优化。坚持科学规划、合理规划、超前规划,全省水运规划体系框架已基本成型。三是港口管理体制改革。为更好地发挥浙江的港口优势,针对港口管理存在着港口规划执行不力、港口岸线的利用效率和效益较低等突出问题,浙江从推进宁波港的发展与改革、建立现代港口管理体制和现代港口企业制度、逐步促成港口整合、实施港航强省战略等方面推进了港口管理体制改革。

2.公路水运建设市场体制改革

一是实行"七统""五包",推进交通建设体制改革。浙江彻底打破以交通主管部门为主体的单一建设格局,出台以"七统""五包"为核心的建设体制。二是推行"一路一公司"的项目法人体制。从2002年开始,为有效组织实施"高速网络工程",加快高速公路建设,确保工程建设质量,所有高速公路建设项目按照"一路一公司"的原则组建项目法人,改变了以前在高速公路建设上存在的一路多公司、管理混乱和难以协调的状态。三是积极推行高速公路项目代建制。推行项目代建制有利于交通建设融入全球市场。克服了以往高速公路项目工程建设管理体制中存在的多种弊端。四是进一步完善交通建设招投标,大力推行无标底招标。2005年制定《公路、水运工程招投标管理管理实施细则》,并于2012年、2015年对其进行修订,提出了工程施工评标要按工程造价、施工方案、建设工期、工程质量保证、企业素质及信誉等五个方面进行评价。同时建立按专业分类的全省公路工程和水运工程招标评标专家库,走上了专家评标、业主定标、政府监管的路子。五是在全国率先组织开展了公路水运工程建设市场信用评价工作。覆盖公路水运工程设计、施工、监理、检测企业和部分从业人员,对市场从业主体的招投标行为和履约行为开展全面评价,引导企业强化履约意识和诚信意识,不断规范全省公路水运工程建设市场。

3."最多跑一次"改革撬动多领域改革

一是大力推进交通领域"最多跑一次"改革。交通运输部和省委省政府改革部署,提出"服务零距离、审批无障碍,一般不用跑、最多跑一次",深入实施群众和企业办事"路路通"行动,交通领域提前实现了所有办事事项100%"最多跑一次",信息孤岛和企业投资项目审批取得实质性突破,83%以上事项实现材料精简、75%以上事项办理时限压缩2天以上、60%以上事项实现"立等可取","全程办""移动办"加快推广,事中事后监管同步加强,得到部省主要领导批示肯定,在全国会议作经验交流。在此基础上,以"数字交通"建设为突破口,进一步深化"最多跑一次"改革,围绕五大职能,构建"1+3+7+N"总体框架,推进业务应用平台和试点项目建设。二是突破关键领域改革。全面完成海港、机场和交投铁投两大集团整合,实施交通运输安全生产领域改革,完善地方铁路监管模式,深化出租汽车行业改革,创新网约车、共享单车监管模式,加快高速公路差异化收费、道路运输市场化、货车检验检测等改革试点,努力破解制约行业发展的重点难点堵点问题。三是总结推广改革经验。坚持"成熟一批、推广一批",重点总结推广道路客运市场化、政府购买公交服务、农村渡运公交化、公路财产保险、普通货船"多证联办"等经验。

(三)投融资体制改革

1.率先实行"四自"工程

1992年12月,浙江省政府下发了《关于加快交通基础设施建设的通知》。该《通知》中明确:支持地方政府实施"四自"工程,如地方政府有积极性,工程设施符合收取通行费条件,可采取由地方自行贷款、自行建设、自行收费、自行还贷的办法提前建设。明确规定要积极利用外资、多渠道筹集内资,支持地方政府实施"四自"工程。

所谓"四自"工程即由地方"自行贷款、自行建设、自行收费、自行还贷"的公路建设体制。灵活的投融资新机制显示出巨大能量。私营企业和合资、外资企业的大量社会资金被吸引到交通基础设施建设中。浙江多年来交通建设资金不断"加码"的原因,可以归结是有一个好的机制。

2.推进多元化的投融资体制改革

全省交通系统通过交通投融资体制改革政策调研,确立了多元化投融资改革新思路,拓宽了筹资融资渠道。为加快交通基础设施的建设步伐,按照国务院有关投融资体制改革的精神,2016年7月浙江省发展改革委、省交通运输厅发布《关于贯彻实施交通基础设施重大工程建设三年(2016—2018年)行动计划的通知》,提出"深化投融资体制改革,做强做大交通投融资平台,加大引浙商、选外资、招央企力度,推动一批PPP示范项目建设。加大用地保障力度,重大项目优先列入省重点项目名单,积极争取国家新增建设用地规模指标、农用地转用计划指标和统筹耕地占补平衡指标的支持,研究推进站场土地综合开发"。

3.实施多方式的引进民资

交通基础设施是涉及国计民生的基础产业,建设资金需求量大,原有以政府为单一投资主体的投融资方式难以满足交通长期稳定发展的需要。积极引进民间投资,有利于减轻政府对交通投资的财政负担,形成交通产业投资主体多元化、投资渠道多样化的投融资体制新格局,实现交通跨越式发展。交通基础设施建设项目所需要的资金除原有的投融资渠道外,最大限度地开放民间资金市场,降低门槛。通过运用BOT、股权信托等市场化方式吸纳民间资本进入。

(四)技术政策及标准建设

1.健全技术政策体系

省政府以2017年1号文件颁布《推进全省现代综合交通发展的实施意见》,这是全国首个省级层面出台的推进现代综合交通发展政策文件。实施意见明确了"5411"综合交通发展思路,提出了"率先基本建成交通强省"的宏伟目标;全省综合交通建设动员大会,又提出了"交通强省1210行动",全面推进交通运输综合改革试点。出台《综合交通产业发展规划》,聚焦高端交通建筑业、临空经济、装备制造等重点领域,制定出台实施意见和精准政策措施,着力培育一批具有创新能力的排头兵企业,加快打造全省综合交通新兴产业。

2.加强行业标准建设

完成《高速公路交通安全设施设计要点(试行)》。在该要点除了对原有规范中有关高速公路交通安全设施的设置条件、设置形式等方面进行完善外,为尽可能减少事故的发生概率和事故的严重程度,提出了"主动"预防和"容错"的设计理念,引入了"路侧净区""隆声带"等新的交通安全设施。结合近年来对设计新理念的不断理解和在典型示范工程中的实践,特别针对勘察设计过程中碰到的重点、难点和热点问题,编制《山区高速公路设计要点》《高速公路软土处理设计要点》及《高速公路路面设计要点》,从全方位提升设计理念,为制定地方标准打下坚实的基础。此外,结合杭州湾跨海大桥和舟山大陆连岛工程西堠门大桥与金塘大桥项目,要求建设指挥部及时总结大桥建设的技术与经验,汇总编制具有浙江特色的海上建桥技术规范与标准,以指导今后浙江省的桥梁建设。积极打造品质工程,在全国交通建设领域率先实现高速公路标准化施工全覆盖。大力开展智能交通、轨道交通等前沿引领性科技创新,重点推进北斗系统、建筑信息模型、大数据等应用,计划新立项科技项目50项,完成及在编标准20项。

港航地方标准化工作取得新突破。自"十二五"以来,共完成《内河航道服务区总体设计规范》(DB33/T 845—2011)、《水路客运服务质量规范》(DB33/T 886—2013)、《内河桥梁整体顶升技术规程》(DB33/T 936—2014)、《内河限制性准Ⅲ级和准Ⅳ级航道通航标准》(DB33/T 2037—2017)和《港口及航道视频监控系统建设技术规范》(DB33/T 2061—2017)等5项省地方标准,对提升浙江省港航管理水平具有十分重要的意义和推广应用价值。

3.出台生态公路建设系列指南

编制出台《公路建设生态设计指南》《公路建设生态施工指南》及《浙江省交通建设工程机制砂生产(干法)及机制砂混凝土技术指南》《浙江省交通建设工程机制砂生产(湿法)及机制砂海工混凝土技术指南》等系列生态公路建设技术指南。在公路建设中贯彻"不破坏就是最大的保护"理念,在设计选线、施工组织、技术应用等方面采取绿色生态建设措施,全方位打造生态公路。

五、科技创新成就

(一)科技创新体制改革

1.加强政府主导的科技创新体系建设

实施"科教兴交"战略,建立健全交通科技创新体系,走科技引领的发展之路,制定了发展规划,明确交通科技的指导思想、发展目标、发展重点、发展举措。强化计划管理,建设科技基础平台,创造性地解决了一批交通建设、管理、运输生产上的技术难题,编制成果推广应用计划和浙江交通地方标准计划。制定并实施了《交通厅科技计划项目与成果管理办法》《交通工程科技项目招投标管理暂行办法》。

2.加强企业、院所、中介组织层面交通科技创新体系建设

深化科技体制改革,优化科技资源配置,交通科技整体实力不断增长。多年来,浙江交通系统与浙江大学及交通运输部原部属院校、部属科研单位等省内外教学科研院所开展了广泛合作,成效显著;省市交通设计院、浙江交院在完成设计和教学任务同时,也开展多项研究和成果推广,积极探索"产学研"结合机制,提升自身创新能力,推动了行业科技的进步。发挥科技中介组织的纽带和桥梁作用,有效配置科技创新资源,加速科技成果向现实生产力转化,提高整体创新能力。

3.重视科技人才培养

加快人才培养和智力引进步伐,在全国交通系统和省内各行业中率先制订了完整的人才工作规划,制订、落实实施规划的一系列措施,多方引进、培养人才。全省交通系统专业技术人才数量占职工总数逐步上升,人才学历结构和技术职务结构有了大幅度改善,人才质量有了明显提高,公路水路交通主要技术领域已拥有一大批专业技术骨干,人才培养和发展的良好机制已经形成。根据省政府《全面推进科研院所体制改革的实施意见》,交通科研所划归浙江交通职业技术学院管理,船舶运输设计研究所以及各地交通设计单位的体制改革工作加快推进,增强了交通科研院所的活力,进一步调动了科技人员的工作主动性和积极性。

(二)科研能力建设

1.加强交通科技规划

20世纪80年代末90年代初,浙江交通在总结"七五"科技教育工作的基础上,制订了"八五"科技教育发展规划,建立交通科技发展基金,在交通科研、技术开发上不断创新发展,取得新的成果。组织全省性调研,同步开展交通科技发展战略研究。在调研报告和战略研究报告的基础上,制定公路水路交通科技发展规划纲要。各市因地制宜,积极开展科技规划或发展思路的制订。通过强化计划管理,有效保障规划布局和主要任务有效落实,合理配置科技资源、组织科技活动。

2.完善交通科技政策

为加强科技计划项目与成果的管理,制定实施《省交通厅科技计划项目与成果管理办法》,明确各方职责,完善课题申报与实施、科技资金拨付、科技成果管理等内容。2007年制定《交通工程科技项目招投标管理暂行办法》,试行重大交通建设科技项目招投标。2013年

制定《浙江省交通运输厅科研计划项目与成果转化管理办法》,建立完善浙江省交通科研工作管理体制和运行机制。2015年制定《浙江省交通运输厅科技计划项目管理办法》。为加强行业科研信用管理,提高科技计划项目相关责任主体的信用意识,2015年制定《浙江省交通运输厅科研信用管理办法(试行)》,有效构建项目管理责任、约束机制,以竞争和鼓励创新为导向提升重大项目科研能力。

3.注重软科学研究

围绕发展战略、发展规划、行业管理的政策和法规、经济技术可行性研究和理论方法,交通软科学研究有效开展,增强了行业主管部门的决策科学化水平,提高行业管理的效益和效能。完成的主要课题项目有综合交通运输发展规划研究、"三位一体"港航物流服务体系研究、综合交通产业发展规划研究、交通运输综合改革研究、水上运输发展战略研究、农村公路发展规划研究、传统道路运输企业向现代物流企业转型研究等。

(三)重大科技创新成果及推广应用

科研成果获奖数量和质量多年处于全国领先,推广应用超过500项,行业标准化工作走在全国前列,承担了跨海大桥成套技术、物流信息交换网络等国家科技支撑计划项目和全国交通信息化示范工程。高速公路二义性路径识别、按实际路径收费,ETC实现长三角区域联网运行。船舶综合监管系统被列为国家物联网示范项目;组织实施了软土地基处治成套技术、高等级公路沥青路面裂缝和预应力混凝土连续箱梁桥裂缝治理、隧道施工监控与优化及连拱公路隧道综合修建、EPS轻质路堤在高速公路的应用、内河航道护岸结构优化、码头混凝土结构耐久性、特大桥梁建造等一批重大先进适用技术的推广应用。

以科技应用为基础的智慧交通全国领先。着力推进云计算、大数据、移动互联技术在交通运输领域应用,信息技术与交通融合度显著增强。

大力推进国家交通物流信息平台发展。被列为国家《物流业发展中长期规划》重大工程,互联世界32个港口,服务企业45万家,日交换量峰值达3000万条,年服务物流货值13.5万亿元。重点推进与龙头企业的信息互联共享,省内重点物流园区全部与平台完成互联。完善智能物流信息平台和服务系统,全力发展无车承运物流试点,培育菜鸟网络等全省22家部、省无车承运物流试点企业、集聚货车5万余辆。深化多式联运信息互联共享,开展上海铁路局、宁波舟山港等5个海铁、公铁信息互联。深入推进国际交流合作,被交通运输部列为"十大行业信息化工程"。

构建长三角区域交通服务信息共享平台。联合上海市、江苏省开展长三角区域交通信息资源共享合作,加大各类资源的共享利用;搭建了我省同上海市、江苏省的交通联动系统,实现高速实时路况、公路水路卡口、前序后序运输连接、交通监控图像等交换共享与汇集,发挥运输动态监测和调度指挥联动的作用。

建成省综合交通应急指挥信息平台,联合公安、气象、安监等12家省级单位,建立联动机制、整合信息资源,实现交通流量、天气状况、运行状况等动态信息实时监测,运用大数据技术开展高速公路通堵情况的预报,建设风险隐患应急事件上报系统、应急预案管理系统等,提高应急预防和处理能力。

建设综合交通智慧云平台。在全国率先开展综合交通信息资源整合,基本完成信息资源接入工作。全面推进与省级政府部门、大企业(阿里巴巴、宁波港)以及各市交通运输局的信息开放。充分利用公安、工商等系统数据,实现多方数据的融合,以提高数据的利用效率,提升政务服务能力。

建设完成交通基础地理信息平台。通过整合公路、港航、运管、质监等综合交通信息资源,并与省地理信息测绘局、图吧等单位合作,全面完成涉及矢量、卫星、海图等为一体的综合交通"一张图"的建设。该图已提供给各市交通运输部门、厅管厅属等单位使用,可为行业管理和公众服务提供基础的地图应用服务。

大力推进智慧公路建设。公路网监控覆盖率持续提高。按全省公路应急体系建设要求设置1406个视频监控,其中特大桥、特长隧道、长隧道、治超站设置率达100%;互通或立交的设置率为48.9%。ETC车道总量居全国前列,用户总量突破410万户,规模居全国第3位。ETC车流量超过1.6亿辆次,客车通行使用率超过46%。完善治超非现场执法系统。继续在全省主要干线公路和重要节点上安装动态称重设备与电子监控设备,对违法超限超载车辆进行全天候、不间断的自动抓拍、取证。2017年底我省已安装208套不停车预检设备,计717条车道,2017年利用动态称重设备记录的资料依法处罚超过15000例。

建立江海联运数据资源体系和应用平台。建设舟山江海联运公共信息平台,并先后与长江航运物流公共信息平台、国家物流公共信息平台互联互通。江海联运数据中心汇聚整合、交换共享了舟山港航和长航局数据200余万条,数据内容涵盖"船、港、货"江海联运物流信息。信息平台门户上线运行,为江海联运物流企业和相关单位提供一站式公共信息服务。港检单一窗口上线运行,实现引航调度、危货作业、船舶出入境等业务数据的一单多报和交换共享,有力促进口岸软环境改善。

推广北斗卫星导航系统。2014年以来,我省全面启动了符合部标的道路运输车辆卫星定位装置的安装及更换工作。截至2017年底,全省"两客一危"车辆、12吨以上重载货车及半挂牵引车含北斗导航模块的车载终端安装率接近100%。我省将道路运输车辆联网联控系统应用与行业管理工作紧密结合,实现营运车辆的数字化管理,推进信息化与业务管理的融合,充分发挥动态监控手段在事故预防方面的积极作用。

建成网上审批、数字化监管系统。相继开发应用了全省运政管理信息系统、综合监管平台、营运车辆联网联控系统、"浙江运政"网站及网上运政服务大厅、行业数据中心、驾培监管服务系统等十多个应用系统,推进了道路客运联网售票系统市场化运营。

建立浙江交通网站。省、市、县交通主管部门、厅管厅属单位和各管理部门建成自己的网站,更好地为民服务,为社会公众提供有效信息、需求信息。同时建立了专业的网站维护队伍,确保网站丰富内容,为交通跨越式发展提供宣传的载体和平台。"浙江交通网站"连续15次获全行业评比第一,公众出行栏目获全国政府精品栏目奖。

六、对外开放成就

(一)国际合作交流

1.国家物流信息平台战略地位日益凸显

国家物流信息平台先后与"一带一路"沿线6个国际港口和单位达成战略合作,获国家金卡工程"金蚂蚁奖"和《人民日报》头版头条肯定。在促进全球合作方面,国家物流信息平台被列入亚欧48国运输部长会议行动计划;互联世界32个港口,共享全球90%集装箱船舶动态信息,得到亚洲开发银行、国际海事组织、国际标准化组织肯定支持,成为国际上唯一具有规模的"物流信息根服务器"。平台成为我国物流信息化接轨国际的重要桥梁和纽带。

2.开创全球首个物流信息化国际合作机制

2010年国家交通物流公共信息平台牵头开展国际物流信息合作,开创了全球首个物流信息化国际合作机制——东北亚物流信息服务网络(NEAL-NET),为中国企业在全球化物流业竞争中占据了有利地位,促进了企业"走出去"。目前,NEAL-NET平台的用户覆盖国内60多家物流企业,其中95%以上是货代企业,构建国与国之间港口物流的"普通话"。目前,NEAL-NET已经实现3个航运企业全球船舶和集装箱状态信息共享,26个港口的集装箱状态信息开放,并参与联合国区域高效物流信息系统框架建设。

3.宁波舟山港成为开放发展桥头堡

宁波、舟山海域深水岸线资源得天独厚,是经济发展中最大的比较优势。突破行政区划界限,整合宁波、舟山港口资源,推进两港一体化进程,充分发挥整体优势,提高港口的国际竞争力,是实施"八八战略"的重要内容。自2006年1月1日起,正式使用"宁波—舟山港"名称。2007年宁波—舟山港航线总数超过200条。其中,国际远洋干线达100多条,连接全球100多个国家和地区的600多个港口,吸引了近300家国际海运和中介服务机构落户,排名世界前20位的集装箱航运企业都在宁波设立了分支机构。宁波—舟山港共拥有万吨级以上深水泊位84个,其中宁波海域65个,舟山港域19个。2016年7月10日,在海丝港口国际合作论坛上,宁波港股份有限公司与韩国釜山港湾公社签署建立"友好关系港"协议,与马来西亚联邦港务局签署"推动共同行动计划"。2017年5月14日,国家主席习近平在"一带一路"国际合作高峰论坛的主旨演讲中提到,宁波等地的古港是记载古丝绸之路历史的"活化石"。今天的宁波舟山港联结东西、辐射南北、贯穿丝路两翼,成为衔接中西部广大腹地与"一带一路"沿线国家和地区的重要枢纽港,也是浙江与"一带一路"沿线国家和地区互联互通的最前沿。截至2017年底,宁波舟山港实现10亿吨大港目标,完成货物吞吐量10.1亿吨,同比增长9.5%,稳居全球第一大港口,继2016年成为全球第一个年货物吞吐量超9亿吨的大港后,再次刷新世界纪录。

4.培养"一带一路"沿线国家交通人才

2017年9月12日,浙江交通职业技术学院隆重举行了首个海外"鲁班学校"的签约仪式。第十届中国—东盟教育交流周上,由浙江交通职业技术学院发起,联合贵州交通职业技术学院、柬埔寨工业技术学院决定在柬埔寨建立首个东盟国家"鲁班学校",服务国家"一带一路"倡议新需求。2018年3月12日,舟山引航站受中国引航协会委托,在上海与天元物流航运(香港)有限公司签署有关协议,对非洲加纳共和国塔科拉迪港引航员进行分批次定向培训,此举标志着舟山引航站为非洲加纳共和国引航员培训交流活动正式启动,这是中国首次为"一带一路"沿线国家培训引航员。本次引航员培训交流活动,有利于中国港口与非洲港口,乃至"一带一路"沿线港口间的进一步友好合作和交流,有利于提高舟山引航在国际航运界的知名度,有利于扩大浙江自由贸易试验区和舟山江海联运服务中心在世界经济领域中的影响力。

(二)企业"走出去"

1.持续推动项目合作和技术输出

浙江交工集团股份有限公司积极拓展省外和海外"两外"市场,自2007年承建刚果(布)2号公路一期工程开始,先后在刚果(布)、多哥、安哥拉、埃塞俄比亚、赞比亚、伊朗和玻利维亚等十多个国家工程建设市场,取得了良好业绩,获得了当地政府和业主的肯定和好评。

浙江省交通规划设计研究院以发展自己、服务全局为宗旨,在"营造和谐、尊重人才、注重科技、全面发展"的理念引领下,依托交通跳出交通,业务领域取得了综合发展,立足本省拓展省外海外,业务已进入柬埔寨、斯里兰卡、瓦努阿图等多个国家市场,综合国际化发展取得显著成效。2015年浙江省交通规划设计研究院坚持"走出去"战略,持续取得新成效,在继续与上海建工集团、中国冶金等央企开展合作,顺利完成柬埔寨7号公路修复、中马友谊大桥交通及照明设施、斯里兰卡机场高速(CKE)Kerawalapitiya预留互通和科伦坡外环公路北二段(OCH-NSII)、印尼万隆调整公路纵横断面测量、萨摩亚国际码头测量和勘察等海外项目,深入发掘现有海外市场,继续追踪已建成项目的后续配套工程的基础上,新开拓马尔代夫和萨摩亚市场,与中交公路规划设计院有限公司建立合作关系,业务范围进一步拓宽到交通工程及照明设备设计领域,2015年成功签订多个海外项目的勘察设计合同,在海外市场和合作伙伴方面都有了新的收获。

2.海丝指数走出国门

2015年10月23日,作为习近平主席访问英国期间中英双方达成的重要成果之一,由宁波航运交易所编制的"海上丝路指数"之宁波出口集装箱运价指数(NCFI)在波罗的海交易所官方网站正式发布。这是波罗的海交易所自1744年成立以来首次发布其他机构的指数,也是国家主席习近平应邀对该国进行国事访问期间中英双方达成的重要成果之一,标志着中国航运指数首次走出国门,获得国际市场认可,有助于提升宁波的影响力和国际化水平,也将有助于中国高端航运服务业迈向国际化,进一步提升中国在国际航运市场的话语权。

3.义乌首批入选国际陆港城市

2011年8月9日,义乌市向交通运输厅递交《关于建议将义乌市列为国际陆港城市推荐城市的报告》,浙江省交通运输厅于2011年8月15日上报交通运输部,请求交通运输部下一步将义乌市增列为国际陆港推荐城市,同时浙江省交通运输厅、省道路运输管理局领导及义乌市领导多次专程前往交通运输部进行专题汇报与对接。交通运输部领导高度重视这项工作并做了工作部署。2012年6月20—22日,联合国亚太经社会在泰国曼谷召开了"陆港协定特设政府间会议"。会议最终确定了《政府间陆港协定》的草案文本,中国交通运输部将包括义乌在内的17个中国陆港城市名单作为该协定的附件初步通报给了联合国亚太经社会。2013年5月1日,联合国亚太经社会第69届年会正式将义乌列为国际陆港城市。此次我国共有17个城市被列入国际陆港城市,义乌是我国东部地区唯一一个被列入国际陆港城市的内陆城市。

七、党的建设与精神文明建设

在推进交通基础设施建设、发展运输生产、加强行业管理的同时,浙江交通行业大力抓好队伍建设,抓好对先进人物和先进集体的表彰。各单位、各部门在建设、运输、管理等实践中,通过党的思想、组织、党风廉政等建设,通过对先进人物的发现和培养,造就了一大批劳动模范、先进生产(工作)者、优秀党员、优秀党务工作者、优秀工会工作者、优秀工会积极分子以及各级各类的先进集体。他们活跃在浙江交通的各条战线上,以自己的先进模范带头作用,影响和引领广大交通干部职工。广大交通干部职工的素质得以全面提高,又大大推进了浙江交通事业的发展。浙江交通就是在这种人与事之间的作用与反作用下,不断取得新的业绩,不断提升"惠民、奉献、服务"的水平,不断为浙江经济社会的发展做出自己的贡献。

(一)党建工作

交通运输厅党组以改革创新的决心,全面加强党的思想、组织、党风廉政等建设。抓好思想理论建设,抓好党性教育,抓好道德建设;坚持党管干部、党管人才的原则,全面实施交通人才工程,大力加强交通干部队伍和人才队伍建设;坚持"标本兼治、综合治理、惩防并举、注重预防"方针,严格执行党风廉政建设责任制,狠抓反腐倡廉教育和领导干部廉洁自律,把交通基础设施领域的廉政建设作为工作重点,着力构建具有浙江交通特色的惩治和预防腐败体系,为浙江交通事业的改革发展保驾护航。

深入践行习总书记提出的"不敢腐、不能腐、不想腐"要求,坚持制度建设、廉政教育和监督惩治"多管齐下",探索形成党建和队伍管理新机制。以文化自信打造交通铁军,形成了心齐气顺、风正劲足的政治生态。全面从严治党纵深推进。严格履行主体责任,强化党内监督和执纪问责,严格执行中央"八项规定"和省委"28条办法",积极配合省委巡视并深入整改。推进机关党建制度建设、纪委规范化运行、党风廉政巡察、主题党日活动、党建品牌创建等工作,不断创新举措、有效压实责任。人才队伍建设扎实推进。以"好干部"标准,严格规范选人用人,强化实践锻炼,大力培育年轻干部,加大干部交流力度,一大批市县交通运输部门负责人走上党政领导岗位。大力弘扬"工匠"精神,加强交通职业教育,开展重点工程立功竞赛,创新人才和"工匠型"专才不断涌现。

1. 党的思想建设

改革开放以来,浙江省各级交通部门结合交通特点和职工思想实际,开展党的基本路线、基本国情和形势教育,坚持四项基本原则,坚定社会主义方向,加强职业道德建设;学习邓小平同志南方谈话、江泽民同志"七一"讲话,开展"双基教育"形势任务教育和反和平演变教育,认真开展学习胡锦涛同志"八荣八耻"讲话,树立社会主义荣辱观的学习教育。认真学习党的十八大精神,深入开展群众路线教育实践活动、"三严三实"专题教育和"两学一做"学习教育,坚持加强和改进党的建设。高举习近平新时代中国特色社会主义思想伟大旗帜,全面贯彻党的十九大精神,不忘初心、牢记使命,大力弘扬红船精神,坚定不移沿着"八八战略"指引的路子阔步前进。

2. 党的组织建设

重视干部建设和干部管理工作,按照干部"四化"标准和德才兼备原则,做好干部的培养、选拔、任用等工作。按照政府机构"统一、精简、高效"要求,努力建设"办事高效、运转协调、行为规范"的机关管理体制和高素质的公务员队伍。同时,通过调整交流、岗位轮换、人员分流、大胆选拔年轻干部等举措,改变了机关干部年龄偏大、学历结构偏低和任现职岗位时间偏长的状况,进一步提高了厅机关干部的整体素质。组织了全省交通系统干部的挂职交流锻炼,并在挂职时间、要求、程序、范围等方面作了进一步规范,使全省交通系统干部挂职交流工作逐步进入了制度化、规范化轨道。

按照德才兼备、以德为先的要求,民主公开地选拔任用干部,推荐了厅管后备干部,完善了厅管后备干部工作机制。在全系统树立重实干重实绩的用人导向,探索优化干部考核评价激励机制,健全容错纠错机制,打破论资排辈,大力选拔敢于负责、勇于担当、善于作为的干部,尤其加大优秀年轻干部的培养使用力度,坚决消除一些干部精神上的慵懒散问题,营造只有工作压力、没有人际压力的大环境,让那些想干事、能干事、干成事的干部有机会有舞台。

3. 党风廉政建设

围绕压实主体责任,深入推进党风廉政建设巡察及"回头看"工作,开展履行主体责任专项检查,自上而下强化责任传导。围绕强化监督问责,推行清单管理,每月反馈、每季通报,对工作推进不力的单位和个人采取通报批评、约谈方式督促整改。围绕加强常态化管理,对身边发生的苗头性、倾向性问题及时报告、提醒、纠正,抓早抓小、防微杜渐。建立健全行业廉政建设体制机制。加强对廉政工作的组织领导,在建立健全体制机制上下功夫,抓好工程建设的关键环节。加快制度建设进度,针对行政审批、工程建设、财务管理、干部人事等重点领域存在的问题,制定和修改了一批制度,进一步充实完善招投标、双合同、执法监察、全程跟踪监察和廉政建设奖罚等制度。加强依法行政意识,提高执法人员思想素质和业务水平,不断完善政务、事务公开制度,规范公开程序,扩大公开范围。健全"廉政教育月"制度,通过廉政讲座、实地考察、集中研讨等形式开展集中教育,提高党员干部"不想腐"的自觉性。坚决落实"三会一课"主题党日、政治生日等制度,深入开展个人谈心谈话、预防性教育等工作。尤其加强警示教育,用"身边事教育身边人",以案释法、以案明纪,始终绷紧纪律之弦。

(二) 精神文明建设

社会主义精神文明是中华民族传统文化和传统美德在当代的传承和发展。自1979年9月27日中共中央提出要建设高度的社会主义精神文明以来,浙江交通人在建设社会主义物质文明的同时,努力建设高度的社会主义精神文明。经过40年的社会主义精神文明建设,浙江交通行业的精神文明得到极大提升,交通人的文化、文明综合素质得到显著提高,涌现出许多先进集体和优秀人物。

1. 精神文明建设活动

浙江省交通运输厅按照省委统一部署,具体安排,加强组织领导,结合实际,在职工中广泛开展了一系列精神文明建设活动,主要包括最美行业建设、文明创建活动、思想道德教育活动、作风建设年活动、创建文明行业活动、新闻宣传活动、慰问全省高速公路建设者活动、保持共产党员先进性教育活动、竞赛活动、关爱活动等。特别是党的十八大以来,全省交通运输行业干部职工深入学习贯彻习近平总书记系列重要讲话精神,深入培育和践行社会主义核心价值观,持续加强政治引领、思想引领、价值引领、文化引领和典型引领,全行业忠诚看齐潜意识、砥砺奋进新理念、价值引领聚共识、行业文化软实力、交通形象正效应显著增强。

2. 精神文明建设成果

改革开放以来,浙江交通人在推进交通基础设施建设、提高运输服务能力的同时,大力加强交通行业精神文明建设,构建交通核心价值体系,逐渐在全行业形成统一的指导思想、共同的价值理念、强大的精神支柱和基本的道德规范,创造了颇具现代意识和行业特色的交通行业文化,增强交通发展软实力,以先进文化引领交通全面发展。

交通行业文明创建工作,经过多年的发展,已经形成了文明行业、文明单位、星级服务单位、文明公路、文明航道、文明客运线和文明示范窗口七大创建体系,确立了"主管部门主管、行业管理机构主抓、业主(基层单位)主创"的创建格局,建立了标准体系,理顺了领导机制和管理机制,完善了考核评价的组织方法。在创建范围上,实现了由单纯精神文明建设到行业文明创建的转变;在创建体制上,实现了从"以条为主"到"条块结合、以块为主"的转变;在考评机制上,实现了从达标评比到申报制的转变;在载体设置上,以"文明公路""文明航道"为标志,实现了单项多头独创到要素整合共创的转变。涌现了一大批国家级、省级、市级和县级的文明行业、文明单位、先进集体、文明示范窗口、青年文明号、巾帼建功示范岗、星级单位以及一大批先进个人典型,文明创建取得了明显成效。全行业涌现出多位"全国五一劳动奖章"获得者、全国劳动模范等一大批先进集体和个人,为全行业做出表率。

在浙江公路水路交通发展实践中,培育和形成了"开拓进取、敢为人先、埋头苦干、无私奉献""团结务实、开拓创新、无私奉献、一心为民""惠民、奉献、服务"的交通精神,"无私奉献先行官,一心为民孺子牛"的浙江交通共产党员先锋形象,以及"铺路石"精神、"行道树"精神、"航标灯"精神,凝聚、激励全省交通人为交通事业的发展奋斗拼搏。"惠民、奉献、服务"这六个字,是对全省交通行业广大干部职工在长期工作实践中形成的各种崇高精神的高度概括和表述,是新时期浙江交通精神的生动写照,是交通事业的灵魂和血脉,是实现交通事业的科学发展、和谐发展的宝贵精神财富,也精炼地展示了交通人这种鲜活而崇高的精神力量,体现了交通的时代特点和实践要求。

3.交通行业文化建设

将弘扬先进文化作为交通工作的重要内容,率先在全系统开展"最美行业"创建。围绕"见人见物见行风,向上向善向美丽",制订五年规划和年度计划,按照"启动年、建设年、深化年、完善年、示范年"的时序分步推进,建立联席会议、考核督查等机制,形成省市县三级党组织上下同步、同频共振、创先争优的局面。弘扬"最美"理念,坚持从严治党、从心开始,通过省市党组织共同举办理论务虚会、学习会、培训班、在线学习等方式,深入学习习总书记系列重要讲话精神,强化党性修养和"四个意识",坚决维护以习近平同志为核心的党中央权威和集中统一领导。以核心价值观为引领,提炼"惠民、奉献、服务"交通文化,弘扬"老黄牛""铺路石""航标灯"等优良传统,凝聚共同价值理念和精神力量。培树"最美"人物,开展"十大最美人物""行业百名最美"评选,宣传凡人善举1100多件,选树最美典型300余名。"最美司机"吴斌感动中国,孔胜东当选全国道德模范,杨金龙、蒋应成荣获世界技能大赛冠军,应扬苹等连续入围和当选"浙江骄傲人物"、道德模范。打造"最美"窗口,坚守"车船路港站"等基层党建阵地,打造服务区、收费站、公交车等"十大最美窗口"并拓展至全行业,3561服务班、空港百灵等"最美品牌"深入人心。汇聚"最美"风尚,率先推行"斑马线礼让"并向全国推广。持续组织开展爱心送考、爱心巴士、春运志愿者等服务行动,带动身边人,传递好风尚。通过最美行业创建,有力弘扬正能量,提振队伍精气神,得到中央和部省领导的肯定。中央文明委向全国推广,"焦点访谈"栏目专门作介绍。2015年我厅作为我省和全国交通运输系统唯一省级单位被中央文明委授予"全国文明单位"称号,推动我省交通建设、管理、运输生产等各项主要工作走在全国的前列。构建和谐交通行业。大力推进重点工程立功竞赛、职工文联、职工体协、职工之家等载体建设,积极开展文艺汇演、职工运动会等活动,组织为民服务窗口、文明示范服务区、星级客运站、群众满意基层站所等创建工作,着力维护保障职工劳动权益,促进和谐劳动关系的建立,增强交通队伍的凝聚力。

(三)行业先进典型

浙江交通系统注重以先进典型树立交通行业新形象。涌现出了焦裕禄式的好公仆李锦荣、杨怀远式的好服务员张帆芳、为人民甘当铺路石的杰出英才傅亨遐、"方向盘上的活雷锋"舒幼民等为代表的"最美司机群体"、浙江交通十大感动人物等先进典型,集中体现了浙江交通精神,在社会上引起了强烈反响,是浙江交通人的楷模和榜样。先进典型频繁涌现。浙江交通推出了一批以宁波汽车南站"3561服务班""丁晓春车队"和"老兵爱心车队"等为代表的最美服务品牌,树立了浙江交通行业"共产党员知识分子的杰出代表""十大时代先锋"朱汉华等一批富有时代特色的先进典型。全省公路、运管、港航三大子行业分别被交通运输部和省委、省政府命名为文明行业,同时涌现了一大批国家级、省部级先进集体和劳动模范。特别是通过最美行业建设,以弘扬"惠民、奉献、服务"交通文化,发掘"最美司机"吴斌等一批先进典型为重点,打造十大美丽窗口,选树"行业百名最美",举办全系统职工运动会、文艺汇演、文学艺术"梅花奖"等群众性文体活动,形成"见人见物见行风、向上向善向美丽"的最美风尚,得到中央和部省领导高度肯定,中央文明办赴浙江省调研并高度评价。

勇立潮头敢为先　奋楫扬帆谋新篇

安徽省交通运输厅

一、综述

安徽简称"皖",位于华东西部,与山东、江苏、浙江、江西、湖北、河南六省接壤,东西宽450公里、南北长570公里,面积13.96万平方公里。安徽是东南沿海地区与内陆腹地的过渡带,也是沟通京沪宁的南北重要通道,为水陆交通之要津。

1978年,党的十一届三中全会拉开了中国改革开放的鸿篇巨制。40年来,安徽交通运输取得了翻天覆地的变化。全省交通建设年投资量从1978年的不足亿元跃升至2017年的842亿元,交通基础设施总量快速增长,交通网络不断健全,通达深度大幅提高,综合运输能力显著增强,交通瓶颈制约有力缓解,全国综合交通枢纽地位确立巩固,以高速公路和高等级航道为主骨架的公路、水路交通运输体系基本形成,为安徽经济社会发展提供了重要支撑、牵引和承载。

1978年至1985年期间,安徽交通按照"改革、开放、搞活"的方针,认真贯彻落实党和国家加快交通基础设施建设的决策部署,交通建设进入全面发展阶段。专设省交通厅山区道路办公室,全面开展山区公路建设,同时重点改造以合肥为中心的6条干线公路,其中合(肥)六(安)是全省第一条二级公路,合(肥)安(庆)路斋人铺至集贤关水泥混凝土路面是建成最早的一段高级路面。截至1985年底,公路总里程26998公里,其中干线公路10331公里、县乡公路16231公里,晴雨通车里程22941公里。公路运输实行国营、集体、个人一起上,进入继"一五"之后的"第二个黄金时代",长期以来的"乘车难、货运难"得到缓解。客运站点数增加到5545个,客运班次增加到9550个,客车增加到21246辆,客运量增加到22926万人次;货车增加到66043辆,货运量增加到2954万吨。水路运输缓慢发展,内河航道5515公里,其中水深1米以上航道3029公里,水运客运量1465万人次。

1986年至1990年"七五"期间,安徽交通坚持"解放思想、转化观念、深化改革、扩大开放",交通面貌明显改观。客货运输量比"六五"时期分别增长10.5%和28%,民用汽车增长69.3%,民用船舶吨位增长90%。加大干线公路技术改造力度,运用贫困村粮棉布(折款)修建贫困地区公路,利用世界银行贷款修建山区公路,投资新改建旅游公路,组织群众修建乡村公路。新增公路3138公里,省会合肥到各地市18条干线公路完成拓宽改造800公里。在全国率先兴建合(肥)宁(南京)高速公路(原称一级汽车专用公路)皖段,开创安徽乃至全国修建高速公路的新时代。安徽省第一部公路管理法规《安徽省公路管理条例》颁布实施。水运基础设施建设步伐加大,疏浚整治航道55条,新增航道35公里,新建一批船闸、码头。安徽远洋拥有的第一艘万吨级"皖如"号投入运营,第一次走出国门,开辟安徽至日本、新加坡等航班。全省公路、水路运输市场已由计划经济模式逐步转变为社会主义市场经济模式,国营运输企业的垄断地位被打破,运输业迅猛发展,车船经营户达10.2万户、车船19.3万辆(艘),对商品流通起到很大的促进作用。

1991年至1995年"八五"期间,随着宏观经济体制改革以及改革开放从沿海向内陆腹地纵深,安徽交通进入大发展、大提高、大跨越阶段。交通基础设施5年累计完成66亿元,是"七五"的5.6倍。合(肥)宁(南京)高速公路、合(肥)巢(湖)芜(湖)高速公路、铜陵长江大桥建成通车,实现高速公路和长江大桥零的突破。实施公路计划管理体制改革,公路推行分级管理新机制,实行公开招投标、工程监理制度、重点工程建设业主负责制和多种形式筹资、融资、贷款、发行债券、引进外资等改革措施。港口建设提速,芜湖朱家桥外贸码头建成、长江沿线五大港口改造扩建,实现万吨级巨轮停靠和对外籍船舶开放。初步形成以省会合肥为中心,以高速公路、一级公路、二级公路为主骨架的公路网和内河大中小配套的港口体系。运输能力快速增长,合肥至北京、广州、深圳等超长距离直达汽车客货运输班线相继开通,远洋、江海运输船队相继出现并初具规模。行业管理全面加强,制定一批地方交通法规,强化交通行政执法、执法监督和执法宣传,执法人员素质和办案水平普遍提高。

1996年至2000年"九五"期间,是安徽交通事业继续保持较快发展的历史时期。五年累计完成交通固定资产投资273亿元,是"八五"的4.14倍。全省新增通车里程9315公里,其中高速公路新增347公里,二级以上公路2389公里。沪蓉高速公路高界段、界阜蚌高速公路、芜湖长江大桥、南照淮河公路大桥、南淝河航道整治等一批重点工程相继竣工投产。公路总里程名列全国第十五位,高速公路总里程居全国第十二位。公路密度每百平方公里32公里,居全国第十五位;二级以上公路占比11.74%,高出全国平均水平2个百分点。农村公路建设开始起步,采取民办公助、民工建勤、征收小机养路费等政策,投入以工代赈资金、政府专项资金、国债资金等多项资金,支持和加快县乡公路建设。截至2000年末,县乡公路通车里程达到33720公里,乡镇通油路达93.2%,行政村通公路达85.6%以上,基本实现乡乡镇镇通公路;农用运输车辆增加到38848辆,大大方便了农业生产和农民出行。公路养护以市场为导向的养管分离迈进,公路养护水平显著提升,在1997年全国公路养护与管理综合检查中荣获全国第十名。港口建设以长江干流千吨级和淮河300~500吨级码头泊位为重点,疏浚维护30多条航道,建成枞阳、杨桥等船闸,通航萧濉新河,沟通淠淮航道。新建客货运汽车站场40个、社会公用站100个,客货车辆比"八五"末分别增长68.1%和53.5%,民用船舶增加62万吨位。出台《安徽省道路运输管理条例》《安徽省水路运输管理条例》《安徽省公路路政管理条例》等一批地方性法规规章。安徽皖通H股在香港联合交易所挂牌上市,成为全国首家在境外上市的高速公路股份有限公司。

2001年至2005年"十五"期间,安徽交通抓住实施"861"行动计划通达工程的重大机遇,保持快速发展。交通固定资产投资完成706亿元,是"九五"的2.6倍,超过"七五""八五""九五"的总和。合徐高速公路、界阜蚌高速公路、连霍高速公路安徽段以及芜湖、安庆长江大桥等一批重大交通基础设施相继竣工通车,高速公路初步连片成网。新增公路里程7454公里,其中高速公路1034公里、二级以上公路3798公里。公路总里程达到72807公里,比"九五"末增长11.4%,高速公路总里程1501公里、在建1500公里,二级以上公路总里程11475公里,占公路总里程的比例由"九五"末的11.7%提高到15.8%。新改建农村公路3.34万公里,99.87%的乡镇通了水泥混凝土路或沥青路,99.27%的行政村通了机动车。公路密度由"九五"末的46.8公里提高到52.4公里。航道建设以"江淮水运振兴工程"为重点,按照通航300~500吨级的标准,着重建设长江、淮河水系主要支流航道,内河航道总里程达到6504公里、居全国第七位,通航里程超过5600公里、居全国第八位,生产性码头泊位1359个,5000吨级以上泊位32个。新增汽车站(场)36个,社会公用站79个,乡镇客运站90个。民用船舶33362艘,净载重量1371万吨,比"九五"末增长301.1%,居全国内河第一位。乡镇和行政村通车率分别达到99%和81.2%。干线公路实行工区和道班相结合、人工养护与机械化养护相结合,推行机械化、专业化养护,实现"管养分离、招标养护"。

2006年至2010年"十一五"期间,安徽交通坚持科学发展,统筹规模与速度、质量与效益,实现又好又快发展。交通建设投资规模显著扩大,完成交通建设投资1125亿元,比"十五"增加58%。重点加强高速公路、农村公路,以及基础薄弱的内河港口与航道、公路场站枢纽建设,高速公路、农村公路投资分别占总投资的57%和23%,水运基础设施投资比"十五"增加近6倍。全省公路总里程14.94万公里,公路网面积密度107.16公里/百平方公里,比"十五"末增长105%。境内国家高速公路网基本建成,规划的2781公里国家高速公路建成2602公里;省级高速公路网开始启动,建成通车327公里,实现"南北6小时过境、东西3小时过境"。干线公路通车里程12412公里,其中国道5037公里、省道7375公里。二级及以上公路比重增加到91.4%。农村公路"村村通"提前完成,新改建农村公路7.3万公里,农村公路里程达13.6万公里。建成通村公路桥梁900座,改造危桥753座。所有乡(镇)都通了油(水泥)路,建制村公路通达率99.97%、通畅率99.6%。开工建设芜申运河安徽段、蚌埠复线船闸、合肥港综合码头一期等一批重点工程。四级及以上高等级航道里程达1084公里,占通航总里程的19.4%。生产型泊位1351个,其中千吨级及以上泊位389个,比"十五"末增加148个。港口吞吐能力达3.9亿吨,居全国内河水运第三位、中部六省第一位,比2005年增长171%。7个城市列为国家级枢纽城市。共有公路客运站6448个,比"十五"末增加7.6倍,四级以上公路货运场86个,农村客运站1002个,比"十五"末增加773个。民用航线40多条,航线总里程3万余公里,合肥、黄山成为国家一类航空口岸。在全国首批一次性取消政府还贷二级公路收费。完成船检体制改革。开展出租车行业管理体制改革,成立省客运出租车管理办公室。探索交通投融资体制改革,在全国率先成立农村公路建设投资中心,组建港航建设投资集团公司。在全国率先申请使用世界银行、亚洲开发银行贷款用于国省道路网改造、内河航运建设。出台《安徽省港口条例》《安徽省道路运输管理条例》《安徽省农村公路条例》等地方性法规。启动创建"微笑服务、温馨交通"主题实践活动,受到交通运输部和社会各界的肯定和好评。六安裕安区交通局、芜湖港被确定为全国交通运输系统12个交通文化建设试点单位。

党的十八大以来,安徽交通坚持以新发展理念为引领,以落实五大发展行动计划为主线,以加快构建现代立体化综合交通运输体系为目标,交通运输发展实现新的历史性跨越。"微笑服务、温馨交通"、治超、建设"四好农村路"、打造品质工程等多项工作在全国创造了安徽经验,安全生产连续三年获安徽省先进,省交通运输厅机关连续两年在安徽省委综合考核中获评"好"等次,连续两届获得"全国文明单位"称号。交通规划体系逐步完善,高速公路网、普通省道网中长期规划发布实施,公路水路建设规划纳入省政府现代基础设施建设"1+9"规划。基础设施建设成果丰硕,2012年至2017年累计完成交通建设投资4286亿元,建成马鞍山长江大桥、望东长江公路大桥、蚌淮高速公路、溧广高速公路等32个高速公路项目,完成芜申运河、沙颍河、合裕线三大干线航道整治等16个水运重点工程建设,建成合肥港综合码头、郑蒲港一期工程、合肥综合客运枢纽站、皖北徽商物流港等,完工农村道路畅通工程5.5万公里。截至2017年底,全省公路总里程20.3万公里,较2011年底增加5.4万公里,居全国第八;路网密度145.83公里/百平方公里,较2011年底增加38.56公里/百平方公里,居全国第五;普通国省道中二级及以上公路占比92.5%,居全国第六;高速公路通车里程4673公里,较2011年增加1664公里;一级公路总里程4151公里,是2011年底的6倍多。全省内河航道总里程6612公里,居全国第七位,通航里程5728公里,居全国第八位,其中高等级航道里程1433公里,居全国第五位。综合交通运输不断完善,多式联运、江海联运、甩挂运输、接驳运输等多个项目被列入国家试点。公共交通服务能力进一步增强,合肥等5市列入国家公交都市创建示范城市,"四好农村路"舒城经验得到交通运输部肯定,省级"优先发展公共交通示范城市""城乡客运一体化示范县"创建启动,合肥轨道交通1号线、2号线开通运营,全省乡镇通客车率达到100%,建制村通客车率为98.73%。综合物流持续完善,合肥、安庆等5市入围《全国物流园区发展规划》;成立国内首家省级民航城市候机楼联盟,开辟国际及地区航线12条;设立乡镇快递服务网点4140个,实现乡镇全覆盖;合肥市获批"中国快递示范城市"。落实中央车购税改革要求,实施公路部门预算管理体制改革,确立国省干线公路"省市共建、以市为主"的基本格局,推动了全省公路行业持续健康发展。完成全省地方海事(港航)管理体制改革,将原垂直管理的地市地方海事、港航部门人财物划归所在设区市。出台出租汽车行业改革实施意见,制定网约车经营服务管理相关政策,推进传统出租车转型升级和网约车规范发展。深化投融资体制改革,大力推广实施高速公路和国省干线PPP模式。推进管理体制机制改革,省级权力事项核减率达70.1%,"3+2"权力清单制度体系和"双随机"抽查机制基本建立,交通窗口"只来一次"公开服务承诺得到省政府全面推广。先后颁布《安徽省治理货物运输车辆超限超载条例》《安徽省水上交通安全管理条例》《安徽省城市公共汽车客运管理条例》《安徽省出租汽车客运管理办法》等地方性法规和政府规章,其中《安徽省治理货物运输车辆超限超载条例》是全国第一部治超地方性法规《治超条例》,并入选安徽省2014年"法治政府建设十件大事"之一。在全国交通运输系统率先制定加快建设法治政府部门实施意见,在安徽省直机关首家出台规范重大事项决策行为办法。公路超限超载势头得到有效遏制,超限超载率下降到1%以下。"安徽精度"享誉全国,160余项科技成果获得国家及省部奖励,马鞍山长江公路大桥获乔治·理查德森奖、芜湖长江公路二桥获全球BE创新奖,6项重大成果获詹天佑奖、李春奖、鲁班奖。"微笑服务、温馨交通"成为全国交通十大文化品牌、省文明单位创建十佳品牌。

二、基础设施成就

改革开放以来,随着经济社会的快速发展,安徽交通基础设施建设强劲发力、跨越赶超、全面升级,并积极融入国家交通大建设浪潮中。

(一)公路建设高歌猛进

一个以高速公路为骨架,以国省道干线公路为支撑,农村公路为基础的综合交通网络基本形成,干支相连,纵横交织,与水路、铁路、航空衔接有序,南北6小时、东西3小时过境,公路路网结构明显改善,服务水平大幅提高。

1.高速公路建设迅猛发展

改革开放以来,安徽省委、省政府认真贯彻党和国家对加快交通基础设施建设的方针、政策,把高速公路建设作为经济发展、交通先行的战略决策,放到优先保障的地位。全省交通职工乘风破浪,砥砺前行,全省交通面貌显著改观。自1986年10月1日,开工建设第一条高速公路——合(肥)宁(南京)高速公路以来,安徽高速公路基建呈现爆发式发展,逐步形成了四纵八横、承东启西、连接南北、结构合理、协调配套、高效快捷的现代化高速公路网络体系。

(1)起步发展时期("八五"时期)

"八五"期间,安徽交通进入一个更利于发展的新时期。在全国率先建成了首条合(肥)宁(南京)高速公路,拉开了安徽省高速公路建设的序幕,并以合宁高速公路总资产为股本,发起设立安徽皖通高速公路股份有限公司,开创了国内公路企业境外融资的先河,同时建成了安徽省第二条即合(肥)巢(湖)芜(湖)高速公路和铜陵长江公路大桥。

1995年9月底,合宁高速公路建成通车,这不仅拉近了安徽与华东地区的距离,更在1991年夏的特大洪水中,成为省会合肥与外界联系的唯一陆路通道,被群众亲切地称为"救命路"。1993年,交通部授予合宁高速公路皖境段"全国十大公路工程"光荣称号。12月,安徽省第二条高速公路——合(肥)巢(湖)芜(湖)高速公路建成通车。后续工程芜湖长江大桥北岸公路接线工程于2000年9月通车。该项目是安徽省"八五"期间交通基础设施建设重点项目,也是安徽省通往沿海经济发达地区的重要干线公路。年底,安徽境内第一条长江大桥——铜陵长江公路大桥建成通车,使千百年来阻隔安徽南北的长江天堑变通途。

(2)提升建设时期("九五"时期)

"九五"期间,是安徽交通事业继续保持较快发展的历史时期。安徽交通在建设总量、公路总里程、总投资量和建设质量方面跃上一个大台阶。1997年亚洲金融危机造成国际国内通货紧缩,有效需求严重不足的严峻形势,开辟新的投融资体制,出现投资主体多元化,地方、民营企业合作建设高速公路,相继建成了国内水泥混凝土高速公路中的典范——高(河)界(子墩)高速公路和皖南山区首条高速公路——宣(城)广(德)高速公路。1998年相继开工建设连(云港)霍(尔果斯)高速公路安徽段、合(肥)徐(州)高速公路和合(肥)安(庆)高速公路。

1997年9月,宣(城)广(德)高速公路建成通车。宣广高速公路是皖南地区的第一条高速公路,是安徽省江淮腹地连接长江三角洲地区的交通大动脉。1999年5月1日,长达110公里的高(河)界(子墩)高速公路建成。高界高速公路是国家"九五"重点工程之一,是国道主干线沪蓉高速公路和京福高速公路的重要组成部分,也是通往江西、湖北、湖南等省市的一条东西向重要交通运输干线。

(3)加速提质时期("十五"时期)

"十五"期间,是实践科学发展观,贯彻国家宏观调控政策,持续取得经济社会发展显著成就的五年,也是安徽省全面实施社会经济发展"861"计划中的通达工程的重要时期。安徽交通保持了快速发展的局面,国家规划的"两纵两横"国道主干线皖境段全部建成,全省东西、南北高速公路大通道贯通,形成以省会合肥为中心、以高速公路为骨架的"十字形"交通主干网。

2002年7月1日,连霍高速公路安徽段建成通车,极大地促进了沿线地区和两淮煤炭基地的开发,进一步加强了中西部地区与东部沿海城市、港口的合作与交流。9月29日,合肥至安庆高速公路正式建成通车,这也是全省第一个世界银行贷款公路建设项目,实现了上海至成都、北京至福州国道主干道在安徽境内的全线贯通。合安高速公路是我国国道主干线"五纵七横"中的"一纵一横"。2003年12月18日,合(肥)徐(州)高速公路安徽段建成通车。至此,安徽省高速公路通车总里程突破1000公里,实现了通车里程和在建里程"双超千公里"的突破性进展。2004年7月11日,广德至祠山岗高速公路正式建成通车,实现了合肥至杭州高速公路安徽段的全线贯通。12月26日,安庆长江公路大桥建成通车,为缓解过江交通压力,促进皖西南大别山区的经济快速发展,发挥了重要作用。"十五"时期,还有芜宣高速公路、界(首)阜(阳)蚌(埠)高速公路等相继建成。

(4)全面加快时期("十一五"时期)

"十一五"期间,进一步对接长三角,完善国家重要干线公路网,形成高速公路网规模效益,建设投资逐年攀升,步入全面加快阶段。

2004年4月开工建设的沿江高速公路全长约161公里,是国家高速公路东西横线上海至重庆的重要组成部分,也是安徽路网中"四纵八横"的重要组成部分。2005年10月,合(肥)淮(南)阜(阳)高速公路开工建设。合淮阜高速公路对于加快皖北经济发展,沟通淮南、阜阳两大皖北中心城市与合肥的经济联系,促进合淮同城化发展,尤其是对加快淮南市煤电基地建设具有十分重要的意义。

2007年9月28日,铜(陵)黄(山)高速公路建成通车。该高速公路是G3北京至台北高速公路在安徽境内的一段,项目串联了九华山、太平湖、黄山、徽州古民居等著名风景名胜区,构筑了安徽和江浙沪快速旅游经济圈,搭建了"无障碍旅游经济圈",被誉为合肥至黄山的"搭桥工程"。11月28日,安徽省合肥至六安至叶集高速公路建成通车。合六叶高速公路是西部开发大通道合肥—西安公路的重要组成部分,也是安徽省"三纵四横七连"公路主骨架规划中的"一横"的重要路段。

2008年11月1日,第一条皖赣高速公路——安庆至景德镇高速公路安徽段通车。11月13日,合肥环城高速公路全线通车,缩短了城际空间,提高了物流速度。12月26日,黄(山)塔(岭)桃(园)高速公路建成通车。2009年12月28日,安徽省大别山革命老区第一条高速公路——六安至岳西(黄尾)至潜山高速公路建成,对于推动大别山区的开发开放,促进革命老区的发展致富,具有重大意义。2013年12月31日,马鞍山长江公路大桥建成通车。该桥是安徽省第一座完全依靠自身力量管理建设的跨江大桥,对于加快安徽省与长三角地区的全面对接,进一步促进区域经济一体化发展等发挥了重要作用。

(5)科技提效时期("十二五"时期)

"十二五"期间,全省交通系统抢抓大建设、大投资、大发展的良好机遇,以推进现代工程管理为主线,以标准化建设为抓手,实现"十二五"高速公路发展规划,累计完成高速公路建设投资892亿元,较"十一五"增长45%;建成马鞍山长江大桥、黄祁、泗许、徐明高速公路等25个项目;新开工建设望东、池州两座长江大桥,芜湖二桥,济祁高速公路等项目。

2012年1月16日,绩溪至黄山高速公路建成通车。该路对皖南地区融入长三角,加入国家级承接产业转移示范区,推动区域经济一体化进程等具有重要意义。1月20日,周集(霍邱境内)至六安高速公路全线通车。8月8日,蚌埠至淮南高速公路正式通车。2012年12月19日,以架桥形式穿越江南水网地带的芜湖至雁翅高速公路正式通车。12月24日,泗(县)许(昌)高速公路淮北段建成通车。2013年5月10日,合肥新桥机场高速公路开通运营。9月8日,宣城至宁国高速公路孙埠至宁国段建成通车,这对完善安徽省和与华东地区高速公路网建设具有重要意义。11月22日,皖豫省际通道——阜阳至新蔡高速公路安徽段正式开通运营。12月30日,地处黄山风景区的黄山至祁门高速公路建成通车,皖赣两省之间又添一条快速通道。

2015年,安徽高速公路项目建设加快推进,年度建设任务全面完成。岳武、宁千、滁马、铜南宣高速公路及望东长江大桥北岸接线和济祁高速公路砀山段、永利段7个项目顺利建成。济祁高速公路淮合段、利淮段及溧广、狸宣、广宁高速公路,望东长江大桥、芜湖长江二桥、池州长江大桥等在建项目顺利完成节点计划。开工建设试刀山隧道和陇西至路口应急工程,滁淮高速公路和池州长江大桥接线开始规模化施工;合宁、合安、合巢芜高速公路改扩建等项目前期工作加快推进。

(6)奋力推进时期("十三五"时期前两年)

进入"十三五"时期,安徽交通运输主管部门扬长避短,奋力作为,保证了稳中求进。

2016年,强力推进项目建设,保持了大投资、大建设的良好态势。望东长江大桥,溧广高速公路,济祁高速公路利淮段、淮合段,试刀山隧道应急工程等项目建成通车;芜湖长江二桥、池州长江大桥、滁淮高速公路等在建项目完成节点目标,合宁、合安、合芜高速公路改扩建项目加快推进;芜黄高速公路、固镇连接线等4个"县县通高速"项目和芜宣广、合六叶等高速公路改扩建项目前期工作全面启动。

2017年高速公路建设完成投资164.6亿元,超年度计划5个百分点。顺利建成芜湖长江二桥和巢无、狸宣高速公路。完成合肥绕城高速公路陇西至路口段"四车道改十车道"扩建,其他扩建项目也实施了规模化施工,池州长江大桥、滁定、定长、广宁高速公路等在建项目也加快推进。芜黄、滁州西环和固镇连接线开工建设。打通泗许、徐明高速公路与省际路网的贯通效果显著。

2.普通公路建设高速推进

改革开放以来,全省交通公路系统认真贯彻执行省委、省政府决策部署,积极推进公路交通基础设施建设,坚持"统筹规划、条块结合、分级负责、联合建设"的方针,构建"省市共建"、多渠道、多元化集资模式;坚持推行多种形式的建设、养护、管理、经济承包新机制,强化公路养护管理,不断提升文明服务水平,为推进"三个强省"和美好安徽建设,实现全面建设小康社会目标提供了强有力的公路交通基础保障。据统计,普通国省干线公路投资从1978年的不到亿元,上升到2017年的358亿元,增长300多倍。2013—2017年,普通国省干线公路、农村公路建设分别完成投资1858亿元、711亿元,安徽公路总里程也从1978年的2万公里,增至2017年的203285公里。全省公路运输网络基本形成。

自1985年以来,安徽省委、省政府先后出台《关于加快公路建设的决定》《关于加快交通运输基础设施建设的意见》《关于进一步完善投融资政策,促进普通公路持续健康发展实施意见》等一系列文件,从政策层面明确了公路建设的基本原则、发展目标、责任主体和筹融资方式,推进了公路基础建设持续发展。

改造重点干线公路。1984年,以合肥为中心的合六(安)、合安(庆)、合芜(湖)、合浦(口)皖段、合蚌(埠)和合淮(南)6条干线公路进行改造,初步改善了城市出入口路段的阻车现象。随着全省经济迅速发展,对公路建设提出了更高的要求,安徽省交通厅审时度势,及时提出"拓宽改造由合肥通往15个地市的15条主要干线和皖北三条地市连接线共18条干线公路,以提高其通过能力"的意见。1985年11月,省政府正式部署了18条干线公路的拓宽改造任务。自此,在全省兴起了干线公路改造的热潮。至1990年底共拓宽改造公路千余公里,使全省一、二级路里程增加到2195公里,高级和次高级路面达到9039公里;拓宽改造路段的桥梁大都相应加宽,全面提高了通行能力。1990年,全省第一条一级汽车专用公路——312国道合肥至周庄段建成通车,为安徽公路向高速标准发展奠定了良好的基础。2011年,安徽省交通厅与地方政府对接,采取省市共建,实施"存量挖潜",加快路网结构优化升级,顺利完成了全线186公里一级公路改造,普通干线公路综合服务水平进一步提高。

加大旅游公路建设。为开发安徽旅游资源,推动促进区域经济发展,安徽省交通部门加大建设以黄山为中心的皖南旅游区公路交通,投资3.2亿元,新、改建连接黄山、太平湖、九华山及溶洞景点的7条旅游公路,完成新、改建工程300余公里,极大地改善了旅游公路交通的状况,为地区旅游业快速发展发挥了重要支撑保障作用。

大力发展农村公路。1979年,全省县乡公路里程仅13885公里,路面主要以砂石路面为主。改革开放初期,安徽农村公路发展主要是采取民需民办,自建自养区乡公路方式。随着社会经济发展,省交通公路部门逐年安排投资补助区乡公路网络建设,采取省投资一点,财政补助一点,地方筹资一点,群众集资一点的办法,全力以赴修建区乡公路,初步改善了"行路难""运输难"的状况。1989年,一些县(市)又筹措资金铺筑渣油路面,使区乡公路路面由中级向次高级迈进。全省除少数深山峻岭外,乡乡通了汽车,实现"货畅其流,人便于行"。至1995年底,安徽县乡道公路里程达到25023公里。2005年2月,省政府出台了《加快农村公路发展的决定》,安徽农村公路发展开始进入新时期。全省启动了大规模的"村村通"工程建设,全省农村公路累计完成投资260亿元,完工里程7.5万公里。全省所有乡镇全部通上沥青(水泥)路,通达、通畅率均为100%,建制村通达、通畅率均为99.99%。2016年,安徽交通部门在全省实施农村道路畅通工程,切实改善农村地区交通条件,更好地助推精准扶贫。截至2017年底,全省农村公路总里程达到18.78万公里,所有乡镇实现公路通达畅通。同时"四好农村路"建设快速推进,先后改造危桥3790座、新改建农村公路7.1万公里,其中农村道路畅通工程建成5.5万公里,覆盖全省3.1万个较大自然村/撤并村,有力打通扶贫脱贫"最后一公里"。

(二)水路发展快马加鞭

改革开放以来,安徽水路交通建设取得了巨大成就。截至2017年底,全省内河航道总里程6613公里,其中通航里程5729公里,分别位居全国第七和第八位。目前,安徽境内长江、淮河、沙颍河、合裕线、芜申运河为国家高等级航道,合计里程1434公里;七级以上等级航道里程5144公里,居全国第三,仅次于江苏、湖北;全省16个港口拥有生产性码头泊位932个,泊位码头长度72642米。其中5000吨级及以上泊位数145个（万吨级及以上泊位17个），1000~5000吨级泊位数318个，1000吨级以下泊位数469个。

1. 干线航道网逐步完善

改革开放特别是"十五"时期以来，安徽坚持水运"为地方经济服务，确保干线航道畅通"的方针，实施"江河水运振兴工程"，重点整治了合(肥)裕(溪口)航道，改善通航条件。

重点建设高等级航道。自"十二五"开始，重点建设"两干三支国家高等级航道"（长江、淮河两条干线航道和沙颍河、合裕线、芜申运河三条支线航道）和"五条地区重要航道"（兆河—西河、涡河、浍河、青弋江、新安江）组成的安徽省内河航道骨架体系，规划形成通达省内主要城市群，沟通沿江沿河的主要产业园区和工矿基地，连接长江沿线及沿海地区的"一纵两横五干二十线"全省高等级航道网，航道里程约3200公里。党的十八大以来，累计完成水运建设投资273亿元，是上一个五年的1.9倍。

提升通航保障能力。芜申运河、沙颍河、合裕线等重要支线航道基本建成，阜阳船闸、裕溪复线船闸、巢湖复线船闸建成通航，江淮运河开工建设，通航"瓶颈"逐一打通，航道基础设施面貌大改观。省交通运输厅与长江航务管理局，会同沿江五市人民政府采用"皖江合作模式"，显著提升了长江安徽段的通航能力。共开通五段公用支汊航道，合计里程87.5公里；长江干线航道芜湖至南京段、安庆至芜湖段维护水深分别提高至9~10.5米、6~8米，实现3万吨级海轮到芜湖、万吨级海轮到安庆。全省内河航道总里程达6613公里，通航里程达5729公里，四级以上高等级航道里程达1434公里。2017年，安徽遵循"突出重点，保障一般"的原则，维护航道里程3853.1公里。完成疏浚土方314.66万立方米。

构筑干线航道大通道。迈入"十三五"时期，安徽航道全面加快干线航道网建设，努力打造长江中上游及中西部地区的出海口。投资150亿元，加快内河航道升级、扩能、沟通、联网，构建以"一纵两横"为骨架，以"五干二十线"为支撑的高等级航道网，争取"十三五"末全省高等级航道里程达到2000公里，基本实现"干支初步贯通、瓶颈基本消除、等级明显提升、江淮水系沟通"的目标。同时，积极与江苏对接打通淮河第二入海口，进一步提升安徽水运承载能力和辐射能力，将皖江、淮河打造成长江中上游及中西部地区的出海口，依托引江济淮水利工程，加快推进江淮运河工程，形成安徽历史上第一条南北向水运大通道，使淮河水系船舶入江缩短200~600公里的航程，极大增强安徽水运的辐射能力。

加快推进骨干航道整治。深化与长江航务管理局合作，推进长江黄金水道建设，争取在"十三五"时期实现芜湖以下段航道枯水期10.5米维护水深（争取12.5米），芜湖至安庆段枯水期8米维护水深，进一步提高皖江向中上游的辐射能力。推进淮河干流技术等级提升，加快碍航浅滩、桥梁的改扩建，建设临淮岗复线船闸，提高淮河干线航道通过能力，为河南等中西部地区提供更加便捷的出海口。改善干支通航条件，推进支流航道整治，提高支流航道等级，形成干支联动的良性发展格局。继续提升国家高等级航道通过能力，实施沙颍河、合裕线沿线船闸升级扩能工程；积极推进南坪船闸、五河复线船闸、蒙城复线船闸、涡阳复线船闸等工程；加快实施浍河、涡河等航道整治工程。

2. 港口建设推行多元化

改革开放以来，安徽港航从破解水运基础设施建设"瓶颈"入手，加大资金投入，组建省港航建设投资集团公司，采取政府投资、银行贷款、社会集资等形式，港口建设逐年提速。安徽港口现已形成以安庆港、芜湖港、马鞍山港、合肥港、蚌埠港5个主要港口,池州港、铜陵港、淮南港、阜阳港、亳州港、六安港、滁州港7个地区性重要港口为依托,以淮北港、宿州港、宣城港、黄山港4个一般港口为补充,层次分明的港口布局体系。安徽目前重点打造以芜湖港、马鞍山港为中心的皖江港口群,以合肥港为中心的江淮港口群和蚌埠港、淮南港为中心的淮河港口群。

实施港口升级转型工程。"十三五"时期,全省交通运输系统着手实施"港口升级转型工程",瞄准建设新型港口的目标,投资150亿元,建成皖江、淮河、江淮航运枢纽,构建较为完善的现代航运服务体系,初步形成高效集约的水路运输组织方式,着力优化完善港口功能布局。坚持规划引领,以打造芜(湖)马(鞍山)区域性航运枢纽、合肥江淮航运枢纽、蚌埠淮河航运枢纽为核心,依托产业优势,明确全省港口定位,重点支持芜湖港、马鞍山港发展江海联运及近洋运输,支持铜陵港、安庆港发展专业化运输,支持池州港建设皖江旅游客运中心,培育合肥港、蚌埠港成为辐射江淮和皖北地区的重要集装箱港,培育阜阳港、淮南港等为重要干散货港,形成全省港口优势互补、良性互动的发展格局。

推动港口一体化发展。全面加快港口资源整合,建设统一的港口品牌。积极推动沿江各港口、合肥港建立联动发展机制,促进公共资源的共享。整合港口信息资源,努力实现信息共享;加大航线、航班资源整合力度;协调港口装卸价格、水水中转等事宜,加强分工合作。加快实施精细化管理、"触发式"审批,建立以分货类百米岸线吞吐量、分货类码头利用率、单位长度岸线码头通过能力为主要指标的岸线评价体系,统筹开发全省岸线资源。

发展临港经济和港口物流业。优化临港产业布局,推进沿江、沿淮工业园区规模化、特色化发展,促进临港产业的集聚与集群,提高临港产业的带动力和辐射力。支持港口物流园区发展,在长江水系重点建设芜湖朱家桥集装箱物流港区、马鞍山郑蒲港综合物流园区、合肥国际集装箱港口物流园区等;在淮河水系重点建设蚌埠港长淮卫港口物流园区、阜阳颍上港口物流园区等。充分发挥港口引导产业集聚的作用,以产业园区为主要载体,支持港区综合保税区、保税物流中心、二类水运口岸等建设。以港口为依托开展口岸和海关特殊监管区建设,推动港口、航运、货主、代理、监管部间的电子数据联网交换,打造一体化"大通关"环境。

加快港口外向型经济发展。安徽现有6处水运货运口岸和2处铁路货运口岸,水运货运口岸中沿江安庆、池州、铜陵、芜湖、马鞍山5港为国家一类开放口岸,合肥港于2014年获省政府批准建设二类水运开放口岸。2017年,安徽货运口岸进出口运量达到3093.01万吨,同比增长3.1%。2017年,安徽水运货运口岸完成进出口运量2989.36万吨,同比增长3.4%,安徽水运货运口岸进出口运量占全省货运口岸进出口货物总量的96.6%。

(三)民航发展日新月异

截至2017年,安徽运营的运输机场共有5个,分别为合肥新桥机场、黄山屯溪机场、池州九华山机场、阜阳西关机场、安庆天柱山机场,其中合肥机场4E级,黄山机场4D级,池州、阜阳、安庆机场为4C级。"十三五"期间拟建民用机场5个,分别为芜宣、蚌埠、宿州、亳州、滁州机场。

1957年1月1日,合肥三里街机场苏制里-2飞机飞经徐州至北京,揭开新中国安徽航线通航的第一页。为适应安徽改革开放和航空运输快速发展的需要,1977年11月15日,合肥骆岗机场建成启用,与当时的北京、上海、广州、杭州等机场同被誉为全国"八大机场"。2013年5月29日,平安运行36年的骆岗机场完美谢幕。合肥机场"一夜转场、一次成功"。5月30日0时5分,合肥新桥国际机场迎来了首个航班,开启了"新桥"时代。

合肥新桥国际机场为4E级国内区域性枢纽机场,距市中心31.8公里,属江淮分水岭地带,毗邻合六叶高速公路、合淮阜高速公路、312国道和合九铁路,交通便捷。2008年12月19日开工建设,2013年5月建成投入运行,设计年旅客吞吐量1100万人次、货邮吞吐量7.5万吨。目前已有39家航空公司投入航班运力,通航城市46个,运营境内外航线82条。近年来,合肥新桥国际机场以五大发展理念为引领,以平安、绿色、智慧、人文机场建设为载体,抢抓民航强国战略和省市经济快速发展的良好机遇,不断完善机场软硬件设施,保障能力不断提升,安全和服务质量不断提升,航空市场不断拓展,机场环境逐步优化,主辅业均取得显著成绩,并保持29年航空安全无事故,连续实现第58个空防安全年。

2018年,合肥新桥国际机场年旅客吞吐量突破1000万人次,迈入大型运输机场行列,实现历史性的飞跃。为贯彻和落实国家"一带一路"建设以及省委省政府完善综合交通体系、打造内陆对外开放新高地的战略部署,进一步满足社会大众对便捷航空出行和航空物流服务的高质量需求,合肥新桥国际机场立足服务地方经济社会发展,积极推动二期改扩建前期相关工作。下一步将加快启动和推进航站区、飞行区、配套设施以及综合交通等工程建设,为安徽省对外开放,充分发挥其航空产业发展的战略优势、临空经济发展的助推优势,以及对外开放"桥头堡"作用、航空旅游融合发展作用。

三、运输服务成就

(一)道路客货运输

1.恢复起步阶段

进入20世纪80年代后,"放宽、搞活"政策给安徽道路运输冲破"三统管理、独家经营"的框框奠定了基础,加快了道路运输的发展步伐。十一届三中全会以后,城乡交流逐渐增多,农村客运需求提高,安徽交通运输主管部门提出"车头向下,面向农村"的号召,农村客运发展提速。到1980年,总班次达到6142次,其中农公班车(农村公共汽车)占64%,75%的乡镇通了客车,86%的山区乡镇通了客车。到1984年,全省的乡和行政村分别达到3014个和19528个,通客车的乡和行政村分别有87.8%和61.9%,全省近2/3的行政村,包括山区在内,通了客车。

改革开放初期,"旅游热"逐渐兴起,黄山、九华山旅客骤增,旅游运输遂成热点。安徽省运输部门以此为契机,大力发展跨省旅游运输。首先对江苏开放旅游客运,南京等地客车可直达黄山,对等出车,合作共营,省际客运迈出新步伐。1980年5月1日,安徽开通了阜阳到郑州、杭州到旌德、杭州到黄山3条省际班线。1981年3月,安徽扩大了与江苏旅游客运协议的范围,由原来只限于南京至黄山,扩大到南京、无锡、常州到黄山。5月3日,安徽与江苏在黄山签订两省全面省际客运协议,除旅游路线外,增加了合肥到扬州、宿县到遂宁、淮阴等线,由过去局限在边界通车,扩大到向各自省内延伸,随后亳县到徐州,也达成跨省客运协议。年末,开通了上海直达黄山的班车,这是安徽与上海首次开通班车。到1990年,安徽已经全面沟通了与苏、鲁、浙、赣、湘、鄂、豫、沪8省、市客运联系,这些省的省会除济南外,都有长途班车通往安徽。

2.全面加快阶段

1998年,党中央、国务院提出加大基础设施建设、拉动经济增长的战略方针。全省交通运输系统抓住机遇,抢占高速快运制高点,以公路运输企业运力结构为龙头,加快发展高、中档豪华客运车辆和大吨位平板、集装箱等专用型运输工具,使生产经营得到全新发展。

改革客货运输传统模式。班线客运稳中求进,快速通道建设有序,全省所有的省级班线和区际班线全部纳入了客运班线经营权招投标。各地积极探索农村客运多样化,地市突破了客运班线管理中对营运车辆定班、定线、定点的传统模式,场站建设迅速发展。旅游客运、出租汽车客运,随着全省经济社会发展而得到长足发展。物流服务呈现出鲜明的区域特色,传统货运企业物流化改造成效显著,汽车物流、家电物流等专业物流异彩纷呈,民营物流异军突起。"十一五"期间,道路运输累计完成客运量、旅客周转量、货运量、货物周转量达57亿人次、3811亿人公里、60亿吨、13983亿吨公里,比"十五"分别增长60%、90%、200%、400%。道路客、货运量在综合运输体系中的比重达95.7%、80.2%。

运输服务网络基本建成。至"十一五"末,基本实现了17个省辖市间客运直达,全省班线客运线路、班次达10500条、76000次。农村客运到村,通公路行政村班车通达率达到98%,基本完善了以县城为中心,村村相通、乡镇相连、城乡一体、便捷安全的农村客运网络。同时,物流发展迈出坚实步伐,集装箱运输、危险品运输等专业化货运取得良好发展,小件快运组建了联盟,统一了标准,完成了首批7家联盟企业20个客运站联网运行。功能完善的基础设施网络初具规模。合肥、芜湖等7个城市被纳入国家公路运输枢纽城市。"十一五"期间以客运站扩建、迁建为主要内容的站场建设掀起了新的高潮。与机场衔接的异地候车楼、与高铁站无缝衔接的综合枢纽客运站等项目开始建设;加大了城市中心客运站建设力度,全省共新建了26个二级以上客运站。建设农村客运站1002个,是"十五"末总数的7倍多,新建候车点13000个,初步形成站场设施体系。以迅捷物流、安德物流等为代表的一批物流园区和物流中心开工建设并初具规模。

运输结构调整成效明显。一级道路客运企业由"十五"的空白到"十一五"末的4家,实现了跨越式发展。全省出租汽车保有量52582辆,较"十五"末增长26%,出租汽车企业数量由302家重组合并为259家,降低了15%。货运企业向现代物流企业转型取得突破性进展,物流企业快速成长。"十一五"末,全省营运客车达8.6万辆,货车总数42.3万辆,分别比"十五"末增长98.4%、90.5%。省市际班车中高级车比例达85.1%,比"十五"末提高了25个百分点。货运车辆结构更趋合理,大中小比例由"十五"末的35:20:45调整为37:14:49。重点运输企业基本完成了以完善法人治理结构为核心的现代企业制度改革。运输企业投身市场、主动作为的积极性明显提高,改变了过去以承包、租赁经营为主要模式的经营结构,加大了自主经营。全省班线客运企业公司化经营比例达到56.4%,旅游客运企业公司化经营比例由"十五"末的20%大幅提高到90%。

3.科学发展阶段

"十二五"以来,伴随着经济社会综合实力的提升,全省道路运输各项事业稳步推进,道路运输生产显著增长,社会公共服务能力显著提高。

站场建设成效显著。"十二五"期间,道路运输站场建设项目累计完成投资54.3亿元,完成规划目标的108.6%,其中客运站项目建设完成投资26.82亿元,货运站(物流园区)建设完成投资26.4亿元,农村客运站点建设及维护投资1.08亿元。大力推进"双十"重点项目工程建设,10个综合客运枢纽4个项目已建成投入使用,6个项目在建;10个综合物流中心9个项目已建成投入使用。2016年1月18日,安徽最大公路客运枢纽——合肥客运中心站正式投入运营,实现了与公交、出租、高铁、地铁、机场快线等多种交通出行方式之间的"零换乘",极大地方便了旅客的出行。

城乡客运网络成型。省际客运班线辐射全国25个省市,16个省辖市基本实现互通直达班车,构建了东西3小时、南北6小时的运输走廊。全省城乡道路客运一体化发展水平综合评价等级AAAA以上的县区达到38个,占总数的45.8%,舒城、广德、天长等地城乡客运基本公共服务均等化水平显著提高。全省通班车行政村共有13893个,具备通车条件的行政村班车通达率达到98.7%。其中舒城县2012年以来全面推行城乡公交一体化,执行全程1元/人次票价和社会福利性票价优惠政策,公交车通达全县所有的乡镇和79%以上的行政村,获得交通运输部充分肯定,并成为全省首批国家级"四好农村路"创建示范县。此外,合肥、芜湖等大部分市客运站已实现旅客公铁联运、空陆联运及开通办理航班值机手续,旅客联程运输平稳起步。

开展农村客运公交化改造试点,降低农村居民出行成本。至"十二五"末,全省城市公交车运营线路总长度达到22316公里,公交车21346标台,较"十一五"末分别增加了44.5%、73%;创新售票方式,邮政售票、手机售票、网络售票以及自助售票等多样化、个性化的售票方式基本完善;启动"优先发展公共交通示范城市"创建工作,通过设立省级引导资金,省市共建,共同推进城市公共交通重大民生工程建设。

(二)水路客货运输

安徽一省兼有长江、淮河两条"黄金水道",加之河汊密布,湖泊众多,水运优势可谓得天独厚。改革开放40年来,全省大力推进航道等级化、船舶标准化、港口机械化,将安徽水运送上发展"浪尖"。建造上规模、有特色的安徽船队,积极发展集装箱、油品等特色运输,不断优化水上运力结构,加快港口建设。水路交通建设取得了巨大成就。

1978年,安徽只有船舶2.13万艘、吨位35.44万吨,港口吞吐量刚刚超过1000万吨,货运量9512万吨,水运难称发达。到2017年底,全省内河航道总里程6613公里,其中通航里程5729公里,分别位居全国第七和第八位。目前,安徽境内长江、淮河、沙颍河、合裕线、芜申运河为国家高等级航道,合计里程1434公里;七级以上等级航道里程5144公里,居全国第三,仅次于江苏、湖北;全省16个港口拥有生产性码头泊位932个,泊位码头长度72642米,1000吨级以下泊位数469个。2017年,全省港口散装、件杂货设计年通过能力达到48161.4万吨,集装箱年设计通过能力达到119万TEU,旅客年设计通过能力达到836万人次,滚装汽车年设计通过能力达到74万标辆。2017年,全省共完成港口货物、集装箱吞吐量5.12亿吨、138.4万标箱。在2017年公布的全国36个亿吨大港中,安徽省芜湖、铜陵、马鞍山港榜上有名,其中芜湖港排名第七位、铜陵港排名第十位。全省内河营运船舶达2.55万艘,净载重量4600余万吨,运力较2012年底增长68.29%,连续多年位居全国第一。

(三)民航客货运输

改革开放40年来,安徽民航机场全面加速建设发展,民航客货运输与日俱增。截至2017年,全省运营的运输机场达5个,其中合肥机场4E级,黄山机场4D级,池州、阜阳、安庆机场为4C级。航线网络覆盖国内外大中城市60多个,旅客吞吐量年均增长13.5%,货邮吞吐量年均增长8.7%。2018年,合肥新桥国际机场年旅客吞吐量突破千万人次,首次迈入大型运输机场行列。截至2017年底,黄山机场共有14家境内外航空公司开通几十条航线和包机,通航点26个,完成旅客吞吐量725948人次;池州九华山机场旅客吞吐量突破47.51万人次;安庆机场2017年全年安全起降航班4904架次,同比增长25.93%,完成旅客吞吐量45.917万人次,同比增长41%,完成货邮行吞吐量3665.287吨,同比增长15.04%;阜阳机场2017年累计安全保障航班5318架次,旅客吞吐量突破61.61万人次,货邮吞吐量2511吨,同比增长分别为18.44%、35%、30%。

四、行业管理成就

(一)法治建设

改革开放40年来,安徽省交通运输主管部门积极构建科学完备的地方交通运输综合法规体系,努力为当好交通先行官提供有力的法治保障。

注重顶层设计。先后出台《安徽省交通运输厅关于全面推进依法治交加快建设法治政府部门的实施意见》和《全省交通运输行业贯彻〈法治政府建设实施纲要(2015—2020年)〉的实施意见》,进一步明确了交通运输法治政府部门建设的工作目标、重点任务和有关要求,有效保证了法治政府部门建设各项重点任务的序时推进。

加强交通运输地方立法。不断推进交通运输地方立法,现已有地方性法规9件、政府规章4件,涉及超限治理、农村公路、高速公路、路政管理、道路运输、城市公交、出租汽车、水路运输、港口、水上交通安全等多个领域。其中《安徽省治理货物运输车辆超限超载条例》作为全国第一部治超条例入选2014年"安徽省法治政府建设十件大事"之一。自1986年《安徽省公路管理条例》成为新中国成立后安徽省第一部公路管理的地方性法规以来,截至2017年安徽省陆续出台的与行业有关的地方性法规有:《安徽省道路运输管理条例》《安徽省高速公路管理条例》《安徽省水路运输管理条例》《安徽省公路路政管理条例》《安徽省农村公路条例》《安徽省水上交通安全管理条例》《安徽省治理货物运输车辆超限超载条例》《安徽省邮政条例》《安徽省城市公共汽车客运管理条例》《安徽省水路运输条例》等。

建立决策制度体系。建立重大事项决策"1+9"制度体系(1个实施意见加决策程序、征求意见、听证、专家论证、风险评估、集体研究、决策公开、决策后评估及责任追究9个具体制度),并在此基础上先后建立重大事项合法性审查机制全覆盖、"半年一报告、一年一检查"制度、重大决策事项合法性审查提前介入机制和公平竞争审查制度等,不断推进依法科学民主决策。

建立清单制度。建立执行"3+2"清单制度(权力清单、责任清单、涉企收费清单、公共服务清单、中介服务清单),配套制定权力运行监管细则,并实行动态调整机制。统一规范省市县三级交通运输行政审批事项,并实行"颗粒化"分解,完成省市县乡村五级公共服务事项编制工作。通过建立完善清单制度,实现了行政权力的法定化、清单化,进一步落实责任,转变政府职能,强化行政职权运行的制约监督。

深化"放管服"改革。推进"两集中,两到位"改革,积极承接国务院下放省级行政审批项目,多次清理取消和调整行政审批项目。积极推进商事制度改革,依法调整涉及工商登记的前置审批项目,推进6项交通运输备案事项纳入"多证合一"整合。加快推进"互联网+政务服务",大力推进安徽网上政务服务平台应用,实现政务服务事项"应上尽上、全程在线"。开展"双随机、一公开"工作,建立省市县级交通运输部门的市场主体库、执法人员库和抽查事项清单的"两单一库"制度,指导市县交通运输部门推进"双随机一公开"监管全覆盖。

严格规范行政执法。自2006年起,先后制定安徽省交通行政执法规范、公路监督检查专用车辆管理办法、行政执法证件管理办法、执法案卷评查暂行办法、行政执法考核评议实施办法等制度。2008年起,建立完善安徽省交通运输行政处罚自由裁量基准制度体系,同时加强执法站所建设,2011年至2014年开展了全省执法标志标识、工作服装、执法证件和基层执法场所外观的"四统一"工作。2014年至今,共有47个单位开展了"三基三化"(基层执法队伍的职业化建设、基层执法站所的标准化建设、基础管理制度的规范化建设)试点工作。

加强交通运输执法监督。自2010年以来,每年开展全省交通运输年度执法评议考核,通过检查基层站所、评查执法案卷等方式进行执法评议考核,查找执法工作中的问题,要求及时整改,进一步规范执法行为,提升执法水平。

深化交通运输普法工作。长期以来,全省各级交通运输主管部门高度重视普法工作,制定法治宣传计划方案,明确普法重点对象,不断提高普法工作的针对性和实效性。特别是"六五""七五"普法工作期间,通过讲座、征文、制作宣传册和视频等群众喜闻乐见的形式开展各种普法活动,加强执法部门与群众之间的互动,构建多层次、立体化、全方位的法治宣传网络,营造了学法、守法、护法、用法的良好氛围。

加强执法信息化建设。2012年,启动安徽省交通运输行政执法公开运行系统研发建设,并于2015年在全省推广,利用科技手段固化行政处罚、行政许可、行政强制的执法流程。对内,运用系统办案,能够正确适用法律,符合程序要求,处罚结果合理,显著提升办案质量和效率,有效解决执法程序不规范、处罚标准不统一、执法畸轻畸重等问题。对外,集权力事项公开、权力运行公开、公开监督、信息服务等功能于一体,方便公众网上申报、办理业务和实时查询,有效实现阳光行政、优质服务、科技反腐。

加强法治机构建设。四十年来,全省交通运输法制机构从无到有,法治机构逐步健全,人员队伍逐步壮大,市县交通运输主管部门也纷纷成立专门的法治机构,配备法治人员,不断充实和调整法治工作力量,保证人员相对稳定,积极为法治政府部门建设提供机构和人员保障。

(二)管理体制改革

1978年萧县公路站率先实行"三包、四定、一奖、一集中"的养路经济责任制并在全省推行,很快取得成效。各地市公路部门结合本实际,采取多种形式承包经济责任制。为进一步加快公路建设,1994年,安徽对全省公路管理体制进行改革,明确了省公路管理局依据省交通厅授权,负责全省公路建设、养护和管理等工作。公路养护组织改革试点推进,由长期管养一体的格局向以市场为导向的养管分离新模式迈进。

按照"对外开放、对内搞活"的方针,1984年,成立安徽省公路运输管理局,创造了运输市场的开放格局,形成了多层次、多渠道、多种经济成分和多种经营方式并存的公路运输经济结构。在"有路大家行车,有河大家行船"和"国营、集体、个体三者一起上"的原则指导下,单一所有制的禁锢和交通部门包办公用运输的封闭状态被打破,公路水运市场全面开放,国营、集体、个人运输主体都得到快速发展。至1990年,其运力占社会总运力的50%以上。1982年中国远洋运输公司安徽省公司成立,结束了安徽省无远洋航线的历史。全省交通系统以转换经营机制为重点,以建立现代企业制度为目标,开展了产权制度改革的试点工作。省海运股份公司、滁州扬天汽车股份公司等企业的改制、改组、改造均获成功。

1997年,亚洲金融危机爆发,面对国际国内通货紧缩和有效需求不足的严峻形势,安徽交通系统抢抓机遇,加快公路建设步伐,把交通建设由单一的行业行为转变为政府行为、社会行为,给交通建设创造了一个前所未有的良好外部环境。

1986年,成立了安徽省高等级公路管理局和安徽省高等级公路工程建设指挥部;同年10月1日,省内第一条全国第三条高速公路——全长136公里的合宁高速公路开工兴建。当全国还在争论要不要修高速公路时,安徽交通人发扬小岗村"敢为天下先"的精神,掀开了安徽高速公路建设的序幕。

2001年,安徽省航运管理局(安徽省港航监督船舶检验局)与安徽省航道管理局合署办公。按照国务院、交通部要求,2002年,上述三局更名为安徽省地方海事局(安徽省港航管理局、安徽省船舶检验局)。

2003年,安徽将高速公路建设、经营和管理实行政企分开,并形成了以两大国有交通企业——省高速公路总公司和省交通投资集团公司为主,地方参与,利用世界银行贷款,省内外国有企业、民营企业独资或合作的投融资主体多元化的体制。

2006年,经省政府批准、由省交通厅出资,安徽省港航建设投资集团有限公司正式挂牌成立,有力推动了省内港口水运的快速稳健发展。

2009年,安徽省交通信息中心成立,为统筹推进全省交通运输信息化、智能化建设,推动行业与科技信息化融合发展发挥了重要作用。

2014年,由安徽省高速公路控股集团和安徽省交通投资集团合并重组设立的安徽省交通控股集团有限公司揭牌成立。省属两大交通集团的合并重组有利于进一步优化资源配置,提高运营效率。

2018年,根据部省深化交通运输体制改革部署要求,安徽省交通运输厅整合行业公路、运管、海事等执法职能,成立安徽省交通运输综合执法监督局,实现行政职能与公益服务功能分属归口、界限清晰。

2018年,安徽省交通运输厅稳步推进港口资源整合。《安徽省港口资源整合方案》《安徽省港航集团有限公司组建方案》已经省委常委会审议通过,省政府正式印发实施,目前正开展省港航集团组建工作。

改革开放以来,全省交通运输行业管理体制机制改革不断深化。至2018年7月,公路管理体制、海事管理体制改革顺利完成,承担行政职能的事业单位改革、综合执法改革、港口资源整合改革稳步推进,出租汽车行业改革平稳实施,全行业发展活力不断激发。

(三)投融资体制改革

改革之初,在交通建设资金缺口很大的情况下,安徽省交通厅采取了"民办公助,民工建勤"多渠道集资,通过出台发展政策、减免相关税收等措施,促进交通建设和发展,初步改善了"行路难、运输难"的状况。20世纪80年代中期,经济迅猛发展,落后的交通设施成了经济发展的瓶颈。安徽交通部门打破传统的依靠财政投入的单一交通融资体制,向以市场为基础的社会融资渠道转变,逐步形成了国家投资、社会融资、群众集资、外商投资等多元化的筹资新格局。90年代初,安徽通过"贷款修路,收费还贷"公路基础设施建设投融资政策,在贷款修建公路上设立收费站点对过往车辆收取过路过桥费,有效缓解了公路建设资金不足的矛盾,极大地加快了安徽公路建设步伐。

1996年11月13日,安徽皖通高速公路股份有限公司在香港联交所成功上市发行H股,开创了国内公路企业境外融资的先河。1995年建成的铜陵长江公路大桥,在结束安徽境内400公里皖江无跨江大桥的历史的同时,也是安徽利用日本协力基金贷款,依靠社会融资、收费还贷建设公共交通设施的成功范例。这一时期初步形成了投资主体多元化的公路建设筹融资体系。首次争取到世界银行项目Ⅰ2500万美元用于合安路路网建设,世界银行项目Ⅱ铜陵至汤口公路顺利实施。民营企业开始进入高速公路建设和经营领域,并进行了利用BT方式改扩建国省干线公路的尝试。按照"谁建、谁用、谁受益"的原则,鼓励货主、企业自建码头,逐步将港口建设推向社会,使港口建设的步伐进一步加快。

2004年,安徽交通将企业的融资理念引入农村公路建设中——建立"安徽省农村公路建设投资中心",建立稳固的融资平台,统筹用于农村公路建设,每年筹资达10亿元,专门用于农村公路建设。

2006年,为了加快内河航运发展,安徽省在全国率先对内河航运建设投融资体制进行改革。2006年12月22日,经省政府批准、由省交通厅出资,安徽省港航建设投资集团有限公司正式挂牌成立。按照"三个一点"的投融资模式(政府投一点,银行贷一点,社会资金融一点),最大限度地盘活了港航存量资产,放大了政府资金和国有资产的投融资能力,初步解决了内河水运建设重点项目资金不足的问题。至2017年,公司积极争取部、省投资,银行信贷及吸引市、县及社会各界资本,累计完成投资180亿元,并申请使用世界银行、亚洲开发银行贷款用于航道整治工程建设。为保障水运公益项目建设,安徽实施"省市共建、以市为主",鼓励社会资本投资港口码头建设与经营,按照"谁投资、谁受益"的原则,吸引境内外各类社会资金以独资、股份合作等方式投资水运基础设施建设。港口吞吐能力大幅提高,港口服务水平得到显著增强。马鞍山港郑蒲港区一期,芜湖港朱家桥外贸码头二期,合肥港综合码头一、二期,蚌埠新港二期等一批重点港口工程先后投产运营。

近年来,全省交通运输行业投融资体制改革不断深化,国际金融组织贷款、平台融资、PPP、政府债券、企业债券、票据融资多头发力。截至2017年底,平台累计融资2492亿元,高速公路PPP列入国家首批试点,水运等领域社会资本投资高涨,多元投资主体的新型交通投融资体系初步形成。

五、科技创新成就

(一)"十一五"科技信息化创新成就

"十一五"期间,安徽交通部门立足实际,按照"整体推进、重点突破、整合资源、注重实效"的基本要求,积极开展软科学研究,加强科技创新体系建设,着力解决交通建设和管理中的关键技术问题,加强交通信息化和标准化建设,加强科技成果的转化和应用。承担并完成了交通运输部四项交通信息化示范工程:长三角区域高速公路联网不停车收费示范工程、省级公路信息资源整合与服务示范工程、部省道路联网示范工程、交通科技信息资源共享平台试点工程,这些交通信息化示范工程的实施对全省交通信息化水平的提升起到了积极的作用。此外,"马鞍山长江公路大桥锚碇新技术研究""高速公路隧道LED灯照明综合节能技术研究""太平湖大桥建设成套技术研究"等项目成果获得交通运输部的高度评价,这些成果在交通生产中都得到了较好的应用。五年来,全行业科技研发投入近3亿元,其中省交通运输厅直接科技经费投入5430万元,取得了一批科技创新成果。其中19项成果获得安徽省政府科技进步奖,23项成果获得交通运输部中国公路学会公路交通科技进步奖,取得专利技术9项,制订了安徽省地方标准18项,其中2个标准已上升为交通运输部的行业标准。

"十一五"期间,安徽初步建立了交通信息化的标准体系框架和一系列技术规范;网络基础设施趋于完善,分别建设了覆盖了省市县的公路管理、道路运输管理和海事管理行业网络;完成了全省高速公路收费系统联网,实现了与全国高速公路电子收费系统联网运营;建立了安徽省公路综合管理平台、安徽省道路运输综合管理平台,启动水上信息资源整合与共享平台的建设,开展交通监控系统和应急指挥系统的建设,为安全预警和突发事件下的应急指挥提供了技术支持,组织开发了路政网上审批系统,开通96566、96333、12395、96369等服务热线,初步建成了安徽省公众出行服务系统。

(二)"十二五"科技信息化创新成就

"十二五"以来,安徽省交通运输行业紧密围绕交通运输行业发展目标任务,深入实施创新驱动发展战略,统筹推进重大科技研发、创新能力建设、成果推广应用、科技管理创新等工作,顺利完成了《安徽省交通运输"十二五"科技发展规划》和《安徽省交通运输"十二五"信息化发展规划》总体目标和重点任务。

关键技术研发取得重大突破。围绕公路基础设施建设,开展了基础施工、结构安装、旧桥加固、桥面抬高等方面系统研究,围绕航道建设,开展了提高航道等级、保障航行安全、保护生态环境等方面研究;围绕构筑公—水—铁—空现代化综合交通运输网络,开展了县区级交通数字化综合管理、交通运输信息化安全服务支撑体系、车联网技术在交通运输行业中的应用、基于高速Wi-Fi在内河数字化港口关键技术、道路运输客运物流电子商务服务平台、交通一卡通多应用融合等研究和应用;围绕安全应急工作,开展了公路水运基础设施建管养和运输安全有关研究,在高速公路隧道工程地质超前预报与监控量测、公路工程施工监理动态实时监控管理系统、山区高速公路边坡稳态远程智能监测综合预警系统及港口工程结构检测与评价、马鞍山长江公路大桥施工安全控制与管理等方面取得一批关键研究成果;围绕节能环保目标,开展了节能照明、新能源车、项目环境、沥青路面再生、临时用地复垦、航道疏浚泥浆快速沉淀等研究,取得了重要技术进展;围绕职能交通建设,开展了物联网、车联网、GIS、RDVES数字化、智能公交等在交通运输行业应用。

科技创新能力不断增强。省部级科技研发基地培育建设方面取得历史性突破。申报的"桥梁与隧道工程检测安徽省重点实验室"通过了安徽省科学技术厅重点实验室建设计划可行性论证,现已获得专利11项,发表论文4篇,2个课题成果分获2014年中国公路学会科学技术二、三等奖。申报的"公路交通节能与环保技术及装备交通运输行业研发中心"通过交通运输部2014年度行业研发中心认定专家评审,主持承担2项行业标准、1项中国公路学会团体标准和5项省级科研项目,获奖2项,获得专利授权12项。"安徽省公路物联网关键技术及装备工程技术研究中心"和"安徽省公路交通安全工程技术研究中心"通过了安徽省科学技术厅组织的专家审核。安徽省高速公路试验检测科研中心确定为安徽省高速公路控股集团有限公司科研基地等。

科技成果推广应用持续加大。建立健全科技成果推广体系和成果转化机制,研究制定"安徽省交通运输科技计划项目信用管理办法"和"安徽省交通运输科技成果推广计划项目管理办法"。利用"科技信息资源共享平台",充分发挥企业在科技创新和成果转化中的主体作用,对"悬索桥根式锚碇基础新技术"等科技成果进行了推广。"十二五"期间,申报的"平原区高速公路低路堤设计技术""高性能SBS改性乳化沥青黏层材料""马鞍山长江公路大桥施工安全控制与管理技术"等5项科技成果列入交通运输部交通运输建设科技成果推广目录,其中"提升水泥混凝土路面抗弯拉强度新技术"经交通运输部组织的专家认定,研究成果达到国内领先水平。

行业监管与服务能力不断提升。推进全国高速公路信息通信系统联网工程(安徽段)省内配套工程建设任务;公路信息专网、运政信息专网与海事信息专网逐步完善,分别形成了覆盖省—市—县—基层站所的四级网络架构;初步建成了安徽省交通数据中心,初步实现跨部门的数据共享;积极推进长三角交通运输信息共享交换框架设计、区域资源共享交换体系建设,促进了长三角交通运输资源共享和公共服务一体化;初步建成公众出行服务地理信息系统,为全省统一的交通运输地理信息基础平台建设打下了良好基础;启动联网治超综合管理系统建设,初步构建"三级中心四级平台"的联网治超体系;完善省交通运输厅办公自动化系统和交通运输行业政府网站群;建设完成公路路政综合管理平台、公路桥梁养护系统、公路路政网上审批系统;建成合裕线水上支持保障系统和全省水路交通视频监控系统;建设完成全省交通建设工程远程督查系统及省交通质监管控中心,率先在全国开展在建重点项目远程督查;完善道路运输管理信息系统;建成高速公路综合指挥调度平台,研发并试运行扁平化高速公路收费系统;完成了全省交通运输公众出行服务网站建设并上线运行,推进交通运输服务监督12328电话系统建设,并在全省16个地市全部开通;建成ETC车道420条,ETC收费站覆盖率达100%,主线收费站ETC车道实现两入两出;开展了全省客运站售票数据联网,推进邮政网点代售公路客票服务,开发了"客运业务网上许可系统";启动城市公共交通一卡通项目建设和交通物流公共信息平台建设前期工作;完成省路警联合指挥中心平台建设,升级改造道路运输车辆卫星定位监管系统,实现全省"两客一危"运输车辆的联网联控;开展了安全等级保护和信息安全防控等系统建设工作等。

行业标准化成果显著。"十二五"期间,发布交通运输安徽省地方标准60项,其中公路建管养标准27项、运输服务标准16项、安全应急标准14项、节能环保标准2项、智能交通标准1项,参加了《道路用阻燃沥青混凝土》(GB/T 29051—2012)、《公路工程地质勘察规范》(JTG C20—2011)和《桥梁成品预应力钢绞线束》(JT/T 861—2013)等国家和行业标准制修订工作,为行业发展提供了有力支撑;及时将成熟的新成果、新技术、新方法上升为标准,以标准化方式推广科技成果,促进了科技成果向现实生产力的有效转化。安徽公路建设从业单位主持完成了中国公路建设行业协会公布的公路工程工法29项,为技术领先、应用广泛、效益显著的工法推荐纳入相关的国家标准、行业标准和地方标准奠定了坚实基础。

(三)十八大以来科技创新成果

党的十八大以来,安徽交通深入实施创新驱动发展战略,推动科技和交通运输发展深度融合。通过省交通运输科技进步、部省联合攻关等计划,全行业开展了应用技术研究、信息化研究与建设、标准化研究与建设、软科学研究与建设等项目400余项,取得一大批重大科技创新成果,部分成果达到国内领先水平,共获得国家及省部级、行业学会科技成果奖励160余项,其中:马鞍山长江公路大桥获第33届国家桥梁大会(IBC)最高奖乔治·理查德森奖,芜湖长江公路二桥获2014年全球BE创新奖,马鞍山三塔缆索承重桥成套技术研究获2015年安徽省科学技术一等奖及中国公路学会科学技术特等奖,平原区高速公路集约建造成套创新技术与应用获2017年安徽省科学技术一等奖,京台高速公路皖南段建设创新技术研究、马鞍山长江大桥施工安全控制与管理成套技术研究和大雾条件下高速公路运营安全保障技术研究、基于排水抗裂功能的耐久性路面设计及改扩建工程应用和同向回转拉索柱式塔斜拉桥关键技术研究分获2013—2015年度中国公路学会科学技术一等奖,六安至武汉高速公路大别山隧道群、沿江高速公路芜湖至安庆段分获中国土木工程学会十一届(2013年)、十二届(2014年)中国土木工程詹天佑奖。安徽省铜陵至汤口高速公路太平湖大桥、马鞍山长江公路大桥分获中国建筑业协会2012—2013年度、2016—2017年度中国建设工程鲁班奖,安庆至景德镇高速公路安徽段、泗县至宿州高速公路分获中国公路建设行业学会2012—2013年度、2014—2015年度公路交通优质工程奖。信息化在行业监管、公众服务及协同应急保障等方面得到广泛应用,为全面带动交通运输现代化发展创造了有利条件。完成了近百项地方标准的制修订工作,提升了交通运输重点领域标准化发展水平。围绕安徽交通企业科技创新,完善公路工程技术标准体系,完成了百余项公路工程工法,提升了公路工程建设与养护行业工法发展水平。

六、对外开放成就

(一)国际合作

1996年至今,省交通运输厅先后向国际金融组织争取了21亿美元贷款,撬动了总投资440亿元的交通项目建设。安徽省通过利用国际金融组织贷款,新建了合肥至安庆、铜陵至汤口、徐州至明光高速公路安徽段等406公里高速公路,加密了全省高速公路网;为适应经济社会发展的新需求,及时将贷款的使用方向从单一高速公路项目,转向地方道路、农村道路、航道整治以及综合交通运输枢纽等建设项目,大力改造了国省干线公路网2385公里,完成沙颍河航道安徽段整治206公里;目前正在实施亚洲开发银行贷款安徽省综合交通基础设施项目和世界银行贷款安徽省公路养护创新示范项目,即将启动安徽农村公路提升改造示范项目。这些项目的实施大幅度提升了路网的服务水平和道路通行能力,充分发挥存量交通资源的使用效率,加快了内河水运的跨越发展进程,同时还引进、吸收国际通行的先进项目管理理念和方法,有力提升了安徽省交通基础设施承载能力和建设、管理、运营水平。

1. 世亚行贷款安徽交通项目

改革开放以来,安徽交通部门积极开展国际合作,充分利用世亚行贷款支持地方交通建设发展。通过世亚行贷款项目的实施,不断摸索贷款使用方向,从建设类项目扩大到行业改革试点项目;不断拓展贷款应用领域,从早期高速公路建设延伸到交通行业各领域;不断创新项目贷款模式,从传统的项目贷款模式向结果规划贷款模式转变。安徽交通紧密结合行业发展的政策需求,从实际出发,将贷款的使用方向从高速公路转向地方道路、农村道路、水运项目以及综合交通运输服务项目等方面。

安徽路网改造项目是中国第一个将世界银行贷款全部用于非收费公路建设的项目,通过较大规模建设从而全面提升全省路网的服务水平和通行能力,充分发挥存量交通资源的使用效率,对全省公路网的沟通起到了积极作用。该项目从申请伊始,就被世界银行认为是具有代表意义的创新型项目;安徽沙颍河航道项目则是中国第一个非航电类的公益性的内河航道项目;安徽公路养护创新示范项目在公路资产管理以及养护市场化、信息化、应急能力等方面通过借鉴世界发达国家先进技术及管理经验,努力将该项目建成安徽乃至全国公路养护的创新示范项目。

在安徽公路项目Ⅱ铜汤高速公路的建设过程中,我们大力推行资源节约和环境友好理念,铜汤高速公路途经我国著名的"两山一湖"风景区(黄山、九华山、太平湖),项目影响区域内分布大量的自然保护区、风景名胜区,森林覆盖率达到70%以上,铜汤高速公路的建设实现了"最小程度影响、最大限度保护、最强力度恢复"的环境保护目标。2009年9月,时任世界银行行长的罗伯特·佐利克(Robert B Zoellick)在访问该项目时,对环保及移民方面所做的工作给予了高度肯定。

亚洲开发银行贷款徐明高速公路项目十分重视环境保护工作,在设计选线中有效地避让沿线生态敏感区——"沱湖湿地省级自然保护区""五河县城饮用水源一级保护区",在靠近"沱湖湿地省级自然保护区"路段、经过重要水体——淮河、怀洪新河、新汴河路段施工时采取有效环保对策措施,将环境影响降低至最低程度,得到亚洲开发银行环境专家及各级环保部门的认同。

2. 国际金融组织贷款安徽交通项目成效

安徽省处于相对落后的中部地区,通过世亚行贷款公路项目的实施,提高了全省干线路网的通行能力,增进了安徽省与沿海地区之间的贸易、经济和旅游业的发展,道路所在贫困地区的基础设施明显改善,带动了沿线的县乡经济发展,社会及经济效益明显提高。通过内河水运项目的实施,提高航道通行能力,以绿色环保节能的运输方式,将内地矿产资源运往经济发达的苏浙沪地区,将有力地推动项目影响区域社会经济发展。

世亚行项目的建成,有效促进了项目沿线地区农业结构的调整,自然资源和旅游资源的开发,医疗教育条件的改善,进而提高项目影响区的居民收入水平。如铜汤高速公路项目黄山市太平区谭家桥镇江家村原有贫困人口35人,在加强基础设施建设,改善交通状况后,通过发展旅游业及种植经济作物,现已全部脱贫,居民收入有了很大程度的提高。G318道士冲至中界岭段恢复项目地处于大别山腹地,原有路况较差,民众出行及生活物资运输不太方便,通过本项目的实施,道路通行能力有了很大的提高,当地增加了农村运输客车数量,有效缩断了在途时间,给民众日常出行及茶叶等土特产品的出售带来极大的便捷,当地居民经济效益显著提高。

作为中部省份的安徽省,在交通基础设施建设过程中,建设配套资金不足一直是一个长期困扰的难题,尤其是那些公益性交通基础设施。近年来国家不断加大基础设施建设投入的情况下,安徽省交通建设资金短缺也成为严重制约的因素。利用各种国际金融组织贷款建设交通基础设施项目,成为我们缓解资金瓶颈的重要举措。世亚行贷款资金的注入,极大地缓解了全省交通行业建设资金筹措的压力。安徽交通通过15亿美元世界银行贷款的注入,撬动了总投资305亿元的交通基础设施项目建设。

1996年至今,成功实施了5个世亚行项目,打造了一系列精品工程,世界银行贷款铜汤高速公路项目由于在生态环境保护和移民安置方面取得了成就,赢得了世界银行的高度评价,2014年该项目成功入选世界银行和中国财政部的《世行在华案例汇编》;2016年3月,该项目再次入选《世行交付科学案例图书馆》。2015年11月,安徽公路发展项目荣获亚洲开发银行年度最佳表现项目奖。

(二) 企业"走出去"

改革开放以来,特别是十八大以来,安徽的"路""桥"等基础设施大项目的设计建造经验,在非洲及东南亚大地上铺开,孟加拉国、印度尼西亚、莫桑比克、马达加斯加等十几个国家都留下了"皖工"的智慧。安徽交通人在积极向海外输出技术和管理经验的同时,不断加快企业"走出去"步伐,加大海外工程项目合作力度,从承接分包业务向主动开发和总承包迈进。

安徽省交通规划设计研究总院股份有限公司自2015年正式成立海外事业部以来,积极帮助非洲和东南亚等国家开展工程的勘察设计、监理、咨询等工作,也有一些PPP和BOT的投融资项目。比如,该公司承担了莫桑比克某公路建设项目勘察设计;在贝宁的一个商务部援建公路项目总投资3.13亿元人民币,该公路已经建成通车;2017年经过竞标,成为孟加拉国一座中孟友谊桥的顾问咨询……此外,加上印尼、缅甸、马达加斯加等共有十几个国家都有皖牌的路桥。

目前安徽交通行业企业在走出去、拓展境外业务过程中还处于起步后的快速发展阶段,主要协助开展境外收费型高等级公路的PPP和BOT等投融资项目;与国内外大型工程承包人合作,获取境外工程勘察设计业务合同;参与商务部对外援建项目,以及通过参与国际工程咨询招标等相关活动,获得境外工程勘察设计咨询项目。

未来,作为安徽交通企业"走出去"代表的省交通规划设计研究总院股份有限公司将全面从"借船出海"模式向"造船出海"模式转变,主动去找项目,以设计为主体,实行工程总承包,实现"全球一流"的目标。基础设施需求量较大的国家都集中在经济欠发达地区,因此非洲和东南亚是重要输出目的地。目前,随着国家"一带一路"建设的深入,公司也在向西寻求发展,比如在中西亚地区寻找合作项目。

七、党的建设与精神文明建设

(一)党的建设

一直以来,省交通运输厅党组认真贯彻落实中央、省委关于加强党的建设各项部署要求,突出全面从严治党这条主线,始终把抓好党建作为最大政绩,认真履行管党治党主体责任,坚持从严上落实、向实处用力,做到真管真严、长管长严,推动党建这一政治优势转化为加快交通运输发展的内生动力。省交通运输厅连续三届获得"全国文明单位"称号,连续三届获得"安徽省文明单位"称号。在2016年度省委省政府综合考核中,安徽省交通运输厅被评为"优秀"等次。

1.以政治建设为统领,狠抓管党治党政治责任的落实

党的十八大以来,安徽省交通运输主管部门始终把履行政治领导责任放在首位,切实发挥政治引领作用,带头旗帜鲜明讲政治,通过党组会议、中心组理论学习会、党员干部大会、党组书记上党课等形式,以上率下形成"头雁效应",牢固树立"四个意识"。坚决维护习近平总书记核心地位,坚决维护以习近平同志为核心的党中央权威和集中统一领导,自觉在思想上行动上与党中央保持高度一致,确保中央和省委省政府各项决策部署在交通运输部门落地生根。

始终以习近平新时代中国特色社会主义思想为引领,第一时间组织对习近平总书记系列重要讲话,特别是关于交通运输工作的重要论述、关于"四风"不能止步、作风建设永远在路上重要指示和"四好农村路"重要批示精神的学习,开展专题研讨,做到应学尽学、学深悟透。党的十九大召开以后,按照省委统一部署,省交通运输厅党组出台《关于扎实推进党的十九大精神学习宣传贯彻工作的实施意见》,迅速组织开展大学习、大培训、大宣讲、大调研、大落实活动。省交通运输厅党组成员带头学习、带头研讨、带头宣讲、带头讲党课、带头调研、带头抓落实,推进了党的十九大精神在交通运输部门落地生根。

始终把贯彻落实《关于新形势下党内政治生活的若干准则》和《中国共产党党内监督条例》作为党要管党、全面从严治党的重要内容。省交通运输厅党组书记带头发扬党内民主,执行党组议事规则,全力集中班子成员智慧,切实做到科学决策、民主决策、依法决策、依规决策,带头深入开展批评与自我批评,严格执行双重组织生活制度。

2.以组织建设为基石,狠抓战斗堡垒的政治定位

始终坚持把基层党组织标准化建设作为推进全面从严治党向基层延伸的重要抓手,制定基层党组织标准化建设目标任务,在全省交通运输行业选择10个支部进行重点培树,进一步健全组织制度,严格基层党组织换届选举、党费收缴、党员发展、组织关系排查等各项工作。组织实施基层标准化建设督查及考核验收,对未达标党组织进行督促整改。2017年,省交通运输厅基层党组织标准化建设达标153个,达标率71%,超额实现年度目标任务。

创新组织生活形式,探索开展党支部"联讲联学共建"活动,组织机关支部之间,机关支部与直属单位支部、与行业一线及服务对象支部、与驻地社区支部之间开展学习交流、共上党课;大力推行"品牌支部"建设、"党员活动日"等基层党建有效做法,为基层组织生活注入新

鲜动力。创新党建活动载体,指导基层党组织积极探索与中心工作相融合、党员干部认可的党建活动载体,形成《省交通运输厅党建活动载体汇编》。创新"互联网+党建"思路,倡导基层党组织和党员积极利用"微党课"、微信群、QQ群以及"安徽先锋网""安徽机关党建"等微信号创新支部学习和组织生活方式。支持和指导交通工会、青年团、妇委会等组织围绕各自职能开展形式多样、各具特色的活动,有效发挥群团组织的桥梁和纽带作用。

强化党建工作考核,切实压紧基层管党治党主体责任。制定《关于厅管领导班子和厅管干部综合考核工作的实施意见》,落实《省交通运输厅党建工作考核办法》。扎实开展党组织书记抓党建述职评议,将评议考核结果在交通运输厅进行通报,真正在全行业形成一级抓一级、层层抓落实的党建工作责任机制。突出党建优势发挥,扎实做好交通脱贫攻坚工作。积极履行对定远县的牵头帮扶职责,实现党建工作与扶贫攻坚"双推进"。选派扶贫副职和驻村工作队在定远县开展帮扶工作,安排专项补助资金支持定远县交通基础设施建设,结对帮扶定远县高埂村贫困群众。

3. 以纪律建设为治本之策,狠抓正风肃纪

始终坚持党风廉政工作与业务工作"五同步",召开全系统党风廉政建设工作会议、开展党风廉政建设工作专题研究,组织对交通运输厅机关处室和厅直单位主要负责人进行廉政约谈,制订《厅党组履行党风廉政建设主体责任纪实意见》和《约谈办法》,配发《履行党风廉政建设工作手册》,组织开展"履行党风廉政建设主体责任再深化专项行动活动",切实把廉政责任落实落细落小。不断完善重大事项报告制度,了解、掌握"三重一大"事项情况,加强对权力运行规范管理。组织开展巡视整改"回头看"活动。进一步优化专业力量,组建执纪检查人才库,有效整合纪检办案力量。有针对性地组织开展纪检业务培训,实行办案联动机制。

坚持纪在法前、纪严于法,正确运用监督执纪的"四种形态",进一步强化权力监督,坚持违纪必惩、有责必究,坚决查处行业内违规违纪和损害群众利益的行为。坚持把执行中央八项规定和反"四风"往深里抓、实里做,自觉践行"三严三实"。根据省纪委统一部署,深入开展"酒桌办公"专项治理整治,坚决刹住公款吃喝、公款购买高档烟酒水等奢靡享乐之风。在重要节日节点,及时向各级党组织和全体党员发放廉洁节日通知、推送廉政短信,提醒大家远离纪律红线。定期对行业"四风"情况进行督查暗访,及时解决各类问题,持续释放高压效应。出台《安徽省交通运输厅关于推进简政放权放管结合优化服务的实施意见》,全面推行窗口服务"最多跑一次",创新开展上门服务,积极推行"一个窗口"受理、"一站式"审批、网上审批。

(二)精神文明建设

安徽省交通行业精神文明建设紧紧围绕中心、服务大局,大力开展"微笑服务、温馨交通"创建活动,铸品牌,树新风,打造文明服务新流程新规范,为促进安徽交通运输科学发展做出了积极贡献。

2009年8月,安徽省交通运输厅在认真总结省高速公路控股集团先行经验的基础上,围绕解决行业管理、服务中存在的态度生硬、行为失范、工作粗糙、服务缺位、环境欠优的问题,以加强行业管理、提升文明服务为主题,在窗口服务单位先行启动了"微笑服务、温馨交通"创建活动。活动提出"一笑、二礼、三心、四创"实践内涵(一笑,微笑服务;二礼,注目礼、举手礼;三心,热心问候、精心服务、衷心祝愿;四创,创文明标兵、创文明窗口、创文明行业、创温馨

交通),开展岗位比学习、比培训、比规范、比技能、比诚信和"大练兵"等项竞赛,营造氛围,密切互动,分类指导,推动整改,形成了竞相创建、比学赶超的联动效应。活动中,为了提高服务窗口员工的内在素质、外在形象,收费、路政、政务大厅等窗口单位采取"走出去、请进来"等项措施,聘请礼仪老师、业务骨干跟踪实施培训、集中进行辅导,练口型、练形体、练礼仪、练用语,再造窗口单位文明服务新流程新形象。2011年9月以来,紧扣"为民服务创先争优"这个主题,引导全行业窗口单位大力开展岗位练兵、技能培训、作风纪律建设、创建党员示范岗等项主题实践活动,亮标准、亮身份、亮承诺、赛思想、赛作风、赛规范、赛礼仪、赛技能、赛业绩,改进服务作风,提升服务能力,规范行为操守,优化工作流程,努力把全省交通运输窗口单位建设成为发展环境优化的示范窗口、服务流程规范的便民窗口、行为举止文明的温馨窗口、行业风气良好的形象窗口,在创先争优中进一步打造了"微笑服务、温馨交通"这个文明服务品牌。中央、省委创先办先后以专刊形式推广介绍安徽交通运输行业开展"微笑服务、温馨交通"创建活动的做法,中央创先办领导称赞"微笑服务、温馨交通"是"为民服务创先争优"的优质品牌。交通运输部在把"微笑服务、温馨交通"选树为全国交通运输行业十大文化品牌的同时,还将其作为先进典型经验推荐上报中央创先办。交通运输部领导表示"微笑服务、温馨交通"是全国交通运输行业管理科学、服务规范、形象良好的优质服务品牌。省委、省政府主要领导同志高度评价"微笑服务、温馨交通"创建活动,指出微笑是一种无声的交流,能拉近距离,让人感到亲切和温暖,强调这不仅是工作方法问题,也是工作作风问题,树立了安徽交通运输的良好形象,展示了安徽人的良好精神风貌。省内外交通运输、金融、旅游、供电等服务行业相继到安徽交通运输服务窗口参观学习,并把"微笑服务、温馨××"培植到自身的创建工作之中,在行业内外形成了广泛的扩散效应和辐射作用。

大道通衢贯八闽

福建省交通运输厅

一、综述

(一)交通发展的自然社会环境

福建素有"东南山国"之称,境内山岭耸峙,低丘起伏,河谷与盆地错综其间,山地、丘陵面积占全省土地总面积的82.4%。福建境内遍布千山万壑,玳瑁山脉、戴云山脉、鹫峰山脉、武夷山脉巍巍绵延,所谓"八山一水一分田""闽道更比蜀道难",正是对福建山重水复地形地貌的形象概括。

福建位于东南沿海,与台湾隔海相望,福建平潭岛距台湾本岛只有68海里,台湾民众80%以上祖籍在福建,语言相通、民俗相近,闽南文化、客家文化、妈祖文化等在台湾影响广泛。

长期以来,受制于这种独特的自然地理条件和特定时期的社会环境,福建省的公路、铁路、港口等重要交通基础设施建设底子较薄、历史"欠账"较多,在较长时间内成为经济社会的发展"瓶颈"。这种自然条件和社会环境,决定了福建交通在经济社会发展中的战略地位,也决定了福建交通事业发展的长期性、艰巨性。

党的十一届三中全会,做出了把工作重点转移到社会主义现代化建设上来的战略决策,这也是交通事业发展注入活力的历史拐点。党的十一届三中全会召开以来,福建沐浴着改革开放的春风,面临着经济社会全面提速发展的机遇。1979年党中央、国务院批准广东、福建在对外经济活动中实行"特殊政策、灵活措施",并决定在深圳、珠海、厦门、汕头试办经济特区,福建成为全国最早实行对外开放的省份之一,站在了改革开放的前沿。福建省抓住发展的历史机遇,相继提出了"大念山海经、建设八大基地""沿海一条线、山区一条线、沿海山区一盘棋"等发展战略,特别是1988年国务院做出《关于福建省深化改革、扩大开放、加快外向型经济发展的批复》,批准福建为全国综合改革试验区之后,福建改革开放的力度进一步加大,提出"大中小项目一起上、港侨台外都欢迎""以侨引台、以港引台、以台引台、以港澳台引外"等重大决策,有效促进了福建省初步形成包括经济特区、经济技术开发区、沿海开放城市、开放地区在内的多层次、全方位发展的新格局。

(二)交通发展成效

"要致富、先修路""大路大富、小路小富、无路不富"。交通是经济社会发展先导性、基础性产业,加快发展交通,打破"瓶颈"制约,促进经济社会发展全面提速,成了福建的重要命题。

习近平同志1988年在宁德任地委书记时强调指出:"宁德地区经济之所以不发达,缺电和交通落后是重要原因……目前国家调整产业结构,加强能源、交通和原材料工业,正是我们抓电和办交通的好时机。我们正在筹备同省电网联网和开发两个大中型水电站,有把握抓好电。另一项就是抓交通,这里不通铁路,公路等级不高,老百姓称为'不三不四级'。我们计划采取民办公助的办法提高现有公路等级,沿海104号公路要分段实施改造,在国家重点支持下争取七八年内拿下来。"在1996年4月23日举行的省委常委会上,时任省委副书记的习近平指出:"高速公路确实是重中之重,已时不我待,应全线起步建设。福泉段目前已分别交给各市,即便任务交下去了,省里也要加强指导,省市如何做到责权利相结合,要研究。"2001年7月26日上午,时任省长的习近平到省交通厅调研,指出国际、国内经济环境和福建省大业中所处的特殊地位和作用,为全省"十五"期间加快交通基础设施建设提供了难得机遇和有利条件。交通基础设施建设在经济发展中起举足轻重的作用。交通厅肩负着光荣而又繁重的任务,起着主力军作用,要珍惜和把握机遇,认真做好交通"十五"计划前期工作,深入调研,督促检查,抓好落实,努力工作,奋勇拼搏,全面出色地超额完成各项任务,为全省"十五"计划实施开好局、起好步,做出应有贡献。

在交通部等中央部委的大力支持下,按照省委、省政府的部署,围绕交通为经济社会发展服务这一核心命题,福建大做"通"的文章,以公路为线条,以桥梁为骨架,描绘航道,点染风帆,在八闽大地上纵横捭阖,以如椽巨笔和满怀豪情描绘激动人心的巨幅交通画卷。自改革开放以来,福建省强化科学谋划,狠抓组织实施,加大要素投入,推动交通运输持续良好发展态势,到2015年底,全省实现了"市市通动车、县县通高速、镇镇通干线、村村通客车",交通对经济社会发展的适应度从"总体缓解"跃升到"基本适应、局部适度超前",有效服务了经济社会又好又快发展。

2017年,全省公路水路交通投资完成917.60亿元,是1978年的2282倍,年均增长21.9%。到2017年底,全省公路通车里程10.80万公里,比1978年增长7.89万公里,年均增长3.4%;公路密度以国土面积计算为88.97公里/百平方公里,以人口计算27.88公里/万人,分别比1978年增长2.8倍和1.4倍。全省沿海港口货物设计通过能力达4.89亿吨,比1978年增长4.86亿吨,年均增长13.7%;具备了停靠世界集装箱船、油轮和散货船最大主力船型条件。2017年沿海港口完成货物吞吐量5.20亿吨,39年间年均增长13.3%;集装箱吞吐量从无至有,2017年完成1564.85万标箱。

高速公路网络日趋完善。自1994年泉厦高速公路全线开工以来,福建省高速公路进入了快速发展阶段,1996年厦漳高速公路和漳龙高速公路龙岩段开工,1997年福泉高速公路开工,2000年罗长、三福高速公路开工……从高速公路零的突破到"一纵两横""两纵五横"再到"三纵八横"基本形成,从设区市"四小时交通经济圈"到"县县通高速",从点到线、从线到网,福建省高速公路主骨架加快建设,如同一条条四通八达、充满活力的大动脉,横亘在八闽大地。到2017年,全省海西高速公路网通车里程达到5228公里,路网密度、人均密度都处于全国前列;出省通道达到16个,与周边省份和中西部实现全面对接。

普通公路蓬勃发展。十一届三中全会后,全党全国的工作重点转到了经济建设上来,公路事业也进入快速发展时期。1977年至1989年,福建公路建设按照"量力而行,保证重点"

的原则,重点增建并改造重要港口及大中城市进出口运输繁忙路段,修建了福州洪塘大桥、洪山大桥、泉州大桥、南平鲤鱼洲大桥以及进行了油路铺设等重点工程。

1992年至2005年,福建省公路建设相继实施了"先行工程""县通地市工程""入闽通道工程""省级干线工程",通车里程增加迅速、技术等级不断提升、全省公路网渐趋完善、桥梁隧道建设技术突破性发展,很大程度缓解了福建经济建设发展的公路交通瓶颈。并在桥梁隧道建设技术上取得非凡成绩,如尤溪丘墩大桥采用顶推法修建,顶推跨径大于70米;福州石潭溪大桥,采用钢管混凝土拱桥桥型,是当时福建省跨度最大的钢管混凝土结构;厦门海沧大桥采用特大型三跨全漂浮钢箱梁悬索桥,是当时同类型桥梁结构中的世界第二、亚洲第一;厦门翔安海底隧道,采用暗挖钻爆施工,是我国内地第一条大断面海底隧道

1993年启动的"先行工程",构筑了"两纵三横"高等级公路干线网络;1999年启动的"县通地市工程",解决了福州、莆田、漳州、龙岩、南平、三明、宁德7个设区市22个县区通往设区市的交通问题;2003年完成的十条"入闽通道",建成了4个设区市12个县区市的出省通道,实现福建省与江西、浙江、广东省二级公路对接;2012年省政府又批复了《福建省普通国省干线公路网布局规划》,全省扎实组织实施"八纵十一横十五联"规划路线。到2017年底,全省普通国省道里程达到10982公里,二级及以上公路比例达到71.4%,实现了每个县城至少连接一条高等级公路。

农村公路面貌焕然一新。由于历史原因和受地理条件限制,福建省农村公路建设发展相对缓慢,长期以来主要以修简易路求"通"为主。"八五""九五"以后,在党中央、国务院和省委、省政府的正确领导下,在各部门的大力支持下,省交通厅在加快全省"两纵三横"公路先行工程和高速公路重点工程建设的同时,扎实开展了农村公路工作,福建省农村地区交通落后的状况有较大改善。

特别是从2004年起,福建省全面实施"年万里农村路网工程",计划用7年时间投资140亿,建设4万公里农村公路路面硬化工程,惠及8000个建制村。到2011年,福建省率先实现了"村村通水泥路",全省每个建制村至少有一条路面硬化的公路通往乡镇或主要干线。2014年习近平总书记对建设"四好农村路"做出重要指示后,福建省积极创新体制机制,加大要素投入,推动农村公路建管养运协调发展,到2017年底全省农村公路通车里程达到9.2万公里,其中县道1.5万公里,乡道4.2万公里,村道3.5万公里,为广大农村跨越发展创造了良好条件;管养队伍建设得到加强,全省县、乡两级农村公路管养机构已全面设置,养护管理队伍3800余人;安全保障显著增强,实施农村公路安保工程约3万公里,基本完成通客车路线的安全防护设施完善,危桥改造2000多座,让广大群众走上了平安路、放心路。

港口实现集约发展。改革开放前,全省万吨级码头只有2个,到2017年底已经有171个,翻了86倍;全省沿海港口生产性泊位502个,年均增长4.7%;厦门港成为千万标箱大港。实施全省港口体制改革,推动跨行政区域的行政管理体制整合,将全省原有6个港口整合为4个港口;推进港口企业资产重组、联营,形成了福建省交通运输集团和厦门港务集团两大港口龙头企业。省级层面对全省港口的统筹协调力度得到了有效强化,实现对全省港口资源的统一、连片的规划、建设、运营和管理,全省港口布局进一步得到优化,港口集约化、规模化、现代化发展水平显著提升,整体竞争力明显增强。

运输服务水平持续提升。2017年,全省公路客运量、货运量、旅客周转量、货物周转量分

别完成3.76亿人、9.56亿吨、227.83亿人公里、1214.05亿吨公里,比1978年分别增长5.0倍、10.1倍、34.8倍、147.0倍。全省水路客运量、货运量、旅客周转量、货物周转量分别完成1924.6万人、3.35亿吨、2.78亿人公里、5429.8亿吨公里,比1978年分别增长1.1倍、0.4倍、38倍、364倍。全省城乡运输快速发展,到2017年底,全省农村客运运营车辆达5250辆,具备条件的建制村100%开通客车,受益群众达2100万人。百人以上岛屿有陆岛交通码头,500人以上岛屿开通班轮,海岛群众"出行难"得到根本改变。城市公交面貌不断改善,实现设区市中心城区公交站点500米全覆盖,新能源和清洁能源公交车占比达66%,县域公交车服务加快向农村延伸;福州、厦门迈进了"地铁时代"。闽台海上通航重大突破,从改革开放前的一片坚冰,发展到常态化稳定经营的8条客运航线(4条闽台客滚航线和4条"小三通"航线),两岸车辆互通实现个案突破。2017年闽台海上客运航线共运送两岸同胞超过195万人,有效促进了交往交流,成为连接两岸人员、物资往来的主要通道。

(三)发展经验

改革开放以来,福建交通持续又好又快发展,实现了翻天覆地的变化,成为群众获得感、幸福感最强的领域之一。经梳理总结,得出如下基本经验:

得力于紧紧围绕服务经济社会发展这个中心。改革开放的春风、经济特区、全国综合改革试验区、海峡西岸经济区、自贸区、福州新区、海丝核心区、平潭综合实验区、生态文明试验区、自主创新示范区、支持赶超发展……中央高度关心福建发展,给予一系列重要政策支持。福建省委省政府科学筹划部署、扎实组织实施,擘画了科学发展、跨越发展的蓝图。福建交通紧紧围绕这个大局,主动融入,准确定位,科学谋划,扎实实施,在有效服务全省经济社会发展的同时,也实现了自身的跨越发展。

得力于坚持科学发展的理念。福建交通在发展过程中,始终坚持发展是第一要务、第一责任,牢固树立又好又快的发展理念;坚持规划主导、科学有序推进发展,先后制定了《海峡西岸经济区公路水路交通发展规划》《福建省高速公路网建设规划》《福建省省级干线公路网规划》《福建省沿海港口布局规划》《福建省农村公路发展规划》《福建省公路枢纽规划》和各个时期的"五年规划"。在组织实施过程中,坚持可持续发展理念,走资源节约型、环境友好型发展道路,注重保护环境生态,优化管理水平,集约使用岸线、通道走廊等珍贵资源。坚持"以人为本、安全第一""百年大计、质量第一",持续提升建设质量和服务水平。

得力于中央部委的关心指导和大力支持。改革开放40年来,交通运输部等中央部委研究制定出台促进交通发展的一系列重大政策,在改革开放初期就高瞻远瞩地提出"有河大家走船、有路大家走车"的开放政策,打破了国营运输企业一统天下、独家经营的局面,为推动运输生产能力的发展提供了机制和理念上的坚实支持;深入调查研究,推动出台了车购税、公路收费、港建费等一系列重要政策,为加快交通基础设施建设开辟了资金渠道,有效解决了制约交通建设的资金紧张问题。交通运输部长期以来十分关心和支持福建交通发展,在指导福建开展与台湾地区的海上客货运往来,加大对福建交通基础设施建设投入等方面给予了巨大的支持,为福建交通加快发展提供了强大的动力。

得力于全省各级党委、政府的坚强领导和社会各界的积极参与。福建省委、省政府高度重视交通事业,持续把交通摆在发展战略的高度,在政策、规划、资源、要素等方面给予极大的支持。福建省交通运输厅党组一任接一任地扎实组织实施擘画的蓝图,团结全省交通运输系统上下一心、奋力拼搏,不断取得发展新成效。全省各地党委、政府结合地方实际,细化规划,实施项目,发展运输,优化管理。社会各界高度关心和鼎力支持,群众在捐资修路、投工投劳、征地拆迁等方面给予倾力支持,形成了全省齐心协力推进交通发展的良好格局。

得力于坚持改革创新。在发展过程中,福建积极探索新思路和新办法,破解交通发展道路中的新问题,不断激发活力,解放生产力,促进提高管理水平和服务质量。高速公路建立完善"省市共建,建设以市为主,营运全省统一"的建设管理体制;普通国省干线实行"省市指导,建设以县为主,养护管理市级统一"的管理体制;农村公路实行"县道县管、乡道乡管、村道村管"的管理体制,在全国率先全面推行农村公路路长制,率先全面设立乡村道专管员队伍,率先全面实施农村公路灾毁保险,率先建立养护资金合理增长机制;港口实施行政管理体制一体化和经营管理一体化改革……通过深化交通供给侧结构性改革,推动交通运输向高质量发展,交通发展由主要依靠基础设施投资建设拉动向建设、管理、养护和运输服务协调发展转变,由主要依靠增加物质资源消耗向科技进步、行业创新、从业人员素质提高和资源节约环境友好转变,由主要依靠单一运输方式的发展向综合运输体系发展转变。

得力于全面加强党的建设。把党的政治建设摆在首位,坚定不移抓好党风廉政建设,统筹推进党的各项建设,把交通系统党组织建设得更加坚强有力,为行业改革、发展、稳定提供坚强的政治保障。加强交通干部和人才队伍建设,努力培养和造就政治可靠、作风优良、业务精湛、结构合理的高素质专业化队伍,为实现交通运输业现代化转型升级提供智力支持。推动更高层次的人文交通建设,不断发展和丰富"两路"精神,讲好交通故事、唱响交通品牌,使"两路"精神成为交通运输发展的强大精神动力。

二、基础设施成就

(一)高速公路

伴随着改革开放春风发展起来的福建省高速公路,历经10年争论酝酿,21年推进发展,从无到有,奋起直追,后来居上。

早在1982年,福建省就提出了建设福州至厦门高速公路的设想,但由于资金、投资等问题,一直被搁浅。为了突破"瓶颈"制约,交通先行,福建省历届党委政府全力推动高速公路建设。1994年,在全省各界翘首以盼下,福建省第一条高速公路泉厦高速公路正式全线动工。"醒得早、起步晚"的福建高速公路建设,历经"九五""十五""十一五""十二五"等阶段的拼搏,从1997年泉厦高速公路通车实现零的突破,到2015年底海西高速公路网通车里程超过5000公里,基本形成"三纵六横"主骨架,省际通道达到16个,成为全国第4个实现"县县通高速"的省份;全省高速公路密度达4.12公里/百平方公里,居全国各省第二位,达到发达国家水平,走过了一个发达国家用几十年才能走完的不平凡发展历程。四通八达的高速公路网,使"闽道更比蜀道难"成为历史,有力地推动了福建省科学发展跨越发展。

持续完善规划。为彻底打破经济发展的"紧箍咒",福建省五次重绘高速公路发展蓝图,海西高速公路网规划从最初的"一纵两横",到"三纵四横",到"三纵八横三环二十五联",再到"三纵八横三环三十三联",规模总里程达6100公里。2016年12月,福建省政府常务会议审议通过《福建省高速公路网规划(修编)(2016—2030年)》。修编后,福建省高速公路路网总规模从原来的6100公里增加到6984公里,路网布局从原来的"三纵八横"调整为"六纵十横"。

创新管理体制机制。福建省创新实行"省市共建,建设以市为主,运营全省统一"的高速公路建设运营管理体制机制,极大地调动了各方面的积极性,激发了全省各地建设高速公路的热情,促进形成了省市上下齐抓共管、合力推进的良好局面,实现了高速公路建设与运营管理的无缝衔接,有力地促进了高速公路的科学发展。

创新现代管理方式。"建设施工标准化"开全国先河,编制的《全国高速公路建设标准化施工指南》,由交通运输部向全国推广。

破解融资"密码"。主动向国家发展和改革委员会、交通运输部对接,共有37个项目列入国家总计划盘子,累计获得中央投资280多亿元。打开"银企战略合作"大门,与银行签署战略合作协议,获授信2800多亿元,为建设提供了资金保障。通过股份发行、债券发行、融资租赁等方式从市场直接融资,直接服务于福建高速公路建设。全省"一盘棋",推动沿海与山区、老区统筹协调发展。

全面实施"无障碍施工"。政府部门现场驻点,在施工现场及时协调解决问题,以人为本、妥善处置。征迁交地后施工及时对接。

全面推行"一线工作法"。省、市高指指挥分片挂点,每个攻坚项目领导干部蹲点现场,加强一线协调、督查。

加快再加快。福建省委、省政府部署开展了一场场轰轰烈烈的攻坚战,先后实施"五大战役""大干150天""百日会战""百日攻坚战""百团大战"等,采取超常办法、超常举措、超常力度推动高速公路建设。

提速再提速。2008年,福建交通运输系统响亮地打出了力争"10年计划任务5年完成"的口号。从2009年起每年开工10条,一批"十二五"项目提前实施。

赶超再赶超。"九五"全省高速公路完成投资136亿元,"十五"完成388亿元,"十一五"完成1215亿元,"十二五"完成2100亿元,"十三五"以来已完成780亿元。

建设纪录在不断刷新。

1994年6月,福建第一条高速公路泉厦高速公路破土动工,1997年12月建成通车实现高速公路零的突破;

2003年6月,福宁高速公路建成通车,沈海高速公路福建段——福建省沿海大通道"第一纵"形成;

2004年11月,三福、漳龙高速公路建成通车,全省高速公路通车里程突破1000公里;

2009年11月,莆(田)秀(屿)高速公路建成通车,全省高速公路通车里程提前一年突破2000公里;

2010年6月,196公里的永安至武平高速公路通车,"第二纵"形成;

2011年1月18日,福泉厦漳高速公路"四改八"扩建工程建成通车,成为福建省第一条双向八车道高速公路;

2012年10月,宁德至武夷山高速公路建成通车,全省高速公路通车里程突破3000公里;

2013年12月,横贯东西的大动脉——莆永高速公路泉州段建成通车,全省高速公路通车里程突破4000公里；

2015年12月,全省高速公路网通车里程突破5000公里,实现"县县通高速";

……

从实现零的突破到通车里程突破1000公里,福建用了9年;从1000公里到2000公里,福建用了5年;从2000公里到3000公里,福建用了3年;从3000公里到4000公里再到5000公里,都只用了1年多。

福建高速公路,实现了历史性大跨越。

福建高速公路的建设极大地拉动了内需,促进了福建经济社会快速发展。对泉厦和福泉高速公路开展后评估调查的测算数据表明,泉厦高速公路开通后第一年即带来总经济效益13.4亿元,福泉高速公路开通当年带来总经济效益23亿元,每年拉动福建GDP增长0.33~0.83个百分点,提供8万个就业岗位。

(二)普通国省干线

稳步发展时期。中共十一届三中全会后,福建公路交通事业也进入开创新局面的大好时期。1979年,恢复了福建省公路局,将各地区养路段体制完全收归省管。1981年《国家干线公路网(试行方案)》颁布后,福建省确定了29条5971.6公里的省道规划。福建公路发展思想从以往的以国防为主转变到以服务经济发展为中心,从单纯的抓专业公路养护到大规模的公路建设上来,采取开放式多层次、多渠道、多形式的集资办法修建、养护公路,放宽搞活公路工作。其中比较典型的是福州至厦门公路改建工程。福州至厦门公路全长298公里,为国道324线的起始段,是连接福州经济开发区、厦门特区、闽南三角经济开放区的重要陆运主干道,也是福州、湄洲湾、泉州和厦门等沿海港口货物集收运输的主动脉。

1989年底,全省公路通车里程达40030公里,全省83%的行政村通了公路,公路密度达到每百平方公里土地有公路32.43公里,居全国第五位。全省桥梁730座,计210035延米,桥梁永久化程度为98.52%,居全国第十七位。全省公路大桥(包括少数与城市交通共用及未列年鉴的)共有346座,计6420.31延米,其中特大桥12座。基本建成了以省会福州为中心,连接全省各地市县、工矿基地、主要港口、旅游胜地的公路网。

"先行工程"。进入20世纪90年代,福建省委提出"南北拓展、中部开花、连片开发、山海协作、共同发展"的战略部署,经济快速发展,各地机动车猛增,主要路线普遍出现超负荷运行。为适应新一轮的经济增长,解决交通瓶颈,省委、省政府于1992年8月在福州马尾召开了"加快福建发展步伐研讨会",做出实施公路"先行工程"的重大决策,从而翻开提高公路等级建设的新篇章,公路建设进入快速发展阶段。

为加快公路干线改扩建,省公路局编制了《福建省公路"先行工程"干线建设规划》,并于1993年5月22日由省计委组织审定通过。这是福建省第一个真正意义上的公路建设发展规划,直接指导全省先行工程建设计划实施。

公路"先行工程"自1993年开工建设,至1996年底基本完成原定的4000公里建设目标,比原计划8年提前4年完成。至1996年底,全省公路里程达到4.65万公里,其中一级公路272公里,二级公路2210公里,三级公路2679公里,四级公路31249公里,等外公路10162公里。"八五"期间,福建省公路里程累计增加5562公里,每年新增1112公里,是"七五"期间增加总量的 1.1 倍;高等级公路里程增加了 2147 公里,是"七五"期间增加总量的 9.3 倍。公路"先行工程"极大地改善了福建的公路状况,为福建经济发展奠定了有力的交通支撑。

"先行工程"扫尾工程、"县通地市工程"和"入闽通道"建设。1996 年至 2003 年期间,全省普通公路建设继续沿用公路"先行工程"建设体系,实行"地方为主、省级定额补助"的建设政策,先后实施公路"先行工程"扫尾工程、县通地市、入闽通道等专项工程建设,新增公路里程 1.2 万公里,其中新增一级公路 85 公里、二级公路 2360 公里、三级公路 287 公里、四级公路 2560 公里、等外公路 4390 公里。至此,全省公路建设里程迅速增加,技术等级不断提升,全省公路网渐趋完善,桥梁隧道建设技术取得突破性发展。

至 2003 年底,全省公路通车总里程达到 54876 公里,比改革开放前翻了一番,公路密度达到 45.2 公里/百平方公里。其中干线公路 8320 公里,县乡公路 40601 公里,专用公路 5985 公里;有路面里程 51069 公里,占通车总里程的 93.1%。全省公路桥梁 450486 延米/10780 座,永久性桥梁占桥梁总数的 99.75%;隧道 123261 延米,机动渡口仅剩 2 个,比 1977 年的减少了 5 个。本阶段公路建设的主要特点:一是技术等级得到了大幅提高,二级及以上的高等级公路达到 6761 公里,占总里程的 12.32%。二是路面结构得到全面改善,水泥混凝土和沥青混凝土路面得到了快速发展,全省达到 15660 公里,占通车里程的 28.5%。三是新技术、新工艺的使用使大型桥隧快速增长,全省特大桥达到 101510 延米/100 座,大桥达到 92861 延米/498 座,大型桥梁长度占桥梁总长的比例达到 43.1%;特长隧道 13097 延米,长隧道 67118 延米,大型隧道的长度占隧道总长的比例达到 65.1%。

全面提速发展。2004—2009 年,是福建普通公路建设全面提速的 5 年。至 2008 年底,全省公路通车总里程达到 88610 公里,比 2003 年底同比增长了 12.3%,公路密度达到 71.4 公里/百平方公里。其中干线公路 9722 公里,农村公路 78395 公里,专用公路 489 公里;二级以上高等级公路 9267 公里,占总里程的 10.46%,水泥混凝土和沥青混凝土路面达到 59679 公里,占通车总里程的 67.3%。全省公路桥梁 847223 延米、17728 座;隧道 427484 延米、467 座。本阶段公路建设的特点:一是普通公路建设投资力度快速增长,5 年累计完成投资 577 亿元。二是农村公路建设使全省的水泥混凝土路面快速增长,新增农村公路水泥混凝土路面 4.1 万公里,广大农村的出行条件得到了极大改善。三是规划省道建设明显加快,省道二级及以上里程比 2003 年提高了 14.7%。全省已基本形成了以国省道干线为主骨架,辐射所有县(市、区)、乡镇以及 96% 以上建制村,衔接顺畅、便捷高效、绿色和谐的公路网络,为建设海峡西岸经济区提供良好的公路交通基础设施。

"十一五"期间。福建省政府于 2009 年出台了《关于加快公路建设发展的若干意见》,这是福建省自 1993—1996 年"先行工程"后,又一次在省政府层面出台政策,有力推动了省道建设改造。省级创新性提出"补助加奖励"的省级投资政策,制定了《省道建设省级补助及奖励标准》《省级干线公路建设管理规定》《普通国省干线公路建设省级补助标准》等系列文件。在政策激励下,全省各地进一步激发干劲,加快建设,建成了平潭跨海大桥、厦门翔安隧道、泉州晋江跨海大桥等一批大型桥隧工程,完成县上高速、通往十大品牌和红色旅游公路建设,全面完成"两纵两横"国道网改造,基本完成原"八纵九横"省道建设改造任务,基本实现"县县通二级公路",国省干线的技术等级、路况水平、路网通行能力明显提高。

"十二五"期间。福建省以新规划"八纵十一横十五联"国省干线公路和"镇镇有干线"建设为重点,完成普通公路建设固定资产投资突破千亿元,是"十一五"期的2.2倍。至2015年底,建成普通干线公路3600公里,国省干线二级及以上公路比例由"十一五"末的70%提高至2015年的85%。同时,在普通国省干线公路建设管理上提出了"五标准五集中"的标准化管理体系,研究编写了普通公路施工、设计、管理标准化指南系列丛书,突出"因地制宜、分类实施"工作理念,强化设计源头管控,深化标准化建设内涵,落实标准化保障措施,健全标准化管理长效机制,普通国省干线公路建设质量和管理水平取得明显成效。

在普通公路建设蓬勃发展的同时,养护事业也不断推进。福建自20世纪80年代初就开始着手探索养护运行机制的改革。同时奉行"建养并重"的公路工作方针,切实提高公路抵御自然灾害的能力和综合服务水平,其中经历了几个重要的发展阶段。一是建设与巩固文明样板路、GBM工程。1991年交通部《公路可持续养护与规范化管理纲要》出台,建设GBM、文明样板路工程成为公路养护的重点,坚持"以人为本、以车为本、服务经济、奉献社会"的理念,在服务理念、节约观念、管理机制、监督机制上进一步创新,坚持"以人为本",改善和提高国家干线公路通行能力和服务水平,使福建公路交通环境得到极大改善,保持了畅、洁、绿、美的交通环境。二是实施"改善工程"。"改善工程"结合福建省多山、多雨情况,立足于公路危桥、隧道、路面等工程的现代化养护需要,强化集约管理,成立了桥隧养护中心,落实桥隧管养责任制;因地制宜采取设置挡土墙、锚索框架、抗滑桩等防治方式开展灾害防治工程;本着环保、安全、美观需求,采用矩形、梯形及浅碟形等水泥混凝土边沟等方式进行排水系统专项整治;以路况自动化检测为基础,建立公路养护科学化决策体系,因地制宜实施"白加白""白改黑"等路面改造工程,采用冲击压实打裂压稳和共振碎石化技术、铺设全路幅路面等措施,全省修复水泥混凝土路面1110万平方米/1293公里,大修沥青路面266万平方米/420公里。三是实施"公路安全保障工程"。从2004年开始,在国省干线公路上实施以"消除隐患、珍爱生命"为主题的"公路安全保障工程"。坚持"主动引导、适度防护、综合治理"的方针,加大安保工程排查及实施力度。在设计上,规范设计,分级审批,坚持先设计后施工,对设计方案进行充分论证;在质量上,科学组织、严格把关,建立健全符合安保工程特点的质量监管体系;在技术上,因地制宜,主动防护,根据事故发生的原因、概率和危害程度,合理确定并采取适当防护措施。全省完成"安保工程"总投资7.5亿元,主要用于设置钢筋混凝土防撞墙1369公里、波形梁护栏850公里、警示标志56093面、标线44万平方米。四是"绿色长廊和谐公路"实施阶段。以迎接2010年全国干线公路大检查为契机,以公路绿化为载体,重点实施国道、县通市、县上高速、通往重要旅游景区和交通枢纽线路;同时结合路线改造、安全保障、灾害防治、危桥改造等进行综合治理,注重生态保护和公路与自然环境的和谐统一,充分利用沿线青山碧水的自然资源,依景就势地打造富有特色的景观带,打造"四季常绿、一路一景、一季一景"的生态优美公路,使全线绿化率达到100%,公路好路率达到90%以上,并推出G319、G316等精品工程。到2012年,树立起了福建省普通公路绿色和谐品牌,普通公路服务品质达到新水平。五是"美丽交通生态公路"实施阶段。以创建国道205干线公路改造示范工程为契机,2013年,在国省干线上秉承"生态的才是最美的"理念,充分利用自然环境和森林资源等地理优势,全面推进"美丽交通生态公路",营造更加"畅通、安全、舒适、美观"和更加"生态、和谐及富有地域特色和文化品位"的国省干线公路环境,进而打造"平安优先、路况优良、管理优化、生态优美、服务优质"的福建特色五优公路,打造富有福建地域特色和行业特色的生态公路,形成

"车在路上,人在画中"的公路生态长廊。

到2015年底,全省普通公路建成省、市、县三级联网运行的公路路网中心,建设省市路网监控中心10个,实现干线公路资源和交通信息的监控、监测和集中统一调度;到2017年底,建设公路服务区、停车区47个,全面提升了公路服务品质,显著改善公路行车环境。公路优良路率从"十一五"末的94%上升到2014年的95.5%,全省路况总体基本达到优良水平。

(三)农村公路

农村公路是整个公路网的重要组成部分,关系国计民生和社会稳定。由于福建省的历史原因和地理条件,农村公路发展缓慢。"八五""九五"期间,主要实施了交通部扶持的老、少、边、穷地区公路交通建设。

1996年,省委、省政府提出了行政村通公路分两步走的为民办实事建设目标,即第一步到1997年底实现以县为单位的行政村通路率达85%以上,达到基本小康的目标,第二步到2000年努力争取基本实现村村通公路。经过各地市交通部门的艰苦创业和广大群众的努力奋斗,至2000年圆满完成了省委、省政府提出的为民办实事的目标任务。据不完全统计,从1996到2000年省交通厅专项用于补助全省各地行政村公路建设的资金累计达7100多万元,建成各类行政村公路4000多公里(含机耕路)。新通公路行政村709个,全省除个别海岛村外基本实现行政村村村通公路,取得了很好的经济和社会效益。

随着经济的快速发展,部分县市逐步在原农村公路上铺设水泥混凝土路面,其中以泉州、厦门为突出代表的经济较发达的城市,率先在全市提出实施农村公路铺设水泥混凝土路面工程,1998—2003年间农村公路水泥混凝土路面取得初步成效,厦门通村公路硬化达到100%,泉州达到85%以上。

为全面贯彻落实党中央和交通部加强农村公路建设、改善农村交通基础条件的有关精神,进一步加快全省农村公路建设步伐,福建省委省政府根据国家加快农村公路建设的战略部署,于2003年12月在龙岩召开全省农村公路建设工作会议,要求各级政府、各有关部门从实践"三个代表"重要思想的高度,充分认识加快农村公路建设的重要意义,以对党、对人民、对历史负责的态度,集中力量加快农村公路建设,严把工程质量关。会议决定从2004年开始全面实施"年万里路网工程",计划用7年时间完成4万多公里的农村公路路面硬化工程,实现全省行政村至少有一条硬化公路的建设目标。同时,持续将农村公路建设列为省委、省政府为民办实事项目和省重点工程项目。

在全省各地各部门的共同努力下,福建省农村公路建设呈现良好的发展态势,质量得到稳步提升。2003年,全省仍有87个乡(镇),约800个行政村,近4万公里的公路路面没有硬化,甚至不通公路。到了2008年,在短短的5年间,农村公路建设取得了骄人的成绩:完成农村公路建设投资约176亿元,硬化总里程约4.1万公里;乡镇通畅率达到了10%,与上海等11个兄弟省份并列第一;通村公路硬化率从2003年的不足53%提高到2008年的96.2%以上,建制村通畅率居全国第五位,提前两年基本完成省政府制定的建制村通硬化公路目标。在2008年基本实现建制村通公路后,结合全省农村经济发展需求。2009年,福建省又启动了农村公路安保工程,重点推进实施县道及重要乡道安保工程,优先完善拟通客车路线及部分特别危险路段安保工程。2012年,启动实施"年万里农村公路安保工程",至"十二五"末累计实施农村公路安保工程2.5万公里,危桥改造1535座,全面完成符合实施条件的通农村客车路段安保工程,有效改善了农村公路安全状况。

省委省政府还先后启动"上衔下延路网连通工程""未通建制村攻坚工程""镇镇有干线工程"等,大力提升农村路网连通水平和通达深度,于2011年底在全国率先实现100%建制村通硬化路,2015年实现"镇镇有干线、村村通客车、路路有人养"。

随着农村公路通车里程的快速增加,养护管理工作越来越重要。为此,福建省积极创新体制机制,加强要素保障,持续强化提升农村公路管养水平,确保农村致富路安全畅通。

率先实施农村公路灾毁保险。在推进农村公路建设过程中,福建省注重结合实际情况,因地制宜,改革创新,补足短板,激发活力。2010年福建上杭率先试点农村公路灾毁保险,并经逐步推广,2016年8月,福建省政府印发了《全省推行农村公路灾毁保险的指导意见》,在全国率先推行农村公路灾毁保险。主要特点是:省级主导、地方参保,由省交通运输厅公开招标选择承保机构,并签订5年省级服务协议。保费分担、财政出资,建立省、市、县共同分担保费的资金筹措机制。"以丰补歉"、快速赔付,建立承保单位预付赔款"特事特办"机制,加快农村公路"抗灾生命线"抢修。2017年参保县区达到72个,占有农村公路管养县区80个的90%;农村公路投保里程8.5万公里(占农村公路通车里程的91%)。

率先全面推行农村公路"路长制"。2017年11月,福建省政府印发了《关于进一步创新农村公路管理体制机制的意见》。2018年1月,全省县乡村三级路长、县乡两级路长办公室的组织构架初步建立,协调推进辖区内"四好农村路"建设。乡村道专管员制度也同时推进,全省共招募了1960名专管员,并培训上岗。各地陆续出台配套的实施方案,省、市交通部门都成立了"四好农村公路领导小组",指导路长、路长办及专管员开展工作。

(四)港口建设

改革开放给福建经济和港口带来了良好的发展机遇,随着福建省外贸经济加速增长,沿海港口承担着承接台湾地区以及海外地区产业转移、参与全球经济合作与竞争的重大任务。改革开放40年来,福建省港口基础设施建设发生了翻天覆地的变化,码头泊位数、规模等级、港口吞吐能力等均大幅提升,有效改善了福建省投资环境,为开放开发提供有力的基础设施保障。40年来,福建港口基础设施建设发展主要经历了以下三个阶段:

从河口迈向外海时期(1978—2000年):改革开放前,由于长期受两岸关系的影响,福建海运事业发展缓慢,港口码头主要位于闽江口内、九龙江口、晋江口等,水深浅,泊位等级低。据可查数据统计,1985年全省沿海港口大中小码头泊位有129个,货物吞吐能力约1000万吨,其中大部分为搁浅驳岸,万吨级以上泊位只有8个(福州马尾4个,厦门东渡4个)。

在改革开放的春风吹拂下,福建省经济社会发展对交通基础设施提出迫切要求,福建港口码头逐步向外海发展,开发建设深水泊位。1983年厦门港东渡港区第一期工程建成1个5万吨级、3个1.5万吨级深水泊位,成为东南沿海深水港;1990年泉州建成第一个深水散货泊位肖厝1号万吨级泊位;1994年福建省第一个外商独资的福州港松下港区3万吨级元洪码头建成投产,标志着福建港口建设迈入多元化投资阶段;同年,莆田建成第一个深水码头秀屿万吨杂货码头;1995年漳州市第一座深水码头招银3号3.5万吨级泊位建成投产;2000年江阴港区起步工程动工建设,标志着福州港由此从河口港走向深水海港发展的新时期。

港口连片开发高速发展期(2001—2010年):随着改革开放的持续深入,省委、省政府实施项目带动战略,一大批工业项目因为福建优越的建港条件而落地福建,在重点港区后方投资建设大型临港产业项目,沿海形成了宁德福安湾坞千亿不锈钢产业集群、罗源湾北岸百亿冶金城、罗源湾可门煤炭矿石储备中转基地、湄洲湾石化基地、古雷台湾石化产业园等一批依托港口而崛起的临港产业基地、园区。

为满足临港产业项目日益增长的水路运输需求,福建省大力推进国有企业为主导的重点港区连片开发,积极引导大型临港产业项目企业投资建设配套码头,围绕构建海峡西岸经济区的战略目标,充分发挥港口资源的后发优势,加快港口建设发展步伐。据统计,这期间福建省共建成的万吨级以上深水泊位达79个,其中10万吨级以上泊位达18个,包括罗源湾港区可门华电储运10、11号10万吨级煤炭泊位,江阴港区国电10万吨级煤炭泊位,湄洲湾秀屿港区LNG10万吨级专用码头,福建炼化一体化30万吨级原油码头,泉州湾港区石湖2~4号3万~5万吨级集装箱泊位等。尤其是连片开发规模力度最大的厦门港,东渡港区建成14个深水泊位,海沧(嵩屿)港区建成16个深水泊位,招银港区建成5个深水泊位。

规模化、集约化、现代化发展期(2011—2018年):"十二五"至"十三五"期间,福建省港口加快融入"一带一路"建设,优化港口布局,加大力度推进重点港区建设,做强做大以厦门海沧和福州江阴为主的集装箱港区,以罗源湾和湄洲湾北岸为主的大宗散货港区,以湄洲湾南岸、漳州古雷为主的液体散货港区,持续打造规模化、集约化的现代化港口群。福建省委、省政府高度重视和支持港口建设发展,先后出台了《加快发展港口群促进"三群"联动的若干意见》《支持厦门东南国际航运中心建设的十条措施》《加快港口发展的行动纲要(2014—2018年)》等一系列重要扶持政策,港口迎来了快速发展的黄金时期,港口建设投入和生产屡创新高。2011年以来,共建成深水泊位47个,主要建成福州港可门作业区4、5号30万吨散货泊位,罗源湾港区将军帽作业区一期工程15万吨级泊位,湄洲湾港斗尾10号中化青兰山30万吨原油码头,罗屿40万吨铁矿石码头,厦门港后石港区3号15万吨级泊位,古雷南2号15万吨级液体化工泊位等一批大型深水泊位,核心港区初具规模,全省万吨级以上泊位60%集中在核心港区,港口集约化程度大幅提升。同时重点港区配套建成了10万~30万吨级深水航道,建成湄洲湾航道二期25万吨级主航道、三期40万吨级主航道湾外段,厦门港主航道扩建四期工程建成投用,结束了20万吨级集装箱船需单向进港历史,满足全球最大集装箱船通航要求。港口现代化水平不断提高,厦门海沧远海码头建成全国首个全自动化集装箱码头。

(五)道路运输场站建设

福建交通坚持公路建设和运输发展并重的原则,认真贯彻国家公路运输政策,不断深化企业改革。"十二五"以来,交通运输部加大对公共服务型货运枢纽(物流园区)建设扶持力度,将其纳入车购税投资补助范围。福建省有福州晋安物流中心、泉州传化公路港等16个货运枢纽项目列入交通运输部投资补助计划,已争取部补资金累计4.05亿元。在相关政策引导和资金扶持下,福建省公共服务型货运枢纽(物流园区)逐步做大做强,福州晋安物流中心、福建高速物流配送中心、泉州晋江陆地港、泉州传化公路港等项目基本建成,货运枢纽(物流园区)规模效益初步显现。

福建省有13个客运枢纽项目列入交通部投资补助计划,争取部补资金累计4亿元。在政策支持下,福建省各设区市均已建设综合客运枢纽,三明北综合客运枢纽、南平武夷新区综合客运枢纽等多个项目相继投入使用,不同交通方式站场间旅客换乘距离基本控制在150米、步行5分钟以内,通过换乘通道和风雨廊等实现了便捷衔接。

截至2017年底,全省道路运输站场建设累计完成固定资产投资近155亿元,建设公路客、货运输枢纽项目82个,建成投入使用40个,其中客运枢纽25个,增加旅客发送能力约15万人次/日,货运枢纽15个,增加货物周转能力约23万吨/日,以现代客、货运输枢纽为核心的运输站场体系初具雏形。建成一、二、三、四、五级公路客运站350个,建成农村客运站510个,建成一类港湾式客运站120个,开工建设乡镇综合运输服务站107个,建成公交停靠站共计2.3万个,公交站场335个,总面积230万平方米,建成货运站40个。

三、运输服务

(一)客运服务

班车和旅游客运。截至2017年底,福建省共有从事省际班车客运经营的企业110家、从事市际班车客运经营的企业32家、从事县际及县内班车客运的企业100家。共有班车客运车辆13408辆,其中省际客运车辆953辆、市际客运车辆2091辆、县际客运车辆4025辆、县内客运车辆6339辆。全省共有旅游包车客运企业205家、旅游包车客运车辆4963辆,座位数达到14.8万座,其中市际及市际以上的3877辆、县际及县内1086辆。

福建省着力推进综合运输发展,鼓励引导多种运输方式有效衔接。截至2017年底,全省共组织客车923辆对省内40个高铁动车站、5个机场、9个客运码头进行接驳运输,有效满足人民群众公铁换乘。完善道路客运站规范化管理,全省二级及以上客运站售票厅、候车厅、发车区、进(出)站口等重点区域动态视频监控安装率达100%。发展旅游直通车,在部分旅游景区景点,推动运游融合,开通汽车客运站、旅游集散中心到周边景区景点的直通车线路35条,投入132辆客车。

同时积极引导道路客运转型发展。整合长途客运资源,逐步减少长途客运班线,截至目前,已陆续退出912辆省际客运班车,剩余953辆省际客运班车(其中800公里及以上的330辆)尚在从事道路客运经营。全省卧铺客车已全部退出客运市场。开展长途客运接驳运输,组建"福建省长途客运接驳运输联盟"(以下简称"接驳联盟"),全省共有21家企业加盟,设置了10个接驳点、137条线路、269辆长途客运车辆开展接驳运输试点工作。利用"互联网+",改变传统经营模式,通过微信、APP软件等开通定制、预约班车。做好道路客运票价市场化改革工作,明确跨省道路客运线路、本省内与高铁动车沿线运行,且运营里程200公里及以上的部分道路客运线路价格实行市场调节价,由企业自主定价。对开和返程的道路客运线路票价一并放开,放开票价的道路客运线路加班车辆执行同等票价。

农村客运。福建省交通运输部门采取"资源整合、片区包干、以长补短、以好补差"的办法,对城乡道路客运资源进行有效整合。通过冷热线搭配,新辟、改线和延伸现有农村客运班线大力拓展农村客运和中短途接驳运输,扩大服务范围,提高乡镇和建制村通班率。截至2017年底,全省975个乡镇100%通客车,14382个建制村中13805个开通农村客车,建制村通客车率达96%,建成431个农村客运站项目,基本形成城乡一体、无缝衔接、高度通达的农村交通体系,受益的农民群众在2100万人以上。

2010年,福建省印发《福建省加快农村客运发展指导意见》,明确农村客运的发展目标和推进措施,逐步形成公共财政补助、土地划拨、税费减免、车辆保险等优惠政策保障机制,有力扶持农村客运快速发展。2011年底,全省县级人民政府全部出台了扶持农村客运发展的政策文件,为农村客运可持续发展提供有力的政策保障。

统筹城市、乡镇、农村之间公路客运与城市公交的线网布局和运营状况,在有条件地区稳步推进城市公交延伸发展和农村客运公交化运营。目前,全省县(市、区)城乡道路客运一体化水平100%达到AAA及以上等级。18个县(市、区)实现全区域公交化运行,占全省85个县(市、区)21.2%。厦门、莆田、平潭等市县已基本实现中心城市至各县(区、市)短途客运公交化运营。

同时强化监管,制定《福建省农村公路客运车辆安全通行条件》,通过"限车型、限车速、限时段"等措施,确保农村客运通行安全有序。督促农村客运企业安装卫星定位设备,建立"日研判、周通报、月考核、年汇总"制度,利用信息化手段强化对农村客运车辆的动态监控。目前,福建省农村客运车辆已实现100%安装卫星定位装置、100%接入卫星定位监控平台。

城市公共交通。2010年6月,福建省城市公交营运管理职能由住房城乡建设部门移交交通部门。近年来,随着全省各地城市化进程加快,各级政府和部门高度重视城市公交发展,在投资安排、设施用地、路权分配、财政补助等方面加大政策扶持力度,城市公交逐渐呈现基础设施逐步改善、线网密度不断加大、科技进步成效明显、服务水平和保障能力稳步提高的良好面貌。目前,全省共有公交车22072辆,其中新能源公交车12695辆,清洁能源公交车3075辆,清洁能源与新能源公交车占比达71.4%。全省现有公交线路1781条,运营总里程达3.1万公里;公交停靠站2.3万个、公交站场335个,总面积254万平方米,公交夜间进场率达到93%;共有城市公交驾驶员2.52万人,城市公交行业从业者近4万人,为提高城市交通效率、缓解城市交通拥堵做出重要贡献。2017年1月6日,福州市地铁1号线开通试运营,实现全省地铁零的突破。福州地铁1号线全程21个站、全长24.89公里。2017年12月31日,厦门地铁1号线开通试运营,全长30.3公里,共设24个站,其中跨海段采用海面高架,是全国第一条跨海式海景地铁。目前,全省共有8条地铁线路正在建设中。

出租汽车。巡游车方面,截至2018年7月底,全省共有巡游车企业198家,出租汽车车辆2.24万辆,出租汽车驾驶员4.38万人;全省范围内停止新增出租汽车经营权有偿使用,采取无偿特许的方式配置;建立健全出租汽车经营权期限管理制度,各地规定巡游车经营权期限为6~10年;优化经营权管理,明确建立以服务质量信誉为导向的经营权配置和管理制度。网约车方面,截至2018年7月底,神州专车、首汽约车、曹操专车、易到用车、滴滴出行、顺道出行、蓝海帮邦行、亲亲快车、元翔专车、斑马快跑、厦门公交掌上行、万顺叫车、飞嘀智慧、方舟行、呼我出行、百牛出行、阳光车导和神马专车18家网约车平台公司已在福建省相应城市获得经营许可;全省共发出《网络预约出租汽车经营许可证》47本、《网络预约出租汽车驾驶员证》41877本、《网络预约出租汽车运输证》17229本,在全国占比分别为9.5%、14.3%、10.5%,许可进度位居全国前列。

水路客运。改革开放以来,特别是1992年以后,随着一批开放水运市场的政策和措施的出台,水运市场开放步伐加快,福建水运行业发展持续加速。2017年,福建全省水路客运量

1924.6万人,旅客周转量2.78亿人公里,分别是1978年的2.1倍、1.4倍。

随着公路网不断完善和撤渡建桥项目持续推进,内河渡运及区间客运逐步萎缩,内河渡口渡船总量逐年下降,截至2017年底,全省内河在用渡口114个,渡船121艘,渡工133人,主要分布于南平、福州、宁德等山区。内河水路旅游客运发展迅速,福州闽江、武夷山九曲溪、泰宁大金湖、福鼎九鲤溪、连城石门湖等一批水上旅游项目兴起,水路旅游客运发展迅速。海岛交通日益便捷,500人以上岛屿均已开通班轮航线,忠湄轮渡、厦门轮渡班次密集,海岛居民出行更加便利。

在国际邮轮运输方面,1988年3月27日,英国6.7万吨的豪华邮轮"伊丽莎白女皇二世"号在厦门港靠泊,使厦门港成为我国最早接待国际邮轮的港口之一。2014年9月,交通运输部将厦门列入国家四大邮轮运输试点示范港口之列。2017年,厦门港共接待国际邮轮77艘次,旅客吞吐量16.18万人次,其中母港邮轮64艘次,旅客吞吐量13.38万人次。同时,厦门港不断加强与海上丝绸之路沿线国家的合作往来,2017年共运营9个"一带一路"航次,遍及菲律宾、越南、新加坡、马尼拉等国家。

(二)货运服务

道路货运。2017年,福建省完成道路货运量95599万吨,货物周转量12140453万吨公里,分别是1978年的19.6倍、164倍;货运平均运距126.99公里;主要运输货类有大宗货物、农产品、快速消费品、电子产品等。

产业运行平稳提质。2017年全省物流业实现增加值2273.5亿元,占全省GDP比重为7%,按可比价计算,五年来年均增长9个百分点;物流业业务收入首次突破5000亿元,达5034.74亿元,比2012增长81.9%,五年来持续保持两位数增长;物流业固定资产投资五年来共完成1.4万亿元,促进物流基础设施的提升完善;社会物流总费用占GDP的比例由2012年的17.2%下降到2017年的15.7%,物流运行效率显著提升。企业实力逐渐壮大,目前福建省获评国家A级物流企业总数达317家(数量居全国第四位),培育壮大一批在国内知名的大型物流企业,其中有4家企业进入2017年全国物流50强,有6家企业进入全国冷链物流百强名单。

积极发展新业态。福建省大胆探索物流运行新模式,促进产业转型升级,实现自身与所服务产业的协同发展。快速发展无车承运人试点。自2017年1月试点启动至今,14家试点企业营收近20亿元,"虹吸效应"明显。试点企业与传统物流企业相比,平均运费降低10%,单车吨位日产量提升2.5倍,单车利润提高1.5倍。扶持发展甩挂运输。福建省试点企业数量、资金补助力度居全国前列。目前全省拥有牵引车31037辆、挂车40526辆,拖挂比为1∶1.3,14家试点企业拖挂比达1∶1.7。甩挂运输模式平均提高实载率20%、成本降低约15%,节约油耗近24%。加快发展多式联运。海铁联运快速推进,以福州港、湄洲湾港、厦门港为中转节点,开通厦门港至赣州、南昌的铁路集装箱5定班列,利用向莆铁路拓展了湄洲湾东吴、福州江阴和可门海铁联运新通道,形成从北部、中部、南部三个维度辐射江西省,直至内陆省份的格局。同时,推动公路甩挂与铁路运输结合,公铁联运稳步发展。

大力发展冷链物流。全省生鲜食用农产品的综合冷链流通率25%,高于全国平均水平6个百分点;全省冷库容量达282.88万吨,5000吨以上库容的企业数达146个;中国物流与采购联合会评选公布的 27 家全国冷链物流星级企业中福建省有 5 家,综合水平位居全国前列。

节点城市加速发展。福建省多个城市列入国家有关物流试点示范城市,以厦门、福州、泉州为示范城市和节点城市的物流体系框架逐步形成。厦门列入全国性物流节点城市、全国流通领域现代物流示范城市、国家一级物流园区布局城市、全国城市共同配送试点城市、物流标准化试点城市和现代物流创新发展试点城市;福州列入全国流通领域现代物流示范城市、电子商务与物流快递协同发展试点城市、供应链体系建设重点城市;泉州列入中国快递示范城市;三明列入物流标准化试点城市。

技术应用持续升级。物流企业信息技术改造加快推进,全省大中型物流企业广泛使用仓储管理系统、车辆调度系统等信息化管理手段,电子单证管理率和运单跟踪率超过了 95%,并已全面应用全球定位系统;福建交通物流公共信息平台、电子口岸业务系统建设不断加强,实施"物流分拣投递生产管理系统"等一批省级科技重大专项、区域重大项目;有 5 家企业获评全国第一批智慧物流配送示范单位,2 个项目列入智慧港口示范工程项目。多家国内知名平台服务商纷纷在福建省布局,已有 30 多种具有福建特色的互联网交易服务产品,交通物流互联网交易市场逐步形成。

水路货运。2017 年,福建省完成水路货运量 33453 万吨,货物周转量 5429.8 亿吨公里,分别是 1978 年的 39 倍、365 倍。

国际货运方面,20 世纪 90 年代初期,福建只有部分国有以及中外合资航运企业从事外贸集装箱班轮运输,随着我国对外贸易不断增长,货主对海洋运输货物质量的要求越来越高,为适应这种需要,适箱货物采取用现代化的海上运输工具——集装箱运输成为趋势,民营航运企业集装箱运输不断得到发展。早期福建船公司主要运营港澳和日韩航线,后逐步增加了台湾地区及东南亚航线,至 2017 年共有远洋集装箱船(含多用途船)15 艘 25.9 万吨,载箱量 9300 标箱,集装箱运量 47.8 万标箱。2017 年全省远洋货运量 2401.3 万吨,远洋货物周转量 794.86 亿吨公里。

国内货运方面,2017 年全省沿海共完成货运量 2.79 亿吨,货物周转量 4617.82 亿吨公里;内河共完成货运量 0.31 亿吨,货物周转量 17.14 亿吨公里,平均运距达 55.12 公里。主要承运的货种为煤炭、石油、河砂等建筑材料、粮食、化工原料及制品、金属矿石及其他件杂货。1999 年起,随着全国内贸集装箱运量高速增长,内贸集装箱在整个集装箱运输生产中的地位不断提高,福建航运企业以租赁、合作经营等方式积极参与开展内贸集装箱运输业务,逐步占领内贸集装箱货运市场,集装箱运输船舶运力朝专业化、大型化方向发展,成为福建水运发展的亮点之一。至 2017 年底,福建沿海集装箱船(含多用途船)269 艘、339.3 万载重吨、20.5 万标箱,载箱量在全国位居第二,其中泉州安盛船务有限公司在全国内贸集装箱运力规模排名第二位,并成功上市,成为内贸集装箱运输龙头企业。2017 年,福建航运企业完成沿海集装箱运量 555 万标箱。

(三)运输装备

陆路装备:截至 2017 年底,福建省共有营运载客汽车 1.58 万辆,45.85 万客位。其中:班车客运客车 1.1 万辆,27.52 万客位;旅游客车 4400 辆,16.78 万客位;包车客车 390 辆,1.54 万客位。农村客运车辆 5796 辆,10.79 万客位。

共有营运载货汽车 24.22 万辆,231.82 万吨位。其中:货车 15.87 万辆,86.95 万吨位。按车型结构分,栏板货车 8.07 万辆,48.15 万吨位;厢式车 7.38 万辆,31.59 万吨位(其中冷藏保温车 419 辆,3597 吨位);集装箱车 951 辆,2.62 万吨位;罐车 3274 辆,4.58 万吨位。按经营范围分,普通载货汽车 14.93 万辆,76.93 万吨位;专用载货汽车 9378 辆,10.02 万吨位(其中大型物件运输车 16 辆,505 吨位;危险货物运输车 3671 辆,2.85 万吨);牵引车 3.66 万辆;挂车 4.69 万辆,144.87 万吨位。按车型结构分,栏板式挂车 1.67 万辆,53.07 万吨位;厢式挂车 2382 辆,7.18 万吨位(其中冷藏保温式挂车 352 辆,1.16 万吨位);集装箱式挂车 2.35 万辆,71.54 万吨位;罐式挂车 4342 辆,13.09 万吨位。按经营范围分,普通货物运输 1.86 万辆,58.59 万吨位;专用货物运输 2.84 万辆,86.29 万吨位(其中商品汽车运输 1 辆,33 吨位;大型物件运输 40 辆,1235 吨位;危险货物运输 2076 辆,6.19 万吨位)。

公路标准集装箱运输量合计(TEU),箱运量 1221.39 万个,货运量 16590.94 万吨。

公共汽电车 1.98 万辆,折合 2.18 万标台,额定载客量 116.92 万客位。其中新能源公交车 9118 辆,清洁能源公交车 3227 辆,清洁能源与新能源公交车占比达 62.4%。

传统出租汽车 2.42 万辆,地铁 58 列(每列 6 节车厢,共 348 辆,折合 870 标台,额定载客量 84680 人),与城市公交共同搭建起便民出行的综合交通出行体系。

福建省加快推进营运车辆动态监管,将"两客一危"、重型货车、巡游出租汽车、公交车、农村客运车辆纳入卫星定位系统进行监管,开展车辆历史轨迹重点排查,不断强化运输安全,提高行业管理精准度。

水路装备。到 2017 年底,福建省拥有机动船舶 1761 艘 972.05 万载重吨,分别是 1978 年的 2.5 倍、162 倍。

福建货船类型较齐全,至 2017 年底,全省拥有沿海货船 827 艘 754.8 万载重吨,平均载重吨达 9127 吨,其中散杂货船 440 艘 412.2 万载重吨,平均载重吨达 9368 吨;集装箱船(含多用途船)254 艘 313.3 万载重吨,平均载重吨达 12337 吨;危险品船 133 艘 29.3 万载重吨,平均载重吨达 2201 吨。拥有内河货船 423 艘 24.7 万载重吨,平均载重吨达 583 吨,其中散杂货船 403 艘 24.2 万载重吨,平均载重吨达 600 吨;危险品船 20 艘 5125 载重吨,平均载重吨达 256 吨。拥有远洋货船 66 艘 191.8 万载重吨,平均载重吨达 29060 吨,其中散杂货船 51 艘 165.9 万载重吨,平均载重吨达 32522 吨;集装箱船(含多用途船)15 艘 25.9 万载重吨,平均载重吨达 17290 吨。

福建省木质船舶历史悠久,且造价低廉,早期福建省客船以木质客渡船为主。随着经济的发展和人民生活水平的提高、人们消费观念的转变,以及城乡贸易往来的日益频繁,快速、便捷、安全、舒适成为人们对交通工具的首选,钢质客船、玻璃钢客船或快艇等逐渐取代木质客渡船。同时随着旅游业的不断开发,省内沿江、沿湖、环岛、海上观光等旅游运输市场蓬勃发展,高速客船和旅游客船迅速发展。至 2017 年底,全省拥有沿海客船 244 艘 20093 客位,其中普通客船 239 艘 19706 客位,客货船 5 艘 387 客位;拥有内河客船 188 艘 7850 客位,均为普通客船;拥有远洋客船 11 艘 3807 客位,其中普通客船 9 艘 2364 客位,客货船 2 艘 1443 客位。

值得一提的是,自 2007 年 3 月实施船检体制改革试点工作后,福建省船舶检验局成为全国唯一不能检验海船的省级地方船检机构,政策落差成为导致福建海船外挂、制约福建航运发展的重要因素之一。在交通运输部的大力支持下,2015 年 11 月 3 日,国家海事局正式批复核定福建省船舶检验局为 B 类海船检验机构。福建省船舶检验局着力于全面提升船舶检验质量和服务水平,在全球航运市场持续低迷的情况下,推动福建省船舶运力实现逆势增长。2017年,福建省船检局检验海船 238 艘、81.8 万载重吨,吸引外挂转籍回归船舶 109 艘、36.13 万载货吨。

四、闽台海上通航

(一)闽台海上通航概述

福建与台湾地区具有"地缘相近、血缘相亲、文缘相承、法缘相循、商缘相通"的五缘关系,两地之间的海上通航源远流长。据考证,早在春秋战国时代,闽台人民便乘桴于海往返海峡两岸。清朝时期,相继开放厦门对渡台湾鹿耳门港、石狮蚶江对渡金门同安渡头的轮渡等,更呈现出"舳舻相望,络绎于途"之海峡两岸通航盛况。直到 1949 年后,由于特定历史时期的特殊原因,导致台湾海峡正常的海上交通中断。

改革开放以来,在有关部门的支持下,福建对台湾海上通航事业持续健康发展。福建省充分发挥与台湾的"五缘"优势,积极先行先试,采取政府主导和民间协商相配合的形式,闽台海上通航从货运中转拓展到人、货、船齐头并进,从福州港、厦门港与高雄港的试点直航延伸到福建沿海地区与金门、马祖、澎湖的直接通航,促进了双方的人员往来,拓展了经贸合作和文化交流,为促进海峡两岸直接、双向、全面"三通"进行了有益的实践探索,积累了经验,提供了现实可行的"福建模式"。2008 年 11 月,两岸签订《海峡两岸海运协议》《海峡两岸空运协议》《海峡两岸邮政协议》,两岸"三通"基本实现。从两岸音信隔绝,再到两岸"三通"基本实现,福建在推进两岸"三通"做出了历史性贡献。

目前,闽台海上客运量占两岸海上客运量的 97%,集装箱运量占三分之一,散杂货量占十分之一,闽台海上通道成为连接两岸人员、物资往来的主要通道。

(二)闽台海上通航重要节点

福州、厦门两港与高雄港间海上集装箱班轮试点直航。海上集装箱班轮试点直航在海峡两岸航运交流协会与台湾海峡两岸航运协会在香港协商后,于 1997 年 4 月 19 日正式开通。该形式仅在福州港、厦门港与高雄港三个港口之间运行,参与两岸试点直航的船公司均为由两岸资本并在两岸登记注册的航运企业,所使用的船舶是在境外注册登记的方便旗船舶;船舶运载的仅是外贸中转集装箱。由于海峡两岸分属不同的关税区,参照外贸运输航线进行管理。至 2008 年 12 月,海峡两岸试点直航运营进展顺利,投入两岸试点直航的 10 艘船舶,承运中转集装箱达 547.1 万标准箱。2008 年 12 月两岸"大三通"后该模式被两岸海上直航取代。

弯靠集装箱班轮运输。该航线在海峡两岸航运交流协会与台湾海峡两岸航运协会在泰国曼谷协商后,于 1998 年开通。当时大陆沿海各主要港口均已开通对台湾高雄、基隆、台中港的弯靠航线。大陆与台湾货物往来主要靠这种弯靠模式运输,货物要通过中国香港或日本石垣岛转关换单进入中国台湾。福建省 4 家船公司 5 艘集装箱船,台湾地区 2 家船公司 2 艘集装箱船,经营华南线(福州、厦门—台湾)第三地的两岸定期航线。该模式在两岸"大三通"后被两岸海上直航取代。

台弯靠不定期散杂货物运输。1979年，全国人大常委会发表了《告台湾同胞书》，首倡两岸"三台"，两岸间开始"民间小额贸易往来"，少数中国港资、台资和外国籍船舶也开始进行尝试性的"两段式"间接贸易运输。1985年，交通部发布了《关于对从事对台贸易运输的外籍船舶管理有关问题的通知》。1997年7月4日，由中国台湾富国新海运公司的巴拿马籍"富国兴"轮承载首批向台湾地区间接出口的6070吨河砂，由福州港经日本石垣运抵基隆港，为福建省弯靠不定期散杂货物运输拉开序幕。自此之后，两岸资本的方便旗船逐渐成为两岸散杂货物运输的主力。当时福建省共有5家航运企业的14艘船舶经交通部批准从事台湾海峡两岸间不定期散杂货物运输。在两岸"大三通"之后，该模式基本被两岸海上直航取代。

（三）福建沿海地区与金门、马祖、澎湖间海上直航概况

首航情况。2001年元月2日，福建沿海地区与金门、马祖、澎湖间海上直接通航（"小三通"）正式启动，马祖客轮"台马"轮首航马尾，金门客轮"太武号""浯江号"轮首航厦门。2001年2月6日，厦门"鼓浪屿"客轮首航金门。2001年8月2日福州"曙光"客轮首航马祖。福建沿海地区与金门、马祖、澎湖间海上直接通航的实践，为两岸"大三通"提供了直接借鉴经验。

管理权限。交通运输部将"小三通"管理权限下放福建。2013年9月，福建省交通运输厅修订出台《福建沿海地区与金门、马祖、棚户间海上运输管理暂行规定》，明确申请经营"小三通"的大陆航运公司，直接向福建省交通运输厅提交申请书；台湾航运公司委托其在大陆的船舶代理公司，向福建省交通运输厅提出申请。福建省交通运输厅根据国家政策和市场供需情况，决定许可与否。已在从事"小三通"的航运公司和船舶，台湾海峡两岸间水路运输许可证和船舶营运证，从年审换证起，由福建省交通运输厅核发。

客运基本情况。"小三通"客运航线自2001年正式启动以来至2017年12月，双方参航企业共运营18.02万航次，运送旅客1795.94万人次，"小三通"客运航线已成为海峡两岸最省时、最经济、最便捷的通道之一。

目前，已开通厦门五通客运码头、福州港马尾客运码头、泉州港南安石井客运码头、福州港黄岐客运码头等码头，共开辟厦门—金门、福州马尾—马祖、福州黄岐—马祖、泉州石井—金门4条定期客运班轮航线，以及漳州、泉州、宁德和莆田湄洲岛至金门、马祖、澎湖的不定期客运航线（含个案）。两岸双方共有13家企业投入船舶18艘/4279客位，其中：大陆方6家企业投入9艘/2362客位；台湾方7家企业投入船舶9艘/1917客位。每天航班达到52个班次，其中：厦金航线每天36个班次，两马航线每天2个班次，福州黄岐—马祖航线每天4个班次，泉金航线每天10个班次。

货运航线基本情况。"小三通"货运航线自2001年正式启动以来至2017年12月，双方参航企业共运营1.53万航次，运送货物1633.47万吨。目前，双方共有17家企业投入船舶24艘，25153总吨/33630.13载重吨，其中：大陆7家企业11艘、13133总吨/21624.5载重吨；台湾10家企业13艘、12020总吨/12005.63载重吨。

（四）福建沿海地区与台湾本岛海上直航概况

闽台货运直航概况。2008年12月15日两岸正式实现"大三通"后，先后开通了集装箱定

期班轮航线11条,双方共11家船公司12艘(7201TEU)船舶参与运营;散杂货不定期航线17条,自2008年12月15日至2017年12月底年共完成对台直航港口吞吐量1.94亿吨,集装箱吞吐量773.03万TEU。

闽台客货滚运输概况。2009年以来,闽台客滚运输先后以客运个案包船、定期运输及班轮方式运营。目前,闽台客滚主要开通厦门、平潭至基隆、台北、台中客滚班轮航线4条,双方共有3家公司"中远之星""海峡号""丽娜轮"3条客滚船在运营。自2009年起至2017年12月,共运营4131航次,运送旅客88.03万人次,运载集装箱69779TEU、货物22591吨。

闽台车辆互通行驶概况。福建省交通运输厅印发并施行《福建平潭与台湾地区间道路货物运输暂行管理办法》,积极联合海事、公安、海关、国检等部门,联手推动两岸车辆互通。近年来,共有107辆(含重型机车)机动车来往两岸。

五、行业管理

(一)法治建设

改革开放以来,福建交通深入贯彻落实党中央、国务院、交通运输部和福建省委、省政府关于法治建设的部署安排,按照交通运输部《法治政府建设实施纲要》要求,扎实推进法治建设工作并取得显著成效。

组织领导体制健全完善。设立了依法行政和交通运输法治政府部门建设领导小组,由省交通运输厅党组书记、厅长任组长,加强对法治建设工作的领导。经常性组织召开领导小组全体会议,听取关于法治建设及综合执法改革等工作汇报,研究解决实际问题,部署不同阶段、不同时期的法治建设目标和任务。保障各项工作经费充足、到位,在执法装备、工作设备等方面配齐配足,调配专门的高素质工作人员推进各项工作有效开展。

重点领域立法扎实推进。紧紧围绕交通运输发展中亟须解决的重难点问题和改革重点领域、关键环节,推动地方立法。《福建省道路运输条例》于2013年实施,成为福建省首部规范管理道路运输业的地方性法规。制定出台了《福建省农村公路管理办法》《福建省公路路政管理条例》《福建省港口条例》《福建省航道条例》《福建省公路规费征收管理条例》《福建省高速公路通行费征收管理规定》等一系列法规规章。制定完善了《福建省交通行政处罚裁量权基准》,进一步规范了交通运输行政执法行为,保障了各方当事人合法权益。

事中事后监管有效落实。推广实施了"双随机、一公开"抽查制度、市场监管"黑名单"制度、行业信用考核等一批加强事中事后监管措施。梳理完成4大类56项随机抽查事项清单向社会公示,1000余家交通运输企业和500余名执法检查人员纳入名录库。重点加强行政相对人资质动态、市场主体行为及安全生产等事项的抽查,同时完成了双随机信息系统建设工作。

权责清单制度逐步健全。推行权责清单制度,权力清单和责任清单分别于2014年12月和2015年7月公布。2017年6月,开展权力清单和责任清单融合工作,编制了《福建省交通运输厅权责清单》,形成交通运输全覆盖的权责清单管理体系。同时建立清单动态调整和规范运行机制,强化权力运行监督和责任追究。

依法行政制度不断完善。全面梳理编制各部门单位承担行政职能清单,推进交通运输事权法定配置,促进依法履职、转变政府职能。贯彻落实好《行政复议和行政应诉工作规则》《规范性文件合法性审查办法》《通过法定途径分类处理信访投诉请求清单》等一系列依法行政制度,完善立法工作规则、依法决策程序、行政执法监督、行政复议、行政应诉、法治培训考核等工作机制,交通运输依法行政制度体系基本确立、逐步健全。

(二)管理体制改革

改革开放40年来,福建交通根据经济形势的发展变化和经济社会发展需求,贯彻落实创新、协调、绿色、开放、共享的发展理念,在管理体制方面不断创新,全面深化交通运输改革,加快推进综合交通、智慧交通、绿色交通、平安交通发展。

港口管理体制改革。为充分发挥福建港口资源优势,加快推进全省港口体系建设,福建省委、省政府紧紧把握党中央、国务院支持福建省加快建设海峡西岸经济区的重大历史机遇,根据国务院《关于支持福建省加快建设海峡西岸经济区的若干意见》的有关精神,制定了《福建省港口体制一体化整合总体方案》,推进整合全省港湾资源,设置跨设区市行政区划,具备港政、航政、水路运政职能,实现统一名称、统一机构、统一规划、统一建设、统一管理、统一服务"六统一"的港口管理机构,同时充分发挥省港口发展协调委员会及其办公室综合统筹协调职能。通过港口管理体制创新,强化统筹力度,走出一条福建特色的大港口发展之路。

福建省港口管理一体化整合工作取得实质性突破和成效。2006年1月,福建省委省政府批准厦门湾实施港口一体化整合。2008年10月,批准实施湄洲湾港口整合,湄洲湾港口管理局次年8月挂牌运作。2010年,实施厦门港、漳州港管理体制改革,将漳州市行政区划内的古雷港区、东山港区、云霄港区、诏安港区并入厦门港,撤销漳州市港口管理局,实现对厦门、漳州两市行政区划内的所有港区的统一管理,进一步推动厦门港做大做强。2011—2014年,实施福州港、宁德港管理体制改革,将福州、宁德两市和平潭综合实验区行政辖区内所有港区进行整合,组成新福州港,原福州市港口管理局和宁德港务局合并组建福建省福州港口管理局,实现对福州市、宁德市、平潭综合实验区辖区内所有港区的统一管理等。

福建省港口管理体制一体化整合,打破了固有行政区域的界限束缚,对港口资源依据其具有的整体性功能状态进行统一布局,集中整合政府部门、口岸单位的港口行政管理资源,改变原有以沿海设区市市区划为基础设置港口行政管理部门的模式,整合形成了4个港口管理机构,从港口行政管理体制的源头上进行全省统一优化布局,避免资源的浪费和低水平重复建设,提升港口集约化、现代化发展水平,增强港口发展的整体竞争力。

与此同时,针对全省港口企业中外企、央企、省市属国企、民企等多种投资主体交织并存,实力参差不齐,股权分散等实际情况,坚持政府引导与市场运作相结合的原则,探索以市场为导向,以资本为纽带,推进实施多种形式的港口经营企业整合。目前,已形成福建省交通运输集团和厦门港务集团两大龙头港口企业,总资产超700亿元,拥有生产性泊位共121个,码头岸线总长23090米,2017年港口货物吞吐量和集装箱吞吐量分别占全省44.8%、69.8%。

交通综合执法体制改革。为进一步理顺交通执法管理体制,解决重复执法、多头执法、执法扰民的问题,增强执法合力,提高交通执法效能和交通行政执法水平,提升交通执法队伍良好的社会形象,根据《福建省贯彻落实〈国务院关于支持福建省加快建设海峡西岸经济区的若干意见〉的实施意见》中"深化港口管理体制和交通行政执法体制改革"的要求,按照《福建省

"十一五"经济体制改革专项规划》部署,在历经5年多的调研、论证、研究的基础上,2010年9月30日,福建省委编委会审议通过了《福建省交通综合执法改革方案》并正式下发实施,福建成为继重庆、广东之后,在全省范围内开展交通综合执法改革工作的又一省份。

《福建省交通综合执法改革方案》涉及改革调整范围、机构基本框架、人员编制和领导职数、经费来源等方面的内容,主要包括:一是在改革范围方面,涵盖了全省公路路政(含高速公路路政)、道路运政、港政、航政、水路运政、地方海事等门类交通执法。二是在机构设置和管理模式方面,设置省、市、县三级交通综合执法机构,实行"条块结合、以块为主"的管理模式,即高速公路执法机构垂直管理,其他属地管理。三是在编制核定方面,按照精简效能和动态管理原则,根据等级公路里程数、机动车辆数等因素共核定全省交通综合执法机构人员编制5809名,今后随着公路里程数和车辆数的增加再适时追加编制。四是经费渠道方面,交通综合执法机构所需经费原则上纳入同级财政预算范围。

2012年至今,全省交通执法人员累计出动超310万人次、检查车(船)超7000万辆(艘)次,办结执法案件近70万件,交通通行环境进一步改善,各类交通运输违法行为有效遏制,安全生产形势持续稳定。全面推行全省交通执法机构规范化建设,将"三基三化"建设内容融入其中,对全省交通综合行政执法机构规范化建设进行考核验收。参与完成全国交通运输系统行政执法服装配备标准的编制,率先完成执法标志标识、执法证件、工作服装、执法场所及车辆外观的"四统一"建设任务。在全国率先研究制定出台执法站所装备建设标准,建立了基础元素、环境形象、工作服饰、车船、装备等八大方面标准体系。出台《福建省交通综合行政执法站所标准化建设手册》,在全省推进实施,全面改善了基层执法工作生活条件,有效提升了执法形象。此外,完成建设交通执法信息化系统并在全省推行应用,实现执法案件全部网上办理;支持各级执法机构建设监控与指挥中心以及治超预检系统,推进了非现场执法手段的应用;完成网上处理交通运输违法行为和缴纳罚款信息平台建设,既实现罚缴分离,又方便了违法当事人。

普通公路收费改革。1984年国务院第54次常务会议做出了"贷款修路、收费还贷"的决策,收费公路应运而生。自1984年开征泉州大桥通行费以来,福建省普通公路通行费的征收大体经历了三个阶段:

起步发展阶段(1984—1992年)。1987年10月国务院发布的《中华人民共和国公路管理条例》规定,公路建设资金可以采取国家和地方投资、专用单位投资、中外合资、社会集资、贷款、车辆购置附加费和部分养路费的方式筹集,公路建设还可以采取民工建勤、民办公助和以工代赈的办法;第十五条规定,公路主管部门对利用集资、贷款修建的高速公路、一级公路、二级公路和大型的公路桥梁、隧道、轮渡码头,可以向过往车辆收取通行费,用于偿还集资和贷款。1988年1月5日交通部等部门联合发布了《贷款修建高等级公路和大型公路桥梁、隧道收取车辆通行费规定》,规定"凡利用贷款新建、改建的高等级公路或大型公路桥梁、隧道",需要偿还贷款并符合规定条件的工程项目,"建成后由省级公路主管部门归口,报经省级人民政府批准,可以对过往车辆收取通行费",并对实行"贷款修路、收费还贷"的具体条件、审批原则、审批权限、收费标准、免费范围、收费期限、收支管理等作了明确规定,自1988年2月1日起施行。根据上述规定,在这一阶段,福建省先后设立了13个公路通行费收费所。

快速发展阶段(1993—1997年)。为尽快改变公路建设不适应国民经济发展需要日益突出的状况,适应市场经济条件下公路基础设施投融资体制改革的需要,福建省人民政府于1992年10月26日出台了《关于贷款修建公路、桥梁、隧道收取车辆通行费管理规定》。1992年,省委、省政府做出实施"先行工程"的决定,实行多渠道筹集"先行工程"建设资金,加快了公路干线建设步伐,其中很重要的一项政策就是征收公路通行费,对符合设点收费规定建设的公路、独立大桥和隧道征收车辆通行费。为统一规范车辆通行费征收管理,福建省政府出台了《关于贷款修建公路、桥梁、隧道收取车辆通行费管理规定》,对收费站设置条件、审批程序、组织管理、人员配置等作了明确规定。福建省交通厅会同省财政厅、省物委制定了《福建省公路、桥梁、隧道征收车辆通行费暂行办法》,就免征范围、收费标准、月票管理、违章处理、征收管理、财务管理等作了明确规定,保障国家"贷款修路,收费还贷"政策健康、规范地执行,防止乱设卡、乱收费、乱罚款等现象。在政策支持下,在此期间,福建省普通收费公路里程迅速增长,通行效率和服务水平显著提升,有效服务了经济社会发展。

规范发展阶段(1998—2009年)。1997年7月3日第八届全国人民代表大会常务委员会第二十六次会议审议通过、1998年1月1日起施行的《公路法》,对收费公路作了比较全面的规定,明确"国家允许依法设立收费公路",符合国务院交通主管部门规定的技术等级和规范的公路,"可以依法收取车辆通行费",从法律上确立了收费公路的地位。1997年12月18日福建省八届人大常委会第三十六次会议审议通过了1998年1月1日起施行的《福建省公路规费征收管理条例》,标志着福建省公路通行费征收工作纳入法治化管理轨道。在这一阶段,福建省新设立的收费站(点)不多,主要是清理、整顿和规范原有的收费站(点),前后清理、撤并或收费期限到期撤销23个收费站或分站。

根据新形势新要求,为进一步促进经济社会发展,按照《国务院关于实施成品油价格和税费改革的通知》《国务院办公厅关于转发发展改革委、交通运输部、财政部逐步有序取消政府还贷二级公路收费实施方案的通知》,福建省积极响应,印发了《福建省人民政府关于撤销政府还贷二级公路收费站(点)的通告》,作为全国首批5个试点省份之一,率先全部取消政府还贷二级公路收费。全省交通运输系统克服时间紧、任务重等各种困难,全省120个收费站于2009年2月21日零时起停止收费,于3月16日前全部拆除。

公路管理养护体制改革。20世纪90年代,福建省委提出"南北拓展、中部开花、连片开发、山海协作、共同发展"的战略部署,推动经济快速发展,各地机动车数量猛增,主要公路普遍出现超负荷运行情况。为了适应新一轮发展,缓解交通瓶颈,省委省政府决定于1993年起实施公路"先行工程"。与此同时,公路建设管理体制也发生重大变革,将此前国省道由省里"统一管理、统一筹资、统一建设、统一养护"调整为"统一规划、定额补助、逐级分段、承包建设"的新建设体制和"统一收费、比例分成、分段养护"的新管理体制。

1993年,福建省开展公路、稽征管理体制改革,原属省公路局设在各地的公路局下放地方管理,稽征职能从各地市公路局中分离出来,组建福建省公路稽征局,实行垂直管理。省公路稽征局与省公路局实行两块牌子一套人马办公。

在公路养护市场化方面,在2001年交通部南昌会议之后,福建省在认真总结原有公路养护运行机制改革经验的基础上,加大了养护运行机制的改革力度,积极探索与市场经济相适应的养护管理模式,逐步转变职工思想观念,增强职工竞争意识,力求最终达到事企分开、规范管理、提高功效、降低成本、挖潜增效的目的。各市公路局不仅都实行了大中修工程内部招投标制,而且在公路养护上已形成多种改革模式并存的良好局面。2004年,全省各级公路部门本着"循序渐进、分段实施、稳步推进"的原则,因地制宜,不断推进公路养护体制改革。各市公路部门结合各自实际,推进"事企分开、管养分离",积极组建养护公司,并在资金、设备、人才上予以大力扶持;打破县域界限,推行本地区范围内的养护招投标;推进人事、用工、分配制度改革,积极探索身份置换等改革难题的解决途径。

航道管理体制改革。改革开放以来,福建省逐步推进航道管理体制改革,航道管理体制经历了最初全省统一管理模式到目前的分级管理模式。

全省统一管理阶段。1985年省港航管理局成立后,其下属事业单位航道工程处负责全省航道、航标的建设、维护。1988年,航道工程处更名为福建省航道处,下设航道一段、航道二段、工程队、漳州处、厦门段、模型试验场、测量大队、航道修理厂和闽江航道派出所,次年又增设泉州办事处作为派出机构变,职能进一步扩充。1994年,福建省裁撤省航道处,成立福建省航道局,与省港航管理局实行两块牌子、一套班子合署办公,下设机构变更为福州分局(原航道一段)、闽江分局(原航道二段)、航务救捞工程处(原工程处)、厦门处(后改名为厦门航道分局)、漳州处、泉州处、勘测设计试验中心(原模型试验场、测量大队和局设计室合并而成)、物资供应站、闽江航道派出所9个直属单位。

省地分级管理阶段。1997年,福建省航道局下属航务救捞工程处成建制移转省交通厅直属的福州港务管理局,福州港的航道维护由福州港务管理局负责。2000年,省航道局将下属福州分局、闽江分局下放福州市,由此开启了逐步下放航道管理权限的历程。2004年,福建省政府出台《关于改革全省航道管理体制的通知》,将全省沿海与内河航道(含福建省负责的航标)的维护、建设、管理职责下放所在的各设区市,福建省航道局改名为福建省航道管理局。福建省航道管理局设在相关设区市的机构的人、财、物成建制下放各所在设区市管理。改革后的省航道管理局作为省交通厅直属的具有对全省航道实施行政管理职能的机构,负责全省航道的行业管理,主要承担规划、监督、协调等工作。省航道局所属的莆田、泉州、漳州航道处及厦门航道分局等下放所在各地市,各地市行使航道维护、施工与管理职能,省航道局执行全省航道规划、协调、行业管理职能。2011年2月,根据中共福建省委机构编制委员会办公室《关于省交通运输厅所属事业单位机构编制清理整顿方案的批复》精神,撤销"福建省航道管理局"牌子,由福建省港航管理局负责具体实施全省航道管理工作。

(三)技术政策和标准建设

改革开放以来,在福建省委省政府的坚强领导和交通运输部的指导支持下,福建省交通运输部门秉承"科学技术是第一生产力"的发展理念,大力实施"科教兴交"战略,结合福建省地理和气候环境特点,按照规范的管理程序,积极参与交通运输部行业标准、规范及国家标准等的编制工作,分别完成全国交通行业联合科技攻关项目、国家交通战备科研项目、国家经委重大技术开发项目以及省科委、省经委等数百项课题研究,获得一系列具有国际先进、国内领先水平技术成果,促进了行业的技术进步。

近十年主要成果有:立项开展《公路隧道风机支撑结构承载力检测技术规程》《公路工程动力触探检测规程》等多项技术标准研究;组织研究的《深部隧(巷)道破碎软弱围岩稳定性监测控制关键技术及应用》《跨海预应力混凝土连续刚构桥健康监测与养护评价技术》等50

多项交通科技成果获得国家科技奖或省科技奖；主导制订的《道路运输车辆卫星定位系统平台技术要求》(GB/T 35658—2017)等4项全国交通运输行业标准和《港口工程施工安全风险评估指南》经交通运输部发布实施；主导修订的行业标准《道路运输车辆卫星定位系统终端通讯协议及数据格式》通过全国道路运输标委会组织的专家评审；编制的《福建省公路水泥混凝土路面设计施工养护规范》《高速公路运营服务规范》《公路路面微表处设计与施工技术规程》等30余项标准(规程)由省质量技术监督局批准发布为福建省地方标准,《冲击压实改建旧水泥混凝土路面技术规范》等4项地方标准获得福建省标准贡献奖；参与的交通运输部《复杂条件下港口工程施工安全风险评估制度及试点研究》于2016年被确认为部级科学技术成果。累计发表各类科技论文上百篇,解决了交通基础设施建设中的诸多疑点、难点和热点问题,取得了良好的经济和社会效益。

六、科技创新成就

(一)科技创新体制改革

为提升福建省交通运输行业科技创新能力,加强交通科技项目的管理,实现科技项目管理的科学化、规范化和制度化,福建省交通运输厅不断探索科技创新应用机制,于2008年制定《福建省交通科技项目实施办法》并不断完善,通过明确交通科技项目的主要内容、立项条件和程序、组织与实施、验收鉴定(评审)、成果推广应用、科技经费管理和违约责任等,按照"计划—实施—验收—推广—报奖"机制,完善以政府部门为引导、交通企业为主体、科研机构为支撑、中介机构为桥梁的科技成果转化组织体系,加强对科技计划项目实施的监督管理和检查验收,通过组织相关专家赴实地查、看、问、访等方式对科技计划项目进行督促检查,有效指导、管理和协调科技项目的实施,提高了创新力和科研成果推广应用能力。

(二)科研能力建设

福建省交通运输系统通过优化科研人才队伍结构、加强科研基础设施建设和联合攻关等,稳步提升交通科研创新水平。一是深入实施人才优发发展战略,优化科研人才队伍结构。依托重大科研项目和专项培训计划,培养锻炼了一批交通科技人才,引进了一批博士、教授等高级人才。以吸引、培养、用好中青年学科带头人和学术骨干为中心,以重大科研和建设项目为载体,鼓励有潜质的中青年科技人员承担重大课题、赴一线开展科技创新实践,为科技拔尖人才的成长提供良好的发展机遇,推动高科技人才资源有效开发,造就一批具有国内前沿水平的高级专家。据不完全统计,福建省交通运输厅直属单位共有正高职称上百名、副高职称840余名,建立了覆盖多领域、多学科的交通科技专家库,为全省交通建设和科技发展提供了有力的人才保障。二是逐年增大交通科技发展专项资金的投入力度,从成品油消费税返还资金中每年安排专项资金支持交通运输科研基础设施建设。通过资金的有效投入,促进科研设施和平台建设明显增强,仪器设备的先进性有了显著提升,进一步满足科研需要。目前,行业科研机构共拥有大型科研仪器、试验检测设备1000多台(套),具备公路、水运工程330多项科研或试验检测能力。三是充分发挥学科优势和良好的科研条件,积极与国内具有领先水平的科研院所、高等院校开展合作,签订战略合作协议、召开学术交流会议、共享信息资源、联合组织攻关,产研结合,提高创新水平及科研能力。

(三)交通信息化发展

交通运输信息化是推进交通运输管理创新的重要抓手,是提升交通运输服务水平的有效途径,是推动交通运输转型发展的重要支撑,也是衡量交通运输现代化发展水平的重要标志。福建交通行业不断加大信息化投入和建设力度,信息化建设从无到有、从分散转向集约、从孤立封闭到共享开放、从以管理为主转向管理与服务并重,迈入互联互通、协同应用发展的新阶段,特别是在部重点工程建设的带动下,信息化应用进一步渗透和融合到交通运输管理与服务各个领域,大大提升了行业管理和服务水平,为交通运输又好又快发展提供了有力的技术支撑。

信息化基础日趋完善。一是以政务外网和政务内网为主的交通信息通信网络进一步完善,外网通过光纤以百兆带宽与国际互联网相接,与交通部行业专网互通;内网向上实现与省政务信息网的网络互联,向下通过省政务网与全部二级单位局域网互联互通。二是福建交通运输云平台建成运行,为全省道路客运信息系统等近30个应用系统提供了统一的服务器资源和安全的网络环境。三是港航安全监管与应急处置中心及省福州港、省湄洲湾港分中心建成运行。"省级港口危险货物安全监管综合平台""厦门国际航运中心港口智慧物流平台"列为交通运输部智慧港口示范工程。内河客渡船卫星定位系统、AIS基站投入使用,港航暨地方海事信息化水平得到显著提升。四是建成省高速公路祥谦数据中心、道路客运信息系统、高速公路信息通信系统福建节点等,交通运输信息化应用支撑能力得到明显改善。

行业管理进一步增强。一是福建省道路运输车辆卫星定位公共服务平台荣获福建省科学技术一等奖。该系统围绕"加快推进运输服务治理体系和治理能力现代化建设"的要求,按照交通运输部第55号令"企业监控、政府监管、联网联控"的原则,以"道路运输车辆动态监管应用提升工程"为载体实施运输车辆动态监管。二是建设福建省公路水路安全畅通与应急处置系统。以全省统一的交通电子地图作为可视化工作平台,有效整合全省交通行业突发事件、灾害阻断、应急资源、运行监测等,满足突发事件的可视化、扁平化应急指挥调度管理需求,提升全省交通行业应急监测和处置能力。三是建设福建省高速公路工程建设综合监管一体化应用平台。该平台可实现各应用系统统一WEB登录和统一信息展示,对混凝土拌和站、沥青拌和站等生产的不合格数据实时预警,实现信息系统互联互通,提升工程建设管理效率,最终实现工程建设项目管理的"标准化、流程化、精细化、科学化、智能化"集中监管。四是建设全省公路水路建设与运输市场信用信息服务系统。运用于工程招投标、行政许可、行政执法和业务监管等,促进诚信交通体系建设。五是按照交通运输部的统一部署,打造便捷高效的全省交通运输服务监督12328平台,为交通运输行业服务监督、投诉举报、业务咨询等业务提供信息化手段。

公众服务水平稳步提升。一是实现高速公路电子不停车收费系统(ETC)全国联网,建成679条ETC车道,覆盖率达100%。省际收费站,福州、厦门等车流量大的收费站还实现ETC车道二进二出,今后新建的收费站都将配备ETC车道,保持100%全覆盖。二是福建交通一卡通已在全省实现"一卡式支付",可在全国207个城市实现交通一卡通互联互通支付。厦门、漳州、泉州等地已实现出租车、轮渡、便民自行车等交通工具一卡支付。截至2018年5月底,全省累计发展闽通卡客户152万户,客服网点县(市)级覆盖率100%,非现金支付使用率位居全国前列。三是整合全省公交、客运、高速公路和城市路况等出行信息,推广"福建出行助手""闽通宝""掌上公交"等APP,为公众出行提供便捷服务。四是全省各地市均已建设城市公交智能管理与服务平台,实现车辆智能调度、运营及服务质量管理、行车安全监控及数据统计分析智能化。五是开发了"福建省道路客运网上售票系统",该系统可提供客运班次查询和车票订购、凭短信取票号换取纸质车票等服务。在为乘客购票乘车提供便捷的同时,有效推动了旅客联程运输服务发展。

交通物流服务稳步提升。由政府构建的交通物流公共信息平台、平台服务商建设的物流交易平台和企业自身信息化系统组成的"三位一体"的物流信息服务体系初步形成。一是省交通物流公共平台汇集全省乃至全国交通物流基础数据,基本实现运政业务、出行路况、交通综合行政执法、诚信等信息服务,有效提升物流配载业务和管理水平。二是"福建卡行物流平台"等4家物流交易平台成功上线,并已接入20余家物流园区和5900多家物流企业,为用户提供线上物流交易、供应链优化、金融等服务。三是福州市港口物流信息平台、厦门电子口岸物流信息平台建成运行,为船公司、船代、货代、拖车公司等港航物流企业与相关政府单位提供一站式的信息服务,港航物流信息服务水平进一步提升。

(四)重大科技创新及成果运用

充分发挥科技对加快推进交通运输现代化的支撑引领作用,坚持面向生产、服务一线的原则,突出解决重大技术难题,多措并举鼓励新材料、新产品、新技术、新工艺的推广应用,全面提升交通运输服务保障能力和水平。改革开放以来,福建省交通运输系统有数百个科研成果通过省级组织的专家评审、验收,上百项科研成果获省级及以上科学技术奖,其中近十年开展的科研项目230多个,获国家发明专利1项、国家新型专利3项、福建省科学技术进步奖52项,发表各类科技论文数百篇,取得良好效益。

公路建设技术方面。积极引导干部职工开展一系列具有前瞻性、实用性的交通运输科技项目研究与应用,项目研究内容覆盖了道路、桥梁、隧道、道路边坡防护、养护装备、节能环保及交通安全技术等方面,取得了一批具有自主知识产权的科研成果。针对福建省高温多雨等地域特征,在沥青路面长寿命结构、软基处理、高边坡锚固技术等方面取得了新突破,有力支撑了公路重点工程建设;攻克跨江跨海和山区复杂条件下长大桥隧建设关键技术难题,形成了钢筋混凝土拱桥、钢管混凝土拱桥、跨海大桥、海底隧道、连拱小净距隧道、桥梁隧道扩建等设计施工成套技术,解决了海底隧道爆破、防渗等技术瓶颈,以厦门翔安海底隧道为代表的隧道建设技术水平进入世界前列。据不完全统计,全省公路系统共有200多项科研成果通过省级组织的专家评审、验收,组织研究的《深部隧(巷)道破碎软弱围岩稳定性监测控制关键技术及应用》《跨海预应力混凝土连续刚构桥健康监测与养护评价技术》等50多项交通科技成果获得国家科技奖或省科技奖,研究成果在公路工程建设、养护和管理等工作中发挥了积极作用,产生良好的社会和经济效益,为福建省公路可持续发展提供有力支撑。

水路建设技术方面。针对离岸深水港口的重大技术难题开展研究,围绕港航重点工程,在深水航道数模、浅水深用、前板桩高桩应用、疏浚土再生利用等方面取得了技术突破,提高了工程质量和结构耐久性,节省了大量的岸线资源,增加了陆域面积。主编的《港口工程施工安全风险评估指南》由交通运输部发布实施;《厦门港深水航道建设与维护关键技术研究》《兴化湾港口岸线资源开发利用关键技术研究》《3S技术在港航工程中应用研究》等多个项目获福建省科学技术奖。

七、党的建设与精神文明建设

改革开放40年来,福建省交通运输系统认真贯彻落实中央和省委部署,落实管党治党主体责任,全面推进全省交通运输党的思想、组织、作风和制度建设,深化文明和谐机关创建,努力在机关党建工作中走前头,做表率。在各级党组织和广大党员干部的共同努力下,省交通运输厅党组连续5届被表彰为省直机关党建工作先进单位(总共评比5届),省交通运输厅机关连续4届、全行业有8个单位被表彰为全国文明单位。

(一)党建工作科学化水平进一步提升

一是党员队伍稳步扩大。截至2017年,党员总数达到3376名,其中离退休党员595名,流动党员1377名。二是党员教育效果明显。不断丰富和拓展党员教育内容,始终把马克思主义中国化最新理论成果作为党员教育的中心内容,先后在广大党员中兴起了学习邓小平理论新高潮、学习实践"三个代表"重要思想新高潮,开展深入学习实践科学发展观活动、"三严三实"教育活动、"两学一做"学习教育常态化制度化、习近平新时代中国特色社会主义思想"大学习"活动。根据不同时期的形势和任务,以中心组、党课、辅导报告会、支部学习会、交流研讨等形式,科学安排教育内容,进一步拓展党员教育内容,形成了包括党的基本理论、基本路线、基本纲领、基本经验,党的基本知识、党的优良传统和作风、党的纪律和反腐倡廉教育,为不断提高党员队伍整体素质发挥了重要作用。福建省交通运输厅"四种党课"做法被表彰为全国"两学一做"优秀案例。三是党员作用充分发挥。福建省交通运输行业各条战线涌现出的劳动模范、先进工作者、新长征突击手、三八红旗手等先进模范人物,绝大多数是共产党员。冯鸿昌、田云超、陈萍、康清洁、蔡蒙军、黄双锦、修连金等优秀共产党员以及在抗洪救灾、抗击非典、抗击雨雪冰冻灾害、抗震救灾、防抗台风等重大斗争中涌现出来的无数舍生忘死、无私奉献的共产党人,就是其中的优秀代表,他们用实际行动诠释了党的宗旨,赢得了群众的赞誉,树立了党的光辉形象。四是党组织的组织力不断提升。交通各级党组织围绕中心、服务大局,从实际出发切实加强和改进基层党组织建设;同时积极进行调整基层党组织设置方式、改进工作方法、创新活动内容的探索,推行工地党建"6432"党建模式,实行"3+X"主题党日,建立党建片区学习交流机制,推行党支部七项基本工作法。推行党支部七项基本工作法的"四抓四着力"做法在福建省直机关推进会上做先进经验交流。广大基层党组织结合各自特点努力工作,成为团结带领交通党员干部群众推动交通改革和发展的战斗堡垒。

(二)精神文明建设硕果累累

省交通运输厅机关连续四届被表彰为全国文明单位,全省交通运输行业有8个单位被表彰为第五届全国文明单位或保留称号;全省交通运输行业省级文明单位数量逐届增加,有81个单位被表彰为第十三届省级文明单位;省交通运输厅直机关全国、省级文明单位达到13个,另有13个单位被表彰为省直机关文明单位。根据全省第八届文明行业创建竞赛活动结果通报,交通运输系统在非垂直管理类公共服务行业中排名第一,连续3届被评为全省创建工作先进行业。打造了福建高速公路建设管理标准化、运营管理标准化、工地党建"6432"模式、厦门路桥隧、文曾"城市生态"路、闽南快运、龙洲运输、公路青年绿化带等文化品牌。

(三)党建带建活动不断深化

发挥"党建带建"的优势作用,在全国率先打造高质量对台"小三通"客运青年文明号服务品牌,构建更加便捷优质的两岸人员往来通道。工会组织认真做好维稳帮扶生活困难党员干部职工工作,持续开展在职职工医疗互助。扎实开展交通文化建设,打造"和谐交通,快乐运动"交通文体活动品牌,文体活动蓬勃开展。参加省直机关第五届全民健身运动会、第九届省运会和"喜迎十九大·建设新福建"省直机关书画比赛获得优异成绩。妇女组织开展了"建设新福建、巾帼立新功"主题实践活动,积极参加"机关女职工健康讲堂"活动,巾帼文明岗创建和"五好文明家庭"评选活动,全系统共有56个集体获评"省三八红旗集体"、9个家庭获评"省直五好文明家庭"。共青团组织开展青年诗歌诵读、青年象棋比赛、青年运动会、青年篮球赛。开展全系统青年生态路、青年文明通道、青年驿站、青年公交文明线、青年文明港、青年平安工地创建活动,打造有行业特色的"青年"文化品牌。省交通运输厅直团委获评"全国五四红旗团委",17个集体获评"全国级青年文明号",多人次获评"福建省五四青年奖章""省直五四青年奖章""五四红旗团组织"个人和集体荣誉称号。

改革开放展新颜　赣鄱交通新跨越

江西省交通运输厅

一、综述

江西位于中国东南部,与浙、闽、粤、湘、鄂、皖6省相邻。区位优势明显,为长江三角洲、珠江三角洲和闽南三角地区的腹地,古称"吴头楚尾,粤户闽庭",乃"形胜之区"。

从1978年到2018年,四十年弹指一挥间,时空变幻、沧海桑田。回望历史,交通曾经是经济和社会发展的瓶颈和制约;经过40年的拼搏与奋斗,如今,交通又是江西人豪迈的宣言,高速公路纵横赣鄱,国省道路连线织网,农村公路进镇入村,水运航道通江达海,江西人用一部交通"序曲"奏响了崛起的强音。

在新中国成立的这六十九年时间里,1979年是一道分水岭。在此前的30年里,江西交通经历了逐渐恢复、跃进发展、稳步前进等发展阶段,公路水路的里程、等级和新中国成立初期相比发生了很大的变化。至1978年底,全省公路通车总里程28747公里,是新中国成立初期的7倍。但受当时的政治、经济、技术的影响,所修的公路绝大多数标准低、断头路多,晴天尘土飞扬,雨天泥泞难行。1979年开展的公路普查显示,全省公路总里程29600公里,符合技术等级的里程为仅为12014公里,占总里程40.59%。全省水路通航里程少,通航标准低,水路资源利用率长期徘徊在低水平。1949—1980年,各级财政用于赣江干流航道整治的资金仅为1367万元。

改革开放给江西交通事业发展吹来一股春风。在国家改革、开放、搞活的方针指导下,江西的经济建设、社会发展和各方面工作发生了巨大变化。四十年来,江西交通发展经历了破除瓶颈、整体适应、提质创新几个发展阶段。

从1978年到1989年是破除瓶颈阶段。改革开放初期,各项事业百废待兴。为适应国民经济发展需要,交通部于1981年11月联合国家计委、经委全面划定70条国道,其中经过江西境内的有6条,长3474.238公里。1983年江西省划定省道91条,长6070.34公里。国、省道路线的划定,为本时期公路的重点改造提供了依据。

这十多年,江西先后完成了105国道南昌至龙南中村坳段、320国道玉山太平桥至上饶、鹰潭至东乡、万载至宜春、萍乡芦溪至老关4个区段二级公路建设,对206、316、319、323四条国道也进行了规划,并择主要路段进行了改建,共建成国道二级公路756公里。同时集中力量改造"断头路""卡脖子路"、进出口路,使之达到二级公路标准。为尽快改变江西公路落后面貌,1988—1990年按照"一年缓解,三年改观"的要求,开展公路建设、养护三年大包干,由地方政府负责征地拆迁和民工建勤,公路部门负责修建桥梁、路面等构造物,全力改建公路,三年共完成新、改建公路904.89公里,其中高级次高级路面839公里。南昌至高坊岭一级公路1989年建成通车,成为江西省第一条一级公路。航道建设开始发力。1983年8月,以投资6000万元、按五级航道标准建设的昌江渠化工程开工建设为标志,江西拉开了内河航运建设的序幕。

到1990年末,全省公路里程达31760公里,比1978年的28747公里增长10.48%;100%的县(市、区)、99.8%的乡镇、87%的行政村通公路。公路的日益改善和公路运输市场的开放,多种经济成分的汽车运输企业竞相出现,公路运输逐渐告别"行路难,乘车难"。至1990年末,全省公路客运量14182万人次,旅客周转量599340万人公里,公路货运量13800万吨,货物周转量52862万吨公里。全省内河通航里程4937公里,各类型港口117个,生产性码头236座,泊位442个。水路客运量358万人次,旅客周转量54239万人公里;水路货运量1379万吨,货物周转量430897万吨公里。

进入20世纪90年代,江西经济发展速度加快,交通建设驶入了快速发展的轨道,进入以高速公路为代表的发展新阶段。从"缓解"到"改观",从"慢步跟跑"到"第一方阵",到21世纪初,江西交通已经能够整体适应江西经济和社会发展。

1989年南昌至九江汽车专用公路开工建设,1993年建成通车,1996年完成昌九公路拓宽改造,江西省拥有了第一条高速公路。从1989年到2004年,用了15年时间建成南昌至九江、南昌至樟树、樟树至昌傅、昌傅至赣州、赣州至定南、梨园至温家圳、温家圳至厚田、九江至景德镇、昌北机场高速公路等项目,总计1065公里。从2005年到2008年,用了4年时间建成景婺黄(常)、景德镇至鹰潭、南昌西外环高速公路、乐化至温家圳、温家圳至沙塘隘、昌傅至金鱼石、泰和至井冈山、赣州城西高速公路、南康至大余、武宁至吉安等项目,累计达2317公里。从2009年到2010年,用了2年时间建成彭泽至湖口、鹰潭至瑞金、瑞金至赣州、赣州绕城、石城至吉安等项目,累计达3042公里。创造令人瞩目的"江西速度",成为全国高速公路建设速度最快的省份之一。

普通公路建设不断推进。1990年至2000年省委省政府出台相关政策措施,不断加快公路建设步伐。全面改革公路改造模式,实行省、地联合建设。按照公路建设技术等级、基数包干,由省投资建设路面、桥涵工程,地方配套完成征地拆迁、路基土石方工程,"谁积极,谁先上",充分调动了各级政府投资公路建设的积极性,高级、次高级路面每年以500~800公里的规模向前延伸。1998年,抓住国家实行积极财政政策的机遇,省政府下发《加快江西省公路建设的实施意见》,实施公路建设三年决战,给予地方政府公路建设优惠政策,降低地方配套标准,全省新、改建公路连年在1000公里以上。交通运输行业管理体制的基本建立和交通运输基础地位显著增强。全省公路运输累计完成客运量3.19亿人次,旅客周转量171.3亿人公里;完成货运量1.9亿吨,货物周转量147.2亿吨公里。2001年以来,不断推进国省干线公路提等升级。每年新、改建国省道超过800公里,先后完成了105、320、323、206国道二级公路改建,建成了昌抚、昌厦一级公路,320国道省庄至大城、大城至万载、万载至宜春,105国道信丰至龙南、南昌至安义、东乡至临川、上饶至广丰一级公路等一批高等级公路,全省国省干线路网等级公路比例显著提升。

农村公路路面硬化起步加速。1995年12月省交通厅在湖口县召开全省县乡公路油路建设现场会,确定"九五"期间农村公路(县乡公路)每年建设500公里油(水泥)路的目标,省里给予每公里5万~8万元的资金补助。1998—2002年五年间全省农村公路建设完成投资40.3亿元，改造油路、水泥路8409公里。2003年，江西省委、省政府提出了加快全省农村公路建设的工作要求，从当年开始，省政府连续六年召开农村公路建设现场会推进农村公路建设，全省农村公路建设取得飞跃发展。2003—2008年6年间，全省农村公路建设投资完成274.52亿元，改造硬化农村公路7.2万公里。到2008年底，全省农村公路总里程达到12万公里以上。全省乡镇通油（水泥）路率为100%，行政村通油（水泥）路率为83.3%，行政村通公路率97.6%。为解决农民群众出行难题，江西还从2004年开始启动了撤渡建桥工作。省政府将农村渡口改渡建桥纳入政府考评体系，并要求做到市长抓调度、县长负总责、一桥一领导、一桥一技术干部。改渡建桥的资金原则上按省50%、市20%、县20%安排三级补助，建设资金的不足部分由项目所在地的县、乡（镇）两级政府负责筹措。2010年，江西基本建成621座渡改桥，撤销800个渡口，实现了改渡建桥的总体目标。2001—2010年，交通运输服务水平显著提高，全省公路运输累计完成客运量10.79亿人次，旅客周转量534.18亿人公里；完成货运量11.34亿吨，货物周转量2033.78亿吨公里，在综合运输中所占比重分别为89.29%、33.73%、75.22%、21.15%。

航道和港口建设不断加快。1992—1997年，江西建设完成国家"八五"期间大中型重点工程建设项目——集航运、发电、防汛于一体的信江界牌航电枢纽工程。1991—2000年，全省水路运输累计完成客运量4958万人次，旅客周转量174441万人公里；完成货运量12471万吨，货物周转量2940504万吨公里。累计完成港口旅客吞吐量3496.1万人次，完成港口货物吞吐量12423.19万吨。进入21世纪，全省水运建设实现历史性跨越，"十五"期间，共投入8.37亿元，是"九五"期的3.5倍。先后建成了赣江航道南昌至湖口段三级航道156公里、樟树至南昌五级航道92公里，吉安至樟树五级航道整治工程151公里、赣江（樟树—南昌）三级航道整治工程94公里，南昌港集装箱码头工程，以及64个内河港站项目，使全省等级航道达到5000多公里。其中，南昌至湖口三级航道的建成，实现了江西高等级航道零的突破，使千吨级船舶可以在此畅通无阻。2005年5月12日，项目总投资1.6亿元，设计年吞吐能力为5万标箱的南昌港国际集装箱码头建成投产。2007年10月30日，九江港核心港区——城西港区一期工程以及沿江20个重大项目正式开工，迈出了与上海洋山港对接的第一步。2001—2010年，全省水路运输累计完成客运量2980.7万人次，旅客周转量65853万人公里；完成货运量35876万吨，货物周转量9031056万吨公里。完成港口货物吞吐量117507.59万吨，完成港口旅客吞吐量5169.3万人次，完成集装箱吞吐量741.34万吨、67.76万标准箱。

2012年以来，江西交通发展进入提质创新的发展新阶段。全省交通运输部门深入学习贯彻习近平新时代中国特色社会主义思想，坚持稳中求进工作总基调，以供给侧结构性改革为主线，统筹推进稳增长、促改革、调结构、惠民生、防风险等各项工作，交通运行稳中有进、稳中提质、稳中向好。

高速公路建设继续快速推进。2013年底，江西省交通运输厅在深入调研、充分论证的基础上，决定加快推进高速公路升级提速，尽快建成"纵贯南北、横跨东西、覆盖全省、连接周边"的高速公路网。主要目标是："两步并作一步走，6000公里大提速"。将原计划到2020年建成6000公里的目标提前到2016年底前基本实现，七年的任务三年半完成。2014年12月，随着万载至宜春等高速公路建成通车，万载、安远县结束了不通高速公路的历史，江西境内100

个县(市、区)实现"县县通高速"。到2017年1月,江西高速公路通车里程达到5908公里,改扩建里程97公里,基本建成6000公里,通车里程位居全国第七,打通28个出省通道,构建了南昌到设区市省内3小时、到周边省会省际5小时的经济圈,"纵贯南北、横跨东西、覆盖全省、连接周边"的高速公路网基本形成。

抓住交通运输部提高普通公路建设项目补助标准的机遇,加快推进普通公路建设。完成国省道路网规划调整,实现县县通国道,乡镇覆盖率提高到82%以上,其中省内4A级以上景区、省级以上开发区、重要港口、机场等100%覆盖。加强普通公路养护管理,完成升级改造4000多公里,道路优良率达85%以上。公路养护管理工作创历史最好成绩,荣获"'十二五'全国公路养护管理先进单位"称号。农村公路建设方面,在全国率先实施25户以上自然村通水泥路建设工程,实现从修通行政村到修通自然村的重大跨越。2013年至今,累计完成新改建6.2万公里,其中建成5.6万公里通自然村水泥路,惠及全省5.9万多个25户以上自然村1051多万人口。至2016年底38个重点扶贫攻坚县25户以上自然村率先实现村村通水泥路,2017年底赣南等原中央苏区县通25户以上自然村基本建成水泥路;至2018年6月底全省通25户以上自然村基本建成水泥路,较原计划提前两年半时间完成。2011—2017年,公路运输累计完成客运量37.74亿人次,旅客周转量2256.16亿人公里;完成货运量85.32亿吨,货物周转量20370.06亿吨公里。

抓住国家深入实施"一带一路"建设和长江经济带发展等重大战略机遇,重点推进通江达海、干支直达的内河水运体系建设,掀起新一轮水运建设发展热潮。全面建成了赣江石虎塘航电枢纽、南昌龙头岗综合码头一期工程,开工建设赣江新干航电枢纽、龙头山水电枢纽、赣江井冈山航电枢纽、九江港彭泽港区红光作业区综合枢纽码头等重点水运工程。全省年吞吐量超百万吨的内河港口达33个,各类公用码头项目达到1606个,港口吞吐能力达2.2亿吨、集装箱58.5万标准箱。完成赣江南昌至湖口二级航道整治等疏浚工程,全省航道通航总里程达5716公里,其中高等级航道达614公里。2011—2017年,水路运输累计完成客运量1796.9万人次,旅客周转量23309万人公里;完成货运量64807.2万吨,货物周转量15217500万吨公里,完成港口货物吞吐量20.25亿吨,集装箱吞吐量225.45万标准箱。

回顾江西交通发展历程,有这么几条经验值得总结:一是必须把加快发展作为交通运输工作的第一要务,主动服务全省经济稳增长、重大战略实施等发展大局,争取部省支持,抢抓机遇,抢抓发展的主动权,用足用好交通运输发展的各项政策,全面加快江西交通运输事业升级步伐。二是必须始终坚持以人为本,树立交通改革发展为了人民、交通改革发展依靠人民、交通改革发展成果由人民共享的理念,为经济社会发展当好交通先行。三是必须坚持把规划引领项目、项目带动发展作为交通运输工作的着力点,狠抓以高速公路、国省干线公路、农村公路、水运等为重点的交通基础设施建设,以项目建设带动交通运输的整体发展。四是必须坚持改革创新,不断深入推进理念创新、制度创新、管理创新和融资创新,构建适应江西交通运输发展需要的体制机制。五是必须锻造一个精诚团结、善谋实干的领导班子,打造一支忠诚事业、攻坚克难的干部队伍,继承和发扬"特别能吃苦、特别能战斗、特别能奉献"的江西交通人精神,把加快交通发展的各项任务落到实处。六是必须始终坚持党的领导,坚持三个文明一起抓,不断加强党的建设和精神文明建设,严格落实"两个责任",坚持党要管党、从严治党,为交通运输事业健康发展提供坚强保证。

二、基础设施建设

改革开放40年,江西交通走过了一条从落后到崛起,从缓解、改观到基本适应经济与社会发展,从交通瓶颈到快速通道和人便其行、货畅其流的发展之路。不仅彻底改变了江西交通一贯落后的面貌,而且在交通建设上创造了惊人的江西速度。

1979年,江西开展的一项公路普查显示:当时,全省公路总里程仅为29600公里,其中,符合技术等级的里程仅为12014公里,只占总里程40.59%。这当中,高级次高级路面仅有2072公里,只占总里程的7%。此外,二级公路169公里,三级公路516公里,四级公路11329公里。高等级公路少,低等级公路多,等外公路占据了公路总里程的50%以上,为当时江西交通基础设施的基本面貌。

改革开放以后,随着生产力得到全面释放,江西经济社会各方面得到迅速发展,交通基础设施的瓶颈制约作用开始显现出来,并越来越明显。"要想富,先修路""要快富,修高速""经济发展,交通先行"的理念逐步深入人心。交通基础设施逐步由瓶颈制约迈向基本适应国民经济与社会发展需要。

到2017年底,全省公路总里程达162285公里,按技术等级分,高速公路5916公里,一级公路2917公里,二级公路10837公里,二级及以上公路占总里程的比例为8.5%。

(一)高速公路建设

1989年7月28日,江西省第一条全封闭、全立交的高等级公路——南昌至九江(以下简称昌九)一级汽车专用公路开工建设,拉开全省高等级公路建设的序幕。一期工程为新建南昌市北郊蛟桥镇至九江市十里铺的二车道汽车专用公路,1989年7月动工兴建,1993年1月18日建成通车。二期工程为南端连接线工程,即南昌大桥至蛟桥段的四车道高速公路,1992年下半年开工,1994年2月建成通车。三期工程为拓宽南昌蛟桥至九江十里铺路段至四车道,同时新建十里铺至九江长江大桥的四车道连接线工程,1994年3月动工,1996年1月建成。至此,全封闭、全立交、双向四车道的昌九高速公路全面建成通车。

此后,江西高速公路进入快速发展时期。

第一个1000公里用了15年(1989—2004年)。建成南昌至九江、南昌至樟树、樟树至昌傅、昌傅至赣州、赣州至定南、梨园至温家圳、温家圳至厚田、九江至景德镇、昌北机场高速公路等项目,总计1065公里,总投资200亿元,平均每公里造价1880万元。

第二个1000公里用了4年(2005—2008年)。建成景婺黄(常)、景德镇至鹰潭、南昌西外环高速公路、乐化至温家圳、温家圳至沙塘隘、昌傅至金鱼石、泰和至井冈山、赣州城西高速公路、南康至大余、武宁至吉安等项目,累计达2317公里,总投资451亿元,平均每公里造价3602万元。

第三个1000公里用了2年(2009—2010年)。建成彭泽至湖口、鹰潭至瑞金、瑞金至赣州、赣州绕城、石城至吉安等项目,累计达3042公里,总投资328亿元,平均每公里造价4524万元。

第四个1000公里用了2年(2011—2012年)。建成九江至瑞昌、祁门至浮梁、永修至武宁、德兴至南昌、南昌至奉新、奉新至铜鼓、德兴至上饶、上饶至武夷山、抚州至吉安、吉安至莲花、隘岭至瑞金、瑞金至寻乌、赣州至崇义、龙南里仁至杨村等项目,累计达4260公里,总投资664亿元,平均每公里造价5452万元。

第五个1000公里用了3年(2013—2015年)。建成九江长江公路大桥、井冈山至睦村、万载至宜春、九江绕城高速公路、萍乡至洪口界、寻乌至全南高速公路、都昌至九江高速公路星子至九江段、金溪至抚州、南昌至宁都、南昌至上栗等项目,江西高速公路通车里程突破5000公里,出省高速公路通道达24个。

第六个1000公里于2016年底前基本实现。

至2017年1月,江西高速公路通车里程达到5908公里,改扩建里程97公里,基本建成6000公里,通车里程位居全国第七,打通28个出省通道,是全国继河南、辽宁后第三个实现全省县县通高速的省份,构建了南昌到设区市省内3小时、到周边省会省际5小时的经济圈。

江西高速公路建设把生态环保作为重要标准,将生态环保理念贯穿于高速公路建设的全过程。在设计上顺应自然、生态优先,"施工不流土、竣工不露土",建设一处、绿化一处、施工一片、恢复一片,打造了一条条蜿蜒于青山绿水之中的生态景观路。温沙高速公路率先将公路建设同自然、人文景观、生态环保紧密结合,树立人文、生态景观高速公路品牌。景婺黄(常)高速公路作为交通部首批典型示范工程创造出原生态带绿施工的典型经验。永武项目成为全国"十二五"第一条科技示范路,庐山西海绿色安全交通示范工程通过交通运输部验收,昌樟高速公路改扩建项目被交通运输部评为绿色交通优秀示范项目,广吉高速公路被列为绿色公路典型示范项目。

(二)普通公路建设

为适应改革开放以来车流量日益增长、运输市场快速发展的需要,改变国道交通量超负荷、省道行车条件差的状况,从20世纪80年代开始,江西优先改建105、320国道,形成以南昌为中心的"十"字形高等级公路主骨架,加快国、省道干线公路改造和高级次高级路面建设。积极利用世界银行贷款和国家拨粮、棉、布和工业品补助,以及交通部专款补助修建、改建农村公路2800多公里。

1978年至1990年底,江西先后完成了105国道南昌至龙南中村坳段,320国道玉山太平桥至上饶、鹰潭至东乡、万载至宜春、萍乡芦溪至老关4个区段二级公路建设,对206、316、319、323四条国道择主要路段进行了改建,共建成国道二级公路756公里;通过省投资补助发动群众拓宽改善、铜基地与水电站投资整修改善、省县合力与民工建勤改造省际出口路与交通量较大路段等有效手段,江西集中力量"攻克"省道重要路段,共新、改建省道14条454.8公里(水泥混凝土路15.9公里、沥青路337公里),提高了交通量较大路段的技术等级和行车效率。其中1988—1990年按照"一年缓解,三年改观"的要求,开展公路建设、养护三年大包干,三年完成新、改建公路904.89公里,其中二级公路619.9公里、三级公路269.7公里、高级次高级路面839公里。1989年,南昌至高坊岭一级公路建成通车,成为江西省第一条一级公路。

进入20世纪90年代,江西在"八五""九五"经济建设取得快速发展的基础上,抓住国家实行积极财政政策的机遇,全面加速普通国省道干线公路提等升级。省委、省政府及时出台政策,采取"谁积极,谁先上""条件优惠、优先安排"等多项鼓励措施,全面推行按照公路建设技术等级、基数包干的公路改造模式,实行省、地联合建设,由省投资建设路面、桥涵工程,地方配套完成征地拆迁、路基土石方工程,在全省上下掀起了新一轮干线公路建设高潮。从1995年大力推进地县通油路建设,到1998年实施公路建设五年决战,全省新、改建公路里程由年增500~800公里,增长到年增1000公里以上。全面完成了105、320、323、206国道二级公路改建,建成了昌抚、昌厦公路等一批省重点工程。农村公路建设方面,自1996年以来,江西在坚持以地方建设为主的基础上,推出了每公里5~8万元的省级资金补助政策,大力推进县乡公路油路水泥路建设,投资规模不断扩大,建设速度不断加快,通达深度不断增加,年建设里程从500公里迅速提高到1000公里、甚至2000公里。特别是1998—2002年五年间,全省农村公路建设完成投资40.3亿元,改造油路、水泥路8409公里。

2003—2010年,全省国省干线公路新、改建里程继续保持年增1000公里的速度,新改建公路10000多公里,全省六条普通国道、十条主要旅游景区公路基本完成二级公路改建,建成了宜春至安福、高安至胡家坊、九江至瑞昌沿江一级快速通道等一批旅游公路、高等级公路,各设区市至省会南昌的普通公路全部达二级以上标准。启动了新中国成立以来规模最大的农村公路建设。2003年,全年硬化农村公路6895公里,一年就超过"十五"原定6000公里目标。2004年起,农村公路硬化连续每年突破1万公里。到2010年底,全省农村公路总里程突破13.5万公里,农村公路总硬化里程突破9.6万公里,乡镇通水泥(油)路的比例从2005年底的94.9%提高到100%,建制村通水泥(油)路的比例从2005年底的45.4%提高到100%,全省所有行政村将实现村村通水泥(油)路,等级公路所占总里程的比例从"十五"末的42.4%提高到"十一五"末的71.1%。

2011年以来,开展了普通国省道路网调整工作,实现100%县通普通国省道,82%以上乡镇通普通国省道。完成普通国省道升级改造4164公里,实施养护大中修1万多公里。在全省实施区域协调发展战略中,围绕鄱余万都滨湖四县小康攻坚战略、赣江新区建设、赣南等原中央苏区振兴、昌九和昌抚一体化等,给予大力支持,有力促进区域协调发展。2018年6月实现全省25户以上自然村基本通水泥路。大力推进"四好农村路"建设,共完成"四好农村路"改建10000公里。2017年,赣州市安远县、上饶市婺源县被交通运输部列为全国示范县。

(三)汽车站场建设

改革开放之后,随着公路建设迅猛发展,汽运站场基本建设逐年加大。1980年,全省共有车站(含代办、招呼站)1987个。1981年达到3382个,其中乡站304个。

为了适应"有路大家行车"的运输需求,从1985年开始,交通部门进一步改进车站服务工作,大多数车站由为本部门客货运输服务面向社会开放。所有进站车辆不分国营、集体、个体,都一视同仁都安排业务,实行统一调度、统一售票、统一线路、统一管理。1985年以后,全省60%以上的市、县汽车站与驻军和武警部队合作,开展了"军(警)民共建文明站"活动,优质文明服务蔚然成风。到1990年,全省共有汽车站5000多个,其中县级站110个,区乡站400多个,还有招呼站4400余个。县级以上的车站都有候车厅、售票厅、行包托运处、提货处、检票台、发车库、停车场等设施,有的还建有招待所、商店、饮食店,为旅客提供吃、用、住、行等服务。

2012年,全省启动衔接多种运输方式的综合枢纽客货站场建设,宜春综合客运枢纽、抚州客运综合枢纽站、南昌综合客运枢纽、井冈山经开区综合物流园区、赣州综合物流园区6个项目动工建设。截至2014年9月16日,宜春综合客运枢纽正式启用,成为全省首个启用的综合枢纽站场,实现了集铁路、公路、常规公交、出租车、小汽车等多种交通方式为一体,与高铁宜春站一体化设计、无缝衔接,规划建设理念较为先进。

2017年,全省共有等级客运站955个,其中一级客运站20个,二级客运站86个,三级客运站53个,四级客运站198个,五级客运站598个。以现代化综合枢纽为核心、县级站场为支撑、农村站点为节点,连接城乡、辐射全省的客运站场设施网络布局逐步完善。另外,全省共有道路货运站59个,其中二级站2个,三级站16个,四级站41个。

(四)水运建设

由于历史欠账,全省水路一度通航里程少,通航标准低,水资源利用率长期徘徊在低水平。1949—1980年,各级财政用于赣江干流航道整治的资金仅为1367万元。然而,江西交通人不甘落后。1983年8月,以投资6000万元、按五级航道标准建设的昌江渠化工程开工建设为标志,江西拉开了内河航运建设的序幕。

水运建设力度不断加大。1989年开工建设的赣江南昌至湖口156公里Ⅳ级航道整治工程,1992年竣工。1998年完成信江界牌枢纽建设。2000年开工建设赣江樟树至南昌93公里Ⅳ级航道整治工程。建成赣江Ⅳ级航道156公里、Ⅴ级航道89公里,内河港口生产用码头405座。

2001—2010全省水运建设累计完成投资26.82亿元。主要建设项目有:2000年开工的赣江樟树南昌93公里Ⅳ级航道整治工程于2004年竣工;2002年开工的赣江南昌至湖口156公里Ⅲ级航道整治工程于2004年竣工;2003年开工的赣江吉安至樟树151公里Ⅴ级航道整治工程于2005年竣工;2005年开工建设赣江樟树至南昌93公里Ⅲ级航道整治工程于2007年竣工;2007年开工建设赣江东河南昌至瓢山Ⅳ级航道整治工程于2010年竣工。2009年开工建设赣江石虎塘航电枢纽工程,完成南昌港国际集装箱码头建设。新建内河港站77个。至2010年末,全省有Ⅲ级航道250公里,Ⅴ级航道271公里,Ⅵ级航道589.7公里,Ⅶ级航道1160公里,等外级航道2389公里。

紧紧抓住国家深入实施"一带一路"建设和长江经济带发展等重大战略机遇,加快补齐水运短板,明确以"两江两港"(赣江、信江,九江港、南昌港)为核心,"两横一纵"(长江江西段、赣江、信江)高等级航道建设为重点,确保"十三五"末全省高等级航道达到995公里。2012年,完成赣江石虎塘航电枢纽,总库容7.43亿立方米、装机容量12万千瓦,通航标准Ⅲ级;2013年,赣江南昌至湖口Ⅱ级航道竣工,常年可航行2000吨级以上轮船;2017年,赣江新干航电枢纽工程实现船闸通,常年可航行1000吨级以上轮船;赣江龙头山航电枢纽船闸基本建成;同期开工建设的还有赣江石虎塘至神岗山27.5公里Ⅲ级航道、赣江万安航电枢纽工程二线船闸110公里Ⅲ级航道、信江八字嘴和双港航电枢纽与信江全线Ⅲ级航道建设工程。全省水运建设共完成投资91.35亿元,是上十年总数的2.41倍。到2017年底,全省拥有通航河流或航道101条,航道总里程5716公里(含长江江西段),其中,Ⅰ级航道156公里、Ⅱ级航道175公里、Ⅲ级航道284公里、Ⅳ级航道87公里、Ⅴ级航道167公里、Ⅵ级航道399公里、Ⅶ级航道1160公里、等外级航道3289公里。

三、运输服务

道路、水路运输在综合运输体系中，覆盖领域最广、线路最多，与人民群众生产生活联系最为密切。1983年，交通部提出"有河大家走船，有路大家走车"的改革方针，突破所有制的束缚，允许个体户进入运输市场。全省道路、水路运输业紧紧抓住历史机遇，依托交通基础设施大发展、大建设的运输网络，运力得到极大发展，人民群众出行方式发生了深刻变化。

（一）客运服务

道路客运方面。自1978年以后，全省建立与完善干支相通，省、地（市）、县、乡相连的客运网点，道路客运出现国营、集体、个体一起上的局面，但专业汽运企业依然是汽车客运的骨干力量。道路运输市场逐渐放开，很快形成千家万户办运输的局面，也吸引海外资金来赣投资办运输。1984年，赣港汽车旅游运输有限公司在赣州市成立。1988年2月1日，江西省人民政府发布了《江西省公路运输管理办法》，全省国营、集体、个体经营业户达2249家，营运里程达413043公里，营运客车6246辆，营运班次12271个。1990年全省已形成外通沪、苏、浙、皖、闽、粤、湘、鄂等省市，内联省内所有地、市、县和99%以上乡镇的城乡一体、班次密集、全面贯通的公路运输网。同时，省交通厅及时制定颁发《关于深化改革、加快交通发展的若干规定》与《实施中华人民共和国交通部〈关于培育与发展道路运输市场的若干规定〉的实施办法》，鼓励发展运输业，放开运力控制。作为全省唯一一家建立现代企业制度的试点企业，江西长途汽车运输公司于1992年开始进行股份制改革，1993年成立长运股份有限公司。1995年，公司总资产由注册时的4555.2万元发展到1.1亿元，实现利润731万元。1996年，江西长途汽车运输公司与南昌晶磊长途客运公司投资1000多万元购买8辆高级豪华客车，于1996年12月28日正式投入南昌至九江高速公路快速客运营运，成功迈出快速旅客运输第一步。随后，具有江西特色的快速客运在全省二级以上公路迅速发展，短短5年时间，全省共开通34条快客班线，投入308辆中高档客车运行，其中豪华型大客车35辆，空调中巴273辆。

进入21世纪以来，随着铁路提速、高铁发展，与动车组、高铁平行的公路干线客运客流量急剧下降。2015年，全省公路运输主要指标首次出现负增长，道路客运量5.37亿人次、旅客周转量284.74亿人公里，同比下降10%。为助推运输企业转型升级，交通部门从政策上为企业松绑，2017年，修订了2010年颁布的《江西省道路运输条例》，对成立线路公司或者实行区域经营的班线经营者，在运力投放、班次增减和停靠站点变更等方面，由原先的审批制改为备案制；同时，鼓励班线、包车利用"互联网+"开展定制客运，为乘客提供专业化、个性化服务；推动"运游"结合，鼓励开通旅游专线、旅游直通车，支持客运站拓展旅游集散功能，助力旅游强省建设。客运企业不断优化运输组织方式和经营模式。通过兼并、合并，创新公司化经营模式，截至2017年底，全省道路旅客运输经营业户中企业占87.5%，集约化水平进一步提高。2016年11月27日，经批准，江西九江长途汽车运输集团有限公司率先在全省开展"定制客运"试点，选择九江至昌北机场线路进行改造，在营运车辆符合相关规定的前提下，自行确定停靠站点、日发班次、车型、车辆数及行驶路线，分别上报市级、省级道路运输管理机构备案后执行，车辆使用"九江至昌北机场"定制客运线路牌。在九江成功试点的基础上，2018年，江西新世纪汽运集团选择在赣州市内的县际班线进行试点,向社会提供灵活、快速、小批量的定制服务,充分发挥道路客运"门到门"的优势。2017年,全省完成道路客运量5.25亿人次,旅客周转量277.3亿人公里。

水路客运自改革开放以来,经历从常规客运到旅游客运的发展。在20世纪70年代末,常年通航客班轮的航线有20多条班线,营运里程3000余公里;另有数十条季节性班线,营运里程1000余公里。2007年,受环鄱阳湖高等级公路圈建成的影响,南昌、九江至鄱阳湖各港的客运航线全部停航。这一时期,水运部门利用江湖库区旅游资源优势,加大对旅游景点的开发及基础设施资金的投入,建设湖滨、库区、景点旅游码头。新余仙女湖旅游码头、陡水湖旅游码头、武宁湖旅游码头、兴国鼎龙客运码头、龙虎山旅游码头、弋阳龟峰旅游客运码头等水上旅游基础设施的建设,使旅游客运量大幅上升,现全省水上客运量近乎都是水上旅游客运量。2017年,完成客运量267.5万人,客运周转量3398万人公里。

(二)货运服务

道路货运方面。1983年,省交通部门放宽政策,放开运输市场。货运业成为道路运输领域最早开放的行业。这一年,运输企业还实行以承包为中心的多种形式的经济责任制,扩大企业自主权,实行独立经营。1979年以来,江西各地市汽车运输分局均先后开办零担运输业务,国有省汽运总公司统一制订零担运输的各项规章制度,统一各项票据和费目费率。江西汽运的省际零担运输发展很快,先后与沪、闽、浙、苏、皖、湘、鄂、粤、桂、豫9省1市的公路运输部门建立长期协作,互通零担班车。到1990年,全省已有零担专用车112辆931吨,8个地市汽运公司成立零担货运站和零担运输车队,开通零担班线248条,线路里程98211公里,月发车1073个班次,形成以南昌为中心,内联城乡、外通各省市的零担运输网。

1991—1995年,全省货运市场全面开放,社会各界兴办道路货物运输企业,形成国有、集体、个体、合资、民营等多元化的平等竞争、协调发展的经营主体格局。由于运输业户分散,多以机关、厂(矿)、企事业单位和民营运输业为主,至1995年末国有运输企业货运量所占比重不到3%。1996—2000年,江西道路货物运输进入一个健康、稳定、快速增长的发展阶段。道路运输法规体系、宏观调控体系、市场调节机制的初步建立,促使交通专业汽车货运企业的主导与骨干地位明显回升。货运生产的快速增长,又使交通专业汽车货运企业效益上升。

进入21世纪,江西省道路汽车货物运输大力推进营运货车重型化、厢式化、专业化、专用车型和重型货车,数量有明显增长。汽车货物运输企业通过结构调整、兼并、重组,涌现出一批具有全新经营理念和较高管理水平的运输企业。江西长运股份有限公司等建立"乐乐快运"网络中心,并成为全国货物快运网络中心三个试点单位成员之一。

2006—2010年,江西省道路汽车货物运输按照货运物流化的要求,推进传统货运企业向专业化、规模化、集约化的现代物流企业转变。货运车辆平均吨位逐年提高,运输结构向着大型化、专业化的方向不断优化,特别是多轴重型货车、牵引车、挂车数量的增加,为甩挂运输组织的实施提供了必要的设施条件。传统的货运企业正在逐渐向第三方物流企业转型,其中少数已经成为功能完善、服务较好的专业化第三方物流企业,危险货物运输呈现出相对集约化的发展态势。

随着移动互联网技术的飞速发展,全省"互联网+物流"开始起步,甩挂运输、无车承运人、多式联运等先进运输组织方式在本省出现,开辟物流产业发展的新路径。2012年以来,全省分三批次共6家企业成功申报为全国甩挂运输试点企业。截至2017年底,已有3家企业完成交通运输部试点验收工作。5家企业试点发展无车承运人模式,2家企业通过交通运输部首批试点考核,并获得当地运管机构颁发的无车承运人经营许可证,迈出全省探索"互联网+物流"融合发展的一大步。2017年完成货运量13.8亿吨,货运周转量3433亿吨公里。

水路货运方面。进入20世纪90年代以来,江西内河集装箱运输悄然兴起。南昌港于1996年开始经营集装箱运输业务,箱量逐年成倍增长。九江港1999年建成堆场11200平方米(其中集装箱堆场4770平方米),新增40吨台架式(多用途门座)起重机,集装箱运输年年都有新发展。2005年,南昌国际集装箱码头建成,形成全港集中于该码头装卸集装箱的态势。南昌港集装箱吞吐量逐年攀升,由2005年的1.4万标箱到2010年突破5万标箱。2008年12月27日,九江港2009年突破10万标箱,2010年达到12万标箱。2012年12月29日,南昌龙头岗综合码头工程开工建设。南昌龙头岗综合码头原初步设计建设2000吨级散杂货泊位4个,总投资6.57亿元。为满足集装箱运输快速增长的需要,2014年10月16日,江西省发展和改革委员会同意龙头岗综合码头一期工程功能进行调整:由原批1个2000吨级散货泊位、3个2000吨级件杂泊位变更为2个2000吨级件杂泊位、2个2000吨级集装箱泊位;设计吞吐量为180万吨/年、集装箱20万标箱/年。投资金额82637.36万元。2016年9月23日,南昌龙头岗综合码头一期工程建成。2017年,全省完成水路货运量1.15亿吨、货物周转量251.87亿吨公里,集装箱吞吐量46.8万标准箱、679.3万吨。

(三)运输装备

道路客运车辆方面。1991年,全省民用客车保有量32617辆,营运客车7305辆(交通运输部门3782辆159487座;非交通运输部门3523辆88327座,非交通运输部门中个体业户2280辆48081座)。国有运输企业大型客车所占比例偏大、班线班车乘员不足,运力与资源浪费严重,完全不适应日益发展的农村客运市场的需求。同时,"赣江"牌、"九狮"牌等农用小三轮、小四轮厢式车则大批量涌入农村客运市场。这种农用车售价低(2~3万元)、座位少(大部分9~13座)、行驶灵活方便,适合农村客运班线,使一大批农村客运班线得以开通。但这种车辆技术性能差,存在大量的安全隐患。为此,全省各级道路运输管理部门鼓励并扶植客运业户购置与投放安全性能好的中型或小型客车。

1995年后,运力结构得到有效合理调整,适合全省农村客运市场的中、小型客车已逐步取代小四轮、小三轮农用车。随着"高速客运"与"旅游客运"的迅猛发展,全省运力布局已开始形成"高速公路使用高级大型客车,国、省道使用中、高级大、中型客车,农村公路使用普通经济型与中级大、中型客车"的格局。

2017年,全省拥有载客汽车15728辆、458681客位,其中中高级客车共9778辆,占整个运力结构的62.2%。全省中高级客车车型结构得到优化,客运运输装备正朝着舒适化、节能化的方向发展。

道路货运车辆方面。1984年,全省个体或联户的货车已发展到4966辆(不含个人承包为企业所有的车辆),为省汽运总公司货车1844辆的2.69倍。1990年已达到11052辆,为交通部门的3.64倍。多层次、多形式、多渠道、全方位开放的公路运输市场全面形成。

1995年，全省营运货车从1990年的5.85万辆增长到7.41万辆，"运货难"问题基本缓解。1996年，全省货物汽车运输增长开始缓慢，地、市之间增长也不平衡，并出现个别地、市负增长的情况。

2000年，全省道路货运汽车保有量13.12万辆，比1995年增长77%。2002年，全省道路汽车货运快速发展，运输结构优化，运输能力配置合理，运输信息化、行业行为规范诚信、运输企业抗风险能力和执法队伍依法行政水平均有改善、提高。受益于全省交通基础设施的日趋完善，尤其是一批高速公路和高等级公路的建成通车，货运的合理运距不断加大，从过去以中、短途为主正逐步向中、长途运输发展。其中，微型车辆发展速度较快，主要是部分乡(镇)企业或个体户因生产或经营需要大量购置微型车。2005年，全省道路货运市场进一步发展和壮大。为适应快速货运的需求，大吨位厢式货车与专用货车明显增多，占货运车辆总数的60%以上。全省民用货车保有量达198525辆，比2000年增51.38%。2010年全省货车平均吨位提高至5.46吨，比2006相比增长57.8%；货运车辆向大型化、专业化方向发展，多轴重型货车数量也显著增加。

2017年，全省拥有道路货物营运车辆351483辆、吨位数3609276吨，平均吨位为10.27吨。全省载货汽车主要由货车、牵引车和挂车组成，其中货车196010辆、牵引车59134辆、挂车75243辆，分别占总数的比为59.3%、17.9%、22.8%。按标记吨位分，大型载货汽车171650辆、吨位数3399697吨；中型载货汽车20164吨、吨位数61751吨；小型载货汽车79439辆、吨位数116324吨。

水路运输客运船舶经历常规船舶、高速船舶、旅游船舶三个发展时期。

20世纪80年代，水上旅游观光业兴起。1985年，南昌港客运站开辟两条水路旅游专线：南昌—吴城鄱阳湖候鸟保护区一日游；南昌—彭泽二日游。投入"滕王阁"号旅游船，该轮为双尾船型高速浅水轮，具有吃水浅、航速快、耗能低、性能佳等特点。

20世纪90年代，赣州地区航运总公司赣南船厂引进广东东莞船厂30客位玻璃钢高速客轮建造技术，建造高速旅游客轮，取名为"八境台1号"，投入赣州至万安(万安库区)旅游营运。上饶地区航运公司首先购进28客位玻璃钢快速客轮，投入波阳至南昌客运航线，这艘高速客轮取名为"赣饶快客1号"。接着又投资100多万元，引进新型高速豪华客轮"南波1号"投入波阳—南昌客运航线。同时，江西港航运输责任有限公司投资110万元购进"南波2号"投入南昌—波阳客运航线。

2017年全省拥有旅游客运船舶296艘、13268客位。

水路运输货运船舶1979年全省共有6909艘、187043吨位，船龄老、吨位小、机型杂、效率低，技术状况十分落后。进入20世纪90年代后，加大技术改造，木质船向钢质船、拖带运输向顶推运输、单船吨位小向单船吨位大方向发展。进入21世纪，江西内河货运船舶结构发生很大变化，大吨位、大功率、标准化、大型化成为船舶运力结构调整的重点。

江西省通过政策引导水运业户按照交通运输部船舶运力发展要求新建、改建内河船舶。全省内河新增和更新改造货运船舶进入"大型化、标准化"发展轨道，单船吨位不断扩大，船舶运力得以快速增长。

2017年全省拥有货运船舶1606艘、2322960吨位。其中，集装箱船舶33艘、3830箱位、77892吨位。

四、行业管理

(一)法治建设

改革开放以来,江西交通系统坚持"一手抓建设,一手抓法制"的思想,贯彻党中央提出的"依法治国"方略,交通立法由起步到成熟、由短缺到基本覆盖全行业,最终行业法律法规体系初步形成,建立起一支门类齐全、具有较高素质的交通行政执法队伍。

完善地方交通法规体系。"八五"以来,江西省人大常委会先后审议通过了《江西省渡口管理条例》《江西省公路规费征收管理条例》《江西省高速公路管理条例》《江西省道路运输条例》《江西省公路路政管理条例》《江西省公路条例》和《江西省交通建设工程质量与安全生产监督管理条例》等地方性法规,以及《江西省水路运输管理办法》《江西省公路路政管理办法》《江西省货物运输车辆超限超载治理办法》等地方政府规章,启动《江西省道路运输条例》修订、《江西省航道管理条例》立法调研工作,基本形成公路水路交通法规体系框架。同时制定加强交通基础设施、质量监督管理、工程定额管理、农村公路建设管理、公路养护管理和整顿规范运输管理秩序等方面的规范性文件。

大力推进依法行政。2005年,制定了《江西省交通厅关于分解落实全面推进依法行政工作任务建设法治交通的意见》。2006年和2007年,分别制定《江西省交通厅关于深化交通行政执法责任制的实施意见》《关于全面推进依法行政预防和化解交通行政争议的实施意见》和《关于进一步落实2007年全省依法行政工作主要任务的通知》,就规范行政权力运行、提高科学民主决策水平、健全和化解行政争议机制三项重点工作做出了具体布置。按照省推进依法行政工作领导小组的统一布置,交通运输厅每年都组织专项检查,并受到了省推进依法行政领导小组的通报表扬。

进一步规范执法行为。认真梳理执法依据,印发了《江西省交通行政管理部门行政执法依据目录》,该《目录》包括行政执法主体、行政执法依据和行政执法行为三大类。在制定相关配套制度方面,先后制定《交通行政执法公示制》《江西省交通行政执法监督检查规定》等20多项工作制度。1994年以后,加大了治理公路"三乱"的力度,严肃查处"三乱"案件,每年组织明察暗访。经省政府批准,撤销各类站卡318个。1996年,江西被公布为第二批实现国省道基本无"三乱"的省份。自2004年6月全国集中开展治理车辆超限超载以来,交通部门不断加大源头和路面治理力度,使集中治理工作稳步推进,逐渐深入,治超工作取得了阶段性成果。车辆严重超限态势得到有效遏制,超限比例从治理前的80%以上下降到10%,到2017年,站点超限率控制到1%以内,公路设施得到有效保护,道路交通安全形势好转。

改革交通行政许可审批制度。行政许可法颁布之后,江西交通部门对行政许可事项和实施主体进行了清理和规范。经省审改办确认,省级交通部门保留的行政许可实施主体共7个,实施的行政许可项目由原来的100多项精减为43项。2005年以来,共受理32件行政复议申请,均在法定时限内做出了行政复议决定。近年来,大力推进"放管服"改革,共取消和下放审批事项17项,保留实施的省本级审批事项23项,精简比例达45%。率先将行政审批窗口向省行政办事大厅集中,共办理业务1883件,按时办结率100%。大力开展信用评价,江西省被确定为全国创建"交通信用省"首批试点省份之一,"信用江西交通平台"建成并试运行。

(二)管理体制改革

厅机关职能不断优化。2000年11月10日,根据省委省政府关于机构改革有关文件精神,省交通厅本着精简、统一、效能的原则,对厅机关进行力度较大幅度机构改革。采取部分处级领导竞争上岗,各处室副处以上干部、工作人员双向选择等措施,圆满完成机构改革和人员定岗分流工作。通过机构改革,内设机构精简7%,撤并部分职能相近或重叠的部门;转变管理职能,省交通厅移交职能3项,取消行政审批项目30项。理顺行业管理体制。2009年,省人民政府实施机构改革,省交通厅组建为省交通运输厅。厅机关行政编制69名,内设14个处室及机关后勤服务中心。厅直属二级企事业单位15个,其中副厅级单位5个,分别为省公路管理局、省港航管理局、省公路运输管理局、省高等级公路管理局(省高速公路投资集团公司)、江西交通职业技术学院。主要职责为:拟订全省公路、水路等行业规划、政策、标准并组织实施,承担公路、水路运输体系的规划协调工作,承担道路、水路运输市场、水上交通安全、公路、水路建设市场及航道管理职责,组织协调公路、水路有关重点工程建设和工程质量、安全生产监督管理工作,指导公路、水路运输枢纽管理,城乡客运、出租汽车行业管理等工作。

不断完善交通管理体制。1988年,为适应城市经济体制改革,进一步实行政企分开,省交通厅率先对交通运输体制进行了改革,将省属运输企业及其附属工业全部下放给地、市管理,并撤销省汽车运输总公司和省航运公司,成立江西省公路运输管理局和江西省航运管理局,负责全省公路水路行业管理。2002年将江西省工程管理局一分为二,分别成立江西省交通质量监督站和江西交通工程咨询监理中心,江西省交通设计院也由事业单位企业化管理转为企业。2003年,江西省普通公路管理体制实行改革,省属的各地市公路分局及其所辖各市、县(区)公路段和直属单位成建制下放给各设区市人民政府管理,业务上接受省公路部门的行业管理。2005年6月10日,交通部、江西省政府在南昌举行江西长江干线水监体制改革交接协议签字仪式,标志着江西辖区的长江干线水上安全监督机构划转交通部管理。2009年,随着燃油税改革的推进,全省交通稽查征费机构撤销。2009年6月,江西省公路路政管理总队成立,并在11个设区市成立了高速公路路政支队,具体负责区域内高速公路路政管理工作。

大力推进人事制度改革。20世纪80年代,江西交通系统率先在干部人事管理中引入竞争机制,改干部委任制为聘任制。1988年,在江西省公路桥梁工程公司首次推行公开选拔处级领导干部,对公司经理职位实行公开选拔。20世纪90年代初,省公路管理局对局机关开展了优化组合、双向选择。大力推行干部公开选拔和竞争上岗,2001年以来,省交通厅先后将22个处级职位面向全省交通系统和南昌地区事业单位公开选拔。

(三)投融资体制改革

20世纪90年代,江西开启了大规模公路建设,因投资额巨大,仅靠原有的交通规费等存量资金难以满足需求。省交通厅在积极争取省政府出台建设资金筹措政策、加强规费征收的同时,大力推进投融资体制改革,形成"国家投资、地方筹资、社会融资、利用外资"的投融资机制。

1994年,105国道流芳坳至赣州段二级公路改扩建工程,采用了中外合资建设收费经营的模式,开创了江西省实行公路建设招商引资的先河。1997年,第一次将省管收费还贷项目

320国道玉山至东乡段、105国道南康至信丰段分成三个项目实施收费权转让,为高速公路建设筹得资本金7亿多元,从而获得银行项目融资。

2000年5月,江西公路行业第一家上市公司——赣粤高速1.2亿元A投在上海证券交易所上市,募集资金13.2亿元。其中6.5亿元用于收购江西高速公路投资发展(控股)有限公司所持有的江西昌樟高速公路有限公司70%的股权,投资4.6亿元合资建设赣粤高速公路向南延伸段——胡傅高速公路,持有其70%的股权。之后,赣粤高速以高速公路经营管理为依托,突出主业,稳健经营,规范运作,合理充分地运用资本市场工具,在资本市场树立良好的市场形象和优良的融资品牌,全面实现国有资产保值增值目标和经济社会效益的稳步增长。

2009年11月28日,江西省高速公路投资集团有限责任公司(以下简称省高速集团)经江西省人民政府批准正式成立,并于2010年1月1日正式开始运作。省高速集团是在江西高速公路投资发展(控股)有限公司的基础上,成功整合省属高速公路管理单位,组建成立的负责省属高速公路投资、建设、经营等工作的国有独资有限责任公司。2012年6月15日,省人民政府印发赣府字〔2012〕49号文件批复同意《省交通运输厅收费还贷高速公路资产和负债移交管理及运作方案》。昌金、温沙、乐温、景婺黄、武吉、泰赣、瑞赣、鹰瑞、石吉、赣州城西段、隘瑞、永武、机场和赣崇共计14条收费还贷高速公路移交至省高速集团管理及运作。省高速集团成立后,面对外部融资环境恶劣,以及建设任务重、资产基础薄、抵押资源无、营业收入低等不利情况,通过拓宽融资渠道,扩大融资规模。在各大金融机构总部的支持下,先后创造了国内首批发行短期融资券、发行国内最低利率债券、首获七折优惠利率贷款、首支半年期基础利率贷款、首家发行地方企业超短期融资券等数项全国第一,在资本市场中逐步树立良好形象。直接融资降低融资成本,优化资本结构。省高速集团自成立以来,共融资2600多亿元,银行贷款和融资创新各占一半的规模。

为了进一步深化港航国有资产管理体制改革,搭建省级水运投融资平台,提高江西水运投融资及资本运作水平,提高港航基础设施建设的投资力度,实现港航国有资本的快速扩张和资产的保值增值,2009年12月29日,江西省政府批准并出资设立的江西省港航建设投资集团有限公司挂牌,2018年6月,江西省港航建设投资有限公司更名为江西省港航建设投资集团有限公司。公司主要从事航电枢纽、港口、航道、船闸、物流等港航基础设施的建设、投资与运营管理,以及水资源综合开发利用、水电建设、发电、场所租赁及其他批准的业务。

(四)技术政策和标准建设

改革开放40年来,江西在公路水路建设和管理方面积累了丰富的经验,形成了许多新的科研成果和新的技术,并稳步推进技术标准化工作。

1990年以来,省交通运输厅根据国家和江西省有关交通技术政策,制定了加强交通基础设施、质量监督管理、工程定额管理、农村公路建设管理、公路养护管理和规范运输管理秩序等方面的规范性文件。其中包括省交通运输厅、省重点办颁布的《关于规范省交通重点工程招标投标监督工作的通知》,省交通运输厅制定的《关于印发进一步规范江西省公路建设项目招投标管理若干的通知》等8项招投标管理规定;省交通运输厅制定的《关于印发交通建设市场从业资质审查管理办法的通知》《关于加强公路水运工程监理工作的通知》等10项建设市场管理规定;省交通运输厅制定的《关于江西省高速公路施工质量控制工点》《关于进一步加强公路水运工程质量和安全工作实施意见的通知》等13项质量管理规定;省交通运输厅制定的《江西省公路水路工程施工企业安全生产管理人员考核工作实施方案》《安全生产约谈办法》等25项安全管理规定;省交通运输厅制定的《公路水运基本建设管理若干规定》《关于工程建设领域全面推广创新民工工资管理工作的通知》等20项规定。2012年以来,省公路运输管理局编制完成了省地方标准《汽车维修连锁经营服务规范》和《江西省机动车维修行业管理信息系统技术规范》,并通过省质监局发布。

2013年,《江西省高速公路红砂岩路基施工技术规范》《高速公路机电系维修技术规范 第1部分:通用技术要求》等8项地方标准通过审定或颁布实施;《高速公路交通机电维护技术规范 第2部分:监控设施》《高速公路交通机电维护技术规范 第3部分:通讯设施》由省交通运输厅发布实施。2014年,《高速公路绿化设计技术规范》等7项省地方标准通过了省质量技术监督局审定。2015年,《高速公路计重收费整车式称重系统技术规范》等4项省地方标准颁布实施;《高速公路机电维护技术规范 第4部分:收费设施》等4项地方标准指南发布实施。2017年12月29日,《江西省公路沥青路面泡沫沥青冷再生施工技术规范》和《江西省公路沥青路面水泥就地冷再生施工技术规范》两个地方标准由江西省质量技术监督局发布,并于2018年3月1日实施。

五、科技创新

(一)科技创新体制改革

改革开放40年来,江西交通系统不断深化交通科技创新体制改革,建立健全科技创新体制,完善科技工作管理体系。组织编制了江西省公路水路"十二五"和"十三五"科技发展规划,研编和印发了《江西省交通运输厅科技项目管理办法》和《江西省交通运输厅科技成果推广办法(暂行)》,开发了"江西省交通运输厅科技项目管理系统",推出了"网上申报、网上受理、网上评审、网上查询"管理制度。建立和完善与市场经济体制及与现代化交通运输事业发展需要相适应、具有引领性的科技创新运行机制,增设"施工企业科技研发"项目,已建立和完善竞争性科研项目招投标制度,建立健全竞争性经费和稳定支持经费相协调的投入机制,简化财政科研资金预算编制,合理下放预算调剂权限,完善项目结余资金管理制度,拓宽科技投入渠道,建立健全多元化科技投入机制,运用天使投资和风险投资等金融创新助推科技创新。建立健全强化合作和协同新机制,引导高校和科研院所与企业科技创新主体相互协作,共同完善科技开发、成果转化"四新"(新材料、新工艺、新技术、新产品)成果的推广应用。在加强交通运输领域科研信用建设的基础上,建立和完善了科研机构学术道德和学风监督机制,建立了新学术诚信档案,营造了诚实守信的科技创新氛围。全省交通科技创新体制发生了深刻变革,形成了一整套适用江西交通运输事业需要的科技创新体制体系。

(二)科技能力建设

改革开放以来,省交通厅围绕提升科技人员专业知识、改善知识结构、完善科研设备设施、造就一支高素质的科研队伍,不断强化科技能力建设。"八五"计划以来投入专项科研经费4.6亿元,促进了科研能力建设水平大幅提升。

全力推进科研基地与行业平台建设。先后成立了江西省交通运输技术创新中心和江西省交通科技推广中心,创建了江西省交通科技产业园(科技成果孵化中心)。省交通科研院获批组建交通运输部"长大桥梁建设技术及装备"行业研发中心,建成公路桥梁、公路机电等7家省级工程技术研究中心,组建了"现代交通运输物流重点实验室",南昌市公路局和省交通科研院成立了中小跨径桥梁安全与健康监测云平台等10个省交通运输行业工程技术研究中心(重点实验室)。成立了国家智能交通系统和交通运输部交通安全工程技术研究中心江西分中心。建成江西省交通科学研究院博士后工作站和江西赣粤高速公路股份有限公司博士后工作站,成立了江西省博士后创新实践基地和省级院士工作站。已有省级、厅级重点实践室和工程技术研究中心15个。

人才是科研能力建设的根本。省交通运输厅出台了一系列强有力的科技人才培养计划和措施。省交通运输厅与华东交大合作,建立了长期性的人才培养、科技交流协作关系,常态化地举办全省交通运输科技创新论坛。厅属科研院所、高校、企业、学会等单位搭建了不同形式、不同层次的学术交流平台,先后主办温拌沥青技术、桥梁安全耐久性、检测与加固技术等学术交流活动。省公路学会先后举办全国公路改扩建等技术创新技术交流会7次。培养了一支科技领军人才队伍和创新团队,建立了由110人组成的江西省交通科技创新项目评审专家库,并向省有关主管部门输送省标准化评审专家12名、省科技评审专家252名,向交通运输部推荐车辆技术专家2名。造就了一支以"设计大师"和"青年科学家"为学术带头人的人才梯队。已拥有享受国务院特殊津贴专家16名,"江西省新世纪百千万人才工程"入选人员13名,交通运输部"交通科技英才"5名,具有博士学位人员30名,教授级高级工程师164名,取得正高级职称的科技(技术)人员1640余名,取得硕士学位人员904名,取得中级职称人员3907名。

(三)重大科技创新成果及推广运用

改革开放以来,省交通厅围绕交通建设、运输生产面临的重点、难点和关键技术,引导全行业科研院所、交通院校和企业针对基础设施建设、安全应急保障、公路"养、管、护"、标准化、信息化建设及节能减排六大领域客观存在的问题,深入广泛地开展科技创新活动,取得了一系列重大科技创新成果。据不完全统计,1989年至2017年,完成科技创新项目952个,取得科技创新成果615项,其中,获得国家科技进步奖7项、中国公路学会科技进步奖51项、省科技进步奖80项、交通运输部优秀设计银奖1项。已研编并被省质监局批准实施的省地方标准和行为标准共44个,获得国家发明专利和实用新型专利共60个,获得国家颁发的软件著作权40个,出版发行科技专著13部。此外,有8项科技创新成果入选交通部《2000—2002年交通行业优秀科技成果汇编》。科技成果"公路三维地理信息技术"入选交通运输部交通运输科技成果推广目录。

近年来,通过科技创新,攻克了一系列公路建设技术面临的路面材料、结构、修筑技术、病害处治等方面的重大关键技术。针对全省高温湿热多雨条件,从勘察设计、建设施工、养护与管理等方面系统地组织技术攻关,形成了沥青路面修筑、沥青混合料冷再生和宽幅沥青摊铺等9项成套技术。桥梁建设技术方面,形成了高墩高架桥、悬索桥锚碇基础和旧桥维修与加固等设计施工成套技术,在长大桥梁钢吊箱、悬索桥锚碇基础、桥梁体外预应力加固、高性能材料和施工工艺等方面取得重大突破,桥梁技术达到国内领先水平。桥梁结构安全监测、软基智能光纤监测、填方路基压实质量与快速检测等实现全部自主知识产权。隧道建设技术方面,突破了隧道抗震设防、通风、防灾、监控等技术瓶颈。在特长隧道围岩稳定方面取得重大突破,隧道重大涌水灾害治理技术达到国内领先水平。水路建设技术方面,针对内河港口设计和施工中的技术难题开展研究,取得一批重要创新成果。以内河航道整治为重点,加强航电枢纽下游河流滩险整治理论和关键技术攻关。赣江石虎塘航电枢纽建设攻克了坝下游水位变化、河床演变分析和坝下非衔接河段航道整治的技术难题,取得一系列创新成果。安全保障技术方面,在公路安全评价、路侧安全、隧道运营安全、道路运输安全、GPS三级监控、船舶检验运输车辆监控、交通工程安全等技术创新等方面取得重大进步,提高了交通安全和应急保障能力。针对江西特殊地质、气候条件,重点开展路网支行状态监测、山区公路安全体系、公路沿线水环境污染应急处治、高边坡安全控制等关键技术研究,在公路线形安全、隧道结构健康监测与安全评估等方面取得一系列创新成果,提高了安全应急反应和处置能力。节能环保技术方面,在积极开展内河船型标准化、交通安全保障、港口与车船节能减排、高速公路铣刨废料循环利用等技术研究的同时,开展能源消耗监测统计、高速公路服务区污水处理、绿色公路建设、高速公路沿线水环境保护和土地资源利用等技术研发,并已将温拌沥青混合料、路用材料循环利用、汽车节能技术、船舶靠岸供电、LED照明等科技创新成果研编成《公路隧道LED照明设计、施工验收规范》和《公路隧道LED照明灯技术条件》等节能技术标准,已在全省施行。信息化技术方面,自1991年"开发地区公路路面维护管理系统"获省科技进步奖三等奖以来,陆续开展了"省级公路交通通信组网——长途明线组网技术"等省部级信息化项目研究。近年来,建成了三级道路运政管理、高速公路联网收费等行业信息系统,开发了高速公路养护、船舶船员管理等管理信息系统,完成了交通运输安全GPS监控、"96122"呼叫、智能交通等信息平台建设。开展了高速公路综合管理、高速公路电子不停车收费(ETC)路径识别、内河集装箱码头调度指挥、船舶靠岸供电管理、保税物流中心场站信息管理、运营隧道结构健康监测等技术研发和集成应用。并在出行服务、隧道LED照明智能控制系统、便携式移动收费系统等方面取得明显突破,建立了公路长大桥梁结构安全网络监控系统省级应用示范,提升了信息化智能化发展水平。科技创新成果"大跨径混合主梁斜拉桥疲劳分析与设计关键技术研究""钢桥面耐久性铺装关键技术研究""赣江石虎塘航电枢纽下游水位变化与航道整治研究""彭湖高速公路建设资源节约与保护技术研究"等10项科技创新成果达到国际先进水平。省高速集团天驰公司2013年一年便有6项科技创新成果获得国家计算机软件著作权。2009年,省交通科研院《大跨径公铁两用桥健康监测关键技术》获得6项软件著作权。永武高速公路(庐山西海)工程项目建设通过科技创新,一举取得科技创新成果36项,取得软件著作权3项,获得发明专利1项,先后创造了全国全省多个第一。

重大科技成果推广应用步伐加快,实施力度之大前所未有。2010年8月,省交通运输厅制定《江西省交通运输厅新技术推广应用管理暂行办法》,下发《关于做好全省交通运输行业科技成果鉴定的通知》,完善了科技成果转化应用支撑服务体系,建立了江西省交通运输科技成果查询发布系统。研编和发布了《江西省交通科技成果选编(工程技术篇)》与《江西省科技成果推广目录》。2013—2017年,先后发布江西省交通运输科技成果推广目录5批,推广应用新技术38项。

省交通运输厅依托工程项目建设,多次召开"四新"(新技术、新材料、新工艺、新产品)推广应用现场经验交流会,开展了桥梁质量检测、重载交通路面结构设计、温拌沥青混合料、循环石灰水清洗面层集料、旧沥青路面乳化沥青厂拌冷再生、路肩震鸣带等一批先进适用技术成果的推广应用。总长达5.58公里,总投资44.78亿元的九江长江公路大桥(二桥),应用创新科技成果1761吨双壁整体式钢吊箱设计和国内最大规模的超大整体钢吊箱工厂化制作、气囊法整体下水、长距离浮运及高精度安装与特大型梁台钢吊箱三船抬吊同步吊装施工工艺,攻克了临坝大型施工、深水基础施工、主梁架设难度极大、超宽混凝土箱施工、钢桥面铺设难度大、技术含量极高六大困难,获得科技创新成果18项,把该桥建成为一座具有世界领先水平的跨长江高速公路大桥,获得交通运输部平安工程奖、省科技进步奖,并同时获得中国建设工程鲁班奖和中国土木工程詹天佑奖两项国家级大奖。昌九高速公路扩改建工程建设推广应用沥青厂拌冷再生沥青材料与桥梁同步液压顶升技术,填补了国内高速公路与桥梁维修、养护领域空白,创造了低成本、高质量、快速度建设和工程完工后"三年无小修、五年无中修、十年无大修"的佳绩,被交通运输部和江西省评为优秀工程,列为绿色循环、低碳公路主题性示范项目。鄱阳湖大桥工程建设推广应用冻结固壁法桥桩基施工,攻克了由软、松、散冲积形成的淤泥质黏土层全覆盖、深度达19米的深水施工巨大困难,确保了工程高质高效按时完工,并创建出一整套《桥梁深水桩基施工工法》,填补了国内外在这一领域的空白,被交通运输部评为"交通部优秀工程项目",被水利部授予"水利部水土保持示范工程"称号。

大力推进"智慧交通"建设。推进电子不停车收费工作,试行非现金支付,顺利加入全国ETC联网,累计建成ETC车道700多条,服务网点超过1000个,ETC用户数突破160万。大力推进"12328"服务监督电话建设,在全国率先开通省市两级服务热线。2017年,建成了江西省首条智慧高速公路——宁都至定南高速公路,打造了南昌市湾里智慧旅游公路。

六、开放合作

(一)国际合作与交流

改革开放以来,江西交通对外开放与交流有了很大发展,先后与联邦德国、南斯拉夫、朝鲜、丹麦、日本、芬兰、美国、新加坡、菲律宾、瑞典、肯尼亚、埃塞俄比亚、波黑、坦桑尼亚、也门、伊拉克、科威特等国及世界银行等国际金融机构建立了经济、技术、远洋运输等方面的合作与联系。

1983年11月,省交通厅厅长率领由我国交通部组织的内河航运考察团,赴联邦德国考察内河航道和港口管理,并访问了莱茵—马斯—海航运公司。1984年7月,联邦德国莱茵—马斯—海航运公司和蒂森钢铁公司联合代表团应邀回访,并来南昌与江西省交通厅洽谈,签订了组建"中德经济技术合作咨询公司"的协议书。

2005年,省交通厅完成出访组团26批210人次,出访目的国8个,其中完成稽征、航务、地方交通等6个专业团组48人次的出访任务。出访人次、出访效果都创下了历史纪录。2005年,省交通厅外经办成功邀请德国维尔道工业大学的管理人员和教授来访,与江西交通职业技术学院开展对口交流。2005年,外经办共接待了9批次外宾,进一步增进了中外友谊和沟通,拓宽了交流渠道。

2016年9月28日,江西省政府有关领导率领江西省"走出去"战略考察团与肯尼亚基础设施建设部在内罗毕举行会谈,双方就肯尼亚相关公路升级改造项目深入交换意见,为省高速集团实施"走出去"战略、进入肯尼亚公路建设市场打下基础。

同时,大力拓展利用外资渠道。1993年以来,随着投资环境的改善和外商投资信心的提高,项目投资规模不断扩大。1995年,经报国家计委审批的温厚高速公路项目引进外资达7亿元人民币。

2005年,利用国际金融组织贷款6.11亿美元,建设了昌九、九景、昌泰、瑞赣等高速公路。2016年9月26日,江西省高速公路投资集团有限责任公司在上海证券交易成功发行私募公司债30亿元,期限3年+3年,共计6年。2014年至2016年公路工程建设间接融资总额持续增长,通过组建银团等方式间接融资835亿元,创造了国内首单外资银行公路贷款新纪录。

1978年至2018年,吸引境外资金投资江西交通建设的主要工程项目有:农村公路15条合计全长281.3公里,南昌至九江汽车专用公路112.62公里,105国道赣州至流芳坳61公里,320国道温家圳至界山岭40公里,105国道新干大洋洲至吉水醪桥段80公里,清宜公路73.27公里,320国道玉山至弋阳、320国道弋阳至东乡界山岭118.62公里,105国道南康至信丰80.48公里,105国道龙南里仁至南亨一级公路25.59公里,105国道龙南南亨至中村坳一级公路28.115公里,江西省隘岭至瑞金、萍乡至洪口界、九江至瑞昌三条高速公路合计全长114公里,赣州至瑞金高速公路117.2公里,赣江石虎塘航电枢纽。

(二)与港澳台合作

1987年5月21日至25日,省政府在香港举办江西(香港)招商引资活动周。省交通厅派出了16人代表团参加活动周,认真组织了交通基础设施招商引资项目推介座谈会等专题活动。推出了南昌至德兴等7个交通基础设施项目面向境外招商。

2007年5月,在江西(香港)招商引资活动周上,江西省交通厅与香港金澳国际投资集团有限公司正式签订吉安至莲花高速公路项目经营特许经营合同。这是江西省第四个面向境外招商并正式签约的新建高速公路项目。

2013年6月7日,赣港金融合作发展推进会在香港会展中心举行。会上,省高速集团与摩根士丹利、大新银行(中国)有限公司进行融资项目合作签约。

(三)企业"走出去"

改革开放以来,江西交通援外活动工作开始由单向援外向对外承包工程转变,取得了较好的工程质量和经济效益。主要承建的工程项目有:

也门"六·一三"公园交叉路口工程。"六·一三"公园交叉路口工程,是萨那市区通往国际机场道路与一萨公路交叉的路口工程。这是在中国公路桥梁工程公司指导下江西交通企业承担的国外第一个承包项目。

该工程由也门工程部委托修建,合同金额为54.8万美元,工期4个月。利用江西完成援建任务后留在工地的人员和机械设备,承包了这项工程。施工中完成挖运路基土方8979立方米,铺筑砂砾料次基层7543立方米,铺设6厘米厚沥青贯入式路面27727平方米,安砌钢筋混凝土路缘石2739米,车道之间设置了隔离带,公园附近设置了两个停车场。

工程自1979年6月1日开工,同年9月6日竣工,比规定期限提前20天完成,整个工程质量良好,为国家创汇 26 万元。

伊拉克科梅特桥工程。科梅特桥位于伊拉克米桑省省会阿玛拉西北 42 公里的 6 号公路右侧支线上,是跨底格里斯河的钢筋混凝土预应力公路大桥,全长 329.8 米。

1981 年 12 月 6 日,伊拉克住房建设部路桥总机构与中国公路桥梁工程公司签订合同,合同金额为 459.9 万伊拉克第纳尔,约合 1553 万美元,工期 22 个月。工程由中国公路桥梁工程公司出资外汇,江西出资人民币联合承包。

1982 年 1 月 17 日开工以后,江西交通系统先后派出干部和工程技术人员 229 人、262 人次,投入施工和养护。由于工地处于两伊战争的空袭地带,影响正常施工,加之战争延误拆迁、水泥供应不上等原因,全部工程至 1984 年 9 月 1 日才竣工,工程质量良好,完成营业额 428.2 万伊拉克第纳尔。

伊拉克阿巴西亚桥工程。阿巴西亚桥位于伊拉克中部重要农牧业区拉贾夫省境内。幼发拉底河支流夏米亚河,连通世界历史古城巴比伦(省)和宗教圣地拉贾夫(省)。

1985 年 1 月 24 日,伊拉克住房建设部路桥总机构与中国公路桥梁工程公司签订了工程合同,金额为 378.8 万伊拉克第纳尔,约合 1187 万美元,工期 24 个月。于 1985 年 3 月 7 日正式开工,1987 年 2 月 26 日提前竣工,验收质量良好。先后派出 178 人实施施工和养护,完成营业额 346 万伊拉克第纳尔。

科威特法哈赫尔高速公路劳务分包工程。法哈尔高速公路(南段)工程,是意大利罗曼诺利公司与科威特霍拉菲公司合作承包的科威特公共工程部的一项工程,江西劳务分包该工程的混凝土结构部分。合同金额为 59.5 万科威特第纳尔,约合 201 万美元,工期 19 个月。

该工程 1984 年 9 月 4 日由中国公路桥梁工程公司对外签订合同,由江西分公司实施施工并承担经济责任。于 1984 年 12 月 10 日正式开工,并先后派出施工人员 223 人。因执行主包调整计划,合工期延期 11 个月至 1987 年 6 月竣工。按实际完成的工程量核算,完成营业额 62.8 万科威特第纳尔。

科威特 RA/138 劳务分包工程。RA/138 工程分布的科威特 30 号高速公路上,主要工程有立交桥 248.76 米/2 座、人行桥 4 座等。

该工程于 1987 年 6 月 24 日由中国公路桥梁工程公司科威特办事处对外签订合同,由江西分公司劳务分包并承担经济责任,合同金额 27.5 万科威特第纳尔,约合 93 万美元,工期 30 个月。1987 年 9 月 22 日正式开工,先后派出 81 人参加施工,于 1990 年 3 月底完成全部工程。

科威特 RA/407 劳务分包工程。1993 年 5 月 15 日,中国公路桥梁工程公司与科威特布尔汉公司签订 RA/407 项目劳务分包合同,由中国公路桥梁工程公司转包给路桥江西分公司(外经办)具体实施。工程合同金额为 20 万科威特第纳尔,约合 66 万美元。总工期为两年。该项目是海湾战争前由其他公司承包的 RA/64 项目的续建工程,主要工程有立交桥 5 座、人行桥 2 座等工程。该项目于 1993 年 7 月 14 日开工,1994 年 6 月 6 日竣工,比原计划提前 1 个月完成。营业额总计 24.7 万科威特第纳尔,约合 83 万美元。

科威特 RA/91 劳务分包工程。RA/91 劳务分包工程是由中国公路桥梁工程总公司与科威特拜因公司于 1994 年 9 月 25 日劳务分包合同,再由中国公路桥梁总公司转包给路桥江西分公司具体实施,合同金额为 75.5 万科威特第纳尔,约合 249.15 万美元。总工期为两年半。该项目主要工程有立交桥 6 座、人行桥 3 座等。项目于 1995 年 1 月 7 日开工,江西省交通厅先后派出工程技术人员70多人次赴科威特工作,1998年7月完工,实际完成工程金额为82.4万科威特第纳尔,甲方认定金额为82.3万科威特第纳尔,到账金额为80万科威特第纳尔,约合264万美元。

菲律宾路桥工程。菲律宾路桥工程由厦门特贸(国际)有限公司在菲律宾中标,并由江西路桥工程局与厦门特贸(国际)有限公司签订工程承包合同,合同金额11000万菲律宾比索,约合451.2万美元,总工期为一年。

主要工程有新建桥梁一座和一段34公里老路改造。桥长128米。工程地点位于菲律宾安格勒市,距马尼拉约80公里。34公里老路改造包括沥青路面11公里、水泥路面8公里。工程地点位于菲律宾塔拉省,距马尼拉1600公里。

工程于1995年11月27日开工,江西先后派出工程技术人员62人次赴菲律宾工作,直至1998年6月15日撤场,工程改由其他单位续做。

埃塞俄比亚在建项目。该项目是江西中煤与江西交工中标并实施的大型公路工程建设项目。项目主体工程有路基土石方挖方892万立方米;各类填方约103万立方米;天然砾石底基层10.27万立方米;碎石基层9.5万立方米;DSBT双表处60.76万平方米;圆管涵187座,盖板涵9座;浆砌工程约28000立方米;桥梁3座。工期3.5年,合同金额为16.18亿比尔(按当时汇率折算约合4.85亿元人民币,目前埃塞俄比亚比尔已贬值15%)。于2017年9月9日正式破土动工。

七、党的建设与精神文明建设

江西交通改革开放40年,是坚持党的领导的40年,是不断加强自身建设的40年。江西交通系统各级党组织以马克思列宁主义、毛泽东思想、邓小平理论、"三个代表"重要思想、科学发展观、习近平新时代中国特色社会主义思想作为行动指南,全面推进党的政治建设、思想建设、组织建设、作风建设、纪律建设,把制度建设贯穿其中,为江西交通快速发展提供了政治保障、思想保障和组织保障。

(一)党建工作

交通运输行业的特点是点多线长面广,人员流动分散,因此,加强党的建设尤为重要。

1978年,邓小平同志将马克思主义基本原理与中国具体实践相结合,创造性地提出了中国特色社会主义理论。江西交通系统各级党组织不断加强自身的建设,坚持党的领导,改善党的领导,坚定不移地执行党的基本路线,与时俱进,不断提高领导水平和执政能力。

1999年8月4日至10月12日,全国开展省交通厅领导班子和领导干部"三讲"(讲学习、讲政治、讲正气)教育;10月15日至11月19日,分两阶段集中开展省交通厅机关处级干部"三讲"教育;12月下旬开始,厅直二级单位"三讲"教育全面展开,各级领导班子政治意识、大局意识、责任意识明显增强。

党的十三届四中全会以来,以江泽民为核心的第三代党中央领导集体在继承和发展邓小平党建理论的基础上,创造性地提出了"三个代表"的重要思想。2002年2月开始,全省交通系统广大干部职工把学习"三个代表"与学习邓小平理论结合起来,使之成为指导交通工作的强大思想武器。

2005年1月5日到12月15日,先后两批在省交通厅机关及厅直属单位党员中开展保持共产党员先进性教育活动。以增强党员意识、提高党员素质、服务人民群众、解决突出问题为重点,构建党员队伍建设长效机制,提高工作水平和执政能力。

2007年,党的十七大将科学发展观写进党章。全厅开展深入贯彻落实科学发展观学习实践活动,深化了对交通运输形势任务的认识,坚定了发展的信心,理清了工作思路,创新了工作举措。

党的十八大以来,以习近平同志为核心的党中央,把全面从严治党提高到前所未有的高度。2013年7月,按照中央、省委的统一部署,以"为民、务实、清廉"为主题的党的群众路线教育实践活动在省交通厅机关及厅直属副处级以上单位全面展开,按照"照镜子、正衣冠、洗洗澡、治治病"的总体要求,各级领导班子和领导干部发挥带头示范作用,着力加强作风建设,着力构建反"四风"(形式主义、官僚主义、享乐主义和奢靡之风)的长效机制,进一步提升了破解发展难题和为群众服务水平的能力。

2015年5月29日,省交通运输厅党委正式启动全厅处级以上领导干部"三严三实"(严以修身、严以用权、严以律己,谋事要实、创业要实、做人要实)专题教育。结合"三严三实"专题教育,开展"实干兴赣当先锋、为民服务作表率"等主题实践活动,深入推进"连心、强基、模范"三大工程,创建江西交通特色党建品牌。

2016年4月,交通系统各级党组织全面启动了"两学一做"(学党章党规、学习近平总书记系列讲话,做合格党员)学习教育。截至2017年底,省交通厅所属500多个党组织召开党员大会集中学习3512次,讲党课2264次。

2017年10月,党的十九大胜利召开,中国特色社会主义进入新时代。交通系统各级党组织认真学习贯彻党的十九大精神,强化宣传教育和培训,牢固树立政治意识、大局意识、核心意识、看齐意识,自觉维护以习近平同志为核心的党中央权威和集中统一领导。把党的十九大精神转化为深化改革、促进发展的强大动力,扎实推进交通基础设施建设提速,推进行业治理体系和治理能力现代化,推进交通运输重点改革攻坚,推进交通运输服务水平提升,推动交通运输各项工作高质量发展。

同时,全面从严治党得到强化。在省直单位首创并开展交通重点工程巡察,发挥震慑作用。开展对厅直单位党组织的巡察,出台《"两个责任"约谈制度》,着力抓好省委巡视整改工作。以案为鉴,堵塞漏洞,把权力关进制度的笼子里,晒在阳光下。坚持把纪律和规矩挺在前面,运用好监督执纪"四种形态",保持惩治腐败的高压态势。

(二)精神文明建设

改革开放四十年来,全省交通运输系统始终把行业精神文明建设摆在重要位置,始终坚持以"服务人民,奉献社会"为宗旨,以抓队伍、夯基础、强素质、树形象为工作重点,组织和引导广大干部职工积极参与行业文明创建活动,为构建和谐平安交通、实现交通新的跨越式发展提供了强大的精神动力和思想保证。

1982年5月、9月,省交通厅党组先后两次召开全省交通系统社会主义精神文明建设会议,作出了《关于加强交通战线社会主义精神文明建设的决定》,强调交通运输是广泛接触人民群众的"窗口"行业,必须坚持不懈地加强社会主义精神文明建设,交通运输职工要做传播社会主义精神文明的前哨兵。并在"全民文明礼貌月""五讲四美三热爱"活动中,积极创建文明单位、文明车站、文明港口、文明道班等活动,发展为自建、互建、共建等多种形式的群众活动。

1986年,省交通厅组织编写了《交通运输职业道德》一书,在省内外交通部门发行10万余册。1996年,省交通厅党组下发了《关于加强全省交通系统社会主义精神文明建设的意见》,各单位进一步建立健全了精神文明建设工作机构,加大了经费投入和工作力度。1997年,根据全国交通系统创建文明行业大会精神,重点在交通系统的车、船、港、站、路和交通执法监督部门开展"讲文明,树新风"和"三学一创"(单位学青岛港,集体学"华铜海"轮,个人学包起帆,创一流文明行业)活动。1998年11月在南昌召开了全省交通系统创建文明行业经验交流会,交流、推广开展创建文明行业活动的经验。省交通厅党委自2003年成立以来,把精神文明建设纳入党委工作的重要议事日程,把精神文明建设纳入统一规划,一起布置,一起检查。2006年召开了全省交通系统精神文明建设工作会议,讨论并通过了《江西省交通系统精神文明建设工作先进单位和文明示范"窗口"实施与管理办法》《全省交通文化建设实施意见》等文件,进一步完善了相应的各子行业或单位的创建标准体系。

进入21世纪以来,根据江西省委的统一部署,每年确定一个主题,在全省交通系统先后开展了解放思想学习教育活动和"塑造江西交通人新形象""弘扬井冈精神,兴我美好江西""树立科学发展观,加快建设新江西""建设和谐平安江西,共创富民兴赣大业""科学发展,和谐创业"等主题教育活动,并结合工作实际,相继开展了一系列具有交通行业特色的主题教育实践活动,不断强化了干部职工的机遇意识、创新意识、发展意识、服务意识。精心组织行业新闻宣传,交通发展成就两次入选"江西经济十件大事",省交通运输厅多次被评为"全省十佳新闻发布单位"。深入开展"提升行业软实力、凝聚发展正能量"系列活动,切实让干部职工在工作业绩中增强成就感,在民生改善中增强幸福感,在人文关怀中增强归属感,在交通运输发展的光辉历程和辉煌成就中增强自豪感。

江西交通系统深入持久地开展文明行业、文明单位、文明样板路、文明示范窗口、高速公路文明畅通通道、青年文明号和巾帼建功文明岗等文明创建活动,行业精神文明建设不断迈上新台阶。成立了摄影协会、艺术团等一批职工文艺团体,举办了篮球赛、羽毛球赛、乒乓球赛等群众性文体活动,涌现出梨温高速公路鹰西女子收费站、高速公路集团泰和管理中心"映山红"收费班组、"12328"出行服务热线等文明创建品牌。截至2018年上半年,全省交通系统有148个单位评为省级及以上文明单位,其中15个单位获得全国文明单位荣誉称号。

(三) 先进典型

改革开放以来,广大交通运输职工围绕中心、服务大局,牢记宗旨、恪尽职守,涌现出一大批见义勇为、爱岗敬业、无私奉献、服务群众的先进典型。

交通部门注重发挥先进典型引导人、教育人、鼓舞人、激励人的示范作用。一方面,以包起帆、赵家富、许振超、陈刚毅、"华铜海"轮、青岛港等全国交通行业的先进典型为榜样,广泛开展"学先进、见行动,立足本职,多做贡献""干一流工作、树一流品牌、创一流业绩"等教育活动;另一方面,坚持用身边的事教育身边的人,先后集中培育、宣传了一批先进典型。他们之中,有为保护全车旅客安全而英勇献身的烈士晏军生,见义勇为、勇斗歹徒的全国五一劳动奖章获得者郑义强,雷锋式的好渡工余国华,敬业爱岗、默默奉献的养路工吴新沙、简荣兰,为江西公路建设呕心沥血、鞠躬尽瘁的优秀工程师张天佑,从交通事故车辆中救出 27 名伤员的熊文清,兢兢业业坚守工程一线的敬业奉献模范敖志凡……层出不穷的先进典型为交通文化建设熔铸了一座又一座精神的丰碑,使广大干部职工学有榜样,赶有目标,进一步提高了交通行业的凝聚力、创造力和战斗力。

1978 年至 2018 年的 40 年间,江西交通行业获全国劳动模范、先进工作者、全国五一劳动奖章 55 人,全国巾帼建功标兵 6 人,获江西省劳动模范、先进工作者、省五一劳动奖章 115 人,江西省巾帼建功标兵 7 人。

不忘初心　砥砺前行

山东省交通运输厅

一、综述

交通,是推动经济社会发展的重要因素;交通运输业,是国民经济的基础性先导性行业。党的十一届三中全会以来,山东交通运输系统在省委、省政府的正确领导下,始终高举中国特色社会主义伟大旗帜,坚持以邓小平理论、"三个代表"重要思想为指导,深入贯彻落实科学发展观,深入学习贯彻习近平新时代中国特色社会主义思想,振奋精神,顽强拼搏,紧跟改革开放的每一次脉动,牢牢把握改革开放不同时期的每一次战略机遇,走过了一条不平凡的跨越式发展之路。

新中国成立之初,山东交通基础薄弱、百废待兴。省内能正常通行汽车的公路仅有3152公里,其中绝大部分为土路,晴雨通车里程仅为65公里。"晴天一身土,雨天一身泥"是对当时路况的真实写照。1978年,党的十一届三中全会决定把工作重点转移到社会主义现代化建设上来,为山东交通事业的发展开辟了广阔的前景。改革开放以来,山东交通从无到有、从小到大,历经变革调整、重点发展、综合发展、转型发展四个重要发展阶段,实现了从"严重不足"到"基本适应"再到"适度超前"的历史性转变,为经济社会发展提供了重要支撑和保障。

(一)发展阶段

1.交通行业全面进行变革,在不断调整中谋求发展(1978年1月—1988年12月)

改革开放以来,为使公路建设、海河运输、港口建设实现突破性进展,1982年9月,党的十二次代表大会确定把交通作为经济发展战略重点之一。山东交通抢抓改革开放的大好机遇,解放思想,大胆进取,对交通行业进行了全面变革调整,开展了一系列体制机制上的改革创新,推动政企分开,大力整顿行业,加快交通基础设施建设步伐,使山东交通建设与生产恢复活力,得以突飞猛进发展。

公路业进入了第一个加快发展的十年。随着经济社会的快速发展,山东公路建设迈入了普及与提高并重、以提高为主的发展阶段,公路建设被摆在了全省优先发展的战略位置。改革开放后的第一个十年,全省公路建设重点转向了提高质量和等级标准,一批公路改建成为二级路。到20世纪80年代末,山东的公路建设规模和等级都已名列全国前茅,并拥有了"山东的路"之美誉。

港航业实现由小到大的快速发展。改革开放后,山东对外贸易不断扩大,为了满足山东省对外贸易快速增长的需要,全省掀起了继新中国成立以来的又一轮建港高潮。烟台港扩建工程、青岛港黄岛油区二期工程等一大批重点项目开工。经过近十年发展,全省港口泊位不断增加,港口吞吐量增势迅猛,装卸机械化程度大为提高。山东运输船队从弱小到壮大,一大批专业化的集装箱、原油、铁矿石船舶成为水上运输主力。海河联运大力实行,国营海运走出国门,开始向远洋运输发展。

道路运输业呈现蓬勃发展良好势头。1983年,交通部提出了"有河大家走船、有路大家走车"的开放思路,公路交通运输市场首先打开了改革的大门。山东省坚决贯彻交通部提出的改革思路,开放道路运输市场,改革国有运输企业经营管理体制。1986年4月,山东省交通厅印发《关于进一步做好对个体业户支持和管理的意见》,支持和引导个体运输业户开展多种形式的联营、联合,提高竞争能力,大力发展道路运输生产力。道路运输业中的市场经济因素开始活跃,长期存在的道路运输"乘车难""运货难"状况迅速改变。

2. 交通行业奠定"先行"地位,适应形势需要不断蓄势发展(1989年1月—1998年12月)

进入20世纪90年代,山东交通更迎来了以高等级公路建设为重点的基础设施建设时代。这一时期,交通被摆在全省优先发展的战略地位,各相关部门积极配合,人民群众积极参与,交通事业得到快速发展,面貌发生深刻变化。山东高速公路从无到有,实现了零的突破;港航建设和运输业快速发展;伴随市场经济发展大潮和基础设施建设进程,交通企业改制扎实推进;交通管理走上宏观调控和依法行政的道路;基础设施建设进程中,交通科技得以广泛研发和应用;交通行业精神文明建设全面有效推进。

公路建设逐步实现向高等级公路发展的战略重点转移。20世纪90年代,山东省委、省政府提出建设"三纵三横一环"的高速公路框架格局,实行向以高速公路为主的高等级公路建设的战略转移。济青高速公路正式开通,山东交通人实现了高速公路零的突破。烟威、东港、济聊等一批高速公路项目相继建成通车。20世纪90年代中期后,山东高速公路以每年新增300公里的速度延伸,至1998年底,全省高速公路通车里程达到914公里,跃居全国第一位。同时,农村公路建设不断加快,全省开始实施油路省级改造工程,革命老区农村公路建设不断提升,公路技术等级、路面质量稳步提高。

掀起建港热潮,港口吞吐能力和吞吐量大幅提升。山东省委、省政府开始实施沿海经济发展战略,在扩建、改造青岛港和烟台港等老港区的基础上,分别开发了青岛前湾港区和烟台芝罘港区西港池集装箱作业区,扩建和新建了烟台港龙口、蓬莱港区以及威海、潍坊、东营等港口,沿海港口的吞吐能力大幅度提高。1995年,沿海港口吞吐量突破亿吨大关,较好地满足了区域经济发展的需要。海运企业积极开拓市场,经营结构发生重大变化,全面开辟了远洋和沿海的内外贸集装箱班轮航线,客货滚装运输获得大发展。

道路运输业发展步伐不断加快。道路运输场站建设得以快速发展,全省道路货运站大幅增加。山东省会城市济南与青岛、烟台两大重要港口城市被纳入国家公路主枢纽。对公路运输管理摆脱计划经济模式,从管理方式上由基本管直属企业转为管全行业;全省个体(联户)运输业户拥有客、货运输汽车大幅增长,全省营运汽车占比不断上升。

3. 交通事业进入综合发展期,各项工作步入快速发展良性轨道(1999年1月—2008年12月)

"十五"期间,山东省交通基础设施建设步伐加快,运输生产连年创历史最好水平,农村"三通"民心工程得到社会热烈反响,行业管理和服务水平不断提升,安全生产形势持续稳定,依靠科教振兴交通战略深入实施,精神文明建设成效明显,山东交通各项工作均步入科学发展的良性轨道。2003年12月12日,时任中共中央总书记、国家主席、中央军委主席胡锦涛同志来山东视察时对山东公路建设给予了高度评价,指出:"山东基础设施建设步伐加快,一批交通、通信、能源项目相继建成,特别是公路建设突飞猛进,成为全国公路最发达的省份之一。"

(1) 公路业进入大发展、大跨越时期。山东交通抓住中央实施积极财政政策的大好机遇,公路事业进入大发展、大跨越时期。特别是高速公路,在全国率先实现了1000公里、2000公里、3000公里三次历史性突破,2008年,高速公路达到4285公里,连续八年保持全国第一,高速公路已成为展现山东形象的重要标志。

不断提升公路管养水平,在2005年的全国干线公路养护与管理大检查中,山东省获总评分、高速公路和普通干线公路三个第一名❶。农村公路建设的步伐逐步加快,2008年底,农村公路通车里程达到19万公里,行政村通油路比例达到96.3%。

(2) 港航业不断实现新的突破。随着"以港兴市、以航兴市"战略的逐步实施,山东省沿海港口得到快速发展。自1995年全省港口吞吐量突破亿吨大关以来,到2000年,全省沿海港口吞吐量以平均每年超过5000万吨的速度增长,先后突破2亿吨、3亿吨、4亿吨。一批重大建设项目先后开工建设,相继建成了一系列大型化、专业化泊位。2008年,沿海港口吞吐量突破5亿吨,达到5.7亿吨。内河建设取得重大进展,2008年底,全省内河港口吞吐量完成5058万吨,内河运输完成货运量1.6亿吨。

(3) 道路运输业驶入高速发展快车道。1998年,山东省委、省政府明确提出,加快高速客运、快速货运系统建设,纳入交通发展总体规划。全省交通部门迅速反应,做出了加快车辆更新、改善运力结构的调整战略,引导发展中高级车辆的行业政策随即出台,全省运力装备水平逐步提高,运力结构逐步优化,经营主体规模化程度进一步提高,全行业规模化、网络化经营渐成发展主流。2008年,全省完成公路客运量17.73亿人次、货运量19.77亿吨,货运量连续多年居全国第一位。综合客运站场网络基本完善,2008年底,基本形成了以济南、青岛、烟台三个国家公路运输枢纽为核心,以省级输运中心为枢纽,以区域重点城市为中心,以乡镇客运站为节点,以农村停车点为末梢,运输便捷、辐射城乡的综合客货站场网络体系。

4. 交通运输行业加快转型步伐,努力实现持续健康发展(2009年1月至今)

2009年1月1日,国务院决定正式实施成品油税费改革,这对交通运输行业来说是一项全面而深远的改革。以改革为契机,山东交通运输事业进入转型发展时期。2013年,全省交通运输全面贯彻落实习近平总书记对山东工作的重要指示要求,牢牢把握主题主线和稳中求进工作总基调,加快工作指导转变,全力稳增长、调结构、促改革、惠民生、防风险,交通运输实现了持续健康快速发展。2018年6月,习近平总书记视察山东时,明确要求加快基础设施建设互联互通,为山东经济高质量发展提供支撑。总书记的指示为山东交通运输发展指明了方向,提供了根本遵循,全省交通运输将着力制定大规划,构建大体系,建设大枢纽,整合大平台,发展大产业,从根本上加快交通基础设施的互联互通。

(1) 公路事业持续快速发展。高速公路网络结构更加完善,以省会济南为枢纽,贯通各市、连接周边省份的"五纵四横一环八连"高等级公路网基本形成。截至2017年底,全省高速

---

❶ 山东省地方史志编纂委员会主编《山东省志·交通志》,山东人民出版社2015年版,第79页。

公路通车里程达到5820公里,全省高速公路在建高速公路项目达到27个、里程达到2293公里,成为全省历史上在建高速公路规模最大的时期。"四好农村路"建设全面启动,农村公路安全生命防护工程深入实施,全省组织"农村公路管理养护年"、村级公路网化示范县等一系列卓有成效的活动,2017年底,全省农村公路总里程达24.3万公里,行政村通沥青(水泥)路率达99.9%,基本形成以县道为骨架、乡道为支线、村道为脉络的农村公路网络体系,为农村经济社会发展提供了强有力的支撑和保障。2017年8月下旬,交通运输部在全省临沂市召开了全国"四好农村路"养护现场会,充分肯定和推广了山东"四好农村路"建设理念做法。

(2)港航总体实力不断壮大。各沿海港口地市紧紧抓住国家扩大内需的有利时机,批准立项了一大批港航建设项目,一大批重大项目相继开工建设和投入使用。截至2017年,全省沿海港口总泊位数达到556个,其中万吨级以上泊位265个,总通过能力达到6.7亿吨。沿海港口吞吐量达到14.3亿吨,居全国第二位,同比增长6%;拥有青岛、日照、烟台三个超3亿吨大港。内河水运发展成绩显著,截至2017年,全省内河通航里程达1150多公里,形成了以京杭运河为主干,小清河、黄河、徒骇河为基础的"一纵三横"和以京杭运河主通道及其主要支线航道为基础的"一干多支"的高等级航道网。

(3)道路运输业在改革创新中寻求新的增长。大力实施公交优先战略,山东省政府办公厅下发《关于优先发展公共交通的若干意见》,在规划引导、设施建设、路权优先和政策保障等方面明确了支持公共交通优先发展的具体政策措施。济南、青岛等市相继被交通运输部确定为公交都市示范城市。中韩陆海联运项目启动实施,2011年至2015年,青岛、日照、龙眼、石岛、烟台等通道开通任务全面完成。积极推进甩挂运输工作,2015年,鲁辽陆海货滚甩挂运输大通道建设完成,潍坊—辽宁营口实现首航试运营。截至2017年底,全省营业性汽车发展到109.1万辆,其中客车2.4万辆、货车106.7万辆。水上运力总规模达到1809万净载重吨;公路水路累计完成客运量5.11亿人次、货运量30.47亿吨,同比分别增长0.6%和15.1%。大物流体系基本建立,运输经济总体实力不断壮大。

(二)改革开放以来山东省交通运输事业发展的丰富经验

改革开放以来的交通实践中,山东交通积累了许多成功的经验,概括起来主要有以下几点:

一是必须把交通摆在优先发展的战略位置,坚持加快发展不动摇。经济要发展,交通是先行。40年来,历届省委、省政府高度重视交通发展,始终把交通作为优先发展的战略重点之一,把交通工作摆到了突出重要位置,明确提出了"交通必须先行,交通必须打通,交通必须适应"的指导思想,实施了"贷款修路、收费还贷"、提高养路费征收标准等一系列政策措施,对交通建设实行重点倾斜。坚持大家办交通,由国家单一投资转变为多元化投资,交通建设由部门行为上升为政府行为,由行业行为转变为社会行为,形成了发展交通的强大合力。

二是必须牢牢抓住历史机遇,不失时机地加快交通发展步伐。"抓住时机,发展自己",是邓小平同志的一个重要思想,也是改革开放以来山东交通发展的一条重要经验。党的十一届三中全会以后,山东交通坚持"有河大家走船、有路大家走车""国营、集体、个体一齐上"的方针,放开搞活运输市场,交通运输经济空前繁荣。1992年南方谈话后,全省交通解放思想、更新观念,积极探索交通发展的新路子,并于1994年适时提出了公路建设向以高速公路为主的高等级公路建设的战略转移。党的十八大以来，按照科学发展观的要求，山东省政府相继作出了加快高速公路等交通基础设施建设等一系列重大决策部署，建立了"政府主导、交通牵头、部门联动、齐抓共管"的工作机制，实现了全省交通运输事业又好又快发展。

三是必须坚持改革促发展，推进交通市场化进程。改革开放以来，山东交通不断深化各项改革，扩大对外开放，为交通发展注入了生机和活力。尤其是党的十四大以来，全省交通系统以社会主义市场经济理论为指导，遵循市场经济原则，各级交通主管部门切实转变职能、简政放权。积极推进公路体制改革，试行了公路养护事企分开；加快道路运输管理体制改革，下放运输企业，强化市场监督和宏观调控，逐步向"政府监管，中介服务，企业自律"方向迈进；航运管理实行事企分开，调整了水上交通安全管理体制；深化交通投融资体制改革，实施"贷款启动、收费还贷、综合补偿、滚动发展"，多渠道筹集资金取得明显成效。

四是必须坚持统筹规划，突出发展重点。交通建设投资大、周期长，必须坚持科学规划，集中力量保重点。改革开放以来，山东交通始终坚持交通服从、服务于经济建设的指导思想，根据全省经济和社会发展总体战略，及时调整制订交通发展规划，抓好分步实施，不断理清了交通发展的思路。在规划实施中，本着先急后缓、分步实施、突出重点的原则，突出抓好对经济发展有重要影响的大型骨干交通项目建设，使交通基础设施规模、等级和通过能力大大提高，交通整体面貌有了明显改观。

五是必须坚持依靠科技进步，转变发展方式。科学技术是第一生产力，教育是基础。改革开放以来，山东交通始终重视发挥科学技术在交通生产建设中的重要作用，积极推进技术进步，制定并实施了"依靠科教振兴交通"的战略，搞好科研与生产管理结合，紧密结合基础设施建设、运输生产中的关键技术问题，开发应用了一批先进适用的成套技术和装备。同时，加快了交通专门人才的培养，为交通的发展输送了大批合格的适用人才。

六是必须坚持两手抓，大力加强行业文明建设。"两手抓、两手都要硬"，是社会主义建设的重要指导方针。山东交通始终坚持以科学的理论武装人，以先进的思想、高尚的道德教育人，大力推进社会主义精神文明建设，努力倡导"艰苦奋斗、爱岗敬业、服务人民、奉献社会"的交通行业精神；以创建文明行业为总抓手，积极开展"创一流、树形象""学树建创"等活动，抓"窗口"带行业，点面结合，整体推进，在全系统形成了健康向上、积极进取的良好风尚，为交通事业的发展提供了强有力的精神动力、智力支持和政治保证。

二、基础设施成就

改革开放以来，山东交通风雨兼程，以解放思想为引导，以改革创新为动力，抢抓机遇，奋发进取，顽强拼搏，交通基础设施建设连续取得突破，管理与服务水平不断提升，山东交通面貌发生历史性深刻变化，取得了令人瞩目的伟大成就，在全省乃至全国树立起品牌，成为展现山东形象的重要标志之一。

（一）公路现代化水平显著提升

1957年，国家制定《公路工程设计准则（草案）》，将公路分为五个等级，当时山东省拥有干线公路7010公里，其中符合技术等级的2656.8公里，最高达到二级，仅43公里。到1965年，干线公路符合技术等级里程4984.8公里，大部分为低等级公路。到改革开放前的1976

年,全省三、四级公路才增至12925.6公里,公路成为制约经济社会发展的一大"瓶颈"。

1.公路网迅速普及,覆盖面宽,通达度广

改革开放以来,公路建设被摆在了优先发展的战略位置。山东省委、省政府明确提出"交通必须先行,交通必须打通,交通必须适应"的指导思想,并相继出台了一系列政策措施,对公路建设实行重点扶持。各级地方党委、政府也采取了一些扶持政策,广大人民群众积极支持公路建设,做出了无私奉献。山东公路部门更是不断解放思想,紧紧抓住新中国成立以来的多次机遇,集中力量,科学规划,加大科技投入,加快发展,使公路建设不断攀登新台阶。

1982年7月,济南黄河公路大桥建成通车,是当时全国跨径最大、亚洲同类桥型中跨径最大的桥梁。1985年,全省公路通车里程36327公里,其中等级公路34336.4公里。1988年,全省公路总里程达到40500公里,高级、次高级路面23000公里,99.5%的乡镇和75.6%的行政村通上了公路;15个贫困县通车里程达到5385.4公里,353个乡镇中有348个已通公路。到20世纪80年代末,山东公路建设规模和等级都已名列全国前茅。并拥有了"山东的路"之美誉。2007年,全省公路通车里程达21.2万公里,以省会济南为中心,沿海开放城市和重工业基地、能源基地为枢纽,国、省道为骨架,连接各市、县和广大农村的四通八达的公路网已基本形成。

"十一五"期间,全省公路建设累计完成投资1400亿元,比"十五"期间增长35%,新增干线公路里程1278.4公里,与"十五"末相比,高速公路、一级公路、二级公路里程分别增加1122公里、3232公里、1911公里,公路密度达到每百平方公里146.3公里。

"十二五"期间,为适应公路建设新时期的新特征,省交通运输厅决定在加快交通基础设施建设的同时,坚持两手发力、同步推进,加快交通运输转型升级,全省共新改建普通国省道3500公里,改造危窄桥421座。2014年,结合迎接"十二五"国检,省政府集中开展了以提升公路综合服务水平为核心的"畅安舒美山东路"创建活动,G205国道山东段改造在全国示范工程检查验收中排名第一。为切实提升公路安全水平,按照国务院和交通运输部统一部署,省政府决定自2015年起在山东省范围内实施公路安全生命防护工程,集中力量、集中投入,重点打通穿城路、断头路和瓶颈路段,消除农村公路安全隐患,全面提升全省路网质量和安全通行水平,继续保持山东公路品牌优势。全面排查2.6万公里国省道和5.6万公里县乡道,计划用3年时间,总投资1021亿元,新改建穿城路、断头路2840公里,集中整治和改造升级6106公里普通国省道、2.95万公里县乡道安全隐患路段,切实提升公路安全保障水平;到2016年底,全省普通国省道公路安全生命防护工程共完成投资299亿元;农村公路安全生命防护工程完成投资44.9亿元,共完成4.02万公里隐患治理工作,比国家要求提前4年完成任务。截至2017年底,公路通车总里程达到27.06万公里,公路密度达到每百平方公里172.68公里。

2.高速公路发展迅速

山东是国内最早开始建设高速公路的省份之一。1981年6月山东省就开展了济青高速公路的可行性研究工作。1988年8月23日至26日,山东省政府在济南召开全省交通工作会议,着重研究了全省交通运输发展战略和目标。以此为起点,全省公路进入了最具发展活力的时期。

山东省各级党委、政府把公路摆在了优先发展的战略位置,坚持"普及与提高相结合,以提高为主"的方针,大力加强路网普及的力度和干线公路等级的提高,公路建设投资大幅度增加。1993年12月18日,全长318公里的济青高速公路建成通车,实现了山东省高速公路零的突破。

随后,烟威、东港、济聊等一批高速公路项目相继建成通车。1996年,山东省交通厅对高速公路建设和管理体制进行改革,成立由交通和政府有关部门组成的高速公路工程建设指挥部,下设指挥部办公室,具体负责高速公路建设管理工作,沿线市(地)相应成立高速公路建设办公室,负责辖区内征地拆迁、地方环境协调、工程建设管理等工作,有力地推动了高速公路建设的顺利实施。20世纪90年代中期后,山东高速公路以每年新增300公里的速度延伸,至1998年底,全省高速公路通车里程达到914公里,跃居全国第一位。

山东高速公路实现了跨越式发展。1999年6月,省政府批复同意成立山东高速公路有限责任公司,全省高速公路实行从资金筹措、建设到运营管理全面负责、滚动发展的管理体制。1999年,山东高速公路建设完成投资156亿元,建成19个项目,通车里程在全国率先突破千公里大关,达到1356公里,实现首次跨越。

2000年10月26日,山东省第九届人民代表大会常委会第十七次会议通过了《山东高速公路条例》,规定省政府交通主管部门统一管理全省高速公路工作。仅1999—2000年两年时间,建成通车高速公路1093公里,创造了山东省公路建设史上的奇迹。2002年,山东在全国率先实现"市市通高速",共有106个县(市、区)通达高速公路。2003年,高速公路通车里程在全国率先突破3000公里大关。2005年底,全省高速公路通车里程3162.5公里,连续八年保持全国第一,以省会济南为枢纽,贯穿各市、连接周边省份的交通公路主框架基本形成,高速公路已成为展现山东形象的重要标志。2007年,山东高速公路又完成了向4000公里的历史性跨越,达到4033公里。全省有118个县(市、区)通达高速公路,通达率达84%,全省半日生活圈基本实现。

为适应国家相关发展战略,促进和服务山东省经济社会发展和实现现代化,在《国家高速公路网规划》的基础上,山东省政府于2011年6月通过并发布了《山东省高速公路网中长期规划》,确定"五纵四横一环八连"高速公路网主框架,总里程6900公里,规划期至2020年。

2011年,全省在建高速公路规模达到865公里。2012年,全年固定资产投资累计完成560亿元,滨州—德州、枣庄—临沂、青州—临沭等6条高速公路建成通车,高速公路4975公里。"十一五"期间,济青南线、济南—菏泽、大高—鲁冀界等14条高速公路建成通车,截至2010年底,全省高速公路通车里程达4285公里,有120个县(市、区)通达高速公路,"五纵四横一环八连"高等级公路网初步形成。"十二五"期间,青州—临沭(鲁苏界)、济南—乐陵等16条、1063公里高速公路建成通车,五年累计完成交通固定资产投资2837亿元,比"十一五"时期增长42.7%。2015年底,以省会济南为枢纽,贯通各市、连接周边省份的"五纵四横一环八连"高等级公路网基本形成。

2017年底,潍日高速公路滨海连接线、蓬莱至栖霞等5条、111.1公里高速公路建成通车,全省高速公路通车里程达到5820公里,全省99.29%的县(市、区)实现30分钟上高速公路;青兰高速公路莱芜至泰安段等9条、425公里高速公路开工建设,全省高速公路在建项目27个、在建里程近2300公里,成为全省历史上在建高速公路规模最大时期。

3.农村公路通行能力不断增强

改革开放前,由于当时全国整体经济发展水平较低,对农村公路的需求层次不高,中央及地方各级政府对农村公路的建养资金投入也很少,农村公路建设主要是依靠发动和组织当地农民群众投工投劳来完成。1978年山东县社公路通车里程只有18987.3公里,大部分县与县之间还是靠土路相连,乡村之间农村公路的保有量几乎为零。改革开放后,农村公路建设经历了一个长期摸索发展的历程,这一阶段农村公路是以通为主、注重数量的粗放型发展阶段,农村公路整体建设标准较低、数量较少。

随着改革开放的不断推进和社会主义市场经济的发展,农业产业结构不断优化,对农村公路的数量和质量提出了较高的要求。1984年底,原国家计委开始采用以工代赈形式修建农村公路,同期,山东省对农村公路的发展方针也相应进行了调整,省政府和省交通厅开始从地方财政、各专项基金和养路费中投入相应配套资金,采取了以工代赈、成立机构、明确职责等一系列政策措施,逐步加大了对农村公路建设的投资力度,促进和加快了农村公路的发展进程。1991年9月4日,东营市广饶县等536个行政村全部通油路,成为全国第一个村村通油路的县。

1993年,全省开始实施油路升级改造工程,县乡公路以接通断头路进行养护为主,公路技术等级、路面质量逐步提高。同年10月,国家启动县级及农村公路改造工程。1993年11月,省交通厅对"十五"时期后三年农村公路建设规划做出调整。此后,全省油路升级改造工程全面推开。

2003年以来,山东更是掀起了规模宏大的新一轮农村公路建设热潮。2003年5月8日,省政府颁布《山东省人民政府关于实施全省农村公路改造工程的意见》(鲁政发〔2003〕38号),对农村公路改造工程的主要任务、政策措施、标准规范等作出规定:自2003年起投资150亿元,改造农村公路8万千米,大中桥近5000座;建立省政府农村公路改造工程联席会议制度,负责协调和解决有关重大问题,省交通厅负责全省农村公路改造工程的组织实施管理和工程管理,省计委负责国债项目的计划安排和资金落实。随后,省交通厅成立农村公路改造工程办公室,负责全省农村公路改造工程管理工作,先后制定《农村公路改造工程管理办法》《资金管理办法》等一系列管理规定,明确了全省农村公路改造的建设标准❶。山东交通系统认真贯彻落实相关意见及管理办法,在全省组织实施了以"村村通油路""村村通客车"、千人以上岛屿通航为主要内容的"三通"民心工程,并相继出台了一系列政策措施,对农村公路建设实行重点扶持。

自2005年以来,每年的省委1号文件都将农村公路建设管理养护工作确定为人民群众所办的重要实事之一,纳入重要议事日程。2008年9月25日,《山东省农村公路条例》经山东省第十一届人民代表大会常务委员会第六次会议通过,为农村公路的建设与发展提供有力的法律保障,农村公路建设管理养护工作上升到了地方立法层面。随后,山东各市、县也相继出台相关办法。其中济南市在全国率先通过地方性法规,德州、枣庄、泰安等14个市政府也出台规范性文件,为农村公路工作提供了有力的法律和政策保障。截至2008年底,农村公路通车里程达到19万公里,行政村通油路比例达到96.3%。

2011年12月,省交通运输厅下发《山东省农村公路规范化管理办法》(鲁交建管〔2011〕133号),对农村公路计划管理、项目管理等方面提出了明确要求,为规范全省农村公路各项

---

❶山东省地方史志编纂委员会主编《山东省志·交通志》,山东人民出版社2015年版,第55页。

工作提供了制度依据。同年,全省组织启动了一系列卓有成效的活动,促进了农村公路管理体系不断完善。一是开展"农村公路管理养护年"活动。"农村公路管理养护年"活动为期三年,累计投入养护资金130亿元,创建农村公路管理养护示范乡326个,典型养护站所403个,文明示范路16302公里,在全省建立起农村公路管理人才专家库,编制《山东省农村公路建设与养护技术指南》,进一步丰富完善了农村公路管理体系。二是开展全省村级公路网化示范县活动。省交通运输厅启动了第一批全省村级公路网化示范县活动,主要目标是解决村级断头路问题,实现主要街道与邻近公路的连接通达。全省第一批共确定了35个网化示范县,改造建设农村公路约2.2万公里,总投资达84亿元,首批网化示范县改造任务已于2013年上半年全部完成竣工验收。在此基础上,2013年又启动了第二批39个村级公路网化示范县建设,2015年底已全部完工。前两批网化示范县活动共投入资金185亿元,其中省补助资金58.7亿元、地方配套126.3亿元,建设村级公路3.7万公里,惠及74个县4.9万个行政村5547万人民群众,农村公路网化程度和通达深度全面提升。三是启动"千村公路扶贫"专项行动。围绕全省重点扶持村"打通断头路、硬化穿村道、连接必要村、消除危窄桥"的目标,共改造农村道路4542公里,完成投资18.1亿元。2012年底前完成了35个网化示范县中244个省直重点扶持村,2013年底前完成了935个省直重点扶持村,2014年底前完成了市、县部门所有帮扶村的农村公路建设改造任务。

2014年3月,习近平总书记做出了"建好、管好、护好、运营好"农村公路的重要指示精神。为深入贯彻落实党中央、国务院对"三农"工作部署和习近平总书记对农村公路的重要指示精神,2015年5月,交通运输部印发《交通运输部关于推进"四好农村路"建设的意见》。《意见》指出,到2020年实现"建好、管好、护好、运营好"农村公路的总目标。随即,山东省、市各交通运输部门结合工作实际,出台了《关于推进"四好农村路"建设的实施意见》,"四好农村路"建设全面启动,并迅速掀起建设高潮。

2018年3月,省政府制定出台《关于进一步做好"四好农村路"工作的实施意见》,开展农村公路"三年集中攻坚"专项行动,计划总投资450亿元,其中省财政安排奖补资金150亿元。建立了财政资金保障长效机制,规定市、县两级政府把农村公路建设、养护和管理经费纳入财政预算,并每年安排土地出让金收益的2%~3%部分,统筹用于农村公路建设养护。全省上下深入贯彻习近平总书记重要指示精神,加快推进农村公路建设改造,开展农村千村公路扶贫专项行动、农村公路安全生命防护工程、城乡交通一体化示范县等一些专项活动,农村公路发展速度、网络规模、管理水平全面提升。截至2017年底,全省农村公路通车里程24.3万公里,农村公路密度达到每百平方公里155公里,居全国第二位;行政村通油(水泥)路率达99.9%,基本形成以县道为骨架、乡道为支线、村道为脉络的农村公路网络,实现了与国省干线公路以及城市道路的有效对接互通,为农村经济社会发展提供了强有力的支撑和保障。

(二)港航整体实力显著增强

山东海岸线全长3024公里,大陆海岸线长度居全国第二位,其中三分之二岸线属基岩湾海岸,岬湾相同,具有优越的港航条件,深水岸线多达228千米。新中国成立之前的山东航运千疮百孔,破烂不堪,航道堵塞,港口简陋,装卸手段十分落后,基本靠肩抬人扛。全省只有8处沿海港口,内河通航里程仅有793公里。

1984年,国家批准扩建烟台港。要求新建6个万吨级以上的深水泊位,码头全长1236米,总投资3亿元。1988年,烟台专用邮运码头建成并投入使用,黄河入海口疏浚试验工程完成,实现了中小型海船能够入河。1990年,烟台地方港正式对外开放,其西港池一期工程竣工,新增6个深水泊位,年吞吐量增加到700万吨。1985年,山东省第一座20万吨级原油输出泊位——青岛港黄岛油区二期工程开工。1988年11月,工程基本竣工,13个生产系统已具备重载试运转条件。为适应"北煤南运"的需要,1982年开始建设日照港大型专业化煤炭装船码头,相应扩建和新建了烟台港龙口、蓬莱港区以及威海、潍坊、东营等港口。

经过近十年发展,全省港口泊位不断增加,地方港口达到23处,泊位98个,8个港口实现对外开放;港口吞吐量增势迅猛,装卸机械化程度大为提高,青岛、烟台港口货物吞吐量年均递增6.4%、6.9%。进入20世纪80年代以后,山东运输船队从弱小到壮大,从大量租船到拥有大型船队,由小型、机帆船向大型化、专业化、现代化发展,一大批专业化的集装箱、原油、铁矿石船舶成为水上运输主力。海河联运大力实行,国营海运走出国门,开始向远洋运输发展,先后开辟了日本、新加坡、马来西亚、泰国航线。

随着"以港兴市、以航兴市"战略的逐步实施,山东省沿海港口得到快速发展。自1995年全省港口吞吐量突破亿吨大关以来,到2000年,全省沿海港口吞吐量以平均每年超过5000万吨的速度增长,先后突破2亿吨、3亿吨、4亿吨。2000年,青岛港的煤炭、原油、矿石、集装箱的吞吐量都分别超过了1000万吨,在全港吞吐量中所有的比重达到了80%以上,是全国唯一的四大货种均超过1000万吨的综合性大港,四大优势成为青岛港最具特色的核心竞争实力。

2003年5月18日,日照港口集团公司成立,日照港迈入了快速发展的快车道。一批重大建设项目先后开工建设,相继建成了一系列大型化、专业化泊位。2001年至2004年,日照港根据港口发展战略和规划,建设10个泊位,6亿吨以上通过能力。投资近70亿元,加快基础设施建设,打造矿石、集装箱、散粮和油品等一大批大型化、专业化泊位,全面提高了港口的服务能力和竞争优势。此外,日照港还遵循交通部"三主一支持"交通基础设施长远发展规划,注重深水化、专业化建设的要求,加强港口功能结构、货重结构、设施结构、管理结构和技术结构调整,使港口向专业化、深水化、现代化方向迈进,增强了港口的核心竞争力。

2005年至2007年,全省共投资214.9亿元,新增生产泊位69个,新增吞吐能力10106万吨。2007年,山东海河已拥有营运船舶15325艘、878万载重吨,其中远洋船舶达到231万载重吨,沿海71万载重吨,内河576万载重吨。2007年12月,沿海港口吞吐量突破5亿吨,达到5.7亿吨,一个月完成的吞吐量就相当于1978年全年的1.7倍。全省沿海港口吞吐量从新中国成立3000多万吨到突破1亿吨用了46年时间,从1亿吨到突破2亿吨用了7年时间,从2亿吨到突破3亿吨用了2年时间,从3亿吨到4.7亿吨用了22个月,而从4亿吨到突破5亿吨只用了短短1年时间。集装箱、金属矿石、滚装运输从无到有,2007年完成1100万标准箱,2008年完成1250万标准箱。

2009年11月,《山东省港口条例》获省人大常委会审议通过。截至2010年底,全省沿海港口年吞吐能力达到4.56亿吨,吞吐量突破8亿吨,达到8.6亿吨,是"十五"末的2.24倍,由全国第四位上升为第二位。青岛港、日照港和烟台港吞吐量均超过3亿吨,山东省成为全国唯一拥有三个超双亿吨海港的省份,具有现代化特征的沿海港口群初步形成。2012年,青岛港董家口港区30万吨矿石码头等8个项目建成投产,沿海港口吞吐能力超过5亿吨,达到5.3亿吨。2013年,日照港岚山港区北作业区通用泊位工程等15个项目建成投产,沿海港口新增万吨级以上泊位18个,总能力达到5.7亿吨;2014年,青岛港董家口港区30万吨级原油码头等9个项目建成投产,全省沿海港口总通过能力超过6亿吨,达到6.3亿吨;2015年,青岛董家口港区大唐码头一期工程、日照港岚山港区30万吨级矿石码头等7个项目完工并试运行,新增通过能力5000万吨。

为贯彻落实《国务院关于促进海运业健康发展的若干意见》(国发〔2014〕32号),积极融入"一带一路"建设国家战略,2016年2月,山东省人民政府印发《关于贯彻国发〔2014〕32号文件促进海运业健康发展的实施意见》,提出从加快海运业结构调整、促进海运业转型升级、推进海运业安全发展、营造海运业发展良好环境四个方面促进海运业健康发展。截至2017年,全省沿海港口7处,581个生产性泊位,其中万吨级以上泊位297个,总通过能力达到7.88亿吨。青岛港前湾港区迪拜环球集装箱码头自动化升级工程、烟台港西港区30万吨级矿石码头等7个项目建成投产。沿海港口吞吐量达到14.3亿吨,居全国第二位,同比增长6%。沿海港口生产实现重大突破,货物吞吐量突破15亿吨,位居全国第二,同比增长6%。集装箱完成2560万标箱,居全国第四位。青岛港突破5亿吨,日照港、烟台港突破4亿吨,全省成为全国唯一拥有三个超4亿吨大港的省份。初步形成了以青岛港、日照港、烟台港为国家主要港口,以威海港为地区性重要港口,以潍坊、东营、滨州等港为补充的现代化港口群。推进港口资源整合,坚决落实交通运输部关于加快港口整合的要求,会同发展和改革委员会等部门制定了全省港口整合方案,分两步对现有七大港口实施整合。2018年3月28日,山东渤海湾港口集团有限公司正式成立。

山东省委、省政府高度重视内河水运发展,各级各部门和沿河各市积极实施"以河兴市"战略,全力加快内河水运发展。2000年11月22日,京杭运河济宁—台儿庄171公里三级航道全线贯通,航道通航能力从过去的百吨级提高到千吨级。2005年,全省内河航道通航里程1012公里,三级航道253.2公里,建成了一批中心港口,疏浚了航道,吞吐能力达到1779万吨,内河港口吞吐量由2000年的938万吨增至2005年的2285万吨,成为真正意义上的黄金水道。

2008年底,全省内河港口吞吐量完成5058万吨,内河运输完成货运量1.6亿吨。运输船舶结构发生根本变化。山东运输船队经历从大量租船到拥有大型船队,从小型、机帆船到大型化、专业化、现代化船舶的发展历程。经过多年发展,一大批专业化的集装箱、原油、铁矿石船舶成为水上运输的主力。2005年,山东海上航线遍布世界150多个国家和地区的450多个港口,基本实现"全球通"。内河运输方面,先进、环保、节能的一列式拖队和1000吨级机动船代替了木帆船、水泥船、挂机船,船舶档次明显提高,运力结构更加合理。港航对外开放和合作不断拓展。港航投资由政府财政拨款、"拨改贷"到"以港养港"、港口企业统贷统还,实行资本金制度,逐步发展到多种投资主体并存、融资渠道多元化的投资机制。通过大力引进外资参与港航业的建设和经营,建立了一大批外资、独资、控股、合资合作港航企业,建成了一批大型、专用泊位、航道及内河港口等基础设施项目,推动了山东港航事业的发展。

2010年底,全省内河通航里程达1150多公里,其中三级航道272公里,初步形成了以京杭运河为主干,白马河、老万福河、洙水河等支线航道为补充的"一干多支"的内河航道网络;

全省二级船闸6座,800~1000吨级的船舶可由沿河市县经过京杭运河主航道,到达江浙沪发达地区及其他长江流域;船舶运力达到721万净载重吨,港口生产性泊位273个,吞吐能力4543万吨;2010年完成货运量4171万吨,港口吞吐量6543万吨。

为贯彻落实《国务院关于加快长江等内河水运发展的意见》(国发〔2011〕2号)精神,充分发挥水运优势和潜力,加快全省内河水运建设,促进区域经济协调发展,2011年11月23日,山东省人民政府印发《关于贯彻国发(2011)2号文件加快内河水运发展的意见》,提出紧紧围绕经济文化强省战略,把发展内河水运作为综合运输体系建设的重点任务,坚持深化改革,加强统筹规划,加大资金投入和建设力度,强化政策保障,注重科学管理,切实提升内河水运发展的质量效益和现代化水平,不断增强内河水运服务保障能力,更好地服务沿河产业结构调整和区域经济协调发展。2012年4月,山东省政府和交通运输部联合批复了新的《山东省内河航道与港口布局规划》,规划建设以京杭运河、小清河、黄河、徒骇河为基础的"一纵三横"和以京杭运河主通道及其主要支线航道为基础的"一干多支"的高等级航道网,形成以济宁港为主要港口,枣庄港、泰安港、菏泽港为地区性重要港口,其他一般港口为补充的内河港口布局。2013年,南四湖—东平湖输水与航运结合工程完成航道开挖,长沟等三座船闸主体工程基本完成。2014年,京杭运河长沟、邓楼、八里湾三座船闸完工,洙水河航道实现全线试通航。2015年,京杭运河韩庄复线船闸、万年复线船闸、新万福河航道工程等开工建设。2017年,全省有内河港口3处、232个泊位,总吞吐能力6994万吨,吞吐量完成6548万吨。2018年,内河航运大力实施"通江达海"工程,完成了小清河复航和京杭运河山东段改造提升工程的前期工作,列入部"十三五"规划,着手启动工程建设。

三、运输经济实力不断壮大

(一)客运服务

新中国刚成立时,山东道路运力状况与运量需求间矛盾十分突出,到1978年,道路运输滞后的经济发展状况仍然没有得到本质性改变。1983年,交通部提出了"有河大家走船、有路大家走车"的开放思路,公路交通运输市场首先打开了改革的大门。

1984年2月,国务院发出了《关于农民个人或联户购置机动车船和拖拉机经营运输业的若干规定》,大力倡导个体运输业的发展。同年的全国交通工作会议上,交通部提出了"各部门、各行业、各地区一起干,国营、集体、个人以及各种运输工具一起上"的方针,在公路运输上打破地区分割、部门所有的陈旧模式,公路运输市场开始繁荣的同时也对公路基础设施建设提出了新的要求。1984年9月,山东省坚决贯彻交通部提出的改革思路,开放道路运输市场,打破部门专营,提倡多家经营,鼓励有序竞争,支持个体和联户发展运输,改革国有运输企业经营管理体制,大力发展道路运输生产力。道路运输业中的市场经济因素开始活跃,长期存在的道路运输"乘车难"状况迅速改变。1984年起,山东开放道路运输市场,全省城乡经营汽车运输个体业户从无到有,逐步增多。1986年4月,山东省交通厅印发《关于进一步做好对个体业户支持和管理的意见》,全省各级交通管理部门按照要求,转变作风,打破部门专营,兼顾国营、集体、个体三者利益,寓管理于服务之中,支持和引导个体运输业户开展多种形式的联营、联合,提高竞争能力,大力发展道路运输生产力。

进入20世纪90年代以来,按照设施现代化、管理智能化、服务人性化、功能综合化的目标,启动和完善了济南、青岛、烟台、淄博等12个国家公路运输枢纽的规划及建设,统筹安排了区域中心城市、县级及农村客运站项目建设。自1991年以来,在全省社会新增旅客运量中,道路客运量占到99%。1995年,全省客运周转量占总客运周转量的比重超过50%。对公路运输管理摆脱计划经济模式,从管理方式上由基本管直属企业转为管全行业;从管理政策上实行开放运输市场、多种经济成分一起上;从市场运行上出现打破国有企业独家经营、依靠社会办交通运输事业的活跃景象。深入推进运输企业改制,开展现代企业制度试点工作,集中抓好国有企业战略性改组,运输企业获得了重生和大发展。

1996年11月,山东省第一家高速豪华客运公司——中韩合资"山东交通济宇高速运业有限公司"成立,开创高速客运先河。1997年6月,济南锦湖高速运输有限公司成立。此后,运输企业纷纷购置高档客车,全省客运运力结构得到了根本性改善。

1998年,山东省委、省政府明确提出,加快高速客运系统建设,纳入交通发展总体规划。全省交通部门迅速反应,做出了加快车辆更新、改善运力结构的调整战略,一系列限制普通客车增长,引导发展中高级车辆的行业政策随即出台,全省运力装备水平逐步提高,运力机构逐步优化。自此,山东省道路运输业驶入高速发展的快车道。

进入21世纪,随着非公有制运输企业的发展,为全省道路运输注入了新的活力,人民群众"乘车难"的问题不断得到解决。道路客货运量迅猛增加,2004年、2005年,道路客运均突破"十亿"(年道路运输客运量超过10亿人次)。2007年全省完成道路客运量15.48亿人,胜利突破"十五亿",在综合运输体系中分别占到95%。2008年,全省完成公路客运量17.73亿人次。综合客运站场网络基本完善,按照设施现代化、管理现代化、服务人性化、功能综合化的目标,深入实施济南、青岛、烟台等12个国家公路运输枢纽的规划及建设,统筹安排区域中心城市和县级客货站场项目建设。到2007年底,全省等级客、货运站分别达到787个和454个,基本形成了以济南、青岛、烟台三个国家公路运输枢纽为核心,以省级输运中心为枢纽,以区域重点城市为中心,以乡镇客运站为节点,以农村停车点为末梢,运输便捷、辐射城乡的综合客货站场网络体系。

大力实施公交优先战略。2011年济南市被交通运输部确定为首批公交都市示范城市,2013年青岛市入选第二批公交都市示范城市。为进一步解决全省城镇化进程中城市交通拥堵、公共交通供给能力不足、资源环境压力加大等问题,2013年10月,山东省政府办公厅下发《关于优先发展公共交通的若干意见》,在规划引导、设施建设、路权优先、技术装备、运营服务和政策保障等方面明确了支持公共交通优先发展的具体政策措施。

2016年京沪高铁济南西站、青岛北站等7个综合客运枢纽基本形成。2017年,全省等级客运站1198个,综合站场网络体系初步形成,全省综合客运枢纽设区市节点覆盖率超过40%。

进入21世纪以来,山东道路客货运量一年一个大台阶,截至2017年底,全省营业性汽车109.1万辆,其中客车2.4万辆、货车100万辆。运输装备提档加速,营运性客车中高级车辆占比达96%,公路水路运输完成客运量5.08亿人次,同比增长3.8%。

(二)货运服务

1984年9月,山东省坚决贯彻交通部提出的改革思路,开放道路运输市场,打破部门专营,提倡多家经营,鼓励有序竞争,支持个体和联户发展运输,改革国有运输企业经营管理体制,大力发展道路运输生产力。道路运输业中的市场经济因素开始活跃,长期存在的道路运输"运货难"状况迅速改变。

20世纪进入90年代,山东省会城市济南与青岛、烟台两大重要港口城市被纳入国家公路主枢纽,山东省利用交通规费中划定的专项资金投入运输站场建设,并在货运站场建设方面引入开放、竞争机制,广泛吸收国内外资金,采取政府投资、货运基金拨放、股份合作、民营企业投资、引进外资和企业收入提成等多种形式开展站场建设。

1998年末,全省实有道路货运站114个,其中国际集装箱中转站24个,零担货运站62个,其他货运站场28个。对公路运输管理摆脱计划经济模式,从管理方式上由基本管直属企业转为管全行业;从管理政策上实行开放运输市场、多种经济成分一起上;从市场运行上出现打破国有企业独家经营、依靠社会办交通运输事业的活跃景象。深入推进运输企业改制,开展现代企业制度试点工作,集中抓好国有企业战略性改组,运输企业获得了重生和大发展。1999年,全省营业性汽车达到78.8万辆,其中营业性货车67.1万辆,重型货车、厢式货车分别达到16.5万辆、10.7万辆。新增水上运力99.8万载重吨,总规模达到1099万载重吨。

进入21世纪,道路货运量迅猛增加,2004年,道路货物运输量超过10亿吨。2007年全省完成道路货运量15.59亿吨,胜利突破"十五亿",货运量连续多年居全国第一位,在综合运输体系中占到82%。2008年,全省完成公路客运量17.73亿人次、货运量19.77亿吨。

2007年底,全省营业性载货汽车52.1万辆,与1978年相比,增长了22倍,实现了由运力供给不足到运力基本满足需求的转变。在营业性载货汽车中,重型货车、集装箱运输车、厢式货车分别达到11.3万辆、1.2万辆和7.8万辆,在全省91万辆营运货车中比重已达40%,增长速度远高于普通货车增幅,全省运力结构得到全面优化。截至2008年底,全省营运货车108.6万辆,重型货车、厢式货车分别达到12.6万辆、8.6万辆。水上运力总规模达到999.3万载重吨。

2010年9月7日,《中韩陆海联运汽车货物运输协定》及其第一阶段《实施议定书》签署并正式生效,山东作为交通运输部确定的唯一试点省份,率先开通实施中韩陆海联运汽车货物运输项目。2011年至2015年,中韩陆海联运汽车货物运输项目青岛、日照、龙眼、石岛、烟台等口岸通道相继开通,山东省全面完成交通运输部确定的6个通道开通任务。

为积极推进甩挂运输工作,2013年省交通运输厅组建全省甩挂运输联盟,倡议成立了环渤海湾7省甩挂运输联盟。2015年,鲁辽陆海货滚甩挂运输大通道建设完成,潍坊—辽宁营口实现首航试运营。

2017年,与省经信委联合建立省级多式联运示范工程项目库,省直24部门联合印发山东省多式联运发展实施方案。青岛港在全国率先开展"一带一路"海铁公多式联运示范工程,烟台环渤海鲁辽公铁水滚装联运工程获批国家第二批示范工程。加快推进无车承运人试点,山东省10家企业列入国家无车承运试点名单。截至2017年底,全省营业性货车106.7万辆。运输装备提档加速,重型货车占比达到47%。公路水路运输完成货运量30.47亿吨,占社会总运量的比重超过80%。甩挂运输、无车承运人、多式联运等先进运输方式健康稳步发展。大物流体系基本建立,运输经济总体实力不断壮大。

四、行业管理成就

（一）法治建设

依法行政伴随着交通管理职能的凸显而不断强化。1991年7月3日至5日，全省首次交通法制工作会议在烟台养马岛召开，确定了"一手抓建设和改革，一手抓法制"方针，山东交通依法管理进程正式启动，一批部门规章相继公布实施。

1996年2月9日，山东省第八届人民代表大会常委会第二十次会议通过《山东省道路运输管理条例》。该条例成为新中国成立以来山东省道路运输行业第一部地方性法规，为规范经营行为、依法管理道路运输市场创造了良好的法律环境。

2000年10月26日，山东省第九届人民代表大会常委会第十七次会议通过了《山东高速公路条例》，规定省政府交通主管部门统一管理全省高速公路工作。

为了加强水路交通管理，促进和保障水路交通事业的健康快速发展，山东省于2002年3月1日起实施《山东省水路交通管理条例》。这部条例成为新中国成立以来省内第一个水上交通管理的地方性法规。它的颁布实施，是全省水路交通管理工作中的一个重要节点，标志着山东省水路交通事业进入了一个规范、有序、健康、快速发展的新时期。

自2005年以来，每年的省委1号文件都将农村公路建设管理养护工作确定为人民群众所办的重要实事之一，纳入重要议事日程。2008年9月25日，《山东省农村公路条例》经山东省第十一届人民代表大会常务委员会第六次会议通过，并于2008年12月1日起施行。该条例旨在加强山东省农村公路的建设、养护和管理，促进农村公路事业发展，推进社会主义新农村建设。以保护环境、保障投入、节约土地、建养并重、确保质量、安全畅通为措施，扶持农村公路发展，为农村公路的建设与发展提供有力的法律保障，农村公路建设管理养护工作上升到了地方立法层面。

2009年11月，为了加强港口管理，保护和合理利用港口资源，《山东省港口条例》获省人大常委会审议通过，对港口规划管理、港口资源保护和合理利用、港口安全和经营秩序等做出明确规定。该条例的颁布实施，填补了山东省港口发展方面的法律空白，是山东省港口发展史上的一个里程碑，自此全省港口建设发展步入法治化轨道。

2010年11月25日，为了维护道路运输市场秩序，保障道路运输安全，山东省第十一届人民代表大会常务委员会第二十次会议通过《山东省道路运输条例》，共7章77条，从职责划分、道路运输经营、道路运输相关业务、道路运输安全、监督管理等方面设定了权利义务规范，明确相应的法律责任，特别把城乡客运一体化、现代物流业发展、道路运输安全稳定、节能减排和服务民生等作为重点，创新了管理制度，提出了严格的标准和要求，全省道路运输事业发展从此纳入法治化轨道。

2011年12月，省交通运输厅下发《山东省农村公路规范化管理办法》（鲁交建管〔2011〕133号），对农村公路计划管理、项目管理、管理养护、监督考核等方面提出了明确要求，特别是对项目核准立项、勘察设计、招标投标、施工许可、交竣工验收、质量监督、路政管理等方面进一步进行了补充和细化，为规范全省农村公路各项工作提供了制度依据。

2013年8月，结合《中华人民共和国公路法》和《公路安全保护条例》在山东省贯彻实施情况和近年来山东省公路路政工作实际,吸收借鉴外省公路管理有益经验和先进立法成果,制定实施了《山东省公路路政条例》。该条例是山东省第一部路政管理方面的地方性法规,它的颁布实施为保护公路路产路权提供了强有力的法治保障。

2016年9月,为了维护水路交通秩序,保障水路交通安全,促进水路交通事业发展,根据有关法律、行政法规,制定《山东省水路交通条例》。该条例是一部综合性地方法规,标志着全省水路交通工作迈上了更加规范化、制度化和法治化的轨道,有利于更好地发挥水路交通在经济社会发展、环境建设和人民群众安全便捷出行方面的重要作用。

(二) 管理体制改革

改革开放以来,山东省交通管理由高度集中的计划管理,计划指导与市场调节相结合,逐步向运用市场机制调控转变,建立了市场经济条件下的交通管理新机制。全省逐步建立和完善了交通四级行政管理体制,形成了路政、运政、航政、港政、交通稽查和水上交通安全为主要职能的交通行业管理体系。交通管理的重点放在统筹规划、掌握政策、信息引导、组织协调、提供服务和监督检查上,管理方式实现了由直接管理为主向间接管理为主转变,由抓直属为主向抓全行业管理为主转变,由单一的行政管理手段为主向以综合运用法律、经济和行政手段转变。

1979年,在全省交通工作会议上,山东省革命委员会交通局(现山东省交通运输厅)就公路运输市场管理与体制改革进行了讨论,这是改革开放后山东省就运输管理体制改革而进行的首次思想革新。1979年12月,山东省革命委员会交通局正式更名为山东省交通厅。进入20世纪80年代,山东省港航、运输、公路管理体制相继调整,传统的计划指令思想逐渐被计划指导下的宏观调控思想取代,全面推动了交通政企分开、简政放权的历史进程。1983年,山东省革命委员会交通局公路处正式更名为山东省公路管理局,公路管理机构正式明确。1984年开始,山东省地方海上运输体制经历大变革。同年10月,山东省航运管理局成立,实行港航分设。1985年海运体制首次引入竞争机制,青岛海运公司、烟台海运公司成立。同年,山东省政府下发《关于水上民间管理机构设置的通知》,明确要求各市地、县交通主管部门分别设置航运管理处(所),到1988年底,全省沿海7个市、县(烟台、威海、临沂、潍坊、东营、惠民)全部成立了航运管理处;黄河、小清河、济宁、枣庄分别设立了河系航务管理局(处)。山东道路运输坚持"改革、开放、搞活"的方针,改革管理体制,调整产业结构,自1983年起,运输管理体制从过去封闭式的"三统"管理逐步向开放式的宏观控制及全行业管理转变。1987年,山东省交通厅道路运输管理局成立,运输管理权限得以明确。

1988年11月1日,为进一步加强交通基础设施建设,提升全省的交通运输能力,省政府下发《关于加快发展交通运输的通知》,全省统一领导、分级管理的公路建设机制从此确立,省、市、县(市区)在公路建设管理中的事权划分进一步明确。1988年11月21日,山东省交通厅印发《山东省公路分级管理暂行办法》,确定干线公路由市、县公路管理机构负责,县乡公路由市、县交通部门负责

1995年10月,山东交通稽查机构成立。1996年,山东省委、省政府按照党中央、国务院部署,实施省级机构改革,改革后的省交通厅机关设办公室、政策法规处、计划基建处、财务处、审计处、教育培训处、人事劳资处、科技教育处、综合处、外事外经处、离退休干部处11个

处室和直属机关党委。机关行政编制人员108人，离退休干部工作人员7人，编制总额115人，其中厅长1人，副厅长4人，处级领导28人。5月，撤销教育培训处❶。

1996年起，省交通厅对高速公路建设和管理体制进行改革，1997年7月，山东省高速公路有限公司成立，1999年6月更名为山东省高速公路有限责任公司。港航管理体制改革也逐步到位，1991年省属沿海港监从港口分离，独立行使安全监督管理职能，1998年5月实施政企分开，原山东省航运管理局撤销，分别组建山东省交通厅港航管理局、山东省航运集团有限公司和山东省交通厅京杭运河续建工程建设办公室。除临沂、淄博和莱芜没有水运的3个市以外，全省14市地都设立了港航管理机构，实施各市水运行业管理。

自2000年开始，省政府进行新一轮机构改革，全省交通战备工作由省经贸委划归省交通厅管理，沿海7市地行政区域内水域、沿海海域和港口的水上安全监督管理，上划交通部统一管理，山东省交通厅机构调整为内设10个职能处室，分别为办公室、体改法规处、规划基建处、财务审计处、人事劳动处、科技教育处、运输安全处、政治工作处、省交通战备办公室和离退休干部处，行政编制72名❶。2000年12月4日，省编制委员会鲁编办〔2000〕64号文批复，将济青高速公路管理局更名为山东省交通厅公路局（副厅级事业单位），设办公室、政治处、计划处、财务处、基建处、养护处、路政处7个处室。同年，山东省交通厅航运管理局更名为山东省交通厅港航局，作为全省水上交通管理职能机构，编制40人，内部机构为科级，同时挂山东省地方海事局、山东省交通厅船舶检验局的牌子，其单位性质、机构规格、人员编制和领导职数不变。调整组建了青岛、烟台、威海、济南船舶检验局。

2002年8月，山东省人民政府办公厅下发《关于深化全省港航管理体制改革的意见》，从2000年8月1日起，中央和地方双重领导的青岛、烟台、日照三个港口和沿海省属港航企业一并下放所在城市管理，驻济内河航运企业由省交通厅实施联合重组，以省交通工业集团、省济南汽车运输总公司为主，联合省黄河航运局、省小清河航运局、省航运物资公司、省运通港航工程公司、远东国际船代公司等企业组建山东省交通运输集团有限公司，撤销山东航运集团。港口企业实行政企分开，不再承担行政管理职能。2004年6月，山东省交通厅下属山东高速公路有限责任公司、山东交通运输集团等大型企业整体移交省国有资产监管部门。2003年，交通企业政企分开和市场化改制工作基本完成。2005年1月1日，车辆购置税征收正式移交税务部门。2005年7月19日，山东省机构编制委员会以鲁编〔2005〕5号文件批复，省交通厅港航局机构规格调整为副厅级。

2009年6月，按照党中央、国务院关于地方政府机构改革的意见，山东省委、省政府决定组建山东省交通运输厅，将山东省交通厅的职责、山东省建设厅指导城市客运的职责划入山东省交通运输厅，不再保留山东省交通厅；6月17日，山东省交通运输厅正式挂牌成立。随后，全省各设区市、县（市、区）均组建交通运输局（委），不再保留交通局（委）。至2017年底，全省各地加快推进综合交通运输体制机制改革，健全多部门联合的综合运输协调、重大事项调度处理机制，为构建一体化"大交通"体系奠定了基础。

---

❶山东省地方史志编纂委员会主编《山东省志·交通志》，山东人民出版社2015年版，第361页。

(三)投融资体制改革

党的十四大以来,山东交通以社会主义市场经济理论为指导,遵循市场经济原则,进一步探索实践了交通发展的新路子。全省高速公路在筹融资改革方面表现得尤为突出,结合项目实际情况,创新投融资模式,积极探索政府与社会资本合作机制,灵活采用了银行贷款、BOT、股权转让、股份制等方式吸引社会资本参与高速公路建设、运营和管理。

1996年,交通部印发《公路经营权有偿转让管理办法》,为公路收费权成为日后银行贷款重要质押物奠定了法理基础。国务院下发《关于固定资产投资项目试行资本金制度的通知》,规定公路等交通运输基础设施建设项目,资本金比例不低于35%。要求公路建设项目必须首先落实项目资本金并成立相应的项目法人组织。

自1998年党中央、国务院提出扩大内需实施积极财政政策的战略以来,全省交通建设资金除征收车辆购置税、公路养路费、公路客货运附加费和利用收费公路政策筹集外,各市还利用交通规费担保、公路收费权质押担保、公路收费经营等方式,通过银行贷款、发行企业债券、发行股票、吸引民间资本等形式筹集建设资金,促进了交通事业快速发展。

1999年11月5日,经国家经贸委同意,设立山东基建股份有限公司(简称山东基建),隶属山东高速公路有限责任公司。根据省政府、交通部有关文件,山东高速公路有限责任公司将其拥有的济青高速公路(不含中央投资部分)、国道104泰曲公路(不含中央投资部分)、济南黄河公路大桥、滨州黄河公路大桥及平阴黄河公路大桥等路桥资产评估确认后折价入股,注入山东基建;招商局所属的北京华建公司则以其受托持有的交通部以车辆购置附加费在济青高速公路和泰曲公路投资所形成的经营性资产评估确认后折价入股。11月16日,山东基建在省工商行政管理局登记注册,注册资本为28.588亿元。2001年2月,山东基建境内上市工作全面启动。2002年3月18日,经上海证券交易所上证上字〔2002〕29号文批准,在上海证券交易所挂牌交易。"山东基建"的成功上市,大大增强了全省高速公路的融资能力,对于进一步促进高速公路建设起到了重要的作用。

2001年6月6日,山东基建与山东高速公路有限责任公司签订《济南黄河公路二桥收费权转让协议》,2002年4月17日,以6.8亿元的转让价款收购济南黄河公路二桥。东(营)青(州)高速公路是山东省第一条以股份制方式修建的高速公路,省交通厅、胜利油田、东营市政府和潍坊市政府按出资比例分别占50%、25%、15%和10%的股份。

2006年,青岛市交通委代表青岛市人民政府与山东高速集团青岛高速公路有限公司签订《青岛海湾大桥特许经营权协议》,在特许经营期内,将青岛市胶州湾高速公路经营权出租给山东高速集团,以此支持山东高速集团承建胶州湾大桥投资建设与经营管理。2009年,青岛市成立了青岛市交通投资中心,2012年成立了青岛市交通发展集团,与青岛交通开发投资中心统筹整合,青岛交发集团功能定位主要是按照城市发展战略,重点围绕高速公路和普通国、省道公路建设开展业务与运营。按照社会效益和经济效益统筹兼顾的原则,坚持公益性平台和经营性平台共同发展,不断加强公益性平台建设,壮大交通资产规模,全方位服务保障全市公路、港口、轻轨、地铁、铁路等交通运输事业发展资金需求,有力地促进了青岛市高速公路建设。

2009年,山东省政府发布《关于交通财务管理体制改革的意见》,各级财政应支持交通运输部门融资平台,多渠道筹集交通建设资金,逐步改变主要依靠省级投资建设公路的现状。

当年全省全社会交通建设计划投资额378亿元,用以构建大路网等,布局运输经济新优势。同年,青岛市成立了青岛市交通投资中心,2012年成立了青岛市交通发展集团,与青岛交通开发投资中心统筹整合,青岛交发集团功能定位主要是按照城市发展战略,重点围绕高速公路和普通国、省道公路建设开展业务与运营。按照社会效益和经济效益统筹兼顾的原则,坚持公益性平台和经营性平台共同发展,不断加强公益性平台建设,壮大交通资产规模,全方位服务保障全市公路、港口、轻轨、地铁、铁路等交通运输事业发展资金需求,有力地促进了青岛市高速公路建设。

2011年至2015年,山东省全面深化投融资体制改革。对济菏高速公路40%股权进行转让,融资近14亿元,实现国有资产增值149%。加大招商引资力度,埕口至沾化、岚山至罗庄等高速公路项目累计引进社会资金400多亿元。

2015年7月1日,齐鲁交通发展集团有限公司挂牌成立,将全省政府还贷高速公路和省交通运输厅公路局参(控)管理的高速公路整体移交至集团,实行公司化运营,充分整合盘活公路优质存量资产,化解政府债务,广泛吸纳社会资金,从根本上破解高速公路建设融资瓶颈。齐鲁交通发展集团有限公司注册资本200亿元,主要负责所辖高速公路的运营管理,承担山东省政府赋予的重大交通项目建设任务,对授权范围内的非公路类交通资产进行盘活整合和运营管理,是省政府交通运输事业发展的投融资平台,省内重大交通项目的投融资主体,进一步优化了高速公路市场的投融资环境。至此,高速公路运营管理更加市场化和规范化。

(四)技术政策及标准建设

加强技术政策及标准化建设,是国家基础性制度建设的需要,是经济活动和社会发展的支撑,是国家治理体系和治理能力现代化的基础性制度。推进标准化建设,完善技术政策,已经成为政府实现职能转变、提升服务质量的重要抓手。

改革开放以来,山东交通运输深入贯彻国家和交通运输部标准化工作战略部署,出台了一系列技术政策,在规范市场秩序、提升工程、产品和质量方面发挥了积极作用,全面促进了山东交通运输业的持续快速发展。特别是2017年7月,在山东省质量技术监督局大力支持下,成立了山东省交通运输标准化技术委员会(以下简称标委会),基本形成全省交通运输行业地方标准的构架和思路。标委会进一步加强了对地方标准的管理,逐步完善山东省交通运输地方标准体系建设,加强建立健全山东省交通运输标准化工作机制,为构架全省综合交通、智慧交通、绿色交通、平安交通,促进交通行业的科学、健康发展,助力以国际标准为引领、国家和行业标准为基础、团体标准和企业标准为主体、地方标准为补充的新型"山东标准"体系建设。截至目前,系统梳理了全省现有交通行业地方标准共计80余项,按照全省交通运输行业发展需求和方向,初步形成山东省交通运输标准化技术体系,包括政策制度、标准研发、制修订、宣贯培训、实施监督、支撑保障等内容,涵盖公路、水运、港口、城市公共交通、运输服务、物流、信息化和营运车辆等领域。

完善山东省交通运输地方标准体系建设。一是明确地方标准分类。基础设施建设类:涵盖公路、桥梁、港口、枢纽等领域的设计、建设、质量控制等各方面的技术成果进一步归纳升华,形成建设领域标准体系;城市公共交通类:涵盖城市公交、出租车、网约车、共享单车、地铁运营等承担城市公共交通领域的建设、服务标准规范;政策制度类:主要是由政府机构主导的关于政策类、行业管理类的标准体系,如《客运服务标准》《高速公路服务区质量标准》等;产品规范类:交通运输行业基础设施建设及运营管理过程中采用的新产品,通过成果转化及时形成产品标准;交通运输行业所应用或涉及的产品,如汽车;信息化技术类:主要包含交通运输行业在发展过程中逐渐提升智能化技术水平,充分利用互联网、大数据技术,同时在智慧交通、绿色交通等工程建设过程中逐渐形成的信息化技术;运输物流与节能减排类:主要包括运输、物流、枢纽建设与服务,行业节能减排等;其他类:包括仪器设备、应急处置安全等。二是建立标准化技术体系。山东省交通运输标准化体系包括标准化政策制度体系、技术标准体系、实施监督体系和支撑保障体系四个部分,覆盖交通运输各领域标准化工作全过程。标委会通过深入了解标准体系的组成与内容,逐步建立山东省交通运输行业标准技术体系,为标准化工作提供指导性方针,初步形成标准化工作的方向。三是加强标准化制度建设。结合工作实际,按照新标准化法的相关要求,标委会秘书处推进配套内部管理制度的制定完善,编制《山东省交通运输标准化技术委员会章程》《山东省交通运输标准化技术委员会秘书处工作细则》等相关内部管理办法。抓好任务有的放矢分解落实,加强任务落实情况督促检查,确保标准化各项工作落到实处,切实为大家搭好台、服好务。

建立健全山东省交通运输标准化工作机制。为避免出现地方标准过多、过泛,标准之间重复交叉或者不衔接配套等问题,防止利用标准之名过度地方保护,变相封锁标准化市场等现象,加强地方标准宣贯、推广力度,使新的科研技术成果及时有效地应用到实际工作中,力求打通产学研壁垒,提高科技成果转化利用率。同时做好各级各类标准协调、互补,提高标准的行业指导价值,实现标准应用的最佳效果。标委会秘书处根据标准的来源性质进行界定与分类管理,制定修订的计划与流程等,进一步建立了地方标准从征集、立项、评审到最后宣贯与监督的工作机制。一是加强对地方标准的管理力度。对已发布及已立项的地方标准进行跟踪,制订了2018年的地方标准宣贯计划,充分借助标委会技术平台,切实加强交通运输标准化相关工作的统筹协调,实行标准化工作全过程管理,为全省标准互通互联提供保障,助推全省交通运输行业地方标准的和谐发展。二是研究制订标准实施监督及评估方法。制定标准是一个将多元的社会需求提炼、体现为技术指标的过程,需要做严谨细致的调查分析、试验、论证工作。按照标准公开、透明的原则,加强对标准化工作的规范管理和标准事中事后监督,完善标准制修订程序,建立标准审查责任制,建设主审专家一贯制,确保标准规范的连续性,规范标准化工作各环节管理。三是探索标准化成果奖励制度。为适应新时代发展的新型"山东标准"体系,不断激发标准化市场活力,努力调动标准化工作者的积极性和创造性,积极储备智库力量。探索标准化项目资助奖励,鼓励和引导社会各界加大标准化工作投入,探索多元化的标准化经费保障和投入机制。

建设标准化信息服务平台。正在建设标准化信息服务平台,实现地方标准制定修订过程的在线管理和信息共享,提高标准信息公共服务质量与能力水平。逐步建立交通运输标准数据库,实现平台化、信息化,方便社会各界查询。定期发布国家和行业标准发展动态、专业领域政策信息和标委会的活动等,帮助委员及标准化工作者及时了解国内外相关标准化动态和技术发展,促进标委会信息沟通和交流。

五、科技创新成就

改革开放以来,山东交通始终坚持科教振兴交通战略,不断加强科技力量建设,加大人才培训和引进力度,为交通发展提供了强有力的技术智力支持。据不完全统计,自改革开放以来到2017年,全省共完成厅级以上科技计划项目1000余项,省交通科技研发基地建成投入使用,2个实验室被交通运输部列为行业重点实验室,基本建成以车辆、船舶、路网、航道、港站、组织机构、建设项目、科技项目、行政、人员十大主题数据库为基本内容的全省交通信息数据资源中心,建成并投入使用全省高速公路信息管理系统建设、部信息化建设示范工程"公众出行交通信息服务系统"、全省交通视频会议系统等一批先进信息化工程。加强交通各类院校建设,扩大办学规模,改善办学条件,调整办学方向,初步形成了专业学科齐全,层次结构较为合理,基本适应交通发展需要的交通教育体系。

(一)科技创新体制改革

改革开放以来,经济社会保持快速发展,对交通运输建设与发展提出的要求越来越高。交通运输作为资源能源占用型产业发展面临的土地、能源、环境、资金等诸多因素制约的形势也愈加严峻,科技创新对交通运输发展的引领与促进作用明显加强。大力发展交通运输科技进步与创新,充分发挥交通运输科技的引领与促进作用,成为解决交通运输发展的瓶颈问题重的要突破口之一。

理顺科技发展体制机制,是科技工作的一项非常重要的基础性工作。40年间,山东交通运输系统紧密联系交通运输实际,逐步深化科技体制改革,从加快政府职能转变、激发科研机构创新活力、增强企业创新能力等方面着手,不断加强创新组织管理、拓宽科技投入渠道、促进开放合作交流、营造良好创新氛围。

充分发挥政府的主导作用。根据交通运输科技创新特点和要求,遵循市场经济规律,转变政府科技管理职能,理顺科技管理体制,制定适应形势发展的科技管理政策措施,积极推动全省交通运输科技资源合理配置,科学组织具有应用基础性、行业牵动性和发展前瞻性重大技术项目的实施,推进新技术成果的应用,创新科技管理工作,营造科技发展良好氛围。

改革交通运输科技立项工作,将科研方向由资金引导改为需求引导,发挥企事业单位在技术创新中的主体作用,优化环境,调动交通运输企事业单位参与科技发展的积极性,面向交通运输主战场,开展灵活多样的科技活动,推动实力较强的交通运输企业建立技术研发机构,提高自身发展和市场竞争能力。

充分发挥科研机构的骨干和引领作用,推进科研设计单位建立现代科研院所制度,形成以市场需求为导向、与交通运输生产有机结合的发展机制,鼓励交通运输科研设计单位主动走向市场,与交通运输企业合作建立技术开发机构或科研实验基地,促进科研设计单位提高研发能力。

充分发挥市场在科技资源配置中的基础性作用,以市场调节作用积极促进技术转让和成果转化,提高技术研发投入产出效益,增强企事业单位技术创新的内在动力,鼓励学会、协会等社团组织参与科技活动,面向交通运输行业开展技术咨询与交流、成果转化与推广等方面的科技服务活动,逐步建立起以科技中介机构为主体、市场化运营的交通运输科技服务体系。

(二)科研能力建设

从党的十一届三中全会确立"依靠科技振兴经济"战略思想,到习近平总书记在党的十九大报告中指出,创新是引领发展的第一动力,是建设现代化经济体系的战略支撑。全省交通运输始终响应党和国家号召,把科研能力建设作为一项根本性的重要任务安排落实。

交通运输行业科技意识不断增强。每五年召开一次全省交通运输科技工作会议,不定期召开厅长办公会或专题会研究解决科技问题,定期编制下发科技发展规划、年度计划,适时调整发展思路,确立一定历史时期内科技工作的指导思想和发展原则,明确发展目标和重点任务,并出台一系列政策,始终要求一把手抓第一生产力,把科技工作作为一项具有重要性、紧迫性和超前性的重要任务来抓。

科技基础条件不断提升。交通运输科研条件逐步改善,科研设计机构不断发展壮大,科技人员人数逐年增长,科研设备不断更新,数量不断增加。据统计,目前全省交通运输系统共有18个省部级以上科研平台、院士工作站等,成为全省交通运输开展技术研究、推动科技成果转化及产业化、聚集和培养优秀科技人才、开展技术交流的重要基地。科技经费投入持续快速增长,财政资金投入由改革开放初期的几十万元,增加到最多时的近2000万元;交通运输企事业单位科研投入积极性不管提高,2018年全省交通运输企事业单位自筹科研资金超过2.5亿元。专业技术人才队伍不断壮大,科技发展,人才是根本。依托交通运输重大工程建设项目和重大科技攻关活动,努力在科技实践中发现人才、在科技活动中培育人才、在科技事业中凝聚人才,实行开放式人才引进政策,建立自主灵活的分配激励机制,最大限度的激发人才创造潜能,逐步营造出科技创新人才脱颖而出的良好环境。

技术交流与合作不断深化。利用国内外科技资源,引进消化吸收已有科技成果,是促进自身发展的有效捷径。在推动全省科技发展的同时,积极推进技术交流与合作,借助外力不断增强全省交通运输科技创新能力。40年间相继出台了一系列利于外部科技人才和科研机构进入山东发展的优惠政策,以良好的科技发展环境鼓励和吸引国内外科研机构、高等院校、大企业,与山东省交通运输单位联合共建研究中心、重点实验室、区域科技服务中心等各类研发机构和科技中介服务机构,支持山东省交通运输企事业单位和科研院校合作,对跨地区、跨学科、跨单位的重大交通运输科技项目,实施联合攻关,提高科研层次和水平。通过引进消化吸收再创新,交通运输企事业单位努力掌握了一批关键技术和核心技术,自主创新能力得到提高。以企事业单位引才引智为主渠道,采取咨询、兼职、短期聘用、人才租赁等方式,力邀国内外一流的科技人才和科研机构参与全省交通运输科技活动。每年邀请有国际影响的国内外专家,来全省进行学术研讨或专题技术报告,组织科技人员参加国外高水平学术交流活动,及时掌握交通运输科技发展的最新趋势。认真落实引进消化吸收再创新的有关政策,对重大引进消化吸收再创新项目,列入专项予以重点扶持。

(三)重大科技创新成果及推广应用

科技成果的应用价值、市场价值作为衡量科技成果的重要指标。经过多年的努力,山东交通科技成果转化推广的渠道逐步打通,成果转化推广机制进一步完善,市场化、网络化、规范化的成果转化推广体系正在形成。在大力推进自助研发成果转化应用的同时,山东交通运输系统积极借鉴国内外已有的研究成果,大力推广应用适用技术,对经生产建设实践证明比较好的成熟技术,采取"拿来主义"的办法,直接推广应用,有效减少了盲目开发、重复开发和交叉开发。另外,通过积极组织交通运输科技下基层活动,多途径、多形式将先进适用的技术尽快传到交通运输生产一线,推广应用到全省,有效提高了全行业整体科技水平。

山东交通广泛开展科技攻关和新设备、新技术、新工艺、新材料的推广应用,推动路面材料的循环利用技术和施工工艺研发。编辑出版了基于全寿命周期费用理论的绿色低碳养护技术手册,将"冷再生"和"热再生"等资源循环利用技术广泛应用于路面维修,全省废旧沥青路面材料循环利用率达100%,有效促进了低碳养护技术的应用,增强了行业可持续发展能力。永久性路面技术在青兰、滨博、长深等高速公路上推广应用,从2005年第一条永久性沥青路面结构试验路开始,通过10多年长期观测验证,证明该项技术完全可行,可将全国高速公路路面结构传统设计寿命从15年提高至35年以上,具有巨大的经济与社会效益。在改性沥青研制使用、高速公路伸缩缝和桥头跳车通病研究防治等方面取得重大突破。在高速公路路面施工中,成功研制推广了多碎石沥青混合料(SAC)、沥青玛脂碎石(SMA)和超级路面设计体系(SUPERPAVE)等新型路面技术,在筑养路技术方面,许多研究成果达到了国际先进水平。如在济南绕城高速公路南部山区施工中处置大面积山体滑坡时,成功地实行山体部分卸载,采用45米预应力锚索、锚杆对滑坡段进行加固处理,设立抗滑桩等全国目前最先进的治理、预防塌方技术,不仅有效地避免了重大事故的发生,而且消除了高速公路运营后的安全隐患。

2017年5月11日,青岛港全自动化集装箱码头正式投入商业运营,是当今世界最先进、亚洲首个真正意义上的全自动化集装箱码头。全省高速公路联网里程达5820公里,高速公路不停车收费实现与全国各省市区联网。全省ETC收费站覆盖率达到95%,非现金交易金额占总通行费50%以上。山东省交通应急指挥中心投入运行,成为集省级综合交通指挥、突发事件应急指挥、交通运行状态监测、政府决策资源支持、交通行业信息发布等功能于一体的综合性行业数据资源中心。省交通物流公共信息服务平台在全国率先实现与国家平台信息资源互联共享。全面推广普及城市公交"一卡通"服务,不断扩大城市一卡通联网应用范围,青岛、枣庄、临沂、威海、德州和菏泽6市已实现交通一卡通互联互通,近期将实现全省17市全部互联互通。青岛、潍坊等市相继开展交通运输部"城市出租汽车服务管理信息系统"等试点示范工程建设,为科学投放运力,强化行业监管,提升运营效率和服务水平提供了技术手段。

六、精神文明建设

(一)精神文明建设

改革开放以来,山东省始终把创建文明行业作为交通系统科学发展、加快发展、可持续发展的重要环节,把创建文明行业纳入交通发展总体规划,使精神文明建设和物质文明建设有机融合在一起,真正做到了相互促进,共同提高。

"两手抓、两手都要硬"的思想贯穿山东交通改革开放的整个进程。从1981年起,每年都会组织好路站、全优工班、全优养路队等评建活动。1994年12月,山东组织召开了交通系统精神文明专题会议。1996年11月,交通部全国交通系统开展文明行业创建活动启动,山东交通在文明创建目标的指引下更加扎实地深入推进。这个过程中,山东交通文明单位、文明个人层出不穷,涌现出一大批先进单位和先模人物。

2002年,省交通厅受到省委、省政府通令嘉奖,成为新中国成立后首个获此殊荣的省直部门。2003年,全省公路系统、交通稽查系统被交通部授予全国交通文明行业,高速公路公司成为创建文明行业先进单位,京杭运河山东段创建成为全国文明样板航道。2005年,山东港航系统被交通部授予全国交通文明行业。至此,省交通厅及各专业局、交通稽查总队全部创建为全国交通文明行业,成为全国第一个整体创建为文明行业的省级交通行业。

2007年,山东行业品牌建设取得新成效,"红飘带"等一批文明服务品牌纷纷树立,大大提升了山东交通的知名度。精神文明创建越来越成为交通发展的软实力。

2008年,省交通厅被交通运输部授予全国交通行业文明单位,15个单位被表彰为全国交通文明行业、全国交通行业文明单位、全国交通行业文明示范窗口和全国青年文明号,省交通厅争创全国精神文明建设工作先进单位通过中央文明委审查并公示。到2017年底,全系统建成一批全国交通运输行业文明单位、文明示范窗口、全国青年文明号和文明职工标兵。省级文明行业、子行业总量达到95%。

(二)行业先进典型

1997年,山东交通突出开展创建文明行业活动,制定并实施了创建文明行业目标、规划和考核标准体系,树立了青岛汽车站、204国道日照收费站及朱甲增、杜希乐等典型,全年创建文明样板路662公里,总里程达到1600公里。

2003年11月5日,京杭大运河山东段被交通部授予"文明样板航道"。

2004年6月21日,国务院总理温家宝在山东视察工作期间,高度评价青岛港许振超同志,称其为新时期产业工人的杰出代表,"振超精神""振超效率"是时代的强音,是社会主义现代化建设的宝贵财富,并将"振超精神"精辟概括为爱岗敬业、无私奉献的主人翁精神,艰苦奋斗、努力开拓的拼搏精神,与时俱进、争创一流的创新精神,团结协作、互相关爱的团队精神,号召在全社会学习"振超精神",广泛开展"个人干一流工作,企业创一流品牌,社会造一流环境"活动。

2005年,青岛港被交通部树为"三学四建一创"(即学包起帆、学华铜海轮、学青岛港,建设"交通基础设施优质廉政工程""交通执法素质形象工程""交通运输通道文明畅通工程""交通运输企业安全效益工程",创建文明行业)先进典型,成为全国交通系统学习的典范;日照港荣获"全国AAA级信用企业""全国企业文化建设优秀单位"。

青岛交运集团推出的"情满旅途"品牌服务、"日新巴士"服务品牌,日照港荣获"全国AAA级信用企业""全国企业文化建设优秀单位";济南长途汽车总站打造的"中华第一站"品牌、济南大型运输公司树立的"中国第一运"品牌,以及方便农村群众出行的"村村通客车"等,都是通过辛勤努力树立起的良好服务品牌。

社会对交通的需求没有止境,交通的发展就没有止境。展望未来,大力发展现代交通运输业是交通发展的主趋势。需要山东交通人坚持科技创新,用现代科学技术、管理技术改造和提升交通,提高交通基础设施、运输装备的现代化水平和运营效能。坚持服务至上,适应现代服务业发展要求,不断拓展交通服务领域。坚持可持续发展,走资源节约、环境友好发展之路。坚持协调发展,促进综合运输体系建设,实现货运"无缝衔接"和客运"零换乘"。

中原出彩　交通先行

河南省交通运输厅

一、综述

河南省地处中原,承东启西,连南贯北,是全国重要的综合交通枢纽之一。改革开放40年来,在交通运输部和河南省委省政府的正确领导下,河南省交通运输系统坚持科学发展,改中求进,务实创新,完成了交通运输由"基本缓解"到"总体适应"的重大跨越,为河南由"交通大省"向"交通强省"的迈进奠定了坚实基础。

(一)交通基础设施建设突飞猛进

改革开放40年来,河南的交通基础设施取得了明显进步。截至2017年底,河南公路总里程、高速公路里程、普通干线公路里程、农村公路里程均居全国第四位,为助力全省社会经济发展,服务全国发展大局提供了有力支撑。总的来看,河南交通基础设施建设主要经历了四个发展阶段:

第一个阶段是从党的十一届三中全会提出实行改革开放到党的十四大召开前夕(1979—1992年),由建国初期的"缓慢起步"阶段迈入了"全面展开"的发展阶段。在这一阶段,河南以改革开放为战略指导,以"恢复、改善、发展"为主要任务,以"集资建设、有偿使用、收费还贷、滚动发展"为政策引领,以"新建和改善相结合、普及与提高相结合"为实施方针,在全省范围内开展大规模的公路拓宽改造和配套工程建设,加速推进交通基础设施建设从而实现新突破。

第二个阶段是从党的十四大召开到党的十六大前夕(1992—2002年),为"瓶颈突破"的发展阶段。全省第一条高等级公路"郑州至新乡高等级公路"和第一条高速公路"开封至郑州高速公路"相继建成通车,航运基础设施逐步完善,中原交通人进一步抢抓机遇,加快发展,努力突破交通瓶颈制约,谋求交通运输与经济社会发展相适应。

第三个阶段是从党的十六大召开到党的十八大前夕(2003—2012年),为"全面提升"的发展阶段。河南进一步冲破思想观念、体制机制束缚和障碍,全面加快建设速度,交通基础设施总量稳居全国前列,高速公路里程逐年攀升,尤其是从2006—2013年,河南省高速公路通车里程连续八年位居全国第一。

第四个阶段是党的十八大召开以后(2013年至今),为全面建设小康社会的"战略冲刺"阶段。河南围绕加快构建现代综合交通运输体系这一核心任务,坚持交通先行,积极服务"一带一路"倡议、"乡村振兴"战略,持续完善内联外通的公路交通网络,补齐水运短板,大力发展铁路、民航,加大贫困地区交通投入,交通运输高质量发展步伐进一步加快。

(二)运输服务保障能力全面提升

改革开放40年来,河南运输领域发生了翻天覆地的变化,客货运量从1978年的1.11亿人、1.82亿吨,迅速增长到2017年的11.66亿人、22.94亿吨,较好地满足了人民群众对出行和货物流通需求。总的来看,河南运输业发展主要经历了五个发展阶段:

第一个是粗放式发展阶段(1949—1978年)。改革开放前,受计划经济影响,河南运输任务全部由国有运输公司承担,客运班次少、运营线路短、公交线网疏、货运运力小、运输方式原始,运输装备数量少、档次低,运输管理方式粗放、运输服务质量不高,百姓乘车难,货物运输流通不畅是改革开放前交通运输服务的真实体现。

第二个是规模化发展阶段(1978—1989年)。河南落实国家精神,打破国营和集体运输企业垄断的经营局面,开放运输市场,允许个体购买车辆从事生产和运输,河南运输装备的规模快速增加,"乘车难、运输难"问题得到有效缓解。

第三个是规范化发展阶段(1989—2000年)。针对运输市场的快速发展带来的经营主体分散、集约化程度低、交易不规范、运输效率低下等问题。河南开始对运输市场进行治理整顿,通过宏观调控运力,倡导承包经营与合同运输的方式,积极培育发展公开平等的运输交易市场。

第四个是信息化发展阶段(2000—2010年)。河南运输信息化步伐加快,现代运输企业制度建立。运输企业向制度化、规模化发展;公交优先理念得到普及,城市公共交通快速发展;ETC系统、联网售票系统投入使用,河南运输服务水平得到极大提升。

第五个是高效化发展阶段(2010—2018年)。河南进一步推广先进运输组织方式,无车承运、甩挂运输、城市配送等先进运输组织方式进一步得到推广,多式联运取得新发展,交通运输高效化便捷化特征充分体现,运输服务基本适应了广大人民群众的需要。

(三)行业管理水平显著提高

管理体制方面。随着改革开放的不断深入,河南着力破除制约交通运输发展体制机制弊端,分别在2000年、2009年、2014年三次对"三定"方案进行调整,实现了由单纯的"交通"向"交通运输"的跨越。坚持"改中求进"基本工作思路,在推动交通执法、出租汽车、交通部门事权划分等重点领域改革取得明显成效。

法治建设方面。颁布4部地方性法规、6部省政府规章,覆盖了道路运输、公路路政、港航行政等交通运输各个领域。行业信用体系建设全面推进,制度设计不断完善,交通执法基层基础基本功明显加强,规范化信息化服务型执法队伍建设成效显著,为推动交通运输科学发展提供了有力的法治保障。

投融资体制方面。主要实施了公路养路费财政返还,争取世界银行贷款修建第一条高速公路、争取国债转贷资金、争取国家开发银行贷款、争取商业银行贷款、探索实施BOT、PPP等融资模式。研究出台《关于加强我省投资经营性公路管理的通知》等一系列深化高速公路投融资体制改革文件,拓宽融资渠道,推动投资多元化发展。出台"集资修路、有偿使用、收费还贷、滚动发展"、"统贷统还"等一系列投融资体制改革政策,为干线公路网络优化、结构调整、提质升级提供了资金保障。创新合作模式,采用PPP模式破除交通基础设施建设资金瓶颈,为河南交通运输事业发展提供了新动力。

技术政策及标准方面。加快行业技术政策及标准修订,积极推广先进成熟技术,在公路设计与施工、公路建设质量检测、公路养护与管理、桥梁设计与施工、水运建设工程、安全应急和信息化等多个领域取得了重要突破,填补了关键领域同类技术标准的空白。

交通科技创新方面。科技研发成效显著,在基础设施建养、运输服务与智慧交通、安全应急、节能环保等领域开展科技攻关,一大批新技术、新材料、新工艺、新装备得到应用。创新体系不断完善,全省建设了20余个重点科研平台,建成了两个"院士工作站"和"多个试验实训基地"。推广体系不断健全,《关于加强河南省交通运输科技成果推广工作的意见》等文件先后出台,科技成果推广应用体系得到完善,有力促进了科技成果的有效转化。

二、基础设施成就

(一)高速公路成为河南的一张亮丽名片

1994年12月26日,全长81公里的连霍高速公路(G30)开封至郑州段建成通车,标志着河南高速公路从无到有,实现零的突破。河南公路交通从此迈进高速时代。三十载艰辛历程,几代人励精图治,河南高速公路承载河南交通运输建设的希望与梦想,在广阔无垠的中原大地上谱写出惠民生、促就业、扶贫致富、跨越发展的壮丽篇章。

从打破思想禁锢,破冰前行,拉开高速公路建设大幕,到放开建设市场,多元融资,实施豫西高速公路大开发,再到坚持改中求进,破解瓶颈制约,推广运用PPP模式,掀起新一轮建设高潮,河南高速公路发展始终处于全国第一方队,为加快推动全省新型工业化、信息化、城镇化和农业现代化,特别是"五大国家战略"的全面实施、构建"一极三圈八轴带"城镇发展格局,为"三山一滩"扶贫攻坚提供了重要基础设施保障,也为河南建成全国重要的现代综合交通枢纽和现代物流中心,率先实现交通运输现代化起到了极大的促进作用。

1.高速公路建设规模位居全国前列

河南16.7万平方公里的土地上,国家高速纵横、地方高速穿梭,高速公路网内联外通、辐射八方,先后建成了连云港至霍尔果斯高速公路(G30)河南段;北京至港澳高速公路(G4)河南段;日照至兰考高速公路(G1511)河南段;郑州绕城高速公路(G3001);济南至广州高速公路(G35)河南段;南京至洛阳高速公路(G36)河南段;晋城至新乡高速公路(G5512)河南段;上海至西安高速公路(G40)河南段;二连浩特至广州高速公路(G55)河南段;大庆至广州高速公路(G45)河南段;菏泽至宝鸡高速公路(G3511)河南段;盐城至洛阳高速公路(G1516)河南段;许昌至广州高速公路(G4W2)河南段;呼和浩特至北海高速公路(G59)河南段;德州至上饶高速公路(G3W)河南段等4200余公里国家高速公路。

同时,为国家高速公路网的完善和补充,河南不断推进地方高速公路网建设,先后建成了郑州至少林寺高速公路(S85),机场高速公路(S1),兰考至南阳高速公路(S83),郑州至西峡高速公路(S88),新蔡至泌阳高速公路(S38),商丘至南阳高速公路(S81),台前至辉县高速公路(S26),淮滨至信阳高速公路(S62),濮阳至商城高速公路(S39),洛阳至栾川高速公路(S96),洛阳至卢氏高速公路(S97),南乐至林州高速公路(S22),商丘至登封高速公路(S60),

机场至西华高速公路(S89),内乡至邓州高速公路(S98),郑州至民权高速公路(S82),林州至汝州高速公路(S49),郑州至云台山高速公路(S87)等2200余公里的地方高速公路。

截至2017年底,河南省高速公路通车总里程达6523公里,密度达每百平方公里建设3.9公里,省际出口通道达到28个,"四改八"扩容改扩建986公里,基本形成以郑州为中心的一个半小时中原城市群经济圈,3小时可到达全省任何一个省辖市,6小时可到达周边6省任何一个省会城市,全省所有县市20分钟上高速公路,河南区位优势更加凸显,枢纽地位日益巩固。河南省高速公路历年通车里程及累计总投资分布如图1所示。

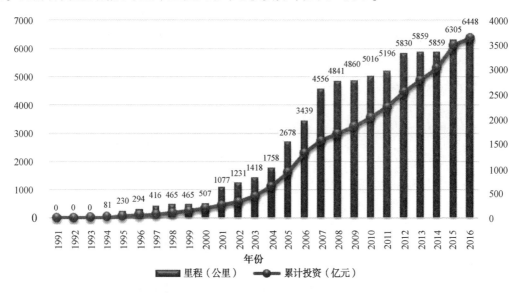

图1　河南省高速公路历年通车里程及累计总投资分布图

河南省地跨淮河、长江、黄河、海河四大流域,高速公路桥梁建设方面,截至2016年底,河南已通车高速公路共有各类桥梁8004座、865554.51延米,其中:国家高速公路5358座、571303.32延米,地方高速公路2646座、294251.19延米。其中特大桥74座、124161.59延米,大桥1894座、513808.28延米,中桥3340座、179694.13延米,小桥2696座、47890.51延米。河南省高速公路桥梁类型及长度如图2、图3所示。

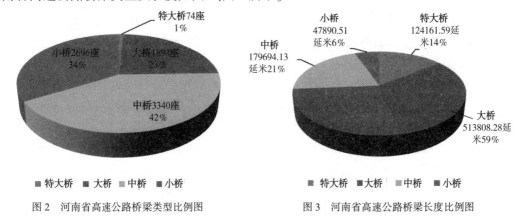

图2　河南省高速公路桥梁类型比例图　　图3　河南省高速公路桥梁长度比例图

高速公路隧道建设方面,河南西高东低,高速公路隧道全部为穿山隧道,且多集中在河南省西部和南部地区的太行山和豫西山脉、桐柏山脉、大别山脉。截至2016年底,河南省已通车高速公路共有各类隧道(双向分别统计)294道、184096延米,其中国家高速公路212道、128401延米,地方高速公路82道、55695延米;按隧道长度分:特长隧道4道、13662延米,长隧道47道、77867.7延米,中隧道67道、45303.5延米,短隧道176道、47262.8延米。河南省高速公路隧道数量及长度比例如图4、图5所示。

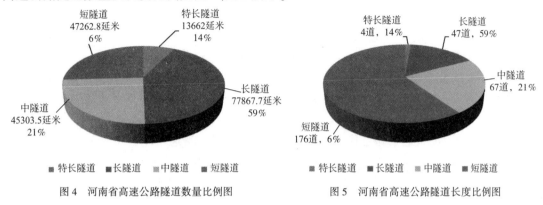

图4 河南省高速公路隧道数量比例图　　　图5 河南省高速公路隧道长度比例图

2.高速公路工程质量稳步提升

40年来,河南高速公路不仅通车里程快速增加,而且管理日益规范、制度不断完善。河南全面开展优质工程、精品工程、品质工程的创建活动,在交通运输系统唱响了"发展、改革、质量、廉政、安全"主旋律,先后出台了《关于进一步加强我省高速公路投资主体招标监督管理有关问题的通知》《河南省公路建设从业单位业绩信誉动态管理暂行办法》《河南省公路水运"品质工程"建设标准》《河南省公路水运"品质工程"评价体系》等一系列规章制度;推行了绿色高速公路工程建设理念,实施生态廊道建设,大力推广新材料、新产品、新能源应用,打造绿色生态工程;推动了河南公路水路工程建设质量水平不断迈上台阶。全省高速公路工程质量合格率达到100%,优良率达到93%以上。连霍高速河南段许沟特大桥荣获我国建设工程质量最高奖"鲁班奖",濮阳至鹤壁高速公路项目荣获"全国公路交通优质工程奖一等奖",济源至焦作高速公路、驻马店至泌阳高速公路、岭南高速公路蒲山特大桥荣获"国家优质工程银质奖",林长项目太行屋脊隧道荣获2016—2017年度国家优质工程奖。桃花峪黄河大桥被冠名为全国首批"平安工程"项目。

(二)普通干线公路打破难实现长足发展的现象

1978年,改革开放大幕拉开,国家加大了基础建设投资力度,河南公路迅速踏上了恢复并加快发展的新征途。1987年9月河南省交通厅与河南省人民政府签订了公路建设养护5年大包干合同,成为中国第一个推行公路建设养护大包干的省份。1992年底河南公路主要指标在全国排名均明显上升。

河南公路建设高潮始于20世纪90年代初,1992年河南省委、省政府提出"政治动员、经济补偿、行政干预、各方支援"和"集资建设、有偿使用、收费还贷、滚动发展"的公路工作双十六字方针,并首次向世界银行贷款1.2亿元用于河南公路建设。1998年河南省干线公路建设首次实行"统贷统还"融资政策,对全省路网实施改造升级。"九五"期间,全省公路建设投资达到 189 亿元,其中干线公路建设达到 105 亿元,五年新增公路 14746 公里。到 2000 年底,全省公路通车总里程达 64453 公里,居全国第 6 位,路网等级结构逐步趋于合理。

为进一步加快公路建设,2001 年 4 月、2003 年 4 月、2004 年 8 月,省政府先后出台了《关于加快全省公路建设的意见》《关于深化交通建设管理体制改革的通知》《关于干线公路养护体制改革的实施意见》,为加快建设提供了政策上的支持和保障,逐步形成多元化投资格局。"十五"期间,干线公路投资达到 355 亿元。2005 年底,全省公路通车总里程达到 79506 公里,其中干线公路达到 20909 公里,是"九五"末的 1.15 倍。

"十一五"期间,我省公路发展进入战略调整期。2006 年 11 月,河南省政府出台了《关于改进和加强干线公路建设管理的意见》,建立省、市两级还贷责任制。"十一五"期间,普通干线公路累计完成投资 213 亿元,新改建干线公路 3563 公里。普通干线公路里程 17787 公里,位居全国第 5 位。

"十二五"时期,普通公路工作在巨大变革中不断提升。普通干线公路五年累计完成投资 589 亿元,建设普通干线公路 7725 公里;普通干线公路平均优良路率从"十一五"的 69% 提高到 88.27%。到"十二五"末,全省原有普通国省干线公路通车里程达到 1.80 万公里,路网平均技术等级由"十一五"末的 2.13 提高到 1.93,达到二级公路标准,路网等级结构不断优化,服务保障能力显著增强。其中,一级公路达到 2788 公里,比"十一五"末新增 2269 公里,实现了所有县(城)20 分钟上高速,有力促进了全省城市组团式发展、产业集聚区和新型城镇化建设;二级及以上公路达到 1.69 万公里,占总里程的比重达到 93.8%,高等级公路所占比重不断攀升;三级及以下公路占比由"十一五"末的 11.8% 下降到 6.2%,制约经济社会发展和群众安全便捷出行的"瓶颈"路段基本消除,人民群众出行的安全性和舒适化水平将持续提升。

"十三五"以来的 2016—2017 年,全省普通干线公路完成投资约 303.2 亿元,为"十三五"规划投资目标的 50.5%;两年共完成新改建里程 1380 公里,在建里程约 2280 公里。

(三)农村公路发展取得了实实在在的成效

1978 年河南仅有县乡公路 19880 公里。到 1979 年底,县乡公路有 25483 公里。全省 2065 个乡镇中,还有 869 个乡(镇)不通柏油路。全省不通水泥路、沥青路的乡镇 869 个,全省不通水泥、沥青路的建制村 33399 个。

1983 年 5 月,省政府印发了《关于实行民工建勤和民工补助的办法修建和养护公路的通知》。1988 年,河南省交通厅在全国率先提出实施公路建设养护五年大包干的改革措施。进入 20 世纪 90 年代,河南省实施了全省第一轮的乡镇及行政村通油路建设工程。1990 年、1994 年,省政府先后出台了《关于加快山区开发建设若干政策的决定》《河南省县乡公路建设管理办法》后,河南公路于 1998 年提前完成河南省委、省政府确定的基本实现全省乡乡通公路和所有行政村村村通机动车的目标;2002 年起,又完成了 6000 公里县道二级公路的建设和 8000 公里县乡公路国债项目改造工程。

2005 年,河南省委、省政府做出一项重大决策:到 2007 年底,全部实现所有建制村通水泥(油)路目标,并将此列入为群众要办的十件实事之一。2005 年 4 月、2006 年 11 月,省政府先后出台《关于进一步加强农村公路建设的意见》《河南省农村公路管理养护体制改革实施意见》。在这一大背景下,从 2005 年开始,全省启动了以"村村通"为重点的农村公路建设。三年间累计完成投资185.9亿元,新建、改建农村公路7.5万公里,其中"村村通"投资98亿元,2.6万个行政村通上了水泥(油)路。到2008年底,全省农村公路通车里程达到21.66万公里,仍居全国第一位,是改革开放前的10.9倍。

2010年10月,河南省颁布实施《河南省农村公路条例》,明确规定了省、市两级政府分别列支不低于年度财政一般预算收入1%和1.5%的资金用于农村公路养护工程。从2012年起,河南省级财政连续6年按照《条例》规定的本级财政一般预算收入1%的比例,足额列支农村公路养护资金8.53亿元。"十二五"期间,全省市、县两级财政累计到位的农村公路养护资金78.7亿元,约为"十一五"期的10倍,为农村公路养护工作的开展奠定了坚实的基础。

党的十八大以来,习近平总书记多次对农村公路工作作出重要指示。2014年3月,习近平总书记提出要把农村公路建好、管好、护好、运营好。河南及时启动了三年行动计划乡村通畅工程,进一步加快农村公路建设步伐;先后制定与印发建设工作方案、示范县创建实施方案等一系列政策措施,率先明确了"四好农村路"示范县的创建标准和奖励办法;探索委托第三方专业机构开展独立考评。2017年从第一批23个创建单位中,评选出新安、宛城、宁陵、孟州、临颍、范县、郏县等第一批7个"四好农村路"示范县,其中:新安、宛城、宁陵3县(区)成功创建第一批全国"四好农村路"示范县,成为全国入选最多的省份之一。

2014年以来,全省共安排农村交通基础设施建设国省补助资金214.9亿元,累计完成投资473亿元,目前已完工4.4万公里,完成县乡道安防1.35万公里,村道安防0.43万公里,完成县乡道桥梁1910座共计9.9万延米,村道桥梁1980座共计8.9万延米。其中全省贫困地区农村公路建设累计完成投资142.5亿元,建设农村公路约1.34万公里,安排公路安全生命防护工程约1.4万公里,改造危桥约4.9万延米。顺利实现2016年计划退出贫困的兰考、滑县和1500个贫困村实现通硬化路、通客车目标。河南农村公路的快速发展,为广大农村搭建了走向富裕的桥梁,有力地支撑了农村经济社会的发展。

(四)内河水运发展全面提速

改革开放以来,河南基础设施建设步伐明显加快,航道通航条件得到了改善,通航里程逐年增加,由1978年的1103公里增加到2017年的1589公里,增加航道通航里程486公里。建成了沙颍河刘湾港、固始县望岗码头等一批现代化的港口码头设施,码头泊位达96个,年吞吐能力1967万吨。特别是"九五""十五"期间完成的沙颍河周口以下复航工程,实现了沙颍河在断航40年后的复航梦想。自2006年开始,河南又持续对全省480多道渡口和60余处大中型湖库区安全设施进行了建设。水上安全监督支持保障系统也进行了完善,按照"八个一"标准建设了全省开展水上旅游运输的50余个重点库区或水域的水上安全监督设施。2017年5月,经省政府同意,印发了《关于加强全省库区(水域)港航安全监管基础设施标准化建设的意见》,使得河南库区(水域)水上安全监管有了基本遵循。按照"五有"标准进行了农村渡口渡船改造工作。并制定出台了《河南省农村渡口渡船改造实施管理办法》,有效地规范了河南省农村渡口渡船改造工作。这些港航基础设施及支持保障系统的建设和完善,消除了水上交通安全存在的薄弱环节和安全隐患,同时还大大提高了河南内河航运的服务能力和水平。

改革开放以来,河南内河水运基础设施投资逐年增加,共完成各类投资115亿元。河南省水运基础设施建设投资走势如图6所示。

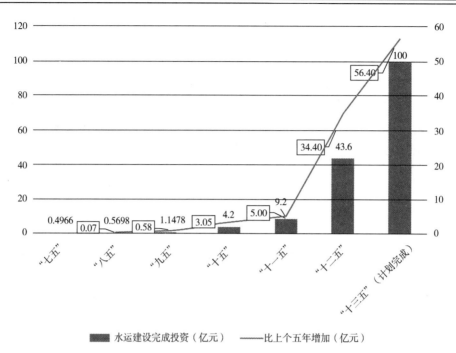

图6 河南省水运基础设施建设投资走势

全省内河航道、港口设施建设的快速发展,助推内河水运货运量持续增长,运输船舶大型化标准化加快发展,水运市场日趋活跃,水上交通安全形势持续保持稳定。实现了沙颍河、淮河、涡河、沱浍河等主要航道与长江三角洲水运网地区的沟通,形成4条通江达海的水上运输通道。河南省水路运输能力走势如图7所示。

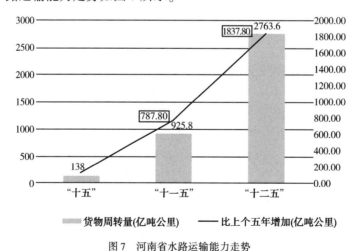

图7 河南省水路运输能力走势

(五)运输场站实现数量等级双提升

改革开放40年来,全省道路运输场站基础设施建设取得显著成效。全省二级及以上公路客运站达到250个,实现了"市有一级站、县有二级站、乡有客运站"的目标。"十二五"期间,建成郑州综合交通枢纽公路客运站、许昌市零换乘枢纽中心长途汽车站、鹤壁公路运输综合运输枢纽站3个枢纽站客运站,并顺利投入运营使用。交通运输部对上述三个枢纽站下发1.2亿元的补助资金,并拉动社会投资12亿元。建成信阳金牛山、安阳物流港、鹤壁宏昌、焦作德众、鹤壁瑞丰等10个货运枢纽(物流园区),共获得交通运输部补助3.6亿元,拉动社会投资约35亿元。

为支持全省公路客运站建设,2015年河南省发展改革委、交通运输厅颁布了《关于加快全省公路客运场站发展的指导意见的通知》(豫发改基础〔2015〕539号)文件,较以前的补助标准有大幅度的提高。"十三五"期间,河南规划建设12个综合客运枢纽和8个货运枢纽(物流园区)。已建成永城、开封、兰考等3个综合客运枢纽和驻马店国际公路物流港、河南保税物流中心2个货运枢纽(物流园区)。其中,开封旅游客运站和郑徐兰考高铁综合客运枢纽站已争取到交通运输部7500万元的补助资金,驻马店国际公路物流港争取到交通运输部补助资金3000万元。

根据交通运输部工作要求,2017年完成了"十三五"客货运枢纽建设中期项目库调整工作,河南12个高铁沿线城市配套综合客运枢纽和12个货运枢纽(物流园区)项目,纳入交通运输部"十三五"支持储备库。

三、运输服务

(一)客运服务能力大幅增强

1978年,河南交通运输业共完成客运量1.11亿人次,完成旅客运输周转量123.22亿人公里。改革开放以来,河南不断改进交通运输服务方式,客运服务能力和水平大幅增强。截至2017年,全省交通运输业共完成客运量11.66亿人次,完成旅客运输周转量1945.20亿人公里,分别比1978年增长10.46倍和15.79倍。

1.城乡客运协调发展

1983年,河南响应中央《关于当前农村经济政策若干问题》精神,打破国营和集体运输企业垄断经营局面,结合1986年的多次市场整顿,宏观调控运输能力,保证客运市场健康发展。1998年,河南以全省18家地市参股的形式组建了河南宇通快运股份有限公司,购置了50部高档客车专门从事跨省客运,河南道路运输迈入新阶段。自2006年开始,进一步提高市场集中度、增强运输能力,客运企业车辆拥有量年均增长7.8%,公司化营运客车占总数的10%以上,结合社会车辆发展,"乘车难"问题已经得到基本解决。针对各地农民群众出行需求日益增长的特点,河南以县城为基础、农村客运站为节点,进行农村客运网络化建设。各市按照"一县一网一公司"的农村客运发展模式,先后投入7亿元建设乡镇客运站近2000个,在中西部地区率先实现了"乡乡都有客运站"的目标。

截至2017年底,全省营运车辆102.3万辆,比1978年的1733辆增长590.3倍。客运线路已通达除西藏外的其他省级行政区,农村客运行政村通客车率97.7%,具备条件的建制村通邮比例100%;县级行政区域城乡客运一体化发展水平AAA级以上比例45.4%。上蔡县、禹州市成为全国首批城乡交通运输一体化试点,"城城相连、城乡相融、城农均等、城乡一体"的创建目标基本实现。在郑州—新乡、济源—郑州线路上开展的定制客运试点成效显著,"景区直通车"等新业态快速发展。新农巴士基本普及,群众出行难的状况有了极大改善。

2. 城市公共交通发展成效显著

2005年以来,河南地方财力不断增强,城市公共交通发展后劲十足,各地认真贯彻落实"公交优先"战略,逐步理顺城市公交管理体制,不断加大公交支持力度,切实提高公共交通服务水平。2013年12月,郑州轨道交通1号线开通试运营,郑州成为中国第18个开通地铁的城市。

截至2017年底,全省运营公共汽电车31153辆,折合标准运营车数34321.6标台;运营线路1831条,运营线路总长度30276.5公里;城市公交客运总量25.4亿人次。开通轨道交通运营线路3条,线路里程94千米,全年客运量2.8亿人次。郑州、新乡、洛阳、许昌、南阳、驻马店6个城市入选国家公交都市,数量位居全国第一。社区巴士、微型公交、定制公交、水上公交、公交旅游专线、公交学生专线等个性化公交服务先后在郑州、商丘、开封、焦作、平顶山、许昌等地开行,公交服务水平有效提升。全省市区人口100万以上的省辖市中心城区公共交通站点500米覆盖率达到87.4%;市区人口100万以上的省辖市公共交通占机动化出行的比例达到49.5%。

3. 出租汽车行业改革成功实施

作为公共交通的重要补充,80年代后期出现的出租汽车为城市居民提供了更为便捷的出行服务。到1990年,全省出租汽车发展到2470辆,2000年发展到2.3万辆。2015年网约车新业态出现,全省实行出租汽车行业改革,对新业态进行规范,进一步满足了"人、城市、居民"多样化出行需求。

截至2017年底,全省共有巡游车经营业户2838家,巡游出租汽车6.2万辆,从业人员11.4万余人;共有合法落地的网约车平台公司9家,网约车1436辆,网约车驾驶员3034人;全年出租汽车载客车次总数8.1亿车次,客运量16.8亿人次,运营里程77.4亿公里。出租汽车行业改革全面落实,全省巡游车经营权有偿使用费全部停收,各中心城市巡游车经营权期限制全部落实;郑州、洛阳、濮阳等7个城市推广使用了"95128"出租汽车约车平台;网约车"三项许可"在各地全面推行;河南克穷专车通过线上能力认定,成为河南首家本土网约车平台公司。

4. 运输业信息化建设加快发展

河南运输业信息化建设自2000年起陆续推行并迅速发展。2001年3月高速公路收费站推广二维条码通行券半自动电子收费系统,次年首个ETC系统投入使用,到2017年底,全省高速公路收费站ETC覆盖率95.7%,高速主线收费站ETC车道覆盖率100%,ETC用户突破200万。2004年7月郑州实现长途汽车客运站联网售票,2017年全省所有二级以上客运站实现联网售票。2015年初开封、安阳、焦作、驻马店、南阳、济源等6个省辖市实现交通"一卡通"互联互通服务,2017年省内所有省辖市、全国近200个城市实现互通,联通城市数量全国第一,并实现全国累计刷卡交易总量破1亿笔。2016年整合96520交通运输热线、96055交通路政热线、12122高速公路热线,联网运行12328交通运输服务监督电话,2017年省内省辖市全部开通"12328",实现交通运输行业服务监督、投诉举报、咨询服务"一号通"。河南运输业信息化建设成效显著,得到了社会各界广泛关注和赞誉。

（二）货物运输发展步伐持续加快

改革开放前，河南货运任务全部由国有运输公司承担，货运市场发展严重滞后。1978年，伴随着改革的春风，河南运输市场由封闭逐渐走向开放。全省交通运输业共完成货运量1.82亿吨，完成货运输转量508.41亿吨公里。至1988年，河南个体营运发展迅速，但交易不规范、恶性竞争等弊端逐渐显现，货运实载率仅为47%，能源浪费严重。1989年，河南开始治理整顿道路运输市场，大力倡导计划指导下的合同运输，培育发展公开、平等的货物运输交易市场，取得了良好成效。截至2017年底，全省交通运输业共完成货运量22.94亿吨、货运输转量8160.34亿吨公里，分别比1978年的1.82亿吨、508.41亿吨公里增长2.19倍和16.05倍。

1.物流市场主体结构不断优化

1987年，河南省交通厅转发并实行交通部制定的交通运输企业系列管理办法，制定《河南省公路运输企业省一级、二级标准（试行）》，为交通运输企业制度化、规范化、科学化发展提供保障。1994年，印发《汽车运输企业深化改革意见》；1995年，印发《汽车运输企业转换经营机制，建立现代化企业制度意见》；2000年，召开企业改革与发展对策座谈会议，为运输企业的发展提供政策支持。为实现全省货运物流企业转型升级，2008年，河南把河南豫鑫物流、河南公路港物流、许昌万里运输集团、郑州交运集团、郑州长通物流公司、漯河双汇物流共6家有实力、有信誉的物流企业列为骨干，重点支持，促其发展；同时鼓励不同线路和区域从事商业运输的中小企业以运输联盟形式实行联合运输。以长通、宇鑫、邮政速递等为代表的一批规模化、网络化、品牌化龙头骨干物流企业迅速成长，中原地区多式联运企业联盟成立并迅速发展。物流市场主体的不断优化，将路网、运输工具、场站、资金、劳动力等各生产要素有效优化，推进各地把货源组织、货物运送、场站中转等环节各自为营的经营模式，转变为经济一体化环境下利润共享、风险共担的新型联合方式，"物流豫军"初步形成。

2.农村物流蓬勃发展

改革开放前，受"重生产、轻流通"思想的影响，河南农村地区主要使用拖拉机进行零散的货物运输，农村货运建设滞后。随着道路货运业的发展，农村地区货物运输方式也在发生变化。1990年以后，农村货运市场农用汽车逐步代替了拖拉机跑运输的地位，逐渐形成规模化和公司化运输效应。截至2017年底，各地在发展农村物流实际中不断摸索创新，形成了符合各自实际的发展之路。卫辉市设立乡级物流服务点7个，村级服务点48个，通过打造县、乡、村三级农村物流体系，形成"县级货运站+乡村站点"模式；栾川县利用园区电子商务平台，引导农民对接市场，促进农村产品进城和农资消费品下乡，形成"多点合一、资源共享"模式；鲁山县打造以"鲁山县物流分拨中心"为载体，第三方物流、快递企业共同参与的电子商务进农村物流服务体系，形成了"1+N"模式。这些发展模式进一步完善了农村物流体系，畅通了农产品和农业用品的流通渠道，有力地促进了当地产业和经济社会发展。

3.先进运输组织方式广泛应用

1980年，河南制定《开展汽车零担货运班车的几项规定》，开始逐步推广较为先进的运输组织方式，提升运输效率。1988年，为促进公路零担货运发展，制定了《河南省公路零担货物运输经营管理评先办法（试行）》。从1990年起，全省各地大力组织兴办货运信息中心，为货运承托双方提供货源、车辆信息，组织回程配载，代结运费等服务。到1994年大宗货物运输合同签约率达到55%,重点物资和指令性货物运输合同签约率达90%。截至2017年底,无车承运逐步普及,试点企业税负由11%降至5%左右;已认定16家道路货运无车承运人试点,推荐的13家试点企业全部入选国家甩挂运输试点。16家试点企业累计完成运单34.6万单、运量565.5万吨、运费75722.4万元,整合车辆达16573辆,业务范围覆盖河南、山西、陕西、北京、安徽、天津、河北等省份。甩挂运输迅速发展,13家企业成为国家甩挂运输试点,从事甩挂运输的牵引车565辆,挂车1094辆,拖挂比为1:1.94;甩挂运输专线66条,完成货运量2718.05万吨。着力解决城市配送"最后一公里"难题,郑州市被商务部确定为全国第二批城市共同配送试点城市,成立了全国第一家城市共同配送联盟。物流信息系统覆盖范围进一步扩大,"八挂来网"物流信息系统用户已达10万户,日均有效信息600万条,被交通运输部列为交通运输行业节能减排示范项目。

4.多式联运发展开创新局面

1986年,河南转发国家计委、经委、财政部、铁道部、交通部联合颁发的《关于发展联合运输若干问题的暂行规定》,推行联运政策。1989年,为加强联运工作,成立了河南省联运指挥部,制定了《河南省联运业务收费管理办法》,为联运建设做出大胆尝试,并分别于1991年和1999年建立中国远洋运输公司郑州国际集装箱中转站和中原航空有限责任公司,有力推动全省联合运输事业发展。近年来,河南积极响应"一带一路"倡议,借助中国(河南)自由贸易试验区的建设契机,成立了以河南省交通运输厅、发展改革委等15个省直部门及机场集团等4家多式联运经营人为主体的多式联运服务体系建设专项工作小组,着力搭建多式联运制度框架体系,构建现代综合交通枢纽,打造郑州至卢森堡"空中丝绸之路"等连接世界的开放平台,力争全面建设互联互通、物流全球、一单到底的多式联运服务体系。

截至2017年,中欧班列(郑州)2017年开行501班,超过2013至2016年四年的总和,排名全国第3位;郑州机场2017年货邮吞吐量突破50万吨,跻身全球机场前50强。出台高速公路货车分时段差异化收费政策和高速公路标准集装箱运输车辆优惠政策,累计优惠额度超2.4亿元,有效降低物流成本。郑州海关驻铁路东站办事处97%的出口报关单实现了系统自动放行,出口通关时间同比压缩50%。河南保税集团率先实现了跨境电商交易通关单"一票到底"和"跨境网购现场提货"的目标,日处理商品能力超500万包,全国领先。当前,往返于"一带一路"沿线国家的"陆上丝绸之路"、越来越火的"网上丝绸之路"、越飞越广的"空中丝绸之路"已经成为河南多式联运发展的最好代言与象征。

(三)运输装备水平迈上新台阶

改革开放前,河南运输装备数量少、档次低。1978年之前,全省货车数量不足5万辆,其中营运货车仅有1.3万辆,而运输船舶多为木帆船,严重制约全省运输市场发展。在改革开放后个体营运被允许进入运输市场的背景下,改革开放的第一个十年内,河南个体营运货车迅速发展到4.55万辆,营运性拖拉机发展到14.7万台,木帆船也逐步改换为钢丝网水泥船,船舶逐步实现标准化和大型化,极大促进了运输业发展。

1.运输装备规模得到发展壮大

截至2017年底,全省营运客车4.1万辆、客位127.6万个,其中班线客车3.8万辆、旅游客车3.2万辆、其他客车107辆;营运货车103.8万辆、吨位880.9万吨,其中栏板货(挂)车70.2

万辆、厢式货(挂)车7.9万辆、集装箱货(挂)车416辆、罐式货(挂)车2.2万辆、牵引车17.8万辆、其他载货机动车4.9万辆、轮胎式拖拉机6836辆;公共汽电车3.1万辆,折合标准运营车数3.4万标台,其中空调车2.3万辆、BRT车1822辆;出租汽车6.2万辆,其中个体车辆1.1万辆;水运客船579艘,载客量1.5万个客位;货船4709艘,净载重量985.8万吨;拖船14艘,总功率3231千瓦;驳船303艘,净载重量27.4万吨。

2.运输装备多样化清洁化程度不断提升

改革开放前,车辆档次低、油耗高,客车运行冒黑烟。改革开放以来,河南不断提升车辆装备水平,新能源车、新型高档车、空调车、软座车不断投入使用,其中新增公交车辆中新能源车辆比例达到100%,群众出行舒适性得到极大改善。目前,全省每10辆营运车辆中,就有1辆车采用液化石油气、天然气、电力等清洁能源。清洁能源和新能源车在城市公共交通和出租车行业占比更高,分别占到了74%和71.2%。郑州、商丘、开封、安阳一次性购置新能源公交车500辆以上,商丘、滑县成为主城区全部纯电动化公交运营的城市。绿色公交车大规模投入运营,不仅改善了市民乘车条件,也为减少大气污染做出了积极的贡献。

四、行业管理

(一)法治建设得到全面加强

1.交通发展改革实现有法可依

自1979年颁布实施的《中华人民共和国地方组织法》赋予省级人大地方性法规立法权和1982年赋予地方政府规章立法权以来,在各级各部门的积极推动下,河南交通运输行业地方性立法工作取得了明显成效,为行业健康发展提供了基础保障和支撑。第一部河南省政府规章《河南省〈水路运输管理条例〉实施办法》于1988年颁布,第一部地方性法规《河南省道路运输条例》于1994年颁布。截至目前,河南已出台了4部地方性法规,6部省政府规章,全面覆盖道路运输、公路路政、港航行政等各个领域。2018年,根据行业工作实际,新出台的《河南省治理货运车辆超限超载条例》,在科技治超、源头治超和信用治超等多个方面做了创新规定,为治超工作长效化、规范化的开展提供了有力的法规支撑。

2.交通运输领域制度体系更加完善

严格执行规范用权,不断强化制度设计,制定了《重大行政决策合法性审查制度》《规范性文件制定管理办法》《重大行政处罚备案审查制度》等一系列规范和制度,使规范性文件制定、重大处罚、重大决策合理合法。建立法律顾问联席会议制度、内部审计规程,印发《行政复议法律文书标准文本》,强化内外监督,防止权力越线。积极创新监管手段,全面推动"双随机一公开"的监管和信用体系建设,在简政放权的同时强化事中事后监管,建立健全公路水路工程建设、运输市场管理、招投标和安全监管等各领域信用制度规范,推广信用信息应用,形成了较为完备的制度体系;通过坚持靠制度管人管事,为规范行政权力扎紧了"制度的笼子"。

3.规范化服务型交通执法队伍建设持续加强

以规范队伍建设为根本,组织全省执法人员进行轮训考试,圆满完成执法形象"四统一"建设任务,持续开展基层执法站所"三基三化"建设活动,全面提升执法队伍整体形象。以推进执法体制改革为重心,根治多头执法、"公路三乱"等顽症痼疾,实现执法队伍由分散执法向集中综合转变,由权责交叉向重心下移转变,由臃肿怠政向精干高效转变,实现了一支队伍执法,一个窗口对外,执法效能显著提高,趋利执法问题得到解决。以全面落实行政执法责任制和推进服务型行政执法建设为抓手,严格执法证件管理,统一执法文书,制修订了 27 部法规规章裁量标准,梳理统一了全省交通运输 234 项和 22 项行政处罚、检查事项,充分运用"互联网+行政执法"的方式,不断创新执法方式,提升执法效能,积极推广行政指导和行政调解方式应用,大力开展行业服务型执法示范创建活动,发挥先进单位和人员的引领带动作用,扎实推进严格规范公正文明执法。以执法评议考核和依法行政考评为依托,坚持以考评促落实、促规范、促提升,每年均通过实地考评、案卷评查和执法人员考试等方式,对全省各地市、直管县以及厅属单位进行考评,全系统通报考评和排序结果,总结经验,查找问题,整改提高,从而促进全省交通运输依法行政水平不断提升。

(二)管理体制持续优化

1.率先在全国完成交通运输综合执法体制改革

为解决交通运输行政执法中存在的机构重叠、职能交叉、多头执法、超员严重、治超不力等问题,建立权责明确、体系统一、监管有效、保障有力的交通运输行政执法体制。2014 年 8 月,河南省政府印发了《河南省人民政府关于全省交通运输行政执法体制改革的意见》(豫政〔2014〕65 号),启动了全省交通运输执法体制改革工作。改革的核心内容是将分散在各级交通运输管理、公路管理、农村公路管理、道路运输管理以及省高速公路管理等部门的行政处罚、行政强制、监督检查等职能予以整合,统一交由各级新组建的交通运输行政执法机构承担。省级改革工作 2014 年底完成,市、县改革工作 2015 年底完成。

通过改革,一是整合执法职能和精简执法机构,省、市、县三级原则上只设一个交通运输行政执法机构,统一机构名称,规范机构设置,明确职责任务。市辖区不设置交通运输行政执法机构。整合后,全省交通运输执法机构从 584 个减少到 127 个,其中:省级撤销 5 个执法部门;市、县级也分别撤销 5 个执法部门,从根本上解决多头执法问题。二是执法重心将下移至县级,省级主要负责政策、标准的制定和业务指导、监督及协调。省辖市的执法范围仅限在市域内的高速公路及城市建成区。三是完善了财政保障经费的保障机制,全省交通运输执法机构经费实行分级负担,由同级财政按照当地经费供给标准纳入财政预算。

2.省、市、县交通运输主管部门事权划分改革扎实推进

2015 年 10 月,河南省政府印发了《普通干线公路建设养护管理一体化改革试点方案》,总体思路是按照"政府主导、行业监管、切块包干、权责统一、试点先行、稳妥推进"的原则,合理划分省、市、县普通干线公路建设、养护管理、治超工作职责,下放相关事权和支出责任,实现"建、养、管"重心下移,探索推进普通干线公路投融资、建设、养护管理和治超工作等各项改革。2015 年 12 月,上蔡县、商城县、沈丘县、邓州市 4 个试点县与河南省交通运输厅签订普通干线公路"建、养、管"一体化改革试点工作目标责任书,河南省普通干线公路"建、养、管"一体化改革试点工作正式启动,通过试点推行普通干线公路领域各项改革,逐步建立人权、财权、事权和支出责任相统一的普通干线公路建设、养护、管理新体制,为全省普通干线公路的发展提供可复制、可推广的经验和模式。

同时,在交通项目立项、设计审批、招投标、施工许可、竣工验收和资质管理等方面,如将

普通国省道一、二级公路原级改造、低等级升二级改造项目的工可、设计审批权下放至由市和省直管县负责等,省发改委、省交通运输厅联合下发了《关于印发改进和加强普通干线公路建设管理办法的通知》(豫发改基础〔2016〕755号)等文件,做到了简政放权、减少审批环节和提高审批效率的作用。

(三)投融资体制不断创新

随着改革开放大幕的拉开,国家基础建设投资力度加大,河南交通人抓住这一宝贵的历史机遇,创新进取,迅速迈上了恢复、发展、跨越的新征途。

20世纪80年代初,为确保公路建设顺利推进,河南交通人多方筹措资金,依靠各级政府大办交通,创造性地提出并实行公路建养大包干,把原来交通部门一家的事变为各省辖市共同参与的一件大事,充分调动省与地方的积极性,使干线公路迅速得到了长足发展。1985年,河南省开展了大规模的公路拓宽改造工程的活动,一年内拓宽干线公路3736公里、县乡公路1733公里,使全省80多个城镇的出入口公路达到了二级标准。在实行公路大包干的同时,从1986年开始,河南加大对水运航道的建设力度,相继投资建设沙颍河、涡河等航道,以尽快扭转因闸坝造成的断航。

进入20世纪90年代,市场经济意识不断增强。河南省委、省政府借鉴沿海较发达省份"贷款修路、收费还贷"的成功经验,提出了"集资建设、有偿使用、收费还贷、滚动发展"的公路建设十六字方针,打破了单纯依靠政府财政发展公路交通的体制机制束缚。全省各市县级政府和交通公路部门纷纷采取银行贷款的筹资方式,掀起了全省公路建设投资高潮。

1992年11月,河南省争取世界银行贷款取得成功,随后全省陆续利用国外贷款实施了6个公路项目,贷款协议总额约10.2亿美元,其中:世界银行贷款项目4个贷款总额6.2亿美元,日本银行贷款项目1个贷款总额2亿美元,日本海外协力基金贷款项目1个贷款总额2亿美元。外资的合理利用不仅弥补了资金缺口,而且带动了国内配套资金的落实,对河南公路结构升级和高速公路零的突破起到了助推器的作用。

在1998年国家金融体制改革之后,河南改革公路建设投融资体制,实行"统贷统还"政策,按照省交通厅和省发改委下达的公路建设投资计划,由省公路管理局以全省干线公路收费权作质押,统一向各银行贷款,按照投资计划和工程进度拨付各市,对全省公路网实施改造升级,并出台了《河南省统贷统还收费公路车辆通行费资金管理暂行办法》(豫政办〔2001〕81号),多方筹集资金,规范资金使用,有力推动了普通公路快速发展。

2003年4月,河南省政府出台《关于深化交通建设管理体制改革的通知》(豫政〔2003〕10号),提出要放宽准入条件,拓宽融资渠道,全面放开高速公路投融资市场;同时将高速公路项目建设主体责任下放至省辖市政府,由省辖市政府负责招商引资,确定投资主体。该文件的出台,极大调动了地方政府和社会资本投资的积极性,吸引了多家社会投资主体以BT、BOT形式投资我省高速公路建设,拉开了我省高速公路快速发展的序幕,促使河南高速公路通车里程2006—2013年连续8年位居全国第一。

2014年以来,面对经济下行的巨大压力,在省交通运输厅下属投资主体(省公路局、收费还贷中心、河南交通投资集团)债务压力大、融资能力不足的困难情况下,河南紧抓国家在交通基础设施建设领域大力推广PPP模式的有利机遇,积极探索,内部挖潜,充分发挥厅属投资主体企业法人作用,调动地方政府和社会资本两方面积极性,努力破解公路交通基础设施筹资难问题。按照"地方能承受、企业能接受、项目能落地"的原则,采用市县政府为项目提供定量补贴的PPP模式,积极推进交通基础设施建设。

按照"地方政府负责征地拆迁及相关费用,并为社会资本提供除净地费用外其他建设费用20%的资金补助,社会资本独立负责项目融资、建设、运营"的原则,2015年,河南省交通运输厅公路管理局为实施主体,采用PPP模式投资建设国道G234焦作至荥阳黄河大桥及连接线工程项目和国道107改线官渡黄河大桥项目。两个项目总长58.3公里,国家补助资金投入11.3亿元,吸引社会资本投入约70亿元,带动项目投资共计约80亿元。2016年,省收费还贷中心、交通投资集团与8个省辖市政府合作,开工建设了尧山至栾川、周口至驻马店至南阳、息县至邢集、济源至洛阳西、范县至台前等5条里程为482公里的高速公路,掀起新一轮高速公路建设高潮。

2017年,河南进一步解放思想,借鉴外省与大型企业合作的经验,创新采用"地方政府+省属高速公路企业+大型企业"三方合作的PPP投融资新模式,完成了14个、1009公里高速公路项目立项、投资人招标、初步设计批复等前期工作。这是河南高速公路建设史上,集中做前期,项目最多、规模最大、进度最快最一致、程序最规范、效果最好的一年。

(四)技术政策及标准日益完善

1.公路工程方面

规范公路设计技术标准,出台了《高速公路设计指南》《普通干线公路设计指南》等多项规范性文件。推进新材料、新结构和新工艺应用,在公路沥青再生技术、新材料施工技术、路面处治技术等方面不断取得新突破。制定发布了《公路水泥稳定碎石抗裂设计与施工技术规范》《公路沥青路面泡沫沥青冷再生技术规范》《公路沥青路面厂拌热再生技术规范》《旧水泥混凝土路面微裂式破碎再生技术规程》等一批河南省地方标准。其中,《公路水泥稳定碎石抗裂设计与施工技术规范》(DB41/T 864—2013)是河南普通公路首个地方标准,解决了一直困扰国内外道路工程界水泥稳定碎石开裂的问题,填补了河南普通公路系统同类技术规范的空白。新材料、新结构和新工艺等新技术的应用,大大提高了公路路面使用性能和耐久性,大幅节约了公路建设成本,提高了公路建设质量。

强化公路建设过程质量检测,发布了《公路桥梁加固质量检验评定标准》《公路改(扩)建旧路路基路面技术状况检测与评价》《公路工程工序质量节点实时监控规程》等技术标准。对全省高速公路实施一年两次质量安全大检查、三个关键阶段检查验收体系、隐蔽工程检查验收、首件工程认可和样板工程评审制,对公路工程工序质量节点实时监控,确保工程建设质量。

强化公路养护管理技术应用,延长公路使用寿命,制定了《普通公路水泥混凝土路面预防性养护技术规范》等一批路面养护管理技术标准。加强公路养护工程费用预算管理,严控施工成本,发布了高速公路养护工程预算标准、公路大中修工程预算标准、公路小修保养工程预算标准、公路绿化工程预算标准等多项标准,为公路养护工程费用预算提供了规范依据。

推广先进可靠的桥梁设计方案,以及建设过程中新技术、新工艺和新装备的应用,提高桥梁设计施工的精细化和标准化水平,制定了《公路波形钢腹板预应力混凝土箱梁桥支架法施工技术规范》《装配式波形钢腹板梁桥技术规程》等多项技术文件,桥梁设计与施工技术水平得到明显提升。

2. 水运工程方面

强化水运工程施工技术标准建设,出台了《河南省水运工程施工标准化技术指南(试行)》。加强水运工程建设质量管理,印发实施了《河南省公路水运工程质量监督实施细则》。制定了《关于加强全省库区(水域)港航安全监管基础设施标准化建设的意见》《河南省公路水运工程施工扬尘污染防治标准》等政策文件,有力支撑了内河水运的长足发展。

3. 安全应急方面

围绕建设工程安全管理、企业安全生产管理以及运营安全管理等,加强全省交通运输系统安全、基础设施安全和运输组织安全风险管理,提高风险防控和突发事件应对能力,建立了公路桥梁监测和预警系统、公路弯道车辆安全预警系统等,提高了对突发事件的应对能力。制定城市隧道安全管理规范、涉路工程安全技术要求、交通运输企业安全生产标准化考评发证实施办法、交通运输企业安全生产标准化考评办法等一系列技术标准和规范等,有力支撑了全省交通运输行业安全稳定发展。

4. 节能环保方面

随着资源约束与环境制约日益加剧,积极转变交通运输发展方式,节约利用资源,着力构建畅通高效绿色的交通运输体系。在节能减排、材料循环利用、生态环境保护等方面推广应用了一批技术与装备,出台了《河南省公路水运工程施工扬尘污染防治标准》、《河南省公路建设养护工程施工扬尘污染防治专项增加费费率标准》等技术标准,进一步严格公路水运工程污染防治和环境保护,推动工程建设系统化、科学化、精细化和标准化管理。

5. 信息化建设方面

在基础设施运行监测、运输组织与管理、收费与支付、车联网和主动安全、信息服务、大数据技术应用以及网络信息与安全等方面,积极开展信息系统建设和信息化应用。制定实施《高速公路数字化视频监控设备联网技术要求》《城市客运监管与服务信息系统总则》等一大批信息技术标准与规范,高速公路、城市道路、国省干线公路重要路段、客货运枢纽、重点水域等基础设施运行状态的监测能力和水平不断提高,公众出行信息服务的便捷性、实用性和时效性大幅提升;物流信息共享、物流资源科学利用等物流服务水平有效提升;跨区域、大范围业务系统的服务水平,以及交通运输经济运行统计与分析、行业发展宏观决策水平显著提升。

五、科技创新

(一)科技创新体制改革取得新进展

改革开放尤其是党的十八大以来,河南积极响应国家科技体制改革发展要求,以体制机制改革释放创新动能,不断深化科技理念创新,着力解决制约科技创新活力的体制机制问题,努力构建充满活力的科技创新体系和人才成长机制,加快建立政府引导、企业为主体的科技创新体系。通过改进科技管理方式,推动简政放权的进程,增强基层单位创新自主权。同时,不断改进组织管理,完善产学研有机结合模式,强化企业技术创新主体地位,推动鼓励大众创业、万众创新,科技创新水平和管理服务能力大幅提升。

1. 完善科技计划管理体系

建立健全科技项目立项评审机制,在科技项目立项管理中首次采取了书面材料评审和网络评审相结合的方式。建立科技项目专家库,科技项目评审引入其他行业专家,科技项目评审专家随机分配,进一步规范交通运输科技项目评审工作。建立五级管理流程,通过网络评审、专家评审和合同签订等环节监管,严格把握科技项目立项审批关、竣工验收关和资金拨付关。

2. 开发应用交通运输科技项目管理系统

初步完成河南省交通运输科技项目管理系统建设,实现项目申报流程标准化、申报材料电子化,极大提升交通运输科技项目申报效率。建立全省交通运输科技项目信息发布通道,利用网络手段切实加强交通科技信息发布工作。

(二)科研能力建设再上新水平

河南不断加大交通科技研发支持力度,科技经费投入大幅增长,科技队伍不断发展壮大,为各项科技活动的蓬勃开展和大批科技成果的涌现创造了良好条件。

1. 科研项目情况

河南交通运输科技计划项目研究方向主要包括应用技术类和软件科学研究类,主要集中在公路技术、桥隧技术、智能交通及信息化、节能环保及其他软件科学等方面,共开展科研项目 750 项,投入科研经费累计 4.69 亿元,在交通基础设施建设与维护、安全保障、环保节能、执法改革、智慧交通等领域取得了一批先进、适用的科技创新成果。其中,达到国际先进水平及以上 54 项,获得国家科技进步奖 1 项,交通运输部科技进步奖 6 项,省级(含中国公路)科技进步奖 122 项,省交通运输厅科技进步奖及其他奖项 181 项。

2. 科研人员情况

截至 2017 年底,全省交通运输科技从业人员数量达 5303 人。为大力培养创新型人才,河南整合了行业技术干部培训资源,成立了河南交通运输管理干部学院,作为全省行业技术干部培训主基地。与北京大学、井冈山大学合作,举办了多期河南省交通运输系统干部培训班。建成河南省交通运输教育培训平台,并与交通运输部培训平台成功对接,组织参加交通运输部西部培训项目和科技大讲堂 20 余次。依托厅属单位和企业,建成了"交通科研博士后研发基地""博士后、硕士研究生联合培养基地""研究生创新实践基地"等多个试验实训基地,为攻克行业核心技术问题、形成创新研究成果、及时更新关键信息、培育创新团队、培养企业高端科研人才提供了有利条件。

为了积极引进创新型人才,河南深入实施高层次科技人才引进工程,围绕行业和产业发展需要,引进博士以上高层次人才 20 余人。建立了"河南省岩土与隧道工程院士工作站""河南省高等级公路新型路面结构院士工作站",柔性引进两院院士、高层次人才 10 余人,为全省交通运输行业发展提供了强有力的人才保障。

3. 科研平台建设情况

积极开展行业重点科研平台的布局与建设,不断提升平台基地研发能力水平,在基础设施、综合交通运输与智能交通及安全应急等领域设立科研创新平台 20 余个。

基础设施领域。建设了"公路养护装备国家工程实验室"和"公路桥梁安全检测与加固技术交通运输行业研发中心"2个国家级科技创新平台,新建"河南省道路结构与材料工程技术研究中心""玄武岩纤维混凝土河南省工程实验室""河南省岩土与隧道工程院士工作站""河南省高等级公路新型路面结构院士工作站"等11个省级科技创新平台。

综合交通运输与智能交通领域。建设了"公路物流河南省工程实验室""河南省高速公路养护智能决策工程研究中心""射频识别(RFID)交通应用技术河南省工程实验室"3个省级科技创新平台。

安全应急领域。建设了"河南省公路交通安全技术工程研究中心""河南省桥梁安全技术工程研究中心""桥梁安全技术工程研究中心""隧道施工运营安全技术河南省工程实验室"4个省级科技创新平台。

(三)重大科技创新成果丰硕

1.重大科技成果创新情况

河南不断加快创新型交通运输行业建设,取得了一大批拥有自主知识产权的科技成果。推进关键领域技术创新,交通运输基础设施建设、养护和管理技术取得全面提升,整体上达到国内领先水平;现代交通运输组织技术、交通运输安全保障技术、智能信息技术取得新的重大突破,交通运输节能减排和环保技术重点突破,交通运输科学决策能力进一步提高。

基础设施领域。依托浅埋大跨小净距黄土隧道修建技术研究项目,建成了世界上第一条跨度最大、间距最小的黄土小间距隧道,为我国在特殊地质地形条件下隧道建设积累了经验,节约工程投资5000余万元。依托"免压水泥乳化沥青快速修复材料",支撑了洛阳G310、平顶山S329南石线等20余条沥青路面局部破损快速修复工程,直接经济效益1000余万元。依托"河南省农村公路建设管理关键技术研究"项目,首次形成了豫农一级到豫农五级公路体系和平衡记分卡方法,提出了农村公路建设中车速、圆曲线半径等重要技术参数建设标准,完善了我国现行公路工程技术标准,形成了《河南省农村公路施工技术指南》等8个技术文件,有力地支撑了农村公路建设发展。依托"河南省内河航道与港口布局规划(2014—2030年)研究"、"发展内河水运与节约土地资源研究"、"河南省航运开发与水资源综合利用研究"等项目,完善河南淮河、沙颍河、涡河、沱浍河等航运开发规划建设方案。依托"沙颍河周口至漯河段航运工程关键技术研究",优化了葫芦湾枢纽的运行方式。

综合交通运输领域。重点开展了公路运输系统规划、物流枢纽建设与运行、多式联运等技术研发,在运输装备标准化、运输服务信息化、先进物流组织便捷化等方面取得了一批创新成果,推进了运输组织模式创新和运输装备技术的升级。智能交通领域,重点开展了高速公路运营管理、交通运输实时监控和监督、电子数据交换和数据标准化等技术研发和综合应用,在全省物流信息平台、出行信息服务等方面取得了显著进展。

安全应急领域。开展了公路网交通安全风险危险源识别、交通安全实时风险的综合评价及动态预警、山区国省道干线公路安保设施与应急装备、水上交通安全管理应用系统及水上交通搜救体系等技术研究,实现了重大技术突破,提高了安全风险防控与应急保障能力。依托"黄河小浪底库区GPS/GIS水上交通安全管理应用系统""河南省水上交通搜救体系建设研究"等关键技术研究,建设了全省公路水路安全畅通和应急处置系统、水上应急搜救指挥中心,提升了对重大风险源可识、可防、可控能力,最大限度降低了人民生命财产损失,安全应急保障能力大幅提升。

节能环保领域。重点开展了沥青冷却再生技术、基础设施与工艺装备节能、混合动力公交车更新改造、碳汇林工程等节能减排技术的研发。在路用材料循环利用、环境友好型公路等方面取得重大进展,高性能乳化沥青厂拌冷再生关键技术研究达到国际领先水平,大幅提升了资源利用效能,有力支撑了一批绿色循环低碳工程建设。依托高速公路桥面径流实时识别及选择收集系统等项目,解决了敏感水源保护区桥梁环境保护问题,并在南水北调运河桥梁中推广应用。

2. 科技成果推广应用情况

河南不断加大交通运输科技成果推广应用力度,自2012年以来的五年内,推广应用交通运输科技成果项目48项、总投资3405万元,其中省级补助资金1525万元,一批先进、适用的技术成果得到有效推广和应用,其中厂拌乳化沥青冷却再生技术在公路沥青路面中的推广应用等3项科技成果列入交通运输部成果推广目录,空心板桥横向预应力成套技术等2项技术列入交通运输部成果推广计划。

基础设施领域。大力推广高速公路改扩建关键技术、空心板桥加固成套技术。依托30m空心板加固技术试验研究项目,成功解决了常用空心板桥抗剪加固和支座受力不均难题,达到国际领先水平,在连霍洛三段改扩建中节约工程投资近2亿元,减少7万余方混凝土废料,经济与环境效益显著。依托"波形钢腹板组合梁桥技术",解决了标准化设计、工厂化生产和装配式施工技术难题,在朝阳沟大桥等桥梁中得到应用,消化国家目前大量过剩的钢产能,符合供给侧结构性改革方向。整体式液压外模及抽拔式内模施工工艺的应用和创新,改善了箱梁的施工质量,有力地提高了施工智能化、自动化水平。

运输服务和智慧交通领域。京港澳高速公路驻马店至信阳段改扩建工程被交通运输部批准为首个"智能管控高速公路科技示范工程"。高速公路多要素监测与预警、运行状态综合评估与决策支持、主线均衡控制等9类18项技术成果被应用,成功建设了全方位交通运行监测与预警、运行态势智能研判、行车安全主动管控、空地一体应急调度和精细化信息服务——"五位一体"的智能管控系统。

节能环保领域。积极推广公路沥青旧料回收利用技术,实现高速公路养护全部沥青路面废料再生利用,干线公路改造工程中旧路面回收率达90%以上。建筑垃圾、废旧轮胎等资源化处理利用初见成效,已在机西高速二期、武云高速公路、焦作段南水北调特大桥中应用,生态环境和经济效益突出。"植物纤维毯+玻璃钢纤维急流槽"防排体系有效减少了圬工防护,既避免了施工扬尘,又改善了生态环境。水泥稳定碎石抗裂技术成果在全省高速公路、干线公路的推广应用,每立方稳定碎石可节约水泥30%,全省每年可节约水泥费用达8000多万元。

3. 重大关键技术及经济效益和社会效益情况

在取得的一系列关键技术创新中,部分领域的关键技术在全国乃至国际上都处于较先进水平,不仅填补和完善了有关技术领域的空白,而且在实际应用后产生了巨大的经济效益和社会效益。

(1) 高速公路SMA&ATB新型路面成套技术。该成果从根本上解决了多年来困扰河南高速公路建设的半刚性基层开裂问题,填补和完善了我国相关技术标准、规范的空白,对保证工程质量、延长道路使用寿命具有重要意义。

（2）河南省农村公路建设评价与修筑成套技术。该研究成果就农村公路信息和数据采集就可直接节约75%的资金；研究成果路面典型结构，自2006年以来在鹤壁、许昌、南阳、三门峡等18个地市的178条豫农一级到五级公路中得到应用，直接经济效益达33亿元，同以往农村公路建设结构相比节约资金7亿元；研究成果工程技术标准，按照2020年底河南省将完成34万km农村公路建设目标计算，通过调整各项工程线性指标阈值可为农村公路修筑节约近50亿，其中采用该研究成果路面典型结构同时还可节约30亿元。

（3）抗裂半刚性基层技术。与国外同类科研技术相比，该技术开发了仿真度具有90%以上的模拟技术，为提高道路基层材料使用性能、缓解沥青路面早期损坏提供了强有力的技术支持。

（4）公路混凝土路面常见病害快速修复材料与技术，修补材料具有高抗裂性、高韧性的特点，而且能够满足负温严酷条件下的施工与快速通车要求，与目前常用的修复材料相比，成本仅为18~30%、减少了固体废弃物污染70%以上。

六、对外开放

（一）河南交通投资集团对外开放情况

河南交通投资集团国际合作交流最早可以追溯到20世纪70年代，所属工程局集团先后承建了伊拉克摩苏尔、纳西里亚、麦地那等大桥，尼泊尔王国博克拉至巴格隆山区公路等项目，参与修建了科威特布比延海湾大桥、巴格达至巴士拉纳西里亚高速公路，在国际市场崭露头角，承建的工程受到了国内外同行的赞誉，在海外首次为河南交通树立了良好形象。

进入21世纪，特别是近年来，集团积极响应国家"一带一路"倡议，加快推进国际合作交流，先后接待了柬埔寨、泰国、俄罗斯、莫桑比克、乌拉圭等多国来访团组。同时，积极组团前往柬埔寨、巴基斯坦、孟加拉、坦桑尼亚、肯尼亚、莫桑比克、玻利维亚、乌拉圭等境外市场考察，参加国际会议等交流活动，力推国际业务取得新进展。

2012年12月22日，河南省交通运输厅和柬埔寨公共工程与运输部签署交通基础设施建设合作谅解备忘录，相互承诺在柬埔寨基础设施建设领域不断深化合作。双方决定，遵照互利、合作、双赢原则，在柬埔寨王国交通基础设施建设的道路规划、发展和融资、道路勘测、公路建设和管理等方面开展深度合作。根据合作备忘录精神，省交通运输厅成立工作组进驻柬埔寨。

2016年以来，为落实河南省委、省政府鼓励企业"走出去"及"开放带动战略"相关要求，河南交通投资集团在提出发展国际板块时就确立了"借船出海"的经营策略。本着优势互补、合作共赢的原则，与具有长期丰富海外市场资源和经验的单位结成战略合作伙伴，支持和鼓励所属工程局集团"先行先试"，以工程承包为突破口积极开展境外业务。集团在工程施工承包领域率先取得突破。通过与河南国际合作集团有限公司、中国水利水电第十一工程局、中铁七局集团有限公司等进行合作，先后在巴基斯坦、肯尼亚、坦桑尼亚、莫桑比克和玻利维亚5个国家承接10个施工类工程承包项目，合同金额30.89亿元人民币。

2018年上半年，集团境外项目稳中求进，合作范围正全面扩大。先后参与了孟加拉国跨境道路网升级项目两个标段、RAD13.5公里高架道路PPP项目、埃塞俄比亚62.75公里沥青路面公路项目、肯尼亚三段低成本道路、肯尼亚锡卡环城等新项目投标工作,并取得重要阶段性成果。从"借船出海"到"造船出海",河南交通投资集团在"走出去"战略的指引下,充分发挥集团自身产业优势,积极融入"一带一路"建设,加强国际合作交流,不断拓展海外市场份额,走出了一段不平凡的对外开放发展历程。

(二)河南省交通规划设计研究院股份有限公司对外开放情况

改革开放40年来,河南省交通规划设计研究院股份有限公司(以下简称设研院)作为省内的行业领军企业,认真贯彻落实省委、省政府对外开放、"走出去"的战略部署,积极尝试多种经营,在开拓国际交通基础设施建设市场方面取得了较好的业绩。

作为国内较早开展对外国际经济技术合作业务的单位之一,多年来,设研院参与和承担了40多个援外重大公路工程项目的设计、施工监理和技术咨询工作,如孟加拉国7座大桥的勘察设计、柬埔寨国家高速公路网规划、柬埔寨国家干线路网规划、尼日尔第三大桥勘察设计及项目管理、多米尼克约克峡谷桥勘察设计等项目。工程遍及亚太、非洲、拉美等20多个国家和地区,有力支持了国家外援工作的同时将中国路桥品牌远播海外。比如,设研院承担的孟加拉国7座桥梁勘察设计中的达雷斯瓦里河公路桥(援孟六桥)项目荣获国家优质工程——境外工程"鲁班奖"。

七、党的建设与精神文明建设

改革开放40年来,河南省交通运输厅党组坚持以马克思列宁主义、毛泽东思想、邓小平理论、"三个代表"重要思想、科学发展观、习近平新时代中国特色社会主义思想为指导,紧紧围绕服务中心、建设队伍两大核心任务,着力强化思想政治教育,不断夯实基层党组织,持续转变作风,深化党风廉政建设和反腐败工作,全厅党建工作科学化水平不断提升,为推动交通运输事业发展提供了坚强保证。

(一)党建工作科学化水平不断提升

40年来,河南省交通运输厅始终把党的政治建设摆在首位。认真学习贯彻党的十二大至十九大精神,每逢党的重要活动和重大节日,组织开展一系列庆祝活动,深入学习贯彻中国特色社会主义理论,做到了用科学理论武装头脑、指导实践、推动工作的工作。党的十九大胜利召开后,把深入学习贯彻习近平新时代中国特色社会主义思想和党的十九大精神作为当前和今后一个时期的重要任务,牢固树立"四个意识",增强"四个自信"的意念,在政治立场、政治方向、政治原则、政治道路上同党中央保持高度一致。注重思想建设,按照中央和省委的安排部署,先后组织开展了"三讲"教育、保持共产党员先进性教育活动、党的群众路线教育实践活动、"三严三实"专题教育和"两学一做"学习教育等,进一步坚定理想信念,不断增强自我净化、自我完善、自我革新、自我提高的能力,始终保持党员队伍的纯洁性和先进性。注重党员的教育,通过专家辅导、政策宣讲、专题报告、集中培训等形式,加大对党员的思想教育,确保学习入脑入心。组织党员干部到延安、西柏坡、井冈山、遵义、大别山、阿坝等地开展党性教育,学习传承党的革命传统,弘扬党的宗旨,增强党员的修养。面对党建工作的新形势,大力探索"互联网+党建"模式,利用微博、微信、客户端等新媒体,创办"廉洁交通"公众号,营造"时时能学、处处能学"的良好氛围。

40年来,河南省交通运输厅始终把基层党组织建设作为基础。坚持交通运输工作开展到哪里,党组织就建到哪里,在工程建设、急难险重任务一线成立临时党委和党支部,实现了党组织的全覆盖,确保了工程建设顺利推进和重点任务的圆满完成。2008年支援四川抗震救灾突击队被中共中央、国务院、中央军委表彰为"全国抗震救灾英雄集体"。2009年组织抗旱工作队成立临时党支部,圆满完成帮助郑州新密、商丘梁园区抗旱浇麦保丰收任务,被省委组织部命名为"抗旱浇麦夺丰收先进党支部"。同时,相继开展创先争优、"双百夺旗争星""学习型党组织建设""服务型党组织建设""基层党组织建设规范年"等活动,不断提高党建工作的整体水平。强化基层党组织换届选举工作,根据《中国共产党章程》《中国共产党基层组织选举工作暂行条例》规定,2012年厅直党委召开了更名后的第一次党员代表大会,顺利完成了换届选举,厅直属各有关单位和厅机关各支部也按程序进行了换届选举。强化党员队伍管理,选派优秀党员干部赴项目建设第一线、扶贫攻坚最前沿、工作的最基层进行锻炼,提高党员干部的综合素质。在高速公路收费站、服务区等服务窗口,认真开展"三亮三比三评"活动,亮明身份、亮出工作标准和服务承诺,擦亮党员的金字招牌。建立健全党员关怀帮扶机制,组织开展"五必谈、五必访"活动,加大对困难党员帮扶力度,每年进行慰问,组织对厅机关困难党员捐款20余万元,有效缓解了家庭负担,提高了党组织的凝聚力和号召力。

40年来,河南省交通运输厅始终把党内制度建设作为根本保障。坚持思想建党与制度治党相结合,不断健全完善党内制度,以制度促落实,以制度促提升。切实履行全面从严治党主体责任,相继制定出台了《关于印发落实党风廉政建设党组主体责任和驻纪检组监督责任的实施意见》《关于印发全面从严治党监督检查问责机制暂行办法》《中共河南省交通运输厅党组履行全面从严治党主体责任清单》等一系列制度,并组织开展了"党风廉政建设主体责任落实年""全面从严治党主体责任提升年",推动了全面从严治党向纵深发展、向基层延伸的进程。严格执行党的组织生活制度,制定了《关于进一步贯彻落实民主集中制的制度等四项制度的通知》《关于严肃全厅党员领导干部党内政治生活实施办法》等政策,认真落实"三会一课"、民主生活会、组织生活会、民主评议党员等,坚决落实民主集中制,增强了党内政治生活的政治性、时代性、原则性、战斗性。强化制度落实的监督机制,不断探索加强监督考核,定期不定期对制度执行情况进行督促检查,及时发现和纠正存在的问题,对问题特别突出,组织开展专项整治活动,并将制度执行情况作为党组织书记抓党建述职的重要内容,纳入年度工作考核目标,作为评先评优的重要依据。

40年来,河南省交通运输厅始终把党风廉政建设作为重点。坚持教育与惩处并重,建立健全交通运输惩治和预防腐败体系,努力打造廉洁交通品牌。持续深化党风廉政教育,注重集中教育与日常教育相结合、示范教育与警示教育相结合,组织参观反腐倡廉教育基地、赴豫中监狱接受警示教育,以我厅发生的案例为教材,深入开展"以案促改"活动,增强教育的针对性和实效性,筑牢拒腐防变的思想道德防线。持续开展好"党风廉政教育月"活动,自2014年开始,厅党组决定将每年的12月作为党风廉政教育月,12月24日作为"廉政警示日",至今已连续开展了四届,通过主要领导讲党课、参观廉政教育馆、观看廉政戏曲、召开项目负责人廉政座谈会和青年干部廉政座谈会、述责述廉、举办清风交通廉政晚会、家风家训及廉政经典朗读会等形式,给全厅党员干部进行全方位、立体式、高强度的廉政大宣教。2015和2017年两任省纪委书记到交通运输厅参加党风廉政教育月活动,并给予高度评价。坚持以规范权力运行为核心,抓住关键少数,盯住关键环节,把监督贯穿到干部选拔任用、项目审批、工程招投标等全过程,铲除腐败滋生的土壤。加强廉政风险防控,编制印发了《河南省交通运输厅机关廉政风险防控手册》。切实加强作风建设,认真贯彻落实中央八项规定及实施细则和省委省政府若干意见,开展落实中央八项规定精神制度建设"回头看",出台了《关于公务活动禁止饮酒规定》等制度,架起高压线,筑起防火墙。近年来,先后组织开展了"两转两提"活动、"政风、作风、行风"专项整治活动、党的群众路线教育实践活动、"四比四查"等一系列作风建设专项整治活动,大力整治懒政怠政为官不为,进一步提高工作效率,提升服务水平。

(二)精神文明建设异彩纷呈

改革开放40年来,河南交通运输系统坚持"两手抓、两手都要硬"原则,始终把行业精神文明建设作为凝聚力量、提升素质、树好形象的重要载体,一步一个脚印,逐渐发展形成了具有行业特色文明建设新局面,有力地促进了行业文明程度的显著提高,为交通运输事业科学发展提供了精神支撑和道德滋养。

40年来,全省交通运输行业不断创新,深化精神文明建设工作内涵,拓展文明创建载体,增强了文明创建的服务力、承载力和创造力。在全省交通运输行业深入开展文明单位创建、文明交通创建活动,组织开展文明班线(汽车站)、文明车(船)、文明示范路、文明服务区、文明收费站、文明航道等行业文明创建活动。在基层服务窗口开展文明示范窗口、青年文明号、党员先锋岗、巾帼示范岗、工人先锋号等创建活动,进一步提升行业文明程度、提高为民服务水平。截至目前,全省交通运输系统共创建省级以上文明单位约160余个、国家级和省级青年文明号及文明窗口90余个。

40年来,结合中原文化特色和交通运输行业特点,积极探索行业文化建设的新路径、新载体。巩固和扩大河南省交通运输文化建设成果,开展既有文化建设成果的提炼挖掘工作,提升文化内涵,打造文化品牌,形成独具特色、个性鲜明的河南省交通运输主文化。结合河南交通人完成急难险重任务的伟大实践,对河南交通铁军精神进行凝练升华,形成了"顾全大局、勇挑重担;务实发展、科学创新;精诚团结、密切协作;不畏艰辛、甘于奉献;克难攻坚、善打硬仗"的铁军精神,已成为引领全省交通人冲锋陷阵、顽强拼搏、无私奉献的强大精神动力。加大交通运输文化品牌培育力度,成功打造了"当代愚公畅行济源""王静班组""千里之外家的感觉""新乡温馨1路""心在路上、路在心中"等一系列文化服务品牌,先后推出了郑州市公共交通总公司、京珠高速公路新乡至郑州管理处、济源市交通运输局等一批交通运输行业文化建设示范单位,以及河南省道路运输局、驻马店交通运输局等100余家单位获得国家、省部级文明单位。

40年来,以群众性精神文明创建活动为载体,行业文明程度显著提升。广泛开展学雷锋志愿服务活动,引导广大干部职工践行"学习雷锋、奉献他人、提升自己"的志愿服务理念。积极开展"情满旅途""爱心送考"绿丝带、文明交通等具有行业特色的志愿服务活动,展示了交通运输行业的良好社会形象。公路系统"满天星"、水运系统以"我服务、我护航、我快乐"、交通学院"螺丝钉"等志愿服务品牌已初具效应,得到了社会各界的广泛赞誉。组织开展形式多样的文化活动,结合重大节日,开展了摄影展、联欢会、演讲比赛、国学讲座、歌咏比赛、廉政晚会等多种形式的文化活动,创作了"交通人之歌""清风交通""铁军精神"等一批文艺精品,增强了行业的凝聚力、战斗力。

(三)大力培树行业先进典型

先进典型是旗帜和榜样,树好一个先进典型,对促进行业发展具有引领示范作用。为弘扬时代新风尚,河南交通以感动交通人物评选表彰活动为抓手,通过深挖、提炼和升华典型人物的先进事迹,使先进典型见人见事见真情,有根有源有灵魂,增强了广大干部职工的认同感、归属感和自豪感。

40年来,河南交通运输行业大力培树具有行业特色和时代精神、在本行业及全社会具有感染力影响力的先进典型,充分发挥典型的辐射功能和支撑作用。健全完善典型培树和宣传工作机制,努力发掘和培育具有广泛影响和鲜明时代特征的行业重大典型,并认真总结推广先进单位创建活动的经验和做法,加大宣传力度,让老典型焕发新光彩,让新典型呈现新活力。

40年来,河南交通运输行业先进典型培树硕果累累,积极组织评选推荐"感动交通人物""全国道德模范"和省直"十大道德模范"评选活动,持续开展"我推荐、我评议身边好人"活动,先后举办了"奉献中原十大交通人物"和"感动河南交通十大人物"大型评选表彰活动,涌现出了用双脚丈量河南高速发展历程的"感动中原十大人物"张爱民,第一个高速亿元收费状元、省直"十大道德模范"侯润香,微笑服务乘客的公交车长、全国劳模徐亚平、一辈子修一条路的"感动交通十大人物"苗天才,坚持义务救援9年的商丘市水上义务救援队长、"感动中原十大人物"黄伟,舍己为人荣获"全国见义勇为模范群体"的河南交通职业技术学院学生武耀宗,践行雷锋精神、真心服务乘客的"感动中原十大人物"出租车司机娄建党等人的先进事迹在全省甚至全国都产生了一定的影响力,成为弘扬河南交通精神、展现河南交通形象的亮丽风景线。

从"瓶颈制约"到"超前发展"

湖北省交通运输厅

湖北,位于我国大陆中部、长江中游,雄踞"湖北通则中部通,中部通则全国通"的"天元"区位,是东西互动、南北对接必经之地和中国经济板块重心"北上西进"的交汇点,省会武汉素有"九省通衢"之称。

波澜壮阔的改革开放40年,湖北交通历经了四个大的发展阶段:一是1978年至1992年的恢复振兴阶段;二是1993年至2002年的换挡提速阶段;三是2003年至2012年的快速崛起阶段;四是2013年至今的绿色高质量发展阶段,湖北交通运输从初期的"瓶颈制约"到"超前发展",一路高歌猛进。

一、综述

湖北交通运输发展一路高歌猛进。1978年前,湖北省公路等级低、结构不合理,航道淤积、闸坝碍航,车船运力不能满足人民群众和社会需要,交通不便、运输紧张、乘车难、运货难是普遍现象,交通成为国民经济发展的"瓶颈"。

1978年12月,党的十一届三中全会开创了中国历史新纪元,湖北交通运输事业也掀开新篇章。40年来,湖北交通人紧扣改革开放的时代脉搏,牢记发展先行官的神圣职责,解放思想,实事求是,创新理念,与时俱进,不断地用优质、高效、完善的交通基础设施,承载和打牢湖北经济社会发展的"大底盘",奋力谱写湖北交通高质量发展的新篇章,湖北正在实现由"九省通衢"向"九州通衢",由"九州通衢"向"祖国立交桥"的历史性跨越。

(一)交通大发展

山以险峻成其巍峨,海以奔涌成其壮阔。改革开放初期,湖北交通基础建设处于恢复重建阶段,出行方式单一,运营水平低。40年后的今天,湖北综合交通运输体系逐步建立无缝衔接,民生交通更加便民惠民,智能交通让出行更方便快捷,绿色交通让路景融为一体,平安交通让生活充满阳光,湖北交通运输已成为经济社会发展的新引擎和荆楚百姓脱贫致富奔小康的敲门砖。

2005年8月21日,时任中共中央总书记胡锦涛视察湖北,听取省交通厅关于湖北骨架公路网规划汇报时,强调要把湖北打造成中部崛起的战略支点。

2013年,中共中央总书记习近平视察湖北,提出湖北要"建成支点,走在前列",在冒雨考察武汉新港阳逻集装箱港区时,他强调长江流域要加强合作,把全流域打造成"黄金水道"。

2018年4月下旬,习近平总书记视察湖北、考察长江,并主持召开深入推动长江经济带发展座谈会,指出必须从中华民族长远利益考虑,把修复长江生态环境摆在压倒性位置,"共抓大保护、不搞大开发",正确把握"五个关系",为长江经济带发展掌舵领航、把脉定向,对新时代湖北改革发展寄予殷切期望。

改革开放40年,武汉"米"字形高铁网辐射全国直达24个省会城市,地铁与高铁、城铁、轻轨等无缝衔接。湖北铁路投产里程3961公里,高铁、动车覆盖除荆门、神农架以外的所有地市;截至2018年8月底,湖北高速公路已建和在建里程达7549公里,通车里程6290公里,"七纵五横三环"高速公路网基本建成,建设运营规模居全国第一方阵,正朝着"县县通高速"目标迈进;普通公路通车总里程26万公里,总长3813公里的四大集中连片特困地区扶贫攻坚特色路,惠及29个贫困县800万贫困人口;兴业富民的农村公路通村连组入户,"四好农村路"综合效应不断发挥,成为便民路、安全路、脱贫路、产业路、旅游路、致富路、小康路和乡村振兴的"最美风景线";水运建成三级以上高等级航道总里程1930公里、港口38个,武汉长江中游航运中心雏形初显、绿色智慧的亿吨大港通江达海;直飞五大洲的国际航线达59条、天河机场问鼎"中部门户枢纽机场",民航相比改革开放初期,客运量增长近300倍、货邮吞吐量增长近170倍;多式联运发展迅猛、中欧(武汉)班列直达"一带一路"沿线28个亚欧国家……

（二）项目大建设

中部要崛起,经济要发展,交通必先行。2017年11月,中国桥博会在武汉举行,而此刻恰逢万里长江第一桥——武汉长江大桥建成通车60周年。改革开放40年,湖北省已建和在建长江大桥达37座,创历史之最,全省桥梁建设呈现出"桥型种类齐全、单跨跨径大、技术难点多、科技含量高"的显著特点,创建多项世界领先技术。

交通项目建设跨越性发展,公路通达程度越深,科技作为第一生产力的强大引擎作用越明显。一条条公路翻山越岭,一道道长虹飞架两岸,一辆辆客货车迎来送往,一艘艘巨轮千帆竞发,生动展示了湖北交通的巨大变化。

从蒸汽机车到内燃机车,从电力机车再到和谐号、复兴号动车组开进湖北,华中地区最大的航站楼综合体在武汉天河机场T3航站楼开通运营,世界第一高桥沪渝高速四渡河特大桥修建通车,新中国成立后第一条人工运河——江汉运河综合效益显现,长江—汉江—江汉运河810公里高等级航道圈全面建成,所有县市通国道、建制乡镇通国省道、行政村通沥青水泥路,"县县通高速"收官工程保神、宣鹤高速有序推进,武汉地铁1号、2号线、4号线、3号线、6号线、机场线等相继开通运行,湖北首条BRT公交线路在宜昌运行,我国最长的湖底隧道——东湖隧道建成……一批重点项目、民生项目惊艳世界。

据统计,自2008年以来的10年,湖北交通固定资产投资总额达到7542亿元,是之前10年的5倍,相当于新中国成立60年交通投资总和的3.5倍。

（三）体制大变革

改革开放40年,湖北交通运输部门加快由"管理者"向"服务者"转变的步伐,在管理体制政企分离、管理服务大提升、融资渠道多元化、综合交通一体化引领变革热潮。

1980年后,湖北交通加大运输市场开放力度,培育出大量跨行业的国有、民营、个体运输企业。1995年,湖北高速客运引进"巴姐"空勤式服务,涌现了"捷龙""汉光""省客"等一批运输服务品牌。2001年后,改变国家定价、政府指导价,运输领域实行完全的市场调节价格机制,确立了企业的市场主体地位。

楚天高速公路上市是湖北推进交通融资体制改革,实现直接融资的重要突破。2004年,楚天公司股票上市,上市融资8.1亿元。

为推动高速公路快速发展,湖北省交通厅实施高速公路投融资体制改革,从2007年起实施了高速公路建设由"以省为主"转向"以市州为主"的改革举措,各市州招商引资、加快项目建设形成了蓬勃态势。

2009年,根据《中共湖北省委、湖北省人民政府关于印发〈湖北省人民政府机构改革实施意见〉的通知》精神,设立湖北省交通运输厅,将原省交通厅的职责、原省建设厅指导城市客运的职责,整合划入省交通运输厅,并承担协调服务民用航空、铁路、邮政等工作。

2009年1月1日起实施成品油税费改革,取消原在成品油价外征收的公路养路费、航道养护费、公路运输管理费、公路客货运附加费等六项收费。湖北省交通运输厅成立物流发展局,原公路规费征收稽查局人员已经全部转岗到物流发展局从事物流发展工作,开启物流发展新征程。

2009年4月30日24时起,湖北103个政府还贷二级公路收费站全部取消收费。免费通行的普通公路,成为减轻群众负担、方便群众出行的重要民生工程。

2010年后,探索多元化投融资渠道,大力推行"贷款建设,收费还贷"、转让经营权、合资合作等模式,建立高速公路与普通公路"统贷统还"新机制,运用国内BOT、PPP等,大量吸引社会资本参与交通建设。

2010年10月28日,湖北省交通投资有限公司成立,成为湖北省人民政府出资组建的国有独资交通投融资企业。2015年7月1日升格为集团,注册资本金100亿元,目前总资产超3700亿元,为省属资产规模最大的企业。战略定位为综合交通基础设施投资运营商、产业资本投资经营商("两商"),涵盖综合交通基础设施投资建设、物流、片区开发、能源、科技、金融、交旅融合、生态农业八大产业板块。下属全资、控股、参股公司总计176家,其中二级公司70家、三级公司77家、四级公司29家。"十二五"期,该集团融资1909亿元,进入国内投融资平台第一方阵。

2014年,湖北省交通规划设计院进行整体划转,成为中南工程咨询设计集团公司所属全资企业,成为湖北省新一轮国企改革中推行混合所有制的"大手笔"之一。

2011年以来,湖北省交通运输厅按照湖北省委、省政府的决策部署,围绕"审批项目最少、行政成本最低、办事流程最简、工作效率最高"的总体目标,积极推行"四减五制三集中"改革,成立交通运输厅行政服务中心。湖北成为中东部地区交通运输行政审批事项最少的省,行政审批由最少向最优转变。

2015年,湖北综合交通运输体制机制改革被列入湖北省专项改革议题和工作重点,三峡翻坝综合交通转运、天河机场三期工程、武汉阳逻港集装箱多式联运和全省道路客运联网售票系统试点先行。推广学习"贵州经验",推行交通"建养一体化"模式。

(四)扶贫大攻坚

小康不小康,关键看老乡。改革开放初期,交通部门在提供服务产品存在数量不足,样式不多,不平衡现象严重,道路资源稀少,区域分布不均,交通带动地方经济产业发展更是乏力。

2013年底,湖北省100%的行政村实现公路全覆盖。2015年底,全省25989个行政村全部实现通客车,解决了农村群众出行难题和特色农产品、工业品物流的双向流通困难的难题,随后开启"建好、管好、护好、运营好"的"四好农村路"建设新征程,为农民群众聚财气、攒人气。

湖北实施"交通+资源开发及旅游"扶贫、"交通+产业"扶贫,决战决胜,全力以赴打赢交通扶贫脱贫攻坚战,全面建成"外通内联、通村畅乡、班车到村、安全便捷"的交通运输网络。在密织道路、兴业富民上走出了一条"交通+"的精准扶贫路。在通达上,编制"四好农村路"五年行动计划和中长期发展规划纲要,开展"四好农村路"三年攻坚战,重点实施提档升级、安全保障、管养达标、创建美丽农村路、提升运输服务等"五大工程",评选出两批共18个"四好农村路"省级示范县,其中2017年,竹山、黄州成为"四好农村路"全国示范县,2018年,黄州区、竹山县、神农架林区、潜江市、大冶市等5个县市被交通运输部、农业农村部、国务院扶贫办联合命名为"四好农村路"全国示范县。

2016年6月29日,秭归县城开通运行两条公交线路,结束了多年无公交的历史。至此,湖北实现县级城市公交线路全覆盖,城际公交、镇村公交、镇域公交等方式,既给人们出行带来便利,又降低了出行成本,增强了安全系数,使"出家门、上车门、进城门"成为现实,群众幸福指数不断提升。大力推进竹山、远安等县全国交通一体化示范县建设,为2018年脱贫目标的实现做出了交通应有的贡献。

在安全上,修改完善《湖北省公路路政管理条例》,首次将村道纳入公路路政管理范畴,为农村公路安全管理奠定法律基石,同时,全面实施公路安全生命防护"455"工程,建立省、市、县、乡、村5级联动机制及责任体系,完成国省道、县乡道及通客运班车村道共计8万公里的公路安防工程。

2017年,湖北省道路运输安全企业监控网、行业监管网、第三方监测网实现"三网合一",24225台"两客一危"车辆在全国率先完成4G动态视频监控全覆盖。不断推进智能识别技术、大数据分析与4G动态视频监控系统相结合,完善和增强第三方监测平台功能。2017年底前,全省1.93万辆农村客运车辆以及从事毗邻县之间的班线客运的车辆全部安装4G及以上车辆动态监控系统,消除安全隐患,确保道路运输平安运行。

与此同时,湖北交通系统大力实施精准脱贫工程,从2004年新农村工作队进驻洪湖市万红村开始,湖北省交通运输厅先后派出交通小康工作队、三万工作队、驻村工作队定点支援百姓脱贫致富,各市州县交通运输局及所属单位也纷纷派驻帮扶工作队,合力脱贫攻坚。

(五)党建大引领

"一个党员一面旗帜""一个支部就是一个战斗堡垒"。湖北省交通运输厅党组认真贯彻落实全面从严治党的新要求,始终坚持围绕中心抓党建、抓好党建促发展,强化党建大引领的领导方针,为打造交通强国湖北示范区,提供坚强的思想政治组织保障。

改革开放40年,尤其是十八大以来,厅党组大力推进主体责任落实,制定党建工作主体责任清单,明确年度党建工作项目清单,认真查摆整改党建工作问题清单,把主体责任细化分解到党组、党委、支部,建立完善党组书记负总责、班子成员分工负责、机关党委推进落实、行政负责人"一岗双责"的党建工作责任体系,不断深化红旗支部创建,强化党的服务功能,增强党建活力,持续发力纠"四风",推进作风建设,践行监督执纪"四种形态",保持惩治腐败高压态势。

深入推进"三严三实""两学一做"学习教育常态化制度化,支部主题党日活动有主题、有主讲、有创新、有成效。坚持"领导干部带头讲、支部书记必须讲、党员代表轮着讲"的要求,推进讲党课全覆盖。注重学习效果,坚持读原著、学原文、悟原理,学以致用;加强理论武装、锤炼党性修养;树牢"四个意识";增强"四个自信"。做到党的理论武装每前进一步,党员的思想就跟进一步,精神面貌就提升一层。

湖北省交通运输厅机关认真实践"支部先行工作法",厅直系统广泛开展红旗支部创建活动,积极创新支部党建工作品牌,总结提炼"三评一赞"等一批党支部工作法,宣传一批具有交通特色、行业特点的先进基层党组织,让"红旗更艳、红旗满园"。黄黄高速红安党支部、崔家营第一党支部等4个党支部荣获省直机关红旗党支部称号,省厅连续六届获得湖北省委党建工作先进单位。

同时,不断培树行业文化品牌。提炼总结了一批公路文化、港航文化、高路文化、公交文化;颁布了一批交通基层单位和个人获得全国交通文化建设示范单位和先进个人。全国首部"四好农村路"题材电影《村路弯弯》拍摄公映,《大路飞歌》《当你走过》等行业歌曲广为传唱,交通文化成为引领行业发展的精神动力。

以"十行百佳"标兵为基础,大力培树交通行业先进典型,讲好交通故事,传播交通好声音,传递交通正能量。先后培育全国劳动模范陈刚毅、全国交通运输行业"雷锋式驾驶员"张兵、"全国十大最美养路工"张祚琼、"全国十大最美职工"陈洪涛、党的十九大代表熊会萍、王华君等一批先进典型人物,交通运输厅机关及直属系统建成国家级文明单位5个、省级文明单位16个,厅机关连续五届荣获全国文明单位。为交通强省建设,奋力谱写新时代湖北高质量发展新篇章提供坚强保障。

(六)转型大突破

十九大吹响了建设交通强国的号角,湖北主动作为,全面开启建设交通强国湖北示范区新征程。

"十三五"时期,湖北综合交通固定资产投资将达7000亿元(不含城市交通),综合交通运输处于全国先进水平,位居中部前列。湖北将提前实现全面建成小康社会交通发展目标,建成"祖国立交桥",全省综合交通总体上达到中部领先、全国先进水平。

到2020年,基本建成"两中心两枢纽一基地"(武汉长江中游航运中心、全国铁路路网中心、全国高速公路网重要枢纽、全国重要航空门户枢纽、全国重要物流基地),形成立足湖北、辐射中部、沟通各大重要经济区、联通国际的综合交通运输发展新格局,支撑湖北成为"一带一路"、长江经济带的枢纽和门户,为"建成支点、走在前列"提供坚实的支撑,所有市州通快速铁路,所有县市通高速公路,"人便其行、货畅其流"成为现实,老百姓出行有更强的获得感。

到2035年,进入全国交通强省行列。到21世纪中叶,进入全国交通强省前列。

具体目标为"五个中部领先",即交通基础设施整体水平中部领先、交通运输服务整体水平中部领先、交通转型升级整体成效中部领先、交通安全保障能力中部领先、交通行业治理能力中部领先,建成立足支点、辐射全国的"祖国立交桥"。

2018年6月,签署《关于加快湖北省交通运输发展2018—2020合作协议》,部省共建湖北交通强国示范区,湖北从"交通大省"向"交通强省"进发。

功崇惟志,业广惟勤。展望未来,湖北交通人信心满满。

二、基础设施

综合交通基础设施建设迎来发展高峰。改革开放40年,湖北综合交通基础设施建设从无到有,从低阶段到高质量,规模和速度双提升。中国高铁拉近时空距离,高速公路连接千家万户,农村公路越织越密,水运发展加速补齐短板,民航冲刺全国航空"第四城",城市交通织密便民网络,"得中独厚"的交通区位优势正激发社会经济发展的内生动能。

高铁拉近时空距离。改革之初,百废待兴。武汉铁路的客车基本上都是绿皮车,平均时速仅为54公里,支撑中国经济列车"起跑"与"疾驰"在当时无疑是困难重重。

随着国民经济的发展,进入20世纪90年代,武汉铁路基础建设步入辉煌的发展期,陆续修建武大(复线)、大沙(武九复线)、京九、麻武、长荆等支干线、襄樊区域枢纽与武汉路网性枢纽等。

进入21世纪,湖北成为铁路建设的主战场之一,武汉铁路建设更是突飞猛进迎来大发展。2009年,开通运营湖北省内第一条高速客运专线合武铁路,标志着湖北铁路客货分离新理念的正式实施;同时,加速建成宜万铁路,使之成为连接东、中、西部的桥梁和纽带,形成上海、南京、武汉、重庆和成都等特大城市的东西向铁路通道,武汉铁路枢纽地位初步凸显。

此时,为进一步巩固武汉铁路枢纽地位,武汉陆续建成客运中心、集装箱运输中心、现代化机车车辆检修中心、大型机械维修中心,武汉铁路成为全国四大路网中心和三大客运中心之一。

更为浓墨重彩的一笔是,2009年12月26日,武汉火车站正式投入使用,作为亚洲最大的铁路枢纽站,实现高速铁路、地铁、公路无缝衔接,被评为"全球最美建筑"。

随着武汉铁路枢纽地位的确立,在"8+1"武汉城市圈战略引领下,从2010年开始,武汉铁路相继建成运营武咸、武冈、武孝、武石4条城际铁路,至此,武汉城市圈交通一体化基本完成,湖北也成为全国城际铁路开通和运营数量最多的省份,武汉城市圈率先进入同城时代。

改革开放40年,湖北建成铁路投用项目45个,投产里程3961公里,基本形成全省"四纵四横"路网结构,一大编组站、两大过江通道、三大客运站的武汉枢纽格局。

(一)高速公路四通八达

改革开放之初,湖北高速公路建设处于空白期,直至1991年,全长70.299公里被称为"楚天第一路"的武黄高速正式通车,湖北开启高速公路从无到有,从弱到强的大建设时代。

1998年底,第一次采用"菲迪克"条款、用国际标准对工程进行全过程质量控制的黄黄高速公路通车,首次把高速公路修出了省门。2002年京珠高速湖北段全线贯通,湖北高速迎来跨越发展期,此时,高速公路建设也亮点频传,京珠高速是湖北省交通第一次利用世界银行贷款,第一次全线采用沥青混凝土路面的高速公路项目。

伴随着湖北高速公路进入大建设大发展时期,湖北也率先在投融资体制上大胆尝试,2004年6月,建成襄荆高速,是湖北第一条由多家国有企业共同投资组建项目法人建设的高速公路项目,也是湖北由国家批复立项已建成通车的第一个大型高速公路BOT项目。2005年9月建成的樊魏高速,是湖北第一条利用民营资本建设的高速公路。

2010年9月,湖北省政府成立融资平台湖北省交通投资有限公司,承担了全省80%以上的高速公路建设任务。2012年2月后,新开工的高速公路项目均以市州政府为主体进行招商引资,高速公路建设实行由"以省为主"转向"以市州为主"的建设和投融资体制改革,开辟高速公路项目建设投融资方式多元化的新纪元。

此时,湖北高速公路建设飞速迈进,2009年12月,当时中国地质最为复杂、工程最为艰巨、建设难度最大的高速公路——沪蓉西高速公路全线建成通车。G42沪蓉高速公路宜巴段,桥隧比为70.14%,G50沪渝高速公路鄂西段主线桥隧比为51.62%,桥隧比例之大为全国之最。

宜巴、汉鄂、咸黄、鄂黄、谷竹、郧十、恩黔、利万等高速公路项目相继建成。武汉军山长江大桥、宜昌长江公路大桥、襄十高速公路、沪蓉西高速公路四渡河特大桥、鄂东长江大桥,先后问鼎中国建设工程鲁班奖、詹天佑土木工程大奖。

进入"十三五",湖北高速公路更是提出"县县通高速"的建设目标,保康至神农架高速、宜都至来凤高速、鹤峰至宣恩段等项目正如火如荼进行。

从湖北高速公路建设开始到2018年8月底,全省高速公路通车里程已达6290公里,"七纵五横三环"高速公路网基本形成,建设运营规模居全国第一方阵。纳入"71118"国高网的线路16条、省高网37条,已开通高速公路省际通道25个,与周边安徽、河南、陕西、重庆、江西、湖南等省(市)畅通连接,覆盖辐射全省98%的县市区、99%左右的人口和98%左右的经济总量,为长江经济带、中部崛起、长江中游城市群等国家重要战略和湖北经济发展提供了重要交通服务保障。

这些重点工程的建设,离不开湖北交通工程质量监督部门的努力。在不断深化行业改革,打造品质示范工程,大力建设平安工地的目标下,加快构建省、市、县三级质量安全监督体系,引导参建各方坚持管理和技术的传承与创新,推动全省交通建设协调发展和转型升级。

(二)普通公路深度通达

借着改革开放的东风,1979年3月,湖北公路部门探索推出以"五定一奖赔"为核心的公路养护承包责任制,拉开湖北公路行业改革的序幕。而伴随着公路建设体制机制的进一步完善,1984年11月,湖北公路开始确立公路养护和建设的统一计划管理,分级管理,养路费收入和支出实行基数包干,定三年,增收分成,减少扣支,调动了多方积极性。

随着公路路网不断完善和资金的庞大需求,国家和湖北省开始拓宽建设资金筹集渠道。1984年,全省公路渡口开征过渡费,把公路养路费的调整部分单列,又把公路养路费(含过渡费)"两金"定额上缴,超过部分纳入专项资金;1988年,国务院制定"贷款修路、收费还贷"政策,湖北省第一条收费还贷性公路咸宁至通山公路动工,并设立湖北省第一个收费站,全省公路打破由单一交通规费投资的模式,开始采用贷款、融资等方式修建公路。

为建立适应社会主义市场经济发展的行业管理机制,湖北公路管理局1997年12月开始实施事企分开,建设施工单位转化为法人企业,部分养护生产单位全面实行企业化管理;2005年,全省41家公路企业经济实体改制为混合所有制经济,费收和渡口改革开始启动,公路行业科学化管理步入新阶段。

而在公路发展过程中,面对百姓呼声,湖北应时而为,还利于民。2009年4月30日24时起,湖北省103个政府还贷二级公路全部取消收费,并完成收费站撤站工作。

进入"十二五"后,老百姓幸福感在畅通安全的公路上得到最直接的体现,湖北相继完成了三件大事:实现所有县市通国道,建制乡镇通国省道,所有行政村通沥青水泥路;面对"98+"罕见洪涝灾害,湖北省交通运输厅启动"百千万工程"(创建"百条示范路",重建"千座连心桥",改建"万里扶贫路");大力推进实施公路生命安全防护"455"工程。

同时,湖北交通正在建设一批高品质国省干线公路网,重点提升路面质量和安防水平,整治路域环境,融入公路文化,完善配套服务设施,建设普通公路服务区、停车观光区、休闲驿站,并新建和改造260个厕所,主要集中在襄阳、荆州、宜昌、十堰、黄冈、恩施等地境内,确保每100公里或开车2小时能找到1个厕所。

改革开放40年,湖北省普通公路通车总里程达到26万公里,公路总里程进入全国前三,旅游资源扶贫路、产业扶贫路驱动百姓驶入脱贫致富快速路。

(三)"四好农村路"兴业富民

一条村路能改变一个村庄,带动一个产业,致富一方百姓。习近平总书记多次对"四好农村路"建设做出重要指示,他说,农村公路为乡村带去了人气和财气,也为党在基层凝聚了民心。

2013年底,湖北在所有行政村通沥青(水泥)路的基础上,率先提出"建好、管好、护好、运营好"农村公路,大力推进城乡交通一体化,农村公路迎来大发展,宜昌率先推行"路长制"方法进行农村公路养护,并在全省推广这种养护模式。

2015年,湖北17个市州100个县市区的25989个行政村全部实现"村村通客车"的壮举,"四好农村路"向运营好又走出历史性一步。创新农村公路养护管理机制,做到责任、机构、人员、资金"四到位",在全省推广潜江"合同管养"、咸安"专群结合管养"和谷城"协会管养"等模式,逐步建立起"有路必管、管必到位,有路必养、养必规范"的农村公路管养长效机制。湖北省财政每年安排1亿元用于农村客运长效发展,安排不少于1000万元用于农村物流发展。

统计显示,湖北农村公路通车里程达到23.5万公里,居全国第4位,彻底解决农民出行难、出行贵、出行慢、出行不安全的问题。2016年,全国"四好农村路"运输服务工作现场会在竹山县召开。"四好农村路"建设与扶贫攻坚、产业发展、乡村振兴、美丽乡村等战略深度融合,真正实现"美了山乡、富了百姓"的目标。

"十三五"时期,湖北提出打响三年"四好农村路"攻坚战,将通过实施道路提档升级、安全保障、公路管养、美丽农村路创建、运输服务提升五大重点任务,将农村公路向20户以上通组公路建设,并对3万公里农村公路提等升级,每年建成1万公里美丽农村路。

(四)水运发展通江达海

湖北在历史上曾经是个水运大省,随着时代的变迁,水运却变成了湖北交通发展的短板。

改革开放初期,湖北水运发展一直徘徊在初级阶段,直到1995年10月,湖北在汉江上建成了第一个现代化港口——襄阳余家湖港,至此湖北水运建设迈入新阶段。

伴随着汉江襄樊至皇庄航道整治工程通过国家验收,河口至蔡甸33公里航道整治工程正式开工建设。湖北汉江早早实现了航道全年通航千吨级船舶目标。

2004年2月,武汉阳逻港一期工程开港。阳逻港一期工程是长江中上游第一个按国际标准设计的专业化集装箱码头,走出湖北水运对标国内外先进港口建设的重要一步。

此后,湖北水运迅猛发展,2010年汉江崔家营航电枢纽工程建成运营,2013年改造后的丹江口水利枢纽投入试运行,2014年江汉运河建成通航。

同时,湖北水运也迎来写入历史的华彩篇章。2013年7月,习近平总书记到湖北考察武汉新港阳逻集装箱二港区,他要求,长江流域要加强合作,发挥内河航运作用,把全流域打造成黄金水道。2015年8月,湖北省政府做出重大战略部署,整合省内长江流域港航资源,组建武汉港航发展集团有限公司,大力推进长江中游航运中心建设。2018年7月,在克服重重困难和体制障碍后,武汉新港阳逻港一、二、三期整合资源,统一经营主体,做大做强航运实力。

2016年起,湖北已拆除长江干线非法码头1103个,长江干线非法码头整治工作走在全国前列。2017年底,《湖北长江经济带综合立体绿色交通走廊建设专项规划》正式出台,以全面贯彻落实长江经济带"共抓大保护、不搞大开发"发展战略要求,打造沿江综合立体绿色交通走廊。坚持生态优先、绿色发展,加快建设长江黄金水道,着力打造综合立体交通走廊,重点推进绿色交通发展。把尊重自然、顺应自然、保护自然贯穿到交通规划、设计、建设和运营全过程,重点突出交通生态环境保护、节能减排和集约节约利用资源的重要性,加快建设以绿色循环低碳为特征的交通运输体系,着力打造全国综合交通运输枢纽、长江经济带战略交通支点、全省绿色交通发展示范区。

2017年10月26日,武汉新港管委会在武汉与中远海运、长航集团、中谷海运、武汉理工船舶等大型知名企业签订协议,共同建造6艘汉申线江海直达1140集装箱示范船。这是武汉新港委落实国家加快武汉长江中游航运中心建设、促进绿色长江建设的新举措。

2018年6月12日,长江流域首个多式联运项目——黄石新港铁水联运贯通,黄石多式联运地方铁路正式开通运营,标志着大交通、大港口、大物流格局成型。

改革开放40年,湖北已经建成三级以上高等级航道总里程1930公里,除长江航道外省内三级航道里程为892公里。全省建成港口38个,其中主要港口4个(武汉港、宜昌港、荆州港、黄石港),区域重要港口14个,地方一般港口20个,湖北长江—汉江—江汉运河810公里高等级航道圈正式形成。

(五)民用航空傲翔国际

改革开放初期,湖北民航经历了从部队管理、政企合一到政企分离的改革阶段,直至1987年,襄樊机场投资修建,这个首个由地方政府投资修建和管理、民航参与保障与管理的"一场两站"式的地方机场,开创了民航发展新思路,并开始在全国得以推广。

20世纪90年代,相继组建了南航湖北分公司、蓝天航油湖北分公司,而最早的武汉天河机场也建成投入使用。

伴随着民航发展,湖北地区体制改革也进入深化期,2001年12月,湖北省局与武汉空中交通管理中心分离,湖北省局成为当时全国民航4个行政性试点省局之一;2003年10月29日,按照国务院体制方案,民航湖北省管理局撤销,同时成立民航湖北安全监督管理办公室,属民航中南地区管理局派出机构。

2008年,湖北民航迎来了发展速度最快的时期,武汉天河机场完成一、二期工程,并相继投入使用,同时,武汉天河机场作为全国民航综合改革试点,各航空公司纷纷落户和经营到武汉的航线,武汉天河机场领跑全国。武汉地区基地航空公司由原来一家公司(南航湖北公司)发展为多家,同时新组建荆门、楚天、武汉直升机、同城等通用航空公司。

2016年,合着打造湖北航空枢纽门户的节拍,武汉天河机场三期竣工,湖北顺丰国际物流核心枢纽落户鄂州,湖北民航发展进入高峰阶段。

武汉天河机场作为国内最大的交通换乘中心之一,实现了航空、城际铁路、地铁、公路长途、公交(含机场大巴)、出租车、社会车辆等7种交通方式的无缝衔接,10分钟左右即可完成立体换乘;顺丰国际物流核心枢纽将打造成全球第四个、亚洲第一的航空物流枢纽。

改革开放40年,武汉天河机场、宜昌三峡机场、襄阳机场、恩施机场、十堰武当山机场、神农架机场等建成运行,湖北民航从1982年客运量9.4万人次,到2017年的2805.93万人次,增长了近300倍,货邮吞吐量更是达到20.25万吨,增长了近170倍。民用航空空中交通管制、航空油料供应、航空维修等民用航空保障也都发生巨变。

(六)邮政发展规模壮大

改革开放40年来,湖北邮政业经历了从小变大、由弱到强的发展之路,其中快递业从无到有,行业发展规模不断壮大。

2012年,伴随着湖北13个市(州)邮政管理局相继挂牌成立,国家、省、市三级邮政管理机制正式建立;2015年,中国邮政速递物流股份有限公司湖北省分公司(省EMS)与省交通运输厅运管物流局签订战略合作框架协议,协作开展农村快递物流示范点建设,加强对交邮合作、农村物流、城市配送、客货运班车运输等新型合作模式的总结推广。

全省共建有省级以上快递分拨中心23处,主要品牌快递企业均在武汉设立了区域总部,自动分拣机、智能手持终端、货物跟踪系统等科技手段广泛应用,邮政业服务先进制造业、现代农业和跨境网购成效明显。

全省共补建空白乡镇邮政局所46处,实现乡乡设所、村村通邮,快递服务网点实现乡镇100%覆盖,邮政企业共建农村电商服务点22815个,快递业务量突破10亿件大关。

(七)管道运输干支相连

川气东送、西气东输三线工程等项目建设加快推进步伐,武汉市天然气高压外环线、武汉至宜昌天然气输气管道等支线、联络线覆盖全省。北京至广州同轴电缆、南京至重庆光纤电缆在武汉交汇,形成了辐射全国的现代通信网络。2016年,全省油气输送管道完成投资15亿元,全省现有石油天然气长输管道总里程超过6800公里。

(八)民生公交方便快捷

改革开放伊始,1979年4月,武汉开辟市内由汉口至武昌东湖风景区一日多处游第一条游览公交线路,拉开城市交通发展大幕。

随着武汉城市化进程的不断发展,武汉拥有了第一座标准化、规范化的公交站点,公汽、电车取消客票多级累进制,全部执行上车"一票制",实行财政补贴包干、一定四年不变的经济政策等,公共交通加速推进。

乘势而上,武汉公共交通大胆创新,2001年将城市公共交通行政管理职能和公汽、电车、轮渡、出租车公司、汽渡所、客管处、公交监察办等12家企业单位划归市交委管理,武汉交通迈入城市公交一体化新格局。

出租车方面。2006年,武汉城市交通在出租车领域率先推行公司承包经营,摒弃"买断"经营模式,企业按经营合同示范文本与司机签订合同,在内容上兼顾企业与司机的既得利益,确立武汉特色的客运出租汽车行业管理模式。2012年3月,湖北启动出租汽车行业和谐劳动关系创建,坚持政府主导、部门协作,充分发挥出租汽车企业主体和驾驶员主角作用,依法建立企业和驾驶员之间规范有序、公平合理、互利共赢、和谐稳定的劳动关系,努力推动出租汽车企业建立现代企业制度,实行企业化经营、员工化管理。

公交车方面。2008年以前,湖北对城市公交企业采取了低门槛准入政策,政府多采用招商引资等方式引进民营资本介入公交行业,民营公交企业整体呈现多、小、散的特点,服务质量普遍不高,对老年人减免费等政策难以落实,政府补贴补偿普遍不到位,乘客投诉集中在这些企业。2008年以后,湖北城市公交行业公车公营改革力度加大,政府出资收购民营企业改制为国有,对改制后的企业车辆全部实行公车公营,将以挂靠经营的车辆改为公车公营,由政府出资,对原车辆给予适当的经济补偿。

截至2016年底,湖北公交公车公营改革完美收官,力度堪称近几年最大。初步统计,全省近十个城市完成公车公营改革,涉及改造的挂靠车辆达350余辆,投入资金超过3.5亿;新增公车公营车辆总数达到600辆。

2016年,武汉城市交通创新发展,实施网约车新政,40万辆网约车加入城市公共交通服务大军。与此同时,通过建立数据监控平台等措施,强化共享单车管理,方便市民出行。

进入"十二五"时期后,武汉城市交通全面发力,相继开通地铁1号、2号线、3号线、4号线、6号线、机场线等,总里程237公里,武汉城市交通从此迈入"地铁时代";开通运行武汉市首条BRT——雄楚大道BRT;开通武汉沌口开发区有轨电车T1线、光谷有轨电车T1、T2线。

武汉努力创建国家公交都市建设示范工程城市,现有8000余辆公交车、400条公交线路、3万余名员工,同时拥有公共汽车、电车、出租汽车、客运轮渡、汽车轮渡、快速公交系统(BRT)和城市有轨电车等7种运营方式,国内屈指可数。公交车清洁能源使用率达34.7%,客运出租车清洁能源使用率达75%,并开通微循环公交、夜行公交145条,真正解决了城市交通"最后1公里"出行难题。手机关注"智能公交",便可查看公交车到站信息,使用手机扫码等多种支付方式。2016年1月1日起,武汉公交实施换乘优惠政策,每年为市民"免单"3.8亿元。

继全省县县通公交后,截至2018年8月,咸宁、黄石、潜江、荆门、随州、鄂州、宜昌、襄阳、黄冈、十堰等10个城市实现全国公交一卡通的互联互通,全省已有421条公交线路、5812台公交车可使用。襄阳市区1400台公交车89条线路全部可以使用,全省已累计发卡78501张。武汉市近日已获得交通运输部一卡通商用密码批复。荆州、孝感也提出密码申请。十堰市公交公司先后与房县、武当山特区、竹山县完成公交一卡通系统接入,并实现了四地消费和充值的互通。

三、运输服务

(一)客货运转型发展服务优化

改革开放 40 年,湖北公路水路运输在客运、货运上不断强化装备发展,优化运力结构,加强行业建设和管理,从而提升运输质量,打造出旅游客运、多式联运等运输发展亮点,并壮大物流电商发展平台,极大推动经济社会快速发展。

(二)道路运输转型发展

湖北道路运输始终全面深化运管物流供给侧结构性改革,着力提升服务质量和服务水平,进一步加快推进治理体系和治理能力现代化建设,全面打造民生运物、法治运物、数字运物,维修和驾培也向信息化转型,为湖北"建成支点、走在前列"提供了坚实的道路运输与物流服务保障。

客运方面,首先是运输装备的长足进步。改革初期,湖北全省营运车辆只有 1436 辆,而发展到 2017 年,全省拥有营运客车 3.9 万辆,拥有城市公交车 2.19 万辆,拥有出租车 4.2 万辆,多元化的客运方式极大丰富了运能。

其次是道路客运运力结构不断优化,改革初期,湖北载客汽车只有 7032 辆,55081 座,而到 2017 年,全省共有营运客车 35113 辆、810650 座,其中高级客车占比超过 30%,车辆的数量大幅增加,车型结构和技术状况不断改善,老旧车辆逐渐被淘汰,形成大中小齐全、高中普配套的客运新格局。

再次就是持续深入的行业建设和管理,从改革开放初期屈指可数的监管举措,到如今信息化的 4G 视频监控平台建立和道路客运联网售票全覆盖,从数量极少的客运线路,到如今班线达到 11722 条,从道路客运场站基本为零,到目前已建成 31 个一级客运站和 84 个二级客运站,湖北客运在运能上做足文章。

此时此刻,湖北道路运输客运量快速增长。从 1978 年,湖北汽车客运量仅为 7429.4 万人,汽车旅客周转量为 248520 万人公里,到 2017 年底,全省公路运输客运量达 86772.19 万人,在综合运输体系中占比为 81%,旅客周转量为 4822733.83 万人公里,在综合运输体系中占比为 30%,客运量和客运周转量较改革开放初期分别增加了 10 倍和 18 倍,客运线路平均日发 80501.2 班次。

进入 21 世纪,随着高铁、航空等新型运输方式的出现及私家车的快速发展,长途客运所受冲击加大,全省长途客运效益下滑普遍在 30% 以上,1000 公里以上的客运班线大部分处于停班或退市状态,长途客运进入收缩期,而随着已全面实现"村村通",湖北城乡一体化进程加快,旅游客运逐渐兴起并成为热点,宜昌交旅运输、湖北捷龙旅游运输等转型发展。截至 2017 年,共有旅游客运企业 148 户,旅游客车 3131 辆,客车座位 127720 位。

在货运方面,运输装备取得长足进步。改革开放初期,湖北仅拥有载货汽车 1500 辆,1981 年,全省营运货车 9108 辆。到 2017 年底,全省拥有营运货车 35954 辆。重型化、专用化货车发展迅速,高效低耗的大吨位货车、专用货车得到较快发展。

其次是行业监管不断增强。加快推进道路货运车辆年检(安全技术检验)和年审(综合性能检测)合并,加大货车通行湖北高速公路通行费优惠力度,开展道路货运价格与成本监测,通过企、线、点多个层次采集货运价格与成本数据,覆盖了全国大部分省会城市。同时,加强安全监管力度,制定实施营运车辆、危货运输企业等安全生产基本规范,严格落实"一超四罚"工作机制,配合多部门开展联合行动,督办超限超载治理工作。

全省货运运力结构比较合理,货运行业实现物畅其流。改革开放初期,汽车货运量仅有2311.5吨,汽车货运周转量86819吨公里,共计22964.5吨。而到2017年底,载货汽车达343424辆,是1978年的61.4倍;全省完成货运量14.8亿吨、货物周转量2742.2亿吨公里,比1978年分别增长640275.9倍、3158524.2倍,货运企业也达到16134家。

(三)水上运输释放潜能

一寸水深一寸金。湖北是千湖之省,通航总里程8638公里(含长江)。改革开放40年来,湖北水运一路高歌猛进。

客运方面,湖北交通不断强化运输能力建设。改革开放初期,全省从事水路客运的船舶仅有93艘,客位15790,其中钢铁质船16艘,其他主要是小型木船,水路客运服务以普通客运(含乡镇渡运)为主,全年完成客流量仅为1002.1万人。

40年中,伴随着长江—汉江—江汉运河810公里高等级航道圈全面建成,长江干线(三峡库区)水路、丹江口水库、梁子湖、清江、洪湖、东湖等重要湖库区水路完成,全省水路客运也全面发展壮大,截至2017年底,全省共有水路客运企业68家,船舶413艘,客位41271个。其中客运企业64家,客船395艘,客位37950个,共有水路客运码头14个,2017年,水路旅客吞吐量达到629.7万人次,旅客周转量41107万人公里。

此时,水上客运类型逐渐向旅游客运为主转变,水路客运产品更丰富。线路上,长江干线客运省内从宜昌等市州始发、中转以及终到,上下游辐射至重庆等地,并大力实施渡改桥工程,推进平安渡口创建。类型上,从普通客运,到特定线路"一日游"、老年休闲游、涉外高端旅游包船服务等,能满足不同类型客户需求。水路客运市场竞争有序,企业数量大增,正朝集约化、多样化、大型化方向发展,船舶不断向大型化、专业化、豪华方向发展。

货运方面,首先是水路运输装备大发展。改革开放初期,全省统计机动船舶仅有1573艘,其中钢铁质船241艘,水泥质船65艘,小型机动木船697艘。改革开放40年,全省运输船舶逐步实现全部钢质化走向全面升级,迅速向船舶多样化、大型化、标准化、绿色化方向发展。

湖北内河集装箱船开始出现,江海直达运输迅速崛起,既有普通干散货船,又有化学品船、油船、汽车滚装船、集装箱船等,截至2017年底,湖北共有营运船舶4744艘、716.9万载重吨,千吨级以上船舶1693艘、572万载重吨,占总运力75%。

现在,全省集装箱船、汽车滚装船、液货危险品船、大吨位干散货船,比重达到总运力70%以上。

其次是创新管理模式,全面开放货运市场。湖北水运打破封闭的管理方式,鼓励多家经营,提倡和保护合理竞争,航区限制和地区分割被打破,发展江海直达、干支直达和跨省市客货运输,形成以国有水运企业为主体、多种所有制企业并存的多形式、多层次、多成分、各种运输工具一起上的运输新格局。

改革开放40年,水路货运量大幅提高。20世纪80年代以前,湖北地方水路货运航线基本上限于省内,只有长江干线和支流运量比重增减的变化。1978年水路货运量2452.8万吨,货物周转量26.033亿吨公里,港口吞吐量仅3848.9万吨。2017年,全省完成港口吞吐量3.69亿吨、水路货运量3.61亿吨、周转量2788亿吨公里,相比1978年,分别增长858.7%、1371.7%、10609.4%,并完成集装箱吞吐量167万标准箱。

截至2017年底,全省共有水运企业444家,其中普通货物运输企业354家,危货运输企业21家,水路客运企业71家,滚装运输企业10家。兼营普货和危货企业6家,兼营普货和水路客运企业6家。全省万吨以上船舶运力规模企业143家、10万吨以上船舶运力规模企业10家。全省共有水路运输辅助业62家,船舶运力迅猛增长。

(四)物流电商服务为民

改革开放40年,物流电商发展从无到有,从弱到强,尤其是"十二五"时期以来,随着信息科技的发展,公路货物运输迎来物流电商转型发展高峰,物流电商势头正劲。

湖北交通全力推进道路货运集约化发展,合理布局物流设施建设,建设以"公路港"模式为主的综合物流园区,推广应用以"多式联运""甩挂运输"为主的现代运输方式,促进物流设施协调配套运行。

目前,全省完成物流基础设施建设投资60.1亿元,湖北建成货运枢纽(物流园区)设施项目49个,武汉东西湖综合物流园、宜昌三峡物流园、襄阳北物流产业园、襄阳物流信息中心、十堰许家棚物流园等物流项目建成运营,新增年公路货运吞吐能力1.1亿吨,全天运送货物能力达到301.9万吨。

全省建成公路客货运(物流)站场项目18个,组建华中甩挂运输联盟,无车承运人试点工作稳步推进,黄石市着力物流项目建设招商引资,全年签约项目过百亿元。以汉新欧与江海直达为代表的国际物流作用明显;武汉东西湖、宜昌猇亭等一批物流产业集聚区正在形成;顺丰货运枢纽机场落户湖北鄂州;甩挂运输、零担运输、小件快运等3个物流企业联盟运行正常;3个长途客运接驳运输联盟相继成立,试点线路达45条;武汉快货运与武汉铁路局合作,携手推进公铁联运发展;一批物流平台企业正在湖北省落地生根。

同时,农村物流创新融合发展,全省36个县市完成了县级农村物流融合发展规划编制,32个项目纳入"十三五"全省农村交通物流发展项目库。以交通为主的物流综合协调体制机制在武汉、宜昌、黄石、随州等地取得突破;以物流园区为核心、物流中心为骨干、城市配送中心为基础、农村物流站点为补充的"一点多能、一网多用、循环流通"的农村物流融合发展模式探索取得初步成效。

宜昌培育了秭归"干线运输+农村货运班线+村村通客运班线+物流快递"的干支末运输组织无缝衔接、长阳"智慧物流信息平台+电商+物流快递"的农村物流无车承运人、三峡物流园"市级集并+县级辅助+竞争合作"的共同配送三种农村物流模式。

秭归、宜城、恩施等12个省级农村物流试点示范建设取得阶段性成果;竹山县客货联盟、交农携手、运邮结合等融合发展模式,实现了农村物流与干线物流网络有效衔接;全省100家农村五级客运站建立农村物流综合服务站,成为具有农产品集散、中转配送和信息化服务等多功能的农村综合服务站。

（五）多式联运阔步前行

武汉,九州通衢,1200公里半径圈覆盖了中国80%以上的经济发达城市。得天独厚的地理位置,加上四通八达的交通网络,决定了武汉可以成为沟通中国中西部地区与广袤国际市场的最佳中转点或分拨点:对于进口而言,外国货物通过空运、铁路或水运,先运抵武汉,再向中西部各地分拨;对于出口而言,中西部货物先聚集到武汉,再统一发往国外。

这种"聚集+分拨"的运输模式一旦形成,将大大降低货物运输成本,形成价格洼地,武汉将成为中西部地区最佳"出海口"。问题也随之而来:尽管武汉外部交通优势明显,但在城市内部各种运输方式接驳上却存在"碎片化"软肋。机场在黄陂、水港在新洲、高铁在青山、铁路集装箱中心站在东西湖,各种运输节点之间并无高效的转运方式,只能靠公路货运转驳,运输成本被瞬间抬高。

有时候,远隔重洋、千辛万苦运回来的货物,只节省了几十美元的运输成本,结果却被市内几十或上百公里的公路货运,消耗殆尽。

随着改革开放的逐步深入,近几年,湖北水运在铁水、公水、江海直达等多式联运方面先行先试,助推武汉长江中游航运中心建设,重塑了"货到汉口活"的百年传奇。

10家长江中游航运中心港航联盟成员单位共同签署了"保护长江生态发展绿色航运"行动宣言,催生长江绿色发展新动能。在全省,围绕构建高效物流体系的多式联运项目正在加速推进。在宜昌,连通云池港与周边主要工业园区的紫云铁路已经建成;在鄂州,三江港铁路物流基地一期工程已经开工。以长江三峡滚装运输为核心,长江沿线主要城市滚装码头为物流节点,在长江沿线城市形成了服务汽车整车和零部件汽车滚装运输多式联运线路。

泸汉台快班、东盟四国航线、日韩快班等品牌航线影响力日益提升,"沪汉蓉""沪汉陕"班列、武汉至上海集装箱航线、黄石至韩国直通航线等新开通航线发展迅速,汉江首开史上第一条干支相连的沙洋港——武汉港集装箱定班航线。

尤其是近5年来,水运建设"阔步向前",创造了一系列"第一"。非法码头治理经验获得全国推广,810公里高等级航道圈加速形成,武汉港首次跻身长江内河亿吨大港行列,集装箱吞吐量超越南京位居内河第一位,并成功跻身世界内河港口第一方阵;阳逻港第一个铁水联运集装箱班列从港口始发启运;仙桃至武汉第一条集装箱航线开通;第一个扫码岸电系统在宜昌三峡游客中心启用……

到2020年底前,湖北将打造出至我国中西部、欧洲、东盟等地6条以上多式联运线路,建成武汉阳逻港、黄石新港、白洋港等8个以上国家多式联运枢纽,全省铁水联运货运量将比"十二五"期末增长1.5倍。

四、行业管理

交通行业现代化治理驶入快车道。改革开放40年,湖北交通在投融资体制、依法行政机制、市场管理服务上不断探索,吸引社会资本投入交通建设,建立路政管理、行政审批、联合执法、创新执法体制,推进综合交通运输深化改革,实现交通行业现代化治理能力不断提升。

(一)千方百计筹集资金

交通要发展,粮草要先行,资金保障是基础。改革开放40年湖北交通的大发展,就是一场不断创新突破,千方百计筹集资金的拉锯战。

一方面,交通经营主体通过部分转让和上市,吸引社会资本参与交通建设。2003年,黄黄高速公路转让49%收费经营权及合作经营项目,一次性融资13.5亿元,湖北省交通厅与境内外投资商共签订15个交通重点工程招商项目的投资意向书和转让合作协议,吸纳外资和国内社会资金535.75亿元;2004年,楚天公司股票上市发行,湖北交通建设在资本市场直接融资取得新突破。

另一方面,深化高速公路投资体制改革,建立多元化融资渠道,建立交通建设投融资平台,变"以省为主"为"省市(州)共建"的模式。

2011年,湖北省政府组建省交通投资有限公司,明确政府已建高速公路债务的还本付息以及在建高速公路的后续融资工作由省交投公司负责。

同时,明确将普通公路建养目标完成率先纳入各市州党委政府目标考核体系,并逐步实现融资由原依赖部省补助和贷款向包括财政投入、融资平台投入、信贷融资、信托、土地收益捆绑、BT、PPP等多种方式组成的综合融资转变,并采取多种方式鼓励社会资本投资,借鉴高速公路招商引资模式,以土地税费等优惠条件,采取公益性项目和开发性项目一体化建设、捆绑开发等方式,吸引社会资本。

2015年,大力开展PPP试点工作,湖北省纳入交通运输部试点范围的武深高速公路嘉鱼北段和赤壁长江公路大桥项目、省级试点香溪长江公路大桥项目均进展顺利,香溪长江公路大桥项目已开工建设。交通运输部试点2个项目进入招标程序,推进进度在全国11个试点项目中位居前列。

2016年,推进与政策性银行的合作,与国家开发银行湖北分行签订500亿元战略合作协议,推动融资平台转型,拓展业务及多元化经营等方式。开展多层次的PPP项目推进工作,武汉至深圳高速公路嘉鱼北段、赤壁长江公路大桥2个项目纳入交通运输部第一批PPP试点项目;宜昌市秭归县香溪长江公路大桥项目纳入省级PPP试点项目;316国道河谷汉江大桥及接线工程纳入省级第一批政府和社会资本合作(PPP)示范项目。

2017年,强化省级政府债券的支持保障,积极争取将没有收益的普通公路等交通公益性事业发展所需资金纳入年度财政预算予以保障,用好车购税、成品油消费税转移支付等交通专项资金,对的确需举债的,纳入地方政府债券的融资渠道。

(二)提升依法治交能力

改革开放40年,就是湖北交通不断探索,提升依法治交能力的40年。

40年来,湖北交通认真做好总结:争取省人大颁发了《湖北省道路运输条例》《湖北省农村公路条例》;省政府出台了《湖北省机动车维修业管理办法》《湖北省出租汽车客运管理办法》《湖北省港口管理办法》《湖北省公路规费征收管理实施办法》,出台了《关于加快交通发展的决定》《关于加快全省长江水运业发展的意见》和《湖北省农村公路管理养护体制改革实施方案》等一系列支持交通发展的政策。2007年,出台了《湖北省农村公路条例》,成为全国首部规范农村公路管理的地方性法规。《湖北省公路路政管理条例》修订后于2017年颁布实施,首次将村道纳入公路路政管理范畴。

在交通立法、执法和普法依法治理方面都取得明显成效。改革开放以来,省人大制定和批准的地方性交通法规8件,省政府制定关于交通的政府规章9件,发布规范性文件50余件,目前已基本形成较为完善的、涵盖公路、运输、征稽、港航等各个管理门类的交通法治体系,使交通管理基本有法可依、有章可循。立法方面不断创新,先后有多项地方性交通法规填补了国内地方交通立法空白。

在执法实践中,湖北交通构建起完备的法律规范体系、高效的法治实施体系、严密的法治监督体系和有力的法治保障体系,不断探索总结执法和审批管理模式,提升湖北交通行业依法治理能力和水平。

首先,路政管理实施"统一派驻、区域管理、联勤联管、标准一致"模式。湖北根据高速公路实际,组建省高速公路执法总队,实行区域路网路政派驻管理模式,统一派驻路政管理机构和人员,实现路政管理由单路段向区域化管理转变,由分散型向集中型管理转变。

创新路警共建执法机制,与湖北省公安厅签订了"平安交通"共建协议,实行高速公路路政与交警联合宣传、联动执法、联勤指挥、联合考核,构建了"一个声音调度、一个窗口办事、一张表格审批、一套制度体系、一流执法形象、一条道路畅通"路警联合执法体系,路警共建由单纯业务协作向全面联动管理转变。

健全了路政执法、行政许可、超限治理、装备配备、站所建设、内业规范、评议考核等15项管理制度,统一规范了路政服装、执法文书、执法标准、场所外观,路政执法向正规化、职业化、规范化转变。

其次,行政审批确立"服务至上、依法依规、创新管理、阳光操作"机制。大力推进"四减五制三集中"审批改革,省级交通运输审批项目由原来的36项调减为12项,审批部门由原来的1厅5局8个部门集中整合到厅审批办1个部门。

同时,探索实行网上申报、网上受理、网上审批、网上反馈,自行开发了湖北交通运输行政审批系统,所有省级路政、运政、港航、海事等行政审批事项均可通过基层执法站所进行录入或受理,通过网络传输和办理,办理进展和审批结果向行政相对人开放,审批时限从原来的20天压缩为14天,并率先推出节假日上班制、预约服务制、延时办理制等工作模式。

2013年12月10日,湖北省机构编制委员会正式批复同意省厅在省直单位中率先成立行政审批办公室,集中负责交通运输行政审批的组织、协调、督办及审批事项的受理和审批,实现"一个窗口对外、一门式办公、一条龙服务"。

再次,联合执法建立"政府领导、交通牵头、部门配合、各负其责"模式。在治超方面,建立健全路面执法协作和联合治超机制,江汉平原六市和鄂东南五市分别开展了区域联动治超行动;在打非治违上,突出打击非法从事旅游客运经营的"黑车""黑的""克隆车"、非危险化学品运输车辆从事危险化学品运输的车辆;在路域水域整治上,联合地方公安、国土、城建、水务等部门对国省干线上"脏、乱、差"较为严重的过境路段以及水上非法采砂等行为进行了集中整治。

最后,创新执法实现"科技引领、装备升级、实时监控、动态考核"机制。始终坚持走科技执法之路,目前,湖北高速公路所有进出站点、桥隧及路段关键节点、服务区、基层站所,普通公路所有治超站点,水路所有重要港口码头,客运班车、旅游包车、出租车,执法车船均推广应用了 GPS 指挥调度系统、移动视频传输系统和电子智能化巡查系统,实时视频监控逐步实现全覆盖。推广配备头盔式多功能现场执法记录仪,发挥其照相、摄像和录音等多种功能,对现场执法过程进行全过程全方位记录。

(三)创新管理服务为民

改革开放 40 年,湖北交通不断提升行业管理服务水平,大力推进综合交通运输改革,逐步由"管理者"向"服务者"转变,从计划经济到市场经济的转变,做好服务为民这篇大文章。

1980 年以后,通过政企分开,逐步减少对国有交通运输企业下达指令性计划,扩大企业经营自主权,并把对企业的扩权让利和转变企业经营机制结合起来。

一方面,加快和支持民营交通运输企业发展,通过引进外资、组建合资、合作企业,国有和民营交通运输企业竞相发展,基本建立起完善的交通运输市场体系。通过改组、联合、参股、买断等形式,湖北涌现了如湖北公路客运集团、宜昌交运集团、湖北汽车运输总公司、长江航运集团一大批交通运输龙头骨干企业,敦豪、普洛斯、招商局、顺丰、苏宁、京东等一批国内外九大电商、十大快递企业入驻湖北,为湖北交通运输市场经济发展带来了源源不竭的动力。截至 2017 年底,湖北共有各类交通运输企业 1468 家,非国有企业占比超过 90%。

另一方面,全省交通行业管理机构呈横向分散、纵向层叠的特征,省、市、县设置三级交通运输主管部门,按照公路、道路运输、城市客运等不同的行业类别设置行业管理机构,省级层面设置公路、道路运输、港航海事、高速公路、质量监督等 5 家管理机构,全部实行参公管理,除高速公路系统为部分垂直管理外,其他 4 个行业实行条块结合、分级管理,层层分设管理机构,省、市、县设置管理机构达 1795 个,交通运输管理体制非常完善。

此外,还设置规划研究室、造价站、重点办等专业化直属机构,加强对交通运输行业建设发展的研究指导推进,搭建全方位的服务机构框架。

认真落实交通便民惠民政策,从 2008 年起,湖北省普通公路和高速公路每年减免绿色通道车辆通行约 5 亿元。从 2012 年国庆节起,认真贯彻落实重大节假日小型客车免费通行政策,每年为 7 座(含 7 座)以下小型客车减免通行费数十亿元。货车使用"通衢卡"打折通行,进出省内长江沿岸主要港口的国际标准集装箱运输车辆优惠通行,高速公路依法依规减免通行费每年约 50 亿元。

同时,大力推动综合交通运输改革。2015 年,湖北综合交通运输体制机制改革被列入湖北省全面深化改革领导小组的专项改革议题和改革工作重点,在综合运输服务水平提升、多式联运、通道资源集约利用、综合交通信息一体化等方面开展试点示范,加大"两中心两枢纽一基地"建设。

2016 年 8 月 22 日,湖北省政府印发湖北省综合交通运输"十三五"时期发展规划纲要,将三峡翻坝综合交通转运系统列入综合交通运输通道示范项目,将天河机场三期工程列入多种运输方式互联互通的综合枢纽示范项目,将武汉阳逻港集装箱多式联运、全省道路客运联网售票系统列入综合交通运输服务一体化示范项目。

目前,湖北交通已经取消公路养路费、航道养护费、公路运输管理费、公路客货运附加费、水路运输管理费、水运客货运附加费等六项交通规费的管理职责;取消、下放一大批已由省政府公布取消、下放的行政审批事项。

新增多项服务职能,如承担协调服务民用航空、铁路、邮政等工作;加强了综合运输体系的规划协调职责,优化交通运输布局,促进各种运输方式相互衔接,加快形成便捷、通畅、高效、安全的综合运输体系;加强了统筹城乡交通运输协调发展职责,优先发展公共交通,大力发展农村交通,加快推进城乡交通运输一体化。

(四)应急管理高效有效

改革开放40年来,湖北交通一直充当应急管理主力军,呵护百姓安全出行。

2008年初,受江西九江长江大桥冰冻雪灾影响,黄黄高速公路首创"免费通行,免费救助",受到社会各界好评。2008年成功抗击特大冰雪,总结出"除雪清障、重车碾压、警车开道、结队放行、限载限速、科学调度"24字抗冰雪、保畅通的高速公路低速行驶法;一大批"刚毅"青年突击队、抢险队在抗冰雪一线不分昼夜、连续作战,最大限度保障了交通大动脉和运输生命线的安全畅通,得到中央、省委省政府和交通运输部的充分肯定。

2009年和2014年先后成功处置了"12·5"京珠高速和"6·22"福银高速汉十段黑火药爆炸事件。2012年成功承办全国公路交通联合应急演练,这次演练以高速公路路网联动为主题,是湖北省历年来参演单位最多、人数最多、设备最多、范围最广的一次大型综合演练,充分展示了湖北公路交通应急处置和服务公众的能力水平,探索建立部省联动、区域联动、警地联动、部门联动等应急处置机制,推动路网管理平台体系和综合交通服务保障体系建设,有效提升了交通运输队伍的综合保畅能力。

2015年,"东方之星"客船翻沉事故发生后,全省交通运输系统第一时间启动应急预案,按照"特事特办、救援优先"原则,高速公路开设应急救援专用通道,并从其他路段紧急抽调人员增援随岳高速,确保了随岳高速救援通道的畅通。中央电视台等新闻媒体多次对湖北省高速公路抗击雪灾和应急反应的经验进行了报道。

2017年,湖北打破体制机制阻碍,成立综合交通安全生产专业委员会,在"大安全"管理上先行先试,成立铁路、道路、水路、机场、邮政、城市公交、地铁、"455"工程等9个工作专班,综合交通应急管理迈出关键一步。

高度重视行业协会桥梁和纽带作用,省公路学会、省运输与物流协会、省综合交通运输研究会、省交通建设监理协会等8个组织相继成立,为管理部门掌握行业发展新动态,促进行业发展提供了巨大作用。

为深入贯彻落实十九大精神,主动适应行业发展新要求,2018年,宜昌市还探索实施了交通综合执法改革,对市交通运输局直属事业单位的执法职能进行整合,成立市交通综合执法支队。

五、科技创新

创新驱动发展科技成果丰硕。40年来,科学技术是第一生产力这个重要论断一直在湖北交通人耳旁萦绕,他们转变思路阔步向前,坚持创新驱动发展战略,时刻不忘"科教兴交",以科技创新为引领,不断改革完善科技创新体制机制,走出了一条"问题导向、需求牵引"科技创新发展之路。

6000万荆州儿女从走得了,变为走得好,走得舒心,这无不凝结着湖北交通人的智慧与汗水。工欲善其事必先利其器。改革开放40年,也是湖北交通运输大发展的40年,更是湖北交通科技创新突飞猛进的40年,科技创新成为湖北交通跨越发展的利器。

筚路蓝缕,以启山林。在发展过程中,湖北交通人克服诸多困难,借用多方人力物力财力共同参与科技攻关,取得一系列重大成果。

(一)科技引领高速公路发展

山区高速一直是高速公路建设中的难题,湖北交通人克难攻坚,创造了一个个"人间奇迹"。

1996年,依托黄黄高速公路,开展沥青玛蹄脂混合料SMA在高速公路的应用研究,填补了湖北在这种新型沥青路面结构材料上的空白;开展"水泥混凝土路面滑模施工技术的研究",引进德国维特根的水泥混凝土滑模摊铺机等成套先进设备,为湖北省高速公路大型机械化施工奠定基础。

2001年12月15日,京港澳高速湖北段建成通车。这条贯穿南北的大通道创造了多个技术第一:第一次全线采用沥青混凝土路面,第一次设置完善的路基路面排水系统和超限运输管理系统,第一次对环境保护以及全线景观进行专项建设,第一个将高速公路服务设施、机电工程与土建工程同步建成开通的高速公路。

2002年10月10日,武黄高速公路大修工程正式开工。这也是湖北首次运用STRATA应力吸收系统加铺沥青路面。本次工程实现了多个科技创新:喷射混凝土在桥梁加固中研究应用、智能混凝土在高速公路上首次现场试用、钢渣SMA首次应用于高速公路作沥青路面上面层等10项科研课题研究,全面实现创优工程的目标。

2003年3月28日,沪渝高速湖北西段开工建设,鄂西地区地质条件复杂,山高谷深,有被称为"工程禁区"的喀斯特地貌区,沿线滑坡体、危岩体、岩溶塌陷、暗河等地质情况众多,堪称"地质病害百科全书"。

架桥梁、越峡谷、钻地心,一寸一寸施工、一米一米推进,沪蓉高速鄂西段在崇山峻岭间艰难前行。

有韧劲也有巧劲,湖北交通人善用新技术,工程建设事半功倍。充分利用山区斜坡地段,架设斜坡牵引轨道和起吊龙门,解决了施工预制梁场不足和梁板运输吊装的难题,减少了施工临时用地对自然生态环境的破坏。

依托沪渝高速鄂西段,开展"岩溶地质特长隧道的关键技术问题及对策研究"。特别是利用"火箭弹",仅用不到3分钟,就解决了建设跨度达900米、桥面距谷底深约500多米的悬索桥的重大施工难题。

2009年12月19日,2000余名建设者在鄂西大山历经6载风霜雪雨,终于打通这条人间天路。

2014年12月28日,宜巴高速建成通车,这条沟通东中西部的通道,桥隧比例大,工程造价高,地质条件差技术难点多,地域特色明环保要求严,建设难度大管理要求高,岩溶、岩堆、滑坡体、崩塌等地质灾害广泛分布于主线区域内,也是世行首次在中国的公路项目上实行独立环境监理的项目。2017年,宜巴高速荣获我国唯一一个全球道路环境类成就奖,这也是我国首次获得 GRAA 环境类奖项。

(二)科技加速港航建设

湖北河流资源丰富,科技创新,推动湖北航运科学发展,好风凭借力,水运发展步履铿锵。

2018年7月25日,汉江雅口枢纽工程船闸项目导航墙墙身首件顺利浇筑完成,此次浇筑首次采用一次浇筑到顶技术、滑模施工导航墙墙身工艺,为湖北水运又开创新的工艺手段。

近年来,湖北积极推进崔家营、雅口等汉江航电枢纽建设,加快汉江梯级开发利用,推进汉江航道整治,系统提升汉江航道等级。推进引江济汉通航工程建设,进一步完善高等级航道网。

积极推进船舶标准化,推进阳逻、棋盘洲港口铁水联运,提高航运效率。推广应用岸电技术、油改电技术,促进节能环保。积极推进建设标准化,积极推广应用 D 型连锁软体排、尼龙网兜装块石、连锁式护面砖、仿砂波软体排、柔性护滩、立体网状护坡砖、BASF 聚氨酯、高强耐候免维护纳米超高分子量 PE 材料浮标、铝合金岸塔等新技术、新材料和新结构,有效解决游荡性河床的整治问题。

人与自然和谐共处,是永恒的主题。汉江崔家营管理处首次建设了生态鱼道系统,崔家营管理处联合水域生态专业机构,完善了鱼类洄游辅助引导系统,汉江崔家营航电枢纽是湖北第一个由交通部门主持和利用世界银行贷款建设的航电枢纽,也是交通部门首次建设生态鱼道的尝试,运用光感模拟技术优化了水下照明设施,确保了鱼类洄游精准定位入口,洄游通道全部"点亮",项目以航运为主,兼有发电、灌溉、供水、旅游等综合利用功能。

湖北有"千湖之省"美誉。水多,则桥多。桥梁大省独特的地理条件,决定了跨越江河山川的桥梁数量多、跨径大、建造技术复杂的特点。

自1957年建成第一座武汉长江大桥以来,湖北现已拥有36座长江大桥(其中11座在建)。平均每隔60公里就有一座长江大桥,长江已经成为一条名副其实的现代桥梁艺术的"走廊"。

桥多,成绩也多。宜昌西陵长江大桥建成时,是中国最大跨度的悬索桥,被称为"神州第一跨";荆岳长江大桥建成时为世界最大跨高低塔斜拉桥,其三八滩长江大桥建成时为国内连续长度最长的连续梁桥;鹦鹉洲长江大桥建成时为最大跨度的三塔四跨悬索桥;二七长江大桥时为世界最大跨度的三塔斜拉桥和最大跨度的叠合梁斜拉桥;天兴洲长江大桥开建时,超越丹麦海峡大桥成为当时世界最大的公铁两用桥斜拉桥,建设过程中更是创造了跨度、荷载、速度、宽度4项世界第一……

湖北交通积极推进公铁、公公两用桥梁建设,共用长江桥位资源,降低工程造价,减少耕地占用。推广应用大跨、高墩、深水基础、缆索吊装等设计和施工技术,解决了四渡河等深切峡谷特大桥、鄂东长江大桥超大跨径混合梁斜拉桥、荆岳长江大桥不对称超大跨径斜拉桥等建设难题。

(三)科技便捷百姓出行

以技术推动服务水平,是湖北交通人孜孜不倦的追求。

2004年7月28日,湖北高速公路信息广播服务热线96576正式上线。96576热线向广大司乘提供湖北高速公路行车线路、里程、出入站点、服务区、路况、天气、通行费标准、重要旅游资源、周边省市行车路线以及相关政策法规咨询服务。14年来,热线服务不断升级,通过广播、微博、微信多种形式为司乘朋友服务。

2017年8月20日,武汉火车站迎来全面"刷脸"时代。进站乘客,只要在进站通道,通过实名制自助验证系统终端,扫描车票、身份证,并在系统终端刷个脸,"嘀"的一声,就可以完成进站验证,进入站内候车,全过程平均仅需5秒。

刷脸进站,武汉站是全国第一个试用的火车站,截至2017年8月,全国正式全面运用这一方式进站的,仅有武汉站和广州南站。

与此同时,武汉火车站也"大有来头"。武汉火车站是亚洲最大铁路枢纽站,与武昌火车站、汉口火车站等车站及线路共同构成"米"字形的武汉铁路枢纽。武汉站是中国第一个上部大型建筑与下部桥梁共同作用的新型结构火车站,实现高速铁路、地铁、公路的无缝衔接。

2017年国庆节期间,湖北1.8万辆客车(含旅游车)全部装上可实时监控车辆运行情况的4G视频动态监控系统。

"只要输入车牌号,就能实时播放这辆车的运行情况。"通过4G系统可对车辆进行实事监控。司机是否违规驾驶、客车运行至何处、前方路面是否安全、乘客是否出现意外等情况,在后台监控室电脑上看得一清二楚。

湖北省委、省政府高度重视"两客一危"车辆动态监控工作。湖北省交通运输厅印发相关技术标准,投入7374.4万元对24225辆"两客一危"车辆的视频终端进行补助。2017年8月起在每辆客车上安装4G监控系统,农村客运也逐步推广安装4G监控系统,以科技手段捍卫百姓出行安全。

(四)信息化打造智慧交通

湖北交通以实现"运输智能化、收费电子化、办公无纸化、管理现代化"为目标,加快交通信息化建设步伐,湖北省交通信息化走在全国交通行业前列。

2017年,湖北高速公路累计通行电子收费(ETC)车辆8267.94万车次,收入突破80亿元,达到83.95亿元,同比增长103.64%,电子收费使用率和支付率分别达到33.31%和41.84%。

湖北开通高速公路ETC以来,积极加强服务,高速公路ETC"一站式"服务网点数量达到3754个,同比增长68.64%,ETC用户接近300万,覆盖全省100%的县市和90.52%的乡镇。特别是省政府出台《关于进一步降低企业成本振兴实体经济的意见》,要求进一步加大对货车使用通衢卡交费的政策优惠力度以后,通衢卡用户尤其是货车用户实现快速增长,达到282万。电子收费(ETC)的广泛推广应用,不仅缓解了收费站拥堵,也减轻了一线收费人员的劳动强度。据统计,2017年,湖北高速公路通衢卡(ETC)共为车主优惠近3亿元。

深化大数据应用,推进"互联网+"创新。2001年12月,湖北省首条智能化非接触式IC卡收费公路在黄黄高速公路投入使用。2002年12月实现宜黄高速公路与京珠高速公路的计算机联网收费,标志全省高速公路"一卡通"工程正式开通。2003年,建成全省道路运政管理和征稽信息系统,提高运管、征稽管理水平。2007年,完成"湖北交通光纤数字传输主干网扩容升级"工作,"湖北省交通视频会议系统"建成并投入使用,全省各市州县均可接入本系统。

完成"湖北省交通公众出行信息服务系统"和"全省高速公路监控管理系统"建设。2008年,全省高速公路联网收费车牌识别和电子稽查系统该在全省高速公路投入试运行,较好地解决了多路径通行费准确拆分的问题,利用信息技术加强联网收费环境下的稽查手段,为堵漏增收提供了技术支撑。

2012年采用新的编解码技术完成全省视频联网系统建设。2013年,基本完成省高速公路千兆网速通信系统建设。2015年,采用"机房托管设备租赁"的方式完成了基于云计算的联网数据中心建设,并将原武汉西机房改造成全功能备份中心,硬件设施及数据安全方面有了全方位的提升,为全省高速公路数据资源的归集、处理及分析提供了硬件支持。2016年,与省交职院共同建设集"测试、教学、培训"于一体的联网收费综合检测实验室,搭建专业测试环境,以更好地服务于联网收费系统和关键设备的入网检测与认证工作。2018年,全省高速公路所有站口实现无感支付。

改革开放40年来,湖北省交通运输科技创新工作取得丰硕成果,获国家级奖励23项,省、部级奖励273项。其中获得国家科技进步二等奖1项,中国公路学会科学技术奖特等2项、一等奖3项,科技成果推广应用取得了良好的社会效益和经济效益。

智库建设孕育科技人才。湖北交通职业教育水平不断提升,为加强交通职业教育,培养交通运输行业优秀人才,1984年湖北公路工程学校更名为湖北交通学校,1995年11月,经省编制委员会批准成立,成立湖北交通职工教育培训中心,2001年4月,湖北交通学校、湖北航运学校、湖北汽车学校三校合并为湖北交通职业技术学院,并于2015年3月将省交通职工教育培训中心移交学院管理,全省交通职业教育体系更加完备。

湖北交通职业技术学院是交通运输部交通职业教育示范院校和湖北省示范性高等职业院校。学院设有道路与桥梁工程系、机电工程系、计算机与信息工程系、管理工程系、港口与航运系、设计艺术系、公共课部等7个教学系部。有38个专业,以交通运输类为主,占田千亩的新校区即将投入使用。

2018年7月22日,第八届全国大学生机械创新设计大赛决赛在浙江举行,湖北交通职业技术学院学子提交的设计作品"万向苹果采摘器"在与百余所高校的激烈比拼中脱颖而出,荣获一等奖,实现了历史性突破。这是湖北交通职业技术学院教学与实践相结合的重要体现。

该院历来注重培养大学生的创新设计意识、综合设计能力与团队协作精神;加强学生动手能力的培养和工程实践的训练,吸引、鼓励广大学生踊跃参加课外科技活动,为优秀人才脱颖而出创造条件。

该院拥有完备的现代化、数字化的教育教学基础设施和先进的现代教育教学设备,实习实训设备总值8000余万元,校内建有15个实训基地、162个实训室,校外建有230个实习实训基地。学院每年为社会培育上千名优秀的毕业生。

人才是湖北交通长盛不衰的秘诀。湖北交通根据各个时期发展的需要,分阶段实施交通人才战略,培养和造就了一大批专业人才。根据湖北交通运输建设发展需求和科技创新工作实际,组建科技创新机构和人才培养机构,为科技创新提供平台支撑和人才支撑。

1980年成立湖北省交通规划设计院,2003年3月湖北省交通规划设计院加强干部人事制度改革,促进各项工作管理和"改企转制"工作,以适应勘察设计市场需要。

1998年,成立湖北省交通厅通信信息中心。负责全省交通信息系统规划、建设及管理;负责厅机关信息网络维护、更新、使用、管理;负责交通技术、经济、情报和厅直单位通信等信息收集、整理、开发、利用等。

2014年成立"公路交通节能与环保技术及装备交通运输行业研发中心",2017年成立"公路建设与养护技术、材料及装备研发中心"。两个研发中心通过认证,促进了湖北交通运输行业企业科技创新力量整合,提高了科技创新能力。

40年来,湖北交通运输管理人才队伍结构更加优化,截至2017年底,厅直事业单位共有博士学历工作人员9名,研究生学历工作人员350名。

六、对外开放

对外开放激发湖北交通内生动力。40年来,湖北交通坚持改革开放,在每个发展阶段抓住突出问题,按照市场经济和经济全球化的要求,大力推进行业改革和开放,解放了交通生产力,使全省交通行业保持了长期繁荣,交通市场保持了勃勃生机。

40年来,湖北交通破解融资难题,调动多方积极性,采取走出去引进来的战略,大力吸引外资投入修路架桥、筑港治河。

世行投资激发交通活力。用外资吸引内资,这是个大动作。2018年5月26日,汉江雅口航运枢纽工程传来喜讯,世界银行执董会批准向雅口航运枢纽工程提供1.5亿美元贷款,标志着该项目顺利完成国际金融组织贷款融资工作。

雅口工程总投资33.5亿元,其中世界银行贷款1.5亿美元,剩余由国家发展和改革委员会、交通运输部和省政府等共同承担。有国际金融组织的帮助,交通发展如虎添翼!

早在20世纪90年代,湖北省交通厅就决定组建世界银行贷款项目办公室,开始利用世行贷款进行交通基础设施建设。

1998年3月,湖北省第一次利用世界银行贷款的交通建设项目京珠国道主干线湖北段开工,项目总投资6.97亿美元,其中利用世界银行贷款2.5亿美元。2002年月11月23日,孝襄高速公路开工建设,2005年9月28日建成通车,项目总投资72.6亿元,其中世界银行贷款2.5亿美元。

2005年11月,湖北省第一个航电世行贷款项目,崔家营航电枢纽开工建设。崔家营航电枢纽是湖北省境内汉江综合开发9级开发中的第5级,坝址位于襄阳市下游17公里,装机容量88兆瓦,年发电量4.16亿度,改善航道33公里,可通行1000吨级船舶。该项目总投资20亿人民币,其中世行贷款1亿美元,2008年第一台机组发电,2010年5台机组全部投产,每年可创造经济效益1.5亿元,能够有效服务地方防洪、抗旱、城市供水和农田灌溉等工作。

世行的投入,多在交通不便,经济相对落后的地区。十堰至漫川关高速公路是湖北第四个世行贷款公路项目,也是连接湖北省西部贫困地区与江汉平原以及辐射秦巴经济区的重要通道。

建成后,十堰至西安的距离将从500多公里缩减至280公里,从西安到达武当山也只需要3个多小时的车程。

十漫高速公路的建设,对于完善国家和湖北省公路干线公路网,改善鄂西北及项目沿线投资环境意义重大,对于沟通城乡、带动群众脱贫致富奔小康、促进项目影响区的经济社会发展,具有显而易见的促进作用。

2009年7月,宜巴高速开工,2014年12月全线建成通车。宜巴高速全长172.651公里,桥隧比达74.5%,总投资167亿元人民币,其中世行贷款1.5亿美元。宜巴高速是上海至成都国道主干线湖北省内的西段,也是六百里川江三峡库区北岸唯一的陆上快速通道。

截至目前,世行融资共计12亿美元,建设国家重点工程7个,世行成分高速公路占全省已通车高速公路里程的17%。建设项目在湖北公路骨架网以及内河航电枢纽梯级发展等领域发挥了重要作用,有力地助推了交通基础设施的建设,为湖北交通事业实现跨越发展提供了保障,为可持续发展增添了新的活力。

通过世行融资项目的建设,湖北交通运输不但得到资金上的支持,更在管理模式上得到转变。改革开放以来,湖北交通世行业务从无到有,为全省交通发展奠定了坚实基础,每年新增贷款都超过1亿美元,这在世界银行贷款史上十分少见,湖北世行贷赠款总额和项目建设规模均位居全国交通行业前列。

利用世行贷款,缓解了湖北交通建设资金紧缺的压力,更重要的是带来先进的国际项目管理理念,在推动湖北交通建设科学管理中发挥了重要推动作用。

交通建设国际化。改革开放40年,湖北交通积极参与重大对外援建工作,先后赴埃塞俄比亚、尼泊尔、老挝援建当地交通基础设施。其中埃塞俄比亚援建项目——沃雷塔—瓦尔迪亚公路,是湖北省政府全面筹划,湖北省交通厅主要负责建设的项目,沃雷塔—瓦尔迪亚公路是由4条公路合并而来,全长300公里,项目于1973年5月1日开工,1983年5月20日竣工。沃雷塔—瓦尔迪亚公路的建成,对于加深中埃两国友谊,改善埃塞俄比亚落后的交通基础设施面貌,拉动当地经济发展有着重要的作用。沃雷塔—瓦尔迪亚公路也被国际泛非组织授予"麦秋里金像奖"。

中国政府援建老挝的昆曼公路,2000年竣工,其中ADB—7标由湖北负责建设,因质量优良受到该国政府好评。

在与世界银行合作中,湖北交通不断进取,在工程设计、工程创新、项目管理、人员培训、专家引进上取得很多可喜的成绩。

京珠湖北段确定了"水土生态保护、路基工程实施技术、沥青路面工程、桥梁结构关键技术、交通工程、信息系统"等6大创新体系共22项科研课题。这段公路建设全部如期完成。其中1项被评为国际领先,15项被评为国际先进,6项被评为国内领先;16个科研课题荣获省科技进步二、三等奖。

依托高新技术,在沿线339公里构筑了"500万平方米草皮、200座各式各样的天桥、200处壁画、34处风格迥异附属区建筑群"的独特视觉景观,实现人文景观和公路建设的完美交融,真正将京珠湖北段建成一条生态路、环保路、文化路。

世行贷款还造福沿线农村公路升级改造。孝襄高速公路主线项目下的6条农村道路,一改以往世行贷款在主干线周边地区修(改)建农村道路的惯例,全部选在了鄂西地区。

修(改)建工程共耗资6000万美元,其中世行贷款1000万美元。这样的投资额度不论是在省内其他项目还是全国都是非常高的。

这些农村道路的升级改造,一方面加大了湖北交通对贫困人口的关注和投资力度,拉动了当地经济发展,另一方面,也为湖北交通在农村路网建设中引入世行的设计、招标、环境、安置、少数民族发展等理念,既提高了扶贫道路的建设质量和管理水平,又帮助当地市、县交通管理部门逐步树立起项目管理和可持续发展的理念。

再好的路,如果不和原有公路网络相联结,也不可能充分发挥其作用。

孝襄在建设过程中,完成了多条高质量的连接线工程,同时还对与连接线相连的9条里程共380公里的地方道路进行了升级,使孝襄高速周边的地方道路等级有了整体地提升。

在升级地方道路的同时,对道路的各类交通安全设施同时进行升级改造,彻底改变国内只重修路不重路面设施的落后观点。一条条路面优良、设施齐全的联结线路,就像一座座桥梁,将主动脉的高速公路与密如蛛网的地方道路有机地整合起来,更有效地发挥了高速公路的作用。

授人以鱼不如授人以渔,世行在加大投资力度之余,也注重对湖北交通人才的培训。在世行的协助下,通过在职培训、短期离岗培训等措施,对各单位的业务骨干进行轮训。

据统计,共开展国内培训2000多人次,选派出国短期培训235人次,160人月,涉及公路规划、设计、施工、监理、营运、养护、环境、安置、交通信息技术、国际融资、国际招标业务、世行贷款业务等各领域。多层次,宽领域的培训拓宽了湖北交通干部职工的视野,使交通人认清了差距,增强了发展的紧迫感。

按照世界银行贷款项目的要求,引进国际著名国际工程咨询公司,包括,美国的路易斯伯杰公司、丹麦的金硕公司、澳大利亚的雪山公司以及加拿大的超豪兰万林公司等国际专家担任项目监理,协助建设单位对世界银行贷款项目的施工质量、进度和投资进行监控并协助解决重大技术和施工管理难题等。

正是这些"洋外监"的到来,为湖北世行贷款高速公路项目的高质量建成增添重要的砝码。在与世行的合作中,先后有15名国际专家来湖北工作过,累计工作时间达30个月。他们中还有两人因突出贡献被省政府授予杰出外国专家"编钟奖"。

七、党建与精神文明建设篇

交通党建和精神文明建设大放异彩。筑路架桥、癌症化疗期间仍4次进藏监督工程建设的工程师陈刚毅,用血肉之躯阻挡失控大货车的路政员陈红涛,武汉最牛"三零司机"张兵,"节油大王"王静……提起湖北交通,这些英模人物就不由浮现在人们脑海。

交通党旗红。改革开放40年,湖北省交通运输厅现有基层党委18个,党总支56个,党支部333个,党员3704人,湖北省交通运输厅始终围绕中心抓党建,抓好党建促发展,全面服务改革发展大局,提升交通行业软实力。

夯实全面从严治党基础。改革开放40年,湖北交通始终强化全面从严治党责任落实链条建设,打牢思想建党根基,夯实基层组织战斗堡垒作用,持续推进作风建设。

湖北省交通运输厅牢固树立"第一政绩"理念,履行"第一责任"担当,将全面从严治党要求融入交通改革发展大局,统筹谋划、定期研究、整体推进,在落实主体责任、机构编制、经费保障等方面提出明确要求和目标,把主体责任细化分解到党组、党委、支部,建立完善党组书记负总责、班子成员分工负责、机关党委推进落实、行政负责人"一岗双责"的党建工作责任体系。

结合"三严三实"专题教育、党的群众路线教育实践活动、"两学一做"学习教育,以党组(党委)中心组学习为阵地,以党员领导干部为重点,通过专题培训、报告会、党课宣讲等形式,深入开展大学习大讨论,"两学一做"学习教育常态化制度化,支部主题党日活动有主题、有主讲、有创新、有成效,坚持读原著、学原文、悟原理,深入开展学习实践毛泽东思想、邓小平理论、"三个代表"重要思想、科学发展观和习近平新时代中国特色社会主义思想。

针对交通行业点多、线长、面广,流动分散等特点,在机关处室、重点工程建设指挥部、基层站所一线等均成立了党的基层组织,认真落实"支部建在处室、处长担任书记"工作机制,实施"红色头雁"工程,厅机关积极实践"支部先行工作法",高速公路广泛开展"一站一特色、一所一品牌"等创建活动,形成"党委授牌、支部挂牌,党员创牌"的浓厚氛围。总结提炼了"三评一赞"等一批党支部工作法,大力宣传一批具有交通特色、行业特点的先进基层党组织,黄黄高速红安党支部、崔家营第一党支部等4个党支部荣获省直机关红旗党支部称号,省交通运输厅连续七届获得省委党建工作先进单位。

持续推进作风建设。湖北交通坚持抓重点工程、抓重要岗位、抓关键环节,坚持教育与防范并举、惩处与挽救结合,强化监督执纪问责,自觉践行监督执纪"四种形态"。

十八大以来,厅党组在总结"廉政阳光工程"建设经验的基础上,分别在交通工程建设、行政审批、行政执法、运输服务领域制定廉政阳光实施方案,全面落实教育、监督、制度、改革、纠风、惩治各项措施,扎实推进"廉政阳光交通"建设,农村公路"八公开、五同步"工作法在全省推广应用,阳光决策、阳光招标、阳光采购、阳光计量等综合建设全面推进,信用评价工作定期开展,推进廉洁高效政府建设。坚持不懈贯彻落实中央八项规定精神和省委六条意见,建立健全领导干部直接联系群众制度,严格落实领导干部调查研究、基层联系点、定期接访要求,深化落实"三短一简一俭",建立治庸问责明察暗访长效机制,持续发力纠"四风"。

文明创建硕果累累。交通人以文化建设为引擎,开足马力,用身边人演绎身边事,有血有肉,真挚动人,塑造了湖北交通进取之魂、奉献之魂、创新之魂。以典型引路,发挥品牌建设魅力,搭建丰富多彩的职工文化创建平台,增强行业凝聚力和职工归宿感。

"湖北交通"微信群里,省厅驻洪湖黄丝村工作队队长发出向突发脑溢血村民卢圣虎献爱心的号召,黄丝村是湖北省交通运输厅对口精准帮扶点,交通大家庭及时响应,纷纷伸出援手。微信群已成工作交流、理论学习的重要平台。

湖北交通始终强调英模引路,先进典型陈刚毅走向全国,涌现出全国"见义勇为英雄"蒋雪峰、"全国劳动模范"张兵、"全国十大最美职工"陈红涛、"节油大王"王静、"公路卫士"徐军、"公路孝女"王何林、"爱岗敬业驾驶员楷模"邓艾民、建始百年义渡万其珍等典型,引起强烈反响。

40年来,湖北交通认真培树身边典型,"十行百佳"标兵评选覆盖铁水公空邮大交通,"最美的哥的姐"纳入"湖北好人"评选序列,厅机关及直属系统有6人荣获全国劳动模范、五一劳动奖章称号,25人荣获省部级劳动模范、五一劳动奖章称号。

品牌创建始终如一。厅机关的"办事文化"、公路系统的"铺路石"精神、港航海事系统的"六型"窗口创建经验,以及"微笑京珠""温馨汉十""阳光随岳""真情武黄""活力黄黄""和谐鄂西""魅力崔家营"等服务文化声名远播。

湖北交通运输系统成为优化发展环境的示范窗口,服务人民群众的便民窗口,推动政通人和的温馨窗口,展示行业风貌的形象窗口。40年来,全省交通运输系统获全国文明单位10个、省部级文明单位157个,厅机关连续五届获全国文明单位。

湖北交通积极搭建多样化的文化阵地平台。大力开展巾帼文明岗、学雷锋示范岗、青年文明号、文明家庭、文明处室创建活动,在出租车行业开展了"雷锋车"评选,在高速公路系统开展创建省级文明路、"争当收费状元"和"青年读书"活动,在重点工程一线开展岗位练兵、技术比武、劳动竞赛。"湖北交通"公众号、"青春交通"微信、微电影大赛、交通读书会等系列文化活动热火朝天。

同时,开展"书香交通、文化同行"品牌创建,建设了第一批50个示范书屋,月月推新书、季季有书评,形成"爱读书、多读书、读好书"的浓厚氛围。深入推进"文化下基层",4年一次"先行颂"文艺展演,已举办6届。3年一次书画摄影展,2年一次职工运动会。持续开展交通文化月、文化周活动,编写完善湖北交通文化手册,创作交通歌曲《大路飞歌》《当你走过》、拍摄制作全国首部"四好农村路"题材电影《村路弯弯》。组织开展了"当好支部书记""做一名合格党员""我的家风"等征文活动、"党在我心中"职工歌咏汇报表演、"筑梦新时代、交通强省我先行"主题演讲比赛、"我最喜欢的党课"展示活动等各类宣教活动,并在省级以上摄影、微电影、太极拳大赛等比赛中展示了风采。

展望未来,改革开放永远在路上。作为全国综合交通运输改革试点省份,湖北交通使命光荣,任重道远。湖北以"当好发展先行官、建成祖国立交桥"为目标,做足"综合"大文章,构建交通大格局,到2020年,全省综合交通总体上达到中部领先、全国先进水平,基本建成"两中心两枢纽一基地"。

现在,不论行驶在四通八达的高速公路上,还是航行在荆楚大地的内河水路上;不论走进车站,还是客运码头;不论是自驾车出行,还是乘坐大巴;不论驶经收费亭交费,还是在服务区小憩……扑面而来的是优美、和谐的环境,迎接你的是张张真诚、亲切的笑脸,感受到的是温馨的服务。湖北交通运输在老百姓心目中的形象大大改观。

春风润交通,交通党旗红。在新一轮改革开放大潮中,湖北交通人将紧紧围绕十九大提出的伟大战略目标,以习近平总书记在湖北视察时的讲话精神为指引,积极投身国家实施"一带一路"、长江经济带战略的伟大实践,打造交通强国湖北示范区,推进"三年四大攻坚战",为中部崛起、圆梦中华谱写湖北篇精彩华章。

凝心聚力　砥砺奋进

湖南省交通运输厅

一、综述

1978年12月,中共十一届三中全会做出了实行改革开放的重大决策,社会生产力获得新的解放,湖南交通运输事业进入快速发展阶段。改革开放40年来,通过积极推进交通运输领域的改革开放,在交通基础设施建设、交通企业改革发展、交通管理及法治建设、交通科技等方面取得巨大成就,交通运输面貌发生了深刻变化。2017年,水道通航里程11968公里,千吨级以上航道940公里,千吨级以上港口泊位116个。高速公路通车里程6419公里,居全国第5位,基本形成各县通高速的"五纵六横"格局;普通公路通车总里程231740公里,二级以上公路通车里程14715公里。全省公路水路客运量、旅客周转量、货运量、货物周转量分别完成10.19亿人次、529.65亿人公里、22.19亿吨、3487.13亿吨公里。城乡运输服务协调发展,运输市场总体平稳,服务体系逐步完善。交通运输对湖南经济社会发展的制约状况得到根本改善,基本形成统一开放、公平竞争、协调发展的交通运输市场,和以"一湖四水"为主通道,以高速公路、铁路干线为主骨架,以长沙黄花国际机场为中西部地区重要航空枢纽的立体交通格局。

改革开放以来,国家、湖南省始终把交通基础设施建设列为国民经济发展的战略重点,在组织领导、政策倾斜和财力投入等方面予以高度重视和有力支持。自20世纪80年代开始,国家若干优惠政策相继出台,为加快交通基础设施建设开辟了新的资金渠道。1984年,国务院决定提高养路费征收标准,开征车辆购置附加费,允许"贷款修路、收费还贷";同时,动用国家库存的粮棉布和中低档工业品,采取以工代赈的办法帮助贫困地区兴修公路、整治航道。1985年开征港口建设费;1988年开征公路客货运附加费用于站场建设。20世纪90年代以后,外资和民间资本进入交通建设领域,形成"国家投资、地方筹资、社会融资、引进外资"的多元化交通投融资格局。湖南抓住历史机遇,乘势而上,在高速公路建设、国省道改建、农村公路发展、航道整治、站港建设等方面,均实现了历史性跨越。

1994年12月,长永高速一期工程建成通车,实现湖南高速公路零的突破。自1998年开始,高速公路建设步伐进一步加快,建设规划由"一纵三横"调整为"一纵四横",进而发展到"五纵七横"高速公路网。2007年11月邵怀、怀新高速公路通车,标志京珠高速湖南段和沪昆高速湖南段全部建成,省境正式形成纵贯南北、连通东西的"十字形"国家高速公路骨架,"湖南通则中部通,中部活则满盘皆活"的区位优势凸显。2008年,省境新开工高速公路18条(段),新开工里程2135公里,投资1450亿元,为湖南高速公路开工里程最多的一年,创造了湖南乃至全国高速公路建设史上的新纪录。"十二五"期间,新增高速公路通车里程3279公里,超过1995—2010年的总和。以长沙为中心、长株潭城市群为龙头、多个区域中心城市为依托的四小时经济圈形成,高速公路对湖南经济社会发展的引领和推动作用显著增强。

1984年,湖南省交通厅颁发《关于国省道加宽改造、改建工程若干问题的规定》,全面启动以国省道干线为重点的公路技术改造。与此同时,以组织实施320国道和319国道国家级文明样板路建设为契机,全面推进省、市各级文明样板路创建工作。到"十二五"时期末,湖南国省道改造取得历史性突破,干线公路综合排名全国第12位,进步幅度居全国第一。改造后的国道总里程5931公里、省道总里程8634公里,建成国家级示范路819公里、省级文明样板路5127公里,路网布局更加合理,公路质量和服务运输的能力大幅提升。

为改善农村群众出行条件,推进社会主义新农村建设,2003年开始,湖南连续15年将农村公路列为省重点民生实事考核项目,为农村公路有序发展奠定了基础。2017年,全省农村公路总里程20.2万公里,实现100%的乡镇和具备条件的建制村通水泥(沥青)路,建制村通客车率达到98.91%,全面启动自然村通水泥(沥青)路建设,从2017—2019年,实施3.6万个自然村通水泥(沥青)路建设,总里程4.37万公里,全省自然村实现"组组通"。农村公路成为农民群众最受惠的"民心工程"和社会主义新农村建设的标志性工程。

随着公路建设加速、运输市场开放以及城市扩容、乡镇发展,湖南站场建设进程加快,通过增建、改建、扩建,站容站貌大为改观,服务设施渐趋完善。到"十二五"时期末,建成一级客运站53个(含综合客运枢纽8个)、二级客运站112个、三级客运站107个、其他等级客运站1288个、招呼站21768个,乡镇建有客运站比例达到64.5%,备案的物流园(物流中心)及货运站42个。城乡客运一体化进程明显加速,农村客运"开得通、留得住、有效益"的发展机制基本形成。

1983年,根据"北水南路"方针,开始实施湘资沅澧四水下游和洞庭湖区为重点的航道整治工程。到1999年,湘江湘潭至城陵矶1000吨级航道、澧水津市至濠河口300吨级航道、沅水浦市至城陵矶500吨级航道全部贯通,标志着"两纵一横"干线航道网基本建成。自2000年开始,湘江株洲航电枢纽和长沙综合枢纽工程、洞庭湖区常德至鲇鱼口和益阳至芦林潭航运建设工程、湘江二级航道建设工程等项目相继启动。2006年12月,湘江衡阳至城陵矶1000吨级航道建成,水道通行能力进一步增强。2019年湘江二级航道二期工程建成后,湘江衡阳蒸水河口至城陵矶航段将由原1000吨级全部提升至2000吨级标准。港口建设以长沙和岳阳两个主枢纽港为中心,以衡阳、株洲、常德等区域性港口为依托,分批建成了集装箱、液散货、重件、件杂货等一批专业化和现代化程度较高的码头,港口码头设施条件显著改善,水运在服务全省经济和社会发展中发挥着越来越重要的作用。

1981年开始,湖南交通运输企业相继实行责、权、利相结合的经济责任制,逐步纳入"自主经营、自负盈亏"的市场经济轨道。1992年《全民所有制工业企业转换经营机制条例》颁布后,国有运输企业相继进行产权转换和职工身份置换,以破产重组、部分出让、整体兼并、外资收购、剥离资产等模式推动股份制改造,按照现代企业制度组建股份制企业,如国有企业入股组建的湖南高速公路运输股份有限公司、产权多元化股份制企业益阳湘运集团有限责任公司、按"全员赎买"方式改造的衡阳汽车运输集团有限公司等。

1980年,桃江贾学农成为湖南第一个货运专业户。1983年,城步出现省内第一辆个体大客车。1984年,运输市场全面开放,实行"有路大家行车,有河大家行船,国营、集体、个体一起上",个体(联户)运输业迅速发展,成为运输行业重要组成部分。市场经济体制的确立和完善,刺激了民营工业企业发展,以三一重工、中联重科、山河智能为代表的民营和股份制工程机械企业崛起,成为世纪之交湖南工程机械行业的重大事件。2010年,工程机械成为湖南首个千亿元子产业,超过江苏、广东,成为全国工程机械行业龙头。当年,湖南省工程机械产业中规模企业实现利润146亿元,占全国工程机械行业利润的31.4%。

2007年8月,湖南发布《关于进一步加快现代物流业发展的若干意见》,通过放宽市场准入条件、培育物流市场、改善经营环境、实行税收优惠等政策举措,加快现代物流服务体系的形成,社会物流总额稳步增长,物流运行效率持续提升。截至2016年底,187家物流企业通过国家标准认定,36个物流仓库获得星级仓库称号,一批物流园区和专业物流中心、配送中心等物流集群正在形成。2017年,全省社会物流总额98480亿元,物流总费用5298.5亿元,物流业总收入3292.8亿元,物流企业经营效益稳中向好,发展活力进一步增强。

1984年8月,省交通厅下发《关于改革交通管理体制若干问题的通知》,明确下放企业,加强事业,面向行业,简政放权,政企脱钩,实行"两个转变"的交通运输管理体制改革方向。将原由省管理的航运、汽运企业、交通工业和公路、航道事业,下放到各市、州、地,实行分级管理、条块结合、以块为主的方针。通过建立培育统一开放、竞争有序的交通运输市场,推动公路、水路和港口投资多元化和营运商业化,逐步形成了统一规划、归口管理、分工协作、分级负责的交通行业管理体系。

2009年,湖南出台了《关于实施成品油税费改革完善交通体制加快交通发展的意见》,从体制机制上解决了长期困扰交通发展的地方配套资金难以到位、国省干线建设滞后、公路系统债务沉重、交通运输系统人员过度膨胀等难题。在"政府主导、分级负责,事财统一、权责对等"的新型体制下,专项资金改由省厅与市州交通分级预算管理,调动了地方政府大办交通的积极性。各级政府和交通主管部门按照精简、统一、效能的原则,在完善交通管理体制、推进各项改革等方面上取得了明显进展。

交通管理体制改革的同时,交通行业管理工作步入法治化、规范化轨道。20世纪90年代以来,先后制定《湖南省高等级公路管理条例》《湖南省道路运输条例》《湖南省水路交通管理条例》《湖南省实施〈公路法〉办法》《湖南省港口管理办法》《湖南省道路客货运输站场管理办法》等多部地方性法规、规章,发挥了依法治交的重要作用,形成了公路建设、工程质监、公路路政、道路运政、航道行政、水路运政、港航监督、船舶检验等8个执法门类。

1978年,省交通厅召开交通科技规划会议,确立"科技兴交"发展战略。交通科技工作紧密结合工程实践面临的重点、难点课题,开展科研攻关,在技术层面保证了交通建设的顺利推进。20世纪80年代,建成国内第一座板拉桥桃江马迹塘二桥、第一座自锚上承式悬带桥洞口淘金桥。自90年代开始,以提升交通建设水平为重点,攻克了一系列技术难题。其中,"膨胀土地区公路建设成套技术"获国家科技进步一等奖,"沥青路面再生利用关键技术研究"获国家技术发明二等奖,被誉为悬索桥施工"中国方法"的"大跨度悬索桥加劲梁'轨索滑移法'架设新技术"获湖南省技术发明一等奖,"多塔斜拉桥新技术研究"、"钢管混凝土拱桥设计、施工及养护关键技术研究"等10余项成果获国家科技进步二等奖。

改革开放40年,交通成为湖南综合实力提升最显著的标志、老百姓得实惠最多的行业。

湖南交通运输事业将继续把发展作为第一要务,落实"四个全面"战略布局,坚持"五大发展理念",以建设人民满意的交通为目标,以服务经济社会发展为重点,有序推进交通运输重点领域改革,加速构建完善的交通基础设施网络,深入开展"四好农村路"建设,着力推动"综合交通、智慧交通、绿色交通、平安交通"建设,到2020年基本形成内联外通、安全便捷、畅通高效、绿色智能的现代化交通运输体系。

二、基础设施成就

(一)公路

改革开放40年,是湖南公路发展速度最快、规模最大、投资最多、成效最好的黄金时期。按照湖南公路改革开放以来40年建设与发展的基本轨迹划分,大体上可分为4个时间阶段:

1.公路大规模技术改造阶段(1978—1990年)

1977年,省交通厅和省公路局决定加快公路技术改造工作。1977—1984年初,全省逐年累计改建、改造公路5122.90公里(其中干线公路947.50公里,县乡公路4175.40公里);1985—1990年底全省新拓宽改造公路3363.20公里(其中国省道3167.69公里;县道195.51公里)。新改建国道107线(湖南段),全长617.35公里,结束了湖南省无高等级公路的历史,标志着湖南公路建设在90年代初已成功实现了由低等级逐步向高等级过渡的历史性转折。

2.强化管理全面提升公路质量阶段(1991—2000年)

1991年开始,湖南省公路步入"坚持科技兴路方针,强化管理全面提升公路建养管质量,为实现迈向21世纪历史性跨越夯实基础"阶段。"八五"和"九五"期10年来,全省公路系统创新工作方法,将养护管理中实施GBM工程、养护大中修工程和开展文明样板路建设工程与路政管理有机结合,形成养护管理与路政管理相结合、联动互促的复合型管理新模式,收到了事半功倍的成效。10年间,全省在重要的国省道干线上累计共实施GBM工程2200余公里;完成沥青路面大中修7342公里;完成砂改油工程4166公里;完成油改混凝土2870公里;完成中小病危桥整治100余座;完成等外路改造4956公里;至"九五"期末,全省公路绿化里程达到25762.09公里。"新模式"的实施,大大促进了全省文明样板路建设的顺利开展,使107国道全线达到文明样板路标准,319线、320线、322线部分路段达到了文明样板路标准。大力开展新一轮的农村公路建设,实施县乡公路的新建与改建,10年间,全省先后利用以工代赈等多种投资形式,共新建和改建县乡公路7138公里;共改建和改造县乡公路10542公里;铺装沥青路面和水泥路面7138.50公里。

3.公路综合实力全面提升阶段(2001—2009年)

这一期间,全省国省道干线公路面上工程共完成总投资超过360亿元;完成新、改建干线公路4000余公里;完成新、改建大型桥梁30余座共45000延米;全省国省道干线公路养护工程共完成总投资131.91亿元;路面大中修工程6125公里;危桥改造工程900座共计33102延米;安全保障工程7052公里;灾害防治工程830公里;GBM工程3291公里;建设标准化大型公路养护站30个。全省共完成农村公路投资232.50亿元,投资规模均超过前50年的总和;全省共新改建农村沥青(水泥)路22236公里;建设通村公路28347公里;解决了1400个乡镇通沥青(水泥)路的问题;解决了7400个行政村公路通达问题。全省实现了乡乡通公路和

97%的行政村通公路;全省实现了98%的乡镇和78%的行政村通沥青(水泥)路。

4.管理体制改革探索量质齐升跨越赶超阶段(2010—2017年)

一是公路总里程、路网密度和通达度居全国前列,服务经济发展能力持续增强。截至2017年底,全省公路通车总里程达到239724公里,形成了由44条高速公路6419公里、20条普通国道8809公里、188条普通省道22398公里组成的总里程37626公里的国省干线公路网和202098公里的农村公路网,公路网密度达到113.18公里每百平方公里;桥梁总长达到2325687延米。从技术等级看,全省等级公路达到217251公里,二级以上公路达到21952公里。8年来,全省国省道干线公路完成总投资超过1440亿元;完成新、改建干线公路13725公里(其中,"十二五"期间,年均建成通车里程超2000公里)。

二是路况水平持续提升,公路养护实现"弯道超车"。"十二五"国检我省路况(PQI指数)综合排名全国第12位,进步幅度居全国第一。截至2017年底,全省普通干线公路优良路率达89.17%,优良路率连续5年保持在85%以上。长沙市"路长制"、新晃县"路产保险"、嘉禾县"养护服务外包"等先进养护管理经验在全省推介,在全面范围取得深远影响。

三是公路治超跨入全国"第一方阵",科技治超加快推进。2014年8月29日,全省(郴州)治超现场会召开,我省开始实施全面治超,至2017年底,全省年末自动检测超限超载率仅为1.22%。2017年3月,交通运输部党组书记杨传堂批示肯定"湖南把准了治超工作的'脉搏',点准了强化治超的'穴位',方向准、措施实、执行严、效果好,对各地深入推进治超工作具有很强的示范作用"。推进公路治超由"人海战术"向科技化迈进,治超工作方法措施不断拓展完善,建成省级、12个市州级、65个县级治超信息管理平台和113套公路不停车超限检测系统,104个超限检测站精检数据、82个不停车超限检测点检测数据与省级平台实现联网对接。省交通运输厅、省公安厅联合下发了《关于印发〈湖南省治理车辆超限超载联合执法常态化制度化工作实施方案〉的通知》,明确了定点联合执法等五种联合执法形态和依托科技支撑等五项保障措施。

四是农村公路管养成效显著,典型经验获全国推广。截至2017年底,全省农村公路路面PQI值中等以上比例达85.9%,绿化率达84.6%。扎实推进"四好农村路"建设,长沙县获评全国示范县称号,创建省级示范县6个、示范乡镇241个及文明示范路5408公里。完善农村公路"群众性养护"体系,创建2个省级"群众性养护"示范乡镇。"群众性养护"经验在全国公路养护管理培训班上推介。

(二)水路

1.港口

改革开放以前,湖南的港口虽然通过多年的改造建设,仍然处于码头规模小、设施条件差、生产能力低的落后状态,1978年全省港口货物吞吐量仅为548.19万吨。为适应与长江开放港口水运干支直达和江海联运的无缝衔接,从1991年起,在长沙、岳阳、株洲、湘潭、常德、益阳、衡阳及沅江、茅草街等港口,相继建设了一批千吨级的集装箱、重件杂货码头泊位。到2000年,省内港口已初步形成以长沙、岳阳为中心的主枢纽港,省内重点港口和一般港口相互补充,综合性与专业性码头相结合,港口泊位与装卸能力相适应的湖南港口发展新格局。从1978—2015年底,全省新建改建港口千吨级以上泊位138个,新增生产能力6000万吨,长沙、岳阳、湘潭、株洲、衡阳、常德、益阳七市都有了千吨级泊位。

改革开放40年,湖南省港口通过建设发展,面貌一新,生产能力大幅提升。长沙、岳阳、湘潭、株洲四个港口已成为全国规模以上的港口。港区新建了通港公路,长沙、岳阳、常德等港设立了海关机构,通关、集疏运条件改善。据统计,2015年湖南港口水铁联运量达980万吨,水水联运约为3000万吨。港口设备、设施先进了,形成了集装卸、配送、仓储一体化的现代化的港口物流平台。据1986年第一次港口普查资料统计,1985年全省的港口货物吞吐量为4753万吨。全省港口装卸机械只有207台套,仓库和堆场面积合计仅260万平方米。2007年进行第三次港口普查时,全省的港口货物吞吐量为10131.03万吨。港口装卸机械达到6090台套,仓库面积达到50.33万平方米,堆场面积350.31万平方米。

截至2017年底,全省63个港口中,从事港口经营的企业有102家,其中从事港口危险货物经营的24家。港口生产用泊位1859个,靠泊能力1000吨级及以上泊位138个,其中:年货物吞吐量200万吨以上的港口16个、1000万吨级以上港口5个;长沙港和岳阳港为全国内河主要港口,岳阳港城陵矶港区为国家一类开放口岸,长沙港霞凝港区和常德港盐关港区为国家二类开放口岸。2017年,全省完成港口货物吞吐量2.92亿吨。

2.航道

改革开放40年,湖南航道建设大体历经了三个嬗变阶段。1978—1988年起步阶段;1989—1994年提速阶段;1995—2018年高速阶段。历时40年,湖南航道建设从湘江三五百吨级航道建设起步到提速建成湖南首条湘江千吨级航道,再到高速建成湖南首条湘江2000吨级航道,以及沅水航道建设、资水航道建设和洞庭湖区航道建设,湖南航道建设取得了长足发展。尤其是党的十八大以来,湖南水运建设完成投资212.76亿元,是党的十七大期间投资53.71亿元的3.96倍,年均递增14.76%,高于同期湖南国民生产总值增速6个百分点以上。完成湘江2000吨级航道建设一期、湘江长沙综合枢纽、湘江土谷塘航电枢纽、衡阳港松木港区、常德港德山港区等重点项目建设,并开工建设湘江2000吨级航道建设二期、沅水浦市至常德高等级航道等重点项目。

3.船舶运输

改革开放给湖南水运带来了新的生机与活力,集中体现的重要方面之一,就是开通干支直达发展外江运输。党的十一届三中全会以前,受计划经济时期行政区划和地缘经济的制约,长江干线水运基本处于"划江而治"的人为分割状态。湖南内河船舶不能进入长江干线,被限制在省内航线兜圈。湖南省由水路出入长江的物资,均需在岳阳港换装,这种人为造成的航线切割,不但增加了货物运输成本和周转时间,同时增加了装卸环节造成的货损货差,使省内水运企业效益大减和货物运费增加,严重遏制了地方水运产业的发展。1978年12月,交通部经国务院批准,决定开放长江水运,提出"有水大家行船,有港大家停靠"的口号,从而彻底打破了长江全线分割运输的局面,使长江这条水运大动脉得到更为有效的利用。1981年4月,长沙轮船公司组建了外江船队,当月开出了"湘航1355"、"湘航1347"等分节驳顶推船队,驶往上海港,并先后开通了长沙至枝城、汉口、巴河、南京、南通、上海等港口的货运航线。岳阳港集中公司60%以上运力,投入外江运输,常年行驶在长江中下游各港和外省内河港口,最远航程达1300多公里,年货运量从1980年的1.9万吨到1985年的6万多吨,每年运量增长在25%以上,年利润也增长了27%。党的改革开放方针,不但促进了湖南省航运企业开辟干支直达运输,发展分节驳顶推技术,广大地(市)集体航运企业和私人民营企业,看到了水运行业新的经济增长点,也积极行动起来,参与外江运输,改造拖轮,建造分节驳和自航驳,形成国营、集体、个人一起上的水运发展势头,使全省运力、运量大幅度攀升,1980年我省运力只有8.37万吨,运量379.77万吨,到2015年,运力增长到420.7万吨,运量增长到23061.2万吨,呈现出史无前例的快速增长势头。党的改革开放方针,给湖南水运发展带来了千载难逢的机遇,开创了一个充满活力的崭新的局面。

截至2017年底,湖南省有通航河流373条,洞庭湖和湘、资、沅、澧4条水系连通全省80%的县市区,全省通航总里程1.20万公里,居全国第3位,其中等级航道4216公里,占航道总里程的35.2%;千吨级及以上航道940公里。全省现有港口63个、港区207个,生产性泊位1865个,其中1000吨级及以上泊位116个。有运输船舶0.5万艘、422.6万载重吨、7.0万客位。长沙港和岳阳港为全国内河主要港口,岳阳港保持全省亿吨大港领先地位,岳阳港城陵矶港区为国家一类开放口岸,长沙港霞凝港区和常德港盐关港区为国家二类开放口岸。基本形成以洞庭湖为中心,长江、湘江、沅水干流为依托,岳阳港、长沙港等港口为节点的内河水运体系。

三、运输服务成就

1978年以后,农村短途旅客流量剧增,各地市县纷纷开办汽车客运,打破汽车客运由省统一经营的局面。1980年,全省社会客车有11405辆,其中公路运输部门拥有客车2387辆、座位99362个,开通客运班车的乡镇2657个,占全省乡镇总数的80%。1981年,省人民政府办公厅发文通知各地、州、市、县客运业务由省汽运公司统一经营。省交通厅作价接收市、县、公社营运客车,客运改由湘运一家经营。1984年,交通部在《关于贯彻党中央和国务院领导同志批示精神搞好交通运输改革的通知》中明确提出:"要实行多家经营、鼓励竞争、鼓励各部门、各行业、各地区一起干,国营、集体、个人以及各种运输工具一起上"。随着运输市场开放,打破客运由交通运输部门独家经营的局面,一个多家经营、相互竞争的道路客运新格局开始形成。为缓和短途客运竞争的矛盾,专业汽运公司主动让出境内短途客运线路,增加跨省、跨区长途线路班线。20世纪90年代以后,随着道路条件的改善和车辆技术状况的提高,高档豪华客车及卧铺车被普遍使用。

1950—1978年,湖南道路运力每年平均增长14.31%,而运量增长24.93%,运量与运力的增长系数为1.74。货运运力长期落后于运量的发展,不能适应工农业生产发展对公路运输的要求。自1979年开始,厂矿企业、机关事业单位纷纷购车自办运输。1984年以后,道路运输市场全面放开,货运车辆急剧增长,农用车发展较快,汽车货运逐年形成多家竞争的局面,运力大于运量的矛盾日渐突出。1989年,全省有货车130087辆,农用车69333辆,较1980年分别增长1.58倍和7.64倍。货运量29453万吨,其中湘运332.9万吨,仅占1.13%,与1980年相比则下降67.1%。1990年以后,个体运输以其机动、灵活的经营手段和经营方式迅速占据道路货运市场。交通运输企业在市场竞争冲击下,企业经营机制不活,出现亏损。1993年起,各交通企业纷纷在内部推行单车承包、租赁经营、化整为零等方式,参与货运市场竞争。

2017年,湖南省公路客运量、货运量分别为10.04亿人、19.88亿吨,同比分别增长-7.6%、11.1%;水路客运量、货运量分别为1674万人、2.26亿吨,分别增长3.7%、-3.8%;公路水路旅客、货物周转量分别为530.07亿人公里、3487.62亿吨公里,分别增长-8.6%、5.5%。城市公交、出租车、轨道交通客运量分别为29.52亿人次、15.95亿人次、2.33亿人次,分别增长-7.7%、-2.9%、45.6%。港口货物吞吐量完成2.92亿吨,增长-7.8%;集装箱吞吐量完成57.56万标准箱,增长37%。全省汽车客运站(含招呼站)23046个,其中等级站1131个;汽车货运站38个。乡镇和行政村客运班车通达率分别达到100%和98.73%;公共汽车运营车辆27072辆,出租汽车运营车辆35424辆,公共汽车运营线路总长度29238.9公里。运输领域试点工作有序开展,完成常德、娄底、张家界全国第三批公交都市创建申报,启动嘉禾县、湘潭县全国城乡交通运输一体化示范县建设项目,深入推进第一批无车承运人试点,成功申报岳阳城陵矶新港多式联运试点项目。

四、行业管理成就

(一)法治建设

改革开放40年来,全系统广大干部职工认真贯彻落实中央决策和部省要求,凝心聚力,攻坚克难,交通运输法治政府部门建设扎实,法治保障得到加强。

1.立法工作成效明显

统筹公路、水路、铁路行业立法,《湖南省水上交通安全条例》颁布实施,《湖南省铁路专用线条例》列入今年地方立法调研项目,《湖南省治理货物运输车辆超限超载条例》立法前期工作有序推进。交通运输立法工作走在省直部门前列。贯彻交通法规制定程序规定。加强立法沟通协调,对5件地方性法规、规章提出修改意见。持续清理地方性法规、规章、规范性文件,提请省政府废止规章4件,审查规范性文件229个,出具法律意见180余份,废止规范性文件51件。《中华人民共和国立法法》赋予市州的立法权得到有效运用,长沙、永州、常德、衡阳等市组织开展立法后评估,交通运输立法质量有效提升。

2."放管服"改革取得突破

省本级基本形成"四清单六目录一平台"格局。"四清单"即权力清单、责任清单、负面清单、"双随机"抽查事项清单;"六目录"即公共服务事项目录、行政审批中介服务事项目录、行政审批事项目录、赋予省直管县试点县(市)市级经济社会管理权限目录、工商登记后置审批事项目录、证明材料目录;"一平台"即"互联网+政务服务"一体化平台。权责清单实行动态调整。落实和承接国务院、交通运输部取消、下放行政审批事项5项,省本级取消、合并、下放、改变管理层级53项,保留厅行政权力清单事项92项,相比2015年版权力清单减少42项,精简30%以上;清理规范行政审批中介服务事项17项,18项工商登记前置审批事项改为后置,赋予13个省直管试点县33项管理权限。事中事后监管得到加强,"双随机一公开"抽查机制率先在公路水运试验检测领域建立落实,工程建设、运输服务等行业8大领域信用体系建设稳步推进。省运管局深化道路客运行政审批改革见到实效,岳阳市、湘潭市简政放权力度很大,株洲市、益阳市行政审批"一站式"服务创造经验,长沙市、张家界市积极探索"两集中两到位",社会反响良好。

3.行业依法管理形成新亮点

综合运用法治化、信息化手段,突出重点,切合行业实际,立足当前、着眼长远,依法履行行业管理职责,精准施策、精细推进,行业管理亮点纷呈。"隐患清零"经验做法得到省部肯定,并在全国交通运输工作会议上作典型发言;公路治超、厕所革命、公路客运站实名制售票、工程建设领域人员履约监管等工作受到部省表扬;交通扶贫先行引领作用进一步发挥。长沙县、临湘市等"四好农村路"建设,嘉禾县、湘潭县城乡交通运输一体化经验,衡阳市交通运输行政执法"三项制度"改革试点做法收获赞誉。

4. 重大涉法难题主动应对

在省部高度重视和省政府法制办的具体指导下,依法主动应对高速公路集中建设后的遗留问题。2个重特大仲裁案、1个诉讼案程序管理应依法进行,内外形成工作合力,依法维权的意识深入人心。委托法律顾问、重大案件委托代理、专家咨询等制度得到落实。行政复议、行政应诉"息纷止争"作用有效发挥。特别是"十三五"以来,厅本级办理行政复议案件41件,办结率100%;行政诉讼案件14件,无一败诉;重特大民事仲裁案件2件,涉案标的86.6亿元,法治保障得到加强。

5. 权力运行监督加强

重大行政决策制度得到贯彻落实。制度体系不断健全,改进和加强行政应诉工作、信用评价程序规定、重大合同管理、规范性文件管理等制度建立并实行。合法性审查工作日趋制度化、规范化。内部流程控制得到强化,查找到隐患风险点97个,制定内控制度23个,内控标准化管理试运行。监督体系更加严密,完成厅本级纪检监察体制改革,支持驻厅纪检组工作,设立厅直属机关纪委,内审机制调整完善。执法评议考核、依法行政考核"指挥棒"作用有效发挥。政务公开力度加大,持续公开政务信息,权责清单事项、部门预算、投资计划、建设项目、执法信息等向社会全面公开。内外监督形成合力。

6. 执法形象得到改观

综合执法改革试点推动,邵阳、长沙、岳阳、湘潭、吉首、耒阳等地取得试点经验,厅本级启动改革调研。执法资格从严管理,业务培训力度加大,省级组织培训和考试3580人,14个市州执法人员完成轮训。目前,全省共有交通运输执法机构638个,执法人员21213人。行政执法着重规范,行政处罚自由裁量权基准和执法程序、执法检查、行政处罚、执法文书规范等制度落地实施。"三基三化"建设试点成功,株洲凿石海事处通过部验收,省厅组织完成14个市州基层执法单位验收。执法责任追究制产生震慑,共查处公路水路"三乱"案件23起,党纪政纪处分10人。交通运输行政执法认可度得到提升,3个单位获评全国文明单位,13个单位获评部文明单位、文明示范窗口和评议考核先进单位,10人荣获部文明职工标兵、先进工作者和评议考核先进个人,18个单位获评"全省依法办事示范窗口"。

7. 法治保障不断加强

党政主要负责人法治建设第一责任人职责落实到位,组织领导机构、机制建立健全;交通运输贯彻落实《法治政府建设实施纲要(2015—2020年)》工作方案制定实施。依法行政和党风廉政建设统筹推进。抓"关键少数",推动领导干部带头尊法、学法、守法、用法;巡视、审计等反映问题的整改做到举一反三。法治宣传教育、"谁执法谁普法"普法责任制落地有声,近两年厅党组中心组集体学法3次,举办法治专题讲座4期,专题研究法治工作3次,厅机关106人和厅直系统12094人全员考法。法治机构、编制、经费保障加强,执法执勤用车纳入公务用车平台管理,交通运输综合行政执法信息管理系统建设前期工作启动。

成绩来之不易,经验弥足珍贵。回顾交通运输法治政府部门建设工作,我们有以下认识:一是坚持党的领导。发挥党的政治优势,统筹抓总、协调各方,全面履行党政主要负责人推进法治建设职责,把党的领导贯彻落实到全省交通运输法治建设全过程和各方面,突出法治引领,健全法治机制,强化法治保障,落实依法行政。二是坚持总体布局统筹推进。把依法行政工作放在交通运输发展全局中定位,围绕中心、服务大局,将依法行政工作与业务工作、信用评价、廉政建设、精神文明建设、行业宣传等工作同筹划、同安排、同落实、同考核,使法治成为贯穿行业改革发展的主线,从而提升交通运输治理体系和治理能力现代化水平。三是坚持问题导向。把准新时代交通运输发展方位,立足交通运输转型升级阶段性特征,围绕综合、智慧、绿色、平安"四个交通"建设,增强"靶心"意识,完善法规制度体系,强化合法性审查,规范执法行为,加强普法宣传,以法治意识和法治思维推进法治政府部门建设、防范化解重大风险,回应人民群众关切。四是坚持创新驱动。针对改革发展攻坚实际,创新思维、方式方法和手段,深入推进"放管服"改革,推行内控标准化管理,用好信用评价手段,突出信息化引领,实行交通运输考核结果与项目、资金安排挂钩,打造法治建设新亮点。五是坚持真抓严管。贯彻中央决策和省、部要求,狠抓执行落实;开展绩效评估,对市州实行目标考核;全员学法考法,强化责任追究,坚决查处"三乱",主动接受各方面监督;着力打基础、强基层,久久为功,务求实效。

(二)管理体制改革

湖南省交通运输厅认真贯彻交通运输部和省委省政府关于全面深化改革工作的各项安排部署,坚持稳中求进工作总基调,牢固树立新发展理念,以推进交通运输供给侧结构性改革为主线,突出问题导向,聚力创新攻坚,加强改革协同,各项改革工作呈现出鼓点紧、步履实、成效好的良好态势,为建设人民满意的交通注入了新活力、释放了新红利。

1.综合交通运输改革稳步实施

贯彻落实交通运输部和省委、省政府有关领导指示精神,初步形成《湖南省推进综合交通运输体制机制建设实施意见》,明确综合交通运输改革分"三步走"的思路:第一步是,建立健全综合交通运输运行协调机制。成立湖南省综合交通运输协调工作领导小组,由分管副省长牵头,省发改委、省交通运输厅、省财政厅、省邮政管理局、省机场管理集团等部门为成员单位,定期协调研究综合交通运输发展的重大问题,领导小组办公室设在省交通运输厅。第二步是,建立完善综合交通运输规划建设机制。统筹铁路、公路、水路、民航和邮政等运输方式中长期规划,促进各种交通运输方式深度融合发展。目前,完成对省内外改革试点地区的实地调研,形成《湖南省综合交通枢纽体系建设调研报告》;编制《湖南省"十三五"综合交通运输体系发展规划》,经省人民政府同意正式颁布实施。第三步是,明确综合交通运输管理部门职能。统筹协调铁路、公路、水路、民航、邮政行业发展,组织起草综合交通运输地方性法规、政府规章,拟定综合交通运输标准,明确省综合交通运输管理部门与其他相关省直单位在综合交通运输建设中的职责分工,推动形成"大交通"管理体制。

2.现代运输服务体系日益完善

道路客运转型升级步伐加快,明确牵头部门,全面开展调研,形成《关于加快推进我省道路客运转型升级实施意见》。客运联网售票举措落地实施,印发《关于全省道路客运联网售票工作会议纪要》,各责任单位按职责分工、时间进度、监督检查等要求认识深刻、执行到位,省际、市际客运班线实名制售票和验票工作同步落实。出租汽车行业改革总体平稳,将出租汽车改革纳入省对市州交通运输目标考核内容,长沙、娄底、郴州等市改革实施意见相继出台。公交优先发展战略大力实施,常德、张家界、娄底三市成为交通运输部"十三五"公交都市第一批创建城市。驾培改革稳步推进,全省机动车驾培服务改革完成率达78.9%。

3.货运领域改革全面推进

多式联运试点取得突破,择优推选岳阳市《湖南省城陵矶新港水公铁集装箱多式联运示范工程实施方案》、长沙市《湖南空港实业打造"空中丝路"枢纽空陆联运示范工程实施方案》参与申报,其中《湖南省城陵矶新港水公铁集装箱多式联运示范工程实施方案》成功入选国家第二批多式联运试点示范项目。甩挂运输试点取得实效,完成第三批甩挂运输试点专项资金申报,常德市万路达物流有限公司顺利获得补助资金。无车承运人试点取得进展,经企业自愿申报、行业初审、组织专家评审,长沙市实泰物流有限公司等14家企业成为我省第一批道路货运无车承运人试点企业。

4.行政类事业单位改革有序推进

按照中办、国办《关于开展承担行政职能事业单位改革试点的指导意见》(中办发〔2016〕19号)和省编委《关于开展市县承担行政职能事业单位改革试点工作的通知》(湘编〔2016〕2号)要求,整合市、县两级国省干线、农村公路管理机构职责、机构和人员,湘潭市、岳阳市本级和湘潭县、韶山市、华容县、临湘市纳入承担行政职能事业单位改革试点,邵阳市、耒阳市和吉首市纳入交通运输综合行政执法改革试点。完成厅属事业机构分类,其中省公路管理局、水运管理局、道路运输管理局明确为公益一类事业机构。配合省编办起草交通运输行业承担行政职能事业单位改革有关问题的意见。

5.高速公路体制改革顺利完成

建立厅党组全面领导、厅领导全员参与、责任领导分工负责的工作机制,由厅主要领导带头,实行(交通)厅、(高管)局领导联点市州管理处,负责改革期间"四包",即包政策宣传、包思想工作、包问题化解、包大局稳定的工作。按照省委、省政府要求,经反复分析论证、比选权衡,在主要借鉴广东等省高速公路体制改革经验的基础上,对改革草案进行再修订、再完善,形成《湖南省高速公路体制改革方案》,并于10月30日、11月3日先后经省政府常务会议、省委全面深化改革领导小组会议审议通过,决定将省高速公路管理局及直属事业单位建制撤销,整体划入省国资委管理,实现政企分开、政资分开。

6.公路建设管理体制改革试点积极推进

充分发挥交通运输部公路建设管理体制改革试点省份示范引领作用,创新实行"自管模式"(在遵守现有法律法规及规范的前提下,由项目业主自行组建总监办,将质量监理、施工安全监理服务向社会招标,社会监理人员与业主配备人员合署办公,以达到减少监理层级、加强项目管理、节约管理费用的目的),马迹塘至安化、益阳至南县高速公路2个试点项目,通过制定实施方案、加强制度引领、优化监理程序、明确工作界面、实行统一管理、强化质安管控等多管齐下取得较好成效,形成"湖南经验"。2017年4月26日至27日,交通运输部领导率13个省份的交通运输主管部门专题到我省调研公路建设管理体制改革试点工作并组织座谈,对"湖南模式"予以肯定。同时,创新开展设计施工总承包试点工作,先后在全省高速公路机电房建项目、龙塘至琅塘高速公路项目推行,工程造价等问题得到有效控制,效果明显。

(三)投融资体制改革

1.政策制度不断出台,筹融资工作规范高效

改革开放40年,湖南省交通运输行业始终坚持强化资金筹措,拓展融资渠道,保障交通建设资金需求。1984年,国务院第54次常务会议正式决议,实施"贷款修路、收费还贷",使得公路建设有了稳定的资金来源。1988年,交通部、财政部、国家物价局根据《公路管理条例》,联合发布了《贷款修建高等级公路和大型公路桥梁、隧道收取车辆通行费规定》,使得贷款修路有了基础的政策保障。2004年11月1日,中华人民共和国《收费公路管理条例》正式实施。上述规定、条例的颁布与实施,完善了公路交通法规体系,拓宽了公路建设筹融资渠道,规范了公路收费行为,提高了公路管理水平,为全省交通筹融资工作打开了新的篇章。

2.三个省级交通融资平台的建立为我省交通事业发展做出了卓越的贡献

1993年4月9日,经省委、省政府批准,湖南省高速公路建设开发总公司在湖南省工商行政管理局登记成立,法定代表人吴国光。公司经营范围包括全省高速公路建设、养护、管理和沿线开发;高速公路服务区加油站等。自此之后,湖南省高速公路建设开发总公司成为我省政府还贷高速公路的承贷主体,通过银行贷款、企业发债等方式持续、足额保证着我省政府还贷高速公路的资金需求,极大地促进了我省政府还贷高速公路事业发展,为全省经济社会发展作出了重大贡献。2017年,11月3日,省委全面深化改革领导小组第二十九次会议审议通过了《湖南省高速公路体制改革方案》,决定将省高速公路管理局及直属事业单位建制撤销,实现政企分开、政资分开。2017年12月,湖南省高速公路建设开发总公司移交至省国资委管理。这次重大变革,有利于用市场化方式经营管理高速公路、盘活存量资产资源,既是省委、省政府贯彻落实党的十九大精神和中央推进政企分开、政资分开决策部署的具体举措,也是落实中央巡视组"回头看"提出的整改要求、推进高速公路事业持续健康发展的迫切需要。

1994年11月,经省政府授权,由省交通厅成立了湖南湘江航运建设开发有限公司,该公司遵照省委、省政府关于开发湘江航运,建设"五区一廊"(即长沙、株洲、湘潭、岳阳、衡阳等五市及沿江的经济走廊)的战略思想,在省交通厅的领导下,负责筹划湘江航运基础设施项目的建设与经营管理。2002年1月,省编委批准成立湖南省湘江航运建设管理局,与湖南湘江航运建设开发有限公司为一门两牌的事业单位,实行企业化管理。为加快全省内河水运发展,广泛筹集水运建设资金,2013年10月,湖南省水运建设投资集团有限公司以湖南湘江航运建设开发有限公司为基础注册成立。

3.新时代、新形势下的交通筹融资工作

为实现党的十九大报告明确提出的"建设交通强国"的工作目标,2018年全国交通工作会议上提出了"三步走"的战略目标,即2020年,服务全面建成小康社会,为交通强国打好基础;2035年,基本建成交通强国,进入世界交通强国行列;2050年,全面建设交通强国,进入世界交通强国前列。要完成好这些任务,就必须有强有力的资金政策支持,就必须加快构建符合国家财税改革要求和交通运输发展实际的投融资体制机制,即"政府主导、分级负责、多方筹资、规范高效"投融资体制机制,并有效防控债务风险。目前,湖南省省级交通筹融资方式已经由原来的主要依靠三大平台公司融资,改为了由政府财政保证为基础,以收费公路专项债等债券资金为补充的融资模式,并积极拓展融资渠道,落实交通建设配套资金。

(四)技术政策及标准建设

构建了以交通基础设施建设、养护管理、运输管理与服务、载运工具、交通运输信息化、节能环保为主要内容的交通运输标准框架体系。加强了地方标准编制与宣贯,近年来争取省地方标准制修订计划项目30多项,编制并实施了《高速公路服务区服务管理规范》《湖南省道路客运站建设管理导则》《湖南省道路客运站服务规范》《公路工程监理规范》等18项地方标准及一批技术规范,组织宣贯国家标准、行业标准200余项。

五、科技创新成就

一是科研能力建设。建成了1个集行业科技管理、科技基础资源与成果信息发布、查询和共享于一体的科技创新平台;依托交通科研设计院所,培养了大跨度桥梁结构设计理论与应用研究、交通运输安全应急保障2个科技创新团队;建设了公路养护技术国家工程实验室,南方地区桥梁长期性能提升技术国家地方联合工程实验室,交通运输部交通基础设施安全风险管理行业重点实验室,部交通运输安全应急信息保障技术及设备研发中心,湖南省公路建设与养护技术企业重点实验室5个国家、省部级交通科研平台;结合科研培养了一大批专业技术人才。

二是科技攻关取得系列成果。紧扣行业发展实际需求与难题,组织开展了一系列技术攻关,取得了一大批科研成果,解决了交通基础设施建设与养护改造、交通安全保障、综合交通、节能环保、信息化智能化等领域的一系列关键技术难题,1978年以来荣获国家、省(部)科技奖励303项。其中国家级科技奖励23项。尤其特大桥梁、特长隧道等大型构筑物建设技术,低水头航电枢纽、船闸建设与内河航道整治成套技术在全国都有相当影响,其中矮寨悬索大桥关键技术成果还得到国家领导人和国内外同行的高度赞誉。

三是成果推广力度不断加大。通过从科研项目立项到验收全过程全方位考虑推广应用、加快适用成果上升为地方标准、实施成果推广计划项目、支持优秀成果走向全国等措施,促进了成果推广应用。近年来,13项成果列入交通运输部科技成果推广目录全国推广,其中预应力张拉智能控制技术及设备推广到了全国31个省(市、区),年产值1.4亿多元;预应力管道压浆控制技术与设备推广到了全国20多个省(市、区),年产值9000多万元。这些成果有力提升了行业技术水平,产生了良好的经济社会效益。

(一)岩溶地区公路修筑成套技术

1.项目简介

岩溶在我国分布广泛,全国岩溶总面积占国土面积的1/3以上。中南的湖南、湖北、广东,西南的贵州、云南、广西、四川、重庆则是我国岩溶最为发育的地区,并构成了世界上最大的连片裸露型岩溶区。岩溶地区特殊的地质地貌、气象水文和自然生态环境,使公路工程与岩溶环境的相互作用极其显著。针对复杂的岩溶环境条件,原有的工程技术将难以支撑新一轮的公路设施建设。

2002年,交通部将"岩溶地区公路修筑成套技术研究"列为西部交通建设科技项目。该项目综合考虑公路建设与岩溶环境之间的相互作用,以"岩溶环境的勘察、评价、利用、处治和保护"为宏观技术理念,充分借鉴国内外的先进研究成果,积极吸收成熟的工程经验,通过理论分析、数值模拟、模型试验、室内试验、依托工程验证等技术手段,对岩溶地区公路修筑的成套技术进行研究。

该项目成果荣获了2008年国家科技进步二等奖、2007年中国公路学会科技进步特等奖。

2. 主要技术成果

围绕岩溶这一特殊环境条件下进行的公路工程建设,项目在岩溶地区公路工程地质勘察、公路基础稳定性评价、筑路材料资源利用、公路岩溶病害处治、公路岩溶环境保护等五大方面取得了26项科技成果,其中创新性成果12项;开发了公路工程岩溶环境评价、公路路基岩溶病害评价、溶洞存在条件下桥梁桩基承载力评价和隧道围岩稳定性评价等4项评价方法;编制了《岩溶地区公路基础设计与施工技术应用指南》等5套实用技术指南;构建了基于GIS的公路工程岩溶环境区划和公路工程岩溶环境地理信息系统2个综合信息平台。

3. 推广应用情况

项目成果已在湖南、贵州、广西、云南等岩溶地区的12条高速公路总里程达800多公里的多个路段、33座桥梁、11条隧道中得到了推广应用。

推广该项目成果,对应用工程进行准确勘察、科学处治,以及因地制宜利用当地筑路材料,由此节约的工程设计、施工、处治费用和材料成本,据不完全统计,产生的直接经济效益达1.2亿元。

社会效益主要体现在:促进区域社会发展,促进行业科技进步,提升工程建设水平,节约工程投资,确保交通安全和服务水平,支撑资源环境的可持续发展。

环境效益主要体现在:改善岩溶区域自然生态环境,保护岩溶水环境资源,水土保持与防止石漠化,植被保护与景观设计。

随着我国西部大开发战略的全面实施和逐步深入,在未来相当长的时间,我国岩溶地区的公路发展空间和技术需求将非常广阔。该项目的研究准确把握我国公路交通的发展形势,解决了岩溶地区公路建设面临的诸多关键技术问题。研究成果涵盖了岩溶地区公路规划、勘察、设计、施工和养护等技术,以及地方性筑路材料利用技术和公路岩溶环境保护技术,是对岩溶地区原有公路建设技术的拓展、深化和完善,为岩溶地区的公路交通建设提供了丰富的技术储备,对岩溶资源环境的可持续发展具有重要的指导意义,推广应用前景十分广阔。

(二)山区大跨度悬索桥设计与施工关键技术

1. 项目简介

湘西矮寨大桥是长沙至重庆公路通道湖南省吉首至茶洞高速公路的控制性工程,桥位距吉首市区约20公里,跨越风景秀丽的德夯大峡谷和我国公路史上著名的"公路奇观"矮寨盘山公路。主桥采用1176米塔梁分离式单跨钢桁梁悬索桥。大桥的建成创下四个"世界第一":世界上跨越峡谷跨径最大的桥梁;首次采用塔、梁分离式悬索桥新结构;首创"轨索滑移法"架设钢桁梁;首次采用碳纤维岩锚吊索。

以该项目为依托,湖南省交通规划勘察设计院牵头承担了交通运输部西部建设科技项目"矮寨悬索桥关键技术研究"(项目编号:2006 318 798 46),从2005年8月至2013年6月对矮寨悬索桥关键技术研究涉及的设计、施工等关键技术进行了系统研究。

该项目成果创造性地解决了深切峡谷悬索桥设计、建设等诸多技术难题,为矮寨悬索桥的建设提供了有力的技术支撑,为我国特大跨径悬索桥设计与施工积累了宝贵经验,取得了显著的经济和社会效益,成果总体达到国际领先水平,并荣获了2013年度中国公路学会科学技术特等奖、2015年度国际道路联盟"GRAA(国际道路成就奖)"、2012年度中国优秀专利奖及湖南省技术发明一等奖。

2.主要技术成果

该项目依托矮寨悬索桥工程在新结构、新工艺、新材料、新技术等方面取得了一系列创新成果:

(1)提出了一种塔—梁分离式悬索桥新结构。该结构能很好地适应山区地形,减少两岸山体开挖,有效降低工程投资,实现了结构与自然的完美融合,成为一种新的山区桥梁建设方案。对新结构的力学行为开展了深入研究,获得了吊跨比对主缆应力、吊索索力、吊索应力幅、加劲梁应力与位移等结构力学参数的影响规律;对无吊索区受力性能改善措施进行了系统研究,为新型结构优化设计提供了科学依据。

(2)发明了一种悬索桥加劲梁架设的新工艺——"轨索滑移法",成为悬索桥加劲梁架设的第4种方法。成功解决了深切峡谷悬索桥主梁架设难题,实现了高效、经济、安全的施工目标,同时,还将索结构的应用拓展到了大跨、重载范围。

(3)研发了一种采用高性能复合材料CFRP的新型预应力岩锚体系,提出了CFRP筋黏结强度计算公式和黏结锚固段长度计算公式,建立了基于CFRP和RPC的新型岩锚体系的设计理论,为解决传统预应力岩锚体系的耐久性难题提供了一种方案。

(4)开发了一种悬挂式高空风环境现场观测系统。通过在桥面水平沿桥轴向布置高空悬索,可以在桥面关键断面任意布置测点,能准确获得桥面高度沿轴向的风参数分布规律,为抗风设计提供最有价值的数据。

3.推广应用情况

该项目成果通过在依托工程矮寨大桥的实际应用,创造性地解决了矮寨大桥跨山区峡谷、复杂地质、超大跨径、钢桁架设等诸多技术难题。该课题新结构、新工艺、新技术的成功应用,极大地降低工程成本,提高了工作效率,确保大桥建设过程的安全和整体质量,创造直接经济效益17357万元。

矮寨大桥成果赢得了国内外同仁的高度认同和赞誉,来自美国、欧洲、日韩等国家的国际同仁前往矮寨大桥参观学习,国际桥协副主席藤野阳三教授赞誉:"……轨索滑移法是中国桥梁技术进步的典范,值得世界同仁大力推广"。

交通运输部原总工凤懋润评价:"轨索滑移法是改革开放30年来中国桥梁技术领域具有中国首创意义的两大原始创新性成果之一。"

该项目得到了习近平、温家宝等党和国家领导人的高度评价,2013年11月3日,习近平总书记视察矮寨大桥时赞誉道:"谁说外国的月亮就比中国的圆,这就是中国的圆月亮!"

(三)重载交通下南方公路路基耐久性提升技术研究及应用

1.取得的主要成果及创新点

(1)揭示了重载交通荷载与湿度作用下填料的路用性能特点,构建了更适应重载交通荷载特点的动态回弹模量和累积塑性应变预估模型,提出了路基水稳定性的双指标评价法,模量调整系数有效反映了路基长期性能中的模量状态,湿化率反映填料自身对水的敏感程度,为不同湿度条件下的填料选型提供了可靠的依据。

(2)构建了考虑动态回弹模量和轮—路系统耦合振动的路基路面动力学分析方法,开发了交互式、参数化的建模分析软件,用户可直观地进行几何尺寸、路基路面及筋材、筋土界面、车辆轴型、分析类型、轮胎尺寸等参数的设置,其中路基材料可选取动态回弹模量本构关系,为考虑重载交通作用下路基路面一体化分析及设计提供了全新的手段。

(3)形成了基于轮—路系统耦合的路基刚度匹配设计方法,提出了路基路面结构性能衰变评价方法,基于路基—沥青路面结构弯沉指标等效和路基—水泥混凝土路面结构板底弯拉应力指标等效,给出了适应重载交通的路基回弹模量的设计参考值,从路基路面协调变形角度出发明确了路基模量匹配系数和回弹模量的合理控制范围,实现了路基设计方法的改进。

(4)提出了提升重载交通下路基耐久性的成套工程处治技术。形成了从改良处治和土工合成材料处治两方面实现目标刚度的填料控制技术,提出了考虑土质类型、含水率、碾压遍数、碾压速度、松铺厚度等因素的影响的路基填筑施工工艺,开发了利用毛细透排水管的路基湿度控制技术,此外还开发和完善了绿色环保的上接圬工排水沟渠的生态滤沟、生态浅碟形暗埋式边沟等,从水害防治这一关键环节出发,进一步提升了路基的耐久性。

项目获得国家发明专利1项,实用新型专利2项,获得软件著作权1项,在国内外期刊上发表论文26篇,其中EI/SCI收录12篇,促进了行业的发展,培养了一批高水平的专业技术人才(博士后、博士、硕士共计8人)。

2.成果应用情况及取得的效益

项目成果充分利用了红黏土和花岗岩残积土等不良填料,累计节约利用200余万方,缩短工期1/4,大修期延迟3至5年,节省养护费用10%,部分成果被纳入《公路土工合成材料应用技术规范》。本项目提升了路基结构的耐久性,推动了行业科技进步,对于促进我国公路基础设施的可持续发展,保护耕地资源和环境,意义重大。

(四)矮寨大桥结构健康监测系统关键技术研究

1.取得的主要成果及创新点

(1)针对桥梁健康监测与评估系统功能划分不明确、系统框架不完全等问题,结合现代计算机通信技术,提出了基于网格的超大跨径桥梁结构健康监测系统。对桥梁结构健康监测系统中评估分析模块效率低、系统间存在信息孤岛等问题进行了优化,最终实现健康监测系统评估功能共享。

(2)针对超大跨径桥梁监测任务点繁多,数据量大等问题,以K-L信息距离为理论基础,提出了K-L信息距离准则。利用该准则研究了超大跨径桥梁传感器优化布置方法,达到用最少测点监测桥梁全面状态的目的。

(3)研究了超大跨径桥梁有限元模型修正方法,提出了基于径向基函数的桥梁有限元模型修正方法,避免了传统的矩阵型和参数型模型修正中修正目标众多、监测自由度与有限元模型自由度不匹配的问题。

(4)提出了基于健康监测系统的桥梁拉索疲劳寿命预测方法,研发了低功耗便携式索力在线监测设备等桥梁结构监测元器件。

(5)研发了超大跨径桥梁结构健康监测综合系统,编制了《湖南省桥梁隧道结构健康监测与服务技术规程》。

2.成果应用情况及取得的效益

项目以矮寨特大桥为依托,拓展了桥梁结构健康监测技术,深化了结构健康监测系统整体构件、监测设备、结构损伤技术和评估方法等研究内容。最终形成了便于推广的成套系统和技术,推动桥梁健康监测技术研究的发展与应用,同时为矮寨特大桥建立了桥梁结构健康监测系统,以便提升管养与维护水平,确保桥梁的运营安全。

项目成果获国家发明专利3项、实用新型专利2项,软件著作权1项;在国内外核心期刊发表论文16篇(其中SCI收录6篇);经以院士为组长的专家组鉴定为国际领先水平。目前已在矮寨特大桥、洞庭湖大桥、温州东瓯大桥、温州77省道公路桥梁等国内数十座桥梁得到成功应用,为应用单位节省桥梁管养经费1700余万元,产生了显著的社会经济效益。

六、对外开放成就

随着省内交通事业的迅速发展,交通对外开放也取得了令人瞩目的成就,已成为湖南交通事业不可或缺的部分。

从20世纪50年代中期开始,湖南交通部门选派工程技术人员参与国家对外援助项目的建设,先后派出了440余人次分赴北也门、蒙古、尼泊尔、越南、塞拉利昂、巴基斯坦、南也门、斯里兰卡、坦桑尼亚、伊拉克、索马里、布隆迪、乍得等十多个国家担负工程设计和施工任务。其中,由湖南交通部门援建的塞拉利昂的曼格、坎比亚两座公路大桥成套项目,受到塞方政府和我国主管部门的好评,曾被授予"援外排头兵"称号。

改革开放以后,湖南组建了"交通国际经济工程合作公司",积极参与国际工程承包市场的竞争,是国家商务部最早授予有对外承包经营权的企业之一。业务范围涵盖公路路基、路面、隧道、桥梁、房建、市政、加工、贸易等领域,年产值20余亿元,公司拥有全资子公司2家,参股公司2家,在国外设有2个驻外机构。先后与中国路桥总公司、冶金建设总公司、成套设备进出口总公司、海外工程总公司等单位合作,在非洲、南部太平洋和东南亚等区域市场上出色地完成了加蓬、马里、科特迪瓦、卢旺达上百项对外经援、工程承包和劳务合作项目,承建了马里KAYO桥、马里MINUSMA联合国维和营道路、马里KAYES-SADIOLA、加蓬NDENDE-TCHIBANGA等,在国际工程承包市场中树立了良好的企业信誉和知名度。公司与多个非洲国家建立了长期稳定的合作关系,目前有KAYO、KAYES-SADIOLA、NDENDE-TCHIBANGA等十几个大型在建项目。公司在马里共和国拥有固定资产近1.7亿元,大型施工设备300多台套,在加蓬共和国拥有固定资产1亿元,大型施工设备200余台套。积极响应国家"一带一路"倡议,大力发展沿线国家的基础设施建设市场,力争在国际业务上不断开拓创新,做强做大。

在国内交通建设市场的开拓中,被誉为"路桥湘军"的湖南省公路桥梁建设总公司,先后中标承建了安徽铜陵长江公路大桥、广东九江大桥、杭州钱塘江三桥、安徽黄山太平湖大桥、武汉月湖大桥、广东三水油金大桥、广东江门潮莲大桥、江西南昌新八一大桥、广东南澳跨海大桥、江苏南京长江二桥、宜昌长江大桥、荆沙长江大桥、深汕高速公路、郑许高速公路、沪杭高速公路等项目,多为规模大、标准高的国家重点建设工程。安徽铜陵长江公路大桥获得"交通部优质工程奖",广东九江大桥工程有十余项技术为国内首创,分别获得广东省、交通运输部、国家教委等颁发的三个科技进步一等奖和二等奖。

湖南交通建设者愿与国内外各界朋友真诚合作,携手并进,共创美好明天。

七、党的建设与精神文明建设

(一)党建工作

改革开放40年以来,湖南交通关于党的建设不断加强,组织生活日趋规范。特别是党的十八大以来,厅党组在中央和省委的领导下,从自身做起,引导全省交通运输系统全面从严治党。厅直系统各级党组织切实加强党的思想、组织、作风、制度和党风廉政建设,为湖南交通运输事业持续快速健康发展、推进"建设人民满意交通"提供了坚强的政治保证。

1.党建责任有效落实

湖南省交通党建工作于1953年4月成立省交通厅中共党组开始,其间,随着改革机构多次撤并、调整,而不断加强。1978年8月,由湖南省革命委员会交通局党委改为局党组;1989年12月,经湖南省委批准恢复省交通厅党组;2009年6月,更名为省交通运输厅党组至今。历届厅(局)党组(党委)都高度重视党建工作,形成了主要负责人负总责,分管领导具体抓,厅(局)直机关党委和厅(局)直各级党组织层层抓落实的党建工作责任机制。十八大以来,厅党组注重建章立制,出台《关于贯彻落实全面从严治党要求的实施意见》《关于落实意识形态工作责任制实施细则》《湖南省交通运输厅党组中心组理论学习制度》等一系列党建工作制度,坚持定期研究基层党建工作,全面落实各级党组织书记抓党建工作"第一责任",将基层党建工作列入厅直单位及厅机关处室年终绩效考核的重要内容,系统党组织及其负责人的党建责任意识全面增强。

2.党员队伍不断发展

经过40年的改革发展,全省交通运输系统的党员队伍不断壮大,到2016年底,除市(州)交通运输部门外,厅直系统党组织达到619个,党支部达到565个,党员人数达到6121名。2017年深化政企改革,省高速公路管理局改为省高速公路建设总公司,整体从厅划归省国资委管理,目前厅直系统党组织共137个,党支部116个,党员2090名。

3.思想教育日益强化

一是按照中央、省委的要求,扎实开展主题教育。如近五年重点开展党的群众路线教育实践活动、"三严三实"专题教育和"两学一做"学习教育。每次主题教育都以厅党组主要负责人讲党课启动开局,各位厅领导普遍建立联系点,以普通党员身份参加所在支部的活动,过好双重组织生活。广大党员认真学习政策理论,加强党性修养意识,开展批评与自我批评。二是根据实际情况,创新学习教育载体。开展知识抢答赛、演讲比赛、朗诵比赛等多种竞赛;

开展主题党日活动,严肃党内政治生活;引导广大党员干部重温入党誓词、增强党员意识,接受党性教育。特别注重发挥党组中心组每月1次的理论学习示范作用,办好"湖南交通大讲堂",以党的最新理论武装头脑,党员干部的政治思想素质得到了提高。

4.党风政风日趋改善

严肃查处交通系统腐败案,认真开展"雁过拔毛"等专项整治,重点纠正"四风"问题,坚决落实中央八项规定精神,不定期对厅机关及厅直各单位作风建设情况进行明察暗访、监督检查,发现问题及时处理,全面加强党的纪律建设。定期在"七一"期间表彰优秀党员、先进基层党组织和优秀党务干部,定期慰问老党员和困难党员,做好民主评议等基础性工作,以党建带群团建设,大力开展支部联基层及志愿服务活动。

(二)精神文明建设

历年来,湖南省交通运输厅在省委、省政府的领导和交通运输部的精心指导下,认真落实中央文明委全会、全国文明办主任会议和部、省有关精神建设工作的部署,紧紧围绕中心工作,坚持物质文明、精神文明协调推进,行业软、硬实力同步提升,为建设人民满意交通提供了强大的思想保证、精神动力和智力支持。

1.坚持总体部署推动

一是加强组织领导。全面落实各级党组织主体责任和主要领导第一责任,确立新形势下行业精神文明建设必须与中心工作、改革法治、行业服务、党风政风行风建设相结合的总体思路,健全机构,完善机制,保障投入,融合推进,虚功实做,务求实效。二是立足抓总抓早。坚持每年年初召开全省交通运输工作会议,将行业精神文明建设工作与中心工作和其他业务工作同安排、同部署、同考核,随后印发行业年度精神文明建设工作要点,将重点任务细化分解,责任落实到岗到人。三是严格考核兑现。充分运用省对市州交通运输发展目标考核和厅直系统绩效评估、党风廉政建设责任制落实、综治工作综合考评等手段,把年度精神文明建设重点工作融入其中,尽可能项目化、指标化,奖优罚劣,增强责任感,调动积极性。

2.坚持思想文化引领

一是强化理论武装。重点学好用好习近平新时代中国特色社会主义思想和党的十八大以来重要文献。厅和厅直单位党委(组)中心组织全年安排4—5次专题学习,各级党组织主要负责人带头讲党课。开办"湖南交通大讲堂",共组织专题讲座20余期。二是践行学习教育。认真落实党风廉政建设主体责任和监督责任,扎实开展群众路线教育实践、"三严三实"专题教育和"两学一做"学习教育活动。综合采取改革招投标办法、调整完善内审机制、改进项目计划管理、规范权力运行、整治打牌赌博歪风等多项措施推进廉政建设。我厅在省直单位作风建设民意调查中,满意率逐年提升。2015年落实党风廉政建设责任制考核获评优秀。三是推进特色主题教育。将每年4月确定为全系统"社会主义核心价值观主题教育实践活动月"。开展了"中国梦、交通梦""雷锋家乡学雷锋""我们的节日""我推荐我评议身边好人""职工喜迎十九大劳动创造新湖南""万里高速三湘行建设人民满意交通""爱岗敬业、明礼诚信""不忘初心跟党走""两学一做"教育实践等系列活动。制定下发行业文化建设实施方案,依托交通基础设施、"车船路港企"、行政执法基层站所、"职工书屋"和干部职工活动场所,精心培育文化品牌,开展"文明旅游,礼貌行车""拒绝车窗垃圾、倡导文明出行""建设人民满意交通"志愿服务、推出以"全国最美养路工"龙运跃为原型的微电影《守护》等文化创建举措深受好评。

3.坚持树立服务品牌

坚持文明创建与交通建管养运融合推进,尊重和发挥广大干部职工主体作用,广泛开展群众性文明创建,树立起一批叫得响的交通服务品牌。

一是"隐患清零"行动形成湖南经验。2017年12月26日,在全国交通运输工作会议上作经验介绍。建立由政府牵头,以交通部门为主,公安交警、安监等部门参与的"隐患清零"联合机制;推行隐患查处"一单四制";按照"四不两直"方式,采取分片包干督导、厅领导带队检查、进行暗访专访等方式,深入现场指导和督查督办;强力推行"四个一"处罚措施;坚决兑现"两挂钩",全省"两客一危"车辆超速和疲劳驾驶次数同比分别下降99.94%、94.17%,全面实现"三下降一绝不"目标。

二是公路治超获得突破。普通公路站点超载率由6.05%骤降到0.036%,远低于省政府确定的1%控制目标;高速公路超载30%以上车辆下降到0.25%、超载100%以上的仅0.004%,车货总重55吨以上超载基本消除;瓦解"货车联盟";运价合理回升;"两超"引发的道路交通事故件数、死亡人数下降50%、64.6%,社会反响良好。

三是服务区成为高速公路新名片。深入开展"两保一优一树"活动,全力保安全、保畅通、优服务、树形象。开展高速公路"厕所革命"行动,完成13对服务区样板示范项目建设,高速公路服务区告别"脏乱差",面貌焕然一新,成为展示湖南形象的窗口,部省和社会各界充分肯定。

四是ETC推广应用创造湖南速度。理顺推广应用机制,创新营销推广模式,用户从原来的不足1万发展到超过261万,全省高速公路实现ETC"一卡通",并顺利实现ETC全国联网运行,得到部省肯定和社会好评,14个省市先后来学习借鉴。

五是高速公路车辆救援新机制全国推介。实行"低于成本施救",建立"政府补助+服务外包"的车辆救援新机制,车主承担70%的施救成本费用,财政补贴30%。加强服务管理,强化服务监督,提供人本化的公益服务,受到社会好评。公安部交管局推介湖南省做法。

六是畅洁美的路域环境收获好评。建立公路管养考核新机制,制定考核标准,定期考核讲评,奖罚兑现,促进公路路容路况明显改观,高速公路优良路率100%、干线公路优良路率同比提高22.61%,五年一度的公路国检进位争先,得到各方面认可,交通运输部国检组给予高度评价。

4.坚持正面舆论引导

一是完善新闻宣传机制。加强行业宣传组织领导,进一步明确工作职责,建立完善新闻宣传和政务信息报送机制。加强重大选题策划。完善新闻发布和舆情研判应急机制,坚持对外宣传"一个口子",确保重大问题不缺位、关键时刻不失语、引导方向不走偏。二是主动讲好交通故事。近3年在省部级以上媒体发表稿件600余篇;向部、省报送信息近1000条;通过门户网站、行业内刊主动发布信息6231条;召开新闻发布会6次,行业影响力明显加大。三是精心打造自媒体。办厅和厅直单位门户网站,实现政务网站、手机网站、微博、微信互联互通。开通全国首家高速交通广播和交通运输12328服务热线。运管系统试点推行驾培行业手机APP试点,提供客运、货运、场站、维修、出租等8类应用服务,深受用户欢迎。四是加强媒体互动。密切与中央、地方、行业等传统和新兴媒体的联系沟通,即时联络,互通有无,资源共享,扩大行业新闻宣传覆盖面和影响力。

(三)行业先进典型

近年来,湖南交通运输全系统获评全国文明单位3个,省部级文明单位23个、先进集体35个、全国青年文明号2个、省级青年文明号12个;获评国家级荣誉3人,省部表彰31人,1人获评交通运输部、中华全国总工会"感动交通年度人物"称号;厅本级成功创建省直文明单位。积极开展高速公路服务区创建活动,全省9对服务区获评全国百佳示范、18对获评全国优秀,省部和社会各界充分肯定。全行业10个集体获评"模范职工之家",31个集体获评"模范职工小家","模范职工之家"创建工作走在全国交通运输行业前列。组织开展"十佳营运汽车驾驶员"等五个"十佳"评选,2家单位获评全国春运"情满旅途"活动先进集体。道路客运涌现出"小辣椒""小白鸽""小蜜蜂""蓝精灵"等特色服务品牌,交通运输"执法规范年"和"文明执法示范窗口"创建深入推进,沅水开湖航线创建成为全省首条文明样板航道等,共同提升交通运输服务水平,行业形象持续改善。

开放前沿　敢为人先

广东省交通运输厅

一、综述

广东,是改革开放先行地区和前沿阵地,在改革开放和现代化建设中一直走在全国前列。作为广东经济社会发展的"先行官",改革开放40年,广东交通人发扬"敢为人先,务实进取,开放兼容,敬业奉献"的精神,以一往无前的进取精神和波澜壮阔的创新实践,谱写了一曲曲自强不息、辛勤耕耘、顽强奋进的壮丽诗篇,在中国交通改革发展史上写下浓重的一笔。

经过40年的快速发展,广东交通运输业取得了辉煌的成就:公路通车里程、高速公路、一级公路、水泥路面、集装箱车辆、高级客车、客货运量、客货周转量等指标均居全国前列;水运基础设施不断完善,水运大省的地位和作用得到进一步的巩固和加强;交通运输保障体系日臻完善;物质文明、精神文明、政治文明协调发展,行业社会形象不断提升。

纵观广东交通40年发展,翻天覆地的变化背后始终贯穿了"解放思想,敢于突破"这条主线。广东交通40年的发展历程,是一个伴随着思想解放、革新创造、开拓进取、实干兴邦的过程,通过解放思想、改革开放,广东交通实现了大解放、大飞跃,改革和创新为交通的发展注入源源不断的活力。

(一)"贷款修路、收费还贷"开启交通建设投融资体制改革先河

改革开放之前,广东省公路建设完全依赖国家财政拨款。1978年,全省对公路建设和养护的投入仅有600多万元。连接各地级市的公路都是低等级的沙土路,不但路窄弯多,而且受广东河网密布的地理环境影响,公路被众多河流分割成段,从广州前往深圳、珠海、湛江等地都要经过不少的渡口。如,从广州到珠海,虽然只有130多公里,但乘坐汽车需要经过三洪奇、细滘、沙口、容奇等4个渡口,从广州到深圳也要经过中堂、江南2个渡口。随着经济社会的发展、汽车保有量的增长,待渡塞车现象日益严重。遇到台风、浓雾、暴雨,渡船停航,车辆堵塞更为严重。特别是广湛公路的九江渡口,每昼夜的交通量超过1万车次,是广东堵车现象最为突出的一个渡口。由于行路难、过渡难,人们往来不便,物资流通不及时,信息传递不灵,交通成为严重制约经济社会发展的"瓶颈",大量的境外投资者望而却步。

为扭转交通严重滞后于社会经济发展的状况,广东省交通部门在省委、省政府的支持下,大胆探索,勇于创新,闯出了一条推进交通基础设施建设快速发展的新路。

首创"贷款修路、收费还贷"政策。1981年,广东率先提出了"贷款修路、收费还贷"的设想,并在此思路下引进外资投入交通基础设施建设。当年,省交通主管部门从澳门南联公司

引进 2.06 亿港元,开始对广深、广珠公路进行改造,并把路上的渡口改渡为桥。同年,广东还与香港合和集团签订了广深珠高速公路的合作项目。在全国创出利用外资和港资修桥建路的先例,拉开了交通基础设施建设多渠道筹集资金的序幕。

1984 年 1 月 1 日,于 1983 年 5 月首先建成通车的 107 国道广深线东莞中堂大桥设立了全国首个路桥收费站,通过收取车辆通行费来偿还贷款,在全国开创了"贷款修路、收费还贷"的先河。同年,国务院第 54 次常务会议做出决定,"贷款修路、收费偿还"成为全国推行的政策。

通过"贷款修路、收费偿还"的政策,至 1990 年,全省改渡口为桥 52 座,新建桥梁 1195 座,总长 73516 延米,实现了广珠、广湛、广深、广汕等全省国省道公路主干线无渡口通车。

1989 年,广佛高速公路的建成通车让沿线各地尝到了交通便利的甜头,各地政府把修建高速公路作为改善当地投资环境的重要举措。20 世纪 90 年代初,广东省委、省政府适时提出公路建设"要从抓建桥转变为抓公路建设,从抓主干线公路改造转变为兴建一批高等级公路"的思路,广东高速公路建设从此走上了快车道。

1992 年,广东进一步深化交通投资体制改革,把政策性筹集的资金分为经营性投资和非经营性投资两部分,把定额补助为主的投资方式,改变为对经营性项目实行资金有偿使用。

1993 年,广东首个利用世界银行贷款建设,并采用菲迪克模式进行工程管理的高速公路——佛开高速公路正式开工。

同年 12 月,广深高速公路建成,并于 1994 年全线试通车。1997 年 7 月 1 日,广深高速公路正式通车运营,连通了广州、东莞、深圳和香港。目前,广深高速的车流量由最初 7.11 万次增至 2017 年的 55.06 万车次,极大地促进了珠江口东岸的经济发展。

至 2010 年底,全省公路通车总里程约 19 万公里,其中高速公路 4835 公里。全省基本形成了以珠三角为中心,连接港澳,以沿海扇形面向山区和内陆省份辐射的高速公路网络,全省形成了"一日生活圈"。

2013 年,广东省委、省政府为破解区域发展不平衡,出台了粤东西北振兴发展战略的政策,打响了新一轮高速公路建设大会战。2013—2017 年,全省高速公路完成投资 4183 亿元,完成新增通车里程 2814 公里,其中粤东西北新增高速公路 1993 公里,2015 年实现"县县通高速"。粤东西北高速公路通车里程已达到 4207 公里,已经超过了珠三角地区(4131 公里)。

截至 2017 年底,全省公路通车总里程约 22 万公里。其中,高速公路通车总里程达 8338 公里,在全国率先突破了 8000 公里大关,并连续四年保持全国第一。

(二)坚持"市场化",竞争有序、统一开放的运输市场逐步形成

改革开放前,广东公路运输业落后于国民经济发展,"乘车难""运货难"的矛盾十分突出。党的十一届三中全会后,实行"有路大家行车"的政策,鼓励国有、集体、个体一起上,各部门、各地区、各行业一起干,充分调动了各行业经营公路运输的积极性,迅速形成多种经济成分并存、经营主体多元化的新格局。

"十五"以来,广东省道路运输业全面开放,依托资源优势和区位优势,道路运输生产保持快速增长,基本形成了现代化的道路运输市场格局和体系。广东公路运输业是开放最早、收效最大、发展最快的行业之一。为培育和完善公路运输市场,建立良好的市场秩序,各级交通部门不断对运输市场进行治理整顿,健全法规,规范经营行为,加强监督管理,使之逐步形成

一个统一开放、竞争有序的运输市场。

1985年,广东省交通厅开征公路建设基金。旅客汽车客票中附加收取每人一公里一分钱,用于广东的公路建设。这是全国用政策性融资建设公路的第一项收费。

1995年,广东率先在全国推出航空式高速客运经营服务模式。2002年,广东创新客运线路管理模式,在国内首次实施了以安全生产与服务质量为主要内容的客运经营权招投标,有效推动交通运输品牌发展战略的实施;有力引导运输企业做大做强;促进公路运输行业提升客运服务质量水平。2003年,广东省所有跨市客运线路路牌全部进行公开招投标,开全国之先河。

2013年,按照交通运输部关于开展长途客运接驳运输的部署,广东省积极开展接驳运输试点,取得良好成效,截至2018年6月,成立的两个接驳运输联盟共有成员企业33家,设置接驳运输点16个,接驳运输车辆超过1100辆。

截至2017年底,全省公路客运车辆约3.89万辆,其中高等级车辆占72%;客运驾驶员30.36万人,客运市场集约化程度、大型客车及客运驾驶员规模均居全国第一。

(三)体制机制改革大刀阔斧,打造高效、廉洁、为民、务实的政府部门

改革开放40年,广东交通运输部门解放思想,不断深化交通行政管理体制改革,为建设廉政、务实、高效交通奠定了坚实的基础。2009年,根据《广东省人民政府机构改革方案》,设立广东省交通运输厅,将原省交通厅的职责,原省建设厅指导城市公共客运的职责,以及地方铁路建设职责划入省交通运输厅。2016年,广东省交通运输厅承接了从省经济和信息化委划转的全省春运、交通战备等两项职能。

2017年,广东省交通运输厅圆满完成省公路管理局、省航道局、省道路运输管理局、省交通运输工程质量监督站和省交通运输工程造价管理站5个直属单位的行政职能事业单位改革。改革后,厅机关及直属单位皆能正常运转。公路、航道、造价、质量监督的行政职权收归厅机关后,相关的行政职能得到集中行使,政策法规制定、行业指导监督更加直接,工作更加规范,执行力度更大,效率得到一定程度提高。目前,我厅管理的事业单位有省公路事务中心、省航道事务中心、省道路运输事务中心3个副厅级单位,以及省交通运输建设工程质量检测中心、省交通工会委员会、省琼州海峡轮渡运输管理办公室、省交通运输工程造价事务中心、厅机关服务中心、省交通运输档案信息管理中心、省交通运输规划研究中心、省交通运输高级技工学校、省琼州海峡轮渡车辆危险品检测站等9个单位。

(四)交通运输服务从2.0到3.0的持续领先升级

改革开放以来,广东省客运服务不断提质升级,货运服务能力持续增强,降本增效成果显著。从1996年广深高速的直达客运与全国直达客运的帷幕开始,到2015年提出"互联网+运输+互联网"的垂直产业生态圈,广东推动智慧交通特别是云计算、大数据等新一代信息技术与交通运输行业服务管理的深度融合,为人民群众出行需求提供了更大的便利。

截至2017年底,全省公路客运车辆约3.88万辆,其中高等级车辆占72%;城市公交车约6.53万辆;开行城市轨道交通线路26条724公里。行政村客运班车通达率达92%。全省联网客运站总数超435家,占全省具备发班线路等级站88.41%。目前,全省21个地市中已有14个地市已联网,占全省70%以上的公交终端(约4.5万台)开通全国交通一卡通应用。

自2017年1月1日零时起,全省18个试行车辆通行费年票制的地市全部取消试行,不再继续收取车辆通行费年票、次票或委托高速公路代收普通公路次票。因取消年票制,全省同步取消165个公路项目(含3个高速公路项目)收费,撤销58个普通公路收费站,减少收费公路里程约3155公里,13个地市实现辖区内普通公路全部免费通行,每年减少群众负担约60亿元,降低社会物流成本成效明显。同时,随着年票制次票收费站的大幅撤销,全省普通公路通行环境和通行效率进一步提升,为全省早日实现"两个体系"共同发展奠定了良好基础。

(五)"科技兴交,坚持创新",科技成果丰硕

改革开放以来,广东省交通系统坚持以企业为主体,以工程为依托、以市场为导向,积极开展新技术、新工艺、新材料等方面的研究和推广应用,取得了一批具有自主知识产权的科研成果,许多成果在全国同行业中处于领先地位。

1. 特大桥隧建设技术取得新突破

港珠澳大桥超长沉管隧道关键技术的突破和应用,有力地支撑了大桥建设。港珠澳大桥连接线拱北隧道采用曲线顶管和冻结止水的创新工法。虎门二桥研发了高强度主缆及锚具,推动了国内桥梁缆索技术水平的发展。

2. 山区高速公路建设成套技术取得新进展

乐广高速构建了隧道群的安全预警体系和决策系统;博深高速构建了远距离无线监控现场环境管理系统;广佛肇高速创建了特殊土路基填筑技术,并入选交通运输部"十二五"绿色公路试点项目。惠清高速公路列为交通运输部绿色公路建设典型示范工作,我省山区高速公路安全、绿色、智慧的建设新理念逐步形成。

3. 路面关键技术取得新成效

针对沥青路面早期损坏情况,研究开发了新式碾压混凝土基层设计施工技术,节省了基层施工费用和工期,该成果已在广东省境内的高速公路上推广应用300多公里。桥面铺装方面,首次采用FAC环氧沥青混合料配合比设计方法,并在省内首次开展浇筑式沥青施工的工程应用,解决了钢桥面铺装早期病害,提高了桥面铺装的使用寿命。其中"钢桥面高性能铺装关键技术研究及工程应用"取得发明专利3项,实用新型专利2项,工法3项,并荣获2016年度省科学技术奖一等奖。

4. 航道数字化测绘技术取得新提升

基于广东省航道测绘管理现状和国内外现行航道测量地理信息规范,提供了统一的航道数字化测绘平台,取得国家发明专利权和软件著作权各1项。该成果已在省航道系统内全面推广应用,有效地缩短了航道测绘行业处理效率,实现了全省航道测绘数据的统一管理入库。

5. 交通运输智能化发展迈出新步伐

广州市试点建立了城市智能交通物联网的技术、标准及评价体系,研制了新型的物联网节点设备,开发了城市公共交通综合管理与服务应用系统。广东省高速公路联网收费"一张网"技术应用,提升了路网的通畅水平。岭南通突破了异构标准卡片融合、空中发卡平台研发等关键技术难点,服务通达地区,及港澳地区,及新加坡等地,成为交通运输部一卡通示范建设单位。从2015年起,每年联合主办中国(小谷围)"互联网+交通运输"创新创业大赛,持续推动互联网与交通运输行业融合发展,改进提高交通运输服务质量和水平,取得了积极的效果。

6.前瞻性政策软课题研究得到高度重视

开展了大量政策研究课题,其成果为我省交通运输政策制定提供了参考。如"广东一体化科技治超体系研究"和"广东省交通运输行业计量管理体系建设及对策研究"为一体化科技治超的法律法规体系和省交通行业量值溯源体系奠定了基础。

(六)广东交通40年改革开放的基本经验

回顾改革开放40年来广东交通发展的历史进程,是一个不断总结和运用经验的历史进程,是在实践中开阔视野、深化认识、提高水平的过程,是将改革创新精神全面贯穿于交通经济发展的过程。改革开放40年我们既取得了辉煌的成就,又积累了宝贵的经验:

1.必须坚持改革开放、解放思想、敢于突破

广东交通40年的发展证明,必须坚持改革开放、解放思想、敢于突破。坚持"不争论,大胆地试,大胆地闯",不断冲破不合时宜的观念束缚,不断消除阻碍生产力发展的体制障碍。根据经济社会的发展变化,结合广东实际,坚持用新理念、新思路、新举措推进交通工作,不断为交通发展注入新活力、增加新动力。坚持用发展的眼光审视交通状况,以改革创新精神加强和完善交通发展,这是交通事业具有蓬勃活力的根本保证,也是改革开放以来广东交通建设与管理工作不断取得成就和进步的关键所在。

2.必须坚持科学发展观,始终抓住发展为第一要务

广东交通40年的发展证明,必须坚持科学发展观,始终树立发展是第一要务的理念,增强发展意识、危机意识,转变观念,创新思路,不断提高总揽全局、驾驭市场经济的能力,创造性地开展工作。2000年以来,是广东省交通建设发展最快、效果最好的一个时期,关键就是全系统坚持以科学发展观为统领,坚持科学发展、可持续发展的结果。

3.必须坚持省委、省政府和交通运输部的正确领导,科学谋划,抓好落实

广东交通40年的发展证明,交通的每一步发展历程,必须在思想上、认识上、行动上自觉统一到中央和省委、省政府的重大决策和科学部署上来,科学谋划,积极主动,不折不扣地落实和执行。省委、省政府的科学决策,是广东省交通事业快速、可持续发展的重要保证,是做好交通工作的坚强后盾。

4.必须坚持以人民的根本利益为价值取向,做负责任部门和负责任行业

广东交通40年的发展证明,必须坚持交通建设经济效益与社会效益相结合,做负责任的政府部门和负责任的行业。始终坚持立党为公、执政为民,把实现好、维护好、发展好最广大人民的根本利益作为核心价值,始终保持党同人民群众的血肉联系,让改革的成果惠及全省群众。40年来,广东交通建设者始终坚持党的群众路线,下大气力解决好群众反映强烈的突出问题,下大气力做好关系人民群众生产生活的"民心工程"。

5.必须坚持不懈地加强党风廉政建设,保持昂扬向上、拼搏奉献的精神风貌

广东交通40年的发展证明,切实加强和改进党风廉政建设和交通行业精神文明,不断提升交通行业的软实力,是交通建设与发展提供智力保障和优良环境的重要保证。改革创新、奋勇争先的开拓进取精神;艰苦奋斗、奋发图强的创业精神;胸怀大局、团结协作的无私奉献精神;勤学苦练、扎实工作的爱岗敬业精神,成为广东省交通行业宝贵的精神财富。

站在改革开放40年辉煌成就的新平台,广东交通运输行业将不断发展,综合运输体系将

不断完善,现代化的交通运输业将责无旁贷地肩负起广东经济社会发展的"先行官"。今后五年,广东交通人将深入学习贯彻习近平新时代中国特色社会主义思想和党的十九大精神,不忘初心,砥砺奋进,聚力攻坚,开拓创新,加快建设覆盖全省、通达全国、连通世界的现代化综合交通运输体系,充分发挥交通基础保障作用,努力为实现"四个走在全国前列"、当好"两个重要窗口"提供有力保障。

40年风雨历程,40年成就辉煌,继往开来,广东交通人将秉承解放思想,敢于突破的优良传统,同心协力、不断进取,创造广东交通更加灿烂与辉煌的明天!

二、基础设施成就

改革开放以来,广东在成为世界工厂的同时,也已经发展成为世界海上交通运输的门户和枢纽。以香港、广州、深圳为核心的大珠江三角洲城市群,已成为世界上最大的港口水运、航空运输门户和枢纽。铁路、公路、水运和民航各种运输方式快速发展,交通基础设施不断完善,网络体系和结构等级得以大力提升。全省124个县(市、区)通达铁路,通达率89%;有120个县市区通达高速公路,通达率达到86%;100%的乡镇、100%以上的行政村通沥青路(水泥路);80%以上的人口在直线距离100公里内能够享受到航空服务。全省已经初步形成了较为完善的综合交通运输体系。

(一)公路

改革开放以来,广东省公路交通发展突飞猛进。截至2017年底,全省公路通车里程达到21.81万公里(居全国第七),公路网密度达122.59公里/百平方公里。其中,国道14349公里、省道11056公里、县道17466公里、乡道102538公里、村道72288公里、专用公路388,基本形成了以珠三角核心区为中心向外辐射的、以高速公路为骨架的干线公路网络。

随着交通基础建设投资的不断加大,广东省路网通行保障能力逐步提高。2017年底,广东省等级公路里程206461公里,等级公路占公路通车总里程94.0%。其中,高速公路里程达到8347公里(居全国第一)、一级公路11628公里、二级公路19210公里,二级及以上公路里程39184公里,约占公路通车总里程17.8%。见图1、表1。

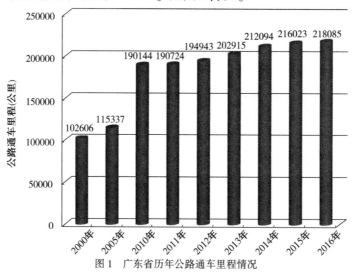

图1 广东省历年公路通车里程情况

广东省历年公路通车里程　　表1

年份 项目	2000年	2005年	2010年	2011年	2012年	2013年	2014年	2015年	2016年	2017年
公路里程(公里)	102606	115337	190144	190724	194943	202915	212100	216023	204614	219580
高速公路(公里)	1186	3140	4839	5049	5524	5703	6266	7020	7683	8347
一级公路(公里)	5391	7301	10126	10339	10544	10621	10781	10936	11332	11628
二级公路(公里)	13397	17146	19082	19044	19042	19125	19233	19213	19200	19210

(二)铁路

目前,广东省主要铁路干线有武广高铁以及京广、广深、京九、广茂、广珠城际、广梅汕、广深等线路,其他还有湛海线、黎湛线、河茂线等线路。到2016年底,广东省铁路营运里程为5535公里。其中,中央铁路629公里,地方铁路4906公里。基本形成以广州枢纽为中心、连通省内珠三角粤北粤东粤西、辐射中南华东西南地区的放射型路网格局,实现了与福建、江西、湖南、广西、海南全部相邻省区的铁路直接通道。见表2。

广东省历年铁路营业里程　　表2

年份 项目	2000年	2005年	2010年	2011年	2012年	2013年	2014年	2015年	2016年
铁路营业里程(公里)	1942	1924	2297	2555	2577	3203	3818	5141	5535
其中:中央铁路(公里)	694	693	629	631	629	629	629	629	629
地方铁路(公里)	1248	1231	1668	1924	1948	2574	3189	4512	4906

(三)水运

广东全省21个市均建有港口,已基本形成了以广州港、深圳港、珠海港、汕头港、湛江港等为沿海主要港口,佛山港、肇庆港为内河主要港口,东莞、惠州、清远、梅州等地区性重要港口为补充的分层次发展格局。

近年来,广东省港航建设步伐不断加快,加强了港口出海航道和内河航道建设,浚深枢纽港出海航道,港口码头向大型化、集装箱化、专业化方向发展,港航整体功能得到有效提高。至2017年底,广东省航道通航里程16047公里,其中内河航道通航里程12108公里,高等级内河航道1025公里。全省共拥有生产性泊位2998个,其中:沿海泊位1998个,内河泊位1010个;万吨级以上深水泊位为304个。

(四)民航

近年来,广东省机场建设保持了较好的发展态势,为保障广东省经济社会快速发展发挥了重要作用。目前,广东省内有广州、深圳、揭阳潮汕、湛江、梅州、珠海、佛山等7个机场,其中广州白云机场是全国客流量最大的三大国际机场之一。以广州白云国际机场为核心,深圳、珠海、汕头、湛江、梅州和佛山等机场共同发展的空港体系进一步完善,机场布局体系日趋合理。2016年,广东省拥有民用航空航线1021条,航线里程达255.23万公里。见表3。

广东省民航历年情况表 表3

项目\年份	2000年	2005年	2010年	2011年	2012年	2013年	2014年	2015年	2016年
航线条数(条)	329	557	815	768	826	886	930	963	1021
航线里程(万公里)	50.03	108.07	180.74	167.11	185.10	214.06	228.58	237.29	255.23

(五)综合运输

2017年,广东省铁路、公路、水路、民航共完成客运量14.83亿人次、客运周转量4143.84亿人公里,完成货运量40.08亿吨、货物周转量28199.90亿吨公里,综合交通运输客货运量呈持续增长趋势。见表4。

广东省历年综合交通运输量表 表4

年份	客运量(万人)	客运周转量(亿人公里)	货运量(万吨)	货物周转量(亿吨公里)
2000年	164791	1218.59	119216	3064.51
2005年	212104	2122.14	158470	4359.97
2010年	467049	3342.23	205034	5933.88
2011年	522095	3851.84	234978	7113.29
2012年	586299	4372.06	266359	9780.56
2013年	636816	4852.41	305833	12495.93
2013年	175109	3538.1	328138	12212.56
2014年	193299	3966.51	352926	15013.82
2015年	137368	3601.12	376434	15130.59
2015年	144262	3842.58	349832	14667.43
2016年	164791	1218.59	377645	22032.27
2017年	148339	4143.84	400756	28199.90

在综合运输体系中,公路运输凭借独特技术经济特性,成为广东省最具普遍性和补充性的运输方式。近年来,广东省公路客货运量呈持续增长趋势。2017年,广东省公路客运量和周转量分别完成了10.58亿人次和1130.92亿人公里,同比增长3.7%和4.7%;公路货运量和周转量分别完成了28.89亿吨和3634.89亿吨公里,同比增加5.9%和7.5%。见表5。

广东省历年公路运输量表 表5

年份	公路客运量(亿人次)	客运周转量(亿人公里)	公路货运量(亿吨)	货物周转量(亿吨公里)
2000年	14.89	780.74	7.54	472.49
2005年	18.99	1190.73	10.56	781.41
2010年	44.22	1736.34	14.24	1753.40

续上表

年份	公路客运量(亿人次)	客运周转量(亿人公里)	公路货运量(亿吨)	货物周转量(亿吨公里)
2011年	49.36	2082.68	16.66	2150.04
2012年	55.65	2470.11	18.90	2434.95
2013年	60.49	2776.08	21.76	2875.68
2013年	14.34	1462.82	23.94	2668.03
2014年	15.72	1629.79	25.71	3113.84
2015年	9.81	1034.94	25.60	3108.81
2016年	10.21	1079.80	27.28	3381.92
2017年	10.58	1130.92	28.89	3634.89

三、运输服务成就

改革开放以来，广东运输服务不断适应广大人民群众日益增长的出行需求，"安全、便捷、高效、绿色、经济"的客货运输服务体系及运行保障体系持续发展完善，主要表现以下方面：

(一)客运服务

1.发展情况概述

1978年，广东省各级运输企业拥有营运客车2038辆、81273个客位，完成客运量12194万人次，客运周转量472132万人公里，与人民群众出行需求不相适应的矛盾突出，落后于国民经济发展，成为制约国民经济发展的"瓶颈"之一。

中共十一届三中全会后，广东省政府在"有路大家行车"的政策下，大力鼓励国有、集体、个体一起上，各部门、各地区、各行业一起干，充分调动各行各业经营公路运输的积极性。同时鼓励各地积极引进外资、新技术和新装备，允许通过合资合作、股份制以及独资等经营公路运输企业，发展跨境运输。经过发展，公路运输企业迅速形成多种经济成分并存、经营主体多元化的新格局，长途客运班车、跨省客运班车、夜行客运班车、农村客运班车、旅游客运和出租车客运快速发展，使广东公路运输业成为开放最早、收获最大、发展最快的行业之一，2017年广东省公路客运量105919.30万人次，公路旅客周转量11295341.39万人公里。

2.具体发展成就

(1)道路客运班车。道路客运班车发展迅猛。1978年广东省只有22条跨省班线，日发28个班次，到2017年底，广东省有跨省客运班线3478条，日发班次4984.6个班次，分别是1978年的158倍、178倍；2017年底，广东省跨市客运班线3936条，日发班次33646个班次。客运车辆更新换代，服务质量不断提高，既有座位车，又有卧铺车，既有普通车，又有运用现代技术生产的高级豪华客车，形成营运客车高、中、普齐全，大、中、小配套的局面，适应各种乘客所需，改变了改革开放之初"车型单一、车辆残旧、技术落后"的面貌。截至2017年底，全省公路客运车辆约3.89万辆，其中高等级车辆占72%；客运驾驶员30.36万人，客运市场集约化程度、大型客车及客运驾驶员规模均居全国第一。

(2)道路旅客运输企业。道路旅客运输企业呈集约化、规模化经营态势。1979年前，广东省公路客运均由国有运输企业承担,在交通部"有路大家行车,有水大家行船"的政策推动下,广东民营经济开始以个体经营的形式进入公路运输行业,个体私营运输户从无到有快速发展,为道路运输市场注入了新的经济活力,但同时也呈现出"多、小、散、弱、乱"的弊端。随着国家道路运输有关政策的调整,个体经营退出了道路运输市场的历史舞台,广东省道路运输企业逐渐往规模化、集约化经营的方向发展,组织化程度明显提高,现已培育出广东粤运交通股份有限公司、广州市长途汽车运输公司等一批具有全新经营理念和较高管理水平的规模化道路旅客运输企业。截至2017年底,全省道路旅客运输业户共840户,其中班客运业户587户,班车客运业户数359家,道路旅客运输从业人员321189人。

(3)农村客运。农村客运通达水平稳步提高。1978年,全省21942个生产大队中有9335个生产大队通客运班车,占全省生产大队总数的42.54%。到2017年7月,全省已开通农村客运班车的行政村17631个,客运班车通达率为89.94%,共开行农村客运班线1991条,农村客运车辆6115辆、客位数超过16.5万个,年完成农村客运量超过3.6亿人次,基本形成了以县城为中心、乡镇为节点的农村客运网络,珠三角地区初步建成了城乡一体化公共交通服务网络。

(4)城市客运。城市客运体系得到综合发展。一是在公交方面,广东省城市公交行业取得长足发展,无论是公交线网的扩展、车辆数的增加,还是客流规模、公交出行比重与公交服务质量都有了较大提高和发展,在珠三角城市形成了四通八达、层次分明、换乘方便的公交网络体系。截至2017年底,广东省公共汽电车共65772辆,标准运营车数73887.5标台,运营线路条数5467条,运营线路总长度105908.6公里,发送客运量656992.6万人次,城市每万人公交拥有量14.75标台。二是在出租汽车方面,出租汽车行业在改革开放之后得到快速发展,加上互联网的发展催生了网约车新业态的出现,全新出行模式深刻改变了传统出租车业的生态,人民群众从原来的路面招手打车发展到现在的手机软件叫车,"打车难"的问题得到了有效解决。截至2017年底,广东省出租汽车共68477辆,发送客运量152963.7万人次。

(5)夜行客运班车。开行长途夜班车,创全国先河。为适应改革开放、经济生活节奏加快的需要,方便群众进行商务、旅游以及探亲访友,1982年1月,广州市长途汽车运输公司开通广州—海安夜行班车,这是全省开通的首辆夜行班车,开行长途夜班车的做法在全国属首创。2013年,按照交通运输部关于开展长途客运接驳运输的部署,广东省积极开展接驳运输试点,取得良好成效,截至2018年6月,成立的两个接驳运输联盟共有成员企业33家,设置接驳运输点16个,接驳运输车辆超过1100辆。

(6)春节旅客运输。随着改革开放的深入推进和经济的快速发展,广东公路春运客运量逐年大幅上升,形成了春运客流集中、高峰突出的特点,每年春运都是广东省各级政府和交通部门的一项重大任务。在20世纪90年代春运期间,公路运输供求关系矛盾十分突出,客车票价较之平时大幅上涨,1992年广州—东莞专线春运票价上浮比原票价高达2倍。为及时疏运,广东省通过组织本省运输企业挖掘内部运输潜力、外省运力如粤参加春运、货车代替客车参加等多种措施进行疏运,近年来更是创新利用各种信息化手段,科学组织和调度春运运力,圆满完成每年的春运疏运任务,疏运能力逐年增强。1979年1月8日至2月16日共运送旅客1680万人次,平均每天运送旅客42万人次;到了2018年春运,广东省道路运输共运输旅客14085.13万人次,平均每天运送旅客352.12万人次,是1979年日发旅客量的8.38倍。

(二) 货运服务

1. 货运物流业"降本增效"成果显著

广东省从简政放权、补短强基、创新模式、减负降费、完善标准和鼓励合作六个方面入手，推动交通运输供给侧结构性改革取得突破，物流业"降本增效"成果显著。一是宏观物流成本增速逐年放缓。2016年全省社会物流总费用与GDP的比例为14.81%，低于全国平均水平，物流总费用增长率由2010年的15.9%下降到2016年的8%。二是物流通行费用有效降低。我省积极推动18个地市取消车辆通行费年票制，取消165个收费公路项目(含3个高速公路项目)，撤销58个普通公路收费站，减少收费公路里程约3155公里，预计每年减少公路通行负担约60亿元。目前，我省单位物流成本为0.54元/吨公里，低于全国0.6元/吨公里的平均水平。三是社会物流服务水平不断提升。全省共有A级物流企业251家，各类物流园区362家，保税物流设施209个，居全国前列。全省公路货物运输量、周转量以及海运、空运、快递总量均位于全国前列。

2. 货运物流组织方式不断创新

(1) 积极发展多式联运，构建高效集疏运体系。一是加快推进广州、深圳、珠海、汕头、湛江5个沿海主要港口疏港铁路建设，支持大型综合型物流园区集疏运体系建设。二是率先发展集装箱铁水联运，全省共有广州、深圳、珠海、湛江、惠州和阳江6个港口开展铁水联运业务。2012年，深圳—华南、西南地区集装箱铁水联运通道被选定为国家6条铁水联运示范项目之一，已取得初步成效。三是积极推进首批国家示范项目中外运(广东)"东盟—广东—欧洲"公铁海河国家多式联运示范工程建设，项目在公铁海河多式联运模式、实行"一单制"货物运单、构建互联互通多式联运信息平台、创建多式联运服务规范、"三互"通关模式、托盘标准化及循环使用等方面已取得明显成效，为推动广东乃至全国多式联运发展做出了积极贡献。2017年底，我省"广东盐田港亚太—泛珠三角—欧洲国际集装箱多式联运示范工程"也成功列入国家第二批多式联运示范工程，项目将进一步发挥示范带动作用。

(2) 积极推广甩挂运输、无车承运人等新型物流发展模式。重点在大宗物资、集装箱运输等方面开展绿色低碳联运服务和创新点，培育了一批以甩挂运输、无车承运为主业的物流龙头企业。甩挂运输方面，全省共有26个国家级、省级公路甩挂运输试点项目，参与企业40余家，新建或改造甩挂运输站场11个，开通甩挂运输线路47条，覆盖国内17个省市(区)，对降低物流成本、推动现代物流发展、促进节能减排以及提升经济运行整体质量发挥明显作用。无车承运人方面，全省共有38家道路货运无车承运人试点企业，其中21家国家无车承运人试点企业，无车承运人试点以互联网和现代信息技术为手段，有效整合了社会车辆与货主信息，探索"传统货运+互联网""互联网+物流""互联网+重点物流"等新发展模式。

3. 货运效率不断提升

改革开放初期，全省年货运总量不到2亿吨，货运周转量不到1100亿吨公里。随着经济社会发展和货运市场放开，货物运输得到了快速发展，到2010年，全省货运量达到19.2亿吨，货运周转量达到5711.4亿吨公里，货运量和货运周转量分别较改革开放初期增加了9.6倍和5.2倍。党的十八大以来，全省货运量年均增长11%，占全国的8.4%；货运周转量年均增长26%，占全国的14.4%。

2017年,全省社会物流总额达到225750.4亿元,占全国的8.93%,全省经济运行基本平稳,增速换挡、结构优化、动力转换,有序推进;全省社会物流总费用为13023.5亿元,物流总费用占GDP比例14.49%,物流费用规模增速进一步减缓,提质增效成果显著,物流运行效率大幅提升;全省物流业增加值为6489.28亿元,物流业增加值占GDP比例7.22%,物流业增加值占第三产业增加值比例13.66%。

(三)运输服务保障方面

1.公交一卡通

根据《珠江三角洲地区改革发展规划纲要》要求及广东省委、省政府主要领导要求解决"多卡并存,多卡不通"的批示,于2011年6月28日成立了广东省公交一卡通运营主体——广东岭南通股份有限公司,推进全省公交一卡通发展,着力建设全省统一的交通一卡通体系,实现"一卡在手、岭南通行",为我省群众便利出行提供保障。经报省政府同意,广东省交通运输厅于2016年出台《广东省公共交通一卡通管理办法》,在法规层面保障全省公共交通一卡通工作服务于公共交通优先发展大局。

经过多年发展,目前全省公交一卡通已形成了具有广东特色的运营模式。全省公交一卡通运营主体按照"统一规划、统一管理、统一品牌、统一标准、统一密钥、统一结算"原则开展全省公交一卡通互联互通工作,全省公交一卡通票卡(岭南通卡)采用"岭南通·地方通(或地市名称)"的双品牌、双版面发行,既体现全省公交一卡通品牌一体性,也体现地方品牌特色和自主权。

截至2018年6月,岭南通已基本开通省内21个地市,服务通达香港、澳门、新加坡地区,累计发卡量达7000万张,累计消费交易量366亿笔,消费金额598亿元,跨区域消费笔数20.6亿笔,跨区域消费额42.1亿元,日最高刷卡量超过1500万人次,跨区域日最高刷卡量超过120万人次,成为中国规模最大的区域交通一卡通系统,在便利粤港澳居民群众公交出行,享受公共交通的均等化服务成果,提高社会公众的幸福感和获得感,加快建设幸福广东方面起到积极的作用。

从2016年起,广东省全面启动全国交通一卡通改造。截至2018年7月,我省正式发行全国交通一卡通标准票卡,全省21个地市中已有14个地市,占全省70%以上的公交终端(约4.5万台)开通全国交通一卡通应用,广州、深圳、东莞等珠三角核心城市已实现了地面公交的全面开通,广东全国交通一卡通省级平台实现部省市三级平台对接,全面支撑我省全国交通一卡通业务的正常运营,我省公交一卡通系统融入全国交通一卡通体系不断纵深推进。

2.客运联网售票

为贯彻落实省政府印发《珠江三角洲基本公共服务一体化规划(2009—2020)》提出的"到2012年,建成公众信息服务平台,社会公众通过网络便捷获取出行信息,进行异地、联程售票"的要求,广东省交通运输厅自2011年11月1日正式启动全省联网售票试点工作,2014年申报获批成为交通运输部首批省域道路客运联网售票系统建设省份。

2014年,省厅按照"政府指导、企业自愿参与市场化运营"原则,组建广东联网售票项目运营实体——广东南粤通客运联网中心有限公司,建设、运营"广东联网售票"全省道路客运联网售票中心平台。南粤通公司作为全省道路客运行业主动拥抱互联网的桥梁与纽带,紧紧围绕"两个中心、两大门户"的发展定位,即发展成为全省客运联网大数据中心、行业技术支持中心、统一行业对外服务门户、统一行业对外战略合作门户,汇聚全省客运行业优质资源,推动全省客运行业实现"互联网+交通运输"转型升级。

目前,我省已实现全省21个地市、430家以上的客运站联网售票,并且推进公水联程联运、跨省互通,粤港班车互通服务,不断加快我省客运联网售票系统融入全国道路客运联网售票系统,强化部省间信息共享与业务协同。我省客运联网售票紧跟"互联网+"发展战略,推出涵盖智能站务系统、微信售票、移动支付、回程数据应用、电子客票、定制客运等多样化技术应用的智慧客运产品体系,提供智能站务系统、自助售取票设备、电子客票应用等信息化产品与解决方案。目前已为全省将近200家客运站提供一体化站务中心系统服务,为102家客运站近270台自助售取票设备的投放提供资金、技术支持,满足客运企业和客运站信息化应用需求,助力客运行业转型升级和降本增效。

3.交通运输服务从2.0到3.0的持续领先升级

改革开放以来,我省客运服务不断提质升级,货运服务能力持续增强,降本增效成果显著。从1996年广深高速的直达客运拉开全国直达客运的帷幕开始,到2015年提出"互联网+运输+互联网"的垂直产业生态圈,广东推动智慧交通特别是云计算、大数据等新一代信息技术与交通运输行业服务管理的深度融合,为人民群众出行需求提供了更大的便利。

四、行业管理成就

(一)法治建设

1.交通立法步伐不断加快,交通法规体系框架不断完善

改革开放40年以来,广东省交通运输厅充分利用地方立法先行的优势,在行业管理的重要领域加快了立法步伐,交通法治建设取得了重大进展和明显成效。1995年11月,广东省八届人大常委会审议通过了《广东省航道管理条例》,这是我国第一部地方性航道法规。《广东省航道管理条例》率先确立了全省航道管理机构的行政执法主体资格,使其能够及时地对各种破坏航道、违反航道管理秩序的行为进行查处,确保航道安全畅通。

20多年来,省人大常委会先后颁布实施了《广东省道路运输管理条例》《广东省公路路政管理条例》《广东省高速公路管理条例》《广东省公路条例》《广东省港口管理条例》等多部交通地方性法规;省政府颁布实施了《广东省航道养护费征收和使用办法》《广东省公路养路费征收管理实施细则》《广东省公路收费站管理办法》《广东省航标管理办法》《广东省出租汽车管理办法》《广东省琼州海峡轮渡运输管理办法》《广东省高速公路联网收费管理办法》《广东省治理道路运输货物运输源头超限超载办法》等交通政府规章;省交通运输厅还制定了《广东省交通基础设施建设征地拆迁补偿实施办法》《广东省公路水运工程质量监督实施办法》《广东省公路水运工程施工和监理企业信用评价管理办法》等一系列加强和规范行业管理的规范性文件。目前,全省已初步建立了地方公路、水路交通法规体系,行业管理逐步规范和完善,为依法治交、依法行政奠定了基础。

2.交通综合行政执法不断加强

改革开放以来,广东省交通运输厅着力加强制度建设,把执法监督纳入了制度化、规范化

的轨道。2002年,根据国办发〔2002〕56号以及部关于执法改革试点工作的部署,广东省作为交通运输部第一批综合行政执法改革试点省份。

2006年1月,省编委印发了《广东省交通综合行政执法改革方案》,确定广东省交通综合执法改革的基本模式是:在省、市、县交通主管部门内设立交通综合行政执法机构,名称为"×××交通厅、局(委)综合行政执法局"。各级交通综合行政执法机构,以同级交通主管部门名义,具体行使辖区内道路运政、公路路政、水路运政、航道行政、港口行政、交通规费稽查等方面的监督检查、行政处罚及相关行政强制等职能。全省交通综合行政执法机构使用行政执法专项编制,执法所需经费纳入同级财政预算。

2007年7月,省交通厅综合行政执法局挂牌成立。2010年,全省市、县两级交通综合执法机构全部组建完毕。2010年8月31日,广东省人民政府发布《关于开展交通运输综合行政执法工作的公告》,全面施行交通综合执法。2009年起对全省交通综合执法人员分期分批进行岗位培训,对培训合格人员逐步换发新的执法证件,做到"持证上岗、综合执法"。

按照"管理与执法分离"和"既分工明确,又相互配合"的原则,从有利于改革、有利于发展、有利于职责调整后相互之间业务开展出发,我们组织开展了有关职能划转以及业务协作机制制定工作。2008年11月,交通运输厅以粤交人〔2008〕1111号文对省公路、道路运输、航道、港航管理机构划转厅执法局的相关职责进行了明确,综合执法机构与相关行业管理机构的业务协作办法也陆续完成。

广东省的交通综合行政执法改革,理顺了交通行政执法体制,实现了管理和执法的两个"相对分开",改变了长期以来形成的自批、自管、自查、自罚的管理模式。统一了执法主体,实现了一支执法队伍上路执法,一次性完成各种执法检查及处罚,有效解决了以往多头执法、交叉执法。统一了执法形象,执法队伍的社会形象有了大幅的提升。解决了执法人员的合法身份,保障了行政执法的严肃性;落实公务员待遇,解决了执法人员的后顾之忧。执法经费纳入地方财政,保障了稳定可靠的来源,通过实施"罚缴分离""收支两条线"管理,有效避免了"趋利执法""罚款养人"以及公路"三乱"现象的出现。通过构建省、市、县三级执法监督体系,依托执法信息系统和视频监控指挥系统平台,综合运用执法评议考核、询问和质询、开展定期和不定期的专项检查、明察暗访活动等形式,有效促进各级交通执法机构正确履行职能。

执法改革实施后,整合了执法资源和力量,优化了执法运行机制,全省交通行政执法人员的数量由原来的两万多人减少到八千多人,但执法效能不断提升,在2007年至2014年期间,全省共办理各类交通行政执法案件148万宗,年均办理案件18.5万宗,为改革前各年份的1.58倍。

近年来,通过不断加强信息化建设,已实现省、市、县三级176个单位、741个执法点统一使用执法信息系统,基本建立起联通全省的执法信息网络。业务覆盖五大执法门类的1000多种案由及93种文书,支持现场调查到结案归档的17个办案流程全过程处理。同时,组织开发广东省交通综合执法监控指挥系统,主要包括前端智能交通监控系统、执法指挥调度平台和移动执法终端,可提供监控中心、调度中心、执法一张图三大核心模块。推进建成了1个省级执法监控指挥室、15个地市执法监控指挥分中心;全省共建设和接入执法固定监控视频488路,配发移动执法终端装备673台,车载执法装备45台,实现了对公路、航道、桥隧、客运站等重要交通节点的固定视频监控。

2017年以来,积极推进交通运输非现场执法工作。选取了广州等8个地市、38条高速公路进行试点,10月20日起全面推广至全省103条高速公路、839个高速公路收费站,成为全国首个在高速公路全面推行治超非现场执法的省份,探索出一条阳光高效的执法新路径,有效缓解了现场执法存在的人员不足、覆盖有限、容易激化矛盾、效率低、效果差等诸多困难。据统计,2017年4月20日至12月31日,全省通过非现场执法立案查处高速公路违法超限运输案件29627宗,已结案的10754宗,处罚金额1811万元,呈现了"三降三升"的良好态势:货车超限率、货车超限引发事故伤亡率、高速公路养护成本大幅下降,执法效率、执法规范化水平、车辆通行效率有效提升。其中:涉嫌超限货车数量从710万辆次降至188万辆次,同比下降73.5%。超限货车事故从11187宗降至7752宗,事故数量同比下降30.7%,死亡人数从145人次减少到112人次,同比下降22.8%。

(二)管理体制改革

1983年,广东省交通厅和广东省航运厅合并重组成立广东省交通厅,作为主管全省公路和水路交通行业的省政府组成部门。1999年,积极配合交通部、省政府做好水上安全监督管理体制改革和双重管理港口下放地方管理工作。2000年,广东省交通厅顺利完成了厅机关及下属事业单位机构改革,理顺了航道管理体制,公路管理体制改革也不断深化;完成了交通企业与行政单位脱钩工作,组建了广东省交通集团有限公司,实现政企分开。2004年,广东省交通厅内设的港航管理局正式挂牌运作,完善了全省港航、港口管理体制,加强了全省水路交通、港口经营、引航等港口辅助业的管理,促进了岸线布局更加合理,标志着全省港航事业迎来了新一轮的发展。2007年,广东省交通厅内设的综合行政执法局正式挂牌成立。新成立的综合执法局承担原来系统内的公路路政、道路运政、航道行政、港口行政、交通规费稽查等六大执法职能,改变原来公路、交通、航道、港务等部门各管一块的现状,提高交通执法效率,降低执法成本,解决多头执法、重复处罚、执法扰民等问题。

2009年,根据《中共广东省委、广东省人民政府关于印发〈广东省人民政府机构改革方案〉的通知》(粤发〔2009〕8号),设立广东省交通运输厅,为省人民政府组成部门。新组建的广东省交通运输厅承担了原省交通厅的职责、原省建设厅指导城市公共客运的职责,以及交通战备工作、地方铁路建设等职责。

2016年9月至2017年11月,在中编办和省编办的部署下,广东省交通运输厅圆满完成行政职能事业单位改革,进一步理顺政事关系,实现行政职能回归行政机关。改革涉及5个事业单位,分别为:省公路管理局、省航道局、省道路运输管理局、省交通运输工程质量监督站、省交通运输工程造价管理站。改革主要内容省公路管理局更名为省公路事务中心,核减收费与科技教育处、安全生产监督处2个正处级内设机构;省航道局更名为省航道事务中心,核减航道管理处、综合计划处2个正处级内设机构;省道路运输管理局更名为省道路运输事务中心,省交通运输工程造价管理站更名为省交通运输工程造价事务中心,质监站整体撤销。厅机关增设公路路政处、工程质量管理处、航道管理处等3个处室,原由省公路局、省航道局、省道路运输管理局、质监站、造价站承担的行政职能全部收归厅机关,交由厅机关新设立的处室及其他相关处室行使。

(三) 投融资体制改革

1. 基本情况

自1989年广东省第一条高速公路广佛高速通车以来,积极引入了国资、民资、外资参与高速公路建设,资金来源总体呈多元化格局。

"九五"期以前,全省高速公路项目还本付息能力相对较好,由省、市交通国有企业,以及引入外资、民资采用纯"BOT"建设模式。对于其中的京珠、国道主干线广州绕城公路、广珠东线等国道主干线等项目,交通运输部还给予了一定补助,对加快构筑国道主干线网络起到了重要作用。

"九五"期以后,不断加大通山区高速公路建设力度。为进一步吸引投资人,采取由政府给予适当资本金补助下的"BOT"模式或"BOT+EPC"模式,通山区和出省高速公路建设得到了长足发展。2017年发行了省政府收费公路专项债券63亿元(期限7年,利率3.99%),用于省管政府还贷高速公路建设。

在多种投资模式的推动下,2003—2005年,广东高速公路建设实现了"三年三大步"的战略目标,2003年中心城市到山区市全部通高速公路,2004年地级以上市全部通高速公路,2005年与陆路相邻各省通高速公路。至2010年底,全省公路通车总里程约19万公里,其中高速公路4835公里。全省基本形成了以珠三角为中心,连接港澳,以沿海扇形面向山区和内陆省份辐射的高速公路网络,全省形成了"一日生活圈"。

目前,广东省高速公路主要分为经营性高速公路和政府还贷高速公路两大类,由交通运输厅统一对全省高速公路实行行业管理,没有设立专门的高速公路管理机构。运营主要采用"一路一公司"的管理模式。

2. 破解交通融资方面好的经验和做法

(1) 积极推广应用"PPP"模式。交通运输厅通过实施"BOT+EPC"模式、政府给予可行性缺口补助的"BOT"模式有效解决了中开、清西大桥等一批高速公路项目。

(2) 积极推进"省市合建"模式。2013年以来,广东省对18项约2200公里高速公路项目实行省、市总体按7:3比例出资的"省市合建"模式。该模式不但统筹了省市两级财政的出资能力,拓宽了资金来源渠道,还有利于理清省、市两级的责任,调动地市政府的主观能动性,引导地市政府加大力度解决征地拆迁等问题,形成了省市联动、多方合力加快推进交通建设的良好局面。

(3) 积极谋求与金融机构合作,解决资金缺口。2014年以来,通过与人保集团、国开行、农发行等金融机构合作,筹集人保融资150亿元,国开行发行的交通专项债资金33亿元,国开行普通公路融资36亿元,中信银行普通公路融资15亿元。同时,我省与国开行、农发行等金融机构签署了"十三五"期间战略合作协议,为具体项目融资创造了有利条件。

3. 未来加快交通基础设施建设的融资措施

(1) 多措并举构建可持续高速公路发展模式。充分利用广东省基础设施投资基金,做好规划项目的分类对接,积极争取引入基金投资,拓宽融资渠道;大力推广政府和社会资本合作模式(简称PPP模式),完善社会资本参与交通建设机制,广泛吸引社会资本进入高速公路建设领域,减轻财政投入压力;积极探索沿线土地综合开发,通过综合开发收益弥补高速公路建设运营亏损,用于指导我省高速公路沿线土地综合开发试点工作,利用土地运作扶持高速公路发展。

(2)逐步推进农村公路管养分离和养护市场化、专业化、标准化。建立健全政府与市场合理分工的公路养护组织模式,逐步改变管养一体化的模式,实行管养分离。积极推广采用政府购买服务或政府付费等方式提高农村公路养护效率,出台相关优惠政策鼓励县、乡镇社会企业等社会力量参与农村公路养护。大力推行大中修养护工程专业队伍施工,提升养护专业化水平。鼓励从事农村公路养护的事业单位和社会力量组建养护企业,参与农村公路养护市场竞争,推进农村公路养护的市场化、专业化。

(3)加大省级资金对普通国省道建设投入。省委省政府决定2017—2020年由省财政安排资金共计225亿元用于全省普通国省道建设,"十三五"期间国省道省级资金缺口已基本解决,预计随着四年建设计划的完成,我省国省道路况水平将有较大提升。

(四)技术政策及标准建设

1.高速公路收费政策发展情况和收费标准

(1)收费政策发展情况。改革开放之初,在基础设施十分落后、建设资金严重不足的情况下,为适应经济社会发展的需要,广东在实践中探索了公路建设投融资的新模式——即收费公路政策,历经近40年的发展,投入公路建设资金总计约7678亿元,我省的公路建设突飞猛进,成就令人瞩目。至2017年底,全省收费公路里程8195.6公里,其中高速公路7778.3公里,占收费公路里程的94.9%。

广东省高速公路建设初期,采取一路一标准的收费政策。随着高速公路的不断发展,一路一设站的管理模式已不适应实际情况。为此,从2002年起,全省开始分6个区域(粤东、粤西、粤北、珠三角、广州、深圳)实施高速公路联网收费,区域间设置主线收费站和路径标识站。随后区域逐步合并,2014年6月,全省正式实施"一张网"收费,车辆驶入高速公路实现一次性缴费通行。2015年6月,广东纳入全国ETC联网,实现ETC用户卡在全国范围的互联互通。

(2)车辆通行费收费标准。广东省高速公路建设初期,采取一路一标准的收费政策。自2012年6月起,为贯彻落实国家收费公路专项清理要求,全省高速公路执行统一收费标准,调降了一批收费项目的收费标准。全省收费费率统一为四车道0.45元/车公里,六车道以上0.6元/车公里,一至五类车收费系数分别为1、1.5、2、3、3.5;收费金额以1元为最小计费单位,四舍五入取整。

从2009年起,试行组合式的计重收费,只对超限30%以上货运车辆加收通行费。为完善计重方式,自2015年6月起,我省高速公路实行货车全计重收费,货运车辆以实地测量的车货总重量为依据计重收取车辆通行费,四车道高速公路基本费率为0.09元/(吨·公里)、六车道以上高速公路基本费率为0.12元/(吨·公里)。另外,由于桥梁的造价不同,一些大型桥梁如虎门大桥、汕头海湾大桥、黄埔大桥、惠州海湾大桥、番禺大桥等分别执行不同的基本费率。

2.全面推广高速公路标准化建设

从2011年开始,交通运输厅组织相关单位探索攻坚,在国内开创了系统开展设计标准化研究的先河。历经前期调研、专题研究、成果编制、推广应用和成果维护等全过程,提交了《广东省高速公路设计通用图(参考图)》(共255册),以及《广东省高速公路设计标准化管理办法》《广东省高速公路设计指南》《广东省高速公路设计标准化论文集》等研究成果。同时,为规范勘测外业工作管理,厅出台了《广东省高速公路勘测、勘察管理规程》。这些成果从2013年开始,已在全省近3000公里的新建高速公路全面推广应用,在省高速公路建设大会战发挥重要作用,取得显著的经济效益和社会效益。同时,高速公路设计标准化成果的先进性、创新性和实用性,还应用到全国多个兄弟省的高速公路建设中,对全国高速公路设计标准化的研究与实践都具有重要的理论指导意义和工程借鉴价值,对推动行业进步,提升高速公路建设理念,提高高速公路的用户体验和服务水平,发挥了重要作用。

2015年以来,交通运输厅陆续推出《广东省公路工程重(较)大设计变更文件编制指南》《广东省公路工程绿色生态排水系统设计指南》《广东省公路工程施工图设计工程量总表(标准格式)编制指南》(悬索桥、斜拉桥部分)、《广东省公路沥青路面再生技术指南》《广东省公路水泥混凝土路面再生技术指南》等地方行业标准和规定,在公路建设项目中得到逐步推广应用,发挥了较好的作用。

五、科技创新成就

改革开放以来,广东省交通运输行业全面实施"科技强交"发展战略,紧紧围绕广东经济建设的主题主线,统筹推进重大科技研发、科技成果推广、标准化建设、创新能力建设等各方面工作,充分发挥了科技支撑和引领作用,为保持交通运输业可持续发展做出了重要贡献。据统计,2017年广东省交通运输专职科技活动人员数量合计993人,其中事业编制人员数量为36人,企业编制人员数量为957人;高级职称200人,占20.1%;研究生以上学历199人,占20.1%;硕士以上学位204人,占20.5%。

近5年来,广东省共下达广东交通行业科技计划项目538项,政府财政投入交通科技经费共计9291万元,带动项目配套经费及自筹经费约25亿。目前已登记成果62项,通过鉴定项目108项,通过评审项目数71项,已验收项目数375项,其中有60多项科技创新成果达到国际领先或国际先进水平。获得中国土木工程詹天佑奖7项;广东省科学技术奖共48项(其中,特等奖2项、一等奖1项、二等奖12项、三等奖33项);获中国公路学会奖共69项(其中,特等奖3项、一等奖18项、二等奖19项、三等奖29项);获中国航海学会奖共24项(其中,一等奖4项、二等奖7项、三等奖13项);获国家金卡工程优秀成果金蚂蚁奖1项;获得专利授权179项,组织参与行业标准制定8项、地方标准制定30项。2017年,我省交通科技项目立项43项,总投资4068万元。其中,新材料、新技术、新工艺、新产品研究35项,投资3526万元;信息化研究6项,投资306万元;标准规范研究1项,投资56万元;其他类型项目研究1项,投资180万元。

(一)科技创新体制改革

改革开放以来,广东省交通运输系统初步建立了广东交通科技创新驱动机制,探索产学研相结合的合作机制,加快建立以企业为主体的行业科技创新体系,鼓励和支持企业建设高水平研发平台,通过培育交通企业科技研发中心,推动行业科技成果转化,加快构建支持创新、鼓励创新、保护创新的行业科技创新环境。

1. 加强科技项目管理创新

围绕科技创新重点工作,不断加强政策研究和制度建设。根据国家新一轮科技体制改革的需求,结合广东省交通运输行业科技创新体系现状,开展"广东省交通科技创新服务平台研究",构建新形势下的广东省交通科技创新体系,完善广东省交通科技成果转化体系及落实办法,推进广东省交通标准计量检验检定和认证认可一体化的质量基础设施建设。建立我省交通运输科技专家库,完善升级广东交通运输科技信息管理平台。印发《关于加强科技创新推进广东省高速公路建设的指导意见》。完善我省高速公路建设现代工程管理的中科技创新和成果推广应用机制,激发企业创新活力和创造潜能。

2. 创新行业科技管理机制

推进"四个十"计划,以重大研发方向为引领,以行业研发中心为支撑平台,以科技示范工程为依托,推动我省交通运输行业科技成果转化工作以及领军人才团队建设。具体措施包括:一是制定《广东省交通运输行业重大技术研发方向(第一批)》,为已认定或将认定的部级或省级行业研发中心开展工作提供指引和依据。二是开展交通运输部2017年度行业研发中心和重点实验室申报推荐工作,共有3家申报单位获部行业研发中心认定。三是编制印发《广东省交通运输行业市场主导性科技项目成果遴选办法(试行)》,将立项补助调整为有效补助,发挥企业自主创新的主体作用,不断提高财政科技资金的使用效能。四是发布2017年省交通运输科技示范工程2项、成果推广应用项目1项,充分发挥科技示范工程的依托作用。五是建立行业领军团队和领军人才重点培育制度。

(二)科研能力建设

1. 推进行业研发中心建设

统筹广东省交通运输行业科技资源,积极组织行业内交通企业、科研机构申报交通运输部、省科技厅等部级省研发中心、重点实验室、技术中心。截至2017年底,广东省交通运输行业共建有4个交通运输行业研发中心、1个交通运输行业重点实验室、6个国家认定的企业技术中心、24个广东省认定的企业技术中心、68个省级工程技术研究中心、1个省级新型研发机构。同时,加强省交通运输行业研发中心管理,建立部级行业研发中心联席会议制度。探索建立厅级行业研发中心,编制了《广东省交通运输行业研发中心管理办法(征求意见稿)》,拟依据广东交通科技重大研发方向,针对综合大数据分析、绿色交通、提升行业治理能力等方向,推进厅级行业研发中心认定工作。

2. 共建广东交通科技协同创新中心

协同广东省科技主管部门建设全省交通运输行业科技协同创新体系,共建广东交通科技协同创新中心,共育行业创新领军人才和团队。依托协同创新中心建设,开展广东省交通科技协同创新体系专题研究,引导协同创新中心自主投入建设广东省科技创新服务信息平台,构建覆盖"政、产、学、研、金"的行业科技协同创新平台。

3. 强化人才培养

加强和完善科技创新人才培养机制,开展行业领军团队和人才遴选工作。印发了《广东省交通运输厅关于征集2018年度交通运输行业科技创新人才信息的通知》,按"两院院士培育人选""广东交通运输科技创新领军人才""广东交通运输科技创新青年英才"和"广东交通运输科技创新青年英苗"四个梯队培育我省交通运输行业领军团队和人才。

4.开展国际合作与科普工作

依托中德、中荷交通领域合作,开展了与西门子公司的合作,在综合交通、智慧交通和绿色交通领域开展相关研究工作,推进广东与柏林在智能交通领域,广东与安特卫普在绿色港口领域的合作。依托行业研发中心开展国际学术交流活动,邀请国内外专家开展技术交流。支持广东桥梁博物馆建设,面向公众传播桥梁科技知识、普及科学思想、倡导科学精神,落实科普教育工作的基本方针。

(三)重大科技创新成果及推广应用

1.重大科技创新成果

改革开放以来,全省交通科技创新工作紧紧围绕广东省交通基础设施建设、养护中的重点、难点问题,结合我省的自然环境条件和基础设施建设需求,组织调动行业和社会力量开展科技攻关,取得了一系列具有国际先进或领先水平的重大科技成果。

(1)特大桥隧建设技术取得新突破。港珠澳大桥超长沉管隧道关键技术的突破和应用,有力地支撑了大桥建设。港珠澳大桥连接线拱北隧道采用曲线顶管和冻结止水的创新工法。虎门二桥研发了高强度主缆及锚具,推动了国内桥梁缆索技术水平的发展。

(2)山区高速公路建设成套技术取得新进展。乐广高速构建了隧道群的安全预警体系和决策系统;博深高速构建了远距离无线监控现场环境管理系统;广佛肇高速创建了特殊土路基填筑技术,并入选交通运输部"十二五"绿色公路试点项目。我省山区高速公路安全、绿色、智慧的建设新理念逐步形成。

(3)路面关键技术取得新成效。针对沥青路面早期损坏情况,研究开发了新式碾压混凝土基层设计施工技术,节省了基层施工费用和工期,该成果已在广东省境内的高速公路上推广应用300多公里。桥面铺装方面,首次采用FAC环氧沥青混合料配合比设计方法,并在省内首次开展浇筑式沥青施工的工程应用,解决了钢桥面铺装早期病害,提高了桥面铺装的使用寿命。其中"钢桥面高性能铺装关键技术研究及工程应用"取得发明专利3项,实用新型专利2项,工法3项,并荣获2016年度省科学技术奖一等奖。

(4)航道数字化测绘技术取得新提升。基于广东省航道测绘管理现状和国内外现行航道测量地理信息规范,提供了统一的航道数字化测绘平台,取得国家发明专利权和软件著作权各1项。该成果已在省航道系统内全面推广应用,有效地缩短了航道测绘行业处理效率,实现了全省航道测绘数据的统一管理入库。

(5)交通运输智能化发展迈出新步伐。广州市试点建立了城市智能交通物联网的技术、标准及评价体系,研制了新型的物联网节点设备,开发了城市公共交通综合管理与服务应用系统。广东省高速公路联网收费"一张网"技术应用,提升了路网的通畅水平。岭南通突破了异构标准卡片融合、空中发卡平台研发等关键技术难点,服务通达港澳地区及新加坡等地,成为交通运输部一卡通示范建设单位。

(6)前瞻性政策软课题研究得到高度重视。开展了大量政策研究课题,其成果为我省交通运输政策制定提供了参考。如"广东一体化科技治超体系研究"和"广东省交通运输行业计量管理体系建设及对策研究"为一体化科技治超的法律法规体系和省交通行业量值溯源体系奠定了基础。

2. 推广应用

(1)注重科技成果公开与推广应用。除特别约定与保密要求外,厅科技项目成果通过交通科技网向社会公开,无偿共享。通过制定交通科技成果推广计划、发布交通科技示范工程和科技成果推广目录、成果汇编等方式,使先进、适用的科技成果得到重点推广应用,进一步提高了我省交通运输行业科技成果的推广应用水平,促进了科技成果向现实生产力的有效转化。

(2)加快完善交通运输标准体系。构建了行业地方标准管理体系,开展交通标准规范研究41项,发布了《广东省高速公路建设标准化管理指南(试行)》等15项行业地方标准。其中,在安全生产标准化方面,开展了公路施工安全防护标准化、混凝土桥梁火灾后检测评定方法、高速公路桥下空间安全管理与应用指南、港口危险化学品企业安全生产标准化指南等研究项目。行业地方标准工作的开展,结合广东实际,对国家、行业标准进行了补充和提升,健全了我省交通运输行业标准技术体系。

六、对外开放成就

广东作为改革开放的排头兵、先行地、实验区,40年来,在党中央的正确领导和大力支持下,广东港口发展大胆尝试,不断摸索,始终走在对外开放的最前端。

由广州南沙、深圳前海、珠海横琴三大平台组成的中国(广东)自由贸易试验区,是国家赋予广东省探索对接港澳地区的重要载体,准入前国民待遇加负面清单管理制度,使自由贸易试验区成为国内市场化程度最高、投资贸易最便利的特殊区域,成为海外资金和客商竞相入驻的热土。

自2013年国家提出"一带一路"倡议以来,广东省高度重视,积极推进"一带一路"相关工作。截至2018年6月,我省沿海港口开通国际航线300多条,通达全球100多个国家和地区的200多个港口;全省港口与国外港口结为友好港口达70对,主要是欧洲和"一带一路"沿线国家港口。其中,深圳港紧邻国际航运主通道,是广东省对外贸易的重要枢纽,截至目前,深圳港共开通国际集装箱班轮航线239条,与其他国家缔结友好港口24对;广州发挥华南地区经济政治中心及地区制造业优势,以南沙港区为重心,逐渐发展成为华南地区与亚洲、非洲、地中海沿线国家和地区双边贸易的物流基地,班轮公司在南沙港区的业务比重逐渐增加,截至目前,广州港共开通国际集装箱班轮航线96条,与其他国家缔结友好港口41对。

七、党的建设与精神文明建设

改革开放40年,是广东交通事业大发展的历程,是全面加强党的领导和党的建设、不断推进行业精神文明建设的过程。广东交通运输系统高举中国特色社会主义伟大旗帜,坚持以人为本,突出党建引领,全面加强党的领导和党的建设,贯彻落实全面从严治党战略部署,坚决改变管党治党宽松软状况。同时,以精神文明建设五大工程为主要抓手,以形式多样的实践活动为载体,群策群力、主动作为,扎实开展精神文明建设各项工作,取得了丰硕成果,为交通运输行业持续健康发展做出了特殊贡献。

(一)党建工作

1.思想政治方面

坚持思想理论武装。运用中心组学习、学习论坛、支部专题组织生活会、支部书记培训等方式,重点开展思想理论武装"三结合三注重三落实"活动,坚持全面学和专题学相结合、坚持反复学和跟进学相结合、坚持集体研讨和个人自学相结合,注重解决学而不信问题、注重解决学而不化问题、注重解决学而不用问题,把思想理论武装的成效落实到忠诚信仰上、落实到严于律己上、落实到勇于担当上。持续强化党性锤炼。开展"四重温四增强"活动,即重温入党申请,增强爱党意识;重温入党志愿,增强忧党意识;重温入党誓词,增强护党意识;重温党章规定,增强兴党意识。真正使广大党员干部把爱党、忧党、护党、兴党的自觉性落实到工作生活各个环节,使党章成为坚定理想信念、加强党性修养的根本标准。推进社会主义核心价值观建设。贯彻落实《中共中央办公厅印发〈关于培育和践行社会主义核心价值观的意见〉的通知》和《交通运输部办公厅关于印发交通运输行业培育践行核心价值体系行动方案的通知》以及省委有关工作部署,运用好车站、码头、交通运输工具及行业媒体,滚动播放"讲文明树新风"公益广告,在厅机关大堂、走廊等悬挂张贴标语横幅、宣传挂画,传播社会主流价值,引领行业文明风尚。开展"用心服务、畅享交通"文明服务区示范点的培育选树工作。挖掘、培树具有行业特色和时代精神的先进典型,认真做好全国文明单位、文明示范窗口、文化建设示范单位、文化品牌等评选活动的申报推荐和复查工作,探索建立测评体系,完善评选表彰制度和机制。经过遴选申报、确定培育点、组织创建、实地检查,塑造了一批经营专业化、服务标准化、管理规范化的高速公路文明服务区,有效提升了高速公路管理和运营服务水平。

2.组织建设方面

按照中央和省委、省直工委部署,扎实开展好群众路线教育实践活动、"三严三实"专题教育活动和"两学一做"学习教育活动等。严格落实"三会一课"制度,建立健全支部生活记录、检查、报告和通报制度,加强对党员的经常性教育,促进支部生活的制度化、规范化、常态化。坚持领导干部上党课制度,紧紧围绕交通运输工作实际,切实抓好党员领导干部理论学习,抓好党组中心组学习,严格落实党员领导干部双重组织生活制度。从严规范基层党组织管理,严格党组织的换届选举和党组织班子的考察使用,坚持严格教育培训;选优配强基层党组织负责人,切实把好政治关、素质关和能力关,充分发挥"头雁效应"作用;规范党员日常管理、组织关系管理,加强对基层党支部书记、党务干部、入党积极分子的培训;认真做好党员发展和教育管理工作,严格执行发展党员工作细则,按时完成组织关系排查和党费收缴、补缴等工作。

3.党风廉政方面

开展作风引领专题教育实践。牵头开展民主评议政风行风和民生热线工作,持续反对"四风"、改进作风、服务基层群众;充分发挥厅直属机关纪委的作用,加强与驻厅纪检组的密切沟通协调,做到严肃查处违纪违法党员。加强对党内纪律执行情况的督促检查,坚决查处违反政治纪律和政治规矩等行为。

4.服务创新方面

开展服务创新驱动发展战略"共产党员先锋岗"创建活动。根据省直工委的部署要求,以党支部为创建基本单元,加强创新驱动发展战略与交通工作紧密结合,汇聚统筹推进技术创新、组织创新、模式创新、市场创新的强大合力,推动交通运输综合改革和"四个交通"稳步发展。广东交通运输厅基建管理处等48个党支部成功申报省直工委创建服务创新驱动发展战略"共产党员先锋岗"基本单元;通过广东交通风采网、广东交通党建微信公众号、网上党支部等党建信息载体,创新机关党建工作平台,推动党建宣传从单一走向多样;建立健全谈心谈话制度,坚持青年干部、老同志、党外人士座谈会工作机制,完善党建工作机制,抓实党员志愿服务工作,不断完善坚持以人为本、强化人文关怀与注重解决实际问题相结合的工作机制。

(二)精神文明建设

1.精神文明建设理念深入人心

改革开放之初,党中央提出了精神文明与物质文明"两手都要抓,两手都要硬"的战略方针,广东省交通运输系统迅速掀起了精神文明建设的高潮。各单位高度重视精神文明建设工作,在抓好交通发展建设工作的同时注重精神文明建设工作,省厅成立行业精神文明建设指导委员会,厅长亲自挂帅,定期召开厅党组会议专项研究全行业精神文明工作,做到精神文明工作与中心工作同研究、同部署。各单位在厅文明委的指导下,坚持理论联系实际,大力开展精神文明创建工作,不断创新工作活动载体,使精神文明入脑入心,内化于心、外化于形,树立了新时代广东交通新形象。

2.精神文明建设内容催人奋进

精神文明工作是务虚的工作,但我们虚功实做,把工作落到实处,切实发挥了精神文明建设的作用。

一是强化理论学习。结合"三严三实""两学一做"专题教育活动,定期召开党组理论学习中心组学习会、学习论坛、各支部学习会、专题学习会、领导带头讲党课、全体党员培训等,全面宣贯党的最新理论成果,用新思想武装头脑,凝聚共识,推进工作。"广东省交通运输厅学习论坛"始建于2010年初,是厅党组中心组学习的延伸,也是厅机关广大干部职工学习交流的平台,论坛突出正确的理论指导和价值导向,不但内容丰富,涉及政治、经济、国防、历史人文、心理调适、养生保健等不同领域,而且形式多样,既有国内外知名专家的理论大讲堂,也有干部职工自我教育的技能竞赛,还有群众喜闻乐见的话剧、电影欣赏。受到了机关和直属单位广大干部群众的普遍欢迎。自成立以来,学习论坛每2~3个月举办1期,截至2018年6月底,已举办了37期,参加学习人数超11000人(次),在机关和行业内颇具影响。十九大召开后,各单位党组织印发了《学习宣传贯彻党的十九大精神工作方案》,大力开展关于党的十九大精神的学习宣贯工作,把广大干部职工的思想统一到党的十九大精神上来;把力量凝聚到实现党的十九大确定的各项任务上。

二是抓好实践活动。全省交通运输行业按交通运输部部署,每年开展"爱岗敬业明礼诚信"主题实践活动,"情满旅途畅享交通"春运志愿服务、"学雷锋全民志愿服务行动月"等活动,取得良好效果。各单位围绕核心价值观的宣传和教育开展了系列活动:广州市交委"友爱在车厢"青年志愿活动已开展30余年,在此品牌辐射和影响下,"礼让斑马线""文明伴我行""广州过年来穗团圆""友爱羊城幸福广州"等系列活动让文明友爱精神不断发展。通过开展系列宣传和教育,进一步强化了教育引导、舆论宣传、文化熏陶、实践养成和制度保障,让社会主义核心价值观在交通职工和群众头脑中扎根。

三是营造人文交通。全系统各单位有计划、有步骤地开展了读书征文、书画摄影、诗歌朗诵、工作技能、演讲、唱红歌、文明礼仪、健身气功八段锦等比赛活动,倡导快乐工作、健康生活的理念,吸引了广大干部职工,特别是年轻人的广泛参与。省厅机关利用办公大楼的走廊、楼梯间、会议室等场所,悬挂全省交通职工优秀书画摄影作品、社会主义核心价值观24字及其阐述等,打造了具有交通行业特色的文化长廊,展示了广东交通人新时代的精神风貌。各单位在各地市局机关、车站、码头、高速公路服务区、收费站等群众出行的地方,融合岭南文化、行业文化、新时代广东精神、生态文明、绿色出行等元素,建设了有地方文化特色的绿色长廊。

(三)行业先进典型

1.先进典型不断涌现

根据交通运输部行业文化"十百千"工程的要求,在行业内通过挖掘、培育、创建等举措树立标杆,弘扬行业精神,激励和鼓舞交通人奋勇前行。近三年来,全省交通运输系统共涌现出"全国文明单位"、部级"文明单位"15个,部级"文明示范窗口"14个,部级"文明职工标兵"14人,部级"先进工作者"4人;全国百佳示范服务区5对;全国和省级"五一劳动奖章"30人,全国和省级"五一劳动奖状、工人先锋号称号"37个省、省、部级"青年文明号"28个,省级"青年文明号标兵示范单位"3个,省级"青年岗位能手"20人;省级"保畅通先进集体"47个,省级"保畅通先进个人"128人。同时创建了东莞水道等一批省级文明样板航道。

2.劳模精神广泛弘扬

2011年,组织"身边的楷模"大型宣讲活动,2012年举办"身边的感动"小故事征集和发布活动,通过身边人讲身边事,增强了楷模的真实感和可学性。2016年,组织"感动交通人物"宣传活动,在广州、深圳、汕头、河源、阳江、清远等地和省交通集团开展事迹巡展,13000多名干部职工和普通群众参加展览,充分发挥了先进典型的示范引领作用。2018年,在广州、清远、云浮、惠州等地分片组织5场全省交通运输系统"最美南粤交通人"故事分享会。故事分享会从近年来"感动交通人物"系列评选活动甄选出7个先进典型,以"忠诚""担当""匠心""大爱"等4个分享词为切入点,以"小故事"传递"大能量",弘扬新常态下的广东交通精神。

3.服务品牌得以树立

2011年,制定印发《广东省交通系统"用心服务畅享交通"主题创文活动方案》,开展活动标识、吉祥物、卡通形象、口号和歌曲的征集,其间,交通系统广大干部职工踊跃参与。利用站场、班线、公交、地铁、出租车视频系统开展宣传,滚动播放创文活动宣传片,树立了服务品牌新形象。新时代利用新的媒体手段开展精神文明建设工作,开通广东交通系统精神文明建大型网站《广东交通风采网》、广东交通党建微信公众号,对交通行业的核心价值理念进行集中强力宣贯,强化思想认识,多管齐下提升公众参与度和影响力,使"人便于行货畅其流服务人民奉献社会"的理念深深地根植于广东交通人的心里。省厅连续两届开展文明出租车企业和驾驶员的推选,每届评选出文明出租车企业40家,文明驾驶员80名。佛山市开展"公共行业星级驾驶员"活动。江门开展"星级出租车"评选活动等。在全系统开展寻找"最美收费员""最美养路工""寻找南粤最新最美高速公路""最美巴哥巴姐的哥的姐"评选等系列活动。

干支纵横贯通八桂大地

广西壮族自治区交通运输厅

一、综述

1978年党的十一届三中全会胜利召开,中国历史翻开了崭新的一页,广西交通事业也掀开了历史的新篇章。改革开放40年,广西交通系统广大干部职工,认真贯彻执行党的第十一届三中全会以来的路线、方针、政策,深入贯彻落实新时代中国特色社会主义思想,坚持建成人民满意交通不懈努力,为广西经济社会建设提供先行。公路加速成网,形成了以高速公路为骨架、出海出边出区的网络格局;水路江海衔接,形成了以广西北部湾港为龙头、以西江黄金水道为主干的水上大通道。犹如干支纵横贯通八桂大地,纵观40年发展历程,可分为四个阶段。

(一) 第一阶段:1978—1992年,为广西交通恢复提高阶段

党的十一届三中全会确立了以经济建设为中心,建设有中国特色社会主义的发展纲领。随着全党工作重点的转移和改革开放的不断深化,广西交通事业进入了恢复提高的新时期。

这一阶段,主要是恢复和改善公路通行条件。广西以主要干线公路及大中城市进出口的大交通量路段为重点,逐步进行技术改造和灭渡建桥,从而提高了公路技术等级和车辆通行能力。坚持依靠各级政府和广大人民群众,采用"民办公助"和"民工建勤"的政策,动员全社会力量大办公路事业,加快了地方公路建设步伐。在1979年对越自卫反击战前后,加强了边境国防公路的修建。至1990年底,全区公路通车总里程达到36214公里,桥梁5492座,公路密度达到15.3公里/百平方公里。这一阶段的公路建设,基本保证了当时社会稳定和经济建设的顺利进行。

为适应对外开放和外贸运输发展的需要,广西在重点抓沿海港口建设的同时,加强对内河港口的技术革新和扩建,并对内河航道进行整治。防城港1号至7号七个万吨级深水泊位投产,北海港石步岭港区2个万吨级泊位建成,贵港港对原有港区铁路进行彻底改造,新建南宁港北大作业区直立式码头、钦州市沙井港、梧州河西码头等。郁江、左右江、贺江、漓江等航道得到整治,西江航运干线一期工程桂平航运枢纽工程开工建设,为根本改变广西港航基础设施落后面貌迈出了扎实的一步。港口管理从政企合一走向政企分开,港口试行经济承包,装卸工和装卸机械司机实行计件工资制度;水路运输市场开始得到治理整顿并初步规范。航运建立健全以经济责任制为中心的企业管理规制,扩大企业自主权,逐步使航运企业由单一的生产型向经营型转变。1980年开始对南宁港、贵县港进行技术改造和扩建,内河港口吞吐

能力有了较大提高。1987年,广西颁布《关于扶持水运企业的若干暂行规定》,对水运企业实行减税、免税等系列优惠扶助措施。这一时期,广西水路运输建设、管理各项工作初步得到梳理。1990年,桂平航运枢纽工程竣工投产,开创了西江以电养航的先例。

(二)第二阶段:1993—2002年,为广西交通加快发展阶段

党的十四大第一次明确了建立社会主义市场经济体制的目标模式,提出"三个有利于"标准,提出加快国民经济和社会发展,重点发展基础工业、基础设施和第三产业。这一阶段,广西以"建设大通道,服务大西南"的发展思路,交通事业各领域实现了新突破。

公路建设实现新突破。1997年,桂林至柳州高速公路建成通车,结束了广西没有高速公路的历史。2000年开通第一条中越国际道路运输线路。

运输船舶专业化实现零的突破。1997年10月1日开始实施《广西水路运输管理条例》;"控制内河,把牢港澳、发展沿海"的运力宏观调控措施得到了贯彻落实,逐步淘汰了木质船、水泥船和能耗多、效率低、效益差的老旧船舶。集装箱船、油船、液化汽船、散装水泥船等特种运输专用船舶得到发展。全集装箱等专业化运输船舶实现零的突破,机动船比重明显上升,运输船舶逐步向大型化、专业化、机动化方向发展。

水运能力实现新突破。贵港航运枢纽千吨级船闸通航,贵港至西津104公里三级航道整治工程完工。西江航运干线形成了桂平、贵港、西津三个航运梯级相连接,南宁至广州实现了三级航道。此外,柳、黔江重点险滩得到整治,内河港口建设完成梧州李家庄码头、贵港港集装箱码头等项目,新增码头泊位30个、吞吐能力205万吨。沿海建成1万吨级以上泊位7个,新增吞吐能力542万吨。

航道建设实现新突破。1981年,国务院批准把西江航道整治列为国家"七五"重点建设项目,计划通过两期工程把西江航运干线(南宁—广州)渠化成优良库区航道,使之常年可通航千吨级的船舶。西江航运建设一期航道整治工程于1992年10月开始建设,1996年3月竣工,1997年1月通过交通部验收,工程质量总评优良。西江航道整治一期工程使桂平至梧州界首169公里航道达到三级航道标准,并使该航道基本实现了航标标体钢艇化、标灯电气化、管理机械化和通信现代化的标准。西江航运建设二期航道整治工程,按三级航道整治了贵港至西津104公里航道,1997年完成开竣工,工程总投资1856万元。

(三)第三阶段:2003—2012年,为广西交通跨越发展阶段

党的十六大提出了全面建设小康社会的奋斗目标,提出了科学发展观的一系列要求,将我国国民经济和社会发展提高到又好又快的要求上来。广西交通人深入学习实践科学发展观,加快了二级以上高等级公路网的建设,推进"五纵七横"国省主干线为主的基础设施建设,构筑西南出海大通道的公路主骨架。贯彻落实党中央确定的"要充分发挥广西作为西南地区出海通道的作用"的战略决策,紧紧围绕自治区党委、政府打造西江黄金水道和实施广西北部湾经济区发展规划的战略决策,抢抓黄金机遇期,积极应对国际金融危机和冰雪灾害等挑战,把打造"一江一湾"作为服务全区经济社会发展大局、加快水运发展的核心工作,狠抓港航基础设施建设和生产。

普通公路建设实现新跨越。累计增加等级公路49428公里,其中增加高速公路2061公

里,一级公路535公里,二级公路4947公里,三级公路2972公里。至2012年底,全区公路通车总里程107906公里,其中普通国省干线公路56条11028公里,公路密度达到45.59公里/百平方公里。全区有100%的乡镇和99.95%的建制村通公路。

高速公路实现新跨越。2003年广西高速公路里程达到1011公里,成为全国第一个高速公路里程突破1000公里的少数民族自治区。2004年西南出海公路通道广西段全线贯通,实现了云贵川渝的货物运输从广西沿海港口进出;2005年广西建成我国连接东盟的第一条国际大通道——南宁至友谊关高速公路,以提前全国两年的成绩实现了"五纵七横"国道主干线广西境段"一纵""一横"的全线贯通。2008年,广西做出了"掀起交通建设新高潮"的决定,高速公路通车里程达到2181公里,再次成为全国第一个高速公路通车里程突破2000公里的少数民族自治区。

水运发展实现新跨越。这一时期,广西港口建设取得重大成就,贵港港实现了千万吨级吞吐量的历史性突破,成为华南以及西南地区第一个达到千万吨级吞吐量的内河大港。2006—2010年累计新开工项目100个,建成投产69个,水运固定资产投资共完成226.79亿元,是"十五"期的6倍,年均增速达40%。积极实施沿海基础设施建设大会战,掀起沿海港口建设新高潮,成功实现我国西部地区第一个保税港区——钦州保税港区的封关运作以及北海铁山港区开港,5年新增万吨级以上泊位23个、深水航道88.6公里、港口吞吐能力8725万吨(其中集装箱吞吐能力114万标准箱);西江黄金水道五年改善和提升航道290.5公里,建成全区首条二级航道,实现了2000吨级船舶从贵港、1000吨级船舶从南宁直航粤港澳,新增千吨级以上泊位48个、港口吞吐能力2771万吨。运力结构不断优化提升,船舶向大型化、专业化发展。5年新建船舶2423艘,运力净增275万载重吨,西江航运干线的主力船型在1000吨级以上。液货危险品船、集装箱船、内河集装箱班轮运输等专业化运输船舶发展迅速。

行政审批制度改革实现新跨越。2004年《中华人民共和国行政许可法》正式实施,广西交通依法对行政审批事项进行规范清理,制定审批流程,2005年开设行政审批窗口,开展"一站式"办理。2007年,广西交通审批事项进驻自治区人民政府设立的政务服务中心,统一办理广西本级行政审批事项,贯彻落实"三项制度",以"规范、便民、高效、廉洁"为标准,实行"一站式办公、一条龙服务、并联式审批、阳光下操作、规范化管理"。

(四)第四阶段,2013年至今,为广西超越发展阶段

党的十八大提出了全面建成小康社会,大力推进生态文明建设,实施创新驱动发展战略等重大战略决策。这一阶段是广西与全国同步建成小康社会的关键期和攻坚期,也是广西交通运输发展的重要战略机遇期。

普通公路实现新超越。党的十八大以来,广西紧紧抓住国家加大基础设施建设投入的机遇,大力实施交通优先发展战略,对全区公路基础设施进行了总体布局和发展战略规划,重点推进了区际和北部湾经济区、西江经济带、资源富集区干线公路通道、县际联网公路、通口岸公路建设,集中连片特困地区、国家级贫困县、左右江革命老区等地区农村公路建设,加快构建立体大交通体系,实现了公路新的跨越式发展。路网建设完成投资575亿元;农村公路建设完成投资316亿元。至2017年底,全区公路总里程突破12万公里,达到12.33万公里,公路密度由2012年底的45.59公里/百平方公里上升到52.07公里/百平方公里。全面实现县

县通二级以上公路,全区100%的乡镇和99.8%的建制村通上了沥青路、水泥路,有效引领和支撑了区域经济社会发展。

高速公路实现新超越。这是广西交通历史上建设重大项目数量最多、发展速度最快、投资规模最大、建设质量最好、改革成果最显著,对全区经济社会发展贡献最突出的一个时期。广西基本形成区内综合交通网络主骨架,建成通往周边省份和东盟国家的快速运输通道,沿海现代化港口群初具规模,区域性国际航空枢纽基本形成,南宁国际综合交通枢纽初步建立,西南出海大通道进一步完善,出海出边国际大通道初步建成,广西在全国交通网络中通向东盟的枢纽地位初步确立。党的十八大以来,在建高速公路总里程和概算投资额分别是广西过去14年高速公路建设的1.5倍和5倍多。

水运发展实现新超越。广西港航以全面提升西江黄金水道整体效能和北部湾港综合竞争力为重点,加快打造"一干七支"干支衔接的高等级航道网络,打造高效的枢纽船闸系统,扩展港口规模和功能,围绕北部湾区域性国际航运中心建设,提升港口规模化、专业化、集约化水平,强化港口运输保障能力。到2017年底,广西内河航道通航里程达5873公里,比1977年(4355公里)增长34.9%,其中等级航道3643.7公里,比1977年(1586公里)增长129.7%。全年全区内河港口完成货物吞吐量12586万吨,为1977年(545万吨)的23.1倍。沿海港口完成货物吞吐量达21862万吨,为1977年(111万吨)的197倍。2017年,全区共有内河航运企业277家,沿海海运企业62家。社会船舶拥有量7966艘,88.17万载重吨,10.37万客位,分别比1977年增长106%、42.6倍和4.2倍。全年共完成货运量2.84亿吨、货物周转量144.69亿吨公里,客运量657万人、旅客周转量33217万人公里,分别为1977年的27.85倍、73.8倍和1.88倍、1.46倍。

二、基础设施建设成就

公路供给总量显著增加,路网结构不断改善。改革开放40年来,广西公路系统在自治区党委、政府和自治区交通运输厅的正确领导下,集中力量对公路实行大投入、大建设、大改造,使全区路网结构明显改善,技术等级大幅提升。1979年,全国第一次公路普查后开始按"公路技术等级"进行统计,当时广西没有高速公路和一级公路,只有83公里的二级公路。经过40年的改革发展,自治区公路基础设施发生了翻天覆地的变化,公路技术等级得到极大提升。到2017年底,全区等级公路达到112619.166公里,其中高速公路、一级公路由无到有,分别达到5259.179公里、1442.631公里,二级公路12714.201公里,三级公路8295.901公里,四级公路84907.254公里。二级及以上公路里程占全区公路总里程的15.75%,比1979年的0.27%提高了15.48个百分点。1978年,全区公路还没有高级铺装路面(水泥混凝土、沥青混凝土)里程,到2017年底,全区有高级铺装路面里程为8.57万公里。

骨架高速公路建设快速推进,运输大通道内畅外联。广西是中国唯一集沿海、沿边、沿江于一体的少数民族自治区,在我国西部具有重要的经济战略地位,是面向东盟的国际大通道,西南、中南地区开放发展新的战略支点,"一带一路"有机衔接的重要门户。截至2017年底,全区高速公路通车里程达5259公里,实现全区14个地级市全部通达高速公路,"县县通高速"目标实现89%。高速公路运营总里程在全国31省、区、市中分别排第13位,在西部地区中排第5位。高速公路为全区经济社会发展、扩大对外开放,实现习近平总书记赋予广西的

"三大定位"做出了重大贡献。广西、贵州、云南属经济后发展的西部省区，但拥有十分丰富的矿产等自然资源，而广东珠三角地区虽具有雄厚的经济实力、先进的技术及管理水平，但资源、原材料匮乏。高速公路以其灵活、直达快捷的优势，将区域经济体系的各个发展点连成一体，有利于促进东西部地区优势互补、资源共享和产业转移，推进区域经济走向良性循环的轨道。

广西高速公路建设改善了沿线地区的基础设施投资环境，促进一、二、三产业的发展，加快城镇化进程。出海高速公路不仅将南宁、北海、钦州、防城港四个城市紧密联系在一起，还缩短了内陆工业城市柳州、来宾直达港口的距离，带动了临海工业、旅游业、现代服务业和海洋经济的发展，促使一大批重大产业项目落户沿海城市。

高速公路建设还刺激和带动了相关产业发展。根据广西高速公路网规划，广西高速公路2015—2020年建设所需资金近4.688亿元，其中大部分将转化为新的市场消费要求，刺激和带动钢材、水泥、机械等相关产业发展。高速公路投资将直接或间接创造可观的地区生产总值，为社会创造大量的就业岗位。同时，高速公路串起了桂林、柳州、来宾多地山水游和民族风情游，崇左、百色边关游和红色旅游以及钦、北、防滨海游的区内旅游环，有效带动了区内旅游的蓬勃发展。

农村公路建设惠及千家万户，农村交通面貌得到根本改变。改革开放以来特别是党的十六大做出全面建设小康社会的战略部署后，自治区党委、政府提出了"富民兴桂新跨越，全面建设小康社会"的总体要求，把改善农村地区基础设施、修建农村公路作为民生保障的重要任务。2012年，在"十一五"基本实现乡乡通油路的基础上，广西部署实施千村公路通畅工程；2015年，交通运输部部署推进"四好农村路"建设，广西以建制村通硬化路为重点，大力推进农村公路建设。到2017年底，全区农村公路里程达9.83万公里，占公路总里程的79.75%；其中县道1.8万公里，乡道2.83万公里，村道5.15万公里；建制村通沥青（水泥）路率达99.85%，位居西部地区前列。"十二五"期间，全区新改建农村公路57861公里，累计完成投资约294亿元，是"十一五"期完成投资的1.6倍。基本形成了以县道为骨架、乡道为支线、村道为脉络的农村公路网络体系。全区各级政府积极开展"四好农村路"示范县创建活动，桂林市荔浦县荣获首批"四好农村路"全国示范县称号，树了榜样、立了标杆，发挥了全区示范引领作用，南宁市青秀区、西乡塘区、柳州市融水苗族自治县、桂林市恭城瑶族自治县、阳朔县、贵港市平南县、贺州市钟山县等7个县（区）也切实履行主体责任，加大农村公路投入，创新工作机制，农村公路工程质量明显提升，路产路权保护有效，养护管理机制完善，客运物流体系已基本完善，达到了区内"四好农村路"的创建要求，全区"四好农村路"比、学、赶、超氛围浓郁。

水运建设实现长足发展，聚集辐射能力显著增强。改革开放以来，广西水运经济快速发展，进出粤港澳的物资迅速增加。1980年开始对南宁港、贵县港进行技术改造和扩建，内河港口吞吐能力有了较大提高；1990年，桂平航运枢纽工程竣工投产，开创了西江以电养航的先例。进入新世纪，广西实施沿海基础设施建设大会战一、二期工程，加快西江扩能和右江渠化；特别是2008年广西北部湾经济区开放开发上升为国家战略，自治区党委、政府提出打造西江亿吨黄金水道重大决策，全力推动北部湾港口和西江黄金水道建设发展。沿海港口建设重点是建设1万吨级以上泊位，内河港口建设主要建设500吨级以上泊位。40年来，沿海共建设1万吨级以上泊位116个，内河500吨级以上泊位315个。

轨道交通建设提速,城市交通拥挤现象得到缓解。南宁市轨道交通线网由8条线路组成(开通2条、在建4条),总长252公里。目前运营里程53.1公里,车站43座。轨道交通1、2号线分别于2016年12月28日、2017年12月28日开通试运营。2018年1~4月,轨道交通1、2号线总客运量约9812.09万人次,日均客运量达54.51万人次、换乘量为7.37万人次,其中:1号线日均客运量36.56万人次,日换乘量3.75万人次,2号线日均客运量15.88万人次,日换乘量3.62万人次。列车运行图兑现率100%,列车运行图正点率99.99%。自开通试运营以来,南宁市轨道交通各项运营指标满足国家、自治区及南宁市的要求,运营管理体系运转良好,设备设施安全运行,运行安全稳定并处于受控状态,各项工作平稳有序,顺利完成了2018年春节、两会、清明、三月三、五一国际足球杯赛等重大节假日活动的运输保障工作。截至2018年6月,线网累计客运量达1.96亿人次,单日客流高峰达77.8万人次,人均票价约2.38元。

三、运输服务成就

(一)客运服务

1.道路客运稳步发展

1985年,自治区交通厅将所属的汽车运输公司、汽车修理厂等全部下放给企业所在的地级市管辖,撤销了广西汽车运输公司,成立了广西公路运输管理局,迈出了道路运输"政企分开"的第一步,国有客运企业焕发新的生机和活力。同时,运输企业为适应旅客运输发展的需要,新建车站,增加客车,开辟和延伸班线,增加客运班次,不断扩大客运服务范围,旅游客运、省际客运开始兴起,春节旅客运输受到重视。在"国营、集体、个体运输业户一起干"的新局面下,20世纪80年代初,广西公路客运量每年以18%的幅度增长,高于全国平均水平,旅客出行"乘车难"的问题明显改观。

20世纪90年代起,私营、个体经营业户开始全面进入市场。1992年7月,广西试行公路客运班线和出租汽车招标经营,并于12月9日印发《广西营运客车经营招标实施办法》。12月27日,北海市举行首次出租汽车经营资格招标,标志着广西的客运市场正式走上市场化经营道路。

"十二五"以来,广西道路客运企业经营结构更趋合理,逐步形成了充满活力、符合市场经济发展规律的市场环境,截至2018年6月,广西道路客运行业拥有营运客车数量达到100辆以上的道路客运企业共有96家,其中一级道路客运企业13家、二级企业22家;客运站631个(一级客运站37个、二级客运站91个、三级客运站96个、四级客运站190个、五级客运站217个),日均发送班次5.71万个,日均发送旅客量69万人次。广西1122个乡镇实现通客车,乡镇通客车率达到100%,通客车建制村12690个,具备条件的建制村通客车率为89%。

2.城市客运发展实现新发展

出租汽车方面。1978年7月26日,南宁市公交公司组建了出租汽车队,1985年10月1日,南宁市首家国有出租汽车公司在该出租汽车队的基础上成立,并于第二年开始独立经营,1988年该公司逐步推行租赁承包等改革措施,从此出租汽车公司走上持续发展的轨道,成为南宁市出租汽车业的主导力量。十一届三中全会后,广西陆续出现了个体、集体经营的出租小汽车,随着改革的进行,城市出租汽车业出现了国有、集体、个体一起上,以国有企业为骨干,以集体、个体经营者为辅助的新格局,城市出租汽车业呈现蓬勃发展的势头。进入"十三五",出租汽车行业改革创新进入新阶段,巡游出租汽车和网络预约出租汽车实现融合发展,南宁等城市出台和实施出租汽车行业改革政策及网络预约出租汽车管理配套文件,为人民群众提供了多样化、差异性出租汽车服务。2017年,广西出租汽车经营者共212户,其中出租汽车经营企业189家、个体经营户23户;出租汽车共有2.17万辆,其中安装卫星定位系统的有1.95万辆、占90.12%。广西城市出租汽车载客车次总数为1.83亿次,客运量3.62亿人次,营运里程达18.47亿公里。

城市公共客运方面。1977年以后,随着广西经济建设发展,城市公共客运得到迅猛发展。1988年,广西第一批双层公共汽车共4辆,在桂林市投入运营,随后,梧州、南宁均先后购置投入双层公共汽车。与1976年相比,1991年城市公共客运车辆从286辆增加到939辆,增加3.3倍;线路从40条增加到95条,增加2.4倍;线路长度从470公里增加到2073公里,增加4.4倍;日平均运客总数从30.65万人次增加到86.03万人次,增加2.81倍;1991年客运总量达到3.14亿人次。近年来,广西围绕公交优先发展战略,大力推进公交都市创建工作,规划建设快速公交(BRT),2014年柳州市成功入选国家公交都市第二批创建城市;2017年南宁、桂林和贵港3市成功入选国家"十三五"公交都市第一批创建城市;2017年南宁市快速公交(BRT)1号线全线开通运营。2017年广西城市公共客运车辆数达到14599辆,线路有1732条,线路长度为30271.4公里,客运总量131836.6万人次。

3. 水路客运长足发展不断壮大

改革开放40年来,广西水路客运从小到大,逐步发展壮大。1987年,广西共有客船68艘、5358客位,到2017年,共拥有客船2036艘、101281客位,客运企业66家,形成了以桂林漓江航线、北海航区两大旅游客运市场,客运船舶逐步向高端化、星级化发展。2017年,全区水路完成客运量560.99万人,旅客周转量26976.16万人公里。

4. 道路客运行业改革典型案例

简化审批程序。在现行的道路客运法规、规章的基本框架下,根据优化营商环境和"放管服"改革的要求,对有关规范性文件以及行政权力事项进行了多次清理,进一步优化完善了道路客运行政审批操作规范,简化了审批程序。一是加快了审批速度,相关行政审批事项的办结时限已由法定的20个工作日压缩到10个工作日。二是对既有区际、市际客运班线变更途经路线、经营期限届满后延续经营等事项的审批程序进行了简化,方便企业办理相关业务。

推进道路客运转型升级。一是积极与铁路部门和地方政府对接,大力推进高铁无轨站建设,推动旅客联程运输的发展,通过建设高铁无轨站运营网络,编织顺畅的旅游交通网,提高游客的出行效率,推动道路客运的转型升级;同时,利用公路—铁路联程运输辐射不通高铁的部分贫困县,在服务民生的同时助力精准扶贫,实现公路—铁路—地方的共建共赢。截至2018年6月,广西共有百色、玉林、柳州市下辖的13个县(区)建成了高铁无轨站,逐步形成了运营网络,实现了道路客运与铁路客运的无缝对接,有效解决了上述县(区)群众搭乘高铁列车"最先几公里"和"最后几公里"问题。二是将区际、市际包车客运运力的审批权限下放到各市,由各市根据本地实际情况确定包车客运运力的发展措施。同时,积极引导道路客运企业调整经营结构,将富余的客运班车运力调整为包车运力,将部分与高铁线路重叠、客流量下降明显的道路客运班线的营运车辆从大型客车调整为中型客车,帮助企业降低经营成本,提高经营效益。三是根据交通运输部更贴近民生实事工作的要求,积极落实推进全区道路客运联网售票建设和建制村通客车工作。截至2018年6月底,广西128家二级以上的客运站已全部实现了联网售票,广西通客车建制村12690个,具备条件的建制村通客车率89%。

(二)货运服务

1.道路货运发生翻天覆地变化

1978年9月,中央提出对国民经济实行"调整、改革、整顿、提高"的方针。1982年,广西道路运输管理机构根据自治区党委、政府的指示精神,调整汽车运输管理体制,把下放的企业回收,恢复广西汽车运输公司,实行统一领导,分级管理。1983年广西客货综合利润达4.369万元,创历史最高纪录。个体运输业户从无到有迅速发展,1983年,广西个体运输汽车仅有747辆,其中货车744辆,1984年,广西个体运输汽车增加到5089辆,其中货车4985辆,超出了国营运输企业拥有货车数量的总和,个体运输业户成为当时公路运输行业一支重要的有生力量,为解决"运货难"发挥了重要作用。扩展零担货物运输,加快区内外的商品流通,1984年,广西制定零担货运发展规划和零担班线开行计划,在两年内初步建立南宁到各市乃至各县的干线零担运输网络,开行县城到农村乡镇的短途零担班车,大力发展跨省零担货运业务,至年底,全区共开通63条零担班线,比1983年增加37条,营运里程9618公里,比1983年增加6480公里;新设零担货运点140个,共有零担专用车26辆,比1983年增加18辆。

20世纪90年代货运行业进入平稳发展阶段。至1995年,广西道路货物经营业户共65375户,货物运输从业人员170235人,载货汽车96738辆,364976吨位,运力结构由单一车型向多样化转变。汽车零担运输四通八达,至1991年底,南宁、柳州、桂林、梧州、北海、玉林、钦州、百色、河池等地(市)85%的县已开办了零担货运业务。交通系统已拥有零担货运专业用车140辆,班线140条(其中跨省班线46条),开行8534个班次,里程6.33万公里;仓储面积4217平方米;最长线路南宁至上海全程2377公里。道路危险货物运量增长加快,全区从事道路危险货物运输业户约400家,拥有车辆近3000辆,12000多个吨位,完成运量80多万吨。

"十二五"以来,货运行业进入转型升级阶段。截至2017年底广西道路货物运输经营业户为40.47万户,道路运输从业人员为121.76万人,其中道路货物运输从业人员76.83万人,占全区道路运输从业人员的63%。自2011年分别开启了广西甩挂运输试点和多式联运示范项目工作,广西桂华物流有限公司等2家企业成为全区第一批开展公路甩挂运输试点单位,同时,广西桂华物流有限公司、南宁震洋物流有限公司还成为国家级公路甩挂运输试点企业;2016年和2017年,广西申报的"贯通欧亚大陆的公铁联运冷链物流通道示范工程"和"广西服务'一带一路'倡议'西南—北部湾—东盟/中国沿海'点线并举、境外布局多式联运示范工程"先后成功入选国家第一、二批多式联运示范工程项目,以多种运输方式紧密衔接的方式促进物流降本增效。加大信息化建设力度,努力实施"互联网+道路货运"工程,2017年广西道路运输IC卡(集成电路)电子证件系统平台完成建设并投入使用,在全国率先实现三卡合一的申请、发行、充值、通行、付费,为从业人员和企业的降本增效提供一条重要渠道。探索推进广西农村物流县、乡、村三级网络节点体系建设,农村物流试点工作迈出新步伐,贵港市港北区成为广西农村物流体系建设首批试点区县。

2.水路货运实现快速发展

广西货运主要有内河航线及沿海航线。内河航运中,大部分航运企业从事省际货运业务,主要货种为矿建材料、水泥、煤炭等,不同货种的运输量在不同的地市有不同的表现,但是矿建材料在多数地市的运输量中占较大比重。近年来,货物装箱的范围有所扩展,集装箱运输呈现快速发展势头。1978年,广西共有4719艘、22.5万载重吨;2017年,共有货船5928艘、881万载重吨,共有航运企业273家,运力规模超过20万载重吨的企业有1家,超过10万载重吨企业有14家。2017年,广西水路运输完成货运量28405万吨,货物周转量1446.95亿吨公里。沿海航线方面,主要有沿海南北航线、台港澳航线、东盟航线和远洋运输,主要货种有:煤炭及制品、石油、天然气及制品、金属矿石、非金属矿石、钢铁、建材、粮食、化肥、机械设备和电器、轻工、医药产品、有色金属、农林牧渔业产品等。货物主要流向广西、广东、海南、上海、天津、福建、浙江、山东、辽宁等地的港口;集装箱货主要流向内地沿海港口及香港、澳门、台湾等地,并通过港澳流向世界各港口。

3.广西道路货运行业改革典型案例

甩挂运输试点。2013年,南宁国际综合物流园有限公司和广西桂华物流有限公司联合申报的"南宁'无水港'集装箱甩挂运输试点项目"通过交通运输部审查,列入国家第三批甩挂运输试点项目。2015年,由南宁震洋物流有限公司主导、武汉赤湾东方物流有限公司、南宁鑫金航物资有限公司、凭祥航洋潮国际物流有限公司、湖北赤湾东方物流有限公司等多家企业参与联合建设实施的"面向东盟跨境物流的甩挂运输主题性试点项目"通过交通运输部审查,列入国家第四批甩挂运输试点项目。

多式联运示范。一是中铁铁龙集装箱物流有限公司、南宁震洋物流有限公司、南宁铁路局联合申报的"贯通欧亚大陆的公铁联运冷链物流通道示范工程"于2016年5月入选全国多式联运示范工程的16个项目名单之一;二是广西北部湾国际港务集团有限公司、广西中外运物流有限公司、广西沿海铁路股份有限公司联合申报的广西实践"一带一路"倡议"西南—北部湾—东盟/中国沿海"点线并举、境外布局多式联运示范工程成功入选全国第二批多式联运示范工程。

(三)运输装备

40年来,运输装备经历了从无到有,从少到多,从普通到专用,从侧面反映了改革40年道路运输所取得的成果。道路运输装备尤其是运输车辆增长较快。据统计,营运客车从1978年的1187辆、47351客位增长到2017年的26582辆、823434客位,货运车辆由1978年的3758辆、12783吨位增长到2017年的504590辆、3212214吨位。

道路运输装备水平明显改善。道路运输企业不断优化车型装备,通过提升运输装备水平,不断优化运力结构,1985年以后,柴油机东风客车、空调大客车、轻型客车、卧铺客车、旅游客车等新产品相继投入运输市场,满足客运市场多层次的需要,极大改善了乘车条件,货运车辆逐步向重型化、特种专用化、普通厢式化发展,进一步适应市场需要2017年,拥有载客汽车26582辆,其中大型客车13287万辆、572190万客位,中型客车9471万辆、216913万客位,小型客车3824万辆、34331万客位。随着道路运输节能减排理念的不断推广,绿色环保和节能降耗成为运输装备转型升级核心内容,驾培行业"油改电"技术得到进一步推广,2011年百色市所有驾培机构全部采用电动汽车进行场地驾驶训练教学;逐步淘汰在营黄标车,2015年淘汰营运黄标车3.3394万辆;新能源公交车、出租汽车投入推广应用成效显著,2013年广西投入新能源、清洁能源公共汽电车共524辆,2017年新增新能源公共汽电车1750辆,占当年新增公交车的91%。

水运船舶取得了长足发展。由1978年的4719艘、22.5万载重吨发展到2017年的7966艘、881.68万载重吨,平均载重吨更是由1978年的47.8吨/船增长到了2017年的1106.8吨/船。40年间,全区水运船舶由原来的小型货船发展到了大型运输船舶,形成了以一般干货船、集装箱船和多用途船为主,成品油船、散装化学品船、液化天然气(LNG)船和液化石油气(LPG)船、滚装船、高速客船等为辅的发展局面,船舶大型化、专业化、标准化方向发展的趋势非常明显。

四、行业管理成就

(一)法治建设

1986年11月《广西公路管理条例》颁布,广西公路法制化建设取得历史性突破。2005年9月,《广西实施〈中华人民共和国公路法〉办法》审议通过。2010年以来,公路法律法规得到进一步的补充完善,该办法分别于2010年9月、2016年11月进行了两次修正;2016年11月,《广西农村公路管理办法》审议通过。目前,正在加快推进《广西治理货物运输车辆超限超载条例》《广西农村公路条例》立法各项工作。1995年7月《广西道路运输管理条例》颁布,广西道路运输法制化建设取得历史性突破,分别于1997年至2016年间进行了6次修正,于2007年3月进行了修订,为维护道路运输市场秩序,保障道路运输安全,保护道路运输经营者和旅客、货主以及其他服务对象的合法权益,提供强有力的法治支持和保障。1997年1月1日《广西高速公路管理办法》颁布,并分别于2009年、2014年进行了修订。《广西高速公路管理办法》的实施,填补了广西高速公路立法从无到有的跨越式发展,为建立和完善全区高速公路建设、养护、经营、服务和管理的制度、措施,确保全区高速公路事业科学健康和持续发展提供了强有力的法律和制度支撑。1991年,《广西水路运输服务企业暂行管理规定》《广西民用船舶修造业管理暂行办法》等法规性文件出台,为之后出台的地方性法规奠定了基础。1999年,《广西水路运输管理条例》(10月1日施行)出台,进一步细化了水路运输行业的规范管理。2002年和2004年《广西水路运输管理条例》进行了第一、第二次修订,并逐步出台相关配套法规和规范性文件,广西水路运输管理逐步走上"公平、公正、统一、开放、竞争、有序"的轨道。2007年5月《广西船闸管理办法》正式实施,它是我国第一部由省一级人民政府制定的对船闸建设、运行、养护、监管进行规范的政府规章。2013年10月,广西根据水运发展实际及船闸改扩建资金筹措困难等情况修订该办法,征收船舶过闸费,用于船闸的运行、维护和管理以及船闸的改扩建。新修订的办法从2014年10月1日起实施。2010年,《广西港口条例》(2011年1月1日起施行)出台,这对整合港口资源,理顺管理体制,加快北部湾经济建设,打造西江黄金水道,保护和合理开发利用港口资源,维护港口经营秩序,具有重要的现实意义和深远的历史意义。

(二) 管理体制改革

普通公路体制改革不断深入。1950年广西公路局成立,1984年6月,广西公路工程公司改名为广西公路管理局,直接领导南宁、桂林、柳州、梧州、玉林、钦州、百色、河池8个地区公路总段以及第一、二、三工程处,桥梁安装队,南宁筑路机械修配厂,养路机械修造厂,大风门水泥厂。1988年10月,由广西公路管理局直接领导的南宁等8个公路总段(副处级事业单位)下放给所在地区行署领导,归口地区交通局管理;将自治区所辖市下属县的公路段划归所在市人民政府领导,归口市交通局管理,各市、县级公路管理局均为自收自支企业化管理事业单位。1997年逐步对各市公路管理机构进行上收。同年9月,梧州公路管理局的人、财、物收归广西交通厅管理。2003年12月,南宁、柳州公路管理局分别更名为桂西公路管理局、桂中公路管理局,并上收广西公路管理局管理。2006年8月,桂林等8个市级公路管理机构收归广西交通厅直接管理,同时与广西交通厅原管理的桂西等3个公路管理局进行整合,将原来的11个市级公路管理机构整合为9个,即撤销钦州、北海、防城港市公路管理局,合并成立广西沿海公路管理局,原机构规格、机构性质保持不变。2013年起,国省干线公路开始推行养护大中修工程市场化改革。2014年,采取"试点—总结—推广"的路径模式,通过理顺行业与市场关系、完善公路养护制度体系、落实公路养护监督管理等多项措施稳步实施公路养护改革。2016年,全区14个地市年底已全部签订权属移交协议,养护权属整体移交工作顺利完成,全区国道、省道、农村公路的养护管理职责得到了更科学合理地划分。

成品油价格和税费改革前,普通公路执法主要以路政部门为主,自治区、市、县分别设立路政管理处(增挂公路公安分处牌子,正科级)、路政管理处(增挂公路公安科牌子,正科级)、路政大队(增挂公路派出所牌子,副科级),分别为自治区、市、县级公路管理局的内设机构。2008年12月,根据《国务院关于实施成品油价格和税费改革的通知》(国发〔2008〕37号)精神,自治区出台《广西壮族自治区人民政府办公厅关于印发广西壮族自治区成品油价格和税费改革人员安置工作方案的通知》(桂政办发〔2009〕119号)中明确,将组建全区公路路政执法机构作为成品油价格和税费改革人员安置办法中的重要方式,提出"以现有的自治区交通征费稽查局(2001年底与自治区公路管理局合署办公)、各市级交通征费稽查处、各县级交通征费稽查所三级机构框架为基础,整合各级公路管理局路政执法专职人员,组建广西壮族自治区公路路政执法机构,分别设立自治区路政执法总队、路政执法支队和路政执法大队,相应归口自治区、市、县级公路管理局管理。"的构思。根据上述文件精神,经自治区机构编制委员会《关于组建全区路政执法机构及调整全区公路管理机构编制等有关问题的批复》(桂编〔2010〕65号)核定明确,撤销广西壮族自治区交通征费稽查局和广西壮族自治区南宁、柳州、桂林、梧州、玉林、贵港、百色、钦州、河池、北海、防城港交通征费稽查处等12个交通征费稽查机构,原核定的自收自支事业单位编制938名连人带编划转到新组建的全区各级路政执法机构。至2010年底,按自治区、市、县三级设置与公路管理机构相对应的路政执法机构相继组建完成,全区路政执法机构以崭新的面貌,开启了广西路政执法和路政管理的新篇章。

道路运输管理体制改革。经过几轮体制改革机构调整,1979年9月,恢复广西汽车运输公司,原下放给地(市)管理的南宁、柳州、桂林、梧州、玉林、钦州、百色、河池8个汽车总站及其所辖的各县汽车站和南宁汽车修配厂、南宁汽车修理厂、南宁翻胎厂、桂林汽车修配厂4个工厂划归广西汽车运输公司管辖,对广西的汽车运输和汽车维修业务实行统一管理。1985年,撤销广西汽车运输公司和广西运输管理局,成立广西公路运输管理局,属自收自支的事业单位,地(市)设公路运输管理处,县设公路运输管理所,乡(镇)设交通管理站。由于管理职责的变化和行业管理范围的拓宽,2005年11月更名为广西道路运输管理局,负责实施全区从事跨市、跨区行政区域道路客运经营以及国际道路运输经营等道路运输管理工作;广西道路运输管理局增挂广西国际道路运输管理办公室牌子。2007年,广西道路运输管理局代管东兴口岸国际道路运输管理处、友谊关口岸国际道路运输管理处2个口岸国际道路运输管理机构。广西道路运输管理局受广西交通运输厅委托管理广西交通技师学院(增挂广西交通高级技工学校牌子)。

高速公路体制步伐加快。广西高速公路管理局于1996年12月正式成立,下设桂柳、沿海两个高速公路管理处,隶属广西交通运输厅的自收自支事业单位,主要是负责广西高速公路(含一级汽车专用公路)及其设施的管理、养护、收费、路政和服务,对全区内以BOT(建设—经营—转让)形式建成的高速公路进行行业管理。1997年4月,成立广西高速公路集团有限责任公司,为国有独资企业,与高管局合署办公,实行"一门两牌,一套领导班子"。1998年7月,南宁高速公路南间至那马段开通建成,成立南宁高速公路管理处。2005年11月,南宁至友谊关、百色至罗村口高速公路建成通车,广西南友高速公路管理机构筹备处成立,主要管辖南宁至友谊关、百色至罗村口两条高速公路。2008年,原由广西高速公路管理局直属桂柳处、沿海处、南宁处和南友筹备处经营管理的高速公路资产按照有关规定分别划转给自治区政府组建的广西交通投资集团有限公司、北部湾投资集团有限公司管理。2013年6月,广西高管局增挂广西高速公路路政执法监督局的牌子,事业编制由40名调整为85名,同时同意设立南宁、柳州、百色、桂林、玉林高速公路管理处(高速公路路政执法支队)。2013年12月,重新核定广西高速公路管理局机关及所属广西高速公路联网收费管理中心及南宁、柳州、百色、桂林、玉林高速公路管理处事业编制数、领导职数、大队级别等。其中广西高速公路管理局2014年12月先行组建成立南宁、柳州、百色3个高管处,2016年12月组建成立柳州、桂林高管处及广西高速公路联网收费管理中心。

水运体制改革更加合理。1985年底,广西航运公司撤销,成立广西航运管理局,原来航运公司所属分公司全部下放给所在地的交通局管理。1988年1月1日,成立了广西航务管理局,负责对全区水上运输业、船舶修造业实行统一的行业管理和行政管理,并负责全区的水上交通安全监督管理、船舶检验以及航道整治维护和管理等工作。1999年11月将广西水上交通安全监督工作整体划转交通部,广西航务管理局不再履行水上安全监督管理职责。2005年,将船舶建造质量安全监管划由国防科工部门负责。2006年"广西航务管理局"更名为"广西港航管理局",隶属广西交通厅,下设4个航道管理处、6个船舶检验处,行使全区航道、船舶检验、水运基础设施建设和水运规费征收的管理职责及对全区水路运输、港口管理实行业指导职责。2007年12月,广西港航管理局直属的航道管理处、船舶检验处分别更名为航道管理局和船舶检验局。各市、县交通局分别下设负责辖区水路运输行业管理的航务(港航)管理处、航务管理所;北海、钦州、防城港市设立负责辖区港口行业管理的港口(港务)管理局(处),接受广西港航管理局行业管理,进行广西船舶运输经营资质管理、船舶载运危险货物安全监督管理、水路运输企业经营资质管理、水路运输服务企业经营资质管理、港口经营管理、港口危险货物管理等。2015年10月,广西北部湾港口管理局揭牌成立,原广西港航管理局(广西船舶检验局)成建制并入广西北部湾港口管理局,实行一个机构、三块牌子,是由广西交通运输厅、广西北部湾经济区和东盟开放合作办公室双重管理、以广西交通运输厅管理为主的财政全额拨款事业单位。行使全区港口、水路运输、航道、船舶检验等管理职责,下设北海、钦州、防城港3个港口管理分局,以及南宁、柳州、桂林、梧州4个直属航道管理局和南宁、柳州、桂林、梧州、贵港、北海6个直属船舶检验局以及北海、钦州、防城港3个直属引航站。原北海、钦州、防城港三市人民政府承担的港口行政管理职责调整由广西北部湾港口管理局承担。

国际道路运输管理体制改革取得突破。2007年4月,东兴、友谊关口岸交通运输管理站由地方上收到原广西交通厅,由原广西交通厅对其人、财、物实行垂直的行政和业务管理,名称分别变更为"友谊关口岸国际道路运输管理处""东兴口岸国际道路运输管理处",级别为副处级单位。2008年7月22~23日,东兴及友谊关交通运输管理站正式挂牌,升格为国际道路运输管理处,履行口岸国际道路运输管理职能。

(三)投融资体制改革

普通公路更加惠民。广西第一个公路收费站大塘收费站于1988年12月20日开始收费,标志着广西收费公路建设和发展的开始。"十一五"期间,广西最多的时候共有普通公路收费站104个。收费公路政策曾极大地加快了广西公路建设的步伐,而随着国家燃油税费改革政策的实施,特别是十八大以来,广西按照"统筹发展以普通公路为主的体现政府普遍服务的非收费公路和以高速公路为主提供快捷、高效服务的收费公路"的中国公路发展方向,加大取消普通公路收费力度,仅2016年1月1日零时取消的政府还贷二级公路收费站就有49个,加上2017年因政府回购提前取消的石南至大江口二级公路雅文收费站、到期撤销的桂林至黄沙河一级公路全州咸水收费站、南宁至梧州二级公路黎塘、贵港覃塘、庆丰共4个收费站,目前广西普通公路仅剩余7个收费站,全部为一级公路收费站,二级公路已全部取消收费站,实现全区境内所有二级公路全部免费通行。

高速公路投融资趋于合理。改革开放40年来,广西抓住高速公路网纳入国道主干线规划等政策机遇,利用交通部补助投资作为资本金,争取银行贷款支持,筹措建设资金;实行投资主体多元化,充分调动社会各方面的积极性,多渠道筹集资金建设高速公路等交通基础设施。2009年颁布实施《广西壮族自治区经营性公路建设项目投资人招标投标管理办法》,采用合资入股、BOT、BT(建设—移交)、代建制、总承包以及化大为小、分段招商等模式,吸引有实力的企业和客商参与我区高速公路投资建设。自2000年至今,广西先后将一批高速公路推向市场,按经营性公路(BOT)建设模式,由企业投资或与企业合资进行建设。先后建成了兴业到六景、苍梧至郁南、桂林至梧州、梧州至岑溪、桂林至阳朔、筋竹至岑溪、全州至兴安、兴安至桂林、钟山至马江、阳朔至平乐、梧州至贵港、桂林至三江、资源至兴安等16个高速公路项目,建设里程2600公里,招商引资建设的里程占高速公路建设总里程比重的30%,市场开放程度位居全国前列。2008年先后组建广西交通投资集团有限公司和广西北部湾投资集团有限公司等国有独资大型企业投资集团,高速公路建设投融资具体工作由交投公司、北投公司负责。通过利用高速公路的现有资产以及多元化经营、股权转让、上市和发行债券等渠道,将现有存量资产变成新建高速公路建设资金,进一步盘活了高速公路现有资产,有效筹集资金,加大建设投入。

水运方面不断拓宽投融资渠道。成立的广西西江开发投资集团有限公司、北部湾投资集团有限公司、广西交通投资公司是广西港航主要的投融资平台。此外,广西在港航方面的投融资方面采取了一些措施,例如,1992年印发了《广西交通基础设施建设基金征收使用管理暂行办法》(航运部分),开征航运客货运输交通基础设施建设基金,用于航运基础设施建设;2015—2016年,相继实施桂平航运枢纽船闸、长洲水利枢纽船闸船舶过闸收费,为船闸维护提供稳定的资金来源。2016年印发了《广西北部湾港口公共基础设施建设与维护实施方案》,筹措沿海港口公共基础设施建设、维护资金。

(四)技术政策及标准建设

普通公路技术不断突破。一是工程管理。广西工程管理常用的技术政策和标准主要有《公路工程技术标准》《公路工程质量检验评定标准》《公路工程技术状况评定标准》等国家、行业标准,地方标准较少使用。二是路政管理。1991年1月,印发了《广西公路路政案件办案程序》;1997年7月《中华人民共和国公路法》出台,并于1998年1月起施行,经1999年、2004年两次修订后,《广西实施〈中华人民共和国公路法〉办法》于2005年9获得广西第十届人民代表大会常务委员会第十六次会议通过,于2005年12月1日正式实施。2015年10月,《广西公路涉路施工活动技术评价规范》经由广西质量技术监督局公布实施,成为2011年《公路安全保护条例》实施以来,我国第一部适用于公路行政许可涉路施工活动技术评价的省级技术规范。该规范入选2016年度广西重要技术标准评选项目,广西公路管理局被交通运输部列为制定全国涉路工程安全评价规范的成员单位之一。

高速公路技术标准不断完善。一是编制《广西公路交通信息基础数据元》标准。为了进一步促进交通信息数据的集中管理与交换共享,为广西公路交通大数据、"互联网+交通服务"提供基础支撑,2017年1月在南宁组织召开标准送审稿评审会,专家组认为该标准编制结构合理,内容符合交通运输部相关规范的要求,符合广西公路交通业务的需要,一致同意该标准通过验收,于2018年3月8日印发高速公路行业相关单位,作为在信息系统建设以及开展数据资源整合共享的工作中参照使用。二是编制地方标准《高速公路联网系统技术要求》(DB 45/T 1491—2017),于2017年2月20日经广西质量技术监督局批准发布,标准的实施对提升广西高速公路联网系统的运营水平、提升高速公路通行效率,促进高速公路联网系统智能化水平等具有重要的作用。三是制定了《广西高速公路管理局路政执法服装和装备管理办法》,对路政队伍基层场所进行执法标志改造,将执法场所划分为对外业务区、内部办公区、业务学习区、执法装备区和生活后勤区,全面完成执法形象"四个统一"。四是出台了《广西高速公路施工标准化指导意见》,并将靖西至那坡高速公路、河池至都安高速公路作为标准化活动示范项目,要求新开工的高速公路要全面推行标准化施工活动。五是积极推行安全风险评估制度。结合重点项目、重点企业和重点区域的生产活动,应用安全风险管理理论,加强对较大安全风险的特大桥施工、岩溶隧道和雨季施工中的隧道突水突泥风险进行重点防范,并要求加强对长隧道和特大桥梁的施工管理工作力度。加强安全科技创新能力建设,突出重点项目,加强研发监控平台建设。如实行视频监控平台、推行安全生产"单元预警法"等。推进"平安工地"建设、"三类人员"考核常态化。

水路技术不断完善。一是航道方面:1991年制定实施《广西航标管理工作规定》,后经修订,于2005年9月1日起实施。该规定对加强航标管理,提高航标维护质量,提高工作效率,降低航标维护成本具有重要的意义。另制定了广西等外级航道通过标准,广西五级以下(含五级)航道技术等级,广西二至四级航道技术等级等标准。二是船舶检验方面:1996年,出台《广西简化内河乡镇客渡船舶稳性衡准暂行规定》,对船长15米及以下内河乡镇客渡船免除倾斜试验并简化稳性计算,有效解决了这些船舶的检验依据问题。1998年,制定了《木骨架泡沫塑料船检验暂行办法》,使该类船纳入正常检验及安全管理。2002年,针对乡镇船舶检验中存在的技术问题,及时制定了《广西钢质乡镇小型运输船舶检验暂行规定》,使得大部分乡镇船舶通过整改或配备必要的设备后满足发证要求,有效地提高了乡镇船舶发证率。2006年,为解决天生桥库区小型客货渡船的船舶检验问题,组织编制的《天生桥库区小型客/货渡船检验规定》,通过了交通部海事局的批准,自2006年4月1日起实施。2009年为了解决内河砂石采/运船舶的无证无照问题,使其具备安全航行的技术条件,制定了《广西钢质内河挖砂/运砂船舶检验暂行规定》,该规定通过了交通运输厅组织的专家技术验收,10月广西交通运输厅正式公布实施。2010年根据漓江旅游客船的特点和社会发展的需求,对1992年版的漓江旅游客船检验暂行规定进行修订,9月《漓江旅游客船法定检验规定》由中国海事局正式颁布实施,2011年3月1日起生效执行。为建立地方区域性船检技术法规做出尝试和提供经验。

五、科技创新成就

(一)科技创新体制改革

在国家实施创新驱动发展战略,全面深化科技体制改革的过程中,广西不断推进行业科技管理改革,提升科技管理水平,完善科技管理制度,激发科技创新活力,发挥科技在交通行业中的技术支撑和引领作用。

注重抓好科技基础管理工作。制定了《广西交通科技项目管理暂行办法》《广西交通科技经费管理暂行办法》以及《广西交通科技项目验收管理暂行办法》等规章制度;建立了广西交通运输科技档案;开发应用广西交通科技项目管理系统对项目进行管理;对科技管理人员定期培训,提升科技管理水平。

注重抓好科技项目推荐工作。加大了对科研及标准化需求的调研,整合凝练形成交通运输行业的科技需求项目;组织交通运输行业申报广西科技重大专项项目、广西科技计划项目;加强与自治区科技厅的沟通联系,做好广西交通科技项目申报指南的建议工作,确保交通运输行业科技需求申报渠道的畅通。

注重抓好行业科技管理工作。开展交通运输行业重点科技创新需求调研工作;机制组织开展行业科技创新人才、科技创新人才和交通运输行业成果库的推荐工作;完成交通运输行业科技统计工作。

注重抓好科技成果应用工作。针对广西交通运输行业多年来积累的科技创新成果,开展广西交通运输科技成果推广目录、地方标准编制等工作,促进科技成果、新技术新材料在交通运输建设领域的广泛应用。

(二)科研能力建设

有效统筹科技资源。开展广西交通运输行业科研及标准化立项需求调研,充分了解广西交通运输行业科研及标准化工作现状,明确未来 3~5 年科研及标准化工作重点,推进科研与标准相融合,发挥标准在技术创新中的引导作用。整合职业教育资源,提升行业人才培养能力。将广西交通运输学校划归广西交通职业技术学院管理,形成中、高职教育相互贯通衔接的格局;同时将广西交通技师学院与广西公路技工学校有效合并,充分整合教育资源,发挥办学优势,提升办学质量。

行业重点科研平台布局与建设初见成效。积极推进科技创新平台建设,不断提升行业科技创新实力。目前,我区交通运输行业有各类科技创新载体 25 个,其中,国家级行业研发中心 1 个、博士后科研工作站 1 个,自治区级重点实验室 2 个,自治区工程技术研究中心 4 个,自治区企业技术中心 2 个。

参与科技资源开放共享建设。利用广西大型科学仪器共享平台,制定相关办法和制度,积极组织推进广西大型科研仪器向社会开放共享工作,目前广西交通行业企事业单位在该平台登记的仪器超过 500 台。

积极推进产学研模式的创新。产学研联合创新模式形式多样,初步建立以企业为主体、市场为导向、产学研用相结合的技术创新体系,并逐步形成企业、高等院校、科研机构相互支撑、协同创新的良好格局。例如:建立了橡胶粉及橡胶沥青"产学研"一体化生产基地等。

行业信息化建设取得长足进步。广西高速公路 ETC(电子不停车收费系统)系统实现与全国联网,14 个地级市全部开通 12328 交通运输服务监督电话,全区 13 个地级市实现交通一卡通,全区 128 家二级及以上客运站全部实现"联网售票";广西 IC 卡道路运输电子证件系统等信息化示范工程顺利推进完成部署并投入运营。

(三)重大科技创新成果及推广应用

据不完全统计,自改革开放 40 年来,广西交通运输行业荣获各类科学技术奖项 200 余项,其中国家科学技术进步奖 10 项。重要科技项目课题介绍如下:

1.邕宁邕江大桥 SRC 拱桥设计与施工技术研究

SRC 为钢管钢筋混凝土拱式结构的简称。项目为交通部"八五"联合攻关科研项目,由广西交通厅、广西交通科学研究所、广西路桥总公司第二工程处等单位共同承担,在邕宁邕江大桥(主跨 312 米的钢筋混凝土中承式箱形肋拱)中成功运用了无支架缆索吊装松索后合龙、预应力斜拉扣挂输送泵连续浇筑混凝土时调整应力和挠度等新技术、新工艺,攻克了建设特大跨径拱桥的千年难题。其成果在世界拱桥史上属首创,技术居世界领先水平。

项目成果获 1997 年获广西科技进步一等奖、国家科技进步二等奖,2008 年广西科学技术进步奖特别贡献奖,先后在国内四川万县长江大桥、上海卢浦大桥、南宁邕江三岸大桥、六景大桥等工程项目推广使用,同时被交通部载入《中国桥谱》一书。

2. 南方山区特殊土公路路基处治关键技术研究及应用

该项目构建出特殊土路基稳定性评价的理论体系,首次提出红砂岩路基修筑成套技术,并制定出相应的施工技术规程与验收标准,使原本废弃的红砂岩成为高速公路的填筑材料;提出"以承载力控制为主,变形控制为辅"的岩溶地区路基处治设计方法;提出了水平加筋与桩体双向增强复合地基处治技术及按差异沉降控制的设计计算方法,成功解决了差异沉降突出和稳定性问题;提出了浅层碾压和深层冲击相结合的实用填石路堤施工与沉降监测技术。

项目成果被专家鉴定为"总体国际先进""部分国际领先",在全国20多条公路建设中得到推广应用,节省建设资金13.9亿元,社会、经济效益显著,获省部级科技进步一等奖2项,二等奖2项,三等奖1项,2006年获国家科学技术进步二等奖。

3. 国家高等级航道网通航枢纽与船闸水力学创新研究及实践

本项目创立了以被动防护为宗旨的阀门防空化新理论,健全和发展了船闸水力学理论体系;建立了枢纽通航安全评估新方法,提出急弯汇流等特殊河段枢纽布置方式,首创集导航和调顺功能、具有高通过能力的新型引航道,发明了改善水沙条件的菱形导流墩和扇形分流墩群,攻克了国家高等级航道网不同形态河流枢纽通航安全技术难题;发明了以复合廊道双明沟消能新技术为基础的局部分散输水系统,首创倒口消能无镇静段船闸集中输水系统,提出适应小水深的新型闸墙长廊道侧支孔分散输水系统,解决了船闸快速输水过程中闸室船舶停泊安全难题;创建和提升了非恒定流空化模拟研究平台,发明了分级防空化技术,解决了高水头单级船闸阀门空化这一世界难题;建立了以精确计算船舶下沉量为理论基础的船舶过闸吃水控制新标准,解决了大型化船舶过闸的迫切问题;提出多级船闸过闸新技术,显著提高已建船闸通过能力。

成果在我国高等级航道网通航枢纽及船闸项目中得到全面成功应用,取得直接经济效益56.5亿元,荣获2012年度国家科学技术进步二等奖。

4. 膨胀土地区公路建设成套技术

本项目为交通部西部交通建设科技项目,项目发明了膨胀土路堑边坡柔性支护综合技术和一种新的膨胀土地基处治技术,开发了未经改良的膨胀土直接填筑路堤的新技术,建立了膨胀土地区公路勘察设计系列技术,实现了公路膨胀土工程理论的创新。在公路膨胀土路堑边坡的滑坍治理、膨胀土弃方的合理利用、工程勘察、构造物地基基础设计等关键技术方面有重大突破和实质性创新。形成了集理论、方法和试验技术以及勘察、设计、施工和环保技术于一体的膨胀土地区公路建设成套技术,总体技术指标达到国际领先水平。

课题成果先后在8省区23条高速公路和南水北调工程中广泛应用,产生直接经济效益11.75亿元,节约建设用地16202.5亩,减少油耗3640.6万升,降低废气排放1.66万吨,取得了重大社会经济效益,荣获2009年度国家科学技术进步一等奖。

5. 500米级钢管混凝土拱桥建造核心技术研究

该项目主要由广西交通厅、广西路桥总公司、重庆交通大学等单位承担。项目依托合江长江一桥,首次提出组合式主拱横撑和内横隔的新型构造,研发了基于悬拼单元的新型主拱结构;开发了200吨级钢管拱桁节段逐级匹配、消除累积误差的卧式耦合制造新技术,提出了拱桥斜拉扣挂悬拼施工控制计算方法,研发了新式索鞍横移、摇臂抱杆安装扣塔、吊扣塔架智能纠偏、拱顶位移智能控制技术与装备;首次研制了新型自密实、无收缩混凝土新材料,首次研发了大型钢管混凝土结构管内混凝土真空辅助灌注方法,保证了管内混凝土灌注密实。

该研究共获得发明专利9项(其中2项获得中国专利优秀奖)、国家级工法3项,成果在多座大跨径钢管混凝土拱桥项目中得到应用,节约成本共计8600余万元;相关技术写入国家标准《钢管混凝土拱桥技术规范》、行业标准《公路钢管混凝土拱桥设计规范》、地方标准《钢管混凝土拱桥施工技术规程》,荣获得广西科技进步一等奖。

6. 西部港口物流枢纽和运营技术开发与示范

该项目由广西壮族自治区交通运输厅牵头,针对西部港口物流枢纽建设与运营相关问题,从发展模式、空间布局规划、运营组织与流程优化、信息系统建设、安全应急技术、节能减排系统等方面展开系统研究,研究成果在防城港、钦州港、北海港、重庆港开展了港口物流枢纽运营组织优化、信息化平台、安全应急体系和节能减排工艺等关键技术的示范应用。

其中,子课题"西部港口物流枢纽规划与布局技术研究及示范应用"获2015年中国水运建设行业协会科技技术奖二等奖;子课题"西部港口物流枢纽安全监管与应急处置技术研究及示范应用"获2016年中国航海学会科学技术奖二等奖;子课题"西部港口枢纽节能减排技术研究及示范应用"获2016年中国港口科技进步奖一等奖。

7. 西江黄金水道通过能力提升关键技术研究

该项目广西壮族自治区港航管理局牵头负责,紧紧围绕西江黄金水道建设中重点关键问题开展研究工作,重点解决西江黄金水道建设中"两点两线一通道"的问题,"两点"为右江百色升船机中间渠道通航条件和长洲枢纽通过能力提升的问题,"两线"为大藤峡坝下非衔接段航道等级提升和长洲枢纽坝下高等级航道整治问题,"一通道"为西江航运干线通航标准的问题。其中,子项目"西江多梯级、多线船闸联合调度关键技术研究"获2015年中国航海学会科技技术奖二等奖;"西江黄金水道通过能力提升关键技术研究"获2017年广西科学技术进步奖三等奖。

六、对外开放成就

(一)国际合作交流

国际道路运输合作取得零的突破。1999年12月,经广西交通代表团与越南河内、谅山、高平、广宁等省市会谈并签订协议书,通过我国的东兴、友谊关、水口口岸和与之对应的越南芒街、友谊、驮隆口岸开通3条客运线路和3条货运线路,2000年中国广西与越南谅山、高平、广宁三省之间的双边出入境汽车客货运输开启。1月18日,广西第一条跨国客运班线——中国凭祥—越南谅山开通,3月28日、6月27日,中国龙州—越南高平客货运输线路、中国防城港—越南先安(经东兴芒街)客货运输线路先后开通。2004年8月,广西运德汽车运输集团有限公司开通中国凭祥—越南谅山商务快班。2006年7月,中国桂林—越南下龙客运线路正式开通。

国际道路运输进入快速发展时期。一是实现广西至越南客货直达运输车辆及公务车辆开行。2011年10月11日,中越两国政府签署《中华人民共和国政府和越南社会主义共和国政府关于修改中越两国政府汽车运输协定的议定书》《中华人民共和国政府和越南社会主义共和国政府关于实施中越两国政府汽车运输协定的议定书》，并于2012年2月17日生效。2012年5月30日，中越两国交通运输部签署了《关于建立国际汽车运输行车许可证制度协议》，从制度上解决了两国运输车辆只能在两国边境地区转运和换装的局限性，两国运输车辆可以跨越边境地区向对方腹地甚至第三国境内延伸，实现广西至越南客货直达运输车辆及公务车辆开行。2012年8月22日，中越两国交通运输部在越南友谊口岸成功举行南宁—河内（河内—南宁）、深圳—河内（河内—深圳）运输线路的开通仪式，开通了南宁至河内客运线路，2013年6月9日在友谊关口岸举行中国广西—越南谅山中越公务车辆及货运直达车辆开通仪式，开通了南宁—河内、深圳—河内货运线路；2013年7月18日，开通了百色—高平客运线路，实现了公务车辆及跨越边境纵深直达运输车辆开行的零的突破。至2015年6月30日，南宁—河内、百色—高平客运直达线路共发送旅客1857班次，运送旅客24509人次；南宁—河内货运直达线路共运行1347辆次，累计完成货运量9417.5吨（其中出境8915.82吨、入境501.68吨），货运周转量814.08万吨公里（其中出境768.28万吨公里、入境45.8万吨公里），主要货物为保护膜、吸塑盘、集成线路板、触控面板等，总货值约33354.48万美元（其中出口31136.01万美元、进口2218.47万美元）；中方公务车辆开行8次。二是实现跨境多式联运，有效推进国际物流通道建设。广西国际道路运输企业积极发挥中越直通车作用，通过公铁联运、甩挂运输等方式有机衔接"一带一路"，逐步推进跨境物流通道建设。"十二五"期间，南宁鑫金航物资有限公司中越直通车接驳"苏满欧"国际列车共运行43辆次，累计承运货物382.05吨，主要货物为移动电话，总货值1509.86万美元；接驳"郑新欧"国际列车共运行9辆次，累计承运货物87.47吨，主要货物为移动电话，总货值307.68万美元。三是口岸出入境运输量稳步增长。"十二五"期间，东兴、友谊关口岸累计完成货运量664.22万吨，货物周转量6421.2万吨公里，与"十一五"同期相比分别增长132.49%和149.73%；客运量40.98万人次，旅客周转量17665.12万人公里，与"十一五"同期相比分别增长110.15%和98.06%；出入境车辆共计354400辆，与"十一五"同期相比增长193.69%，其中公务车辆40辆；运输车辆354159辆（中方出境272494辆；越方入境81665辆）；自驾车辆201辆（中方出境171辆，越方入境30辆）。

国际道路运输合作不断稳步发展。一是"十三五"以来，广西国际道路运输基本情况。国际道路运输企业规模不断壮大，目前，全区国际道路运输企业30家，其中客运企业19家，货运企业17家（有6家企业同时具有国际客货运输资质），国际道路运输相关从业人员约923人。国际道路运输网络逐步形成，广西在友谊关、东兴、水口、龙邦4个开放口岸与越南开展国际道路运输业务，经中越双方批准的国际运输线路20条（其中客运线路12条，货运线路8条），已开通的国际道路运输线路15条（其中客运线路10条，货运线路5条）。二是实施GMS（大湄公河次区域）便利货物及人员跨境运输协定"早期收获备忘录"。2018年3月，中、柬、老、泰、越GMS五国共同签署了《关于实施〈大湄公河次区域（GMS）便利货物及人员跨境运输协定〉"早期收获"的谅解备忘录》，决定于2018年6月1日起正式实施。2016年6月14日，《大湄公河次区域道路运输行车许可证》（简称《GMS行车许可证》）的发放工作正式启动。取得《GMS行车许可证》的广西国际道路运输车辆可经友谊关口岸至越南河内、海防，也可经云南的磨憨口岸经老挝至泰国开展跨境运输。三是推动中国广西与越南自驾游发展。广西道路运输管理部门率先开展广西与越南的自驾车出入境管理工作，参与设计《中越边境自驾车辆行车许可证》，首次与越方交换3000张，参与制定《东兴市跨境（中国—越南）自驾游管理暂行办法》。2016年11月9日，中国东兴—越南芒街跨境自驾车辆正式开通，为我国与周边国家开展自驾车（8座以下）出入境提供了重要参考，截至2016年底，共开行118辆次，其中中方出境93辆、越方入境25辆次。支持跨境自驾游线路延伸。2018年5月，广西交通运输主管部门与越南广宁省交通运输主管部门协商确定广西与广宁《中越边境自驾车辆行车许可证》样式及交换数量，并首次交换2000张。口岸国际道路运输管理机构配合地方政府及相关部门开展跨境自驾车旅游相关工作，及时签发行车许可证和国籍识别标志，与海关、边检等部门在口岸限定区开展联合查验，保障自驾车旅游团队快捷通关。2018年6月1日，中国桂林—越南下龙黄金旅游线跨国自驾游开通仪式在中越北仑河大桥成功举行。四是提升国际道路运输应急保障能力。2014年5月13日起，越南中部的河静省等地发生打砸抢烧严重暴力事件，造成大量中方人员伤亡和财产损失。按照交通运输部的部署，广西道路运输行业和国际运输企业紧急动员，切实做好在越南的中方人员转运工作。5月14日至22日，组织广西运德汽车运输集团、广西超大运输集团在友谊关口岸游客服务中心转运125班次、3484人，免费供餐1600份，与国家层面组织的3架包机接回307名伤员、派出4艘客轮接回3553人，形成了海、陆、空三位一体的综合转运体系。5月21日，交通运输部领导签发第196期《交通运输部专报信息》，以"交通运输部门通过中越公路口岸接回3173名同胞"为题专报中办、国办。6月5日，交通运输部运输司发出表扬信，充分肯定广西交通运输管理部门和国际道路运输企业在关键时刻以实际行动体现"祖国利益高于一切""同胞安危重于泰山"的爱国主义和民族主义精神。7月，广西交通运输厅、道路运输管理局给予两个企业应急运输补偿及奖励共20万元。

港口对外合作实现新发展。2015年11月，广西北部湾港口管理局与马来西亚巴生港务局在南宁签订《中国广西北部湾港口管理局与马来西亚巴生港务局建立友好合作关系谅解备忘录》，2016年9月，广西北部湾港口管理局组队考察了马来西亚巴生港、关丹港等港口，为进一步合作打下基础。2017年成功举办中国—东盟港口城市合作网络工作会议，北部湾港加入中国—东盟港口城市合作网络，与文莱摩拉港签署友好合作谅解备忘录，港口对外合作交流工作取得新突破。

（二）企业"走出去"

国际道路运输企业境外竞争能力不断提升。2005年8月，广西运德汽车运输集团有限公司与谅山运输股份公司合资组建了（越南）山德汽车联运公司，通过"融入当地""三个确保"（高档次、高品质、高密度）以及灵活多样的经营方式，以口岸接驳和直达运输相结合的形式开行南宁—河内、北海—河内、南宁—海防、南宁—下龙、凭祥—谅山等旅客运输线路，运输车辆由8辆发展到50多辆，旅游班线基本辐射越南境内各主要中心城市、旅游城市，开行的跨国旅游客运班线是目前中国通往越南最便捷、最经济的出行路线。2008年该公司荣获越南国家最高经营荣誉奖——金球奖。2016年6月，广西运德汽车运输集团公司又与（越南）长禄建设和贸易股份公司在越南广宁省下龙市合资组建(越南)龙德运输旅游服务和商贸发展有限责任公司,注册资本500万美元,经营越南国内包车运输业务和中越跨境运输业务。

港口运输企业不断发展壮大。2015年6月,广西北部湾国际港务集团与新加坡国际港务集团(简称PSA)、新加坡PIL太平船务公司共同组建了码头公司与码头管理公司。在钦州港域引进国际先进集装箱码头经营管理理念及技术,利用外方的集装箱码头及航线网络运作优势,不断开辟完善集装箱多式联运体系,致力将钦州港域打造成为服务西南、中南及面向东盟的区域国际集装箱干线港。

广西北部湾国际港务集团参股马来西亚关丹港,拥有关丹港40%股权。关丹港口为免税港,距关丹港5公里的马中关丹产业园区由中马双方组建的合资公司负责开发建设和运营,园区合资公司总股比按照马方51%,中方49%构成。中方参股企业为广西北部湾国际港务集团和钦州市开发投资有限公司。园区规划总面积8.18平方公里,双方签约项目总投资额约105亿马币(约合33.6亿美元)。马中关丹产业园区与中马钦州产业园,是世界上首个互相在对方建设产业园区的姐妹区。

截至2017年底,广西与东盟7个国家、47个港口建立了密切的运输往来,定期集装箱班轮44条,北部湾港成为我国与东盟地区海上互联互通、开放合作的前沿,与世界近100个国家和地区的200多个港口开展贸易运输合作。

七、党的建设与精神文明建设

改革开放40年来,广西交通运输事业取得了令人瞩目的成就。这些成就的取得,与全区交通运输行业的党建和精神文明建设是分不开的。各级党组织坚持以党的建设为统领,统筹推进党的各项建设,继承和发扬思想政治工作和精神文明建设的优良传统,不断提升党建工作水平和行业软实力,基层党组织的政治核心和战斗堡垒作用、领导干部的模范带头作用和广大党员的先锋模范作用明显增强,为全区交通运输改革建设发展提供了提供坚强的政治、思想和组织保证,做出了重要贡献。

(一)党建工作

始终坚持用理论武装工作。40年来,全行业各级党组织始终坚持正确的思想路线,党的理论每创新一步,理论武装工作就跟进一步。紧扣保持党同人民群众的血肉联系这一主旨,先后开展全面整党、"三讲"教育、"三个代表"重要思想学习教育、保持共产党员先进性教育、学习实践科学发展观、创先争优、党的群众路线教育实践、"两学一做"学习教育等活动,深入学习毛泽东思想、邓小平理论、"三个代表"重要思想、科学发展观和习近平总书记系列重要讲话精神,坚持用习近平新时代中国特色社会主义思想武装思想、指导实践、推动工作。在创先争优活动中,厅直属机关党委被评为"全国先进基层党组织"。

始终坚持党的执政能力建设。40年来,始终以党的政治建设为统领,全面加强党的建设,坚持党的领导。全行业各级党组织坚定执行党的政治路线,严格遵守政治纪律和政治规矩,在政治立场、政治方向、政治原则、政治道路上同党中央保持高度一致;严格执行新形势下党内政治生活若干准则,增强党内政治生活的政治性、时代性、原则性、战斗性,营造风清气正的良好政治生态;完善和落实民主集中制的各项制度,弘扬忠诚老实、公道正派、实事求是、清正廉洁等价值观,努力建设高素质专业化干部队伍;深入贯彻落实中央八项规定精神,持之以恒正风肃纪,认真整治"四风"问题,运用监督执纪"四种形态",抓早抓小、防微杜渐,让党员、干部知敬畏、存戒惧、守底线;坚持无禁区、全覆盖、零容忍,加大整治群众身边腐败问题力度,在全行业形成了不敢腐的震慑、扎牢不能腐的笼子、增强不想腐的自觉。

始终坚持改革创新。40年来,以提升组织力为重点,突出政治功能,持续加强基层党组织阵地建设。坚持"三会一课"制度,推进党的基层组织设置和活动方式创新,加强基层党组织带头人队伍建设,扩大基层党组织覆盖面,着力解决基层党组织弱化、虚化、边缘化问题。扩大党内基层民主,推进党务公开,畅通党员参与党内事务、监督党的组织和干部、向上级党组织提出意见和建议的渠道。推进"两学一做"学习教育常态化制度化,深入开展"不忘初心、牢记使命"主题教育,强力推广"党建+"模式,助力"乡村振兴"和"脱贫攻坚"活动,党员队伍素质不断提升,党员教育管理不断改进,党员作用发挥明显,基层党组织的创造力、凝聚力和战斗力不断增强,战斗堡垒作用得到充分发挥。

(二)精神文明建设

40年来,坚持以建设文明交通、塑造文明交通人为根本,以建设一流班子、带出一流队伍、实现一流管理、达到一流服务、树立一流形象、创建一流业绩为目标,以提高广西交通人的思想道德、科学文化素质、建设综合型交通队伍为抓手,不断拓展内涵、创新载体、深化活动,扎实有效地推进广西交通运输系统精神文明建设工作,实现了精神文明建设和交通事业发展"双丰收"。先后荣获国家级精神文明建设集体荣誉71项(其中包括全国文明单位8项、全国青年文明号28项,全国巾帼文明岗、全国百佳示范服务区、全国职工书屋等其他国家级精神文明建设集体荣誉35项);荣获省部级级精神文明建设集体荣誉661项(其中包括巩固122个广西文明单位、42个广西和谐单位,创建广西(自治区)级青年文明号285个、复核认定34个,广西卫生优秀单位、广西三八红旗集体、广西五四红旗团委等其他省部级精神文明建设集体荣誉178项);荣获"最美路姐""企业文化创新人物"等国家级精神文明建设个人荣誉246项;荣获"全国交通运输核心价值观先进践行者""最美航标工提名人物"等省部级精神文明建设个人荣誉143项。

积极构建精神文明建设责任体系,形成抓常抓长的新格局。始终将精神文明建设作为促进全区交通运输系统各项工作落实的重要抓手,通过科学制定年度计划、完善各项规章制度、纳入绩效考评范畴等措施,先后修订完善《中共广西交通运输厅党组精神文明建设十三五规划》《广西交通运输行业青年文明号考核标准》等制度,明确精神创建目标、标准、任务等,进一步建立健全管理运行、监督问责、考核评价等机制,有效提高了精神文明建设制度化规范化水平,进一步强化责任落实、优化工作成效、确保目标实现,形成与业务工作同计划、同部署、同落实的生动局面。

持续厚耕社会主义核心价值观,营造向上向好的新气象。坚持把以德治交、以德管干、践行社会主义核心价值观贯彻于全区交通运输系统精神文明建设的全过程,通过优化日常规范、创新宣讲活动、开展网络培训、深化"道德讲堂"、营造舆论氛围等办法,不断提高干部职工的思想品德。注重把集中学习和陶冶情操结合起来,通过"三会一课"和主题党日活动等,从国情、社会主义核心价值观、道德规范、法律常识、文明礼仪、先进模范人物介绍等教育,将大原则、大道理同身边小事情、小要求相联系,对党员干部系统进行潜移默化的培训教育,推动干部职工形成良好的日常养成。

  大力塑造和推广行业文化品牌,展示广西交通人的新风貌。坚持以打造特色交通文化为目标,积极发挥工青妇群团组织的桥梁纽带作用,大力推进交通文化建设,激发职工的工作积极性和集体荣誉感。广泛开展助力春运、亲情关爱、文化服务、生态保护、弘扬时代新风五大系列志愿服务活动,进一步丰富"情满旅途八桂行,交通青年献温暖"活动内涵,更好实践新时代雷锋精神。深入开展"感动交通年度人物"等各类"学树建创"实践活动,大力弘扬"两路"精神和新时代交通精神,宣传时代楷模、道德模范、最美人物,用身边好人的感人事迹营造崇尚先进和比学赶超、力争上游的干事创业氛围,进一步提高履职效能,争创一流业绩。持续开展行业诚信体系建设,在全行业进一步形成守信光荣、失信可耻的浓厚氛围,为决胜全面建成小康社会、开启交通强国建设新征程提供坚实支撑和有力保障。

改革潮涌海之南　扬帆起航谱华章

海南省交通运输厅

一、综述

海南四面环海,是一个岛屿海洋大省,拥有地理、生态多方面独特优势,自古以来就是海上丝绸之路的必经之地和重要中继港、避风港,更是21世纪海上丝绸之路的重要节点。新中国成立初期,由于战争破坏,海南的交通运输处于严重的瘫痪状态。新中国的成立,拉开了海南行政区交通运输发展的序幕。1988年海南行政区从广东划出,独立建省,并成为中国最大的经济特区,海南交通运输事业发展浪起潮涌。经过改革开放40年和建省办经济特区30年的建设,海南交通发生了翻天覆地的变化,取得了巨大的成就,实现了新的跨越式发展:"飞机纵横翱翔、公路四通八达、火车跨海通行、邮轮畅游世界",一个由航空、海运、陆路、高铁搭建起的安全、高效、便捷、绿色的现代立体交通网络已基本形成,海南与世界相连,过去交通落后、闭塞的海岛早已是"天涯不再遥远,天堑变为通途"。如今的海南,犹如镶嵌在南海碧波上的一颗南海明珠,更是散发出灼灼的时代光芒。

打造更具活力体制,开创交通改革先河。改革开放40年和建省办经济特区30年以来,海南交通人始终秉承敢闯敢试,敢为人先,埋头苦干的特区人精神,在打造更具活力体制,实施建省办经济大特区和推进国际旅游岛,建设自由贸易试验区、中国特色自由贸易港等国家战略中,积极推进海南现代化海陆空立体大交通建设,以国际化、现代化战略思维,在全国开创了众多改革先河,创造了交通行业的许多全国第一:

1985年,海南就率先推行公路养护经济承包责任制,使海南儋州南丰至那大、荣邦等一批砂土路段连续8年摘取全国砂土路路况养护第一的桂冠。

1988年4月20日海南建省,成立了海南省交通厅,除了对公路、水路运输的常规管理,还把航空、铁路和邮电部门纳入了交通行业管理中,成为全国第一个实行大交通管理体制的省份。

1992年8月8日,"海南省航空公司"被批准改制为股份制公司,在国内创办第一家股份制航空运输企业。目前总资产规模高达1.23万亿元,跻身全国四大航空巨头。海航模式的成功充分反映了海南股份制改革超前试验的海南特区交通运输事业特点。

1993年8月,海南高速公路股份有限公司正式创立,这也是全国第一家以公路为主业的股份制企业。1998年1月25日,该公司股票"海南高速"在深交所上市,发行股票7700万股。

1994年1月1日,海南率先全国推行公路规费征收制度改革,即把养路费、过路费、过桥费和运输管理费,"四费合一",改为征收燃油附加费,体现了"用路者付费,多用路者多付费"

的原则,撤销了全省公路上的所有收费卡站,使海南成为全国第一个没有公路收费卡站的省份。2001年,海南被国务院纠风办、交通部、公安部等有关部门评为全国第一批公路基本无"三乱"的省市之一。

1996年5月,海南开通全国第一条"绿色通道"——海南至北京绿色通道,这也是目前全国最长的绿色通道。绿色通道的开通,为海南鲜活农产品安全、高效输往全国创造了良好的条件,每年通过"绿色通道"运销全国的鲜活农产品超过600多万吨,为农民增收80多亿元,绿色通道已成为名副其实的"富民之路"。1998年,绿色通道被评为"海南建省十周年企业最满意的政府十件事"之一。

1999年9月26日,总投资达74.86亿元的海南东、西线高速公路全线贯通,使海南成为全国第一个高速公路环省的省份。截至2017年底,海南省高速公路通车总里程达795公里。

1999年9月,粤海铁路通道工程正式投入运营,这是我国第一条成功跨越海峡的铁路通道,圆了海南人民坐火车出岛的百年之梦。

2003年,海南开放第三、四、五种航空运输业务权,成为我国第一个开放航权的试点省份。

2006年11月1日,海南建成了我国第一个8万总吨邮轮码头——三亚凤凰岛邮轮码头。该码头可停靠10万吨级豪华邮轮。目前已有大型邮轮"歌诗达"号、"海洋迎风"号等定期停靠该码头。

……

交通的巨变,是改革开放40年和海南建省办经济特区30年发展的一个缩影。海南不断完善建设现代立体交通网络积极走向世界,融入"一带一路"倡议。从30年前的荒僻海岛,到如今成为中国最具活力的地区之一,公路、港口、铁路、航空运输、邮政业等发生突飞猛进的变化,不断完善的交通基础设施为海南经济的发展提供了有力支撑。

筹措交通建设资金、公路建设亮点纷呈。海南是岛屿省份,岛内交通以公路为主。1988年刚建省时,海南公路通车总里程12816公里,而且大部分为等外公路,成为制约海南经济社会快速发展的主要瓶颈。为了顺应改革开放的潮流,为海南经济社会发展创造良好的交通条件,1993年,在省委、省政府和交通部的领导和支持下,海南交通厅提出了新的公路建设计划目标,打造以高速公路为主动脉,以"三纵四横"为主骨架的公路网,以高等级公路连通市县,辐射开发区、港口、机场和旅游区,建设乡乡通油路,村村通公路的岛内公路网蓝图。

2006年11月,省政府常务会议审议并原则通过了《海南省人民政府关于加快公路建设的决定》,明确了市县作为农村公路建设的责任主体,建立了"以省为主,受益市县分担"的投入机制和分级负责的管理机制,打破了长期以来海南公路建设由省政府"一统天下"的体制;2008年12月,为了与国家成品油和税费改革有效衔接,在国务院和有关部委的大力支持下,海南停征了燃油附加费,开征了车辆通行附加费,巩固海南"一脚油门踩到底"的改革成果,社会各界反映良好;2009年以来,为了加快海口至屯昌高速公路建设,海南积极探索了新的公路代建制模式等。这一系列卓有成效的改革,有力地促进了海南交通建设的健康发展,并逐步建成一个"田"字形为主骨架的安全高效、舒适便捷,四通八达的公路网。2003年海南提出了"3小时交通圈",即岛内从任何一个市县政府所在地到达省会城市海口,以及市县之间交通时间缩短为3小时左右,2004年,结合县际及农村公路建设,海南又提出"3+1小时交通圈",这里增加"1"的含义就是每个市县政府到各个乡镇所在地的行车时间控制在1小时以内。目前,海南省19个市县都建成了二级公路以上的出口路,乡镇硬化路通达率100%,行政村100%通畅,公路等级和路网服务能力明显提高,"3+1小时交通圈"的目标基本实现。

实施公路生态建设战略,凸现沿线"美丽经济带"。海南省交通部门逐年加大投资力度,全力打造多层次的热带生态长廊。结合国际旅游岛建设的要求,对海南环岛东线、西线和海文高速三条高速公路进行规划,推行一路一景建设,把它们作为生态景观长廊建设和传播公路文化的主要载体,并结合沿途人文景观、风土人情、自然风貌、历史故事、神话传说等元素,凸现沿线景物的层次感,使山景活起来、海景露出来、风貌亮出来、气势造出来、文化显出来,形成有地域标志的特色公路。近几年来,岛内外花商依托海南发达的公路网发展热带花卉业,把富有生命力的"美丽经济"演绎得色彩斑斓、多姿多彩,并在高速公路及不少国省道沿线迅速崛起。目前,已建设生态公路2250公里,已建成省级文明样板路达600公里以上,国、省、县道绿化里程达5800多公里,绿化率94%以上。在环岛高速公路及国省道等干线公路建设公路生态景点500多个,公路变成风景,"人在画中游,车在绿中行"已成为海南公路新的代名词。

坚持统一开放,道路运输市场规范有序。改革开放40年和建省办经济特区30年以来,海南道路客运运力从无到有、从少到多,经营规模大幅度增长,实现了跨越式发展。1999年8月,海南在全国率先实施客运班车滚动发班管理模式,大大提高了客运班车实载率,客运市场规范有序。2007年6月,海南的滚动发班模式被交通部确定为全国交通行业首批节能示范项目,并在全国推广。2017年底,海南省营运车辆已发展到82185辆,其中载客汽车17892辆,载货汽车62984辆,全省小客车达到95.6万多辆。目前,海南已有30多条客运线路720辆班车实行滚动发班。为适应经济社会飞速发展的要求,海南还加快了道路运输业改革的步伐,优化调整运输结构,基本建立起一个符合社会主义市场经济体制要求的统一、开放、竞争、有序的道路运输市场体系。

融入"一带一路","四方五港"格局基本形成。海南是典型的岛屿经济,进出岛交通是全省经济社会发展的命脉,特殊的地理条件决定了海运是海南对外经济联系的主要运输方式,进出岛99%以上的货运量和30%左右的客运量是通过港口来完成。经过建省办经济特区30年的努力,海南形成了北有海口港、西有洋浦港和八所港、南有三亚港、东有清澜港的"四方五港"分布格局。建立起一支多种类、多层次、多功能,沿海、近洋、远洋运输相结合的初具规模的船队,航运船队国内航线可到达珠江三角洲及长江中下游各港口,还开通了海南至广州、香港、湛江、北海集装箱航线,国际航线到达港澳台、远东、东南亚、非洲和欧洲等国家和地区。和世界24个国家和地区经常有航运业务往来,与俄罗斯、日本、韩国、东南亚各国往来密切。海南已开通29条内外贸集装箱航线,陆续开通三亚—菲律宾、海口—越南国际邮轮航线,着力推进构建"泛南海旅游经济合作圈"大力发展邮轮旅游,深化与"一带一路"沿线国家,尤其是东南亚国家密切经贸和旅游往来。

海南是我国最早接待国际邮轮停靠的省份之一。2006年11月,我国第一个8万吨级的邮轮码头——三亚凤凰岛国际邮轮码头投入使用,结束了海南不能停靠国际邮轮的历史,这也是我国首座专用的国际邮轮码头,成为世界级高端豪华邮轮定期停靠的码头。

洋浦港是海南西北部工业走廊出海通道的重要出海口,是自然条件最好的深水港区,也是区域性重要港口,国家一类对外开放口岸。2007年9月24日,国务院正式批准在洋浦设立我国第四个保税港区,成为世界瞩目的"亮点",洋浦成为环北部湾经济圈和我国南方形成的一个新的对外开放平台及新的发展制高点,是连接我国和东南亚、中东的枢纽。

粤海通道跨越海峡,环岛高铁百年梦圆。1998年8月30日,总投资45亿元粤海铁路轮渡开通。2004年12月5日,中国铁路史上首对跨海旅客列车(海口至广州)K408/407正式开行。2007年西环铁路改造全线通车营运,并与粤海铁路轮渡相连,与全国主要城市铁路网连成一体。2015年12月30日海南西环高铁建成通车,西环高铁与东环高铁构成的环岛高铁成了全球唯一的环岛高铁。至2017年底,海南铁路总营业里程达1033公里,是1988年的4.8倍。其中时速200公里及以上铁路有653公里,占总量的63.2%。目前海南铁路部门每天开行跨海普速旅客列车6对,日常开行高铁动车组42对。2017年全年,海南铁路发送旅客2706.4万人次,是1988年的29.6倍。

推进"放管服"改革,邮政纳入交通行业管理。海南邮政紧随海南特区经济发展及交通行业的战略部署步骤,在行业推进了"放管服"改革。加强邮政市场事中事后监管,使邮政服务为特区经济建设做出贡献,成为海南交通事业的重要组成部分。

截至目前,海南共有邮政普遍服务营业网点425个,行政村村邮站2610个,快递企业及分支机构737家,实现了全省乡镇邮政普遍服务网点覆盖率100%,村邮站行政村覆盖率100%,乡镇快递网点覆盖率100%,党报实现乡镇当日见报率100%,邮政机要市县机构设置率100%。2018年1~5月,全省邮政业业务收入12.07亿元(不含邮政储蓄银行直接营业收入),同比增长19.11%。其中,快递业务收寄量完成2911.87万件,同比增长21.34%,快递业务收入完成6.92亿元,同比增长31.73%。

海南民航快速发展,助力特区经济腾飞。2003年3月国家民航局批复同意海南进行开放第三、四、五航权的试点,海南成为国内首个开放航权的试点省份,海南民航发展迎来重大历史性机遇。从1988年仅有17条航线,年航班起降总量仅为5090架次,年旅客吞吐量仅48万人次,到2017年拥有境内外440条航线,年航班起降总量达28万架次,旅客吞吐量超过4200万人次。这一组组数据的背后,见证了海南民航事业的跨越式发展。

今天的辉煌连着昨天的历史,经过30年的努力,海南已初步建成安全、便捷、高效、绿色的综合交通运输体系,较好地支撑着海南经济社会平稳较快发展。2017年全省生产总值4462.5亿元,年均增长8.1%;人均生产总值达7179美元,城镇和农村常住居民人均可支配收入分别达30817元、12902元,年均分别增长8.6%、10.5%。

历史步入新的起点,2018年4月13日,党中央决定支持海南全岛建设自由贸易试验区,支持海南逐步探索、稳步推进中国特色自由贸易港建设,分步骤、分阶段建立自由贸易港政策和制度体系。2018年7月13日,交通运输部印发《贯彻落实〈中共中央国务院关于支持海南全面深化改革开放的指导意见〉的实施方案》,支持海南加快建设现代综合交通运输体系,积极探索建设自由贸易试验区和中国特色自由贸易港,打造深化交通运输改革开放试验区、交通强国建设先行区。海南交通事业的发展又一次面临巨大的机遇和挑战,海南交通改革开放再次站在新的历史制高点,在海南全岛建设自由贸易试验区,逐步探索、稳步推进中国特色自由贸易港建设中,海南交通将扬帆启航续写华章。

二、基础设施成就

改革开放40年来,海南交通运输行业紧紧围绕服务经济社会发展,充分发挥交通基础性、先导性作用,积极推进公路水路协调发展,加快综合运输枢纽和集疏运体系建设,为海南经济社会发展和海南国际旅游岛建设打下坚实基础,取得令人瞩目的成绩。

"十二五"期间,海南公路水运建设累计完成投资461亿元,其中公路累计完成投资288亿元、水运累计完成投资173亿元,分别是"十一五"期间投资的2倍和3倍,交通基础设施建设对经济发展的拉动及保障作用进一步提升。

"十三五"期间,海南省公路水路计划投资1020亿元,规划建成田字形高速公路主骨架,建设环岛旅游公路,提升乡村通道深入通达,形成辐射全岛的现代化公路网络体系。

(一)公路建设:形成贯通东西南北、辐射全岛公路网络

改革开放40年来,尤其是海南建省办经济特区30年来,海南在国家支持和省委省政府的领导下,高度重视省域公路网基础设施建设。截至2017年底,全省公路通车总里程达到30684公里。其中:高速公路795公里,占总里程的2.6%;普通国省干线公路2763公里,占总里程的9%;农村公路27126公里,占总里程的88.4%。全省公路网中,二级以上公路2945公里,较"十一五"末增加630公里;路网密度由"十一五"末的62.5公里/百平方公里提高到90.24公里/百平方公里。

高速公路从无到有,公路路网结构更加优化。建省后,海南多方筹措资金,不断优化路网结构。1988—2017年投入874.6多亿元,建设高速公路,现在已形成以环岛高速串联沿海,逐步向中部延伸的高速公路主骨架,"三纵四横"国省道为主干线,县乡村道支干相连,贯通东西南北、辐射全岛的公路网络。海南环岛东线高速公路1993年贯通,环岛西线高速1997年建成通车,1998年以后,海文高速、海口绕城高速、三亚绕城高速、海口至屯昌至琼中高速公路先后建成通车。2015年文昌至博鳌、横线万宁至洋浦正式开工,2018年,五指山至海棠湾高速公路,儋州至白沙高速公路开工建设让海南"同城化"时代到来,岛内实现"2小时交通圈",2019年全省实现县县通高速指日可待。

国省干线路网规模、技术等级进一步提升。海南已完成普通国道G223、国道G224、国道G225、省道S202云文线、省道S305大本线等一批国省干线改扩建工程;建设一批跨海跨河大桥:南渡江大桥、三亚潮见大桥、陵水大桥、宁远河大桥、昌化江大桥、琼州大桥等跨河大桥;文昌清澜大桥、洋浦至白马井大桥、铺前大桥等跨海大桥。其中,洋浦至白马井大桥项目投资9.15亿元,2010年开工,2014年建成通车。文昌清澜大桥投资5.95亿元,2012年12月建成通车。投资30亿元,连接海口、文昌两市的铺前大桥将于2018年底建成通车。铺前大桥创造了国内桥梁建设史上的多个第一:地震动峰值加速度国内最高、国内首座跨活动断层的特大型桥梁、设计基本风速国内最大。

农村公路富民惠民,促进城乡公交一体化建设步伐加快。海南不断加大对农村公路建设的投入力度,发展成果不断惠及百姓。从2003年起全省实施惠民农村公路通畅工程,加快农村公路建设步伐。至2017年底全省累计完成通畅工程24000多公里,投资近百亿元,全省196个乡镇全部通达硬化公路,通畅率达100%,使有条件的村镇全部开通农村公交,进一步加快了城乡公交一体化建设。依托畅通的高速公路、国省道和密度发达的农村网,我省开辟反季节瓜果菜"绿色通道",为保障海南每年600万吨以上热带特色反季节瓜果菜出岛,发挥了极其重要的作用,充实了海南农民的"钱袋子"。

旅游公路创新发展,将美丽的"珍珠项链"串联。海南独特的地理位置和丰富的自然资源条件成就了海南的旅游发展,海南交通也开创了旅游公路建设的先河。已建成通车的万宁石梅湾至大花角、文昌东郊至龙楼等旅游示范公路,初步展示了地域历史、文化和人文景观,旅游公路初见魅力。同时,为更好适应经济社会发展和广大游客旅游需求新变化,发挥好海南生态环境、经济特区、国际旅游岛、自由贸易区和中国特色自由贸易港"四大优势",加快建设经济繁荣、社会文明、生态宜居、人民幸福的美好新海南,按照省第七次党代会及《海南省国民经济和社会发展第十三个五年规划纲要》的要求,海南正全力推动环岛旅游公路建设,以省域"多规合一"为引领,以"国际旅游岛+"思维高水平规划建设,使旅游公路生态化、景观化、旅游化,充分结合山海林田河草等自然景观,凸显滨海特色、都市风情、田园风光、侨乡文化、黎苗文化、特色美食等主题,将海南最美的人文景色及自然景色展示给游客。同步打造一批国内外一流水准的驿站,突出旅游功能,统一建设标准,按照贯通、绿色、出彩三大目标将景点和驿站建成美丽的"珍珠项链",将景点和驿站等"珍珠"有机串联起来,真正做到交通与旅游兼备、人与自然交融、文化与生态互动。

(二)港口建设:打造开放的国际化一流港口

港口,是现代经济社会发展战略物资资源和重要支撑。而海南作为四面环海的岛屿省份,建设国际一流港口的意义对于服务全省经济社会发展尤为重要。特别是在未来海南探索建设中国特色自由贸易港的航程中,港口更是不可或缺的重要一环。

改革开放40年来,尤其是海南建省办经济特区30年来,海南港口建设取得了长足的发展。目前已形成北有以海口港辐射全国的主要港口,西有洋浦港、八所港,南有三亚港,东有清澜港的地区性重要港口的多层次布局和"四方五港"的大格局。全省目前共建成有生产性码头泊位147个,非生产泊位7个,其中,万吨级深水泊位73个。2017年全省港口完成货物吞吐量1.85亿吨,集装箱209万标准箱,滚装汽车吞吐量459万标辆。港口旅客吞吐量1503万人次。

在改革开放中诞生的海南洋浦经济开发区,洋浦港基础建设令人瞩目。其中,洋浦港小铲滩起步工程、海南液化天然气(LNG)站线项目港口工程、洋浦莲花山临港石化物流园码头工程、海南炼化码头改扩建工程、国投孚宝洋浦30万吨级原油码头及配套储运设施工程、中油深南液化天然气储备库及配套码头工程、中海油南海西部油田码头项目、洋浦港洋浦港区5万吨级深水航道工程相继建成投产,洋浦港现建成生产泊位码头长度米达8676米,生产性泊位42个。

2014年4月10日,三亚凤凰岛邮轮码头二期工程如期开工,项目总投资约180亿元,新建四个泊位,包括10万吨级1个,15万吨级2个,22.5万吨级1个。该项目竣工后,三亚凤凰岛国际邮轮港成为亚洲最大的国际邮轮母港。

2016年11月以来,三亚凤凰岛国际邮轮港先后接待美国嘉年华邮轮公司、皇家加勒比国际游轮公司、新加坡丽星邮轮公司和意大利歌诗达邮轮公司等世界知名邮轮公司的出入境邮轮508艘次,共接待国内外出入境旅客180万多人次。目前,三亚凤凰岛国际邮轮港在全国访问港排名第一、邮轮接待总量排名第四。

2017年,海南启动海口港马村港区、新海港区和洋浦港神头港区等一批新港区的开发建设,海口港秀英港区散杂货和客滚运输功能开始逐步转移,全省主要货类运输港口布局进一步完善,为临港工业发展、老港区的调整和转移提供了空间,为沿海港口的长远发展奠定了良好基础。

(三)铁路建设:科学并超前发展

海南铁路主要有环岛高铁、既有西环普速铁路和粤海铁轮渡,岛上铁路运营里程1039公里,其中高速铁路(环岛高铁)653公里、普速铁路(既有西环铁路)386公里。环岛高铁的建成开通,构建了东西12个市县"3小时交通圈",极大地方便了岛内居民和游客出行,有力地带动了海南经济社会发展。

环岛高铁是海南省重大基础设施和重要民生工程。全线于2015年12月30日建成开通,运营里程653公里,总投资492亿元,全线设车站29个,途经12个市县。其中:环岛高铁东段(东环高铁)全长308公里、设计时速250公里/小时,投资221亿元,北起海口市,途经文昌、琼海、万宁、陵水,接入三亚市,沿线设站15个,于2010年12月30日建成运营。环岛高铁西段(西环高铁)全长345公里,设计时速200公里/小时,投资271亿元,北起海口市,途经澄迈、临高、儋州、昌江、东方、乐东,接入三亚市,沿线设站16个(海口站、三亚站与东环共用)。项目于2015年12月30日建成,并与东环高铁相连,形成目前全球唯一的环岛高铁。

既有西环普速铁路正线364公里,设38个车站,现开放14个车站,其中海口、三亚为与环岛高铁的接轨站。客货共线;最高速度为海口至叉河段120公里/小时,叉河至东方段140公里/小时,东方至三亚段160公里/小时。另有叉石支线(叉河至石碌)12公里,昌八支线(昌感至八所)10公里。

粤海铁轮渡由南北港码头和粤海铁1号、2号、3号、4号渡轮组成,北起徐闻县粤海铁北港,经琼州海峡,南至海口市粤海铁南港,全长约22公里,航行时间约1小时。2004年12月5日,正式开通客运,从此结束海南与大陆不通旅客列车的历史。

(四)航空建设:抢抓机遇跨越式发展

改革开放中诞生的海南航空事业,实现了跨越发展。海南在改革开放的大背景下建设了3个民航机场:海口美兰国际机场、三亚凤凰国际机场、琼海博鳌国际机场。此外,规划建设儋州国际机场。

海口美兰机场于1996年开工建设,于1999年5月正式通航,为4E级民用机场。2011年12月成为中国国内首家有离岛免税店的机场。海口美兰机场占地面积1140公顷,航站楼规模15万平方米;站坪面积79万平方米;站坪机位78个。2018年夏秋航班,海口美兰国际机场共通航国内外城市105个;共有40家航空公司在机场运营169条航线。2017年美兰机场累计执行飞航班156065架次;共运输旅客2258万人次;货邮行李吞吐量突破30万吨。

三亚凤凰国际机场于1990年5月开工,总投资14.7亿元,1994年7月正式通航。机场占地面积463.32公顷,航站楼面积6.53万平方米,执飞公司达32家,其中国内22家,国际10家,已开通航线287条(国内228条,国际56条,地区3条)。与国内外131个城市通航(其中国内76个城市,地区3个,国际52个)。运营的航空公司共32家,并被评为SKYTRAX四星机场,2017年共完成国际及地区旅客吞吐量84.7万人次,同比增长110.7%,达到通航以来的最高值,这是三亚机场国际化进程的一个重要里程碑。

琼海博鳌国际机场是海南省第三个国际空港。博鳌机场2015年3月19日正式开工建设。2016年3月正式通航,总投资11.2亿元。从开工至建成仅花10个月的时间建成,创造国际机场建设"奇迹"。博鳌仅2017年度旅客吞吐量突破30万人次。海南博鳌是中国唯一定期定地举行的国际会议组织——博鳌亚洲论坛所在地,也是海南新兴国际会展中心和高端旅游房地产开发区。

(五)邮政行业:服务能力显著增强

近年来,邮政行业发展环境发生显著变化,一是行业法规更加完善,2011年11月,推动出台了《海南省邮政条例》;二是巩固建制村直接通邮率和党报乡镇当日见报率100%成果,推进党报当日见报工作向建制村延伸,保亭、琼中两个市县率先在全省实现了建制村的当日见报。三是改善末端投递服务。推进"快递入区"工程,建成城市末端综合服务网点38个,布设智能快件箱达1238组,全省城区标准化快递网点达标率达93%。继续巩固快递进高校规范收投率100%和全省乡镇快递网点覆盖率100%成果。四是服务"乡村振兴"战略。指导完善邮政县、乡、村三级物流配送体系,全省累计建成邮政农村电商服务点3139个,乡镇覆盖率达100%。推动"一市(县)一品"农特产品进城示范项目。推动快递服务海南热带特色农产品出岛,海南顺丰投入2架航空货机,将2000余吨海南荔枝发往全国各地。与此同时,海南芒果、琼中绿橙、澄迈桥头地瓜等特色农产品通过"互联网+农业+寄递"模式借力出岛。五是实施放心消费工程。推进"三不"专项治理,全省快件分拨中心视频监控联网率达100%,铺设离地设施的快件场所比例达94%。六是加强快递员(投递员)权益保护。推进快递员关爱工程,指导企业开展"关爱周"活动,引导企业规范内部管理。七是提升三沙邮政、快递服务能力。积极协调三沙市委市政府开通了三沙市"航空邮路",委托三沙市公务航班运输党报党刊。推进三沙市永兴岛中通快递综合服务网点建设,探索建立中国最南端快递公共服务平台。八是积极推动行业基础设施建设,海口邮件处理中心工程如期推进建设。每年省、市(县)两级财政均为村邮站运营拨付补贴资金2610万元。海南顺丰冷运仓储中心投入运营,引导京东、苏宁入驻金马物流园区,海口申通等新建了分拨中心并启用双层分拣传送设备。推动快递向外发展,海口快件监管中心投入运营,鼓励重点企业为海口综合保税区等提供跨境电商寄递服务。九是指导行业服务地方经济发展,海南中通服务海口市"菜篮子"配送工程;海南顺丰寄递文昌会文佛珠;海南圆通寄递地方特产;海南京东仓配一体化快递服务等一系列示范性项目不断涌现,全省建成快递服务制造业项目15个,直接服务制造业累计产值达1.1亿元,行业服务地方经济社会能力显著增强。

三、交通运输成就

(一)客运服务

海南交通运输服务在改革开放、经济社会发展中发挥了"排头兵""先行官""生命线"的重要作用。便捷、高效的现代化立体综合交通运输网络构建,为交通客运服务提供有力的保障。2017年累计完成公路客运量1.01亿人次,琼州海峡旅客吞吐量1503万人次。

坚持市场在资源配置中的决定性地位,充分发挥政府引导与推进作用,结束海南道路无序竞争。1988年海南建省初期,海南客运市场全面开放,一批民营客运公司和大量民间资本纷纷投入客运市场,海南营运客车从建省初期的2000多台,发展到1997年的9247台,运力严重过剩,造成无序恶性竞争,客运服务质量大为降低。对此,海南省政府及交通主管部门海南省交通厅充分发挥政府引导作用,并严厉打击无序竞争行为。在省政府和交通主管部门的主导下,1999年8月1日,海口至三亚营运客车全部进入海口汽车站和三亚汽车站,实行"滚动发班"。在随后的几年间,海口至各市县客运班线都先后实行"滚动发班"。"滚动发班"促使了"车进站""人归点",减少了抢客、甩客、杀价等恶性竞争。同时配备了一批品技兼优驾驶员、乘务员,海汽倡导无缝隙情感式服务,开创了与传统道路客运完全不同的客运模式,也是品牌形象提升的有力举措,优良的客运服务,形成遍布全省直达全国各地的客运网络。运输线路贯通全省外,并直达广东、广西、福建、浙江、湖南、湖北、四川、江西、河南、重庆10个省区市48个市县。

在改革开放新的挑战和机遇面前,海南道路运输龙头企业海南海汽运输集团股份有限公司适应新形势要求,以满足人民群众多样化出行需求为目标,提升道路客运发展质量、服务效能和综合治理能力,努力打造道路客运升级版,推出了"海汽快车""海汽VIP(贵宾)快车""海汽快递"等道路客运新服务、新品牌。人们欣喜地称之为"海汽现象"。

1998年7月,海汽集团开通了海口至白沙"海汽快车"首次开进山区。

1999年海汽集团与广州长途汽运公司和广东湛江汽运公司进行"强强合作",联营成立海南琼粤直通快车运输公司,并开通琼粤、琼桂"省汽快车"省际班线,良好的客运服务,同时使"海汽快车"开进了香港。提升了省际市场占有份额。同年12月,"海汽"标徽通过国家商标注册,"海汽""海汽快车"多次荣获省著名商标。

随着旅游岛建设的需求,在交通主管部门的支持下,海南客运汽车陆续开通车站到岛内主要景区的客运班线。主动与海南"百镇千村"(100个特色产业小镇、1000个美丽乡村)连接,打造满天星全域旅游。还在全省27个汽车客运站,增设旅游咨询中心或旅游集散中心,发挥"海汽"自助游电商平台和点多、线长、面广优势,坐海汽快车看木棉花和海南全域游,海汽陪你玩等组客活动,组织更多"候鸟"、散客群体进行乡村游、特色游,补齐海南省区域旅游短板。

城乡客运体系进一步完善,城市公交服务范围不断扩大,服务能力显著提升。到2017年全省城市及较大城镇初步形成公共汽车、出租车客运和其他交通工具的城市交通体系,坚持"一城一交"公交改革体制,整顿城市运输市场秩序,每年开展公交车容车貌专项整治,加强乘务人员服务水平和政治思想工作。实行公交服务质量规范年活动和创建文明样板路线活动,建立公交行业服务质量考评制度,促进海南城市公交服务提升。陵水、琼中、屯昌、白沙、东方、乐东、澄迈等7市县城区公交发展实现零的突破,除三沙市外,全省19个市县城区都开通了城市公交,海口市、三亚市成功纳入国家公交都市试点城市,三亚市纳入全国综合运输服务示范城市。海口市、三亚市"十二五"期间新投入公交车辆829台、466台,万人公交车拥有量较"十一五"进一步提高,海口市建成智能交通一期主体工程,三亚市建成全国出租汽车服务管理信息系统试点工程。各市县通过优化线网、改善运营组织等手段,进一步扩大公交辐射范围,公交服务质量得到显著提升。

2004年以来,海南加快农村客站建设步伐,2005年重点推进农村客运班线车发展。到2017年,全省乡镇通车率达100%,建制村通车85%,客运班线达238条,日平均发车539次,客运车1611辆,29637个座位;年度农村运量达987.61万人次。农村旅客周转量达189728.48万人公里。2017年海南交通运输厅出台多项措施推动城乡公交一体化,制定农村客运发展规划,加快站点建设,筹措发展资金,理顺管理体制,积极推进定安县农村客运和城乡公交一体化试点工作,积极引导儋州开展"农村公交"试点工作,部分市县还通过延伸城区公交覆盖周边农村地区,取得良好效果。

海南省提出的"农村公共交通综合服务"模式具有高效环保可持续特点。一是其"农村公交"以镇政府所在地为中心,通达管辖的行政村、自然村,基本解决农村出行需求;二是其经营运作企业本地化,特别是司乘人员镇村化,公交车辆晚上可以停放在线路终点站村庄,司乘人员一日三餐居家食宿,其成本低、便利化、易监督、促进就业等诸多好处;三是实行多种经营,公交车经营公司同时专营农村公路养护,利用闲置时段兼营农村物流,兼营包车业务、车辆维修应急救助服务等,综合经营,交通资源共享,责任权利清晰,经营管理效率高,盈亏互补,减轻政府财政补贴压力,适应农村环境持久运作,特别是将公交车服务、物流、车辆维修、公路养护综合服务集中一体,基本解决乡镇陆路交通运输一体化问题,为乡镇社会进步和经济发展提供较好交通环境。海南城乡公共交通新格局将在全国形成特色。

加强旅游客运管理。海南省道路旅游客运为发展海南旅游产业服务于海南国际旅游岛建设而形成的具有特色和具有较高水准的道路客运行业。建省之初,国内外投资者纷纷看好海南旅游客运市场,在短短几年时间内就投资筹建上百家旅游客运企业。然而各旅行社更侧重自备车辆或随机雇用社会上散车,这就形成了旅游客运市场散乱小杂的局面。自2001年起,海南省政府狠抓旅游市场及旅游客运市场整顿,同时省交通运输主管部门也加大了旅游客运的改革步伐,探讨实践适合海南旅游发展的旅游客运管理体制,先后创新了海南省统一旅游汽车服务中心,"公司化"经营体制改革、海南省旅游客运管理服务等模式,逐步取得行业发展、市场规范、运行稳定,社会赞誉的好成绩。

2014年在省交通运输厅的指导和支持下,由12家旅游汽车公司统一发起成立海南省旅游客运服务中心,该中心性质为民办非企业单位。海南省旅游客运服务中心对旅游客运实行联合经营,统一管理业务,统一调派车辆,统一结算运费,实现全省旅游市场规范化、集约化、规模化,对促进海南国际旅游岛建设和交通客运服务,起到良好的引领和规范作用。

持续整顿琼州海峡航运秩序,琼州海峡客滚运输服务水平明显提高。琼州海峡是海南与内陆地区联系的交通要道,肩负着繁重的人流和物流运输任务。2002年海南、广东两省对琼州海峡航运进行整顿治理,重点整治管理不善、服务质量低劣、不正之风盛行问题。至1993年海峡运输市场不正之风得到有力遏制。两省决定加强海峡交通运政管理,制定《琼州海峡轮渡运输违法经营运输办法》。1994年海南省与广西壮族自治区制定《广西、海南两省(区)港口间海上运输共同管理暂行办法》,加强海峡运输管理。2005年琼粤两省制定《琼州海峡轮渡运输管理规定》,对海峡运输市场,运输秩序的治理,提高到法治地位,直到2010年,由交通运输部组织,实施"大轮班"制和旅客实名制后,客运服务水平得到很大程度的提高,受到广大旅客的高度认可。

(二）货运服务

改革开放40年来，尤其是建省办经济特区30年以来，海南交通运输服务逐年提升，产业结构转型升级步伐加快，货运需求稳步增长。国家和海南省加快水运发展政策全面实施，水运在大宗物资运输中继续发挥重要作用；公路尤其是高速公路，承担着更多的"价高量轻"的货物运输；水上飞机、直升机、高铁等多样化运输方式，打通了绿色通道畅通和本岛货运、物流衔接通道。至2017年底全省公路货运量达1.1亿吨，全省港口货物吞吐量完成1.85亿吨，集装箱完成209.47万标准箱，同比增长26.9%，滚装汽车量459.4万标辆，同比增长18.52%。

海南担负全国最大的反季节瓜果菜基地和鲜活农产品绿色通道运输。1996年5月，海南开通了第一条绿色通道海口至北京，目前，已相继开通到达上海、西藏等数十条绿色通道，总里程达13000多公里，鲜活农产品源源不断运往内地，鲜活农产品出岛运输量从当年的75万吨增加到2008年的540多万吨。2008年以来，运输3000多万吨，既满足了国内各大中城市对海南农产品的需求，也给海南农民带来可观的经济收入。绿色通道已成为全国开展的"三绿工程"之一，全国各大中城市的市民都能吃上海南的无公害瓜果菜，海南也因之而被誉为全国人民的"菜篮子""水果店"。1998年，绿色通道被评为"建省十周年企业最满意的政府十件事之一。"2002—2003年，海南省交通运输厅绿色通道办公室连续两年被评为全国先进单位。

建立省交通运输物流公共信息平台，与国家交通运输物流公共信息平台实现实时对接。省交通运输厅认真贯彻落实交通部《关于促进运输企业发展综合物流服务若干意见的通知》和《关于交通运输推进物流业健康发展的指导意见》精神，出台了《海南省"十三五"现代物流业发展实施方案》。加快推进物流基础设施建设，启动了海口美安物流园区一期、洋浦华信石油储备基地一期等物流基地项目建设。农村物流配送体系不断完善，全省2610个行政村村邮站全面建成并投入运营使用，实现"乡乡设所、村村建站"。村邮站便民综合服务功能不断完善，交邮合作、客货同网等新型经营模式得到推广应用。

做大物流快递板块，构建"干线+配送（邮政，快递及落地配公司）"的网络体系。2015年9月9日，海汽集团与海南邮政签订战略合作协议。双方在干线运输、汽车服务、便民综合服务、金融业务等方面展开合作，实现海汽"大动脉"和海南邮政"毛细血管"的有机结合，共同推动全省城乡共同配送一体化，完善末端配送体系，打通农村邮政服务"最后一公里"。

2016年8月2日，海汽物流公司正式开通首条海口至三亚干线运输物流班车。该物流班车将采取定点、定线、定班、定时、定价的"五定模式"，借助田字形高速公路网，依托海汽遍布全省的运营网路和客运站点，开通西线、中线的物流班车，实现海汽物流班车和营业网点遍布全省，构建全省城乡一体化的物流网，降低了运输成本、实现了资源共享。

2017年全省社会物流总费用约680亿元，占海南省生产总值比例下降到15.8%左右，提前实现2018年下降到16%以下的目标。

（三）运输装备

海南解放初期，海南仅有20余辆民用汽车，且性能落后、运效低下。改革开放以来，特别是海南建省办经济大特区，建设国际旅游岛以来，基础设施的大力建设在促进运输生产的同时，还带来了运力的增长、运输结构的调整和新的运输领域的开拓。货运车辆朝大型、重型方向发展,大吨位货车不断增加,冷藏保鲜等新的运输形式开始形成,专用、特种运输车辆逐渐增多。省汽车运输总公司和12家专业旅游汽车公司等一批专业客车客运公司利用进口和国产豪华大巴,开行快速直达客运班线和旅游运输,提高了公路运输服务质量。全省营用车辆达到145548辆,是建省前6.1倍;海南省现有道路营运客车12275辆,199603客位,营运货车19446辆,56907吨位,设有公路客运大小车站或站点127个。年平均日旅客发送量68865人次。

陆运汽车装备上,大批公交客运更新换代,海南"省汽快车"借助高速公路便捷快速的优势,先后更换一批外观大方,车厢豪华,航空座椅,拥有空调、彩电、音像、洗手间等设施的豪华大巴。省汽快车既有世界名牌奔驰客车、沃尔沃,又有国内大富豪及宇通、青年等VIP豪华品牌。

近几年全省公路水路联网售票与电子客票等五大信息化系统工程建成,共享单车、小微型客车分时租赁等行业新业态正在形成,智慧交通建设收获新成果。

海南旅游客运服务中心改制后,为响应省政府举全省之力创建全国"全域旅游"试点省的战略方针,利用"互联网+"思维,推动全省旅游车服务平台转型升级,在省交通主管部门的指导下,整合全省旅游客运资源,将原海南省旅游客运调派平台改造升级为"四全二键一站式"(四全:指全时、全域、全用户、全互通;二键:指一键租车、一键支付;一站式:一站式管理)的海南旅游客运信息服务平台。目前信息服务平台共有海汽、首汽等14家市(县)际旅游车公司参营,旅游车2283辆,座位66613个(座位最多为51座,最少为6座),可满足旅行社、社会团体及个人的用车需求。

粤海铁路轮渡是在改革开放中发展起来的,轮渡船的装备由粤海1、2、3、4号四艘客滚船组成,粤海1号和粤海2号由中船工业第708所设计,江南造船厂制造,设计满足远海航行及装载2~9类海上危险品的要求,船体总体165.4米,宽22.6米,深15.0米,吃水5.6米,总吨位14381吨,能同时载运40节铁路货车(或18节旅客列车)50辆载重汽车和1108名旅客。"粤海3号""粤海4号"轮渡在性能结构在原"粤海1号""粤海2号"的基础上进行改良。船体总长188米,宽23米,深15.3米,吃水5.6米,总吨位23217吨。四艘船舶的航行性能为粤海通道承担安全、快速出行提供有力保障。

海南铁路有限公司自2016年11月开始在海南环岛高铁实施供给侧结构性改革,对岛内动车组车底进行升级更换,新车针对海岛气候设计制造,旅客乘车舒适度明显提升。

1988年以前,海南没有独立的民航机场,只有海口大英山机场和三亚机场2个中小型军民合用机场。1988年,海南全省开通航线仅17条(国内航线13条,国际和地区航线4条),年航班起降总量仅为5090架次,年旅客吞吐量仅48.2万人次。

海南建省办经济特区以来,海南民航人通过不懈努力,实现了海南民航跨越式发展,共有海口美兰国际机场、三亚凤凰国际机场、琼海博鳌机场3座民航运输机场,三沙永兴机场1座军民合用机场。同时,正在推进三亚新机场、儋州机场等新建机场建设。截至2017年12月,海口美兰、三亚凤凰、琼海博鳌、三沙永兴4座运输机场共完成运输飞机起降27.91万架次(同比增长12.3%)、旅客吞吐量4234.11万人次(同比增长16.1%;其中,境外旅客吞吐量173.91万人次、同比增长60.4%)、货邮吞吐量24万吨(同比增长3.4%)、开通运营境内外航线452条(其中,境外航线57条)。

四、行业管理成就

(一)法治建设

改革开放 40 年和建省办经济特区 30 年以来,海南省根据本省的具体情况和实际需要,紧紧围绕经济建设中心和全面协调发展的主题,在体制创新、扩大开放等方面进行积极的立法探索和实践,注重适时地解决改革和发展中出现的突出问题,出台了《海南经济特区机动车辆通行附加费征收管理条例》《海南经济特区道路旅游客运管理若干规定》和《海南省公路条例》等 3 部省级地方性法规和《琼州海峡轮渡运输管理规定》《海南省实施〈国防交通条例〉办法》等 2 部省政府规章。

1993 年初,海南省人民政府出台了《海南经济特区基础设施投资综合补偿条例》,通过立法,对交通建设投资实行政策倾斜,以立法推进基础设施建设投资体制改革,率先运用股份制形式进行基础设施建设,并以项目相关的土地等作为补偿,鼓励各类企业投资基础设施,有效地引导了投资方向。1993 年 8 月,省交通厅在全国率先实行交通基础设施股份制试点改革,仅 3 个月时间,就筹措了 16.65 亿元投入环岛东线高速公路的建设;1994 社会各界踊跃参与招商活动。琼文加线高速公路的琼山——文昌段,西线高速公路海口——洋浦段;此外,马村 3.5 万吨级件杂货码头等基础设施建设都是以此种方式进行投资建设的。

1994 年 1 月 1 日,海南省人民政府颁布《海南经济特区机动车辆燃油附加费征收管理办法》,海南在全国率先实行了公路规费征收模式改革,将原来的公路养路费、过路费、过桥费和公路运输管理费"四费合一",统一收取为燃油附加费。1996 年 8 月 23 日,海南省人大通过了《海南经济特区机动车辆燃油附加费征收管理条例》,将燃油附加费征收管理的有关规定,由地方政府规章上升为法律效力更高的地方性法规。征收燃油附加费后,撤掉全省公路上所有收费站和路卡,实行"一脚油门踩到底",此举充分体现了"用路者付费、多用路者多付费"的合理、公平原则,并大大提高了公路通行效率。"一脚油门踩到底"已成为海南饮誉全国的一张"交通名片"。

2012 年 3 月省人大颁布《海南经济特区道路旅游客运管理若干规定》,对维护道路客运市场秩序,提高道路旅游客运服务质量起到了重要作用。2009 年、2010 年共新投放旅游车运力 1000 辆,对旅游车实行"自由选择、统一调度、统一结算"的模式。2015 年 9 月省人大修改了《海南经济特区道路旅游客运管理若干规定》,实行省道路运输管理机构统一许可,在加快推动道路旅游客运车辆实现全省同城化运营,保持道路旅游客运运力稳定,完善道路旅游客运价格管理并体现市场竞争,加强事中事后监管等改革事项中,努力建成一个依法、规范、有序、竞争充分的道路旅游客运市场发挥了重要作用。

2013 年 11 月 29 日省人大颁布《海南省公路条例》。这是海南省第一部专门对公路进行规范的地方性法规,填补了海南省公路立法的空缺。条例多方位、多角度地对公路建设养护管理做出了比较全面的规定,特别是针对海南省公路建设、保护中遇到的常见问题都明确进行了规定,新增了很多极具操作性的规定,为海南省依法开展公路建设、养护、管理工作,促进公路事业发展提供了坚实的法律基础。此次公路立法相对外省公路立法,加重了绿化公路的分量,提出更高的要求,同时也第一次在立法中提出旅游公路的概念,创全国之首。

改革开放40年来,海南省交通运输厅积极配合省人大、省政府制定出台了地方性法规5件,规章9件,初步建立起了公路水路交通法律法规体系,进一步完善了海南省交通运输执法的法规依据,为营造海南交通发展环境的优势,推进海南交通的改革发展提供了有力的法律支持与制度保障。

(二)管理体制改革

改革开放40年和建省办经济特区30年以来,海南交通人创新争先,在全国开创了许许多多改革的先河。1988年建省前就实行大交通管理体制,成立了海南省交通厅。1993年以来,海南在港口、港监、公路、交通规费、运输市场、基础设施股份制试点等方面进行全方位的改革。

构建"一厅五局"交通行政管理新格局:从2006年起,省交通运输厅逐步改革现有的行政管理机构职能。2006年7月13日,恢复了省公路管理局,将公路养护职能从厅机关划出去;2008年8月1日,成立了省道路运输局,具体负责全省道路运输管理工作;2008年8月6日,省港航局正式挂牌成立,这标志着海南省在推进港口建设、加强航运管理,完善港航管理体制、促进水运事业发展等方面进入了一个新阶段;2008年12月,海南停征燃油附加费,开征了车辆通行附加费,保留了海南省交通规费征稽局;2015年6月成立省交通工程建设局,交通建、管、养分离工作稳步推进。

为"加快行政管理体制改革,建设服务型政府",促进政府职能转变,2008年8月省政府成立省政务服务中心。省交通运输厅增设行政审批办公室,进驻省政务服务中心。省公路管理局、省港航管理局、省道路运输局也于次年8月派员进驻,由省交通运输厅行政审批办公室统一管理。按照省政府行政审批权相对集中的改革要求,省交通行政审批项目、审批人员向审批办公室集中、审批办公室向政务中心集中、行政审批权相对向审批办公室主任(或首席代表)集中"三集中",实行一窗受理,一站式服务。经过十年的不断实践,截至2018年8月底,省级交通行政审批事项共有80项进驻省政务服务中心办理,审批事项实行一个平台受理,一张网审批,80%的审批事项实现不见面审批,让"数据多跑路,群众少跑腿"。同时,深化"放管服"改革,推进审批事项办结时间压缩一半,大力优化审批办理流程和减少审批申报材料,优化交通运输营商环境。

港口管理体制改革:1994年1月11日,海南省人民政府《关于改革海南港口管理体制问题的批复》,撤销海南港务局,设立海南省港湾管理局,是省政府管理全省港口的行政主管部门,业务上接受交通部的领导。从2000年起,省政府深化行政机构改革,省厅职能包括水路运政、港政,对外不再挂海南港湾管理局牌,港湾管理局调整设立水运处,代表厅行使全省水上运输(港口、航运)行政管理工作。撤销海南港务局后,分别成立海口、三亚港集团公司和八所、洋浦港务总公司,把海口港、三亚港交由所在城市管理,实行"一城一港"的管理体制。2005年1月,海南大规模整合琼北地区的港航资源,成立海南港航控股公司,实行"三港合一",即把海口港、海口新港和马村港合为一体。

港监管理体制改革:撤销省港航监督局,并入交通部海南水上安全监督局,对海南省所辖海区和水上交通安全、防止污染海域实施统一监督。

公路管理体制改革:批准省公路局公路勘察设计院和职工中专学校与省公路局脱钩;撤

销省公路局3个工程处,成立工程公司,成为企业法人,独立对外招揽工程;确定省公路局负责对全省公路进行路政管理,对全省县道以上公路进行养护管理推行代建监理一体化等试点,进一步提升公路建设管理水平。2015年6月成立省交通工程建设局,交通建、管、养分离工作稳步推进。

国有交通企业管理体制改革:主要对运输骨干企业省海运总公司、汽车运输总公司体制进行了初步改革。省海运总公司属下的5个中小港口全部下放市、县管理;对新港港务公司进行规范化股份制改革。省汽车运输总公司划小核算单位,将总公司所属的非独立核算的车站改为内部独立核算的公司,由总公司实行模拟法人管理;总公司通过产权关系对各公司实行委托经营,采取经营责任制或签订经营承包合同等形式,明确各公司保证国有资产保值增值责任以及与总公司的分配关系。改革后的省海运总公司摆脱徘徊不前的困境,省汽车运输总公司也走出低谷,焕发生机,1994年分别获利700万元和321万元。

(三)投融资体制改革

改革开放40年和建省办经济特区30年以来,海南不断创新交通建设投融资改革,亮点频现。如1992年8月,创办了国内第一家规范化的股份制航空运输企业海南航空股份公司;1993年初,省政府出台了《海南经济特区基础设施投资综合补偿条例》,通过立法,对交通建设投资实行政策倾斜;1993年8月,在全国率先实行交通基础设施股份制试点改革,仅3个月时间,就筹措了16.65亿元投入环岛东线高速公路的建设;1994年1月1日起实施省政府发布的《海南经济特区机动车辆燃油附加费征收管理办法》,在全国率先征收燃油附加费,取得了明显的社会和经济效益;1997年7月,率先向省农业银行贷款9亿元建设环岛西线高速公路。多年来,海南多渠道、多元化解决交通建设的资金发展问题。

创立以高速公路投融资为主业的股份制企业。1993年初,海南省委、省政府明确支持股份制试点向基础设施和产业倾斜。当年4月,经海南省证券委员会批准,以定向募集方式设立海南高速公路股份有限公司(以下简称海南高速),3个月内募集建设资金超过10亿元,一举解决资金难题,黄竹至三亚段(右幅)18公里在2年多时间建成通车。G98东线高速公路成为全国第一条采取股份制筹资建设的高速公路。1997年底,海南高速公开发行7700万股(IPO)募集资金4.41亿元,全部投入东线(左幅)高速公路海口至琼海段扩建工程,海南高速成为国内首家高速公路行业上市公司。

改革公路规费征收制度。从1994年1月1日起,海南省将公路养路费、过桥费、过路费和公路运输管费"四费合一",统一征收燃油附加费,由设卡收费改为在销售环节和定额征收。1996年,海南省人大颁布实施《海南经济特区机动车辆燃油附加费征收管理条例》。2010年,海南省人大常委会通过《海南经济特区机动车车辆通行附加费征收管理条例》,以地方法规明确了改革成果。据统计,1994年实施燃油附加费改革以来,燃油附加费(车辆通行附加费)累计征收超过200亿元,并保持持续增长势头。以燃油附加费(车辆通行附加费)等交通规费征收权作为质押,向银行贷款用于高速公路建设的资金超过300亿元。这项改革有力地促进了高速公路建设,取得了显著的社会效益和较好的经济效益。在海南建省10周年和20周年,燃油附加费改革分别被评为"最满意的政府十件事"和"十大新闻事件"之一。

基础设施投资综合补偿条例为海南高速公路建设引入社会资本提供法律保障。1994年5月,海南省人大常委会颁布实施基础设施投资综合补偿条例。这部地方法规,不仅为海南高速公路建设引入社会资本提供了法律保障,更重要的是还明确了高速公路投资的盈利模式。投资高速公路主要有三种补偿方式:一是投资补偿。从高速公路竣工、验收合格、投入运营后的第二年起,海南省交通行政主管部门从公路交通规费中,逐年给予投资者补偿(按银行长期建设贷款利息计算),使其投资的回收期不超过20年。投资回收完成以后,海南省政府按补偿期间的年平均补偿额再补偿5年,作为投资回报。值得一提的是,按照目前的5年期以上贷款基准利率测算,投资高速公路的内部收益率约7%,在今天也属合理水平。二是项目补偿。投资者可以向政府申请综合开发项目用地。三是经营补偿。投资者可利用高速公路沿线开展多种经营。通过这几种补偿方式,海南高速成为上市公司,其中投资补偿和沿线广告收入仍是该公司前期重要的收入来源。

组建省级交通建设投融资公司。经海南省政府批准,2011年7月成立海南省交通投资控股有限公司(以下简称"海南交控"),由海南省交通运输厅代表海南省政府履行出资人职责。为增强海南交控的融资能力,海南省政府给予注入莺歌海盐场400公顷(6000亩)土地、海南高速国有股份和80%车辆通行附加费收入等多项政策支持。海南交控成立以来,累计投入高速公路建设资金62.51亿元,圆满完成海口至洋浦1小时交通圈改建工程、G9811屯昌至琼中段新建工程以及海文改建、西段九所至八所及邦溪到白马井改建等4个项目的投融资工作;及时足额偿还各类债务本息总额100.93亿元。累计对外融资69.03亿元,信用评级为AA+。其中,银行贷款43.71亿元;在中国银行间市场成功注册40亿元债务融资工具,实际发行20亿元。开创海南省省属国企利用中票融资的先河,实现了高速公路建设投融资的新突破;G9811屯昌至琼中段实现项目融资5.32亿元,是海南省首次引进大型央企投资建设的高速公路项目。

争取政府债券投资。随着2015年1月1日《中华人民共和国预算法》的实施,省政府可在国务院下达年度债务限额范围内,通过发行地方政府债券筹集资金,其规模大利率低。2015年、2016年,海南省政府发行地方政府债券超过300亿元,这些资金大部分用于高速公路建设,大大降低了融资成本。在海南地方政府债券支持下,2015年,规划内的琼中至五指山至乐东、万宁至洋浦、文昌至博鳌高速公路约358公里全部开工。自此,海南省高速公路建设进入了大规模投资、全面开工的加速建设期,摆脱了以前"资金落实一段,建设一段"的推进模式。

海南高速公路建设投融资经过近30年的实践和探索,解决了建设资金筹集难题,建立了车辆附加费征收还贷、上市公司、省级交通投融资公司、发行地方政府债券等可持续的投融资模式,较好地满足了建设资金需求。

(四)技术政策及标准建设

施工标准化建设。为深入贯彻实施《海南省人民政府关于实施标准化战略的意见》(琼府〔2011〕15号)精神,加快转变公路发展方式,全面提升公路建设管理水平,促进公路建设科学健康发展,海南省交通运输厅制定了《海南省重点公路及旅游公路项目施工标准化活动实施方案》，从2011年起，在全省重点公路及旅游公路项目中开展了为期3年的施工标准化活动。2011年8月，出版了《海南省重点公路及旅游公路项目施工标准化管理指南》丛书，包括工地建设、路基、路面、桥梁、绿化及绿色防护和考核评定办法6册。2012年8月，组织编制《海南省重点公路及旅游公路施工标准化培训教材》系列丛书(分工地建设、路基工程、路面工程、桥梁工程、隧道工程、交安工程、绿化和环保工程、安全管理，共8册)和《海南省重点公路及旅游公路施工标准化操作手册》(分路基施工、边坡防护、路面施工、隧道施工、梁板预制、钢筋加工、小型构件、交安设施、绿化施工、安全生产，共10册)等图文并茂的实用技术手册，普及标准化施工工艺，提升施工标准化"软"实力，提高全省公路施工水平。

绿色公路和公路钢结构桥梁建设。为深入贯彻五大发展理念，落实交通运输部"综合交通、智慧交通、绿色交通、平安交通"发展要求，促进公路发展转型升级，2016年11月，海南省交通运输厅印发《海南省交通运输厅绿色公路建设和公路钢结构桥梁建设工作实施方案》，推进全省绿色公路和公路钢结构桥梁建设。省级绿色公路示范项目万宁至洋浦高速公路被列入交通运输部绿色公路示范工程。

品质工程建设。省交通运输厅印发《海南省公路水运"品质工程"创建活动实施方案》，从2017年1月起，在全省开展为期三年的公路水运"品质工程"创建活动。并选定铺前大桥和中石化(香港)洋浦成品油保税库项目配套码头工程为海南省省级公路水运品质工程第一批示范创建项目。海南省交通工程建设局和海南省农村公路六大工程领导小组办公室分别制定了《重点公路建设项目品质工程攻关行动方案》和《海南省农村(三、四级)品质工程攻关行动方案》，进一步加强海南省公路水运工程质量安全管理，完善工程质量安全监管机制，提升海南省公路水运工程建设质量和品质，实现公路水运工程建设科学发展、协调发展、绿色发展和可续性发展。

建设市场标准建设。出台《海南省交通运输厅公路水运建设市场信用信息管理实施细则(试行)》《海南省交通运输厅水运工程设计企业信用评价实施细则》《海南省交通运输厅水运工程施工企业信用评价实施细则》《海南省交通运输厅公路工程设计企业信用评价实施细则》《海南省交通运输厅公路施工企业信用评价实施细则(试行)》《海南省公路工程施工分包管理实施细则(试行)》《海南省公路养护工程管理办法(试行)》《海南省公路水运建设项目评标专家库管理办法》《海南省公路工程设计变更管理办法》《海南省交通建设项目主要建筑材料价差调整指导性意见》《海南省公路水运工程第三方试验检测管理办法(试行)》等行业政策和标准。编制《海南省公路工程施工招标文件范本》《海南省公路工程设计招标文件范本》《海南省公路工程监理招标文件范本》《海南省公路工程代建招标文件范本》等海南省标准招标文件。

五、科技创新成就

(一)科技创新体制改革

海南建省前，交通运输发展速度、管理水平、建设质量和行业管理的科技含量与发达省份相比尚有较大差距。改革开放40年以来，尤其是建省办经济特区30年来，海南交通人砥砺奋进,春风化雨,着力破除体制机制障碍,创造有利于激发创新活力的体制环境,用勤劳和智慧书写了交通运输发展的壮丽篇章。

1988年5月海南省交通厅成立时内设教育处,1993年更名为科技教育处,其职责是:组织拟定交通科技教育发展政策和规划;负责管理和指导全省交通运输行业科技开发、推广应用和科技信息工作;负责全省交通运输职业技术教育及交通系统职工培训工作;组织交通行业专业技术资格评审、职业资格考核与鉴定;指导全省交通行业节能减排工作。

1993年省交通厅发布《海南省交通科技奖励办法》;2009年10月9日印发《海南省交通科技项目管理办法》并附《海南省交通科技项目立项申请书》《海南省交通科技项目研究大纲》《海南省交通科技项目合同》《海南省交通科技项目经费结算表》《海南省交通科技项目验收证书》等5件范本;2017年、2018年为适应科技项目管理工作新要求,加强对科技项目的管理,对《海南省交通科技项目管理办法》进行了修订。

交通信息化是向现代化发展任务之一,2001年海南省交通厅在规划财务处内设交通信息中心。2010年7月经省编委批文同意设立海南省交通运输厅信息中心,隶属省厅的正处级事业单位,核定财政预算管理事业编制4名,其中处级领导职数1名。主要职能:承担全省交通运输系统信息化建设的规划制定并组织实施;负责厅机关信息化建设和网络的管理运行、维护、安全保密;配合有关部门开展交通运输系统信息化技术指导和培训。2011年6月厅信息中心正式挂牌。

2010年,海南省交通运输厅党组决定在系统内开展"海南交通科技攻关年"活动。活动取得了丰硕成果,解决了一批交通发展中存在的科技问题,推广应用一批新技术、培养了一批科研人才,在交通系统掀起了"人人思考问题、人人研究问题、人人解决问题"的新局面。

(二)科研能力建设

为进一步加快海南交通运输事业的发展和壮大,更好地适应国际旅游岛建设要求,海南省在交通科技方面的投入也逐步加大。

2009—2017年,在海南省交通运输厅党组的高度重视下,在各有关单位大力协助下,海南省交通科技共立项开展研究项目78个,共计划安排科研资金6416.02万元(不含2010年科技攻关年单列并结题的科技项目46个)。其中交通运输部安排的省部共建科技项目7个,科研资金为960万元。海南省交通运输厅安排科研经费5456.02万元。

"十二五"以来,各级交通系统单位坚决贯彻"科技兴交"战略,对交通运输建设和管理中存在的科学技术难题,有针对性地开展科技攻关,共立项开展科技项目73个,安排用于交通科研资金4897.02万元(不包括2010年科技攻关年单列并结题的科技项目46个)。其中交通运输部安排的省部共建科技项目4个,科研资金为560万元,取得了一批创新性研究成果。至2017年,先后有1项科技项目获得国家级科技进步二等奖,为"滨海地区粉细砂路基修筑与长期性能保障技术"课题;7项科技项目获得省部级科技进步奖,其中一等奖两项,分别是"海南火山岩熔空洞地区公路路基修筑技术研究""海南省沥青路面质量控制关键技术研究";二等奖三项,分别是"海南省公路代建制管理模式及风险分析研究""海南省沥青路面现场热再生技术应用研究""适用于海南地区的BMA改性铺面工程关键技术研究及应用";三等奖两项,分别是"可视化道路桥梁养护管理平台关键技术""海南省交通建设市场信用评价体系建设研究"。另外,"海南省滨海公路浜塘区软土地基处理技术研究"的重要研究成果——一种微型摩擦短管桩的复合地基结构及其施工方法获国家发明专利。较好地发挥了科技研究项目对交通运输工作的引领、支撑和服务作用。

近年来,海南省交通运输厅以队伍能力建设为重点,创新人才工作体制机制,完善人才服务体系,着力于建成与交通基础设施建设目标相适应的高水平人才队伍。经过引进接纳、培养教育,科技人才人数逐年上升,到2017年全省交通运输自有教授级、副教授级、专业人才7人,高级工程师467人,工程师790人,助理工程师1319人,技术员235人,总共有专业技术人员2818人(不包括外省临时进驻的专业技术人员)。

(三)重大科技创新成果及推广应用

"十二五"期间,海南省大力开展科研项目研究和科技攻关,在公路、水路以及节能减排方面取得了一系列创新性的成果,引进吸收并应用了一批科研成果,为海南省交通运输建设提供了技术支撑和保障。

1.高速公路路面建设方面

海南省先后引进吸收并应用泡沫沥青厂拌冷再生、就地热再生、橡胶沥青技术、岩沥青技术、水泥就地热再生、SBS改性沥青SMA-13等技术。路基建设方面海南省先后推广应用了高液限黏土、膨胀土路基处置、滨海旅游公路粉细砂路基修筑等技术。同时,2015年海南省交通运输厅又组织技术单位,编制了《海南省"十二五"高速公路建设与养护"四新"技术应用总结》及《海南省"十二五"公路建设与养护"四新"技术设计施工指南》。重点介绍了海南省水泥就地冷再生技术、泡沫沥青厂拌冷再生技术、就地热再生技术、SBS改性沥青SMA-13技术及橡胶沥青技术等五项技术的应用总结及相关设计施工指南。这些科技项目的推广运用,有效地解决了海南高温、潮湿、多雨、路面早期破损的技术难题,为海南国际旅游岛建设提供了安全、高效、畅通、舒美的交通环境和基本设施。

上述五项技术在海南省公路建设实际中得到了较好的推广应用。一是水泥就地冷再生技术在海南"洋浦1小时交通圈西段高速公路白莲立交至白马井立交段改建工程"基层中得到应用;二是泡沫沥青厂拌冷再生技术在"洋浦1小时交通圈西段高速公路白莲立交至白马井立交段改建工程"及"海南省G98环岛高速公路改建工程邦溪至白马井段及八所至九所段"中得到应用;三是就地热再生技术在"博鳌亚洲论坛交通保障路面应急处理工程"上面层中得到应用;SBS改性沥青SMA-13技术在"海南省中线高速公路海口至屯昌段路面工程""海南省文昌东郊至龙楼公路工程""海口至文昌高速公路改建工程"中得到应用;四是橡胶沥青技术在"海南省G98环岛高速公路改建工程邦溪至白马井段"及"海榆中线永兴至枫木段改建工程"中得到应用。

2.运输方面

海南省加快调整优化船舶运力结构,加大船舶运力调控力度,大力推进标准化、专业化船舶发展,加快淘汰老旧落后船型。通过积极与交通运输部、广东省沟通协调,对琼州海峡客滚船舶实施了"轮班运营、定时发班",着力解决过海拥堵、旅客滞留等问题,优化水陆交通运输装备结构和运力协调,确保琼州海峡运输通道高效、安全、畅通、有序运行。

交通信息化水平显著提升。推进了一批行业信息化重大工程,实施了海南省智能交通工程一期建设项目,搭建了全省统一的智能交通云基础平台,基本建立了交通运输行业基础数据库群,重要交通基础设施、重点载运装备运行状态监控体系进一步完善,数据采集率稳步提升。交通运输行业要素资源数字化水平稳步提升,信息化应用能力显著增强,交通运输信息服务体验不断改善。

绿色交通建设步伐加快。加快推进新技术、新工艺、新材料和新设备的推广与运用。积极推广冷再生、循环利用等节能环保技术。加快港口装卸机械技术升级改造。加速淘汰营运"黄标车",严格落实营运车辆准入与退出制度。大力推广应用清洁能源以及新能源汽车,海口市、三亚市等城市实现公交节能环保车型占比80%以上,出租车节能环保车型占比达92%以上,三亚市出租车全部实现油气双燃料动力。加快淘汰高能耗、高排放、低效率的老旧船舶,引导轻型、高效、电能驱动和变频控制的港口装卸设备发展,积极推进港口RTG(轮胎式门式起重机)油改电、港口机械油改气和靠港船舶使用岸电。进一步完善了节能减排工作考核体系。全省绿色低碳交通运输格局正在形成。

3.关键技术研究方面

海南铺前大桥是海南省迄今为止规模最大的独立跨海桥梁工程,大桥路线总长5.597公里,其中跨海大桥长3.959公里。海南铺前大桥项目位于强震、强风、强腐蚀区且跨越铺前—清澜活动断层,建设条件极其复杂,从工可、设计到建设阶段共开展18项专题研究,8项科研课题研究,涵盖水文、地质、抗震、抗风、跨断层、深长桩基础、健康监测等多个方面。建设期间面临4.3米超大直径钢管复合桩施工、不正规复杂潮汐环境下箱梁吊装以及简支钢箱梁桥面变连续等诸多技术难题。

2017年铺前大桥科技创新工作取得新进展,成果丰硕,《强震区跨断层、近断层桥梁设计关键技术研究》通过验收,创新成果突出,发表学术论文11篇,正在申请专利6项,软件著作权1项,编制指南1部,在跨断层桥梁设计方法和振动台模型试验方面处于国际领先水平;"铺前大桥抗风性能研究"课题主要技术指标及研究成果总体上达到国际先进水平,其中六分量气动导纳识别方法达到国际领先水平,试验成果已应用于施工期台风对主桥施工双悬臂、引桥移动模架等施工工况中。科研研究成果为大桥建设打造了坚实的基础。

另外,针对铺前大桥运营期可能发生的地震风险,正在联合同济大学开展"强震区近断层、跨断层桥梁健康监测系统研究"课题的研究,具体对运营养护阶段的重点难点问题进行前瞻性的攻关布局。

4.推广"四新"运用方面

近年来,海南省交通运输厅高度重视公路养护管理"四新"(新技术、新材料、新工艺、新设备)的研究推广运用。如在水泥路养护方面,利用非开挖高聚物注浆技术修复水泥混凝土路面,采购水泥混凝土路面铣刨机处治路面,避免了大量开挖水泥路面形成难以分解的路面垃圾。在沥青路养护方面,一是采用沥青冷补料修补坑槽,节约沥青加热所需的燃料;二是推广使用沥青路贴缝带修补裂缝,延长沥青路面使用寿命,节约材料,达到节能减排的目的;三是推广热在生技术,就地热再生技术实现了原路面材料循环再利用,即节省了大量新沥青混合料,减少了因开山采石造成的环境破坏、避免了因有毒沥青废料的排放和堆积而造成的水土污染,既节能又环保。

六、党的建设与精神文明建设

(一)党建工作

改革开放40年和建省办经济特区30年以来,海南省交通运输系统始终贯彻全面从严治党要求,不断加强党的建设,为推进交通运输行业建设和改革较好地发挥了服务保障作用。

坚持把理论武装作为重要政治任务,以厅党组理论中心组学习为牵引带动,以基层党组织"三会一课"为重要形式,组织广大党员干部深入学习中国特色社会主义思想,特别是习近平新时代中国特色社会主义思想,认真开展"三讲"、学习实践科学发展观、党的群众路线教育实践、"三严三实""两学一做"等专题教育,进一步增强"四个意识",强化"四个自信",确保了交通运输系统始终保持纯洁巩固。

不断加强思想道德建设,广大党员干部职工的思想道德素质进一步提高。深入培树践行社会主义核心价值观,加强"四德"教育,广泛开展普法教育,经常性组织思想道德、爱国主义、光荣传统、爱岗敬业、文明礼仪等教育,不断打牢干部职工"热爱海南、建设交通"的思想根基。2009年省交通运输厅被评为第一批省级学习实践科学发展观活动先进单位。

不断建立完善各项党建工作保障机制,各级党组织的战斗堡垒作用进一步增强。制定了《海南省交通运输厅党组党建工作责任制》,进一步修改、完善了《海南省交通运输厅党组理论学习中心组学习制度》《海南省交通运输厅直属机关党委党员理论学习制度》等有关制度。2010年,根据《省直机关党建工作目标管理考核办法》《省直机关党建工作管理考核评分标准》出台了《海南省交通运输厅党建工作督促检查制度》,进一步明确了督促检查的内容、范围、基本程序、检查时间和检查形式等。加大了督促检查的工作力度,认真落实基层党建目标管理考核、基层党组织书记抓党建述职评议考核等制度,促进了党建工作在基层的全面落实。

扎实抓好基层党组织建设,党建工作基础得到进一步夯实。根据《党章》和《中国共产党党和国家机关基层组织工作条例》的规定,认真抓好党组织的调整及换届选举工作,通过抓换届选举,建章立制,进一步完善了党建工作机制。按照"坚持标准、保证质量、改善结构、慎重发展"的方针,严格程序和标准,认真抓好党员发展工作,及时把优秀青年吸收入党,为党的建设补充新鲜血液。持续推进"两学一做"学习教育常态化制度化,深入推进党建标准化规范化建设,交通运输系统党建水平明显提升。

坚持正风肃纪,扎实推进党风廉政建设。厅党组始终坚持从严治党要求,层层压实党风廉政建设工作主要负责人的第一责任和分管负责人的"一岗双责",认真贯彻标本兼治、综合治理、惩防并举、注重预防的工作总要求,党风廉政建设取得显著成效。深入开展党风廉政教育,每年结合工作重点开展内容丰富的主题廉政教育月活动,教育引导党员干部筑牢思想意识防线,廉洁自律,提高拒腐防变能力;先后开展了治理公路"三乱"、工程建设领域突出问题专项治理、治理商业贿赂专项工作、小金库专项清理、会员卡清理、整治庸懒散奢贪、"四风"问题整治等专项整治工作,有效地规范了行业管理;在全系统内开展了廉政风险防控工作,深入排查各项权力事项,标出廉政风险点,绘制出权力运行流程图,并按照风险等级制定了防范措施,制定了《海南省交通运输厅机关廉政风险防范手册》,极大地规范了权力的运行;深入贯彻落实中央八项规定精神和省委省政府二十条规定精神,抓好重要时间节点"四风"问题的防范,不定期开展明察暗访,持续深入查纠"四风",行业风气得到明显提升;坚持严管就是厚爱,严肃执纪问责,对系统内发生的违纪违规问题零容忍,信访举报件件有落实,一批违纪违规问题和人员受到查处;坚持以问题为导向,全力以赴抓好巡视反馈问题的整改,及时完善了管理漏洞;不断加强制度建设,出台了一大批行业管理规章制度,建立完善了预防腐败的长效机制。

(二)精神文明建设

海南省交通运输系统坚持以习近平新时代中国特色社会主义思想为指导,紧紧围绕交通运输中心工作,着眼于在推进建设海南自由贸易试验区、中国特色自由贸易港中发挥先导作用,坚持以人为本,坚持以"服务人民、奉献社会"为宗旨,在交通运输行业广泛开展文明大行动,不断丰富和创新活动内容,扎实推进精神文明创建活动,为推动海南交通运输又好又快发展提供了强大的思想保证、道德支撑和精神动力。

行业精神文明创建和品牌建设取得突破。"爱国歌曲大家唱""迎国庆讲文明树新风"礼仪知识竞赛、"文明服务承诺"、评选"优秀运输企业"与"星级旅游车"等活动丰富精神文明创建载体。"一脚油门踩到底""海汽快车""星级出租车""最佳公交驾驶员""李向群班组""生态公路""辞赋文化道班""交通礼仪队""蓝帽子服务队""港航百人腰鼓队"等品牌提升了行业美誉度。在博鳌亚洲论坛、国际环岛自行车赛、世界小姐赛等大型活动交通保障及抗击台风、金融危机、燃油税费改革、抗震救灾、抗洪抢险、抗雾保运等重大活动中树立良好的交通运输形象。

交通文化建设收获累累硕果。2005年,编辑出版《新思维新跨越交通发展研究文集》《激情交通新闻集》《二十年辉煌交通特刊》《海南交通二十年》画册、《舆图赋》《海南公路交通发展溯源》《海南征稽形象识别系统》等文化成果;2007年9月在全国率先成立了海南交通文化研究会,为交通文化建设提供有力的支持。建成一批生态道班、全国首个公路辞赋文化道班毛阳道班、什邦飞瀑和"牙挽桥木棉啸春""九架岭木棉文化大道"等景观路段,建成一批职工书屋或阅览室,书香弥漫了300多个公路养护道班;推出了《天涯不再遥远》《天涯砺兵》《勇立潮头唱大风》《收获2009》《风雨公路人》等优秀视频作品。

涌现出一大批先进典型。多年来,海南全省交通运输行业积极开展"学先进、树新风、创一流"等文明创建活动,涌现出一大批先进集体和个人。获得全国劳动模范荣誉称号8人;获得"全国五一劳动奖章"15人;获得交通部、人事部表彰省部级先进工作者荣誉称号39人;获得全省劳动模范荣誉称号30人;获得交通部、团中央表彰的全国交通系统青年岗位能手、三八红旗手30多人次;获得交通部、全国妇联联合表彰的巾帼建功标兵9人;获得全国文明单位的集体18个;获得全国模范职工之家、省级模范职工之家等荣誉的集体13个;获得省部级表彰的创文明行业先进单位93个;省部级青年文明号19个。此外,还有一批抗洪抢险救灾先进集体和个人、全国交通运输行业援助阿坝州灾后重建先进个人、民族团结进步模范个人、感动海南2017年度十大人物等涌现出来。

(三)行业先进典型

1.海南省交通规划勘察设计研究院

海南省交通规划勘察设计研究院是海南唯一一家省属从事公路、水运、市政道路、桥梁规划咨询、勘察、设计的甲级设计研究院。先后承担了海南多条高速公路、国道改建工程、旅游公路、大中型桥梁及大量的国省道勘察设计任务,先后获得72项优秀工程咨询、勘察、设计奖,其中获全国优秀工程咨询成果一等奖1项、二等奖3项,获海南省优秀工程咨询成果一等奖5项,获全国公路交通优秀设计一等奖1项,三等奖2项,获海南省优秀工程设计奖3项。先后承担了部级课题2项,省交通运输课题20多项,其中获国家科技进步二等奖1项,获中国公路学会特等奖1项,获海南省科技进步一、二等奖各1项;发表学术论文约237篇,其中美国工程索引EI检索论文22篇。

建院34年来,累计完成各级公路勘察设计20246多公里,桥梁859余座,为改变海南岛交通面貌做出了历史性的贡献。

2.海南海汽运输集团股份有限公司

公司前身为海南省汽车运输总公司,成立于1951年11月,是海南道路运输业龙头企业。公司现有班车1989辆,旅游车538辆,出租车436辆,其中班线车占全省班线车的60%。已建成覆盖海南全省18个市县(三沙市除外)的道路客运网络,现有三级以上汽车客运站23个(其中一级车站5个),共有500多条道路客运班线,省际客运班线辐射到全国14个省市,旅客发送量已占海南省客运市场70%以上。公司成为"中国道路运输百强企业"和"全国道路客运经营资质一级企业",获评"全国用户满意企业""中国质量、服务、信誉AAA级企业""中国商务信用企业"和"中国企业文化建设成功企业"等多项殊荣;"海汽快车"被评为"全国用户满意产品",通过ISO9001:2000国际质量管理体系认证。是全国唯一一家具有全省性客运网络的道路运输企业,也是全国唯一一家交通运输服务标准化试点单位。

3.海南高速公路股份有限公司

海南高速公路股份有限公司是海南省首家交通基础设施行业上市公司,也是全国高速公路行业首家上市公司。海南高速主要承担国家基础设施重点工程——海南环岛高速公路(东线段)的建设和管理。先后通过贷款、定向募集和公开募集等方式筹集资金约43亿元,于1991—2002年陆续顺利完成了海南东线高速公路(约250公里)左、右幅的投资建设。自2005年起,先后争取到东西线高速大修改造、海南中线高速公路屯昌段(省重点工程项目)等16个公路项目的代建权,总投资20多亿元,建设总里程500多公里。海南高速已发展成为拥有二十几家全资子公司、多家控股公司及参股公司的具有核心竞争力的综合性产业集团。截至2017年底,公司资产总额31.74亿元,净资产26.58亿元。

4.海南省路桥投资建设有限公司

海南省路桥投资建设有限公司成立于2006年4月,先后代建了海屯高速、万洋高速等十多个项目,建设了西线高速、东线高速等一百多个项目,以及雅亮大桥等数十座桥梁。从20世纪90年代建设国家G98海南环岛高速公路至今,海南路桥先后7次获得省政府颁发的"金光大道"奖,9个项目被评为"样板工程",19个项目被评为"优良工程"。海南路桥先后顺利完成抢修东线高速公路万宁先锋桥、海南航天发射场大件设备运输应急工程等战备项目,树立了良好的国有企业形象。其全资子公司海南路桥工程有限公司荣获2016年全省公路战备钢桥架设技能竞赛总决赛冠军及全国职业技能大赛海南省选拔赛二等奖。

5.海南高速铁路有限公司

2017年9月6日,海南高速铁路有限公司由中国铁路总公司(原铁道部)、海南省、广东省共同出资组建,管内有普速铁路、高速铁路和琼州海峡铁路轮渡,铁路里程共1354.6千米。

2017年,海南铁路有限公司完成旅客发送2706.4万人,比上年增长16.3%。其中:普速线完成旅客发送158.4万人,增长6.1%;高铁线完成旅客发送2548万人,增长17.1%。完成货物发送972.1万吨,增长21.6%。轮渡散客过海272.1万人次,增长11.0%,轮渡汽车过海67.6万辆次,增长12.3%。环岛高铁海口站辖区发送旅客913万人次。海口火车站全年发送普速旅客97万人次,海口南火车站发送货物22万吨。铁路轮渡南港运送散客133万人次,过海汽车32万辆次,货物列车1033趟次共51万吨,旅客列车2117趟次共114万人次。

6.海南省交通投资控股有限公司

海南省交通投资控股有限公司(简称"海南交控")成立于2011年8月,系由海南省交通运输厅代表海南省政府履行出资人职责的国有独资公司。

海南交控成立以来,完成海口至洋浦1小时交通圈改建工程、中线高速公路屯昌至琼中段新建工程、海文高速改建、西段高速公路九所至八所及邦溪到白马井段高速改建等重点交通工程项目的投融资工作,投入建设资金64.5亿元;及时足额偿还各类债务本息总额100.93亿元。累计对外融资69.03亿元,信用评级为AA+。其中,银行贷款43.71亿元;在中国银行间市场成功注册40亿元债务融资工具,实际发行20亿元。开创海南省省属国企利用中票融资的先河,实现了高速公路建设投融资的新突破;G9811屯昌至琼中段实现项目融资5.32亿元,是海南省首次引进大型央企投资建设的高速公路项目;完成海南省高速公路养护经费支出5.1亿元。

7.海南航空股份有限公司

海南航空股份有限公司于1993年成立,是中国发展最快、最有活力的航空公司之一。海航旗下海南航空已七度蝉联SKYTRAX五星航空公司,成功跻身"SKYTRAX全球最佳航空公司TOP10"。

1993年4月13日,海南航空迎来第一架波音737飞机。如今,海航航线网络遍布中国,覆盖亚洲,辐射欧洲、北美洲、大洋洲,开通了国内外航线2300余条,通航城市280余个。

1999年,海南航空通过了中国进出口商品质量认证中心ISO9002质量标准注册审核,获得了该中心颁发的ISO9002:1994质量标准注册证书,成为中国民航第一家全面通过ISO9002质量标准认证的航空公司。

近五年来,海航旗下海南航空在海南地区每年旅客运输量平均增长率为15%,由2013年的1071万人次增长至2017年的1880万人次。

8.海南港航控股有限公司

海南港航控股有限公司成立于2005年,拥有15艘客滚运输船舶和51个码头生产作业泊位。现有各类海上航线46条,直通国内沿海和东南亚等地,并经中国香港辐射全球。是海南目前资产规模最大,拥有船舶、码头和航线最多,业务吞吐量和市场占有份额最高的国有港航企业集团。

2013年,面对南海动荡局势,该公司及时开通了西沙海上旅游航线,有效彰显了国家对南海的海洋主权权益;2014年,为保障越南排华事件中中国公民安全,应交通运输部指令,该公司第一时间派出三艘大型客滚轮赴越南永安港,圆满完成了在越中国公民的撤离任务。

2017年,该公司所辖港口货物吞吐量完成8998万吨,占全省港口将近50%;集装箱吞吐量完成183万TEU,占全省港口的87%;轮渡旅客和车辆进出口分别完成992万人次和236万辆车次,分别占全省港口的66%和78%。

改革开放 砥砺奋进 开创交通发展新时代

重庆市交通委员会

一、综述

1978年12月召开的党的十一届三中全会,吹响了改革开放的号角,开启了改革开放的历史征程。40年众志成城,40年砥砺奋进,40年春风化雨。40年来,在党中央、国务院的关心关怀下,在历届市委、市政府和交通运输部的领导支持下,重庆交通面貌发生了翻天覆地的变化,特别是直辖20年来,重庆交通步入了发展跨越时期,交通运输对经济发展的"瓶颈"制约得到明显缓解,为全市经济增长、社会和谐发展提供了有力保障。

(一)发展阶段

改革开放40年来,重庆市经历了计划单列、区划调整、直辖等重要发展阶段,重庆交通的发展也主要经历了三个阶段。

1.从1978年改革开放到1997年直辖,重庆交通处于起步发展阶段

改革开放前,重庆交通运输基础薄弱,设施落后,运输结构不合理,再加上辖区主要分布在长江沿线,以丘陵、山地为主,地势从南北两面向长江河谷倾斜、起伏较大,受地理条件等因素制约,交通基础设施建设严重滞后,广大地区处于十分闭塞的状态。1978年改革开放以来,随着经济的快速发展,运输需求急剧增长,运输矛盾日趋突出。为彻底改变交通落后面貌,当好经济发展的先行者,重庆交通在各级领导的关心和支持下,全系统励精图治,社会各界广泛参与,交通彻底走出了漫步阶段,步入了正常发展时期,这也是重庆交通打基础、筑平台、求发展的重要时期。经过20年的发展,截至1997年,全市公路总里程达到27045公里,比1978年净增11624公里,其中等级公路16886公里,特别是1994年成渝高速公路建成通车,实现了高速公路零突破;域内通航里程2468公里,年吞吐能力100万吨以上的港口5座,100万人次吞吐能力的港口9座;全市铁路网络形成了"一枢纽三干线二支线"布局;重庆江北国际机场建成投入使用,重庆民航实现历史性跨越,重庆交通初步形成了公路、水路、铁路、民航同步发展,以内河水运为主导、各种运输方式较为齐全的交通体系,为重庆直辖后加快发展打下了坚实基础。

2.从1997年重庆直辖至2008年,重庆交通处于稳步推进阶段

虽然改革开放至直辖的20年,重庆交通"瓶颈"状况得到了有效改善,但交通的落后面貌仍未根本改变。直辖之初,重庆交通发展极不均衡,骨架公路建设处于初始阶段,出口通道仍然不畅,县际干线公路等级低、路况差,交通成为重庆经济社会发展的重大制约。直辖十年来,重庆交通紧紧抓住西部大开发、三峡移民和直辖等重要战略机遇,负重自强,大胆创新,注入了新的生机与活力。1997年,为尽快改变交通不适应经济发展的现状,重庆市委、市政府做出重大决策,将1997—1999年作为"交通建设年",并提出"五年变样、八年变畅"的目标,同时将地方公路建设权限下放,由区县政府负责实施,提高了各区县建设地方公路的积极性。2000年,市委、市政府又提出了"8小时重庆"的目标,重点解决秀山、巫山、巫溪、城口的交通落后状况。2002年,市委、市政府将原规划2020年建成的"二环八射"2000公里高速公路,全部提前到2010年前实施,并于2007年提出了"4小时重庆、8小时周边"的目标,交通步入了大建设、大发展时期。2008年,重庆市与交通运输部共同签署了"统筹城乡交通发展战略合作协议",重庆交通建设与发展迎来新的机遇。直辖10年来,重庆交通以公路建设为重点,加快推进水运和民航基础设施建设,稳步推进铁路、城市公共交通发展,综合交通运输体系基本形成。截至2008年,全市公路总里程达到10.9万公里,其中高速公路达到1165公里;内河航道总里程达到4337公里,港口泊位通过能力达到1.1亿吨;"一枢纽五干线"铁路网布局、"一大一小"民用机场格局初步形成,城市公交网络逐步完善,轨道交通运营里程19公里,实现零的突破。

3.2008—2018年,重庆交通处于历史跨越阶段

2008—2018年这十年,重庆交通迈入了发展快车道,交通基础设施规模继续扩大,发展质量显著提升,成为重庆交通史上发展最快、变化最大、成效最显著的十年。十年来,党中央和国家领导人高度重视重庆发展,为重庆交通发展指明了方向。特别是2016年1月,习近平总书记来渝视察,对重庆提出了"两点"定位、"两地"目标和"四个扎实"要求,为重庆交通发展明确了目标。2017年10月,党的十九大胜利召开,提出了建设交通强国的宏伟目标。2018年3月,习近平总书记参加十三届全国人大一次会议重庆代表团审议时,再次强调重庆"两点"定位、"两地"目标,希望努力推动高质量发展、创造高品质生活,推动各项工作迈上新台阶。随后,交通运输部将重庆列为"交通强国建设示范区",重庆交通进入了新的发展阶段。十年来,重庆市委、市政府对重庆交通发展加大了支持力度。特别是2017年7月以来,重庆市委要求补齐交通短板、提速交通建设、开展"交通会战",大力实施交通建设"三年行动计划",进一步掀起交通建设大浪潮。十年来,全市交通系统攻坚克难、埋头苦干,综合交通已进入发展的黄金时期,交通运输已由高速增长阶段转向高质量发展阶段,各种运输方式加速融合、协调发展,实现了从"瓶颈制约"向"基本适应"的重大跨越。截至2017年,铁路形成"一枢纽十干线二支线"网络,高速公路通车里程突破3000公里,江北国际机场T3A航站楼和第三跑道建成投用,成为中西部首个拥有三座航站楼、实现三条跑道同时运行的机场,果园港等一批现代化港口建成投用,全市港口货物和集装箱吞吐能力分别增加到2亿吨、450万标准箱,城市公交线网更加完善,轨道交通运营里程达到264公里,群众出行更加便捷。

(二)基本经验

改革开放40年特别是直辖20年,重庆交通的快速发展主要得益于六个"始终坚持":

1.始终坚持规划引领,科学谋划交通发展

改革开放以来,在历届市委、市政府的坚强领导下,重庆交通坚持规划先行,创新规划理念,全力做好顶层设计。高速公路方面,先后编制完成《重庆市骨架公路网规划(1997—

2020)》《重庆市高速公路网规划(2003—2020年)》《重庆市高速公路网规划(2013—2030年)》等规划,科学指导了"二环八射"2000公里、第三个千公里、第四个千公里高速公路建设。水运方面,先后出台《重庆市人民政府关于充分发挥长江黄金水道作用进一步加快建设长江上游航运中心的决定(渝府发〔2007〕66号)》《重庆市人民政府关于进一步加快重庆水运发展的意见(渝府发〔2011〕71号)》等意见,有序推动长江上游航运中心建设。铁路、民航方面,2017年重庆市政府印发《重庆市中长期铁路网规划(2016—2030年)》,2018年重庆市政府与中国民航局联合编制《重庆国际航空枢纽战略规划》,为铁路、民航中长期发展指明方向。综合交通方面,2017年重庆市政府印发了《重庆市"十三五"综合交通规划》,这是重庆市以市政府名义印发的第一个综合类交通规划。同年,市政府印发《重庆市基础设施建设提升战略行动计划(交通行动计划)工作方案》,拉开了交通建设"三年行动计划"序幕。2018年,重庆又迅速启动《重庆市交通强国示范区建设纲要》《重庆市综合交通中长期发展规划(2018—2035年)》等相关规划研究,全力做好国际性综合交通枢纽和交通强国示范区顶层设计。

2. 始终坚持交通先行,不断满足经济社会发展需求

改革开放以来,重庆始终坚持交通先行,积极争取各方支持,全力保障交通建设,创新交通发展理念,交通对经济社会发展的支撑引领作用明显增强。一是交通投资屡创新高。始终坚持多元化的理念,积极争取国家和市级财政支持,不断吸引社会资本,多方筹集交通建设资金,交通行业深挖投资潜力、加大投资力度、加快投资进度,有力保障了交通建设。2017年,完成各类交通投资831亿元、同比增长12.3%,超额完成年度820亿元的目标任务,创历史新高,在全市经济平稳较快增长中,发挥了重要作用。二是交通发展理念不断完善。交通行业始终把交通工作融入全市经济社会发展全局,不断加深对交通发展的规律性认识,总结提炼了"坚持以全面小康为目标,坚持以服务出行为根本,坚持以公众满意为追求"这"三个坚持"核心价值理念,将其作为谋划工作、推动发展的根本导向和重要遵循,对全行业统一思想、凝聚合力、促进发展发挥了关键性作用。

3. 始终坚持统筹协调,大力推进区域一体化发展

改革开放以来,特别是党的十九大以来,重庆交通始终坚持从全局谋划一域,以一域服务全局,不断完善基础设施网络,有力提升区域互联互通水平。一是畅通对外大通道,助推区域交通一体化。

近年来,重庆交通紧紧围绕"一带一路"倡议和长江经济带发展战略,加快推进铁路、公路、水路、民航等对外大通道建设,不断加强与京津冀、长三角、珠三角、成渝城市群等地区的快速联系。截至2017年,重庆高速铁路运营里程达到381公里,高速公路对外通道达到19个,水运"一干两支"航道体系基本形成,民航"一大四小"机场格局加速形成,对外通道网络进一步畅通,交通枢纽地位进一步提升。二是完善内部交通网络,助推城乡交通一体化。不断加强各功能区域之间、城市与农村之间的通道联系,积极解决好"断头路""梗阻路"等问题,实现全市交通协调发展。截至2017年,高速公路网络不断加密,"4小时"重庆全面实现;普通干线公路网络不断完善,路网通行状况处于历史最好水平;"四好农村路"建设不断加快,交通扶贫攻坚纵深推进,城乡交通一体化水平明显提升。

4. 始终坚持服务为本,努力建设人民满意交通

直辖前,"居民出行难、物资运输难、对外交往难"是重庆交通的真实写照。直辖以来,重

庆始终坚持以人民为中心的发展思想,加快提升交通运输基本公共服务均等化水平,不断增强人民群众的获得感、幸福感、安全感。一是大力发展公共交通。轨道交通运营里程达到264公里、居中西部第一位;公交都市创建深入开展,公共汽车从1997年的1800多辆增加到2017年的9088辆,主城区公交覆盖面不断扩大、服务质量日益提升。二是稳步提升农村客运水平。投入农村客运车辆1.2万余辆,全市乡镇、具备条件的行政村客运通达率双双达到100%,边远地区群众"出行难"问题得到极大缓解。三是有序推进货运物流发展。大力发展铁水、公水、公铁等多式联运,东向、西向、南向、航空国际物流通道实现常态化运行,甩挂运输、城市配送等试点项目扎实开展,邮政业实现"乡乡设所、村村通邮";快递业加快融入生产、流通和消费环节,"工业品下乡"和"农产品进城"实现双向流通。四是强力推进"平安交通"建设。严格安全监管执法,加强安保设施和文化建设,强化风险管控和隐患治理,行业安全形势持续向好,水上交通连续14年、道路运输连续11年未发生重特大安全事故,高速公路交通连续4年未发生重特大安全事故。

5.始终坚持改革创新,持续提升行业管理能力

改革开放以来,重庆交通坚持解放思想、勇于实践,深化一系列体制机制改革,走出了一条符合发展形势、体现重庆特色的新路子。一是加快交通管理体制改革。2000年对原市交通局、公用局、港口管理局等机构和部门进行整合,组建了市交委。2014年,将市发改委承担的铁路、民航的规划编制、政策法规拟定、资金平衡、建设协调、航线开发等管理职能划转至市交委,实现了对铁公水空等交通方式的统一管理,在全国率先建立了交通大部门制。二是加快推进交通综合行政执法体制改革。在全国率先将公安机关的高速公路交通安全管理,与交通部门的路政、运管、港航海事职责进行整合,交由交通行政执法总队统一行使,改变了多头执法、多层执法、重复执法的体制弊端。三是深化投融资体制改革。在高速公路建设领域,开创性地采取"BOT+EPC"(建设—运营—转让+工程总承包)模式招商引资,成功引进大型央企投资1000多亿元,确保了第三个千公里高速公路项目全面实施、第四个千公里顺利启动。四是深化主城区公交改革。绕城以内近3000辆班线客车到期退市;引导主城区7家公交企业重组、实行区域化经营,公交运行效率和服务质量同步提升。五是深化出租车改革。大力推进出租车公司化经营,主城区自营率达到100%;建立出租车行业党委,规范网约车经营秩序,出租车行业始终保持健康发展。

6.始终坚持智慧绿色,强力助推行业转型升级

改革开放以来,特别是党的十九大以来,重庆交通积极践行新发展理念,全力推动交通质量变革、效率变革、动力变革,努力推动交通更高质量、更有效率、更可持续发展。一是大力发展智能交通。建成交通运行监测与管理平台,行业数据中心基本形成,对路网和重点营运车船视频监控实现全覆盖。建成高速公路卡口系统、班线客运联网售票系统等信息系统,开发基于移动终端的出行服务系统,公众服务和行业管理信息化水平大大提高。二是有序推进节能减排。绿色低碳建设试点工作扎实开展,46个低碳示范项目顺利实施,积极推动使用清洁能源,加快淘汰高能耗、高排放老旧车船,营运车船单位能耗大幅下降。三是强化生态环境保护。加大交通基础设施生态环境保护修复,强化施工工地、港口码头等重点区域治理,提高土地、岸线等资源集约利用水平,实现道路通与百姓富、生态美有机统一。

二、基础设施成就

改革开放特别是直辖以来,全市交通深入推进供给侧结构性改革,加速实施铁路、公路、水运、民航、邮政等交通基础设施建设,综合交通运输发展质量和效益不断提升,为服务国家战略、支撑全市经济快速发展、保障和改善民生发挥了重要作用。

(一)铁路

改革开放以来,重庆紧紧抓住国家加快中西部地区铁路建设的重大机遇,以战略大通道构架为核心,以枢纽功能提升为重点,加大铁路建设投资力度,不断提速铁路建设。1978年,铁路营业里程仅347公里。2017年,营业里程达到2371公里,是1978年的6.8倍,铁路在全市综合交通体系中的骨干作用进一步强化,为支撑区域经济社会发展做出了突出贡献。

1.加速融入国家高铁网,群众出行更加便捷

重庆首条高速铁路成渝高铁于2015年底建成通车,实现了高速铁路零的突破,极大地便捷了成渝城市群之间的联系;渝万高铁2016年底建成通车,重庆主城至万州实现1小时到达,渝东北地区与重庆主城联系更加快捷。为进一步补齐高铁发展短板,2017年重庆启动了高速铁路建设"三年行动计划",拟建设高速铁路1400公里,加速形成"米"字形高速铁路网。目前,郑万高铁正有序建设,渝昆、渝湘、渝西、新建渝万等高铁项目前期工作有序推进。截至2017年,全市高速铁路通车里程达到381公里,基本实现"1小时成渝""5小时西安""9小时北京"。

2.逐步构建普速铁路网,对外通道进一步完善

改革开放初,重庆铁路仅有成渝铁路、川黔铁路2条普速铁路347公里,其中成渝铁路修建于1950年,1953年正式交付运营,是新中国修建的第一条铁路,也是中国自行设计施工,完全采用国产材料修建的第一条铁路,在中国铁路发展史上具有极其重要的意义。川黔铁路1956年开工,1965年交付运营,通车50多年来,每天通过列车超过75列,已成西南铁路网中运输极其繁忙的单线铁路。改革开放以来,重庆相继新增了襄渝、万南、达万、渝怀、遂渝、宜万、南涪、渝利、兰渝、渝贵等干线铁路,新增普速铁路里程1643公里,使全市普速铁路通车总里程达到1990公里,对外通道由2个增加到10个,对外通道运输能力进一步增强。此外,涪怀二线、枢纽东环线等普速铁路正加快建设,万州新田港、涪陵龙头港铁路集疏运中心项目前期工作加快推进。

3.枢纽建设不断提速,枢纽运行更加高效

客运方面,改革开放初,重庆仅有重庆站1个枢纽站,2006年重庆北站南广场投入运营,2015年重庆北站北广场投入运营,2018年重庆西站一期和沙坪坝站建成投用,主城区形成了"三主一辅"的客运枢纽格局,日均开行列车111.5对/日,枢纽能力进一步提升。区县依托成渝高铁、渝万高铁建成了荣昌北、永川东、璧山、长寿北、万州北等一批客运枢纽。货运方面,改革开放以来,建成兴隆场编组站,形成了以团结村集装箱中心站为核心,磨心坡、北碚、珞璜、唐家沱、鱼嘴等站为支撑的"1+8"货运枢纽体系,为重庆建设国家综合性铁路枢纽奠定了坚实基础。

(二) 公路

改革开放以来,重庆公路实现跨越发展,成为重庆交通基础设施建设中投资最多、发展最快的领域,公路供给总量显著增加、路网结构不断改善。1978年重庆公路总里程15421公里。2017年全市公路里程达到147881公里,是改革开放前的9.6倍,公路网面积密度由改革开放初的18.7公里/百平方公里提高到179.5公里/百平方公里,增长8.6倍。

1. 骨架高速公路建设快速推进,"4小时重庆"全面实现

改革开放前,重庆没有高速公路。1983—1997年是重庆高速公路发展起步阶段,规划了"一环五射"高速公路网,总里程约720公里。1994年,全长114公里的成渝高速公路建成通车,重庆告别了没有高速公路的历史。1997年直辖至2002年,重庆提出了"二环八射"高速公路规划,总里程1948公里,高速公路进入稳步推进期,其间,基本建成了"一环五射"高速公路网。2003—2010年是重庆高速公路发展历史跨越期,提出了"三环十射三联线"高速公路规划,总里程3600公里。2011—2016年是重庆市高速公路发展创新突破期,提出了"三环十二射七联线"高速公路网络,总里程达到4600公里。2017年,重庆启动了高速公路建设"三年行动计划",到2020年,高速公路拟建成1000公里、开工1000公里、开展前期工作1000公里。截至2017年,全市高速通车总里程突破3000公里、达到3023公里,比直辖初增加2909公里,省际出口通道由直辖初的1个增加到19个,高速公路密度由直辖初的0.14公里/百平方公里增加到3.67公里/百平方公里,居西部第一。

2. 普通干线公路实现跨越式发展,路网服务水平明显提高

1985年,重庆形成了以G210(包头经重庆至南宁)、G212(兰州至重庆)、G319(厦门至重庆、成都)3条国道和8条省道为骨架的内联外通的公路网。1999年,伴随着交通部启动西部通县油路工程和县际公路建设工程,重庆市启动了"8小时重庆"建设工程,并于2003年顺利完成。2004年全面启动县际联网公路建设,纳入规划的36个项目2000公里基本建成,实现全市所有区县之间、省省之间至少有一条高等级公路相连。"十一五"以来,重庆进一步强力推进干线公路网改造,累计改造干线公路超过1万公里,普通国道二级及以上、普通省道三级及以上比例分别达到78%、57%,路面状况明显改善。在"十二五"国家干线公路检查中,综合得分排名上升到第8位,位列西部第一。截至2017年,全市一二级公路里程达到12322公里,占总里程的比重为8.3%,比直辖初增加11582公里,占总里程比重提高了5.6个百分点。为进一步改善路网技术状况、提高服务水平和保障能力,2017年重庆启动了普通干线公路建设"三年行动计划",拟实施普通干线公路改造1万公里,到2020年,国道二级及以上、省道三级及以上占比分别提高到90%、65%。

3. "四好农村路"建设纵深推进,农村交通面貌得到显著改善

1978年十一届三中全会后,为发展农村经济再度掀起修路热潮,重庆各区县通过民办公助、民工建勤等办法,分期修筑公路逐步形成公路网络。2003年,重庆市启动了大规模农村公路建设,全市各级党委、政府及市级相关部门紧紧围绕"修好农村路,服务城镇化,让农民兄弟走上油路和水泥路"的建设目标,加大投入、齐抓共管,农村公路建设取得了显著成绩。"十二五"以来,重庆着眼扶贫攻坚,继续推进农村公路建设,新改建农村公路5万多公里,在西部率先启动撤并村通达工程建设,新解决了2096个行政村通畅和2606个撤并村公路通达。到

2017年底,全市农村公路总里程达到13万公里,行政村通畅率达到100%、村民小组通达率达到85.1%、通畅率达到49.3%,有力促进农村地区经济发展和脱贫致富。为决胜全面建成小康社会,2017年重庆启动了"四好农村路"建设"三年行动计划",以18个深度贫困乡镇为重点,拟实施村民小组公路6.26万公里,到2020年,全市村民小组公路通畅率、通达率分别达到80%、100%。

(三)水运

改革开放以来,西部地区经济加快发展,国务院于1980年批准重庆成为长江沿线首批开放的8个港口之一,重庆港成为长江上游唯一的外贸口岸,水路运输需求逐步增大。1997年重庆直辖后,特别是三峡工程成库后,重庆水运条件得到极大改善。新世纪以来,重庆紧紧抓住长江经济带发展等战略机遇,加快港航基础设施建设,长江上游航运中心初见雏形,交通集聚辐射能力明显提升。

1.航道整治成效显著,"一干两支"的航道体系基本形成

改革开放初期,重庆市的内河航运基础薄弱,全市内河航道通航里程444公里,其中能通机动船的只有177公里,水运总体水平较低。改革开放特别是直辖以来,重庆结合三峡工程蓄水和长江上游航运中心建设,全力推进航道整治。完成了长江航道丰都至忠县段航路改革、长江干线涪陵至铜锣峡河段炸礁、涪江富金坝和嘉陵江草街航电枢纽工程、乌江河口至白马段航道整治和抱龙河、小江、梅溪河等库区重要支流156米蓄水炸礁等航道整治工程。长江干线九龙坡至朝天门航道整治、朝天门至涪陵段4.5米深航道炸礁二期工程加快推进,三峡库区东溪河、汤溪河、磨刀溪等重要支流航道整治全面加快,涪江潼南航电枢纽主体工程基本完工、利泽航运枢纽前期工作加快推进。2017年全市航道里程达到4472公里,是1978年的10倍,其中四级以上航道里程达到1400公里,5000吨级单船和万吨级船队可从下游直达重庆主城。

2.港口码头加快建设,港口结构不断优化

1975—1985年,三峡工程建设正处在论证时期,重庆大规模的港口建设一度停顿。1987年开始,交通部对重庆九龙坡、兰家沱、猫儿沱等重点作业区进行技术改造,修建了朝天门现代化的客运大楼和客运码头。1991年至1994年间,交通部和四川省交通厅修建了万州牌楼、涪陵荔枝园、奉节关庙沱等客货运码头。直辖20年以来,港口建设进一步提速,28个库区淹没复建码头项目先后建成并投入使用,完成了寸滩集装箱码头、郭家沱重载汽车滚装码头、万州红溪沟散货码头、奉节宝塔坪和巫山龙门旅游码头等一批大型化、专业化、机械化的码头建设。2017年,全国内河最大的铁公水联运枢纽港果园港建成投用,涪陵龙头、江津珞璜、万州新田等枢纽港一期工程开港运营,4个枢纽港后续工程建设加快推进,忠县新生、合川渭沱等重点港建设有序推进,枢纽型港口集群加速形成,全市港口吞吐能力达到2亿吨、集装箱通过能力达到450万标准箱,分别是直辖前的5倍、900倍。

(四)民航

改革开放初期,重庆市只有小型的白市驿机场。1985年,重庆江北国际机场开始兴建,1990年投入使用,至此重庆市的民用航空开始了跨越式的发展。经过30多年的发展,重庆

"一大四小"运输机场格局正加速形成,国际航空枢纽功能不断增强,有力支撑重庆建设内陆开放高地。

1.全力打造江北机场国际航空枢纽,稳步提升枢纽能力

重庆江北国际机场于1990年1月22日正式建成通航;2005年10月完成二期扩建工程;2010年12月完成三期扩建工程;2017年8月完成四期扩建工程,成为中西部地区首个拥有三座航站楼、实现三条跑道同时运行的机场,基础设施规模已位居中西部前列。截至2017年,重庆江北国际机场拥有T1、T2(国内)和T3A(国内及国际)三座航站楼,共73万平方米;共有三条跑道,跑道长度分别为3200米、3600米、3800米,其中第三跑道可起降当今最大"空中巨无霸"空客380等大型客机。停机坪166万平方米,机位209个,货运区23万平方米,可保障年旅客吞吐量4500万人次、货邮吞吐量110万吨、飞机起降37.3万架次。未来,江北国际机场将打造成集城际铁路、轨道交通、出租车、长途汽车、城市大巴及社会车辆等多种交通方式于一体,实现多种交通工具无缝换乘的综合交通枢纽。

2.加快推进支线机场建设,着力提升支线机场运输服务能力

万州机场于2003年5月建成通航,跑道长度2400米,停机位5个,航站楼面积5780平方米。该机场改扩建工程于2016年底开工建设,计划2020年建成,机场跑道将增加到2800米,停机位增至11个,新增8000平方米的T2航站楼。黔江机场于2010年11月建成通航,跑道长度2400米,停机位4个,航站楼面积2976平方米。该机场改扩建工程于2017年6月开工建设,计划2020年建成,将新增7个停机位、1.2万平方米航站楼,能够满足机场旅客吞吐量70万人次、货邮吞吐量3150吨、航班起降8333架次的保障需求。巫山机场于2015年10月开工建设,预计2019年投用,跑道长度2600米,停机位5个,航站楼面积3500平方米,能够满足旅客吞吐量28万人次、货邮吞吐量1200吨的保障需求。武隆机场于2016年9月开工,预计2020年投用,将建设一条长2800米的跑道、6000平方米的航站楼、6000平方米的停车场、通信导航、助航灯光及其他配套设施,能够满足机场旅客吞吐量60万人次、货邮吞吐量1200吨的保障需求。

3.稳步推进通用机场建设,大力助推通用航空发展

2017年,两江新区龙兴通用机场建成投用,该机场类型为跑道型机场,拥有1条长800米、宽30米的跑道,40000平方米的站坪,共设37个停机位,其中固定翼机位27个、直升机机位10个,配套设施包括航管综合楼1545平方米、停车场1400平方米,主要开展通用航空试飞、通用航空培训等服务。此外,永川大安、万盛江南通用机场正加快建设,开州、潼南、石柱通用机场选址已通过军民航审查。

(五)邮政

改革开放以来,重庆市不断优化和完善邮政普遍服务网络,推进营业场所标准化建设,提高邮政普遍服务均等化水平。加强农村邮政网点服务功能,推动建立邮政综合服务平台,有效解决农村邮政服务"最后一公里"问题。截至2017年,全市拥有各类营业网点6583处,其中设在农村的2872处。全市设有邮政信筒信箱2025个,邮政报刊亭总数482处,邮政行业拥有各类汽车6017辆,其中快递服务汽车4523辆。全市邮政农村投递路线1709条,投递路线长度(单程)5.6万公里;城市投递路线1323条,投递路线长度(单程)3.6万公里。邮政快递

企业入驻物流园区 17 个、建设乡镇快递服务站 1277 个、建设村级快递服务点 4177 个,全市 18 个深度贫困乡镇实现邮政快递服务全覆盖,其中 16 个乡镇已建立邮政或快递农村电商服务站。

三、运输服务成就

改革开放 40 年来,随着重庆经济社会的不断发展,人民生活水平逐步改善,对交通运输的需求也日益旺盛,客货运输服务水平不断提升,运输装备加快升级换代,基本实现了人便其行、物畅其流。

(一)客运服务

1. 铁路客运发展迅速

改革开放以来,随着铁路网络建设不断升级,特别是成渝、渝万等高铁线路的开通,促进了铁路客运飞速发展。2017 年,全市铁路旅客到发量达到 12674 万人,同比增长 28.2%。其中发送量 6349 万人,同比增长 29.3%,到达量 6325 万人,同比增长 27.1%。特别是高铁客运增长迅猛,2017 年,成渝高铁沿线的璧山、永川、荣昌客运到发量同比分别增长 15.7%、14.2%、14.5%;渝万高铁沿线的长寿、垫江、梁平、万州客运到发量同比分别是 2016 年的 1.5 倍、11.4 倍、3.7 倍、2.6 倍,高铁极大地便捷了沿线区县的旅客出行,大幅缩短了旅客出行时间。此外,重庆积极探索通过区县政府购买服务的方式加开动车,已开行重庆—合川、潼南,重庆—长寿、涪陵、丰都、石柱等列车。在此基础之上,为充分发挥铁路运输能力,提升铁路运输效率,2018 年铁路总公司与市政府联合批复了《重庆市利用既有铁路开行公交化列车实施方案》,重庆北站与西站之间每日开行公交化列车 7 对,进一步提升了铁路吸引力。

2. 道路客运广泛覆盖

改革开放前,旅客运输一直由各级交通主管部门所属运输企业独家经营,其他单位和个人不得经营。20 世纪 80 年代,重庆市开放道路运输市场和农村客运市场,鼓励个体兴办支线和边远地区客运,客运市场由单一的国营、集体企业经营向国有、集体、个体等多元化经营逐步转变。20 世纪 90 年代,重庆市属运输企业在实行承包经营责任制的基础上,开始实施"第二轮承包",经营者的积极性进一步提高,各企业增开了客运线路,扩大了营运范围,重庆市班线客运线路以主城区为中心,覆盖辖区内区县和大部分乡镇,并向国家东部、东南、沿海、中部、西部地区辐射。进入 21 世纪,随着交通基础设施的逐步完善,道路运输业步入了大发展的快车道。2000 年,为防止无序竞争和保障乘客安全,重庆市逐步建立了公开、公平、公正的客运线路运力招标制度,道路运输企业通过竞标方式获得班线客运经营权,保证了旅客运输的正常运行。2015 年以来,随着高铁的开通运行,对道路客运冲击较大,道路客运积极探索转型升级,大力发展接驳运输、旅游客运。截至 2017 年,重庆市客运车辆已达 1.8 万台,客运服务站 1 万个,客运线路 5432 条,道路客运量和周转量分别达到 5.3 亿人次、289.5 亿人次公里。全市乡镇和行政村客运通达率分别达到 100%、97.6%。

3. 水路客运逐步转型

改革开放前,长江干线跨省客运航线由长江航运管理局所属船公司独家经营,地方客运企业经营支小河流、长江干线的区间运输和重庆以上四川境内的客运航线。这种干支分段运行的运输方式严重制约了长江流域经济发展和水运优势的发挥。1983年3月,交通部在长江航运体制改革中对政企不分的长江沿线管理体制实行"港航分管,政企分开,港口下放地方"的全面改革,提出了"有河大家行船,有港大家靠船"的开放措施,改变了原来航线分割、航区封闭的状况。重庆地方水运行业开始向市场经济迈进,原省、市、县属航运企业船舶纷纷由长江上游、支流、区间运输进入长江干线运输,促进了水路客运的迅猛发展。1990—1997年,随着改革的深化,人民生活水平提高,对外交流增多,到长江三峡旅游的客人以及外出打工的民工增长很快,特别是1997年三峡大坝截流前旅行社纷纷推出"告别三峡游",三峡游达到顶峰,全年水运客运量达到3461.9万人次。直辖以来,随着铁路提速、民航快速发展以及高速公路网络的逐步完善,水运客运逐步向旅游转变,三峡游轮被业界称为国际黄金水道的黄金产业,有力增强了水路客运的市场竞争力。2017年,全市水路客运完成运输量866万人次,同比增长15.4%;旅客周转量5.7亿人公里,同比增长11.4%。其中:三峡豪华游轮完成客运量64.4万人次,同比增长25%。

4.民航客运实现突破

改革开放以来,重庆民航快速发展,旅客吞吐量分别于2007年、2012年、2015年突破1000万、2000万、3000万人次。江北机场2017年旅客吞吐量达到3871.5万人次,位居全国第9,跻身全球繁忙机场行列。江北机场航线总数达到290条、通航城市181个,其中:国内客运航线218条,通航城市127个;国际及地区客运航线58条,直飞53条,通航22个国家54个城市,其中洲际远程航线15条,基本完成欧美澳战略性大线布局。

5.城市客运更加完善

改革开放以来,随着城市规模日益扩大,城市人口急剧增加,轨道、公交、巡游出租汽车等城市客运得到迅速发展。轨道交通方面。2004年12月11日,重庆轨道交通2号线一期工程(较场口至动物园段)开始观光运行,2005年6月18日开通试运营,重庆拥有了第一条轨道交通线路。2011年以来,重庆又相继开通了轨道交通1号线、3号线、6号线、5号线、10号线,轨道交通网络初步形成。截至2017年,全市轨道交通运营里程达到264公里,日均载客量超过200万人次,极大地便捷了群众出行。常规公交方面。2002年以前,重庆公交经营主体公司太多,加上民营公司共有34家,服务统一不到位,安全也得不到保障。2002年以来,重庆市委、市政府相继出台系列文件,指导全市城市公交重大改革。2009年实施7字头客运车辆民营公交改革,34条线路规范为14条线路,且采取公司化经营。2011年主城区内所有公交线路全部实现国有化营运,单线客运车辆到期退出。2012年,重庆1314辆"面的车"全面退市。2013年实现二环内公交全覆盖,并实施主城区公共交通一小时免费优惠换乘。截至2017年,全市共有公共汽车13734辆、运营线路1254条,日均客运量726.9万人次。其中,主城区公共汽车9088辆,运营线路661条,日均客运量494.7万人次。出租汽车方面。20世纪90年代,出租车汽车增长速度过快,管理多头,出租客运市场较乱。重庆市积极整顿出租客运市场,清理取消部分社会单位兼营出租客运资格,严格控制私营出租汽车数量。1991—1992年,为让出租汽车客运更好地为市民服务,重庆市向市属运输企业和出租汽车公司投放了大量出租车指标,重庆主城区以外开始出现出租汽车经营。21世纪初,重庆市为加大出租车行业的管理力度,于2000年8月成立重庆市道路运输管理局,管辖注册登记的出租汽车12753辆。截至2017年,主城巡游出租车经营权实现无偿使用,网约出租车新规出台实施,出租汽车行业稳定有序发展。全市巡游出租车达到2.4万辆,其中主城区1.5万辆;全市巡游出租车完成客运量11.0亿人次,完成运营里程38.6亿公里,其中主城区完成客运量5.2亿人次,完成运营里程25.6亿公里。

(二)货运服务

1.铁路货运辐射力不断增强

改革开放前,重庆市铁路线路少、等级不高,铁路货运市场发展程度较低。改革开放以来,随着铁路基础设施不断完善、市场需求快速增长,铁路货运集散、辐射能力持续增强。2017年,全市铁路货物到发量达到6746万吨,同比增长9.0%,形成了三个方向的国际铁路物流大通道:西向,2011年初,中欧班列(重庆)在全国率先开行,经新疆阿拉山口口岸到达欧洲,后又陆续新增新疆霍尔果斯、内蒙古二连浩特、内蒙古满洲里三个口岸到达欧洲,现已实现常态化运行,累计开行1825班。东向,2010年,渝深集装箱"五定"班列正式开通,经渝怀、沪昆、京广、广九和平盐铁路抵达深圳盐田港出境,已累计开行1531班次。2018年1月,渝甬集装箱"五定"班列开行,经安徽至浙江宁波舟山港出境,已累计发班31班次。南向,2017年4月,"渝黔桂新"铁海联运班列首发,向南至广西钦州港,通过铁海联运方式连接东南亚、中东、非洲等地区,现已实现常态化开行,累计开行162班次。依托铁路口岸、团结村铁路集装箱中心站和兴隆场特大型铁路编组站,成功打造了重庆西部现代物流产业园,已成为国家"一带一路"倡议的重要节点,是渝新欧国际贸易大通道的起点。

2.道路货运持续快速发展

1979年以前,重庆的道路货物运输以传统、单一和普通货物的汽车运输为主,由于公路路况不佳和汽车运力等原因,货运的速度、效率、质量和规模发展缓慢。20世纪80年代,重庆市货运企业从计划经济统一调管经营阶段,逐步发展到开放、承包、分散经营阶段,货物单一的整车运输形式被突破,逐步向多形式、多样化方向发展。20世纪90年代中期,成渝高速公路建成通车,提高了道路运输的运力和运量,带动了普通货物、集装箱等特种运输的发展。进入21世纪,随着货运车辆不断更新换代、装备水平上档升级,冷藏保鲜运输、集装箱运输、大件运输、危险货物运输等专项货运从普通运输中迅速分离,特种、快速、大型运输车辆加速普及,快件货运逐步兴起。2005年,为实现"上规模、上品牌、上效益"的目标,重庆市道路货物运输企业采取了"统一受理业务、统一调配车辆、严格绩效考核、注重企业形象"的经营管理模式。"十二五"以来,道路运输积极探索转型升级,深入开展无车承运人试点,有序推进危险货物电子运单,大力发展多式联运,道路货运得到进一步发展。截至2017年,重庆市道路营运车辆共29.6万辆、是1978年的225.6倍,总吨位数219.5万吨,货运行业从业人员39.2万余人,年货运量、货运周转量分别达到9.5亿吨、1068.96亿吨公里,占综合运输货运总量的82.4%和31.7%。

3.水路货运黄金效益充分发挥

1980年8月28日,重庆港正式对外开放,水路货运进入迅猛发展阶段。1984年,新民生公司恢复重建,并于1993年首次开辟重庆至上海集装箱运输班轮航线,1999年首次进入长江商品汽车滚装物流。2006年,重庆港务物流集团有限公司成立,不断发展全程物流、多式联运,拥有西南地区水路国家一类口岸,是中国AAAAA级现代综合物流企业。2007年6月底,重庆市交通系统第一座航电枢纽涪江富金坝航电枢纽工程全面建成投运,掀起了长江上游航运中心建设热潮。2010年8月22日,重庆航运交易所获批成立,积极推进全国内河最具影响力的交易中心、信息中心、人才中心、结算中心建设,现代航运服务体系已初具雏形,在全国内河航运交易所中发挥了示范、引领作用。2015年7月,果园港铁路专用线开通运营,铁水联运得到迅速发展,先后开通重庆至成都、西昌、攀枝花、德阳、贵阳等多趟铁水联运集装箱班列,形成辐射四川、贵州、陕西等地的铁水联运运输网络。2017年11月12日,交通运输部和国家发改委正式将果园港铁水联运示范项目确定为全国第二批多式联运示范项目。同年,果园港成功开行中欧(重庆)班列首发测试班列,成为中欧班列(重庆)第二始发站,真正实现了长江黄金水道和中欧班列(重庆)铁路大通道的无缝连接。截至2017年,重庆市港口货物和集装箱吞吐能力分别达到2亿吨、450万标准箱,水路货运周转量占综合交通比重超过60%,周边地区货物经重庆港中转比重达到45%,全市90%以上外贸物资通过水运完成。

4.民航货运国际竞争力不断增强

改革开放以来,重庆民航货运快速发展,2017年全市民航货邮吞吐量已达36.9万吨,其中江北国际机场货邮吞吐量达到36.6万吨,国际货邮吞吐量13.3万吨,西部领先。货运航线方面,江北机场已经开辟国际货运航线14条,联通法兰克福、阿姆斯特丹、莫斯科、芝加哥、悉尼等13个国际航空货运枢纽,国际航空货运竞争力不断增强,有力助推重庆国际航空枢纽建设。

5.邮政服务能力不断提升

改革开放以来,作为现代服务业的关键产业,推动流通转型、促进消费升级的现代产业和物流领域的先导产业,邮政业在经济发展中的地位与作用日益突出。2017年全市邮政行业业务收入完成92.5亿元,同比增长20.6%。其中,快递业务收入完成44.7亿元,同比增长14.8%。全市邮政企业城区每日平均投递2次,农村每周平均投递5次,年人均快递使用量约为10.8件。

(三)运输装备

1.甩挂运输大力推进

积极开展甩挂运输全国试点,甩挂运输组织实现常态化、规模化运作,8家试点企业牵引车和挂车的拖挂比达1∶2。加快推进货运站场建设,不断升级运输装备标准化改造,有序推进物流信息化建设,运输效率得到大幅提升。

2.三峡系列船型广泛应用

三峡系列船型研究等8项交通科技项目成功实施,82艘三峡船型示范船投入运营。组织研发的过闸适应性船型,作为长江水系货-37纳入过闸船型主尺度系列,有效缓解了三峡船闸通过能力瓶颈。研究特定航线150米重庆港至洋山港、舟山港、象山港等多用途船型,可载运散货12000载重吨、集装箱800标箱,可实现8~9个月的满载通航。全国首艘全电力推进邮轮、首艘LNG单燃料船投入使用,货运船舶单位能耗由2.8千克/千吨·公里下降到1.9千克/千吨·公里,处于内河水运较低水平。

3.港口设备性能大幅提升

改革开放以来,重庆市港口生产设备的技术性能和使用性能得到根本改善。过去港口码头使用的各类起重机械的电气控制系统广泛采用接触器加继电器模式,如今几乎全部采用PLC(可编程控制器)加变频调速技术。运输船舶不仅实现北斗卫星全航行流域定位监控,且燃料已从烧渣油向烧LNG液化气转变,已拆除或封存重庆籍船舶燃烧重油设施362艘。码头前沿和货场的起重设备采用远程控制操作方式,改变了司机上机操作模式,生产效率显著提升,运行成本、安全风险显著下降。电动设备利用率显著提高,港口设备"油改电"和船舶使用岸电技术广泛应用,一大批高耗能、低效率的起重设备逐步淘汰,各主要港口泊位均建成靠港船舶使用岸电的供电装置,先进、高效、节能的各类港口设备被广泛使用。

4.公交车辆品质持续改善

改革开放以来,重庆市公交车型档次不断提升,中级以上公交车比例已达到87%。巡游出租车不断换代升级,2000年前,主城区巡游出租汽车为奥拓车型;2000年更换为羚羊车型;2008年开始,羚羊型陆续更新为天语型;2016年,正式启用外形美观,空间、节能等功能全面升级的第四代"启悦"巡游车车型,全市以CNG(压缩天然气)为主要燃料的巡游出租车21998辆、占总量的91.9%。

四、行业管理成就

改革开放40年来,重庆交通坚持以改善基础设施条件、方便群众出行、服务经济社会发展为根本出发点,着力打破各种体制、机制束缚,不断推进交通重点领域和关键环节改革,行业管理水平持续提升。

(一)法治建设

重庆交通行业深入落实党中央全面依法治国要求,在交通运输部的关心指导和大力支持下,始终牢固树立依法立交、依法治交意识,加快推进地方性立法工作,着力提高交通综合执法效率和服务水平,交通法治建设取得新进展。

1.法规体系进一步健全

改革开放40年来,重庆市坚持从交通发展大局出发开展立法工作,坚持把法治思维和法治方法贯穿到综合交通运输体系规划、建设、运营和管理的各个领域,落实到决策、执行、监督的各个环节,加快科学民主立法进程,着力提高立法质量,加强立法前瞻性研究,大力推进交通运输治理体系和治理能力现代化,努力为现代综合交通运输体系建设提供有力法治保障。直辖以来,重庆市先后出台了13部交通地方性法规(现行有效为11部)和13部政府规章(现行有效为8部),立法数量居市级部门前列,有力促进了全市交通健康全面发展,提高了行业管理能力和服务水平。目前,市五届人大常委会第四次会议已对《重庆市公共汽车客运条例(草案)》进行了二审,力争2018年颁布实施。《重庆市民用航空促进条例》已按程序报市政府,力争2019年颁布实施。《重庆市铁路安全管理规定》代拟稿已于2018年3月报请市政府审议。《重庆市铁路促进条例》完成了调研阶段相关工作,并开展了预备阶段立法工作招标,下一步将开展专题调研。

2.交通综合执法体制改革深入推进

1994年,原重庆市交通局组建成立了"重庆市成渝高速公路行政执法大队",在成渝高速公路重庆段开始"统一管理、综合执法"试点,重庆市成渝高速公路行政执法大队行使原由四个行政执法队伍分别行使的"公路路政、公路运政、交通征稽、交通安全"四项行政执法权。直辖后,重庆市人大常委会于1998年制定了《关于加快高等级公路建设和加强高等级公路管理的决议》,以地方法规性决议肯定了高速公路综合执法的模式。2001年,重庆市人民政府制定了《关于加强高速公路管理的通告》(渝府发〔2001〕25号),再次以政府规范性文件形式明确高速公路行政管理职责由市交通主管部门设置的高速公路管理机构统一行使。2005年6月,重庆市政府制定了《关于在全市交通领域实行综合行政执法试点工作的意见》(渝府发〔2005〕61号),决定在全市实行交通综合执法改革。同年6月29日,重庆市机构编制委员会印发《关于重庆市交通行政执法总队职能配置内设机构和人员编制的批复》(渝编〔2005〕92号),决定成立重庆市交通综合行政执法总队,原重庆市高速公路行政执法总队划入市交通执法总队,并更名为"重庆市交通行政执法总队高速公路支队"。2009年,因燃油税改革,重庆市交通行政执法总队交通征稽职能取消。目前,重庆市交通行政执法总队下设直属支队、高速公路第一、二、三、四、五支队等6个正处级单位,39个正科级执法大队和1个投诉服务中心。直属支队负责主城区公路路政、公路运政、港航海事综合执法;高速公路第一、二、三、四、五支队负责全市已经通车3023公里高速公路的交通安全、公路路政、公路运政综合执法。

3.社会信用体系建设不断完善

制度标准方面,多年来制定、修订出台了《重庆市公路水运工程建设市场信用管理办法》《重庆市超限运输信用管理办法》等16个规范性文件,逐步将公路水运工程建设企业及主要岗位从业人员、道路客运、危险货运、巡游出租汽车客运、公共汽车客运等行业纳入了信用管理范围,形成了交通建设市场和道路运输市场从交通从业企业到从业人员无缝对接的制度体系,并从信用信息分类采集、信用评价与发布等诸多方面建立了标准规范。信用信息系统方面,2015年,启动重庆市公路水路建设与运输市场信用信息服务系统工程,于2017年基本完成建设,实现与路政治超系统、道路运输综合管理系统、综合执法系统、市网上办事大厅,以及"十二五"期间新建的公路水路安全畅通与应急处置系统等实现数据交换和对接协同;与市信用平台对接,将信用"红黑名单"融合各业务系统,实现社会信用联合奖惩措施的查询应用。

(二)管理体制改革

改革开放以来,重庆市紧扣经济社会发展需要,遵循行业发展规律,深入贯彻上级改革举措,持续推进交通行业管理体制改革,达到了精简机构、提高行政效能的目的,综合交通运输管理体系优势得到充分发挥。

1.在全国先期建立交通大部门管理体制

改革开放至直辖前,重庆市的交通行政管理分属不同的部门,多头管理、交叉管理、缺乏综合的矛盾非常突出。2000年,重庆市着手理顺交通管理体制,对原市交通局、公用局、经委交通处、计委交通战备办、港口管理局等机构和部门进行整合,组建了重庆市交委,统一了公路、水路和城市公交运输(公共汽车和出租车)的行业管理职能。2008年,在新一轮政府机构改革中,重庆市交委又新增了轨道交通营运管理等职能。2013年,在国家层面建立起"一部三局"大部门制之后,重庆市随即按照上下一致的原则,着手研究本市交通大部门制改革,明确将铁路、民航重大项目建设的协调组织实施职责,由重庆市发改委划转到重庆市交委。2014年6月,铁路、民航的机构、人员、编制全部到位,重庆市交委开始履行战略规划、政策法规、资金计划、建设协调、运输组织等方面的统筹管理职能,实现对铁公水空等交通方式的统一管理,在全国先期建立交通大部门管理体制,为加快建设现代综合交通运输体系提供了坚强的体制保障。同时,重庆市区县层面已实现交通大部门制全覆盖。

2. 深入推进公路养护体制改革

改革开放以来,重庆的公路建设和养护管理体制在变革中不断完善。1984年,原市交通局对重庆和永川两个养护总段实行经费切块包干和年度目标为主要内容的经济承包责任制。1991年12月永川公路养护总段撤销,其管养范围和下属3个分所移交到重庆公路养护总段,工作人员均妥善分流安置。这是重庆公路管理机构一次大的调整,对于统一管理、统一安排养路经费、统一使用设备及资源起到了积极作用。1997年,重庆市将近郊六区进出口公路和国省道干线公路除外的原市管公路和养护队伍成建制地下放区县,由各区县负责辖区内的公路养护、建设和管理,养路经费由原市交通局按一定基数和比例逐年递增下拨。这一举措极大地调动了区县建好、管好、养好公路的积极性,为公路建设快速发展奠定了基础。1998年8月,为适应直辖后公路建设和养护的需要,重庆撤销了市公路养护总段,组建市公路局,负责全市国、省、县、乡道路的路政、养护、管理以及公路水毁抢险工程等行业管理。市公路局成立后,以事企分开、管养分离为指导思想,进一步推进养护机构改革,各区县将公路养护机构确定为财政全额拨款的事业单位,将运行经费、职工基本支出纳入区县财政预算,并完善养护机构体系。目前,全市850多个乡镇全部建立公路养护管理站。每年对国省道、县道、乡道、村道,分别按每公里3.5万元、7000元、3500元、1000元的标准给予补助,并引导区县按不低于1∶1的标准配套,建立了公路养护稳定的投入渠道,基本实现了"有路必养、养必到位"。

3. 行政审批制度改革不断深化

改革开放以来,重庆交通不断改变计划经济条件下的管理模式,坚持"非禁即入"的原则,放开和规范市场准入,适时对各项审批事项进行全面梳理,取消了一批没有法律法规依据、不适应市场经济要求、不属于政府管理职能或不应当由政府直接管理的审批事项,同时将管理权限下放基层。2013年行政审批制度改革以来,承接国务院交通运输部下放水运工程竣工验收、外商投资道路运输业立项审批等7大项13小项;下放主城区出租车车辆许可、水上拖带大型设施和移动式平台许可等7大项12小项给区县;取消自用专用航标许可、机动车维修技术从业资格证颁发等7小项行政许可;取消船舶用品检验、船舶焊工资格证书等5大项非行政许可审批。2016年实施的网约车管理办法,增加了网约车经营许可。目前,重庆交委行政审批共计32大项53小项。同时,为最大限度地方便群众办事,重庆交通公路、运管、港航等部门,对行政审批项目、程序等全面公开,主动接受社会监督,并建立了"一站式"行政审批大厅,不断减少审批环节,缩短审批时限,有效提高了审批效率、优化了发展环境。

(三)投融资体制改革

改革开放以来,重庆市依据国家交通投融资体制改革精神,积极推动交通投融资改革,形成了以政府投入为基础的社会化、市场化、多元化的交通投融资模式,为交通建设提供了强有力的资金保障。

1.积极组建交通投融资平台

长期以来,因资金短缺,重庆交通基础设施十分落后。直辖前,在重庆进行经济体制改革试点计划单列后,市交通部门征收的养路费与省实行全额分成,交通建设虽然有了稳定的资金来源和安排使用权,但仅仅靠收取的养路费和上级拨款难以改变资金短缺局面。为破解资金短缺问题,重庆市于1994年8月成立了重庆高速公路开发总公司,并于1995年按公司法对其改组,成为国有独资的高速公路发展有限公司,其主要任务是代表市政府负责高速公路的筹资、建设、经营。成渝高速公路是重庆首次利用外资,以世界银行贷款和交通部拨款以及发行债券向社会融资修建的成功范例。直辖后,重庆交通发展大提速,资金仍是交通建设的首要制约。为此,重庆拓宽筹融资渠道,广泛吸纳社会资金参与交通建设,在组建重庆高速公路发展有限公司(后更名为重庆高速公路集团有限公司)的基础上,先后组建了重庆公交集团、重庆港务物流集团、重庆高等级公路投资有限公司、重庆航运建设发展有限公司、重庆交通投资有限公司、重庆交通运输集团、重庆交通建设集团等交通投融资平台,进一步整合了多方资源,形成了交通发展的强大合力,提高了企业投融资能力和自我发展能力。

2.着力强化招商引资

为破解交通发展难题,重庆市认真贯彻落实中央全面深化改革相关要求,进一步解放思想、开拓创新,以建设任务重、资金需求量大的高速公路为主要领域,创新机制、优化模式,加大招商引资力度。一是实施转让经营权模式。直辖之初,重庆市高速公路建设普遍存在资金来源短缺。为筹集更多资金,减少债务压力,重庆采取优良资产股权适度转让筹集资金的方法,加快高速公路建设的步伐。先后于1996年、1999年、2003年、2007年和2011年对于资产质量较好的机场高速、成渝高速、渝长高速、渝黔高速和渝合高速等项目,进行了项目经营权转让,累计盘活约378公里高速公路存量资产,筹集资金约51.73亿元,有力推动了全市早期的高速公路骨干项目建设。二是实施BOT模式。在高速公路经营权转让的同时,重庆市也在吸引社会资金参与高速公路增量投资方面进行了积极探索,先后于1997年、1998年、2001年、2003年、2004年在大邮高等级公路、上界高速公路、渝邻高速公路、忠垫高速公路、渝遂高速公路等项目上成功推行BOT模式,累计引进社会投资约82亿元,参与约270公里高速公路建设,为全市全面建成"二环八射"高速公路网奠定了坚实基础。三是实施BOT+EPC模式。从2009年开始,重庆市在高速公路建设中全面推行BOT+EPC投融资模式。到2014年,该模式已经在渝蓉高速公路(重庆段)等22个、1300公里、估算总投资约1400亿元的项目上成功实施,与中铁建、中信等大型企业实现成功合作,先后引进资金800多亿元,有力支撑全市高速公路建设。四是实施PPP(公私合营)投融资模式。2014年以来,重庆市通过政府股权投资、财政补贴等各种方式,引导社会资本与政府合作,共同参与收费公路投资建设和运营管理,先后在梁平至黔江、南充至大足至泸州(重庆段)、渝黔扩能(重庆段)、巫溪至镇坪等项目上试行了 PPP 投融资模式,成功推动了 425 公里高速公路建设,项目总投资约 600 亿元。

(四)技术政策及标准建设

改革开放 40 年来,按照交通运输部的要求,重庆市坚持将标准化工作作为提升行业管理水平的重要抓手,加大标准编制力度,将行业成熟的工艺、方法,上升为标准,利用标准提档升级助力质量提升,有力促进了全市交通高质量发展。2009 年发布了《桥梁预应力及索力张拉施工质量检测验收规程》和《沥青路面表层渗透再生修复技术指南》。2010 年发布了《横张预应力混凝土桥梁设计与施工规范》。2011 年发布了《公路钢管混凝土拱桥设计规范》。2013 年发布了《公路工程人工砂混凝土应用技术规程》和《综合换乘枢纽客运站信息化建设指南》。2015 年发布了《重庆地区沥青路面集料加工技术规程》等 3 部标准规范。2016 年发布了《重庆市富水公路隧道设计指南》等 8 部标准规范。2017 年发布了《重庆高速公路养护工程质量评定标准》《重庆城市公共交通视频监控系统建设规范》。截至 2017 年,重庆市共完成编制交通运输部行业标准 1 个,在编 4 个;完成编制重庆市地方标准 4 个,在编 2 个;完成编制地方行业标准 21 个,在编 3 个,并以每年新增 1~2 个地方行业标准的速度扎实向前推进。

五、科技创新成就

改革开放以来,重庆交通运输行业始终瞄准国际交通科技前沿,创新科技管理体制,加强科研队伍建设,取得了一批标志性的重大科技成果,极大地提升了交通运输业的核心竞争力和可持续发展能力,发挥了科技对交通运输的支撑和引领作用。

(一)科技创新体制改革

1. 转变科技管理方式

改革开放以来,重庆交通科技管理内容和管理方式均发生了重大变革。1989 年,重庆市交通局将工业技术处改设为科学技术处。2000 年 8 月,重庆市交通委员会继续设立科学技术处的内部机构。重庆交通行政部门陆续设立健全了所属的科技开发事业单位,交通科技管理范围、管理对象和管理职能发生了重大变化,逐步面向整个交通行业,以科学技术为第一生产力,服务交通科技进步,以科技进步推动重庆交通发展。

2. 加强科技项目管理

改革开放以来,交通科技项目管理经历了转型变革。管理内容上,1986—1988 年,科技项目管理侧重于交通企业技术改造和产品开发项目的管理。1989 年以来,开始进入科技项目综合计划管理,管理内容扩展到以交通重点工程为依托的关键技术攻关项目、交通行业管理决策软科学项目、重大科技成果推广项目、新产品新工艺新技术开发项目和计算机信息系统开发等项目,实现了由重庆市自主决定的科技项目到交通部招标的西部交通科技项目和交通部管理的行业联合科技攻关项目的扩展。管理方式上,不断完善综合业务管理系统和部资源整合共享平台,对在研科研项目,实施"将科研项目当成工程项目来管"的管理理念,划分重要节点,对科技项目的大纲、验收、成果等阶段进行全过程监管。此外,积极响应习近平总书记提出的"激励科研人员创新"要求,适时调整科研项目及经费管理办法,下放科研项目管理权限,取消间接费用中绩效支出的比例限制,加大对科研人员的激励力度;加强科研单位及人员信用管理;及时召开标准及科研管理工作培训会,进一步规范项目管理,调动科技人员积极性。

3.重视环保节能管理

改革开放以来,重庆交通行业在交通环保节能管理方面加大投入,创新方式,取得了积极成效。特别是2000年以来,重庆市交通委员会年年接受重庆市党政"一把手"环保实绩考核,始终把环保节能管理作为交通科技管理的重中之重。一是完善管理体制。2016年,印发并实施《重庆市交通运输环境保护监督管理"一岗双责"暂行规定》,进一步落实交通环境保护监督管理责任,完善交通环保管理体制,切实推进生态文明建设。二是有序推进环保各项工作。印发《重庆市交通委员贯彻落实中央环保督察反馈意见整改实施方案》(渝交委科〔2017〕22号)、《贯彻落实中办二次回访意见整改工作实施方案》(渝交委科〔2017〕47号),全力以赴做好中央环保督察中突出问题的整改落实。此外,深入开展船舶码头污染治理,加快老旧船舶拆解退市,不断强化港口码头污染防治、餐饮船舶污染整治工作,交通环保工作水平不断提升。三是大力推进节能减排。近年来,重庆交通始终坚持"绿色交通"发展理念,积极开展黄标车淘汰工作,稳步推进营运车辆使用清洁能源,有序推动全市港口船舶岸电设施建设,节能减排成效显著。2011年重庆被交通运输部列为10个低碳交通运输体系试点城市之一;2016年重庆率先通过交通运输部创建绿色交通城市、绿色公路试点验收,考核验收等级优秀,为全国其他城市提供了宝贵经验。

(二)科研能力建设

随着重庆交通的建设与发展,特大桥梁、特长隧道等技术难题不断出现,建设难度也逐步提高。为克服建设难题,重庆市交通委员会坚持产学研相结合,培养了一大批高水平人才队伍,催生了一批重大科技成果,有力促进了重庆交通创新发展。

1.人才队伍不断壮大

改革开放之初,重庆交通专业技术人员稀缺,具有正高级职称专业技术人员几乎为零。经过40年的培养、引进,在交通建设、交通运输生产经营实践中成长起来的交通工程技术人员、高职称技能人员、科技专家和管理专家人才队伍,已经成为重庆交通科技的中坚力量,重庆交通行业的技术人员规模不断发展壮大。目前,全行业共有国家级专家人才40人,有市级专家和技术带头人34人,有正高级职称人才59人、高级职称人才2703人,有技术工人25.8万余人、占总数48.5%。

2.科技成果硕果累累

改革开放以来,重庆市科研成果丰硕,有力地支撑了交通的快速发展。1986—1990年,完成新产品开发项目38项与新技术研究项目10项,其中6项获得重庆市新产品开发百花奖,5项分别获得重庆市科学进步二等奖和三等奖,4项获得重庆市优质产品称号。1991—1995年,共有71个项目获得交通部、四川省、重庆市交通科技进步奖。2000—2005年,完成科技项目352项,其中4项成果获得国家级和部级奖励,43项获得重庆市科技进步奖。2006—2017年,完成科技项目392项,其中获得国家科技进步奖2项,中国公路学会奖励99项,重庆市科技奖励97项。

(三) 重大科技创新成果及推广应用

1. 万县长江大桥特大跨钢筋混凝土拱桥设计施工技术研究

针对万县长江大桥施工过程中碰到"跨度大、一跨过长江、中间不能设支架"等技术难题,重庆交通学院和四川省公路规划勘察设计等开展了万县长江大桥特大跨钢筋混凝土拱桥设计施工技术研究,在设计计算、施工工艺、新材料应用、新结构措施等方面,取得了一系列创新性新成果。该设计施工技术研究成果获2000年度国家科技进步一等奖,被中国科学发展基金会授予"第二届詹天佑土木工程科学技术大奖(工程大奖)"。万县长江大桥是当时世界最大跨径的混凝土拱桥,该桥的顺利建成,使我国的拱桥建设水平处于世界领先地位。

2. 以成渝高速公路重庆段中梁山隧道、缙云山隧道为依托的"公路长隧道纵向通风研究"

成渝高速上的中梁山隧道和缙云山隧道,是当时国内最长的公路隧道。当时,中国没有自己的特长公路隧道设计规范,设计者借鉴欧美的经验,最初将中梁山隧道和缙云山隧道设计为半横向通风,这种通风方式的特点是隧道土建结构复杂、工程造价较高、工期较长,投入使用后每年的运营成本较大。1989年秋,重庆市交通局组团东赴日本考察,发现日本这个多山的国家,在许多特长公路隧道中,已经运用先进的射流风机纵向通风技术取代了横向通风。于是重庆市交通局果断做出变更隧道通风方案的重大决策。1990—1995年,重庆市交通局联合西南交通大学开展了"公路长隧道纵向通风研究",在模拟试验模型构建、数值模拟研究、实地测试研究等方面取得了系列成果,该项目获得了1997年度国家科技进步三等奖和重庆市1995年度科技进步二等奖。

3. 大水位差防撞示范工程

为支撑万州大桥防撞设施建设,开展了防撞设施受力特性、运行可靠性及对通航影响等方面的研究,提出了"拱形自浮式水上升降防撞设施"的先进方法,构建了世界上第一个大水位差拱桥桥台防撞带。该项目授权日本发明专利1项、中国发明专利7项、实用新型专利3项,发表学术论文14篇。研究成果被评为2014年交通运输科技十大重点推进方向,中央电视台央视新闻、新华网等众多媒体均进行了专题报道,引起了社会各界和行业的高度关注。

4. 跨座式单轨

重庆单轨交通系统,具有地形地貌适应性强(爬坡能力强、转弯半径小)、景观适应性优(噪声低、透光性好、视野开阔)、建设周期短、综合造价省、运维成本低等优点,是典型的资源节约型、环境友好型绿色交通方式,非常适合以地面高架建设为主的特大城市的辅助线路以及大、中等城市的骨干线。2005年,重庆建成投运了中国第一条跨座式单轨轻轨2号线。经过多年快速发展,重庆单轨交通拥有了国内唯一、世界上规模最大、运能和运量最大、编组最长的跨座式单轨系统,并荣获"全国十大建设科技成就奖""国家环境友好工程奖""中国人居环境范例奖"等多个国家级大奖。重庆在轨道梁桥、道岔、车辆等关键技术领域取得创新突破,已全面掌握关键核心技术,创立了10余个国家级标准规范,系统装备基本实现全国产化,积累了丰富的工程建设及运维管理经验,形成了全球最大的单轨交通装备制造产业基地,以及从设计研发、车辆及系统设备制造集成、工程施工、运维管理、人才培训等结构最完整的单轨交通产业链,具备单轨交通系统方案的解决能力。

5.草街航电枢纽工程通航关键技术研究

重庆草街航电枢纽是嘉陵江梯级渠化中规模最大的航电枢纽工程,是国家西部大开发的十大重点建设工程之一。枢纽规模大,船闸水头高,泄洪单宽流量大,坝址河道较窄,连续弯道河势复杂,枢纽总体布置及通航水力学是工程建设中的重大关键技术难题。项目采用现代先进试验技术,通过10余座不同类型的物理模型试验,结合数学模型计算分析和类似工程原型观测成果,对枢纽总体布置、泄洪消能防冲、上下游航道通航水流条件、船闸输水系统水力学、阀门水力学、施工期通航与导流等各个方面进行了系统深入研究,取得了多项创新成果,节省工程投资8790万元,经济和社会效益十分显著。该项目先后获得中国航海学会2010年授予的"中国航海学会科学技术二等奖"、重庆市人民政府2011年授予的"重庆市科学技术进步二等奖"、重庆市公路学会2010年授予的"重庆交通科学技术一等奖"。

六、对外开放成就

改革开放以来,重庆紧紧围绕内陆国际物流枢纽、内陆开放高地建设,依托"一带一路"和长江经济带发展、中新(重庆)战略性互联互通示范项目等战略区位优势,加强国际合作交流,助推交通企业"走出去",为重庆构建国际性综合交通枢纽提供了有力支撑。

(一)国际合作交流

近年来,重庆加快推进东向、西向、南向和航空四个国际物流战略通道建设,通过与有关国家签订交通运输合作协议、制定区域交通发展规划等方式,全面加强国际合作交流,取得了积极成效。

1.长江经济带通道对外合作交流取得新发展

2010年10月18~19日,中国长江—美国密西西比河战略合作论坛首次会议在重庆市召开。会议期间,中美两国的专家、学者、企业家和政府官员就"内河航运与综合交通""流域经济与开放高地建设""水资源综合利用和沿江旅游业"三个专题做了深入探讨,为中美两江沿线的重庆、芝加哥等城市以及有关企业,在发展航运、现代物流和区域经济等方面的经验交流搭建了良好平台。2013年10月,"重庆市内河航运与多式物流结构调整战略"技术援助项目获亚洲开发银行批准。该项目由重庆市交通规划勘察设计院与中国水运科学研究院(WTI)、荷兰STC-NESTRA公司组成三方联合体,共同编制,充分汲取了国内外先进内河航运经验,为长江上游航运中心建设提供了技术咨询。2016年4月15日,为借鉴世界航运发达国家经验,加快形成低碳节能、绿色环保的航运体系,重庆市交通委员会与荷兰王国驻重庆总领事馆联合举办了中荷(重庆)内河航运LNG能源技术交流会,就内河航运LNG应用的前沿技术、政策法规、规范标准、船员培训、安全规则及布局规划等进行了深入技术交流,取得了丰硕成果。

2.渝新欧通道对外合作交流取得新成效

2011年9月,"渝新欧"五国六方联席会议在渝举行,签署了《共同促进"渝新欧"国际铁路常态开行》合作备忘录,对"渝新欧"国际铁路联运大通道竞争能力的提高有着重要的战略意义。2012年8月1日,"渝新欧"海关便捷通关研讨会成功召开,中国、俄罗斯、德国等八国海关达成共识:进一步简化通关流程,实行监管互助原则。2013年5月17日,"渝新欧国际贸易大通道经贸合作恳谈会"在渝举行,来自渝新欧国际铁路联运大通道沿线以及西班牙、立陶宛等国代表齐聚重庆,共商掘金"渝新欧"。2014年3月29日,习近平主席在德国杜伊斯堡站亲自迎接渝新欧班列,推动丝绸之路建设。2017年2月26日,中新(重庆)战略性互联互通示范合作项目集中签约仪式在北京举行,渝新欧与新加坡环通物流签署多式联运合资合作项目。2017年5月14日,渝新欧公司作为中欧班列代表受邀参加"一带一路"国际合作高峰论坛,也是重庆唯一受邀企业。

3.渝黔桂新通道对外合作交流取得新突破

2017年8月31日,渝桂黔陇四省(区、市)政府代表签署了《关于合作共建中新互联互通项目南向通道的框架协议》,在商务部等国家有关部委的统筹协调和指导下,重庆、广西、贵州、甘肃等西部省(区、市)紧密协作,遵循"政府引导、企业主导、市场运作"的原则,积极推动渝黔桂新通道建设。2018年4月20日,中新互联互通项目南向通道2018年中方联席会议在重庆举行,会上通过了《关于合作共建中新互联互通项目南向通道的重庆倡议》,举行了相关合作备忘录的签约仪式。

4.航空国际物流通道对外合作交流取得新成绩

2016年4月16日,推进中新(重庆)战略性互联互通示范项目交流会在重庆举行。会议指出,双方将在航空方面,携手打造国际航空枢纽,建立基地航空公司,在航空产业、临空经济等方面开展深度合作。同时,在物流运输方面,加强物流体系顶层设计,重点打造铁空、铁水多式联运,建立欧洲通过渝新欧和亚洲各大城市紧密联系的铁空水邮辐射圈。

(二)企业"走出去"

实施"走出去"战略,是党中央、国务院统筹国内国际两个大局做出的重大战略决策,是实现全面建成小康社会的必然要求,有利于我国经济结构调整和产业结构优化,有利于提高我国的经济实力和国际影响力、竞争力。近年来,重庆交通行业始终坚持从战略高度和国际视野出发,把"走出去"战略的各项要求落实到交通运输工作中,努力提高交通运输国际竞争力。

1.积极推动重庆单轨、城市公交车载终端设备"走出去"

一是重庆单轨成为"国家名片"。2013年,习近平主席访问印度尼西亚时,见证与印尼政府签订跨坐式单轨交通建设协议。目前,重庆交通开投集团已与30多个海内外城市开展推介交流,通过多种方式提高重庆单轨影响力,市场开拓初见成效;与柳州成立合资公司,参与柳州单轨建设;参与韩国大邱单轨三号线工程建设;已中标并正在开展承德、赤峰、温岭、万州等地轨道交通前期工作;与葫芦岛市政府、万科、中国中铁等签订《合作备忘录》,展开合作。二是重庆城市公交车载终端设备落户缅甸仰光。2017年,重庆交通开发投资集团所属科技公司在缅甸仰光完成公共交通监控及管理平台的搭建和600台公交车载终端设备的安装,同年9~10月,联合重庆公共运输职业学院,成功举办缅甸仰光高级交通管理人员培训,赢得了仰光政府的高度评价。目前,重庆交通开发投资集团正积极参与仰光市城市交通一卡通建设,将在仰光全省安装4000台公交车IC卡系统,项目已进入前期的需求调研、合同谈判阶段,预计2019年建成运行。下一步,重庆交通开发投资集团所属科技公司还将开展仰光校车管理平台和货运车平台的建设服务,预计今后涉及校车车载设备安装数量达到1500台,仰光货运车安装数量3万台。

2.大力发展国际物流运输

一是"渝新欧"国际铁路物流班列。2011年7月30日,交运集团作为全程经营人,首次运作由重庆至德国杜伊斯堡的渝新欧班列,标志着重庆西向物流大通道的正式贯通。在笔电专列常态发班后,重庆市政府主导成立了由重庆交通运输控股(集团)有限公司控股的渝新欧(重庆)国际物流有限公司,专门负责运营。二是重庆—宁波(渝甬)沿江铁海联运国际班列。重庆—宁波(渝甬)沿江铁海联运国际班列由重庆公路运输(集团)有限公司和宁波舟山港集团共同打造,有效整合物流供应链上下游资源,建立重庆东向国际物流大通道。班列于2018年1月23日首发,已实现常态化运行,从重庆团结村至宁波舟山港只需57小时,极大缩短了内陆运行时长。三是重庆东盟公路班车。重庆东盟公路班车是架起重庆与东盟的桥梁,连接陆上与海上丝绸之路,打通重庆南向国际物流大通道而打造运营的公路货运平台,于2016年4月28日首次运营。2017年4月26日,交运集团南彭公路保税物流中心(B型)顺利通过国家四部委验收后正式封关运行,标志着重庆继空港保税区、铁路保税区、寸滩保税区后,又一服务开放型经济发展重要平台搭建完毕,将进一步加快重庆—东盟国际物流大通道建设,促进重庆全域开放,有力提升重庆的对外开放水平。

3.积极参与中新(重庆)战略性互联互通示范项目运输物流领域

2017年,港务物流集团与中方、新方各相关企业一道,参与了中新(重庆)战略性互联互通示范项目运输物流领域"1+1"公司的组建工作,出资组建了中新互联互通(重庆)物流发展有限公司(以下简称"轻资产公司")和中新(重庆)多式联运物流发展有限公司(以下简称"重资产公司")。其中,轻资产公司主要开展交通物流领域项目咨询策划、研究推动多式联运体系及标准化建设、协调推动国际物流通道建设、整合重庆及周边区域货源等物流资源、研究推动物流信息平台建设、提供综合物流解决方案、发起或参与投资提升交通物流环境的战略性项目等。重资产公司拟通过市场化运作,实现水运、铁路、航空、公路等运输方式的高效组合,建设多式联运标准化体系,提升物流效率,降低物流成本,集聚境内外货物,打造长江上游最大的多式联运综合交通枢纽和物流贸易集散中心。

4.积极探索新的融资模式

高速集团积极实施"走出去、引进来"战略,寻求利用引进外资实现资金筹集方式的新突破。2009年9月,在世界银行的牵线搭桥下,高速集团与新加坡公共事务对外合作局就重庆高速公路项目海外引资计划开始了正式交流。同年12月,高速集团与世行、新加坡对外合作局在重庆签署了《三方合作实施备忘录》,由此,高速集团全面启动渝合路49%股权境外融资的任务。2011年12月8日,高速集团向市国资委报送了《关于引进外资项目选择优先投资者的报告》,市国资委同意拟选择条件较优的印度ITNL International Pte.Ltd.作为优先合作者。2011年12月9日,市国资委与高速集团、印度ITNL International Pte.Ltd.公司三方共同签署了《收购重庆渝合高速公路有限公司49%股权权益的协议》,同时签署了《中外合资经营企业合同》《重庆渝合高速公路有限公司中外合资经营企业章程》,并将上述协议与合同报市政府及相关部门审批。2011年12月14日,重庆市人民政府《关于转让重庆渝合高速公路有限公司股权的批复》同意了此次转让的价格为10.16亿元。2011年12月15日,高速集团向市交委报送了《关于下属渝合高速有限公司引进外资事项申请备案登记的报告》。2011年12月16日,市外经贸委印发了《关于同意外商并购重庆渝合高速公路有限公司的批复》,市政府向新的渝合公司核发了"中华人民共和国外商投资企业批准证书"。至此,历时2年多的渝合路49%股权转让工作圆满完成。外国投资者的引入,为高速公路运营管理的国际化交流提供了有效的途径,新引资方式的成功探索,为我国的基础设施投融资工作开展提供了有效的借鉴。

七、党的建设与精神文明建设

改革开放以来,重庆交通行业坚持党的建设与精神文明建设有机融合、协调推进,将其与中心工作一起谋划、一起部署、一起考核,做到定期研究、定期检查、定期督导,努力为交通发展扫清障碍、破除瓶颈、提供保障。

(一)党建工作

坚持"围绕中心抓党建、抓好党建促发展",始终把严的标准、严的措施贯穿于管党治党全过程和各环节,坚定不移推动全面从严治党向纵深发展,全行业党的建设质量不断提高。一是着力抓好政治建设,政治生态持续向好。牢固树立"四个意识",切实增强"四个自信",严守政治纪律和政治规矩,坚决肃清孙政才恶劣影响和薄熙来、王立军流毒,始终在思想上政治上行动上同党中央保持高度一致。坚决贯彻落实中央决策部署和市委决议决定,第一时间学习贯彻上级重要会议、重要文件、重要讲话精神,做到不打折扣、不搞变通、不做选择。二是着力抓好思想建设,始终坚定理想信念。加强党性修养,扎实开展共产党员先进性教育、作风建设、解放思想大讨论和深入学习实践科学发展观、群众路线教育实践、"三严三实"专题教育、"两学一做"学习教育、"不忘初心、牢记使命"等活动,干部职工理想信念更加坚定、党性更加坚强。加强理论武装,通过中心组学习会、干部职工大会、支部会议等方式,认真学习毛泽东思想、邓小平理论、"三个代表"重要思想、科学发展观、习近平新时代中国特色社会主义思想,干部职工业务素养和履职能力大幅提升。三是着力抓好组织建设,战斗堡垒坚强有力。优化组织设置,扩大组织覆盖,推动组织向基层一线延伸,累计成立非公有制企业和社会组织党组织23个、基层党组织270个,实现应建尽建、不留空白。严把党员入口关,注重从优秀青年、生产一线发展党员,目前,交委系统党员人数达到4541人,党员质量稳步提升。全面落实"三会一课"、党员党性定期分析、民主评议党员等制度,认真开展"党员主题活动日"活动,党内政治生活的政治性、时代性、原则性、战斗性不断增强。扎实开展先进党组织、优秀党员、优秀党务工作者评选,先后有6个基层党组织获市级表彰。四是着力抓好队伍建设,人才支撑更加夯实。严格执行民主集中制,坚持"三重一大"事项集体领导、集体研究、集体决策,修订《委属单位领导班子和领导干部年度考核办法》,班子自身建设持续加强。干部选任规范有序,严格贯彻执行《党政领导干部选拔任用工作条例》,积极推进干部人事制度改革,细化动议、民主推荐、考察差额制、讨论决定、领导干部任前公示制、任职6个环节,一批讲实际、重实干、出实效的干部走上领导岗位。人才队伍结构日益优化,实施人才优先发展战略,注重在人才"育、引、留、用"上下功夫,门类齐全、素质全面、能力过硬的人才队伍基本形成。五是着力抓好作风建设，宗旨意识落实落地。驰而不息整治"四风"，坚持在长和常、严和实、深和细上下功夫，从小事小节上抓起，文风会风持续好转，"三公"经费连续多年零增长。深入开展调查研究，坚持向基层学习、拜群众为师，倾听基层声音、解决实际问题成为交通决策办事的依据、改进工作的方向。六是着力抓好纪律建设，廉政氛围日益浓厚。层层压实责任，强化警示教育提醒，常态开展廉政约谈、廉政党课、警示教育，当好"婆婆嘴"、常念"紧箍咒"、勤打"预防针"，遵规守纪意识已成为干部职工行动自觉。扎紧织密制度笼子，盯紧工程招投标、行政执法、审批等领域，健全完善有权必有责、用权必担责、滥权必追责的制度体系，不敢腐、不能腐、不想腐的机制加快形成。加大腐败惩处力度，坚持无禁区、全覆盖、零容忍，坚持重遏制、强高压、长震慑，配齐配强委属单位纪检机构，加大问题线索核查力度，做到有案必查、有腐必惩、有贪必肃。

（二）精神文明建设

坚持把精神文明建设作为"提升软实力、塑造新形象"的重要引擎和载体，深入开展行业精神文明创建，努力为交通提速发展提供坚强思想保证和强大精神力量。一是大力弘扬社会主义核心价值观。引导干部职工认真践行"坚持以全面小康为目标，坚持以服务出行为根本，坚持以公众满意为追求"的重庆交通行业核心价值理念，持续深入开展"爱岗敬业、明礼诚信"主题实践活动，着力提振干部职工干事创业精气神，圆满完成市委、市政府各项考核任务，市交委连续三年获市政府考核一等奖。二是深入开展精神文明创建。以"文明交通行动"为载体，在公路行业开展文明路、文明管养单位、文明道班、文明路政执法队和文明超限检测站评选；在水运行业开展生态水运、民生水运、创新水运、文化水运等创建；在执法部门开展"阳光公正执法""文明执法示范岗"等活动；在窗口单位开展"温馨服务""微笑服务"和"一站式服务"；在出租车行业开展"提升城市品质·出租车在行动""关爱生命、文明驾驶"等活动，讲文明、树新风已成为全行业自觉。目前，全行业10家单位获得全国文明单位称号、22家单位获得全国交通运输行业文明单位、197家单位通过重庆市文明单位复查，文明单位创建比例达到95%，市级文明单位创建比例达到38%。三是积极推进诚信体系建设。相继出台《重庆市机动车驾驶培训教练员诚信考核办法（试行）》等系列文件，运输市场诚信制度不断完善。建立重庆市公路建设市场、公路水运工程从业人员信用信息管理系统，适时通报从业单位和人员信用情况，"信用为荣、失信可耻"的行业氛围基本形成，规范、有序、公正的运输市场秩序逐步建立。

（三）行业先进典型

坚持先进典型引领，着力把先进典型的榜样力量转化为行业干部职工的生动实践，重庆市交通行业"典型引路、见贤思齐、敬业奉献、奋发进取"的良好风气基本形成。一是着力选树先进典型。始终紧扣时代主题和发展需要，充分体现行业特色和行业价值，认真挖掘身边好人好事，着力激发干部职工投身交通事业发展的工作热情。目前，重庆市交通运输行业涌现出了付杨波、梁勇、冯垚等一大批先进模范人物，特别是党的十八大以来，全行业获得省部级以上表彰的近650人。其中，获得交通运输部"感动交通年度人物"、全国交通运输行业文明职工标兵"中国好人""重庆好人"等省部级精神文明荣誉称号31人。二是积极宣传先进典型。充分利用"两微一端"等新兴媒体，以及电台、报纸、杂志等传统媒体，加强与国家级、市级官方媒体沟通衔接，积极推送行业生动、平实、感人的先进典型案例，达到"拨亮一盏灯、照亮一大片、影响一行业"的宣传效果。特别是重庆市"雷锋的士"志愿服务队多次被国家级、市级媒体报道，先后获得全国第三届志愿服务项目大赛铜奖、2017年度感动重庆十大人物特别奖和全国交通运输行业文明示范窗口等荣誉称号，在市民心中树立了优质服务、奉献社会的良好形象。中央文明办《精神文明建设》内刊专门刊载重庆"雷锋的士"创建情况，在全国进行经验交流。三是大力学习先进典型。扎实开展"学先进典型"专题实践活动，引导干部职工在学习中受启发、在实践中提能力、在体验中树形象，将学习与思考的成果转化为推动交通发展的强大动力，切实增强行业凝聚力、创造力和进取精神。如，成立全国首家交通行业公益性失物招领服务型机构——重庆出租失物招领平台，累计共收到市民打车遗失物品5.5万件，为4.2万名失主找回失物，先后获得"全国青年文明号""全国工人先锋号"等荣誉称号。

日新月异蜀道畅　交通先行谱华章

四川省交通运输厅

一、综述

1978年,改革开放掀开了中国经济社会发展的新篇章,作为国民经济的重要支撑,40年来,四川交通运输也经历了大变革,取得了重大发展成就。

(一)1978—1988年

1978年起,四川省交通厅公路设计院对外技术交流与合作不断扩大和加强,形式由单一的经济援助发展到项目承包、劳务输出和考察访问、出国培训等。先后参与了尼泊尔、也门、埃及、伊拉克、科特迪瓦等国家各种类型的工程承包和劳务输出共20个项目。这些工程均以良好的质量和信誉赢得了所在国的赞赏。这些援外活动锻炼了队伍,开阔了视野,积累了经验,并为国家援外事业做出了贡献。

1984年,各地运输企业开始以县城为中心、农村场镇为结点,开行往返县城与乡村的农村客运班车,个体(联)户和小型运输企业也纷纷参与农村客运经营,一家管、多家办的市场结构初步形成。1986年,四川有营运客车1.38万辆,开行客运班线4206条,日发客车2.82万班。1987年,《四川省公路客运管理暂行办法》实施,允许企业、事业单位自用交通车在运送本单位职工的同时,附搭沿线旅客,从事经营性运输。至此,公路客运行业形成了交通部门、非交通部门,国有、集体、个体一起上的格局。1987年10月,四川省宜宾汽车运输公司和四川省汽车运输成都公司率先开行宜宾至成都夜行客运班车,打破了长期以来夜间不能开行客运班车的传统习惯。此后,南充、内江、泸州、自贡等地也陆续开行了夜班车,当年四川共开辟夜行班车班线8条,日发车16班。随着社会经济的发展,商贸活动频繁,夕发朝至的夜行班车除受到广大旅客的欢迎外,更多成为经商者夜间出发、白天购物后返回的商贸专线车。20世纪80年代末,四川农民出省务工不断增加。每年有数百万民工跨省流动,公路运输企业开始尝试超长距离的公路直达运输。大量人口流动,造成铁路运力严重不足,尤其在春运期间,民工疏运矛盾十分突出。当时进出川主要公路通行条件已大大改善。运输企业抓住机遇,投入大量安全、舒适的卧铺客车,发挥公路客运自身所具有的灵活、方便和"门到门"运输的优势,探索开行跨省超长线路客车,超长客运得到前所未有的发展。跨省超长客运班线从无到有,与日俱增。

(二)1989—1998年

1990年9月四川首条高速公路成渝高速公路成为第一个借用国外贷款项目,其四川段使用世界银行贷款 7500 万美元。该条高速公路 1995 年 9 月建成通车,结束了四川没有高速公路的历史,对四川及整个西南地区的经济社会发展具有重大意义。其间,内江至宜宾高速公路开工,成绵高速公路部分通车。

1995 年,四川开始实行营运客车驾驶员准驾证制度,并首次在全国开创了出租汽车顶灯、车身标志、服务证、计价器、基础台账"五统一"模式,出租汽车客运服务质量明显提高。出租汽车客运行业也随着城市化进程的推进而快速发展。同年 7 月,四川第一个中外合资的汽车客运站——成都汽车总站建成使用,其新颖的客运站场形象、新型的运输车辆和全新的服务理念,为四川公路运输的发展树立了典范。同年 10 月,成渝高速公路全线开通正式运行。成渝高速公路所投放的运营客车为沃尔沃、凯斯鲍尔、尼奥普兰等高级客车,并在国内率先植入公路客运航空式服务,使成渝高速公路客运班线成为全国高速公路车辆档次和服务水平最高的客运线路之一。其密集的发班次数和集经济性、舒适性、方便性一体的高质量运输服务,使成渝高速公路客运从铁路、民航分流了大量旅客。此后,随着成南、成绵广、成乐、成自泸、成雅、成德南等高速公路相继开通,高档车迅速发展,全省客运运力结构从类型到档次都发生了较大变化。高速公路客运逐步成为公路客运的主要运输服务方式。道路运输条件的逐步改善,缩短了通达里程及时间,农村夜行客运班车便逐渐退出了市场。

1997 年,中共四川省委、省政府将旅游产业列为四川国民经济的支柱产业,加快了旅游经济的发展,通往各地风景名胜地的公路通行条件也得到较大改善,旅游客运进入快速发展时期。1998 年 9 月,成都市新南门汽车站改建为成都旅游客运中心,参营的中高级旅游客车达 200 多辆,开行了通往九寨沟、乐山大佛、峨眉山等旅游景点的旅游专线班车和成都至乐山、峨眉的旅游客运轿车以及到外省的临时跨省旅游专线车。

改革开放以来,四川交通抓住国家实施西部大开发战略契机,以空前的规模和发展速度,通过政府还贷、股份制、股份合作等建成成绵、成都城北出口、成都机场、内宜、成乐、成灌、国道 108 线西昌泸沽至黄联关段、隆纳、成雅、达渝罗江至大竹段、广邻等 11 条高速公路。

随着改革开放的不断深化,国民经济快速发展,国内掀起了高等级公路特别是高速公路建设的热潮。为了学习和掌握国外的高等级公路先进设计和施工技术,四川省交通厅公路设计院对外交流开始面向发达国家。1986 年,派出 1 人考察了美国高速公路;此后至 1989 年,又派出 5 人次,赴美国、英国、法国、意大利、德国进行考察访问、工程咨询和技术培训,旨在学习先进管理经验和工程技术,更新观念,提高设计水平。

(三)1999—2009 年

1999 年,四川道路运输安全形势严峻,为扭转交通运输安全现状,四川开始实施安全和质量否决制度,非法从事农村客运的摩托、货车、三轮车被取缔,一些规模小、车辆老旧、安全、质量事故严重的企业退出客运市场,仅四川从事超长客运的企业从原来的 120 多户减少到 75 户。

2000 年,四川率先开展为期 3 年的道路旅客运输企业经营资质等级评定工作结束,道路客运班线管理按照企业分级、线路分类,个体经营业户退出道路旅客运输市场,一批长久没开行班车的班线被取缔。其后,随着全国客运企业等级评定制度的实施,客运企业经营线路与企业等级挂钩,安全、质量事故得到了有效的扼制,道路旅客运输进入有序发展阶段。四川 50

个市、县开行了超长客运,经营企业73户,投放运力2300多辆、线路293条,南至广东、海南,北至河北、北京,东至上海、浙江,西至西藏、新疆,辐射全国21个省(自治区、直辖市),单程最长(成都至伊犁)达3700余公里,年客运量253.27万人次,总收入达3.36亿元,各项指标均居全国之首。四川民用机动车210万辆中有营运货车24.4万辆,其中集装箱车、冷藏车、罐装车、零担车、大件运输车辆2.2万辆;道路货运量4.5亿吨、货物周转量228.6亿吨公里,占四川综合运输体系(铁路、公路、水路、航空)的比重分别为86.2%和37.4%。在铁路、公路、航空、水运、管道五种运输方式中,四川公路货运量占四川综合运输网的88.5%,四川公路集装箱运输量达110万吨,比1995年增长了3.9倍,集装箱大型专用车发展到120辆,零担班线开行到全国10余个省(自治区、直辖市),危险品运输车辆发展到1万多辆,依托高速公路的快件运输也在四川大中城市逐步兴起,道路货运开始向经营集约化、营运网络化的方向转变。此后,为适应社会经济发展的需要,四川有形货运市场得到迅猛发展,从事零担货运的个体(联)户由于经营方式灵活,在市场竞争中处于优势,迫使交通部门的货运企业退出零担货运市场。10月,由四川省汽车运输成都公司、成都集装箱运业有限公司、巴中地区汽车运输总公司、宜宾长锋运业有限公司等省内13户骨干运输企业共同出资,经厅运管局协调成立四川快速货运有限公司。公司注册资金560万元,按股份制运作,经营省内主要城市之间和全国重点城市之间的货物快运、国际货运代理等业务。公司成立后,相继开通了成都至广元、成都至巴中2条线路。

从2001年起,各地不再建设有形货运市场,大部分货运站场开始变成物流园区和物流中心的货运设施,另有部分货运站场因缺乏货源或经营问题陆续关闭。此期,随着外贸经济和四川内河航运的发展,原有的集装箱中转站已无法满足国际标准箱对站场的需要,部分按照标准化集装箱中转需要进行改造,其余停止使用。2001年9月,杨稚华等3人参加在法国巴黎召开的"第三届国际拱桥大会",并代表该院做了万县长江大桥设计施工情况的专题介绍,引起了世界各国与会专家、学者的强烈反响和高度评价。

2002年,实行道路货运企业资质等级评定,有8户道路货运企业通过交通部评审,获得二级货运经营资质,有17户道路货运企业通过交通厅评审,获得三级货运经营资质。此举促进了四川道路货运企业的合理分工,初步改变了道路货运经营业户多、小、散、弱的局面。四川公路货运经营业户比2000年减少1617户。货运企业在传统货运基础上,积极拓展货物仓储业务,使汽车货运业由单一的运输服务向综合服务发展;建成成都公路国际物流中心,引进了民生实业股份有限公司、中海集团等国内知名物流企业,开展国际集装箱运输业务,促进了道路物流运输业的发展。

2004—2005年,省人民政府办公厅批转《省交通厅关于进一步加大开放力度吸引民间资金进入交通基础设施领域的实施意见和四川省高速公路建设项目实施BOT方式管理办法(试行)的通知》(川办发〔2004〕34号)及《关于同意乐宜高速公路以BOT方式公开招标确定项目法人的复函》(川办函〔2005〕60号)。为此,四川首条BOT运行项目得到批准并招商成功,总投资约60亿元,全长138公里。乐宜高速公路试点成功,标志着我省高速公路建设开启了"双腿走路"模式,推动我省高速公路建设进入快速发展通道,为全省推广BOT模式招商奠定了良好基础。随着道路运输企业改制的不断深入,四川近300户道路运输企业改制为股份制公司,国有资本退出道路运输市场,适应社会主义市场规律的企业体制、机制逐步建立,一批经营理念新、管理水平较高的道路运输企业开始涌现。

2006年2月,以市级政府作为招标人进行BOT高速公路引资招标,将绵阳至遂宁高速公路分成两个标段作为试点,两家公司中标,总投资76亿元,总里程175公里。2007—2008年,按照BOT运行模式向市场推出4个项目(邛名路、内遂路、宜渝路宜宾段、宜渝路泸州段),最终4家投资公司分别中标,总投资约204亿元,总里程325公里。2008年,全省各种运输方式共完成货运量11.45亿吨,其中公路货运量10.31亿吨,在全省综合货运体系中的比重分别为90.0%。数据显示,2009年底,全省货运周转量为1526亿人公里,其中公路货运周转量851亿人公里,占各种运输方式的55.77%。2009年,货运企业规模化程度有所提高,户均车辆数较2005年提高23%。2009年,专用载货汽车19973辆,占总数的4.7%,较2005年增长497%,比例提高3.5个百分点。至2010年7月,集装箱专用车941辆,较2005年增长84%。

(四)2009年至今

2009—2010年,按照省委九届四次全会的工作部署,四川交通厅要求以BOT运行方式向市场推出12条高速公路(成绵高速公路复线、成自泸高速公路成仁段、成自泸高速公路内自段、成自泸高速公路泸州段、成安渝高速公路、遂资眉公路遂资段、遂资眉公路眉山段、南大梁、乐自高速公路、乐自高速公路乐山段、成都绕城西段、成都绕城东段)向投资人招标引资。两年时间里,12条高速公路顺利完成招标,共引进投资资金约1052亿元,总里程1304公里。

2010年以来,在行业管理宏观调控政策引导和制度规范下,运输经营主体的经营理念和管理水平极大提高,道路运输集约化、规模化、网络化经营成为业态主流,道路运输市场多、小、散、弱的状况得以改变,运输装备得到升级优化,企业抗风险的能力显著增强,客运市场的内涵极大丰富,保障能力日益提高。此期,全省道路运输行业广泛开展文明服务创建活动,运输企业、汽车站在完善服务设施、优化服务环境、提高服务水平、加强安全管理、规范站务管理服务等方面下大力气,为广大群众和旅客提供优质服务。

2011年顺利完成6个项目(遂西路、内威荣高速公路、自隆高速公路、遂广路、巴广渝高速公路、叙古高速公路)招商,吸引投资451亿元,总里程达559公里。

2012—2013年,顺利完成7条高速公路(宜叙路、成都经济环线简阳至浦江段、宜宾至彝良高速公路、宜宾绕城高速公路、绵阳至西充高速公路、内江城市过境高速公路、攀枝花至大理高速公路)的招标引资,吸纳投资674亿元,总里程达613公里。

2014年依托省委、省政府"中外知名企业四川行"活动,举办四川省高速公路BOT项目招商推介会,推出13个高速公路BOT项目,计划引资2319亿元,总里程约1679公里。最终成功招商2个项目,吸引投资161亿元,总里程149公里。

2016—2017年,通过BOT运行模式,成功招商5个项目(成都经济区环线浦江至都江堰段、成都新机场高速公路、广安城市过境高速、叙永至威信高速、资阳至潼南高速四川段),吸引资金609亿元,总里程417公里。通过"BOT+政府补助"方式筹措交通建设资金,成功招商3个项目(G4216线屏山新市至金阳段、G4216线金阳至宁南段、G4216线宁南至攀枝花段),总投资886亿元,总里程451公里。通过"BOT+政府股权合作"方式筹措交通建设资金,成功招商2个项目(巴中至万源高速、广元至平武高速),总投资305亿元,总里程209公里。

党的十八大以来,四川交通运输系统持续涌现了王川、李志强英雄群体和沙国清、牟廷敏同志等先进典型,在行业内外营造了艰苦奋斗、实干兴邦的良好氛围,影响力持续扩大。

二、基础设施成就

改革开放40年来,四川交通经过8个五年计划的建设发展,以及公路养护大中修和专项工程的实施,普通国省干线公路技术等级和农村公路通达通畅水平不断提升,公路交通服务水平显著提高。道路旅客运输管理体系不断完善,道路旅客运输市场得以健康有序发展。四川港航基础设施发展进一步提速,水运基础设施服务能力不断提升。

四川公路实现"两个重大突破"和"三个明显提升"。"两个重大突破":一是普通公路完成投资实现重大突破,5年累计完成投资2867亿元;二是四川公路总里程实现重大突破,全省达31.5万公里,居全国第一。"三个明显提升":一是农村公路通畅深度明显提升,全省实现96%的乡镇和86%建制村通硬化路。开展的"四好农村路"建设和示范县创建,推进了农村公路与旅游、资源产业融合发展。二是国省道公路路况服务水平明显提升,路面使用性能指数(PQI)达到87.5,实现全省公路从中等到良等的跨越。三是普通公路安全通行能力明显提升,2013—2015年间,新建公路安保工程2.44万公里,基本消除乡道以上公路临水、临崖高差3米以上危险路段路侧安全隐患;建成溜索改桥62座,渡改公路桥323座,整治危(病)桥1000多座;整治公路隧道安全隐患60座。

四川公路经过40年改革发展,截至2017年底,全省公路总里程达到329950.47公里,位居全国第一。其中国道22228.84公里、省道4782.76公里、县道38006.87公里、乡道52439.98公里、专用道5037.61公里、村道207454.39公里。按技术等级分:高速公路6820.99公里、一级公路3668.92公里、二级公路14911.73公里、三级及以下公路304548.85公里。全省有铺装路面(高级)241750.85公里、简易铺装路面(次高级)17455.67公里,其中国省干线公路水泥及沥青路面铺装率为96.53%。公路桥梁41525座2889295延米,公路隧道1089座1181690米,公路渡口186处,其中机动渡108处。全省乡(镇)4483个,通达100%,通畅98.82%;建制村48160个,通达100%,通畅97.13%。

40年以来,全省港口逐渐从零散、粗放式发展过渡到集约、精细化发展,泸州、宜宾、乐山、南充、广安、广元等主要港口逐步推进机械化,多用途建设。"九五"以来,全省陆续实施了多用途规模以上港口码头建设,形成"四江六港"的航道港口布局,港口服务能力逐年提升。全省现有港口17个,其中规模以上港口6个,码头泊位2106个,其中千吨级泊位60个。货物吞吐能力突破1亿吨,新增集装箱吞吐能力68万标准箱、达到233万标准箱。全省航道里程10540公里,七级以上等级航道4220公里,占36%,四级以上的高等级航道主要有岷江、嘉陵江、渠江、金沙江(长江)等,共1532公里,占13%。其中岷江、嘉陵江属于全省管理的纳入"两横一纵两网十八线"国家内河高等级航道网的重要航道。

40年以来,全省航道工程建设主要集中在岷江、嘉陵江、渠江等主要通航河流。

岷江:岷江是四川省主要大件物资运输通道,2000年之前陆续实施了2次较大规模的航道整治,实现了岷江下段162公里航道达到4级标准和岷江中段155公里航道复航。"十三五"以来,全省积极推进岷江港航电综合开发,目前已启动岷江犍为航电枢纽、岷江龙溪口航电枢纽建设,即将启动岷江老木孔航电枢纽、龙溪口至合江门航道整治等项目建设。预计到2022年,将全面实现岷江下段全部达到3级航道标准。

嘉陵江：嘉陵江是四川省川北腹地的重要水运通道，自20世纪50年代以来，陆续实施了多次航道整治，航道条件逐渐改善。嘉陵江川境段干流自广元铁路桥起至广安黄帽沱讫共534公里，自20世纪80年代起实施梯级渠化建设，2014年，随着嘉陵江梯级开发的不断推进，嘉陵江川境段已建成枢纽13级，渠化航道356公里，共淹没滩险296个，共占嘉陵江滩险总数的86%，极大改善了通航条件。2015年全省实施嘉陵江川境段航运配套工程。一期项目已于2017年完成黄帽沱—金溪215公里航道上的7级枢纽库尾航道滩险整治和航标布设，实现航道条件基本达标。2018年上半年主要实施嘉陵江川境段航运配套工程二期项目库尾航道整治，将有效改善嘉陵江金溪—广元319公里航道上8级枢纽共58公里库尾回水变动段通航条件。目前金溪—亭子口段库尾滩险整治和航标布设全部完成，即将启动亭子口—广元段滩险整治。预计2018年底，嘉陵江川境段534公里将全部渠化完成，形成通畅达标的高等级航道。

2018年，为有效发挥嘉陵江航道功能，提高通航建筑物通过效率，四川省实施嘉陵江梯级通航建筑物联合统一调度，目前已实现嘉陵江川境段13级通航建筑物联合调度，未来将进一步完善通航建筑物调度运行制度，助力嘉陵江流域水运复苏。

渠江：2000年以前，全省在渠江主要实施小规模航道整治和航电枢纽建设，共建设凉滩、富流滩、四九滩、舵石鼓4级枢纽，2004年，金盘子航电枢纽船闸正式通航，渠江除风洞子段基本实现渠化。为提高渠江航道标准，"十二五"以来，全省在渠江下段实施了四九滩—丹溪口航道整治和富流滩船闸改扩建，将渠江四九滩—丹溪口70.9公里航道标准提升为3级。未来全省将实施渠江四九滩—南门口航道达标升等工程，全线提升渠江干流航道等级达到3级。

金沙江：2000年以前，全省在金沙江主要实施小规模航道整治，随着向家坝、溪洛渡枢纽相继建成蓄水和向家坝枢纽升船机投入运行，金沙江形成334公里库区深水航道，具备发展航运的有利条件。目前全省已在向家坝库区实施了助导航设施建设，未来随着白鹤滩、乌东德枢纽逐步建成，全省将着力实施金沙江航道达标升等工程，全面提升金沙江航道等级。

沱江：2000年以前，全省在沱江结合水电梯级开发实施小规模航道整治和通航建筑物建设，基本实现了沱江航道渠化运行。近年来，随着自贡、泸州经济社会发展，对水运需求逐渐增大，全省将实施沱江（自贡—泸州）航道达标升等工程，全面提升沱江下段航道等级，服务沿江经济社会发展。

改革开放40年，全省汽车客运经营方式向集约化转变，运输服务方式向多元化、现代化发展。全省长途客运接驳运输联盟、汽车客运站共享发展联盟相继成立，并逐步迈向实体整合，发展趋势向融合化转变。全省道路运输行业以提高运输效率为目标，加快转型升级。货运企业进一步向集约化、专业化、规模化方向发展。截至2018年1月，全省道路旅客运输经营从业人员17万余人，全省客运班线11221条，其中全省高速直达班线发展到2326条，居中西部第一；客运班线日发班次12万余次，其中农村客运日发班9万余次，居全国第一；乡（镇）、建制村客车通达率达95.2%和83.6%，公路客运更加便捷。全省公交车辆发展到2.9万辆，城市公交、出租汽车服务覆盖93%和97%的县级城市，公共交通得到前所未有的大发展。全省汽车货运经营从业人员81万余人，国家一级货运站12个，二级货运站1个，三级货运站1个，四级货运站3个。

改革开放40年，随着现代化、工业化、城市化进程的加快，全省各城市从城市规划、环境保护、节约能源、交通安全等方面出发,大力实施"公交优先"战略,公交车的线路和车辆的数量不断增加,公交车辆的档次不断提升,公交服务理念以提高服务便利与可靠性,采用新技术,以及强化为老年人和残障者的服务为目的。

全省城市客运运能极大提升,城市客运综合体系得以优化,基本确立了公共交通在城市交通系统中的主体地位,公共交通的服务能力和服务质量显著提升,公众满意度大幅提高。到"十二五"末,全省21个市(州)城市均发展有城市公交,183个县(市、区)城市有158个发展有城市公交,其中成都市还发展有2条快速公交线路。全省共有城市公交经营业户245户,其中国有(国有控股)71户,私营134户;运营车辆2.8万辆,其中汽柴油车0.42万辆、双燃料车0.39万辆、天然气车1.95万辆、其他车辆0.04万辆;城市客运设施持续改进,公交专用道474公里、综合客运枢纽31个、公交调度指挥中心1个、停保场面积280万平方米、公交车进场率82%;运营线路2316条、线路总长度3.39万公里、年运营里程157296.7万公里、年客运量448491.2万人次;成都市公交出行分担率达到37.78%,公交车辆万人保有量达到34.3标台;除马尔康、康定以外的18个市州政府所在地城市公交出行分担率达到30.69%,公交车辆万人保有量达到12.3标台;县级城市公交出行分担率达到7.79%,公交车辆万人保有量达到5.46标台。全省21个市(州)城市均发展有出租汽车,183个县(市、区)城市有177个发展有出租汽车。全省共有出租汽车经营业户1300户,其中个体806户;运营车辆4.42万辆,按燃料类型划分汽柴油车0.8万辆、双燃料车3.6万辆、天然气车0.02万辆,按经营权属划分公司化2.4万辆(55%)、挂靠19331辆(43.8%)、个体531辆(1.2%);年运营里程634101.4万公里、年客运量192441.1万人次。截至2018年1月,国家要求大力发展农村"四好公路",全力推进城乡公交客运一体化战略,城乡公共交通客运系统得以优化升级。全省公交车辆发展到了2.9万辆,城市公交、出租汽车服务覆盖93%和97%的县级城市。

四川交通改革发展成就,改写了"蜀道难"的历史。为推进交通强省建设,全面建成小康社会,加快建设美丽和谐四川做出了贡献。

三、运输服务成就

(一)客运服务

20世纪80年代初,作为国民经济的重要支撑,公路运输也经历了大变革,大发展。

1983年11月,根据国家经委、交通部《关于改进公路运输管理的通知》,省政府制定《四川省改进公路运输管理实施办法》,明确规定:公路运输要坚持计划经济为主、市场调节为辅的方针,实行多家经营,发展多种经济形式。凡参加营业性运输的国有企业,集体单位和个人,都要办理工商登记,领取营业执照,纳入公路运输业行业管理。公路运输市场开放,多种经营主体参与市场竞争,省运输公司独家经营格局被打破。1983年3月至1985年3月,省公司所属17个汽车运输公司和10个直属的交通机械、汽车修造及翻胎厂下放给市(地、州)交通局管理,仅保留四川省大型物资运输公司。

农村经济体制改革的推进、商品经济的发展和人民生活水平的提高,外出人数剧增,运力短缺的矛盾突出。市场机制在平稳运力和配置资源方面发挥作用,公路客运呈现出经营主体多元化的格局,班车客运发展较快。1984年,各地运输企业开始以县城为中心、农村场镇为节点,开行往返县城与乡村的农村客运班车,个体(联)户和小型运输企业也纷纷参与农村客运经营,一家管、多家办的市场结构初步形成。农村客运班线逐步发展,由于受农村道路条件限制,农村客运班车普遍采取夜宿农村场镇的方式开行。1986年,全省营运客车1.38万辆,开行客运班线4206条,日发客车2.82万班。1987年,《四川省公路客运管理暂行办法》实施,允许企事业单位自用交通车在运送本单位职工的同时,附搭沿线旅客,从事经营性运输。公路客运行业形成交通部门、非交通部门,国有、集体、个体一起上的格局。

1987年10月,四川省汽车运输宜宾公司和成都公司率先开行宜宾至成都夜班车,打破长期以来夜间不能开行客运班车的传统。此后,南充、内江、泸州、自贡等地陆续开行夜班车,全年四川开辟夜行班车班线8条,日发车16班。社会经济发展,商贸活动频繁,夕发朝至的夜行班车除受到广大旅客的欢迎外,更成为经商者夜间出发、白天购物后返回的商贸专线车。

20世纪80年代末,四川每年有数百万民工跨省流动,公路运输企业开始尝试超长距离的公路直达运输。1993年,四川跨地区流动农民工达1000万人,占全省农村劳动力总数的五分之一,全国流动农民工的六分之一,成为中国"民工潮"的主要来源。人口大量流动,造成铁路运力严重不足,尤其在春运期间,民工疏运矛盾十分突出。当时进出川的主要公路通行条件已改善。运输企业抓住机遇,投入大量安全、舒适的卧铺客车,发挥公路客运自身所具有的灵活方便和"门到门"运输的优势,探索开行跨省超长线路客车,超长客运得到前所未有的发展。跨省超长客运班线从无到有,与日俱增。

1995年,四川开始实行营运客车驾驶员准驾证制度,并首次在全国开创了出租汽车顶灯、车身标志、服务证、计价器、基础台账"五统一"模式。7月,四川第一个中外合资的汽车客运站——成都汽车总站建成使用,其全新的客运站场形象、运输车辆和服务理念,为四川公路运输的发展树立典范。10月,成渝高速公路全线通行,运营客车为高级客车,并在国内率先植入公路客运航空式服务,成渝高速公路客运班线成为全国高速公路车辆档次和服务水平最高的客运线路之一。其密集的班次和集经济性、舒适性、方便性一体的高质量运输服务,使成渝高速公路客运从铁路、民航分流大量旅客。此后,随着成南、成绵广、成乐等高速相继开通,高档车迅速发展,全省客运运力结构从类型到档次都发生较大变化。高速公路客运逐步成为公路客运的主要运输服务方式。道路运输条件的逐步改善,通达里程及时间缩短,农村夜行客运班车逐渐退出市场。

1997年,四川省委、省政府将旅游产业列为四川国民经济支柱产业,加快了旅游经济的发展。通往景区的公路通行条件也得到较大改善,旅游客运进入快速发展时期。运输企业开始组建专业旅游车队,实行专业化经营,一大批中高级客车投入到旅游客运中。为充分发挥汽车运输企业的优势,拓宽旅游客运种类,四川省汽车运输成都公司等游客集散地的运输企业与阿坝、甘孜、宜宾、雅安等景区的运输企业实现强强联合,相继成立九寨环线旅游客运公司、贡嘎山冰川旅游客运公司、蜀南竹海旅游客运公司、峡口旅游客运公司,专营成都至九寨沟、海螺沟、蜀南竹海、雅安碧峰峡等省内景区的旅游专线班车客运,景区也相继开行景区内的环保观光旅游车。1998年9月,成都新南门汽车站改建为成都旅游客运中心,参营的中高级旅游客车达200多辆,开行通往九寨沟、乐山大佛、峨眉山等景点的旅游专线班车和成都至乐山、峨眉的旅游客运轿车以及到外省的临时跨省旅游专线车。

1999年,四川道路运输安全形势严峻,四川开始实施安全和质量否决制度,非法从事农村客运的摩托、货车、三轮车被取缔,一些规模小、车辆老旧、安全、质量事故严重的企业退出客运市场。仅从事超长客运的企业就从原来的120多户减少到75户。

2000年,四川率先开展为期3年的道路旅客运输企业经营资质等级评定工作结束。道路客运班线管理按照企业分级、线路分类,个体经营业户退出道路旅客运输市场,一批长久没开行班车的班线被取缔。其后,全国客运企业等级评定制度的实施,客运企业经营线路与企业等级挂钩,安全、质量事故得到扼制,道路旅客运输进入有序发展阶段。四川50个市、县开行超长客运,经营企业73户,投放运力2300多辆、线路293条,南至广东、海南,北至河北、北京,东至上海、浙江,西至西藏、新疆,辐射全国21个省(自治区、直辖市),单程最长(成都至伊犁)达3700余公里,年客运量253.27万人次,总收入达3.36亿元,各项指标均居全国之首。

2005年,四川近300户道路运输企业改制为股份制公司,国有资本退出道路运输市场,一批经营理念新、管理水平较高的道路运输企业开始涌现。

此期,市场经济条件下的交通战备、应急运输保障机制基本建立,在信息传递、指挥调度、运输组织、部门协作等方面已形成一套有效制度,应急运输反应能力和保障能力提高。在2008年"5·12"抗震救灾中,道路运输行业创新中国成立以来道路应急运输保障跨省市调集客运车辆规模最大、运送人员量最高的历史纪录,圆满完成抗震救灾道路运输保障工作。全省累计调集应急客车19799辆、运送救灾人员和转运受灾群众约110万人。

2010年以来,道路运输集约化、规模化、网络化经营成为主流,道路运输市场多、小、散、弱的状况改变,运输装备升级优化,企业抗风险能力增强,保障能力日益提高。此期,全省道路运输行业开展文明服务创建活动,运输企业、汽车站在服务设施、服务环境、服务水平、安全管理、站务管理服务等方面下大力气,为广大旅客提供优质服务。同时,全面推行客运企业和汽车客运站质量信誉考核制度,推动企业提高服务质量,加强管理工作,实现诚信经营、文明服务,考评结果作为企业在客运线路审批、服务质量招投标的重要依据。

受铁(路)公(路)竞争的影响,2018年,全省汽车客运经营业户数较2012年底下降2.4%,户均拥有车辆数增长25.2%。经营方式向集约化转变,运输服务方式向多元化,现代化发展。全省长途客运接驳运输联盟、汽车客运站共享发展联盟相继成立,并逐步迈向实体整合,发展趋势向融合化转变。并开发出通勤包车、旅游直通车和对接机场、高铁的直通车等道路运输服务新产品,通过多样化运输服务实现企业赢利。

改革开放40年,国家体制改革的不断深入,道路旅客运输管理体系的不断完善,道路旅客运输市场得以健康有序发展。截至2018年1月,全省道路旅客运输经营从业人员17万余人,全省客运班线11221条,其中全省高速直达班线发展到2326条,居中西部第一;客运班线日发班次12万余次,其中农村客运日发班9万余次,居全国第一;乡(镇)、建制村客运通达率达95.2%和83.6%,公路客运更加便捷。全省公交车辆发展到2.9万辆,城市公交、出租汽车服务覆盖93%和97%的县级城市,公共交通得到前所未有的大发展。

(二)货运服务

20世纪80年代初,四川省公路运输市场逐步开放,个体及非交通部门进入公路运输市场,交通部门运输企业垄断公路运输市场的格局被打破,公路运输行业生产力被解放,公路运输市场呈现出前所未有的活力,公路运输业快速发展,运输生产稳定增长。

20世纪80年代中后期,商品流通加快,交通部门零担货运班线不断拓展。成都长途汽车运输公司、成都汽车运输总公司、重庆汽车运输总公司先后进入零担货运市场。到1990年,四川省内有80%以上的市(地、州)和40%以上的县(市)开通零担货运班车,跨省零担线路从西南延伸到柳州、广州、武汉、长沙等地,通达省内外108个城市,年运量8.25万吨,形成以成都、重庆为中心,辐射省内外,通达全国的零担班线网络。

20世纪90年代初,经济社会的发展使公路货运输量呈持续增长态势。机关、团体、企事业单位纷纷将自备车大量投入公路运输市场。新的货运中介交易市场开始形成,部分市(地、州)建立了运输市场信息发布制度。个体运输(联)户、非交通部门运输企业的逐年增多,交通部门运输企业市场占有率继续下降。

1992年邓小平南方谈话后,公路运输市场进一步开放,省交通厅运管局制订加快公路运输市场改革开放的"两个转变、三个放宽、四个优先、五个试点"的具体措施,四川公路运输市场化程度进一步提高,个体(联)户成为公路运输市场主体的一个重要组成部分。加之公路运输经营具有投入少、门槛低等特点,逐步成为吸纳社会人员就业的一个重要行业,使个体运输业发展更为迅猛。随后,民营及外资也纷纷进入公路运输市场。是年6月,全省第一户中外合资公路运输企业——广信运输有限公司成立,标志外资正式进入四川货运市场。非交通部门、民营、外资和个体(联户)大量进入道路运输市场,货运市场竞争日趋激烈,交通部门运输企业只有不断转换经营机制,将营运货车承包给个人经营或将车辆卖给私人。零担班线定点发班的经营方式已不适应市场,零担运输线路逐步萎缩。加之个体(联)户及民营企业与之竞争,相互杀价,交通部门运输企业经常出现脱班、晚点等问题,导致公路零担班车货运逐渐衰退。交通部门运输企业的零担运输线路出现货源不足,班次开行困难,逐步放弃开行班次,开行整车发运的零担专线。到1995年,非交通部门及个体(联)户营运货车完成货运量4.2亿吨,占社会货运量的94%,其中个体(联)户完成货运量1.96亿吨,占社会货运量的43%。交通部门运输企业市场占有率继续下降,货车拥有量仅占四川营运货车总数的4%,占社会货运量的6%。尽管如此,在支农、抢险救灾、交通战备等危、难、险、重的运输中,交通部门运输企业仍发挥骨干作用。

20世纪90年代中后期,小商品市场的发展,内地与东部沿海小件货物交流加快,零担专线开行逐步从省内线路向省外拓展,专线运输效益提高,各专线公司开设货物受理点,个体经营业户也开始受理零担货物,并交给有班线的企业运输,或将货物交给返程车承运。在此期间,以降低运输成本为目的的第三方物流业出现。1997年,成都出现首家第三方物流企业"通安达公司"。其后,交通部门运输企业才开始涉足物流业,在原从事专业货运的基础上,从第三方物流入手,利用已有的仓储、铁路专线等基础设施,为生产企业提供仓储、包装、配送等服务。

2000年,四川民用机动车210万辆中有营运货车24.4万辆,其中集装箱车、冷藏车、罐装车、零担车、大件运输车2.2万辆;道路货运量4.5亿吨、货物周转量228.6亿吨公里,占四川综合运输体系(铁路、公路、水路、航空)的比重分别为86.2%和37.4%。在铁路、公路、航空、水运、管道五种运输方式中,公路货运量占四川综合运输网的88.5%,公路集装箱运输量达110万吨,比1995年增长了3.9倍,集装箱大型专用车发展到120辆,零担班线开行到全国10余个省(自治区、直辖市),危险品运输车辆发展到1万多辆,依托高速公路的快件运输也在四川大中城市逐步兴起,道路货运开始向经营集约化、营运网络化的方向转变。此后,为适应社会经济发展的需要,四川有形货运市场得到迅猛发展,从事零担货运的个体(联)户由于经营方式灵活,在市场竞争中处于优势,迫使交通部门的货运企业退出零担货运市场。

2000年10月,由四川省汽车运输成都公司、成都集装箱运业公司、巴中地区汽车运输总公司、宜宾长锋运业公司等省内13户骨干运输企业共同出资,经省交通运输厅运管局协调成立四川快速货运有限公司。公司注册资金560万元,按股份制运作,经营省内主要城市之间和全国重点城市之间的货物快运、国际货运代理等业务。公司成立后,相继开通成都至广元、成都至巴中2条线路。是年5月,绵阳公路运输服务站正式开办汽车快件运输业务,当年实现产值1500万元。

商品经济的繁荣,带动道路运输物流业的发展。从2001年起,各地不再建设有形货运市场,大部分货运站场开始变成物流园区和物流中心的货运设施,另有部分货运站场因缺乏货源或经营问题陆续关闭。此期,随着外贸经济和四川内河航运的发展,原有的集装箱中转站已无法满足国际标准箱对站场的需要,部分按照标准化集装箱中转需要进行改造,其余停止使用。

2002年,实行道路货运企业资质等级评定,有8户道路货运企业通过交通部评审,获得二级货运经营资质,有17户道路货运企业通过省交通厅评审,获得三级货运经营资质。此举促进四川道路货运企业的合理分工。四川公路货运经营业户比2000年减少1617户。货运企业在传统货运基础上,积极拓展货物仓储业务,使汽车货运业由单一的运输服务向综合服务发展;建成成都公路国际物流中心,引进民生实业公司、中海集团等国内知名物流企业,开展国际集装箱运输业务,促进道路物流运输业的发展。

2001—2005年,运输企业累计盈利达10亿元,为社会创造新的就业岗位12.2万个。道路运输组织结构和运力结构有明显变化,运输企业"多、散、小、弱"的面貌有了较大改变,各类厢式货车、集装箱车、液化气专用拖车进入道路货物运输市场。道路运输的货物范围也随之扩大,涵盖煤炭、石油、矿产、建材、化工、农用物资、日常生活用品等多个领域。2005年,四川道路货运量和货物周转量分别达5.65亿吨和263.7亿吨公里,分别比2000年提高33.3%和35.4%。

随着公路基础设施建设的加快,道路货运在综合运输体系中的地位明显提高,道路运输在全省经济社会发展中发挥日益重要的作用。在抗震救灾、治理超限超载、抢运电煤、大件运输等历次重大运输保障中,道路货运的应急能力均得到提升,特别是在"5·12"抗震救灾中,应急货车46095辆、运送救灾物资约47.3万吨,创造出新中国成立以来道路应急运输保障跨省市调集货车辆规模最大、运送人员物资量最高的纪录。网络化运输、小件快运、城市物流配送等运输组织形式快速发展,货运企业向现代物流企业转型步伐加快。

2008年,全省各种运输方式共完成货运量11.45亿吨,其中公路货运量10.31亿吨,在全省综合货运体系中的比重为90.0%。2009年,货运企业规模化程度有所提高,户均车辆数较2005年提高23%。2009年,全省专用载货汽车19973辆,占全省汽车总数的4.7%,较2005年增长497%,比例提高3.5个百分点。至2010年7月,集装箱专用车941辆,较2005年增长84%。

随着经济社会的发展,全省道路运输行业以提高运输效率为目标,加快转型升级。货运企业进一步向集约化、专业化、规模化方向发展。2015年,全省建制货运企业调整为1万个。货运车辆中专用汽车、厢式车、集装箱车、冷藏运输车等四类车型占比达33%;货车平均吨位5.1吨。发展趋势向融合化转变,甩挂运输联盟抱团发展,不断提升自身竞争力。货运企业主动与邮政、供销及商贸、制造业等企业合作发展,依托邮政网点、乡镇客运站点,发展以城带乡、城乡一体的农村物流,推广县至乡镇、沿途行政村的双向货物运输配送服务,提高农村物资运输的时效性和便捷性。截至2018年1月,全省汽车货运经营从业人员81万余人,国家一级货运站12个,二级货运站1个,三级货运站1个,四级货运站3个。

(三)运输装备

改革开放之初,四川公路运输装备较为落后,老旧客车居多,部分偏远市(州)仍以马车作为运输主力。20世纪80年代中后期,随着经济的复苏,四川客车车型结构开始有了比较明显的变化。据16个市(地、州)统计,到1990年,高靠背、软座车、门窗能密封和有空调音响等设备的中、高档车,由1986年的693辆增加到1990年的2284辆,占客车总量的22.2%。此间,在放开、搞活方针指引下,非交通部门货运运力迅猛增长,机关、团体、企事业单位和个体(联)户车辆大量投入运输市场从事营运,但车辆结构单一,主要有两种车型:解放车和东风车。专用车、集装箱、大吨位车接近空白,轻型货车还未步入货运舞台。作为公路运输保障的汽车维修业开起步,由于维修业的门槛相对较低,国有、集体、个体(联户)、民营企业纷纷介入,但大多数规模偏小,维修专用设备简陋。

20世纪90年代初,国内运输市场发展需求增加,国外进口的中高档客车辆开始进入中国市场。四川的客运运力结构从类型到档次都发生较大变化。1993年,成渝高速公路成都至简阳段开通,掀起高速公路客运热。高级豪华客车及其航空式服务,成为四川省道路客运的亮点。1995年,成渝高速公路客车总数达480辆(含沿线区间),投入的车辆中有近半数是当时国内最高级的客车,使成渝高速公路客运班线成为全国高速公路车辆最多、档次最高的客运班线。到1995年,四川有客车38388辆,比1990年增长一倍多;出租车由"六五"末的1251辆发展到14335辆,增长了10.2倍。货车为适应各种运输的要求,改变原来单一的车型结构,相继发展货柜车、罐车、集装箱车、厢式零担车等专用汽车。在此期间,中高档车进入市场,带来维修技术的革新。发达国家的先进维修检测、诊断设备和计算机网络技术开始应用于汽车维修管理,集整车销售、配件供应、维修服务和信息反馈四位一体的4S店开始兴起。

20世纪90年代中后期,在"科技兴运"思想指导下,道路运输管理机构在公路运输领域广泛推广使用新技术、新工艺、新设备。车辆保有量迅猛增加,平均运距增长。道路运输业以交通部门为主、卖方市场为主、数量扩张为主的阶段已经结束,运输企业的发展由投入增长型为主(车辆数量的增长),转向市场需求型为主(车辆结构的优化)。客车车型以依维柯、尼奥普兰等中、高级客车为主,客运运力结构向小型化、高档化发展,初步形成了大中小结合、高中普齐全的新格局。到2000年,四川营运客车达70818辆,客车平均客位由1995年的12.2客位降为2000年的8.4客位,中、小型客车的比重分别由1995年的30.2%和38.1%,上升到2000年的38.1%和53.2%,高级车、卧铺车、出租车分别增长10.9倍、3倍和0.8倍,四川出租汽车达2.6万辆。四川营运货车达24.36万辆,货车平均吨位由1995年3.4吨减至2000年2.53吨,货车中、小型车比重分别为13.3%和51%,比1995年分别上升6.4%和21.7%,集装箱车、冷藏车、罐装车、零担车、大件运输等专用货车由1995年7677辆发展至2000年底的2.2万辆,增长了1.86倍。民间资本大量进入,高起点、高技术、专业化、现代化的民营汽车维修企业逐渐占汽车维修市场的主导地位。

到2005年,四川营运客车达7.79万辆,其中高级客车占40%,比2000年提高28%,主要车型有凯斯鲍尔、沃尔沃、依维柯、桂林大宇、金龙、尼奥普兰等;出租汽车3万多辆,车型由1996—2000年的奥拓为主发展到以富康、捷达、桑塔纳为主的中级轿车,成都还出现宝马、奔驰等商务专用轿车;营运货车总数达28.68万辆,专用车辆和重型货车的数量比2000年增长了1倍,占营运货车总数的10%。随着油价的不断上涨,为降低营运成本,部分营运客车实现油改汽或改为双燃料车,到2005年,四川有双燃料营运客车28991辆,双燃料营运货车2613辆。在此期间,部分货运企业建立货运信息网站,为货运经营提供高效快捷的交易平台,货运运力加快发展,货车重型化、厢式化、专业化日趋明显。以栏板货车和农用运输车为主的传统货运运力已经不能适应时代的需要,厢式货车、专用罐车、集装箱运输车等专用运输货车得到较快发展。四川汽车维修行业已形成以地区中心城市为依托,以一类汽车维修企业为骨干、二类汽车维修企业为基础、三类汽车维修业户为补充的市场格局,投资上千万的现代汽车维修企业与小而散、遍布城乡的专项维修业户并存,民营汽车维修企业成为汽车维修市场主体。

此后,信息化技术广泛应用于道路运输市场,道路运输装备向信息化、智能化、高端低碳环保领域发展。到2010年,二级以上客运站全部实现电脑售票,所有一级站和部分二级站安装使用X光行包安检仪,成都国家级公路主枢纽的9个客运站实现实时监控;在维修行业推广应用不解体故障诊断技术;在驾驶培训中推广应用多媒体、模拟驾驶器等现代化教学设备;建成省、市运管机构和企业三级GPS监控平台846个,安装使用GPS动态行驶记录仪的营运车辆达到4万辆,其中带摄像功能的达到1400辆。初步建立起运营车辆燃油消耗量检测和监督管理制度,开展节能推优示范和驾驶员节能操作竞赛等活动,大力推广应用CNG汽车,6万辆CNG汽车从事道路经营性运输。

全省177个客运站实现联网售票和WIFI(无线保真)全覆盖。汽车二级维护信息化管理系统、客运包车管理信息系统、道路运输统计分析监测系统、道路运输从业人员管理系统实现行业管理全覆盖。截至2018年1月,全省三类以上班线客车、危货车辆、集装箱货车、冷藏保温车和应急保障车,100%安装使用卫星定位装置,50%的重载普通货车安装卫星定位装置。1.3万辆营运客车安装使用3G车载视频系统。车辆装备向低碳化转变。行业节能减排成效明显,CNG营运车辆发展到6.7万辆、LNG车辆发展到1560台。

四、行业管理成就

(一)法治建设

为全面贯彻落实《法治政府建设规划(2015—2020年)》和《四川省依法治省纲要》的工作部署和要求,四川省交通运输厅立足于全省交通运输工作实际,编制了《四川省"十三五"交通运输法治政府部门建设的意见》,制订了增强法治理念、完善法规制度、加快职能转变、强化权力监督制约、加强和改进执法、依法化解矛盾纠纷六个方面34项任务,并将其作为指导"十三五"期四川省交通运输法治政府部门建设的纲领性文件和依法行政的重要依据,切实提升行业依法治理的能力和水平。2015年以来先后制修订出台《四川省高速公路条例》《四川省农村公路条例》《〈四川省港口管理条例〉实施办法》《四川省道路旅客运输管理办法》《四川省道路货物运输管理办法》《四川省机动车维修管理办法》等2部地方性法规和4部政府规章,交通运输行业法治体系逐步完善。近3年来四川省交通运输厅立足于行业管理的重点领域和关键环节,统筹制度建设的立改废工作,先后制定出台了《四川省高速公路BOT+政府补助项目实施办法》《四川省高速公路车辆通行费与工程建设和运营服务质量挂钩管理办法》等110余个制度建设成果,逐步形成了系统完备、科学规范、运行有效的制度体系,为推动经济新常态下交通运输持续健康发展提供坚实的制度保障。

依法全面履行监管职责,完善科学民主决策机制。一是依法全面履行公路和水路交通建设、设施维护管理、水上交通安全监督、客运货运管理等方面的行政监管职责。二是积极推进依法科学民主决策,制定印发了《四川交通运输厅重大行政决策程序规定》,进一步明确重大行政决策的范围和标准,并把公众参与、专家论证、专业机构测评、风险评估、合法性审查和集体讨论决定等程序规定作为重大行政决策必经程序,逐步建立科学化、民主化、法治化的重大行政决策机制。三是严格开展对涉及行业重大发展战略规划、社会公共利益的政策措施、管理体制改革、重要工作部署、重大事件处理等重大决策事项的合法性审查、集体讨论决定和社会稳定风险评估工作,切实提高行政决策的质量和实效,并严格执行《四川省重大行政决策责任追究暂行办法》,健全重大行政决策责任倒查及追究机制。

全面深化"放管服"改革,清理规范权力运行。一是精简下放行政审批事项,四川省交通运输厅省本级行政审批项目由原来的55项精简到16项,并已全部纳入省政务服务中心交通运输窗口统一受理。同时,结合交通运输行政审批网上平台建设,全省各市(州)和县(市、区)的交通行政审批项目和权限进行了统一和规范。二是全部取消了非行政许可审批事项,并完成对省本级投资性行政审批前置条件及中介服务事项的清理规范。三是规范优化行政审批运行机制,一方面优化了行政审批事项办事指南,进一步明确申请条件、申报材料及简化内部办理程序等;另一方面积极推行省市并联审批及行政审批标准化建设,大力推行市州超限运输联网审批工作,全面提升行政审批办事效率。四是着力加强交通运输窗口建设管理,建立了行政审批授权制度、会审会商制度、联席会议制度、领导现场办公等配套制度,实现了"一个窗口受理,一次性告知,一条龙服务,一站式办公"的服务方式。五是清理编制了行政权力清单、责任清单,经清理认定省、市、县三级交通运输行政权力事项356项并对外公布,其中,省本级行政权力事项120项,全部将行政权力事项纳入行政权力平台依法规范公开运行。同时,探索推行负面清单制度,严格执行国家和省公布的负面清单,放宽交通运输领域的市场准入。六是加强交通运输重点建设项目、政务服务、"三公"经费及行政权力事项及权力运行等信息公开,目前,省本级行政权力事项及运行已通过省政府政务中心和厅网站公示,工程建设领域项目信息也在厅网站开辟公开专栏,及时公开工程建设项目审批、工程招投标、建设质量管理等情况,确保权力在阳光下运行,主动接受社会公众的监督。七是强化事中事后监管,扎实开展行业信用体系建设及"双随机"工作,逐步完善对交通建设市场、养护市场、道路、水路运输市场及相关从业人员的管理,建立优胜劣汰的市场化退出机制,强化对失信企业和人员在经营、投融资、工程招投标等方面依法予以限制或禁止。

积极推进综合执法改革,规范公正文明执法。一是在总结成都市和高速公路综合执法经验的基础上,指导各地因地制宜开展交通运输综合执法改革。目前,乐山沐川县和广安华蓥市的综合执法改革已完成,攀枝花、德阳、宜宾、眉山等市及乐山马边县、巴中平昌县正在稳步推进过程中。二是修改完善《四川省交通运输行政处罚裁量权实施办法及实施标准》和《四川省交通运输行政强制裁量权实施办法及实施标准》,进一步增强行政执法自由裁量的可操作性和公平公正性,最大限度减少执法人员自由裁量空间。三是严格贯彻执行《交通执法风纪》《交通执法用语规范》等五个执法规范,切实规范交通运输行政执法行为,稳步落实行政执法公示制、执法全过程记录制和重大执法决定法制审核制。四是推动执法信息化建设,通过完善案件办理、查询统计、培训教育等功能,优化交通执法软件管理系统,推动路政、运管执法数据联网共享。五是强化行政执法人员管理,按照四川省人民政府法制办工作要求,开展了对全省交通运输执法人员的清理工作,经清理,全省交通运输系统共有正式行政执法人员14668人,协助管理人员共8243人,同时严格执行持证上岗、资格管理和执法资格年审等制度。六是以"三基三化"试点工作为抓手,切实提升交通运输行政执法基层执法保障,合理安排执法装备配备,保障执法所需经费,严格执行罚缴分离和收支两条线管理制度。

(二)管理体制改革

全面深化改革取得新突破。一是行政审批改革深入推进。实现超限运输审批"两集中、两到位"和网上办理,2017年超限运输审批突破7.5万件;实施驻蓉支队涉路及养护施工审批集中统一办理,精简审批流程,强化事后监管服务,施工审批更加便民高效。二是降本增效措施落地落实。实施重大节假日、绿色通道通行费减免和货车通行费优惠政策,减免通行费逾70亿元;实现高速公路车辆通行费增值税电子普通发票开具。全面实施路产赔(补)偿由行政裁定向行政调解转变,让队伍腾出手来抓主业、尽主责,让企业和群众得便利、享实惠。三是执法模式改革全面完成。巩固深化交通执法片区管理,106个基层执法大队全部实现"一路一大队"执法管理模式和"一片一分队"应急处置模式,广元片区集中办公试点工作顺利推进,执法资源分散、执法力量、车辆和经费不足等重大难题得到有效破解。四是内部管理持续优化。驻蓉执法支队财务集中核算机制逐步完善、联合值班机制全面形成,住房货币化补贴得到全面解决,纪检监察集中办案机制巩固深化,固定资产清理、档案电子化管理、文件分类流转、重点工作督办、执法服装配备、后勤管理调整、卫生环境美化等工作全面优化升级,规范严谨、运转流畅、灵活高效的内部管理体系基本形成。

行业治理能力实现新提升。坚持依法治理、科学治理、综合治理、源头治理有机结合,加快构建行业主导、地方参与、社会响应的高速公路行业治理新格局。一是法规制度体系加快完善。基本编制完成《〈四川省高速公路条例〉释义》,高速公路服务质量评价细则、路产损坏赔偿业务办理、交通执法巡查检查等制度、标准、规范出台实施。二是行业治理机制加快健全。在全国率先探索建立高速公路管理"一路四方"联动工作机制,实现21个市(州)全覆盖,重大节假日缓堵保畅、桥下空间管理、服务区食品安全、突发事件处置等责任落实到位。落实高速公路行业安全生产责任,健全安全预警预报机制,开展安全隐患排查整治2100余处,保障了路网安全平稳运行。开展打击偷逃通行费专项行动,查处偷逃通行费车辆超过40万车次,追补通行费约4500万元。巩固超限治理成果,推动入口超限检测数据联网,严肃查处违法超限行为,建立违法超限车辆"黑名单"制度,基本实现违法超限车辆高速公路"零驶入"。

三是交通执法管理严格规范。深入推进"三基三化"建设试点,完善基层执法业务用房15处。围绕路政、运政、收费稽查等执法主责主业,强力开展非标专项清理整治、非法营运专项整治大会战,累计出动执法人员17万余人次,查处违法客运车辆610余车次,清理拆除非标86块。14个基层执法大队、27名执法人员被评为2017年四川省交通运输依法行政评议考核优秀单位和个人,局(总队)荣获2017年全国交通运输行政执法评议考核优秀执法单位。

智慧高速建设迈出新步伐。坚持以信息化智能化为引领,推动实现高速公路可视、可测、可控协调发展。一是顶层设计基本完成。坚持按需建设、适用为主、适度超前的原则,加强与部、省有关规划、规范及标准对接,基本编制完成信息化顶层设计,初步明确指导思想、基本原则、发展目标、总体框架及31项重点任务等,信息化建设"四梁八柱"基本搭建。二是重点项目统筹推进。监控结算灾备中心土地权属变更、租户搬迁、工可调整等顺利完成,专用通信网改造配套工程建设和设备招标采购基本完成,基于互联网的移动执法和行业监管一体化系统基本形成;ETC在双流机场和成都东客站停车场成功推广应用,ETC车道总数达1562条(占比36%),客服网点覆盖县级以上城市,ETC用户突破300万,位居全国前列;雨雾安全行车诱导系统覆盖成南、雅西、纳黔等18条高速公路重点路段,因大雾造成的交通事故下降约60%。三是信息发布及时高效。道路施工、交通管控等信息实现与百度、高德、四川交通广播等共用共享,集可变情报板、展板横幅、微信微博、地图导航、广播媒体于一体的信息发布体系全面建立,出行服务信息及时高效传播;协调公安交警共享车辆基础数据、视频监控资源统筹进程加快;推动道路养护信息共享,信息孤岛问题开始得到解决。

(三)投融资体制改革

"八五"期间,1990年9月四川首条高速成渝高速成为第一个借用国外贷款项目,其四川段使用世界银行贷款7500万美元,该条高速1995年9月建成通车,结束了四川没有高速公路的历史,对四川及整个西南地区的经济社会发展具有重大意义。其间,内江至宜宾高速公路开工,成绵高速公路部分通车。

"九五"期间,四川交通抓住国家实施西部大开发战略契机,以空前的规模和超常规的速度发展,通过政府还贷、股份制、股份合作等建成成绵、成都城北出口、成都机场、内宜、成乐、成灌、国道108线西昌泸沽至黄联关段、隆纳、成雅、达渝罗江至大竹段、广邻等11条高速公路。1998年,成南高速通过亚行贷款2.5亿美元。至2000年底,全省高速公路通车里程1000公里,在建高速公路500公里,居西部第一、全国第六。

"十五"期间,四川交通发展任务重,增长速度快,投资规模大。随着西部大开发战略的逐步实施,四川经济迅猛发展,单一的资金来源已严重地制约四川省高速公路的健康快速发展。2004年,四川省大力吸引社会资金投资交通基础建设,首次申报乐山至宜宾高速公路作为以BOT运作方式的试点段。2004—2005年省人民政府办公厅批转《省交通厅关于进一步加大开放力度吸引民间资金进入交通基础设施领域的实施意见和四川省高速公路建设项目实施BOT方式管理办法(试行)的通知》(川办发〔2004〕34号)及《关于同意乐宜高速公路以BOT方式公开招标确定项目法人的复函》(川办函〔2005〕60号)。为此,四川首条BOT运行项目得到批准并招商成功,总投资约60亿元,全长138公里。乐宜高速公路试点成功,标志着四川省高速公路建设开启了"双腿走路"模式,推动四川省高速公路建设进入快速发展通道,为全省推广BOT模式招商奠定了良好基础。

"十一五"期间，四川交通发展的主要任务是构建枢纽、打开通道、完善路网、支撑高地，落实构建西部综合交通枢纽的战略部署。大力引进战略投资者，鼓励和支持社会资本合资或独资建设。

2006年2月，以市级政府作为招标人进行BOT高速公路引资招标，将绵阳至遂宁高速公路分成两个标段作为试点，两家公司中标，总投资76亿元，总里程175公里。2007—2008年，按照BOT运行模式向市场推出4个项目（邛名路、内遂路、宜渝路宜宾段、宜渝路泸州段），最终4家投资公司分别中标，总投资约204亿元，总里程325公里。2009—2010年，按照省委九届四次全会的工作部署，省交通运输厅要求以BOT运行方式向市场推出12条高速公路（成绵高速公路复线、成自泸高速公路成仁段、成自泸高速公路内自段、成自泸高速公路泸州段、成安渝高速公路、遂资眉公路遂资段、遂资眉公路眉山段、南大梁、乐自高速公路、乐自高速公路乐山段、成都绕城西段、成都绕城东段）向投资人招标引资。两年时间里，12条高速公路顺利完成招标，共引进投资资金约1052亿元，总里程1304公里。

"十二五"期间，全省交通运输系统紧紧围绕构建畅通安全高效的现代综合交通运输体系为总体目标，实现基础设施由"补欠账"到"促发展"，完成投资再创新高。五年计划里，积极推广BOT运行模式，大力吸纳社会资金。2011年顺利完成6个项目（遂西路、内威荣高速公路、自隆高速公路、遂广路、巴广渝高速公路、叙古高速公路）招商，吸引投资451亿万，总里程达559公里。2012—2013年，顺利完成7条高速公路（宜叙路、成都经济环线简阳至蒲江段、宜宾至彝良高速公路、宜宾绕城高速公路、绵阳至西充高速公路、内江城市过境高速公路、攀枝花至大理高速公路）的招标引资，吸纳投资674亿元，总里程达613公里。2014年依托省委、省政府"中外知名企业四川行"活动，举办四川省高速公路BOT项目招商推介会，推出13个高速公路BOT项目，计划引资2319亿元，总里程约1679公里。最终成功招商2个项目，吸引投资161亿元，总里程149公里。

"十三五"期间，根据五年规划纲要，并与"一带一路"建设、京津冀协同发展、长江经济带发展等规划相结合。"四向拓展、全域开放"，推行经济建设交通先行，开放大交通建设。2016—2017年，通过BOT运行模式，成功招商5个项目（成都经济区环线蒲江至都江堰段、成都新机场高速公路、广安城市过境高速公路、叙永至威信高速公路、资阳至潼南高速公路四川段），吸引资金609亿元，总里程417公里。通过"BOT+政府补助"方式筹措交通建设资金，成功招商3个项目（G4216线屏山新市至金阳段、G4216线金阳至宁南段、G4216线宁南至攀枝花段），总投资886亿元，总里程451公里。通过"BOT+政府股权合作"方式筹措交通建设资金，成功招商2个项目（巴中至万源高速公路、广元至平武高速公路），总投资305亿元，总里程209公里。

回顾改革开放40年，四川交通从20世纪90年代中期第一条高速公路建成，到21世纪全球经济迅猛发展，交通建设快速发展，吸纳社会资金通过投融资筹措交通建设成为时代所需，自1995年第一条高速公路建成至今，四川省高速公路通过国际金融组织贷款约13.25亿美元，共涉及5个项目。自2004年第一条BOT公路开建至今，通过市场化特许经营方式投融资金额达4774亿元，总里程达4555公里，有效地弥补单一资金链运行困难的短板，促进四川交通从"蜀道难"到"蜀道通"再到"蜀道畅"的跨越发展。

五、科技创新成就

(一)科技创新体制改革

2014年7月1日,省交通运输厅印发了《四川省交通运输科技项目管理办法》(以下简称《办法》)等4个文件,强化了对科技项目的管理制度化、规范化。在《办法》起草过程中,省交通运输厅注重需求引导、明确主体、压缩规模、调整结构的原则,提高专项资金使用效率。一是需求引导,围绕重大工程建设的实际需求开展科技攻关,破解瓶颈技术难题;二是明确科研项目主体,即以厅公路规划勘察设计研究院、厅交通勘察设计研究院和交通职业技术学院作为行业科研主体承担单位,将科技项目向以上三院重点倾斜;三是压缩科研项目规模,从分散支持向集中支持转换,优先确保重大科技专项实施;四是合理调整研究方向和结构,在确保重大科技专项实施的前提下,加大成果推广应用和标准化研究比重。

(二)科研能力建设

四川省交通运输行业创建了五个行业重点科研基地,形成了"国家级+部级+省级"三个梯次研发基地体系,实现了在行业科研基地方面零的突破,补齐了科研基地短板,极大增强了行业科技创新核心竞争力。创建了四川省交通运输行业首个国家工程实验室(桥梁减隔振装置温江试验中心),研发并建设的大吨位空间六维加载系统填补了国内在该领域的技术空白,可为今后行业重点工程建设提供完善的技术测试评估,并被列为交通运输部2014年度科技创新重点项目。创建了四川省首批两个部级行业研发中心["公路建设与养护技术、材料及装备"研发中心和"建筑信息模型(BIM)技术应用"研发中心],代表全行业最高水平的技术研发、生产验证、成果集成与创新中心,为四川省乃至行业交通建设、应急决策、抢险救援等提供有力支撑。创建了四川省交通运输行业首个省级工程实验室(四川省路面结构材料及养护工程实验室),对公路路面结构及新材料、新工艺、新技术进行整体研发和系统验证,为提升四川省路面铺装及养护的行业技术创新能力提供了技术保障。创建了四川省交通运输行业首个法定计量检定机构(四川省交通工程检测设备计量检定站),这是全国第一家获得部、省双授权的省级行业计量检定机构,其业务范围可立足四川辐射整个西部地区,2014—2017年连续四年被部选为"部省联动交通运输产品质量监督抽查"指定检测机构。

(三)重大科技创新成果及推广应用

交通运输部科技示范工程:雅西高速公路科技示范工程创新介绍

雅西科技示范工程是交通运输部2007年批复建设的全国首批交通科技示范工程之一,2012年11月通过交通运输部验收。

1.科技创新打开山区高速公路建设另一扇门

高速公路从平坦的东部平原延伸到地质复杂的西部山区需要创新;把"蜀道难"变成"蜀道通",让百姓顺畅出行需要创新;面对长大纵坡、特长隧道、冰雪路段和12条地震断裂带,依然需要创新。经过不断探索和艰苦努力,雅西高速公路科技示范工程修建完成。

它是交通运输部科技示范工程,是四川省交通运输厅坚持科技创新战略、落实科学发展观的典范。

世界级难度的"逆天工程"四川雅西高速公路是国家高速公路网G5北京至昆明的一段,也是八条西部大通道之一甘肃兰州至云南磨憨公路在四川境内的重要组成部分。项目位于四川盆地与西部高原山区的过渡段,集中了地形陡峻、地质复杂、气候恶劣、生态脆弱、地震烈度高和不良地质及灾害多发等多种不利因素,是当时全国施工难度最大、建设管理难度最大、工程技术难度最大、自然环境最恶劣的山区高速公路之一,在全国乃至世界高速公路建设领域也具有特殊性和典型性。

40项研究破解工程难题为了保证雅西高速公路的顺利建成,推广山区高速公路建设科技成果。交通运输部2007年8月批复实施雅西高速公路科技示范工程。雅西高速公路科技示范工程着眼于提升西部山区公路修建技术和满足项目后期营运工作需要,坚持"需求引导、科学统筹、重点创新、全面推广、确保安全、实现优质",立足解决项目重大工程难题,开展了连续长大纵坡营运安全、大相岭泥巴山深埋特长隧道建设关键技术和活动断裂地区高速公路修筑关键技术等6个西部交通建设科技项目,以及特殊路基修筑技术、生态脆弱地区公路环境保护技术等5个四川交通科技项目,共32项研究专(子)题、7项推广示范应用课题,课题覆盖勘察设计、工程建设和后期营运管理全过程。

2.螺旋展线独树一帜深埋穿越复杂地质

雅西高速的一大特点,同时也是一大难点,就是其桥隧比高。其桥隧比达55%,其中大相岭泥巴山北坡荥经县境、瀑布沟库区段、拖乌山北坡石棉县境,桥隧比重均高达70%以上。为了攻克这些难题,在隧道施工中,四川交通人更是创造性地提出了双螺旋小半径隧道和深埋特长山区隧道通风新模式。

双螺旋小半径隧道破解山区高速升坡难题在拖乌山北坡栗子坪至铁寨子段为季节冰冻积雪地区,地形陡峻,走廊带狭窄,分布有铁寨子—曹古断裂及安宁河活动性断裂带,同时有滑坡、泥石流、季节性冰冻积雪、昔格达不良地质等难题。路段控制点标高由1649米爬升至2362米,高差达713米,而控制点间直线距离仅11.82千米。设计者创造性地提出螺旋隧道展线的新思路,进而进行了大螺旋、小螺旋、双反螺旋、双顺螺旋,顺反螺旋等方案的研究。最终形成了干海子隧道(长1718米)和铁寨子1号隧道(长2792米)两座双螺旋小半径曲线形隧道优选方案。采用半径600米的圆曲线以隧道形式螺旋展线的方式优化线形指标,解决了平面长度不足的矛盾,在线路上避开了铁寨子—曹古地震断裂带和栗子坪自然保护区,实现了在4千米长的"V"形峡谷范围内连续爬升450米,有效地减少了纵坡(平均纵坡2.94%)和对栗子坪自然生态保护区的干扰,提高了季节冰冻积雪地区的运营安全。

这种高速公路小半径双螺旋隧道属世界首创,不仅对西部复杂山区公路隧道设计理念有积极影响,更为山区高速公路设计、建设提供了一个成功范本。

集中攻坚突破深埋特长山区隧道修建技术泥巴山隧道是雅西高速公路的关键控制性工程,处于青藏高原和四川盆地的交汇处,气候十分恶劣,全年降水量最高达2700毫米。该隧道工程左洞长9962米,右洞长10007米,最大埋深1650米(埋深超过1000米的路段达5公里),穿越15条大断层,存在岩爆、高地应力、大变形以及涌突水等不良地质问题。隧道设4座通风斜井,最长的一座达1500米,是目前国内在建最长的隧道通风斜井之一。这些不利因素都给泥巴山隧道的施工和安全带来了极大的困难和风险。为破解工程难题,2009年9月,在四川省交通运输厅的组织领导下,集合厅公路规划勘察设计研究院、施工、监理、监测、咨询等参建单位技术力量,联合西南交大、成都理工大学、重庆大学等院校专家进行现场科技攻关。科技创新使工程顺利实施。开展了交通运输部西部科研课题"大相岭泥巴山特长深埋隧道设计施工关键技术研究""泥巴山隧道重大工程地质问题分析及病害处治技术研究",编制了《大相岭泥巴山隧道攻关指南》,对泥巴山隧道高地应力、岩爆、大变形、涌突水等重大工程地质问题进行深入分析,并针对重大工程地质问题专题研究其预报、防治技术,已有超过20余项的阶段性成果应用于泥巴山隧道设计和施工中,为隧道的设计、施工奠定坚实基础。"深埋特长高速公路隧道通风井优选程序"系统软件优化了泥巴山隧道通风井断面和设计风速;提出了地下风机房的环境控制参数;建立了隧道防灾预案和发生火灾时的各种救灾预案;提出了深埋特长隧道综合勘察技术;对泥巴山隧道岩爆和断裂涌水预测及控制技术研究,提出了隧道构造损伤分区的概念,对泥巴山隧道进行了构造损伤分区,在此基础上对隧道的围岩进行分级,对不良地质灾害进行分析评价,并提出合理的处治措施建议;建立了动态的岩爆预测的模糊综合预测模型,编制了《预判和快速处理涌突水方法》《岩爆防止施工指南》和围岩级别智能判别系统。

深埋特长隧道的科研成果,为泥巴山隧道顺利推进提供了强大的技术支持。双螺旋小半径隧道和泥巴山隧道,只是雅西高速公路在隧道施工中科技创新的一个缩影。正是四川交通人对科技创新的孜孜追求,才破解了隧道施工中的一系列难题,保证了工程的质量和安全。同时,也将青山绿水无恙的生态理念浸染雅西高速全线。

3. 依靠大智慧征服"大块头"

雅西高速公路全线桥梁270座,由于地势起伏大,加上沿线地震度高,岩层承受低,施工过程对山体的影响较大,易发生山体崩塌、滑坡等地质险情,工程难度大,而且很多关键性工程,诸如干海子特大桥、腊八斤特大桥等都是高墩大跨,是名副其实的"大块头",时刻都在考验着建设者的智慧。

干海子特大桥书写四项世界第一。随着高速公路向山区延伸,地形地质、地震烈度、施工便道等建设条件越来越复杂,桥梁规模越来越大,原适用于平原区的钢筋混凝土简支结构在陡峻的山区显得不合适。干海子特大桥位于拖乌山脉,地形地质条件复杂。该桥的原设计单位采用的是山区公路建设上常用的一种桥梁形式40米58孔简支T梁桥,但是,干海子特大桥所在地不仅海拔高,而且地震烈度高达9度,采用简支T梁,不仅耗料费力,而且抗震效果差强人意。另外,山区交通条件相对较差,施工场地狭窄,材料运输、构件架设安装十分困难,造成桥梁造价太高。这些都暴露了采用传统材料的桥梁使用的局限性和弱点。通过仔细分析、反复构思和专心设计,最终创新地设计了上部为钢管混凝土桁架梁,下部结构采用钢管混凝土格构桥墩的桥梁结构形式。全管桁钢管混凝土桥在干海子特大桥得以运用。

简支T梁桥所用的钢筋混凝土是一种脆性材料,而全管桁钢管混凝土桥所用的材料是钢管混凝土,是一种延性材料,后者的抗震性要强得多。而且在大桥的重量上后者也比前者减轻约55%。这座桥书写了四项世界第一:第一座最长全钢管混凝土桁架梁桥;第一座最高的钢管混凝土格构桥墩、组合桥墩、混合桥桥墩;同类结构中第一座每联最长的连续结构桥;第一次全面采用钢纤维钢管混凝土施工。

4.钢管混凝土组合桥墩托起第一高墩

在雅西高速公路的桥梁中,还有一座桥梁不得不提,那就是腊八斤特大桥。腊八斤特大桥要穿过高烈度地震带,爬越泥巴山,曲线纵坡大,地质情况差。设计人员在多次现场勘察,反复研究的基础上,最终,提出了左8(右7)×40米+105米+2×200米+105米+左5(右4)×40米预应力混凝土连续刚构主桥+简支T形梁引桥设计方案,其中10号桥墩高182.64米,是同类桥梁"世界第一高墩",等于近60层楼高。腊八斤特大桥高墩所采用的"钢管混凝土组合柱"结构在桥梁建设上是第一次。"钢管混凝土组合柱"就是先在桥墩四角安装四根钢管柱,钢管柱内浇筑混凝土,再用钢筋混凝土将四根钢管柱包围,并用钢筋混凝土板连接,形成空心箱结构。一层完成之后,再向上进行第二层,整个桥墩一共有16层。此外,钢管柱内采用了目前最高等级的C80混凝土,强度为普通混凝土的4~6倍。而这种新型的技术也让桥的自重减少了33%左右。设计团队将钢管混凝土桥梁设计、施工技术创新应用到实际中,一举解决了腊八斤特大桥所面临的难题。"世界第一高墩"向世人展示了四川交通人敢为天下先的智慧与胆识。同时,为提高桥梁各部位防裂性能,提高桥梁品质,雅西高速还组织开展了高性能混凝土制备技术研究。通过采用新材料、新技术进一步提升了质量控制水平,提高了混凝土的使用性能和寿命,具有明显的节能减排效应,被广泛应用于雅西高速公路桥梁工程实际中,该项成果荣获2010年度四川省科技进步一等奖。

六、对外开放成就

(一)国际合作交流

1.1978—1989年:对外交流合作以劳务承包为主

1978年后,四川省交通厅公路设计院对外技术交流与合作不断扩大和加强,形式由单一的经济援助发展到项目承包、劳务输出和考察访问、出国培训等。先后参与了尼泊尔、也门、埃及、伊拉克、科特迪瓦等国各种类型的工程承包和劳务输出共20个项目。这些工程均以良好的质量和信誉赢得了所在国的赞赏。1986年,在南也门马木公路水毁修复工程中承建的金吉巴尔大桥工程项目,获南也门阿比洋省奖状;1987年完成的南也门洼地巴那大桥钻探与施工项目,以先进的结构和施工工艺受到了南也门主席阿塔斯的高度赞扬。这些援外活动锻炼了队伍,开阔了视野,积累了经验,并为国家援外事业做出了贡献。

随着我国改革开放的不断深化,国民经济的快速发展,国内掀起了高等级公路特别是高速公路建设的热潮。为了学习和掌握国外的高等级公路先进设计和施工技术,该院对外交流开始面向发达国家。1986年,派出1人考察了美国高速公路;此后至1989年,又派出5人次,赴美国、英国、法国、意大利、联邦德国(德国)进行考察访问、工程咨询和技术培训,旨在学习先进管理经验和工程技术,更新观念,提高设计水平。

2.1990—2012年:对外交流合作形式多样化

随着国内高速公路建设迅猛发展,厅公路设计院对外交流与合作活动日趋频繁,范围扩大,人员增多,层次也有所提高。据统计,在1990—2002年,全院派出50批400多人次赴欧美等10几个国家和地区进行学习、考察、访问和培训。其中,仅2000年至2002年的两年多就派出20批73人次,分赴美国、欧洲多国、南非等国家和我国台湾地区进行学习、考察、学术交流、业务培训、工程咨询及援外项目的现场勘察等。2001年9月,杨稚华等3人参加在法国巴黎召开的"第三届国际拱桥大会",并代表该院作了万县长江大桥设计施工情况的专题介绍,引起了世界各国与会专家、学者的强烈反响和高度评价。此外,该院受外经贸部的委托,还承担了多项尼泊尔的工程,其中色迪河大桥的设计从1992年即开始考察,1998年完成施工图设计,2001年完成地面裂缝的考察处治工作。该院还与美国著名的林同炎工程咨询公司进行合作,于2001年联合参与深港跨海大桥设计招标,中标设计监理,并联合完成了广西凌铁大桥的设计,2003年合作开展了南宁大桥前期方案设计。2004年,选派2名技术人员赴尼泊尔,参加援尼泊尔沙拉公路项目设计监理工作。2005年,根据交通部领导"打造中国式黄石公园旅游公路"的指示精神,该院派专人随厅考察组考察了美国黄石国家公园道路,学习借鉴其道路设计、建设、管理的先进理念。2005—2006年,分别选派10名技术人员赴澳大利亚旷达公司、新西兰旷达公司进行软件应用培训。2006年,该院与英国百泰公司签订人才培养协议,选派2名技术人员赴英国百泰公司进行为期一年的技术培训。2007—2012年,共选派50名技术人员赴欧洲考察公路测试技术与施工管理、赴美国考察公路规划、建设管理及投融资等先进经验。

3.2013—2018年:对外交流合作不断深化

近5年来,厅公路设计院以桥梁专业为龙头加强对外学术技术交流,加大先进技术与设备引进力度,设计咨询业务初步走出国门。

2013年、2015年、2017年,分别选派1名技术人员参加了在美国举办的第十届、第十二届、第十四届中美桥梁技术交流会。2014年,承办了在成都召开的第十一届中美桥梁技术交流会,由中国交通运输部专家委员会(MOT)和美国联邦公路署(FHWA)主办,省交通运输厅公路设计院和中交公路规划设计院有限公司承办。

同时,该院根据需要加强了送外技术培训,2015年选派4人赴美国,参加BIM(建筑信息模型)技术、排水沥青路面建设和养护技术和公路建设抗震技术培训,选派1人参加第五届国际岩土安全与风险研讨会;2016年选派2人分别赴英国参加交通运输信用评价方法与监督应用培训,赴美国参加BIM技术培训;2017年选派2人分别赴英国参加交通运输数据开放共享政策与技术培训,赴日本参加公路钢结构桥梁设计、建造技术及应用培训。

先进设备的引进应用也同步加强。2015年10月,该院选派4名技术人员赴美国,对六自由度大吨位伺服协调加载系统向美国MTS系统公司采购的机电设备进行出厂预验收和人员培训,并与美国明尼苏达大学、纽约州立大学布法罗分校、伊利诺伊大学香槟分校以及加州大学圣迭戈分校的结构工程实验室同行进行技术交流。

(二)企业"走出去"

按照省交投集团"走出去"战略部署和公司十三五规划,四川省成渝公司坚持开放合作原则,积极实施走出去战略。在积极了解海外市场的基础上,公司"走出去"战略还在以下几方面取得进展:

一是境外平台搭建完成。公司组建了成渝香港平台公司,补充了团队人才,逐步熟悉了海外投资政策和流程,积极接洽各类国际投行、贸促会,目前已在埃塞俄比亚、马来西亚等地建立项目讯息来源,跟踪研究了莫斯科北京饭店、埃塞俄比亚高速、坦桑尼亚高速、印尼高速、印尼煤层气、新加坡海水淡化及发电、德国LED公司股权投资等项目,储备了项目资源。

二是境外投资团队逐步成熟。参与欧洲Q-Park项目报价,公司资本运作首次迈出国门,虽然最终没有成功,但锻炼了投研团队,积累了运作经验。

三是"走出去"资金保障工作持续有序推进。公司充分利用A+H股平台优势,密切关注境外市场人民币和海外直接融资成本走势,充分利用全口径管理模式下的跨境融资规模,持续保持低成本和多渠道的融资优势,为公司发展筹措了更多更优良的资金。自2012年起,公司从中国银行东京、新加坡分行,中国建设银行香港、东京分行,交通银行香港分行,中国台湾国泰世华商业银行,中国工商银行多哈分行,中国农业银行新加坡分行等累计获取借款45.83亿元,较同期央行贷款基准利率下浮至少10%以上。其中,2012年3月21日,与中国银行东京分行签订的3.6亿元一年期限的境外人民币借款协议,综合成本为5.38%,较同期央行贷款基准利率(6.56%)下浮18%,该笔贷款为成渝公司乃至四川省第一笔境外人民币借款,在降低了公司融资成本同时,为公司打开了境外债券融资的大门,标志着我省外商投资企业举借人民币外债的渠道已经由境外股东扩大至境外金融机构,为省内企业利用境外资金起到了很好的示范作用。同时,公司稳步推进国际信用评级工作,积极与银行机构洽谈,做好海外发债准备工作,持续推进走出去资金保障工作。

七、党的建设和精神文明建设

(一)机关党建

改革开放40年来,在党中央、交通运输部党组、四川省委省政府和省直工委的坚强领导下,四川省交通运输厅党组落实管党治党责任、推进全面从严治党,持续加强党的政治建设、思想建设、组织建设、作风建设和党风廉政建设。

1.思想政治建设

一是强化政治学习。厅党组坚持以中央、省委历次全会精神为引领,按照省委、省直工委部署,突出学习重点,深入开展了以"讲学习、讲政治、讲正气"党性党风教育、保持共产党员先进性教育活动、学习实践科学发展观活动、党的群众路线教育实践活动、"中国梦"专题教育、"三严三实"专题教育、"两学一做"学习教育等专题教育活动,始终与党中央保持高度一致。二是加强学习型党组织建设。认真落实厅党组中心组、处级干部集中学习和党员干部学习等制度,制订厅党组加强和改进中心组学习实施意见、中心组年度学习计划,采取集体研讨、个人自学、专家辅导、专题教育、集中培训等多种形式,有效开展理论学习,厅党组多次获省直工委中心组学习先进单位。创办"四季悦读",开办"四季讲坛",开通"四季悦读俱乐部"微信公众号,在省、市两级机关产生良好反响,打造"四季"品牌,建设书香交通迈出重要步伐。三是严肃党内政治生活。全面开展"四好"领导班子创建活动,明确厅领导联系指导市州、联系帮扶困难群众和党建联系点制度,从严落实领导干部双重组织生活制度。严格落实领导班子民主生活会制度,积极开展整改落实。

2.党建责任落实

研究制定《基层党建工作专项述职实施办法》《厅党组关于贯彻落实全面从严治党要求的实施意见》《厅党组关于印发〈四川省交通运输厅直属单位党风廉政建设政风行风建设纪

检监察工作综合考核办法(试行)〉的通知》《厅党组关于印发〈关于落实党风廉政建设主体责任的实施意见(试行)〉的通知》《厅党组关于印发〈四川省交通运输厅直属单位领导班子开展"四好"活动实施办法(修订)〉的通知》等制度规范。落实述职评议考核制度,每年开展对厅直单位党建、四好活动、党风廉政建设的集中考核,传导从严治党压力和责任。

3. 基层组织建设

一是夯实基层组织。健全完善党的基层组织,及时成立党委、总支(支部),对部分厅直单位党委委员进行增补完善。组织召开厅直机关第九次党代会,完成厅直机关第九届党委、纪委换届选举工作。落实换届提醒制度,厅直系统严格按照《条例》和《实施细则》,全面开展了换届选举,截至2018年7月,厅直系统共有党委25个、总支19个、支部394个。二是严格党员发展。建立《发展党员工作制度和程序》等制度,做好新党员发展工作。截至2018年7月,厅直系统共有党员4599人。三是加强教育管理。2014年成立中共交通运输厅党校(省直机关党校交通运输分校),每年举办党务干部、入党积极分子培训班、县处级干部读书班等各类培训班。抓好党员组织关系排查、党费收缴、"三会一课"、党员档案管理、党代表和党员违纪违法处理、规范党支部设置等基层党建工作,完成"交通运输行业电子党务管理系统"验收。切实推进党务公开,在厅内部局域网开设专栏。厅直机关党委多次被省直机关工委表彰为"先进基层党组织"。四是扎实开展"创先争优"活动,党组织活力不断增强。全力参与5·12汶川特大地震、雅安芦山地震、九寨沟地震的抗震救灾工作,厅党组和厅公路局、厅运管局等厅直单位党委被省委省政府评为抗震救灾先进基层党组织,多名同志被评为优秀共产党员。

4. 巡视整改工作

厅党组高度重视,积极支持配合上级开展巡视工作,认真开展中央、省委巡视反馈意见整改、党的群众路线教育实践活动整改、"三严三实"专题教育整改等专项整改及回头看工作,及时研究制订《立行立改十项措施》等专项措施,在进一步落实党风廉政建设"两个责任"、规范干部选任工作程序、规范交通重点项目招投标投诉处理、规范厅属企业和企业化管理事业单位薪酬制度、完善厅属单位预算管理制度、加强厅属单位国有资产监督管理、严格执行财务报销制度、严格公务用车管理、严格执行国内公务接待制度、加强对厅直属单位专项审计等方面出台了一系列整改措施,督促抓好整改落实,取得良好成效,受到中共四川省委常委、省纪委书记王雁飞批示肯定。

5. 党风廉政建设

厅党组以落实"两个责任"为核心,不断推进党风廉政建设和反腐败斗争。加强组织领导,始终把党风廉政建设摆在重要位置谋划部署,每年召开党风廉政建设工作会,层层签订责任书,印发《党风廉政建设责任分工表》,对厅直单位党组织书记进行集体约谈。认真落实党风廉政建设厅党组主体责任和派驻纪检组监督责任,形成厅党组、驻厅纪检组、厅直机关党委(纪委)"三驾马车"抓党风廉政建设的工作格局。严格落实中央八项规定和省委省政府事项规定,制定印发《厅党组关于改进工作作风、密切联系群众的实施意见》《厅党组贯彻落实中央八项规定和省委省政府十项规定的实施细则》,扎实推进作风建设。积极推进政风行风工作。推出"出行服务改善、执法形象提升、农村公路惠民、交通运输便民、政务窗口提质"五大行动,按月进行百分制考核排名,按月进行全省通报,按季度通报各市(州)、县(市、区)党政

"一把手"指示批示。有关省领导及交通运输部有关司局、省直有关单位对"五大行动"充分肯定,地方党委政府对"五大行动"高度重视,推动了中心工作,提升了行业形象,增强了行业合力。

6.定点帮扶和驻村帮扶工作

交通运输厅联系指导乐山市金口河区和沐川县,参与联系指导阿坝州理县薛城镇甲米村、乐山市沐川县建和乡庙坪村、阿坝州越西县瓦普莫乡依呷村、江油市九岭镇扎营村干部驻村帮扶工作。成立以厅党组书记、厅长任组长的厅精准扶贫帮扶工作领导小组。厅党组多次专题研究定点扶贫和驻村帮扶工作,厅领导、厅机关有关处室、厅直有关单位负责人多次到联系区(县),深入各联系村开展调查研究。研究制订《四川省交通运输厅关于做好联系指导片区贫困县精准扶贫工作的实施意见》,先后印发《定点帮扶金口河区工作方案》《帮扶越西县工作方案》《定点帮扶沐川县工作方案》等年度交通精准扶贫专项攻坚方案和年度驻村帮扶工作计划。沐川县被省委省政府评为摘帽工作先进县,金口河区2017年脱贫成效考核综合评价为好,交通建设扶贫专项获评8个"优秀"扶贫专项之一,交通运输厅定点扶贫工作年度考核结果为"好"。

7.统战工作

积极支持各民主党派和无党派人士工作,健全完善联谊沟通、联席会议、考察调研、民主监督等制度,给予必要工作经费和工作条件保障,并加大党外干部培养教育和使用力度,确保发挥各民主党派和无党派人士的重要作用。2014年,研究制订《厅党组关于进一步加强民主党派和无党派人士工作的通知》。多次召开民主党派及无党派人士迎新座谈会,通报全省交通运输工作情况。

8.群团工作

抓好团员青年思想政治教育,开展"两学一做"等学习教育。落实《四川省交通运输系统青年文明号管理办法(试行)》,深化青年文明号创建和青年志愿者服务工作,深入开展青年文明号评选工作。组织开展"五四"纪念、青年联谊、团干培训、"青春扶贫行动""全民健身""工会联谊、巾帼文明岗""三八红旗手""三八红旗集体"创建、"树清廉家风·创最美家庭"、城乡环境"进机关"等活动。切实加强工会和妇委会工作,完成厅机关工会和妇委会换届改选,组织开展丰富多彩的文化和全民健身活动,积极开展送温暖等活动。

(二)精神文明建设

改革开放40年来,在交通运输部、省委省政府的坚强领导下,四川交通运输系统始终坚持"两手抓、两手都要硬",持续加强社会主义精神文明建设。

1.常抓思想政治教育不懈怠

将思想政治教育放在精神文明建设的首位,强调与时俱进,坚持常抓不懈。并广泛开展群众性宣讲活动,推动各个阶段思想政治教育的重大主题进机关、进企业、进基层,使思想政治教育工作真正落地落实,见到实效。在党的十九大胜利召开后,全省交通运输系统深入学习习近平新时代中国特色社会主义思想和党的十九大精神,深入学习习近平总书记对交通运输工作系列重要指示,深入学习习近平新时代中国特色社会主义思想,做到天天学、日日见,作为四川交通运输工作的根本遵循。同时,坚持用党的创新理论武装头脑、指导行业,切实增强"四个意识",引导干部职工自觉维护习近平总书记党中央的核心、全党的核心地位,维护党中央权威和集中统一领导。

2. 紧抓核心价值践行不脱节

一是紧跟交通运输部统一部署,把"社会主义核心价值观主题实践教育月"活动作为四川交通运输行业"爱岗敬业明礼诚信"社会主义核心价值观主题实践的重要载体,周密部署,广泛动员,形成声势。二是深入践行"一不怕苦、二不怕死,顽强拼搏,甘当路石,军民一家、民族团结"的"两路"精神,推动弘扬"两路"精神常态化。召开传承弘扬"两路"精神修筑川藏公路亲历者、见证者及遗亲属代表座谈,通过重温"两路"故事、回顾行业历史、组织志愿活动、基层宣讲、网上巡展等方式,学习宣传"两路"精神和新时代交通精神。把传承弘扬"两路"精神落实到交通重大项目建设、脱贫攻坚及"四好农村路"建设等工作中,用"两路"精神提振士气、凝聚力量。三是用好行业传统媒体和新兴媒体,在客运场站、港口码头、高速公路服务区等重点区域的公益宣传平台,积极展播公益广告,引导广大群众积极参与"讲文明树新风""文明交通绿色出行""安全出行你我他""信用交通全民共建"等活动。

3. 稳抓行业文明创建不动摇

充分发挥精神文明建设工作对推动行业发展和提高服务水平的引领保障作用,把申创文明单位作为系统工程,主动深入创建单位,以座谈、专题研究、实地调研等形式确保文明创建落实到位,确保创建标准涉及的工作汇报、实地考察、文件资料、测评测试等内容和程序保质保量完成。在确保申创单位完成规定动作的同时,结合交通实际创新开展创建自选动作,真正把申创工作落实到日常工作各环节。成功申报全国文明单位4家,分别是厅航务管理局、四川交通职业技术学院、厅公路规划勘察设计研究院、厅交通勘察设计研究院;成功申报全国交通运输行业文明单位9家,分别是成都市交委、乐山市交委、泸州市交通运输局、资阳市交通运输局、甘孜州交通运输局、厅公路局、厅运管局、厅高速公路执法第三支队、四川交通宣传中心;成功申报省级文明单位6家,分别是厅机关、厅公路局、厅运管局、厅高管局、厅史志总编室和四川兴蜀公路建设发展有限责任公司。

4. 巧抓文化建设示范不落伍

深入实施文化建设"十百千"工程,深入推进行业文化典型培育,不断丰富行业文化活动载体,打造优秀文化作品,扩大文化品牌效应。积极培育和发展各具特色的公路文化、道路运输文化、站所文化和机关文化等,以点带面,全面推进,把加强文化建设作为一项基础性工作抓紧抓好。积极推进"职工书屋"建设,加强场地建设,加大经费投入,完善设施配备,充实人员力量,真正把"职工书屋"打造成内聚人气、外树形象的行业文化建设新品牌。

5. 狠抓宣传舆论引导不松劲

强化正面宣传、突出舆论引导,统筹行业和社会媒体各方力量,将外宣与内宣拧成一股绳、发出一种劲,为四川交通持续健康发展营造良好氛围。2017年,四川交通宣传工作掀起高潮。从中央媒体看,2017年《人民日报》先后14次报道四川交通工作(其中头版头条2次),中央电视台《新闻联播》11次报道,《中国交通报》头版56次报道;从省内主流媒体看,《四川日报》头版48次报道,《四川新闻》先后播报120余次。系列报道推出后,传递了行业正能量,展示了交通运输良好形象,受到省委、省政府主要领导和分管领导的充分肯定,在群众中引起强烈反响,增强了上下各方进一步关心支持和参与我省交通建设的信心和决心,综合效益非常明显。

(三)行业先进典型培树

改革开放40年来,四川交通运输系统高度重视先进典型培树工作,持续挖掘行业先进典型亮点,提炼四川交通精神,以先进典型鼓舞士气,以个体细胞带动行业进步,以行业正能量赢得社会广泛尊重。

1.陈德华先进事迹广泛传扬。

20世纪90年代至21世纪初,以陈德华同志为代表的四川交通人谱写了艰苦奋斗、甘当路石的壮丽史诗。陈德华同志在海拔近5000米、有"生命禁区"之称的雀儿山五道班,坚守战斗了20多年,为保障川藏公路北线的畅通做出了重要贡献。雀儿山五道班的先进事迹在全国各地、行业内外广泛传扬。陈德华同志多次受到表彰,荣获"全国交通战线劳动模范""全国优秀共产党员""四川省第五届'十大杰出青年'""全国劳动模范"等称号,其坚守奉献的精神影响了一代又一代的交通人。

2.行业先进典型持续涌现。

党的十八大以来,四川交通运输系统持续涌现了李伟同志,王川、李志强英雄群体,沙国清同志、牟廷敏同志等先进典型,在行业内外营造了艰苦奋斗、实干兴邦的良好氛围,影响力持续扩大。

(1)李伟同志先进事迹。原厅高速公路交通执法第六支队党委书记、支队长李伟同志为了党的事业鞠躬尽瘁,为了群众利益舍生忘死,为了职工幸福无私奉献,用自己的一生书写了共产党人的不朽篇章。其"把最后时光留给工作,用生命感动交通"的故事,激励着广大交通干部职工砥砺前行、继续奋进。2015年4月,李伟同志被交通运输部评为"2014年感动交通十大年度人物";6月底,四川省委追授李伟同志为四川省践行"三严三实"优秀党员领导干部。

(2)王川、李志强英雄群体。原乐山市公路管理局局长王川、原马边彝族自治县交通运输局副局长(厅公路局下派干部)李志强等7位同志为了小凉山扶贫攻坚,不畏艰险、迎难而上,用生命践行了无私奉献这一时代主旋律。2016年,王川、李志强英雄群体被交通运输部表彰为"感动交通特别致敬人物",被省委省政府授予四川省先进个人、四川省优秀共产党员等荣誉称号。

(3)沙国清同志先进事迹。凉山彝族自治州盐源县地方海事处沙国清同志在8年的工作中,用自己的实际行动诠释了一名普通干部为人民服务的宗旨,在平凡岗位上谱写出一曲曲为民服务的华章。沙国清同志于2016年4月,被交通运输部表彰为"2015年感动交通十大年度人物"。

(4)牟廷敏同志先进事迹。我国钢管混凝土桥梁领域的领军人物之一,全国五一劳动奖章、首届"四川杰出人才奖"获得者牟廷敏同志,从事桥梁勘察设计工作近30年来,带领团队攻坚克难,创造性地提出了桥梁建设的新材料、新结构、新方法和新工艺,开创性地设计并建成了世界第一座全钢管混凝土桁梁桥——雅西高速公路干海子大桥等一系列世界级桥梁工程。牵头攻克了现代桥梁建设面临高地震烈度、高海拔、高寒和地形地质特别复杂等一系列世界性技术难题,主编了国家标准《钢管混凝土拱桥技术规范》等标准,填补了行业空白,科研成果的广泛推广应用。牟廷敏同志于2017年4月被交通运输部评为"2016年感动交通年度人物",于2018年4月被交通运输部评为"2017年感动交通十大年度人物"。

(5)张磊烈士。2013年5月1日,四川省总工会做出决定,追授在四川省"4·20"芦山7.0级强烈地震交通抗震救灾工作道路抢通工作中牺牲的四川路桥集团职工张磊同志"四川省五一劳动奖章"荣誉称号。5月2日,四川省人民政府评定张磊同志为烈士。

为开创多彩贵州提供强有力的交通运输保障

贵州省交通运输厅

一、综述

贵州地处云贵高原东麓,境内山高谷深,沟壑纵横,山地占全省总面积的87%,自古有"八山一水一分田"之说。从楚庄蹻入滇和夜郎泛舟牂牁江直抵番禺城下,至秦开"五尺道"、汉通"西南夷"以来,贵州交通发展已历2000余年,千百年来贵州的每一次开发都与交通发展有着密切的联系。可以说,一部贵州的疆域开发史、经济发展史,就是一部贵州交通变革史。特殊的地形地貌决定了贵州交通发展的复杂性和艰巨性,历史上的仁人志士不屈不挠奋斗与开拓,没有从根本上改变贵州封闭、半封闭的交通状况。到中华人民共和国成立之时,贵州能够通车的公路里程仅有1950公里,落后的交通严重影响贵州与其他省区的交流和沟通,制约着贵州经济社会的发展。

中共十一届三中全会明确了解放思想、实事求是的思想路线,做出了改革开放的战略决策,给贵州交通发展注入了强大的动力,在贵州省委、省政府的正确领导和交通运输部的大力支持下,经过全省上下40年的艰苦努力,贵州道路交通实现了重大突破。

改革开放以来,贵州交通经历了指导思想、发展方式的不断调整、丰富和完善;感受了生产力水平和科学技术进步带来的强大动力;体会了交通发展对经济社会进步做出的巨大贡献;跨过了改革开放过程中的困难和阵痛;走上了快速协调可持续发展的科学发展道路;肩负着并为之奋斗的建设交通强国新的历史使命。按照不同历史时期的发展特点和发展成效,贵州交通分为五个时期。

(一)运输业开始向市场化方向发展,全社会办交通的局面开始形成(1978—1985年)

1978年前,贵州省公路营运车辆基本都属国有交通运输企业,承担社会物质的营业性运输,经营管理体制高度集中。非营运性车辆虽然数量较大,但所属单位较多,主要用于自有物资的运输,全省民用车辆总数为34692辆,其中,公路运输部门拥有各类营运车辆5116辆。人民群众"乘车难""出行难"问题十分突出。为此,贵州交通部门正确面对困难,特别是改革开放后农业生产生活和农产品量的大幅增长,带来了更加严重的运力紧缺矛盾,交通系统大胆对运输市场和运输管理体制进行改革,有效缓解了这一问题。这个时期的公路、水路交通基础设施建设受资金紧缺等因素的影响,总体发展情况还不尽如人意,但以赤水河大桥、榕江大桥、鲤鱼塘转体桥、惠水卧龙大桥、剑河大桥等桥梁的竣工通车为代表,标志着交通基础设施建设开始逐步加快。贵州结合国家库存粮、棉、布补助,采取"民办公助""以工代赈"等办法加快建设县、乡公路的政策,贵州省农村公路建设迎来了新一轮发展。与此同时,高等级公路建设提上议事日程,省政府成立了以分管副省长为指挥长的公路重点工程建设指挥部,贵阳至黄果树、贵阳至花溪、大方至纳溪高等级公路前期工作开始启动,省、地、县共办交通的局面开始形成。

(二)高等级公路建设开始启动,干线公路保畅取得积极进展,行业体制改革迈出新的步伐(1986—1997年)

1986年8月15日,贵阳至黄果树汽车专用公路的开工建设,拉开了贵州高等级公路建设的帷幕,标志着贵州交通发展一个新的时期的来临,在随后的几年里,贵州省委、省政府出台了《省人民政府关于贵阳至黄果树等重点公路工程项目征地及拆迁补偿的通知》等一批文件,解决公路建设征地拆迁中存在的问题,采取"自家娃娃自家抱走"的办法,加快征拆进度。并明确从省级财政拿出一定的资金支持交通加快建设,全省高等级公路建设开始起步。与此同时,"以工代赈""民工建勤""民办公助"建设县、乡公路进入较快发展时期,县乡公路通行条件得到较大改观。同期,贵州内河通行能力得到较大改善。

1987年,贵州基础设施建设全面推进,交通建设成为当时经济社会发展的一大亮点。贵州省在建设资金严重不足的情况下,相继开工建设了贵阳至遵义、贵阳东出口、贵阳东北绕城线等高等级公路,制定了"一横一纵四联线"公路骨架路网规划,加快高等级公路建设的指导思想开始明确,高等级公路建设的一系列配套措施和办法规定开始制定完善。

1986年至1997年间,贵州行业管理和体制改革涉及公路建设、运输管理、水运建设、征费稽查、管理体制等方面,行业体制改革迈出新的步伐。

(三)基础设施建设提速(1998—2001年)

1998年,国家开始实施西部大开发战略,给贵州这样一个欠发达、欠开发的西部内陆山区省份带来了难得的发展机遇,国家有关部委在政策上、资金上向西部地区倾斜,交通部加大了对贵州的帮扶力度,贵州省委、省政府提出坚持把以公路为重点的交通基础设施建设摆在经济社会发展的当务之急和重中之重,银行等金融组织积极支持交通建设,前几年的发展给贵州交通积累了一定的发展经验和人员、队伍、设备等储备,全省交通由此揭开了新的发展篇章。

1998—2000年,贵州省委、省政府指出:要加强以公路为重点的交通建设,从战略眼光出发,下更大的决心,以更大的投入,先行建设,适当超前,集中力量解决基础设施落后这个主要矛盾。

从这个时期开始,贵州的重点公路建设速度全面加快。高等级公路建设充分利用"贷款修路、收费还贷、滚动发展"政策加快建设步伐,国家补助资金和省财政投入资金使用效益得到极大发挥,一批高速、高等级公路开工建设。同期提出了构建"二横二纵四联线"高等级公路骨架体系的发展目标,为加快高速、高等级公路建设,明确了发展目标和方向。

这一时期,贵州的公路路网改造和农村公路建设也开始提速。从2000年和2001年的每年3000公里县乡公路改造工程,到随后几年提高到每年5000公里,公路路网改造成为当时除重点公路建设以外的另一个建设重点,省委、省政府每年均把县乡公路改造工程纳入当年承诺要办的"十件实事",在政策、资金上给予大力支持,公路通行能力得到了很大程度的提高。

水运工程建设加快发展进程。对乌江的大乌江至龚滩264公里航道按五级航道标准进行了系统整治,兴建了一批港口码头及配套设施,贵州北入长江的水路主通道通行能力和条件得到较大改善。开工建设了重点水运交通建设项目——西南水运出海通道中线起步工程(贵州段)。

（四）用科学发展观统领交通各项工作,和谐交通建设取得显著成效(2002—2010年)

2002年,党的十六大提出了科学发展观的发展理念,确立了加快小康社会和社会主义和谐社会的发展目标,给贵州交通工作指明了前进的方向;国家决定继续实施西部大开发战略,给贵州交通工作增添了强大动力,全省交通工作迎来了千载难逢的黄金发展期。这个时期成为有史以来贵州交通建设投资最多、规模最大、效益最高、质量最好、速度最快的一个时期。

基础设施建设全面发展,成效显著。重点公路、公路改造和农村公路建设齐头并进。至2010年底,全省公路总里程达14.98万公里,公路通行条件显著改善,干支结合、四通八达的公路网基本形成。

在交通部的大力支持下,启动并实施了通县油路工程和西部县际油路工程,围绕重要城镇、工矿区、旅游区、出口路,实施了二级公路建设工程,加大了公路路网改造力度,累计改造公路10602多公里,其中开工建设二级公路1925公里,全省所有县市均通了沥青路或水泥路,国省道路面铺装率达到92.73%,公路路网服务水平大幅提高,"贵州到,汽车跳"的历史从此一去不再复返。

为认真落实国家有关"三农"问题的决策部署,积极支持社会主义新农村建设,贵州启动了有史以来规模最大的农村公路通达通畅建设工程,全省共投入建设资金144.1亿元,建成通乡油路152公里,建成通村道路72180公里,新增9个乡通公路、450个乡通油路和8800个行政村通机动车,启动了通村油路试点工程,实现了乡乡通公路、76.4%的乡镇通油路和73.9%的建制村通公路,农村群众生产出行条件得到大幅改善,农村公路建设成为全省交通发展的一个亮点,成为农民群众拥护欢迎的民心工程和德政工程。

公路枢纽和农村客站建设工程全面开建。按照交通部的统一规划,贵阳公路主枢纽和各市(州、地)的公路枢纽项目开工建设并基本建成投入使用。在继续加大对县级以上汽车站场建设和改造力度的基础上,启动了农村客运站场建设工程,开工建设了农村客运站场448个,建成农村客运站400个,部分农村公路还建设了方便沿线群众乘车的汽车招呼站,全省实现了所有的县(市、区)、部分乡镇和重要的旅游景区均有等级客运站,到2010年底,全省共有等级客运站870个,为促进城乡客运一体化创造了条件。

水路出省主通道基本形成。南北盘江、红水河航道整治工程和赤水河航运建设工程完工,至此,贵州省北入长江、南下珠江的三条出省水运主通道全部打通。结合"西电东送"库区增多,水域面积增大的实际,加快库区水运基础设施建设。共整治内河航道514.5公里,新增通航里程1310公里,其中新增五级航道413.9公里,建成港口10个、泊位25个,新增港口货物吞吐能力562万吨、客运吞吐能力250万人次。2010年,全省内河通航里程达到3563公里,等级航道达2301公里,其中四级航道270公里。实施了渡口改造和渡口改桥梁工程,共完成渡口改造项目460个,渡口改人行桥项目11个。

随着基础设施建设力度的不断加大,运输业市场化、制度化、规范化建设的不断推进,运输企业生产能力大幅提高,中高档车辆和适航船舶数量增多,道路干线班车基本达到中级以上,市州地所在地到贵阳的班车基本达到高一级以上,车船类型种类更趋舒适、安全、合理,规模化、集约化、专业化、网络化发展方向成为运输企业发展的主流,传统货运业不断朝现代物流业方向转变提升。

2002—2010年,交通运输业发展以整顿、完善、提高为重点,以满足人民群众由"走得了"向"走得安全、走得便捷、走得舒适"为目标。全省交通运输在2001年清理整顿取得的成果基础上,继续加大了道路运输秩序清理整顿工作,对无证经营的黑车,以及交通行业的行政收费和基金以及汽车客、货运站收费项目、收费标准进行了全面清理。对汽车客运站按照开放式经营、封闭式管理的要求,加强了行业管理工作,规范了经营行为。整顿、规范了汽车维修市场,对危险品货物运输进行了专项整治,道路运输市场秩序进一步好转。采用服务质量招投标的办法确定客运班线经营权得到了社会好评,通过道路运政信息系统和运输公众信息服务网络传递和发布道路运输信息得到了社会的欢迎,采取有效措施推进农村客运网络化建设得到了农村群众的拥护,建立健全行业管理制度和规定,整顿了秩序,强化了管理,提高了效率。

(五)改革创新并举,积极推进绿色交通,为开创多彩贵州提供强有力的交通运输保障(2011—2017年)

2011年,在宏观环境复杂严峻、改革发展稳定任务十分繁重的情况下,把"抓投资、快建设、破瓶颈"作为交通运输的主要任务,千方百计争取各方面支持,再掀交通建设新高潮。全省公路总里程达到157820公里,公路密度达到89.6公里/百平方公里。2012年,贵州省通过BOT+EPC、BOT+EPC+政府补助等模式,招商引资项目8个600公里,总投资609亿元;利用短融、信托、工程保理、保险基金等,争取银行贷款416.5亿元,达成银行贷款协议资金272.5亿元,协调省外银行贷款取得新成果。与中交集团签署了战略合作协议,协议投资达1000亿元,为今后一个时期拓宽合作领域、提高合作水平、构建一体化交通发展格局奠定了基础。

2013—2017年,贵州省坚持交通优先发展,投资融资实现历史性突破。累计完成公路水路固定资产投资6448亿元,年均增长21.9%,是1978—2012年的35年间完成投资的2.8倍,公路水路投资连年刷新纪录,保持全国前列。其中2016年位列全国第一,实现历史性突破,为拉动全省经济社会发展做出了重要贡献。组建贵州交通产业发展基金,脱贫基金高速公路子基金运作加快推进,引入社保基金、人保资金、社会资本、地方政策性融资等投入交通基础设施建设,多元化筹集到位资金7117亿元,创历史最好水平。贵州通过PPP等模式吸引社会资本投资贵州省高速公路项目45个、3271公里,总投资4148亿元,约占全省高速公路建设总规模的五分之二,纳入国家第三批PPP示范项目数量位居全国前列,"贵州PPP模式"成为全国PPP新样本。普通公路在全国率先采取"建养一体化"模式,共实施项目2.18万公里、总投资419亿元,被国务院办公厅及国家发改委、财政部等写入规范性文件在全国复制推广。

此间,贵州交通坚持推进会战攻坚,交通建设实现历史性突破。全面推进"三会战两决战一攻坚一行动",累计建设高速公路项目69个、5764公里,建成43条(段)3198公里,是1986—2012年的27年间建成总里程的1.2倍,建成和在建高速公路里程超过8000公里,2015年成为西部地区第1个、全国第9个县县通高速公路的省份,2016年启动了高速公路建设通车总里程1万公里攻坚决战。2013年修编国省道规划,总里程达2.68万公里,累计新开工普通国省道改扩建项目228个、6835公里,建成4459公里,建设规模创历史新高,普通国道二级及以上公路比例达64%,普通省道三级及以上公路比例达36%。累计实施农村公路改造11.4万公里,是历史上建设里程最多的时期,2017年实现建制村通畅率、通客运率达100%,较2012年分别提升了56.5、41.9个百分点,成为西部第1个、全国第14个实现建制村通畅的省份、第10个实现村村通客运的省份,提前三年完成交通运输兜底性任务。一批综合客运枢纽和物流园区建成投用,累计建成各类客运站380个,实现市(州)至少有1个一级客运站,89%的乡镇有等级客运站,58%的建制村有招呼站。累计建设水运项目35个,基本建成13个,建成项目数量相当于"十一五"期的4.3倍;建成国内首个内河航运专题博物馆——贵州航运博物馆;新增四级航道851公里,改写了贵州省无高等级航道的历史,全省内河航道通航里程达4012公里,水运建设创造了多个历史第一。

此间,贵州省深入实施大扶贫战略行动,高度关注70个贫困县交通扶贫项目,20个极贫乡(镇)对外连接通道项目基本实现开工建设。累计新增12327个建制村通沥青(水泥)路、5958个建制村通客运,建成便民码头120个、渡改桥150座、"溜索改桥"15座,改造农村公路危桥819座,实施农村公路安全生命防护工程2万公里,全省90个等级客运站实现联网售票,群众出行更加安全便捷。建成投用高速公路服务区109对、停车区65对、独立加油站32对;建成ETC收费通道812条,重要城镇出入口和主线收费站ETC覆盖率达100%,实现全国联网收费;完成了跨省大件运输并联许可和收费公路通行费增值税发票开具工作。贵阳首条快速公交——中环BRT建成投用,贵阳首条轨道交通1号线(观山湖段)投入试运营,湄潭县、都匀市成为全国首批52个交通运输一体化示范县,遵义、凯里两市入选"十三五"期首批国家公交都市创建城市,2016年实现了县县通公交目标,16个县级城市公交万人标台指数实现小康目标。累计减免"绿通车"、重大节假日、特殊时段7座及以下小型客车和货车优惠通行费110亿元,成功创建8对"全国百佳示范服务区"、36对"全国优秀服务区"。全省公路水路客运量、货运量实现连年增长,其中公路货物周转量增速保持全国前列,为开创多彩贵州提供强有力的交通运输保障。

至2017年底,贵州交通实现了从量变到质变,从"跟跑"向"并跑"甚至在某些领域"领跑"的重大转变,谱写了"小省办大交通"的崭新篇章。

二、交通基础设施建设成就

1978年,贵州省公路通车里程30558公里,公路密度为17.98公里/百平方公里,其中大部分为等外级公路,近5000公里公路晴通雨阻不能正常通车,路面主要是泥结碎石路面,仅有高级、次高级路面2473公里。改革开放后,贵州公路建设高潮不断掀起,通车里程大幅增长,特别是实施西部大开发战略后的几年,每年均以10000多公里的速度递增。到2010年,全省公路通车总里程达到149800公里,公路密度达到85.06公里/百平方公里,比1978年分别增长119242公里和67.08公里/百平方公里。等级公路里程大幅增加,全省55517公里等级公路基本均为改革开放后30年建成,高级、次高级路面里程达到26113公里,2001年全省实现了县县通油路,2006年消除了全省国省干线公路上的所有等外级公路。全省公路通行条件显著改善,干支结合、四通八达的公路运输网络基本形成。"十二五"以来,省委、省政府坚持交通优先发展战略,交通运输呈现出"一年一个台阶、五年质的飞跃"良好态势,为后发赶超、同步小康提供了坚实的支撑。"十二五"期,全省累计完成公路水运固定资产投资4431亿元,是"十一五"投资总额的3.5倍,全省公路总里程达18.38万公里,较"十一五"末增加3.22万公里。建设高速公路项目56个4657公里,建成42条(段)3621公里,是2010年前建成总里程的2.4倍。累计新开工普通国省道项目165个3883公里,建成2996公里,建成规模为"十一五"的2.3倍。实施安保工程1.1万公里,实现75%的建制村通沥青(水泥)路,较"十一五"末提高45个百分点。开工建设水运项目11个,重点实施了4条水运通道、6个库区航运建设工程,全省内河航道新增四级航道690公里,通航里程达3661公里。2016年,全省交通建设完成公路水路固定资产投资1500亿元,排全国第一,2017年完成1650.5亿元,约占全省投资的11%、全国公路水路投资的8%,连续四年投资总额超千亿元。2016年,贵州省启动了高速公路1万公里攻坚决战,截至2017年底,高速公路通车总里程达5833公里,通车总里程排全国第9位,综合密度排全国第3位。普通国道二级及以上公路比例达64%,普通省道三级及以上公路比例达36%。2017年实现建制村通畅率、通客运率达100%,成为西部第1个、全国第14个实现建制村通畅的省份、全国第10个实现村村通客运的省份。全省公路总里程达19.4万公里,进入全国前十位。全省通航里程达4012公里,其中高等级航道里程达851公里,位居14个非水网省(市)第一。

(一)高速高等级公路建设

1978年前,贵州省境内基本都是等外级公路,三级以上公路里程十分稀少,没有二级以上公路。1987年,贵阳至黄果树高等级公路的开工建设,由此掀开全省高速高等级公路建设的新篇章。西部大开发战略实施后,高速公路建设步伐不断加快,建设里程快速增多。到2010年底,高速公路通车里程1507公里,在建高速公路里程达2555公里,全省88个县(市)中已建成和已开工建设高速公路的县达到77个。

2008年,贵州省修编既有公路网规划,提出用十年左右的时间实现"县县通高速公路"目标,2009年2月,省政府批准实施《贵州省高速公路网规划》,规划到2030年实现"六横七纵八联"以及四个城市环线的高速公路网,规划总里程6851公里。

2015年底,贵州88个县(市、区)全部实现了高速公路建成通车,在西部地区第一个,也是全国为数不多实现"县县通高速公路"的省份之一,全省高速公路通车里程突破了5100公里,提前3年完成县县通高速公路目标,形成了15个高速公路出省通道。2016年10月,贵州省政府原则同意省交通运输厅报请审批的《贵州省高速公路网规划(加密规划)》。规划目标:力争在"十三五"末或"十四五"初全省高速公路通车里程突破1万公里。截至2017年底,贵州省高速公路通车总里程达5833公里,实现省会贵阳到市(州)中心城市双通道连接,通车总里程排全国第9位,综合密度排全国第3位。

贵州被誉为世界桥梁博物馆,其中高速公路建成世界级的桥梁工程有:贵黔高速鸭池河大桥——世界跨径最大的钢桁梁斜拉桥,2016年7月建成通车;毕都高速北盘江大桥——世界第一公路高桥,2016年12月建成通车;水盘高速北盘江大桥——世界跨径最大的预应力混凝土斜腿刚构桥,2013年8月建成通车;贵瓮高速清水河大桥——世界跨径第四的山区单跨钢桁梁悬索桥,2015年12月建成通车;赫章大桥——世界梁式桥梁最高墩,2013年6月建成通车;道安高速芙蓉江大桥——斜塔斜拉桥跨径世界第五。

(二)普通国省干线公路建设

2000—2005年,全省国省干线公路综合好路率达82.1%,差路率压缩至0.3%,分别比"九五"期末的2000年底提高了9.4个百分点和压缩了1.4个百分点。县乡公路综合好路率逐年稳定提高,差路率逐年稳步下降。截至2005年底,全省县公路好路率73%,与"九五"期末相比,好路率提高15个百分点,差路率压缩到1.3%。实施GBM工程1071公里,干线公路逐步实现路面平整、路肩硬化、线型清晰顺适,公里桩、百米桩及桥涵构造物完整;结合绿色通道建设,新增国省道干线绿化里程1416公里。至2005年底,全省国省干线公路30.4%达到GBM工程要求,打造了畅、洁、绿、美的公路形象。2001年建成320国道部级文明样板路,2004年建成210国道部级文明样板路。

到2010年底,全省公路通车总里程达149845.9公里,其中国道5条2665.8公里、省道36条7467.2公里、县乡公路35767.7公里、专用公路696.5公里、通村公路101990.1公里。公路密度达到每百平方公里85.06公里。按照公路技术等级划分,等级公路为69366.3公里,占通车总里程的46.29%,其中二级以上公路5191公里(含高速公路1507.5公里),占通车总里程的3.46%,三级公路8174.1公里,占通车总里程的5.46%;等外级公路80479.6公里,占通车总里程的53.71%。与"十五"期末相比,公路总里程净增102953公里(含村道101990公里),等级以上公路净增33920公里,公路密度提高了58.43个百分点。公路通车总里程中,2010年底普通国省道公路里程10128.6公里,二级以上公路里程3474.2公里,较2005年底二级以上公路里程增加了1286公里;三四级公路里程6630公里,等外路24公里,较2005年底三四级和等外路减少了1112公里。

2011—2015年,普通国省道完成固定资产投资444亿元,同比增347亿元,增幅359%,农村公路完成固定资产投资429亿元,同比增237亿元,增幅123%。完成普通国省道两年攻坚,结合产业园区、旅游景区、示范小城镇、现代高效农业示范区建设等重大区域布局实施改扩建3883公里,建成2996公里,完成普通国道、普通省道、农村公路路网规划调整,普通国道从2664公里调整至8560公里,普通省道从7262公里调整至18680公里,共调增17314公里,普通国省道覆盖81%的乡(镇)。完成普通国省道两年攻坚,结合产业园区、旅游景区、示范小城镇、现代高效农业示范区建设等重大区域布局实施改扩建3883公里,建成2996公里,干线公路服务"5个100"能力显著增强。

2016年,普通国省道建设改造持续加快,新开工建设项目66个2248公里,建成路基1100公里,路面830公里,普通国道二级及以上、普通省道三级及以上比例分别达58%、31%。完成大中修995.6公里,实施预防性养护1327.3公里,创建"畅安舒美"示范公路472公里;开展223座大桥、6座特大桥定期检查,完成6座特大桥健康监测系统建设;完成重点路段70个监控点建设任务。

2017年，完成油路大中修2411公里、安防工程20178公里、危桥改造819座。普通国省道完成大中修4964公里、安防工程3358公里、灾防工程510公里、危桥改造65座、病隧改造25道，创建"畅安舒美"示范路1964公里；印发《贵州省公路局养护管理内业资料规范化指南》，创建"四化"段30个、标准化养护站50个、机械化施工养护站37个。

（三）农村公路建设

1978年前，贵州省农村公路通达率很低，即使已建成的农村公路标准也很低，抗灾能力很弱，晴通雨阻问题十分突出，农村群众运输出行非常困难。改革开放后，国家加大了对农村公路建设的投入力度，20世纪80年代后期到90年代中期，依靠"以工代赈""民工建勤""民办公助"建设了一批农村公路。从2003年起，贵州启动了大规模的农路公路建设工程，每年农村公路建设里程均在10000公里以上，公路通达通畅率迅猛增长，2003年全省实现了乡乡通公路，到2007年，全省实现了68.7%的乡镇通油路、64.8%的建制村通公路、23.7%的建制村通油路。到2010年底，贵州省乡镇通油路率达到96.9%；建制村通公路率达96.74%；完成了786个渡口码头改造，渡改桥达45座。

2011—2015年，完成通村沥青（水泥）路15400公里、县乡道改造427公里；实现全省94.9%的乡（镇）成立农村公路管理站，46个县（市、区）约50%的乡（镇）落实专职农村公路管理人员，小创建农村公路管理养护文明示范县16个，建成农村公路沥青拌和站79个，实施油路大中修工程2348公里，处治安全隐患路段11053公里，创建生态文明示范路6000公里。县道沥青（水泥）路路面PQI中等路率达58.5%、乡道沥青（水泥）路路面PQI中等路率达55.1%；无铺装路面县、乡道和村道好路率达68.8%。同时，贵州省高位推进"四在农家·美丽乡村"小康路行动计划，建成通乡油路425公里、建制村通达工程5091公里、通村沥青（水泥）路50807公里、国有林区道路392公里、县乡道改造1872公里、联通工程627公里、溜索改桥15座1332延米。2012年底实现具有里程碑意义的100%乡镇通油路、100%建制村通公路的"双百目标"，2015年底建制村通沥青（水泥）路比例达75%以上，超"十二五"规划任务5个百分点。

2016年，农村公路建设大规模推进，开工建设项目里程达2.56万公里，建成2.37万公里，为历史上建设里程最多的一年，新增2731个建制村通沥青（水泥）路，建制村通畅率达87.5%，比2015年提高12.5个百分点。

2017年，新改建农村公路8.6万公里，占农村公路路网总里程16.2万公里的50.6%；农村公路建设三年会战圆满收官，2017年成为西部第1个、全国第14个建制村通畅率100%的省份，提前2年完成交通运输部兜底性任务，推动全省公路发展实现从量到质的重大转变。公路总里程五年增长2.99万公里，路网规划调整后普通国省道调增至2.67万公里，覆盖81%的乡（镇），农村公路县、乡、村道比例结构占比分别为21.3%、28.7%、50%，路网结构更加优化合理。

（四）汽车站场建设

1978年，贵州省大多数县（市、区）都已建有公路客运站，但都是场地窄、设施差、功能单一的简易站场。从1982年开始，贵州省开始投资新建、改造公路客运站场。1996年根据交通部颁布的《公路枢纽总体布局规划编制办法》，全面在9个市、州、地开展起公路枢纽规划与建设工作，至2007年，共新建、改建县级以上客运站295个，总投资达到110841万元，全省县、市、区以上城市均建有等级客运站，公路主枢纽和各市、州、地公路枢纽项目开工建设，部分项目已建成投入使用，客运站的面貌和功能得到极大改善。同时，自2004年起，为贯彻十六大精神，落实党中央、国务院建设社会主义新农村重大举措及交通部发展农村客运战略部署，全省启动了农村乡镇客运站建设工作，截至2007年，建成乡镇客运站191个，农村群众乘车条件逐步得到好转。

2007年交通部出台《国家公路运输枢纽布局规划》，明确179个国家公路运输枢纽，贵州省贵阳、遵义、六盘水、毕节、都匀5个城市纳入其中。在《国家公路运输枢纽布局规划》基础上，5个城市分别于2009—2010年期间组织编制出各地国家公路运输枢纽客运、货运枢纽总体规划研究报告，以指导各国家枢纽城市内部客货运站点布局、建设工作。

进入"十二五"计划期，交通运输部开始实施综合交通体系发展、贫困地区扶贫等战略，对综合客运枢纽、货运枢纽（物流园区）、贫困地区县级客运站等站建项目开始政策补助资金引导，贵州省公路客货站场建设开始进入提速阶段，老旧车站更新得到加速。2011—2015年期间，贵州省完成道路运输客货站场建设固定资产投资约为20.05亿元，取得中央车购税资金补助7.96亿元（其中共下达了33个县级客运站补助计划），建成了重点乡镇以上汽车客货运站场23个，其中，2个综合客运枢纽、2个市州级普通客运枢纽、12个县级客运站、9个旅游及重点乡镇客运站、1个货运车站，建成农村乡镇客运站391个。

2016—2017年，是"十三五"交通运输部扶持政策继续延续的头两年，贵州省公路客货站场建设持续发力，完成道路运输客货站场建设固定资产投资约为20亿元，取得中央车购税资金补助2.05亿元，建成了六盘水市水城南、安顺东、兴义西3个市州级客运枢纽，玉屏、德江、江口、金沙4个县级客运站。截至2017年底，有88.9%的乡镇建有客运站。

（五）内河航道建设

1978年前，贵州省通航里程2802公里，全部是没有水运配套设施的自然航道，其中，能够通行机动船的航道里程只有1257公里，航道小（通航里程短、标准低、无等级）、散（航道零星、分散、不连贯）、弱（运输能力弱）、险（航行安全系数低）。改革开放后，尤其是实施西部大开发战略以来，贵州省航道建设突飞猛进，乌江、赤水河和两江一河（南、北盘江、红水河）三条出省水运主通道全部整治完工，其他航道等级全面提升，新增五级以上航道543公里，全省通航里程达到3322公里，全省港口码头客运通过能力达到1100万吨，货物通过能力1000万吨。2008年开工建设了贵州省第一条高等级航道——南、北盘江、红水河四级航道整治工程。水运建设工程的快速发展，有效解决了沿江地区人民群众的生产出行条件，加快了贵州省立体交通网络构建进程。

2008—2013年共完成水运固定资产投资14.13亿元，是前五年的3倍。全省航道总里程达到3563公里，港口码头泊位438个，300吨级以上泊位45个，基础设施条件得到显著改善。五年完成客运量9809万人、客运周转量23.2亿人公里，货运量4550万吨、货运周转量65.66亿吨公里，全省营运船舶数量达2500艘，载客量45123客位，净载重吨141026吨，营运货船平均吨位由99吨上升到168吨，赤水河运输船舶平均吨位达到200吨，龙滩库区新建500吨、1000吨的船舶陆续投入运营,运输船舶逐步向大型化、标准化方向发展。水运装备建设投入达到1.24亿元,为前五年的近25倍,促进了海事巡航监管和应急救助能力的提升,水上交通安全形势持续稳定。水运信息化建设加速推进,建成了赤水河、北盘江等重点水域和天生桥、红枫湖库区视频监控系统,实现了水上交通安全管理由传统监管向信息化监管的跨越。西部科技项目的乌江构皮滩、龙滩库区通航设施关键技术等研究成果处于西部和全国领先水平,赤水河航运工程荣获国家质量奖,主要通航船舶系列成为贵州省地方标准。

2013年是贵州水运三年会战首战之年。按照新批准的《贵州省水运发展规划(2012—2030年)》确定的发展目标,以全面贯彻落实《省人民政府关于加快水运发展的建议》各项要求为切入点,真抓实干,要在碍航闸坝、投资总量、项目规模、建设模式、融资渠道等方面取得新突破。

2014—2015年完成乌江、三板溪航运建设工程建设。乌江项目完成投资2亿元,主要加快1条航道、3座码头、7个中心建设。加快航道、助导航及信息化工程建设;建成洛旺河、江界河等2个码头,开工建设乌江渡码头,新增港口货运吞吐能力55万吨/年;完成息烽、遵义、瓮安、余庆、石阡、思南和德江7个县级海事搜救中心建设。三板溪项目2015年完成投资6000万元。建成柳川、南加、三板溪、八受等4座码头工程,新增码头吞吐能力25万吨,建成34个停靠点工程;完成89公里五级航道整治及航标工程。开工建设构皮滩水电站翻坝运输系统工程。总投资7.6亿元,建设上下游码头各1个、二级公路16.9公里。解决构皮滩电站通航设施建设相对滞后,对乌江全线贯通造成的影响。开工建设北盘江光照、清水江白市、洪渡河石垭子库区航运建设工程。改善库区周边少数民族、移民和连片贫困地区群众生产生活条件,促进新农村建设,提升库区周边群众基本公共服务均等化。

2016年,按照500万吨通过能力目标积极推进乌江水运基础设施建设。与重庆方共同开展乌江干流从乌江渡至涪陵594公里航道提升为Ⅲ级的论证研究工作,并争取国家支持。重点加快乌江(乌江渡—龚滩)航运建设工程,到2015年使乌江干流乌江渡至龚滩和支流清水河洛旺河港区至河口431公里航道达到四级航道标准,航道通过能力达到500万吨/年。协调电站建设业主加快思林、沙沱、银盘、白马水电站通航设施建设,力争三年内全面建成,形成500万吨/年的通过能力。

与广西方共同开展北盘江—红水河从白层至来宾679公里航道提升为Ⅲ级的论证研究工作,争取国家支持推进项目建设。协调广西加快龙滩翻坝运输系统工程建设,按照500万吨/年通过能力建设,重点推进红水河龙滩电站和岩滩电站通航设施建设改造,协调电站建设业主建设改造龙滩、岩滩1000吨级通航设施,形成与下游已建成的大化、百龙滩、乐滩和桥巩水电站船闸的一致;重点推进开展龙滩库区航运扩能滚装运输码头建设。建设董箐、格凸河库区航运建设工程;并加快都柳江从江、大融航电枢纽建设,同步开展都柳江其他航电枢纽前期工作;围绕全面贯通都柳江水运通道、实现年通过能力300万吨目标开展航道、航电前期工作。

2017年,开工建设乌江渡库区航运建设工程。至2017年底,全省航道维护管理里程4012.37公里(其中等级航道里程2750.28公里,等外级航道里程1262.09公里),高等级航道占总里程20.78%。

三、运输服务成就

(一)道路运输服务

1978年,贵州省拥有各类民用汽车32459辆,到2007年,已增至650502辆,是1978年的20倍。其中,1978年全省道路客、货营运车辆分别仅有823辆和2892辆,到2007年,分别增加到26472辆和103682辆,年均增长12.7%和13.1%。1978年前全省没有中高级客车,2007年,全省中高级客车已达8601辆,中高级客车已占客运车辆总数的32%。随着基础设施建设的不断加快和运输车辆的不断发展,公路客货运输量增长迅速,客运量和旅客周转量年均增长分别达到12.6%、11.3%,2007年完成客运量70377万人和货运量18834万吨,分别是1978年的31倍和27倍。公路运输占综合运输体系的比例从1978年的69.39%上升到2007年的96.88%,至2010年,全省共有公路客运车辆27936辆;开行客运班线6330条;全省公共交通客运汽车4984辆,公共客运线路411条,全省有40个县(市、特区)开行城市交通定线客运。

2011年,全省道路客、货营运车辆分别是28653辆和201983辆,到2017年,分别是28665辆和185936辆,年均增长0.006%和-1.13%。随着基础设施建设的不断加快和运输车辆使用的不断优化,公路客货运输量增长迅速,2011年贵州省公路客运量为66303万人、旅客周转量为3431729万人公里、公路货运量为36684万吨、公路货运周转量为3500945万吨公里,2017年贵州省公路客运量为83809万人、旅客周转量4639282万人公里、公路货运量为89298万吨、公路货运周转量为10085816万吨公里,年均增长分别达到4.4%、5.86%、23.9%、31.35%。

公共汽电车汽车相关指标自2012年开始纳入行业统计,2012年贵州省公共汽电车5429辆,公共汽电车线路条数为506条,2017年公共汽电车9575辆,公共汽电车线路条数为1054条,年均增长分别为15.27%和21.66%。

(二)水路运输服务

经过40年的发展,贵州各江河安全性更高、运输能力更强的机动船舶得到大力发展,曾经作为运输主要工具的专业木船全部退出运输市场。2007年全省机动船舶总数为1991艘,比1978年增长1884艘。2007年完成水运客运量1084万人和货运量665万吨,分别是1978年的19倍和10倍。2010年,贵州水路旅客运输量达到1930万人次,旅客周转量为4.57亿人公里;水路货物运输量达到910万吨,水路货物运输周转量为12.75亿吨。2010年的旅客运输量及货物运输量分别是1978年的33倍和14倍。

2011年,水路旅客运输量达到2186万人次,旅客周转量为5.15亿人公里;水路货物运输量达到987万吨,水路货物运输周转量为14.23亿吨。2012年,水路旅客运输量达到2453万人次,旅客周转量为5.95亿人公里;水路货物运输量达到1100万吨,水路货物运输周转量为16.65亿吨。2013年,水路旅客运输量达到1755万人次,旅客周转量为4.53亿人公里;水路货物运输量达到1142万吨,水路货物运输周转量为25.61亿吨。2014年,水路旅客运输量达到1932万人次,旅客周转量为5.18亿人公里;水路货物运输量达到1337万吨,水路货物运输周转量为30.94亿吨。2015年,水路旅客运输量达到2019万人次,旅客周转量为5.51亿人公里;水路货物运输量达到1462万吨,水路货物运输周转量为35.26亿吨。2016年,水路旅客运输量达到2096万人次,旅客周转量为5.75亿人公里;水路货物运输量达到1654万吨,水路货物运输周转量42.37亿吨。2017年,水路旅客运输量达到2198万人次,旅客周转量为6.72亿人公里;水路货物运输量达到1665万吨,水路货物运输周转量45.06亿吨。

公路、水路交通对经济社会的贡献率不断提高,人便于行、货畅其流的交通运输网络加快形成。

四、行业管理成就

(一) 管理体制改革

中国共产党十一届三中全会召开后,贵州交通部门正确面对困难,特别是改革开放后农业生产生活和农产品量的大幅增长,带来了更加严重的运力紧缺矛盾,交通系统大胆对运输市场和运输管理体制进行改革,一是逐步放开运输市场,鼓励个体(联户)、集体或其他经济实体车辆参与市场运输,解决运力严重不足问题,特别是1983年全国交通工作会议提出"有河大家走船,有路大家行车"、1984年全国交通工作会议提出"各部门、各行业、各地区一起干"和"国营、集体、个体一起上"的运输发展方针,交通运输市场逐步放开,出现了多家经营、多层次、多渠道、多形式的运输格局,人民群众长期困扰的"乘车难、运货难、修车难"问题在很大程度上得到缓解。二是针对市场放开后出现的运价混乱、空驶增多、运效不高等问题,制定了《公路运输市场"四统"管理暂行规定》,对运输市场实行"四统":统一管理货源、统一平衡运力、统一计费标准、统一供应油料。"四统"办法的实施,在一定程度上整顿了运输市场秩序,但又出现了很容易造成资源配置不合理的问题,束缚了运输业的发展,1984年颁行了《贵州省改进公路运输管理实施办法》,取消了"四统",将一般物资运输列入指导性计划,开始引入市场竞争机制。三是制定了《贵州省公路运输暂行办法管理实施细则》等一系列行业管理法规、标准,加强对运输从业人员的法规宣传和行业培训,运输行业管理和市场调控能力得到不断提高。四是明确贵州航运管理体制实行省、地、县三级管理,重申各级航运管理机构是代表各级政府管理水路运输行政、业务的归口管理部门。

1986—1997年,贵州省交通行业管理和体制改革涉及公路建设、运输管理、水运建设、征费稽查、管理体制等方面。

高等级公路建设管理机构改革。1992年,经省编委批准同意,为有利于全省高速、高等级公路集中统一指挥,提高管理效益,撤销省高等级公路征费处、管理处及所属各机构,建立省高等级公路管理局,省高等级公路管理局的主要职能是:负责全省高等级公路及公路设施的修建、养护、维修和路政、运政、稽查、收费等工作;负责道路绿化、监控、车辆救援和服务设施的经营管理以及公路正式接养前的临时养护管理。1993年,经贵州省人民政府办公厅批复同意,在原省重点公路建设指挥部基础上成立贵州高速公路开发总公司,负责全省高等级公路的筹资、建设和建成后的营运工作。

交通监理和车辆养路费征收管理体制改革。1986年10月,根据国务院《关于改革道路交通管理体制的通知》(国发〔1986〕94号)文件要求,原交通监理机构及人员划归公安部门,留下的部分人员继续征收养路费。1987年1月,省交通厅撤销所有监理机构,设养路费征收处,原属监理所、站相应改为养路费征收所和养路费征收站,实行条块结合、以条为主,分级管理体制。1993年10月,经省编委同意,成立贵州省交通厅征费稽查局,各市(地、州)成立征费稽查处,各县(市、区)成立征费稽查所,形成局、处、所三级管理。1996年9月和1997年1月,贵州省人大分别审议通过了《贵州省公路养路费征收使用管理条例》和《贵州省公路养路费征收实施办法》,明确了交通征稽机关的法律地位,推进了公路养路费征收工作法制化、正规化建设。

公路养护体制改革。1994年,根据省政府《关于我省交通管理体制改革中几个问题的决定》文件精神,原省交通厅所属9个公路养护总段及68个养护段、9870公里国、省、县道公路改变隶属关系,划归各市、州、地归口管理。实践中,受资金、体制等方面的影响,公路养护水平和质量出现较大滑坡,全省公路完好率大幅下降,社会反响较大。针对出现的问题,贵州省委、省政府果断做出决策,由省拿出专项资金贴息向银行贷款,并在交通部的大力支持下,实施了声势浩大的公路"保畅工程",1996—1997年共改造公路502公里,使省会贵阳到各市、州、地政府(行署)所在地和重要县市的通行能力、通行条件得到较大改善。在此基础上,于1997年将下放的公路养护机构全部收归省管,明确了国省干线由省交通厅负责养护管理,并将省公路局明确为副厅级事业单位,县、乡、村道由各市、州、地政府(行署)负责养护管理。至此,贵州省国省干线公路管养体制经历了三次下放、三次收回的历程,用实践再次证明了公路管养体制的确立必须结合各省特点,由省统筹管理干线公路,更符合贵州这样一个经济欠发达、欠开发的西部省份。

港航监督管理体制改革。1987年省政府转发省交通厅《关于改革我省港航监督管理体制的报告》,将全省港航监督管理体制从原来按处、所、站三级设置、以条条管理为主,改为条块结合、以块为主,各港航监督所、站全部改由地方为主管理,省航运局负责业务指导。

公路运输体制改革。改革开放初期,贵州省公路运输管理体制从计划型向市场型转变、运输市场从封闭型向开放型转变力度较大的一个时期。在管理体制上,1988年,针对公路运输市场迅速放开,行业行政管理滞后的实际,经省编委批准,在撤销省交通厅运输管理处和省汽车运输公司的基础上成立了贵州省公路运输管理局;1994年,按照省政府下发的《关于我省交通管理体制改制中几个问题的决定》,将省直管的11户汽车运输企业3808辆营运车辆、252个车站、27085名干部职工整体划转所在市、州、地管理,省公路运输管理局集中力量加强对全省道路运输行业的管理。在法规制度建设上,1996年颁布实施的《贵州省道路运输管理条例》,是贵州省第一部道路运输行业管理地方性法规,它的出台标志着贵州道路运输行业管理工作逐步走上了法制化、规范化的发展道路。除《贵州省道路运输管理条例》外,全省还出台施行了大量的管理规范性文件,内容涉及公路客运、货运、驾驶员培训、汽车维修、检测等方方面面,仅"九五"期间,就先后制定行业管理规范性文件和技术标准20多个,运政管理法规体系初步建立完善。在市场培育上,1998年开始推行运输企业经营承包制,允许个人购车从事客货运输,允许各类经济部门、社会团体、企事业单位自备车辆参加社会运输,公路运输市场全面放开。随着改革开放的不断深入,运输企业内部改革不断深化,运输企业"自主经营、自负盈亏、自我约束、自我发展"的经营主体地位逐步建立,企业管理体制不断健全,市场竞争机制不断形成,运输组织结构、运力结构调整力度不断加大,中、高档车辆和专业运输车辆急剧增加,充分发挥高等级公路资源优势建立的快速客运系统、开往沿海省区的跨省超长客运、深入乡村的农村客运得到较快发展,货运配载、信息服务网络等有形货运市场逐步建立,汽车维修、检测能力和水平明显增强,统一开放、公平竞争、规范有序的道路运输市场初步形成。

2002—2010年,贵州省交通行业坚持把深化改革作为加快发展的根本动力,针对影响交通科学发展、和谐发展的体制机制性矛盾,积极稳妥地推进重点领域和关键环节的改革,交通发展活力不断增强。

一是公路养护管理体制改革稳步推进,按照事企分开、管养分离、权责统一、分级负责、强化监管、照章畅通的基本思路,公路养护运行积极推进养护工程市场化运作和招标投标制,小修保养工程费制、定额养护、合同管理和计量支付已在全省公路养护管理系统广泛推行。《贵州省农村公路管理养护体制改革实施方案》经省政府批准在全省推行,进一步明确和落实了农村公路管养主体、养护资金来源、养护队伍精简、建立养护市场机制、提高管养效率等问题。在全省高速公路全面启用了计重收费和联网收费系统,提高了收费效益,增强了服务质量,方便了过往车辆和司乘人员。

二是公路建设市场管理体制改革取得新成绩,在二级公路建设上积极探索并推行政府投资项目代建制和施工设计总承包制。研究探索形成了一整套以合理低价中标制度为主要内容的招投标管理办法,减少了人为因素对招投标工作的干扰。交通建设市场诚信体系建设全面推进,实行动态管理,确保信誉好、能力强的施工建设队伍进入全省交通建设市场。对进入交通建设领域的重点产品实施认证制度。

三是国有交通企业的改革改制逐步推进,完成了思南船厂"国退民进"股份制改造和企业职工身份置换工作,红枫湖旅游轮船公司整体移交贵阳市进行管理,乌江轮船公司调整经营结构、实行经济性裁员初见成效,省交通科研所和交通规划勘察设计研究院平稳转制,生存发展的空间得到有效拓展。2004年,经省政府批准划归省国资委管理的贵州高速公路开发总公司2007年重新划转省交通厅管理。

这一时期,建立健全了全省海事机构,统一了机构名称、规格和编制,落实经费和分级管理责任。完成了车购税费业务和人员移交国税部门进行管理的工作。在省交通学校、省驾驶技校和省交通干部学校合并基础上组建了贵州交通职业技术学院,该院经过组织评审,成为全国示范性重点职业技术学院。2009年10月,省交通质监站更名为贵州省交通建设工程质量监督局。2009年11月16日,经省人民政府批准,贵州省交通运输厅成立。2010年6月28日,撤销贵州省公路运输管理局和贵州省城乡公共交通管理局,两局职责整合成立贵州省道路运输局。2010年8月31日,撤销省高管局、省征费稽查局,成立贵州省高速公路管理局。

(二)法治建设

形成的地方法律法规。改革开放至2017年底,贵州交通系统形成的主要地方法律法规有28个。这些地方性法律法规的出台,为贵州交通建设、交通管理、交通服务持续健康发展提供强有力的法律保障,同时促进了贵州交通行业的法治化建设。

1980年1月7日,实施《贵州省水库船舶航行安全管理的暂行规定》。

1983年1月18日,实施《贵州省人民政府关于实行民工建勤养护公路和修建地方公路的暂行办法》。

1987年10月1日,《贵州省公路管理暂行条例》施行。

1987年10月24日,《贵州省公路运输管理实施细则》施行。

1989年10月1日,《贵州省船舶港务费征收管理办法》实施。

1990年5月1日,《贵州省实施〈中华人民共和国道路交通管理条例〉办法》实施。

1991年3月1日,《贵州省高等级公路养护管理办法》实施。(根据2004年7月1日《贵州省人民政府修改废止部分行政规章的决定》第一次修正。根据2008年8月4日《贵州省人民政府修改废止部分行政规章的决定》第二次修正)。

1992年1月1日,《贵州省公路养路费征收管理实施细则》实施。

1993年7月20日,《贵州省内河航道养护费征收和使用办法》实施。(根据1997年12月23日《贵州省人民政府关于修改、废止部分行政规章的决定》第一次修正,根据2008年8月4日《贵州省人民政府关于修改、废止部分行政规章的决定》第二次修正)。

1994年1月1日,《贵州省港口管理办法》施行。(根据1997年12月23日《贵州省人民政府关于修改、废止部分行政规章的决定》第一次修正。根据2008年8月4日《贵州省人民政府修改、废止部分政府规章的决定》第二次修正)。

1996年11月1日,《贵州省公路养路费征收使用管理条例》施行。

1996年11月29日,《贵州省道路运输管理条例》实施,于2009年6月1日起废止。

1997年3月20日,《贵州省公路养路费征收实施办法》实施。

1999年7月1日,《贵州省高等级公路管理条例》施行。

2001年8月1日,《贵州省封闭水域水上交通安全管理办法》施行。

2001年11月1日,《贵州省公路路政管理条例》施行。

2005年10月1日,《贵州省城市公共客运交通特许经营权管理办法》施行。

2006年1月1日,《贵州省海事行政审批管理规定》施行。

2007年6月1日,《贵州省道路交通安全条例》实施。

2008年1月1日,《贵州省城市公共交通管理条例》施行。

2008年1月1日,《贵州省水路交通管理条例》施行。

2009年6月1日,《贵州省道路运输条例》施行。(根据2012年3月30贵州省第十一届人民代表大会常务委员会第二十七次会议通过的《贵州省人民代表大会常务委员会关于修改部分地方性法规的决定》第一次修正。根据2015年11月27日贵州省第十二届人民代表大会常务委员会第十八次会议通过的《贵州省道路运输条例修正案》第二次修正。)

2011年3月1日,《贵州省乡镇自用船舶安全管理办法》施行。

2012年7月1日,《贵州省高速公路管理条例》施行。

2013年3月1日,《贵州省城市公共交通条例》施行。

2014年3月1日,《贵州省交通建设工程质量安全监督条例》施行。

2015年7月1日,《贵州省公路条例》施行。

2015年11月27日,《贵州省道路运输条例修正案》通过。(2009年3月26日贵州省第十一届人民代表大会常务委员会第七次会议通过《贵州省道路运输条例》。根据2012年3月30日贵州省第十一届人民代表大会常务委员会第二十七次会议通过的《贵州省人民代表大会常务委员会关于修改部分地方性法规的决定》第一次修正。2015年11月27日,贵州省第十二届人民代表大会常务委员会第十九次会议通过第二次修正)。

依法做好权责清单清理和规范性文件清理。一是按照全省要求,坚持动态管理原则,从2001年起,对交通运输权责事项进行了清理。截至2017年底,贵州省交通系统的行政权力事项共有72项权力事项(包括行政许可11项,行政处罚32项,行政强制0项,行政检查10项,行政确认2项,其他类17项)。二是按照省政府法制办的要求,坚持法定职责必须为、法无授权不可为的原则,按照"谁制定、谁清理,谁实施、谁清理"的要求,从2011年以来,对涉及含有排除或限制公平竞争内容的措施、违法干预或者影响市场主体正常生产经营活动、违法设置市场准入和退出条件等方面的内容进行清理和规范,确保文件的合法性。

(三)投融资体制改革

1998—2001年,贵州省为解决交通建设资金不足问题,多渠道筹集交通建设资金,经招商引资,将贵阳至清镇和贵阳东出口高等级公路经营权转让给香港招商局,成为贵州第一条招商引资成功的交通项目,为拓展筹资渠道进行了积极的探索。

"十二五"以来,贵州省委、省政府高度重视交通运输建设,坚持把交通运输作为全省优先发展的重大战略。在交通运输部的关心支持下,省委、省政府把交通建设摆在优先发展的位置,坚持把资金筹集作为主攻方向,多渠道、多元化、多层次筹集资金,形成了具有地方特色的资金筹集方式和模式。

省地共建、合理分担。按照事权与支出责任相适应的原则,强化交通运输基础设施支出的财政保障,明确了省级高速公路建设资本金省地共筹、国省干线公路改造征拆资金和扩大规模部分由地方负责、农村公路建设征拆及配套资金以县为主的筹资体系,构建了省地共担、各级有责的筹资格局。

加大投入、财政保障。一是省级财政千方百计加大交通建设的投入力度。高速公路方面,从2008年开始,省财政一般预算支出以10亿元为基数,每年递增10%,用作省级高速公路资本金。农村公路方面,按照省财政厅与省交通运输厅联合印发的《贵州省农村公路三年会战省级补助资金管理暂行办法》,截至2018年共计补助30亿元。内河水运方面,省财政一般预算支出每年安排1亿元,专项用于水运基础设施建设。二是地方政府积极筹措资金支持交通优先发展。市、县两级财政把交通纳入优先发展战略,通过财政投入、土地出让、银行贷款等多种方式,积极筹措资金,用于省级高速公路、国省道改造和农村公路建设。

创新模式、多元筹资。一是推动PPP投融资模式建设高速公路。充分借鉴国内外相关经验,采取"股权合作+EPC+运营期政府补贴"PPP模式吸引中国交建、中国中铁、中国建筑、中冶集团、中国水利水电、岳阳路桥等国有企业投资建设高速公路。二是设立交通产业发展基金。通过发挥财政性资金的引导示范和撬动作用,吸引社会资本投入交通基础设施建设,贵州省设立规模达400亿元贵州交通产业发展基金,其中母基金为省财政资金(每年10亿元,持续投入5年)及厅属企业自筹资金,子基金通过与农业银行、贵州银行等15家金融机构投资人共同设立,以撬动社会资本参与贵州省交通基础设施建设。2017年下半年,贵州交通产业发展基金子基金实现了都安项目资本金首期15亿元的投放;另外,通过与央企合作,母基金出资4.95亿元认缴中交集团设立的中交建信私募股权投资基金(契约型),用于支持铜仁市沿河经印江(木黄)至松桃高速公路项目建设资本金,为用好交通产业发展基金,发挥财政资金撬动作用积累了一定经验。三是全力争取金融机构支持。坚持间接融资与直接融资并重,用活用好国家银贷政策和融资工具,鼓励企业通过发行公司债券、企业债债券、中期票据等方式,提高直接融资比重,降低企业融资成本。

(四)技术政策及标准建设

改革开放40年来,贵州省交通运输厅围绕行业重点工作,结合交通运输重点领域标准发展需求,加快标准化建设和重点标准指南制修订。一是完善组织机构管理。成立了"贵州省交通运输标准化技术委员会"和"贵州省标准化协会交通专业委员会"。二是加强标准体系建设。开展贵州交通标准化体系建设,2015年编制了《贵州省交通运输厅技术指南管理办法》,将技术指南作为标准的基础进行管理,通过指南的发布使用,适时升级为标准,做好标准的梯队建设。三是保障经费需求。明确将指南、标准编制经费纳入厅科研经费给予支持。四是积极制、修订和推广应用指南标准。在基础设施、运输服务、安全应急、节能环保、智能交通等领域形成技术指南30余部,编制地方标准7部,参与《道路工程制图标准》《道路工程术语标准》《公路工程地质勘察规范》等国家和行业标准制修订工作。编制的《贵州省高速公路安全性设计指南》《贵州高速公路绿化工程植物选择指南》《贵州高速公路瓦斯隧道施工技术指南》《贵州省高速公路机制砂高性能混凝土技术规程》等指南标准在工程中广泛推广应用,填补了行业空白,很好指导了高速公路建设。制定的《贵州省汽车维修救援服务规范(试行)》《贵州省城市公共汽车车辆技术维护规范(试行)》,提升了贵州汽车维修救援社会公共服务能力。

五、科技创新成就

(一)科技创新体制改革

参与贵州省交通建设的科研机构主要有贵州省交通规划勘察设计研究院股份有限公司和贵州省交通科学研究院股份有限公司。为激发科技创新活力,充分发挥市场在科技资源配置中的基础性作用,激励和引导企业真正成为研究开发投入的主体、技术创新活动的主体和创新成果应用的主体,贵州省交通运输厅从2001年至2010年,按照国家相关规定完成了原来2家厅属科研事业单位的体制改革。

两家交通科研机构的成功改制,在很大程度上推进了贵州交通科技创新工作的市场化,激励科研人员努力拼搏创新,更好地服务于贵州交通建设发展。

(二)科研能力建设

一是国家级创新平台建设取得零的突破,首批获得交通运输部认定"山地交通安全与应急保障技术交通运输行业研发中心",建成交通运输部公路工程试验检测综合甲级实验室,在国家发改委支持下联合组建了"山地交通灾害防治技术国家地方联合工程实验室"。二是在全国率先开展"厅级研发中心"的认定,目前已认定了"公路交通防灾减灾技术行业研发中心""贵州公路桥梁健康监测与加固技术行业研发中心"和"贵州省交通大数据应用行业研发中心"等 3 家"厅级行业研发中心"。三是联合成立了"新型钢结构建筑体系研究与开发应用"院士工作站和贵州大学博士后科研工作站,聚集和培养了一批交通运输科技人才。四是在贵州省公路工程集团有限公司、贵州桥梁建设集团有限责任公司等单位成立企业技术中心,进一步加大科技创新资金投入,以技术中心为创新平台和管理机构,专门负责公司的技术创新工作。另外,贵州省交通行业有 9 位专家荣获国务院特殊津贴,培养省级核心专家 3 人、省管专家 13 人,围绕山区大跨径桥梁设计、交通运输节能减排(燃料)等领域建设了 4 个省级创新人才团队,为贵州交通运输发展提供了更加有力的人才保障,确保贵州公路建设可持续发展。

(三)重大科技创新成果及推广应用

围绕交通建设加强科技攻关,以增强自主创新能力为主线,改进科技管理,统筹推进关键技术研发和成果推广应用,取得了显著进展和成效。改革开放 40 年以来,不断加大科研经费投入,获省部级以上科学技术奖 103 项,其中国家科技进步奖 3 项,省部级科技一等奖 25 项,科技创新支撑交通运输发展的作用日益显著。山区峡谷桥梁建设关键技术的不断突破,有力地支撑了一大批世界级桥梁的建成,并取得了优异的成果。其中,"世界第一高桥"杭瑞高速北盘江第一桥以及世界最大跨径钢桁梁斜拉桥贵黔高速鸭池河大桥在美国华盛顿召开的第 35 届国际桥梁大会(International Bridge Conference,简称 IBC)上荣获"古斯塔夫·林德撒尔"(Gustav Lindenthal)金奖,水盘高速北盘江特大桥和镇胜高速坝陵河特大桥荣获"鲁班奖",水盘高速北盘江特大桥荣获"詹天佑奖",杭瑞高速总溪河大桥、水盘高速北盘江特大桥和思剑高速乌江特大桥荣获"李春奖"。

(四)重大科技创新成果

1.高速公路峡谷大跨径桥梁建设关键技术

通过结构体系构造及理论推导、施工技术研究、科学试验、足尺模型试验及工程应用,系统全面地开展了峡谷大跨径桥梁结构体系与构造、施工关键技术和机制砂高性能混凝土等方面的研究。在山区峡谷桥梁建设方面取得了系列突破与创新:创造提出的空腹式连续刚构新桥型突破了常规连续刚构桥跨度只能在 250 米内的技术瓶颈;首次采用钢桁—混凝土混合梁结构解决了峡谷地区陡峭地形造成的桥梁跨度布置不均衡的结构设计难题;首次基于稳定理论推导了混凝土箱形拱圈宽厚比限值计算公式;创造了"梁下纵移悬拼",实现了峡谷地形条件下整节段安装,有效保证了结构整体性和安全性并提高了施工工效 50%;开发了钢桁架主梁缆索整节段吊装及空中智能化转体技术,实现了悬索桥缆索吊单侧吊装,针对悬浇拱桥曲线梁(拱)段提出了带有预判机制的斜拉索索力可行算法,提高了施工安全性和精确性;研制了高强度、高性能、高扬程泵送系列机制砂混凝土满足了峡谷桥梁高墩高塔高扬程泵送需要。项目获得发明专利 8 项、实用专利 22 项,发表论文 135 篇。项目还获得了一批国家级工法。经中国公路学会组织的专家组评价,研究成果总体上达到国际领先水平。

研究成果成功应用于毕都高速北盘江第一桥(世界第一高桥,桥高 565 米)、贵黔高速鸭池河大桥(主跨 800 米的世界第一大跨径钢桁梁斜拉桥)、毕威高速赫章大桥(主跨 180 米、主墩高度195米的世界第一高墩刚构桥)、水盘高速北盘江大桥(主跨290米,世界首座空腹式连续刚构)等峡谷大跨径桥梁的建设。成果实施奠定了中国峡谷桥梁在世界的领先地位,保障了贵州5000多公里高速公路按时建成通车,率先在西部实现了"县县通高速",引领贵州省国民经济快速增长(年均增长10%以上),有效促进旅游发展和扶贫攻坚工程,全面推动了贵州经济社会跨越发展。

2.岩溶地区公路修筑成套技术研究与应用

本项目采取生产应用、学术创新、科学研究的方式,同时和国外进行合作,基于"岩溶环境勘察、评价、利用、处治和保护"的宏观技术理念,对岩溶地区公路工程地质勘察与综合评价、基础设计与施工、筑路材料利用、岩溶环境保护等技术开展专题研究,经过200多名科技人员5年多的刻苦攻关,通过近100项既有工程2000多公里的现场调研,2000多组室内试验,1000多组现场试验,130多项数值分析,33项依托工程的跟踪观测,取得26项研究成果,开发岩溶地区公路工程地质勘察等5项工程技术,建立公路岩溶环境评价等4套评价方法,创建公路工程岩溶环境区别和公路工程岩溶环境地理信息系统2个信息平台,编制成《岩溶地区公路基础设计与施工技术应用指南》等5部实用技术指南丛书。

该项目研究攻克一批关键技术难题,取得多项自主知识产权,获得5项国家专利,研究成果被交通部《公路工程地质勘察规范》《公路路基施工技术规范》采纳,成为岩溶地区公路规划、勘察、设计、施工和养护的科学指导资料。本项目研究成果荣获贵州省2007年科技进步一等奖;获中国公路学会(部级)2007年科技进步特等奖;获2008年国家科技进步二等奖。

3.高原潮湿路面凝冰(暗冰)防治技术研究

贵州省交通规划勘察设计研究院股份有限公司股份有限公司联合多家企事业单位共同开展了国家科技支撑计划项目《云贵川高原潮湿路面凝冰(暗冰)防治技术研究》。

云贵川高原潮湿山区路面抗凝冰技术研究。针对云贵川高原潮湿山区多发的路面凝冰灾害问题,拟通过对凝冰路面分布调查及凝冰形成环境的试验与分析,为抗凝冰路面的研究提供理论基础。

路面凝冰环境及预警区划研究:①路面凝冰条件室内试验分析研究;②典型路段路面凝冰环境调查分析研究;③路面凝冰预警等级区划及对策要求研究。

抗凝冰路面技术研究:①抗凝冰路面使用性能要求的研究;②抗凝冰路面技术与材料开发研究;③抗凝冰路面实体工程比选验证与性能观测。

路面凝冰灾害技术对策与适应性配置研究。

凝冰路面损伤评估、防护及修复技术研究。在对国内外抗凝冰路面分析的基础上,结合凝冰环境条件调查分析报告和气象预警技术报告,开展路面凝冰的紧急处置技术和预防性处治技术研究。

凝冰路面损伤评估技术研究:①沥青路面凝冰损伤评估技术研究;②水泥路面损伤评估技术研究;③沥青路面凝冰损伤防护技术研究;④水泥路面凝冰损伤防护技术研究。

凝冰路面损伤修复技术研究:①沥青路面修复技术及其优化的研究;②水泥路面修复技术及其优化的研究。

4.贵州省机制砂高性能混凝土应用技术研究

贵州公路建设量巨大,涉及的大型、大跨度、高难度工程非常多,由于受到自然资源的限制,不得不广泛地采用机制砂取代河砂作为细骨料。因此,全面研究机制砂的生产工艺、特性、技术指标及机制砂高性能混凝土技术非常关键。经多年的研究与应用,根据贵州地区机制砂特性与高速公路工程建设中所需的不同类别的高性能混凝土,形成了机制砂大体积混凝土、机制砂超高泵送混凝土、机制砂自密实混凝土和机制砂水下抗分散混凝土等一系列成果,提出了不同种类高性能混凝土的配合比设计方法、性能指标及配制技术,形成了地方标准《贵州省高速公路机制砂高性能混凝土技术规程》,正在开展国家标准《公路机制砂高性能混凝土技术规程》的编制。

机制砂高性能混凝土的研究成果,促进了贵州地区的区域社会发展,降低工程造价、施工成本、节省工期,提高了贵州地区混凝土工程质量与安全性,并使我国,尤其贵州地区混凝土工程的施工技术达到新的水平,对贵州公路建设的可持续发展起到示范与推动作用。

5.公路瓦斯隧道建设技术

贵州素有江南煤海之称,煤炭资源丰富,煤系地层是高速公路工程建设中典型的不良地质,处治不当将引发瓦斯爆炸等重大安全事故,为此贵州省交通运输厅围绕高速公路瓦斯隧道设计和施工中亟待解决的技术与管理难题,先后立项多个科研项目对瓦斯隧道地质勘察深度、瓦斯等级划分标准、防瓦斯结构设计、揭煤防突、机电防爆、通风与瓦斯检测、安全管理、应急救援、计量与预算定额等开展系统研究,取得大量研究成果,规范了高速公路瓦斯隧道的设计与施工,保证了瓦斯隧道的施工和运营安全,瓦斯隧道施工也未发生任何安全事故,为贵州省高速公路建设提供了强有力的技术支撑和安全保障,主要取得的成果如下:

根据公路隧道断面大小与工程特点,对公路瓦斯隧道进行了科学分类,制订了瓦斯工区等级划分标准与衬砌结构设防标准。

进一步规范了瓦斯隧道工程可行性、初步设计、施工图设计三阶段瓦斯地质勘察工作及勘察技术深度,细化了瓦斯隧道专项设计的内容及技术要求。

构建了以瓦斯地质宏观综合分析为主的规划选线、勘测与设计阶段瓦斯隧道分级综合评价方法,提高了瓦斯等级宏观判定准确性。

提出了适应公路瓦斯隧道工程特点的施工安全专项设计、人员培训及其他施工准备工作的内容和技术要求,提出了不同等级瓦斯工区电气设备和作业机械的防爆技术与管理要求。

基于瓦斯危险源事故致因理论,提出了瓦斯隧道通风主导型安全施工组织管理模式,突出了强化超前探测、通风系统配置及测风与瓦斯检测等对施工安全的核心作用。

编制了包括超前探孔、瓦斯排放、隧道开挖、防气混凝土衬砌、通风、施工监测等项目在内的瓦斯隧道施工预算定额。

首次正式颁布并出版了《贵州省高速公路瓦斯隧道设计技术指南》《贵州省高速公路瓦斯隧道施工技术指南》和《贵州省瓦斯隧道预算定额》,形成了涵盖瓦斯隧道勘察、设计、施工及施工预算在内的技术与管理体系。该体系是我国公路行业正式发布的第一套地方技术标准,填补了国内行业空白。

6.浅变质岩系风化层路基边坡设计技术

针对浅变质岩区风化层路基边坡工程中存在的"参数获取困难、计算模型偏差、治理设计方案拟订复杂"等关键技术问题,通过一系列室内外试验和理论研究,建立了考虑浅变质岩横观各向同性的本构模型和强度准则;开发出集参数统计分析、边坡破坏模式识别、稳定性评价于一体的岩质边坡稳定性分析计算软件及浅变质岩风化层路堑边坡有限元分析自动建模与计算系统(SMCS 系统);提出了考虑强度参数的时空效应二维边坡稳定性分析、基于 M-P 法三维边坡稳定性分析新方法;提出了基于加权残值法、综合刚度原理和双参数法的抗滑桩设计计算方法等。研究成果已在贵州省水口至都匀、三穗至黎平等多条高速公路的163个浅变质岩风化层边坡中得到成功应用。

7.智能交通云技术

依托"云上贵州"平台的建设,以优势聚资源,以应用带发展,"智能交通云"率先成为贵州"7朵云"中的示范性典型代表和"排头兵",通过"数据共享"打造互联集约高效的交通大数据体系,形成了全国领先的交通行业云计算平台和大数据应用示范基地。率先开展部级智慧交通云计算服务和大数据应用示范工程,率先开展交通跨区域数据共享,与重庆、四川、云南、湖北、湖南、陕西实现六省一市数据共享交换。二是开展行业数据资源的分类定级,开放交通行业绿色数据资源和服务市场,推进产业孵化。三是建设全面高效的决策支持体系。整合已建相关业务系统资源,积极利用社会大数据资源,强化跨部门数据关联对比分析,形成综合交通运输管理、决策、展示"一张图"。四是率先建立交通大数据行业研发中心,在大数据融合应用、自动驾驶、ETC 卡应用等领域开展研究,加快实施新一代国家交通控制网、智慧公路试点,推进北斗高精度定位、物联网、大数据、人工智能等技术创新应用。推进建筑信息模型(BIM)等先进信息技术在重大交通基础设施项目全生命周期的应用,有效提升建管养智能化水平。

8.重要推广应用

(1)毕都高速科技示范公路

毕节至都格公路是《国家高速公路网规划》(7918 网)中第12横——杭瑞高速的重要组成部分,起于毕节市城东南的龙滩边,终于六盘水市都格,全长141.2公里。工程地处崇山峻岭的贵州西部乌蒙山区,沿线气候条件恶劣,地形地貌复杂,地质灾害频发,路线海拔高,长大纵坡安全隐患大,多座隧道穿越煤系地层,三座特大桥建设工程技术复杂。此外,沿线为少数民族聚居区,人文环境和自然资源独特,生态脆弱,施工中生态环保压力大,均成为本项目工程建设与运营管理的技术难题。项目于2012年6月开工,2016年底全部完工。

交通运输部于2012年批注实施"毕都高速科技示范公路",根据项目工程特点及建设营运中面临的突出技术问题,本项目示范实施的项目分安全保障类、低碳环保类以及科技攻关共19项技术。取得成果:出版3部专著、发布4部指南及规程,达到了预期示范效果。

(2)机制砂高性能混凝土在县县通高速公路中的推广

贵州地区高速公路桥隧比大、河砂严重匮乏,严重制约工程进度与质量,大型桥梁隧道工程对混凝土性能要求高,快速建设需要混凝土高性能化。经过多年、多家单位联合攻关,研制了系列机制砂高性能混凝土技术,取得了丰硕的成果。

2008年以来,机制砂高性能混凝土技术在贵州高速公路中进行了转化应用,支撑7000多座高速公路桥梁建设,累计应用了系列机制砂高性能混凝土1853万立方米,直接节约工程投资40.02亿元。通过系列机制砂高性能混凝土成果转化应用,提高贵州高速公路混凝土工程耐久性,支撑了毕都高速公路(全国安全保障科技示范路)、道安高速公路(全国"绿色循环低碳"示范路)、盘兴高速公路(全国"绿色公路"示范路)等三条科技示范路建设。

(3)道安、盘兴高速公路(全国"绿色循环低碳"示范路)

道安高速公路、盘兴高速公路分别为2014年度、2015年度全国"绿色循环低碳"主题性示范公路,开展的绿色低碳项目分别为23项、40项,涵盖了节约能源消耗、循环集约利用资源、生态与环境保护三大领域。

"绿色循环低碳"主题性示范公路是落实国务院《贵州省生态文明先行示范区建设实施方案》、省人民政府《绿色贵州建设三年行动计划(2015—2017年)》和《"多彩贵州·最美高速"创建工作实施方案》等重大战略的重要举措。通过项目的实施,将使道安、盘兴高速公路绿色低碳管理能力明显提升,信息化管理水平显著提高,绿色低碳理念得到宣传和深化。项目的实施,将形成一套完整的绿色循环低碳管理规范与制度体系,建立一套高速公路节能减排能耗统计监测考核体系,总结一套可操作性强、建设模式新颖、技术创新程度高的绿色公路建设模式或技术,以指导将来贵州省乃至全国的公路建设,实现公路建设绿色低碳节能减排体系化和规模化,在我国全面建设绿色循环低碳交通运输体系具有重要示范意义。

六、党的建设和行业精神文明建设

(一)党的建设不断开创新局面

回望改革开放,从十一届三中全会党的建设的重大转折,到中国特色社会主义道路理论提出这个党的建设新起点;从社会主义初级阶段理论的党的建设,发展到社会主义市场经济条件下的党的建设;从面向新世纪全面推进党的建设,到全面提高党的建设科学化水平,再到党的十九大提出的坚定不移全面从严治党,不断提高党的执政能力和领导水平。这些重大理念是中国共产党和国家事业取得伟大成就和不断开创新局面的重要保证。贵州省交通运输厅党委始终按照中央关于党的建设工作的总目标、总方针以及党建工作的总体布局和贵州历届省委关于抓党的先进性建设与执政能力建设要求,坚持党要管党和从严治党,以改革创新精神不断推进党的建设新的伟大工程,为全省交通运输发展提供了坚强的政治和组织保障,重点体现在"五个更加"方面:

一是政治立场更加坚定。坚持党对一切工作的领导是做好各项工作的保证,省交通运输厅党委始终将党的政治建设放在首位,不断提高政治站位,坚决维护党中央的权威和集中统一领导,坚决维护党的领导核心,始终坚持讲政治、顾大局,不断增强"四个意识"和坚定"四个自信",坚决完成中央和省委交给的各项任务,以建设综合交通运输体系和人民满意交通为目标,积极推进交通运输系统改革发展、转型跨越和提速赶超,努力当好全省经济发展的先行官。

二是思想根基更加牢固。1978年,邓小平同志发表《解放思想,实事求是,团结一致向前看》的谈话，开启了党领导人民解放思想、与时俱进、改革创新征程。改革开放以来，贵州省交通系统各级党组织深入学习贯彻邓小平理论和"三个代表"重要思想、科学发展观和习近平新时代中国特色社会主义思想，把加强党的思想建设作为推动全面从严治党的一项重大部署，牢牢抓住思想建设这个根本性建设，认真制定政治理论学习计划，不断完善"三级联动"学习机制，强化党委中心组学习示范带动，支部学习和党员自学。认真开展了学习实践科学发展观活动，贵州省交通系统以"三学三改三提高、科学发展在身边"为主题开展了"八个一"活动，举办了"更加解放思想、推动交通科学发展"专题讲座和解放思想大讨论，围绕影响和制约全省交通运输科学发展的突出问题进行深入调研形成了调研报告，制定方案认真落实整改。积极开展党的群众路线教育实践活动、"三严三实"专题教育、"两学一做"学习教育，推动党内教育从"关键少数"向广大党员拓展、从集中性教育向经常性教育延伸，从而达到了以解放思想促进思想统一。同时，对中央、省委重大会议精神及时进行宣讲和宣传、采取研修班、培训班、专题报告、讲座、党组织书记上党课和开展主题党日活动等形式，推动中央和省委的重要精神在全省交通运输系统落地生根、开花结果。

三是组织基础更加夯实。 改革开放以来，为适应全党的工作中心转移到经济建设上来，中央提出了干部队伍"四化"方针，提出大力推进干部人事制度改革。为贯彻"四化"方针，解决组织建设的关键问题，贵州省交通运输厅党委积极贯彻落实省委关于干部队伍建设和干部制度改革创新要求，实现了人才的科学选拔和交替，一大批有知识、懂交通、具有开拓创新精神的优秀年轻干部走上了领导岗位。党的十八大以来，厅党委坚持党管干部原则，坚持正确的选人用人导向，严格把好干部标准落到实处，注重在交通建设和脱贫攻坚一线培养和锻炼队伍，五年共选拔县处级干部177人次，交流县处级干部137人次，招聘事业单位干部1800余名，引进紧缺型急需人才94名，交通干部得到了合理流动和有效补充。同时，面对交通运输改革发展带来的挑战，厅党委不断加强基层党组织管理和完善组织建设，配齐配强基层党组织书记，努力激活基层党组织一池活水。"十一五"期间，按照中央、省委的部署安排，全省交通行业结合实际开展了党的基层组织建设年活动，集中开展学习党章和重温入党誓词、领导干部作专题辅导报告和党员谈心得体会、警示教育等三项活动。每年认真制定党员干部教育培训方案，积极开展党务干部培训，统筹抓好贵州省交通系统党员培训教育，确保培训全覆盖。积极开展"五好基层党组织""两优一先""三创三树"等评先推优活动，认真开展党员组织关系集中排查，做好党员发展工作，严把党员发展入口关，做到交通运输党员干部到哪里，党的基层组织就建立到哪里，实现基层党组织全覆盖。截至2017年底，贵州省交通系统有党员9650人，建有党委56个，党总支41个，党支部559个。进入中国特色社会主义新时代，厅党委积极开展"不忘初心、牢记使命"主题教育和基层党建工作调研，大力推进贵州省交通系统党支部标准化建设，进一步提升基层党支部组织力，推动党的基层组织在交通强国西部示范省建设中更好地发挥基层党组织战斗堡垒和党员先锋模范作用。

四是作风和纪律更加严实。 贵州省交通运输厅党委始终把全面从严治党摆在重要位置，把纪律和规矩挺在前面，制定了《中共贵州省交通运输厅委员会关于全面贯彻落实党要管党从严治党进一步加强党的建设工作的实施意见》，严格执行《中国共产党廉洁自律准则》《中国共产党纪律处分条例》、中央"八项规定"、省委"十项规定"和厅党委"十个严禁""五个不准"。坚持把纠查作风突出问题作为机关作风建设重点,以"四查四治四促"为抓手,聚焦"四风"问题,强化交通建设和扶贫等重点领域、关键环节和关键岗位监管,党的十八大以来,截至2017年底,累计开展约谈2.13万次,共对1200余家次单位开展明察暗访和专项督查,查处了一批违纪违规干部。"十二五"期间,为深入贯彻落实党的十七届五中全会和省委十届十次全会精神,厅上下坚持以邓小平理论和"三个代表"重要思想为指导,深入贯彻落实科学发展观,深入扎实深入开展作风建设、环境建设、项目建设"三个建设年"活动。深入开展党的群众路线教育实践活动、"三严三实"专题教育、"两学一做"学习教育和开展基层党建工作督查,切实解决干部职工在思想、作风方面影响和制约交通运输发展的突出问题。全面整改省委巡视组反馈意见,认真落实"两个责任",严肃党内政治生活。深入开展交通建设和扶贫资金使用领域督查,深入整治形式主义官僚主义突出问题,积极开展整治干部不担当不作为突出问题。积极开展党建和党风廉政建设工作调研。认真制定廉政警示教育工作方案,组织干部职工到厅党风廉政建设警示教育基地和省纪委反腐倡廉警示教育基地开展警示教育专题活动。同时,通过日常监督、明察暗访、专项督查、重大节假日领导干部廉洁过节承诺签字、发送廉政短信等方式,严明纪律规矩,营造风清气正的交通运输发展氛围。

五是制度保障更加健全。贵州省交通运输厅党委始终把制度建设贯穿于交通运输中心工作和党的建设之中,不断加强制度建设,完善党建工作相关制度,进一步扎紧制度笼子。修订完善厅机关工作规则,制定出台厅巡察工作制度。制定或修订了《中共贵州省交通运输厅委员会工作规则》《贵州省交通运输厅工作规则》等32项制度,坚持做到用制度管人、管事、管权。"十五"和"十一五"时期,也是贵州交通系统的制度建设期,省交通厅及下属单位制定了大量周密的管理制度和管理办法,涵盖了基础设施建设、行业管理、反腐倡廉建设、党的建设和精神文明建设等等方方面面,并通过狠抓制度落实,始终保持了公路、水路交通事业又好又快发展,树立了交通良好社会形象。

(二)行业精神文明建设不断凝聚发展力量

贵州省交通运输厅党委历来高度重视行业精神文明建设工作。多年来,厅党委认真贯彻落实中央关于加强社会主义精神文明建设的指示精神,在交通部、省委、省政府和省文明办的指导下,以建设"人民满意交通"为目标,以培育和践行社会主义核心价值观为主线,坚持创建为民、创建惠民,坚持统筹协调,夯实创建基础,坚持突出重点,强化人财物保障,积极营造浓厚的创建氛围,全面提升交通运输服务质量和水平,不断增强人民群众对交通运输体验的获得感和认同感,创建工作成效显著、亮点纷呈,行业软实力不断巩固和提升,为交通运输改革发展提供了思想保证,凝聚精神力量和提供智力支持,促进了交通运输健康有序发展。

"十五"期间,全省交通系统精神文明建设进入了一个新的发展时期,根据《全国交通行业精神文明建设"十五"规划》,贵州省交通运输厅制定下发《关于在全省交通行业深入广泛开展精神文明创建活动的意见》,成立了精神文明建设领导小组,大力开展"三学四建一创"创建活动,党政"一把手"亲自抓,分管领导具体抓,全面深化创建文明行业活动。"十一五"时期,全省交通运输行业紧紧围绕促进交通运输又好又快发展这个中心,以科学发展观为指导,深入开展"学、树、创"活动,以"学先进、树新风、创一流"活动为载体,贵州省交通系统以

"三学三改三提高、科学发展在身边"为主题开展了"八个一"活动。同时,广泛开展"当好主力军、建功十一五"、创建"工人先锋号""劳动关系和谐企业"、优秀船舶班组、"五型班组"及"六大"(建功立业大竞赛、百万职工大练兵、情系职工大维权、安全生产大督查、和谐企业大评比、温暖万家大帮扶)、"四保五好"(保质量、保安全、保工期、保效益和工程质量好、成本控制好、现场管理好、技术创新好、劳动关系好)等劳动竞赛活动,在交通运输管理和窗口服务部门,开展"整脏治乱"专项行动,开展文明样板路和文明样板航道创建活动、"文明伴我行、满意在交通"主题实践活动、"青年文明号"创建活动。在2008年在抗凝保通和汶川特大地震期间,努力践行"三个服务"要求,圆满完成各项救援保障任务,13个集体和27名个人受到交通部表彰。十八大以来,全省交通运输系统以"明礼知耻·崇德向善在交通"主题实践活动为总抓手,依托"文明在行动·满意在贵州"活动载体,深化"多彩贵州·最美高速暨平安高速""文明在行动·满意贵州行""三创三树""四好农村路"等精神文明创建活动,同时积极开展"高速公路、水运三年会战"、贵州高速公路建设攻坚、农村"组组通"公路决战等劳动竞赛,不断提升行业软实力,助推贵州交通改革发展、攻坚克难。

(三)贵州交通运输打造行业亮丽名片

贵州交通人驰而不息抓创建的辛勤汗水浇灌出了丰硕成果,2001年以来,贵州省交通系统获省直级以上表彰的单位(集体)共有545个次、个人共305人次,其中,"十一五"以来,厅层面共命名表彰先进基层党组织260个,先进党务工作者30人、优秀共产党员84人,贵州省交通系统还涌现出了陆义昌、吴秀实等交通系统优秀共产党员先进典型;精神文明建设方面,水城高速公路管理处等6个单位获"全国文明单位",赤水河狗狮子至合江段被评为"全国文明样板航道"。2015年至今,成功创建全国百佳示范服务区8对、全国优秀服务区36对、省级示范服务区10对、优秀服务区20对、示范收费站15个、优秀收费站30个,文明大道5条。2016年以来,贵州省交通系统共表彰文明单位19家、文明窗口(处室)30家、文明标兵34名,其中获省直级文明单位8家、文明窗口(处室)6家、文明标兵4名;统战群团方面,1人被评为全国劳模,13人被评为全国交通系统劳模,4人被评为全省劳模。创建国家级"青年文明号"11个,省级、省直级"青年文明号"98个。1人获全国先进工作者,5人获交通部先进工作者,89人获厅先进工作者。2人获全国五一劳动奖章,36家单位获省五一劳动奖状,190人获省五一劳动奖章,214个班组获省工人先锋号荣誉。

多年来,贵州省交通系统党的建设和精神文明建设工作始终坚持"围绕中心、服务大局",不断凝聚交通运输发展力量,助推中心工作开展。在省委省政府的坚强领导下,以"打造西南重要陆路交通枢纽"为指引,全省交通干部职工苦干实干、锐意进取,持续推进全省交通基础设施建设,公路水路固定资产投资连续超千亿,2013—2017年累计完成交通固定资产投资6400多亿元,是1978—2012年的35年间完成投资的2.8倍;高速公路三年会战圆满收官,2015年底,提前三年实现县县通高速公路目标,成为西部第一个、全国第9个实现县县通高速公路的省份;国省干道建设管养成绩喜人,"十二五"以来完成国省干道提等升级改造4000多公里,完成1万多公里国省干线公路管养工作,全力打造畅通、安全、便捷、舒适、美观的公路通行环境;农村公路三年会战加速推进,在全国率先实现建制村通硬化路和通客运,率先提出并启动农村公路"组组通",将彻底打通贫困地区交通基础设施的"最后一公里";水运三年会战全速推进,在全国首次提出"以航为主、航电结合、综合利用、协调发展"的发展理念,水运投资实现多项历史突破,全省通航里程达 4000 多公里,其中高等级航道里程达 850 多公里,位居 14 个非水网省(市)第一,改写了贵州无高等级航道的历史。贵州省马蹄河特大桥、坝陵河大桥获鲁班奖,北盘江特大桥、鸭池河大桥获"古斯塔夫·林德撒尔奖",形成了"世界桥梁看中国,中国桥梁看贵州"世界影响力和独特的贵州桥梁文化。在"十三五"期间,贵州省交通运输厅将紧紧围绕交通强国西部示范省建设和 2020 年同步全面小康目标,牢记嘱托,感恩奋进,推进党的建设和精神文明建设工作再上新台阶!

云南交通跨越发展的新时代新篇章

云南省交通运输厅

一、综述

满眼生机转化钧,天工人巧日争新。1978年12月召开了党的十一届三中全会,开启了中国改革开放的历史新征程。云南地处祖国的西南边陲,山高谷深、江河纵横,对内与西藏、四川、贵州、广西等四省区相接,对外与越南、老挝、缅甸等国家接壤,由于地理地形、历史和经济社会发展等原因,长期以来云南交通十分闭塞、发展较为滞后,"山间铃响马帮来"是云南交通发展的真实写照。

改革开放以来,在党中央、国务院的关心下,在云南省委、省政府正确领导下,在交通运输部的大力支持下,云南交通运输发展步入快车道,一条条高速公路穿越横断山、哀牢山、乌蒙山、高黎贡山,跨过金沙江、澜沧江、怒江、红河,成为云岭大地一道道壮美的风景,国际客运班线开通,高铁通达昆明、大理……云南交通人抢抓每一次发展机遇,敢于创新,勇于担当,在实践中进步,在创新中发展,不断书写着新的历史辉煌。面对"一带一路"建设的新机遇,云南边疆各族人民正在踏上彩云之路,走出深山峡谷,扬帆出海,走向世界。

40年来,云南交通运输行业大致经历了四个发展改革历程。

(一)党的十一届三中全会(1978年12月)至党的十四大(1992年10月)召开前的14年里,云南省交通运输行业处于艰难起步时期

这一时期,由于财力拮据和观念的桎梏,全省交通基础设施建设严重滞后,运输服务能力极度短缺,严重制约经济社会发展。为扭转落后局面,云南交通人解放思想,开拓进取,开启交通建设之路。一是扭转思想观念。1978年以后,改革开放的春风和解放思想让云南人形成了"要致富、先修路,要快富、修大路,借钱也要修公路"的共识,这些观念逐步成为各级党委、政府和全省各族人民追求的共同目标。二是探索交通投融资方式。1984年12月国务院出台了"贷款修路、收费还贷"的收费公路政策,为云南省交通基础设施发展引来了源头活水。三是开启道路运输市场化发展道路。1983年在交通部"有路大家行车、有水大家行船"开放政策的号召下,云南省推动道路货运由计划经济向市场化发展,道路货运业迎来了高速发展期,社会各界、大量个体私营货运业户迅速发展壮大。四是水路运输平稳发展。水路基础设施建设投入开始逐渐加大,实现了金沙江"从短航到长航"的历史性突破。

(二)党的十四大(1992年10月)至党的十六大(2002年11月)召开前的10年里,云南省交通运输行业深化改革开放,实现跨越发展

1992年,邓小平同志南方谈话,掀起中国改革开放的新高潮,也掀起了云南交通建设的第一

轮高潮。一是大力发展高等级公路。云南交通通过开展"解放思想,更新观念"大讨论,破除了对恶劣自然条件的畏难情绪,确立建设高等级公路的发展思路。1992年,云南提出"大干3年,基本完成6条干线公路改造任务"的重大决策,出台《关于加快公路建设的决定》,省财政每年投入5亿元用于公路建设,至1996年10月,云南第一条高速公路——昆明至嵩明高速公路建成通车,从此,云南高速公路实现零的突破,迈入高速时代。"九五"期间,亚洲金融危机爆发,云南抓住国家扩大内需的机遇,加快公路建设步伐,多条高速公路相继开工建设。二是建立高快客运市场管理制度。1997年,云南省交通厅出台《云南省高快客运发展思路及政策要点》《云南省高等级道路快速客运管理试行办法》,提出"依靠高等级公路,发展高快客运"的发展思路,高快客运和省际客运快速发展。三是推进政府职能转变。根据中央精简机构及政企分开的要求,云南省交通厅启动了较大规模的机构改革,按照省委、省政府深化国有企业改革的统一部署,28户省属交通运输国有企业移交属地管理。四是水运行业转变发展思路。水运行业逐步形成了以开发利用出境出省水路大通道,发展高原湖泊、库区水路旅游,建设区间"脱贫致富航路",解决好农村群众"出门难",搞好渡口运输等的发展思路,全面发展航运事业。

(三)党的十六大(2002年11月)至党的十八大(2012年11月)召开前的10年里,云南省交通运输行业以科学发展观为指导,积极探索现代交通发展之路

这一时期,云南省交通运输行业紧紧围绕全面建设小康社会的战略部署,以科学发展观为指导,积极探索发展现代交通。一是强化顶层设计。抢抓中央实施西部大开发和国道主干线建设的战略机遇,确立了"建设旅游大省、民族文化大省和建设国际大通道"三大战略目标,2002年11月,再次出台了《关于加快公路建设的决定》,提出了以"三纵三横九大通道"为主的云南高等级公路网建设目标。至"十一五"末,初步形成"七出省、四出境"公路通道的格局。二是初步形成多元化交通投融资体制。经过多年探索实践,云南省以车购税、燃油税两个专项资金为基础,以收费公路政策为支点,逐步形成了"中央投资、地方筹资、社会融资、利用外资"的多元化投融资格局,为公路交通发展提供资金保障。三是进一步规范道路运输市场。进入"十五"期间,云南省道路客运致力于整顿运输市场、规范经营行为、调整结构,2008年,云南省公路运输管理局印发《道路运输管理工作规范》的通知,运输市场秩序进一步规范。四是深化交通管理体制改革。按照大部门体制、构建综合交通运输体系的要求,抢抓成品油税费改革、政府机构改革的机遇,在省级层面构建了"一厅+6个专业管理机构"的构架,保障行业的平稳运行。五是推进交通全面协调可持续发展。云南交通提出了"市场化、集约化、生态化、社会化"的交通发展新思路,把绿化、环保、生态的理念融入公路建设,建设资源节约、环境友好型交通行业。

(四)党的十八大(2012年11月)以来,特别是十九大(2017年10月)以后云南省交通运输行业逐步迈入高质量发展阶段,开启交通强国云南篇章建设新征程

这一时期,云南省交通运输与经济社会的关系已经由"基本缓解"向"初步适应"跨越,迈入高质量发展阶段,开启交通强国建设新征程。一是不断完善交通运输发展战略决策。云南省立足于交通运输行业发展的阶段性特征,于2013年制定出台了《关于进一步加快高速公路建设的实施意见》。2015年1月习近平总书记在云南考察时指出,把云南建成面向南亚东南亚辐射中心，同年8月，云南省委、省政府出台《关于实施综合交通建设5年大会战（2016—2020年）的意见》，提出打好五大基础设施网络建设5年大会战，与把云南建设成为面向南亚东南亚的辐射中心相适应。2017年6月，云南省委、省政府研究决定在全省打一场县域高速公路"能通全通"工程攻坚战，围绕"五纵五横一边两环二十联"的高速公路网络总体布局，确保到2020年125个县市区通高速公路，全省高速公路通车里程达到1万公里。二是开启交通强国建设新征程。党的十九大提出了建设交通强国的宏伟目标，云南省交通运输行业在总结党的十八大以来交通运输发展成就基础上，于2018年开启新时代交通强国建设云南篇章的新征程，积极向交通运输部争取交通强国省域示范区建设。三是打好交通扶贫脱贫攻坚战。2014年3月、2016年9月、2017年12月，习近平总书记先后3次对"四好农村路"作出指示批示，云南省相继出台了《支持深度贫困地区交通扶贫脱贫攻坚实施方案》《云南省农村公路条例》《云南省人民政府关于加快推进"四好农村路"建设的实施意见》等，全面夯实了"四好农村路"建设工作基础，交通脱贫攻坚取得显著成效。四是提升运输服务保障能力。2017年，云南省政府发布了《云南省人民政府办公厅关于推进旅游客运转型发展的实施意见》和《关于推进道路客运转型升级的实施意见》，积极推进道路客运供给侧结构性改革，提升道路客运服务质量。同年4月，省政府还印发了《云南省高等级公路服务设施整治提升实施方案》，开展为期1年的服务区整治行动，服务区服务质量和水平明显提升。五是着力深化"放管服"改革。本着以法律为依据，应放尽放、能放则放，便民服务为原则，厅对行政审批事项进行了多轮清理，省交通运输厅审批事项已由2016年底的41个主项、77个子项精简为24个主项、49个子项；在原云南省公路开发投资公司基础上组建成立了省交通投资集团，按照省委、省政府推进经营性国有资产集中统一监管的要求，原省交通运输厅、省公路局下属的省交通规划设计研究院、省交通科学研究院、省公路监理咨询公司和省交通发展投资公司等56户企业整体划转并入省交通投资集团。

二、改革发展的重大成就

（一）交通基础设施建设跨越发展

截至1978年底，云南省公路里程仅为4.18万公里，无高等级公路，内河通航里程1263.5公里。1990年建成通车第一条高等级公路石林至安宁公路，1996年建成通车第一条高速公路昆明至嵩明高速公路。到2017年底，云南省公路通车里程24.25万公里，其中高速公路5022公里、一级公路1354公里、二级公路11941公里、农村公路19.58万公里，内河通航里程4294公里。公路通车总里程较1978年增长了5.8倍，年均新增6921公里，内河通航里程较1978年增长了3.4倍。2000年当年交通投资首次突破百亿元，达100.92亿元，2015年当年交通投资首次突破千亿大关，达1012.03亿元，从百亿到千亿的突破仅15年时间。

（二）公路客货运输服务质量攀升

2017年底，云南省公路客运量和旅客周转量分别为3.86亿人和308.27亿人公里，较1978年分别增长了14倍和22倍，公路客运实现了从"出行难"到"走得了"向"走得好"转变；2017年，全省拥有公路运营货运车辆60.35万辆，完成公路货运量和货运周转量分别为12.41

亿吨和1360.37亿吨公里,较1978年分别增长了16倍、40倍和72倍,公路货运实现了从"运不出"到"运得出"向"运得高效"转变。长期以来,全省公路运输在综合运输体系中均占主导地位,有力支撑了云南省经济社会较好较快发展。

(三)行业管理保障行业行稳致远

法治建设方面,立法工作取得积极成效,依法行政工作能力水平不断提升,执法队伍建设不断加强,为行业的发展提供了强有力的法治保障;管理体制方面,初步建立围绕"大部门体制、构建综合交通运输体系、全面深化改革"要求,适应新时代云南交通运输发展的行业管理体制机制;投融资体制机制方面,基本形成多元化交通投融资体制,进一步深化交通投融资体制改革,为全省交通基础设施建设提供资金保障;安全生产管理方面,通过创新安全监督管理机制体制,深化安全管理制度建设,加大安全生产投入,强化监督管理实效,为公路建设发展提供了强有力的支撑;综治维稳方面,紧紧围绕"维护稳定、服务发展",着力于防风险、补短板、解难题,创新工作理念、体制机制、方法手段,实现了全省交通运输系统平安和谐稳定;应急管理方面,改革开放初期建立以灾害应对为主的传统应急体系、进入21世纪后建立"一案三制"体系、党的十八大后健全综合应急管理体系;技术政策及标准建设方面,建立了云南省交通运输标准化技术委员会办公室,下设11个专业技术委员会。出台了《云南省交通运输行业标准管理办法》,建立了"主管部门间横向联合,行业内上下联动,统一协调,行之有效"的管理制度。通行费征收方面,呈现出通行费收入持续增长、收费政策体系日益完善、收费方式不断革新等特征,为服务群众多样化出行需求及降本增效做出贡献。

(四)交通科技助力行业创新发展

科技创新外延不断扩展。从国省干线建设到农村交通改扩建示范、从等级航道建设到库湖区水运设施发展,从客运站场建设到新能源车辆的使用,无时不体现交通人勇于创新善于创新的胆识。公路建设创新发展内涵理念不断深化。从以实体工程建设为主,到推进提升文化景观路、经济致富路、民族团结路、生态环保路、旅游观光路、低碳节能路等示范,交通运输环境友好程度逐步改善路,取得显著成效。管理服务水平快速提升。从以满足日常管理软件开发使用,到重点为满足公众出行服务的"七彩云南智慧出行"系统投入运行,"联网售票"和"一卡通"建设,信息化基础设施进一步完善,行业协同管理、公众信息服务水平不断提升。科技创新成果丰硕。创新体系建设初见成效,近20年来全行业共获得国家科技进步奖3项、省科技发明奖2项、省科技进步奖160余项。

(五)对外开放合作取得长足进展

澜沧江—湄公河国际航运成为合作共赢的典范,从1989年云南省与老挝政府签订了中老联合考察和开发上湄公河国际航运的协定,到2001年中、老、缅、泰四国在景洪港举行了正式通航仪式,澜沧江—湄公河航运进入发展的快车道;从1993年我国与老挝签署政府间汽车运输协定开始,在各级政府的共同努力推动下,2018年3月,大湄公河次区域六国政府共同签署了《关于实施〈便运协定〉"早期收获"的谅解备忘录》,从2018年8月1日起,中、老、泰、柬、越五个国家的客货运输车辆持GMS行车许可证和暂准入境单证便可在规定的运输线路上通行。

(六)党建引领助推精神文明建设

党建方面,在省委和厅党组的坚强领导下,党建工作紧紧围绕强化党的建设这一核心,着力"服务中心、建设队伍"两项任务,牢牢把握加强党的执政能力建设、先进性和纯洁性建设这条主线,坚持解放思想、改革创新,坚持党要管党、从严治党,以改革创新的精神和求真务实的作风全面推进党的政治、思想、组织、作风、纪律建设;精神文明建设方面,坚持物质文明建设和精神文明建设"两手抓、两手都要硬"的战略方针,以建设文明交通引领精神文明建设新实践。把精神文明建设贯穿改革开放和发展全过程,纳入全省交通运输跨越式发展总体布局,全面开展精神文明建设各项工作。

三、改革发展的基本经验

(一)必须抢抓机遇,积极争取中央支持,用好用足各项政策,大力发展交通

纵观40年云南交通发展历程,每一次交通发展高潮都离不开对重大机遇的把握。"九五"期间,抓住国家扩大内需的机遇,大力推进公路建设;"十五"期间,抓住中央实施西部大开发和国道主干线建设的战略机遇,着重发展高等级公路;"十二五"期间,抓住国家"一带一路"倡议,大力推进通道建设;"十三五"以来,抓住乡村振兴和"四好农村路"的发展机遇,使全省农村公路基础设施得到了快速发展。可见,牢牢把握发展战略机遇,积极争取支持政策,可极大促进交通行业的发展。

(二)必须注重顶层设计,用科学的规划指导发展,使发展方向明确、发展节奏合理、举措有力

纵观40年云南交通发展历程,着力加强交通发展战略、发展规划和发展政策的研究。从"十五"期间"三纵三横九大通道"为主的高等级公路网布局,到"十一五"末的"七出省四出境"公路通道,再到"十三五"的"五纵五横一边两环二十联"的高速公路网络,不断完善公路网络布局,使发展的蓝图更加清晰,发展的方向更加明确。此外,云南还相继制定了水路运输、农村公路等发展规划,使交通运输发展更加全面、更加协调。

(三)必须充分调动各方积极性,营造交通发展的强大合力

纵观40年云南交通发展历程,只有充分发挥中央、地方和人民群众的积极性,交通才能得以真正的发展。中央层面在政策指导、资金补助等方面给予云南大力的倾斜支持;省级政府在战略决策、顶层设计、资金补助等方面大力支持交通发展;地方政府在征地拆迁、组织协调、资金配套等方面做了大量富有成效的工作;社会组织也积极参与云南省交通建设;广大人民群众理解了"要致富、先修路"的内涵,积极投身于交通建设。可见,只有充分调动各方积极性,形成合力,才能推动交通事业发展。

(四)必须坚持创新发展理念,坚持"科教兴交"和"人才强交"战略,引领行业发展

纵观云南交通40年发展历程,依靠科技进步和人才培养,是交通可持续发展的客观需

要。全省交通系统在交通基础设施的建设、养护与运营、管理中,推广应用新技术、新工艺、新材料、新设备和先进成熟的科技成果外,结合不同时期建设的不同路段的地形、地质、水文、气候的实际问题开展科技创新,实施科技攻关,引领行业的发展。科技创新工作在发展中提升,在实践中进步,在研究中拓展,不断书写着新的辉煌。

(五)必须坚持全面深化改革,充分发挥市场主体的积极性

纵观40年云南交通发展历程,积极推动减政放权和"放管服"改革,着力培育公路水路建设市场和道路运输市场,坚持大众创业、万众创新,把充分发挥市场在资源配置中的决定性作用与更好地发挥政府的作用结合起来,让人才、资本、技术等资源要素充分聚积,不断提升交通运输发展的质量和水平。

四、基础设施成就

(一)公路基础设施成就

1.改革开放初期(1978—1990年)是云南省公路建设艰难起步阶段

1978年,全省公路通车里程为4.18万公里,为1949年末的15倍多,其中,等级公路2.4万公里。1984年,云南省抓住国家"以工代赈"的机遇,贯彻"民办公助""民工建勤"的方针,掀起了县乡公路建设高潮。1986年,云南抓住了国家补助,地方新建、改建国道和经济干线公路的机遇,对干线公路按高等级技术标准进行改造。1990年12月建成了石林至安宁一、二级公路120公里,实现了云南高等级公路零的突破。截至1990年底,全省公路里程为5.65万公里。

2."八五"期间(1991—1995年)是云南省公路建设快速发展阶段

1992年,云南省提出"大干3年,基本完成6条干线公路改造任务"的重大决策,出台《关于加快公路建设的决定》意见,截至1995年底,全省公路里程为6.82万公里,5年共完成交通建设投资80.17亿元,是"七五"期间投资的4.86倍。

3."九五"期间(1996—2000年)是云南省公路建设提速发展阶段

1996年10月25日,云南省第一条高速公路——昆明至嵩明高速公路建成通车,实现了云南高速公路零的突破。2000年,全省交通建设完成投资达104.34亿元,首次突破百亿元。截至2000年底,全省公路里程为16.36万公里,为全国第一,其中,高速公路里程为517公里。全省农村公路总里程超过9.1万公里,1570个乡镇实现100%通公路,13449个建制村13184个通公路,通达率98.03%。5年共完成交通建设投资382.42亿元,是"八五"期间投资的4.77倍。从此,云南公路交通建设以前所未有的速度向前迈进,步入高等级化到高速化再到建设国际大通道的发展过程。

4."十五"期间(2001—2005年)是云南省公路建设飞速发展阶段

"十五"期间,国家先后实施扩大内需、西部大开发、国道主干线改造、通县油路、县际油路和通畅通达工程。云南省委、省政府做出了"把云南建设成为中国连接东南亚、南亚国际大通道"的战略决策,2002年11月,再次出台了《关于加快公路建设的决定》,提出以"三纵三横九大通道"为主的云南高等级公路网建设目标,云南公路建设实现多项历史性突破。截至2003

年底,云南省高速公路突破 1000 公里大关。截至 2005 年底,全省公路里程为 19.45 万公里,其中,高速公路里程为 1424 公里,居全国第 13 位。5 年共完成交通建设投资 790.75 亿元,是"九五"期间投资的 2.07 倍。

5. "十一五"期间(2006—2010 年)是云南省公路建设跨越发展阶段

截至 2010 年底,全省公路里程为 20.92 万公里,其中,高速公路里程为 2630 公里。全省农村公路总里程达 17.6 万公里,1342 个乡镇实现通硬化路 1210 个,通畅率达 90.16%。5 年共完成交通建设投资 2042.26 亿元,是"十五"期间投资的 2.58 倍。"十一五"期间,云南省初步形成"七出省、四出境"通道格局,中越公路通道、中老泰公路通道、中缅公路通道和南亚公路通道,国内段全部实现高等级化,通向邻近省区的 7 条出省通道,除滇藏线外基本实现了高等级化,为全省经济社会发展提供了良好的公路运输条件。

6. "十二五"期间(2011—2015 年)云南省公路建设逐渐迈入高质量发展阶段

2012 年 1 月,云南省委、省政府提出了开展南北大通道建设攻坚会战的目标任务,提出利用 3 年的时间打通云南南北大通道瓶颈路段,实现云南省"饮马长江,挥师两洋,通江达海,八面来风"的战略格局。2013 年,云南省政府制定出台了《关于进一步加快高速公路建设的实施意见》,在全省掀起高速公路 3 年建设高潮。2015 年 1 月习近平总书记在云南考察时指出,云南要"主动服务和融入国家发展战略,闯出一条跨越式发展的路子,努力成为我国民族团结进步示范区、生态文明建设排头兵、面向南亚东南亚辐射中心,谱写中国梦的云南篇章",同年 8 月,省委、省政府出台《关于实施综合交通建设 5 年大会战(2016—2020 年)的意见》,提出打好五大基础设施网络建设 5 年大会战,与把云南建设成为面向南亚东南亚的辐射中心相适应。

截至 2015 年底,全省公路里程为 23.60 万公里,其中,高速公路里程为 4005 公里,高速公路网络"七出省、五出境"通道格局基本建成,13 个州市及 72 个县区通高速公路;一、二级公路里程为 1.20 万公里,123 个县通二级以上公路,普通国省干线公路路面铺装率达 95%。全省农村公路总里程达到 20.3 万公里,实施溜索改桥 181 座,乡镇通畅率达 100%,建制村通畅率达到 75%,较"十一五"末提高 50 个百分点,农村群众出行条件明显改善。5 年共完成交通建设投资 3441.79 亿元,是"十一五"期间投资的 1.69 倍,其中,2015 年当年交通投资首次破千亿元大关。

7. "十三五"以来(2016 年至今),特别是十九大以后云南省开启交通强国建设云南篇章新征程

2017 年,全省交通运输行业紧紧围绕省委、省政府的决策部署,深入贯彻落实交通运输部党组书记杨传堂在云南乌蒙山片区交通扶贫及"四好农村公路"调研工作座谈会和阮成发省长在省交通运输厅调研时讲话精神,在全省打一场县域高速公路"能通全通"工程攻坚战,围绕"五纵五横一边两环二十联"的高速公路网络总体布局,确保到 2020 年 125 个县市区通高速公路,全省高速公路通车里程达到 1 万公里。2014 年 3 月、2016 年 9 月、2017 年 12 月,习近平总书记先后 3 次对"四好农村路"做出批示,云南省积极争取交通运输部对集中连片特困地区的补助政策支持,制定了《支持深度贫困地区交通扶贫脱贫攻坚实施方案》,在确保建制村通硬化路的基础上,稳步推进"直过民族"地区人口较少民族地区和沿边地区较大人口自然村通硬化路建设,启动实施了 27 个深度贫困县 50 户以上不搬迁自然村通硬化路工程,有针

对性地实施一批扶贫路、资源路、产业路,有力带动了沿线特色种养业、农村电商、客货运输、乡村旅游等产业的发展,交通运输服务脱贫攻坚取得显著成效。

截至 2017 年底,全省公路通车里程达 24.25 万公里,居全国第 5 位,是 1978 年的 5.80 倍,年均增长 4.61%。按行政等级分,国道 1.95 万公里,省道 2.39 万公里,县道 5.11 万公里,乡道 10.66 万公里,村道 3.81 万公里,专用公路 3341 公里,农村公路(县道以下公路)通车里程增长了 8.27 倍,年均增长 5.57%;按技术等级分,高速公路 5022 公里,一级公路 1354 公里,二级公路 1.19 万公里,三级公路 8937 公里,四级公路 18.13 万公里,等外公路 3.40 万公里;按路面等级分,高级路面 13.37 万公里,次高级路面 7488 公里,无铺装路面 10.66 万公里。全省 129 个县全部实现通等级公路,125 个县实现通二级及以上公路;14077 个建制村全部通硬化路,通硬化路率达 100%;1371 个乡(镇)中,1298 个通等级公路,通等级率为 94.67%;14126 个行政村 13599 个通等级公路,通等级率为 96.27%。

2018 年,"十三五"规划中期评估中,在全国各省区规划被调减的大背景下,云南省实现了涉及云南的楚大、弥玉、玉楚、昭金、江召等 5 条高速公路项目全部获批的目标,还增加了文山至天保、金沙江沿江高速连接线及桥梁等 2 个项目。云南省积极向交通运输部争取到了交通强国省域示范区建设的支持、指导,初步确定了"一带一路"倡议支点、民族地区交通普惠发展、美丽公路建设、旅游交通融合发展等示范方向。2018 年上半年,全省交通固定资产投资 918.33 亿元,全国排名第一;82 个"十三五"规划高速公路项目中,已建成通车 17 个;已建成农村公路 5679 公里,为云南决战脱贫攻坚、决胜全面小康、实现跨越发展提供了坚实的交通基础保障。

(二)水路基础设施成就

20 世纪 90 年代是云南省水路基础设施建设投资最多、步伐最快的 10 年,共投入建设资金 36867 万元,新开辟航道 436 公里,新建成码头 11 个;改善渡口 294 处,更新渡船 184 艘。特别是"九五"期间,按照建设出省出境水运通道和以开通澜沧江—湄公河国际航运为重点,抓好"两江三湖"港航基础设施建设的要求,共争取港航建设资金 2.15 亿元,比"八五"期增加 1.53 亿元,是"八五"期的 3.47 倍。新增航道里程 257 公里,全省通航里程达 1581 公里,改造渡口 85 道、渡船 20 艘。

"十五"期间,云南省水路工作紧紧围绕加快出省出境水运大通道建设及加强乡镇渡口改造的水运建设目标,完成了上(驶入)湄公河航道整治、澜沧江曼厅大沙坝航道整治、景洪港、思茅港、关累码头一期、金沙江石鼓—虎跳峡航运综合开发建设一期、南盘江天生桥库区、澜沧江大朝山库区、金沙江新滩码头等港航基础设施建设工程,启动了澜沧江Ⅴ级航道建设工程及海事支持保障系统建设,共完成投资 3.03 亿元,是"九五"期完成投资的 1.4 倍;新增航道里程 1184 公里,通航里程达 2764 公里,新建港口码头 11 个,停靠点 100 多个,改善渡口 100 多道。

"十一五"期间,云南省紧紧抓住国家推进长江、珠江黄金水道开发建设战略和"桥头堡"战略以及云南省实施国际大通道建设的有利时机,水路基础设施建设全面提速,累计完成投资达 6.3 亿元,开创了历史以来的巨大突破,较"十五"期的 2.8 亿元翻了一番。其中,澜沧江Ⅴ级航道一期工程 2010 年建成投产,景洪港勐罕港区工程 2008 年开工建设,关累码头二期工程 2010 年建成完工，景洪电站升船机 2011 年开始试运行，思茅港淹没还建工程完工，向家坝翻坝转运建设工程 2009 年完工投产，水富港扩建工程 2010 年完工开港，富宁港建设工程 2010 年完成主体工程。通航里程大幅增长，截至 2010 年底，全省内河通航里程达 3109 公里，较"十五"末增加了 345 公里。

"十二五"期间，云南水路建设投资首次突破 20 亿元，累计完成投资 21.41 亿元，是"十一五"期的 3.2 倍。重点实施了澜沧江Ⅴ级航道建设二期工程、澜沧江中缅界河 31 公里Ⅴ级航道建设工程、金沙江中游库区航运基础设施综合建设一期工程、水富港扩建工程等 14 个项目。新增航道 1090 公里，通航里程达 4200 公里，其中Ⅳ级以上航道增加 969 公里，达到 1334 公里；重点航段通航率达 90% 以上。

"十三五"期间，云南省水路建设以实施"十三五"规划和交通基础设施建设 5 年大会战为重点，新开工建设金沙江中游库区航运基础设施综合建设项目二期工程和水富港扩能工程项目，中、老、缅、泰四国政府联合开展了澜沧江—湄公河航道二期整治工程前期工作，拟对上（驶入）湄公河中缅 243 号界碑至老挝琅勃拉邦河段 631 公里航道，按通航 500 吨级船舶标准建设，有序推进金沙江中游库区航运基础设施综合建设项目一期工程、小湾库区和糯扎渡库区航运基础设施等 6 个纳入 5 年大会战的建设项目。经过 40 年的发展，全省内河通航里程从 1978 年的 1263.5 公里增长到 2017 年的 4293.82 公里，重点建成了金沙江高等级航道、澜沧江国际航道和众多湖（库）区航道等；码头泊位从 2 个增长到 198 个，港口从 0 个增长到 12 个，重点建成了水富港、大理港、富宁港等内河港口和景洪港、思茅港、关累港等对外开放港口，逐步形成了出境出省水路大通道，主动服务"一带一路"倡议。

（三）城市交通基础设施成就

改革开放 40 年来，云南省城市交通基础设施不断完善，服务网络不断扩大，有效解决群众出行问题。截至 2017 年底，全省公交运营线路共 2168 条，运营线路总长 4.62 万公里，公交调度指挥中心 21 个，拥有停保场面积 122.89 万平方米，公交进场率达 90%，城市公交运营车辆为 1.57 万辆，其中，新能源清洁能源车 5811 辆，占车辆总数的 36.91%，公共交通线网密度、站点覆盖率不断提高，车辆装备不断改善，公共交通的服务效率明显提升。目前全省 16 个州市政府所在地城市公交卡已形成互联互通。此外，新能源、新燃料、高标准的节能环保型车辆也日益受到各级政府的关注，各地纷纷采取多种措施促进车辆装备升级换代，新能源公交车辆比例不断上升。

以昆明市为例，昆明城市公交营运车辆由 1980 年 312 辆增长到 2017 年的 8400 辆，营运线路由 34 条增长到 1156 条（其中，主城城区公交线路 478 条，县区城乡公交线路 678 条），运营线路总长由 1062 公里增长到 8000 多公里，初步构建起线路成网、层次分明、有机衔接、协调发展的城市公共汽车运营网络。

昆明地铁自 2008 年 12 月破土动工，地铁 1、2 号线首期工程试验段启动，自开工建设以来，至今累计开工建设 11 条线（包括支线和延长线），累计开工建设 236 公里，154 座车站。已经建成 1、2 号线首期，1 号线支线，3 号线一、二期和 6 号线一期。2012 年 6 月 28 日，配合昆明长水国际机场正式启用，昆明主城交通大动脉再次向东延伸，昆明地铁 6 号线一期也于当天正式投入观光试运行，以达到立体交通无缝对接，昆明成为全国第 17 个拥有地铁的城市。

随着2014年4月30日昆明地铁1、2号线首期工程通车试运营,路线从北部汽车站直达呈贡大学城,昆明迎来了"地铁时代",以轨道交通为骨干、常规公交为主体、出租车为补充、慢行交通为延伸的一体化都市公交体系已基本形成。目前6号线一期、首期工程1、2号线、1号线支线、3号线等4条线路投入运营,十字骨干路网已形成,成为连接主城与机场、主城与高铁站、主城与东、南、西、北四大客运站换乘的轨道交通大动脉。目前,运营里程88.76公里,车站57座,在全国已开通轨道交通城市(含4个直辖市)中排名第14位。

昆明市城市公共交通客运体系可满足360万人次的日均出行需求(公交250万人次、地铁60万人次、出租50万人次),公共交通机动化出行分担率达到了57.09%,基本形成了以"轨道交通和快速公交为骨干、常规公交为主体、支线公交和出租车为补充、慢行交通为延伸"的一体化公交都市体系。昆明市轨道交通运营里程预期在2020年将达到186公里。

红河州滇南中心城市群现代有轨电车示范项目正式开工建设,完成投资3.2亿元,目前单线全长13.3公里的示范工程段正在抓紧时间建设,已进入联调联试阶段。

五、运输服务成就

(一)客运服务

1.道路客运迅速发展

改革开放初,云南省道路客运快速发展。夜班车、白夜班车及卧铺车的出现,改变了客车一律"昼行夜宿"的常规,极大提高了长途客运出行效率。1985年6月,西南片区汽车客运及零担货物运输协调会议在昆明召开,新开辟了从云南到各省(区)客运线路41条,经过与毗邻各省保持长期沟通,陆续解决了客流不稳定、协议难实现等问题。截至1998年,全省跨省超长客运已辐射8个省、市、自治区。

"十五"至"十二五"期间,云南省道路客运进入高速发展期。跨省运输方面,2003年11月,广东、贵州、云南等九省市的交通部门协议组成泛珠江三角洲经济区域道路运输一体化联合体,进一步促进了区域经济、区域交通旅游运输的发展。省内运输方面,"十五"末,以昆明为中心的高速公路快速客运已覆盖到其他15个州、市,基本实现了城乡群众由"出行难""乘车难"向"走得了""走得好""走得舒适"的转变。截至2015年底,全省道路客运线路班次为6486条,其中跨省355条,跨地市1124条。

"十三五"以来,云南省道路客运向"智慧交通"转变。先后开通了客运联网售票、微信购票和二级以上客运站免费WiFi,进一步保障日常客运与"春运""黄金周"等客运高峰服务能力。到2017年底,云南省道路客运线路班次为6557条,其中跨省351条,跨地市1113条,全省年客运量3.86亿人,年旅客周转量208.27亿人公里,实现了旅客运输服务稳定发展。

2.水路客运顺利转型

改革开放初期(1978—1990年)云南水路客运稳步发展。水路旅客运输主要在金沙江、澜沧江两江,滇池、洱海、抚仙湖三湖开展。全省参与运输的个体船舶在全省船舶总数中占45%,形成国营与个体分庭抗礼的局面。据1986年6月不完全统计,全省有民间渡口741道,渡船850只,年渡运乘客800万人次,渡口运输成效突出。

"八五"至"十五"期间(1991—2005年),云南水路客运进入了生产重点转移和结构调整阶段。滇池、洱海、抚仙湖、澜沧江由传统的水路旅客运输转为水路旅游运输。在云南省把旅游作为支柱产业后，水路旅游得到全面、全方位发展，逐步形成了以开发利用出境出省水路大通道，发展高原湖泊、库区水路旅游，建设区间"脱贫致富航路"，解决好农村群众"出门难"，搞好渡口运输等的发展思路，航运事业全面发展。

"十一五"以来（2006年至今），云南水路客运进入快速增长期，运输服务供给能力大幅提高。"十一五"期间，全省累计完成水路客运量3171万人次，客运周转量8.26亿人公里，较"十五"期间分别增长63.89%和61.13%，增长速度较快；"十二五"期间，全省水路运输调结构、稳增长，不断培育新的增长点，运量实现逐年增长；"十三五"开局的两年间，水路客运量从1255万人增长到1299万人，客运周转量从2.7亿人公里增长到2.88亿人公里，同比增长8.47%和5.25%，维持平稳增长态势。红河、文山等非水网地区经过长期开发，形成了建水燕子洞、开远南洞、弥勒湖泉公园、丘北普者黑等风景旅游区，水域旅游客运兴旺发展。

3.客运站场提升改造

改革开放后，交通部对云南省车站建设加大了资金补助，1987年起，开征公路建设基金（客票附加费）用于车站建设，昆明市东菊、北站、塘子巷、潘家湾、南窑客运服务中心（站）先后成立。在昆明市的带动下，各地、州、县运输企业普遍开始自建客运站，非交通部门的国营、集体单位经过批准后也自筹资金建立客运站或客运服务站。20世纪90年代，随着云南省经济社会的进步发展，客运站开始初具规模，场地能容纳十几辆车，拥有少量的检票口、售票窗口和发车位。

"十五"以来，随着城市化进程的不断加快，大部分客运站外迁，新建成的标准化客运站成为不少州市的地标，宽敞的停车场、高大明亮的候车大厅、科学规范的管理、热情周到的服务、安全舒适的空调车，极大地方便了居民出行。截至2017年底，全省16个州市府一级站建成覆盖率为87.5%，129个县（市、区）二级及以上客运站建成覆盖率为82.9%，1369个乡镇建有乡镇客运站建成覆盖率为83.8%。全省共有客运站850个，其中一级客运站43个、二级客运站85个、三级客运站59个、四级客运站375个、五级客运站288个、招呼站及简易站311个。40年来，全省客运站完成了从无到有、从小到大、从落后到先进的飞跃，更好地满足人民群众安全便捷出行的需求。

4.农村客运深度发展

改革开放40年来，云南省致力于补齐农村客运发展的短板。2004年，丘北县根据农村具体条件，探索出较完整的农村客运模式，得到了云南省交通厅、省政府的重视并在全省进行推广。随着农村地区客运模式的成熟应用与公路状况改造提升，农村客运得到了前所未有的发展，截至2017年末，全省农村客运班线已达4775条，较2009年底2829条增加1946条；乡镇通班车率达100%，较2009年底的99.23%增加0.77个百分点；行政村通班车率达89.66%，较2009年底的67%增加22.66个百分点，有效满足了农村地区人民日益提升的出行需求。

5.客运市场规范整顿

改革开放40年来，为了规范公路客运发展，云南省道路客运在整顿道路运输市场、规范经营行为、调整结构等方面进行了长期努力。1996年10月，云南省对客运市场整顿作了具体的部署和要求，"车进站、人归点、站管车、服务好"的要求逐渐落实，同时提出"依靠高等级公路，发展高快客运"的发展思路，引导企业开发超长客运和高快客运，并对准入条件、开行线路、班次、营运做出明确规定并实施行为规范。2003年,根据交通部《道路旅客运输业经营资质管理规定(试行)》,强化运输企业资质管理,实施道路旅客运输企业按经营资质等级经营相应客运线路规定。2005年,云南省颁布了《云南省道路客运班线经营期限管理办法》和《云南省道路客运班线经营权服务质量招投标管理办法(暂行)》,为建立客运市场进入、退出机制提供了有效的政策支持,经营权终身制的"顽症"得到突破。2008年10月,云南省印发了《道路运输管理工作规范》,对道路旅客运输经营许可、客运车辆管理等方面做出相关规定。

进入"十三五"以后,综合运输体系的快速发展使传统道路客运经营竞争压力加剧,转型发展迫在眉睫。云南省发布了《云南省人民政府办公厅关于推进旅游客运转型发展的实施意见》和《关于推进道路客运转型升级的实施意见》,以满足人民群众多样化出行需求为目标,在旅游市场专项整治中对旅游客运转型升级提出了明确的要求,积极推进道路客运供给侧结构性改革、资源配置改革和监管制度改革,提升道路客运发展质量、服务效能和综合治理能力,努力打造道路客运升级版,大力推行实名制购票,让人民群众共享更安全、更便捷、更经济、更舒适的出行服务。

(二)货运服务

1. 公路货运迅猛发展

改革开放40年来,云南省道路货运飞速发展的关键时期,国家改革开放深度与广度不断推进,推动道路货运由计划经济向市场化发展,道路货运行业发生了翻天覆地的变化,运力供给较快增长,运输效率大幅提高。1978年,全省共有货运车辆3.84万辆,完成货运量1423万吨、货物周转量17.42亿吨公里,经过40年的发展,2017年,全省拥有道路运营货运车辆60.35万辆,完成货运量12.41亿吨、货物周转量1360.37亿吨公里,分别为1978年的15.71倍、87.21倍和78.09倍。

2. 水路货运持续增长

改革开放40年来,水路运输实现了多方位开拓发展,金沙江沿线航运公司及水运司船队顺江而下,实现了金沙江"从短航到长航"的历史性突破,开辟了自云南省绥江、水富到长江沿线港口航线,开创了绥江至上海2884千米全国最长内河直达航线的记录。40年来,水路年货运量从1978年的93万吨增长到2017年的666.5万吨,货运周转量从2402万吨公里增长到16.21亿吨公里,分别增长了71.67倍和67.49倍。"十三五"期间,金沙江—长江长途货运发展势头良好,水富港进港船舶达4000~7000吨级,内河港口与对外开放港口呈现欣欣向荣之态。

3. 场站渡口建设快速提升

随着国家加大对公路客货运站场建设的投资力度,截至2017年底,全省共有货运站28个,其中一级站3个、二级站1个、三级站7个、四级站17个。2004—2017年,中央及省共安排15亿元用于补助客货运站场建设,其中交通运输部安排10.5亿元,省预算安排4.5亿元;共下达计划总数6800余个,其中包含物流园区、州市府一级站、县级客运站、乡镇客运站及建制村招呼站各类建设项目。

随着全省水运基础设施投入的增长与航道建设快速发展,为有效保障水路运输安全,2005年9月,云南省开展了渡口渡船安全管理专项整治活动,截至2012年底,部省共补助整治或维护资金6270万元,下达计划改造渡口512道,完成渡口改造任务391道,其中渡改桥36道,撤销渡口76道。水运标准化建设方面,截至2018年7月底,渡口、库湖区船舶标准化更新省级财政补助资金近6000万元,完成船舶标准化更新改造600余艘。

4. 道路货运加快转型升级

"九五"以来,云南省道路货物运输企业兼并重组步伐加快,共组建16户具有一定规模的区域性运输集团,企业朝着专业化、规模化和规范化的方向发展,货运市场企业抗风险能力明显提高,运输企业结构调整取得较好成效。"十二五"以来,货运转型升级步伐加快,信息化程度显著增强,先后开展了建设云南道路物流公共信息平台、公路甩挂运输试点、多式联运试点、无车承运人试点等各项工作,形成以现代物流服务为特征的道路货运网络,大力发展干线快速货运、网络物流与运输、集装箱运输等专业化运输服务,一体化和个性化需求物流服务能力持续加强,在促进货运转型升级方面取得了积极成效。

(三)运输装备

1. 公路运输装备现代化、专业化、大型化水平升级

1978年,云南省共有客运车辆7339辆、货运车辆3.84万辆,车型结构主要以万国牌、东风牌等主流客车与2~5吨普通栏板货车为主;畜力车3.18万辆、人力车2.26万辆,驮畜十万余匹。经过改革开放40年的发展,人力、畜力运输退出历史舞台,旅客运输从中小客车散运转向大型、高级车辆集约运输,货运运力结构向厢式化、集装箱、多轴重型的甩挂运输车车辆发展,货运车辆专业化程度大幅提高。全省道路运输车辆得到迅猛发展,截至2017年底,道路营运车辆已达65.30万辆,其中,货运车辆60.35万辆,客运车辆4.95万辆;城市客运方面,公共汽电车1.57万辆,出租汽车2.96万辆。运输装备逐步向高级、低耗、低排放和新能源等方向发展,至2017年底,全省高、中级客车在客运车辆的比重达到42.87%,其中,高级客车占20.55%,中级客车占22.32%。

2. 水路运输装备服务能力不断增强

从1978年至2017年底,云南省运输船舶从31艘增长到1240艘,载重量从569吨增长到156576吨,载客量从2172客位增长到28778客位,船舶总功率从4375千瓦增长到125038千瓦,运输能力得到长足提升。

六、行业管理成就

(一)法治建设

1. 立法制度改革逐步完善

40年来,云南省先后出台了《云南省道路运输管理条例》《云南省路政管理条例》《云南省收费公路管理条例》《云南省农村公路条例》《云南省交通运输工程造价管理办法》及《云南省水上交通安全管理办法》等法规和规章;完成了《云南省公路路政管理条例》的修订工作,于2018年10月1日施行。这些法规和规章的出台实施,为云南省交通运输厅依法履行行业管理和服务职能提供了有力的制度保障。

2. 依法行政能力不断提升

40年来,圆满完成了普法工作任务,制订印发了法治宣传教育五年规划,落实"谁执法谁普法"的普法责任制;制定了《云南省交通运输厅重大决策合法性审查规定》,成立了法律顾问室,使法律顾问单位能够在省级经营性国有资产集中统一监管、交通运输投融资体制改革、厅行政复议案、民事诉讼案等事项上依法依规提出法律咨询意见,极大程度地提升了交通运输决策合法化水平;成立了云南省交通运输厅行政审批处,实行"一颗印章管审批"工作制度;制定了《云南省交通运输厅"双随机一公开"实施细则》,建立随机抽查事项清单、检查对象名录库和执法检查人员名录库,为实现"一次检查、全面体检"的目标打牢基础。

3.执法队伍建设不断加强

40年来,整合了执法队伍,于2009年5月成立了省公路路政总队;严格落实了执法主体资格公告制度,进行了厅属具有执法职权的运政、路政、海事航务、质监和造价机构执法主体的公告;落实了执法人员资格管理制度,在全省交通运输系统推行行政执法人员资格管理制度,实行新进执法人员凡进必考制度;加大了执法人员年度法治培训力度,每年对证件到期和新取证的执法人员组织业务培训和考试;建立了交通运输执法人员资格管理系统、考试培训系统、执法办案系统和执法评议考核系统。

(二)管理体制改革

1.1978—1988年机构复杂,政、事、企合设阶段

为适应经济社会发展和行业管理的需要,云南省成立了公路建设、公路运输、内河运输、交通工业、交通监理、交通技术和教育等方面的专门机构,先后调整设立了省交通工业公司、云南省公路局、省交通厅汽车运输公司、交通职工疗养院、省交通厅公路养路费征收稽查处等负责项目建设、公路施工、道路运输及交通征费的专门管理机构。省属管理机构和地县交通部门都经历了多次分设与合并,但仅仅局限于对企事业的放放收收,对机构的分分合合,未能跳出集中管理、直接干预的模式,交通部门宏观管理机构始终未能健全。

2.1988—2003年机构精简,政、事、企初步改革阶段

根据经济社会发展以及行业管理的需要,先后组建了云南省公路运输管理局、思茅港务监督局、西双版纳港务监督局和云南省航务管理局;先后成立了昆瑞、昆磨、东部高速公路路政管理支队,设立了云南省首家股份制高速公路经营企业——云南省曲陆高速公路开发有限公司,顺利实现了云南省交通勘察设计院、云南省交通科学研究所2家单位的事业转企业,我省交通管理体制逐步走上依法行政、规范管理的轨道。

3.2003—2010年综合交通运输体系初步构建阶段

云南省按照大部门体制、构建综合交通运输体系的要求,抢抓成品油税费改革、政府机构改革的机遇,在省级层面构建了"一厅(省交通运输厅)+6个专业管理机构(省公路局、省道路运输管理局、省航务管理局、省公路路政管理总队、省交通运输厅工程质量监督局、省交通运输厅工程造价管理局)"的构架,同时组建了云南省公路开发投资有限责任公司,履行全省高速公路的建管养职责;在云南省航务管理局加挂了代交通运输部行使中央事权的中华人民共和国澜沧江海事局牌子和行使云南省地方海事权的云南省地方海事局、云南省澜沧江航务管理局两块牌子;成立了省高速公路联网管理中心,整合组建了交通运输厅信息中心。通过对厅属事业单位的调整和设立,不断优化了行业管理的职能结构。

4.2010—2018年"大交通"管理体制改革推进阶段

云南省逐步形成了高速公路和国省干线"以省为主,区域和州市设置分支机构"的垂直管

理模式;农村公路建设"省级指导协调、以县为责任主体"的管理模式;道路运输和城市客运"条块结合、以块为主,州市以下垂直管理"的组织管理体系;港航"条块结合、以块为主"的组织管理体系,路政"以省为主,区域和各州市设置分支机构"的垂直管理模式。稳步推进了厅属国有资产集中统一监管工作,先后完成了云南省公路开发投资有限责任公司由交通运输厅至省国资委的划转及厅属57户企业(含第一批划转的56家企业和第二批划转的省交发展公司)由省交通运输厅至省交投集团的划转。同时,省高速联网中心更名为云南省交通运输厅路网监测与应急指挥中心,省交通中心医归口省卫生计生委管理,并改建为云南中医学院第二附属医院,云南交通职业技术学院也将归口省委高校工委、省教育厅管理。

(三)投融资体制改革

1. 建国初期至改革开放初期(1949—1984年)完全依赖政府投入阶段

1949—1958年,我国公路建设全部依赖于中央和地方政府的投资,中央政府负责国家干线公路的规划与建设,地方政府负责本区域公路的规划与建设。1958年经济管理体制下放后,云南省公路建设资金主要来源于各级政府投入,由于云南省各级政府财力有限,导致公路建设总体规模较小,路网等级较低。截至1984年底,云南省公路通车里程仅为4.66万公里,其中高速公路通车里程为0,公路交通基础设施建设长期滞后于经济社会发展。

2. 改革开放初期至2014年(1984—2014年)逐步形成多元化投融资体制

随着二级及以上高等级公路"贷款修路、收费还贷"、征收车辆购置附加费(2001年改为车辆购置税)全部作为国家公路建设发展基金的资金来源专项用于公路交通建设以及提高养路费(2008年12月31日改为燃油税)征收标准,将提高后高出原标准的部分资金用于公路建设等3项政策的出台,云南省公路建设资金来源及资金不足的问题得以缓解,公路建设速度加快,公路交通基础设施建设转入了全面发展的新时期。新的时期,云南省交通运输行业主管部门以车购税、燃油税两个专项资金为基础,以收费公路政策为支点,依靠政府融资平台多渠道筹集资金、筹集资本金,逐步形成了"中央投资、地方筹资、社会融资、利用外资"的交通运输基础设施投融资体制,推动了云南省公路交通的跨越式发展。2008年以后,在国家实施"成品油价格和税费改革"和"逐步有序取消政府还贷二级公路收费"的背景下,云南省用足用好"中央补助、地方配套"的偿债政策,强势推进了59条二级公路的建设。

3. 2014年至今全面深化交通运输基础设施投融资改革初期阶段

党的十八大特别是十九大以来,为深入贯彻落实《中共中央、国务院关于深化投融资体制改革的意见》(中发〔2016〕18号)、《交通运输部关于深化交通运输基础设施投融资改革的指导意见》(交财审发〔2015〕67号)和《中共云南省委、云南省人民政府关于贯彻落实国家投融资体制改革的实施意见》(云发〔2017〕7号)等文件精神,云南省紧跟国家和行业发展步伐,在建立新型交通运输基础设施投融资体制方面进行了长期的、深入的探索和研究,形成了《云南省人民政府关于深化交通运输基础设施投融资体制改革的指导意见(代拟稿)》报省人民政府待印发。为充分发挥交通运输基础设施投资对稳增长、促改革、调结构、优供给、惠民生的关键性作用,全力加快补齐交通运输基础设施短板,全面提速"能通全通"工程,打好交通扶贫脱贫攻坚战,为云南全面建成小康社会、实现跨越式发展和"三个定位"战略目标提供强有力的交通运输支撑。

(四)技术政策及标准建设

1. 技术政策持续改进

改革开放40年来,结合云南省公路水路建设和发展的实际和需求,开展了大量技术政策及标准的制定工作,在解决重点难点技术上组织好技术攻关,实现技术突破。根据云南特殊地形地质水文条件,重点研究和解决工程建设中的技术难题,创新提出了一系列新技术、新工艺,并在解决工程实践过程中,不断由技术方案变成指南、有的上升为地方标准、行业标准甚至国家标准。发布了《山区公路项目安全性评价》《云南省国际通道道路交通标志设置规范》《农村公路工程技术标准》和《公路连拱隧道设计规范》等多个标准制修订项目。编制了《沥青混合料厂拌冷再生技术指南》《公路工程绿化设计规范》和《非公路标志安全设置技术规范》等16个标准制修订项目,内容涵盖公路、水路、桥梁、隧道、检测技术、安全、管理等多方面,为行业发展提供了有力支撑和技术保障。

2. 标准化体系建设不断革新

2013年1月,云南省交通运输标准化技术委员会获批成立,交通运输行业标准化工作迈出了新的一步。根据《云南省专业标准化技术组织管理办法》的相关规定,结合云南省交通运输行业特点和标准化工作管理需要,交通标委会设立了涵盖公路、水路、邮政的建设、养护、运输和管理各个专业领域的11个专业技术委员会。出台了《云南省交通运输行业标准管理办法》,为云南省行业标准化工作建立了一套"主管部门间横向联合,行业内上下联动、统一协调,行之有效"的管理制度。编制了《云南省交通运输标准化"十三五"发展规划》和《交通运输标准体系》,提出了科学的交通运输标准化建设的需求和发展方向,为解决交通运输标准化发展中存在的结构问题奠定了良好的基础。

七、科技创新成就

(一)科技创新体制改革

1. 科技创新管理机构改革历程

中共中央十一届三中全会确定了以经济建设为中心的工作重点,1979年3月召开了全国科学技术大会,明确提出了科学技术是第一生产力,知识分子是工人阶级的一部分。云南省交通局积极贯彻落实全国科技大会精神,建立了科技管理机构,在原工业机务处的基础上,增加了科技管理的职能,同时将工业机务处改为云南省交通局科学技术处,既负责全系统车辆、油料、轮胎、设备管理,汽车配件生产、客车、挂车、船舶制造管理;新增加了科研管理、节能技术、新产品研发管理和新技术新工艺新材料的推广应用。1980年云南省级部门由局改为厅,相应改为云南省交通厅科学技术处。随着科学技术的快速发展,科技管理工作大量增加,1981年云南省交通厅将工业机务管理工作从科学技术处分离出去,恢复了工业机务处,科学技术处就成为专门从事科技管理的专职部门。1983年,云南省交通厅将科技和教育职能合并成立云南省交通厅科技教育处;1987年云南省交通厅将科技教育处的职工教育职能划出,恢复了厅科技处专门从事科技管理的职能;直至2000年全面开展政府机关体制改革后,科技教育职能再次合并,成立云南省交通厅科技教育处至今。

2.科技创新投入管理体制改革历程

为加快全省交通系统科技工作的发展,使交通科技工作更好地为交通运输现代化建设服务,1986年12月,云南省交通厅以"云交科〔86〕921号"文件建立了"云南省交通系统科技发展基金",提取全省养路费收入的0.5%,厅属企业上交折旧基金的25%建立全省交通系统科技发展基金,同时制定了管理暂行办法;通过一年多的试行,1988年,云南省交通厅以云交科〔88〕793号文件正式发布"云南省交通科学技术发展基金管理办法"。为充分调动科技人员积极性,挖掘科技人员的聪明才智,1985年,云南省交通厅建立了云南省交通系统科技成果奖和相应的评审奖励办法,之后改为云南省交通科技进步奖,每年评审奖励一次,至1999年国家规定行业不得设立科技奖,随即终止了云南省交通科技进步奖的评审和奖励。2011年,根据基层实际工作需要,为充分发挥厅专项补助经费的杠杆作用,带动全行业各级部门的资金投入和支持力度,特设立科技联合攻关项目,鼓励各基层单位科技研发与人才培养的积极性,带动行业加大科技创新投入。

(二) 科技创新能力

十一届三中全会以来,云南省交通科技创新体系按照国家科技体制改革要求,结合全省交通运输不同时期的发展需要和社会主义市场经济的建立,从体制机制方面不断的改革,到2000年基本形成有稳定科研投入渠道,有交通科研所、公路科学技术研究所、公路规划设计院等专门的研发机构,交通行业企业积极参加科研活动的创新体系。

云南省交通运输科技创新体系经历了40年的改革发展,建成以云南省交通投资建设集团、云南省交通科学研究院、云南省公路科学技术研究院、交通规划设计研究院和交通运输厅信息中心为主力,交通运输企业为主体的覆盖交通运输各专业技术领域的科技创新体系;以此创新体系为载体,初步建成了以国家级工程实验室为创新引领,省级工程(技术)研究中心为发展支撑,高新技术企业和厅级实验室为应用示范的"一主八辅"交通运输行业创新研发平台,成为云南省交通运输行业科技创新体系的基础支撑。

在推进创新型国家和创新型行业的建设中,云南省交通运输行业创新平台建设取得新进展。"十二五"期间,国家发改委、交通运输部正式批准建设"陆地交通气象灾害防治技术国家工程实验室",是云南省交通行业第一个国家工程实验室。

同时,云南省还建成了公路路面材料工程技术研究中心、公路节能工程技术研究中心、公路标准化建管养工程技术研究中心、公路路产监管信息化工程技术研究中心、高原山区桥梁隧道加固工程技术研究中心、公路智能运输工程研究中心、水泥混凝土技术路面工程研究中心和高原山区干线公路养护工程研究中心等8个省级工程技术研究工程中心。

(三) 重大科技创新成果及推广应用

改革开放40年来,云南交通科技创新从"零"起步,到迈上一个个新的台阶,从模仿追赶学习到开拓引领创新,每一个环节都深深印制了交通人创新引领的胆识和科学技术的支撑。从国省干线建设到农村交通改扩建示范、从等级航道建设到库湖区水运设施发展,从客运站场建设到新能源车辆的使用,无时不体现交通人勇于创新善于创新的胆识。公路建设创新发展内涵理念不断深化,从以实体工程建设为主,到推进提升文化景观路、经济致富路、民族团结路、生态环保路、旅游观光路、低碳节能路等示范,交通运输环境友好程度逐步改善路,取得显著成效的管理服务水平快速提升,亮点迭出。从以满足日常管理软件开发使用,到重点为满足公众出行服务的"七彩云南智慧出行"系统投入运行,"联网售票"和"一卡通"建设,信息化基础设施进一步完善,行业协同管理、公众信息服务水平不断提升。科技创新成果丰硕,创新体系建设初见成效,近20年来全行业共获得国家科技进步奖3项、省科技发明奖2项、省科技进步奖160余项。

(四)重大技术突破及对云南经济社会发展贡献的典型案例

云南交通运输行业在几十年的科技创新攻关历程中,遵循交通运输部提出的"以实用工程为主,以重点公路、水路交通建设中的技术问题为主,以长期想解决而现在还没有解决的技术问题为主,以交通运输发展需要的共性技术和基础研究为主"的指导原则,依托实体工程建设的技术需求,积极开展科技创新活动,涵盖了公路水路基础设施建设与养护、运输服务、交通安全和绿色交通五大技术领域,取得了一系列重大关键技术突破与创新,在云南省交通建设中得到广泛应用,有效缓解了制约交通发展的技术瓶颈,取得了显著的社会经济效益,在提升科技水平、带动科技投入、培养科技人才队伍等方面发挥了重大推动作用。

1.隧道设计关键技术

1991年3月,云南开始对现代山岭公路隧道设计关键技术进行探索研究。安宁至楚雄二级汽车专用公路5座隧道的修建,首次采用"新奥法(NATM)"原理进行隧道结构设计,实现了云南高等级公路隧道建设零的突破。随着楚大、玉元、大保、元磨等高速公路的建设,不断采用新技术、新材料、新工艺,进行补充、完善,隧道勘察设计水平得到显著地提高,走到了全国的前列。在隧道机电设施设计中,率先提出了按救援水平和车辆数量分区段设置与之相匹配的设备和分区段进行救援理论,增强了机电设施设置的目的性,方便救援,提出了独立站点式、隧道群式以及路隧结合式等相适宜的控制及管理模式。

2.桥梁施工重大关键技术

云南公路建设过程中,迎难而上,开拓进取,大胆创新,攻克难题,突破瓶颈,使一批震撼世界的大桥如雨后春笋般矗立于云贵高原。如:世界第一高桥——北盘江第一大桥、双塔单跨钢箱梁悬索桥——普立大桥以及亚洲山区最大钢箱梁悬索桥——龙江特大桥等。而作为云南省桥梁史最重大突破的龙江特大桥,更是云南"十二五"桥梁建设的最高成就。在项目建设中,工程科技人员日夜辛劳,围绕龙江大桥的建设开展了"龙江特大桥设计施工及营运关键技术研究""悬索桥主缆'缠包除湿'新型防护体系施工关键技术研究"等研究工作,在国内首创了无人机驾驶飞行器牵引先导索过江技术,为大桥建设提供技术保障与支撑。北盘江第一大桥超越了以往所有桥梁的高度,第一个突破桥梁高度500米的障碍,并成为拥有"世界最高桥梁"头衔的斜拉桥。2016年9月,被誉为"西南第一墩"的黄马高速公路工程浑水塘特大桥上跨南昆铁路立交转体T构桥,由两台自动连续千斤顶牵引着18700吨重的转体T构顺时针旋转,仅用时67分钟完成79度大桥转体,顺利到达设计桥位,成功跨越了南昆铁路,属西南地区目前最大的转体施工项目,在全国范围也属比较大型规模的转体项目。针对浑水塘特大桥施工难度大、技术含量高、施工安全风险高的特点,科研工作者积极开展大体积承台混凝土施工、高桥墩施工、大截面悬浇箱梁施工等复杂技术攻关,取得国家实用新型专利证书3项。

3.膨胀土地区公路建设成套技术

通过长期的产学研联合攻关,在机理分析、路堤处治、边坡支护、环境保护、材料工艺等7个方面取得46项研究成果,涉及工程勘察、设计、施工、环保等领域,基本解决了膨胀土地区公路工程建设的关键技术难题。膨胀土地区公路建设成套技术成果获2009年国家科学技术进步一等奖,9项成果实现重大突破,2项成果获省级科技进步一等奖;3项成果获国家发明专利;7项成果获国家实用新型专利。开发了以一个平台、两个理论、四项技术、五种方法为核心的,集理论、方法及勘察、设计、施工技术于一体的膨胀土地区公路建设成套技术。

4.澜沧江国际边境河流航运及保障设施技术开发研究

云南航运紧紧围绕云南水运"两出省、三出境"水路通道和开通澜沧江—湄公河国际航运为重点的发展战略,开展和实施了一系列科技创项目,其中《澜沧江国际边境河流航运开发研究》《澜沧江—湄公河助航保障设施技术开发研究》《澜沧江—湄公河油品运输安全与防污染研究》《内河小型船舶电力推进系统研制》等项目达到国际先进水平,分别荣获了云南省科技发明一等奖、二等奖、三等奖及中国航海学会"航海科技奖"二、三等奖。攻克了一批对航运(海事)发展具有促进作用的关键技术,科技创新能力明显增强,在航道工程建设的基础理论、测量、设计、施工、维护、监管以及环境应急处置、航行安全支持保障等众多方面取得了丰硕成果,基本形成了澜沧江山区河流国际航运通道建设的成套技术,研究成果在澜沧江航道整治、支持保障系统建设等众多方面中得到普遍应用。开展了基于北斗/GPRS的国际边境河流船舶可视化导航监控管理系统研究。为保障澜沧江国际边境河流跨国运输安全,承担了交通运输部科技项目"基于北斗/GPS的国际边境河流船舶可视化导航监控管理系统研究"项目,利用我国自主知识产权的北斗卫星通信导航系统,通过研制基于北斗/GPS技术、AIS技术的岸基、移动船舶指挥系统和船载终端,提出了国际边境河流电子巡航体系,研制了国际边境河流船舶可视化导航监控系统,应用于澜沧江水上搜救中心建设,实现了复杂环境下应急通信和指挥调度的融合,建立一套功能完整、运行可靠的澜沧江国际边境河流船舶可视化导航监控管理系统平台,形成了基于北斗系统的国际和边境河流监管体系,对保障航运安全、领土安全和军事安全起到了不可替代的作用,更是我国北斗卫星导航系统走出去的光辉一笔。项目对北斗的应用经验,被中国卫星导航定位应用管理中心作为典型案例,长期在其网站上进行宣传报道。

八、对外开放成就

(一)国际合作交流

云南地处亚洲南北国际大通道和东起深圳西至荷兰鹿特丹的第三亚欧大陆桥的交汇点上,具备陆上与南亚和东南亚相连、海上与太平洋和印度洋相通的独特区位优势,是中国面向东南亚、南亚、中东、南欧和北非区域开放的前沿通道。改革开放以来,云南省紧紧抓住西部大开发、沿边开放、国家"一带一路"倡议、"孟中印缅经济走廊"战略,推进中国—中南半岛经济走廊建设、孟中印缅经济走廊建设和大湄公河次区域合作等领域取得令人瞩目的进展。

1.国际道路实现"互联互通"

改革开放初期,为了发展经济、巩固国防,云南省委、省人民政府根据中央的指示,大力组织抢修国、边防公路和经济干线,先后修复了滇缅公路、滇黔公路,新建了昆洛、滇藏等重要国防公路。

20世纪80年代,党中央提出"深化改革、扩大对外开放"的新目标,云南结合地域特点和区位优势,提出"把末梢变为前沿,打开南门,走向亚太"的宏伟战略决策。1987年,云南省利用世界银行贷款668万美元,修建了5条公路,项目里程合计约185公里,这是云南首次利用外资实行招标投标、工程监理进行公路建设。1987年,联合国开发计划署无偿援助云南"高原山区高等级公路勘察技术"70万美元的项目,为云南的公路测设提供了先进技术。

"十一五"时期,云南交通基础设施建设进入大跨越阶段云南省形成了"五出境"通道的格局。昆明经磨憨出境至老挝至泰国曼谷公路全长1807公里,国内段688公里。昆明经河口出境至越南河内至海防公路全长780公里。昆明经瑞丽出境至缅甸公路全长1886公里,其中,国内段706公里已实现高速化。昆明经腾冲出境经缅甸至印度公路全长2591公里,国内段昆明至腾冲624公里已建成高速公路,腾冲至猴桥段74公里为在建高速公路。昆明经清水河出境至缅甸的公路中,昆明至墨江265公里为已建高速公路,墨江至临沧247公里、临沧至清水河180公里均为在建高速公路。

"十二五"以来,云南省积极争取国际金融机构贷款,实施国省干线公路的养护和行业能力建设工作。2012年7月世行贷款《云南公路资产管理项目》通过国家发改委审查,并纳入我国利用世界银行贷款2013—2015财年项目规划,借用世界银行贷款1.5亿美元(占总投资的53.41%),用于干线公路资产综合管理信息系统建设子项、公路养护和应急保障能力加强子项目、公路资产管理机构能力加强子项目和新技术新材料预防性养护试点子项目的建设。2013年12月9日,经国家财政部转贷的"亚行贷款8000万美元云南省可持续道路养护(行业)项目"获亚行批复,贷款协议投资2.3亿美元(其中亚行贷款8000万美元,国内配套15000万美元),主要用于干线公路网修复、以绩效为基础的新型公路养护模式试点、发展公路资产管理系统和加强云南省公路局机构能力建设。

2. 国际航运成为合作共赢的典范

1989年,随着改革开放步伐的加快,云南省政府按照"打开南门,走向亚太"的战略部署,决定开发澜沧江—湄公河航运。同年底,云南省与老挝政府签订了中老联合考察和开发上湄公河国际航运的协定,拉开了开发澜沧江—湄公河国际航运的序幕。1991年,中老两国开展了边贸试航运输。多次考察获取了大量航运、航道资料,为今后的开发与合作奠定了基础。1994年、1997年,中国相继与老挝、缅甸两国签订了《澜沧江—湄公河客货运输协定》。在此基础上,2000年4月20日,中、老、缅、泰四国政府代表在缅甸大其力签订了《澜沧江—湄公河商船通航协定》,2001年6月26日,四国在景洪港举行了正式通航仪式,澜沧江—湄公河航运进入发展的快车道。目前,四国国际航运主要在中国关累港至泰国清盛港之间的国际航道开展。

3. 与周边国家跨境运输合作稳步推进

1992年,亚洲开发银行发起大湄公河次区域(GMS)经济合作机制,由中国、柬埔寨、老挝、缅甸、泰国和越南等澜沧江—湄公河沿岸6国共同参与。1998年,GMS第八次部长级会议提出大湄公河次区域经济走廊的概念,进一步推动交通运输走廊与产业、贸易、投资合作的结合,最终向经济走廊的转化。2002年我国加入了《大湄公河次区域跨境便利货物及人员跨境运输协定》(以下简称 GMS 协定)。历经数年,中国、老挝、越南、缅甸、柬埔寨、泰国六国于 2007 年完成了 GMS 协定 17 个附件和 3 个议定书的全部谈判和签署工作。2008 年 5 月,经云南省政府批准,成立了云南省便利运输领导小组。领导小组组长由交通运输厅厅长担任,下设协调办公室,成员单位由省级有关部门和相关州、市政府组成。为了推进 GMS 协定实施,为了推进 GMS 协定实施,2007 年 3 月和 2009 年 9 月,中越和中老分别签署了《中越两国政府关于在河口—老街边境口岸实施便利运输协定的谅解备忘录》和《中老两国政府关于在磨憨—磨丁边境口岸实施便利运输协定的谅解备忘录》。

2018 年 3 月,大湄公河次区域中国、老挝、越南、缅甸、柬埔寨、泰国六国政府共同签署了《关于实施〈便运协定〉"早期收获"的谅解备忘录》,为推行 GMS 行车许可证和暂准入境单证的使用,解决次区域各国运输车辆的通行提供法律保障。《早期收获备忘录》将于 8 月 1 日起实施,届时,除缅甸外的中老泰柬越五个国家的客货运输车辆持 GMS 行车许可证和暂准入境单证便可在上述五国《便运协定》规定的运输线路上通行。缅甸将于 2020 年 6 月 1 日加入《早期收获备忘录》的实施计划。目前,云南省根据签署的中老、中越双边汽车运输协定和实施《便运协定》的谅解备忘录与老挝和越南分别开通了 19 条和 9 条客货运输线路,并加强双边机制体制建设,研究线路开通、许可证互换、加强管理、保险机制对接、信息通报、加强应急处突能力等事宜,推进合作。

(二)企业"走出去"

云南省大力支持企业"走出去",为企业参与境外工程积极创造条件。2004 年,云南阳光道桥股份有限公司在尼日利亚开展了第一个对外项目"凯比州阿尔贡古市沥青混凝土修复路面"的合作。2008 年 12 月,该公司中标援老挝纳堆至巴蒙公路北段修复项目,标志着"走出去"战略取了重大突破。2010 年 12 月,开展老挝丰沙里国道 1B 改建工程(巴南诺至班岳公路)项目;2012 年 12 月,开展中国援巴基斯坦国道公路网修复项目(南段)施工项目;2013 年,与铁道第三勘察设计院集团有限公司共同运作老挝 13 号公路巴蒙至勐塞段总承包修复项目,该项目被老挝政府评为典型示范工程,给予了高度赞誉;2014 年,实施了援蒙古乌兰巴托市北京街道路改造项目 Selbe 桥的施工任务,该项工程获得乌兰巴托市首都议会颁发的杰出贡献奖,乌兰巴托市建市 375 周年建设突出贡献奖。

2012—2014 年,云南建投集团参与老挝首都万象亚欧峰会配套道路改造项目,项目涵盖老挝万象市内共计 32 条道路的建设及改造,路线总长 78.235 公里,其中,沥青路面 18 条,总长 66.26 公里;新建 14 条次干路,其中 4 条为土质路面,路线总长 11.975 公里,项目总造价约 4200 万美元。2015—2016 年,实施老挝首都万象市综合开发项目,项目按 EPC 总承包模式实施,总造价 9500 万美元,分为道路工程排水渠工程两大部分,其中道路工程包含 67 条道路,总长 59.95 公里,造价 7186.96 万美元;排水渠工程包含 4 条排水渠,总长 12.63 公里,造价 2313.20 万美元。

九、党的建设与精神文明建设

(一)党建工作

1978 年,"中共云南省交通局党委"改称"中共云南省交通局党组",1985 年省交通厅机关党总支改为机关党委,2009年成立省交通运输厅直属机关党委。经过40年的发展,目前全省交通运输系统共有基层党委45个,党总支194个,党支部812个,党组织总数达1051个,党员总数达11135人。

1.以思想建设引领党建,建设政治坚定素质过硬的党员干部队伍

各级党组织始终坚持以中国特色社会主义理论体系指导党的建设,引领全体党员干部坚定理想信念、坚定政治立场、坚定奋斗目标,为交通运输中心工作的推进凝心聚力。着力加强学习型党组织建设,将党中央与省委历次会议重要精神传达到位、将重要理念解析到位、将重大部署贯彻到位,不断创新培训载体、方法和内容。着力加强主题教育活动,通过开展全面整党、"三讲"教育、"三个代表"重要思想学习教育、深入学习实践科学发展观、创先争优、党的群众路线教育实践、"三严三实"和"忠诚干净担当"、推进"两学一做"学习教育常态化制度化和学习贯彻党的十八大、十九大精神,习近平新时代中国特色社会主义思想等活动。

2.以基层建设巩固党建,完善党建工作组织管理体系

结合全系统点多、线长、面广的实际,始终坚持重心下移、扎根一线,充分发挥基层党组织的战斗堡垒作用,加强分类指导,不断提升支部规范化建设水平。同时严把入口关做好党员发展工作,细致分析党员队伍结构、科学制定年度党员发展计划,按照"优化结构、提高质量""严格程序、严肃纪律"的要求做好党员发展工作。

3.以作风建设抓好党建,促进党员干部作风转变

党的作风体现着党的宗旨,关系党的形象,关系人心向背,关系党和国家的生死存亡。为以优良的作风带动行风、政风,全系认真贯彻落实党的十三届六中全会做出《关于加强党同人民群众联系的决定》和党的十五届六中全会做出《关于加强和改进党的作风建设的决定》。按照党的十六大要求和部署,大力倡导"八荣八耻"社会主义荣辱观。党的十八大以来,全系统认真贯彻落实中央八项规定精神,坚决反对"四风",同时认真落实"法治政府""责任政府""阳光政府"和"效能政府"四项制度,全系统党风政风不断好转,群众满意度不断上升。

4.以科学制度保障党建,构建党建工作长效机制

全省交通运输系统在贯彻民主集中制、深化干部人事制度改革、反腐倡廉等方面探索建立了一系列制度。2011年组织开展"党建科学化"课题研究,针对系统内施工企业、航务海事等10个子系统组织编制《党建工作手册》,初步构建起行业党建理论体系和党建科学化工作基本制度,坚持党委领导下的行政首长负责制推行党建工作目标管理、量化考核,坚持开展"创先争优"活动,实施党员积分制管理,从思想、工作、生活上关心党员,健全党内激励、关怀、帮扶机制,有效增强党的活力,促进党内和谐,加强党内团结。

(二)精神文明建设

1.全省交通运输行业精神文明建设工作成效显著

云南省交通运输厅党组高度重视精神文明建设工作,认真贯彻党中央、省委关于精神文明建设的重大战略部署,坚持物质文明建设和精神文明建设"两手抓、两手都要硬",坚持"内强素质,外树形象",把精神文明与行业文化建设纳入全省交通运输发展总体布局,加强领导,完善机制,实现了精神文明建设的常态化规范化。特别是党的十八大以来,厅党组坚持把以习近平同志为核心的党中央提出的一系列新思想新观点新要求,以及做出的一系列重要决策

部署,作为加强全省交通运输行业精神文明建设的重要指导和基本遵循,有力推动了两个文明建设的协调发展。

截至2017年底,云南省交通运输系统共有全国精神文明单位15家、省级文明单位1066家和157个部级示范窗口,云南省交通投资集团(原省公路开发投资公司)"路畅人和"品牌入选全国十大交通文化建设品牌,云南交通职工陆文俊入选2016年度"全国感动交通人物"。

2.坚持用社会主义核心价值观引领群众性精神文明创建活动

切实加强组织领导,进一步完善了精神文明建设工作体制机制。着力加强思想理论武装,深入推进党的十八大、十九大精神和习近平新时代中国特色社会主义思想入脑入心、落实于行。以培育和践行社会主义核心价值观为引领,深入扎实推进行业精神文明创建和厅机关文明单位创建活动。着力加强舆论引导,努力做实做活交通运输改革发展重大主题宣传。进一步加强网络舆论阵地建设,充分发挥《云南交通报》、厅官方网站和政务微信微博的作用,及时传递省委省政府、交通运输部党组和厅党组的声音,反映基层工作动态,主动回应社会关切。

(三)行业先进典型

改革开放40年来,在云南交通人砥砺奋进的过程中,涌现出了一大批先进模范人物。自1978年以来,9名同志荣获全国劳动模范和先进工作者称号,5人荣获全国五一劳动奖章,127人荣获省级劳动模范和先进工作者称号,23人荣获云南省五一劳动奖章,80人荣获省部级劳动模范和先进工作者称号,858人荣获厅级劳动模范和先进工作者称号。

"交通局长的楷模""优秀共产党员"赵家富,于2004年7月5日,在赶往塌方地点的途中被泥石流卷走,因公殉职,用自己的热血,书写了最壮丽的人生。小街收费站收费员杨晓川,五次被评为五星员工,七次受奖,于2005年4月1日凌晨4时嵩待高速公路小街收费站遭遇手持铁锤和长刀的蒙面歹徒抢劫时,为保护国家财产,与歹徒展开了英勇搏斗。在身受致命一刀的情况下,她仍以超强的意念夺回票款箱。大部分票款保住了,而杨晓川却因身受重伤不幸牺牲,年仅39岁。"全国三八红旗手""中国网事感动2010年度网络人物"铁飞燕,曾救过5名落水的农民工,由此荣获第三届全国道德模范提名奖,她获得的奖金除了给父母留了一部分,其余的全部捐给了自己的母校昭阳区青岗岭乡大营村小学;同时,这位90后女孩还是一名弃婴的养母。2013年2月,铁飞燕当选第十二届全国人大代表,她先后提出了《关于提高云南省高速公路的补助标准》《关于提高云南省边远贫困地区教师工资待遇的问题》等18个建议,得到了交通运输部、教育部和云南省委、省政府的高度重视,做出了云南省农村教师工资每人每月提高500元的决定。

原云南省公路开发投资公司(云南交通投资集团公司的前身)董事长、总经理孙乔宝,主持完成了10余项省部级重大科技计划项目,科研成果丰硕,其中个人先后获得科技奖励8项(省部级一等奖2项,省部级二等奖3项,省部级三等奖2项,厅级科技进步二等奖1项);专利12项(授权发明专利5项,受理发明专利4项,授权实用新型专利3项);发表科技论文11篇(核心期刊第一作者8篇、第二作者1篇),主编出版专著6部。孙乔宝同志担任副指挥长修建的玉元高速公路创造了云南公路建设史上的多个第一。由孙乔宝担任指挥长建设完成的云南安楚高速公路,比国家批复概算节约建设投资3.24亿元,该项目先后荣获"全国交通建设优质管理十佳项目""全国交通基础设施建设廉洁工程项目""云南省优质工程一等奖""国家优质工程一等奖""国家优质工程银质奖",项目建设指挥部被评为"全国交通系统先进集体""云南省2001—2005年度公路工程建设与质量管理先进单位"。云南交投集团云岭建设有限公司党委书记、董事长常文,云南省交通系统第十六届劳动模范、云南省劳动模范;云南省科技进步二等奖2项(云南省沥青路面柔性基层研究、强震山区千米级跨径悬索桥关键技术研究)、云南省交通运输厅云南省突出贡献优秀专业技术人才三等奖(2016年度);2015—2016年度全国"十大桥梁人物"、2016年度"最美腾冲人"、2017年度云南交通十名优秀工程师;第九届中国公路百名优秀工程师等荣誉。

云南省交通规划设计研究院有限公司副总工程师李忠海,专业首席专家,享受云南省人民政府特殊津贴。他先后荣获云南省交通系统优秀共产党员、先进工作者、公路工程质量管理先进个人;第四届中国公路百名优秀工程师;云南省二十一届劳动模范称号;"全国五一劳动奖章"等荣誉。他主持或参与了3493公里/48项(段)高等级公路勘察设计工作和6项科研工作,有20个项目30次获国家、省部级优秀勘察、优秀设计、优秀咨询成果和科技进步奖。

云南省公路科学技术研究院院长张世俊,2006年入选云南省技术创新人才培养,荣获2007年第二届中国公路学会青年科技奖,中国公路学会青年专家委员会委员;2010年获交通运输部"十一五"期间"交通运输行业优秀科技人员"称号;2009年享受云南省政府特殊津贴;2011年享受国务院政府特殊津贴;2011年入选省委联系专家;2012年获第一届云南省交通运输行业十佳科技英才称号;2012年获云南省第三届兴滇人才提名奖。主持完成了一批有突破性、有影响力的科技项目,并取得丰硕成果:"新建公路路域环境生态恢复技术研究"获2004年云南省科技进步一等奖,"云南山区高等级公路边坡生物防护技术研究"2002年获云南省科技进步二等奖,"边坡加固施工工艺与施工控制技术研究""膨胀土地区公路环境保护技术研究"获云南省科技进步三等奖;作为项目子课题组长参加研究的"膨胀土地区公路建设成套技术研究"2008年获中国公路学会特等奖,2009年获国家科技进步一等奖。

云南交投集团公路建设有限公司副总工程师蒋鹤,先后荣获"云南省交通运输厅迎接'十一五'全国干线公路养护管理检查先进工作者""云南省交通运输系统十佳技术创新能手""云南交通青年科学技术奖",并当选为云南省第九次党代会党代表;云南省第二十二届劳动模范。在"十二五"期间,蒋鹤主持并参与了省部级科研项目10项,获得云南省科技进步二等奖1项、三等奖3项、中国公路学会科学技术进步二等奖1项、中国公路学会科学技术进步三等奖4项,发表论文13篇、参编专著4部,获得发明专利授权3件、实用新型专利授权3件、外观设计专利1件、国家级工法1项、省部级工法5项。在她主持下,仅2016年,公路建设公司就申报11项工法,其中5项工法被评定为公路工程部级工法,并编制完成3个地方标准。她作为主要负责人参与的"基于绿色理念的山区高速公路养护关键技术及应用"分别荣获云南省科学技术进步奖二等奖、中国公路学会科学技术奖二等奖。完成的"大型公路施工企业推动转型升级的科技创新管理"成果,获得第十六届全国交通企业管理现代化创新成果三等奖。2018年1月,云南省总工会授牌"蒋鹤劳模创新工作室"。

石月亮女子公路管理所,2012年,被云南省总工会授予"云南省五一巾帼标兵岗",被授予云南省交通运输行业十佳"温馨交通示范岗",被选为参与全国交通运输行业道德领域突出问题专项教育和治理活动的"示范窗口",被云南省公路局列为14个"四群"教育活动示范点之一,被授予全省和全国交通运输"行业文明示范窗口";2013年被列为云南省群众路线教育实践活动先进典型;2014年被团省委授予省级青年文明号,被全国总工会授予全国安康杯竞赛优胜班组、全国职工书屋;2015年被全国总工会评为全国工人先锋号,被授予全国五一巾帼奖状。所长余友妮荣获2010—2011年度全国交通运输行业文明职工标兵、2013年云南省交通运输行业"最美女职工"、2016年云南省交通运输系统和谐家庭称号。

乘改革春风　写交通华章

西藏自治区交通运输厅

一、综述

西藏自治区位于我国西南边疆,南部和西南部与印度、尼泊尔、不丹、缅甸等国毗邻;西北与新疆维吾尔自治区接壤,东北和青海省交界,东与四川省相邻,东南和云南省隅接,总面积约120万平方公里。西藏地处素有"世界屋脊"之称的青藏高原西南部,是青藏高原主体,平均海拔4000米以上,地势高耸、地形多变、地质复杂;高原雪峰连绵,冰河江湖水网棋布,为亚洲主要河流源头,故称"众水之源""亚洲水塔";全区空气稀薄含氧量少,气候类型垂直变化大,气温昼夜温差大,气象灾害种类多,发生频率高,干旱、洪涝、雪灾、霜冻、冰雹、雷电、大风、沙尘暴等灾害性天气频繁发生;西藏物产资源丰富,藏北草原铺设一片天然牧场,藏南河谷滋养多种农作物,东南部森林绵亘数百里,同时矿产资源丰厚,多种矿种数量居全国前列;高原独特的自然景致和人文景观,是旅游、朝圣、登山和探险的好去处。作为我国重要的国家安全屏障、生态安全屏障、战略资源储备基地、高原特色农产品基地、中华民族特色文化保护地、世界旅游目的地及清洁能源基地,神秘又开放、美丽且古朴的西藏使越来越多的区内外和国内外人士神驰向往。

西藏特殊的地理环境和独特的历史条件,也给西藏的生活、生产带来巨大的影响,给交通等基础设施建设和交通运输发展带来巨大的困难。西藏和平解放66年来,特别是改革开放以来,西藏进入了开创社会主义现代化建设新局面的历史阶段。党中央先后于1980年、1984年、1994年、2001年、2010年、2015年召开了6次中央西藏工作座谈会,尤其是进入新世纪国家强力实施西部大开发战略,不断为西藏经济社会发展注入新动力,推动西藏经济社会实现了快速发展、跨越发展、持续发展。在党和国家领导集体的英明领导和特殊关怀下,在交通运输部等国家部委、全国兄弟省市的大力支持和无私援助下,在西藏自治区党委、政府的坚强领导和精心部署下,经过西藏各族人民的艰苦奋斗,西藏走过了波澜壮阔的发展进程,实现了短短几十年、跨越上千年的人间奇迹。西藏交通运输事业沐浴着改革开放的春风,走过了从无到有、从小到大、从单一线路到网络纵横,从单一运输方式到综合交通运输不断发展壮大的光辉历程,取得了举世瞩目的辉煌成就。

40年来,西藏公路交通人始终发扬逢山开路、遇水架桥的无畏精神和埋头苦干、求真务实的敬业精神,勠力同心、砥砺奋进,西藏区域路网布局渐趋完善,通行条件明显改善,公路交通发展实现了质的飞跃。全区公路通车里程从15852公里增长到89343公里,其中等级公路达到77911公里,包括高速公路38公里、一级公路578公里、二级公路1038公里、三级公路

10151公里、四级公路66106公里。公路密度由1.32公里/百平方公里增长到7.27公里/百平方公里,以拉萨为中心,"三纵、两横、六通道"为主骨架,东连四川和云南,西接新疆,北连青海,南通印度和尼泊尔,地市相通,县乡连接的公路交通网络基本建成,公路技术等级和行车条件不断提高改善。公路交通固定资产投资从1978年完成3160万元增长到2017年完成投资569亿元,累计完成投资2142亿元。其中2000年至今完成投资2073亿元。截至2017年底,西藏辖5个地级市、2个地区,即拉萨市、昌都市、日喀则市、林芝市、山南市、那曲地区及阿里地区;74个县(区)697个乡镇(街道办事处),5467个行政村(居委会)。全区县城除墨脱外均通油路,实现695个乡镇、5437个建制村通公路,通公路率达99.7%、99.5%;541个乡镇和2084个建制村实现通畅,通畅率分别为77.6%和38.1%。公路桥梁由15919延米/665座增长到415569.41延米/10375座,公路隧道达到48894.4延米/68座,同时加强全区桥梁日常养护与检测工作,实施危桥改造。公路设养里程由7247公里增长到83429公里,应急和养护机械从比较落后的状态发展到基本实现机械化,全区国省干线拥有养护机械设备3288台/套,基本满足现阶段道路日常养护。营运车辆从3733量增加到62436辆。其中,客车数从217辆增加到5382辆,货车数从3516辆增加到57054辆;客运量、客运周转量从6.2万人次、5036万人公里增加到999万人次、266349万人公里,货运量、货运周转量从49万吨、38333万吨公里增加到2150万吨,货运周转量1067793万吨公里。

  40年来,西藏民航事业始终保持着强劲的发展态势与优秀的服务理念,励精图治、攻坚克难,陆续建成贡嘎、和平、米林、邦达、昆莎5个机场,空中航线以拉萨为中心,辐射日喀则、昌都、阿里、林芝,"三小时空中交通圈"已经形成。开辟国内外航线87条。通航北京、上海、成都、广州等47个城市,初步形成了以拉萨贡嘎机场为枢纽,区内其他机场为支线,辐射国内主要大中城市和援藏省份的航线网络。运输生产服务能力持续快速增强,共有国航、东航、南航等9家航空公司以空客A319、A330、波音737为主要执飞机型,2000年,年旅客吞吐量历史性地首次突破了50万人次,2006年、2012年分别突破100万人次、200万人次,2017年则突破450万人次。全面应用和推广RNP-AR(所需性能导航)、ADS-B/VHF(广播式自动相关监视)等航行新技术,航空运输安全裕度、航班正常率显著提高,航线利用率、空域保障条件不断提升,已连续保障安全飞行53周年,为中国民航乃至世界民航树立了高原安全飞行的成功典范,积累了丰富的经验。"空中金桥"的内涵得以进一步的完善和丰富,空中"生命线"、运输"保障线"、民族"团结线"和社会"进步线"的效能得以进一步的发挥和凸显。

  40年来,邮政系统始终秉承为民初心和普惠意识,克服西藏海拔高、自然条件恶劣,基础设施薄弱,以及地广人稀、居住分散、经济环境条件差等各种困难,邮政基础设施建设取得了长足发展。"十五"期间,是邮电分营后西藏邮政独立运营的5年,是西藏邮政以发展为主线,努力实现平稳、较快发展的5年。"十一五"期间,西藏自治区社会国民经济发展规划中,明确提出了"加强城乡邮政设施建设,基本实现乡乡通邮,逐步拓展行政村通邮工作,建立覆盖农牧区的邮政网络,提高邮政服务水平"的目标和要求,2006年,中国邮政体制改革进一步深化,西藏邮政行业实施政企分开,分别成立了:西藏自治区邮政管理局(承担政府职能,隶属国家邮政局)和中国邮政集团公司西藏自治区分公司(原西藏自治区邮政局主体部分,隶属中国邮政集团公司),政府职能从企业剥离。"十二五"时期,西藏完成市(地)邮政管理局挂牌成立工作,三级邮政监管体系建立,邮政行业步入了高速发展时期,规模总量始终保持快速增长态势。西藏邮政普遍服务网络日趋完善,邮政企业履行邮政普遍服务和特殊服务的能力不断增强。"乡乡通邮"工程顺利完成,全区565个空白乡镇邮政局(所)全部移交并投入运营。2015年全区邮政网点增至738个,比2010年增长了近4倍;干线邮路增至46条;行政村通邮率达92%;党报党刊进寺庙、边境通邮工作成效显著,较好地完成了自治区提出的"寺庙九有""八到农家"的工作任务。这一时期,快递服务网络也得到迅速发展。2015年,全区拥有快递品牌企业21家、经营网点170个,覆盖全区7个市(地)、27个县,快递向下趋势不断加快,较于公路建设,西藏的铁路建设起步晚,里程短、覆盖面小,但铁路事业在较短时期内实现了青藏铁路的创新实践与延伸创建。青藏铁路西宁至格尔木段于1958年底开工,1979年铺通,1984年正式交付运营。2001年2月8日,国务院批准建设青藏铁路格尔木至拉萨段。该线全长1142公里,其中32公里为既有线,新建线路为1110公里,其中自治区境内约701公里,投资总额330.9亿,途经多年冻土地段550多公里,海拔4000米以上的地段965公里。于2001年6月开工,2006年7月1日建成通车运营。2007年7月,青藏铁路格拉段工程通过国家竣工验收,2009年1月,青藏铁路工程荣获2008年度国家科学技术进步奖特等奖。青藏铁路是重要的进藏路线,是世界上海拔最高、在冻土上路程最长的高原铁路,是中国新世纪四大工程之一,2013年9月入选"全球百年工程",是世界铁路建设史上的一座丰碑。青藏铁路的建成运营,结束了西藏无铁路的历史。截至2015年6月底,青藏铁路9年间累计运送旅客9107.3万人,年均增长8.8%,累计运送货物40483.5万吨,年均增长10.3%。青藏铁路推动西藏进入铁路时代,密切了西藏与祖国内地的时空联系,拉动了青藏带的经济发展,被人们称为发展路、团结路、幸福路。2010年8月,国家发改委批复青藏铁路延伸线拉萨至日喀则铁路项目建议书;9月,国家发改委批复可研报告,2010年9月26日正式开工建设,2014年8月16日,全线开通运营。拉日铁路的建成,彻底改变了西藏西南部地区依靠公路运输的单一局面,形成完善的立体交通网络。作为青藏铁路的延伸线和西藏铁路网的主干线,拉日铁路极大地改善了该地区的交通条件和投资环境,降低了藏西南地区矿产资源的外运成本,促进了当地经济的快速发展,逐步形成以拉萨为中心的铁路运输网络。拉萨至林芝铁路桑加峡谷区控制性工程于2014年12月19日开工,2015年6月29日全线开工建设,正线长度402公里,预计竣工时间:2020年3月16日,力争于2021年全线建成通车。

40年来,西藏交通运输系统传承弘扬"两路"精神,特别是时刻牢记习近平总书记2014年8月6日为纪念川藏、青藏公路通车60周年做出的"一不怕苦、二不怕死,顽强拼搏、甘当路石,军民一家、民族团结"的重要批示精神,在奋力推进西藏交通运输事业不断发展的历史进程中,充分彰显了交通人不断开创事业新局面的进取理念、奉献品质、时代风采和精神风貌,深刻揭示了只有在中国共产党的领导下,只有在社会主义祖国大家庭的温暖怀抱中,西藏才能跨越发展,走向繁荣;西藏人民才能脱贫致富,奔向小康;西藏交通运输事业才能从小到大,从大到强。坚信西藏交通事业在习近平新时代中国特色社会主义思想的指引下,一定会紧跟共和国前进的步伐,再创辉煌!

二、基础设施成就

公路以1954年12月川藏、青藏公路通车为起点,历经无数艰辛努力,跨越60多年,特别是改革开放40年来的快速发展,西藏公路建设取得无数辉煌成就。近年来,西藏全面推进全区公路、通县油路、边防公路、进藏公路、主要经济干线、边境口岸公路建设,目前,以拉萨为中心,"三纵、两横、六通道"为主骨架,东连四川和云南,西接新疆,北连青海,南通印度和尼泊尔,地市相通,县乡连接的公路交通网络基本建成,公路技术等级和行车条件不断提高改善。

40年来,全区公路通车里程从15852公里增长到89343公里,其中等级公路达到78503.889公里,包括高速公路37.837公里、一级公路578.137公里、二级公路1631.166公里、三级公路10150.538公里、四级公路66106.211公里。以全区占有土地面积计算公路密度由1.32公里/百平方公里增长到7.27公里/百平方公里,公路交通固定资产投资从1978年完成3160万元增长到2017年完成投资569亿元。实现695个乡镇、5437个建制村通公路,通公路率达99.7%、99.5%;541个乡镇和2084个建制村实现通畅,通畅率分别为77.6%和38.1%。

40年来,公路桥梁由15919延米/665座增长到415569.41延米/10375座,公路隧道达到48894.4延米/68座,同时加强全区桥梁日常养护与检测工作,对危桥实施改造。公路设养里程由7247公里增长到83429.085公里,应急和养护机械从比较落后的状态发展到基本实现机械化,截至2017年底,全区国省干线拥有养护机械设备3288台/套,基本满足现阶段道路日常养护。

伴随党的十一届三中全会的召开,1979—2000年是西藏公路交通的快速发展阶段,先后完成了青藏公路、川藏公路拉萨至林芝段、中尼公路(国内段)、那曲至昌都、拉萨至泽当公路、昌都至邦达机场公路等多条重要干线公路的整治改建工程。2000年以来,西藏公路建设迎来了跨越式发展阶段,特别是党的十八大以来,自治区强力推进公路交通建设,一批公路等级高、建设意义重大的项目陆续建成通车,有序推进进出藏大通道高等级公路项目建设,进一步完善路网结构。2011年7月17日,拉萨至贡嘎机场高速公路正式竣工通车,标志着西藏结束了没有高速公路的历史,同时开启了西藏现代化交通建设的序幕,雪域高原驶入了高速公路时代。林芝至拉萨、日喀则机场至日喀则、泽当至贡嘎机场等多条高等级公路相继建成通车,西藏一级及以上公路通车里程达600公里以上。2013年10月31日,墨脱公路正式全线通车,我国最后一个不通公路的县用公路联通了外面的世界,填补了国内公路交通建设史上最大空白。

在国家和自治区的高度重视和亲切关怀下,青藏大通道、川藏大通道高等级公路建设正在有序向前推进,其中林芝至拉萨段已建成通车(米拉山隧道预计2018年完工),那曲至拉萨段已开工建设,格尔木至那曲段和竹巴笼至林芝段正在开展前期工作,为全面对接"一带一路"、孟中印缅经济走廊和促进军民融合发展战略当好先行。

国道318线102隧道和通麦段"两桥四隧"贯通,标志着川藏公路通麦梗阻问题得到根本解决,普通国省干线公路升级改造成效显著。滇藏新通道等建成通车。稳步推进昌都至邦达机场、萨嘎至朗县、青藏界至聂荣、通麦大桥至嘉黎忠玉乡等一批重点项目的工程建设。拉萨至日喀则机场、狮泉河至昆莎机场、芒康至隔界河、邦达机场至邦达兵站等高等级公路和米林至察隅、朗县至米林、昌都至德格等普通国省道项目正在开展前期工作。根据《国家公路网规划(2013—2030年)》,西藏国道扩容至17条,国道规划总里程14067公里,截至2017年底,国道通车里程达13415公里;根据《西藏自治区省道网规划(2016—2030年)》,西藏省道布局方案由40条构成,省道规划总里程18018公里,截至2017年底,省道通车里程达15506公里。

受历史、自然等原因影响,西藏农村公路建设起步较晚。改革开放初期,西藏乡镇、建制村通达比例很低,农牧区和偏远山区交通出行基本靠人背畜驮,农牧区交通基础设施条件仍然十分落后。为加快改善农牧区交通出行条件,自治区各地(市)先后掀起了农牧民投工投劳以及以工代赈等方式实施了一大批农村公路项目建设。截至 2000 年底,全区除墨脱县外所有县通公路,80%的乡镇和 67%的建制村基本实现通公路。

2003 年,交通运输部提出了"修好农村路,服务城镇化,让农民兄弟走上油路和水泥路"的号召,为西藏农村公路建设翻开了崭新篇章。特别是十八大以来,以习近平同志为核心的党中央高度重视交通运输发展工作,2014 年 3 月 4 日,习总书记提出"要求农村公路建设要因地制宜、以人为本,与优化村镇布局、农村经济发展和广大农民安全便捷出行相适应,要进一步把农村公路建好、管好、护好、运营好,逐步消除制约农村发展的交通瓶颈,为广大农民群众脱贫致富奔小康提供更好地保障"。为深入贯彻落实习近平总书记关于"四好农村路"的指示精神,十八大以来,西藏农村公路累计投资 689.45 亿元,新改建农村公路里程 44165.33 公里,截至 2017 年底,全区 697 个乡镇、5467 个建制村中 695 个乡镇、5437 个建制村通公路,通公路率达 99.7%、99.5%,541 个乡镇和 2084 个建制村通硬化路,通硬化路率达 77.6%、38.1%。较 2000 年乡镇通达率提高了 19.7 个百分点,建制村通达率提高了 32.5 个百分点,基本解决了农牧区群众的交通出行难问题。

民航改革开放前的 1977 年,为实现毛主席和周总理关于"加速西藏建设、巩固西南边防"战略构想,各方动用 8 个单位、11 个县域的 3 万工人,以牺牲 89 名战士、200 名民工的代价,历时 8 年建成的当时世界上海拔最高的昌都邦达机场成为西藏区内第二座民用机场。之后的 40 余年里,随着运输生产量的不断增长和地方发展对民航的迫切需求,西藏民航基础设施建设如雨后春笋般的在雪域高原如火如荼展开。在拉萨贡嘎机场 1989 年 7 月、2000 年 12 月两次改扩建和昌都邦达机场 1995 年恢复性建设后,自 2001 年开始的"十五""十一五"和"十二五"规划,有力地推动了西藏民航基础建设步伐。林芝米林机场、阿里昆莎机场分别于 2006 年 9 月 1 日和 2010 年 7 月 1 日通航;邦达机场经过改扩建,于 2009 年 9 月 29 日启用;日喀则和平机场经恢复使用建设,于 2010 年 10 月 30 日通航。特别是 2006 年开始的拉萨贡嘎机场"飞行区改造及配套工程"建设,再次提升了区内枢纽机场的保障能力;作为应急项目并于 2008 年 4 月 1 日开工建设的"贡嘎机场助航灯光工程",经过 2 个月紧张施工建成使用,结束了西藏民航 43 年无夜航保障能力的历史;2011 年建成的航油接卸油库工程,极大地提高了航油运输效能和航班保障能力,降低了公司运营成本。进入"十三五",西藏民航正加快实施拉萨贡嘎机场三期改扩建工程,扎实推进民航局三个新建支线机场、拉萨机场二跑道项目的援建工作,抓紧开展林芝、昌都方向的支线机场选址等前期工作,建设规模和计划投资前所未有。目前,西藏区内共有拉萨贡嘎、昌都邦达、林芝米林、阿里昆莎、日喀则和平 5 个运输机场,高原机场占比分别达到了全中国的 33%和世界的 12%,均具备夜航保障能力,且功能布局趋于完善,保障能力不断增强。长期以来,西藏民航用区内五个机场布局的"点",通过空中连接区内外的"线",形成了推动西藏跨越式发展的"面",让进藏难成为历史、出行难得以缓解,极大改善了西藏的交通、投资、旅游环境,有力促进了民族团结和谐,给西藏 123 万平方公里土地上 330 余万各族儿女生产生活带来了巨大福祉。

铁路建设方面。20 世纪末,党中央和国务院决定修建青藏铁路二期工程格尔木至拉萨段。青藏铁路格尔木至拉萨段全长 1142 公里,于 2001 年 6 月 29 日开工建设,2006 年 7 月 1

日全线通车运营。随着西藏经济社会发展,青藏铁路运量不断提升,每年5~9月格拉段运能矛盾突出,为进一步提高运输能力,2010年起,历时8年对南山口至拉萨段全线换铺无缝轨,2016年起,对格尔木至拉萨段实施扩能改造,2017年完成可可西里等12个新增车站和唐古拉等5个站改造。2018年底扩能改造完成后,全线车站由2016年开通初期的45个增至58个,大部分车站到发线有效长增至850米。2007年9月至2009年6月,投资15.26亿元建成世界上海拔最高的现代化综合物流基地——那曲物流中心,辐射带动西藏自治区藏北地区经济发展。2010年8~9月,国家发展改革委先后批复新建拉萨至日喀则铁路项目建议书和可研报告,同年9月26日开工建设。线路全长253.165公里,为国铁Ⅰ级,单线,最大设计坡度12.5‰。2014年8月15日建成通车,8拉萨至林芝铁路桑加峡谷区控制性工程于2014年12月19日开工,2015年6月29日全线开工建设,预计竣工时间为2020年3月16日,力争于2021年全线建成通车。

邮政普遍服务和特殊服务是国家赋予邮政企业的一项光荣而神圣的职责和义务,同时也是政府推行政令的重要渠道,西藏邮政一直以来都将此项工作作为第一要务。改革开放后,西藏邮政不断加强基础能力建设,2003年起大力推进农牧区"乡乡通邮"工程,彻底改变了西藏县以下农牧区没有邮政服务机构的状况,缓解了农牧民用邮难的情况。2015年,全面完成565个空白乡镇邮政局所补建工作任务,2017年底全区共有普遍服务网点752个,承担着全区5467个行政村、1787个寺庙。平均服务人口4331人,平均服务面积1574.8平方公里,截至2017年底,全区共有邮路352条,单程里程1.81万公里,全年运行总里程1053万公里;2017年全区城市投递段道262条、年投递里程245.44万公里,农牧区投递段道1362条、单程投递7.5978万公里。全区建成机要场所76处,机要通信工作做到了安全零事故,服务零投诉。

三、运输服务成就

公路改革开放以来,随着国家对西藏投资的不断加大,公路通车里程的逐年增加,公路运输业得到较快发展,到1978年底,全区县城除墨脱外基本达到了县县通车。1984年,中央召开第二次西藏工作座谈会后,区内集体、个体和农村运输业的兴起,改变了过去只有国营运输企业承担运输任务的局面,国企由"吃不了"变为"吃不饱","运力大于运量"转化为"运量小于运力",几十年解决不了的运输困难虽然得到解决,但在激烈的竞争中,运输市场运力富余、货源不足,并以低运价争夺货源,加上区内运输企业存在人员多、设备落后、负担重等问题,企业陷入困境。为"破冰",自治区人民政府逐步取消指令性计划,取消政策性亏损补贴,推动企业加快改革步伐。从推进以职工个人承包单车自主经营取代了原有国有运输企业根据计划指令统一组织客货运输的形式开始,全区货运市场全面放开,客运市场走向多元化。运输企业首先从解决"个人吃企业大锅饭,企业吃国家大锅饭"入手,改变分配机制和经营管理机制,实行单车租赁、车辆风险抵押等多种承包形式,发展企业法人承包。在控制运力总量的原则下,加大吨位柴油车在运力结构中的比重,提高市场竞争力。

货运方面。1978年末,区内各地市营运货车3516辆。同时,商业、工业和物资单位也自建车队,自货自运或参加社会运输。40年来,改革的春风,吹遍了祖国的大江南北,它沿着青川藏公路,穿越雪域高原,荡进了冰封的古道圣河。1980年3月和1984年2月,中央先后在北京召开两次西藏工作座谈会。根据西藏交通运输的实际情况,会议提出,特别要放手发展运输业户,或者运输合作组,发挥各种交通工具的作用,为群众的生产和生活提供方便、增加收入。1984年2月,国务院发布《关于农民个人或联户购置机动车船和拖拉机经营运输的若干规定》。8月,自治区人民政府批转《关于发展农牧民个体和集体运输业的暂行规定》后,日喀则市扎什伦布寺成立的刚坚公司率先购置5辆柴油新车参加运输。西藏实业开发公司贷款购置7.5吨的柴油车50辆投入营运。1983年全区私人车辆有32辆。到2000年,全区营运货车保有量达到22415辆,完成货运周转量214万吨,货运周转量99959万吨公里。截至2017年,全区共有货运企业31606家,货运车辆57054辆,完成货运量2150万吨,货运周转量1067793万吨公里,同比增长12.08%和13%。

客运方面。1975年,拉萨运输公司客运车辆达到107辆、2742座,昌都运输公司客车发展到37辆、888座。拉萨、山南、那曲、日喀则四地市先后购置载客车共75辆、1956座。1984年初,拉萨运输公司着手改变货、客经营方式,从汽车六队分离出38辆,于年底购置郑州662型大型客车10辆组建客运车队。20世纪80年代,伴随改革开放,到西藏旅游人员、经商人员及务工人员等流动人员逐年增加,交通厅适时筹建汽车客运公司,于1985年7月正式营业,投入142辆客运车辆。到2000年,全区营运客车保有量为269辆、9646座。20世纪五六十年代,客流量小,实行货客混合运输。拉萨运输公司担负青藏线旅客运输,昌都运输公司担负川藏线旅客运输。70年代初,旅客流通量开始增长,地市客运企业也逐步建立起来。改革开放后,旅客流通量增长很快,个体和集体客运顺势发展。1980年,全区完成客运量7.22万人次,客运周转量2101.324万人公里。同年,全区客车保有量达到139辆、3450座。1984年,青藏、川藏特别是青藏干线客流量大幅增加,区内人员出行也日益增多,而客运企业车况和设施陈旧,群众乘车难问题凸显。4月,自治区交通厅决定加强客运车队,将原隶属汽车三队的拉萨客运站、山南客运站点合并成汽车六队,专门负责客运,有30辆客车,另有11辆解放货车,固定资产约为240万元。之后,车队自筹资金30余万元,开展生产营运,当年完成客运周转量2000多万人公里,营运收入100多万元。1985年7月20日,自治区交通厅汽车客运总公司挂牌成立,公司贷款670余万元购车,陆续购置一批性能优良、设备豪华、乘坐舒适的客车。客运公司发往青藏线的客运班次每周少则四五班,高峰时每周十一班,平均日行程400余公里,基本满足青藏干线旅客进出藏的需求。区内各条干线的客运力量也得到加强,并增开新的线路。1986年,客运公司完成客运量达到15.24万人次,客运周转量达到10550万人公里。1990年,完成客运量15.27万人次,完成客运周转量9864万人公里。1997年,针对客运市场容量小、辐射面窄的情况,各客运企业相继拓展省际客运,经与川、青、甘三省运管部门协商,开通林芝至成都、拉萨至兰州、拉萨至西宁跨省客运班线,进一步巩固完善了拉萨至成都、阿里至叶城客运班线。1999年增加了拉萨至重庆的线路。到2000年,已开通省际客运班线14条,开通八一至波密、泽当至错那、狮泉河至改则等11条区内客运班线和那曲安多县、申扎县、昌都丁青县、日喀则定结县等8个县的客运班线。全区客运班线县级覆盖率达85%,其中拉萨、昌都为100%,阿里地区为57%。随着自治区经济社会的快速发展,西藏作为重要的世界旅游目的地,公路运输优势凸显,自治区道路客运发展全面加速,客运车辆数量迅速增加,特别是2014年为青藏高原专属定制的高原新型客车推广应用,车辆安全性、动力性、舒适性明显提高,服务水平有效提升,客运线路覆盖面不断扩大,截至2017年底全区共有道路客运企业60家，班线客运车辆1822辆，座位数43039个，旅游客运车辆3317辆，座位数55039个。客运班线415条，农村客运班线203条。全区74个县，除墨脱外，已全部通客车。2017年完成道路客运量999万人次，旅客周转量266349万人公里，同比分别增长12.34%、12.19%。

航空 改革开放之初，在通航初期原北京航线的基础上，西藏民航仅仅新开通了拉萨—格尔木—兰州、拉萨—格尔木—西安两条航线。1985年开始，中组部正式开展援藏工作，西藏经济社会发展突飞猛进，为西藏民航的发展注入了新的活力，平添了新的机遇；加之1995年昌都邦达机场的投入运营和后期林芝米林机场、阿里昆莎机场、日喀则和平机场的相继投产，区内机场航线开辟、航班加密日新月异，相继通达了上海、广州、重庆、天津、南京、济南等大中城市，并逐步实现了区内环飞，1987年9月开辟的拉萨—加德满都航线更是让西藏民航飞向国际，加入国际机场的行列；2011年，西藏航空正式成立，成为雪域高原首家基地航空公司。特别是近年来，西藏民航努力适应发展新常态，不断引进航空公司，加快开辟航线网络，切实提升保障能力，到目前共有国航、东航、南航等9家航空公司以空客A319、A330，波音737为主要执飞机型，开辟国内外航线87条，通航城市47个，基本形成了以拉萨为中心，辐射周边大中城市的航线网络，"空中金桥"的内涵得以进一步的完善和丰富，空中"生命线"、运输"保障线"、民族"团结线"和社会"进步线"的效能得以进一步的发挥和凸显。

因航线单一、航班少、航空器载运量小、旅客构成受限等影响，改革开放之初，西藏民航的年旅客运输量不足万人次，甚至不及当今一天的运输量。随着国家实力的不断增强、西部大开发的不断深入和改革开放步伐的不断加快，西藏区内机场布点不断增多、航线网络不断完善、基础设施不断健全、旅客构成不断多样、票务市场不断开放、地方经济不断活跃、社会发展不断向前，2000年，西藏民航年旅客吞吐量历史性地首次突破了50万人次，2006年、2012年分别首次突破了100万人次、200万人次；2017年则首次突破了450万人次，较2000年增长了8倍多，占到西藏2561万旅游人数的17.6%，始终是西藏综合立体交通运输体系的重要组成部分和中坚力量。40年间，在仅有330余万各族儿女的雪域高原，西藏民航已累计安全保障航班起降32.6万架次，实现旅客吞吐量、货邮吞吐量3656.2万人次和41.3万吨，并多次完成军事运输、抢险救灾、专机保障等重要飞行，在西藏实现"短短几十年、跨越上千年"的巨大腾飞历程中，做出了突出的贡献。

改革开放以来，西藏自治区党委政府带领全区各族人民迎难而上，开拓进取，取得了改革开放和社会主义现代化建设的历史性成就，也是西藏铁路发展最快的时期。目前，自治区已建成通车的铁路工程质量可靠，通信信号安全稳定，生态环境保护良好，车辆运行正常。在建项目也以高标准、高质量得到有序推进。这些重大铁路项目的实施，从短期看，为保持自治区投资拉动型经济强劲增长添了力；从长期看，改善了投资环境，提升了交通运输服务供给数量和质量，为资源优势向经济优势转化创造了条件，增强了区域经济发展后劲；从区内看，完善了铁路网布局；从全局看，增进了全区与全国市场的对接与整合，缓解了"半孤立运行"的局面。铁路对全区经济社会发展和长治久安的贡献值在上升，铁路的基础支撑作用越发凸显，铁路对区域经济发展的辐射带动作用持续增强，铁路建设发展的活力不断迸发。2006年7月，青藏铁路运营以来，自治区地区生产总值保持两位数以上增长速度，2010年达到507.46亿元、增长14%，是青藏铁路通车前的2倍，累计完成客运671万人次、货物运输654万吨，其中，进藏旅客340万人次，出藏旅客330万人次；进藏货物562万吨，出藏货物92万吨。从根本上扭转了西藏经济社会相对孤立运行的局面,成为西藏承接外力、激发内力、加快发展的重要转折点。

邮政通民方面,西藏邮政利用网点资源,搭载金融、物流、电商等公共服务和"互联网+"业务,构建农牧区邮政综合服务平台,实现以较低的成本快速提高公共服务均等化程度,有效解决公共服务半径过大无法满足用户多样化、个性化的用邮需求难题。按照创建"国内领先、世界一流"陆运网建设发展的目标,西藏邮政不断加大能力建设投入,以"自办+委办"模式加密邮运班期,通过转型升级调整优化网络组织,持续提升陆运网能力。截至2017年,省会到地市全面实现逐日班,地市到县(区)实现周五班以上,其中逐日班27条、周六班5条、周五班40条。投递量从1979年的报纸3548万份、杂志106万份;1980年包裹信件5.5万件,提高到年均为全区300多万民众投递报刊3984万份、包裹921.48万件、信函41.91万件。不断加强与政府部门的合作,提高便民服务的深度,使西藏邮政成为政府服务的"延伸窗口"。先后开办现代物流、电子邮政、代理保险、代发工资、代理各类票务等一大批新兴邮政业务,以邮政"代办""代发""代理""代售"为品牌服务,延伸邮政传统服务链条,打造了"少走一步路、少进一次门"的邮政一条龙服务。通商方面,从1986年开办邮政储蓄业务,始终遵循"服务城乡大众,支持三农发展"的市场定位,主动融入地方经济,积极履行社会责任,在"自营+代理"的经营理念指导下,不断丰富业务品种,为广大客户提供特色的金融服务,助力地方经济建设。截至2017年底,全区代理金融网点由西藏储蓄银行成立初期的36个,增加至71个。快递业方面。快递业从无到有,蓬勃发展,2000年8月,嘉里大通物流有限公司在西藏成立分公司,成为西藏第一家邮政企业以外经营快递业务的企业。此后,各快递企业品牌相继入驻拉萨,形成国有快递企业与民营快递企业并存发展的市场格局。截至2017年底,全区快递企业品牌25个,快递许可企业43家,分支机构222家,代办点75个,含国有、民营、外资等多种所有制经济形式。民营快递服务范围继续向县乡级地区延伸,县乡覆盖数量不断提高,2017年民营快递服务覆盖63个县,89个乡镇。2017年5月份,拉萨市率先在全区实现县级区域快递业务普及全覆盖的工作目标。

城市交通在党的十一届三中全会路线指引下,西藏开始了由计划经济向市场经济,由供给型经济向经营型经济的转变。中央和自治区出台了一系列改革开放搞活经济的政策,开展西藏交通运输经济体制和管理体制改革,促进客运市场走向多元化。拉萨市城市客运实现了新兴行业从无到有,原有行业由小到大。如今,拉萨市拥有出租车企业2家,出租车1670辆;城市公交企业1家,公交车辆522辆。2017年拉萨市累计完成出租客运量7731万人次,公交客运量8078.6万人次。城市出行工具也呈现多元化。2017年5月引进共享单车公司入驻拉萨。截至目前,ofo、摩拜两家公司在拉萨市主城区及堆龙德庆区共计投入6800余辆共享单车。深入践行绿色发展理念。自2014年对15辆柴油公交车进行了"油改气"开始,截至2017年,公交车总数658辆,新能源公交车达到312辆(其中:纯电动公交车27辆,气电混合公交车285辆),新能源车占比60%,提前完成国务院要求的"到2019年西部城市新购公交车中新能源公交车比例达到30%"的目标。纯电动出租汽车示范经营。2015年5月购进8台比亚迪E6纯电动出租汽车示范运营,同期完成了充电设施建设规划并投入使用;2017年更新新能源出租车193辆,出租车总数2637辆,新能源出租车占比7%,清洁能源及新能源公交车占比达到100%。

改革开放以后,特别是 2010 年以来,西藏城市交通发展全面加速,客运车辆数量迅速增加,车辆档次明显提高,服务水平得到有效提升。2010 年全区城市公共汽车运营线路总长 1134 公里,客运量 6279 万人次;2017 年全区城市公共汽车运营线路总长 1580 公里,客运量 9169 万人次,运营线路总长和客运量分别增长 39%和 46%。2010 年全区城市出租车 2001 辆,客运量 12766 万人次;2017 年全区城市出租车 2637 辆,客运量 14908 万人次,出租车数量和客运量分别增长 32%和 18%。

"十三五"末,拉萨市将实现中心城区公共交通站点 500 米全覆盖,万人公共交通车辆拥有量达到 16 标台以上,公共交通占机动化出行比例达到 60%;地区所在地城镇中心城区公共交通站点 500 米覆盖率达到 70%,万人公共交通车辆拥有量达到 14 标台以上,公共交通占机动化出行比例达到 50%。

四、行业管理成就

(一)公路建设项目管理

40 年来,为加强公路建设项目管理工作,交通运输厅根据市场发展情况和管理实际需求,积极推进机构改革,强化对公路建设项目的管理工作。1990 年设立了公路基本建设工程质量监督站,代表区政府依法对全区在建公路基建项目进行质量监督,该机构在 2011 年事业单位机构改革中更名为西藏自治区公路工程质量和安全生产监督局,质量监督功能得到进一步增强。2000 年为实现政事分开,自治区交通运输厅成立了重点公路建设项目管理中心,负责全区重点公路建设项目的建设工作。2013 年,为适应公路交通跨越式发展需求,设立综合服务协调处,成立路网监测与应急中心、技术评审中心、招投标中心,进一步完善了公路建设管理体系。

1.项目审批体制改革全面推进

为有效解决一般交通建设项目预算评审实行的财政报审制,存在程序多、时限长、效率低等问题,严重影响项目批复及施工进度。2016 年,自治区财政厅同意由交通运输厅作为农村公路投资评审主体,对农村公路投资规模进行把控,并将相关批复文件向区财政厅进行报备,由区财政厅对资金拨付、使用进行监督管理。下放农村公路项目审批权限。为充分调动各地(市)建设农村公路积极性,切实加快农村公路建设进程,农村公路建设项目从全部由自治区交通厅、发展改革委审批,逐步将各地(市)交通运输局农村公路建设项目审批权限调整为 1000 万元、3000 万元、5000 万元至 1 亿元,目前农村公路建设项目投资 1 亿元以下由各地(市)交通运输局进行审批,向交通运输厅报备审批情况;投资 1 亿元(含 1 亿元)以上农村公路建设项目由交通运输厅审批。调整公路工程设计变更权限。为加快公路设计变更审批进度,逐年将由各项目法人自行审批普通公路设计变更上限从 80 万元调整至 200 万元,并进一步调整至 500 万元。目前公路交通建设项目设计变更不超过 500 万元的,均无须报交通运输厅审批。

2.建设管理模式逐步健全

随着全区公路建设市场的发展,逐步形成区、地两级公路建设管理体制,由自治区交通厅和各地市交通局分级承担公路建设管理职责,负责职责范围内公路工程项目的前期工作、建设的组织实施和管理。为进一步强化公路工程组织实施能力,2003年在拉贡公路新改建项目中开展了成建制项目法人援藏试点工作,2008年班戈至纳木错、滇藏公路类乌齐至昌都段改建项目开展了项目代建制试点工作,积极探索适应西藏公路建设新的管理模式。特别是2013年以来,为适应公路交通跨越式发展需要,西藏交通建设全面引进国内大型的设计、施工企业参与我区公路建设,目前西藏高等级公路建设约70%是由国内顶级施工企业完成;积极推广公路项目代建制,引进了中交一院、中铁二局、四川监理咨询工程公司等国内大型企业,组织开展了7个重点公路建设项目的代建相关工作;充分发挥各地市在公路建设中的积极性,下放国道318线拉萨至曲水大桥、国道317线丁青至斜拉山、泽当大桥至日多等公路建设项目管理权限,将部分重点公路项目建设交给各地市交通运输局实施。

3. 投资投融资体制改革积极推进

为解决西藏公路交通跨越式发展的资金缺口,自治区和日喀则市、昌都市改变财政直接投资的传统模式,相继成立交通建设投资公司并承担融资职能,在国家投资到位前,科学合理、依法依规运用多元化的融资手段,多渠道筹集建设资金,有效地支撑公路交通建设的跨越式发展。日喀则市还率先引入"投融资+EPC"模式推动农村公路发展。

4. 公路建设事中事后监管不断加强

一是建立准入和退出机制。公路建设引入市场竞争机制后,参建队伍资格审查先后由自治区建委、自治区交通厅、自治区计经委负责。1988年自治区交通厅正式建立了参建资格审查制度,对公路工程参建单位进行审查,审查合格的发给《公路工程承包许可证》,1996年改由交通厅签署意见、建设厅备案确认。随着公路建设市场不断发展,自治区交通运输厅逐步引入社会信用评价工作,加强企业信用评价工作,信用评价结果应用到项目招投标等各项工作中,初步形成比较健全的公路建设企业信用评价体系。二是健全工程质量管理体系。先后制定了《关于加强公路建设质量的决定》等一系列规范性文件,有效地促进了公路工程质量监督工作的开展。从1992年青藏公路第一期整治工程开始正式建立施工监理制度,同时逐步健全了前期工作、招投标、项目建设、交竣工验收等过程中的质量管理制度,建立了从业单位、主要从业人员动态管理档案和"黑名单"制度,有效保证了公路建设工程质量。三是为加强对农村公路建设项目事中事后监管力度,制定了《西藏自治区农村公路简政放权项目建设实施细则》,对农村公路从项目计划、项目招投标、合同管理、工程质量等十个方面进行了规范。四是为进一步加大对公路工程建设项目及尾工工程管理工作监管力度,交通运输厅研究出台了《西藏自治区公路工程设计变更管理办法》《西藏自治区公路建设项目尾工工程管理办法(试行)》。

(二)公路养护体制改革

1980年3月,西藏自治区交通厅公路管理局恢复成立,负责全区的公路养护与管理工作,并在青藏公路第二次改建时,首次按每30~50公里设置工区,其后进行的公路新改建均设工区。1995年5月,全区公路交通部门正式组建路政管理机构,负责全区公路管理行政执法工作。2011年机构改革中,自治区交通厅公路管理局更名为自治区公路局,升格为交通运输厅管理的副厅级事业单位,下辖4个正县级分局和1个副县级分局。2017年4月,自治区公路局撤销内设路政管理处,成立由自治区公路局管理的自治区路政管理局,负责全区路政执法管理工作,各市(地)分别按照属地管理原则负责辖区内的路政执法工作。2017年9月,自治区高等级公路管理局成立,下辖6个养护中心,负责养护拉林、拉贡、贡泽等5条高等级公路。

1. 管理养护体制机制改革

为适应新形势下的公路管养服务需求,我区养护运行机制改革不断深化。结合西藏公路养护与管理自身发展的实际,实行按交通量、养护里程、海拔高度、养护难易程度定公路养护责任的"三定一包"(定公路养护等级、定人员编制、定养护经费、包公路养护责任)目标责任制等系列改革。先后出台了《关于进一步改革和完善公路养护管理运行机制的实施意见》《西藏公路管理局公路养护管理运行机制改革安排意见》等文件,进一步规范了公路管理养护工作。特别是2007年自治区人民政府出台了《关于加强农村公路养护管理的意见》,明确了区、地、县各级政府在农村公路养护管理中的责任,提高了农村公路养护补助标准,将全区农村公路全部纳入了养护管理范围。2011年9月,《西藏自治区公路养护体制改革方案》经自治区人民政府批准,进一步提高了公路养护经费标准,加大了养护机械投入,通过聘用养护职工子女的方式充实了4767名养护人员,全面提升了公路养护保通能力。

2. 公路应急抢险机制逐步健全

西藏公路交通地形地理条件十分复杂,公路沿线灾害频发,极易造成公路断通。40年来,在中央关怀和交通运输部、自治区相关部门的大力支持下,自治区公路部门加大养护机械投入、加强养护人员培训、开展应急抢险演练,抓好应急物资储备,完善应急保通预案,全面提升应急保通能力,圆满完成了易贡湖溃决、通麦便桥垮塌、"4·25"地震等多项重大公路灾害抢险任务。到2017年底,全区国省干线公路共拥有应急保通机构设备3288台/套,拉萨、昌都两个应急物资储备中心开工建设,国省干线公路断通时间逐年缩短。

(三)道路运输体制改革

为适应道路运输快速发展的形势,根据《道路运输管理条例》和《西藏自治区道路运输管理条例实施细则》,1996年8月,西藏正式设立自治区交通运输管理局,负责全区道路客运、货运、汽车维修、驾驶员培训、运输服务等行业管理工作,在各地市以及青海格尔木市、四川双流县分别设立交通运输管理处,作为其直属分支机构。2005年,西藏成立了自治区地方海事局,主要负责全区水路运输管理工作,与自治区道路运输管理局合署办公。2011年事业单位改革中,道路运输管理部分行政执法职能从自治区道路运输管理局剥离,交由自治区交通综合执法总队承担。2012年5月,为理顺地方自治区与地市的道路运输管理职责,自治区机构编制委员会下发了《关于自治区交通运输厅道路水路运输管理机构编制及人员调整的批复》(藏机编发〔2012〕66号),将各地市运管机构和职能整体划归地(市)交通运输局属地管理,形成了区、地两级分级负责的道路运输管理体制。根据自治区机构编制委员会《关于自治区道路运输体制改革涉及机构编制调整的通知》(藏机编发〔2017〕6号),自治区道路运输管理局增设了安全监督、政策法规科等内设机构,全区各县分别设立道路运输管理所,为各县交通运输局管理的副科级单位,同时明确了各级道路运输管理机构的职责,形成了区、市(地)、县三级政府分级管理、权责统一的道路运输管理管理体制。2000年自治区人大常委会颁布了《西藏自治区道路运输管理条例》,于2007年3月进行了修订,为进一步规范公路运输行业管理提供了法律依据。

"经济好不好,全看汽车跑不跑",由于特殊的地理区位和交通条件,公路交通运输在西藏和平解放以后长期处于十分重要的地位,即使是在"国营、集体、个体一齐上"的20世纪80年代,自治区道路运输业主要从业主体仍然是区地两级国营企业。直到1997年交通部下发《关于深化改革加强管理搞好公有制大中型汽车运输企业的若干意见》后,全区道路运输市场开始全面开放市场,积极鼓励有条件、有实力的个体经营者和企业参与运输业,公路客运输业开展蓬勃发展,个体经营、挂靠企业逐步取代国有国营,成为我区道路客货运输市场的主要经营形式。

随着经济社会的快速发展,挂靠经营模式的各种弊端逐步显现,严重影响了公路客运行业的健康发展。根据《道路旅客运输及客运站管理规定》(交通运输部令2012年第8号)、《西藏自治区道路运输体制改革方案》(藏政发〔2015〕111号印发),在自治区交通运输厅和道路运输管理局的指导下,全区公路客运企业以规模化、集约化、公司化为目标,加强资源整合,全面清理挂靠经营车辆,通过资产置换或兼并重组,扩大客运企业经营规模,实现经营车辆公司化和企业经营规范化,企业"散、小、弱、差"的问题得到有效改善,抗风险能力明显提升。到目前,西藏自治区3300多台旅游客运车辆和654市际班线客车实现了公司化,占客运经营车辆的77.2%,逐步形成了以国有经济为主、个体民营为辅的道路客运主体结构。

同时,积极推进高原客车标准制定工作,交通运输部于2015年发布了《青藏高原营运客车技术要求》(JT/T 963—2015),中国公路学会客车分会出具了《关于西藏高原营运客车作为布置的技术分析意见》(中客会字〔2015〕010号),西藏自治区交通运输厅起草了《关于实施青藏高原营运客车技术要求的通知》,报请自治区政府专题研究同意后,由交通、公安、财政、安监联合下发执行。20座以上营运客车逐步退出客运市场,共改制旅游车辆2227辆,安置从业人员3249名,购置高原型客车1564辆。

根据中尼两国政府签订的《运输协定》,2005年拉萨至加德满都客运直通车正式开通,成为中国与尼泊尔之间的第一条国际客运线路,也是西藏自治区第一条国际公路客运线路,但因道路安全等因素影响,运营时通时断。

(四)法治建设

1978年11月,西藏自治区革委会交通局制发《关于公路汽车运输企业奖励试行办法》。1979年11月,西藏自治区人民政府公布《西藏公路路产保护办法》。1981年9月,西藏自治区交通厅印发《关于跨省运输有关规定》。1984年8月,西藏自治区人民政府批转《关于发展农牧民个体和集体运输业的暂行规定》。1987年7月,《西藏自治区公路运输管理条例实施细则》。1989年12月,西藏自治区交通厅印发《关于公路建设工程对外承包工程的规定》。1996年9月,西藏自治区交通厅下发《西藏自治区拖拉机养路费征收、使用管理办法》。1998年9月,西藏自治区人民政府颁布《西藏自治区公路路政管理条例(草案)》。2000年5月,《西藏自治区道路运输管理条例》实施。

2001年7月,西藏自治区交通厅制发《西藏自治区公路工程质量管理实施细则(试行)》;12月,自治区交通厅和环境保护局联合制定印发《西藏自治区交通行业环境保护管理暂行办法》。2002年3月,自治区人民政府出台《西藏自治区人民政府关于加快农村公路发展的意见》,分析了全区农村公路发展现状,提出了农村公路发展的指导思想、基本原则、总体目标和建设重点,对农村公路规划、建设管理和养护等方面提出了明确的要求。4月,自治区交通厅制定了《西藏自治区农村公路建设项目管理暂行办法》;8月,制定了《西藏通县油路建设资金管理办法》。2003年3月,自治区交通厅制定了《西藏自治区公路工程造价管理办法》;7月,自治区人民政府出台了《西藏自治区人民政府关于加强县乡公路养护管理意见》;10月,自治区交通厅制定了《西藏自治区交通行政执法督查暂行规定》《西藏自治区公路建设项目评标专家库管理办法》。2004年4月,自治区交通厅印发《关于切实加强对公路建设项目管理人员教育管理和监督的意见》;5月,自治区人民政府办公厅转发自治区财政厅、交通厅《关于自治区县乡公路养护管理细则的通知》,对规范和加强西藏县乡公路养护管理工作,提高县乡公路养护资金的使用效益,促进西藏县乡公路养护管理工作的健康发展提供了保障;6月,自治区交通厅制定了《西藏自治区公路安全保障工程实施方案》;8月,制定了《西藏自治区道路旅客运输经营权质量招标投标管理办法(试行)》。2005年2月,自治区交通厅制定了《西藏自治区公路工程劳务用工管理暂行规定》,切实维护劳动者合法权益;印发了《西藏自治区交通厅关于进一步加强公路工程质量监督工作意见》;4月,制定了《重点公路基本建设结余资金使用管理办法》《交通厅关于进一步加强和改进公路建设项目管理工作的规定》;11月,自治区交通厅、安监局印制了《西藏自治区渡口、渡船安全管理专项整治实施方案》;12月,自治区交通厅制定了《西藏自治区交通科技项目管理办法》。

2006年6月,自治区交通厅制定了《西藏自治区公路工程设计变更管理办法实施细则》;11月,自治区八届人大常委会审议通过了《西藏自治区公路条例》,自2007年3月1日起施行。2007年3月,自治区八届人大常委会通过了《西藏自治区道路运输条例》,自治区人民政府办公厅印发了《西藏自治区农村公路管理养护体制改革实施方案》;6月,自治区交通厅制定了《西藏自治区农村公路管理养护办法》《西藏自治区农村公路养护技术规范》。2008年1月,自治区交通厅制定了《西藏自治区政府投资公路建设项目代建管理办法》;3月,自治区人民政府出台了《西藏自治区2008年重点工程建设项目计划》;5月,自治区交通厅制定了《西藏自治区公路工程试验检测管理办法实施细则》;12月,自治区人民政府常务会议通过《西藏自治区水上交通安全管理办法》,自2009年2月2日起施行;自治区交通厅制定了《西藏自治区经营性道路运输车辆技术管理办法》《西藏自治区机动车性能检测站管理办法》《西藏自治区机动车维修业管理办法》《西藏自治区道路运输从业人员管理办法》《西藏自治区道路货物运输站(场)管理办法》《西藏自治区机动车驾驶员培训管理办法》《西藏自治区汽车客运站管理办法》。2009年5月,自治区交通厅制定了《西藏自治区交通厅公路建设农民工用工管理暂行规定》《西藏自治区公路工程质量鉴定检测管理暂行办法》;6月,制定了《西藏自治区重点公路建设项目管理暂行办法》。

2011年3月,为适应社会主义新农村建设的需要,西藏自治区人民政府出台《西藏自治区人民政府关于扶持农村客运发展的意见》;12月,为推进西藏公路建设市场信用体系建设,交通运输厅制发《西藏自治区公路项目建设单位实施细则》。2012年2月,为进一步畅通信访渠道,切实解决群众合理合法诉求,确保我区社会和谐行业稳定,交通运输厅制定《交通运输厅领导干部接待群众来访实施办法》;5月,交通运输厅制发《西藏自治区公路养护工程市场准入实施细则》和《西藏自治区重点公路建设项目管理办法》。2013年3月,为认真贯彻落实习近平总书记关于厉行节约、反对铺张浪费的重要批示精神,交通运输厅制发《西藏自治区交通运输厅机关经费使用管理暂行办法》;4月,交通运输厅制定《西藏自治区重点公路工程设计变更管理办法》。2014年7月,为规范全区公路工程施工招投标,交通运输厅制发《西藏自治区公路工程项目施工招标合理定价评审抽取法实施办法》。2015年2月,为规范全区公路工程建设项目邀请招标工作,交通运输厅制定《西藏自治区交通运输厅邀请招标规定》;5月,为进一步加强勤政廉政建设,强化工程建设监督管理,交通运输厅制定《西藏自治区公路建设项目"十公开"规定》;11月,为进一步规范西藏自治区交通运输厅教育培训管理工作,交通运输厅制定《西藏自治区交通运输系统教育培训工作实施细则》;12月,为加强西藏自治区公路建设管理,进一步规范尾工工程建设项目管理,交通运输厅制定《西藏自治区公路工程设计变更管理办法》和《西藏自治区公路建设项目尾工工程管理办法》。

2016年1月,印发《规范性文件合法性审查制度》;9月,印发《西藏自治区公路工程建设项目竣(交)工验收办法》;12月,印发《加强区内外大型企业在藏信用及履行法人职责能力的试行管理办法》,联合区旅游委印发《西藏自治区旅游客运服务细则》。2017年3月,联合区公安厅印发《西藏自治区治理超限超载联合执法工作实施细则》;5月,印发《西藏自治区农村公路工程建设项目竣(交)工验收办法(试行)》和印发《西藏自治区农村公路建设市场信用评价管理办法(试行)》;7月,印发《西藏自治区各级运管机构职责权限界定细则》。

同时,为进一步推进简政放权、放管结合、优化服务,创新管理方式,规范执法行为,认真查找交通运输领域是否存在检查任性和执法扰民、执法不公、执法不严等问题,切实把随机抽查监管落到实处,制定了《交通运输厅关于大力推广随机抽查规范事中事后监管工作方案》,同时建立了"两库一单"即:《西藏自治区交通运输厅监管市场主体名录库》(61项)、《西藏自治区交通运输厅交通运输系统行政执法人员名录库》《西藏自治区交通运输厅随机抽查事项清单》。2015年7月,西藏交通运输厅全面推行权力清单制度,首次清理各项行政职权共计472项,统一制定了行政权力事项清单、责任事项清单和行政许可流程图模板,目前,权力清单共136项(其中行政许可17项,行政处罚90项,行政强制7项,行政征收1项,行政检查6项,行政确认2项,其他类13项)。

其他运输方式改革开放之初,西藏民航为正处级机构,职工不足百人,构成以内地调入、征招义务工、院校分配和全国民航单位派援为主。根据民航企业化工作的进程,1985年,在民航拉萨站的基础上组建成立了中国民用航空西藏自治区管理局,并于1993年开始执行局、处、科三级管理体制,由此开启了西藏民航人力资源的开发和建设工作的不断规范和逐步成熟。为了适应民航体制改革、生产保障快速发展的各方需要,不断吸收引进高素质、复合型经营管理人才和专业技术人才,并努力提升工作能力成为西藏民航协调、可持续发展的重要支撑和保证。至此,西藏民航结合民航援藏工作的不断深入和民航不同时期的工作需求,坚持"德才兼备、以德为先"工作原则,从自身生产生活条件改善、薪资福利制度完善、职工职业生涯规划建立、精神文化阵地建设等方面狠下功夫,努力创造和丰富选人、育人、用人、留人的工作方式方法,促使了一大批乐于奉献的有志之士,前赴后继地扎根西藏、奉献民航、建设边疆。2011年,西藏航空正式成立,成为雪域高原首家基地航空公司。西藏航空顺利实现了拉萨停放飞机过夜和拉萨贡嘎机场夜航常态化,结束了西藏46年来无飞行过夜机场基地和常态化夜航的历史。

2001年1月,为全力支持青藏铁路格拉段建设工作,自治区人民政府成立了自治区支援进藏铁路建设领导小组及其办公室,办公室设在自治区发展计划委员会。2006年2月,在青藏铁路全线铺轨贯通、即将建成之时,为加快对青藏铁路配套项目规划建设工作,自治区人民政府成立了自治区青藏铁路配套工程规划建设领导小组及其办公室,办公室设在自治区发展计划委员会,负责规划建设工作与铁路部门的协调工作,与自治区支援进藏铁路建设领导小组办公室合署办公。2006年7月,为全面贯彻落实胡锦涛总书记在青藏铁路通车庆祝大会上的讲话时指出的"切实管好、用好青藏铁路"的重要精神,充分发挥青藏铁路在推进我区经济跨越式发展和社会长治久安进程中的重要作用,自治区成立了自治区青藏铁路运营工作领导小组及其办公室,办公室设在自治区发展改革委,与自治区支铁办、配套办合署办公。2006年12月,为便于全区铁路规划、建设、运营等工作的协调统一性,自治区人民政府将三个涉铁工作领导小组进行整合,成立了自治区铁路建设运营工作领导小组及其办公室。办公室设在自治区发展改革委,为副厅级建制,内设副处级建设协调处、运营协调处。2006年,机构调整后自治区铁路建设运营工作领导小组主要职责为:认真贯彻落实党中央、国务院及区党委、政府关于铁路建设的决策部署;领导全区铁路建设和铁路运输工作,协调解决铁路建设和铁路运输事业发展中的重大事项;统筹区内铁路规划、建设协调、配套工程和运营管理工作;根据国家铁路网发展规划及铁路建设的方针政策,研究制定我区铁路建设的中长期发展规划和战略;研究制定加快自治区铁路建设发展的政策措施;配合国家铁路主管部门,积极开展路地共建铁路活动;负责自治区对青藏铁路运营的协调配合工作;协调组织铁路建设的宣传等工作。领导小组办公室主要职责是:贯彻落实中央和自治区有关铁路建设的方针、政策和规定;负责自治区境内区域铁路网规划、建设、运输、经营协调管理工作;负责与铁路有关方面的协调工作;承办上级交办的其他事项。

五、科技创新成就

自改革开放以来,通过40多年的努力,西藏交通取得了长足的进步,科技推动起到了重要的支撑和促进作用。

(一)科技创新体制改革

西藏地处高原,地质复杂,气候恶劣,公路绝大部分处在海拔4000米以上,特殊的地理环境和气候条件导致了冻土、崩塌、滑坡、泥石流、雪害、沙害等多种自然灾害,公路建设、养护面临很多难题。在国家各部委的关心支持下,西藏公路管理部门调动一切能调动的技术力量,加强科研力度,加大科技含量,通过联合,引进吸收等多种途径,将适合自治区实际的科研成果,高新技术引进推广到西藏公路建设中,以科技进步为基础,以吸收和推广关键技术为重点,以研究典型公路灾害为突破口,加大对公路建设中地质灾害的监测、预报减灾和防治研究,加大对高原公路病害、环境保护措施的研究;加大对公路现代化养管的研究等,以达到持续发展西藏公路科研的目的。

1977年以来,西藏交通部门十分重视公路科技的创新发展,通过大力推进公路科技创新,加快自主创新能力,大力推广和应用新技术、新产品、新材料和新工艺,全面提升了科技创新对自治区公路发展的支撑能力。

"九五"以来,西藏自治区公路交通科技发展面向西藏公路建设主战场,结合西藏道路运输业发展趋势,为了解决一些公路重大关键技术问题,经过充分调研选取了重点及难点作为研究方向,采用重点突破与整体推进相结合,以解决影响西藏公路畅通的自然灾害(泥石流、滑坡、堵溃洪水、冻融翻浆、水毁、坍塌、沙害等)为突破口,开展了重大公路病害的调查与防治对策研究。通过直接引进、联合各高校院所攻关等方式,紧紧围绕西藏交通事业发展的需要,以科研成果服务于建设,服务于施工为目标,在全体科研工作人员的共同努力下,有计划、有步骤地开展了多项科学研究,完成各项科研任务。

长期以来,针对西藏公路运输发展面临的特殊地质条件和气候因素,交通运输部加大科技项目、资金和技术的支持力度,集中行业内外优势科研力量,重点围绕干线公路整治、地质灾害防治、公路养护管理等关键技术问题开展攻关,有力地支撑了重大工程建设,提升了区域科技创新能力和水平。

2007年,交通部印发了《关于进一步推进西藏交通运输科学发展的若干意见》,进一步加大对西藏交通运输跨越式发展的支持力度,着力构建西藏综合交通运输体系,为2020年西藏与全国一道全面建成小康社会提供坚实的交通运输保障。为此,西藏落实科技支撑西藏发展的专项行动,依托技术支撑单位,明确西藏交通运输科技的重点领域和技术难题,合理有序推进科技发展。启动以开放共享机制、协同创新机制等科技工作机制,不断探索提升科技管理水平。

"十二五"以来,西藏交通运输科技发展面向行业转型升级,在国家和各省市有关部门的支持帮助下,统筹推进重大技术研发、标准制定、成果推广应用等方面工作,取得了显著成效。五年来,围绕干线公路整治、地质灾害防治、公路养护管理等方面开展了一些项目研究,依托国家支持和自治区自身投入,实施科研项目13项,投入科研经费3100万元,1项成果获得中国公路学会科学技术奖。科技进步支撑和引领西藏交通运输发展的作用进一步增强。

多年来,西藏在公路领域实施了一系列科技专项攻关,成功取得了一批重大科研成果。一系列"四新"技术得到了广泛应用,公路建设的品质不断提升,通行环境变得更舒适、更安全,公路建设和运营管理的科技含量及智能化管理水平明显提高,基础信息技术得到了广泛应用,运营管理水平和应急处置能力不断提升,公共服务能力取得了突破,有力地支撑了公路领域的快速、优质、高效发展。

(二)科研能力建设

改革开放40年以来,西藏交通以"科技创新"为龙头,以"人才工程"为根本,以"资金投入"为源泉,以"交通建设"为依托,以"应用研究"为重点,按照有所为和有所不为的原则,准确把握公路科技的发展方向和西藏公路科技的难点和热点,立足当前,谋求长远,抓住重点,进行突破性研究,不断提高西藏公路科技的自身发展能力。对科研试验或依托工程,加大监管力度,探讨由项目组实施科研整治工程方案,以确保科研成果的精度和投资效益。

积极争取国家和兄弟省份对西藏更大的支持和支援力度,完善科研机制。申请在建设资金中专项安排科研经费,经费由西藏交通运输厅统一管理,精心组织,积极投入人力、物力,处理好工程建设和科研的关系,积极挑选实用性强、科技含量高的项目进行突破性研究,为提高西藏公路科技自主研发能力打下良好基础,促进科研成果的迅速转化和应用。

目前西藏交通科研工作滞后,依托公路建设开展的科研项目越来越少,且室内试验均在低海拔地区进行,形成误差较大,实验结果和研究结论有时无法指导公路建设,制约科研成果的推广应用。经过近五年的前期准备工作,经西藏自治区科技厅正式同意筹建《高寒高海拔地区公路工程材料技术重点实验室》(藏科函字〔2017〕30号),通过对内地相关的国家及交通运输部重点实验室的参观学习,2017年5月交通运输厅召开筹建实验室专题会议,决定出资2000万元筹建实验室。目前实验室已完成主体结构,计划2018年7月投入使用。实验室将围绕西藏交通建设的瓶颈问题,每年开展3至4个课题,切实加强西藏交通科技发展,同时培养少数民族地区学科技术带头人和专家型人才,打造一支留得住、撑得起,在艰苦条件下持续采集、收集、整理基础数据的科研队伍。

(三)重大科技创新成果及推广应用

"九五"以来,西藏自治区公路交通科技发展面向西藏公路建设主战场,结合西藏道路运输业发展趋势,以科研成果服务于建设为目标,以解决影响西藏公路畅通的自然灾害(泥石流、滑坡、堵溃洪水、冻融翻浆、水毁、坍塌、沙害等)为突破口,以充分调研确定的重点、难点问题为研究方向,采用重点突破与整体推进相结合,通过直接引进、联合各高校院所攻关等方式,克服种种困难,有计划、有步骤地开展了大量科研工作,取得了一批重大科研成果,为西藏交通发展提供了必要的科技保障。

西藏公路科技进步和创新水平取得了显著提升,相关单位参与完成的多项科技成果获得国家级、省部级奖项。其中,《川藏公路南线(西藏境内)山地灾害及防治对策研究》获得国家科技进步三等奖(1996年)、西藏自治区科技成果二等奖(1995年);《川藏公路西藏境内卡贡弄巴(古乡)沟泥石流发展趋势及病害整治工程模型实验》获交通部优秀项目奖(1997年)、交通部科技进步三等奖(1999年);《中尼公路聂友段病害防治对策研究》获交通部科技进步三等奖(2003年);《大跨径钢筋混凝土箱型拱桥成套技术研究》获2009年度中国公路学会科学技术一等奖;《山区公路悬挑结构建设技术研究》获2012年度中国公路学会科学技术奖三等奖。

山区公路悬挑结构建设技术研究,本课题项目组构建了山区道路悬挑结构体系,攻克了山区道路悬挑结构的诸多设计与施工关键技术,建成了4段山区悬挑结构复合道路实体工程,编制了《山区悬挑结构复合道路设计施工技术指南》;获得授权发明专利4项,出版专著1部,发表论文7篇。经专家鉴定,山区悬挑结构复合道路技术为国际首创,山区悬挑结构复合道路的结构体系和设计方法研究处于国际领先水平。该课题在2012年12月获得中国公路学会科学技术三等奖。

拉萨至贡嘎机场专用公路建设关键技术研究,本课题依托工程为拉萨至贡嘎机场专用公路,该路是交通运输部和西藏"十一五"公路重点建设项目,是西藏自治区第一条高等级公路,也是当时西藏自治区投资规模最大、科技含量最高、单位造价最高的公路建设项目。该科技项目在"高等级公路沥青路面技术研究"中,室内试验材料与工程实际材料相同,室内试验条件模拟实际施工和使用条件,室内原材料与混合料试验结果直接应用于工程;专用公路面层沥青混合料改性沥青选择中利用了项目研究成果建议,面层和基层混合料施工配合比均采用本项目室内试验研究成果;全线沥青面层和基层施工中,应用了研究编制的施工技术指南;专题研究中,与机场专用公路路面工程紧密结合,研究人员与整治工程技术管理人员、施工技术人员、监理人员进行了广泛交流,为工程关键技术问题解决提供了技术支持与咨询,保障了工程施工质量与进度。

西藏地区高耐久性混凝土技术研究,通过调查西藏地区地材的分布情况,建立西藏地区水泥混凝土原材料的分布网络。根据地质、气候环境特点的显著性,依据影响混凝土耐久性的环境特征对西藏地区进行分区,选取分区内典型公路工程水泥混凝土结构物进行调研,建立西藏高原地区公路建设的地质气候体系。通过西藏地区高耐久性混凝土技术研究,分析特殊的水质、西藏产水泥、常用外加剂和地产集料,以及特殊环境、施工工艺下西藏地区公路构造物混凝土的使用状况和存在问题,提出西藏高原多年冻土区高性能混凝土制备技术,西藏地区干燥大温差环境下高性能混凝土制备技术,西藏地区低强高性能混凝土制备技术,西藏地区水泥混凝土泛碱防治技术以及藏区水泥混凝土超前质量控制技术,形成西藏高原地区水泥混凝土标准化施工技术,提高了西藏高原地区水泥混凝土结构的使用性能,减少混凝土结构病害,延长使用寿命。

青藏公路改建完善工程路基路面稳定保障技术研究,项目研究成果对西藏多年冻土区公路建设与管理有技术支撑作用,推广前景广阔,社会经济效益显著。部分研究成果在青藏公路改建完善工程实施中直接应用,部分成果为贯彻实施提供了技术依据,保障了青藏公路改建完善工程的顺利实施,提高了路基路面稳定性和行车安全性,总体应用效果良好。提升了西藏公路行业的整体技术水平,为西藏公路事业发展提供了坚实的技术支撑和保障。完成了技术指南2套《青藏公路低温调控工程措施设计与施工技术指南》《高原公路安全保障技术指南》。

高海拔地区半刚性基层沥青路面防裂基布应用工程,编制完成了1本地方标准,即《高海拔地区半刚性基层沥青路面防裂基布应用技术指南(试行)》,并由西藏交通运输厅正式下发(藏交发〔2016〕760号)。依托本项目已发表/录用学术论文13篇(SCI检索1篇、EI检索4篇,核心期刊8篇),依托本项目已编写专著2本。将《高海拔地区半刚性基层沥青路面防裂基布应用工程》推广应用到国道318线林芝至拉萨公路改造工程、日喀则机场至日喀则市专用公路新改建工程、国道349线泽当至贡嘎机场段等工程中,减少或延缓半刚性基层沥青路面反射裂缝的发生,切实延长了沥青路面的使用寿命,提高了路面耐久性,公路沥青路面裂缝病害得到了有效控制,保障了公路基础设施的使用性能。

青藏高温多年冻土区高速公路冻土路基尺度效应理论与变形控制技术,高温、高含冰量是青藏高原多年冻土的显著特点,其热不稳定性和热融敏感性居全球冻土之首,青藏高原多年冻土区修筑大尺度宽幅高速公路成为国际冻土工程界面临的世界性难题。与普通铁路、公路相比,高速公路大尺度路基聚热、厚层路面结构层储热叠加黑色沥青面层强吸热带来的"宽、厚、黑"尺度效应致使其工程风险增大3倍以上,极易导致冻土路基结构失效。面对高温冻土区大尺度路基稳定现实问题,项目组历时10年,采用热力学、材料学及道路工程、岩土工程等多学科交叉方法,围绕公路冻土工程理论、设计方法与建造技术长期研究攻关,实现自主创新和集成创新,重点研究创立公路冻土工程尺度效应理论、创新公路冻土路基能量平衡设计方法、攻克大尺度冻土路基变形控制技术。该项目获得知识产权41项,其中已授权发明专利15项,实用新型专利32项,软件著作权3项;发表论文81篇,其中SCI/EI收录43篇,出版专著1部;成果纳入行业或地方标准7部。

西藏高海拔低温条件下路基路面养护技术研究项目的科研成果为:《已有养护技术在西藏高海拔低温地区适用性研究》《西藏高海拔低温条件下路基路面养护技术研究》《西藏自治区路面高海拔低温条件下路基路面养护技术指南》、3处工程试验及3篇论文,大幅提高了西藏地区公路的使用性能,确保公路快速、畅通运行,延长公路使用寿命,节约建设投资,减少养护维修费用,产生了巨大的经济与社会效益。

SWFC复合混凝土连续钢构桥设计施工关键技术研究,近三年的研究期内,课题组开展了:①SWFC复合连续刚构桥设计原理研究;②SWFC复合连续刚构桥细部构造研究;③弯坡斜SWFC复合连续刚构桥抗震设计研究;④弯坡斜SWFC复合连续刚构桥施工技术研究,并对四座依托工程桥梁按SWFC复合连续刚构桥进行了设计,其中SWFC复合连续刚构桥在国道317线(西藏境)珠角拉山隧道及接线工程K1329+092.5中桥(桥跨布置为12.5米+20米+12.5米)工程中已获得成功应用。

国道318林芝至拉萨段改造工程生态旅游公路建设交通科技示范工程,形成四大技术:生态环境保护及恢复技术、景观评价与设计技术、旅游公路安全保障技术、公路旅游服务提供技术等四大技术。包括10项科技成果的推广应用,攻克6项关键技术,形成西藏地区"生态旅游公路"建设技术体系。编制完成一批适用西藏地区公路建设的技术指南和标准规范,指导西藏地区未来公路建设,同时为全国类似地区公路建设提供参考,提升西藏交通发展的科技含量和水平。依靠科技创新解决林拉公路工程建设中的技术瓶颈和生态景观、安全服务等方面的技术难题,着力打造一条以科技创新为主题,以生态安全、旅游服务为亮点,集各类成熟先进交通技术创新和成果应用为一体的"世界特有、中国特色、西藏特点"的生态旅游公路,促进我国公路建设生态环境保护技术体系的完善,为全国脆弱生态环境及高海拔、复杂地形气候条件下民族地区公路建设和管理水平的提升提供示范。

积极推广移动互联等现代信息技术,通过初步构建应用、数据、技术三大架构,升级政府门户网站,推广了大数据、云计算等新技术在行业管理、交通运行状态监测、行业统计分析和辅助决策、公众交通信息服务等方面的应用,提升交通运输信息服务水平。

铁路建设方面,以确保青藏铁路绝对安全为目标,围绕高原多年冻土、生态脆弱、高寒缺氧三大世界性难题,开展科研攻关和现场实验。冻土方面:开展《运营条件下青藏铁路多年冻土区路基病害调查与整治措施》《青藏铁路格拉段路桥过渡段病害综合整治》等课题研究,采取主动保护措施,96%的路基地段年沉降量控制在20毫米以内,多年冻土区线路速度始终保持设计时速。治沙方面:开展《青藏铁路多年冻土区风沙危害监测与防治技术》等课题研究,提出"远阻、中截、近固"的防护方式,风沙危害得到有效控制。基础设备方面:开展《青藏线ITCS无线通信模块(MRM)双套化技术》《青藏铁路格拉段列车运行控制系统技术升级》等课题研究,提高 ITCS 列控系统稳定性;开展高寒地区钢轨焊接技术、长轨条在极端低温下的应力适应性等问题的科技攻关,解决高寒地区现场钢轨焊接工艺、无缝线路施工工艺等多项难题。先后与中国科学院西北生态环境资源研究院合作,开展《拉日铁路典型路基风沙危害防治》《青藏铁路运营期生态环境保护与修复关键技术》等3项课题研究;与中国铁道科学研究院集团有限公司合作,开展《青藏铁路多年冻土区路基养护与维修技术》《青藏铁路桥梁墩台变形监测与稳定性评价》等4项课题研究;与北京交通大学合作,开展《青藏铁路应急预案的一体化数字管理系统》《青藏线信号系统信息传输安全防护的测试与分析》等11项课题研究;与西南交通大学合作,开展《高原特长隧道(关角隧道)施工动态管理体系与方法》《青藏线NJ2机车走行部减振系统的改进性》等6项课题研究;与兰州交通大学合作,开展《青藏线ITCS车载日志专家分析系统》《虚拟现实技术在铁路牵引供电行业中的应用》等11项课题研究,青藏铁路运营管理的科技水平逐步增强。

六、党的建设与精神文明建设

(一)党建工作

改革开放以来,西藏交通系统始终高举中国特色社会主义旗帜,在党中央的坚强领导下,在自治区党委的正确领导和交通运输部的大力支持下,全面加强党的建设伟大工程,持续不断全面深入学习马克思列宁主义、毛泽东思想、邓小平理论、"三个代表"重要思想、科学发展观、习近平新时代中国特色社会主义思想,特别是在加大党一脉相传的理论体系学习的基础上,加大了改革开放以来形成的中国特色社会主义理论体系的学习与实践。坚持党各个时期的决策部署,坚持解放思想、实事求是的思想路线,以党的建设统领交通事业全局,引领精神文明与群团工作,在各项经济工作全面推进当中,使党的核心地位更加坚固,党的组织领导日益强化,党领导一切、指导一切、推动一切的作用发挥愈发充分和日显突出。

按照党中央的统一部署和自治区党委的具体安排,西藏交通系统扎实开展党的先进性、科学发展观教育学习,深入开展党的群众路线教育实践、"三严三实"等主题教育各活动和"两学一做"学习教育。进入21世纪,特别是党的十六大召开后,西藏交通系统开展了以实践"三个代表"重要思想为主要内容的保持共产党员先进性教育活动,使党员素质得以全面提升,基层组织建设得到进一步加强,为民服务能力和工作能力得到整体提高。党的十七大后,西藏交通厅党委坚持以党的建设为抓手,深入开展学习实践科学发展观活动,以党建促发展,按照以人为本、全面协调可持续的发展观,全面加强交通运输行业自身建设。注重思想道德建设、选好配强各级领导班子、健全基层党组织特别是建立了工地临时党支部、加强人才引进与培养,进一步转变行业作风,切实推进党风廉政建设和反腐败工作,交通行业党建工作取得丰硕成果。"十二五"期间,交通系统发挥各级党组织领导核心和政治核心作用,全面从严治党取得新成效。认真贯彻党的路线方针政策,深入学习贯彻落实习近平总书记系列重要讲话精神,在思想上、政治上、行动上做到与中央保持高度一致。严格遵守中央"八项规定"精神,扎实开展党的群众路线教育实践活动、"三严三实"专题教育活动。认真落实党委主体责任和纪委监督责任,扎实推进党风廉政建设。加大纪律审查力度,初核各类问题线索79件、办结

69 件,立案查处 20 人。认真落实整改区党委专项巡视组反馈 4 个方面 22 个问题,针对问题修订完善工作制度和内部规章 293 项。特别是党的十八大以来,扎实开展"两学一做"常态化制度化学习教育,精心组织安排党的十九大精神学习宣传贯彻工作,认真开展科级以上干部党的十九大精神主题培训,严格执行中央八项规定精神、自治区"约法十章""九项要求",驰而不息纠正"四风"问题。认真落实党委主体责任和纪委监督责任,扎实推进党风廉政建设。加大纪律审查力度,受理问题线索 133 个、立案 13 件、谈话 873 人次、诫勉 72 人次。区党委专项巡视和"回头看"反馈的 5 个方面 27 个问题全部整改到位。全面从严治党取得新成效,纪检工作体制机制进一步健全,反腐倡廉持续加强。

(二)精神文明建设

西藏和平解放后,进藏、筑路和生产任务的胜利完成,孕育了"老西藏精神",在西藏经济社会的不断发展进步中、在改革开放伟大实践中,发展升华形成了"特别能吃苦、特别能战斗、特别能忍耐、特别能团结、特别能奉献"的"老西藏精神",这也是"老西藏"驻藏部队、西藏交通人与交通援藏干部一起,不断积累形成的一笔宝贵精神财富。

1989 年,胡锦涛同志在视察西藏交通事业发展状况时指出:"西藏交通运输战线的这支队伍确实是一支能吃苦耐劳,能打硬仗的队伍,是每一个关键时候都做出突出贡献,发挥重大作用的队伍。"2014 年 8 月 6 日,在川藏青藏公路建成通车 60 周年之际,习近平总书记做出重要批示,把"两路精神"概括为"一不怕苦、二不怕死,顽强拼搏、甘当路石,军民一家、民族团结"。值得一提的是,西藏公路养护队伍伴随着西藏自治区公路的延伸不断成长,创造了"人在路上,路在心上;养路为业,道班为家;艰苦创业,无私奉献;甘当路石,奉献终身"的西藏养路工人精神,这是"老西藏精神"和"两路精神"的重要组成部分和具体体现。一代代高原交通人,以"老西藏精神""两路精神"和"人在路上,路在心上"的高度责任感,逢山开路,遇水架桥,维护公路,保障畅通,以自己的热血和汗水铸就了"高原天路",把自己的青春乃至终身献给了西藏交通事业,培育造就了内涵丰富的高原交通人精神。"老西藏精神",特别是"两路精神",成为西藏交通行业独具特色的精神文明特质,也为整个行业精神文明发展历史奠定了底色。

从 2001 年开始,西藏交通厅就开展了以"增强队伍素质,塑造交通形象"为主题的精神文明创建活动,形成了"两手抓,两手都要硬"的格局,为加强行业精神文明建设,深入开展创建文明行业活动奠定了坚实的基础。"十一五"期间,下发《西藏交通行业"十一五"时期精神文明建设工作意见》和《西藏交通系统精神文明建设工作先进单位和文明示范"窗口"实施与管理办法》,西藏交通运输系统精神文明建设工作紧紧围绕交通改革和发展这个中心,以创建文明行业为目标,以"学树创"活动为载体,深入推进行风建设和文化建设。"十二五"期间,西藏扎实推进"最美交通人""工人先锋号""文明单位"等一系列选树活动。多年来,西藏交通人坚持结合行业特点推进精神文明建设工作,坚持以人为本提高干部职工文化知识和精神文明素养,坚持开展典型引路深化精神文明建设进程,以实际行动践行弘扬"两路精神"。

（三）行业先进典型

"十五"时期,全区积极探索交通行业精神文明建设工作新路子,形成了自己的特色,全区交通行业获得全国劳动模范、先进工作者荣誉称号的有20人;获得"全国五一劳动奖章"的个人6名,"全国五一劳动奖状"的集体5个;获得省部级文明单位22个;61人被评为省部级劳模、青年岗位能手、先进工作者、巾帼建功标兵;24人被自治区党委、政府评为优秀共产党员、"五一"劳动模范和先进工作者。"十一五"期间,结合交通行业实际,以学习实践社会主义荣辱观为主线,深入开展"学先进、树新风、创一流"活动,形成具有时代特色和公路特点的行业文明。全区公路养护管理系统有24人获国家级荣誉表彰,28次获国家级集体荣誉;78人获省部级荣誉表彰,52次获省部级集体荣誉。

"十二五"以来,特别是党的十八大以来,西藏交通系统传承弘扬和创新发展"两路精神",行业软实力不断增强,达娃、司劳、巴布等30余人次获得"全国五一劳动奖章""感动交通年度人物""全国五一巾帼标兵""全国最美养路工"等荣誉称号。组织开展"献爱心、送温暖"活动,向困难职工、高山道班等一线工人和职工遗属遗孀、弱势群体、社区居民等发放慰问金668.22万元。

西藏邮政充分发挥自身在通政、通商、通民等方面的特殊作用,为自治区党、政、军、民及机关团体、企事业单位和学校提供迅速、准确、安全、方便的通信服务,先后获得"全国民族团结'进步'先进集体""全国职业道德先进单位""全国文明单位(建设)工作先进单位""全国精神文明先进单位""全国城镇女职工巾帼建功先进单位""全国学习型组织先进单位十三届全国职工职业道德建设标兵单位""全国巾帼文明岗""全国体育先进单位""西藏工人先锋号"等多项荣誉。

这40年,西藏民航人用精神和传承、用行动和付出、用忠诚和奉献,在有着"地球第三极"和"世界屋脊"之称的雪域高原,谱写了一首西藏民航"为有牺牲多壮志、敢教日月换新天"的壮美诗篇,先后荣获多项国家级和省部级通报表彰,有国务院授予的"全国民族团结进步模范奖",有中华全国总工会授予的"全国五一劳动奖状""全国安康杯竞赛优胜企业"和"模范职工之家",有中央精神文明建设指导委员会授予的"全国文明单位"和"全国创建文明行业工作先进单位",也有民航局、西藏自治区党委政府授予的"西藏通航暨安全保障50周年突出贡献集体一等功""全国民航文明单位""全区民族团结进步先进集体""西藏自治区十一五重点建设项目工作突出贡献单位""西藏和平解放60周年庆祝活动保障有力单位""军交运输正规化建设先进单位"和"成都军区航空军事运输工作先进单位"等一系列荣誉称号。

西藏铁路交通的精神文明建设是西藏交通精神文明的重要组成部分。2015年4月25日14时11分,尼泊尔发生8.1级地震,地震波及西藏自治区日喀则、阿里等地区。中国铁路总公司、青藏集团有限公司立即启动应急响应,部署铁路运输服务保障工作。青藏集团有限公司第一时间成立铁路运输协调领导小组,与西藏自治区政府建立铁路运输联席会议制度,共同分析和研究青藏铁路运输需求的规律和特点,建立救灾物资运输绿色通道,对突发性和西藏自治区重大紧急运输任务特事特办,按照"手续从简、重点保证、从速发运"的原则,做到随到、随装、随运,全力确保抗震救灾运输;青藏集团公司拉萨铁路办事处组织辖区运输单位从货位、机具、人员等方面准备,加大与西藏自治区各部门沟通衔接,对到达的物资现场装卸、交付,最大限度节省时间,全力做好抗震救灾物资转运工作。4月25日至5月25日,铁路运送帐篷、棉衣、睡袋、医疗及救援设备、汽车、汽油、柴油等救灾物资633车2.64万吨。

援藏干部是精神文明建设进程中不可替代的先进典型团体。1994年8月,中共中央、国务院下发的《关于加快西藏发展,维护社会稳定的意见》,1995年,交通部决定,18个省市交通部门分别对口支援西藏7个地市,西藏交通从此开启了全国援藏序幕。迄今,8批次170多名援藏人员把西藏当成第二故乡,以高度责任感和使命感,认真履行职责,尽心尽责做好援藏工作。他们中间涌现出的优秀先进个人不仅成为全国交通运输系统的旗帜,也成为全国交通行业核心价值体系的典范。

发展现代交通　奉献一流服务

陕西省交通运输厅

一、综述

陕西,地处我国地理版图中心,既承东启西,又连接南北。陕西是丝绸之路的起点,隧道和栈道的故乡,也是亚欧大陆桥经济带的心脏,是内陆交通运输的大枢纽。

改革开放40年来,陕西交通史无前例的发展变化,被公认为陕西改革开放最为辉煌的成就之一,显著改善了陕西区位环境和对外开放条件,促进了人们思想解放和思维方式变革,加强了与全国及国际市场交流联系,带动了城乡与区域之间对接融合,促进了资源开发和生产要素合理流动,加快了生产力发展和产业结构合理调整,并且为劳动力就业创造了大量机会,基本满足了人民群众不断增长的交通需求,使人民群众享受到交通改革发展的成果,有力地保障了全省改革开放和经济社会发展,并为科学发展现代交通奠定了物质基础和体制条件。实践表明,改革开放是交通发展进步的强大动力,是实现交通现代化的必由之路。古老的丝绸之路,正加速化身为一条现代化的发展之路、复兴之路,融入国民经济现代化体系中,推动新经济形态下"一带一路"建设,重现丝绸之路的盛世荣光,站在历史的节点回顾与展望,八百里秦川正是宏开气象,十三朝城阙已然再领春风。

自1978年党的十一届三中全会至今,陕西交通行业改革开放大体经历了五个发展时期。

(一)交通改革开放起步,重视发展阶段(1978—1992年)

1978年党的十一届三中全会吹响改革开放号角,工作重点转移到现代化建设上来。交通改革开放拉开帷幕,解放思想,拨乱反正,简政放权,搞活企业,开放市场,由高度集中计划经济向计划与市场调节相结合转变,解放和发展交通运输生产力,缓解交通供给严重不足。

简政放权,搞活企业。推进交通部门政企分开,由直接管企业生产经营转向加强行业管理。将省交通厅六个直属运输和修理企业下放所在地市管理,并将企业干部任免、劳动人事管理、机构设置、生产经营、奖金支配、运价浮动权等下放给企业,扩大企业经营自主权。推行厂长经理负责制、任期目标责任制和承包经营等经济责任制,增强企业活力。

开放交通运输市场。贯彻交通部"有河大家走船,有路大家走车""各部门、各地区、各行业一起干,国营、集体、个体一起上"的方针,打破国营垄断,实行多家经营,鼓励个体运输发展。改革计划管理,除客车改装、载货挂车和船舶制造等少数产品,抢险救灾、军事运输等紧急运输外,其他实行指导性计划。货运大宗物资、重点物资、下站物资运输,基本放开由市场调节。个体运输异军突起,跨区域运输发展,西安等大中城市出租运输兴起,运输生产力增长,道路、水路运输量在全社会运输量中比重上升。1987年个体与私营车辆达到1.1万辆,货运量1554万吨,均首次超过交通部门。1988年个体与私营完成货物周转量超过交通部门,达到12.32亿吨公里。

开放交通建设市场。结合西三一级公路利用世行贷款建设,引进国际通用菲迪克条款,实行国际招投标和工程监理,开创公路项目采用国际通行惯例建设先河。运用公路收费还贷政策修建收费路桥起步,1988年开工的西临高速公路利用招商行贷款5000万元建设,开陕西高速公路国内贷款先例。重点公路建设推行合同制和招投标制,一般公路建设项目推行投资包干,公路养护实行大包干。西三一级公路招标文件编制与项目监理,与英国、德国工程技术人员合作。在国家"贷款修路、收费还贷"政策鼓励下,形成了"国家投资、地方筹资、社会融资、利用外资"的多元化投融资格局,公路交通系统与地方政府多方筹措,以发展二级公路为重点,采用专业队伍修建、专业队伍与群众投工投劳结合修建等方式,形成了长达二十多年的干线公路改建热潮。

发展公路和港航设施。1984年省政府批转省交通厅关于加快全省公路和航运建设的报告,提出更要重视大力发展公路和航运建设,把交通运输尽快搞上去,建成以西安为中心,陕北为重点,国道、省道为骨架,县道、乡道为网络的四通八达公路网,同时大力开发黄河和汉江航运,并提出七条措施,加快公路和港航建设。20世纪80年代末提出"建设以西安为中心的米字形主干线公路网系统"。公路实行新建与改建相结合,以改建为主,建设规模扩大。先后建成西安—三原一级公路、西安—临潼高速公路和榆林—神木、杨家坡—店塔、咸阳国际机场汽车专用公路等二级公路。积极开发黄河、汉江航运,推进港航设施建设。

改革交通管理体制。20世纪80年代初,公路管理总段实行省公路局与地方双重领导,以省公路局为主。1987年将全省10个公路管理总段及其管理的国省道养护下放所在地市,实行目标责任管理。按照国务院城乡交通管理体制改革决定,交通监理移交公安部门管理。组建省交通厅交通规费征收稽查局,负责汽车养路费征收;将拖拉机养路费下放到区县征收,用于县乡公路建设。1989年成立省高等级公路管理局,承担全省高等级公路建设运营管理。成立交通厅交通质量监督站、交通工程定额站、运输经济信息站、公路运输管理局、航运管理局,全省道路运输管理机构和有水运市县航运管理机构相继建立健全。

(二)交通改革开放推进,加强发展阶段(1993—1999年)

1992年10月党的十四大提出建立社会主义市场经济体制,到1999年6月中央提出实施西部大开发战略这一时期,交通运输由计划与市场调节相结合,向建立社会主义市场经济体制转轨,改革开放总体格局基本形成,交通运输市场经济体制逐步建立。陕西省抓住国家支持高等级公路发展和应对亚洲金融危机,实行积极财政政策向公路建设倾斜机遇,加强公路主骨架建设和运输发展,支持国民经济与社会快速发展。

以统一开放为目标推进交通运输与建设市场发展。1992年省交通厅先后制定颁布培育和发展道路运输市场两个"十条意见",全面放开道路运输、汽车维修、搬运装卸、运输服务市场,下放客运审批权限,取消货运运力额度控制,鼓励私有、外资等非公有制经济发展。调整道路运输客运价格,允许按一定比例上浮;放开个体与私营客运票价,由其自主确定;公路与水运货运价格放开由市场调节。推进汽车站对外开放,为各种运输经营者服务。鼓励以运输枢纽、港站和商品集散地为依托,发展有形市场。发展运输信息、货代、中转联运等服务市场。1993年道路客运量中,个体与私营及社会其他单位完成占53.2%,超过交通部门。交通建设市场允许具备资质施工队伍参与重点公路项目竞争,优胜劣汰。在高速公路等重点项目扩大推行合同制、招投标制、工程监理制。推行公路建设项目法人负责制。治理公路"三乱"和运输市场秩序。零担运输、快捷货运、运输服务及中介服务快速发展。高速客运起步。交通运输领域非公有制经济进一步发展,出现了陕西平安运输集团公司、陕西大件汽车运输有限公司、陕西恒丰汽车运输有限公司、香港金秀交通有限公司等交通企业。公路建设与运输市场体制基本建立,交通运输市场化、社会化程度明显提高。交通信息化建设起步。

以拓宽筹资渠道为重点推进交通投资体制改革。利用国家向公路建设投资倾斜政策,加强项目前期储备,争取交通部公路建设补助、争取省和市县政府对公路建设投入和优惠。先后实行提高汽车养路费标准,养路费能源交通基金返还,预算调节基金定额包干和开征公路客运附加费等政策,扩大公路建设投入。扩大利用世行、亚行和科威特政府贷款建设高等级公路和农村公路。利用国内银行贷款修建收费公路形成高峰。按照以"存量换增量,以项目换资金"的思路,1996年将西临高速公路收费经营权以3.5亿元人民币转让给香港金秀交通有限公司。西蓝高速公路采用陕西华通有限责任公司与西安市交通局合资合作建设模式。同时,省交通厅设立省交通投资公司,承担一般收费公路建设经营。内河航运发展重点转向汉江。

以高等级公路为重点加强公路建设。推进以西安为中心的米字形公路主骨架建设。制定《陕西省三十年公路网规划》,提出"建设以高等级公路为主的米字形公路主骨架"。利用国家应对亚洲金融危机,实行积极财政政策,加大公路建设投资的机遇,扩大公路建设投资,先后建成西安—宝鸡、西安—铜川、临潼—渭南等高速公路,蓝田—小商塬汽车专用公路,西宝南线东段、周至—马召等二级公路。贯彻省政府批转省交通厅的《全省农村公路发展纲要》,以扶贫攻坚为重点,推进县乡公路和贫困地区公路建设,实施农村"三通"(通路、通邮、通水)工程,实现县县通油路,乡乡通公路,村村基本通路(包括土路)。

以承包经营和产权制度为主推进交通企业改革。运输企业全面推行单车联产计酬承包、单车租赁承包、单车风险抵押承包等承包经营责任制,所有权与经营权逐步分离。鼓励企业以运为主,多种经营,内引外联,提高效益。20世纪90年代中期之后,以建立现代企业制度为方向,推进企业产权改革。鼓励采取联合、改组、兼并、股份合作、租赁、承包经营等方式,抓大放小,发展运输集团,搞活中小企业。组建陕西高速客运集团有限责任公司。深化企业内部人事、分配和用工制度改革。咸阳运输公司、西安市汽车客运公司、铜川第一运输公司、汉中汽车修理厂等一批国有运输企业,改制为运输集团有限责任公司或者股份合作制企业。组建民营参股的陕西高速客运集团有限责任公司。

(三)交通改革开放扩大,加速发展阶段(2000—2004年)

这一时期,适应西部大开发和加入世贸组织新形势,交通运输市场经济体制由基本建立向建立完善发展,交通改革开放在更大范围推进。抓住西部开发以公路等基础设施建设为重点的机遇,以米字形国道主干线和西部大通道高速公路、一纵三横两环次骨架公路建设为重点,加大投入,加速发展,支持西部大开发和西部经济强省建设。

完善交通运输市场机制。道路运输不再下达指导性计划。客运站进一步开放,经营业户自主选择站场。民营企业开始进入运输站场建设领域。公路客运价格改为政府统一定价,同时调整客运基价。建立出租汽车运价与油价联动机制。由政府定价引进公开听证方式。道路运输有形市场加速发展,西安欧亚、贝斯特等货运市场形成规模,并向物流中心拓展。汽车租赁业快速成长。提出公路建设与运输"两轮驱动",继续推进道路运输结构调整,国有运输经济向快速客运、危险货物运输等重点领域集中,高速公路客运、农村客运加快发展。道路货运向物流服务延伸。交通信息化统一规划,加强建设。出台《陕西省道路运输管理条例》。

探索公路建设市场化途径。公路、水运建设全面推行合同制、招投标制、工程监理制、质量终身负责制等,并由重点项目向一般项目和公路设计、养护工程推进。完善交通工程三级质量监督体系。对各市公路建设进一步明确包干建设标准,加强投资责任控制。规范项目法人责任。西安绕城高速公路建设首推廉政合同制。推行公路建设无标底招标评标、双信封无标底评标及投标诚信与履约诚信承诺等制度,完善公路招投标。黄延、蓝商高速公路尝试BOT方式建设。将省高等级公路管理局改制为由省政府领导的省高速公路建设集团公司,并出资控股上市公司陕国投。由省公路局与有关地市联合承担部分高速公路建设。扩大公路收费经营权转让融资,先后转让咸永一级公路、西铜高速公路各70%收费经营权。出台陕西省公路路政管理条例。

加速高速公路为重点的公路建设。贯彻省委"抓紧机遇、加快建设、提高等级、增加密度、形成网络"的方针,和省政府批转的《适应西部大开发,加快公路发展规划及实施意见》,确立建设米字形国道主干线和西部大通道高速公路、一纵三横两环次骨架公路建设目标,加大建设投资,加强前期工作,转变增长方式,加速公路发展。2001年交通固定资产投资突破100亿元,2003年高速公路里程突破1000公里。先后建成渭南—潼关、铜川—黄陵、延安—安塞、西安—蓝田、西安—阎良—富平、西安—户县、西安绕城、勉县—宁强、榆林—靖边、靖边—王圈梁、咸阳国际机场等高速公路580公里,降帐—法门寺—汤峪汽车专用公路34公里。实施公路安保工程。同时加强农村公路发展,实施通县油路、县际公路、通畅工程和通达工程,改善农村公路交通。

引导交通企业深化产权制度改革。继续调整交通运输国有经济布局,探索国有经济多种实现形式。宝鸡市运输公司、延安市运输公司、西安市运输公司、渭南地区运输公司等一批国有运输企业,分别改制为汽车运输(集团)公司,初步实现产权多元化。原西安市国有的第一、二运输公司被兼并或破产。以全面推行客货运输企业资质管理为契机,引导个体运输实行公司化经营,交通运输民营经济发展壮大。国内快运公司宅急送在西安设立陕西宅急送快运有限公司。省路桥总公司与浙江广厦集团联合经营。

(四)交通改革开放深入,加快突破发展阶段(2005—2008年)

这一时期,按照省委、省政府关于交通新一轮加快发展的要求,交通改革开放全面深入推进,交通运输市场经济体制加快建立完善。贯彻科学发展观,践行交通"三个服务",着力推进新一轮思想解放,确立"发展现代交通,奉献一流服务"新理念,实施"一个龙头,两个重点",全面持续加快公路建设,推动交通又好又快发展,完成高速公路建设第一阶段目标,实现交通瓶颈制约明显缓解。

全面推进"四个开放",持续加大交通建设投资。2005年10月提出公路设计、融资、建设、养管市场"四个开放",推出一批高速公路项目,鼓励国内外经济组织以多种方式投资建设经营。榆神高速公路由中铁二局以BOT方式投资建设。宝牛高速公路由宝鸡市交通局作为项目法人负责实施。坚持项目带动战略,积极争取交通部对陕西高速公路和农村公路建设投资补助。加强与金融机构合作,加大举债建设规模,运用收费权质押贷款、账户质押贷款、信用贷款、资本金置换等方式,争取更多贷款用于高速公路和农村公路建设。

实施"一个龙头、两个重点",推动公路发展新突破。贯彻省委、省政府进一步加快高速公路建设的决策和加快全省高速公路建设会议精神,实行以高速公路建设为龙头,带动干线公路、农村公路建设两个重点的发展方针,确立高速公路三阶段发展目标,精心组织,强力推进。先后建成靖边—王圈梁、富平—禹门口、榆林—陕蒙界、靖边—安塞、吴堡—子洲、子洲—靖边、黄陵—延安、西安—汉中—勉县、凤翔路口—永寿、永寿—咸阳、蓝田—商州、商州—丹凤、丹凤—商南、西安—柞水、柞水—小河、宁强—棋盘关及秦岭终南山高速公路隧道等项目。三年建成高速公路1000公里。开工建设商州—漫川关、宝鸡—牛背、安康—毛坝、毛坝—陕川界、清兰高速陕西境、十天高速陕鄂界—安康、安康—汉中、汉中—陕甘界、榆林—神木和西安—铜川等高速公路项目。确立"高速公路新跨越、干线公路树形象"和干线公路"一年打基础、三年变面貌"目标,加强国省干线公路建设改造,建成全长480公里关中公路环线。2006—2007年共安排养护资金50多亿元,全面整治、提升高速公路和干线公路路况,同时大力改善公路服务区。抓紧实施省政府办公厅《关于进一步加快农村公路建设的通知》,完善农村公路发展规划,抓紧被交通部确定为全国农村公路建设试点先行省机遇,以通村油路(水泥路)建设为重点,实行部省联建和"群众打底子,政府铺面子"的办法,通达、通畅工程综合推进,大规模、高标准建设。2006—2007年投资108亿元,新改建农村公路4.2万公里。2008年投资78亿元,新改建农村公路2.5万公里。

抓住"四个重点",深化交通管理体制改革。改革重组高速公路建设管理体制。按照省政府2005年10月调整重组高速公路建设管理体制的决定,将高速公路建设集团由省政府领导、国资委行使出资人职责,调整为国资委行使出资人职责,由交通厅领导和实际管理,同时整合其他高速公路建设单位,组建省交通建设集团公司,形成交通部门主导,两大国有高速公路企业参与,以收费还贷为主建设管理高速公路新体制,为高速公路大规模、高速度建设提供了体制保障。改革调整后的2006年,陕西一年建成5条高速公路,新增通车里程420公里。2007年,将厅收费公路管理中心改为高速公路收费管理中心,加强收费公路监管。推进国省干线公路管理体制机制改革。强化省公路局公路养护行业管理职能,理顺省公路局—市交通局—市公路管理局工作关系,市公路管理局与市公路管理处合设。同时加快推进事企分开、管养分离,剥离生产性养护单位,组建公路养护公司,推行干线公路养护大修工程异地招标,加快培育养护工程市场。全面实施农村公路养护管理体制改革。根据国务院办公厅和省政府办公厅关于农村公路养护管理体制改革的通知精神,从2006年起,推行农村公路养护责任以市县政府为主,投入以公共财政为主,管理以交通部门为主,养护作业以市场化为主的农村公路养护管理改革,2009年全面完成。按照省政府决定,省交通战备办公室交由省交通厅管理,省交通厅城市客运管理职能移交建设部门。

（五）交通改革开放深化，综合发展阶段（2009—2017年）

这一时期，尤其是党的十八大后，全省交通运输发展极不平凡。实现了行业改革发展重大突破，交通运输从瓶颈制约变为竞争新优势，为全省经济社会持续健康发展做出了重大贡献。

科学规划，引领综合交通运输发展。省交通运输厅与省发改委联合印发了《陕西省交通运输"十二五"专项发展规划》，以规划编制为切入点，完成了陕西省综合交通运输"十三五"发展规划、大西安立体综合交通发展规划、陕甘宁革命老区交通运输发展规划、关天经济区大交通规划等编制工作，促进各种运输方式深度融合。积极推进内河水运中长期发展规划、省道网规划、关天经济区综合运输体系发展规划等编制工作，全面完成交通扶贫规划编制工作，将集中连片贫困地区一批高速公路、干线公路、农村公路和客运站点纳入国家规划，并与交通运输部签订了共建协议，为全省交通运输发展奠定重要基础。积极实施交通扶贫规划，提前一年安排完规划内所有重要县乡公路，投资2亿元支持淳化县创建六盘山区扶贫攻坚示范试点县，显著改善了贫困地区交通条件。适应国家综合交通运输体系建设的大构架大战略，将陕西大交通构建作为"十三五"开篇发力之首要，超前研究部署，精心制定方案，省政府印发了《关于加快构建全省综合交通运输体系的意见》，并成立了综合交通运输协调工作领导小组，建立了地方铁路联合监管会商机制、快递业发展协调联动机制。

抢抓机遇，加强交通基础设施建设。以高速公路建设为交通投资拉动的主力军，精心部署组织，实干攻坚推动。高速公路建设再掀高潮，实现市市通高速目标。按照省政府"保证在建的、开工必需的、缓建不紧迫的"要求，及时调整思路，果断采取调结构、控规模、保重点、促稳定的措施，重新安排公路建设任务。提出了"科学办交通、合力办交通、勤俭办交通"的理念，使公路建设继续保持了快速发展的好势头。以"保通车、抓续建"为重点，高速公路建设持续推进。夯实市县主体责任，加大省补资金投入，加快推进国省干线和农村公路建设，打造了以西铜、铜黄、西商项目为代表的典型示范工程。加快综合枢纽建设，建成了西安咸阳国际机场、西安纺织城等全省首批综合客运枢纽。扎实开展质量"回头望"、弱项指标集中整治、隧道施工质量专项治理等活动，努力打造内实外美、安全可靠、舒适快捷的公路产品。抢抓国家扶贫开发和加快普通公路建设的机遇，加大资金投入，掀起建设热潮。加强省市共建，西安市垫资征迁费用支持高速公路建设，其他市拿出建设用地为项目筹集资本金。神木至米脂、蒲城至黄龙2个项目成功采用BOT方式开工建设。按照"交叉作业、同步推进"的思路，完成了31个1200公里干线公路的前期手续。贯彻省委、省政府决策，把沿黄公路、县城过境公路建设作为重中之重全力推进，在规划制定、项目安排、资金筹措等方面大力倾斜支持，沿黄公路积极推进，安排实施县城过境公路项目28个225公里。建成大西（大同—西安）、宝兰（宝鸡—兰州）、西成（西安—成都）等高铁项目，2017年，全省铁路营业里程达到5300公里，基本形成"两纵五横三枢纽"骨架网。西安咸阳国际机场枢纽作用充分发挥，形成"一主四辅"民用机场体系。完成汉江安康至白河段国家高等级航道整治，汉江黄金水道日趋成形。

合力攻坚，推动投融资改革。把融资作为牵动全局工作的重中之重，广开渠道拓财路，多措并举渡难关。向省政府汇报求助，向交通运输部请求支援，向金融机构联系沟通，向社会资金敞开大门，向企业内部管理深挖潜力。坚决贯彻中央要求，规范清理政府性债务平台，将高速集团、交通集团由政府融资平台转为一般企业类融资平台,降低了政府债务风险。改革创新融资模式,经省政府批复同意启动组建省交通投资集团公司,抓紧搭建新的融资平台。坚持省市携手"合力办交通",宝鸡、汉中、西安、安康、延安等市先后拿出土地或资金,探索以资源换资金、以土地换资金的新路径。省高速集团、交通集团大胆运用新的金融产品,通过发行中期票据、企业债券、短期融资券等途径筹措资金。面对公路、铁路等综合交通建设带来的巨大资金压力,下大力改革创新筹融资体制,研究利用优质矿产资源,推进资源货币化、债务股权化,努力搭建综合交通融资平台。与省农发行签订战略合作框架协议,利用政府购买服务方式破解普通公路建设资金难题。

全面统筹,推进行业管理改革。组建省交通运输厅,实施"三定方案",完成机关内部处室职能调整和机构整合。全省100%的县(市、区)完成农村公路管养体制改革任务。积极贯彻省政府《加快发展通村客运的实施意见》。规范标志标牌设置。加大源头治理,整顿执法队伍,规范处罚标准,省政府规章《陕西省治理公路超限运输办法》颁布施行。调整理顺了高速公路路政管理体制,同步做好征稽转岗人员安置工作。推进高速公路企业职能调整,完成了陕西宝汉公司和省交通外资公司的划转移交工作。开展公路养护管理体制改革研究,建立普通公路分类发展模式,落实各级养管责任,推进养管分离改革。积极推进法治部门建设,开展公路执法专项整改,加快执法机构"四统一"和"三基三化"建设。争取省政府出台了《进一步加快全省公路建设的决定》《进一步推进普通公路持续健康发展的实施意见》《加快全省内河水运发展的实施意见》。节能减排稳步推进,"车船路港"千企低碳专项行动不断深化。修订完善陕西省公路、水上交通突发事件应急预案。

二、发展成就

改革开放40年来,陕西交通实现由封闭型交通到开放型交通,由管理型交通到服务型交通,由传统型交通到现代型交通的历史性跨越。全省交通面貌发生翻天覆地变化,交通生产力水平大幅度提高,交通综合实力全面增强,基础与先导作用显著提升,为经济社会快速发展和人民生活小康发挥了重要支持保障作用。经过40年的发展,全省基本形成以西安为中心,覆盖全省、辐射全国、直通国际的区域综合运输网络系统。各种交通运输方式的技术装备、运输服务的总量和水平逐步提升。省级大部门交通运输管理体制初步建立,综合交通运输协调机制、规划统筹、综合枢纽建设等取得显著成果。全省交通运输实现了基础设施由"点线建设"向"联网连片"的跨越,运输方式由"各自发展"向"融合发展"的转型,发展阶段由"总体缓解"向"基本适应"的跃升。

(一)基础设施成就

1.公路建设

在公路发展的40年历程中,陕西公路交通进入投资最多、发展最快、变化最大、成效最显著的新时期。经过1991—1997年重视和优先发展,1998—2004年加快和提速发展,2005—2010年加快和跨越式发展,2011—2015年转型和跨越式发展,陕西省建立起以高速公路为主骨架、干线公路为次骨架、农村公路为支脉的公路网络,形成覆盖城乡、辐射周边、连区域、通达江海的公路交通系统,基本适应陕西省经济社会加快发展要求和人民群众日益增长的美好生活需要。2017年，全省交通投资680亿元，其中交通固定资产投资582.23亿元。特别是西部大开发以来，交通投资强度进一步加大，2001年突破100亿元，2006年突破200亿元，2008年突破300亿元，2015年突破600亿元。交通投资加大促进了以公路为重点的交通基础设施大规模、高质量发展。2017年水运建设总投资7195万元，其中航道及航标建设投资5690万元，港口建设投资1500万元。

高速公路迅速崛起，米字形骨架基本形成。1989年，省交通厅提出以高速公路、一级公路和汽车专用公路为骨架，以西安为中心的米字形公路主骨架规划，建成了西（安）三（原）一级公路和西（安）临（潼）高速公路，实现了高速公路零的突破。2006年省政府审议通过《陕西省高速公路网规划》，形成"三纵四横五辐射"的"345"高速公路网规划，规划总里程约5000公里。2008年省交通运输厅重新调整了陕西省高速公路网规划，形成"两环三纵六辐射七横"的"2367"高速公路网规划，规划总里程约8000公里。高速公路通车里程于2003年突破1000公里，此后建设速度不断加快，2007年、2010年、2012年相继突破2000公里、3000公里、4000公里。至2017年，陕西省高速公路通车总里程达到5279公里，持续位居全国前列，连霍、沪陕、京昆、青银等4条国家高速公路陕西境内1560公里全部贯通，连通98个县区，构筑起与周边中心城市的"一日交通圈"，并实现与周边河南、山西、内蒙古、宁夏、四川等省区高速公路通道连接，成为陕西通往华北、华东、华南、西南、西北等经济区域"通江达海"大动脉。

干线公路加强改善，通行质量全面升级。普通国道方面，1981年《国家干线公路网（国道）试行方案》正式划定陕西普通国道共8条，入网里程3853公里。2013年《国家公路网规划（2013—2030年）》划定陕西普通国道25条，规划总里程9189公里，普通国道入网规模增长了2.4倍。普通省道方面，1982年《关于颁发国省干线和划定陕西省干线公路网的通知》确定陕西省普通省道公路53条，入网里程4801公里。1996年省交通厅将普通省道调整为28条，入网里程5190公里，其中放射线6条，纵向线12条，横向线10条。目前，陕西省已制定了《陕西省省级公路网规划（2015—2030年）》，调整后规划省道88条，其中放射线及环线8条，纵向线25条，横向线20条，联络线35条，总里程约1.3万公里，陕西省省道入网规模将增长3.2倍以上。截至2017年底，全省国省干线公路总里程为17499.02公里，其中高速公路5278.786公里，一级公路1164.223公里，二级公路6190.955公里。2017年全省干线公路技术状况指数（MQI）92.85，路面技术状况指数（PQI）91.11。

农村公路加快建设，交通面貌焕然一新。1987年，省交通厅对陕西省县公路网进行规划，入网县公路433条，入网里程14235公里。2005年，省政府颁布《全面加快农村公路发展的意见》，确定陕西省农村公路发展思路与规划目标，并明确省投资补助标准和政策，推动农村公路全面加快发展。截至2017年底，陕西省农村公路总里程达156896公里，其中县道16028公里，乡道23723公里，专用公路2166公里，村道114979公里。通公路乡镇、建制村分别达到100%，通油路乡镇、建制村分别达到100%、97.2%。

桥梁建设成就斐然，隧道建设跻身前列。截至2017年底，全省公路桥梁26024座（其中特大桥343座），较1978年增加23157座。桥型由石拱桥、混凝土简支梁桥发展到高墩大跨连续刚构、钢管拱桥等。全省公路隧道达到1455处，其中特长隧道73处，在秦巴山区形成高速公路隧道群，尤其是包茂高速建成全长18.02公里，规模居世界第二的秦岭终南山特长隧道。一大批桥梁隧道穿越秦岭沟壑，横跨江河，天堑变通途，成为三秦大地风景线。

2. 水运建设

改革开放初期,水运受内河闸坝碍航及公路交通发展等影响,持续萎缩。20世纪90年代开始,水运重点实施汉江安康至白河段航道整治、黄河石坪至禹门口段航道整治工程。21世纪初,陕西水路运输建设迎来重要机遇,水运交通转向以汉江开发为重点,实施汉江航运建设工程。重点实施汉江喜河库区航运建设工程,加速汉江安康至丹江口国家高等级航道建设。2007年起动工建设喜河库区97公里航运工程;重点进行航道整治、码头与停靠点及配套设施建设,使石泉水电站大坝至喜河水电站大坝段航道得以畅通。结合喜河、蜀河水电枢纽建设,交通部门组织实施漩涡至安康段航道整治一期工程,重点建设紫阳和安康市汉滨区5个港口,治理火石岩水电梯级以下3处碍航滩险。通过筑坝、炸礁,疏滩导流,整修岸线,稳定河床,调整比降,匀缓流速,改善流态,使该航段达到Ⅵ航道技术标准。特别是"十二五"期间,陕西水路运输建设才得到长足发展,以汉江区段航道开发建设为重点,建成安康至白河164公里国家高等级航道,以及旬阳、蜀河、白河等3个港口,新改建300吨级码头21座,整治滩险32公里,改造农村渡口366个,建成小型客货运码头16个。截至2017年底,全省内河通航里程1218公里,内河港口28个。

3. 铁路建设

改革开放初期,铁路重点建设下峪口至桑树坪、包(头)神(木—大柳塔)、陇海线至南同蒲联络线等线路,同时加强铁路电气化改造。20世纪90年代开始,以增加干线铁路,贯通南北铁路大干线和煤炭外运大通道为主要目标,建成西(安)安(康)铁路、神(木北)延(安北)铁路,西延铁路铺轨到延安,南北铁路大动脉全线贯通;同时建成秦家川至七里铺运煤专线,开工建设宝(鸡)中(卫)铁路,加快建设神(木)朔(州)铁路,完成阳安铁路、襄渝铁路扩能改造;开通宝鸡货运口岸。铁路初步形成"两纵三横三个枢纽"路网构架,铁路网初具规模。随着西部大开发战略的实施,铁路交通以改造、提高干线通道,建设和完善枢纽为主要任务,推进"十大工程"建设,着力构建"两纵五横四个枢纽",先后完成西(安)合(肥)铁路、陇海铁路宝(鸡)兰(州)复线、阳安铁路扩能改造、西(安)宝(鸡)铁路提速改造以及西安铁路枢纽扩能工程。"十一五"时期,铁路完成西延扩能改造、郑(州)西(安)客运专线、包(头)西(安)复线,开通太原至中卫铁路(陕西段),新建铁路2600公里,"两纵五横四枢纽"铁路网基本形成;西安铁路集装箱中心站成为全国18个具有国际先进技术设备和物流功能的集装箱中心站之一。"十二五"时期,全省铁路迈入快速发展阶段,加快推进构建"两纵五横八辐射一城际"铁路网,以快速铁路、增建复线、强化枢纽、路网加密和地方铁路发展为重点,建成通江达海的客运专线、增密成网的铁路干线和扩容增量的能源通道。西延动车组开行,"长安号"国际货运班列开通并实现每周一班常态运行。西康铁路二线、西(安)平(凉)铁路、黄(陵)韩(城)侯(马)铁路、西宝客专、西合复线、大(同)西(安)客运专线及西安北客站建成使用。截至2017年底,陕西省铁路营业里程达到5300公里,路网密度达到258公里/万平方公里;已建成高铁项目4条,分别是:郑西、大西、西兰、西成客专,营业总里程856公里。基本形成了以陇海、包西为东西和南北主轴,以西安为中心的"两纵五横三枢纽"铁路骨架网,初步构建起了以郑西、西宝、大西、宝兰、西成客专构成的向外辐射高速铁路网,为助推西安国际化大都市建设,放大陕西"一带一路"区位优势,促进陕西省经济社会快速发展做出了积极贡献。

4. 民航建设

改革开放初期,民航扩展通航线路,成立西北民航局,中国西北航空公司、西安航务管理中心等机构,引进新机型,增加运力和客货发运量,西安机场成为西北和国内重要航空枢纽和航空基地。随着西部大开发战略的实施,民航交通重点建设"一主四辅"航空运输格局,增辟新的国际航线;实施西安咸阳国际机场二期扩建工程;完成延安机场改造,榆林、汉中机场迁建扩建。"十一五"时期,民航完成西安咸阳国际机场二期扩建主体工程框架;通用航空进一步发展。建成投运西安咸阳国际机场二期工程和汉中城固机场。"十二五"时期西安咸阳国际机场二期扩建工程完成并投入运营,成为中国西北地区最大的空中交通枢纽,旅客吞吐量相继突破2000万人次、3300万人次,位居全国民用机场第八;形成了以西安咸阳国际机场为中心,以榆林机场、延安机场、安康机场、汉中城固机场为支撑的"一主四辅"民用机场体系。创办长安航空公司,发展支线航空运输。2014年4月5日起对51个国家公民实施72小时过境免签。截至2017年底,咸阳机场共有64家航空公司参与运营,国内外通航点总数达到198个;旅客吞吐量突破4100万人次,进入全球最繁忙机场前50位,形成了覆盖国内所有省会城市、主要旅游和热点城市,以及与全省联系紧密的国际(地区)城市的航线网络。2017年,咸阳机场新开国际航线16条,新增国际通航点14个,其中"一带一路"沿线地区通航点占比达到43%;航空货运市场快速发展,咸阳机场新开全货运航线4条,国际货邮吞吐量增速超过60%。

5.邮政建设

改革开放初期,邮政按照多渠道运邮的要求,扩大自办汽车邮路,增开铁路、航空邮路,加强邮件转运场地建设,先后建成西安、宝鸡邮件转运楼和西安邮件集装箱场地。之后,实行邮电分开,成立陕西省邮政局,按照"强邮储、抓邮递、推物流、促代办"的业务策略,完善邮政基础设施,提高邮政网络技术含量,搭建电子邮政技术平台,大力发展邮购(代销)业务、速递业务和一体化物流。"十一五"时期,推进邮政政企分开,快递服务持续发展,西安等城市建立同城速递物流邮件互换中心,在全省100个建制村启动"村邮站"试点建设,并完成202个空白乡镇邮政网点补建。"十二五"时期,邮政业以转型升级为核心,重点强化基础网络,健全保障机制,做强国有邮政,做大快递企业,构建覆盖城乡的邮政普遍服务体系及便捷高效的快递服务体系,做到乡乡设所、村村通邮。截至2017年底,建成邮政普遍服务网点1808个,建成村邮站7242个、便民服务站9030处,邮政普遍服务深度和频次不断提高。全省快递企业达到450家,分支机构2241个,网点近6000个,分拨中心135个。持续推进快递服务网点标准化建设,建成标准化网点1857个,主要品牌企业城区自营网点标准化达标率达到70%。稳步推进快递专业类物流园区建设,圆通(西安)跨境商贸及服务产业园、申通西北地区转运中心、京东集团全球物流供应链总部和全球无人机基地等项目落户陕西,延安、安康等地政府将快递物流园区建设纳入全市重点推进项目,西安、榆林、咸阳等地快递物流园区建设实现向县乡延伸。

(二)运输服务成就

1.客运服务

改革开放40年来,道路运输行业打破了单一所有制和交通部门一家办公用运输的旧格局,道路客运市场化进程不断加快,运输结构调整不断优化,服务质量和效能得到有效提高。"十一五"以后,以公路为重点的交通基础设施加快改善,道路运输行业紧跟公路建设步伐,呈现出了新的发展格局。2017年,道路运输完成客运量、旅客周转量为6.07亿人、289.15亿人公里,道路客货运输量在综合运输体系中的占比达85.36%；水路运输完成客运量、旅客周转量393万人、6801万人公里,道路运输在综合运输中已由原来的辅助地位发展到长期占主导性地位。目前,全省已基本形成了功能层次结构合理的换乘枢纽和城市客运、城乡客运、农村客运三级城乡道路客运服务保障网络。

班线客运。2007年,以西汉、西宝、西康、西铜、西禹等高速客运为典型示范,按照"三高三化六统一"的要求,在全国率先大范围推广线路公司化经营,到2010年底,全省高速客运线路公司化率达到100%,位居全国前列,西部领先。依托高速公路客运公司化经营的示范效应,大力实施"品牌战略",以龙头企业为引领,积极开展星级汽车客运站、精品线路创建和"情满车厢、舒心旅途"等活动,创建四星级以上客运站7家、精品线路6条,建立全省长途客运接驳运输联盟,深化质量信誉考核工作,出台《道路客运企业及汽车客运站质量信誉考核实施细则》。道路客运班线和平均日发班次,分别由1979年562条、1754班次,增加到2017年5026条、43879班次,平均日旅客发送量增加到853084人次。其中跨省客运线路由1979年18条,增加到2017年492条,跨地(市)线路增加到893条,跨县线路增加到1073条,县内线路增加到2568条。截至2017年底,全省公路客运站达到11452个,其中一级站36个,二级站81个,三级站16个,四级站32个,五级站887个,招呼站10400个。等级货运站37个。

城市客运。"十五"期间,全省城市客运开始交由交通部门统一管理。"十一五"以来,随着社会经济的快速发展,城市客流量迅速激增,给城市公共交通带来了很大压力。针对这种情况全省积极落实公交优先发展战略,不断加快公交专用道建设,城市公交线路覆盖率和分担率得到快速提升,特别是"十二五"以来,随着省政府《关于城市优先发展公共交通的实施意见》的出台,公交优先政策得到了将进一步落实。西安市建设成3条城市轨道交通线路,建成地铁线路91公里,实现全省城市轨道交通零的突破。宝鸡、咸阳两市入选首批"十三五"期公交都市创建城市。深化出租汽车行业改革,汉中、韩城等5市出台出租汽车行业改革指导意见,网约车和传统巡游出租车走向融合发展。

农村客运。改革开放初期,农村客运受经济条件、收入水平、出行习惯和道路、运力等因素影响,线路稀少、车辆少、车况差,农村群众出行难、难乘车问题极为普遍。"九五""十五"期间,随着农村经济开放搞活,县际公路改造、通达工程的实施,农村客运市场初步形成。"十一五"期间,全省依托农村道路基础设施,积极出台优惠扶持政策,通过典型示范推广,采用灵活经营方式,农村客运得到了较快发展。"十二五"以后,随着农村经济的快速发展和农村公路建设的持续延伸,全省农村客运运力保障、服务品质、节点布局均有了较大提升。截至2017年底,全省共有农村客运站919个；农村招呼站10400个,农村客车8422辆,农村班线3036条,平均日发32397班次,乡镇通班车率达到100%,建制村通班车率达到96%。农村人均累计出行次数和累计出行距离明显增长,农村客运的快速发展为全省1300万农民群众提供了强力的运输服务保障。为进一步缩小城乡客运差距,推进城乡均等化发展,在大力推进农村客运发展的同时,积极推进城乡客运一体化发展,2016年先后出台了《陕西省关于推进城乡道路客运一体化发展的实施意见》《陕西省城乡道路客运一体化试点项目管理办法》,培育确立了30个试点项目并给予了资金政策扶持,城乡客运一体化发展进程明显加快。2017年大荔、鄠邑区成功入选部首批城乡交通运输一体化示范创建县。

2.货运服务

改革开放以来,货运行业打破了货物运输的计划管理体制,实行市场调节。国家规定,除抢险救灾、战备、特殊货物等由道路运输管理部门组织协调外,其余物资运输全部开放,只要符合《道路货物运输业户开业技术经济条件(实行)》均准予进入市场参与竞争,货运市场的自由开放程度空前提升。"十一五"期间道路货运基本形成了由道路货运向物流服务转型趋势,"十二五"期间,在国家大力振兴物流业发展的良好机遇下,全省货运物流行业快速发展,2014年全省出台了《关于交通运输推进物流业健康发展的实施意见》及相关扶持政策,明确了发展思路、发展目标和主要任务,有效推进了货运物流行业转型发展。2017年,全省道路运输完成货运量、货物周转量为12.37亿吨、2118.21亿吨公里,道路客货运输量在综合运输体系中的占比达75.86%。水路运输完成货运量、货物周转量为196万吨、6617万吨公里,在综合运输中发挥重要补充作用。

农村物流。按照"一年试点,两年推广,五年见效"的思路,2011年召开全省农村交通物流现场会,大力推广大荔县农村三级物流服务体系模式,各市区结合辖区经济产业特点,近年来先后培育出10余个特色鲜明的农村物流典型区县,为当地农产品流通和农民生产生活提供了坚实的运输服务保障。2015年,在全省首批货运试点项目遴选中,确定了渭南齐胜、宝鸡扶风、铜川弘林等9个基础条件好、发展潜力大、示范作用强的农村物流试点项目,对其网点布设、站场建设改造和物流信息化建设予以一定的资金扶持。在各试点的引领带动下,全省农村物流发展取得明显突破,服务城乡经济发展能力进一步提升。

甩挂运输、城市配送、无车承运等试点项目。全省积极开展甩挂运输试点工作,培育了数家国家公路甩挂运输试点企业。积极探索城市配送发展模式,联合铁路、公安、邮政等5部门出台城市配送试点方案,启动了西安新筑铁路集装箱中心、宝鸡东站铁路货运场、西安三桥货场等城市配送试点项目,支持发展多式联运,成功将西安港"一带一路"陆海空多式联运枢纽项目纳入全国示范工程。开展无车承运试点,陕西铁易达等14家无车承运人试点企业完成与国家物流平台对接并开展动态监测。

货运龙头示范企业。针对长期以来货运物流市场"多、小、散、弱"的现状,为积极培育具有示范引领作用的龙头骨干企业,2012年全省开展了道路货运物流龙头骨干企业申报工作,全省评选出陕西大件等5家企业货运(物流)示范企业。同时与有关企业共同签订了《关于扶持陕西交通物流龙头骨干企业发展框架协议》,对龙头示范企业车辆购置方面实行零首付、3年贴息、超长期限还款等优惠措施,为龙头示范企业发展提供了支撑保障。道路货物运输由整车、零担、快捷、直达货运及冷藏、特种、大件、危险品、紧急运输和物流服务等构成的货运网络,覆盖广大城乡,通达全国各地。道路旅客与货物运输平均运距,分别由1978年的36公里、22公里,提高到2017年的47.64公里、171.21公里。

3.运输装备

改革开放之初,全省公路货运由汽车、人力车和畜力车承担,货运汽车以普通货车和挂车为主,缺轻少重。改革开放以来,全省运输装备总量大幅增加,高级化、专业化程度进一步提升,运力结构进一步优化。截至2017年底,全省共有道路客运业户306户,货运业户25.7万户,驾校429户,机动车维修业户1.3万户;三级以上客运站133个、货运站37个;道路运输从业人员81万人。

客货汽车。道路客运车辆向高档化、舒适化发展,一批技术含量高、运行速度快、安全性能好、乘坐舒适的大型豪华客运车辆沃尔沃、五十铃、安凯、金龙、宇通等投入运输市场,适合农村短途零散客运的小型客车大量增加,全省公路货运车辆不断向重型化、专用功能强、技术含量高的方向发展。截至2017年底,全省共有营业性载客汽车1.9万辆,其中天然气车1857辆,双燃料车43辆,纯电动车87辆;全省拥有公路营业性载货汽车391442辆,大中型货车17477辆,占全省货车总量的4.46%。

城市公共交通。城市公共交通车型结构持续优化,截至2017年底,全省共有公交车14711辆,其中天然气车7609辆,双燃料车1157辆,纯电动公交车2633辆,混合动力公交车2005辆;企业138家,累计完成客运量24.04亿人次;全省巡游出租汽车共有35960辆,其中双燃料车34012辆,纯电动车482辆。出租汽车企业342户,其中,西安市共有出租汽车14459辆,占全省的40%。

内河船舶。全省内河船舶数量逐步增加,船舶类型与结构明显变化,基本实现钢质化和机动化。客运船舶趋向安全、舒适、快捷,货运船舶趋向大吨位、专业化,并带动船舶设计制造和船舶修理业发展。截至2017年底,内河营运船舶达到1355艘,净载重量达到3.2809万吨位,载客量2.1289万客位,较1978年分别增加1214艘、3.2499万吨位、1.9732万客位。

(三)行业管理成就

1.法治建设

加强制度建设,推进依法行政。改革开放以来,在贯彻执行国家有关交通法律、法规、规章的同时,加强制度建设,推进依法行政,重视立法工作,先后制定了《陕西省邮政条例》《陕西省公路路政管理条例》《陕西省公路条例》《陕西省道路运输管理条例》《陕西省出租汽车客运条例》《陕西省水路交通管理条例》等6部地方性法规;出台了《陕西省农村公路建设养护管理办法》《陕西省收费公路管理办法》《陕西省民用运力国防动员办法》《陕西省治理公路超限运输办法》《陕西省水上漂流安全管理办法》《陕西省民用运输机场管理办法》《陕西省转变功能干线公路管理办法》《陕西省公路隧道安全保护办法》等8部政府规章。规范重大行政决策程序,出台了《陕西省交通运输厅重大行政决策程序规定》,进一步规范了省交通运输厅重大行政决策行为,从制度上保证了交通运输行政决策的科学化、民主化和法治化。加强行政复议和行政应诉工作,印发了《陕西省交通运输厅行政复议、行政诉讼应诉规则》。

加强队伍建设,提升素质形象。行政执法工作不断加强,执法队伍素质和执法水平不断提高,执法程序逐步规范。执法监督工作不断完善。普法工作持续开展。通过制定出台了陕西省交通运输厅《行政执法人员执法行为规范》《行政执法监督检查规定》《行政执法过错责任追究规定》制度,加强对执法行为的监督。开展执法评议考核工作,建立行政执法评议考核制度,促使各级执法机构逐步解决制约全省交通运输行政执法的突出问题。实行执法证件管理制度,通过严格执法证件管理制度,有效地提高了执法人员业务知识学习的自觉性,使全省交通运输行政执法队伍的整体素质有了明显提高。不断建设完善交通运输行政执法综合管理信息系统,现在已经开通全省交通运输行政执法人员管理和考试功能,实现了对全省交通运输行政执法人员的闭环管理。

建立健全法律顾问制度,提高依法行政水平。省交通运输厅自2006年起建立了法律顾问制度,常年聘请陕西永嘉信律师事务所承担省交通厅法律顾问工作,法律顾问广泛深入参与省交通运输厅各项法律事务,在处理涉法信访案件、审查合同,对重大涉法事务提供法律咨询、规范性文件和立法文件的法律审查、协助厅属企业构建"以事前预防为主,事后补救为辅,加强事中控制"的法律风险防控体系、司法应诉等方面发挥了重要作用。

2.管理体制改革

厅机关管理体制改革。1950年3月,陕西省人民政府交通厅正式成立。此后至1986年底,机构名称变更了三次(交通厅、交通局、交通厅),现有资料显示陕西省人民政府分别于1994年、2000年、2009年、2014年先后四次核定省交通运输厅三定方案,职责范围也相应进行了调整。1994年,三定方案明确省交通厅主管全省公路、水路交通和地方民航工作。2000年,明确省交通厅主管全省公路、水路交通行业。2002年,城市客运管理职能由省建设管理部门交由省交通主管部门。各市、县机构改革坚持职能上下对应、衔接,统一由交通部门归口城市客运管理。2006年,全省调整和重组高速公路建设管理体制,由省交通厅统一行使高速公路行政管理职能,高速公路企业不再行使行政管理职能。2009年,国家实施成品油价格和税费改革,陕西省征稽队伍转岗安置工作按要求逐步展开。同年,省政府办公厅印发省厅三定方案,陕西省交通厅更名陕西省交通运输厅,原省建设厅的指导城市客运职责,整合划入省交通运输厅;明确了由省交通运输厅指导城市地铁、轨道交通的运营。2014年6月,陕西省对省政府各组成部门进行了机构改革,根据省政府办公厅《关于印发省交通运输厅主要职责内设机构和人员编制规定的通知》(陕政办发〔2014〕82号)精神,明确了省交通运输厅主要职责12项,内设处室14个。核定厅机关行政编制78名。

公路建设管理体制改革。陕西公路建设市场形成与发展,始于20世纪80年代中期鼓励集资、贷款修路建桥,利用世界银行贷款修建西三一级公路,引进国际通行的工程招投标制和工程监理制。2001年,加强项目法人投资控制责任,省交通厅下发《陕西省公路工程投资控制责任制实施办法》(陕交发〔2001〕498号),明确项目法人单位是投资控制主体,对项目投资控制负全责。2002年2月1日,省交通厅下发《陕西省公路建设项目法人责任制实施细则(试行)》(陕交发〔2002〕41号),进一步明确规定项目法人责任制实施范围,经营性、公益性项目法人设立及资格审查程序,公路项目法人职责与考核奖罚等。2005年,高速公路建设管理体制调整重组。全省高速公路主要由调整重组后省高速集团、省交通集团与省交通厅外资办、省宝汉集团为项目法人,分别承担有关高速公路项目建设。2006年开始调整完善国省干线公路养护管理体制,强化省公路局对全省公路养护行业管理职能,理顺省公路局—市交通局—市公路管理局的工作关系,将各市公路管理处与市公路局整合,初步建立了统一管理、分工负责、上下协调、运转高效的新体制。强化工程招投标、工程监理、合同履行及公路项目设备材料采购供应监控管理。整顿监理单位和监理人员作风,查处一批违规监理企业和监理人员。建成高速公路建设项目信息管理平台即"阳光工程",公开高速公路项目信息,强化社会监督。工程招标扩大推行至所有公路大、中修养护工程和通村油(水泥)路建设项目。以项目法人制、工程监理制、招标投标制和合同管理制等四项制度为核心的现行公路建设管理体制,是改革开放以来公路建设发展不断总结的成果。

道路运输管理体制改革。1990年6月,省编委以陕编办发〔90〕079号文批准成立陕西省交通厅运输管理局,隶属于省交通运输厅。之后,随着道路运输管理职责增减、内设城市客运管理机构也随之设立或撤销。2000—2004年,依据交通部有关道路运输管理规定和《陕西省道路运输条例》,全省申请道路运输经营仍实行分级审批,审批范围与权限有所调整。2008年,随着行政审批制度改革深入,道路运输行政审批项目经多次清理、精简后,保留的行政许可项目为:申请经营客运、货运、客货运站场、机动车维修、机动车驾驶员培训等共12项;将从事搬运装卸、运输服务(含信息配载、货运代理、客运代理、仓储理货、汽车租赁)经营等6项,改为实行备案制,即申请经营者不再领取道路运输经营许可证,直接依法向工商行政管理部门办理有关登记手续后,在道路运输管理机构备案。2009年,按照省政府批准省交通运输厅三定方案,省交通运输厅运管局承担经整合划入的城市客运职责,同时取消运输管理费征收管理职责。2016年,根据省编办《关于印发〈陕西省交通运输厅所属事业单位整合机构精简编制规范管理方案〉的通知》(陕编办发〔2016〕130号)精神,陕西省交通运输厅运输管理局更名为陕西省道路运输管理局。"八五"期间,道路运输开业、停业,依据交通部、国家经委《公路运输管理暂行条例》(86交公路字1013号)进行管理。

水运建设管理体制改革。1985年12月,经陕西省编制委员会(简称省编委)同意,成立陕西省航运建设指挥部,为省交通厅领导下的县级事业单位;同时撤销省交通厅水运处和省交通厅黄河、汉江航运规划办公室,其承担的航运事业管理职能交由省航运建设指挥部行使。1986年2月15日,中共陕西省交通厅党组扩大会议研究决定,考虑全省水运行业管理工作需要,决定保留省交通厅水运处,继续履行省港航监督处、省船舶检验处职能和水上交通安全管理职能。1989年11月,省编委以陕编发〔1989〕144号文批准成立省交通厅航运管理局,并将原省船舶检验处、省港航监督处并入该局。1990年4月,省交通厅航运管理局正式成立。2002年10月,贯彻国务院批转交通部全国水上安全监督管理体制改革实施方案,经省编制委员会办公室〔2002〕127号文件批复,省交通厅航运管理局加挂陕西省地方海事局牌子,撤销省港航监督处、省船舶检验处;省交通厅航运管理局与省地方海事局实行合署办公。2016年10月,经省编办批准更名为陕西省地方海事局(陕西省交通运输厅航运管理局)。

3.投融资体制改革

公路投融资机制改革。改革开放以来,全省高速公路建设领域基本形成了以中央和地方财政投入为引导、银行贷款等债务资金为主体、社会资本投入为补充的融资机制。目前,全省高速公路除特殊项目(改扩建项目)外,原则上全部面向市场,利用PPP模式组织建设。2016年以来,积极运用PPP模式发展高速公路。创新重大项目建设模式,积极加强与中国中铁、中国铁建、葛洲坝集团等央企进行合作,与中国铁建、中国中铁和葛洲坝集团签署了1465亿元的项目合同和投资意向协议。为更好地发挥融资平台作用,结合全省目前的实际情况,经过认真研究,省委、省政府决定利用全省优质矿产资源,搭建交通筹融资新平台,通过资本化运作筹措资金,实现资源资本化、货币化,支持全省综合交通运输体系建设。目前,陕西省交通投资集团有限公司已注册成立(以下简称"交投集团"),省政府注入优质的矿产资源(包括煤矿、盐矿、多金属矿等)给交投集团,交投集团将按商业化原则运作,整合有效资源,为全省综合交通体系建设做好资金保障。政府收费公路,按照《办法》要求,通过发行专项债券满足债务性资金需求。普通公路融资机制。全省农村公路建设和养护以县为主、省市支持,普通公路建设和养护以市为主、省市共建(担)。近年来,中央车购税、成品油税费改革交通资金、省级交通专项资金成为全省普通公路建设的主要资金来源。

水运建设投融资机制。1983年,交通部提出"谁投资、谁使用、谁受益"的原则,鼓励货主单位投资建设码头。1986年,国家决定对26个沿海港口的货物征收港建费,实行"以港养港、以收抵支"政策,港口建设资金有了稳定渠道。目前,中央车购税、成品油税费改革交通资金、省级交通专项资金仍是全省水运建设的主要资金来源。

铁路建设投融资机制。1992年国务院批转国家计委、铁道部《关于发展中央和地方合资建设铁路的通知》,明确了中央和地方合资铁路建设的发展模式,1991年,铁路开始征收每吨公里2厘的建设基金,铁路建设资金有了基本保障。2013年,国务院《关于改革铁路投融资体制加快推进铁路建设的意见》提出,全面开放铁路建设市场,鼓励社会资本投资建设铁路。2016年,省委、省政府批准组建省铁路集团,负责全省铁路建设。目前,全省铁路建设投融资以市场化运作为主,通过发行城际铁路专项债券、铁路基金,积极面向市场,引入社会资本,推行PPP模式等各项措施满足铁路建设资金需要。为解决铁路建设资金,经省政府2016年第74次专题会议研究同意,设立陕西铁路建设基金。2017年11月23日,首批42亿元铁路建设基金已由光证基金成功发行。同时,通过沿线开发、互通互联、旅游带动等措施,改善铁路的经营状况。

4. 技术政策及标准建设

技术政策。改革开放以来,适应市场经济发展需求,逐步形成产、学、研相结合的科技管理体系,着力解决实践中的具体问题,提高科研成果的实用性,加快技术转化与推广,为社会经济发展做出重大贡献。全省交通运输行业的发展、体制改革同国家经济体制改革、交通部科技体制改革基本同步。围绕高速公路、干线公路的建设、运营与养护,利用陕西交通行业科研、教学、施工等区位与人才优势,形成了公路建设项目管理部门与科研机构、高等院校、施工单位等联合进行重大、关键技术攻关的新模式,加速科研成果利用、应用与转化。省交通运输厅实行科教先导,制定了科技项目管理办法,面向行业和社会征集科技项目,开通网上申报与审核,成果验收增加专家评阅预审程序,增强课题立项科学性、时效性、实用性、创新性。省公路局、省高速集团、省交通建设集团、省运管局、省航运局、宝汉公司等行业或建设管理单位联合西安公路研究所、省公路设计院、长安大学等单位,组织重大项目、关键技术的联合攻关,推动全行业在桥梁、隧道、路面等领域的技术进步。例如,秦岭终南山公路隧道关键技术研究项目,成立由4位院士领衔、13位知名专家组成的专家委员会,52个单位、100多位高级工程师参与研究工作。沙漠地区公路建设成套技术研究项目,西安公路研究所、长安大学等32个单位、154人承担研究任务。一些民营公路交通科研、咨询机构,采取独立、协作方式参与技术开发研究,成为科技创新的新生力量。

标准建设。改革开放以来,针对没有国家标准和行业标准而又亟须在全省交通运输行业范围内统一的技术指标、要求和方法,省交通运输厅组织开展了系列地方标准的草拟工作,重点支持通过验收(鉴定)的交通运输科研项目中技术先进成熟、经济合理的科技成果和专利技术申报地方标准。省交通厅科技处统一负责交通运输行业标准化的管理工作,其他各厅直单位相关部门设专人负责,形成系统各部门共同参与的标准化推进机制。截至2018年底,共有140个标准列入地方标准修订项目计划,垂直振动法系列施工技术规范、建筑垃圾再生利用系列标准等63项公路交通运输地方标准获得颁布,有效地促进了交通运输科技成果的推广应用,提高了科技进步贡献率,为全省交通运输行业在地方规范化、标准化建设开了个好局面。为提高全省交通运输标准化工作水平,推进行业治理体系和治理能力现代化,与省质监局联合下发了《关于深入实施标准化战略加强交通运输标准化发展的实施意见》,贯彻落实中央关于加强交通运输标准化工作的意见,着力形成"技术研发—标准研制—产业应用"的科技创新与标准同步研发机制,同时组建了陕西省交通运输标准化技术委员会。根据"十三五"期间基本建成适应交通运输行业发展要求,结构合理、重点突出、科学适用、相互协调的陕西省交通运输标准体系,联合省质监局组织编制了《陕西省"十三五"交通运输标准体系建设规划》。

(四)科技创新成就

1.科技创新体制改革

改革开放以来,省交通运输厅按照建立社会主义市场经济体制方向,实行科技兴交战略,加强公路交通科技体系建设,构建以专为主、专辅结合,纵深配套合理、人才队伍精干、运行机制得当的科学研究与开发体系,初步形成以西安公路研究所为主导,各交通运输单位技术管理部门为骨干的科研体系,成为推动交通运输科研工作主力军。同时,建立相应机构开展新材料、新技术开发应用研究,如西安公路研究所组建新材料试验研究所,省公路设计院成立遥感中心。省交通运输厅进一步扩大科研单位自主权,推进科研单位向科技型企业转变;制定交通科技创新工作规划纲要,按照"政府主导、宏观调控;市场导向、需求带动;重点突破、协调发展;措施有效、确保实施"的基本原则,坚持以基础设施建设为重点,面向生产,引进、消化、吸收和自主开发相结合,引入竞争机制,建立起省交通运输厅宏观指导,以企业为主体,以大专院校、科研院所为主力,以重点工程为依托,适应市场经济机制的交通科技创新体系。

2.科研能力建设

改革开放以来,省交通运输厅重视科技队伍的建设和科研人才的培养,制定科技项目管理办法,依托科技项目培养学科带头人、技术骨干,积极落实国家对科技人员的优抚政策,激励各单位引进优秀人才。为适应高速公路建设、运营管理的需求,省交通运输厅逐年加大科研投入,落实科技体制改革,鼓励企业科技创新。省公路局、省公路设计院、省路桥公司、各运输企业等行业管理、设计、施工等单位结合自身工作需求,制定相应鼓励政策,组织技术干部承担科研工作,逐步形成一批从事研究工作的群体。省交通运输厅发挥科对交通的引领作用,把人才培养、科技攻关、技术引进和应用作为技术创新的主要任务,形成以重点工程为依托,以科研项目为纽带,以产学研联合体为主体,政府扶持,多方参与,联合攻关的科技体系。省交通建设集团公司在组建初期就设立科技质量部负责企业的科技管理工作。承担高速公路建设任务的省高速集团公司、省交通建设集团公司、省交通运输厅外资办、陕西宝汉高速公路建设管理有限公司等建设管理单位组织高等院校、科研机构、设计单位、施工单位、运营管理单位对公路建设与运营管理中面临的技术难题开展技术攻关,支持科技投入,培养了一批管理型技术专家。交通系统形成了积极参与科研工作的良好气氛,从事研究的技术人员不断增加。

3.重大科技创新成果及推广应用

改革开放以来,围绕交通改革开放和规划、建设、运输、管理与服务,攻克一大批重大和关键课题,如秦岭终南山公路隧道建设与运营管理关键技术、黄土地区高速公路修筑成套技术、沙漠地区修筑高速公路关键技术、高墩大跨公路桥梁设计与建设技术、高速公路隧道建设与管理技术等,取得重大技术创新并在公路建设中应用。

天下第一隧——秦岭终南山公路隧道。双向四车道的秦岭终南山公路隧道全长18.02公里,2001年1月开工,2007年1月20日建成通车,是国家高速公路网G65包茂线控制性工程,建设规模世界第一,是亚洲最长的公路隧道。建设过程中,陕西组织52家单位多学科联合攻关,不断克服断层、涌水、岩爆等施工难题,以及通风、火灾、监控等运营中的重大技术课题,取得科研成果11类40余项,解决了一系列世界性难题,使中国公路隧道建设技术达到世界一流水平。同时,陕西交通人也凭借《秦岭终南山公路隧道建设与运营管理关键技术》获得了中国国家科学技术进步一等奖殊荣。

亚洲第一高墩——三水河特大刚构桥。全桥长1688米,是国家高速公路网G69银百线咸(阳)旬(邑)高速公路的控制性工程,该桥为7跨预应力混凝土连续刚构桥,跨径布置为98米、185米、98米,共6个主墩,其中14号主墩高达183米,破亚洲最高桥梁纪录。

第一条穿越秦岭的高速公路——西汉高速公路。G5京昆线西(安)汉(中)高速公路是陕西交通史上一次性开工里程最长、投资最大、施工条件最差、地质灾害最多、技术难度最大的山区高速公路项目。全长258.65公里,2002年开工建设,2007年9月30日建成通车。西汉高速从秦岭腹地穿过,形成全国最多的公路隧道群,这条高速长廊穿越秦岭主峰,不仅结束了"蜀道难,难于上青天"的千年慨叹,也为中国南北分水的秦岭注入了生机与活力。

中国首条沙漠高速公路——榆靖高速公路。G65包茂线榆(林)靖(边)高速公路穿越了陕北毛乌素沙漠。在施工过程中,上百名工程技术人员大胆创新,在全国率先探索出了科技防沙、以路治沙的成功经验,彻底解决了沙漠高速公路本体防护和遏制路基两侧流沙的世界性难题。省门第一路——西安咸阳国际机场高速公路。全长18.2公里,双向六车道,拥有当时国内规模最大的高速公路排水性路面,控制性工程渭河特大桥为西北地区标准最高、规模最大、最长的高速公路特大桥。2009年7月陕西第二条西安咸阳国际机场专用高速公路建成通车,全长20.58公里,双向八车道,是国内第一条全线采用排水性路面的高速公路,也是国内建成里程最长的八车道机场高速公路,建设标准、配套设施、智能化服务水平为中西部地区最高。

西北第一条四车道改扩建八车道高速公路——G30连霍线潼(关)西(安)高速公路。全长130.09公里,这是西北地区第一条四车道改扩建为八车道的高速公路,也是国内工期最短的改扩建项目,实现了"边施工、边行车"两不误。

西北第一大跨桥——石门水库特大桥。宝(鸡)汉(中)高速公路汉中至坪坎段的控制性工程石门水库特大桥,跨越316国道和石门水库,主跨径262米,大桥两侧分别连接石门隧道及牛头山隧道,库区中没有墩柱,最大限度地保护了石门水库的生态环境,成为横跨石门水库的一道美丽景观。

中国首个建筑垃圾再生环保示范工程——西咸北环高速公路。西咸北环高速公路在国内高速公路建设领域首次大规模综合利用建筑垃圾再生材料,应用于路基填筑、特殊地基处理、路面、小型预制构件和临建设施建设,被交通运输部命名为"生态环保示范工程"。本项目共回收利用建筑垃圾600万吨,恢复垃圾场占用土地3000亩,减少土地开挖1500余亩,节省生石灰17万吨、燃煤3.2万吨,减少二氧化碳排放量4000万立方米,创造直接、间接经济效益10亿元,填补了我国高速公路建设领域建筑垃圾再生综合利用的空白。

基于车载称重技术的货车安全运输综合监控研究。作为2014年交通运输科技十大重点推进方向,历时3年多,取得重大进展。在此基础上形成了发明专利3项、软件著作权2项、实用新型专利1项、检定规程1项。该技术的推广应用将颠覆我国称量计重上下游行业的管理手段和技术水平。斜向预应力水泥混凝土路面技术历时6年,在国内外首次创新了斜向预应力水泥混凝土路面结构、设计方法、施工技术及质量检验标准。自2009年在全省开始应用,并逐步推广到河北、内蒙古、山东等省重点工程,目前共有13条公路20多处工程成功应用,经济、社会效益显著。

(五)党的建设与精神文明建设成就

1.党建工作

党的政治建设不断增强。坚持把党的政治建设摆在首位,坚决维护党中央权威和集中统一领导。坚持把讲政治贯穿于各项工作之中,牢固树立"四个意识",坚持做到"四个服从",在政治立场、政治方向、政治原则、政治道路上始终与党中央保持高度一致。坚决落实党的路线方针政策,不折不扣地把中央重大决策部署贯彻到交通建设、养护、运营、管理各项工作中,引导党员干部提高政治站位、履行政治责任、强化政治担当,推动交通运输事业实现了历史性转变。

党员理论武装持续深化。坚持把党的理论作为党员教育"必修课",坚持系统学、深入学、跟进学,坚持全覆盖、重创新、求实效,持续推动党员教育不断深化。一是深入学习马列主义毛泽东思想、邓小平理论、"三个代表"重要思想和"科学发展观",认真学习贯彻习近平新时代中国特色社会主义思想和党章党规党纪,坚持读原著、学原文、悟原理,引导党员干部用党的理论武装头脑、指导实践、推动工作。二是高质量抓好专题教育。开展"讲学习、讲政治、讲正气"党性党风教育和保持共产党员先进性教育活动;按照"照镜子、正衣冠、洗洗澡、治治病"的总要求,坚持"上下衔接""突出特色",扎实开展群众路线教育实践活动;按照三个阶段,通过研讨交流、现场学习、专题辅导和落实整改,深入开展"三严三实"专题教育;制定特色鲜明的"五个一批"目标,完善党建工作制度、机制,扎实推进"两学一做"教育常态化制度化;紧扣学懂弄通做实,开展多形式、分层次、全覆盖的党的十九大精神学习宣贯活动。通过抓细抓实专题教育,全系统广大党员理想信念更加坚定、党性更加坚强。三是创新党员教育方式方法。在充分利用党组(党委)理论学习中心组、"三会一课"、民主生活会和组织生活会、辅导讲座等教育载体的基础上,开办处级干部轮训班、陕西交通大讲堂、陕西交通号角讲台,组织新提拔处级干部参加延安精神再教育,组织全体党员开展《关于新形势下党内政治生活的若干准则》《中国共产党党内监督条例(试行)》知识竞赛,同时充分利用现代媒体与互联网技术,组织党员干部参与网络答题,开通陕西交通党建号角微信公众号,进一步提高了思想理论教育覆盖面。通过丰富教育载体、创新教育方式,取得了良好的学习成效,广大党员干部的理论水平和政治素养得到了显著提高。

党组织建设不断增强。坚持合理设置党的基层党组织,严格按照党内相关规定成立党委、总支和支部,做到了业务工作开展到哪里,哪里就有党组织,实现了党的工作全覆盖。严格落实党的基层组织按期换届制度,通过督促提醒、规范程序,厅属29个党委、19个党总支、266个党支部全部按时进行了换届。严肃党内政治生活,严格执行民主集中制,健全党组(党委)工作规则和领导班子议事规则、"三重一大"决策机制;严格落实"三会一课"、民主生活会和组织生活会、谈心谈话、党员党性分析和民主评议党员等制度,严肃开展批评与自我批评,不断增强党内政治生活的政治性、时代性、原则性、战斗性。牢固树立一切工作到支部的鲜明导向,抓细抓实党支部工作。深入开展"1+1+X"主题党日活动,通过每个季度确定一个主题、每个月党员主题发言和集中交纳党费、结合业务工作实际特色开展"X"环节的活动,不断提升党支部工作活力;推行组织生活"开放日"工作,充分利用"聚光灯"效应,督促支部组织生活高质量开展,推进各党支部学习交流、共同提高;开展"走出机关、联学共建"工作,通过机关支部与业务工作相近的生产一线党支部结成对子联学共建,促进党建工作与业务工作双提升;深入开展"对标定位、晋级争星"活动,明确"五好"党支部工作标准,通过评星晋级,党支部标准化建设水平不断提升。

党员队伍管理不断规范。严把党员发展质量关,明确审批权限,严格党员发展程序,加强过程资料审核,注重从生产一线、高知识群体中发展党员,不断优化党员队伍结构。全方位无死角排查党员组织关系,找到"口袋"党员36名,找回失联党员32名,摸清了全系统党员底数。对全系统5300余名党员进行积分制管理,坚持把党员思想素质提升、业务工作表现量化成分值,通过季度评分、年终评定、书记点评,激发党员内在动力,增强党员岗位建功的积极性、主动性。坚持开展"两优一先"评比表彰活动,挖掘培树行业先进典型,通过开展先进事迹宣讲,发挥其示范引领作用,营造学习先进、赶超先进、争当先进的浓厚氛围。开展"亮承诺、亮标准、亮身份"主题活动,引导广大党员做到政治合格、执行纪律合格、品德合格、发挥作用合格,树立了良好的党员干部队伍形象。

党风政风行风持续向好。结合群众路线教育实践活动,相继完善公车管理、预算管理等一系列配套制度,扎紧了制度的笼子。从简举办交通重点建设项目开工和建成仪式,依托一线交通站所建立"廉政灶",厅直系统"三公"经费连年下降,文件简报大幅精简,会议活动、调研检查、新闻报道风气焕然一新,厅领导带头腾退办公用房、清退公务用车,以上率下,引领作风建设取得扎实成效。将"勤俭办交通"理念延伸到机关管理、生产经营等各方面,贯穿到交通投资、规划、建设、运营全过程,推广节能环保材料,开展建筑垃圾综合利用等科技攻关,推行全方位精细化管理,重实际、求实效蔚然成风。

党风廉政建设深入推进。压实压紧党风廉政建设主体责任,夯实"一岗双责"。坚持党风廉政建设工作与中心业务工作同部署、同落实、同检查、同考核,及时召开党风廉政工作会议和党组(党委)专题会议,部署党风廉政建设重点工作。落实党风廉政建设责任制,分解党风廉政建设年度任务,签订责任书。落实清单管理制度,强化动态管理和纪实管理。坚持常态化开展党纪法规教育,不断增强党员干部特别是党员领导干部纪律观念和规矩意识。通过集中观看纪录片、现场教学等形式开展警示教育，以案说法，以案释纪，让广大党员干部知敬畏、存戒惧、守底线。深化纪检体制改革，健全各级纪检监察组织机构，充实加强了监督执纪力量。强化干部日常监督，印发规范领导干部报告个人有关事项制度。紧盯项目招投标、资金使用管理和行政审批事项等廉政风险防控重点工作，完善防控举措和工作机制，切实消除廉政风险隐患。坚持挺纪在前、铁面问责，坚持有案必查、有贪必肃，准确运用监督执纪"四种形态"，全面从严治党扎实推进。

2. 精神文明建设

激发行业文明创建自觉性。40年来，省交通运输厅秉承"发展现代交通，奉献一流服务"的发展理念，弘扬"大爱在心，为民开路"的陕西交通精神，行业精神文明建设取得丰硕成果。在陕西省社会科学院编纂的2009版《陕西社会发展报告》蓝皮书中，"交通道路建设"群众满意度位列全省第一。注重把常态化的文化活动与打造文化精品相结合，通过系统性的组织主题活动和建设学习平台，不断增强干部职工归属感，激发积极性和创造性。

践行社会主义核心价值。积极培育践行社会主义核心价值，做好核心价值观教育月主题实践工作，以"道德讲堂"主题实践活动为载体，在每年4月集中开展"行业核心价值观教育活动月"主题活动，教育引导全行业干部职工立足本职工作、深化敬业意识、恪守诚信准则。

丰富学习型行业建设载体。2007年组建全国首家省级行业作协，出版职工创作书籍近百部；2008年作为唯一进入决赛圈的行业队，在全国"迎讲树"知识竞赛活动中勇夺铜牌；2009年组织职工合唱团代表陕西省，参加国家十部委组织的《放歌中华》展演活动，获得中宣部和中央文明办领导的表扬；2009年发行全国首张交通音乐专辑《我们一直在路上》，专辑歌曲《圆梦》进入全国流行歌曲大奖赛决赛，获陕西省"五个一"工程奖。2014年陕西交通运输行业职工自编自演的话剧《穿越》获全国话剧界最高奖"金狮奖"。

丰富路域文化体系。建设以全国最大的花岗岩雕塑群"华夏龙脉"为代表的交通文化地标，打造交通文化名片。连续12年组织专题读书活动，一年一个主题，积极引导打造学习型行业，加强行业文化阵地建设，健全行业"职工书屋"建设体系，截至2017年10月全行业共建成职工书屋300余个，惠及一线职工2万余名，进一步凝聚行业力量、丰富职工文化生活。

构建人人文明创建格局。扎实开展文明创建"533"工程，着力构建"文明创建人人参与、创建成果人人共享"的行业文明创建格局，即：文明单位、文明公路、文明运输窗口、文明执法窗口、优秀志愿组织5项文明创建；服务区、收费站、汽车站3项星级创建；精神文明建设先进工作者、文明职工标兵、优秀志愿者3类典型个人。同时在全行业开展五大品牌创建，即：收费系统"微笑服务温情一路"、公路养护"三心服务畅行陕西"、运输行业"情满车厢舒心旅途"、12122"服务热线尽享方便"和服务区"温馨驿站真情如家"5大服务品牌。在全省率先成立"陕西省交通运输行业志愿服务联合会"，搭建专设志愿服务组织，注册志愿者人数累计超过8万人。全行业开展"一诺千金、打造诚信交通"活动；在交通建设基层项目组开展扶贫帮困、送温暖、送清凉活动；组织职工家属与职工一起到一线站所联欢，营造和谐氛围；在公交车、长途车、出租车上开展"跟我排""争当形象大使"等活动。

3. 行业先进典型

改革开放40年以来，全系统共产生五一劳动奖单位7个，全国劳模6名，省部级劳模79

名,全国五一劳动奖章获得者7名;获中央文明委表彰的全国文明单位8个、全国精神文明建设先进单位1个;全国交通运输文明行业2个、全国交通运输文明单位29个、全国交通运输文明示范窗口35个;陕西省文明单位标兵23个、陕西省文明单位82个;8对高速公路服务区获评"全国百佳示范服务区";12名职工荣登中央文明办"中国好人榜";24名陕西交通人荣登"陕西好人榜";曹森当选"60位新中国成立以来感动交通人物"、铜川驾驶员沙磊获评2014年度"感动交通十大人物",创建省、部级文明路7条3000多公里。

三、经验启示

陕西交通运输改革开放40年,是以中国特色社会主义理论为指导,以建立市场经济体制为取向,以改变交通落后面貌为目标,以推进交通不断加快发展为中心,创新交通运输体制机制,探索符合国情省情的交通发展道路的过程。改革开放发展实践,给我们许多深刻启示和重要经验,为推动交通行业更好更快发展打开了局面,奠定了基础。交通改革开放以来陕西交通运输事业发展最基本的经验是:以中国特色社会主义理论为指导,坚持以持续快速发展交通为根本任务,以适应经济社会发展需求为目标,实事求是,解放思想,深化改革,扩大开放,与时俱进,勇于创新,探索并走出了一条有特色的社会主义交通发展道路。

(一)解放思想,创新理念,是交通改革开放的前提条件

必须坚持解放思想,大胆创新。把交通改革与推进思想解放结合,推进发展理念创新,推进交通运输思想观念解放,交通发展理念发生了深刻变化。先后开展了真理标准讨论、生产力标准讨论、交通建设"三个有利于"的讨论,如何建设运营管理高速公路的讨论,陕西交通发展是快是慢的讨论等。坚持实事求是,与时俱进,解放思想,更新观念,创新理念,以新理念引领改革开放,以改革开放推进观念理念创新,牢固树立机遇意识,不断强化发展意识,锻造科学发展意识,强化交通服务意识,确立可持续发展理念、责任理念、服务理念、创新理念。清醒认识自身发展水平,陕西交通发展定位,从全国交通发展趋势,邻省交通发展态势,陕西省经济社会发展形势,思考权衡交通发展的规模、速度与水平,找差距,抓措施,求突破,谋发展,着力解决思想解放不够,发展步子不快的问题,破除发展上乐于知足,小成即满等传统思维,怕担风险、不敢创新的陈旧意识,盲目乐观,不积极进取的落后观念,粗放管理、粗放发展的传统习惯,破解发展速度不快,规模不大,工作不实,水平不高等问题。认识到陕西交通发展起步早而发展慢的现实,认识陕西交通有发展但明显落后的状况,认识陕西交通发展缓慢与落后的思想观念、体制机制原因,以思想大解放,投资大提高,规模大扩展,项目大增加,推动陕西省交通大发展。使大家有必须奋起加快的紧迫感,慢发展就是落后的危机感,必须加快发展的责任感,有能力有条件加快发展的自信感,在陕西省形成必须加快交通发展的共识。坚持好中求快,能快则快,快中求好,推进交通迈入超常规、跨越式发展轨道。

(二)围绕中心,加快发展,是交通改革开放的中心任务

必须坚持围绕中心,加快发展。始终坚持加快交通发展为目标,紧抓发展第一要务不放

松,将交通放在经济全球化的条件下思考,放在经济社会三步走的战略大局中定位,把握时代要求和经济社会需求,明确交通发展方向,确定各个时期发展战略、发展目标、发展重点及发展政策。用改革破解束缚交通生产力发展的体制障碍,以开放吸引和优化交通发展资源,增强交通发展的动力和活力,紧紧围绕制约和影响交通生产力发展的主要矛盾、突出问题推进改革开放,破除制约交通发展的瓶颈和障碍,解放交通运输生产力,促进交通抓住机遇,不断加快发展,为交通发展不断注入动力和活力,使陕西省交通从加强发展、加速发展、加快发展到全面持续快速超常规发展。

(三)创新体制,健全机制,是交通改革开放的关键环节

必须坚持创新体制,健全机制。把握交通发展客观规律,不断探索符合社会主义市场经济体制和国情省情的交通发展思路、发展战略、发展途径和发展方式,取得了交通发展理论的重大创新,丰富了中国特色社会主义的伟大实践。把影响交通发展的体制问题作为交通改革开放的重点,作为体制创新的关键,按照市场经济体制要求,从行业规律特点出发,持续推进,逐步深化。推进管理体制与运行机制创新。用制度保障改革开放,以改革开放促进机制创新。通过政府交通部门和交通事业机构不断改革,建立健全了交通行政管理与专业机构、中介机构结合的交通运输管理体系,组建地方性的行业协会、联合会,在政府与企业之间发挥桥梁作用;加强交通法制建设,基本建立了具有中国特色的交通法律法规体系和行业规范标准体系;实施依法治交,维护交通运输市场的统一开放、有序竞争和交通服务的公平正义。交通行政管理着重规划指导、政策引导,市场监管,注重运用经济、法律手段和必要的行政手段间接调控。同时注重发挥财政、税收、信贷等经济杠杆的调控作用。

(四)全面统筹,协调推进,是交通改革开放的科学方式

必须坚持全面统筹,协调推进。把经济体制改革总体要求与交通改革开放实际结合起来,把交通改革开放与交通快速发展要求结合起来,把阶段性目标与整体目标结合起来,统筹谋划,总体部署,分步推进,稳步实施。把解决交通发展中的突出瓶颈、关键环节,作为推进交通改革开放的重点,统筹安排,逐步深入,先试点总结经验,再普及推广,带动整体提高。以政府简政放权开始,推进政府职能转变,打造责任、服务交通部门;从扩大企业自主权开始,推进企业内部承包和配套改革,到推进企业产权制度改革,建立现代企业制度,培育交通市场主体。把推进交通改革与行业稳定相结合,推进交通发展环境创新。确保交通行业协调稳定发展,促进社会安定和谐有序。积极稳妥地解决交通发展各方面利益关系,运用政策和各种有效方式关于破解交通发展突出难题,化解不利因素;处理好交通发展与自然生态环境保护的关系,增强交通发展可持续性;处理好交通建设与维护、管理、服务的关系,全面提升交通发展水平;处理好交通建设与运输发展的关系,全面提升交通服务效率质量。

(五)立足实际,勇于实践,是交通改革开放的精神内涵

必须坚持立足实际,勇于实践。坚持从陕西实际出发推进改革开放。从陕西地处西部内陆,经济欠发达,思想观念落后,交通发展基础薄弱,社会改革开放进程较慢等情况,安排交通

改革开放的进程、任务和重点,既不照搬硬套,又积极大胆探索,以交通改革开放带动整个突破,同时稳妥安排实施,防止交通改革大起大落。与时俱进,敢为人先,敢于破解影响交通发展的重大难点、社会热点,敢于担风险,敢于迎接新挑战,破解新难题,能够立得了势,下得了茬,经得起考验,迈得过关口,这样改革开放才能有大手笔,有大作为。在改革方式选择上,不盲目照搬,解决了在高速公路建设上过度追求市场化的偏向,找到了又好又快发展的道路;在高速公路国有资产管理上,实行了由交通部门实际管理;坚持交通发展依靠科技,确立科技第一生产力的思想,实施科教兴交战略,建立健全交通科技体系,组织对重大、关键交通项目进行科技攻关,既积极引进消化先进技术,同时又积极鼓励自主创新,公路、桥梁、隧道建设与管理技术,跻身世界先进行列,交通生产力水平显著提高,对交通发展的贡献率显著增强,促进了交通发展方式转变。

飞天故里　大道如织

甘肃省交通运输厅

一、综述

甘肃位于内陆腹地,是连接欧亚大陆桥的战略通道,沟通西北西南的交通枢纽,具有特殊的交通区位和重要的战略地位。古丝绸之路横穿甘肃全境,对促进中西方经济、文化交流起到了重要作用。改革开放以来,甘肃交通运输部门充分利用国家扩大内需、促进经济增长、实施积极的财政政策等措施。坚持稳中求进工作总基调,牢固树立和贯彻落实新发展理念,紧扣社会主要矛盾变化,以提高交通运输发展质量和效益为中心,以推进交通运输供给侧结构性改革为主线,抢抓机遇,锐意改革,深入实施交通提升建设。交通运输战略地位不断提高,交通基础设施网络进一步完善,现代综合交通运输体系初步构建,交通运输法治化不断加强,交通科技和体制创新取得突破,交通运输公共服务水平显著提高,安全管理和应急保障能力提升,在服务全省经济社会发展和人民群众便捷出行以及汶川地震、舟曲泥石流、岷县漳县地震等急、难、险、重抢险救灾及灾后重建中发挥了重要作用。

党的十八大以来,甘肃交通运输部门深入落实习近平总书记关于交通运输工作的指示批示精神,抢抓国家加快实施"一带一路"和多省联动建设南向通道的有利时机,加快实施丝绸之路经济带甘肃段交通突破行动,交通运输促投资稳增长成效明显。40年来,甘肃交通基础设施建设累计完成投资近5600亿元,公路通车总里程达到14.23万公里,其中,高速公路达到4016公里,二级及以上公路里程达到1.33万公里以上,农村公路达到11万公里。初步实现国道主干线高速化、西部通道高等级化、县乡公路通畅化、运输站场网络化的目标,交通运输对经济社会发展的制约状况得到有效缓解。

改革开放初期,甘肃交通部门不断解放思想,加快发展,多方筹措资金,重点提高干线公路技术等级和质量,基本解决干线公路部分交通不畅、县乡公路断头路多和技术等级低的问题。"七五"时期建设完成的国道212线七道梁隧道总投资3802万元,其中贷款762万元,是甘肃省第一个"收费还贷"公路项目。1994年,天水至北道13.15公里高速公路建成通车,是甘肃省第一条高速公路,开启了甘肃高速公路建设历史。

随着改革开放的不断深入和国家加快基础设施建设等一系列重大战略的实施,甘肃交通运输部门利用"贷款修路、收费还贷"政策,确定"四纵四横四重"路网主骨架,制定"中心辐射、东西推进、区域带动、全面提升"的交通运输发展战略。按照抓好高速公路建设和农村公路建设、带动国省干线公路网改造的"抓两头、带中间"思路,实施"打通省际通道、提升路网整体服务水平"为主要内容的交通提速战略,适度超前,加大投入,全省交通基础设施建设全面驶上快车道。

1998年以来先后开工建设了38条高速公路。2005年甘肃高速公路通车里程突破1000公里。2007年,甘肃省政府批准实施《甘肃省高速公路网规划》(2009年调整)。规划建设42条国家高速公路和地方高速公路,总规模7950公里,2030年以前全面建成。规划实施以来,建成的长12.29公里宝天高速公路麦积山隧道,为当时亚洲第二长隧。建成临夏康家崖至临夏、临夏至合作高速公路,结束了临夏、甘南少数民族地区没有高速公路的历史。2010年底,甘肃建成和在建的高速公路突破3000公里。2014年,甘肃省政府相继出台《关于加快全省公路建设的意见》(以下简称《意见》)《甘肃省省道网规划(2013—2030年)》,特别是《意见》的出台是甘肃省以省政府名义发布的第一个关于公路建设的指导性意见。截至目前,连霍、十天、京新等国家高速公路在甘肃境内全线贯通。14个市州政府驻地全部实现高速公路连接,86个县区政府驻地以二级以上公路连接,县通高速公路比例达到64%。甘肃省与相邻的陕川青新宁蒙等6个省区的省会之间实现高速公路连通。关中—天水经济区交通大动脉贯通。东南部路网密度不断加大,有效支撑了平凉、庆阳传统能源开发区和天水、陇南等城市发展。新疆东进华北、东北的里程缩短近千公里。全省横向通道全面贯通,纵向通道能力明显提升。

1978年底,甘肃省县乡公路1.94万公里,晴雨通车里程1.88万公里。为尽快改善贫困地区、边远山区、少数民族地区交通落后面貌,各级交通部门按照"民工建勤、民办公助""以工代赈"等方针,全省掀起修建和养护农村公路的热潮,农村公路网规模大幅提升。要想富,先修路,公路通,百业兴成为广大农村群众的共识。1990年甘肃省政府发布《甘肃民工建勤修建养护公路暂行规定》,是甘肃自新中国成立以来第一个促进公路发展的政策性规章。2002年全省实现县县通油路的目标,2003年实现乡乡通公路的目标。2004年,甘肃省政府与交通部签订《关于落实中央1号文件农村公路建设任务的意见》,农村公路建设走上"省部联手、各负其责、统筹规划、分级实施"的新轨道。2008年以后,全面落实以县级政府为主体的农村公路建管养责任,形成"千军万马抓建设、千家万户搞养护"的大好局面。2013出台《甘肃省农村公路发展规划》,实施"通达、通畅、联网"三步走的农村公路建设战略,重点对革命老区、贫困地区、少数民族地区和边远山区的县乡公路进行改造。2015年,交通运输部在甘肃先后召开全国农村公路现场会和全国交通扶贫工作暨六盘山片区交通扶贫会议,对甘肃农村公路建设和交通扶贫工作给予充分肯定。2016年投资16.9亿元,大规模推进农村公路安全生命防护工程建设,处治安全隐患5万公里,加固改造危旧桥梁57座。积极支持建设对经济发展带动效应强的资源路、旅游路、产业路。清水县、陇西县、西和县被交通运输部命名为首批"四好农村路"全国示范县。党的十八大以来,甘肃省共新建、改建农村公路7.7万公里。目前,全省具备条件的建制村全部通了沥青(水泥)路。初步形成以县城为中心、乡镇为节点、建制村为网点,遍布农村、连接城乡的农村公路交通网络。农村公路通达深度和广度进一步提高,贫困地区交通运输条件明显改善。

市场化改革是贯穿交通运输40年发展的一条主线。新中国成立以来,甘肃省公路运输任务主要由甘肃省汽车运输总公司承担,交通部门直接管理运输企业。改革开放后,随着社会主义市场经济体制不断完善,道路运输业加快结构调整。1985年,甘肃省国有道路运输企业下放地方,形成以公有制为主体、多种经济成分并存的运输格局,激发运输市场活力,运力紧张局面得到缓解。2005年后,全省实施道路运输"提速中部、东联西拓"战略,规范和培育运输市场，道路运输网络不断完善。党的十八大以来，随着全面建成小康社会步伐的不断加快，高铁、民航等综合运输的迅速发展，道路运输行业处在改革调整和创新发展关键节点。甘肃省制定出台《关于加快推进全省道路客运行业转型升级的实施意见》，实施客运转型升级、货运降本增效等一系列措施，引导推动企业组团发展，成立客运发展联盟，完善道路客运服务网络，推动运游融合发展，鼓励发展灵活多样、安全高效的小型客运，加强中长途客运和城市出租车市场管理，中级以上班线客车和重型货车比例大幅提高。2016年，甘肃省政府出台《关于加快农村客运发展的意见》，着力推进城乡客运一体化进程。基本形成以兰州公路主枢纽为中心，市、州区域性枢纽为依托，县、乡、村三级站场为基础的点线相连、辐射到面的道路运输基础设施网络。特别是针对高铁、民航等运输方式对道路运输产生的冲击，积极调结构促转型，秉承"一业为主、多种经营、多产业发展"的理念，大力发展驾培、维修、出租、快速客运、旅游客运、汽车租赁等业务，甩挂运输、多式联运试点稳步推进。7家运输企业入选交通运输部无车承运人试点企业，兰州国际港务区南亚多式联运物流示范工程、兰州新区公铁空联运示范工程入选全国示范工程。全省二级以上汽车客运站实现道路客运联网售票，实现网络平台、手机APP、柜机终端和人工窗口服务间共享互通。大数据和信息化技术应用水平不断提升，道路运输正在和多产业实现深度融合，满足不同层次、不同地域的运输需要，适应了群众出行从"走得了"向"走得好""走得舒适"的转变，货物流通从"运得出"向"运得及时""运得经济"的转变。经过四十年的发展，全省道路客运业基本形成了"横穿纵达、支干结合、交错延伸"的发展布局，道路客运服务网络覆盖了全省14个市州、86个县区，建制村通客车率达到95%。

公路建设方面逐步完善政府引导、市场运作、法人负责的项目建设机制。从1993年开始相继组建甘肃省交通厅工程处、甘肃长达路业有限责任公司、甘肃路桥公路投资有限公司、甘肃远大路业集团公司等公路建设业主单位，全面负责高速公路项目建设工作。2014年组建甘肃省交通建设集团有限责任公司，主要负责重点高速公路、国省干线公路项目建设、筹融资等工作。推进交通建设项目市场交易监管改革，将省级交通基建项目招投标全部移交省公共资源交易平台。设立交通投资基金，鼓励引导地方政府建立交通投融资实体。建立政府与社会资本合作（PPP）项目推进工作机制，组建甘肃省交通运输厅投融资管理办公室，交通投融资改革工作取得突破。

甘肃省先后出台《甘肃省高速公路管理条例》《甘肃省道路运输条例》《甘肃省公路建设工程质量安全监督管理条例》等多部地方性交通法规。积极推进深化"放管服"改革，精简下放公路重点项目、农村公路通畅工程、公路运输站场等审批权限。加强交通法治建设，交通行政执法人员的业务素质和执法水平全面提高，公路路政、道路水路运政、交通规费征稽、工程质量监督等方面的行政执法得到规范。顺利完成车购税和燃油税等改革。逐步建立符合甘肃实际的高等级公路运营管理体系，实现由建设业主多头管理养护变为资产委托、集中管理、分头负责、区域协作的新模式。厅属国有企业改制脱钩、厅属事业单位分类改革有序推进。组建省公路航空旅游投资集团和省民航机场集团，并被列为省属国有企业改革试点。

适应综合交通运输发展需要，2009年甘肃省政府将城市客运和出租汽车行业管理职责划入甘肃省交通运输厅，批准组建甘肃省机场投资管理有限公司，归口省交通运输厅管理。2012年，成立省民航机场管理局，甘肃交通综合运输体系的顶层设计进一步优化。积极构建立体化、网络化、现代化的综合交通运输体系,统筹规划公路、城市、机场建设项目。全省民航拥有兰州中川等9个干支线机场和张掖临泽丹霞通用机场。邮政基础设施网络不断扩大,邮政普遍服务网点达1656处。初步形成以公路为主体,铁路为骨干,水运、民航、管道为补充的综合交通运输网络。

甘肃地处内蒙古高原、黄土高原、青藏高原交会地带,地质条件复杂。甘肃省交通系统始终坚持科技筑路,攻克多项技术难关。修建了国内首例高速公路双层高架桥。创新在路面施工中的静压取土装置和风积沙最大干密度的试验方法等标准化工艺并获得国家实用新型专利,为沙漠戈壁地区高速公路的施工积累了经验。隧道施工中先后采用"新奥法复合式衬砌结构"、静电集尘通风技术和路面下融雪加温技术等。建立科研与生产紧密结合、成果有效转化的推广应用体系,湿陷性黄土筑路、高海拔山岭修建隧道、旧油皮再生利用等一批关键性技术发挥了支撑保障作用。交通运输现代化水平不断提高,实施"互联网+交通"行动,推进互联网与交通运输业的深度融合。省级交通运输运行协调应急指挥平台和省交通运输云数据中心建成运行,实现路网可视、可测、可控及公路信息资源共享互通。高速公路路网智能监控、ETC电子不停车缴费、隧道安保、管理设施、应急保障、服务区"六大系统"便民惠民,服务公众能力逐步提升,形成具有甘肃特色、全国先行的路警联合、路政养护、清障救援、消防救援、医疗救援、气象服务"六位一体"高速公路交通调度指挥体系。截至2017年底,累计征收车辆通行费533.89亿元,与国家车购税资本金补助共同支撑重点项目建设。截至2017年底,累计减免通行费70.87亿元,切实降低了物流成本,有力地促进了我省鲜活农产品快捷、顺畅、低成本流通,促进了我省农村经济发展和农民增收。清洁能源公交、CNG出租汽车应用、公路隧道绿色照明等得到大力推广,兰州市入围交通运输部绿色交通城市建设。

改革开放40年特别是党的十八大以来,甘肃交通运输实现跨越式发展,为全省经济社会发展提供了先行官作用。回顾40年发展历程,甘肃交通运输事业的快速发展主要得益于国家改革开放的大环境,得益于西部大开发战略和"一带一路"历史机遇,以及全面建成小康社会的不断推进。40年的发展历程也积累了一些宝贵的经验:

第一,必须坚持紧紧围绕国家和省的重大部署,抓住国家重大战略机遇,加强与国家部委的沟通汇报,准确把握全省经济社会发展的趋势以及对交通运输的需求,科学谋划,统筹推进,争取和实施一批重大交通项目,实现交通适度超前发展。

第二,必须坚持社会办交通的路子,充分发挥市州党委政府的主体作用。通过省地联建、银企合作、发动群众等多种形式加快交通共建步伐。

第三,必须坚持以人为本,不断满足广大人民群众对交通运输发展的需求,努力使人民群众共享发展成果。

第四,必须坚持深化改革,努力消除制约交通发展的体制性和机制性障碍。更新理念,创新模式,不断为交通运输事业发展注入活力。

第五,必须坚持建养管并重、建设与运输并重,巩固建设成果,发挥投资效益。坚持科教兴交和人才强交,为交通发展提供强有力的智力支持和技术保障。

第六,必须坚持抓好党的建设和法治建设,为交通运输事业发展提供坚强的政治保证。

甘肃交通40年发展取得瞩目成绩,但当前人民群众不断增长的需求与交通运输供给质量结构之间的矛盾依然存在。在今后工作中,甘肃省将继续紧抓国家"一带一路"和南向通道建设重要历史机遇,打造甘肃通道优势。积极推进深度贫困地区交通基础设施建设,促进交通运输与旅游、商贸、信息等关联产业深度融合。全面深化综合交通重点领域和关键环节改革,用法治思维和法治方式推进行业管理,为全省经济发展、民生改善、扩大开放等继续发挥重要支撑和保障作用。

二、基础设施建设成就

(一)高速公路

改革开放以来,甘肃高速公路经历从无到有、从西到东连片成网的发展过程。1994 年天水至北道 13.15 公里的高速公路建成通车,实现了甘肃高速公路零的突破。随后,甘肃省不断加快高速公路建设步伐。2002 年,兰州市至中川机场高速公路通车,全长 79.55 公里,甘肃有了"省门第一路"。2004 年,甘肃、青海两省省会间高速公路全线贯通。2005 年,甘肃建成通车的高速公路达到 14 条 1006.629 公里,成为全国第 18 个突破 1000 公里的省份。同年,丹拉国道主干线甘肃段全线实现高速化。从"十一五"开始,甘肃高速公路建设突飞猛进。至 2010 年底,全省高速公路通车里程达到 2000 公里。2013 年,全省高速公路通车里程达到 3000 公里。同年 7 月,永登至古浪高速公路乌鞘岭隧道群通车,标志着连霍国道主干线甘肃境内 1608 公里路段全部实现高速化。2015 年 10 月 1 日通车的十堰至天水(甘肃段)高速公路,打通了甘肃省东出陕西、南下四川的"南大门",是甘肃省东南部通往我国中部以及西南地区的又一快速通道。2017 年,全省高速公路里程达到 4016 公里,54 个县通高速公路。兰州南绕城、渭源至武都等 23 条 2611 公里高速公路在建项目的积极推进。京新高速甘肃段与新疆、内蒙古段同步开通运营。

甘肃高速公路代表性项目:

(1)天水至北道高速公路:1994 年 7 月 1 日通车,是甘肃省第一条高速公路。为甘肃高速公路发展积累了经验,奠定了基础。天北高速公路 2014 年 7 月 1 日停止收费。

(2)柳沟河至忠和高速公路:2002 年 10 月建成,是甘肃省第一个利用国外贷款修建的公路项目,也是甘肃首次按照菲迪克(FIDIC)条款进行工程建设管理的公路项目。

(3)宝鸡至天水高速公路:2009 年 9 月建成,是甘肃第一条"生态环保路"。

(4)康家崖至临夏高速公路:2010 年 12 月建成通车,是甘肃少数民族地区建设的第一条高速公路。

(5)雷家角至西峰高速公路:2013 年 11 月通车,在建设中采用创新工法和措施、标准,积累了在湿陷性黄土地区施工的宝贵经验,是甘肃高速公路标准化施工的典范。

(6)武都至罐子沟高速公路:2013 年 12 月通车,是国家高速公路兰州至海口高速公路的重要组成路段,是国家"十二五"重点交通基础设施建设项目,结束了甘肃陇南地区不通高速公路的历史。

(7)临夏至合作高速公路:2014 年 12 月建成通车,是甘肃省甘南藏区第一条高速公路。

(8)渭源至武都高速公路:2016 年 5 月开工建设,是甘肃目前投资最多,建设难度最大的高速公路。渭武高速公路是西北经西南到达东南沿海的重要出海通道,建成通车后,兰州至海口高速公路甘肃段全线实现高速化。

(二)国省干线公路

改革开放以来,甘肃国省干线公路质量水平和服务能力不断提升。1978—1990年,甘肃省先后对国道312线等9条国道和32条5344公里省道进行改造。"八五"以来,按二级公路标准对一些重要国省干线公路进行全面改建。1994年建成第一条二级收费公路柳园至星星峡公路后,又先后建成金川至永昌等38条3046公里一级和二级公路。"十五"期间,建成22条1189公里国扶县连接国道公路、19条1561公里通县油路、43条3528公里县际公路,全省实现从市州到县区通油路的目标。少数民族地区、革命老区和红色旅游公路取得新进展。"十一五"期间,交通基础设施网络进一步完善,国省干线公路改造持续推进。全省共完成干线路网改造工程4803公里,全省公路总里程达到11.9万公里,其中二级以上公路里程达到7922公里,公路密度由"十五"末的9.1公里/百平方公里提到26.2公里/百平方公里。2010年,甘肃启动历史上规模最大的县城所在地通二级公路工程,当年便实现12个县城通二级公路。到"十二五"末,全省86个县区政府驻地以二级或二级以上公路贯通。2017年,全省建成普通国省干线及旅游公路1653公里,全省二级及以上公路里程达到1.33万公里。列入"十三五"规划的秦州至甘谷至武山等124条6015公里普通国省道及旅游公路积极推进。

(三)农村公路

改革开放以来,甘肃交通部门和各级政府抢抓国家扶贫攻坚的历史机遇,加快农村公路建设。1978年底,甘肃省县乡公路达1.94万公里,晴雨通车里程达到1.88万公里,甘肃省在全国第一个实现乡乡通汽车。从1981年开始,甘肃省响应国家号召,落实国家政策,采用扶贫开发、民工建勤、以工代赈、民办公助等方式,充分发挥县乡政府主体作用,广泛调动人民群众投工投劳和社会各界捐资修路的积极性,不断加快农村公路建设步伐。"七五""八五"时期,重点对革命老区、贫困地区、少数民族地区和边远山区的县乡公路进行改造,初步解决贫困山区和边远地区群众行路难的问题。至1990年底,县乡公路通车里程2.23万公里,全省共有县道340条,乡道555条。2005年,全省实现市州到县通油路,所有乡镇通公路。"十一五"时期,甘肃省进一步发挥地方政府主体作用,加大资金筹措和政策支持力度,全面加快农村公路建设步伐。至2010年底,全省95%的乡镇通了沥青(水泥)路。为落实国家扶贫政策,2015年,甘肃省启动农村公路"三年大会战",省委、省政府印发了《甘肃省精准扶贫交通支持计划实施方案》,出台了《关于加快推进革命老区交通基础设施建设的实施意见》,制定了《甘肃省"千村美丽"示范村村组道路硬化实施方案》。2016年,"四好农村路"建设成果显著,极大地提高了农村公路通达、通畅水平。全年共建成各类农村公路21491公里,是历年农村公路完成最多的一年。全省95%以上建制村通了沥青(水泥)路。2017年,解决了1142个撤并建制村通畅问题,硬化村组道路1643公里,改善180个"千村美丽"示范村通行条件,全省农村公路达到11万公里,具备条件的建制村全部通了沥青(水泥)路。

(四)桥梁、隧道

改革开放后,甘肃公路事业的发展推动了桥梁、隧道建设的发展。1979年9月,甘肃省建成第一座预应力钢筋混凝土箱形薄壁连续梁公路桥兰州城关黄河大桥。从20世纪90年代开始,随着公路建设标准提高,甘肃省建设了一批新型桥梁和水平较高的桥梁。2000年竣工的靖远三滩黄河大桥,是一座三向预应力混凝土连续刚构结构的桥梁,主跨径140米,是当时西北地区同类结构中跨径最大的桥梁,也是甘肃省有史以来第一座跨度最大、技术难度最大的桥。2001年竣工的银滩黄河大桥,全长1391.41延米,是当时兰州市区内跨越在黄河之上的最长的一座桥梁。2009年竣工的祁家黄河大桥,桥长248延米,采用净跨180米有推力无铰拱,是甘肃省建设的第一座上承式钢管混凝土拱桥和单跨度最大的公路桥梁,也是甘肃省国道干线公路上的最后一座渡改桥工程。2013年12月26日通车的武都至罐子沟高速公路洛塘河双层高架特大桥是我国高速公路在峡谷地带建设的首座双层高架特大桥。2015年10月31日通车的兰州至永靖沿黄河一级公路河口特大桥是国内8级高烈度震区跨径最大的斜拉桥,也是甘肃高等级公路建设史上的第一座双塔双索面斜拉桥,主跨360米,塔高99米;太极岛特大桥全长8.2公里,是甘肃省已建成的最长公路桥梁。至2017年,全省已建成公路桥梁11766座,包括特大桥36座、大桥1395座。由于建成于20世纪六七十年代的大量老旧桥梁技术状况下滑或不适应现代交通运输需求,进入21世纪以后,危旧桥的加固改造成为甘肃桥梁建设和维护的重要内容。2006年,甘肃实施干线危旧桥加固改造三年计划,到"十二五"末,全省干线公路一、二类桥梁达到94.27%。

甘肃地貌类型齐全,山地和高原占全省土地总面积的70%以上。早期因公路建设技术落后,公路建设资金短缺,隧道建设起步较晚,全省公路多以盘山公路为主。1978年,甘肃公路隧道总长度不足500米。随着改革开放后山区和丘陵地区公路改造升级,隧道工程在甘肃公路建设中所占的比例越来越高。1989年7月建成通车的国道212线七道梁隧道全长1560米。隧道的建设为隧道采用"新奥法复合式衬砌结构"施工技术和射流通风技术创造了条件,解决了防渗水等技术难题。1990年,全省共有各种结构和类型的隧道31座,计长4247.82米。进入21世纪以来,公路隧道成倍增加,甘肃省开始出现公路特长隧道。2003年建成的兰临高速公路新七道梁隧道双洞全长8073.19米,是当时我国西部地区埋深最大、洞身最长、断面最大的公路隧道之一。2009年贯通的宝天高速麦积山特长隧道长12.29公里,是当时甘肃省最长公路隧道。全长9公里的武罐高速公路西秦岭特长隧道是当时甘肃高速公路第二长隧道,工程技术难度在全省首屈一指。2013年7月建成通车的永古高速公路乌鞘岭隧道群是连霍国家高速公路甘肃境内全线隧道最密集、地质条件最复杂、建设难度最大的一段,6公里以上特长隧道有两座,隧道群长度为21.9公里,隧道全长穿越有"中国地质博物馆"之称的乌鞘岭。2016年5月开工建设的渭源至武都高速公路木寨岭隧道全长15.2公里,是截至目前甘肃省最长的公路隧道。隧道属极高地应力区,面临着地质构造复杂、断裂活动强烈和软岩大变形等世界性难题,施工难度极大。至2017年,甘肃省已建成公路隧道219座,合计282369.30米。

(五)道路运输站场

改革开放后,为了适应公路旅客运输形势的迅速变化,甘肃省不断加强站场建设,投资额从"六五"的276万元到"十二五"的26亿元,再到2017年完成计划内站场项目固定资产投资41.60亿元,道路运输基础设施更加完善。

1990年,全省共有道路运输一级站14个、二级站32个、三级站69个、四级站85个、代办站120个、公用型车站12个,全省客货运输存车、发车能力有了较大提高。随着改革开放的深入,运输市场进一步开放。2003年,甘肃省实施《甘肃省道路运输站场建设规划》和《甘肃省道路运输站场建设"一主五辅"发展规划》,用规划指导全省道路运输站场建设。至2010年底,全省拥有4级以上客运站311个、等级货运站54个,84.35%的乡镇拥有农村客运站,43.24%的建制村拥有汽车停靠站(点)。"十二五"期间,新建成国家级公路枢纽项目7个、省级公路枢纽5个、区域级公路运输枢纽项目36个、乡镇汽车站436个、建制村停靠站点6479个,道路运输基础设施建设再创新业绩,初步形成以国家级、省级枢纽为主骨架,区域级客货运站场为节点,辐射乡镇、延伸农村、信息联通的道路运输站场服务体系。2017年建成柳园高铁综合客运枢纽站、合水县综合客运中心等9个县级客运站、32个乡镇客运站,开工建设天水高铁南站、张掖西站等一批综合客运枢纽。

(六)水路交通基础设施

甘肃省境内有黄河、长江、内陆河3大流域,大小河流152条。主要通航河流有黄河、洮河、白龙江及其支流。全省内河航道总里程1322.17公里,通航里程910.67公里,其中等级航道456.1公里,码头泊位199个。甘肃的水路交通运输主要以短途旅游客运为主,兼有沿河渡运。全省现有营运航线27条,各类船舶1282艘。

改革开放后,甘肃水路交通基础设施建设逐步得到发展。1980年,泾河上的崆峒水库建成,库区开始船舶运输。白龙江碧口电站建成后,白龙江、白水江和让水河开始客货运输。1987年2月,交通部第二次黄河航运开发会议将黄河兰州段西固大桥至包兰铁路桥38.4公里河段列为黄河航运开发重点河段。从"十五"开始,甘肃相继建成黄河白银四龙至龙湾段航运建设项目一期、二期工程和黄河刘家峡库区、大峡库区、乌金峡库区、盐锅峡库区等航运工程,完成黄河及龙湾至南长滩河段航运建设一期工程等水运建设项目。持续对港口码头进行改造改建,完成安全设施建设工程。同期,对农村公路渡口实施改造和渡改桥工程。

2017年,黄河兰州段及刘家峡库区完成了消防救援工作船、临夏州船舶航行安全监控工程等水运项目建设任务,水上旅游事业稳步发展,黄河兰州段水上巴士航线进一步拓展。

(七)民航

甘肃民航机场建设发展到"十一五"期全面提速。2009年2月,甘肃省成立机场投资管理有限公司,负责全省机场建设和管理工作。2011年4月,省政府办公厅下发《关于进一步加强机场建设项目管理工作的通知》,提出全省机场建设的总体思路。"十二五"期间,金昌、张掖、夏河3个机场相继建成通航,兰州中川国际机场二期工程和庆阳机场改扩建工程顺利完工,全省民航机场达到8个,县级城市单元覆盖率达到55%。2015年2月,兰州中川国际机场T2航站楼正式启用,9月底,综合交通枢纽工程投入运营,实现民航、铁路、公路三位一体零距离换乘,该枢纽实现当年立项、当年建成投运。同年,甘肃机场集团及所属的6个机场从海航集团收回,明确了甘肃省机场产权并改组设立甘肃省民航机场集团。省委、省政府抢抓"一带一路"建设机遇,进一步加大对甘肃民航基础设施建设投入,充分发挥民航交通在互联互通中的基础性作用。2016年,兰州中川国际机场4000米跑道延长工程投运,二期扩建项目全面完成;2017年T1航站楼完成改造并投入使用;兰州机场三期扩建项目正按照总体规划积极推进。为满足敦煌作为丝绸之路(敦煌)国际文化博览会永久会址的需求,对敦煌机场进行改扩建。2017年,敦煌机场跑道长度已由2800米向东延长至3400米,飞行区等级由4C级提升到4D级,可满足E类飞机备降,保障了欧亚航路备降的需求。2017年,全省民航机场达到9个。目前,中川机场三期扩建工程、武威民用机场、庆阳华池通用机场等项目前期工作积极推进。截至2017年底,全省运输机场累计执行客货运航线234条,其中国内客运航线211条,国际(地区)客运航线19条,货运航线4条。通达城市112座(含国际地区城市18座)。陇南机场于2018年3月25日投运。

三、运输服务成就

(一)客运服务

改革开放后,国民经济开放、搞活的政策得到落实,城乡物流、人流逐年增长。根据交通部提出的"有路大家走车"的精神,积极推进国营、集体、个体运输一起上,有效破解了国有交通企业运能不足、服务跟不上经济社会快速发展的矛盾。面对货源不足,客源持续增长的情况,甘肃省交通厅决定大力发展旅客运输,以客补货,扭转企业亏损。加强对车站的经营管理,推动汽车站向社会开放,对客运车辆实行"三统""三定",出现国营、集体、个体三家合作经营、三方共同受益的局面,企业亏损面减少。"七五"至"八五"期间,加强行业管理,重点整顿客运秩序,合理划分线路,互利互让。实行"车头向下",开辟农村线路,改善农村群众"坐车难"的问题。还与毗邻省区修订了跨省客运协议,在142条线路上互通班车。运管部门还把运用经济手段和政策导向加强宏观调控作为培育客运市场的重点,解决运力布局不合理,结构失衡,管理方式落后,运输质量低等一系列问题。以河西客运市场为突破口,一手抓质的调整,一手抓量的调控。下发《关于进一步发展全省西部道路客运市场的意见》,集中精力解决干线、热线旅客"走的好",支线、冷线旅客"走的了"的问题。河西五地市的客运企业率先购置了豪华轿车,运输效率大大提高,实现河西五地市到兰州的"朝发夕至"。

自1985年出租小轿车进入运输市场以后,出现了以桑塔纳车型为主的出租车市场,打破了城市公交车运输一统的局面,与班车客运、包车客运和旅游客运一起,组成多功能、多方式的道路客运体系。

"九五"期间,国家实施西部大开发战略,甘肃交通部门抢抓机遇,大规模修建高等级公路,完善路网结构,带动物流、人流、信息流全面发展。车辆结构进一步完善,豪华轿车替代老旧车辆,旅客真正享受到了快速、舒适、安全的优质服务。2000年,以产权为纽带,多方入股筹建成立了甘肃陇运快客有限责任公司,首先在兰州至平凉班线上投入4辆高级车营运,以统一的服务、一流的信誉赢得广大旅客的好评。到2004年底,各市州运输集团组建了各自的快速客运公司,使全省公路客运服务水平迈上了一个新台阶。以班次连发和"朝发夕至""夕发朝至"的效率很快占领长途班线市场,极大地方便了旅客出行。新建、改建汽车站47个,全省市州汽车站完成改建工作。对出租汽车的投放实行总量控制,遏制出租汽车总量增长;引导个体运输业户和出租汽车企业加快整合,通过经营权招投标提升运力档次。完善了营运客车等级评定制度;引导企业和经营者购置技术先进、性能良好、高效低耗的高中级客车。"十五"期间,制定并实施"一主五辅"运输主枢纽规划,重点加快了"村村通班车"客运网络化工程为主的运输站场设施建设。实现全省所有区县拥有等级客货运站的目标。全省14个市州汽车站智能化改造全部完成,全省客运线路进一步拓展,达到3465条、1.58万个班次,其中跨省线路432个、790班次;全省乡镇通客车率达到94%,行政村通客车率达到75%。各市州运输企业完成二次改制,出现了庆阳三力、甘南雪玲等一批民营运输集团。基本形成了以兰运、陇运集团为龙头,20家区域运输企业为骨干,450家客运企业共同参与的客运市场竞争格局。全省出租汽车经营业户统计数量为1739户,其中个体运输户为1576户。

"十一五"期间,日益旺盛的旅游业带动客运量的快速增长。随着国家和地方各级政府逐年加大对公路和站场等基础设施建设的投入,全省农村地区的交通通行能力大大提高,农村客运班线不断延伸,中短途客运呈现上升趋势,从而带动公路客运量稳定增长。高速客运逐步向快速化、舒适化方向协调发展,运输效率和服务质量不断提高,更新换代的豪华客车以灵活方便、舒适快捷的优势充分显现,发车频率的加快使乘客随到随走。2009年底,筹备组建天宝高速专线运营公司,开通天水至西安、天水至宝鸡客运专线;投入20辆大型高级客车,组建兰州至平凉高速公路专线运营公司,推行公车公营,提高运输服务水平。2010年,全省累计完成营业性车辆公路客运量和客运周转量5.14亿人和220.15亿人公里。

"十二五"期间,开展经营服务质量招投标,大力发展省际高速公路客运。开启"班线客运+小件快运"模式。加快农村客运公交化改造,通过新增农村客运班线和更新农村客运班车等方式提高农村客运班车通达率。开展"客运安全年"大检查行动,建立健全黑名单曝光和约谈制度。到2015年底,全省公路运输完成客运量3.7亿人次,旅客周转量248.7亿人公里,同比增长2.8%、8.6%。

2016年,省政府出台《关于支持农村道路客运发展的意见》,平凉、酒泉等市政府出台细化政策,不断优化农村客运环境,开通学生车、赶集车、周末车等,开展个性化运输,推出"美丽乡村一日游"等新型运输;平凉、白银、陇南、庆阳等多地开通城乡公交、村镇公交。全省开通和改造城乡公交线路150多条,城乡客运公交化、区域化、集约化步伐加快。全省124家三级以上汽车站实现实名查验,成为全国继新疆之后全面实行实名查验的又一省份。道路客运联网售票系统覆盖81个县区109个汽车站。全省26个一级站启用公众服务出行客运班线信息填报系统,客运包车信息管理系统日益深化。发展联城联运,平凉至兰州班线率先投入高品质"奔驰"豪华商务客车。实施"互联网+交通"行动。到2017年底,全省开通客运班线5358条,平均日发班次23484次,其中,跨省班线334条、跨市(州)班线786条,开通农村客运班线3619条,平均日发班次17309次,全省乡镇通客车率达100%,建制村通客车率达95.6%。全年完成客运量和旅客周转量3.81亿人和247.8亿人公里。

(二)货运服务

改革开放后,随着国民经济的调整,运输市场全面放开,公路交通部门运输企业出现货源严重不足、车辆空驶过多、利润减少、成本增高等问题。1992年,交通部发布《关于深化改革、扩大开放、加快交通发展的若干意见》,加大交通运输改革开放力度。全省公路运输系统交通运输企业转变计划观念,树立市场意识,取消了对新增营运性运力的额度控制,放开对货源的指导性计划管理,除救灾、抢险、战备物资仍实行指令性计划运输外,其余物资运输一律走向市场,允许各种经济成分的运输经营者公平竞争。全省运输企业以商品市场为依托,以集市贸易为重点,培育和发展以推动当地经济发展为目标的道路货运有形市场。实行进出运输市场自愿,车货双方择优成交,运价向市场调节过渡,鼓励社会各界集资兴办运输服务业。1995年,实施"科技兴运"战略,加快建设省、市、县三级道路运输信息网络,实施汽车站智能化改造,开通甘肃省道路运输信息网站、GPS车辆监控系统、远程视频系统、96779维修救援网络、自动化局域办公系统,开发道路运政管理系统、客货运输信息系统,促进了道路运输产业升级。提出"布点—连线—建网"的发展规划,在建设货运站的同时,争取社会投资,坚持"谁投资、谁受益"的原则,并向吃、住、购、贸、停车、加油、修理、配载等社会化、多功能方向发展。

"十一五"期间,甘肃省加强基础设施建设,全省矿物性建筑材料、钢材、煤炭及制品等能源、工业原料需求持续旺盛,原材料和新能源的运输呈现出繁荣状态。快速货运和现代物流业逐步实现专业化、规模化经营。运输范围不断延伸,长途运输增多。同时新增车辆向小吨位和大吨位车辆两个方向平稳发展,吨位利用率大大提高。农村公路通达深度逐步加大,城乡运输一体化的形成,农产品流动进一步增加,加之社会消费品需求旺盛,零售市场活跃,批发市场、超市配送业务加大,导致大量小型货车涌入运输市场。截至2010年底,全省营运性车辆公路货运量和货运周转量分别比上年增长了5.56%和7.72%,达到24050万吨和5240872万吨公里,在综合运输体系中分别占81.8%和33.3%。全省货运站达到65个,仓储、配载、信息、运输一体化的货运服务体系初具规模。

"十二五"期间,加快推进多式联运、甩挂运输试点,开展全省货运车型摸底调研,开启"电商物流+农村货运"模式。进入"十三五"进一步提升道路服务水平,加强了关键领域改革,2016年提出了营运车辆线路和互联检测"两档合一",取消营运车辆强制维护,稳步推进甩挂运输、多式联运试点。甘肃省政府印发《关于全面推进快递业发展的意见》,上报的《兰州南亚国际班列公铁联运项目》成功入选全国首批16个多式联运示范工程之一,成为全省"十三五"交通运输多式联运的标志性工程和向西开放的示范性工程,助推"丝绸之路经济带"建设的关键节点。制定下发《关于推进改革试点加快无车承运万辆创新发展的意见》,启动无车承运人试点工作,确定甘肃物产集团等7家企业为试点单位。2016年,武威率先发行"丝路任我行"凉州卡,随后张掖、天水两市也顺利发卡,全省一卡通建设取得突破性进展。应急指挥系统实现与单兵现场数据、执法车动态数据的即时传输。动态监管系统车辆入网率、上线率超过99%和90%。建立了货车非法改装和超限超载治理工作部门联席会议制度,取得显著成效,道路运输能力大大提高。2017年完成货运量和货物周转量6.01亿吨和1048.9亿吨公里。开通"绿色通道",对鲜活农产品、重点物资实行免征车辆通行费。

(三)运输装备

改革开放后,甘肃省加大对老旧车型和高耗能各种汽车的更新力度。更新以国产解放牌、东风牌货车和甘肃驼铃客车厂生产的驼铃牌客车为主,进口车为辅。同时城乡个体、联户汽车发展迅速,达到5526辆。这期间,全省机关企事业单位自备汽车增长较快,1990年达到8.7万辆,占全省民用汽车总数的81.98%。民间运输工具更新换代,由"马车时代"进入"拖拉机、汽车时代"。

1991年起,每年从交通部争取车辆更新贷款1000万元左右,重点用于加快大中型运输企业车辆更新。对货运运力实行宏观调控,遏制运力盲目增长势头。在管理上实行统一调度、统一结算、统一上缴规费。"八五"期间,甘肃省民用汽车大量增加,结构有所调整。客运方面注重发展高档、豪华客车和卧铺车。以加大河西客运线路中高档客车的投放比重为突破口,使车型结构和技术状况逐步向大中小、高中普多元化方向发展,在河西地区的1860辆客车中,中高级客车达115辆,比"七五"期末增长1.3倍。省际长途客运和超长班线发展迅速,兰州到西宁、西峰、武都、银川都开通了卧铺客车。货运方面,以加大重型货车投入比重、加快中型货车更新速度为发展目标,改变货运运力结构不合理的状况,大型货车达到3.62万辆。

"九五"期间,把运力增长从"量"的增加向"质"的提高转变作为重点,优先发展市场急需的、性能良好的专用型车辆,优先发展跨省、跨地市长途客运及农村山区客运班线,引导和鼓励经营者走集约经营、规模经营。客运车辆中,中小型客车和城市出租车发展较快,占客运车辆的65%以上;卧铺客车204辆,舒适性、方便性和灵活机动性不断增强。集装箱、危险货物等专用车辆有了较快发展。"九五"期间,加强挂靠车辆的清理,全省班线客车出现负增长,运力大于运量的矛盾得到缓解,运力结构进一步优化。开始更新省际、市(州)际客运车辆。鼓励大型客车更新为小客车,发展小客车定线客运新型运输方式。"十五"期间,营运客车总量进入平缓发展期,车辆以更新上档升级为主。仅2006年就引导运输企业更新班线客车、货车、出租车及仓储装卸设备等9246台;营运货车"缺重少轻"的局面得到改善,货运专业化程度提高。坚持"线路分类、车辆分级"原则,逐步淘汰敞篷运输车辆,形成中长途货运由大吨位多轴重型专用货车运输,短途货运和货物集散由重型、轻型封闭货车运输的格局;鼓励发展货运零担、集装箱、冷藏、液罐车等专用运输车辆,推广厢式货车,重点发展适合高速公路、干线公路的大吨位重型货运汽车,发展适合城市送货服务和农村公路货运的轻型及多功能车辆。2007年,针对运输车辆技术落后、可靠性和舒适性差、运输效率低及运力分布不合理的状况,大力发展高效低耗车型。截至2010年底,甘肃省营运车辆18.08万辆。其中营运客车1.8万辆,1.35万辆班线客运车辆中,中高级客车6879辆,比重达51%。营运货车16.28万辆,同比增长32.99%,其中大型货车6.57万辆,8吨以上的重型货车3.24万辆,分别比上年增长38.7%和67.34%,分别占营运载货汽车的40.38%和19.9%。

"十二五"以来,加强运力储备和组织协调,强化运输市场监管,保障重点物资运输和群众安全便捷出行。推进信息化应用,加强车辆动态监管系统建设,完善监管机制,督促备案运营商建成19个社会化平台,全省"两客一危"上网率分别达到99.66%、87.34%。加快新能源车辆推广,仅2015年投入新能源车辆913辆,清退营运黄标车1.1万辆。截至2017年底,全省营业性运输车辆370837辆,其中,营运客车65787辆(班线客车13823辆、旅游客车1940辆、包车及其他客车4607辆、出租车37146辆、公交车8271辆),营运货车305050辆(其中普通货车274058辆,专用货车7006辆,牵引车12888辆,挂车11098辆)。

四、行业管理成就

(一)法治建设

改革开放40年来,甘肃交通法规体系逐步健全,依法行政能力不断增强,法治交通建设得到全面加强。

加强交通法治建设。1983年,甘肃省人民政府颁发《甘肃省公路路政管理规定》,甘肃交通法规体系建设起步。1997年,甘肃省人大常委会通过甘肃交通行业第一部地方性法规《甘肃省公路路政管理条例》,之后《甘肃省道路运输管理条例》《甘肃省公路交通规费征收管理条例》《甘肃省水路交通管理条例》也相继出台,使甘肃省交通管理的地方性法规初步形成体系。"十一五"以来,随着交通运输事业的快速发展,又先后修订完善《甘肃省公路路政管理条例》《甘肃省道路运输管理条例》,并提请省人大通过颁布《甘肃省高速公路管理条例》《甘肃省农村公路条例》《甘肃省公路建设工程质量安全监督管理条例》等一批新的地方性法规,提请省政府颁布《甘肃省内河交通事故处理办法》《甘肃省公路沿线非公路标牌管理办法》(2017年废止)《甘肃省民用运力国防动员办法》等政府规章。截至2017年,我省已建成以6部地方性法规2部省政府规章为主体,涵盖公路管理、道路运输、水运海事、工程建设等各领域的地方性交通运输法规制度框架。

持续推进行业依法行政工作。"十五"以来,交通运输厅修订并印发与交通行政执法责任制相配套的《行政许可责任追究规定》《行政执法责任制考核办法》等"九项制度",广泛开展交通法规宣传,坚持对交通干部职工尤其是执法岗位人员的法制教育培训,建立高素质行政执法队伍,全面提高行业管理的质量和水平。

"十二五"以来,制定《甘肃省交通运输厅法治政府部门建设实施方案(2016—2020年)》,印发《甘肃省交通运输行政执法案卷评查办法》《甘肃省交通运输行政强制文书式样》等规范,深入开展以《宪法》为核心的普法宣传教育,累计培训各级交通运输执法人员30000余人次。深化交通行政审批制度,推行重大执法决定法制审核,先后印发《甘肃省交通运输厅进一步深化"放管服"改革推进交通运输转型升级实施方案》,全面推行"一窗办一网办简化办马上办"改革,研究开发"甘肃交通运输政务服务平台",并将所有"最多跑一次"事项全部纳入平台办理。行政许可、行政处罚信息实现网上"双公示","双随机一公开"制度在行政执法、安全监管、项目建设等领域全面覆盖。以大数据、云计算等现代信息技术为手段,不断完善"信用交通"制度体系,推进交通运输信用信息共享平台和信用交通网站建设,促进行业治理体系和治理能力现代化。

加强交通行业发展顶层设计统筹管理,先后制定《甘肃省公路网规划》《甘肃省内河水运发展规划》《甘肃省农村公路规划》等,公路、水路等部门,建立健全完善各项规章制度,严格工作程序,规范工作流程,制定实施公路建设市场管理的规范性文件12个,健全完善项目法人制度、工程招投标制度、施工监理制、合同管理制和质量终身责任制,推进行业管理的法治化、规范化。

(二)管理体制改革

甘肃省交通运输管理体制历经多次改革,行业管理职能不断强化,行业管理机制不断优化,综合交通体制不断完善,为形成内通外畅、布局合理、绿色环保、安全便捷的综合交通运输体系,奠定了坚实的基础。

改革开放初期,甘肃省交通厅主要负责交通规划与科研、公路建设与养护、机械修理与制造、运输生产与市场管理以及物资供应等工作。直属40多个交通企事业单位(包括公路养护单位、交通监理所、汽车运输公司、汽车修理厂),职工4万人。1984年,按照交通部"转变职能、政企分开、下放权力"的要求,省人民政府批转省交通厅《关于公路管理体制改革意见的报告》，厅直属汽车运输、修理企业下放给地、州、市，撤销省公路局、省汽车运输总公司、省交通工业总公司等机构，成立省交通厅公路局、省交通厅运输管理局、省交通厅监理局、省交通厅工程处、省交通厅水运处等机构，逐步建立健全省、地（州、市）、县和乡四级行政管理机构，调整成立13个公路总段。1987年，省交通厅养路费征稽处成立，地州市设13个养路费征稽所，84个站点；交通监理工作移交公安部门。1995年，甘肃省交通厅水运处更名为甘肃省水运管理局。

"十五"开始，交通管理体制改革步伐加快。2001年甘肃省交通厅机构改革，强化交通行业发展战略、发展规划、方针政策的研究制定和监督实施职能，加强交通行政执法职能以及对交通基础设施建设市场、道路、水运市场的行业管理职能和投资运营的管理职能。2002年，成立省高等级公路运营管理中心，逐步改变收费公路"谁建设谁负责"的管理模式。2009年，省政府批复将指导城市客运和出租汽车行业管理职责加入甘肃省交通运输厅，加强综合运输体系规划等3项职责，取消公路、水路交通规费的管理等职责。结合燃油税费改革，甘肃省交通征稽局撤销。公路建设业主单位和事业单位所属的企业或经济实体全部进行剥离，解决交通企业事企不分问题，厅属单位所属15家企业完成整合改制。组建甘肃省机场投资管理有限公司，归口省交通运输厅管理，负责履行省政府赋予的机场投资、建设和管理的职能。

"十二五"以来，交通行业管理围绕综合交通建设，进一步建立完善管理体制机制。2011年，国省干线公路路政管理从公路养护部门分离，与原征稽部门合并成立甘肃省公路路政执法管理局。组建甘肃省公路航空旅游投资集团有限公司，公司特许经营管理公路、民航、旅游等国有资产，为全省等级公路、机场建设和重大旅游项目建设提供投融资保障。2014年，省政府下发《关于加快全省公路建设的意见》，改革公路建设管理体制和公路投资体制，明确省交通运输厅负责国家高速公路和国道建设，市（州）政府负责地方高速公路和省道建设，县市区政府负责农村公路建设。交通运输厅整合厅属施工、设计、监理等企业组建甘肃交通建设集团公司，形成以甘肃交建为平台、以管资本为主的国有资本运营管理体系。2015年，交通运输厅印发《关于全面深化交通运输改革的实施意见》，提出加快综合运输体系建设、推进交通依法行政、深化交通运输投融资体制改革、深化公路建设及养护管理体制改革等9项任务。

"十三五"以来，甘肃省推广公路建设项目设计施工总承包等建设模式；全省公路养护系统等厅属事业单位事企分离改革工作基本完成；推进农村公路管理养护体制改革，90%的乡镇设立农村公路管理所（站）。改组设立甘肃省民航机场集团，实现甘肃机场投资建设、管理运营和资产财产的完整统一。2017年，按照《省直部门管理企业改革脱钩整合重组集中统一监管工作推进方案》要求，省交通建设集团等厅属10家企业移交省政府国资委管理，完成厅属国有企业改制脱钩。省交通运输厅与省政府国资委签订解除省公航旅集团、省民航机场集团2户企业委托管理协议。截至2018年6月，甘肃省交通运输厅机关设职能处室11个，直属事业单位24个（含14个公路管理局），在各地州市设有公路路政执法管理处15个，高速公路管理处9个。

（三）投融资体制改革

改革开放初期，甘肃省公路建设资金来源主要是国家计划拨款投资和规费征收，县乡公路建设采取民工建勤、以工代赈方式。1978年，甘肃交通基础设施建设总投资只有2799万元。1992年开始,基础设施建设资金来源多元化,省政府批准出台包括提高养路费征收标准、提高客运附加费征收标准等7条政策,扩大筹资渠道;"贷款修路、收费还贷"政策开始推行,天北、中川等6条收费路段完成建设。省交通厅依托交通部项目投资,争取项目资金1.2亿元,省交通厅配套资金4500万元,并从招商银行贷款1000万。1994年,全省开征"货运车辆公路交通基础设施建设费",所征资金主要用于公用型为主的汽车站、点建设和地市以上客运汽车及大型交通枢纽站建设。1997年,国家将车购费作为政府性基金纳入财政预算管理,继续由交通部门征收,保证政府对交通基础设施的投入。1998年西部大开发政策实施,国家扩大内需,省交通厅公路基础设施建设投入达到15.7亿元,资金的主要来源是银行贷款,省交通厅先后成立世行办(后改为引资办)、高等级公路建设办公室负责世行、亚行、日本协力银行贷款项目的计划报告、引进协调和管理等。2001年,全省交通基础设施投资提高到61.1亿元,"贷款修路、收费还贷、统筹还贷、滚动发展"的投融资机制有效促进公路建设的良性发展。2004年交通基础设施建设突破百亿,达到103.9亿元,2005年1月1日起,由交通部门代征的车辆购置税改由国家税务局直接负责征收。

"十五"期间,为建立全新的融资、投资、资金收益评价和"统贷统还"的信贷管理制度,省交通厅成立信贷管理办公室、引进外资管理办公室和建设资金监督管理办公室,初步建立"国家投资、地方筹资、社会融资、利用外资"的高等级公路建设投融资机制。全省公路基础建设投资达437.2亿元,农村公路建设投资规模突破40亿元。"十一五"期间,全省交通基础设施建设累计完成投资842亿元,甘肃省累计申请使用国外贷款8.5亿美元,立项建设柳忠、刘白等4条高速公路。2009年燃油税改革,交通建设和养护资金实现财政转移支付,交通基础设施建设资金投融资渠道更加多元化。2011年,组建集公路、航空、旅游和金融为一体的国有资本投资公司甘肃省公路航空旅游投资集团有限公司,负责全省高等级公路、地方铁路、通用航空、文化旅游等事业的投融资建设和培育开发,并独资、控(参)股相关地方金融机构,繁荣地方金融市场,成立以来公航旅集团累计完成融资2267亿元,其融资方式填补甘肃融资品种的多项空白,融资规模屡创甘肃企业融资额度的多个第一。

2012年以来,综合运用国家补贴、地方配套、银行信贷、民间投入等多种方式筹措交通建设资金,实现交通项目建设与资金供给的良性互动。组建省交通投资管理有限公司,2013—2015年,省级平台共融资64.18亿元,用于建制村通畅工程建设。2013年,省政府与中交建公司签署《交通运输基础设施建设战略合作框架协议》,明确中交集团在我省投资约1500亿元,建设约2000公里高速公路的合作内容。积极吸引民间资本加快交通基础设施建设,2013年启动西峰至合水、张家川至恭门二级公路两个BT项目,总投资11.77亿元。2014年,首次引入38亿元保险资金用于兰州南绕城高速公路项目建设。2015年,设立总规模400亿元的甘肃交通投资基金(有限合伙),为全省首个PPP项目两当至徽县高速公路首期募集5亿元资金。2016年4月,省交通运输厅与中国邮政储蓄银行签署《甘肃公路建设基金合作协议》,共同设立总规模200亿元的甘肃公路建设基金,主要用于全省国省干线公路建设项目。公航旅集团先后在境外成功发行5亿美元债、4.1亿欧元债。2017年,引进中交、中建、中铁等央企参与交通基础设施项目投资建设运营。省交通运输厅与上海浦东发展银行设立甘肃交通产业投资基金。鼓励引导地方政府建立交通投融资实体,变行业办交通为政府办交通、社会办交通。2018年3月,甘肃省人民政府办公厅印发《关于深化交通运输基础设施投融资体制机制改革的指导意见》,确立政府主导的公共财政保障制度,构建事权与支出责任相适应的投入体制,提出多措并举的政府投资支持方式,拓宽渠道多元的融资方式,倡导规范有序的政府与社会资本合作(PPP)模式,全社会共建大交通的局面逐步形成。

(四)技术政策及标准建设

改革开放初期,甘肃交通科技管理能力薄弱,甘肃省交通科研机构和科技力量、研究方法都不能适应交通事业发展的需要。为了改变这种状况,交通厅先后制定《技术革新、科研成果管理办法》《科技情报成果奖励实施细则》《甘肃省交通系统科学技术进步奖励实施办法》。

1991年,编制《"八五"期间甘肃省公路交通重点科技项目计划》,确定重点科技项目38个,公路旧油皮再生利用技术等4个项目在全省推广应用取得明显效益。1992年成立甘肃交通厅公路路网规划办公室,负责全省路网规划工作,加强对公路、水路路网规划的制定和实施。先后印发《甘肃省营运汽车技术检测管理办法》《甘肃省客运公路客运汽车站建设质量管理暂行办法》《甘肃省水运工程基本建设管理办法》。1996年召开全省交通科学技术大会,提出深化交通科技发展和交通科技体制改革,把交通发展转移到依靠科技进步和提高劳动者素质上来的思路,制定《甘肃省交通行业(公路、水路)"九五"科技发展计划和2010年科技发展规划》。结合公路建设技术质量标准提高,修改发布《甘肃省公路工程试验室资质管理实施细则》《甘肃省公路工程试验检测人员资质管理实施细则》《甘肃省公路工程质量检查评定办法》等;加强科研项目的管理工作,积极争取交通部科研项目和科研经费,重视项目成果鉴定和研究成果的推广应用。2004年,"连霍国道主干线宝天高速公路牛背至天水段地质环境与生态安全评估及对策研究"项目通过交通部评审,并得到交通部补助科研经费400万元。

2006年,省交通厅总工办先后制定《甘肃省交通厅专家库管理办法》,加强对技术人才的教育和管理;制定《甘肃省公路建设工程勘察设计阶段技术管理细则》《甘肃省交通厅技术档案管理办法》《甘肃省农村公路建设管理办法实施细则》《甘肃省农村公路村道工程技术标准》《高等级公路通信管道管理办法》以及《甘肃省公路工程安全生产管理办法》等一系列规定制度,组织完成《公路施工监理技术手册》,制定《甘肃省交通厅科研项目管理办法》和《甘肃交通2007、2008年科研项目实施指导意见》,对省交通厅科研项目申请、立项、验收、鉴定等程序和内容作了规范。制定《甘肃省交通运输行业科技成果推广计划管理办法》,开发"甘肃省交通运输厅科研管理信息系统",实现科研工作网络化管理,及时编制科技发展指导意见,确定年度科技发展战略目标和重点任务,不断深入推进科技创新体系建设工作。

2012年11月,全省交通运输科技创新大会召开,交通科技工作进一步推进。厅属企业以科技创新引领企业发展,依托"重点实验室、工程技术研究中心"不断加大"四新技术"以及科技成果推广和应用力度。同时利用高校和其他科研院所的智力和技术优势,积极推进产学研结合的体制机制建设,先后与清华大学、同济大学、长安大学、兰州大学、兰州交通大学和部公路科学研究院、部规划研究院、部交通科学研究院、中科院寒旱所、重庆交通科研设计院等多所高校和科研院所开展卓有成效的交流与合作。丰富的技术进步与科技创新成果为交通运输的转型跨越和提质增效提供了支撑和方向。

甘肃省交通技术标准建设起步较早。1980年甘肃省规划设计院制定《甘肃省双曲拱桥通用图》,为缺乏技术力量的地区和部门提供了方便;1986年甘肃省交通厅先后编制"东风

EQ-140型汽车修理技术条件(部颁标准JT 3121—86)",甘肃省企业标准《汽车运行燃料消耗量》(甘/JT 001—87),公路、水运、道路运输管路系统都结合工作实际,制定和颁布了一些技术标准,规范行业技术工作。经过多年的探索和实践,标准化建设工作取得了一定的经验。"十二五"以来,围绕"四个交通"建设需求,全面启动标准化工作。成立省交通运输厅标准化管理委员会,并经省质量技术监督局批准成立甘肃省交通运输工程标准化技术委员会,负责管理交通运输类地方标准。交通运输领域标准制修订工作全面展开,结合我省地域环境特点,先后编制完成《路桥工地建设标准》等8项甘肃省地方标准并已发布实施,《公路交通噪声防治措施分类及技术要求》等3项行业标准和《甘肃省沥青路面施工技术规程》等11项地方标准也正在编制过程中。省公路管理局、省交通工程质量安全监督管理局先后编制完成《甘肃省高等级公路养护维修工程管理办法》《甘肃省国省干线公路养护技术指南汇编》《甘肃省公路桥梁预应力精细化施工指南(试行)》等21项有关公路设计、施工、养护、管理的指南和办法,并积极探索编制公路沥青路面微表处、沥青路面碎石封层等相关公路养护技术规范,为行业持续健康发展提供技术支撑和制度保障。为保证公路建设质量,提高工程精细化管理水平,先后在雷西高速公路、十天高速公路、金阿高速公路、白明高速公路等公路项目建设中大力推广高速公路施工标准化建设工作,通过采取"集中拌和、集中预制、集中加工"的标准化施工工艺,推广使用"首件认可"和"样板引路"控制措施,全面提升我省高速公路工程品质。

"十三五"以来,省政府印发《关于加快全省公路建设的意见》《甘肃省省道网规划(2013—2030年)》,要求加快交通建设关键技术的研究和推广,省交通运输厅研究制定《甘肃省交通运输科技创新2017—2020年工作思路》,提出加快构建以企业为主体、市场为导向、应用为目的的交通运输科技创新体系,以技术创新引领我省交通运输行业的全面创新的奋斗目标。全省交通运输行业重点在湿陷性黄土筑路技术、长大桥隧建设技术、温拌沥青、冷补养护、废旧材料再生循环利用等节能技术和清洁能源应用、钢混组合梁桥的推广、"四新"技术应用等方面取得新成果。为积极响应国家和省政府有关去产能、调结构,化解钢铁产能过剩的意见,贯彻和落实交通运输部关于推进公路钢结构桥梁建设的指导意见,开展钢混组合结构桥梁在我省公路桥梁建设中应用的研究推广工作;推进互联网与交通运输业的深度融合,印发《甘肃互联网+交通行动方案》,开展资金监管、计划统计、应急处置和云数据中心等重大信息化建设项目,推动全省道路客运联网售票工作,提升服务公众便捷出行和便捷支付的能力和水平,着力实现现代信息技术在公路建设、养护、运营和管理领域的运用,健全完善交通运输出现服务体系,为建设智慧交通、绿色交通奠定基础。

五、科技创新成就

(一)科技创新体制改革

甘肃省交通运输厅建立健全公路科研机构,充实科研力量。1980年,甘肃省交通厅机关设科学技术处。同时,成立甘肃省公路学会。厅属单位设立总工程师办公室、技术科等,负责科学技术管理与推广工作。厅属甘肃省交通规划设计院和甘肃省交通科学研究所、交通科技情报站等单位,承担主要交通科研任务。

1992年,甘肃交通科研单位以开拓技术市场为突破口,先后成立"路通"科技开发公司、交通科技信息开发公司等,经营新技术、新成果的转让和科技产品的销售工作。省交通厅成立甘肃省汽车运用工程研究所,这是甘肃省交通系统第一个全民所有制企业性质的科研机构,从事汽车应用技术、节能技术的研究与开发。1995年,国家确立"科教兴国"战略。甘肃省交通厅结合行业特点,制定《甘肃省交通行业(公路、水路)"九五"科技发展计划》。1998年之后,根据国家关于加强技术创新、发展高科技、实现产业化的精神,甘肃交通对科研院所的布局结构进行系统调整。2003年11月,甘肃省交通规划勘察设计院改制为有限责任公司。2005年,省交通科学研究所有限公司注册成立,标志着科研单位开始以市场经济为导向、以公司法人治理结构为核心,向建设现代科技型企业迈进。

(二)科研能力建设

1.队伍建设

20世纪70~80年代,甘肃交通专业技术人员断档严重。1980年恢复职称评定时,全省交通系统仅有13人获得高级工程师资格。改革开放40年来,甘肃省交通运输厅通过加快建立有利于优秀科技人才脱颖而出、人尽其才的管理制度和激励机制,把培养和引进科技人才作为一项重要任务,采用送出去学、请进来教,生产一线实践、科研岗位培养等方式,大力加强科技人才队伍建设。到1998年底,省交通厅厅属单位有专业人才4539人,占职工总数的22%。"十五"期间,引进专业人才1705人,实施了百名优秀专业技术人才工程。截至2015年底,全省交通运输行业正高级工程师已达134人。到2017年底,全省交通系统已拥有各类专业技术人才7156人,占职工总数的34.9%。甘肃省交通系统有3人享受国务院特殊津贴,1人进入国家新世纪百千万人选,3人进入甘肃省"555"科技人才工程,3人进入甘肃省领军人才行列。

2.科研投资及项目

结合交通运输部公路水路科技发展规划和甘肃省交通运输科技实际需求,甘肃省交通运输厅每年编制科研项目申报指南,明确重点支持领域和研究方向。1991年,根据《"八五"期间甘肃省公路交通重点科技项目计划》,确定重点科技项目38项。"八五"期间,全省公路系统完成技术进步项目101项,获得直接经济效益1000多万元。"九五"期间,完成科技投入2156万元,安排项目168项,取得科技成果102项,获得省部级奖9项。"十五"期间,共投入科研经费5500多万元,32项科研项目通过省部级成果鉴定,获得甘肃省科技进步二等奖4项、三等奖3项。"十一五"时期,省交通厅通过依托工程项目配套科研经费、交通部补助经费和交通规费征收中列支等途径多渠道筹措科研经费,共安排科研项目115项,投入科研经费约1.13亿元,获得省部级科技进步二等奖5项、三等奖4项。"十二五"期间,省交通运输厅共补助各类科研项目经费1855万元,实施了134项科研项目,获得省部级各类奖项5项,全省公路基础设施建设的成套技术体系基本形成,在公路设计、施工、运营、养护中发挥了重要作用。2016—2017年,有5项科技项目获得甘肃省和中国公路学会科技进步二、三等奖,行业科技创新能力持续提升,获得发明专利6项,实用新型专利15项。依托甘肃省批复建设的"重点实验室、工程技术研究中心",相继建成3个重点实验室和3个研究中心。2016年,甘肃省公路试验检测创新服务平台建设项目通过验收,标志着甘肃交通行业重点实验室、工程技术研究中心初具规模,基本满足了甘肃公路交通的设计、建设、养护的技术需求,为甘肃公路交通的发展提供了技术支撑。2018年,针对甘肃省目前在建的渭武高速公路木寨岭隧道这一具有世界性难题的施工,甘肃长达路业有限责任公司成立了院士专家工作站,由中国科学院院士工程力学家孙钧、矿山工程岩体力学专家何满朝组成。

3.信息化建设

20世纪80年代,全省交通系统开始普及计算机。到2000年后,加大办公自动化和局域网建设。2002年底,全省6条高等级公路并网收费。2003年,完成甘肃省交通规费征稽网络系统的开发建设。2004年,依托交通部西部项目建成甘肃公路数据库。2006年,甘肃交通行业视频会议系统与交通部专网联通。网络征稽系统一期工程的6个子系统(除银行代征部分外)基本完成。2007年,交通部、省交通厅、省运管局道路运输信息系统联网通过验收并运行。"十二五"期间,通过实施"公路水路安全畅通与应急处置系统""公路水路建设与运输市场信用信息服务系统"及"甘肃省交通运输统计分析监测和投资计划管理信息系统"三大信息化建设工程,全省交通运输信息化基础平台已初步形成。全省公路重点路段、重点区域实现24小时连续监测,高速公路ETC实现全国联网,重点营运车辆实行GPS监控,实现了省、市、县三级监控管理。水运海事部门组建了水运海事专网,初步建成港口、码头、重点渡口无线网络视频监控系统、GPS船舶监控系统。甘肃交通12328服务热线的开通和全省客运联网售票系统的建成,方便了社会公众出行。2016年,12328交通运输服务监督电话系统实现部省联网运行,甘肃交通公众出行服务信息发布系统建成运行。2017年,加快实施"互联网+交通"行动计划,与百度、腾讯、甘肃移动等开展合作,交通大数据平台建成运行。2018年,省级交通运输运行协调应急指挥平台和省交通运输云数据中心建成运行,实现路网可视、可测、可控及公路信息资源共享互通。全省111家汽车客运站实现道路客运联网售票,100%覆盖二级及以上汽车站,实现网络平台、手机APP、柜机终端和人工窗口服务间共享互通。

(三)重大科技创新成果及推广应用

1.重点科研成果

甘肃省交通科学研究所《甘肃省柔性路面设计参数、常用结构及经验厚度》项目研究成果,为甘肃柔性路面设计与施工提供了参数,部分数据还纳入交通部部颁柔性路面设计规范中。该课题获得1987年度甘肃省科技进步二等奖。

甘肃省交通科研所、陇南公路总段联合中科院兰州冰川研究所对甘川公路泥石流及其防治进行研究。完成的《泥石流地区公路工程》《甘肃泥石流》两本专著具有较高的学术价值,除国内大量发行外,还多次参与国外相关领域学术交流。此课题获得1982—1983年度甘肃省科技进步三等奖。

"黄土坡地区公路特殊结构的研究""公路客运计算机网络服务系统的推广应用"被评为交通部"八五"行业联合科技攻关优秀项目。"三滩黄河大桥施工控制技术研究""七道梁深埋长大公路隧道修建关键技术研究""干旱半干旱地区高速公路沿线生态环境建设试验示范研究"等研究成果达到国内、国际先进水平。甘肃省交通厅完成的"湿陷性黄土地区路基路面病害处治技术研究",柔性基础下复合地基承载力的研究达到国际领先水平,为湿陷性黄土地区的公路路基路面病害防治工作建立了理论依据。国道212公路(兰州—重庆)陇南段修筑技术研究(公路滑坡泥石流防治技术研究)获得2007年度中国公路学会科学技术二等奖。"刘家峡大桥关键技术研究"获2014年度中国公路学会科技进步二等奖。中国首座高速公路双层特大桥——武罐高速公路洛塘河双层高架特大桥，双层高架桥梁结构选型新颖独特，具有原创性，在国内外属首例。兰永沿黄一级公路盐锅峡黄河特大桥，在栈桥搭设上创新采用"钓鱼法"和"植入法"相结合的施工方案，解决了河床裸露岩层上栈桥基础生根问题。该技术被评为2015年度全国工程建设优秀质量管理小组二等奖。兰永沿黄一级公路太极岛特大桥采用"悬臂导向架式"冲击钻"钻孔导入法"施工，成功解决深水裸岩河床桥梁基础施工这一技术难题。该技术获2015年中国公路建设行业协会科技创新成果二等奖。

此外，《西部地区公路交通价值体系研究》《黄土地区隧道修筑技术推广应用研究》《乌鞘岭特长公路隧道群建设与运营安全控制技术研究》等8项西部交通科技项目的完成，基本形成了湿陷性黄土地区路基、路面、桥涵、隧道、防排水工程等设计和修筑的成套技术。在工程建设、运营、养护、设计、施工等领域重点开展科研项目89项，形成"甘肃公路隧道运营防灾及安全保障综合体系研究""指纹识别技术在沥青检测中的应用研究""超厚宽幅水泥稳定碎石基层施工关键技术研究"等多项实用性强、推广应用成效显著的科研成果。

2.科技成果运用

20世纪70年代末到90年代初期，全省公路部门坚持以应用、引进和推广成果为主的方式开展科技研究工作，取得了丰硕成果。如在七道梁隧道工程中采用的射流风机通风和新奥地利隧道法施工工艺，仅此两项就节约投资546万元。1985年以后，公路养护部门在铺筑次高级路面中推广"阳离子乳化沥青"和"乳化沥青稀浆封层""油砂封层""橡胶粉沥青混凝土""乳化沥青冷拌""旧油皮再生利用"等技术。在桥梁建设中采取"挂篮悬臂浇筑""滑模施工""转体施工"等科研项目和新工艺、新材料。粉煤灰在中川高速公路建设、斜弯桥设计计算程序在天北高速公路互通式立交桥建设、真空吸水工艺在天北高速公路水泥混凝土路面中得到应用。同时，旧桥加固技术、稀浆封层技术、洞室松动爆破等技术也得到了应用。1996年以后，开展"隧道防渗研究""泥石流滑坡处理"等科技攻关项目，有效解决公路养护生产中存在的难题和质量通病。2006年以来，加快推动公路养护现代化，抗车辙剂、改进乳化沥青、橡胶沥青等新材料陆续引进推广，旧油皮再生利用、超薄罩面、加铺应力吸收层、稀浆封层、微表处、同步碎石封层、雾封层、灌缝胶、封口胶、环氧树脂砂浆、碳纤维布等新型预防性养护工艺在高速和普通干线公路养护中普遍采用，微波养护车、铣刨机、稀浆封层车、高速护栏清洗车、摊铺机等现代化的养护机械车辆，先进成套设备广泛用于高速公路养护，公路养护机械化水平不断提高。2015年，科技成果推广应用6项，其中，《气象灾害对平定高速公路边坡的影响及防治技术研究》《黄土边坡植物纤维防护技术》《季节冻土区黄土路基多级湿陷与防治技术研究》等成果应用效果显著；《甘肃长大隧道水泥混凝土路面抗滑技术研究》科技成果，成功应用于宝天高速公路麦积山隧道路面改造工程中。同年，在兰州市至中川机场高速公路改造项目中，首次引入超薄磨耗层NovaChip新材料与技术，提高了行车舒适性。

此外，20世纪80年代，甘肃交通部门在汽车研究方面也取得了一些成绩。1983年，省交通科研所研究的课题"行星齿轮转向器"通过鉴定。该设备属国际首创，获得甘肃省科技进步三等奖。1985年，甘肃省第一汽车修配厂试制GJ1014型和GS640型客车通过鉴定。GS640

型客车获交通部金杯奖,GJ1014 型客车获优秀展品奖。

六、对外开放成就

(一)国际合作交流

改革开放以来,甘肃省交通运输系统加强对外合作与交流,学习国外先进技术和管理经验。从 20 世纪 90 年代开始,甘肃省交通厅不断选派人员出国考察交流,学习美、英、德、澳等国家对综合交通运输管理的方法、多联式运输的特点及信息管理系统在交通运输行业的运用等,为甘肃交通大发展注入活力,打好基础。在建设资金方面,不再单纯依靠国家拨款,积极引进外资,助推公路建设。

进入 21 世纪,甘肃省在交通建设领域进一步加强对外交流与合作。2000 年 3 月 9～10 日,省交通厅在兰州举办"美籍华人专家郑毅先生学术报告会"。由美国加州交通厅高级工程师郑毅介绍适合于柔性沥青路面土基、基层和面层设计与施工采用的旋转压实的新方法(GTM),为甘肃公路建设进行技术指导。2004 年,由中国交通部和加拿大国际开发署发起并承担的中国与加拿大政府间合作项目"中国西部道路发展"研究启动。2 月底,由加拿大技术培训有限公司(TTA)和 ND Lea 咨询有限公司(ND LEA)专家组成的考察组一行 4 人到甘肃考察,并就甘肃省承担的"当地路网规划与管理"及参加的"道路安全评价""灾害缓解"和"性别平等"3 个项目进行交流。9 月,加方 2 位专家再次抵达甘肃,对"当地路网规划与管理"项目的示范点(宕昌县)实地考察,结合项目示范点情况同甘肃省交通厅相关部门和单位交流探讨。此项交流合作为甘肃公路网规划工作积累了一定经验。2007 年 3 月,美国世能达公司大中国区总经理到甘肃考察道路运输行业发展情况,12 月 15 日,甘肃省公路运输服务中心与美国世能达有限公司在北京举行《甘肃省汽车驾驶培训学院合作备忘录》签约仪式,双方达成合作。

在甘肃省高速公路建设初期,受建设资金短缺、技术落后等困难影响,高速公路建设发展缓慢。1996 年 8 月 23 日,省交通厅为积极引进外资,加强外资项目管理,促进甘肃省公路交通事业发展,成立"甘肃省交通厅引进外资项目管理办公室",负责外资管理工作。之后甘肃有 4 条高速公路通过引进外资解决建设资金难题,并引进先进的管理模式加快高速公路建设。

2001 年建成的徐家磨至古浪段、2002 年建成的柳沟河至忠和段是甘肃省第一个利用国外贷款修建的公路项目,由世界银行贷款 1 亿美元。从 1997 年开始,省交通厅与世界银行陆续完成相关手续,并多次配合世行专家完成对项目建设进展情况的督查。1997 年,世行贷款项目管理办公室完成兰州柳沟河至古浪公路世行贷款项目计划、报告和中英文本的编制。该项目得到国家计委、财政部、交通部的高度重视,列入世行 1998 年财政年度计划。1998 年 4 月,省交通厅派员赴华盛顿与世行官员就项目协议进行谈判,6 月 23 日,世行执行董事会批准该项目贷款计划。1999 年 2 月 6 日,该项目合同签字仪式在兰州举行。工程采用菲迪克条款,向国际公开招标。为保证工程质量,1999 年 2 月,世行在兰州举办公路项目监理培训班,英国哈克沃尔公司咨询专家阿铁·迈克为省内外 90 余名学员传授先进的工程监理知识。1999—2002 年,世行督察团多次对该项目进行检查、督查,确保工程质量。

2005年12月建成通车的刘寨柯至白银高速公路,利用日本国际协力银行贷款200.13亿日元(折合人民币12.45亿元)。2001年10月21日,日本国际协力银行赴华代表团与甘肃省人民政府就甘肃公路建设项目——刘寨柯至白银高速公路项目的有关情况进行评估谈判。甘肃长达路业有限公司作为该项目的项目实施单位派员参加与日方的实际谈判。11月1日,刘白高速公路项目评估备忘录签字仪式在兰州举行。2002年8月9日,日本国际协力银行贷款刘白高速公路项目转贷协议在兰州签订。

2009年12月建成通车的平凉至定西高速公路是甘肃省第一条利用亚洲开发银行贷款建设的公路项目,贷款3亿美元,采用菲迪克条款管理模式。2004年2月25~27日,亚行贷款项目平凉至定西高速公路建设项目准备阶段技术援助合同谈判在菲律宾马尼拉举行。亚洲开发银行、日本东方咨询有限公司及中国政府代表参加谈判。随后,甘肃省交通厅代表甘肃省政府在亚行北京办事处参加贷款协议谈判,并草签《贷款协议》。2006年9月4~8日,亚行检查团对平凉至定西高速公路项目进行检查并签署备忘录。2007年7月2~10日,亚行检查团对平凉至定西高速公路实施情况进行现场考察。2008年10月,亚行检查团再次对平定项目进行工地检查,对项目实施进度、工程管理等内容进行评估。

2013年12月26日建成通车的武都至罐子沟高速公路是甘肃省第二条利用亚洲开发银行贷款建设的高速公路,贷款3亿美元。2005年6月,省交通厅启动实施武都至罐子沟高速公路项目建设。厅引资办积极协调组织,亚行专家考察团先后3次到甘肃省陇南地区对项目进行实地考察,与省交通厅及相关单位座谈交流,并签署项目前期工作备忘录。2005年10月,省交通厅委派引资办主任参加亚行召开的"西部道路发展项目"技术援助会,就项目技术援助工作具体事宜进行艰难谈判和磋商。2005年11月1日,援助工作正式启动,亚行技术援助咨询专家组一行12人陆续在甘肃开展为期四个半月的技术援助和咨询工作,其间,亚行技术援助工作检查团对技术援助咨询工作的进展情况进行3次检查。2006年6月14日,亚洲开发银行评估团在北京签署《中华人民共和国政府与亚洲开发银行关于拟建甘肃南部公路建设项目贷款评估团谅解备忘录》。2006年11月14~16日,武罐高速公路项目谈判、贷款谈判工作在北京亚洲开发银行驻北京代表处圆满完成,双方草签《项目协议》和《贷款协议》。2007年7月9日,亚行武罐项目贷款启动团抵达兰州,经过为期一周的项目会谈,确定项目协议和贷款协议的正式签署时间。2007年7月16日,亚洲开发银行甘肃南部公路项目贷款启动签字仪式在兰州举行。2007年10月,甘肃省授权中国驻菲大使签署《项目协议》。2007年11月13日,武罐项目贷款协议和项目协议在马尼拉正式签署。2008年1月18日,亚行武罐项目贷款正式生效。2008年11月,亚行检查团对武罐项目进行检查,讨论项目相关问题。

"十二五"以来,甘肃省坚持开门办交通的理念,加大招商引资力度,积极向国内外推出高速公路招商引资项目,引进境外资本参与甘肃交通建设,为甘肃交通事业的发展打开思路。

(二)企业"走出去"

目前,我国的对外开放进入新阶段:不仅要"引进来",而且要"走出去";不仅要遵循现有国际秩序,而且要积极参与建立国际新秩序;不仅要有进有出,而且要"优进优出"。甘肃是古丝绸之路的咽喉要道,也是中国与欧亚各国经贸往来、文化交流、交通运输的必经之地。国家"一带一路"建设的实施,将甘肃由改革开放的内陆腹地转为向西开放的前沿。甘肃现已有交通企业具备出国建设的资质,正在积极筹划对外合作项目,以推动甘肃交通对外开放取得重大进展。另外,甘肃省公路航空旅游投资集团有限公司于 2016 年 11 月在国外成功发行了 5 亿美元债,开创了甘肃企业在国外发行债券的先河;2017 年 11 月又在境外成功发行了 4.1 亿欧元债(等值约 5 亿美元),为未来长期的国际资本市场运作奠定了良好基础。

七、党的建设与精神文明建设

(一)党建工作

改革开放 40 年来,甘肃省交通运输系统不断加强和改进党的建设,特别是党的十八大以来,突出"党要管党、全面从严治党"思路,全省交通运输系统党的建设得到巩固与加强,为甘肃交通运输持续健康发展提供强大的组织保证。

20 世纪 80 年代起,中共甘肃省委在省交通运输厅设党组,任命厅长为党组书记。中共甘肃省直机关党委在省交通运输厅设厅直机关党委,领导厅机关和厅属在兰州单位党的建设工作。厅直各单位党组织把认真贯彻民主集中制的组织原则和领导制度,作为党的建设的主要任务,实行党委(总支、支部)集体领导、分工负责的制度,建立健全党组织议事规则。不断加强党的建设和干部管理工作,2001 年起,先后制定中共甘肃省交通运输厅党组《关于推进全面从严治党工作的实施意见》《甘肃省交通运输厅领导干部交流办法》等 18 个管理办法和规定。2018 年,为进一步加强系统内基层党建工作,制定《中共甘肃省交通运输厅党组关于党支部建设标准化工作推进方案》,探索"党建+",提升党的建设价值创造力。截至 2017 年底,甘肃省交通运输厅直属单位各级党组织(含厅直属 14 个公路管理局、15 个路政执法处、9 个高速公路管理处)共有:8 个党委、35 个党总支、333 个党支部、3771 名党员。

持续推进全面从严治党,厅属各单位党组织按照党要管党、全面从严治党的要求,持之以恒正风肃纪。制定《全省交通系统加强和改进党的作风建设的实施意见》《廉政防控手册》,推进领导干部述职述廉等制度。开展"作风建设年""整风肃纪专项整治"等活动。党的十八大以来,甘肃省交通运输厅党组开展全面从严治党、反腐倡廉建设和作风建设,加大案件查处力度,以零容忍的态度惩治腐败。驻厅纪检组给予党政纪处分 56 人,组织处理的 65 人。

(二)精神文明建设

改革开放 40 年来,甘肃省交通运输厅始终把精神文明建设摆在突出位置,下大力气抓认识、抓领导、抓主体、抓示范、抓载体、抓投入,产生了良好的效果。

坚持用中国特色社会主义理论体系武装职工的头脑,提高了干部职工执行党的基本路线的自觉性。中共甘肃省交通运输厅党组和交通系统各级党组织,把学习中国特色社会主义理论体系作为加强干部职工特别是各级领导班子思想政治建设的头等大事来抓,组织干部职工认真学习邓小平理论、"三个代表"重要思想、科学发展观和习近平新时代中国特色社会主义思想,做到学习时间、内容、进度、效果落实。在中国特色社会主义理论体系指导下解决了许多事关全省交通事业的重大问题,推动甘肃交通运输事业持续健康发展。

坚持思想道德和文化技术教育,加强了职工队伍建设。深入开展爱国主义、集体主义、社会主义教育、职业道德教育、职业纪律教育等多种形式的思想道德教育,使干部职工提高了思想道德素质,增强了主人翁责任感,培养了"艰苦奋斗、爱岗敬业、服务社会、无私奉献"的甘肃交通精神。加强了干部职工科技文化教育和技术培训,干部职工的文化和技术水平不断提高。

坚持群众性的精神文明创建活动,提高行业文明程度。全省交通运输系统开展"五讲四美三热爱""四有"(有理想、有道德、有文化、有纪律)教育、"学雷锋,学严力宾春运安全优质服务竞赛""三学一创"、文明单位晋级达标、文明样板路、青年文明号创建、"三学四建一创"、社会主义核心价值观教育等活动,努力实现服务质量标准化、服务管理规范化、服务过程程序化,认真解决关系人民群众切身利益的实际问题,努力为旅客、货主、车主提供安全、优质、文明服务。

改革开放40年来,通过甘肃交通运输系统各单位通力合作,共同努力,精神文明建设结出丰硕成果。1992年,甘肃省交通厅投入5300万元,开展河西"千里窗口路"建设。1999年,全面启动文明样板路创建工作,全省上下及沿线各级党委政府高度重视,系统内各单位密切配合,经过全系统职工的艰苦努力,取得了物质文明和精神文明建设的有机结合,成为系统内"双文明"建设同步提高的一个典范。其中,在国道312线沿线9个省、市、区创建部级文明样板路工作中,国道312线甘肃段1500多公里部级文明样板路创建工作,位居陕西、河南之后,排在第3位。目前,全省已建成文明样板路近7600公里。党的十八大以来,甘肃省交通运输系统更加重视行业精神文明建设,以构建社会主义核心价值体系为目标,制定全省交通运输系统社会主义核心价值观"24字人知人晓工程"实施方案,高度重视民评工作,主动接受群众监督,广泛听取监督意见,组建厅党员志愿服务队和分队,党员参与率达到50%。

截至2017年底,全省交通运输系统共建成国家级文明单位4个,省部级文明单位(标兵、行业)35个,市(州、厅)级文明单位125个,县(区)级文明单位136个。

(三)行业先进典型

改革开放40年来,行业先进典型在交通运输体制机制改革、交通建设和脱贫攻坚中,尤其在抗击非典、汶川地震、玉树地震、舟曲泥石流等严重自然灾害、防控重大疫情、处置突发事件等严峻考验面前,冲锋在前、无私奉献,展示出强烈的时代风采。

张金榜(1929—1994)是兰州汽车运输公司的一名驾驶员。1953—1984年,张金榜安全行车133万公里,"解放"客车创造了110万公里无大修的记录,比甘肃省制定的大修间隔里程定额12500公里延长了8倍,仅大修费用一项就节约近68000元,节约汽油44862公升,实现利润161472元。1979年,张金榜被授予全国劳动模范称号。他带出的许晓安、李延平分别获得全国劳动模范、全国先进工作者称号。养路工唐恩俊获得全国劳动模范称号。

2008年"5·12"汶川特大地震中涌现出许多先进个人和集体。获得中共中央、国务院、中央军委表彰的全国抗震救灾英雄集体1个(交通厅)、抗震救灾模范1名(石华雄);获得人力资源和社会保障部、交通运输部表彰的抗震救灾英雄集体1个(文县公路管理段),抗震救灾英雄2名(赵彦龙、殷金峰)。获得交通部表彰抗震救灾先进集体3个,抗震救灾先进个人11名;获得省委表彰抗震救灾先进基层党组织1个,省直工委表彰抗震救灾优秀党组织4个,抗震救灾优秀共产党员4名。

2017年6月,甘肃交通运输系统开展"交建杯"绚丽甘肃·最美交通人物评选活动,评选出"十大最美交通人物"和"十大优秀班组"。"十大最美交通人":"巾帼英雄"王菊梅、"拼命三郎"刘昌智、"智慧引领"赵鹏飞、"科技达人"张德水、"爱心快递"王小敏、"青山不老"独耀奇、"开路先锋"秦龙、"陇上鲁班"武维宏、"铁血卫士"韩超、"兰州好人"苏彪。"十大优秀班组":马鬃山边防公路管理段桥湾养管站、京新国家高速公路(G7)白明公路工程建设项目管理办公室、甘肃路桥四公司隧道设备研发小组、柳园收费站柳园"红柳之花"女子班组、文县公路管理段尚德女子养管站、定西高速公路路政执法管理大队、甘肃华运高速公路服务区管理有限公司武威服务区、甘肃省道路运输管理局应急指挥中心、夏河公路管理段王格尔塘养管站、武都高速公路收费管理所余家湾隧道巡检队。

改革开放40年来,甘肃交通运输系统先进模范人物和先进集体辈出,激励一代又一代交通人不忘初心,砥砺前进。先后获得国务院表彰的有:"全国先进工作者"李潭、姚元生、撒存礼,享受国务院政府特殊津贴的有:喻临新、吴廷相、王景春、牛思胜、张汉舟、杨惠林。"全国优秀专家"谈敦仪,"全国先进女职工"周莲英、任文红,"全国模范养路工"吕惠平,"全国交通系统劳动模范"庚述芬、曹新民、文长泰、马思宝,"全国见义勇为英雄驾驶员"王玉武、安志峰、董小玲等在全国都有一定影响。1978—2017年底,全省交通运输系统获得国家级先进个人84人(次)、国家先进集体158个(次),省部级先进个人550人(次)、省部级先进集体331个(次)。

栉风沐雨　铸就辉煌

青海省交通运输厅

一、综述

改革开放40年来,在国家的大力支持及交通运输部、省委省政府的高度重视下,青海各级交通运输部门以强烈的责任心和使命感,带领广大干部职工奋力开拓,砥砺前行,各项工作均取得了令人瞩目的成就。

(一)公路

1949年西宁解放时,青海勉强可通行的公路仅有472公里。新中国成立后的近30年,青海公路交通虽有发展,但由于时代和认识的局限性,道路通行状况较差。

1978—1991年,改革开放初期,青海重点公路的新、改建拉开帷幕,甘青公路得到全面改建,青藏、青康、青新公路改建工程陆续展开,宁果公路建成通车。其间,对西宁至互助等多条省道干线公路进行了局部改建和病害处治,改善了路况。1983年,随着对外开放、对内搞活政策的实施,经济体制改革重点从农村转向城市,进一步打破了地区、行业条条块块分割的格局。到1991年底,青海省公路里程达到16769公里,比1978年底增加3094公里。1978年,全省民用汽车共有19289辆,1991年底增加到43195辆;公路客运量和客运周转量分别从1978年的158.0万人、17982万人公里增长到1991年的1703万人、98817万人公里;公路货运量和货运周转量分别从1978年的780万吨、46727万吨公里增长到1991年的2413万吨、199435万吨公里。

这一时期,省公路局初步打破公路养护"大锅饭";路政管理工作从单一的行政管理向联合管理、法治管理迈进;养路费征收工作由新设立的青海省交通厅养路费征稽处负责;交通监理部门和之后成立的养路费征稽部门加大了征管力度;交通工业同时进入欣欣向荣的发展时期。

1992年,以邓小平视察南方谈话和党的十四大为标志,我国现代化建设事业和改革开放进入了新的历史发展阶段。1992年12月7日,青海省政府颁布实施《青海省地方道路管理规定》,调整后多征收的养路费全部用于公路交通基础设施建设。国道主干线青藏公路二级公路改建工程告竣,国道西莎公路路面黑色化进程加快,国道西景公路囊谦至多普玛段断头路打通,建成青海进藏第二条大通道。1992—1999年,累计征收车辆购置附加费43669万元。1997年,《中华人民共和国公路法》颁布施行之后,青海路政管理解决了许多难以解决的问题,效果良好。1999年,全省全年县乡公路建设总投资达到7.15亿元,新、改建县乡公路3140

公里。这一年,国道 109 线享堂至杨沟湾段收费站运营,结束了青海没有收费公路的历史。首次面向全国公开招标与国际接轨的 FIDIC 管理模式下的达坂山隧道工程实施并交付使用。颁布实施《青海省道路运输管理条例》,确立了各级道路运输管理机构的行政执法地位。科学技术研究投入资金 1196 万元,共实施科研项目 58 个。

西部大开发实施期间,青海交通运输抢抓战略机遇,加大交通基础设施建设力度,规范道路运输市场秩序,深化行业机制体制改革,提升交通运输服务保障能力,形成了初具规模的现代公路网络和"人便于行、货畅其流"的现代交通运输网络格局。2000—2012 年,全省共完成交通基础设施建设投资 965 亿元,基本建成"两横三纵三条路"主骨架公路网。2000 年 2 月 17 日,全省首条高速公路平(安)西(宁)段破土动工,于次年建成通车。2003 年基本完成了丹拉国道主干线和西部省际公路通道建设任务。2004 年 3 月,出台《青海省公路货运附加费征收和使用管理办法》,全省起征公路货运附加费。2005 年,西宁市出台《西宁市发展城市公共交通实施意见》,全省初步形成多种运输方式同步发展的客运市场格局。2006 年实现高原千里文明通道创建活动目标,受到青海省政府和交通部的联合命名表彰。2008 年 3 月,青海省人民政府印发了《青海省农村公路管理养护体制改革方案》。2009 年,试点改造(西)宁互(助)客运班线,实行客运班车公交化运营、班线化管理模式。2010 年玉树"4.14"地震发生后,提前实施共和至玉树高速公路一期工程。实现了全省高速公路联网收费,92% 的高速公路实现"一卡通"智能卡联网收费。同时,根据东部城市群战略需要,2011 年开工建设了青海首条六车道高速公路——西宁南绕城高速公路,有效缓解了西宁市城市拥堵问题。截至 2012 年底,城乡公交线路发展到 208 条,营运车辆达 1444 辆;全省 95.6% 的乡镇和 79.2% 的行政村通了客运班车。连续成功举办了 11 届"环湖国际公路自行车赛"及"青洽会"等一系列大型活动,惠及沿线各州、地市、县。

党的十八大胜利召开后,青海省交通运输厅紧紧围绕"三区"建设战略,抓住国家实施"一带一路"倡议、全面实施精准扶贫和支持藏区发展等一系列历史机遇,主动对接国家投资重点和方向,加强与其他交通运输方式的衔接,着力构建综合交通运输体系。2013 年,抓住国家公路网规划调整机遇,将原规划的 5 条共 3787 公里地方高速公路纳入国家高速公路网,12 条共 6570 公里省道和农村公路升级为国道。国道 0611、国道 0612、国道 0613、国道 0615 等 4 个国高网展望线青海境内项目提前实施。在机场高速建成首条 ETC 专用车道,次年完成全国联网,目前已建成 ETC 专用车道 185 条,ETC 车道覆盖率达 91.8%。撤销省公路局和省高等级公路建设管理局内设路政执法机构,将其路政执法职能划入省公路路政执法总队。交通运输信息化二期、三期工程建设实施,初步建立了行业动态监测网络及各种信息化应用系统。2014 年以来,青海省交通运输厅先后制定印发《青海省"四好农村路"建设活动实施工作方案》,推进了全省"四好农村路"稳步发展。海东市乐都区被确定为交通运输部六盘山连片特困地区交通扶贫联点帮扶对象。2015 年后的一段时间,西宁南绕城、川大、民小、循隆等东部城市群交通项目和一批交通扶贫项目建成,农村公路建设速度明显加快。撤销调整区域内匝道收费站 15 个。积极推进"智慧高速"建设,完成"营改增"和收费公路通行费增值税发票电子服务平台建设。成立青海省公路网运行监测与应急处置中心和"青海交通运输应急指挥中心",与省路网中心合署办公。构建形成青海省 12328 电话系统,实现交通运输服务监督"一号通"。省交通运输厅、省公安厅共同成立"青海省路警联合指挥中心"。实现高速公路、国省干线公路、运管、路政执法等子行业共计2100多路视频、122处交通量调查站点的接入,以及134辆养护、路政执法车辆和2300多辆"两客一危"车辆的卫星定位与联网联控。2016年,设立省交通产业发展基金,成立交通基金发展有限公司。依托共玉高速公路,青海开展"青藏高原G214线干线公路升级改造科技示范工程",推广应用"多年冻土地区公路修筑成套技术研究"等新技术、新方法3类24项。依托花久高速公路建设,开展绿色循环低碳公路主题性项目示范,开展"高原草甸无痕化施工""三江源生态环保"等特色技术应用。实施城市公交、出租汽车及城乡客运专线油改气工程,新能源公交车逐步推广。挂牌成立青海省交通一卡通有限公司,着力推动交通一卡通互联互通系统建设与运营。

截至2017年,全省实现通乡客运班车全覆盖,行政村通客运班车达87.13%。道路客运行业管理改革深入推进。全力推进巡游出租汽车行业转型升级,积极规范网络预约出租汽车发展。加大客货运输综合枢纽场站建设力度,建成了西宁客运中心站,地方物流园区建设步伐加快。建成重点营运车辆动态联网联控系统,全省联网售票系统实现二级以上客运站全覆盖。加快驾校培训考试制度改革,推行"先培训后付费"服务模式。全面取消二级公路收费站共计15个。下达287项315个建制村通畅工程,建设里程7342.443公里,总投资16.76亿元。累计查处各类涉路处罚案件(含治超站)14025起。党的十八大以来,全省累计完成农村公路建设投资157亿元,新改建农村公路4.1万公里,便民桥梁1268座,全省98.6%的乡镇、97.1%的建制村实现了通畅。2013—2017年,共完成交通固定资产投资1638.75亿元,是前5年的近3倍,年均增长21.26%。全省公路总里程突破8万公里,高速公路达3900公里。实现所有市州通高速公路,所有县级行政区通二级公路,98.6%的乡镇、97.1%的建制村公路通畅。这一时期,青海省交通运输厅积极创新融资模式,拓宽融资渠道,进一步加大建设投资力度,以高速公路为主骨架、普通国省干线为骨架、农村公路为脉络的公路网络基本形成。

青海公路交通事业在40年的发展实践中,创造出了令人瞩目的辉煌成就,也积累了宝贵的经验,为今后继续做好各项工作以深刻启示:积极主动地争取国家的帮助支持是基石;紧紧依靠各级政府和广大人民群众是基础;不断解放思想,努力深化改革是动力;服务于经济社会发展和满足人民群众出行需求是宗旨;以规划为引领,努力做好顶层设计是前提;全力抓好项目建设是关键;生态保护理念贯穿于全领域全过程是使命;大力推进科技创新进步是支撑;依法推进行业法治建设尤为重要;党建和精神文明建设是保证。

(二) 水路

历史上青海的水运,主要是军事运输和漕运木料。后来青海先民们利用牛、羊皮筏将牧区畜产品通过黄河、湟水载运至甘肃临夏、兰州及内蒙古包头等地进行商品交换。一直以来,青海现代水路运输发展较为滞后。

20世纪80年代,青海湖鸟岛对外开放,前来旅游观光的游客日益增多,为保护湖区生态环境和濒临灭绝的湟鱼资源,撤销了"151"鱼雷试验基地,青海湖渔场也因湟鱼资源濒临枯竭在限量捕捞后而下马,青海湖旅游观光航运兴起。改革开放和可鲁克湖—托素湖、茶卡盐湖旅游资源的开发,有效带动了海西水运事业的发展。1987年,龙羊峡库区开始蓄水发电后,形成总库容量247亿立方米的特大型水库,迅速成为初具规模的国营企、事业单位与民间个体户相结合的水上航运体系。1993年,龙羊峡库区开辟航道3条共计112公里。作为龙羊峡以下第三座梯级大型电站的李家峡水电站,于 1996 年下闸蓄水发电。2000 年 5 月,在青海省交通厅机构改革中,省水路运输管理处(省港航监督处、省船舶检验处)建制撤销,业务管理职能划归青海省公路运输管理局,增挂"青海省水路运输管理局"牌子。这一阶段,青海水上交通安全监管工作得到了湖南、湖北、四川、甘肃等省港监管理部门的大力支持和指导。至此,全省水上安全监管体制框架得以构建。公伯峡水电站是黄河上游龙羊峡至青铜峡河段中的第四个大型梯级水电站,于 2004 年实现首台 30 万千瓦机组并网发电。2003 年,青海省地方海事局(挂青海省水路运输管理局牌子)挂牌成立。至 2006 年,五州一地及贵德县设立 7 个海事水运管理机构,全省配备管理人员 47 人。2008 年 1 月,海北州将涉及青海湖(海北辖区内)通航水域的水上安全、水上运输监管职能,交由青海湖景区保护利用管理局。全国水监体制改革全面完成,由近代开始使用的"航政"名称退出历史舞台,海事体制框架已然成型。2011 年,在《2011 年深圳海事局与青海地方海事局结对子工作方案》的指导下,深圳海事局援建的青海省水上交通安全通讯 VHF 系统一阶段工程、海事执法人员能力建设工程、执法船艇管用养修工程等基础设施建设项目相继建设完成。

党的十八大召开后,随着黄河上游龙羊峡库区航运工程、李家峡库区及贵德河道段航运工程、青海湖航运工程、公伯峡航运工程、贵李二期航运工程、青海湖航运(二期)工程、积石峡航运工程、龙羊峡至拉西瓦航运工程、寺沟峡航运工程等项目的陆续完工和建设,全省现有航道通航里程达 754.91 公里。实现了全省通航水域 VHF 基站覆盖率 100%,码头视频监控点位覆盖率 100%,重点通航水域视频监控覆盖率达 70%。

从"十五"末期的 2005 年开始至今,青海水运企业在正规化管理中得到长足发展,企业数由 6 家增长至 10 家。随着"环青海湖国际自行车赛""大美青海""旅游高原名省"等品牌的推出,青海省水路运输发展迎来重大机遇,客运量和旅客周转量由"十五"末期的 12 万人、178 万人公里发展到 2017 年底的 69.69 万人、861.8 万人公里。

(三)邮政

邮政机构在青海境内成立的时间,比内地要晚近 30 年,并且在 1952 年前隶属甘肃省管辖。1953 年后,青海邮政事业获得新生并逐步发展。

1979 年,青海省委、省政府增加对邮政的资金投入,在能力建设和政策支持上向邮政倾斜。到 1985 年底,全省共有邮电局、所 243 处,其中自办 227 处。邮路总长度 1.22 万公里,与世界 115 个国家和地区通邮。1987 年 1 月 1 日,《中华人民共和国邮政法》开始实施。1988 年,在青海省七届人大一次会议上的政府工作报告中,邮电与水电、石油、天然气等同列为青海五大支柱产业之一。从 1986 年开始,青海邮政在函件、包裹、汇兑、报刊发行等传统业务基础上,相继开办邮政储蓄、邮政快件、特快专递、集邮、快件汇款、有声信函、邮购、鲜花礼仪、国际邮政汇兑、国际特快专递、商业信函广告等业务。重点发展邮政储蓄、集邮、特快专递、邮政快件等新、轻型业务。1989 年,青海省各类进、出、转口国内国际函件分拣封发工作,由西宁市邮政局划归青海省邮政运输局,青海省邮政运输局成为全省邮件处理中心。1979—1992 年,全省邮电固定资产投资总额达 1.78 亿元,为 1952—1978 年总和的 1.4 倍。

1998 年,青海省邮电管理局宣布青海省邮电管理局分营与机构调整实施方案以及人员划分情况,省级邮政、电信分营全面结束。1999 年,青海省邮政局挂牌独立运行,标志着青海邮政事业的发展进入了一个新的历史时期。2006年,国务院启动了新一轮的邮政体制改革,开始实行邮政系统政企分开,邮政监管体制迈向新阶段。2006年9月12日,青海省邮政管理局成立,承担全省邮政行业管理职责,实现政府职能与企业职能的分离。邮政政企分开改革后,青海邮政业掀开了改革发展的新篇章。

2007年,青海省邮政公司挂牌成立,负责经营邮政业务,全面实行公司化经营。2008年,中国邮政储蓄银行青海省储蓄分行成立,邮政储蓄业务正式开始专业运营。青海省邮政电子商务局、青海省邮政速递物流有限公司相继成立。2009年10月1日新修订的《邮政法》,从邮政设施、邮政服务、邮政资费、损失赔偿、快递业务、监督检查、法律责任方面做了明确规定,标志着快递服务业正式纳入邮政业,确立了法律地位,青海快递业自此进入快速发展期。至2014年底,全省邮政业"营改增"改革顺利完成,49个快递网点享受免税优惠政策,降低了部分小微快递企业的经营负担。2015年,全省邮政业改革发展实现了历史性进步,邮政普遍服务实现质的提升,完成270个空白乡镇邮政局所补建工作。

2016年,全省459个邮政服务网点电子地图绘制工作完成。9月3日,世界首个以河流流序命名的"长江一号"主题邮局,在青海格尔木市唐古拉山镇长江之源——沱沱河畔落成并开业运营,开创青海邮政服务新模式。截至2017年末,全省实现2558个建制村直接通邮,建制村直接通邮率提升至61.79%。

40年来,青海邮政按照中央、省委省政府的部署和要求,结合青海实际,不断满足人民群众的用邮需求,全力为青海经济社会发展夯实邮政业的基础建设。经过40年的投资建设,青海邮政网络得到了快速发展,形成了沟通城乡、覆盖全国、连通世界的现代邮政网络。到2017年底,邮政营业网点达到457处,较1985年增加427处;全面实现了"乡乡设所"目标;各类邮路总条数达到395条,邮路总长度为4.79万公里,其中一级干线汽车邮路2条,省内二级干线邮路23条,邮区内邮路372条。2017年,包裹业务量完成41.71万件,较1978年增加3.01万件。订销报纸业务完成9921.73万份,较1978年增加2409.03万份。

二、基础设施成就

(一)公路

1979—2017年,全省公路交通建设累计完成投资2643亿元,公路通车里程不断增加,路网结构不断优化,技术状况不断升级。"七五"至"九五"期间,一大批国省干线公路得到新、改建。"十五"期间实现高速公路零的突破,国道主干线、西部省际公路通道建设任务基本完成,实现了县县通油路、乡乡通公路、行政村基本通公路。"十一五"期间,国省干线公路主要路段基本实现"黑色"化,并达到二级公路标准,农村公路建设大幅加快。"十二五"以来,高速公路通车里程连续跨上1000公里、2000公里、3000公里三个大台阶。

截至2017年底,全省公路总里程为80895公里,是1978年的近6倍;公路密度达到11.22公里/百平方公里。其中高速公路3223公里,一级公路680公里,高速(一级)公路占总里程的4.45%,二级及以上公路里程达到11425公里,占总里程的14.12%,三级及以下公路总里程69469公里;全省国道里程13148公里,省道8465公里,农村公路里程达到59282公里,其中县道9326公里、乡道22725公里、专用公路1512公里、村道25720公里。全省乡镇通畅率达到98.6%,行政村通畅率达到97.1%。全省公路有铺装里程39768公里,路面铺装率达49.16%,其中沥青(水泥)混凝土路面达35338公里,高级路面铺装率为43.68%。全省实现所有市州通高速公路,所有县级行政区通二级公路,以高速公路为主骨架、普通国省干线为分骨架、农村公路为脉络的公路网络基本形成。公路交通在拉动相关产业发展、加速区域经济一体化、推动旅游发展和资源开发、促进民族团结进步等方面,发挥着越来越重要的作用。

建成世界上海拔最高的高速公路(共玉高速公路)、中国第一条全盐渍土地区高速公路(察格高速公路)、第一条多年冻土地区高速公路(共玉高速公路)等多个世界和全国之"最",在"世界屋脊"上创造了一个又一个公路建设奇迹。桥梁和隧道施工技术不断提高,建成了首座特大型斜拉桥——海黄特大桥、首座混凝土钢管拱桥——苏龙珠特大桥、省内长度最长、主跨最长、墩身最高的大型连续刚构桥——尕玛羊曲黄河特大桥、世界上海拔最高的公路隧道——雪山1号隧道等一批标志性工程。这些桥隧跨江越河,穿山跃谷,变天堑为通途,串联起一条条交通大动脉,同时也成为一道亮丽的风景线。

改革开放以来,青海公路养护机构及管理体制几经变革。40年来,公路养护管理资金投入逐步增多,特别是2009年国家税费改革以后,普通干线公路养护经费投入逐年增加,路况质量不断提升。全省公路养护实现了由低等级到高等级,土路、砂路到沥青混凝土路面的转变,养护手段实现了由肩挑、背扛到机械化、专业化方向的转变,养护理念实现由被动性、突击性养护到预防性、周期性养护的转变,养护管理逐步规范,养护质量逐年提高,路容路貌不断改善,全面提升了青海干线公路的保障能力和服务品质。以建设"四好农村路"为抓手,深入推进农村公路与乡村旅游、资源产业等融合发展,累计投入农村公路养护资金7.35亿元,建立了县乡村三级农村公路养护机制,基本达到有路必养的目标,全省农村公路养护优良路率和路况指数分别从2012年底的45%和70提升到了2017年底的52%和74.5,农村公路服务民生、改善公众便捷出行的能力显著增强。

截至2017年底,全省高速(含一级)公路通车运营总里程为3903公里,共开通高等级公路收费站86个。其中,主线收费站30个,匝道收费站56个。设监控分中心11个,隧道监控所14个,开通成对服务区7.5对,停车区1个。全面取消二级公路收费站,完成了西宁周边高速公路收费制式调整,形成西宁免费高速公路环线。顺利开通ETC系统并完成与全国联网,截至2018年4月底,已建成ETC专用车道185条,ETC车道覆盖率达91.8%,ETC用户总量达到22万户。全面规范服务区管理,马场垣服务区被评为"全国百佳示范服务区"。建成公路网运行监测与应急处置系统,重点路段监测覆盖率达100%。基本建成省、市(州)两级交通部门应急指挥平台,建成交通应急物资储备中心20个。建成路况信息发布、"12328"服务热线等公众出行服务系统,公众出行咨询信息服务日益完善。

公路养护部门道段设施建设发展迅速。对执法总队91个基层执法单位的办公生活场所进行改修建,完成了全省基层路政执法站点执法标志、执法服装、执法证件、执法场所外观的"四统一"建设,推进了全省38个基层路政执法站点的"三基三化"建设工作,使"三基三化"建设覆盖率达到了57%。

40年来,道路运输市场经营主体进一步壮大。到2017年底,全省设有综合性能检测站31户、客货运输站场102户、机动车驾培机构115户,基本满足了全省经济社会发展对道路运输业的需求。全省累计建成汽车客运站944个,极大地改善了人民群众候车出行条件。注重建管并举,乡镇客运站和公交港湾式候车站亭建设步伐加快。全省共建成投入使用的乡镇汽车客运站265个,覆盖率达80%,设城乡公交线路沿线港湾式候车站亭536个。西宁、格尔木列入全国179个公路运输枢纽节点城市,综合枢纽站场项目从零起步,并实现了新突破,实施建设了西宁客运中心站等5个综合客运枢纽,总投资7.45亿元。加大扶持力度,物流园区建设步伐加快。充分发挥部、厅两级资金扶持政策,全省3家物流企业的2个项目已纳入国家甩挂试点项目并获补助资金,西宁朝阳物流、曹家堡保税物流、格尔木昆仑物流等5个主枢纽物流园区项目已开工建设,杂多、治多、贵南等地方物流园区项目正在实施,并按规定纳入省厅运输场站建设扶持项目。

针对多年冻土地区公路修筑中的难题,发明应用通风管路基、片块石通风路基、隔热层路基、热棒路基、块石—通风管复合路基、热棒—隔热层复合路基等新工艺。研究提出了盐渍土地区桥梁涵洞基础形式、耐腐蚀性混凝土施工技术、特殊路基的处治技术、地基加固处理技术等,取得良好的经济效益和社会效益。在青海省东部湟水河谷地区湿陷性黄土公路建设技术研究中,提出了湿陷性黄土地区以"防排水为主,地基处理为辅"的新型路基地基处理模式。在不同区域的多条高速公路中,采用温拌沥青、SBS改性沥青、SBR改性沥青、SBS/SBR复合改性沥青、纤维改性沥青、橡胶沥青等多种新材料,提高了路面的耐久性及服务水平。全省高速公路宜绿化路段绿化率达100%,普通国道宜绿化路段绿化率达90%。

(二)水路

随着黄河上游龙羊峡库区航运工程、李家峡库区及贵德河道段航运工程、青海湖航运工程、公伯峡航运工程、贵李二期航运工程、青海湖航运(二期)工程、积石峡航运工程、龙羊峡至拉西瓦航运工程、寺沟峡航运工程等项目的陆续完工和建设,全省现有航道通航里程达754.91公里,现有航线16条,码头32个,泊位60个,各类船舶245艘。黄河航道共计356.54公里。推进《青海省综合交通运输运行协调和应急指挥系统工程》水上部分的建设工作,实现了全省通航水域VHF基站覆盖率100%,码头视频监控点位覆盖率100%,重点通航水域视频监控覆盖率达70%,基本达到了全方位覆盖、全天候监管、快速反应和水上救援等相关要素要求。

(三)邮政

经过40年的投资建设,青海邮政网络得到了快速发展,形成了沟通城乡、覆盖全国、连通世界的现代邮政网络。到2017年底,邮政营业网点达到457处,较1985年增加427处,全面实现了:"乡乡设所"目标;各类邮路总条数达到395条,邮路总长度为4.79万公里,其中一级干线汽车邮路2条,省内二级干线邮路23条,邮区内邮路372条。2016—2018年,开通西宁至德令哈、玉树、格尔木、果洛4条省内支线航班邮路开通,结束了青海省没有航空邮路的历史。针对青海地广人稀、经济社会发展落后的现状,创新村邮站建设形式,村邮站建设实现零的突破,全省共建成村邮站508处。现有邮箱(筒)615个,邮政报刊亭10个,提供邮政终端服务的信报箱(群)44131组、智能信包箱53组、三农服务站111个、便民服务站1157个,邮政终端服务能力进一步提升。设有全省邮件集散处理中心1个,日处理邮件达到6万余件。2011年至今,实施西部和农村地区邮政普遍服务基础设施建设项目,改造网点100处,县局房改造12

处,更新和新增车辆164辆。快递企业逐步使用跟踪查询、自动分拣、手持终端设备、邮件安全检测等先进技术设备,提升服务能力。充分利用铁路、民航、公路综合交通运输平台,提高运营效率,降低运营成本。省内自营企业5家,服务网点由14个增加到472个,快递服务网络由集中于西宁拓展到市州,做到市区覆盖率100%,县城覆盖率74%,乡镇覆盖率44.11%。运输、投递能力明显提高,快递服务干线运输车辆达1263余辆,较2010年增长351%,其中机动车604辆。

加快建设住宅投递、智能快件箱投递和公共服务站投递等互为补充的末端投递服务新格局,建成快递末端综合服务站115个,布放智能快件箱共计53组,实现"快递进高校",覆盖率和规范运营率均达100%。累计建成"邮政+电商""快递+电商"综合服务平台117个。全省共落实专项资金1200余万元,配备安检机171台,基本实现出县(区、市)快件应检必检要求。

（四）城市交通

改革开放40年,西宁市城市交通面貌发生了巨大变化。1978年,全市共有公共汽车166辆,运营线路19条,其中市区公交线路10条,市郊客运线路9条。运营总里程465.7公里,年客运量4916.18万人次。1986年西宁市交通局对所有进出西宁市的公路客车进行了全面整顿,统一划分了5个始发站(西宁市汽车客运站、省一公司南关分站、公交公司纸坊街长途站、公交公司西门口长途站、五四桥停车场始发站)。1998年西宁市公交公司把设在大通的汽车站无偿移交给大通县汽车站。大通县汽车站建于1998年,占地面积10115平方米,其中建筑面积680平方米,停车场面积8670平方米,建站等级为一级站。1996年11月开工西宁市小桥汽车站建设项目,1998年元月竣工并交付使用。建设期间得到了省厅、局、西宁市政府及有关部门的大力支持。它的建成填补了西宁市无汽车站的空白,对于西宁市交通业发展,改善道路运输基础设施,实现车进站、人归点、人便于行等方面,起到了积极作用。2001年3月开工新宁路客运站建设项目,2002年12月竣工并交付使用,先后投入资金2695万元,占地2248平方米。2003年4月开工建设南川西路客运站,2005年8月竣工并交付使用。2014年9月开工建设西宁汽车客运中心站,2016年5月底竣工验收。

2017年完成交通固定资产投资达到15亿元,西宁市公路总里程达到4425公里,公路密度为57.77公里/百平方公里,其中国道722公里,省道169公里,农村公路3534公里(其中县道1000公里,乡道974公里,专用道41公里,村道1519公里);全市930个行政村通村道路硬化率达到100%,村内道路硬化率达99.9%;1707个自然村全部进行了硬化。全市农村公路养护总里程达到3386公里,市辖3县均设立了公路养护机构,农村公路建设资金以国家、省级补助资金为主,地方财政以实际财力情况适当予以配套。农村公路养护资金补助标准达到国家"7351"标准。1978年,全市公路货运量94.8万吨,货运周转量1731.8万吨公里。2017年,全市完成货运量6962.8亿吨,货物周转量12.26亿吨公里,分别是1978年的73.7和70.6倍。

党的十八大以来,西宁公交在实现100%绿色天然气动力运行的基础上,致力于建设"绿色公交",建成新能源充电桩120个,投入新能源公交车288台,新能源车辆的占比达到17%,进一步拓宽了城市公交的绿色发展空间,改善了群众出行环境。同时,加快推进城市公共交通与互联网的有机融合。2017年底,全市综合交通运行监测系统、政府决策支持系统、"夏都行"实时路况、公交到站、客票网上售票等功能、停车电子收费全部上线运行;公交智能服务管理系统也已完成车载设备安装,智能调度系统已建成投入运行;出租智能服务管理系统已建成并投入运行;城市交通一卡通系统完成公交车车载设备升级、系统平台改造升级等工作,正在推进出租车及停车领域的刷卡支付,同步推行微信、支付宝等支付方式;交通运输数据中心、交通运输指挥中心已建成并投入使用。公交车电子站牌、车载 LED 显示屏与语音报站系统同步报站,"掌上公交"手机 APP 系统全面覆盖城市公交线路,"夏都通"乘车 IC 卡实现了全国 215 个城市互联互通,公交乘车收费实现了投币、IC 卡刷卡、手机刷卡、扫码支付多种方式并存,更好地适应了群众多样化出行、高效率换乘的需求。

三、运输服务成就

经过 40 年的砥砺奋进,运输生产能力显著增长,服务水平明显提升。2017 年,全省道路客货运输量分别占全省铁路、民航、水运和公路四种运输方式总量的 75.6% 和 83%,公路运输的主体地位进一步确立,成为全省最主要最基本的交通运输方式。

(一)客运服务

中国共产党第十一届三中全会召开,推进中国进入改革开放和社会主义现代化建设的新时期,1978 年底,全省民用汽车为 19289 辆,客运量为 158 万人,旅客周转量为 17982 万人公里。后经道路运输行业多次深化改革,出现长途客运、高速客运等运输新业态,道路运输市场日益繁荣,基本实现了"人便于行,货畅其流"的运输服务目标。2012 年 11 月 8 日,党的十八大胜利召开,对推进中国特色社会主义事业做出了"五位一体"总体布局和"四个全面"战略布局。2017 年 10 月 18 日,党的十九大召开,提出建设交通强国。在青海省委省政府的正确领导下,在交通运输部的大力支持下,青海道路运输服务以人民为中心,深化行业供给侧改革,转方式,调结构,促发展,加快行业转型升级,提质增效,出现了定制班车、"滴滴出行"等便捷化、个性化、多元化的运输服务新模式,道路客运服务高质量发展。截至 2017 年,全省公路客运量和客运周转量分别为 5069.6 万人次、49.7 亿人公里,分别是 1978 年的 32 倍、28 倍。

40 年来,全省运管机构通过规划引导、政策指导、行业监管、市场运作等机制,加快拓展客运营运线路,拓宽经营服务领域,道路客运市场不断发展繁荣。公路客运市场由 20 世纪 50 年代初的货车"代客车时代",逐步发展成集出租汽车、公交车、旅游客运、定制班车等形式多样的客运运输新业态和新市场。1978 年青海省开办出租汽车和旅游客运业务。1981 年 3 月,西宁市第二运输公司新建第四车队,专营出租汽车业务。1985 年西宁市有了第一家出租汽车个体户。1991 年,开办专用旅游车,除办理接待涉外旅游团体的专项服务外,还办理塔尔寺、青海湖鸟岛、互助土族之乡等名胜和风景区的旅游专线业务。1992 年新开辟了西宁至西安、西宁至格尔木、花土沟等公路卧铺客运班线,不断拓展省际超长途客运、开辟新线、发展支线、控制干线运力规模。1995 年客运市场以抓"长"(省际长途客运)促"短"(城乡短途和出租汽车客运)为重点,适度加大了开放力度,不断拓展省际长途客运辐射面,扩大客运市场容量。1998 年省内率先有偿拍卖出租汽车和小公共汽车经营权,利用经济手段有效调控总量的增加。2000 年以西部大开发为有利时机,依托高速公路和国省道发展的省际班车客运、省内城镇间班车客运以及依托县、乡公路连接行政村的农村客运快速发展。2004 年首批开通了西宁至兰州的高速客运班线,实现全省高速公路客运零的突破。随后开通了西宁至大通、湟源、湟中、互助等高速客运班线,高速公路客运班线从无到有、从少到多,成为城际间道路客运的主力军,极大地提高了人民群众的出行效率。2013年青海省人民政府办公厅转发省交通运输厅《关于进一步促进全省道路运输行业健康稳定发展意见》,出台道路运输加快发展的优惠政策,全省道路客运实现跨越式发展,道路客运市场和网络日趋完善。到2017年,全省运输网络基本形成。一是以邻省(区)省会城市间高速班车客运为主,辐射市县的省际客运网络基本形成。省际客运班线达到55条、日发113.5班次,其中高速客运班线21条、28班次,全省已与9个省(区、市),29个市、县开通客运班线,基本满足了省域之间人员的交流交往需求。二是以西宁为中心,以市州政府所在地为节点,辐射省内所有市县的市际班车客运网络基本形成。市际客运班线达到128条、日发2035.5班次,其中高速客运班线22条、927班次,市际班车客运已成为省内区域间人员流动的主要交往渠道。三是以乡镇全覆盖为重点,通达具备条件行政村为拓展目标的农村客运网络基本形成。全省已开通农村客运班线742条,日发班次6023班,通乡(镇)和通行政村客班率分别达到了100%和87.13%,农牧区客班成为全省农牧民群众最受欢迎的出行方式。四是以城市公交延伸、农村客班改造为主要推进方式的城乡客运一体化网络初步形成。全省已开通城际、城乡公交线路280条、投入客车1369辆,全省近300万农牧民群众享受到低票价公交出行的实惠。五是以公交优先为战略,以创建"西宁公交都市"为品牌的市县城市公交客运网络基本形成。全省城市公交客车达到4033.8标台、公交运营线路里程9431.6公里,年完成客运量4.6亿人次,日均客流量126万人次,其中省会西宁占公交总客运量的87%。六是以满足公众个性化需求为前提,作为全省城乡公交补充的出租汽车客运网络基本形成,出租汽车已遍及全省近30个市、县和乡镇,年完成客运量3.01亿人次,出租客运已成为城镇公交的重要补充,是城乡居民个性化出行的不二选择。七是以非定线包车旅游客运为主导,定线旅游客运为补充,通达省内及邻省(区)主要景区的旅游客运网络形成,年约完成客运量180万人次,基本满足了全省旅游产业发展之需要。全省客运市场培育完善,运输触角四通八达。

党的十八大以来,全省道路客运工作不断深化供给侧结构性改革,加强客运转型升级,激发市场活力,运输服务提质增效。2013年打破了旅游客运经营权的终身制,平稳实施了旅游客运经营权期限制度。2015年实施转变客运管理方式新政策,印发《关于深化改革简政放权转变道路客运管理方式的通知》,彻底消除了以往客运管理统得过死和管得过多的问题。2016年不断完善客运班线资源配置机制,尝试实施了3条班线的承诺考核和延续经营制度,道路运输市场资源配置形式呈现出多元化。2017年全面实施了道路客运实名制管理改革,实现了全省40个三级以上汽车客运站实名制售票全覆盖;全面推进旅游客运市场准入机制改革,实行了"企业申请、综合审核、择优配置"的旅游客运运力配置新机制;试点开通了互助至西宁大学城等2条定制班车服务新模式线路;共享全省高等级公路基础设施建设成果,及时调整改造西宁至玉树、同仁、循化等7条高客班线,提高了高速公路运行效率。在深化出租汽车客运改革方面,2016年青海省人民政府印发《关于深化改革推进出租汽车行业健康发展的实施意见》(青政办〔2016〕196号),2017年西宁市人民政府印发《西宁市深化改革推进出租汽车行业健康发展的实施意见》《西宁市网络预约出租汽车经营服务管理暂行办法》(宁政〔2017〕21号),有效奠定了全省及省内重点城市深化出租汽车行业改革的政策基础。2017年全力推进巡游出租汽车行业转型升级,积极规范网络预约出租汽车发展。截至2017年,全省共有巡游出租汽车企业59家,巡游出租汽车13183辆(其中电召出租车150辆),从业人员2万余人。网约车方面,目前有"滴滴出行""易到用车""神州专车"3个网约车平台在青海开展经营服务,经营范围主要在西宁市,车辆注册数量8万多辆,其中"滴滴出行"5万多辆、"易到用车"3万多辆、"神州专车"120辆。

(二)货运服务

20世纪70—80年代货物运输实行计划管理,至1992年青海货运逐步向市场调节过渡,推行合同运输,1995年全方位放开货物运输市场,支持符合条件的社会车辆参与经营性货物运输。货物运输从初始的西宁至兰州的1条班线,逐步辐射到西安、郑州、成都等大城市,并承担了中转格尔木、拉萨的零担货物运输任务,同时,集装箱运输也开始起步。1996年利用经济手段促使货运业户特别是国有货运企业采取租赁、拍卖和挂靠经营等方式加快车辆更新,鼓励发展大型、重型和微型货车,货运市场主体结构进一步优化,竞争能力不断提高。2011年西宁、海西等地区形成了一批以大、中型货运车辆为主、不同所有制形式、高度组织化的道路货运专业运输企业,其中拥有200辆以上大型车辆的货运企业已达18家。2017年青海加快货运物流市场培育,协调申报完成了青藏高原公铁多式联运和西宁北川甩挂试点项目初审及报部审核工作,全省拥有甩挂牵引车226辆、挂车409辆、甩挂运输线路6条;加快推进货运物流方式多元化,引导传统货运企业开展冷链物流业务,已有1家企业、8辆专用车投入运营。经过40年的改革发展,货物运输服务能力显著提升。全省道路货运业以提档次、调整运力结构为重点,基本形成了以普通货运为主,集危货、大件、甩挂、冷藏、集装箱、小件快递和现代物流为一体的道路货运市场和网络基本形成。全省公路货运量和货物周转量分别从1978年的780万吨、46727万吨公里增长到2017年的1.4亿吨、253亿吨公里,分别是1978年的18倍、54倍。

全省各级运管机构牢固树立"平时服务,急时应急,战时应战"的应急保障意识和交通战备意识,建立健全道路运输应急保障机制,制定道路运输突发事件应处置急预案和相关制度,2016年开展全省运政执法队伍演练、2017年开展全省道路运输应急保障队伍集结演练等活动,不断提高交通安全和应急处置能力,在全省性重大活动、2003年防"非典"、2010年"4·14"玉树抗震救灾应急运输等重大任务和自然灾害中经受住了考验。2010年"4·14"玉树地震,在省厅抗震救灾领导小组的统一指挥下,组织运输应急保障队伍调度救灾应急客货运力1182辆次,运输应急物资2.5万吨、人员1.5万人次,为国务院和青海省抗震救灾指挥部领导前往抗震救灾现场及第一批救援物资运进灾区创造了条件。灾后恢复重建期间,运输救灾和重建物资563.8万吨;转运赴外地就读的学生累计调派车辆626辆次,分60批次完成了25965人(次)师生的转运任务,有力保障了玉树灾后重建的相关工作,道路运输应急保障工作反应迅速,处置高效,保障有力。

(三)运输装备

1978年,全省道路运输企业实行经理(场长)负责制。1981年实行内部核算制。1984年实行承包责任制。1991年全面推行单车租赁承包经济责任制,国营企业"一统天下"的道路运输经营格局被彻底打破,迅速形成了开放、竞争的运输市场格局。为适应发展新需求,运输企业不断拓展运输经营线路,更新增加运输车辆,车型结构不断优化,车辆档次明显提升。经过40年的改革发展,全省基本形成了客运车辆高、中、普档次配比合理,货运车辆大、中、小车型配套衔接的运力供给结构。截至2017年,全省经许可注册的道路运输经营业户5.5万户,其中客运286户、货运52805户、客货运输站场102户,基本满足了全省经济社会发展对道路运输业的需求。全省班车客运车辆3401辆、合10.07万座,旅游客运车辆1377辆、合4.3万座;在班车和旅游客运车辆中,中高级客车占总达到79.15%;出租汽车1.3万辆、合5.2万座;公交车辆3992辆;货运车辆7.94万辆、49.32万吨,其中普货车辆7.42万辆、44.94万吨,危货车辆2353辆、2.62万吨,重型载货车辆占比达到27.4%。积极推广应用新能源车辆,倡导绿色运输,截至2017年,全省4006辆公交车中使用天然气、新能源的车辆共计3576辆,占比89.3%;13183辆出租汽车中天然气、双燃料车10379辆,占比78.7%;格尔木昆仑物流运业有限公司等2户企业开展甩挂运输工作,共投入牵引车226辆、挂车409辆,甩挂运输线路6条,从整体上降低能耗和减少废气排放,有效提升货运站场集约发展能力;全省已有6个市州建成投入使用或正在建设的新能源充电设施516座。加强道路运输应急装备储备,储备应急客运车辆200辆、货运车辆291辆,维保车辆3辆,保障人员1060人。

运输站场由20世纪50—60年代简陋的土木结构的"干打垒"逐步发展为20世纪70年代砖混结构的站房,再逐步发展为集运输、邮政、物流等多功能为一体的现代化运输站场。截至2017年底,全省累计建成汽车客运站944个,其中一级站10个、二级站15个、三级站28个、四级站71个、五级站194个、停靠站626个,全省基本实现了市(州)政府所在地至少1个一、二级车站,县(市)政府所在地至少1个三级以上车站,极大地改善了人民群众的候车出行条件。综合运输枢纽站建设步伐加快,西宁、格尔木列入全国179个公路运输枢纽节点城市,综合枢纽站场项目从零起步,并实现了新突破,实施建设了西宁客运中心站等5个综合客运枢纽。物流园区建设步伐加快,充分发挥部、厅两级资金扶持政策,全省3家物流企业的2个项目已纳入国家甩挂试点项目并获补助资金,西宁朝阳物流、曹家堡保税物流、格尔木昆仑物流等5个主枢纽物流园区项目已开工建设,杂多、治多、贵南等地方物流园区项目正在实施,并按规定纳入省厅运输场站建设扶持项目。同时,大力支持新能源充电设施建设,全省共有6个市州建成投入使用或正在建设的新能源充电设施516座。

"互联网+"深度融合,车辆监管服务智能化。全省已建成投入应用包车客运管理系统、客运联网售票等6个信息系统。依托道路运输综合监管信息系统建设,完成了24个重点市县运管机构动态监控室建设,初步整合了重点营运车辆动态监控系统、联网售票系统、包车客运系统、危货电子运单系统、高速公路联网收费系统等数据资源。实现了重点营运车辆动态监控信息与包车牌发放、危货电子运单报送的自动关联功能;实现了全省危货运输企业电子运单应用全覆盖;实现全省二级以上客运站联网售票系统全覆盖;实现了全省40家客运站政务管理信息系统实名制售票。依托道路运政管理信息系统升级改造,完成了31户汽车综合性能检测站数据的联网、上传和共享,实现了检测数据的自动录入、联网查询、交换应用和无纸化,行业服务便捷化。依托道路客运包车管理系统升级改造,建成了旅游客运管理信息系统,扩展了包车企业、旅游车辆、从业人员、游客、旅行社和导游等角色用户,完成了阿里云部署,基本实现了交通运输行业与旅游行业的信息共享和交换,用户可通过平台和手机APP实现在线查询、在线选择、在线支付和在线评价。依托联网联控系统,实现了重点营运客车运输安全"可视、可管、可控"全过程监管,行业安全监管信息化水平进一步提升。

四、行业管理成就

(一)法治建设

改革开放以来,公路管理法治建设,经历了从制度建设到法规建设的历史性转变过程。经过努力,逐步建立和完善了以国家法律为主体,行政法规相配套,地方法规为补充的公路管理法规体系。青海在认真贯彻执行国家法律、法规的同时,结合省内实际,相继制定颁布了一些加强公路管理的地方性法规。1983年,青海省人民政府根据"国务院关于加强路政管理保障公路安全畅通的通知"精神,针对全省公路管理的突出问题,发布了《青海省公路路政管理办法》。1988年,发布《青海省公路工程质量监理暂行办法实施细则(试行)》。1990年,颁布《青海省建设工程设计、施工招投标管理暂行办法》。1991年,青海省交通厅发布《青海省公路基本建设工程质量监督管理实施细则(暂行)》。1992年,颁布《青海省地方道路管理规定》。2000年,青海省交通厅发布《青海省交通行政执法过错追究制度》《青海省交通行政执法督查制度》《青海省交通行政执法公示制度》《青海省交通行政执法责任制度实施办法》。同年,省交通厅根据交通部1997年16号令的规定,发布《青海省交通行政执法证件管理办法》。2004年,发布《青海省关于〈超限运输车辆行驶公路管理规定〉实施办法》。同年5月18日,青海省交通厅、公安厅等10厅局委办发布《关于在全省开展车辆超限治理工作的实施方案》。这一时期,按省政府要求先后多次对涉及交通运输的65项行政审批项目进行了清理,取消33项、权力下放17项,取消和下放项目数量占原有项目的51%和26%。其中,在"十二五"时期,取消行政审批项目8项,下放行政审批17项,修改行政审批项目名称的4项,改为后置的工商登记前置审批事项8项。为摸清底数,加强规范性文件管理,青海省交通运输厅对1950—2014年规范性文件进行全面清理,查阅制发文件21796件,清查出属于清理范围的行政规范性文件为66件。经厅务会议审议,对60件予以废止,继续保留有效6件,在厅门户网站予以公布。2016年,青海省交通运输厅在2014年清理的基数上,再次进行了清理,建议继续保留以省政府和省政府办公厅名义发文涉及交通运输管理方面的6件规范性文件。对2016年8月1日前以省厅名义印发的14件规范性文件继续保留了5件。截至目前,省厅共有规范性文件22件,其中继续有效13件,决定修订9件。

2003年,以第33号政府令颁布《青海省高等级公路管理办法》。2004年,青海省交通厅发布《青海省县际及农村公路技术政策》和《青海省农村公路工程技术标准》。2004年,省人大常委会以第16号公告公布《青海省公路路政管理条例》,自2004年12月1日起施行。2014年印发《青海省交通运输厅贯彻〈法治政府建设实施纲要(2015—2020年)〉的实施方案》等文件,明确全省交通运输部门深入推进依法行政,加快建设法治总体要求、工作目标、时间进度和主要任务,并落实到交通运输改革发展各领域。同时,坚持严格规范公正文明执法等10大项37小项分解工作任务,确定责任处室,明确了可检验成果。在充分考虑全省农村公路建设、养护和管理现状的基础上,积极协调省政府法制办将《青海省农村养护管理办法》的修订列为2017年二档立法项目,将原《办法》上升为地方性法规。目前《青海省农村公路条例(草案)》起草工作正在按步推进。

2016年11月经第三方检测验收合格,建成省级科技治超综合管理信息平台等11个应用软件系统,路政总队建成12个支队、45个大队、6个治超站音视频三级联网应急指挥调度系统,以及公路路政执法管理系统、路政网上行政审批管理系统,配备了180套单兵设备和90套车载移动执法系统;运管局建成18个二级以上客运站视频联网工程和运政业务综合办公系统;海事局建成包含1个救助总中心、6个救助分中心、3个救助终端、24座VHF基站、54个CCTV视频监控通航水域交通安全监管系统及水上应急反应系统。根据省政府法制办《关于开展全省行政执法人员资格清理的通知》要求,组织各市州交通局、厅属各执法单位完成行政执法证件表格填报、证件信息汇总和应注销的行政执法证件收缴上交等工作,对全省242名已离岗或退休执法人员的执法证件进行了注销;组织交通运输行政执法人员和执法证件管理系统管理员举办了执法人员及证件系统操作培训班,采用网上年审的形式,全面完成了2016年全省交通运输持证人员执法证件年审工作。为建立与公安、检察、审判机关信息共享、案情通报、案件移送制度,青海省交通运输厅与省高级人民法院、省人民检察院、省公安厅联合制定印发了《青海省交通运输行政执法与刑事司法衔接工作制度》,把推进"两法衔接"工作作为提升和规范交通运输行政执法工作的有效抓手,充分发挥行政执法与刑事司法的整体优势,打击扰乱和破坏交通运输秩序的违法行为。

大力推进交通运输基层执法站所"三基三化"试点建设。根据交通运输部统一部署,青海省交通运输厅在推荐了2个国省道公路路政执法大队作为全国交通运输基层执法站所"三基三化"建设试点单位的同时,又分别确定了5个位于青海省农业和牧业两个不同地区执法环境、不同执法类别的路政、运政、海事基层执法站所,作为全省交通运输基层执法站所"三基三化"建设试点单位,为总结推广"三基三化"建设经验、现场观摩、交流学习,起到积极借鉴作用和示范引领效果。为进一步提升基层执法人员应诉能力,防范应诉风险,加强执法案件质量提升,2017年省路政总队联合民和县人民法院共同举办了"路政处罚案件行政诉讼演练"活动,在演练中找到差距、补短板,实实在在解答了"干什么、怎么干"的问题。

青海海事(水运)管理起步较晚,从2001年省级海事(水运)管理机构的建立,至2006年全国海事机构"海事改革"的全面完成,这是中国海事全面发展时期,也是青海海事监管能力提升的重要阶段。在水上监管工作中时常会遇到一些地区性问题,按照国家法规难以有效解决,从2000年起,着手研究制定青海省水上交通安全管理的地方性法规。在法规制定过程中,认真阅研了大量的国家法规和其他省区的地方性法规,充分考虑青海海事监管工作实际情况,广泛征求有关部门意见。经过多年的努力和集思广益,几易其稿,青海第一部水上交通安全管理的地方性法规——《青海省水上交通安全管理办法》于2005年出台,填补了青海水上交通安全管理无地方性法规的空白,为解决青海海事监管的实际问题,提供了有力的法律依据。近年来,为了使海事行政执法工作不断适应海事事业快速发展的新形势,在全面深入总结海事行政执法工作的基础上,不断建立和完善各项规章制度,先后制定了包括船舶检验、船舶管理、船员管理在内的规范性文件,使海事行政执法工作有法可依。

2006年以来,行政执法能力取得新提升,法治建设效果显著。"十二五"期间,全省海事水运管理机构充分运用"结对子"平台,采取走出去、请进来、挂职交流等多种形式,积极开展各种业务培训,累计组织全省海事水运系统集中培训10期,400人次,省外培训172人次,参培率达到了93%,极大地提高了"软实力"。全省共出动执法人员4500余人次,车辆900余台次,安全巡航1291趟次,巡航总里程达21755.3公里,发布航行警告100余次,查处船舶违章30余起,安全运送旅客336.36万人(年均增长率达8.83%)。

新中国成立后,邮政事业发展进入长达50年的政企合一和邮电合一的运营体制,伴随改革开放的不断深入,邮政实施政企分开。青海省邮政管理局自成立以来,始终将争取扶持政策,优化行业发展环境作为重要工作来抓,支持引导邮政企业加快改革和发展的步伐,积极推进企业改革,鼓励邮政企业进一步完善覆盖城乡、功能合理的邮政服务体系,不断提高邮政服务的供给能力和水平,支持邮政企业积极参与社会主义新农村建设,支持企业服务"三农"和乡村振兴战略。青海第一部邮政业地方性法规《青海省邮政条例》于2014年10月1日正式施行,邮政地方立法取得历史性进步。青海省邮政管理局与税务部门协调落实了针对快递服务税收的优惠政策,强化与交通运输部门沟通协调,免收主要快递企业运输车辆道路通行费。改革开放以来,尤其是在政企分开以后的12年里,一些制约和影响行业发展的体制和机制性障碍得以逐步消除,对行业发展具有较大影响政策和制度得以确立,邮政业的发展环境显著改善。与交通运输业的合作不断深化,通过航空、铁路运邮比重逐年增加。邮政普遍服务网络覆盖面的扩大及"快递下乡"工程的实施,畅通了农产品进城和工业品下乡的双向流通渠道。

随着改革开放的深入,为满足市场和人民群众的用邮需求,邮政新业务应运而生,国内函件业务、报刊发行业务、"集邮热"逐步发展。随着金融业改革步伐的加快,商业银行商务汇款、入账汇款、网上汇款业务先后开办,邮政汇兑业务遭到很大冲击,持续萎缩。此外,在覆盖城乡的邮政网点优势基础上,代收、代付业务成为一项新型业务。伴随着经济社会的蓬勃发展,青海快递成为邮政业不可忽视的一种新业态。快递企业逐步使用先进技术设备,提升服务能力。青海邮政业近年来依靠体制改革、优化环境、简政放权、严格监管等措施,极大释放改革红利,便民惠民的作用不断扩大,服务满意度稳步提升。全行业加强对边远地区、民族地区的业务覆盖,建设村邮站,加快推进"快递下乡"建设工程,提升邮政业普惠水平,使艰苦边远农牧区群众同样享受"互联网+"带来的生活的便利。加快建设住宅投递、智能快件箱投递和公共服务站投递等互为补充的末端投递服务新格局。如今的邮政业在直接服务经济社会的同时,产业联动效应也日益显现。凭借覆盖广的网络优势,借助电子商务的迅猛发展,充分参与农村农产品和生产资料的流通配送,成为连接城乡和区域贸易的重要纽带。

(二)管理体制改革

青海解放后,交通管理机构迅速成立,并先后隶属于西宁市军事管制委员会和青海省军政委员会及青海省人民政府交通处。1955年7月,更名为青海省交通厅,辖属机构相继成立,并不断变化。职工队伍经历了从无到有发展壮大的过程。1978年,全国进入了社会主义现代化建设的新时期,为了适应这一新形势,青海交通系统从自身特点、不同角度、不同层次上,开展了一系列体制改革工作。

20世纪80年代初期,首先改组公路体制,成立"青海省公路科研勘测设计院""青海省交通厅公路工程处""青海省交通厅公路养护处"。1984年,公路工程处改称青海省公路桥梁工程公司,成为具有法人资格的经济实体。随着企业改革的深化和力度的加大,公路施工企业内部配套改革随之加强,适时改善干部管理体制,推行企业厂长(经理)负责制。1986年,公路养护处改建青海省公路局,原养路总段、养路段更名为公路总段、公路段。1989年3月,省公路局实行局长任期目标管理制,竞聘局长,任期3年。1994年,出台《青海省交通厅推行国家公务员实施办法》,经省推行国家公务员制度领导小组检查验收合格,省交通厅推行国家公务员制度宣告完成。1994年11月15日,青海省编委批准《青海省交通厅职能配置、内设机构和人员编制方案》,依据"三定"方案,出台了《青海省交通厅推行国家公务员实施办法》,并报经省人事厅批准后组织实施。2000年,青海省交通厅印发《青海省交通厅机关机构改革实施办法》,实施机构改革。至2005年,青海省级、州县、企业组织及全省地方交通行政管理机构名称、规格及职能配置基本实现统一。

党的十八大以来,青海交通运输系统深入推进供给侧结构性改革,理顺了路政执法、海事水运管理体制,完善了地方铁路管理体制,实施省交通医院省级公立医院改革工作。建立交通投融资新模式,加快推进交通PPP项目进度,设立青海省交通产业发展基金。开展公路建设管理体制改革,试点开展公路建设项目施工总承包、公路建设管理代建制及公路建设项目自管模式。推进"青海与甘川交界地区平安与振兴工程"建设,制定并通过省政府办公厅印发《关于深化改革推进出租汽车行业健康发展的实施意见》,加快推进东部城市群高速化公路(含一级)网络建设(含旅游线路),加大西宁、格尔木等地道路综合客运枢纽和货运枢纽项目的推进,自筹资金提前建成龙羊峡库区龙羊港及委曲沟等码头,基本满足全省水上旅游业发展需求。落实"放管服"改革要求,改革农村客运组织,下放省际、市际道路客运业务和旅游客运业务许可权限。在扎实开展纪律检查体制机制改革的同时,完成省厅公务用车改革及交通运输财务管理体制改革。建立"互联网+路政"行政审批综合信息管理网络平台,完善了建、管、养、运相协调的运行机制,申请专项资金推进西宁市绿色交通城市创建工作和花久绿色循环低碳主题性项目建设,分别到位全部补助资金3705万元和1510余万元。积极推进收费制式改革,进一步推进简政放权,着力推进行政审批制度改革。

2014年3月15日,根据中共青海省委、省人民政府关于省政府机构设置的通知,将"青海省交通厅"更名为"青海省交通运输厅"。2014年4月17日,青海省交通运输厅正式挂牌。近年来,省交通运输厅紧紧围绕省委"坚持正确方向、全面深化改革、奋力打造'三区'、建设全面小康"的战略部署,始终坚持"四个全面"战略布局,持续改善国计民生,完成交通运输固定资产投资1362.51亿元。2016年,全省综合交通运输体系不断完善,公路与铁路、民航、水路、邮政等运输方式实现了有效衔接,交通运输对经济社会发展从初步缓解到基本适应的转变步伐加快,先行引领作用明显增强。制定《青海交通精准扶贫规划》,充分发挥行业优势,为定点扶贫点甘德县支持道路建设资金7.47亿元,建设农村公路285.65公里,为当地学校、寺院和贫困孤寡老人、异地搬迁贫困牧民、残疾牧民捐助教学设备、体育设施、药品、图书、生活用品等,免费为当地牧民举办汽车维修技能、钳工技能、电焊工技能培训活动,免费培训贫困群众并安排到交通建设项目务工,有效提高了部分贫困群众的收入。

伴随改革开放不断深入,政企合一的邮政管理体制已不能适应市场经济的需要,邮政政企分开以及省以下邮政体制改革应运而至。邮政政企分开,为邮政事业的发展创造了良好的监管环境和法治环境。省、市(州)及邮政管理部门的相继成立,为公开公平公正地监管邮政业市场奠定了基础,也有利于建立一个统一的邮政业市场和制定公开透明的监管政策,便于挖掘服务需求,协调相关部门政策,统筹政府扶持资源,更为邮政法治的建设和完善创造了良好的契机。省及各市(州)邮政管理部门承担行业管理和市场监管职责,负责贯彻执行国家邮政法律法规、方针政策和邮政服务标准,研究拟订本地区邮政发展规划,监督管理本地区邮政市场以及邮政普遍服务和机要通信等特殊服务的实施,负责行业安全生产监督、统计等工作,保障邮政通信与信息安全。在政企分开的同时,也启动了调整业务结构、优化邮政网络的邮政主业改革,以"运动员"身份,公平参与市场竞争,发挥点多面广的网络优势,认真履行邮政普遍服务义务,形成邮政邮务类、金融类、速递物流类三大业务板块专业化经营局面。

经过40年的投资建设,青海邮政网络得到了快速发展,形成了沟通城乡、覆盖全国、连通世界的现代邮政网络。针对青海地广人稀、经济社会发展落后的现状,创新村邮站建设形式,村邮站实现零的突破,全省共建成村邮站508处。近年来,青海邮政业依靠体制改革、优化环境、简政放权、严格监管等措施,极大释放了改革红利,便民惠民的作用不断扩大,服务满意度稳步提升。全行业加强对边远地区和民族地区的业务覆盖,建设村邮站,加快推进"快递下乡"建设工程,提升邮政业普惠水平,使艰苦边远农牧区群众同样享受"互联网+"带来的生活的便利。加快建设住宅投递、智能快件箱投递和公共服务站投递等互为补充的末端投递服务新格局,建成快递末端综合服务站115个,布放智能快件箱共计53组,"快递进高校"覆盖率和规范运营率均达100%。通过"政府搭台、企业唱戏"等方式,引导快递企业充分利用邮政企业遍布城乡的网络优势,提升农村牧区投递深度,全省已有顺丰、圆通、百世、申通、中通、联合等主要品牌快递的26家企业与邮政企业合作,由邮政企业代投农村牧区快件。全省各族人民依托寄递渠道和邮政、快递网点寄递包裹、互通消息、网购商品、采买农资、充值缴费、购买车票……用邮群众足不出户就可以便捷地享受"从工厂到用户、田头到餐桌、从枝头到舌头"的优质寄递服务。如今的邮政业在直接服务经济和社会的同时,产业联动效应也日益显现。凭借覆盖广的网络优势,借助电子商务的迅猛发展,充分参与农村农产品和生产资料的流通配送,成为连接城乡和区域贸易的重要纽带。累计建成"邮政+电商""快递+电商"综合服务平台117个,服务平台集网络购物、网络销售、网订店取、网订店送、缴费支付、取送货品、大众创业、本地生活等八个方面于一体,既方便了群众生产生活,又带动了行业发展。用邮群众在寄递领域的获得感、幸福感、安全感更加充实、更有保障、更可持续。

(三)投融资体制改革

1979年以来,在国家相关政策支持下,青海公路建设投入逐年增加,特别是1998年开始,中央利用财政债券支持青海公路建设,青海公路建设投融资开始向国家投资、银行贷款、社会集资等多元模式转化,使青海公路建设资金大幅度增加,公路建设速度明显加快。1996—2016年交通固定资产投资中,中央投资为12194693万元,占资金构成的48.4%。其中,中央车购税补助11378495万元,占45.16%;中央预算内专项资金701698万元,占2.78%;地方预算内专项资金114500万元,占0.45%。地方投资为12999175万元,占资金构成的51.6%。其中省内自筹116617万元,占0.89%;银行贷款12882558万元,占99.1%。

党的十八大召开后,青海交通运输进一步深化投融资改革。一是建立交通投融资新模式。按照《国务院关于加强地方政府性债务管理的意见》要求,投融资模式由"统借统还"转化为由交投、铁投和基金公司按照公司发展要求,筹措交通建设资金,省厅通过政府购买服务方式,引导资金投入到交通基础设施建设。二是加快推进交通PPP项目进度。按照国务院

《关于创新重点领域投融资机制鼓励社会投资的指导意见》和交通运输部《关于全面深化交通运输改革的意见》的要求,统筹协调推进交通运输行业PPP工作,将市场化程度相对较高、投资规模相对较大、交通量稳定、收费定价机制透明、现金流稳定的8个交通运输建设项目,经遴选分别纳入了省发改委和省财政厅PPP项目储备库,共计1060公里,总投资670亿元,计划吸引社会资本470亿元。三是设立青海省交通产业发展基金。以基金公司为融资平台,以交通新开工建设的高速公路和地方铁路建设等项目为载体,开展项目建设基金融资工作,目前已梳理出交通产业基金计划投资"十三五"新开工交通重点项目19个,总投资1388亿元。

五、科技创新成就

(一)科技创新体制改革

1975年,由交通部第一公路勘探设计院、基建工程兵、交通部科研院重庆分院及青海省、西藏自治区公路部门组成科研组,先后在青海不同地质地段进行油路试验。1979年,青海公路学会成立,学会下设道路工程、桥梁工程、汽车运输、交通工程4个专业。1984年7月,青海省交通厅科技情报站成立。先后创办了《交通科技动态》和《青海交通科技》期刊,发送省内及省外公路交通部门。1985年前后,青藏公路大规模改建。1986年5月成立路桥、汽车两个专业情报组,并加入西北地区公路科技情报网和西北地区汽车运输科技情报网,与省内外280个部门和单位建立情报网。1987年,青海省科协和交通厅联合邀请美国加利福尼亚海华市原交通局长、交通工程专家张秋先生来青海作"交通工程学"专题讲座,以此为基础,编写完成《交通工程概论》科普资料。1995年7月,根据中共青海省委、省人民政府和省机构编制委员会决定,省交通厅机关实行内部机构改革,其中一项为设立科学技术处。2000年,科学技术处更名为科技教育处,科技创新工作为其一项重要职能。2009年,根据《青海省人民政府办公厅关于印发省交通厅主要职责内设机构和人员编制规定的通知》(青政办〔2009〕155号)规定,厅科技教育处更名为厅科技处,科技创新工作职能仍然保留。青海省交通科学研究院始建于1976年,专门从事交通运输科学研究,并以省公路局实验室为基础,成立公路交通科学研究所。随着青海交通的发展,原公路交通科学研究所几经撤并。到2013年,经青海省机构编制委员会办公室批准,正式更名为交通科学研究院。2016年初,省厅编制印发了《青海省交通运输厅科技项目管理办法》和《青海省交通运输厅科技项目经费管理办法》,填补了青海交通运输科技项目管理方面无制度规范的空白,从而为继续推进科技创新工作,更好地支撑青海交通运输行业实现跨越式发展。

2017年青海省交通运输厅相继又印发了《青海省交通运输厅创新实施意见》《青海省交通运输厅公路工程研究试验费统筹管理暂行办法》《青海省交通运输厅促进科技成果转化实施办法》等制度办法。至此,青海交通运输行业科技创新工作已形成一套较为完善的管理制度。

(二)科研能力建设

改革开放初期,青海交通科研机构及大中型企业科技开发机构十分薄弱,机构不健全,人员短缺,基础设施和装备条件相当落后,缺乏科研开发手段,独立承担科研能力很差。国家实施西部大开发战略以后,以厅科技处、交通科学研究院、公路科研勘测设计院为基础,对原有的基础配套设施加以扩充完善,强化研究试验手段,形成必要的规模与能力。这一时期,青海交通科技领域加大投资规模,拥有了省级的实验室、检测和测试中心,成为具有一定水平的科研基地。经过多年的努力,"十二五"期,青海交通初步建成了"一院、两基地、两中心、两实验室"为支撑的科技创新平台[一院是指青海省交通科学研究院;两基地是指交通运输部"多年冻土区公路建设与养护技术交通行业重点实验室青海研究观测基地"和交科院"盐渍土地区公路研究实验基地";两中心是指青海省交通环境监测中心和青海省交通行业试验检测设备计量站(试验检测中心);两实验室是指国家发改委"高寒地区交通建设与养护技术国家地方联合工程实验室(青海)"和"青藏高原公路建设与养护重点实验室"],初步形成涵盖冻土、盐渍土、湿陷性黄土等筑路难题的试验研究平台,聚集和培养了一批优秀科技人才,形成了一批具有重要价值的基础性研究成果和实用技术。党的十八大召开后,青海交通运输厅高度重视科研能力建设,加大投入支持实验平台建设,目前已建成2个青海省人才"小高地",1个国家级博士后科研工作站和1个院士专家工作站。以重点科研基地、重大科研(工程)项目为依托,强化培训交流,完善激励机制,加大培养力度,构建了一批人才培养平台,造就了一批高层次创新型科技人才。至2017年底,全厅专业技术人员总量达到2379人,占职工总数的37%。依托全省事业单位工作人员和公务员招录平台,2010年以来共引进各类大专以上人员1300余人(其中博士研究生2人,硕士研究生40人),很大程度上缓解了交通人才总量不足的现象。同时,人才质量也有了较大提高,目前,青海交通运输系统享受国务院特殊津贴专家3人,交通运输部青年科技英才2人,中国公路学会优秀科技工作者2人,中国公路学会百名优秀工程师3人,省级优秀专家2人,"高端创新人才千人计划"引进人才1人。

(三)重大科技创新成果及推广应用

1978年以来,青海交通运输系统紧紧围绕交通工程建设和运输生产开展科技攻关,交通科技创新能力不断增强,交通科研取得丰硕成果,"四新"技术得到广泛应用。

由省交通厅主持编写的科研专著《公路悬崖大爆破设计与施工》《盐渍土地区公路工程》,于1980年由人民交通出版社出版。吴承志编写的《青海公路桥梁文件》于1991年由青海省人民出版社出版。省交通厅主持编印的各种教材,参与交通部编制的各种设计、施工准则、规范达30余种,发表科技论文百篇,对推动交通科技理论研究与发展交通事业,起了积极的促进作用。由于长期以来未建立科研成果的评审、验收、奖励制度,不少应予获奖的科研项目均未能给予奖励。自改革开放以后,科研成果评奖逐步制度化,到1995年有47项获省委、省政府颁发的科技成果证书,有12项获国家、部、省技术进步奖。

1996—2000年,青海交通部门共实施科技项目58项,其中科研项目15项,新产品开发2项,软科学研究3项,新技术推广应用34项,标准制定2项,共投入科技经费1196万元,完成重点交通科技项目44项(含交通部通达计划科技项目4项)。其中,处于国际领先水平1项,国际先进水平1项,填补省内空白4项,获奖项目达11项,其中获得省科技进步三等奖3项,省科技进步四等奖4项,交通部科技进步三等奖3项,交通部科技联合攻关优秀项目奖1项,其中1项列入交通部科技成果推广项目。由青海省交通医院和上海海科院共同承担完成的

《高原低氧地区筑路工人劳动能力研究》《筑路员工急进特高海拔地区高原肺水肿防治研究》和青海省路桥公司与西安交通大学共同承担的《青海地区无机结合料稳定级配砾石基层适用性的研究》分别获得交通部科技进步三等奖,由省公路科研勘测设计院与兰州冰川冻土研究所共同完成的《214国道退化性多年冻土地区路基路面修筑技术的研究(第一期)》获得青海省科技进步三等奖。

2001—2005年,青海开展科研项目共50项,部分研究成果达到了国际领先和国际先进水平。省交通医院完成的《高原地区筑养路职工劳动卫生保护综合措施》获交通科技进步一等奖,青海省公路科研勘测设计院完成的《214国道退化性多年冻土地区路基路面修筑技术的研究(第二期)》获青海省科技进步二等奖和中国公路学会技术进步二等奖,《加快青海省公路交通建设对策研究》《青海省公路建设与国民经济的发展适应性研究》《高温多年冻土地区路面结构形式的适应研究》获中国公路学会技术进步三等奖。《万丈盐桥处治技术研究》获得省科技进步二等奖,《重盐碱地区公路翻浆处治技术、材料及工艺的研究》获中国公路学会科技进步二等奖,一批先进技术和装备的开发应用,为运输生产和基础设施建设,提供了必要的技术支持。

西部大开发以来,青海省交通系统共投入科研经费9600多万元,开展科研项目110多项,许多研究成果达到了国际领先和国际先进水平。先后有10余项研究成果荣获国家级或省部级奖励,其中《多年冻土青藏公路建设和养护技术》荣获国家"科技进步一等奖",《青海万丈盐桥处治技术研究》《多年冻土地区公路病害机理与养护维修技术研究》《盐渍土地区公路桥涵及构造物防腐蚀技术研究》和《青海高原特殊条件下公路沿线大型滑坡和高边坡病害防治技术的研究》荣获青海省科技进步二等奖。

在公路建设中,青海省交通系统不断加大新技术、新材料、新工艺的推广应用力度,重点推广应用了博尼聚酯纤维沥青混合料、路基土壤固化剂、改性沥青、波纹管涵、冲击压实、温拌沥青混合料等技术。

2011—2015年以来,全省交通运输行业认真贯彻落实创新驱动发展战略,面向交通运输发展主战场,统筹推进重大科技研发、创新能力建设、成果推广应用、科技管理创新等各项工作,取得了显著成效,科技对交通运输发展的支撑引领作用明显增强。5年来,青海省交通运输厅投入科研经费1.11亿元,科研基础条件建设经费1.3亿元;组织完成交通运输部、青海省科技厅、青海省交通运输厅科研项目立项近80项;取得一批先进适用的科技创新成果,其中荣获国家科技进步二等奖1项,青海省政府科技进步奖、中国公路学会科技进步奖11余项。

改革开放40年,青海交通运输部门针对特殊地质条件下的筑养路技术、公路交通运输、交通可持续发展和新技术新材料的推广应用等方面先后开展了《青海省高等级公路沥青路面合理结构的研究》《青海省高速公路湿陷性黄土路基处置技术研究》《三江源区公路建设与生态环境保护研究》等近50项科研项目,研究成果中7项达到国际领先水平,15项达到国际先进水平,18项达到国内领先水平,其中《多年冻土青藏公路建设和养护技术》荣获2008年度国家科技进步特等奖,《盐渍土地区公路建设成套技术及工程应用》荣获2013年度国家科技进步二等奖;荣获中国公路学会科学技术一等奖1项、二等奖2项、三等奖3项;荣获青海省科技进步二等奖3项;参与制定《温拌沥青混凝土》(GB/T 30596)《多年冻土地区公路设计与施工技术细则》(JTG/T D 31-04—2012)等国家、行业标准2项,主持制定《寒区温拌沥青混合料路面技术规范》等青海省地方标准16项,取得专利37项,撰写专著6本。

六、对外开放成就

1974—1985年,青藏公路大规模改建。青海交通对多年冻土地区筑路研究采用了多项技术措施。1985年,国家验收委员会鉴定意见:"……在多年冻土腹部地带,水文、地质、气候极复杂的'世界屋脊'上,修建标准较高的沥青路面,在技术上是可行的,工程总体是成功的……工程质量总评为良好。"该项工程中采用的技术1987年获国家级科学技术进步一等奖,工程技术人员瞿建照同时获一等奖。吴承志撰写的《青藏公路多年冻土地区沥青路面建筑》论文,参加了日本第三次中日公路技术交流会。

西部地区交通基础设施建设的快速发展,对保障西部地区经济社会持续快速健康发展、改善人民生活水平以及促进国防现代化,发挥了重要作用。在西部大开发的第二个十年,国家再次提出要继续把交通建设放在优先地位。

位于青海省的多年冻土区公路建设与养护技术交通行业重点实验室青海研究观测基地自成立以来,在交通运输部、省科技厅、省交通厅等部门的支持下,通过自身努力建设,在学科发展、人才建设、实验室研究平台建设、研发能力、科技成果转化和学术影响力等方面得到长足进步,自主创新能力显著增强,为青海省本地乃至冻土地区交通行业的发展,提供了有力的技术支持和科研保障。该基地先后与俄罗斯、加拿大等国家的交通科研专家建立了不定期的技术交流合作,同时积极组织并参加本行业内的国际和国内会议,提升了科研人员的科研水平,扩大了冻土观测基地的学术影响力。"多年冻土区公路建设与养护技术交通行业重点实验室青海研究观测基地"(青海冻土观测基地)位于青海省果洛州玛多县境内,距玛多县45公里,海拔4260米,占地面积为12万平方米。2009年,被交通运输部认定为"多年冻土地区公路建设与养护技术交通行业重点实验室青海研究观测基地"。通过近年来的建设,现建有2个气象站、1个涡动通量观测场,并在G214沿线设立75个路基监测断面、10个桥梁桩基监测点、3个挡墙监测点,综合试验场内建有一栋架空式钢结构集装箱式实验办公用房(建筑面积为1100平方米)和14个公路病害机理研究试验系统。多年冻土区公路建设与养护技术交通行业重点实验室青海研究观测基地依托于青海省交通科学研究院,紧密围绕多年冻土区公路建设与养护技术领域的重大问题,以研究观测基地为中心,以野外试验和观测为主要手段,定期检测各条公路典型监测断面的运营状况,并及时提取观测数据;开展多年冻土环境变化、寒区隧道围岩热状况等监测,开展基础研究、应用基础研究、重大关键技术攻关、前瞻性技术探索以及相关公益性技术研究工作。目前,青海研究观测基地连续积累了近30年的多年冻土基础研究资料,是全国唯一的多年冻土基础科研平台,在高原寒区公路建设中发挥了重要的科技支撑作用。青海研究观测基地积极适应创新驱动新需求,在人才培养方面积极采取走出去、请进来的方式,不断加强人才培养力度,广泛开展国内外学术交流与科研合作,实现优势互补,资源共享。利用自身优势和地域特点,通过国际国内学术会议、学术报告和项目合作等方式,与国内外相关领域内的知名研究机构和研究人员建立长期的合作关系。迄今为止,青海冻土观测基地冻土实验室在国内外有影响力的学术期刊发表学术论文共106篇,其中被SCI收录2篇,EI收录8篇,核心期刊27篇,一般期刊69篇。早在20世纪80年代,中科院旱寒所盛煜研究员携日本专家学者参观了花石峡冻土观测站;1994和1995年,中科院旱寒所金会军研究员、北京交通大学刘建坤教授分别携日本、俄罗斯专家学者访问了花石峡冻土观测站。

2013年10月10~11日,由青海省交通科学研究所、北京交通大学和中国科学院寒区旱区环境与工程研究所等20家单位联合举办的第一届寒区路基工程国际研讨会在西宁举行。来自国内十几所高校、科研院所和俄罗斯、美国、加拿大、土耳其、韩国、新加坡等国的110多名专家学者汇聚一堂,以"寒区路基工程技术"为主题,就"寒冷地区路基土体及材料物理力学特性""寒冷地区路基土体物理力学过程耦合模拟"等5个方向,开展了广泛的学术交流和研讨。中科院寒旱所赖远明院士作了《寒区路堤工程热动力稳定分析理论与方法》的报告,莫斯科国立交通大学Ashpiz教授作了《俄罗斯多年冻土地区建设与设计经验》的报告,美国堪萨斯大学韩杰教授作了《利用土工合成材料加强土工结构》的报告。与会的专家学者共作了38场专题报告。2014年11月29日,美国德州交通部工程师陈达豪教授应邀来进行学术交流,其间,做了《温拌沥青技术在寒区公路建设中的推广》学术讲座,2015年10月11日,意大利高校联合会副主席、威尼斯大学Enzo Siviero教授及Alessandro Stocco博士应邀来进行学术交流,其间,做了《Conceptual Design of Bridges》学术讲座。2015年1月,青海冻土观测基地科研人员赴加拿大参加"中加交通科技合作第二期第四次会议",与加拿大交通部代表团专家进行技术交流,并对中加合作的五个项目的进展进行总结及下阶段工作进行探讨。2015年9月,青海冻土观测基地人员赴俄罗斯西伯利亚国立交通大学参加"第二届寒区路基工程国际研讨会",来自中国、俄罗斯、澳大利亚、加拿大、美国、韩国、土耳其、挪威、哈萨克斯坦、日本10个国家的专家学者参加了会议。与会学者讨论了气候变化和自然灾害对交通干线运营的影响、最新的冻土试验成果和理论分析成果。2016年10月10~15日,青海冻土观测基地冻土科研人员在交通运输部科技司领导的带领下,参加了由加拿大交通部和中国交通运输部联合举办的第六届中国—加拿大创新合作指导委员会会议。2016年先后有加拿大交通部运输、技术创新司创新政策处尤塔·帕丘拉处长一行10人,著名国际岩石力学学会首席专家、前任主席、日本神户大学教授樱井春辅先生一行4人,俄罗斯国立地质勘探大学水工系主任、俄罗斯自然科学院宾金·瓦季姆院士一行3人来基地进行交流访问学习。2017年7月5~8日,第三届寒区路基工程国际研讨会在贵德召开并圆满落幕。来自中国、俄罗斯、美国、日本、韩国、哈萨克斯坦、加拿大、荷兰8个国家,52个国内外大学和科研单位,共180余名研究学者参会。研讨会主要针对寒区的交通基础设施面临的冻融循环作用和冻土退化问题进行了广泛讨论,在两天会议期间,与会专家学者共作了56场报告。

通过与国际学者访问交流及参与国际研讨会,青海冻土观测基地科研人员了解、学习并掌握了参会各国冻土区路基及其他构筑物不同的科研情报和存在的问题、与寒区路基工程相关的最新的冻土试验成果和理论分析成果、国际上目前使用的相关地基冻结技术现状、成果、存在的问题以及改进措施、寒区路基动力学研究的最新成果。借助这些先进的理论与经验,结合全省多年冻土区高速公路建设技术,进一步开阔了工作视野,为今后的科研工作提供了创新思路,对进一步深入学习和加快青海交通科研与国际冻土研究领域的合作与交流有重要作用。为此,青海冻土观测基地将继续为青海交通科技工作者拓展国际视野,搭建合作平台,培养科技人才和储备先进技术,为促进冻土工程科学研究取得更大进展,尤其是通过合作项目和互动交流,安排年轻科研人员跟踪合作项目,到国外学习,进一步提高科研队伍的整体水平服务。

七、党的建设与精神文明建设

（一）党建工作

1978年，中共青海省革命委员会交通局党的核心小组恢复为中共青海省交通局党组。1979年，青海省交通局恢复为青海省交通厅，随之成立中共青海省交通厅党组。1983年10月，青海省党政机关机构改革工作指导小组决定省交通厅增设机关党委，组织关系隶属于省直机关工委，增设中共青海省交通厅纪律检查委员会。之后，厅属各企事业单位相继设立纪律检查委员会。1984年，中共青海省交通厅党组恢复为中共青海省交通厅委员会，党的组织关系隶属于中共青海省委领导。1988年，中共青海省交通厅纪律检查委员会晋升为副厅级。中共青海省交通厅委员会管辖"中共青海省公路局委员会"等10个直属单位党委、62个党支部。至2005年底，省交通厅及直属单位有中共党员866人（其中正式党员830人，预备党员36人）。其中，在职职工党员533人，离、退休职工党员297人；男性党员646人，女性党员220人；少数民族党员79人。2014年3月15日，根据中共青海省委、省人民政府关于省政府机构设置的通知，将"青海省交通厅"更名为"青海省交通运输厅"。2014年4月17日，青海省交通运输厅正式挂牌。1991—2016年期间，交通厅（交通运输厅）党组织机构名称为"青海省交通厅（交通运输厅）党委"，2016年9月更名为"青海省交通运输厅党组"。

党的十八大召开以来，厅党委（组）主动适应全面从严治党新要求，认真履行第一责任，充分发挥"把方向、管大局、保落实"的领导核心作用，以时代精神牢牢把握党建工作新特点、新要求、新任务，坚定不移把加强机关党的建设与推进交通运输改革发展同谋划、同部署、同落实。建立定期共商研判机制，每年如期召开专题会议，学习领会中央、省委关于党建工作有关会议重要指示、重要文件精神，听取基层单位和机关党委开展党建工作情况汇报，研究解决存在的问题和困难，提出党建工作的思路、任务和措施，顶层谋划工作布局，高位推动任务落实，确保党建工作始终与中央、省委节拍一致、同向同力。

按照全面从严治党向基层延伸的要求，面对点多线长面广实际，探索构建"向人、向工作、向责任"的"三位一体"压力传导机制，以严的要求推动党的建设在全系统全面进步、全面过硬。通过党建工作部署传导压力，坚持问题导向，每年分别印发全系统和党建工作要点，定期开展督查和通报。通过主体责任分解传导压力，按照"谁主管、谁负责"原则，建立健全班子成员责任分解和落实机制，确保工作上有部署、下有行动，一级抓一级、层层有落实。自上而下认真组织开展党的群众路线活动、"三严三实"专题教育、"两学一做"学习教育等党内专题教育活动，督促指导每个基层党组织紧紧围绕党员思想状态和实际需求，制定学习方案，列出学习计划。围绕学习宣传贯彻党的十九大精神，紧密结合"两学一做"学习教育常态化制度化，原原本本学习党的十九大报告、《党章》和习近平新时代中国特色社会主义思想，举办县处级领导干部学习党的十九大精神集中轮训班，邀请党的十九大代表贺生兰同志赴厅机关、基层一线进行党的十九大精神集中宣讲、与党员干部一同座谈交流。围绕学习宣传省第十三次党代会，组织开展了省十三次党代会精神"学习月"活动。首次以上下同步、视频直播形式，开展交通运输全行业十三次党代会精神集中宣讲活动。基层各党组织通过"三会一课"、专题辅导、学习研讨等多种形式,分阶段、分步骤地推进党的十九大、省第十三次党代会精神的学习。积极开展万场党课万人讲活动,各党组织书记发挥示范作用,带头讲党课、讲体会,厅机关邀请三江源国家公园管理局"可可西里坚守精神"宣讲团开展"精品党课"集中宣讲,形成了基层党组织积极组织、党组织负责人积极带动、全体党员积极参与,上下联动、共同学习的浓厚氛围。青海交通运输厅党组织始终以《干部选拔任用条例》和有关法规为依据,按照党政领导干部选拔任用的基本条件选拔干部,并得到普遍认可,群众满意度连续多年保持在97%以上。坚持将好干部标准贯穿识人、选人、用人全过程,注重把好选人用人的"九道关口",确保干部选拔任用工作的总体质量。坚持从严管理和激励关怀相结合的优良传统,加强日常谈心谈话,增强干部的荣誉感和获得感。

结合单位内设处室职能调整划分、新增单位和有关事业单位机构改革等实际情况,及时组建、调整、合并基层党组织,保证党的组织和党的工作及时跟进。推行"支部建在单位(部门)、党员行政负责人担任书记"工作机制,强化党员行政负责人"一岗双责"意识。建立素质能力提升机制,分期分批开展党支部书记和党务干部轮训,不断增强思想政治素质和业务工作能力。厅党委(组)及各级党组织深刻深入落实全面从严治党、依规治党各项要求,自觉落实党风廉政建设责任制,加强组织领导,理顺体制机制,强化监督问责,认真做好责任分解和落实,每年召开专题会议,听取班子成员分管领域党风廉政建设责任制落实情况,专门召开纪检干部座谈会,听取意见建议。深化党的政治纪律和政治规矩专题教育、法律法规教育和从政道德教育。通过开展预防职务犯罪专题讲座、党章党规知识测试、"以案释纪明纪、严守纪律规矩"警示教育、观看反腐专题片等活动,使受警醒、知敬畏、明底线成为广大党员特别是领导干部的自觉行为。坚持挺纪在前,紧盯重要节点,延伸监督触角,多轮次、全方位开展监督检查和明察暗访。畅通服务监督渠道,倾听群众意见建议,切实解决劳务工资发放、征地拆迁补偿、交通行政执法等涉及人民群众切身利益的突出问题,深化行风政风建设。改进调查研究,精简会议文件,贯彻执行710工作制度,践行"一线工作法",持续推动作风建设长效常态。坚持惩治腐败的高压态势,深化运用"四种形态",认真开展谈话函询,及时咬耳扯袖,对存在苗头性、倾向性问题的党员干部进行提醒谈话。

(二)精神文明建设

多年来,省交通运输厅党组(党委)始终坚持"两手抓、两手都要硬"的方针,确立"树文明行业新风,建人民满意交通"的总体目标,按照"围绕大局、服务中心、加强领导、健全机制、抓好示范、整体推进、创新理念、打造品牌"的工作思路,确立"以人为本、以德兴业、内强素质、外树形象、服务人民、奉献社会"的基本原则,大力弘扬"扎根高原、艰苦创业、献身交通、造福人民"的交通行业精神,开展文明行业创建、建设"高原千里文明通道"、打造"畅行青海、美在交通"文化品牌,持续开展群众性精神文明创建活动,充分发挥交通干部职工在精神文明建设中的主体作用,形成了横向到边、纵向到底,上下联动、全员参与的行业精神文明创建工作格局。

自1986年以来,省厅相继制订了"七五"至"十三五"7个《青海省交通行业(系统)社会主义精神文明建设规划》,为使规划任务落到实处,省厅累计召开全省交通行业(系统)精神文明建设工作会议10次、"畅行青海、美在交通"推进会2次,总结交流经验,表彰奖励先进,安排部署工作。厅文明委建立健全行业精神文明建设目标责任制考核评价制度,从组织领导、表彰奖励、监督管理到创建活动,都有具体明确可操作性强的考核内容,与年度目标任务考核同步进行,对考核结果及时通报。多年来,考核评价制度已延伸到全省交通运输行业的最基层单位,各段、队、站、所都有量化考核指标,形成了全行业层层安排、层层落实、层层评价、层层争创的行业文明创建可喜局面。多年来,全省交通运输行业精神文明建设敏锐把握社会新变革、工作新特点、群众新向往,不断丰富活动内容,不断创新载体,文明行业创建成效显著,行业文明程度大幅提升。

党的十八大以来,全省交通运输行业持续深化精神文明创建工作,坚持不懈地打造精品工程,大力弘扬"两路"精神和青海交通运输行业精神,深入培育践行社会主义核心价值观,着力打造"畅行青海、美在交通"文化品牌,不断提升行业软实力,树立行业好形象,凝心聚力建设人民满意交通,形成了横向到边、纵向到底,上下联动、全员参与的行业精神文明创建工作格局。"畅行青海、美在交通"文化品牌按照"路畅心畅、路美人美"的创建目标,以完善路网结构、加强管理服务、提升服务水平、优化路域环境、保障安全畅通为着力点,以创建"最美交通文化品牌""最美交通文明窗口""最美高原交通人"为抓手,大力推进文明行业建设,不断提升职工文明素质,提高惠民服务能力,着力提升行业影响力、群众满意度和社会美誉度。建立品牌创建机制,印发创建规划,制定创建管理办法,明确创建思路目标,规范创建标准流程。对"一区两站三车"(即高速公路服务区、收费站、汽车站、公交车、出租车及旅游客运车)等行业服务窗口单位的文明服务工作提出规范要求。涌现出中央文明办、交通运输部、青海省文明委等表彰的"感动交通年度人物""最美高原交通人""最美青海人""最美养路工"、敬业奉献"中国好人"等先进典型。2017年首次发布行业形象宣传片《畅行青海·美在交通》,2018年行业形象宣传片《畅行青海美在交通——青海交通超级工程》网络点击量突破10万+,唱响了交通主旋律,传递了交通正能量,展示出交通好形象,引发了广大观众和交通运输行业干部职工的情感共鸣,受到了社会各界的广泛关注和好评。通过"畅行青海·美在交通"文化品牌的创建,"两路"精神在青海交通运输行业得到进一步传承和弘扬,内涵得到不断拓展和丰富,凝聚起建设交通强国青海篇章的强大精神动力和良好舆论氛围。

全行业各单位多措并举,创建各具特色的文化品牌,形成上下联动、齐头并进的品牌创建机制。厅文明委命名表彰"最美交通文化品牌"3个、"最美交通文明窗口"160个、"最美高原交通人"96名;文化建设品牌单位7个、示范单位16个、优秀单位60个。创建全国交通运输文化建设品牌单位1个、卓越单位2个、优秀单位15个。20个单位(集体)荣获交通运输部文明单位(文明示范窗口)称号。青海省交通运输厅连续五届荣获"全国文明单位"称号,全行业16个单位荣获"全国文明单位"称号;58个单位荣获"省级文明单位(标兵)"称号,青海省交通运输厅荣获"省级文明行业"称号。2016年,青海省交通运输行业省级文明单位(标兵)数首次位居全省第一,省级文明行业创建迈上新台阶。全行业精神文明创建工作常抓常新、成果丰硕,树立了风清气正、为民务实、干事创业的行业形象,为谱写交通强国青海篇章和建设人民满意交通,凝聚起强大精神动力和丰润道德滋养。

(三)行业先进典型

使命呼唤担当,榜样引领时代。全省交通运输行业精神文明创建工作充分发挥榜样感召人、影响人、带动人的重要作用,积极组织开展"最美交通文化品牌""最美交通文明窗口""最美高原交通人""中国好人""感动交通年度人物""最美青海人""最美养路工""最美青工"等道德模范和先进楷模的推荐评选活动,在全行业形成了传承传统美德、弘扬先进精神、培养先进典型的浓厚氛围,促进了全行业道德水平和文明程度进一步提升。

特别是党的十八大以来,榜样模范辈出,先进典型不断。张虎发同志被国务院授予全国民族团结进步模范个人。贺生兰同志被交通运输部授予"最美养路工",王如意同志荣获交通运输部"2013年感动交通年度人物"荣誉称号,省交科院多年冻土观测基地团队荣获交通运输部"2015年感动交通年度人物"荣誉称号,省交科院盐渍土科研团队荣获交通运输部"2016年感动交通年度人物"荣誉称号,省路网中心12328呼叫服务中心和韩伟学同志荣获交通运输部"2017年感动交通年度人物"荣誉称号,青海省交通运输厅两次荣获交通运输部感动交通年度人物推选宣传活动最佳组织贡献奖。黄南公路段同仁工区被青海省文明委授予"最美青海人"。刘文军、裴光湖被中央文明办授予敬业奉献"中国好人"称号。目前,青海交通运输系统获得全国劳模6人,全国五一劳动奖章10人,省部级劳模50人。

省交通运输厅连续五届被命名为"全国文明单位",全行业16个单位荣获"全国文明单位"称号,58个单位荣获"省级文明单位"(标兵)称号,2016年行业省级文明单位(标兵)数首次位居全省第一;20个集体荣获"部级文明单位(示范窗口)"称号,文明行业创建迈上新台阶。

改革东风吹绿塞上江南
交通先行筑就时代辉煌

宁夏回族自治区交通运输厅

宁夏地处中国西部黄河上游,是全国唯一的省级回族自治区。历史上的原州和灵州,是古丝绸之路的转运重镇,萧关古道和灵州西域道,则是陆上丝路的重要组成部分。长期以来,由于受历史、地理等因素的影响,资金投入不足、交通相对闭塞、经济发展水平较为落后,成为制约经济社会持续、健康、快速发展的一个"瓶颈"。新中国成立以来,在党中央、国务院的亲切关怀下,在党的民族区域自治政策的指引下,宁夏回族自治区交通运输面貌发生了翻天覆地变化,尤其是改革开放40年来,经过几代交通人的不懈奋斗,宁夏交通运输事业发展取得了令人瞩目的历史性成就,为促进宁夏经济社会发展提供了坚实的交通运输保障。

一、综述

交通运输是国民经济的基础性、先导性、战略性产业,是经济社会发展的重要支撑和强力保障。改革开放40年以来,宁夏的交通运输事业不断发展壮大,取得了长足发展。

(一)发展历程

改革开放40年来,宁夏交通运输事业发展先后经历了多个阶段,概括起来可分为以下几个阶段。

1.交通先行,放管结合,破解宁夏经济社会发展难题(1978—1988年)

党的十一届三中全会以来,自治区党委和政府坚持解放思想、与时俱进,敢走新路、勇破难题。公路方面,宁夏对公路重新规划布局和改造升级,建成中宁黄河公路大桥和石嘴山黄河大桥,打通区域内连大通道。采取国营、集体、个体运输业户"一齐上"等措施,放开货运市场,率先允许私人经营汽车客运业,打破了国营运输企业一统天下的局面,为交通运输全面改革开辟了一条先河。铁路方面,中央积极支持少数民族地区的经济建设,决定将原包头铁路分局担当的北京至银川169/170次旅客列车移交银川铁路分局。民航方面,从1978—1988年,受制于基础设施的不完善,宁夏航空运输业相对发展缓慢。1978年,银川西花园机场持续运营北京—包头—银川—兰州1条航线,宁夏全年航线里程为1300公里,旅客吞吐量2806人次,货邮吞吐量104吨。水路方面,银川市采取以渡养渡的方针,自行设计,成功建造横城渡口的第一艘16吨钢质机体木船,大大改变了渡口面貌。水上旅游迅速兴起,使水运这种具有悠久历史的运输方式得到新生。

2.解放思想,规划引领,推动宁夏交通运输提质增效(1988—1999年)

公路方面,自1988年开始,全国范围内的高等级公路建设逐步展开,宁夏的公路建设及运输也进入了新阶段。1995年编制完成《宁夏回族自治区1991—2020年公路网规划》，确立了以首府银川为中心的"X"形公路主骨架,形成了三纵六横干线公路网长远建设目标。1997年,宁夏抢抓"西部大开发"战略机遇,启动以高等级公路建设为中心的公路交通现代化建设工程。铁路方面,宁夏铁路事业进入大阔步纵深发展时期,掀起了新一轮铁路干支线建设和改造高潮。1990年4月,宁夏第一趟进京列车开通。1995年6月,宝中铁路安口窑至迎水桥段正式开通运营。1996年11月,我国第一条沙漠电气化铁路——甘武线完成电气化改造并投入使用。至2000年底,宁夏铁路的线路里程总长863.665公里。民航方面,1989年10月,民航西北管理局组建,民航宁夏区局行政关系隶属民航西北管理局。1992年,民航宁夏区局步入企业化管理轨道。1995年12月,银川河东机场工程开工建设,1997年9月竣工并正式投入运营,结束了不能起降大中型飞机的历史,从根本上改善了宁夏的航空运输条件。截至1999年,宁夏开通航线12条,每周航班次达到63班。水路方面,随着改渡为桥进程加快,公路渡口逐渐被公路桥梁替代。渡口逐渐消亡,宁夏水上运输业逐渐向水上旅游运输方向转型,原有运输功能基本不复存在。1988—1999年,兴建水上旅游区,开始了水上旅游运输。

3.抢抓机遇,加快发展,推动宁夏交通运输跨越发展(2000—2011年)

公路方面,1999年,中共中央、国务院为推进区域协调发展,启动实施了西部大开发战略。公路方面,宁夏按照《国家高速公路网规划》和《全国农村公路建设规划》布局,抢抓机遇、加快发展,高速公路、农村公路建设取得长足进步,公路通车里程、技术等级、路面铺装率等各项指标均有较大提高。铁路方面,2006年5月太中银铁路正式开工建设,包兰铁路宁夏段复线建设,2011年12月银川火车站竣工并投入使用。民航方面,2008年6月,银川河东机场二期扩建工程竣工并投入使用,新航站楼建筑面积3.2万平方米,航线布局逐步优化,外拓能力更加强劲。2008年12月26日,中卫香山机场正式开航,成为自治区首个4C级支线机场。中卫机场仅用180多天时间,便如期完成各类建设任务前期工作和工程建设,创造了西北民航的"中卫速度"。2010年,固原六盘山机场正式通航,是宁夏区内唯一的高原机场,至此,宁夏民用运输机场数量达到3个。

4.统筹兼顾,科学发展,提升宁夏交通运输质量和水平(2012年至今)

党的十八大以来,以习近平同志为核心的党中央十分关心交通运输发展。习总书记明确指出,"十三五"是交通运输基础设施发展、服务水平提高和转型发展的黄金时期,要抓住这一机遇,加快发展,不辱使命,为实现中华民族伟大复兴的中国梦发挥更大作用。公路方面,2012年9月,自治区发布《宁夏回族自治区"十二五"综合交通运输体系发展规划》,宁夏进一步完善综合交通运输服务体系,形成"宁夏一交""一市一交"的"大交通"管理机制,努力打造宁夏集铁公空运输为一体的"零距离换乘、无缝化衔接"枢纽。2013年,自治区制定出台《(2015—2030年)宁夏回族自治区省道网布局规划》,确立建设"三环八射九联"的宁夏高速公路发展目标。2015年11月,自治区《关于制定国民经济和社会发展第十三个五年规划的建议》指出,要加快开放通道建设,构筑交通枢纽,打通与国内重点经济区的连接通道,形成西向出境、东向出海、高效便捷的综合性、立体式对外通道。2017年6月,自治区第十二次党代会提出加快交通基础设施建设,打通主动脉,畅通微循环,优化路网结构,提高路网密度,畅通省际出口通道,实现内联外通,促进公路、铁路、航空有效衔接,加快构建以快速交通为骨干、连通全国交通网络的综合交通运输体系。铁路方面,宁夏加大境内铁路与周边省区客运、货运铁路专线建设。2011年1月11日，太中银铁路正式通车。太中银铁路建成后，成为宁夏唯一一条东西方向的铁路干线，也是经过宁东能源化工基地直接通往沿海港口的一条重要的对外通道，有效解决了宁夏多年来铁路运输不畅、运力不足的问题。2012年以来，按照西煤东运的战略要求，确保宁东能源化工基地建设，宁夏陆续建设和即将开工建设的客货运铁路专线还有呼包银兰客运专线、环海中铁路、宝中铁路复线、宁夏太阳山至甘肃白银铁路、甘武铁路增建二线项目、大古铁路扩能改造项目、宁东铁路网建设等项目。2014年6月，自治区人民政府下发了《关于城市优先发展公共交通的实施意见》。同年8月，自治区发改委公布《宁夏回族自治区城际轨道交通发展规划》。按照《规划》，宁夏将新建铁路线708公里。2015年宁夏相继开工建设吴忠至中卫城际铁路、银川至西安高铁，2017年开工建设中卫至兰州高铁，"十三五"期间还计划开工建设包头至银川高铁、银川至巴彦浩特铁路、宝中铁路扩能改造工程等项目。预计到2020年，建成银西高铁、吴忠至中卫城际铁路，新增里程约318公里，宁夏铁路里程达到1650公里左右，在建中兰高铁、包银高铁、银川至巴彦浩特铁路，宝中铁路扩能改造工程等，在建里程约380公里（其中高铁163公里）。民航方面，2011年10月，自治区政府审议通过了《关于加快宁夏民航事业发展的若干意见》。2012年8月10日，中卫香山机场正式更名为"中卫沙坡头机场"。宁夏全年航线里程达到61406公里，旅客吞吐量391.44万人次，货邮吞吐量2.70万吨。2016年底，银川河东国际机场三期建成投运，飞行等级提升为4E级，航站楼总面积合计达到12.9万平方米，可满足年旅客吞吐量1500万人次、货邮吞吐量10万吨的保障需求，机场综合保障能力大大提高。2017年8月，以航空为主，集各种交通方式为一体的银川国际航空港综合交通枢纽工程开工，作为60周年大庆和自治区重点项目强力推进。2017年，宁夏全年航线里程达到134564公里，旅客吞吐量826万人次，货邮吞吐量4.23万吨，民航运输服务对宁夏县级行政单元地域、人口和经济总量服务范围分别达到了85.3%、94.7%和92.96%。

（二）主要成就

改革开放40年来，宁夏交通面貌发生了翻天覆地的变化，交通运输事业实现了跨越式发展，综合交通运输体系逐步完善，交通基础设施突飞猛进，服务保障能力显著增强，体制改革取得重要进展，有力地促进了宁夏经济社会发展。

1. 现代综合交通运输体系初具规模

改革开放40年来，宁夏现代综合交通运输体系已初具规模。截至2017年底，宁夏民用汽车保有量132.16万辆，比上年末增长12.1%。公路路网更趋完善，实现了内通外联，"三环四纵六横"高速公路网和"1222"普通干线公路网络基本构建，农村公路连接节点和覆盖范围大幅提升，跨黄河公路桥梁为沿黄地区发展提供了便捷条件。对外开放公路通道更加顺畅便捷，宁夏与周边省份相邻地级市基本实现高速公路连接，与周边省份相邻县市全部实现普通国省干线连接，宁夏重要公路运输通道和所有县城对外连接全部形成高速公路和普通干线公路"一主一辅"的格局。

2. 交通运输基础设施建设突飞猛进

公路方面，截至2017年底，宁夏公路总里程3.46万公里，公路网密度52公里/百平方公里，超过了全国平均水平；宁夏高速公路通车里程1609公里，实现"县县通高速公路"目标；普通国省干线通车里程4960公里,连通了所有县区;农村公路通车里程2.6万公里,基本实现了行政村通硬化路;专用公路里程1947公里,其中黄河两岸的滨河大道391公里;完成黄河银川、吴忠和中卫段航道整治工程建设140余公里。铁路方面,截至2017年底,宁夏铁路营业里程达到1339公里(其中,国铁为1060公里,地方铁路279公里),人均里程194.6公里/百万人,路网密度2.02公里/百平方公里(国土面积按6.64万平方公里)。民航方面,形成了银川河东国际机场一个干线机场和中卫沙坡头、固原六盘山两个支线机场,以及盐池、月牙湖通用机场的机场体系格局。2017年旅客吞吐量达到826万人次。

3.交通运输服务保障能力显著增强

截至2017年底,宁夏道路客、货运输经营业户发展到7.8万户,宁夏共有营业性运输车辆12万辆,其中营运载货汽车9.6万辆(含危险货物运输车辆4261辆),营运载客汽车2.6万辆(含班线客车4195辆,旅游客车655辆,公交车4486辆,出租车1.6万辆,租赁及包车客车174辆)。宁夏道路运输行业从业人员24.4万人。截至2017年底,宁夏共开通各类客运班线1956条,宁夏各类汽车维修业户5968家,建成汽车综合性能检测站41个,宁夏机动车驾驶员培训学校71家。2017年共完成公路客运量6518万人次、旅客周转量55.84亿人公里;完成货运量3.17亿吨、货物周转量500.18亿吨公里,与1958年公路运输量相比,公路客运量增长132.39倍、客运周转量增长92.19倍、公路货运量增长119.76倍、货运周转量增长552.23倍。

(三)经验启示

改革开放40年来,宁夏交通运输事业发展积累了许多宝贵的经验。

1.坚持解放思想、创新发展,积极探索交通运输发展新理念和新思路

改革开放40年来,宁夏交通运输业全面贯彻落实科学发展观,认真贯彻自治区党委、政府提出交通运输是国民经济和社会发展的战略重点,必须优先发展的方针,为经济社会发展做出了贡献。一是开放运输市场。宁夏首先放开货运市场,鼓励社会车辆进入运输市场,也允许城乡个体户、联户买车或买手扶拖拉机经营货运,交通部门只将抢险救灾、军事物资运输列入指令性货运计划,其他货源放开经营,实行指导性运价,实际运价随行就市。二是放开建设市场。为了最大限度地支持国家经济建设,提高运输能力,宁夏交通运输部门进一步解放思想,面向全社会开放建设市场,按照招投标法的统一要求,使有资质的工程设计与施工队伍顺利进入公路建设市场,全面完成短时间、大规模、高强度的基本建设投资,收到明显效果。三是积极发展新模式。宁夏交通运输业打破了单纯依靠国家投资的局面,开始形成"国家投资、地方筹资、社会融资、利用外资"的多渠道、多形式筹集交通建设资金的新局面,成功地开创了一条具有地方特色的交通运输发展道路,使交通设施建设从封闭走向更加开放。

2.坚持抢抓机遇、优先发展,全面提高交通运输发展质量和效益

1992年邓小平同志南方谈话和党的十四大后,自治区抓好"两纵两横和三个重要路段"的国道主干线建设,使公路建设的等级和质量迈上了一个新的台阶。1998年亚洲发生金融危机,中央提出了扩大内需的方针,自治区抓住机遇,进一步加快高速公路和公路网的建设。2000年,自治区党委、政府抓住中央扩大内需和加大对西部投入的机会,制定了交通建设规划,提出要抓住这一千载难逢的历史机遇,加快建设大进大出,通疆达海的快速通道,从而摆脱宁夏交通被边缘化的困境,完善公路网,开辟欧亚大陆桥第二条快速通道,让宁夏参与全国

乃至世界公路运输经济大格局，形成北接内蒙古、南连甘肃、陕西、东出山东沿海地区、西到新疆边贸的高速公路网，使交通建设快速发展。进入新时期，党中央、国务院做出建设社会主义新农村战略决策后，自治区启动了成立以来规模最大的农村公路建设，使宁夏农村公路得到了快速发展，极大地改善了农村的交通条件。

3.坚持深化改革、科学发展，着力构建交通运输发展新体制和新机制

改革开放40年来，宁夏交通运输业逐步适应社会经济发展的要求，始终坚持"政企分开"的方向，切实转变政府职能。尤其在"十五"至"十二五"期间，交通管理体制深化改革取得了新的实质性进展。一是不断深化改革。早在20世纪80年代，就开始了第一轮的"政企分开"改革，并坚持不断地转变政府职能；20世纪90年代后期，进行第二轮的"政企分开"深化改革，政府主管部门不再干预运输企业的生产经营活动，其职能基本上已转向宏观管理与行业管理。长期以来实行"政企合一"管理体制已成为历史，公路行业出现了前所未有的大发展局面。二是完善市场机制。逐步取消计划经济时期的统一分配货源、统一调度、统一运输价格的"三统一"管理模式，转实行"六放开"政策。根据自治区宏观体制改革进程以及随着公共财政体制的逐步完善，按照事权和财权相对称的原则，进一步理顺公路养护管理、路政管理、高速公路运营管理中的关系；改革道路交通管理体制，明确交通部门和公安部门在道路交通安全管理上的管理权限和职责分工，提高道路交通安全管理水平；按照"政事分开、运行一体化"的总体思路，进一步理顺民航空管管理体制，提升保障能力，建立与民航发展相适应的民航空管管理体制和运行机制等。通过深化改革，理顺各方面的关系，为交通运输发展创造良好的体制机制环境。三是强化行业管理。随着交通运输业发展进入新的阶段，自治区政府将主要精力放在抓交通建设上，不断强化政府在运输市场准入和运行监管、运输安全管理、提供基本公共交通服务等方面的职能，使交通运输业更好地服务于经济社会发展的需要。同时，针对宁夏交通运输企业整体竞争力较弱的情况，自治区政府也采取必要的扶持政策，支持宁夏运输企业做大做强，为运输企业参与国际和国内竞争创造良好的外部环境。

二、基础设施成就

改革开放以来，宁夏交通运输事业实现跨越式发展，综合交通运输体系逐步完善，交通基础设施突飞猛进，为宁夏经济社会发展奠定了坚实的基础。

1.公路建设成就

党的十一届三中全会召开后，宁夏首次提出建设科学合理、干支结合的宁夏公路网，大力发展县、乡公路，提高通达深度。为了摸清家底，1980年自治区交通局组织200多人按照出台的技术标准进行公路普查。当时宁夏计有公路423条，总长6848公里，有桥梁612座，总长4100千米。公路密度仅10.3公里/百平方公里；二级路181公里，仅占2.6%，高级次高级路面1415公里，仅占20.1%；无路面里程、砂砾路面里程分别为3029公里、2326公里，分别占44.2%和34%。按照交通部《公路工程技术标准》及国、省、县乡道的划分，宁夏对公路重新规划布局和改造升级。按二级公路标准改建了国道109线、312线、211线境内段和省道101线，为配合干线公路网新建了193公里的沿山公路。1985年2月，为适应经济发展形势，自治区在"七五"期间获得中央扶持资金3亿元，使宁夏顺利完成"七五"时期的公路建设项目，分别于1986年和1988年建成中宁黄河公路大桥和石嘴山黄河大桥，打通区域内连大通道。

1994年6月,宁夏建成了第一条全长48公里的银(川)古(窑子)一级公路。1995年编制完成《宁夏回族自治区1991—2020年公路网规划》,确立了以首府银川为中心的"X"形公路主骨架,形成了"三纵六横"干线公路网长远建设目标。

1991年10月—1997年6月,宁夏启动实施了改渡为桥工程,相继竣工通车了青铜峡、银川、中卫3座黄河公路大桥。1997年3月,历时七载的国道312线六盘山隧道工程竣工通车,从此天堑变通途。1999年,宁夏抢抓"西部大开发"战略机遇,启动以高等级公路建设为中心的公路交通现代化建设工程。1999年6月,全长94公里的世界银行贷款项目古(窑子)王(圈梁)高速公路开工,同年9月和10月,石中高速公路北段73公里、南段98公里及吴忠黄河特大桥相继开工。从"八五"到"九五"期间,共有5个高速公路项目和3个一级公路项目开工建设,并建成通车银武高速公路,标志着宁夏开始进入公路现代化建设阶段。

2000年6月,建成宁夏第一条高速公路石(嘴山)中(宁)公路姚伏至叶盛段。此后几年,相继建成了古(窑子)王(圈梁)、麻(黄沟)姚(伏)、叶(盛)中(宁)、中(宁)郝(家集)、银(川)古(窑子)、银川绕城南环高速公路、桃(山口)同(心)、同(心)固(原)、固(原)什(子)、盐(池)马(儿庄)等高速公路。截至2007年底,国家高速公路网规划的(北)京(西)藏公路宁夏境全部建成;青(岛)银(川)高速公路、福(州)银(川)高速公路宁夏境内的主要路段基本建成,形成了"三纵六横"公路网络,路网结构进一步完善。实现所有地级市通高速公路,所有县(市)1小时上高速公路,所有乡镇通油路,所有行政村通公路和所有公路有路必养。其间,高等级公路配套大型桥隧如青铜峡、银川、中卫、吴忠等黄河大桥和312国道六盘山隧道也相继建成。

2010年,宁夏实现了所有乡镇及行政村通公路。高速公路通车里程突破1000公里,建成了银川绕城高速公路、银川至机场六车道高速公路,实现了所有市县在1小时可上高速,国家高速公路网在宁夏境内的主要路段基本建成。建成银川黄河辅道大桥、吴忠陈袁滩黄河公路大桥、陶乐黄河公路大桥、中卫沙坡头黄河公路大桥4座横跨黄河的公路大桥,在黄河流经宁夏397公里的河道上,已建成10座黄河公路桥,平均39.7公里就有宏桥飞架,桥梁密度居黄河、长江流经省份之冠。

2012年6月,自治区人民政府发布《宁夏回族自治区"十二五"综合交通运输体系发展规划》,明确提出:综合交通运输是国民经济与社会发展的基础和先决条件,必须加快综合交通运输体系建设,加快转变发展方式。

2013年,根据习近平总书记提出的"一带一路"倡议构想,宁夏抢抓机遇、多方筹资,加大交通基础设施投入,加快公路交通建设步伐,自治区出台了《(2015—2030年)宁夏回族自治区省道网布局规划》,以建设"三环八射九联"的宁夏高速公路为目标,确定了总里程3550公里的省道网。

2015年,推进银川—西安、银川—呼和浩特(北京)、银川—兰州等地的铁路客运专线建设,实现银川至北京、西安、兰州等方向3~6小时到达。完善全面通达公路网络,建成银川至百色、银川至昆明高速宁夏段,新增高速公路700公里。建成银川河东机场三期扩建工程,开工建设四期工程。启动银川国际航空港综合交通枢纽工程,建设银川国际客运枢纽、中卫国际货运枢纽和西气东输管道枢纽。建设石嘴山、吴忠、固原区域性交通枢纽。

2015年,乌玛高速公路银川至青铜峡段、青兰高速公路隆德至毛家沟段高速公路、彭阳至青石嘴高速公路、黑城至海原高速公路建成通车。建成西吉至毛家沟、国道110线镇北堡至闽宁镇等重点项目。石嘴山红崖子黄河公路大桥被列为自治区2015年PPP试点项目,银百高速宁东至甜水堡段被列为交通运输部2015年PPP试点项目,两个试点项目被国家发改委、财政部确定为PPP示范项目。农村公路完工里程2425公里。

2016年,宁夏与农发行签订了"十三五"农村公路建设200亿元授信战略合作协议,支持地方农村公路建设。青银高速银川至宁东段58公里"四改八"主线主体工程提前完工。青兰高速宁夏段全线贯通,其中全长9.5公里的六盘山特长隧道是全国海拔2000米以上高原地区最长的公路隧道,标志着"7918"国家高速公路网宁夏段全面建成。宁夏成为全国第11个、西部第2个实现县县通高速公路的省区,宁夏所有县城融入了国家高速公路网。

2017年,青兰高速东山坡至毛家沟、固原至西吉、青石嘴至泾源高速公路3个收尾项目已全部完成建设任务。京藏高速改扩建项目开工建设,石嘴山红崖子黄河公路大桥、泾源至华亭高速公路、西吉至会宁高速公路、银昆高速银川河东国际机场段改线工程开工建设。青银高速银川至宁东"四改八"互通立交、叶盛黄河公路大桥路、同心至海原高速公路、石嘴山至平罗高速公路基本完成建设任务。截至2017年底,宁夏公路通车里程达3.46万公里,是1978年的6.6倍。公路网密度达52公里/百平方公里,超过了全国平均水平。

2.铁路建设成就

新中国成立初期,宁夏没有铁路,经过60余年的发展,至2017年底,宁夏区内有国家干线铁路3条,联络线1条,总长644.16公里;铁路支线3条和地方铁路1条;铁路专用线84条,长252.34公里。

从1981年11月起,铁道部先后批准上海、广州、齐齐哈尔、吉林铁路局进行扩大企业自主权试点。1982年4月,铁道部对全路所有企业下放计划、财务、物资、机构设置和干部任免等权限17条。1988年7月,银川火车站改扩建工程竣工,新设500米站台2个,旅客列车到发线3股,拓展了货场,跨入全国铁路68个大型货场行列。1988年10月,为了开发宁东煤田,宁夏进一步改革铁路建设投资体制,自治区人民政府和铁道部联合建设大坝至古窑子铁路。1991年12月2日,工程正式开工。1995年10月20日,大古铁路全线贯通。1997年3月31日,移交大古铁路公司管理。2000年6月,工程项目通过验收,6月23日交付运营。

1990年4月,银川至北京直达旅客列车首趟进京剪彩仪式在银川站举行。宁夏第一趟进京列车的开通,进一步缩短了宁夏和首都北京的距离,密切了宁夏和全国的联系。1990年,宝中铁路大会战拉开了帷幕,1994年5月18日南北正线铺轨合拢,6月10日在平凉举行了宝中铁路铺通庆典。宝中铁路建设历时4年,总投资42.58亿元。1995年5月底,宝中铁路安口窑至迎水桥段正式开通,并由兰州铁路局接管运营。1996年7月,通过国家验收并交付郑州铁路局西安铁路分局和兰州铁路局银川铁路分局运营。

从20世纪90年代开始,包兰铁路石嘴山至兰州东段电气化改造工程全面实施,1995年12月8日,工程竣工并投入使用。改造完成后,宝中铁路迎水桥至柳家庄间的既有双线连通,形成了包兰铁路正线90公里的电气双线通道,货物列车通过能力由原来的每天28对增至30对,列车牵引重量从2600吨升至3500吨,形成了年运输能力达3500万吨的主通道,包兰铁路的这一"瓶颈"区段终于不复存在,宁夏境内的铁路变成了通途。同时,这也是我国第一条沙漠复线电气化铁路。

1993年初,为配合兰新复线建设,国家计委和铁道部发出《关于甘塘至武威南铁路电气化可行性研究报告的批复》,同意甘武铁路全线实施电气化改造。1995年3月18日开工,1996年10月基本竣工。至2000年底,宁夏铁路的线路里程总长863.665公里。其中包兰铁路正线宁夏段352.58公里,宝中铁路正线宁夏段286.69公里,平汝铁路支线宁夏段47.532公里,铁西专用线14.278公里,银新铁路支线10.8公里,甘武铁路宁夏段4.897公里,大古铁路70.35公里,各厂矿企业的铁路专用线共计76.538公里。

2006年1月,国家发改委正式批复太中银铁路的可行性研究报告。5月,太中银铁路正式开工建设。2008年5月,太中银铁路率先从宁夏段开始铺轨。

2008年,铁道部启动包兰铁路惠农至兰州段扩能改造工程前期工作。2009年10月,包兰线复线工程宁夏境内段分为惠农至银川段和银川至兰州段两个项目实施建设。该项目宁夏境内305.18公里,总投资117.05亿元。2010年3月,惠农—银川段复线改造正式开工。包兰铁路惠银段增建二线工程的完成,有效缓解了包兰铁路运输能力不足的状况。

2009年,银川火车站改造工程可行性研究报告获铁道部批复。2月27日,在银川火车站货场举行了改造工程开工动员大会。2011年12月,该工程竣工并投入使用。新的银川火车站的建成,极大改善了银川市的景观环境,提升了银川区域中心城市的功能,对银川市加快建设区域铁路枢纽和区域中心城市具有重要意义。

2011年1月11日,太中银铁路正式通车,成为宁夏唯一一条东西方向的铁路干线,也是经过宁东能源化工基地直接通往沿海港口的一条重要的对外通道,有效解决了宁夏多年来铁路运输不畅、运力不足的问题。2012年以来,按照西煤东运的战略要求,确保宁东能源化工基地建设,宁夏陆续建设和即将开工建设的客货运铁路专线还有呼包银兰客运专线、环海中铁路、宝中铁路复线、宁夏太阳山至甘肃白银铁路、甘武铁路增建二线项目、大古铁路扩能改造项目、宁东铁路网建设等项目。

2015年10月10日吴忠至中卫城际铁路开工建设,同年12月25日,银西高铁开工建设;2017年6月19日,中兰高铁开工建设,通过银西高铁、中兰高铁链接西安枢纽、兰州枢纽使宁夏高铁充分融入国家高速铁路网,为宁夏今后的发展打开新的局面,结束了宁夏没有高铁的历史,宁夏人民期盼多年的"高铁梦"正在一步步变为现实。

3.水路建设成就

黄河出黑山峡进入一望无垠的宁夏平原,流速顿趋平稳,既无高山峡谷,亦无险滩暗礁,形成了较好的天然巷道。20世纪50年代,水路运输仍占全宁夏货物运输总量的70%以上,新中国成立至改革开放前,宁夏水路运输以木帆船为主,后因修建水利枢纽设施,黄河航道被迫封闭,水路运输也一落千丈,仅有渡运仍然存在。1981年,交通部放开运输市场,允许集体和私人经营。宁夏沿河各地一批老船工重操旧业,自发地开展水上货运。银川市在此期间,采取以渡养渡的方针,自行设计,自己动手,成功建造横城渡口的第一艘16吨钢质机体木船,大大改变了渡口面貌。1983年,中卫县西园、常乐两乡开始筹建由卷扬机、架空索道、连接索具和钢质渡驳组成的宁夏第一条索道汽车渡船,并经反复试验,于1984年上半年投入营运。随后,水上旅游迅速兴起,这种具有悠久历史的运输方式得到新生。1984年8月,宁夏设计的独具特色的无动力索道渡船投入营运。无动力索道渡船不消耗能源,无污染,安全高效,是宁夏水运史上的重大发明。1986年,宁夏青铜峡最早开始了黄河库区水路旅游。此后,宁夏沿河各地一些老船工也自发地开展水上货运,但水上货运成本较高,其运价无法与公路运输竞争。1988年后,这种私人货船逐渐退出运输市场。

随着改渡为桥进程加快,公路渡口逐渐被公路桥梁替代。1988年10月,石嘴山公路大桥通车,石嘴山渡口的渡船全部撤到钢厂渡口。1994年6月,银川黄河公路大桥建成,横城渡口不复存在。1997年6月,中卫公路大桥通车,历经几个世纪的莫家楼渡口撤销。随着渡口逐渐消亡,宁夏水上运输业逐渐向水上旅游运输方向转型,原有运输功能基本不复存在。1988—1999年,兴建水上旅游区,开始了水上旅游运输。

截至2017年底,宁夏有水上旅游景区16个,其中国家5A级旅游景区3个,有营运资质的水运企业22家。区内沿黄河15个县(市、区)的18个有船乡镇共设置营运性渡口13处,另有浮桥6座。宁夏共有各类船舶和水上浮动设施723余艘(架),总功率39417千瓦,总客位13519座。宁夏共有船员1198名,其中二类船员112名,三类船员1086名,全年共培训船员53名。宁夏从事水路运输人员约2100名。航道总里程为129.87公里,其中Ⅵ级航道104.69公里,Ⅶ级航道10.68公里,等外航道14.5公里。

4.民航建设成就

宁夏的民航事业在改革开放前发展缓慢,银川西花园机场是新中国成立后到改革开放前宁夏唯一的小型民用机场。当时开通的航线仅为北京—包头—银川—兰州航班,通航里程1300公里。因机场建设标准低,老旧失修,经常因跑道翻浆、水淹机场而停航。1986年,原银川西花园机场改扩建为3C级机场,新建长2200米、宽30米的沥青混凝土跑道,可以起降50吨以下机型。1988年6月,自治区人民政府投资86万元,将西花园机场跑道北端加长400米,两侧各加1.5米道肩,机坪扩大为6060平方米,可以起降西北航空公司的Bae146-100机型。

1993年3月,国务院、中央军委以正式批准新机场项目建议书,并命名为"银川河东机场"。9月27日,机场夜航正式开启使用。1995年12月,国家计委正式批准银川河东机场工程开工建设。1997年9月,民航宁夏区局转场银川河东机场。

1999年12月,民航宁夏区局原运输服务处基础上组建成立了宁夏航空服务有限公司。2004年4月12日,宁夏机场集团有限公司成立。10月9日,宁夏机场集团有限公司与原陕西省机场管理集团公司联合重组,成为西部机场集团成员企业,全称为西部机场集团宁夏机场有限公司。

自联合重组以来,宁夏民航相继实施了银川河东机场二期扩建和T1航站楼改造工程,托管了中卫香山机场,新建了固原六盘山机场,从根本上提高了宁夏航空运输服务保障能力,为宁夏经济社会发展做出了突出贡献。

2011年10月,自治区政府第102次常务会议,审议通过了《关于加快宁夏民航事业发展的若干意见》。2015年8月盐池通用机场作为宁夏首个通用机场正式投运,新建一条1200米跑道,及4个A类、3个B类停机位,和20米高塔台,配套建设飞行区及通信、气象等相关设施。工程总投资13168万元,资金由盐池县筹措解决。

银川月牙湖通用机场。2017年5月银川月牙湖通用机场正式投运,新建1200米跑道,及32个B类机位、3个直升机机位,配套建设飞行区及通信、气象等相关设施。工程总投资23096万元,资金由银川市自筹解决。

三、运输服务成就

新中国成立至1978年,公路运输一直是封闭式的市场,由交通部门的国营运输企业一统天下,独家经营。1978年底,宁夏民用汽车保有量为10218辆,但九成散布在各机关团体、企事业单位,客车只接送本单位职工,货车自货自运,都不准进入市场营运。这种政策,时称"三统",即统一调度、统一管理货源、统一运价。

(一)客运服务

1.公路客运服务发展情况

1978年,宁夏公路运输属封闭式市场,由交通部门的国有运输公司经营,宁夏共有营运车1390辆,全年完成客运量245万人次,客运周转量16144万人公里。

1985年,公路旅客运输执行"放开搞活"政策,允许私人经营客运,形成国营、集体、个体一起上的局面。交通部门以外的国营企事业单位,如饭店、旅社、经销公司,纷纷将自用客车承包、租赁给私人经营。一些个体工商户,也转而购置中巴车开展客运。他们没有官商习气,服务态度好,民众将他们的车辆称之为"招手即停"。1986年夏,原在企业当电工的刘强,购16座面包车1辆,经营银川南门广场至火车站的市内客运,成为银川市第一个客运个体户。随后的1年中,这种短途客运个体户发展到上百家,经营线路遍布市区及城郊。1987年,刘强见中巴客运市场已经饱和,又卖掉面包车,购进1辆意大利产菲亚特微型小轿车,成为银川市第一辆出租车。在市场竞争中,促使国有企业转变经营作风,改善服务态度,整个运输市场呈现一派新气象。至1990年,宁夏民用车拥有量已过3万辆,还有8万多台轮式拖拉机活跃在货运市场,公路运输制约经济发展的"瓶颈"现象,已大为缓解。

1991年,自治区、市、县三级运输管理机构全部成立,由交通厅授权,按照相关法规,对运输市场进行监督管理。

1992年,宁夏交通部门确立运输管理的目标为:培育和建设统一开放、公平竞争、规范有序的运输市场,使宁夏运输业尽快步入社会主义市场经济体制的轨道。为加强客运市场的宏观调控,做到公平竞争,本阶段运输市场建设的重点工作是对客运线路经营实行公开招标,并分三步实施。

1999年,中共中央、国务院制定西部大开发战略,从2000年开始实施,重点是调整结构,搞好基础设施、生态环境、科技教育等基础建设。1999年10月29日,国务院总理朱镕基来宁考察时指出:"进一步加快基础设施建设,这是实施西部大开发的基础……必须下更大的决心,以更多的投入,加快基础设施建设,特别要加强公路、铁路、机场、天然气管道以及电网、通信、广播电视等基础设施建设。要加快打通西部地区通江达海、连接周边的运输通道。"此后,交通基础设施建设,被列为西部大开发的重中之重。

21世纪前10年,在交通运输部等国家部委的大力支持下,宁夏充分利用国家对西部地区交通基础设施投入的倾斜政策,按照《国家高速公路网规划》和《全国农村公路建设规划》,抢抓机遇,加快前期工作,拓宽融资渠道,加大公路建设力度,相继建成一批重点项目。高速公路、农村公路建设取得长足进步,公路通车里程、技术等级、路面铺装率等各项指标有较大提高,公路通行能力和服务水平不断提高,运输网络和服务设施逐步完善,人民群众出行更加方便。

公路技术水平的全面提高,为运输业的高速发展创造了条件。2009年,宁夏有营运汽车10.27万辆,为1999年的2.5倍;共完成客运量1.2亿人次,旅客周转量61.02亿人公里,分别是1999年的2.45、2.13倍,分别占宁夏综合运输的95.1%、58.2%。

2010年以来,交通工作贯彻"三个服务"方针,即:交通发展要服务国民经济和社会发展全局、服务社会主义新农村建设、服务人民群众安全便捷出行。2010年后,宁夏汽车拥有量的年增数,保持在10万辆左右,而且基本上是小轿车。汽车进入寻常百姓家,是改革开放后民众生活富足的征兆,也是交通运输业繁荣昌盛的具体表现。它改变了人们的出行方式,居民开车上下班、自驾车旅游或休闲,已成为新常态。

截至2018年6月底,宁夏道路运输经营业户77956户,其中,客运经营业户171户(不含专营汽车租赁经营业户),班线客运经营业户78家,公交客运业户43家,出租车客运经营业户86家。部分业户存在两项或三项兼营情况。宁夏共有营运载客汽车25632辆(含班线客车4195辆,旅游客车655辆,公交车4486辆,出租车16122辆,租赁及包车客车174辆)。2017年共完成公路客运量6518万人次、旅客周转量55.84亿人公里。

2.铁路客运服务发展情况

从1986年9月开始,自治区党委、人民政府及银川铁路分局分别报请中共中央、国务院及铁道部,要求开行一趟银川至北京直达旅客列车,以支持少数民族地区的经济建设和对外开放。铁道部决定将原由包头铁路分局担当乘务工作的北京至银川169/170次旅客列车移交银川铁路分局。1990年4月,银川至北京直达旅客列车首趟进京剪彩仪式在银川站举行。宁夏第一趟进京列车的开通,进一步缩短了宁夏和首都北京的距离,密切了宁夏和全国的联系。1995年5月底,宝中铁路安口窑至迎水桥段正式开通,并由兰州铁路局接管运营,它的建成通车,大大提高了路网综合运输能力,对缓解西北地区铁路运输紧张状况,推动铁路沿线资源开发,促进地方经济发展具有重要的作用。

2009年经自治区发改委、银川市人民政府等共同努力,银川火车站改造工程可行性研究报告获铁道部批复。2月27日,在银川火车站货场举行了改造工程开工动员大会。2011年12月,该工程竣工并投入使用。银川火车站改造工程总投资约18亿元。新建银川火车站为客运站,设计规模10台18线,它的建成极大改善了银川市的景观环境,提升了银川区域中心城市的功能,对银川市加快建设区域铁路枢纽和区域中心城市具有重要意义。

2014年9月30日,国家发改委批复银川至西安铁路可行性研究报告。项目建设工期为5年,预计2020年建成。宁夏高铁将补上丝绸之路宁夏段的交通短板,使沿线各省的合作在一个平台上展开,使宁夏有更广阔的朋友圈,更广大的经济舞台,获得与全国同步小康的加速度。

3.民航客运发展情况

随着改革开放和自治区经济社会的快速发展,宁夏民航运输发展较快,航线航班日益增多,机型由小机型向中型、大型发展。1979—1982年,宁夏仅开通北京—包头—银川—兰州1条航线。1982年8月,银川开通至西安航线;1986年9月,新开银川—太原—北京航线;1990年4月,开通银川至北京直达航班。截至1996年,先后开通了广州、上海、成都、乌鲁木齐、武汉等航线航班,每周航班由1986年的3班增加为33班。

银川河东机场投运以后,宁夏民航抓住西部大开发机遇,实施机场全方位开放战略,改善运输生产经营状况,开拓客货市场,提高航班载运率,加大航班密度,通过增设售票网点,提高服务质量等多种方式,使机场旅客、货邮吞吐量逐年大幅增长。1997年,银川河东机场投运。银川机场先后开通了银川至昆明、重庆、青岛、杭州、大连等航线航班。1999年,银川机场每周航班63班,其中银川至北京9班,至上海6班,至广州2班,至成都4班,至重庆2班,至西安40班。至2003年,银川机场开通了21个城市的航线航班,每周航班达110多个。以银川为中心、辐射省会城市和沿海开放城市的航线网络初步形成。

2004年以来,宁夏民航进入了快速发展的新阶段。2004年4月,深圳航空公司开通深圳—银川—深圳航线;7月,东航西北公司在银川机场增放一架A320飞机,执行银川至西安、北京、成都等航班;2005年10月22日,四川航空公司开通银川—兰州—成都航班。2006年8月29日在银川河东机场航空口岸正式设立。同年12月,银川机场首次执行银川—麦加朝觐包机;2007年2月,开通银川—香港航线航班;2008年4月,海南航空开通了银川—天津航线,山东航空开通了青岛—银川—敦煌航线,四川航空开通了银川—成都—昆明航线,华夏航空开通了银川—重庆—贵阳航线;6月20日,中国联合航空公司开通银川至北京航班;7月1日,山东航空公司开通银川—济南—烟台航班;7月17日,南方航空公司开通银川—沈阳航班。10月28日,东航于新开了银川—西安—昆明航班;11月5日,海航于新开了银川—海口航班;12月7日,山航新开银川—太原—济南航班;2011年5月11日,东航云南公司开通银川—昆明—迪拜国际航线;2012年,3月24日,银川-首尔国际直航航班正式首航;2013年3月19日,泰东航开通银川—曼谷航线;4月23日,南方航空开通银川—台北定期航班;5月12日,远东航开通银川—台北航线。2014年1月11日,宁夏首条国际直航货运航班,银川至哈萨克斯坦国际货运包机开通;1月21日,银川—长春航线正式开通,标志着银川机场实现与全国所有省会城市通航;5月1日,长龙航空公司开通银川—长治—青岛航线航班、杭州—西安—中卫航线航班;10月27日,银川机场开通银川—上海—大阪航线。

2017自治区人民政府办公厅印发《关于深入推进"互联网+流通"行动计划的实施意见》,支持传统商贸流通企业转型升级,推进特种流通行业+互联网发展。

2017年底,宁夏机场公司年旅客吞吐量整体突破800万人次,再创新高。其中,银川机场年旅客吞吐量达到771.6万人次,中卫、固原机场年旅客吞吐量双双突破15万人次。另悉,银川河东国际机场年货邮吞吐量突破4万吨,同比增长13.18%,标志着宁夏回族自治区航空货邮运输保障迈入新的量级。

(二)货运服务

1.公路货运发展情况

1978年,宁夏完成货运量195万吨,货运周转量18932万吨公里。1981年,宁夏首先放开货运市场,提倡"有路大家跑车,有河大家行船",鼓励社会车辆进入运输市场,也允许城乡个体户、联户买车或买手扶拖拉机经营货运。交通部门只将抢险救灾、军事物资运输列入指令性货运计划,其他货源放开经营,实行指导性运价,实际运价随行就市。是年,首批20多个私营运输户出现。其后,运输专业户如雨后春笋大量涌现。海原县高崖乡的运输专业户王进录,先靠手扶拖拉机搞运输起家,经营3年,拥有解放、东风牌货车、大型拖拉机各1辆,因经营有方,带动一方农民致富,被评为自治区劳模,特邀出席1985年宁夏交通工作会。

20世纪末期的公路货运,全部进入市场调节轨道。运力不作控制,有钱即可购车经营。货源不列计划,纳入信息平台。运价不作限制,大家随行就市。交通行政部门依法管理、监督,重点加强危险货物运输的监管。至1999年,初步形成了以首府银川为中心、以各地级市及县城为枢纽、以乡镇为结点的运输网络。公路交通对经济社会发展的"瓶颈"制约基本消除,有力地推动了自治区经济社会的持续、快速、健康发展。

2009年,宁夏完成货运量2.3亿吨,货物周转量496.97亿吨公里,分别是1999年的5.75倍、9.52倍,随着公路交通的发展,又不断加快枢纽站场建设及物流中心建设,逐步降低物流成本,提高公路运输效益。

十八大以来,中央将资金重点投向西部地区民生工程、基础设施等领域,把秦岭—巴山—六盘山等集中连片困难地区作为扶贫开发的重点,支持呼和浩特、包头、银川、陕甘宁等经济区发展,培育宁夏沿黄等经济区,形成对周边地区具有辐射和带动作用的战略新高地。宁夏现代物流业悄然兴起,交通运输厅制定《宁夏现代物流业发展规划》并经自治区人民政府批准颁布实施。通过大力培育物流市场,实施大企业带动战略,成立交通物流集团,与浙江、上海、山东等16个省(市、区)签订了物流公共信息系统共建协议,积极推进物流公共信息平台建设。交通国际物流港建成公路货运信息交易中心,建立了信息交易平台和呼叫系统。

截至2018年6月底,宁夏货运经营业户77785户,其中个体运输户74860户,企业2925家(100辆及以上企业54家,50~99辆企业68家,10~49辆企业444家,10辆以下企业2359家)。危险货物运输经营业户200家(100辆及以上的业户13家,50~99辆的业户19家,10~49辆的业户100家,10辆以下的业户68家)。危险货物运输非经营性业户3户。

2.铁路货运发展情况

宁夏铁路在发展过程中,不仅自身形成包括铁路干线、支线、联络线、专用线、地方铁路在内的相对独立、完整的铁路运输网络,而且与公路、民航、水运等其他交通运输方式有机结合起来,构筑并形成了完整的宁夏交通运输体系。在这一综合运输体系中,铁路以其运量大、速度快、昼夜皆可运行,受气候影响小、运价较低、安全性能强的特点而发挥着重要的作用。截至2014年,宁夏铁路营运里程1131公里,其中主要有包兰、宝中、干武、太中银干线铁路以及大古、平汝等支线铁路。电气化里程达到了93.7%,路网密度达到了每万平方公里170.38公里,初步形成了连接华北和西北的大通道,形成了宁夏通往陕西、西南地区以及华中、华东的主要径路以及西北地区通往华北及山东地区的便捷通道。如宝中铁路的建成通车,大大提高了路网综合运输能力,对缓解宁夏铁路运输紧张状况,推动铁路沿线资源开发,促进地方经济发展、社会进步和改善人民生活,加强民族团结都具有重要意义。20世纪90年代以来,外地援宁物资的60%通过铁路运抵,宁夏工农业产品中有35%经由铁路运出,其中煤炭运量的90%由铁路承载,铁路的综合货运量占宁夏货运总量的37%,客运量则占宁夏客运总量的30%以上。一些大型机器设备、机械仪表、大宗农用物资运输更是其他运输方式不能替代的。新建的银川火车南站综合货场货物运输量将由目前的年货运量3519万吨达到2020年前完成年货运量6200万吨,远景年货运量可达到1亿吨。近年来,随着公路、民航、管道运输的迅猛发展,铁路的市场份额有所降低,但在交通运输体系中的重要地位是不容低估的,其重要作用是显而易见的。

改革开放以来,宁夏经济建设的成果,如煤炭、石油、水泥、钢材、有色金属等主要通过铁路外运。如宝中铁路通车后,推动了宁夏南部山区沿线经济带的出现。当地政府结合城镇建设,以铁路沿线车站为中心向周边辐射,初步建成了北接吴忠、南抵固原,纵贯宁夏南部的沿线经济长廊,形成了数十个各具特色的商品交易市场。固原市原州区已成为南部山区的交通枢纽和商品批发集散地。三营、李旺及至同心的商贸流通试验区已成为整个南部山区致富奔小康的示范区,从而为地方经济发展注入了活力。

(三)运输装备

改革开放前,有限的汽车只能运送国家指令性计划中的重点物资和少量旅客。在广大农村,普遍沿用数千年的人畜力交通工具。其中最重要的是古老的牛车,每个生产队至少有四五辆,田间地头运肥,收获庄稼运至场上,甚至运煤、交公粮,广为用之。其次是胶轮马车,每个生产队有二三辆,是价值最高的固定资产。还有人力双轮手推车,俗称"拉拉车"或"架子车",载重约 300 公斤,由 1 人驾辕、1 人助挽(或推)。每个生产队都有 10 辆左右,广泛用于平田整地、短距离小量运输。各生产队甚至还使用最原始的运输工具背篓。它用弯曲成 U 字形的细柳木交叉做骨架,以稻草编织成深筐,用人背运。妇女平田整地取土、起圈肥,运距在 10~30 米的,多使用背篓。年轻人出远门骑自行车,老人则骑驴代步。实行改革开放后,这些原始的交通工具迅速被淘汰,到 1984 年,牛车、马车已基本在宁夏平原绝迹,成为收藏者的奇货。取而代之的,是各类汽车、农用车、拖拉机、机动三轮、摩托车,实现了交通工具的历史变革,也改变了人民群众的生产、生活方式。除国产车外,世界各国的名牌轿车、货车,纷纷进入宁夏。2005 年后,各种小轿车开始进入千家万户,2009—2014 年,每年新增私家车八九万辆。2017 年底,宁夏民用汽车保有量 132.16 万辆,比上年末增长 12.1%。其中,私人汽车保有量 119.9 万辆,增长 13.2%。民用轿车保有量 63.73 万辆,增长 13.1%,其中,私人轿车 60.9 万辆,增长 13.5%。

四、行业管理成就

改革开放以来,宁夏交通运输系统针对点多线长面广的行业特点,通过法治建设、管理体制改革、投融资体制改革等多种有效措施,全面加强长效治理,开拓进取、顽强拼搏,宁夏交通事业实现又好又快发展。

(一)法治建设

宁夏交通运输系统通过不断强化组织保障,依法全面履行职能,健全完善制度体系,全力推进规范行政执法,广泛开展法治宣传教育培训,交通运输系统依法行政能力不断提升,交通运输法治政府部门建设深入推进。

1.依法行政意识与能力显著增强

将法治教育纳入全系统各级党组织中心组学习计划和干部培训规划,定期开展领导干部集体学法、法治政府建设专题研讨等工作。开展《关于新形势下党内政治生活的若干准则》《中国共产党党内监督条例》等党内法规的专题学习培训,注重提高领导干部的政治意识、大局意识、核心意识、看齐意识,切实增强领导干部在思想上政治上行动上与以习近平同志为核心的党中央保持高度一致、坚决维护党中央权威的政治自觉。将法治培训课程列为交通运输系统主体培训班次的必修课程,并在全部培训课程中增加了法治培训学时。扎实开展普法宣传教育工作,力争在普法宣传教育机制、普法责任制等方面实现突破创新。

2.深化简政放权,加快推动交通运输部门职能转变

健全完善了交通运输部门权力清单和责任清单,编制完成并向社会公布了公路管理局各分局、市县级运管机构权力清单和责任清单,实现了"两个清单"的动态管理;落实8项行政审批事项工商登记前置审批改后置审批,明确取消5项从业资格认定事项,举办了承接落实行政审批事项专题培训班,开展行政职权承接落实情况"回头看"活动,取消下放审批事项落实到位;将20项政务服务事项全部进驻自治区政务服务中心交通运输厅窗口一站式办理,并编制了《政务服务事项信息表》和《政务服务事项办理流程》,全方位优化行政审批流程,精简审批环节、压缩审批时限,大大提高了审批办件效率。

3.建立健全依法行政制度体系

结合"四好农村路"建设,加快推进农村公路等重点领域立法,《宁夏回族自治区农村公路条例》于2017年11月1日正式颁布实施。加大法规规章、行政规范性文件清理力度。

4.交通运输行政执法日趋规范

开展交通运输"三基三化"建设和行政处罚、行政检查排查整治工作,宁夏交通运输系统行政执法人员实行常态化培训,扎实开展执法评议考核,建成交通运输行政执法人员与执法证件管理系统,实现执法人员在线考试和执法案卷评查,全力推进"十三五"交通运输行政执法综合管理信息系统工程建设工作,不断提升交通运输行政执法规范化水平。

(二)管理体制改革

宁夏交通运输事业在快速发展的同时,按照"精简、统一、效能"的原则,全面深化交通运输改革,坚持顶层设计和基层创新相结合,不断加快运输结构调整,进一步加强了政策引导、宏观调控和监管力度,以新思路、新举措开创了交通运输工作的新局面。

1.理顺了交通行政管理体制

按照建立社会主义市场经济体制的总体要求,坚持改革,着力培育和规范道路运输市场。从2000年起,放开了运价,将"客运线路经营权有偿使用"改为"服务质量招标",减少行政审批层次,运输市场准入管理由审批制改为"核准制"的试点经自治区人民政府批准。道路运输业呈现出运价下降、竞争力提高、运输市场规模扩大、持续健康发展的良好局面。

2.交通企业改制稳步推进

进一步简政放权,认真按照中央"三改一加强"的方针,做好交通企业改革改制工作,逐步向现代企业制度迈进。交通企业积极推行股份制,发展混合所有制经济,实行投资主体多元化,促进交通企业由经营主体多元化向投资主体多元化转变,并不断开拓区内外市场,进一步提高了竞争力。指导天豹汽车运输公司、路桥公司、公路勘测设计院有限公司、交通物流产业公司等企业完成了改革改制工作,改制企业与政府管理部门脱钩,建立了法人治理结构,实现了自主经营,自负盈亏,取得了良好的经济效益和社会效益。

3.加快了公路养护机制改革步伐

按照"事企分开、养管分离"的改革目标,积极探索公路管养分离的新路子,使公路管理机

构由生产型向管理型转变,组建养护中心,使之成为适应市场经济发展、具有竞争力的养护法人实体。加快农村公路养护体制改革,明确规定了县乡政府的养护管理职责。督促宁夏各县(市、区)制定出台了本地区的农村公路养护管理办法,农村公路养护管理纳入正常行政管理和公共服务的范畴。强化超限超载治理,全面实施计重收费。探索通过经济手段治理超限超载,鼓励运输业户合法装载,降低了守法经营者的收费标准和运输成本,减少了执法和征缴矛盾,减轻了对公路的损害,公路好路率逐年上升。

4.深化公路交通投融资体制改革

随着公路总里程的增加,现有公路的养护、维修费用逐年增大。因宁夏经济基础薄弱,公路建设自筹资金能力弱,资金不足已成为制约今后公路交通持续发展面临的最大问题。为此,自治区各有关部门统筹谋划,积极工作,探索建立行之有效的交通投融资体系,破解公路交通筹融资难题。

(1)做好后续重大项目筹融资工作。"十三五"期,宁夏需要继续完成青银高速、京藏高速改扩建及新建和改建一批普通干线公路等重大交通项目,大力提升宁夏干线公路技术等级和通行能力。与此同时,国家高速公路乌海至玛沁宁夏段、银川至昆明宁夏段及省级高速公路等重点项目前期工作正有序推进,近期将陆续开工建设。做好后续重大项目筹融资工作,是推进项目建设的重要环节,既要做到符合国家财税体制改革的要求,又要全力推进项目建设,不能出现项目停滞。鉴于目前宁夏公共基础设施建设投资需求和公路交通投融资现状,"十二五"跨"十三五"续建及已开展前期工作的重大公路建设项目仍由交通运输厅负责,按照原融资方式,做好筹融资工作。后续重点项目形成的债务纳入自治区政府债管理,由宁夏车辆通行费统一偿还。各金融机构对已签订贷款合同的在建项目,在年度贷款规模内要予以优先保障;对已签订贷款合同,尚未开工的项目,继续按照合同约定发放贷款;对前期工作已基本完成,近期准备开工的项目,尽快落实项目贷款规模。自治区财政厅在规范管理的前提下,按照风险可控、总量控制、区别对待的原则,统筹财政预算资金和政府债资金,保障公路建设有序推进。

(2)用好农业发展银行抵押补充贷款。认真贯彻落实交通运输部与中国农业发展银行《关于充分发挥农业开发性金融作用支持农村公路建设的意见》和《关于用好抵押补充贷款资金支持农村公路建设的通知》精神,通过委托代建购买服务等模式,加快农村公路及普通国省道的建设,大力提升地方公路服务水平。由宁夏交通投资公司作为承贷主体,向农业发展银行宁夏分行申请贷款,并组织项目实施;自治区交通运输厅作为政府购买服务方,通过向宁夏交通投资公司,支付购买服务资金并偿还贷款本息,购买服务资金来源于自治区交通运输厅的部门预算资金、自治区财政预算和中央补贴资金。

(3)加大公路建设财政投入。贯彻落实国家投融资体制改革有关要求,将具有公共服务属性的公路建设项目所需资金,纳入自治区年度财政预算予以保障。对有一定收益的项目,如高速公路、大型桥隧等收费公路,加大政府专项债投入;对没有收益、提供普遍公共服务的项目,如国省道改造、农村公路建设等,加大政府一般债投入。

(4)积极推行公路项目PPP模式。积极推行政府和社会资本合作(PPP)模式,吸引社会资本投资公路基础设施建设是今后收费公路投融资的方式之一。按照PPP模式"风险共担、利益共享"的原则,自治区交通运输厅做好石嘴山红崖子黄河桥和银百公路宁东至甜水堡段高速公路PPP项目落地工作,并建立公路PPP项目库,有效解决后期公路建设资金缺口。自治区财政厅等有关部门结合宁夏中长期财政规划,建立PPP项目"可行性缺口补助"机制,补贴资金纳入自治区财政预算。

(5)设立公路交通政府投资基金。按照财政部关于印发《政府投资基金暂行管理办法》(财预〔2015〕210号)的规定,充分利用宁夏公路交通优质的资产和良好的财务状况,在充分调研、论证的基础上,按照"政府引导、市场运作,科学决策、防范风险"的原则,以财政预算资金单独出资或与社会资本共同出资,设立公路交通政府投资基金,采用股权投资等市场化方式,引导社会各类资本投资宁夏公路交通项目建设,弥补宁夏公路交通筹融资缺口。

(三)技术政策及标准建设

近年来,为深入贯彻落实国家和自治区创新驱动发展战略,全系统切实解决科技成果转化过程中存在的突出问题,促进科技成果转化为现实生产力,促进宁夏交通运输提质增效和转型升级,为构建现代综合运输体系发挥科技应有的支撑作用。

1.科技研发和科技成果转化取得新成效

组织开展高性能混凝土推广应用、沥青路面再生、行业信息资源开放共享等重点方向与技术的研发,出台《宁夏公路沥青面层典型结构应用技术规范》等5部技术规范。组织开展交通运输行业信息化项目文档规范、SMC常温改性沥青的应用技术、钢混组合板梁桥标准化施工工艺及质量控制、公路桥梁健康管理大数据云平台关键技术、公路资产可视化管理平台、装配式预应力混凝土矮T梁应用、BIM技术在公路勘察设计中的应用、宁夏回族自治区公路建设市场信用信息部省两级互联互通管理系统等科研项目研究;《宁夏回族自治区农村公路条例》立法研究""宁夏回族自治区交通运输信息化发展研究""银川北收费站60kW太阳能光伏并网发电项目""宁夏回族自治区公路机电工程施工管理规程""宁夏回族自治区绿色交通制度体系框架研究"等科技项目顺利完成并通过验收。开展交通运输行业工程技术研发中心、BIM技术应用中心、养护技术中心的筹备工作。

2.技术标准和技术规范制定取得新成果

东毛项目六盘山特长隧道"高海拔寒冷地区软岩长大隧道安全环保施工关键技术"荣获自治区科学技术进步奖一等奖,是宁夏交通行业历年来获得的最高奖项;青银项目混凝土养生自动控制喷淋系统、混凝土高频振捣系统及高频振捣控制装置2项技术获国家实用新型专利授权,首次采用乳化沥青厂拌冷再生沥青混凝土、液态粉煤灰台背回填技术,促进施工质量的提高,其中厂拌冷再生技术节约建设成本近1900万元;京藏项目红桃段在梁板预制中引入二维码查询追溯系统、京藏项目银川过境段采用自行式液压箱梁模板及台车式无拉杆整体模板、国道344青泾项目使用桥面自动布料机、固西高速硬路肩采用滑模施工、同海高速采用钢波纹管涵、叶盛黄河公路大桥变截面双主筋钢筋笼加工安装等新工艺、新技术的应用,保护环境,降低成本,提高施工质量,经济效益和社会效益显著。发布实施《乡村公路工程技术标准》(DB 64/T 1505—2017)。印发《宁夏回族自治区沥青路面乳化沥青厂拌冷再生技术规范(试行)》《宁夏回族自治区沥青路面就地冷再生技术规范(试行)》等。组织对《梁板预制自动喷淋养生施工工法》《T型刚构桥转体施工工法》《预制空心板侧模支撑体系工法》《盘扣式钢管支架施工工法》等进行关键技术鉴定。

3.环境保护和节能减排工作取得新进展

推广新能源汽车在公共交通领域的应用,指导有关市县投入2亿元,购置新能源公交车辆343辆,银川市绿色清洁能源公交车辆比例达到100%。举办"第二届绿色交通论坛暨道路桥梁养护新技术研讨会"。开展节能宣传周和绿色出行能源紧缺体验活动,倡导骑行共享单车、办理高速公路电子不停车收费签约等。

五、科技创新成就

改革开放以来,宁夏交通运输业全面落实"科学技术是第一生产力"的思想,围绕交通建设和道路运输管理发展的新形势,积极推进科技与经济的有效结合,加强技术创新,充分体现科技的前瞻性,引导交通事业的发展。

(一)科技创新发展

一是积极推广应用新技术、新工艺、新材料。开展了土工合成材料在黄土地区公路工程中的应用技术、六盘山地区筑路技术、交通环境保护、沥青路面养护专家系统、湿陷性黄土路基处理、吴忠黄河大桥健康监测、高速公路路面车辙及早期破坏现象、适应宁夏的高速公路路面结构形式等课题研究,并取得重大成果,节约了公路建设、养护资金。二是加快交通信息化建设。完善了公路综合管理信息系统和道路运政管理信息系统建设,推动部省道路运输信息系统联网工作。加快高速公路管理和应急处置中心的信息化建设。建成了交通电子政务综合信息平台,完成了办公自动化、信息资源发布、电视电话会议等系统的开发和建设。建立健全了政府监督、法人管理、社会监理、企业自检的质量保证体系,强化了质量意识和质量责任制,提高了工程质量和公路建设标准,改进了施工工艺,公路建设质量明显提高。编制了宁夏高速公路联网收费系统技术标准,实现了宁夏高速公路收费一卡通。加快信息技术建设,升级推广办公自动化OA系统、驾培学员IC卡计时系统、移动稽查系统,开发应用驾校培训管理软件、营运车辆二级维护监管、公路工程计量支付管理、宁夏公路建设市场诚信信息管理、交通国际物流港物流信息管理系统,积极推进全国海事信息网和船舶、船员、船检应用系统项目建设,以信息化促进交通运输现代化。三是节能减排成效显著。大力推进工业废物综合利用,再生资源回收利用,扩大路面废弃材料的回收利用。总结推广公路养护热再生技术,加大热再生技术消化、吸收和再创新工作力度,引导交通企业购置路面热再生重辅机组进行路面病害处理,使旧路沥青混合料全部再次利用,减少了环境污染,降低了成本。各运输企业加大车辆更新力度,淘汰落后设备,积极推广使用清洁燃料客车,安装GPS卫星定位系统,设置安全经济车速,稳步推进节能减排工作。引导和鼓励符合条件的运输车辆"油改气",有效降低能耗和排放,被交通运输部确定为天然气汽车应用试点省区。

(二)重点项目建设技术与创新

宁夏交通人奋发图强,精益求精,积极探索和应用"四新技术",充分发挥科技支撑和引领作用,为宁夏高速公路建设开好局、起好步奠定了坚实的基础。

——G6京藏高速公路。姚伏至叶盛段是宁夏修建的第一条高速公路,也是宁夏交通科技工作者积极探索、不断创新的主战场。在沥青路面达到使用年限的15年后,路面没有出现大的病害。选用粉煤灰和水泥作为路面基层结合料,综合比较社会效益和经济效益,路面基层结合料选用煤粉灰,变废为宝,节能环保,利用了 26 万立方米的粉煤灰。

——G20 青银高速公路。在银川至古窑子段高速公路工程建设中,开展《高等级公路改扩建关键技术研究》课题,为提高桥头路堤强度和消除不均匀沉降,在原桥头旧路基不均匀沉降段采用注浆技术加固地基,也使建设工期大大缩短。

——G22 青兰高速公路。青兰高速六盘山隧道工程荣获"国家优质工程奖"。在东山坡至毛家沟段高速公路建设中,积极探索,成功应用了多项先进技术。对桥头路基及明涵台背进行加载预压处理路基工程施工中,考虑到项目地处湿陷性黄土地段,为有效控制工后沉降,消除桥头跳车,通过对桥头路基及明涵台背进行加载预压处理,施加自重附加荷载,加速沉降完成。同时对台背预压沉降情况进行监控量测,及时反馈预压效果情况。隧道信息化管理采用整套隧道信息化监控管理系统,包括隧道施工现场视频监控子系统、隧道人员安全定位子系统、隧道人员通信呼叫子系统、隧道现场人车出入分离门禁子系统、拌和站实验室数据采集子系统共五大子系统,充分发挥信息化管理的优点。

——G6 京藏改扩建项目石嘴山至中宁段。制定了模板材料、加工及验收标准,编制出台了《模板加工及验收标准》,从加工模板的材料和设备要求入手,制定了严格的模板加工和验收的技术指标和标准,并加大过程控制的力度,每一套模板均严格按照验收及检验程序把好进场关。

(三)重大科技创新成果及推广应用

宁夏在高速公路建设的起步阶段,先后依托 G6 京藏高速公路叶盛至中宁段项目开展了《光纤传感技术在吴忠黄河大桥施工阶段健康监测中的应用研究》课题研究,依托 G20 青银高速公路银川—古窑子—王圈梁段等项目开展了《土工合成材料在黄土地区公路工程中的应用技术研究》课题研究,依托 G0601 银川绕城高速公路西北段项目开展了《宁夏冲湖积软弱土路基沉降规律及处治措施研究》课题研究。在"十一五"期间,积极贯彻"质量、安全、环保、耐久、节约"的高速公路建设新理念,开展了《宁夏高速公路创新及建设技术研究》和《宁夏道路安全工程知识及专业技能的提升》等课题研究。在交通运输部提出加强现代工程管理,推行高速公路施工标准化管理活动伊始,组织开展了《宁夏高速公路施工标准化管理研究》和《宁夏公路施工标准化管理和工艺创新》等课题。结合宁夏宁东能源化工基地粉煤灰、煤矸石等工业固体废物累计堆存总量达数千万吨的现状,积极开展《宁夏宁东能源化工基地工业固体废物在公路工程中的综合利用技术研究》课题研究,探索工业固体废物的综合利用。六盘山特长隧道是 G22 青兰高速公路东山坡至毛家沟段的控制性工程,隧道围岩破碎、裂隙多、涌水量大,工程建设中突出科技支撑作用,适时组织开展了《富水深埋结构型软岩大变形控制技术》《隧道长距离正负压混合通风技术研究》等 7 项课题研究。

多年来,获准宁夏交通运输厅科技攻关立项 20 余项,另有 2 项课题获交通运输部西部交通建设科技项目立项。课题研究成果共获得中国公路学会科技进步二等奖暨宁夏科技进步一等奖 1 项,二等奖 1 项,三等奖 2 项。《宁夏高速公路创新及建设技术研究》课题依托项目——盐池至中宁高速公路被选为全国公路勘察设计典型示范工程,并荣获"2011 中国建筑业最具创新示范工程"奖。

吴忠黄河公路特大桥是 G6 京藏高速公路宁夏境内的一座重要桥梁，跨度大，施工工艺复杂，技术含量高，设计和施工难度大。为保证施工质量和安全，采用了光纤传感测试技术对该桥施工阶段进行全过程的应力监测，这也是国内首次将光纤传感测试技术用于大型桥梁施工阶段的应力监测。课题成果于 2005 年获得宁夏回族自治区科技进步二等奖。

1. 土工合成材料在黄土地区公路工程中的应用技术研究

宁夏地区黄土分布广泛，因路基湿陷、边坡滑坍等引起的道路病害时有发生。结合宁夏黄土地区公路工程建设，开展土工合成材料在黄土地区公路工程中的应用研究，形成综合防治技术，对防止黄土地区道路病害、提高黄土地区公路修筑质量，具有重要的现实意义。在古王、银古、中郝高速公路等项目中累计应用各种类型的土工合成材料 53.7 万平方米，经折算取得直接经济效益 900 余万元，间接经济效益 1800 余万元。解决了湿陷性黄土地基、路基、路面、桥涵、排水等构造物的多种病害，提高了道路的使用性能和耐久性，取得了显著的经济和社会效益，对黄土地区公路修筑具有一定的指导意义。课题成果于 2005 年获得宁夏回族自治区科技进步三等奖。

2. 宁夏冲湖积软弱土路基沉降规律及处治措施研究

宁夏沿黄河地区地质条件复杂，软弱土地基分布广泛，软弱土层厚度变化大，软弱土地基的稳定及变形问题相当突出。为充分了解这种特殊地质的工程特性，获得处治技术经验，项目建设单位联合长安大学，依托银川绕城高速公路西北段项目，开展了对宁夏沿黄河冲湖积平原非典型软弱土路基的处治措施及沉降规律研究，为今后同类工程建设提供参考。项目成果有力保障了六盘山特长隧道顺利贯通，实现零伤亡、零事故，提高了施工效率，节约了施工成本，保护了六盘山国家级自然保护区的生态环境。技术成果有：授权发明专利 8 项、实用新型专利 11 项；发表论文 53 篇，其中 SCI 收录 7 篇，EI 收录 20 篇；撰写施工指南 2 项。研究成果同时在宁夏、重庆、福建等地 10 多条在建隧道工程中得到推广应用，经济、社会、生态效益十分显著。课题成果荣获 2015 年宁夏回族自治区科技进步一等奖及 2016 年中国公路学会科技进步二等奖。

六、对外开放成就

宁夏地处新亚欧大陆桥国内段的重要位置，承东启西，连南接北，自古就是古丝绸之路的必经之地和商埠重镇，是东、中部地区进入河西走廊和新疆，通往中亚和欧洲的便捷通道。经过多年发展，宁夏对外综合运输大通道初步形成，具备了一定的发展基础和优势。

（一）对外开放的交通体系建设

（1）在陆路大通道建设方面，宁夏交通区位条件优越，向东出海、向西出境的陆路大通道初步形成。北京—拉萨、福州—银川、青岛—银川、青岛—兰州、定边—武威、银川—百色、银川—昆明、乌海—玛沁、乌海—银川 9 条国家高速公路，北京—拉萨、北京—青铜峡、银川—榕江、黄骅—山丹、青岛—兰州、上海—霍尔果斯、连云港—固原、乌海—江津、海兴—天峻、胶南—海晏、东台—灵武、西吉—天水 12 条国道，以及包兰铁路、宝中铁路、太中银铁路、干武铁路等铁路干线等在宁夏汇聚，向东出海、向西出境的陆路大通道初步形成。

（2）在空中通道建设上，2014 年 12 月，国务院在《丝绸之路经济带和 21 世纪海上丝绸之路建设战略规划》中,把银川列为国家扩大航权安排、增加空中航线的 4 个重点城市之一,并明确了银川扩大开放的目标地区是阿拉伯国家。在国家层面上,银川河东国际机场成为我国面向阿拉伯国家及主要穆斯林地区门户机场的目标定位已逐步明晰。

(3) 在网上通道建设上,以先行先试为平台,网上丝绸之路建设全面起航。宁夏是国家确定的"大型或超大型数据中心建设及运营"3 个省份之一,银川市是国家确定的跨境电子商务试点城市,自治区政府与阿里巴巴集团就"网上丝绸之路"和"智慧宁夏"云应用建设,签署了战略合作框架协议,网上丝绸之路建设全面起航。

经过多年的建设发展,宁夏初步形成了以银川河东国际机场为对外开放的窗口,直接沟通 7 个国家或地区;以干线公路、干线铁路为骨架,衔接我国主要沿海港口及沿边口岸的对外交通体系。

目前,宁夏境内主要有包兰铁路、宝中铁路、太中银铁路、干武铁路 4 条干线铁路和平汝、银新支线以及宁东铁路等地方铁路。

宁夏高速公路网由 9 条国家高速公路和 10 条省级高速公路组成。到 2014 年底,京藏高速 G6、青银高速 G20、福银高速 G70、定武高速 G2012、青兰高速 G22 等 5 条国家高速公路宁夏境内段已建成。银昆高速 G85、乌玛高速 G1816、乌银高速 G1817 的部分路段与及部分地方高速公路也已建成。

2017 年,宁夏高速公路通车里程达到 1609 公里,实现"县县通高速公路"目标。与国家高速公路网衔接后,已实现向西通达阿拉山口、霍尔果斯等沿边口岸,向东顺畅连接天津港、上海港等沿海港口;与周边的兰州、西安、包头、太原等经济中心城市均实现高速公路连通。

(二) 对外开放的交通体系布局

1. 全面打通丝绸之路通道

着眼于衔接国家"一带一路"倡议通道、连接东中部地区及沿海港口,主动服务并引领内陆开放型经济试验区建设,促进宁夏与周边省份及地区互联互通,规划形成 4 条向西开放通道及 3 条陆海联运通道。

(1) 4 条向西开放通道

向西开放通道一:西北通道,对接新亚欧大陆桥通道北线和中蒙俄通道西线。自银川向北经京藏高速、包兰铁路至内蒙古临河后,一是沿新亚欧大陆桥通道北线至新疆后,经阿拉山口、巴克图等口岸出境至亚欧各国;另一条是沿中蒙俄通道西线经西甘铁路、临策铁路以及口岸公路,连接内蒙古的甘其毛道、乌力吉(待开放)、策克等口岸出境至蒙古国和俄罗斯。

向西开放通道二:西向通道,对接新亚欧大陆桥通道中线。该通道经定武高速、干武铁路至甘肃武威后,再沿新亚欧大陆桥通道中线经连霍高速、兰新铁路、兰新铁路第二双线、精伊霍铁路等至新疆,从霍尔果斯口岸出境至亚欧各国。新亚欧大陆桥通道中线是我国通往亚欧大陆腹地最便捷、最顺畅的陆路通道。该通道上,宁夏境内还将规划建设中卫至武威客运专线。

向西开放通道三:西南通道,对接中国—中亚—西亚通道及中巴通道。该通道经京藏高速、包兰铁路至甘肃兰州,可以对接中国—中亚—西亚及中巴通道,是宁夏连接兰州、西宁、喀什等西北地区中心城市,以及伊尔克什坦、红其拉甫等沿边口岸,通往中亚、西亚各国最顺直的通道。

向西开放通道四：南向通道，连接我国西南地区。该通道经福银高速、宝中铁路至陕西宝鸡后，主要经宝成铁路、银昆高速等线路向南通往重庆、四川、云南、广西等西南地区，可以服务于通往南亚、东南亚区域的客货运输。

(2)3条陆海联运通道

陆海联运通道一：东北通道，连接华北地区及津冀沿海港口。该通道经京藏高速、包兰铁路至内蒙古乌海、临河，再沿东乌铁路、大准铁路、京包铁路等干线连接山西、河北、北京、天津等省市，经津冀沿海港口出海。该通道连接天津港，是宁夏最主要的出海通道，通道内乌玛高速、呼包银兰客专、东乌铁路惠农联络线等还有待建设。

陆海联运通道二：东向通道，连接"三西"地区及山东沿海港口。该通道经青银高速、定武高速、太中银铁路至山西太原，再经石太铁路、胶济铁路、济青铁路等干线连接青岛港、日照港等山东沿海港口。该通道连接我国重要的能源、资源运输大通道，也是宁夏与东中部地区实现产业联动发展的重要轴线。

陆海联运通道三：东南通道，连接华东、华南地区及东南沿海港口。该通道经福银高速至陕西西安，再经连霍高速、陇海铁路、京广铁路、宁西铁路等线路，连接我国广大的华东、华南地区及东南沿海港口。该通道是宁夏沟通周边省份，加强与东中部地区联系的重要通道，目前亟待打通银川至西安客专，加快银百高速、银川至郑州客专的建设，缩短宁夏与东中部地区的时空距离。

2.加快构筑丝绸之路枢纽

加快建设"1+1+3"的丝绸之路枢纽体系，即"银川河东国际机场+综合保税区+陆路口岸"，建立统一的电子口岸信息平台，加强口岸集疏运体系及配套物流园区建设，形成定位清晰、功能互补、协调联动，对接沿海港口、延边口岸、中欧班列，通关便利的枢纽体系，构筑对外开放的平台。

(1)银川河东国际机场（航空口岸）。充分发挥综合保税区、内陆开放试验区的政策优势，为我国西进西出航空货物提供仓储、集拼、配送、加工等全方位的增值国际物流服务。加快发展我国面向阿拉伯国家和主要穆斯林地区"西向"空运物流体系，构建起辐射周边、承东启西、贯通南北的物流网络，使宁夏成为我国西部面向阿拉伯国家重要的外向型物流中枢之一。进一步扩大航权开放，促进航空枢纽建设。

(2)银川综合保税区。按照"引领宁夏、面向全国、融入世界"的发展定位，以保税物流、保税加工和保税服务三大功能为主，积极拓展口岸作业功能，建设西北地区的加工制造中心、贸易销售中心、物流配送中心、交易结算中心、维修服务中心以及研发设计中心，为宁夏及毗邻地区提供"走出去"的通道。

(3)惠农陆路口岸。依托京包铁路、京藏高速和规划建设的东乌铁路惠农连线，强化与天津港、乌力吉口岸、策克口岸、新疆霍尔果斯口岸的合作，大力发展多式联运、甩挂运输、国际集装箱一体化运输等先进运输组织方式，建成产业集聚、功能完善、通关便利、辐射广泛、政策优化的标准化陆港口岸，全力打造区域性物流中心。

(4)银川开发区陆路口岸。依托银川开发区、太中银铁路，对接青岛港、日照港、上海港，建成宁夏重要的货物集散中心、国家物资储备中心及农产品和农资商品仓储交易中心。

(5)中宁陆路口岸。依托包兰铁路、宝中铁路、太中银铁路、干武铁路、中宁物流园区战略装车点,对接中欧班列、沿海主要港口和沿边口岸,积极争取开通五定班列,办理集装箱业务,实现整列配车,整列发货。

3.重大项目和行动计划

加快陆上、空中、网上丝绸之路通道、枢纽建设,重点实施铁路提速联通工程、高速公路贯通工程、机场枢纽提升工程三大工程,以及空中丝绸之路发展计划、口岸建设发展计划、网上丝绸之路发展计划三大计划。

(1)高速公路贯通工程。提升连南接北、横贯东西的高速公路关键路段的通行能力,重点实施高速公路繁忙路段的扩容改造工程;加快推进国家高速、地方高速项目建设,进一步完善高速公路对外运输通道。

(2)铁路提速联通工程。以银川至西安客专、呼包银兰客专为重点,全力推进高速铁路建设,打通银川至西安、银川至包头、银川至兰州三个关键通道,加快接入国家高速铁路网。推进既有线的扩能改造,进一步打通连接周边省份、城市的铁路通道,完善区内城际铁路网。

(3)机场枢纽提升工程。加快完善银川河东国际机场基础设施建设,完善机场及综保区周边地面交通网络,推进运用大容量的地面交通方式与机场有效衔接,实现空地联运、空铁联运和枢纽集散,打造陆空高效衔接、多式联运的综合交通系统,实现"客运零距离换乘,货运无缝衔接",提升区域整体交通能力和国际化水平。

4.空中丝绸之路发展计划

基本建成我国面向阿拉伯国家和主要穆斯林地区的客运骨干空中通道,建立银川与国内主要城市的空中快线;基本成为我国面向阿拉伯国家和主要穆斯林地区的门户机场和货运集散中心。形成内外合理、干支协调、客货并举的航线网络,国际航线网络通达至中东、北非及东南亚等阿拉伯国家和主要穆斯林地区,国内航线覆盖全国省会城市、经济发达城市及重要旅游客源地城市。

5.口岸建设发展计划

进一步提升口岸等级,完善口岸功能,拓展口岸对外合作,为开放宁夏建设奠定基础。

6.网上丝绸之路发展计划

加强与阿拉伯国家和主要穆斯林地区的合作交流,加快打造网络主权体系平台、网络话语权体系平台、网络技术发展平台、互联网经济贸易平台、网络安全平台以及互联网人文交流平台六大平台,全面推进网上丝绸之路的建设。

(三)利用外资情况

宁夏交通运输行业利用外资贷款实施的项目共计4个,其中3个已经完成,分别为:世行贷款三省公路宁夏项目、亚行贷款宁夏同沿高速公路项目、世行贷款宁夏道路改善项目。正在实施亚行贷款宁夏六盘山地区扶贫公路项目。4个外资项目均属于国际金融组织贷款项目,累计引进外资贷款6.5亿美元。

1.世行贷款三省公路宁夏项目

项目建设主要包括新建古窑子至王圈梁94公里一级公路及其4条共6.7公里连接线,改建盐池至兴仁250公里二级公路,改善和新建253公里农村公路等内容。2001年11月,利用世界银行贷款的宁夏古窑子至王圈梁公路项目竣工通车,项目采用国际竞争性招标进行采购,按照菲迪克(FIDIC)条款进行合同管理。项目总投资15.2亿元,其中世界银行贷款5000万美元,折合人民币4.15亿元(古窑子至王圈梁一级公路4000万美元,盐池至兴仁公路1000万美元)。

2.亚行贷款宁夏同沿高速公路项目

项目建设主要包括新建同心至沿川子180公里四车道高速公路及18条共505公里地方扶贫道路。2011年,利用亚行贷款的同心至沿川子高速公路建成通车。该项目招标分为国际招标和国内招标,对使用亚行贷款资金建设的工程项目全部采用国际公开招标,对使用国内资金建设的工程项目采用国内公开招标。项目批准概算56.31亿元,其中亚行贷款2.5亿美元。

3.世行贷款宁夏道路改善项目

项目建设主要包括新建古窑子至青铜峡76公里四车道高速公路、国道211线灵武至甜水堡段65公里路面改造及38条共524公里农村公路等内容。该项目招标分为国际招标和国内招标,对使用亚行贷款资金建设的工程项目采用国际公开招标,对使用国内资金建设的工程项目采用国内公开招标。项目于2015年10月按计划建设完成。

项目总投资61.16亿元,其中申请世行贷款2.5亿美元。

4.亚行贷款宁夏六盘山扶贫公路项目

项目建设主要包括宁夏六盘山地区7个贫困县(区)的7条共267公里主线农村公路的升级改造及21条共168公里支线农村公路的新改建等内容。亚行贷款由财政部转贷给宁夏政府,宁夏财政厅作为债务代表人,按照财政部转贷条件将贷款分别转贷给各项目县(区)。该项目由省厅牵头开展可研阶段前期工作,后续工作由各县(区)分别具体组织实施。7条主线公路将采用国内竞争性招标进行采购。目前,项目县(区)正在开展初步设计报批工作,计划2018年上半年开工建设,2020年完工。项目估算总投资16.5亿元,其中亚行贷款1亿美元。

七、党的建设与精神文明建设

改革开放以来,在交通运输部的亲切关怀和自治区党委、政府的坚强领导下,宁夏交通运输系统各级党组织始终坚持把党领导一切贯穿于工作全过程,确保中央和自治区党委、政府的各项决策部署在交通运输系统得到不折不扣的贯彻落实,为宁夏经济社会发展当好先行,提供了交通运输保障。

(一)党建工作

1.不断深化思想政治建设

始终把政治建设摆在首位,坚持与时俱进,强化思想理论武装。扎实开展群众路线教育实践活动、"守纪律、讲规矩"主题教育活动和"三严三实"专题教育、"两学一做"等党的历次学习教育实践活动。通过党委中心组学习、集中教育培训、"三查三树"和"四个合格"专题研讨等形式,采取学原文、读原著、悟原理、写心得、谈体会,以及举办演讲比赛、知识竞赛、互联互学等多种方式,利用干部教育网络培训平台、党建微平台等"两微一端"、《宁夏交通》等媒介,全面系统学习宣传贯彻习近平新时代中国特色社会主义思想,学习党的十八大、十九大精神,学习党章党规,学习党的路线方针政策和党的最新理论,学习自治区第十二次党代会精神。坚持问题导向,通过召开专题民主生活会、组织生活会、建立问题整改责任清单,下大力气解决职工群众反映强烈和社会各界关注的难点、热点问题。通过学习教育实践,增强了广大党员干部的"四个意识",坚定了"四个自信",提升了党性修养。

2.扎实推进基层组织建设

以"倾情服务、惠民交通"为主题,以"五有一好"党建品牌创建为载体,大力开展基层服务型党组织星级创建工作。多方投入资金,为基层党组织建设党建活动阵地。各基层党组织结合实际,积极创建党建服务品牌,特别是与自治区党委组织部等部门联合开展的道路运输行业"挂牌评星"活动,凝聚了行业力量,激发了全行业为民服务的热情,提升了行业管理和服务水平,有力促进了行业健康发展,收到了良好的效果。在公路建设领域推行的"五心+五星"创建活动,其典型做法被中组部收录到《"三会一课"案例选》。在公路管理领域开展"服务有+、畅行宁夏"品牌创建活动,擦亮了行业"窗口",树立了行业文明形象。规范党员发展程序,从严管理党员,开展党员组织关系集中排查,找回失联党员89名,处理不合格党员13名。认真开展基层党组织星级创建。截至2017年底,交通运输厅有党组织343个(其中党委15个,党总支6个,党支部322个),党员3958名。创建"五星级"党组织4个、"四星级"党组织13个、"三星级"党组织44个、"二星级"党组织120个、"一星级"党组织138个。

3.切实加强干部人才队伍建设

严格落实《党政领导干部选拔任用工作条例》,近五年来,选拔交流处级干部141人次,引进博士研究生1名、硕士研究生19名,公开招聘和遴选机关事业单位工作人员607名。积极开展各类评先推优工作,3名同志享受"自治区政府特殊津贴",3名同志入选自治区"313人才工程",2名同志被评为"交通运输青年科技英才",15名同志被评为"全国交通技术能手"。

4.持续强化党风廉政建设

认真落实全面从严治党主体责任和监督责任,全面推行主体责任落实情况报告制度,定期进行专题研究和专项检查。逐级签订《党风廉政建设责任书》,建立责任、问题、问责三个清单,建立完善"三重一大""五不直接分管"等重大问题的监督制度,加大对干部任用、人员招考、工程招投标等关键环节的监督力度,采取约谈、函询、执纪问责及相关工作专项检查等形式,督促责任落实。自觉接受自治区党委巡视监督,对巡视组反馈的问题,坚决进行整改。对新任干部进行集体廉政谈话,把对拟提拔任用、表彰奖励、评先推优的干部事先征求纪检监察部门意见作为必经程序。认真落实领导干部个人重大事项报告制度,建立处级以上干部廉政档案。开展对农村公路建设项目资金使用情况等专项检查。强化执纪问责,党的十八大以来,给予组织处理47人,党纪政纪处理32人,移送司法机关处理2人。

(二)精神文明建设

宁夏交通运输系统注重实效,深化精神文明建设和群团组织建设。以大力弘扬社会主义核心价值观为统领,以"凝聚行业力量、创建最美交通"主题实践活动为载体,以践行"做铺路石,架幸福桥,聚正能量,追中国梦"的行业核心价值观为具体内容,全力推进文明行业、文明单位创建,截至目前,共创建全国文明单位11个,省部级文明单位77个,文明示范窗口41个,厅级文明单位252个,交通运输行业被自治区评为文明行业。徐长有、张永贵入选"中国好人榜",评选"最美交通人物"20名。同时,厅党委高度重视行业文化建设,连续12年出演"清凉宁夏"交通运输系统专场文艺节目,成为交通运输行业的文化品牌,赢得了广大群众和组织单位的一致好评。工会、团委等群团组织充分发挥桥梁纽带作用。广泛开展质量比武、技术练兵、劳动竞赛、创新大赛,提升职工技能;积极开展群众性文体活动和扶贫帮困等慰问活动,把组织的关爱惠及到基层一线困难职工;开展"学雷锋"志愿服务活动,培育了"蓝丝带""六盘红""雷锋车队"等一批宁夏有影响力的志愿服务品牌。涌现出了"全国向上向善好青年"纳振东等具有较大影响的典型人物,6个团组织获全国"青年文明号"荣誉称号,9个团组织分别获自治区"青年文明号"、自治区"五四"红旗团委荣誉称号。8人获省部级劳动模范,1个单位、9名个人荣获自治区"五一劳动奖章"。

交通运输行业5家道德讲堂入选宁夏"50佳道德讲堂"。开展全民阅读活动,协调自治区图书馆在厅综合办公大楼安装了24小时自助图书机。加强单位荣誉建设,建成了展示交通运输行业精神文明建设成就、行业风采的荣誉室。加强行业文明对外宣传,"宁夏文明交通"微信公众号粉丝达到2万余名。工地文化建设有声有色,农民工学校、工地流动餐车、工地体育比赛等关爱农民工活动成效显著。线上线下立体式文明传播渐入正轨。文明单位创建工作呈现出健康向上、全面深入、持续发展的良好态势。积极开展高速公路服务区文明服务创建活动,全面提升服务区面貌和服务质量,滨河服务区等4对高速公路服务区分别获评全国百佳示范和优秀服务区。宁夏交通运输行业"凝聚行业力量·创建最美交通""文明样板路""六盘红文明收费服务""优质廉政示范工程"等主题鲜明的创建载体,丰富和提升了行业创建水平。

(三)行业先进典型

宁夏交通运输系统建设者们开拓进取、顽强拼搏、攻坚克难、勇于担当、无私奉献,取得一个又一个建设成果,对宁夏经济社会发展做出了重大贡献,涌现除了一大批业绩突出、品德高尚、事迹感人的先进单位、先进集体和先进个人。特别值得记述的是自治区党委、政府先后三次给予建设者们的专项嘉奖:

2003年11月,宁夏高速公路通车里程突破500公里,标志着"三纵六横"的公路主骨架基本形成。自治区人民政府印发了《宁夏回族自治区人民政府关于表彰宁夏高速通车500公里先进单位(集体)和先进个人的决定》(宁政发〔2003〕108号),召开表彰大会,对1个先进单位、17个先进集体和65名先进个人进行了表彰。

2006年3月,宁夏实现所有市县1小时上高速、所有乡镇通油路、所有行政村通公路的公路建设的"三大目标"。自治区党委、政发印发了《宁夏回族自治区人民政府关于表彰宁夏公路建设"三大目标"先进单位(集体)和先进个人的决定》(宁政发〔2006〕37号),召开表彰大会,对4个先进单位、琪琪格先进集体和111名先进个人进行了表彰。

2008年8月,宁夏高速公路通车里程突破1000公里,交通基础设施条件明显改善,交通通达能力显著提高。自治区党委、政府印发了《宁夏回族自治区人民政府关于表彰宁夏高速通车1000公里做出突出贡献的先进单位、先进集体和建设功臣的决定》(宁党发〔2008〕53号),召开表彰大会,对自治区交通运输事业及高速公路建设做出突出贡献的2个先进单位、30个先进集体、25名建设功臣进行了表彰。

天山南北通大道　东连西出新丝路

新疆维吾尔自治区交通运输厅

一、综述

新疆维吾尔自治区交通运输厅成立于1950年1月1日,已走过近70年辉煌历程。成立之初,新疆仅有简易公路3361公里、老旧车辆317辆。1978年改革开放前有公路2.38万公里、民用汽车41638辆,严重制约社会经济发展。改革开放40年来,新疆交通运输迅猛发展,取得辉煌成就,吐鲁番—乌鲁木齐—大黄山、乌鲁木齐—奎屯、奎屯—赛里木湖—霍尔果斯、托克逊—库尔勒—库车、库车—阿克苏—喀什、喀什—和田等一大批高速公路先后建成通车,基本形成全疆高速公路网络;一大批综合客运、货运枢纽和场站以及物流园区全面建成并投入使用;交通行业管理、交通法治建设成效显著,体制机制进一步完善;交通运输科技创新、对外开放、党的建设与精神文明建设成果丰硕,自治区交通运输系统建成全国文明行业。

(一)改革开放初期(1979—1990年)

1978年改革开放前,新疆交通基础设施严重制约新疆经济社会发展,制约新疆各族人民的出行。改革开放是新疆交通事业摆脱困境与干扰,实现从困境中奋起的唯一选择和出路,也是赶上新科技浪潮,融入时代发展潮流的必然选择。1979年4月24日,自治区交通厅党组召开全疆交通系统工作重点转移动员大会;5月30日,再次召开工作会议,要求必须认真贯彻执行解放思想、实事求是的思想路线和调整、改革、整顿、提高的八字方针。至此,自治区交通工作全面转移到交通运输生产上,"要想富,先修路"形成共识。自治区交通厅坚持放宽搞活原则,致力调动各方面积极性,形成全区公路建设热潮,一批等级公路建成通车,先后完成了国道312线东段改造,乌鲁木齐过境公路分段改造,乌鲁木齐至昌吉一级公路,呼图壁至克拉玛依二级公路,焉耆开都河北桥,中巴公路喀什至红其拉甫段一、二期扩建工程等。其中,西北地区第一座城市大型互通式立交桥乌鲁木齐市人民路立交桥于1985年8月建成通车;西北第一条高等级公路乌昌一级公路于1988年10月建成通车。

"运力少,运量多"是改革开放初期新疆交通运输的主要矛盾。为破解矛盾,经过多次交流研讨,新疆交通运输部门逐步形成共识:对内搞活,对外开放。自1983年起,逐步放开道路运输市场。1983年9月将自治区汽车运输总公司改为新疆运输管理局,实现从抓直属企业转变为面向整个道路运输行业、从直接抓道路运输企业生产转变为抓行业管理。至此,全疆道路运输市场呈现出一片生机勃勃的景象。

至1990年末,全区公路通车里程达2.54万公里,民用汽车保有量增加到13.1万辆。

(二)加快发展时期(1991—2000年)

1991—2000年是新疆公路加快发展时期。1992年8月,交通部领导来疆调研,提出把国道312线新疆段尽快建成国际大通道,形成第二座亚欧大陆桥。至此,新疆交通建设迎来加快发展时期。1993年,自治区公路建设总投资达22亿元,创历史新高。当年底,自治区人民政府召开隆重表彰大会,将"发展公路交通,振兴新疆经济"的奖牌颁发新疆交通厅。

时代呼唤高速公路,"内引外联、东联西出"呼唤高速公路。进入20世纪90年代,新疆还没有一条高速公路。1991年4月,自治区成立"新疆高等级公路建设指挥部";6月,自治区交通厅成立世行贷款项目办公室,1992年成立高等级公路建设指挥部项目执行办公室,标志新疆高等级公路建设项目正式启动。1995年3月1日,利用世行贷款全长283.9公里的吐鲁番—乌鲁木齐—大黄山高等级公路正式开工建设,1998年8月20日建成通车。吐—乌—大高等级公路是新疆当时建设等级、标准、规模最高的一条公路,是新疆公路建设史上的里程碑。1997年4月1日,新疆第二条利用世行贷款的乌鲁木齐—奎屯高速公路开工建设,于2000年11月建成通车。标志着新疆公路建设进入高速公路建设时代,菲迪克条款的引入也标志着新疆公路建设管理模式的新变革。

这一时期,全疆道路运输市场也呈现出一片勃勃生机,在客运方面全面实行"三定一统一挂"(定线路、定班次、定站点,使用统一客票,悬挂线路标志牌)、"多家办、一家管""车头向下、三个面向"(面向农牧区、面向山区、面向工矿区)等政策。货运方面,加大运力投入,发展涉外运输、特种车辆运输,推广集装箱运输。

到2000年末,全区公路通车里程8.08万公里,民用汽车保有量36.97万辆。

(三)快速发展时期(2001—2010年)

2001年,自治区交通运输进入快速发展时期。2000年,党中央、国务院做出西部大开发战略决策,发出了《关于实施西部大开发若干政策措施的通知》。为适应西部大开发需要,实现自治区交通大发展,2003年,经自治区批准,对自治区交通体制进行了改革,实行建、管、养分离,基本建立适应新疆经济和社会发展及实施西部大开发战略需要的自治区交通建设管理新体制。2006年,自治区人民政府做出《关于加强公路交通建设的决定》;2007年,国务院《关于进一步促进新疆经济社会发展的若干意见》,做出了促进新疆经济社会发展的一系列重大战略部署,对做好新疆交通工作提出了新要求。其间,自治区政府与交通运输部进行多次座谈,并签署《会谈纪要》。标志着新疆交通从此步入快速发展时期,公路交通基础设施建设规模、质量和水平都进入新的阶段,实现新跨越,库尔勒—库车高速公路、库车—阿克苏高速公路、库米什—和硕高速公路、新疆第二条沙漠公路阿拉尔—和田公路、赛里木湖—果子沟口高速公路等一大批重大交通基础设施项目相继建成通车,初步形成新疆干线公路网,实现首府以二级以上公路连接地州,州府与所辖县基本通达三级公路。2010年底,全区公路总里程达15.3万公里,其中等级公路里程达98559公里,等级公里中高速公路843公里。全区民用汽车保有量升至135.85万辆,拥有营业性载货汽车26.86万辆,载客汽车3.33万辆。

(四)交通大发展向高质量发展转变时期(2011—2018年)

2011年,是"十二五"开局之年,这一年也是新疆交通迎来大发展时期。这一年,自治区明确提出:要以打造面向国内、面向周边国家和疆内的交通大通道为重点,按照加密、扩容的总体要求,加快构建快捷、高效的综合交通运输体系。自治区交通运输厅提出了"三年攻坚、五年跨越"的战略目标,并得到交通运输部的全力支持,2011年1月,在乌鲁木齐专门召开全国交通运输系统推进新疆跨越式发展座谈会,举全国交通运输系统之力,支持新疆交通建设,以代建制的方式帮助自治区交通运输厅完成交通建设项目建设。自治区交通运输厅进一步理顺建管养分离运行机制,创新建设管理模式,大规模实施代建制,推行现代工程管理。

"三年攻坚、五年跨越"实现了自治区交通运输大发展、大突破,5年共完成交通固定资产投资1751亿元,建设里程4.62万公里,全区公路总里程达17.85万公里,其中高速公路通车里程从2010年的843公里跃升到4316公里。

2016年,新疆交通运输翻开历史新篇章,从大发展转入高质量发展阶段。自治区交通运输厅明确提出:要紧紧围绕与全国同步实现全面建成小康社会的目标任务,聚焦托底、精准对标,贯彻落实"创新、协调、绿色、开放、共享"发展理念,以推进"四个交通"发展为中心,以打造丝绸之路经济带核心区交通枢纽中心为重点,以实现"三个打通"(内地、周边、南北疆)为突破口,坚持创新发展、协调发展、绿色发展、开放发展、共享发展,着力推进北、中、南"三大通道"建设。在农村公路建设方面,制定出台深度贫困地区交通脱贫攻坚三年实施方案,积极加快"四好农村路"建设。

为缓解资金难题,2016年,经自治区人民政府批准成立新疆交通投资有限责任公司。2017年,自治区交通运输厅组建了公路建设总指挥部办公室和PPP项目办公室。

经两年高质量发展,到2017年底,全区公路通车总里程达18.53万公里,等级公路里程达到14.86万公里,其中高速公路达到4578公里,全区农村公路里程达12.3万公里。累计建设等级客运站155个,综合货运枢纽(物流园区)6个,区内道路运输服务能力持续提升。2017年末全区机动车保有量531.73万辆,全区民用汽车保有量365.56万辆(包括三轮车和低速货车),全区经营性道路客货运输车辆41.30万辆,全区拥有道路营运客车3.47万辆,全区有国际道路运输车辆4603辆。

新的起点,新的征程。党的十九大为新疆交通运输指明了新的发展方向:以习近平新时代中国特色社会主义思想为指导,坚持新发展理念,牢牢把握高质量发展要求,以解决人民日益增长的美好交通出行生活需求与交通运输发展不平衡不充分的矛盾问题为核心,以供给侧结构性改革为主线,着力推进交通运输发展质量变革、效率变革、动力变革,推动由线路建设为主向通道与枢纽建设并举转变、由国内运输为主向国际国内运输并重转变,由传统管理服务向治理体系和治理能力现代化转变。

二、基础设施成就

1978年改革开放初期,新疆公路通车总里程仅2.38万公里,无高速、一级公路,仅有二级公路2779公里,公路密度1.43公里/百平方公里。改革开放40年,新疆公路建设突飞猛进,成绩斐然,截至2017年底,新疆公路总里程达18.53万公里(全国排名第12、西部排名第5),公路网密度11.16公里/百平方公里,高速公路达4578公里(全国排名第18、西部排名第7),二级及以上公路近2.3万公里(全国排名第11、西部排名第3),农村公路近12.3万公里,乡镇通达率100%、通畅率99.5%，建制村通达率99.4%、通畅率97.5%。

40年来，全区公路总里程翻了7.8倍、共新增16.15万余公里，公路密度翻了6.8倍；40年来，全区高速公路从无到有，自1998年新疆第一条高速公路——吐乌大高等级公路建成通车始，共建设完成26个高速公路项目、新增高速公路里程4578公里，目前，全区所有地州市均已实现高速公路连接；40年来，全区二级以上公路新增近2万公里，105个县市区中66个实现通高速(一级)公路、102个实现通二级及以上公路。公路交通运输的快速发展，明显改善了全疆的通行条件，为全区经济发展、民生改善、社会稳定做出了重要贡献。

新疆是我国西北的战略屏障，是丝绸之路经济带的核心区、我国向西开放的重要门户、全国重要的能源基地和运输通道，做好新疆工作事关全国改革发展稳定大局，事关祖国统一、民族团结、国家安全，事关实现"两个一百年"奋斗目标和中华民族的伟大复兴。

1981—1990年期间，新疆逐步加大公路建设投入力度，其间，共完成投资5.24亿元，先后完成国道312线东段改造，乌鲁木齐过境公路改造，乌鲁木齐至昌吉一级公路，呼图壁至克拉玛依二级公路，焉耆开都河北桥，中巴公路喀什至红其拉甫段第一、二期扩建工程。新疆逐步有了高等级公路。1985年乌鲁木齐市人民路立交桥建成通车，新疆有了西北地区第一座大型城市立交桥。

进入20世纪90年代，新疆进一步加大交通基础设施建设力度，标志着新疆交通建设进入加快发展时期。1992年8月，交通部领导来疆调研，提出把312线新疆段尽快建成国际大通道，形成第二座亚欧大陆桥。1993年，自治区公路建设总投资达22亿元，创历史新高。1995年，全长522公里的轮台—民丰第一条沙漠公路建成通车，开创我国甚至全世界在流动沙漠中修建长距离等级公路的先河。

1995年3月1日，全长283.9公里的吐鲁番—乌鲁木齐—大黄山高等级公路正式动工新建，1998年8月20日建成通车。1997年4月1日，新疆第二条利用世界银行贷款项目—乌鲁木齐—奎屯高速公路开工建设，2000年11月建成通车，标志着新疆全面进入高速公路建设时代。至1999年底，新疆公路总里程达到3.35万公里。

21世纪，新疆交通基础设施建设正式进入快速发展时期。2000年，党中央、国务院做出了西部大开发的战略决策，发出了《关于实施西部大开发若干政策措施的通知》，提出了《加快西北地区公路交通发展规划纲要》。2006年，自治区人民政府做出《关于加强公路交通建设的决定》。2007年，国务院《关于进一步促进新疆经济社会发展的若干意见》，做出了促进新疆经济社会发展的一系列重大战略部署，对今后一个时期做好新疆交通工作提出了新的要求。自治区交通运输厅紧紧抓住这一时期交通运输发展机遇，加大投资力度，开工建设了库尔勒—库车等一大批高等级公路，全长424公里的新疆第二条横穿塔克拉玛干沙漠的等级公路阿拉尔—和田沙漠公路也相继建成通车。这一时期，新疆高等级公路建设也实现了质的飞跃。

到2010年底，全区公路通车里程达15.2万公里(含兵团)。自治区公路通车里程12.079万公里。按技术等级分：高速公路843公里、一级公路1384公里、二级公路9665公里、三级公路20579公里、四级公路50957公里、等外公路37357公里。

"十二五"期间，新疆交通再次迎来大发展。自治区提出了要以打造面向国内、面向周边国家和疆内的交通大通道为重点,按照加密、扩容的总体要求,加快构建快捷、高效的综合交通运输体系。自治区交通运输厅提出"三年攻坚、五年跨越"的战略目标,并得到交通运输部的全力支持,于 2011 年 1 月,在乌鲁木齐专门召开全国交通运输系统推进新疆跨越式发展座谈会,举全国交通运输系统之力,支持新疆交通建设,以代建制的方式帮助自治区交通运输厅完成交通建设项目建设。自治区交通运输厅也进一步理顺建管养分离运行机制,创新建设管理模式,大规模实施代建制,推行现代工程管理。

"三年攻坚、五年跨越"实现了自治区交通运输大发展、大突破,5 年共完成交通固定资产投资 1751 亿元,建设里程达 4.62 万公里,2015 年末全区公路总里程达 17.85 万公里,其中高速公路通车里程从 2010 年的 843 公里跃升到 4316 公里。

2016 年,自治区交通运输厅再次提出:紧紧围绕与全国同步实现全面建成小康社会的目标任务,聚焦托底、精准对标,贯彻落实"创新、协调、绿色、开放、共享"发展理念,以推进"四个交通"发展为中心,以打造丝绸之路经济带核心区交通枢纽中心为重点,以实现"三个打通"(内地、周边、南北疆)为突破口,坚持创新发展、协调发展、绿色发展、开放发展、共享发展,着力推进"三大通道"建设。在国家和自治区的坚强领导下,在加快新疆交通运输发展方面取得了显著成效。

截至 2017 年底,全区公路通车总里程达到 18.53 万公里(含兵团),高速公路 4578 公里,2018 年 8 月 1 日墨玉—和田—洛浦项目建成通车,全区所有地州市已迈入高速公路时代。全区 105 个县市区中有 66 个县市通高速(一级)公路,102 个通二级以上公路,农村公路乡镇通达、通畅率 100%、99.51%,建制村通达、通畅率 99.41%、97.49%。中通道 G30 连霍、南北疆大通道全线贯通并继续大力提升,北通道 G7 明水至哈密高速公路建成通车并继续大力提升,南通道加快建设。全疆 15 个一类陆路口岸公路全部实现黑色化,阿拉山口等 7 个口岸实现了二级及以上公路连接。全区交通运输事业长足发展,不仅为新疆社会稳定和长治久安总目标和自治区经济社会发展提供了有力交通运输保障,而且极大促进了我区国防交通和沿边公路建设。

——中通道:"十二五"期全面建成 G30 星星峡—吐鲁番段高速公路二期、G30 乌苏—赛里木湖段一级改高速公路,G30 连云港—霍尔果斯口岸高速大通道全线贯通。"十三五"期继续完善提升中通道功能,正在加快建设 G30 小草湖—乌鲁木齐、G30 乌鲁木齐—奎屯四改八等项目,力争 2018 年建成通车 G30 线吐鲁番—小草湖等高速公路;稳步推进 G3001 线乌鲁木齐绕城西线、G3018 精河—阿拉山口高速公路。

——北通道:"十二五"期全面建成 G7 大黄山—奇台—木垒、G216 线五彩湾—大黄山高速(一级)公路和 G3014 奎屯—克拉玛依—乌尔禾—阿勒泰、G3015 克拉玛依—塔城高速公路,开工建设 G7 明水—哈密高速公路。"十三五"期继续推进北通道建设,2017 年,建成通车 G7 明水—哈密高速公路,正在加快建设 G7 大黄山—乌鲁木齐四改八、G216 线富蕴—五彩湾、G575 线巴里坤—哈密等高速(一级)公路,稳步推进 G7 梧桐大泉—伊吾—巴里坤(奎苏)—木垒高速公路。

——南通道:"十二五"期开工建设 G3012 墨玉—和田、喀什—疏勒高速公路。"十三五"期继续推进南通道建设,力争 2018 年建成通车 G3012 线喀什—疏勒、墨玉—和田高速公路,稳步推进 G3012 线疏勒—叶城—墨玉—和田、G0612 线依吞布拉克—若羌等高速公路。

——南北疆大通道："十二五"期全面建成 G3012 小草湖—和硕、库尔勒—库车—阿克苏—喀什、G3013 喀什—伊尔克什坦口岸等高速公路,南北疆高速大通道全线贯通。"十三五"期全面加快继续推进南北疆大通道建设,正在加快建设 G218 线墩麻扎—那拉提公路,稳步推进南北疆大通道 G0711 乌鲁木齐—库尔勒(尉犁)—35 团—若羌等高速公路。

——口岸公路:通过"十二五"期的大力建设,截至目前,全疆 15 个一类陆路口岸公路全部实现黑色化,阿拉山口、巴克图、都拉塔、吉木乃、霍尔果斯、吐尔尕特、伊尔克什坦 7 个口岸实现了二级及以上公路连接。"十三五"期,继续推进口岸公路建设,2017 年,建成通车 G218 线霍尔果斯口岸段、S313 察布查尔—都拉塔口岸公路,正在稳步推进 G314 线布伦口—红其拉甫(含阔热买勒达坂—卡拉苏口岸)等重要口岸公路的升级改造,着力推进 G219、G331 边防路线的升级改造,改善沿边交通条件,促进沿边发展和开放。

——公路技术等级。截至 2017 年底,全区等级公路里程为 14.86 万公里(其中新疆生产建设兵团 2.21 万公里),比上年末增加 4441 公里,占全区公路总里程的 80.2%,比上年末提高 1.0 个百分点;二级及以上公路里程为 22695 公里,占全区公路总里程的 12.2%。

——公路里程。全区国道里程 17661 公里,省道里程 11170 公里,县道里程 24207 公里,乡道里程 60806 公里,村道里程 58475 公里,专用公路里程 13019 公里。

——公路路面状况。全区有铺装路面和简易铺装路面公路里程共计 12.9 万公里,占公路总里程的 69.8%。全区有铺装路面(高级)公路里程 50705 公里。其中,沥青混凝土路面公路里程 49954 公里,水泥混凝土路面公路里程 750 公里,全区简易铺装路面公路里程 78691 公里。全区未铺装路面公路里程 55941 公里。

——农村公路通达和通畅水平。自治区农村公路里程达 12.3 万公里,乡镇通达率和通畅率分别为 100%和 99.5%,建制村通达率和通畅率分别为 99.4%和 97.4%。

——公路桥梁与隧道。全区公路桥梁达 14167 座 536846 延米。其中,特大桥 29 座 44351 延米,大桥 787 座 164372 延米,中桥 2607 座 147760 延米,小桥 10744 座 180364 延米。全区公路隧道为 38 道 34026 延米。

三、运输服务成就

(一)客运服务

新疆维吾尔自治区位于祖国西北边陲,面积 166 万平方公里,占中国国土总面积六分之一,幅员辽阔,在各种旅客运输方式中道路旅客运输(以下简称道路客运)发挥着基础性、保障性、主导性作用。改革开放以来,随着自治区经济社会快速发展,新疆的道路客运事业取得了举世瞩目的成就。

1.改革开放以来新疆道路客运发展基本情况

1978 年,全区道路旅客运输量 786 万人,客运周转量 10.96 亿人公里。改革开放 40 年来,新疆道路旅客运输得到快速发展,无论是道路运输从业人员、经营性道路运输量、客运班线等都得到前所未有的发展。2017 年,全区累计完成经营性道路客运量和旅客周转量 2.36 亿人次和 157.57 亿人公里(不含城市客运)。至 2017 年末,全区共有道路运输从业人员 53.06 万人,其中道路旅客运输从业人员计有 7.42 万人;全区共有道路客运线路 4706 条,平均日发班次 43234.6 个。其中,跨省线路 29 条,平均日发班次 14.8 次;跨地(市)线路 572 条,平均日发班次 4075.8 次;跨县线路 1038 条,平均日发班次 11015.0 次;县内线路 3067 条,平均日发班次 28129.0 次。2017 年,全区共有国际道路旅客运输业户 13 户,国际道路客货运输兼营业户 12 户,客运从业人员 684 人,全区完成国际道路客运量 43.20 万人次、旅客周转量 0.91 亿人公里。城市客运方面,2017 年,全区共计完成城市道路客运量 28.77 亿人次。其中,城市公交汽车完成客运量 14.42 亿人次,出租汽车完成客运量 14.35 亿人次。共有公共汽电车经营业户 90 户,出租汽车经营业户 4099 户。农村道路旅客运输,截至 2017 年底,全区通班车的乡镇数达 879 个,乡镇通班车率达 99.5%;全区通班车的建制村达 9265 个,建制村通班车率达 98.4%。全区共开通农村道路客运班线 3441 条,共有农村道路客运站 740 个。2017 年全区完成农村道路客运量 0.90 亿人次、旅客周转量 42.77 亿人公里。

2. 新疆道路客运快速发展原因分析

(1)地区经济快速发展为道路客运提供了强大发展动力

1978 年新疆地区生产总值 39.07 亿元,2017 年新疆地区生产总值是 1978 年的 279.5 倍,达 10920.09 亿元。国民生产总值迅速增长,人民群众收入增加,生产生活水平大幅提高,经济总量扩张拉动道路客运量增长,为道路客运发展提供强大动力。

(2)公路基础设施建设快速增长为道路客运提供坚实基础

改革开放 40 年来,新疆公路建设发展迅速,1978 年全疆公路 2.38 万公里,2017 年底新疆公路通车总里程达到 18.53 万公里(含兵团),其中高速公路从无到有,2017 年已达 4578 公里。作为国民经济的基础性产业,公路建设的发展对推动国民经济发展和社会进步发挥了重要作用,便捷高效的公路交通也日益改变人民群众的思想观念和生活方式,扩大了出行半径,促进了道路客运业发展。

(3)日益完善的法规制度为道路客运发展提供坚强保障

1998 年《新疆维吾尔自治区道路运输条例》出台实施,2004 年《中华人民共和国道路运输条例》颁布实施,2005 年交通部制定发布《道路旅客运输及客运站管理规定》,自治区人民政府也出台了有关道路客运、客运站相关规范性文件,不断完善的法规制度为建立统一、开放、竞争、有序的道路客运市场,推进依法行政提供了有力支撑,为道路客运发展提供坚强保障。

(4)信息化技术促进道路客运管理现代化

改革开放以来,道路客运行业信息化建设得到长足发展,运政管理系统、旅游(包车)客运管理信息系统、联网售票系统等一批信息化管理系统建成投入使用,提高了管理效率和行业治理水平,为人民群众提供了便捷、安全、高效的道路客运服务。

3. 道路客运发展思路

(1)简政放权激发市场活力

全面实施以服务质量招投标的方式择优确定经营主体,优化行政审批程序,扩大企业经营自主权,打破制约行业发展的机制体制。进一步开放道路旅游客运市场,允许符合条件的客运企业从事旅游客运,与旅游部门建立共商机制,实现道路客运与旅游深度融合,旅游客运服务自治区发展旅游业战略能力显著提高。放开客运站场投资建设市场,允许社会资本进入道路客运站场建设、经营,突破目前政府补贴投资建设的单一模式,提升客运站场投资、经营市场化程度。

(2) 推进道路客运线网和结构调整

完善与铁路、民航等其他运输方式相衔接的道路客运网络。鼓励线路专营企业发展，鼓励定制化客运发展，旅游客运、机场和高铁快线、商务快客、短途驳载等特色业务成为行业新的增长点，道路客运比较优势得到充分发挥。

(3) 推动道路客运集约化发展

着力培育打造一批道路客运龙头企业，鼓励道路客运企业向集团化、集约化方向发展。在行政审批、经营许可、资金扶持上向骨干龙头企业倾斜，做大做强骨干龙头企业，发挥骨干龙头企业在社会公益、应急保障上的作用，逐步改变目前道路客运企业经营主体"小、散、弱"的格局。

(二) 货运服务

新疆历来以陆路交通为主，闻名遐迩的丝绸之路通贯全境，绵延数千里。道路运输作为国民经济的基础性产业和服务行业，对国民经济的发展和社会进步起着举足轻重的作用。从一定意义上说，新疆经济就是公路经济。

新疆道路运输业的发展经历了从无到有、从小到大、由弱变强的历史变革过程。可以说是在旧中国留下的一穷二白、既原始又落后的基础上开始起步的。新中国成立后，尽管新疆道路运输业有了较大发展，但到 1978 年时，全区货运车辆 4.1 万辆，货运量 4842.9 万吨，货运周转量 32.06 亿吨公里，"运货难"的问题仍然十分突出，严重制约了新疆国民经济和社会的发展。改革开放 40 年来，在党中央、国务院的正确领导和大力支持下，经过新疆各族人民的艰苦奋斗，新疆经济社会等各方面的发展取得了历史性的辉煌成就。国民经济综合实力显著增强，建立了以农业为基础、以工业为主导的国民经济体系，初步形成了以天山北坡经济带为依托、以铁路和公路干线为骨架、以区域性和地区性经济中心城市为支点、辐射带动地区经济发展的区域经济格局。特别是随着道路运输市场的进一步开放，逐步形成了多家经营、多种形式、多种经济成分并存的交通运输新格局。

随着"一带一路"建设的深入，新疆作为丝绸之路经济带核心区，具有独特的区位优势和向西开放重要窗口作用。面对千载难逢的重大历史机遇，在自治区党委、人民政府带领下，新疆的发展抓住了"丝绸之路经济带"建设的重大机遇，立足区位优势，充分发挥自身优势，当好桥头堡、主力军和排头兵，努力建设新疆"一路一带"核心区，把宏伟的蓝图变为美好的现实。新疆交通运输业在自治区党委、人民政府和交通运输部的正确领导下，积极围绕自治区贯彻落实国家"一带一路"倡议和加快丝绸之路经济带核心区交通枢纽中心建设的决策部署，全力推进全区公路交通大通道建设。随着工作逐步落实，自治区经济形势趋稳向好，结构不断优化，煤炭、棉花、粮食等大宗货物产量不断提升，产销需求带动道路运输货运量进一步增长，2016 年完成经营性道路运输货运量为 6.51 吨，货运周转量 1102.2 亿吨公里，同比分别增长了 1%、3.9%；2017 年经营性道路运输货运量创历史新高，增长率更是达到了两位数，完成经营性道路运输货运量为 7.47 亿吨，同比分别增长了 14.8%，货运周转量为 1306.66 亿吨公里，同比分别增长了 18.5%，全区营业性道路货物运输车辆 31.94 万辆。货运量、货运周转量和经营性货运车辆，相比 1978 年分别增长了约 8 倍、15 倍和 40 倍。1978—2017 年新疆公路运输情况见表 1。

1978—2017年新疆公路运输情况表　　　　　　　　　表1

年　份	货运量(万吨)	货物周转量(亿吨公里)
1978	4842.9	32.06
1980	7208.6	45.89
1985	8847	61.26
1990	11550.96	108.09
1995	21754	219.72
2000	27048	272.9
2005	33000	405
2010	41700	653.03
2015	64500	1060.5
2017	75000	1306

20世纪80年代初期,为解决新疆交通运输"运力少,运量多"的主要矛盾,新疆交通运输部门经过多方交流研讨,达成了对内搞活、对外开放共识,决定放开道路运输市场。1983年将自治区汽车运输总公司改为新疆运输管理局。进入20世纪90年代,伴随着运输市场的放开,社会运力快速增长,又逐步形成运力大于运量的矛盾。新疆交通运输厅为顺应市场发展潮流,采取"转轨变型""一业为主、多种经营"措施,为道路运输企业开辟新的生存空间,克服了货源不足的困难,纷纷"找米下锅"。此后,全疆道路运输市场开始呈现出一派生机勃勃的景象。各运输经营业户加大运力投入,调整车辆结构,开展节油竞赛,发展涉外运输、特种车辆运输,推广集装箱运输,极大地满足了全社会对道路货物运输的需求。

2008年初,新疆启动道路运输经济运行分析,积极掌握新疆道路运输发展的现状和薄弱环节。同时开展了货运运力运量普查工作,初步建立道路运力运量动态分析管理系统。同年9月,在乌鲁木齐举办"新疆交通(国际道路运输)与现代物流论坛"。2009年7月举办中国西部道路运输新概念论坛。

近年来,为确保行业健康稳定发展,积极出台了十三五物流业发展规划、道路货运行业改革、促进多式联运发展等一系列政策保障性文件,推动道路货运行业供给侧结构性改革,道路运输行业转型升级明显加快,促进道路货运行业降本增效,积极推进我区甩挂运输试点、无车承运人试点、多式联运示范工程等项目建设,已基本建成了新疆交通运输物流公共信息平台,并有一家道路货运企业成功上市。

(三)运输装备

1978年,改革开放之初,新疆民用汽车拥有量仅为41638辆,其中交通运输部门拥有运营客车892辆、运营货车8260辆。1978年,全疆完成客运量786.6万人次、旅客周转量109563万人公里,完成汽车货运量4539万吨、货物周转量317961万公里。运输装备较差,客货车辆数量不足,远远不能满足自治区客货运输需要。为解决"运力少,运量多"的主要矛盾,新疆交通部门实行了对内搞活、对外开放的政策,逐步放开运输市场。随后兴起全社会办交通、集体个体异军突起、多种经济形式并存的新格局。开放的道路运输市场不仅带来经济繁荣,更是促进了运输装备的快速发展。到1990年,全疆有13203辆个体汽车、拖拉机从事道路运输生产,占全疆民有汽车的10.15%,为交通部门的1.59倍。

1993年1月,交通厅下发《关于进一步开放道路运输市场的意见》。1998年7月,自治区颁布实施《新疆维吾尔自治区道路运输管理条例》。两个法规性文件的颁布,极大地激发了新疆道路运输市场的活力,运输装备得到极大提升。到2000年,新疆全社会拥有民用汽车36.9万辆。

进入21世纪,新疆交通运输厅围绕自治区"外引内联,东联西出"和"大物流、大交通、大流通"目标,紧紧扭住大发展机遇不放松,大力发展现代道路运输物流。"鼓励道路运输规模化、集约化经营",充分发挥市场机制调节作用,加快道路运输业结构调整,强化政策引导,推进运力结构逐步由以数量增长向质量提高方向发展。2007年,启动《新疆维吾尔自治区道路运输条例》修改工作。这一系列举措,有力促进了道路运输装备的发展。截至2008年底,全区机动车保有量达209万辆,其中民用汽车保有量93.4万辆。

近年来,为适应经济建设,满足工农业生产和各族人民生活不断提高的需要,货运经营者在各级交通部门的引导下,利用自有资金或银行贷款购置集装箱车、厢式货车、大型物件运输车(牵引车、平板车)、半挂车、冷藏车、保温保鲜车,货运汽车的结构发生了巨大的变化,不仅大、中、小齐全,并实现了货运车辆专业化。货运车辆已经从原来的苏联产老GAZ、国产老解放等小吨位载重货车,升级为现在国产和进口载重三四十吨大型载货车辆,部分厂矿企业更是购买了载重几百吨的矿石运输车辆。

到2017年底,全区机动车保有量达531.73万辆,其中民用汽车保有量365.56万辆(包括三轮车和低速货车)。全区经营性道路客货运输车辆41.30万辆,其中,不含城市客运车辆在内的经营性道路客货运输车辆35.41万辆。

1.经营性载货汽车

(1)总量

全区拥有道路营运货车31.94万辆、总吨位286.10万吨位,平均吨位达8.96吨/辆。

(2)车型结构

按标记吨位分,全区大型、中型、小型货车分别达14.77万辆、0.72万辆、12.02万辆。按经营范围分,全区拥有普通载货汽车21.35万辆,专用载货车辆1.47万辆,其中,经营性危货车辆1.27万辆。

2.经营性载客汽车

(1)总量

全区拥有道路营运客车3.47万辆、57.94万客位,平均客位达16.69客位/辆。

(2)运力结构

按标记客位分:全区拥有大型客车0.76万辆、31.42万客位;拥有中型客车0.53万辆、10.54万客位;拥有小型客车2.18万辆、15.99万客位。按等级分:全区拥有普通载客汽车1.72万辆、21.25万客位,平均客位达12.35座;拥有中级载客汽车1.13万辆、18.26万客位,平均客位达16.16座;拥有高级载客汽车0.63万辆、18.43万客位,平均客位达29.25座。

3.国际道路运输

全区有国际道路运输车辆4603辆,其中,国际道路旅客运输车辆130辆、总客位3822个;

国际道路货物运输车辆4473辆、总吨位89061吨。

4.城市客运运力

全区共有出租汽车4.91万辆,共有城市公交汽车0.98万辆,其中BRT车辆552辆。

5.农村道路客运运力

全区共有农村道路客运车辆22367辆、客位282233个。

四、行业管理成就

(一)法治建设

改革开放40年来,按照自治区党委、人民政府和交通运输部关于法治政府建设的部署和要求,自治区交通运输厅以建设法治政府部门、全面推进交通运输依法行政为目标,努力践行法治理念,法治政府部门建设取得显著成效。

1.依法行政的意识进一步增强

出台了《自治区交通运输厅系统法治建设工作考核办法》,将政府部门重大行政决策制定程序、依法处理各类事务情况、法律风险防控情况等依法行政相关指标纳入年度法治建设考评范围,为科学考评法治建设工作提供了重要依据。自2017年起,每年对厅属单位进行一次法治建设考核评价,并将考核结果纳入年度目标考核体系。二是强化学习宣传。坚持法治意识,将理论、业务、法律法规学习结合起来,采取"一把手"讲法、中心组学法、举办讲座、网络学法等多种方式,提升领导干部的法治意识和依法行政意识。全面开展法制宣传教育工作,提升干部职工的法治思维,落实行业普法工作。每年印发自治区交通运输系统宪法法律宣传月活动实施方案,组织以"大力弘扬法治精神,服务新疆工作总目标"等为主题的以案释法、法治文化建设、法律咨询等各类宣传教育活动。三是落实"谁执法谁普法"责任制,下发"谁执法谁普法"责任制实施方案。四是开展基层法治建设年活动和组织"一把手"讲法活动。五是强化监督和制约。自觉接受人大、政协监督。制定《自治区交通运输行政执法责任追究制度》《"新广行风热线"群众投诉和咨询处理办法》《作风效能问责暂行办法》《交通运输厅重大行政决策合法性审查制度》等制度。

2.行业立法工作成效显著

研究出台了《新疆维吾尔自治区交通运输厅立法项目申报办法》,争取自治区出台《自治区实施〈公路法〉办法》《自治区道路运输条例》《自治区农村公路管理办法》《自治区水路交通运输监督管理办法》《自治区车辆超限超载运输货物监督管理办法》等五部地方交通运输法规规章。2018年,《自治区交通运输工程质量安全监督条例》列入政府立法出台项目,《自治区农村公路管理办法》列入后评估项目。

3.坚持依法决策,建立健全机制

按照《自治区交通运输厅系统法律顾问工作制度》,厅机关及厅属各单位均聘请了法律顾问。同时按照《自治区交通运输厅重大行政决策合法性审查制度》《自治区和交通运输厅党委重大决策部署贯彻执行情况监督检查工作总体方案》,在交通建设、运输管理等重大行政决策中,初步形成了公众参与、专家论证、风险评估、合法性审查和集体讨论决定相结合的决策程序。

4. 规范性文件监督管理得到加强

落实《交通运输厅规范性文件管理规定》，出台了《新疆维吾尔自治区道路货运代理（代办）经营备案办法（试行）》《新疆维吾尔自治区公路工程建设农民工用工管理办法（试行）》等规范性文件、制度近50件，做到了规范性文件合法审查率100%、报备率100%。

5. 行政执法水平不断提升。

一是加强"三基三化"建设。印发了《自治区交通运输行政执法"三基三化"建设工作方案》，开展了行政执法"三基三化"建设课题研究。二是实施执法规范化建设。制定了《自治区交通运输行政处罚自由裁量执行基准》，强化行政执法案卷评查，每年定期组织开展行政执法案卷评查活动，统一行政处罚、行政许可、行政强制类执法文书格式，全面完成执法"四统一"工作，组织开展了行政执法年和基层法治建设年活动，推进治超非现场执法试点工作。三是推进执法工作信息化，建立行政许可和行政处罚"双公示"机制。四是强化行政执法监督。先后印发了《自治区交通运输行政执法评议考核方案》《自治区交通运输行政执法过错责任追究办法》和《"新广行风热线"群众投诉和咨询处理办法》《作风效能问责暂行办法》等监督制度，建立"12328"交通运输投诉咨询服务热线，及时督办投诉案件。五是行政争议得到有效化解。出台了《自治区交通运输行政调解工作制度》，制定了《分类处理涉法涉诉信访案件的意见》，推进多元化解纠纷解决机制。

（二）管理体制改革

1978改革开放前，自治区交通厅职能部门有：办公室、劳资处、保卫处、财务处、工业处、公路处、文卫处、运输处、科技处、监理处。1983年12月厅机关机构进行了改革，设一组二室六处，即纪检组、办公室、总工程师室、政治处、保卫处、劳人处、财务处综合处、教育处。1984年8月，自治区人民政府批转自治区交通厅《关于改革我区公路运输管理体制的报告》，将部分公路运输企事业单位下放给各地、州、市。1987年6月，自治区人民政府批复《关于改革自治区道路交通管理体制方案的报告》，将原由交通厅管理的交通监理业务全部移交公安厅。至此，自治区交通厅主要负责全疆公路建设、运营、管理、规费征收及水上安全管理等工作。

2010年5月，自治区交通厅更名为自治区交通运输厅，自治区人民政府印发《交通运输厅主要职责内设机构和人员编制规定的通知》，明确了交通运输厅作为自治区人民政府职能部门，主要职责是承担道路、水路方面的政策制定、组织实施、行业监管，指导出租汽车、城市公交的行业管理，负责有关综合交通运输体系的规划协调，统筹区域和城乡交通运输协调发展，加快推进区域和城乡交通运输一体化。按照一厅+若干局的管理模式，下设交通建设局、公路管理局、道路运输管理局3个二级局和自治区路政管理局、地方海事局、公路工程质量监督局、公路工程造价管理局7个职能局，在人、财、物等方面实行"条块结合、以条为主"的垂直管理体制。同时管辖交通规划勘察设计研究院、交通职业技术学院、交通科学研究院等3个科研院校。其中副厅级单位3个，县（处）级单位101个，科级单位239个。同时，对地州（县）市113个交通运输局进行行业指导。通过机构改革，自治区交通运输厅在厅机关与下属单位之间理顺了职责关系，初步实现了"建管养分离"的改革目标。

近年来，交通运输厅党委认真贯彻落实交通运输部和自治区党委、政府全面深化改革各项工作部署，坚持问题导向、系统谋划、上下联动、重点突破，扎实推进新疆交通运输改革工作。

1. 推进交通运输供给侧结构性改革

一是提高路面通行效率。全面推行精细化养护，大力实施生命安全防护工程。搭建全区交通建设项目信息化统一作战指挥平台，积极推广联网售票、行政审批和公众出行等信息服务系统。加快建立绿色交通发展制度和标准体系。二是完善现代运输服务体系。编制完成《新疆维吾尔自治区无车承运人试点工作实施方案》。三是深入实施物流业"降本增效"措施。

2. 认真谋划综合交通运输改革顶层设计

组织相关部门开展了新疆综合交通运输体制机制改革专项研究，提出新疆综合交通运输管理体制机制改革的总体目标、改革思路、改革方案和保障措施。编制完成了《新疆综合交通运输体制机制改革研究工作大纲》。

3. 积极探索交通投融资改革新思路新举措

积极探索研究适应新疆实际的交通建设投融资改革工作，编制完成《新疆"十三五"交通基础设施投融资方案研究（初稿）》。积极向自治区人民政府汇报，并代拟《新疆维吾尔自治区人民政府关于深化交通运输基础设施投融资体制改革的指导意见》。大力推进投融资平台建设，积极推动新疆交投公司做大做强。

4. 稳妥推进交通运输综合行政执法改革

按照部关于开展交通运输综合执法改革试点的安排部署，作为非试点省区，积极稳妥部署全区交通运输综合行政执法改革工作。先期完成了组织机构设置、人员配置、资料收集、调研和专项研究工作。特别是对运政、路政、海事、质监、国际口岸五个执法门类，5个执法队伍的机构、编制、实有人员、领导职数、党组织数等基本情况进行摸底，为下一步改革工作准备了基础资料。并结合全区情况，按照试点先行、以点带面的工作格局，编制了改革实施方案。

5. 积极推进公路管理体制、事业单位改革工作

一是开展了公路养护管理体制改革研究，已完成《新疆公路养护管理体制机制研究报告》。二是进一步规范农村公路建设管理。出台了《新疆维吾尔自治区农村公路建设基本模式》《新疆维吾尔自治区"十三五"农村公路实施"建养一体化"指导方案》《推行农村公路建设代建管理模式实施指导意见》。三是积极探索建设管理体制改革。已整合现有"自治区交通建设局"资源，成立"交通建设工程监督管理办公室"，受交通运输厅委托对建设项目实行监督管理。四是推进信用评价结果的应用。五是开展了承担行政职能事业单位职责梳理工作。

（三）投融资体制改革

自治区交通运输投融资体制，在改革开放初期主要是政府投资和养路费投入。进入20世纪90年代，以吐鲁番—乌鲁木齐—大黄山高等级公路引入世界银行贷款建设为标志，新疆公路建设投资逐步走上"贷款修路，收费还贷"的投融资渠道，同时继续加大政府投入和养路费（车购税及燃油附加税）投入。2006年，自治区人民政府作出《关于加强公路交通建设的决定》，决定自治区区级财政每年新增收入中的5%、县级财政每年通过支出预算安排专项资金，专款用于农村公路建设和管理养护。

近年来,为破解公路建设资金难题,自治区交通运输厅加快推进了投融资体制机制改革,研究成立新疆交通投资有限责任公司,并于2016年得到自治区人民政府批准。2017年,经自治区人民政府同意,财政厅批复,已将吐—乌—大和乌—奎2条高速公路的优质资产划转至交投公司,资产评估总值203亿元,交投投资形成资产350亿元,截至2017年底,公司资产总额已达720亿元。同时于2017年,成立PPP项目办公室,坚持运用市场化手段,大力推进PPP项目。以及对政府收费项目发行专项债券建设,对公益性非收费项目发行一般债券建设。

投融资改革主要经验、做法:

1.坚持树牢新发展理念,凝聚深化投融资改革共识

自治区党委、政府高度重视交通建设工作,要求树立和强化"政府主导、社会办交通"的发展理念,积极倡导"交通加产业、交通大招商",通过反复宣贯政策、加强督导检查、实施目标考核等方式,强化政府规划、政策引导、市场运作,初步形成了党政领导亲自推动、相关部门通力协作、社会力量广泛参与的交通建设工作新格局。

2.坚持用好用足政策措施,营造支持交通发展浓厚氛围

自治区及时出台《关于加快推进自治区"十三五"交通基础设施建设实施方案的通知》《关于支持铁路、公路沿边及机场周边实施土地资源综合开发的意见》和《关于完善收费公路价格政策促进我区交通基础设施建设有关事宜的通知》等一系列重要政策支持文件,鼓励各地用足用好政策法规,完善支持交通政策支撑体系和配套措施,加大地方各级财政支持力度,发挥财政资金杠杆作用,积极推进交通+旅游等综合开发模式,支持交通建设发展。

3.坚持深化体制机制创新,激发交通建设内生动力

严格落实"省级管主干、地州管辖区、县市管地方道路",划分并明确了区、地、县三级的事权和责任,建立了"权责明晰、上下协调、有效管用"的交通建设管理新体制、新机制。进一步强化厅对公路建设的规划、指导、监督和服务职能,以改革创新为牵引,全面深化投融资体制机制改革,充分发挥市场手段,调动和引进社会资本和力量,进一步释放和激发交通建设领域的活力,提高交通建设领域的生产力。

4.坚持盘活优化各类资源,培育壮大投融资主体

全面搭建交通建设投融资机构,做强做优各级交通投资公司,通过做好优质资产注入、承接车购税、筹建交通产业基金等工作,增强融资能力。2017年底,全区各地州市县已成立交投公司113个。其中,新疆交通投资有限责任公司资产规模已达643亿元,与7家银行签订464亿元贷款合同。

5.坚持运用市场化手段,大力推进PPP项目

坚持市场化的导向,将PPP项目作为深化政府职能转变、创新筹融资体制改革的有力推手,成立PPP项目办公室,编印工作手册和案例汇编,多轮组织培训服务、现场指导磋商洽谈。强化对项目前期、"一案两评"编制批复、PPP招标文件发布、协议签订和项目公司成立等全过程管控,建立公路项目PPP咨询机构库名录,形成PPP咨询技术支撑机制。PPP项目在吸引社会资本、提高资金使用效率、提升管理能力等方面取得明显成效。

6.坚持创新融资机制,畅通保障建设资金渠道

按照打好三大攻坚战的要求,对以高速公路为主的收费公路项目资金需求,充分发挥好

PPP模式、各级融资机构、各级国资企业的投融资能力等主渠道作用；对政府收费项目发行专项债券建设；对公益性非收费项目发行一般债券建设；对农村公路充分发挥好车购税、中央预算内资金等筹融资渠道，尽全力完成脱贫攻坚兜底性任务。

（四）技术政策及标准建设

1. 工作开展情况

（1）构建交通运输标准化技术体系

改革开放四十年来，新疆维吾尔自治区交通运输厅积极开展标准化体系构建工作，鼓励各单位、部门研究编制适合标准化工作的标准、规程等，积极应用新技术，新工艺，推进技术革新，将先进、适用的工程施工方法和科技成果及时纳入标准规范。《新疆公路雪害防治技术标准》《沙漠地区公路建设成套技术》《新疆天然砂砾路面材料典型结构设计及施工指南》《新疆地区公路设计通用图》《低温环境下大比例掺量废旧沥青混合料再生利用技术规范》《新疆维吾尔自治区道路运输管理条例》等一批法规、标准、规范的制订、实施，逐渐构建了自治区显著特点的交通运输标准化体系。

（2）公路勘察设计标准化

组织编制了《新疆地区公路设计通用图》，通过标准化设计，能够对工程项目规模、内容、建造标准进行控制，减少了设计工作量，提高了设计效率，降低了工程造价，保证项目的安全性和预期的使用功能，促进建筑工业化、装配化，加快建设速度。

（3）公路建设标准化

建立工程项目管理信息化系统，按照《新疆维吾尔自治区公路建设标准化管理手册》要求，从制度建设、驻地建设、人员配备、现场管理、施工作业等方面提出了标准化要求，在新开工的公路建设项目上全面推行标准化管理工作。

（4）公路养护标准化

在公路养护工作中开展养护标准化创建活动，按照《公路养护技术规范》要求，制订日常养护、维修工程、水毁防治、应急处置等一系列工作制度和方案。

（5）道路运输标准化

推进道路运输服务、质量、安全标准建设，围绕安全、高效、便捷、绿色的道路运输服务体系，完善运输企业、场站、车辆、人员等技术条件标准，执行汽车燃料消耗量限值等强制性标准，构建和谐节能交通。

（6）公共交通标准化

一是开展了新疆城市客运标准体系与关键技术标准研究；二是开展了"交通服务公众满意度评价指标体系与标准化评价方法研究"；三是指导乌鲁木齐市创建交通运输部公交都市示范城市。

（7）开展申报地方标准

自治区交通运输厅十分重视地方标准的申报工作。近年来，基本每年都有5项以上的标准推荐申报行业和地方标准。仅2015年就推荐《公共汽电车车载信息系统基本技术要求》《公共汽电车站点、线路基础地理信息编码规范》《公共停车设施基础地理信息编码技术规范》《交通综合信息平台数据字典规范》《道路交通基础地理信息编码技术规范》等10项标准项目申报自治区地方标准。

2.保障措施

（1）提高认识，加强组织领导

成立了由分管领导任组长的标准化工作领导小组及组织机构，明确工作目标，细化任务分工，确保标准化工作取得实效。

（2）完善机制，落实各项要求

交通运输行业各单位统一部署，建立标准化工作责任制，落实标准化各项要求。建立对技术标准实施情况进行监督、反馈的工作机制。加大对实施标准化发展战略的资金投入，逐步形成以政府投入为引导、企业投入为主体的多渠道、多元化的经费投入机制。

（3）加强宣传，扩大标准化影响

广泛宣传标准化法律法规和方针政策，增强干部职工的标准化意识，形成讲标准、学标准、用标准的良好氛围。充分发挥行业协会的资源优势和协调功能，不断提升标准化工作的有效性。

（4）资金保障

设立科技专项经费，对标准化工作提供资金保障。例如"新疆城市客运标准体系与关键技术标准研究"与"交通服务公众满意度评价指标体系与标准化评价方法研究"两项课题共投入96万元。《公路工程技术标准》的宣贯工作，投入20万元。

（5）加大培养，提高标准人才素质

不断加强标准化岗位培训和继续教育，构建多渠道、多方参与的培训机制，创新培训模式，利用网络媒体、远程教育等新型教育手段，建立专业结构、层级结构和年龄结构合理的人才体系，鼓励专业技术人才积极参与标准化活动，培养了一批复合型标准化专业人才，加快标准化人才队伍建设，积极形成了人人学标准、懂标准、用标准的良好局面。

五、科技创新成就

（一）科技创新体制改革

新疆交通运输行业科技创新体制改革共经历4个阶段，第一阶段为1993—2004年，为新疆交通运输科技启蒙阶段，设立了科技专项经费，开展行业主导产业的培养，包括行业政策研究、机械设备的适用性研究、结合行业建设的基础性研究以及结合行业产业发展的企业应用研究；第二阶段为2005—2008年，为新疆交通运输科技规范阶段，制定了《新疆交通厅科技项目管理办法》，为科技项目规范管理提供借鉴；第三阶段为2009—2016年，为新疆交通运输科技大发展阶段，2010年国家援疆拉开序幕，交通运输部在2011年制定科技援疆计划，2015年又签署科技援疆行动方案，在此阶段，交通运输部为新疆行业科技进步提供大量支持，原有的基础研究项目也在此阶段进行了总结和提升，形成了成套体系性的研究成果；第四阶段为2017年至今，在国家科技体制改革之下，自治区开展相应的体制改革，受自治区统一改革影响，暂未出台完整的体制方案。

（二）科研能力建设

在交通运输部支持下，"十二五"以来，特别是科技援疆之后，新疆交通运输科研能力有了明显提升。

一是落实支撑政策,完善项目管理。 修编了《新疆维吾尔自治区交通运输厅科技项目管理办法》,制定了《新疆维吾尔自治区交通运输厅科技项目经费管理细则》,明确项目管理流程,严格项目经费支出;推动科研项目的立项及早介入重大项目,实现科技成果与工程项目建设紧密结合。改善交通科研发展环境,在交通运输部科技司总体指导下,厅主动搭建对接平台,引导、组织和推动全区交通运输科研部门与部属科研院所、长安大学等10家技术支持单位在科研项目、技术服务、人才培养等方面开展合作,提升了全区交通运输自主创新能力,为全区交通运输行业科研工作向更高水平的发展创造了条件。

二是重大科技研发,支撑行业发展。 基础设施建设及养护技术取得重大突破,取得了以盐渍土、沙漠、高寒复杂地质区域等为代表的一批科研成果,解决了生产建设过程中重大难题,增强了全区公路建设发展的内生动力;针对全区新建公路路面存在一定程度早期损坏以及早期修建公路大量进入大修期、路面质量下降较快的实际,开展了公路基础设施养护关键技术研发。公路地质灾害预测与防治技术取得了创新性突破,开展了公路地质灾害预测与防治相关技术研究,有效支撑了全区特殊地质环境下公路建设、养护与运营安全。行业管理科学决策支持技术取得新进展,厅下达政策类软科学研究课题10余项,紧紧围绕事关全区交通运输发展的全局性、战略性和前瞻性问题进行研究,为政府科学决策提供依据。

三是支持成果推广,提升服务能力。 编制了科研成果技术清单,制定了《新疆维吾尔自治区交通运输行业"四新"技术及科研成果推广应用管理办法》。立项科研成果推广项目10余项,通过工程实践进一步深化和完善研究成果,为提高新疆特殊的自然地理和气候条件下的公路建设和养护水平打下坚实基础。聚焦基层工作,积极营造"四小"工作氛围,鼓励基层工作人员"四小"创造,调动全行业积极性,提升整个交通运输行业的创新能力。

四是重视标准化建设,支撑规范化发展。 编制完成了《公路路基路面弯沉季节影响系数选取规定》《公路雪害防治技术规范》等10余项行业及地方标准和指南,另有10余项标准正在审批中。颁布实施《新疆维吾尔自治区公路建设标准化管理手册》,在工程建设中大力推广标准化,确保工程建设的过程、质量、安全、环保、工期等各项管理处于可控状态,推动交通运输事业规范发展。编制《新疆沥青路面设计施工手册》,明确新疆气候条件下,路面质量控制标准及措施。

五是推进能力建设,增强创新实力。 以推进科技成果公开、科技资源共享平台建设和重点科研平台大型仪器设备信息开放共享为基础,依托干旱荒漠区公路工程技术交通行业重点实验室、西部地区特殊环境下公路养护交通运输行业协同创新平台、厅属各单位的博士后科研工作站,奠定了协同创新发展工作基础。借助"科技支撑新疆交通运输跨越发展专项行动计划",发挥技术支持单位科技优势,在解决全区交通建设中关键性技术难题的同时,提高全行业科技能力建设。

六是加大科技人才培养,提升人才素质。 围绕交通行业体制改革、结构调整和交通建设对人才的需求,完善科技人才培养机制,加大科技人才培养和干部职工教育培训工作力度。通过交通运输部西部培训计划、交通运输领域交流论坛、科技大讲堂培训,努力提高科技人员整体素质。加大重点科研平台、博士后工作站建设,发挥其高水平研发、聚集和培养优秀人才等方面的重要作用,在各重点技术领域培养科技领军人才和重点领域创新团队。

(三) 重大科技创新成果及推广应用

新疆地广人稀，地质条件复杂，地震带活动频繁，为行业建管养运都提出了难题。新疆交通运输行业科技项目注重成果推广和应用，一方面及时将成果转化为指南及标准，提高行业技术水平；另一方面将成果直接用于工程建设项目。

1. 盐渍土地区公路建设成套技术及工程应用

盐渍土遍布五大洲24个国家，我国有19个省区存在这种特殊性岩土，导致公路频繁发生路面盐胀起伏、开裂，路基沉陷、翻浆、结构物腐蚀等病害，严重影响公路交通安全和通行能力，每年因公路病害造成的直接经济损失达数十亿元。虽然国际上关于该病害防治的研究已有50年的历史，但问题一直未能得到根本解决，成为世界性技术难题，被称为工程中的"癌症"。

项目历时20多年，在盐渍土公路工程理论、勘察技术、路基处治技术、构造物防腐与环境保护等关键技术方面有重大突破和实质性创新，形成了集理论与实践于一体的建设成套技术，解决了盐渍土地区公路建设的重大难题。

（1）发展了公路盐渍土工程理论。应用自主发明的大型低温土工模拟试验系统开展研究，揭示了盐渍土盐胀、溶陷机理，建立了基于水、热、盐、力因素的盐渍土路基内四场交互作用理论分析模型，进而系统提出了硫酸盐渍土盐胀规律和工程特性，揭示了盐渍土公路病害形成机理，并首次提出了岩盐路基孔洞的动态响应理论模型，为设计施工提供了理论依据。

（2）首次提出盐渍土公路自然区划及工程分类方法。利用遥感技术开发了我国内陆公路盐渍土分布综合信息系统，通过对盐渍土分布规律及多因素影响规律的深入研究，提出了中国盐渍土地区公路自然区划，建立了土类、含盐量、温度及含水量等为指标的公路盐渍土工程分类方法，对土地资源集约利用，指导盐渍土地区公路规划设计及合理确定其工程性质具有重要意义。

（3）首次建立盐渍土地区公路病害评价体系。在对盐渍土地区公路病害特征多年大规模现场调研基础上，通过系统路基模拟试验验证，建立了以土基硫酸钠含量及盐胀率为主要指标的盐渍土路基盐胀评价方法和控制指标。运用层次分析法和模糊综合评价法，建立了盐渍土公路病害综合评价体系。

（4）形成了盐渍土地区公路病害治理成套技术。创造性地提出了土工布隔断水盐迁移处治盐渍土路基病害技术，提出了风积沙换填盐渍土地基处置方法，开发了半刚性水泥板加固盐渍化软弱地基技术，提出了强夯、砾石桩等地基处治技术和控制指标。在理论研究与工程实践的基础上，通过集成形成的病害治理成套技术已在盐渍土地区公路建设中得到广泛应用。

（5）解决了干旱半干旱重盐渍土地区公路构造物防腐及环境保护难题。混凝土的密实性是决定其耐腐蚀的关键因素之一，据此发明了混凝土用养护保护一体化涂料、抗硫酸盐侵蚀的自密实混凝土。研究提出"泛盐指数"，并将其作为盐渍土地区公路环境影响评价指标之一；提出了盐渍土地区公路绿化植物种。

成套关键技术已在2400多公里的高速、一级和二级公路建设工程上得到应用，取得总体经济效益24.04亿元，社会效益显著。

成果获省部级一等奖2项、二等奖4项,发明专利4项,实用新型专利4项,出版专著2本,发表国家核心刊物论文55篇,相关成果已纳入2部国家行业规范,1部地方规范,3部国家行业技术指南。

由院士、设计大师等组成的技术专家组评价:"该项目多项关键技术达到国际领先水平,成果可破解盐渍土给公路建设带来的技术难题。"

2.沙漠地区公路建设成套技术研究及推广应用

项目主要研究沙漠地区公路自然区划、选线及线形参数、路基设计技术、风积沙路用性能、沙漠公路路面结构与材料、公路防风固沙、沙漠高速公路施工、沙漠公路景观环境效益等成套关键技术,通过艰苦努力和系统深入研究,在8个方面取得40项研究成果,有2项成果填补国际沙漠地区公路空白;7项成果有重大创新;12项技术有重大突破;2项成果已获省部级科技进步一等奖;3项成果获得国家实用新型专利,发表论文55篇。

项目成果成功地应用在我国西部各等级沙漠公路建设中,总里程达2300公里,利用项目提供的路线优化技术、路基设计技术、合理路面结构形式、综合防护技术,使这些沙漠公路在建设、运营和养护过程中节约了大量成本,仅3年就获得直接经济效益12亿元。

研究成果使我国沙漠公路建设技术水平达到了新高度,实现了技术上质的飞跃,对国家标准、规范体系修订和特殊地区筑路技术的完善起到了重要指导和参考作用,项目研究通过多学科融合、精炼和创新,不仅对本学科科技进步和发展起到推动作用,而且部分成果和研究思路对相邻学科有重大启示作用,在学术上有重要价值。

(1)首次将植被覆盖度、沙丘高度作为沙漠地区公路二级自然区划指标,完成了沙漠地区公路二级自然区划。

(2)首次提出沙漠地区公路采用实际可能运行速度进行线形设计的理念,并通过技术经济分析确定了沙漠地区公路平、纵线形技术指标参数。

(3)首次提出了采用路基横断面阻沙性能指数定量分析路基横断面阻沙性能的方法,建立了沙漠地区公路路基横断面输沙能力分析(计算)的数学模型。

(4)揭示了不同高度(或深度)路基的阻沙性能指数随路堤边坡度的变化规律和路基不同边坡度的阻沙性能指数随路堤高度的变化规律。

(5)揭示了风积沙的含水量、压实度等对风积沙路用性能的影响规律。

(6)首次按沙漠地区公路自然区划推荐出风积沙路基回弹模量建议值。

(7)首次系统研究了沙漠地区公路路面温度场,建立了路面最高最低温度、路面最大变温速率以及最大温度梯度的预估公式,提出了沙漠地区公路路面工作环境指标。

(8)首次提出了防沙体系的可调控技术,利用沙袋沙障、土工方格沙障等构建可调控防沙体系。

(9)首次提出了"以沙治沙"的防沙理念,开发了沙埂沙障等新型工程固沙技术。

(10)首次提出了风积沙最大干密度试验仪器和方法、风积沙路基压实标准、检测仪器和方法、质量评定标准。

六、对外开放成就

新疆地处欧亚大陆中心,与俄罗斯、蒙古、哈萨克斯坦、吉尔吉斯斯坦、塔吉克斯坦、阿富汗、巴基斯坦、印度8个国家接壤,边境线5600多公里。截至2018年,我国政府已与新疆周边哈萨克斯坦、吉尔吉斯斯坦、巴基斯坦、蒙古、塔吉克斯坦、乌兹别克斯坦等国政府签署并实施了6个双边国际汽车运输协定,与土耳其签署双边国际汽车运输协定,签署了上合组织成员国政府间国际道路运输便利化协定、中巴哈吉、中吉乌、中蒙俄国际汽车运输协定以及中俄过境哈萨克斯坦临时过境运输协议等5个多边国际道路运输协定、协议。新疆与周边国家共开通国际道路客货运输线路111条,开通国际道路运输一类口岸15个,二类口岸12个。目前,新疆已初步形成以双边与多边协定为纽带,以沿边地区城市为节点,以边境口岸为前沿,向周边国家辐射的多层次、全方位的国际道路运输网络,国际道路运输的迅猛发展,加速了新疆与周边国家的互联互通,对于推动"一带一路"互联互通和中国—中亚—西亚、中巴、中蒙俄、新亚欧大陆桥国际经济走廊建设具有重要意义,为支持自治区全面对外开放战略的实施,推动国际贸易和经济文化交流提供了有力的交通运输服务保障。

(一)新疆国际道路运输发展历程

1.改革开放前的新疆国际道路运输

1949年新中国成立后,中苏两国建交,旋即开始了两国友好和大规模经贸联系时期。此时中国的对外贸易对苏联的依赖程度高达65.9%(1955年)。1950年,霍尔果斯成为中苏两国议定的贸易重镇,标志着新疆国际道路运输迎来了新中国后的第一次繁荣时期。1958年,中苏边境贸易正式开放。1950—1962年间,新疆对苏开放的陆运口岸有霍尔果斯、吐尔尕特、吉木乃和巴克图。这时新疆与苏联的边境贸易快速上升,仅1958年度进口货物就高达72768吨。出口的商品有农副产品、土特产品、畜产品,各占1/3;进口的商品主要有农业机械、汽车、机床、钢材、木材、化肥等。

2.改革开放后的新疆国际道路运输

(1)起步阶段(1983—1993年)

新疆国际道路运输自1982年起逐步恢复,中巴两国政府会谈确定自1983年5月1日开通喀什经红其拉甫口岸至苏斯特直达出入境旅客运输线路,这是全区在改革开放中与周边国家开通的首条国际道路运输线路,是新疆开展国际道路运输的里程碑。随后,我国与苏联相继恢复开放了霍尔果斯、吐尔尕特等口岸。1992年,中蒙双方开通了中蒙间青河经塔克什肯口岸至布尔干的直达出入境旅客运输线路。

1990年,经自治区编委批准,自治区口岸运输管理办公室正式成立,同时批准成立了霍尔果斯、吐尔尕特、红其拉甫、塔克什肯4个口岸运管站。到目前为止,经交通部和自治区编制委员会批准设立了15个边境口岸国际道路运输管理机构。

(2)调整、恢复阶段(1993—1999年)

1993年中哈间签订《关于实行国际汽车运输行车许可证制度的协议》;并正式开通了乌鲁木齐经霍尔果斯至阿拉木图直达出入境旅客运输线路。当年分别完成出入境旅客运输量65.61万人次、进出口货运量89.52万吨。

随着国际道路运输业的发展,把国际道路运输的规范管理工作提到议事日程中。首先,统一国际道路旅客、货物运输价格,制定相对完整的国际道路运输价格体系,并以价格管理为手段,对运输市场进行较为严格的计划管理;其次,逐步完善法规建设,把好市场准入。同时陆续以自治区交通厅文件及与自治区相关部门联合下发文件形式,对国际道路运输市场管理做出相应的规范。对从事国际道路运输的企业起点高,要求严,使得国际道路运输市场在初步形成时,企业已具备了一定规模,同时对从事国际道路运输管理的运管人员也做出了严格规定。1998年,《自治区道路运输管理条例》颁布实施后,国际道路运输管理有了真正的法规依据,各级国际道路运输管理机构依法严格管理,为我区外经贸的发展保驾护航。

(3)改革发展阶段(2000—2003年)

2000年,自治区对国际道路运输的指导性政策做了很大的调整,由严格的计划管理体制转向市场主导调控。根据2000年6月下旬自治区党委的指示精神,放宽外籍车辆进入我方境内的条件;口岸地中转客货运输纳入国内运输管理范畴;国际道路运输价格实行市场调节价;取消对进出口货物的计划管理。通过上述改革措施,为国际道路运输企业、贸易单位创造了较为宽松的环境。

自治区对外贸易恢复以来,对哈贸易一直占全区对外经贸额的七成以上。为避免哈方对我国西出货物运输的垄断,2000年以后陆续开通了中吉间喀什、阿图什-比什凯克、奥什、加拉拉巴德、卡拉考里直达旅客货物运输线路,同时还积极开通中巴哈吉四国过境运输线路,打开了自治区对中亚国际道路运输的第二条通道,为国际道路运输的恢复发展打下了基础,使目的地为吉尔吉斯斯坦、乌兹别克斯坦、塔吉克斯坦、阿富汗等国家的货物由原经哈萨克斯坦阿拉木图改为比什凯克中转分流更为经济,引导外贸企业和国际道路运输企业开展货源分流。

(4)稳步发展阶段(2004年至今)

这一阶段全区国际道路客货运输量稳步增长,总体发展速度较快。中哈、中巴间陆续开通了新的客货运输线路。2006年中巴双方签订议定书,自2006年5月1日起中巴间正式执行国际汽车运输行车许可证制度,在中巴间首次实行特别行车许可证,进一步规范了国际危险货物及超限货物运输的管理。自1983年以来,全区国际道路运输完成货物运输量5195万吨,客运量1200万人次。和其他省份相比,新疆国际道路运输虽然在客货运量上不是很突出,但在客运周转量和货运周转量上遥遥领先,体现了运距长的特点和优势。

(二)改革开放40年新疆国际道路运输发展经验总结

1.口岸的开放与基础设施的逐步完善,为国际道路运输的发展提供了必要的条件

改革开放至今,新疆已成为全国一类陆路口岸数量最多的省区,占全国总数的30%,除中哈边境的阿拉山口口岸为铁路、公路并用口岸外,其余14个均为公路运输专用口岸。此外,与全国其他边境省份不同,新疆国际道路运输的一大特色是创建了位于内地的二类口岸,至今全疆已建成12个这样的口岸。主要分布在乌鲁木齐、塔城、昌吉、奎屯、伊宁市和喀什。在基础设施方面,交通运输厅对所有通往口岸的公路达到二级以上,为国际道路运输的发展提供了必要的条件。

2.国际客货运输线路的开通,为新疆对外经济贸易的发展提供了保障

目前中国新疆与5个毗邻国家开通国际道路运输线路111条(其中:客运54条,货运57条)。其中:中哈间70条(客运35条,货运35条);中吉间23条(客运10条,货运13条);中蒙间10条(客运5条,货运5条);中巴间6条(客运3条,货运3条);中塔间2条(客运1条,

货运1条)。与非比邻国家乌兹别克斯坦全境开放双边/过境国际道路货物运输。开通中巴哈吉(1条)、中哈俄(2条)、中吉乌(1条)4条多边国际道路货物运输线路。新疆已基本形成了以乌鲁木齐为中心,以沿边地区为节点,以边境口岸为前沿,向周边国家辐射的多层次、全方位的国际道路运输网络。

3.运输装备全面发展,已基本能够满足新疆对外经济贸易的需要

从1990—2018年,新疆从事国际道路运输的企业由3家发展到70家,分布在全疆14个地市州及河北省、北京市,其中客运企业15家,货运企业62家(部分企业客货兼营),是全国从事国际道路运输企业数量最多的省区。国际道路运输车辆由200余辆发展近3600辆,其中客车263辆,货车3330辆。国际道路旅客运输车辆90%以上的客车为22铺以上中高级卧铺客车,舒适性、安全性、及时性有了很大的提高。国际道路货运车辆从平均吨位不足5吨发展到近25吨,车型涵盖普通散货车辆、集装箱大型货柜运输车辆、冷藏、危货、专用运输车辆,车辆结构得到了较大优化,目前可以提供普通货物、危险货物、鲜活易腐货物、大件货物、零担货物等多种国际道路货物运输。

七、党的建设与精神文明建设

(一)党建工作

改革开放以来,自治区交通运输厅党委在自治区党委、政府的正确领导下,切实履行自治区交通运输职能,深入落实党中央、国务院重大决策部署,始终将党要管党、从严治党贯穿到全面实施自治区交通先行战略全进程,不断加强党的自身建设、党管干部、党管人才和党对交通运输改革发展领导,着力构建现代综合交通运输体系,加快推进"一带一路"建设。

1.党的领导组织机构不断加强

1978年6月,自治区交通局党的核心小组改称党组。1981年1月,自治区革委会交通局改为自治区交通厅,局党组改为厅党组。1979年9月成立交通厅纪律检查委员会。1983年12月,交通厅纪律检查委员会改为纪律检查组。2007年8月,撤销厅党组、纪检组,成立交通厅委员会和纪律检查委员会。2011年3月,中共新疆维吾尔自治区交通厅委员会变更为中共新疆维吾尔自治区交通运输厅委员会。

2.党的组织建设和党员队伍建设不断壮大

交通运输厅党委充分结合行业点多、线长、面广、基层条件艰苦、工作环境恶劣的实际,大力推进基层党组织全覆盖,在天山南北的条条交通线上现已分布着厅系统近千个基层党组织。1979年,交通厅机关党总支1个,党支部3个,党员102人;厅系统党委40个,党总支26个,党支部421个,党员7549人。2018年,交通厅机关党委1个,党总支1个,党支部27个,党员378人;厅系统厅级党委1个,厅属党委9个,厅属党委直属党委9个,地州市级党委25个,地州市级党组52个,县市区局党组236个,党总支47个,党支部716个,党员11136人。

3.党的领导和执政地位不断加强和巩固

40年来,在自治区党委、政府的坚强领导下,交通运输厅党委紧密团结在党中央、国务院周围,面对严峻的国际形势和自然灾害困难,团结带厅系统各级党组织成功经受住了1989

年春夏之交政治风波、乌鲁木齐市"5·19"反革命骚乱事件以及近年来"三股势力"制造的系列暴恐袭击考验。在制止动乱中充分发挥党的核心领导和战斗堡垒作用,始终坚持稳定压倒一切思想,深入落实党中央治疆方略和自治区党委维护稳定重大决策部署,坚定不移推进民族团结事业,坚定不移执行党的民族宗教政策,坚定不移推进交通运输业改革发展,确保了党的领导始终贯穿于交通运输生产方方面面,为深入落实党中央"一带一路"重大决策,加快推进"交通强区"目标提供了坚强的政治保证。

4. 党的政治建设持续深入推进

交通运输厅党委坚持以马列主义、毛泽东思想、邓小平理论、"三个代表"重要思想、科学发展观、习近平新时代中国特色社会主义思想为指导,以交通发展为中心,服务发展大局,把党的执政能力建设和先进性建设作为主线,以坚定理想信念作为重点加强思想建设,以造就高素质党员干部队伍为重点加强组织建设,以保持党同人民群众的血肉联系为重点加强作风建设,以健全民主集中制为重点加强制度建设,以完善惩治和预防腐败体系为重点加强反腐倡廉建设。厅系统各级党组织相继开展了"党的基本路线学习教育""三讲学习教育""创先争优""保持共产党员先进性教育""讲党性、重品行、做表率""实践科学发展观""党的群众路线实践教育""三严三实专题教育""两学一做学习教育""学讲话、转作风、促落实""发声亮剑同两面人做斗争"等党性教育活动,不断推动党的基层组织和党员干部队伍建设又好又快发展。

5. 党建科学化、规范化水平不断提高

40 年来,交通运输厅党委把党建融入党中央治疆方略、自治区稳定改革发展中,充分履行厅党委抓党建和党风廉政主体责任,坚持用党的理论武装广大党员干部,坚持党的作风整改永远在路上,坚持党的反腐倡廉永不停歇,持续深入落实党委巡视监察整改,始终做到没有与党建无关的人、没有与党建无关的事,党的基层组织和党员干部队伍不断焕发新的活力。

(二) 精神文明建设

改革开放 40 年以来,自治区交通运输厅紧紧围绕党中央有关加强社会主义精神文明建设方面做出的一系列重要部署,认真贯彻落实,广泛深入地开展了群众性的精神文明创建活动,把行业文明建设不断推向前进,为公路事业的快速健康发展打下了坚实的思想基础。通过多年的长期坚持,至 2000 年初,自治区交通系统创建文明行业活动取得了显著成效,形成了良好的工作格局:一是创建活动深入人心,基本形成了党政重视、全员参与、活动覆盖全行业的局面;二是创建活动主体的面貌发生了深刻变化,职工队伍思想道德素质和科学文化素质不断提高;三是创建活动目标任务明确,管理服务水平不断提升;四是创建活动载体丰富多样,职工群众发动广泛深入;五是创建活动成果显著,行业风气明显改善。

进入 21 世纪,为进一步加强精神文明建设工作,自治区交通运输厅党委深入实施了思想教育工程、核心价值观践行工程、文化建设示范工程、行业文明创建工程、宣传舆论引导工程等五大工程,以培育和践行社会主义核心价值观为主线,坚持以现代文化引领交通运输发展。自 2008 年起全疆开展自治区交通运输行业文化建设活动,以实施"文化引领、文化示范、文化惠民"三大工程为主要载体,一年一个主题,努力推动交通运输现代文化大繁荣大发展。2009

年开展"交通文化建设年"活动。2010年召开自治区交通文化(窗口)建设现场会。在2011年全疆交通运输大建设项目全面铺开之际,以不计荣辱、拼命苦干的理念,号召交通人披星戴月大干一百天,打赢攻坚战。

"十二五"期间,交通运输厅党委坚持在自治区交通运输厅系统广泛开展马克思主义"五观""四个认同""三个离不开"和新疆"三史"专题教育活动,筑牢各民族团结的思想基础;广泛利用公路沿线设施、窗口等大力宣传中央和自治区推进新疆社会稳定和长治久安的科学理念和决策部署,宣传交通精神、交通理念,营造安定团结、和谐奋进的发展氛围。认真组织开展精神文明创建工作,建成全国文明单位和精神文明建设工作先进单位13个,全区交通运输系统1300多个窗口单位建成地(州)级以上示范窗口820个,建立各级青年文明号199个,涌现出省部级以上劳模、先进工作者213个,形成了富有时代内涵、凸显交通特色的行业精神。2012、2013、2014年又分别开展和举办了交通文化建设"六个一"活动、"老年乐"艺术节、交通运输行业优质服务礼仪大赛、主题文化艺术节、交通文化(窗口)建设现场会等一系列活动。

进入"十三五"以来,交通运输厅党委在加强交通运输行业文明建设方面,着力提升交通运输行业发展软实力。以"内强素质、外树形象"为主线,以改革创新为动力,以打造阳光交通为重点,以提升行业文明形象为目标,着力推进交通行业文明建设的文明达标式向文化管理型转变,进一步提高了交通行业文明建设的科学化水平,为新疆维吾尔自治区交通运输跨越式发展提供了强大的精神动力。

(三)行业先进典型

1."铺路石精神"——不畏艰辛、无私奉献的典型

"铺路石精神"的形成与发展过程,凝集了几代公路人的激情、鲜血、生命、心血与汗水,主要集中体现在不畏艰辛、不畏牺牲,任劳任怨、无私奉献,执着守业、拼搏创业之上,主要以红其拉甫道班多力坤·加尼拜克为代表。红其拉甫道班地处国门,海拔4753米,氧气含量不足平原的60%。多力坤·加尼拜克的青春年华都奉献给这一"生命禁区"。他带领红其拉甫道班所养护的公路好路率不仅逐年提升,保证了中巴公路国内段畅通,而且数次到巴基斯坦境内清雪抢险,营救被困的车辆和人员。近年来,他与工友们协助边防哨所抓获了十余名国际贩毒分子和民族分裂主义分子。

2."新藏公路精神"——甘当路石、扶危救险的典型

"新藏公路精神"由新疆叶城公路总段阿里流动养护队所代表。该养护队共80多人,常年在最高海拔5400多米的无人区流动作业,先后有多人牺牲。主要代表人物:①吐尔逊·买买提,35岁时因肺病并发高原反应牺牲于新藏公路580公里处铁隆滩路段。②孙玉锋,27岁,因突发高原肺水肿牺牲于新藏公路573公里处甜水海路段。

3."雪歌精神"——不畏艰险、勇于担当的精神典型

"雪歌精神"源自新疆养路工人数十年如一日、战天斗地、抗击风雪、保障交通、保卫生命的坚持、坚毅和坚守。主要代表人物为新疆塔城老风口养护工人周林和蒋笃远。他们于1987年12月28日,在十一级狂风肆虐、积雪铺天盖地下奋战5个小时,成功解救了70多名司机和旅客。

4.原塔城公路总段党委副书记、总段长胡曼——鞠躬尽瘁、情系群众的典型

胡曼,生前为塔城公路总段党委副书记、总段长。2008年3月31日,因意外去世。多年

来,她扎根边疆,在改革发展上殚精竭虑,在改革中转变观念。她率先对养护机制提出了突破"平均主义"分配机制,对固定不变的道班管理模式进行了重新组合站内人员的内部人事用工制度改革。在公路养护管理工作中,她重视新技术的运用和创新,创造性地实施了一系列新举措、新方法,提出了"两个打破"的改革思路。

5.塔城公路管理局托里分局筑路机械驾驶员何汉明——无私奉献、忠于职守的典型

何汉明是新疆塔城公路管理局托里分局的一名平地机驾驶员。多年来,他与伙伴们一道奋斗在防风雪保交通一线,全力保障省道221线老风口路段的安全畅通同时,先后营救遇险旅客14600多名,没有1人伤亡。曾荣获"全国五一劳动奖章"、全国模范养路工、全国交通技术能手、新疆交通系统劳动模范、交通运输厅防风雪保交通先进个人、公路局先进个人等殊荣。

6.阿克苏公路管理局退休职工汪正英——诚实守信、道德楷模的典型

1993年汪正英退休后,承包建桥建路工程,1998年因一场车祸导致他腿部粉碎性骨折,4年的打拼也让他欠了50万元的外债,原本富裕的生活也变得捉襟见肘。年近60岁的汪正英说:"不管还到什么时候,钱我都会还,人不能没有良心。"2002年,为了偿还巨额欠款,汪正英去捡破烂,还欠下的钱,这一捡就是12年。12年时间里,汪正英偿还了工人们的外债,其中土产店康老板的8000元欠款成了最后一笔欠款,可攒够了钱,人却找不到了,后经阿克苏日报及阿克苏广播、电视、网络等多家媒体持续关注,汪正英最终找到了康老板。但康老板深为汪正英老人捡垃圾还债的高尚情操和诚实做人的精神所感动,婉拒了汪正英递上的欠款。2015年4月8日,汪正英将康老板婉拒的8000元捐给了阿克苏市第八中学10名贫困学生。汪正英被评为新疆维吾尔自治区第四届道德模范、第五届全国道德模范提名奖获得者。

抢抓机遇　创新发展
努力为新疆社会稳定和长治久安提供交通运输保障

新疆生产建设兵团交通运输局

改革开放以来,兵团党委始终把交通运输作为重要的基础来抓,放在优先发展的位置。在交通运输部等国家部委的大力支持下,历届兵团交通运输局党组领导班子始终坚持解放思想,深化改革,转变观念,创新机制,以邓小平理论、"三个代表"重要思想、科学发展观和习近平新时代中国特色社会主义思想为指导,认真贯彻落实党中央、国务院有关进一步加强新疆生产建设兵团工作的指示精神,围绕新疆社会稳定和长治久安的工作总目标,紧紧抓住西部大开发的历史机遇,先后制定了兵团公路交通运输"八五""九五"至"十三五"各个时期的五年规划和2030年长远规划,并积极探索适合兵团交通运输发展的思路和办法,实现了兵团交通运输事业快速发展,为推动新疆经济发展和社会稳定做出了积极贡献。

一、综述——兵团交通运输事业实现长足发展

(一)公路建设得到飞速发展

"九五"之前,兵团人发扬吃苦耐劳、自力更生的精神,依靠自己的力量修建并养护了近2万公里的垦区公路,初步解决了各团场生产和生活对运输的需求。但通往连队的道路一半以上是土路,等级低,质量差,抗灾能力弱,受气候和天气的影响大,职工出行被形容为"晴天一身土,雨天一身泥",连队出行仍很困难。

1990年国家对兵团实行计划单列,1995年兵团交通局单独设立,兵团公路建设开始新的起步。在财力十分紧张的情况下,一方面积极争取国家交通部的公路建设补助,一方面提高各级党政干部对公路建设重要性的认识,充分调动群众的积极性,投工投劳,民工建勤,公路建设有了明显的发展。"九五"期间,兵团累计完成公路基础设施建设投资28.98亿元,使全兵团公路通车里程达到20449公里,上等级公路里程比重由1995年的63.57%提高到2000年的75.19%,次高级以上路面占垦区公路总里程的比重达到21.28%,在一定程度上缓解了交通运输对兵团经济社会发展的"瓶颈"制约。

随着国家西部大开发政策的落实,中央不断加大对西部地区支持的力度。"十五"期间,兵团交通局紧紧围绕"发展壮大兵团,致富职工群众"的工作目标,以垦区主干道和通团、通连公路建设为重点,有力地推动了兵团公路建设的快速发展。完成投资97.4亿元,是"九五"期间的3.36倍,建设公路10720公里,是兵团成立46年以来完成投资总和的3倍,初步改变了各大垦区之间没有公路连通的落后状况。

"十一五"以来,国家进一步加大了对交通运输基础设施的投入,启动了"五年千亿元"工程。兵团垦区干线及部分团场经济干线列入国家重点公路建设项目,农村公路工程项目及农村公路通达工程项目,与其他西部省区享受同等待遇。兵团交通运输工作以科学发展观为统领,紧紧围绕兵团推进城镇化、新型工业化、农业产业化和屯垦戍边新型团场建设的工作目标,努力做好"三个服务"。公路基础设施建设完成投资127亿元,是"十五"期间的1.3倍;新改建公路14043公里,实现95%的营(分场)公路通油路。

"十二五"期间,兵团交通局坚持围绕中心,服务大局,发挥基础性、先导性和服务性作用,在服务兵团经济社会发展、提高维稳戍边实力、改善职工群众生活等方面努力担当先行。交通运输基础设施建设步伐不断加快,完成交通运输基础设施投资279.88亿元,是"十一五"期间的2.2倍,兵团交通运输固定资产投资年均占兵团固定资产总投的4%以上;新改建公路12753公里,使兵团公路总里程达到3.41万公里,二级及以上公路里程从2000年的1330公里提高到3000公里,实现所有团场通等级油路,100%的营级单位通油路,97%的连队通公路。

"十三五"以来,在交通运输部的支持下,兵团交通运输系统深入贯彻党的十八大和十九大精神,全面落实第二次中央新疆工作座谈会战略部署,主动适应经济发展新常态,服务新疆工作总目标,2016年、2017年两年公路建设完成固定资产投资331.16亿元,新改建公路14005.8公里。截至2017年底,兵团公路总里程达到34265公里,其中,一级公路53公里,二级公路3451公里,三级公路5203公里,四级公路12670公里,等外公路12888公里,桥梁1143座。1988—2017年的30年间,兵团公路里程增长近1.5倍,使兵团农业连队公路通达率达到100%。过去垦区团场间被沙漠戈壁阻隔地带通了公路,隔河相望的垦区团场之间架起了桥梁,各师垦区间基本实现了道路通畅,公路网络化程度进一步提高。垦区公路行车安全性、舒适性得到明显改善,时空距离明显缩短,受益人口基本覆盖全兵团。

(二)公路养护事业从无到有,体制机制逐步健全

"九五"之前,兵团公路养护处于团场自建自养状态,道路的好坏取决于沿线团场的责任意识。"十五"以来,随着兵团公路的快速增多,各级交通运输管理部门不断增强公路养护意识。通过2003年"兵团公路养护管理年"活动,2004—2006年三年的"兵团公路养护管理达标验收"活动,逐步建立起兵、师、团三级公路养护管理体系,基本形成了兵、师、团三级筹措,师、团两级积累的资金筹措机制。"十一五"时期,推行干线公路日常养护承包制,公路养护重点逐步由砂石路平整向沥青(水泥)路维护转移,养护工程规模不断扩大,养护工作总体呈现加速发展的良好态势。兵团公路养护总里程达72709公里,投入养护工程费127075万元,年平均养护里程14542公里,投入养护工程费25415万元,分别是"十五"期间的1.7倍和3.9倍,养护质量不断提高,省道好路率由83.5%提高到86.9%,县道好路率由73.9%提高到77.8%,年平均提高0.68和0.78个百分点,大大改善了垦区公路交通运输环境。

"十二五"期间,兵团公路养护推行兵、师、团三级管养模式,修订了《兵团公路养护管理暂行办法》,制定下发了《兵团公路养护工程管理办法(试行)》等10个新规章制度,进一步规范了养护管理,提高养护管理水平。加大路网结构改造的力度,顺利完成省、县、乡三级道路和833座桥梁技术状况评定工作。完成养护里程11.8万公里,投入养护工程费27亿元,使省道好路率达88.5%与自治区指标相近,县道达80%、乡道达78.1%均高于自治区水平,道路通

行安全状况明显提升。

"十三五"以来,兵团公路养护的着力点主要放在改善公路技术状况,稳步提升养护质量,提高应急保通能力上。公路的路网技术状况得到不断改善,养护大中修、生命防护工程和小修保养项目全面落实,进一步提高了垦区公路的行车安全水平,出行保障能力得到加强。2016年完成养护里程2.4万公里,投入5.43亿元;2017年完成养护里程2.59万公里,投入5.73亿元。兵团公路养护事业从2000年起步,经过近20年的不懈努力,积极调整管理方式、着力完善公路养护体系,不断夯实行业管理基础,基本建立一个责权统一、运转高效的公路养护管理体系,为构建统一开放、竞争有序的兵团公路养护工程市场打下了坚实的根基。

(三)道路运输事业蓬勃发展

2000年以前,兵团道路运输业在车辆产权改革、加强企业管理、建立现代企业制度和培育新的经济增长点等方面做了有益的尝试,使兵团道路运输业公共服务能力明显提高,运输组织形式有所创新,发展能力进一步提升。但运输企业多、小、散、弱的状况比较突出,存在着历史包袱沉重、体制机制僵化、车辆构成单一、改革滞后、发展后劲不足等问题。截至1999年底,兵团全社会拥有民用汽车约4万辆,客运站27个,23家国有独立运输企业拥有各类营运车辆2498辆,兵团全社会年完成货运量4001.43万吨,货物周转量32.49亿吨公里;完成客运量4357万人次,旅客周转量22.1亿人公里;企业年经营亏损3650万元。道路运输业落后的状况严重制约了兵团经济社会的发展,成为兵团交通运输发展中的一个重大课题。

"十五"期间,道路运输业积极应对交通运输发展的新变化、新特点,不断转变发展方式,创新发展模式,按照"路、站、运"一体化的要求,明确了道路运输业发展思路,加强经济运行调控和货源集中管理,加快客货运站点建设,整合社会车辆,有效提高了兵团道路运输业社会化组织化程度,壮大了整体实力。到"十五"末,载客汽车22034辆、载货汽车16528辆、营运车辆27770辆。2005年兵团全社会道路运输累计完成客运量7458.3万人,旅客周转量33.5亿人公里,货运量6551.6万吨,货运周转量44.3亿吨公里,全兵团通客运班车连队总数达到420个。兵团独立核算运输企业2003年实现扭亏,此后连续3年盈利。

"十一五"期间,兵团道路运输发展坚持稳中求进、民生为先原则,围绕兵团"三化"战略,大力推进团场客运公交化和交通运输枢纽惠民工程建设,加快构建快捷、高效的垦区团场运输体系,为兵团经济发展和社会长治久安提供有力的运输服务和保障。到"十一五"末,兵团民用汽车保有量125197辆,其中载客汽车60187辆、载货汽车31863辆、营运车辆41063辆。客货运量持续增长,2010年全社会道路运输累计完成客运量11019万人,旅客周转量66.6亿人公里,货运量11853万吨,货运周转量106.75亿吨公里。通客车连队和通班车连队分别达到1951和1518个,分别比"十五"期间增长70%和62%,受益职工群众近120余万人,基本满足了职工群众方便出行的需求。道路运输独立核算企业连续5年盈利,累计实现利润5112万元。

"十二五"期间,兵团交通运输行业在加快公路建设的同时,把工作重心转到提高道路运输服务能力和服务水平上来。以推进服务体系建设、改进提升服务能力为目标,以深化改革、提质增效为主线,投资15.5亿元,一批综合客运枢纽、物流园区相继建成,运输业转型升级和运力结构调整进入新阶段。大力实施公交服务均等化，加快推动城乡客运一体化进程，团场通班车率达到100%，连队通班车率82%，促进了人民群众出行方便快捷。通过成立货运配载信息服务机构，开通了"兵团货运信息网"，交通运输物流业发展态势良好，客货运输能力得到提升。到"十二五"末，兵团民用汽车保有量260881辆，其中载客汽车168420辆、载货汽车60328辆、营运车辆71287辆。客货运量持续增长，全社会年道路运输累计完成客运量21172万人，旅客周转量116.7亿人公里，货运量49431万吨，货物周转量546.75亿吨公里，运输保障和服务质量得到显著提升。

2016年、2017年，兵团道路运输行业有序推进城乡客运一体化发展步伐，依托客运站场建立城乡物流平台，加大推广"多站合一、一站多能"管理模式，加快物流供给侧结构性改革，推进多式联运发展和道路货运无车承运人工作，加快新能源公交车推广应用，提升信息化应用水平，促进了物流业"降本增效"和绿色运输发展。截至2017年底，兵团道路运输行业年完成旅客、货物周转量分别为120.1亿人公里和76.98亿吨公里，实现生产总值106.3亿元，民用汽车保有量19.6万辆，营运车辆5.8万辆，兵团道路运输业转型升级步伐平稳。

（四）城市交通运输稳步推进

兵团的城市交通运输建设最早从石河子市发起，1976年由石河子市机关小车队分离出4辆上海牌汽车、两条线路，组建市公共汽车公司。创业之后，秉承"让政府放心，让市民满意"的理念，开辟新的线路，延伸调整原有线路，壮大公司的规模。经过40年的发展，石河子市公交公司已成为引领兵团城市公共交通运输行业发展的领军企业。拥有公交车530多辆，线路38条，员工750多人，年营运人次达8600万人次，年营运收入8000万元，年行驶总里程2200多万公里，成为集客运、车辆租赁、二级维护、三产开发为一体的多元化公司。随着经济发展和城市规模的扩大，石河子市出租汽车行业也得到了长足发展，服务质量不断提高，2017年，有出租汽车1196辆，从业人员2600余人，在树立城市文明新形象方面发挥了重要作用。

伴随着兵团城市建设速度的加快，城市交通运输建设也得到突飞猛进的发展，兵团所属的五家渠市、阿拉尔市、北屯市都建立了比较完整的城市公交体系和服务网络，截至2017年底，五家渠市辖区内拥有15条公共交通运输线路，233辆公交车，651辆出租车，900多名出租车从业人员；阿拉尔市有公交线路4条，城际班线8条，26辆公交车，29辆城际班线，130辆出租车；北屯市有57辆公交车，开通运营线路6条，380辆出租车。全兵团拥有公交企业13家，公交车1235辆；出租汽车企业15家，出租车3257辆。今天，从兵团城市到团场乡镇、连队，从旅游景点到工矿企业，处处都活跃着公交人的身影，彰显着公交人的魄力。

（五）航空业茁壮成长

兵团航空创建于1983年2月，前身系航空航天工业部航空服务队新疆支队。历经35年的发展，先后成立了新疆通用航空有限责任公司、新疆天翔航空学院有限公司和石河子机场管理有限公司，业务覆盖机场管理、航空运营、飞机维修、航空培训四大领域，从业人员587人，执管各型通用飞机70架，主要经营陆上石油服务、航空遥感、物探、空中游览、空中巡护、航空摄影、人工影响天气、农林牧作业、卫生防疫、抢险救灾、应急救援、包机旅游、短途运输、飞机驾驶证照培训等，作业范围遍布全疆及内地28个省区。天翔航院2010年成立以来，培训飞行学员20批1681名,目前已成为东航、海航、上航等大型运输航空公司的飞行员培训基地。石河子机场于2015年12月26日正式通航,是兵团第一座民用支线机场,先后开通往返北京、广州、成都等7条疆内外航线,2017年旅客吞吐量已突破8万人次。兵团第二座民用机场图木舒克市机场,以民用功能为主,兼顾通用和军用功能,目前机场建设全部完工,于2018年10月中旬通航。兵团航空业的发展,为推进兵团"三化"进程,壮大现代农业,应对自然灾害、应急处突、反恐维稳,促进新疆经济社会发展等方面发挥重要作用。

二、基础设施建设成就——公路基础设施网络不断完善

（一）公路基础设施建设投资不断加大、建设里程明显增长

"九五"之前,兵团公路总里程16850公里,其中等级公路4791公里。随着国家对兵团计划单列政策的落实,给兵团公路基础设施建设带来了难得的机遇。以打通断头路、建设垦区主干道和通团公路为重点,推进公路建设快速发展。"九五"期间兵团公路建设规模3947公里,其中主干道1728公里,路网改造2219公里,使全兵团公路通车里程达到20449公里。先后建成了第三师小海子公路、麦盖提公路、叶尔羌河前进大桥、第五师博精公路、第六师甘莫公路、第七师前高公路、第九师东部公路等一批三级垦区干线公路,改善了团场生产生活出行条件。

"十五"期间,国家加大了对西部通县、县际公路和农村公路的建设要求和投入力度。兵团交通运输部门积极行动,集中精力搞好公路建设规划和前期工作,形成了以建设垦区、团场干线公路为主骨架,依托国省干线,连接团场、营连,逐步完善兵团公路网络的发展思路。结合实际,创新管理,大胆探索,采取"油路从职工家门口修起"的惠民办法,调动了广大职工群众修路的积极性。施工、监理提前介入指导施工,有效保证了"民工建勤"修筑公路的质量。针对通连公路建设项目分散、面广、投资少、管理薄弱的情况,采用老路基、"宽基窄面"、就地取材和"以大项目带小项目"的办法,降低工程造价。截至2005年底,兵团公路总里程24713公里,其中,省道2914公里,县道5033公里,乡道12351公里,专用公路12670公里。先后建成了第一师阿塔公路、和田河大桥、托什干河大桥、夹河子大桥,第二师G315线36团米兰镇至G218线K台特玛湖公路、314线24团团部至G218线21团14连公路、开都河马场桥,第三师图巴公路,第四师霍都公路、伊犁河三道河子大桥,第七师青北公路等一批干线二、三级公路,改变了兵团交通运输面貌。

"十一五"期间,兵团党委进一步明确了要率先在西北地区全面建成小康社会的宏伟目标,为兵团交通运输事业快速发展提供了更大的发展空间,创造了有利的环境。兵团公路建设坚持与自治区发展规划相衔接,与推进"三化"建设相结合,与团场小康文明生态连队建设相结合,政策向边境团场、少数民族单位和贫困单位倾斜,以垦区主干线、通团和通连公路建设为重点,不断提高师与师、师与团、团与团、团与连队的畅通能力。完成公路建设14043公里,使兵团公路里程达32058公里,其中一、二级公路1329公里,三级公路5399公里,四级公路8403公里,等外公路16926公里,桥梁1287座。先后建成了兵团第一条收费公路——第五师博精公路,第一师3团至16团公路,穿越沙漠的第一师3团至第三师53团哈皮公路,第二师开都河大桥,第八师150团西古城镇至142团新安镇公路,第十师185团阿黑土别克口岸至

186团吉木乃口岸公路、额尔齐斯河大桥等一批重点公路桥梁，基本形成了连接国省干线、贯通垦区、通达连队的公路网络。

"十二五"期间，是兵团交通运输建设投入最多的时期，交通运输基础设施规模不断扩大，综合交通运输运输网络建设实现突破，基础设施网络不断完善，技术状况明显改善，公路交通运输的供给能力明显提升，交通运输条件明显改善。到2015年底，兵团路网里程达到34041公里，新改建垦区经济干线、团场经济干线近3800公里，通二级公路的团场数量达到146个，占团场总数的82%。农村公路通达通畅水平进一步提高，基层营连和农牧民的出行条件得到改善。309个营、2524个连通硬化路，分别占营、连总数的97.2%、83.5%，较"十一五"末提高了2.0%、18.7%。新建和改建了一批重点骨干公路项目，先后建成了兵团第一条隧道——第十二师石火山双向隧道，第一师12团至14团公路、S207至7团至16团公路、阿塔公路，第二师32团至33团三监区至G218公路，第三师G314一间房至51团至53团至图木舒克公路，第五师86团至85团至83团公路，第六师五家渠至102团公路，第七师克独高速公路至129团至123团公路、123团至高泉公路，第八师148团至149团至150团公路，第十二师S105K6+600至西山农场公路，第十三师G312线至红星四场至红星一场至哈密市公路，开工建设了第一师阿拉尔塔里木河和第四师可克达拉市两座斜拉式大桥。

"十三五"前两年，即2016年、2017年，兵团交通运输行业认真贯彻落实国家稳增长、促改革、调结构、惠民生各项措施，攻坚克难，狠抓公路建设市场管理，抓进度、促投资、重质量、保安全，努力建设人民满意、放心的工程。新建重点和国省干线里程1788.4公里，通营、连公路2284公里。相继建设了第一师阿拉尔至上游水库公路、上游水库至三团团部公路、十团至十二团大桥，第三师前海干渠K45至45团15连公路、伽师总场至毛拉乡（自治区S215）公路、48团至45团公路，第四师伊宁市山东路至可克达拉市（66团、68团）至省道S213线公路，第六师甘莫公路、呼芳路至甘莫线至S204线公路，第八师S101至石河子公路，第十三师淖毛湖至烟墩火车站能源公路等一、二级公路。"十三五"前两年大规模的公路建设使兵团公路基础设施基本建成层次清晰、功能明确、布局合理、设施完善、交通运输顺畅的干线公路网络，彻底改变了兵团公路交通运输落后的面貌。

（二）公路养护基础设施建设加快，养护基地体系逐步完善

1988年第一次公路普查时，兵团自建自养公路16511公里，公路养护资金没有来源，养护基础设施建设几乎为零。1989年自治区交通运输厅开始返还兵团养路费310万元，随着征收养路费额的逐年增加，到2010年返还达3500万元，但这部分返还资金对兵团公路养护只是杯水车薪。

"十五"期间，随着公路里程的不断增加，公路养护已经纳入兵团交通运输工作的重要议程，各级领导逐步转变重建轻养观念，提高对"建设是发展，养护也是发展"的认识。通过开展"兵团公路养护管理年"活动，初步建立兵、师、团三级养护管理体系，师成立养护中心站，垦区、团场建立养护站。明确师团筹措养护基金的责任，通过参加通连公路建设，兴办砂石料场、预制场等开拓资金筹集渠道，加快养护基础设施建设步伐。5年间，投资15678万元，实施公路安保工程项目97个，改造危桥59座，完善标线、标识、标牌，建成10个公路养护中心站、18个垦区公路养护站、5个团场公路养护站，购置机械设备300多台套，为推动兵团公路养护

事业跨越式发展奠定了坚实基础。

"十一五"期间,在交通运输部的大力支持下,2009年起兵团公路养护资金在国家财政单列,纳入国家燃油税补贴范围,给兵团公路养护基础设施建设增加了强劲的动力。兵团交通运输部门不断加大公路建设和改造的力度,投入资金1.34亿元,实施安保工程1105公里,危桥改造2288延米,全面完善干线公路标志、标线等交通运输设施。同时,严把新改建工程项目验收关,整改交通设施工程设施遗留问题,实施公铁立交改造工程,兵团干线公路的隐患路段及危桥改造整治取得了明显的效果,公路行车安全性、舒适性得到明显改善,运输效率和服务水平显著提高。"十一五"末,全兵团共建设公路养护站33个,设施建筑面积54700平方米,机械设备450台套。5年间,设施建筑面积增长1.2倍,机械设备原值增长2.8倍,有力推进了兵团公路养护事业深入发展。

"十二五"期间,依据交通运输部《公路路网结构改造工程项目管理办法(试行)》规定,加大路网结构改造的力度,切实做好路网改造工程,投资26164万元,改造危旧桥梁93座,完成公路安保工程项目42个,处置隐患里程946.7公里;投资40026万元,新建成公路养护中心站点13个,垦区站21个,团场站17个,占地面积达1586362平方米,在建站点6个;配套养护及应急保障设备819台/套,价值31043万元。

"十三五"前两年,兵团公路养护管理以加快公路养护基地建设为主,以提高应急保障和安全监控能力为重点,切实夯实公路养护基础,提高维稳戍边保障能力。投资6009万元,完成生命安全防护工程项目57个,处置隐患里程385公里;投资1000万元,改造危旧桥梁9座。推进"交通运输+旅游"联合发展,大力协调配合兵团公路养护站点+汽车露营地项目建设,完成了修建性详细规划及施工图设计工作。改造了第三师叶尔羌河前进大桥。在第三、六师建设了两个集公路养护、交通运输战备、应急保障、处置训练为一体的国家应急物资储备中心,在第一、四师建设了两个兵团应急物资储备中心,以保障南北疆特别重大公路突发事件(Ⅰ级)先期处置对装备物资的需求。

公路养护基础的设施建设初步形成布局合理、功能完善、设备先进的养护基地网络和协调高效、保障有力的公路应急保障体系,为兵团公路养护承担的"平时专业养护,急时抢修保通"任务提供了有力支撑,提升了兵团交通运输履行交通备战、公路抢险应急救援的能力。

(三)客货运站点建设力度加大,服务网络形成

1995年兵团仅有7个三级客运站。1998年投资1992万元,新建了阿拉尔二级客运站,巴楚、芳草湖和148团三级客运站,对第四、七师中心客运站进行了改造。

"十五"期间,交通部对兵团客运场站建设的投资大幅度提高,垦区客运站建设享受国家农村乡镇客运站点建设补助政策。根据团场人口密度和经济社会发展水平,按照"小站、大场(停车场),适当超前"的原则,加大垦区团场客运站建设步伐,站点建设投资14800万元,是前46年客、货运站场建设投资总和的2倍。截至2005年底,全兵团共建成等级客运站344个,其中,二级客运站15个、三级客运站83个、四级客运站45个、五级客运站201个,建成货运站(物流中心)6个。基本建立了以师(市)客运站为中心,以团场客运站为依托,以营连简易站、招呼站为节点的干支相连的客运网络。

"十一五"期间,兵团客货运站场建设完成投资比"十五"期间增长300%。客运站投资

46913万元,建成各类等级客运站341个,实现每个师(除建工师、第十二师外)拥有一个二级客运站、每个团场拥有一个三级客运站、75%以上连队拥有一个五级站或简易站。货运站投资12393万元,建成物流中心6个、物流园区2个,初步建成符合兵团特点的道路客货运输网络。

"十二五"期间,在加快公路建设的同时,兵团交通运输部门逐步把工作重心转向提高运输服务能力和服务水平方面转变,切实加快城乡客运一体化进程。投资15.5亿元,相继建成一批综合客运枢纽、物流园区,推进了运输业转型升级和运力结构调整,使兵团公路客运站(含招呼站)数量达1158个,城市客运综合枢纽4个,建成货运站18个。开通了"兵团货运信息网",完善了货运配载信息服务,提升了道路运输能力和服务质量水平。

"十二五"以来,兵团航空业发展进入转型升级快车道。一是石河子支线花园机场开通运营、图木舒克支线机场开工建设,填补了兵团历史上没有民用机场的空白。其中,石河子机场项目投资额为5.15亿元,飞行区等级按4C标准设计,跑道长度2400米,宽度45米,航站楼3578.4平方米,有3个C类民航客机停机位,通用飞机停机机位40个,停车场3000平方米。图木舒克机场项目投资5.42亿元,为4C级民用支线机场,机场航站楼6000平方米,跑道2600米。二是改造7座通用机场,硬化机场跑道道面,提升了使用效能和飞行安全性,完善了运营配套设施,促进通用航空各项业务的开展。

"十三五"前两年,兵团不断完善客货运场站服务网络。加快建设第一师阿拉尔、第七师天北新区、第五师双河市一级客运站建设,提升完善石河子开发区客运枢纽功能,启动第十四师和田客运中心站建设。继续加大南疆集中连片地区团场客运站建设,建设一批"规模适中、标准适宜、安全适用"的团场客货运输综合场站,试点推进在团场住宅密集区域、大型市场、产业园区、学校集聚区、民航铁路站场等客源密集区建设客运停靠站点。依托现有场站建设旅游集散中心、城市候机楼和师域小件快递集散中心,推进站商一体化。

兵团交通运输基础设施建设的快速发展,改善了整个地区的投资环境,带动了城镇化建设、旅游业、新兴服务业的发展和资源的开发,不但促进了传统农业向产业化转变,同时促进新型工业化和对外贸易的发展,直接拉动钢材、石油加工、水泥制造和建筑等相关行业的增长和社会就业率,为全面落实中央"稳疆兴疆、富民固边"战略,打击"三股"势力,维护祖国统一和国家安全,提高边境团场的综合保障能力和军事斗争的快速反应能力奠定了坚实的基础。

三、运输服务成就——运输服务能力和水平大幅提升

(一)运输服务能力和质量持续增强

"九五"时期,为适应改革开放和社会主义市场经济发展,兵团道路运输业冲破体制束缚,通过改革和资产重组,初步建立起国营、股份、合作、民营、个体等多元化经济成分参与的运输业格局。

"十五"以来,兵团道路运输部门按照"公路修到哪里,站点就建到哪里,客车就通到哪里"的原则,确定了客运"以师中心站管理团场站,以站扩线,以线增车,以车增效"的发展思路,通过稳步推进团场客运网络化建设,采取多种政策和措施向团场客运经营者倾斜,鼓励专

业运输企业"车头向下"、冷热线捆绑,促使班车向连队延伸,客运业得到了快速发展。按照货运向物流发展的方向,确定了"以货运站场和信息网为依托,组织社会车辆,发展货物运输业"的发展思路,通过扎实推广运输产业联社、货源集中调配,加快物流基础设施建设,构建物流信息网络,提高了运输效率,降低了物流成本,增强运输实力,逐步满足团场生产、生活物资的运输需求。通过加强经济运行调度工作,持续开展扭亏增盈和争先创优竞赛活动,客、货运输量稳步增长,企业效益明显好转,客、货周转量分别是"九五"期间的1.5倍和1.4倍;2003年一举甩掉了长达8年的亏损帽子。

"十一五"期间,兵团道路运输部门坚持龙头企业引领辐射带动作用,充分发挥兵团新建市和师部城市功能,统筹城乡客货运发展,不断满足职工群众日益增长的物质文化需要对交通运输的需求。加快团场客运网络和路站运一体化建设,大力发展垦区客运,实行支线换乘、干线直达、干线带动支线等多种方式,方便职工群众外出。同时,结合实际,争取地方政府支持,减轻经营者负担,采取区域经营、延伸经营、捆绑经营、专线经营、班线经营等多样客运经营模式,打破传统的"定点、定线、定班",选择满足不同群体需要的车型,因时因地开行赶集车、早晚车、周末车、学生车及电话预约叫车,有效解决偏远团场、边境农牧连队职工群众出行难的问题,逐步形成层次分明、结构合理的团场客运网络。2010年,兵团团场拥有客运车辆4201辆,团场客运线路484条,连队客车通达率和班车通达率为87.25%和71.7%,11个师部中心站和43个团场客运站实现了师团客运站联网售票,确保团场客运"开得通,留得住,有效益"。

引导传统运输业向现代化服务业转型。充分利用团场当地的区位、经济和资源优势,依托生产资料、生活资料和农产品的运输需求,完善货运网络服务体系。鼓励开展以农副产品、日用消费品和医药等零担货物物流配送,发展城市、垦区、团场之间的合同运输。引导团场道路运输业户走组织化、公司化发展道路;推动企业联合重组,发挥集团优势,进一步提升了货运企业的组织化水平。打造了乌北物流中心、兵团三运国际物流园、第二师库西物流园、第五师阿拉山口物流中心等一批骨干物流企业,加快兵团物流公共信息平台建设,增强了运输行业的发展后劲。

运输装备在数量、质量和档次等方面有了较大提升。客运车辆逐渐向大型、节能和高等级方向发展,中高级客车、替代燃料客车所占比重分别达到11.5%和17%,高速公路客运车辆已全部实现高等级化,干线客运车辆主要由中高级车型为主,团场、连队客运则以普通客车为主。货运车辆逐渐向大吨位、专业化、低能耗方向发展,其中特种专用货运车辆所在比重达到10.2%以上,中长途货运车辆以大吨位、集装箱卡车和牵引挂车为主,短途货运主要为中轻型厢式货车,从而使运力结构明显改善,综合运输能力显著增强。

"十二五"以来,大力发展城乡客运一体化,推行团场客运公交化和连队出租车等客运模式,实现了团场客运网络和城市公交网络的合理衔接和有效融合,基本形成了"长途有班线、团内有公交、快捷乘出租"的复合式、多样化的客运格局。石河子、五家渠、阿拉尔、图木舒克、北屯、可克达拉等市均开通了城乡公交专线或开办出租车业务,率先实现建制村通客车率达到100%,从满足人民群众"走得了"的基本需求,向"走得好"的更高需求迈进。同时,加大现代物流网络化、信息化的建设力度,积极开展公路运输甩挂试点工作,大力推广大型化、专业化运输,加强与铁路、航空的高效服务网络链接,龙头物流企业逐步涌现,道路货运企业规模化、集约化水平不断增强。充分发挥兵、师、团三级客运站微机联网、物流信息和远程自动化监控平台及GPS监控作用,提高道路运输业科技服务水平和管理水平。2016年开始,推进交通运输物流枢纽、物流园区、货运场站、配送中心等物流节点合理布局。依托团场客运站场搭建物流配送平台,加快小件快运发展,探索出垦区农产品双向物流配送模式。深入推进4个部级甩挂试点项目,启动无车承运试点工作,加快了货运业向仓储、信息、运输服务为主要内容的现代物流业转型。截至2017年底,兵团道路运输生产力大幅提高,民用汽车保有量19.6万辆,营运车辆5.8万辆,约占自治区营运车总数的1/9。道路运输生产稳步增长,实现生产总值78.72亿元,占全自治区道路运输生产总值的26.9%,对全兵团当年GDP的贡献率达到3.5%。

(二)交通运输安全应急保障能力显著提升

"十五"以来,为维护新疆社会稳定提供坚强交通运输保障,根据兵团赋予交通运输部门应对突发公共事件的职责,兵、师两级成立了交通安全应急工作领导小组下设办公室,从领导职责、法规制度、宣传工作等方面制定具体措施。出台了《新疆生产建设兵团突发公共事件交通运输应急保障预案》,与交通运输部公路科学研究院共同开展了针对新疆生产建设兵团辖区分布特点的应急物资运输组织保障技术及示范性工程研究,从组织、制度和工作程序上保证兵团交通运输应急管理健康有序开展。

为加强应急保障物资、运力储备和人员的运输保障,本着"平时服务,急时应急,战时应战"的原则,建成了4个公路交通运输应急装备物资(兵团)储备中心,并以现有的国防交通运输专业保障队伍为基础,依托运输企业和各师养护专业队伍,组建战略投送支援车队5支、公路抢通保障中队21支、交通运输应急运输队伍45支,并不断充实应急运力储备,推进兵团应急物流基地与救援中心建设。

为确保交通运输突发事件的处置和运输力量的组织调配,初步搭建完成了兵、师两级交通运输应急指挥信息系统,建立完善交通运输应急值守制度和交通运输突发事件统计报告制度及突发事件信息台账,明确兵、师交通运输管理部门的责任分工,重点加强敏感时期、事故多发时期、节假日等时段的值班管理。结合区域特点,组织修订《兵团道路运输突发公共事件应急预案》,完善应对极端天气、地质灾害和维稳处突的保障预案,并先后在第四、六、八和九师等几个战略重地开展模拟演练。

截至2017年底,兵团已建立起一支拥有专兼职应急保障管理人员79人、队员638人,配备有各类应急机械设备102台、应急保障车辆126辆,通信联系方便、指挥灵活,在关键时刻能"招之即来,来之能战,战之能胜"的公路保通、应急运输保障队伍和民用运力队伍,保障范围能覆盖全兵团14个师。确保一旦发生突发恐怖和公共事件,公路运输保障应急单位的设备车辆,在本辖区道路运输保障指挥部发生指令后,2小时之内赶到指定地点,保证应急物资及时装运和按时送达。兵团交通运输已成为支撑新疆城乡经济社会一体化发展的重要载体,不仅成为综合运输体系中最能体现普遍服务、最具基础保障功能的运输方式,而且在春运、"黄金周"、工农业生产关键时期,在抗震救灾、抗击冰冻雨雪灾害中,在屯垦戍边、维护新疆和兵团社会稳定中都发挥了不可替代的作用。

四、依法管理成就——依法管理逐步制度化、规范化

改革开放以来,兵团交通运输部门深入研究和探索适应兵团交通运输发展的管理体制,推进公路建设项目法人管理体制,建立健全公路养护管理体制机制,加快道路运输企业改革,规范客货运输管理。培育和建设统一开放、竞争有序的公路建设、养护和道路运输市场体系,更大程度地发挥市场在交通运输要素资源配置中的基础性作用,增强交通运输企业的活力和竞争力。坚持依法行政,进一步完善交通执法管理职能,不断提高兵团交通运输公共服务水平,为满足兵团全面建设小康社会的需要提供强有力的交通运输体制保障。

(一)公路建设项目管理水平持续提高,管理不断规范

1996年兵团交通局设立了公路管理建设处,负责兵团公路建设市场监管。随着公路建设的全面铺开,2003年成立了兵团公路工程质量安全监督管理站,担负全兵团公路建设工程质量的监督管理。各师也相继成立了公路建设项目管理处(项目执行办、管理站),承担公路建设项目法人职责,具体负责辖区内重点公路建设项目的计划执行和项目管理。

为强化公路建设管理,先后制定并施行了公路工程技术标准、工程施工招标文件范本、建设市场管理实施细则、建设项目和建设市场信用信息管理办法等一系列规范公路建设市场秩序的制度性文件,制定完善了公路工程质量安全现场督查实施细则、公路工程监理信用评价办法、建设项目工地试验室管理办法、公路交(竣)工检测工作规则、建设质量安全违法违规行为信息公开工作实施细则、重大事故隐患清单管理制度和从业单位及人员不良行为和黑名单管理办法等一系列工程质量安全监督文件,进一步完善了质量监督管理制度,强化了参建各方的主体质量责任意识,有效规范管理行为。

持续加强公路建设市场管理,从市场准入管理、建设程序执行、招标投标管理、信用体系建设、合同履约管理、公路建设市场秩序专项整治行动、公路建设工程围标串标问题治理工作等7个方面入手,通过开展公路建设质量年、公路建设项目管理年和兵团交通运输管理年活动,不断规范公路建设市场秩序。强化公路建设项目设计、施工图评审、项目开工、监理、咨询和检测及资金拨付等各个环节督查监管力度。完善招投标行政监督,施行招投标备案制度,严格公路建设项目变更管理,加强事中事后监管,严防招投标行为的体外循环,有效地防止违法违规现象的发生,全面提升了兵团公路建设行业管理水平。

不断加强公路工程质量和安全生产管理,扎实开展公路工程质量安全监管,建立健全兵、师、建设项目质量安全三级监管和保证体系,实行质量监督差异化管理。做好试验路、首件制、样板制工程引导,严把开工、工序交验和交工验收关。强化从业单位管理行为、现场工艺、实体质量和驻地场站建设,落实关键人在项目建设过程中的责任。加大对在建公路工程项目的原材料及实体质量抽检力度,持续有效开展兵团公路施工标准化工作,及时组织交工检测或质量鉴定,依法依规严厉打击违规、违法和造假行为。通过信息技术运用和数据整合提升试验检测行业监管效能,确保兵团公路建设关键质量指标合格率96%以上,一般质量指标合格率94%以上,干线公路工程项目交工合格率100%。积极开展兵团公路"平安工地"考评和创建工作,持续推进"平安工地"建设,重点检查落实施工单位安全生产保证体系,开展隐患排查治理,加大对特殊时段、重点部位、关键环节、特种设备等的督查,20多年来兵团公路施工未

发生重大以上安全生产事故。

(二)公路养护管理机制体制从无到有,逐步完善

"九五"以前,兵团仅有1982年建制重新恢复时随之划归的三个专业养路队,即第一师阿塔公路养护队、第三师毛拉公路养护队和第七师车排子公路养护队,兵团公路养护处于自建自养状态。

"十五"以来,随着兵团公路建设的快速发展,技术等级不断提高,公路养护问题日渐突出。公路建设"三分建设,七分养管"等理念逐渐被兵团各级党政和人民群众所接受。2000年兵团交通运输局坚持贯彻"预防为主,防治结合"的方针,坚持公路建养并重和专业养护与社会养护相结合的原则,严格执行公路养护标准和规范,引进竞争机制,坚持社会化、专业化、机械化的公路养护管理工作思路,初步建立起精干、灵活、高效,具有兵团特色公路养护管理的体制框架。同时,结合实际情况,2001年出台了《兵团公路养护管理暂行办法》,2003年以来,开展了"公路养护管理年"和"养护管理达标"活动。截至2005年底,全兵团13个师建立公路养护管理所,175个团场建立公路养护管理办公室,基本形成了"统一领导、分级负责,师团管理为主,职工群众参与"的管理模式。

"十一五"期间,兵团各级领导干部和群众进一步提高了对公路养护管理重要性的认识,确立了建、管、养并举的思想观念,兵团又下达了兵、师两级公路养护管理机构和人员编制,从体制上确立了公路养护管理的地位。在积极争取国家和自治区支持的同时,推行师、团两级公路养护资金纳入本级财务预算,鼓励师、团开展以地养路、多种经营,开发路域经济,多渠道筹集公路养护资金,使自筹资金从以团场职工投工投劳为主,逐步向以纳入师、团财务预算为主的方向转变,建立起"兵、师、团三级筹措,师、团两级积累"的公路养护资金筹集方式,缓解了兵团公路养护资金缺乏的压力。同时,各师还将公路养护纳入团场年度工作考核目标,与屯垦戍边新型团场建设、文明生态连队建设和领导干部绩效考核挂钩。形成了公路养护"路线分段到团,责任到连,具体到人"责任制方式,和"以团场为主体,专业养护与群众性养护相结合,管理到连队,分片到小区,责任到住户"的通营连公路及连队内部道路管理办法。实现了日常养护承包到人,路面养护专业施工,公路养护的重点逐步从砂石路平整向沥青(水泥)路维护转移,确保了"有路必养"。各师交通运输部门积极开展了公路安全防护设施使用情况调查,建立了兵团干线公路桥梁"户籍式"技术档案,强化了以保障桥梁安全为重点的治超工作,有效保障了全兵团干线公路和桥梁的安全畅通。基本形成了师养护中心以公路大中修为重点,垦区养护站以小修和维护路容、路貌为重点,团场养护站以日常养护为重点的责任管理机制,实现了兵团公路养护管理体系从无到有的历史性跨越。

"十二五"以来,为满足规模日益扩大的公路养护发展需要,建立一支能吃苦、善战斗、乐于奉献、保障有力专业养护队伍,2010年各师核定养护管理事业编制32人,各师团又为公路养护管理中心、团场公路养护管理办公室及养护站配备专兼职人员473人,为兵团公路养护管理提供了人员组织保障。同时,适时吸收、培养专业公路养护管理技术人才,开展公路养护机械操作手培训,从而使兵团养护专业队伍得到基本建立,整体素质普遍得到提高。为推进养护管理工作制度化,重新修订了《兵团公路养护管理暂行办法》,进一步明确兵、师、团三级管理体系,加大推广团场公路养护管理责任制先进经验力度,落实各级管理责任及养护资金

来源,公路养护责任制得到巩固和提高,具有兵团特色的公路养护管理模式不断完善。养护管理体制建立,促进了养护质量的持续提高。

为规范公路养护工作常态化、精细化,制定下发了兵团公路养护工程管理办法等10个规章制度,从养护工程项目的前期工作到项目验收全过程和日常养护的内容、技术要求、巡查、安全、时限等方面规范管理行为,明确养护管理要求。同时,在公路养护管理体制机制上推行市场化运营机制试点,开展干线公路日常养护承包制试点,大力推行公路养护市场化,制定出台了《兵团公路养护工程市场准入暂行规定》,减少管理过程中不规范的人为因素,提高养护管理决策水平,提升养护管理水平。

为提高团场公路畅通能力,着力推行预防性养护,结合交通运输部《农村公路管理养护年总体发展方案》的要求,结合兵团实际,开展了公路桥梁、标志、标牌和生命安全防护工程隐患排查治理,对兵团所辖桥梁的运行情况进行动态测评,建立了兵团CBMS桥梁管理系统,完成了省、县、乡三级道路技术状况评定工作,加强公路养护工程项目管理,公路出行保障能力得到进一步加强。一个技术领先、决策科学的公路养护体系初步建立。

(三)不断强化安全生产监管,创新道路运输管理

兵团道路运输监管职能长期缺位,1995年以来,以兵团国有运输企业产权改革为突破口,培育和发展多元化投资主体,大力发展混合所有制经济,狠抓运输企业经济运营工作,持续开展"争强创优"活动,通过抓两头带中间,月月进行经济运行分析通报、按季度进行经济运行调度会议制度,有效地促进了兵团道路运输企业的健康、持续、良性发展。各级交通运输部门坚持以"安全第一,预防为主"的方针,强化"以人为本"和"安全发展"理念,夯实安全管理基础,建立了包括学习、教育培训、会议、检查、隐患整改、事故整改、事故报告和统计等,一整套安全生产管理制度,不断规范交通运输安全管理。从纵向、横向上构建了以道路运输为主体的安全责任管理体系,实行安全"一岗双责"和党政主要领导负责制,班子成员对安全生产各负其责的安全生产管理工作格局。坚持每季对交通运输安全工作形势进行分析、讲评,做好预测、预防、预想工作,在组织上确保交通运输安全。同时,严格落实安全生产责任制和"三关一监督"职责,坚持源头管理、严格持证上岗,强化安全监管和应急值守,做好重点时段和极端天气防范和应急保障工作。开展安全专项整治,强化"两客一危"车辆的安全监管,组织指导有关部门做好无牌无证机动车集中治理和整治运输市场等活动,加大安全隐患排查和监督检查力度。对道路运输企业实行明察暗访,选聘道路交通运输安全特邀监督员和乘客义务监督员,认真落实客运站远程视频检查巡查制度,加强客运站源头安全管理。推广应用车载GPS卫星定位系统、对重点营运车辆开展联网联控工作,把所辖车辆置于动态监管之中,有效遏制了重大以上交通运输安全事故的发生。

不断创新开展城乡客运一体化管理工作。2011年,根据交通运输部出台的《关于积极推进城乡道路客运一体化发展的意见》及自治区有关城市公交、出租车归口交通运输部门管理的文件精神,兵团交通运输部门主动接管兵团城市客运管理,努力打破城乡二元结构,大力发展垦区公交出租汽车服务,建立了师团公交出租客运管理队伍,相继制订出台了《兵团垦区公交出租汽车客运管理方案》《关于规范兵团公交出租汽车客运行业证件管理工作的通知》《关于开展兵团城乡道路客运一体化发展水平评价有关工作的通知》等一系列兵团城市客运管理

指导性文件和规章制度,确定了从事公交出租客运服务人员和车辆的条件、数量和标准,组建了团场公交出租车队,开通出租车电招呼叫业务,在团场内部形成了"长途有班线、城市有公交、快捷乘出租"的城乡客运一体化格局,使客运市场逐步规范、安全、有序。积极改善城市垦区公路通车条件,加强和完善客运站点和公交站场建设,强化客运公交基础设施管理,优化客运经营结构,创新客运组织模式,建立规范的城乡客运成本费用评价制度和政策性亏损评估制度,实行补贴、补偿制度,提高客运技术创新能力。同时,严格落实各项安全管理规定,强化经营者安全生产主体责任,督促公交出租汽车客运经营者建立健全各项制度,增强对各种交通运输安全事故的处置、赔付和抗风险能力,引导广大职工群众自觉抵制乘坐无证营运"黑车",确保职工群众生命财产安全。

(四)交通运输行政执法步入法治化轨道

1995年10月经自治区交通厅同意,兵团编委批准,成立新疆路政稽查总队兵团支队及各师成立路政稽查分队,结束了兵团没有路政稽查队伍的历史。2006年9月,兵团海事局成立,与兵团路政管理局合署办公,标志着兵团水上交通运输安全监督纳入国家管理,步入法治化轨道。

兵团路政海事执法机构是目前兵团唯一一支交通运输综合执法队伍,成立20多年来,依据国家和交通运输部相关法律法规,不断健全和完善符合兵团交通运输执法特点的管理制度和法规,从业务知识、法律法规、职业道德和军事技能等方面加强执法岗位培训,坚持不懈地深入开展"执法规范化管理"和"岗位练兵"活动,逐步建设一支装备精良、执法严格、作风过硬、保障有力的交通执法队伍。同时,结合自身实际,不断创新管理模式。路政稽查在严格执行"四四制"巡查的同时,形成了统一领导、分级管理、专职与团场路政员相结合的路政执法管理机制。坚持垦区主干道、团场主干道、通营连公路三级并重,兵团路政海事局主要抓好垦区主干道的监管巡查,师路政海事局抓好团场主干道监管巡查,团场路政员做好支线及通营连公路的监管巡查,使垦区主干道和团场主干道的公路稽查管理覆盖率达到100%,通营连公路稽查管理覆盖率达到90%以上。持之以恒地开展车辆超限超载治理,通过对各师交通运输超限运输情况进行地域、路段和网络核查和规划,组织实施了第二、三、四、五、八、十三师等6个治超检测站的项目建设,探索出"兵、师、团三级管理"和"区域划分,分层管理,防控结合"的模式,使垦区公路治超网络完善,公路超限率长年控制在4%以下。兵团路政海事局还坚持对多发的占用、污染、挖掘和损坏公路用地和公路附属设施等违法行为开展集中治理工作,采取多种措施防止公路辖区违章建筑和占用公路行为的发生,有效保护了垦区公路的安全畅通。

同时,加大海事执法人员适任培训,本着"全国海事一家人,水上监管一盘棋"的精神及互相帮助、取长补短、结合实际、注重实效的原则,加强与福建海事局"结对子"工作,组织一线人员到福建海事局进行业务学习,增强了兵团重点水域的水上交通运输监管的工作能力和工作力度,为营造兵团良好的水上交通运输安全环境打下了良好的基础。2012年根据兵团封闭水域多,各个水域所在区域广阔,分布分散,单个水域面积有限的实际,制定了海事监管"依托科技手段,强化依法管理,以队伍军事化管理为保障,形成高效、快捷和以预防为主的精干海事监管模式"的发展路径,从船舶登记、船员管理和营运业许可入手,由点到面,全面严格开展开航前准备,水域船舶和码头、人员的普查审核。加强执法监管力度,坚持定期不定期对所属水域进行安全检查,强化下水营运船舶检查,做到对重大危险源安排专人严密监控,对事故隐患认真排查整改,对不具备开展水上旅游的船只、人员、项目坚决取缔,确保兵团水上交通运输安全有序。

随着兵团交通运输行政执法工作的不断深入,路政海事局立足实际,努力研究探索执法管理规范化措施办法,进一步推进兵团路政海事"三基三化"建设,强化执法人员队伍素质、基层执法站所建设、执法信息化平台项目推动,狠抓履行公路超限治理、公路安全集中治理、路政宣传月、水上安全监管职责工作。全面健全和完善交通运输执法评议考核管理,着重加强对路面、海事执法程序和执法人员依法行政的管理,加快建立兵团交通运输行政复议机制,完善执法监督机制,建立执法责任制,执法和监管力度不断加大,事案查处率97%以上,结案率达100%,"三基三化"建设水平进一步提高。

五、科技创新成就——科技创新取得持续进步

兵团交通运输行业深入实施"科技强交"战略,大力推动交通运输公共信息平台互联互通建设,在公路建设、预防性养护、路面检测、桥梁检测、交通运输文化建设、行政执法等领域,统筹推进科技研发成果推广和标准化建设,应用节能减排新技术新工艺,开展重大交通运输建设项目环境影响评价,推进了科技创新和绿色交通发展。

"十五"以来,兵团科技工作以兵团公路科学技术研究所、兵团公路设计院和项目建设单位为依托,围绕宏观决策、公路建养运和交通运输信息化建设等方面开展应用研究,取得了良好的开端和可喜的进步。在宏观决策方面,组织开展了《2001—2020年兵团公路建设规划的编制研究》,编制了"十一五""十二五""十三五"公路建设规划和公路养护、道路运输、科技发展规划以及货运主枢纽建设及物流发展规划等工作,不仅提高了兵团公路交通运输发展的宏观决策质量,而且使兵团公路交通运输基础设施建设步入了可持序发展的轨道。

在公路建养方面,抓住交通运输部启动西部科研项目的机遇,先后承担了交通运输部西部交通运输科技建设项目《杜仲胶与相变材料复合改性沥青在西部公路建设中的应用研究》《动载下兵团干线公路沥青路面开裂机理及常温灌缝研究》《垦区公路风吹雪雪害防治技术研究》等数十个项目的研究。其中《风积沙在兵团公路垫层中的应用》《兵团垦区公路灾害分析评估及防治技术》项目的研究成果填补了兵团利用风积沙修筑垦区公路及公路病害防治领域的空白,总体上达到了国内先进水平。

在信息化方面,积极开展科技研发和技术推广,组织开展了兵团公路集成管理信息系统、兵团交通运输信息网研究和兵团交通运输信息化建设近期规划等项目的研究,开发了兵团公路地理信息系统,实现了兵团公路属性数据库和空间数据库的计算机化管理。开发"兵团交通运输应急指挥系统",建成并启用"兵团交通运输应急指挥中心"和11个师应急指挥分中心,实现了应急指挥调度、交通运输信息感知、日常值班监控、战备调度、通信保障和信息发布的全覆盖。建成兵、师、企三级车辆动态安全监管平台,对兵团1.4万辆客货车辆实现了动态监控;对两客一危运输企业率先推出3G视频监控和驾驶员行为管理系统,有效提升了交通运输行业安全运输监管服务水平。建立兵团"12328"交通运输服务监督电话服务,启用兵团城乡客运管理信息系统,实现对28家运输企业、2419辆运输车辆和3776个从业人员业务数据互联互通。2013年起分别在石河子、五家渠、北屯等市建立了公交智能调度系统,2017年完成兵团交通运输一卡通系统的搭建,覆盖6个师市、25条公交线路、241辆公交车辆。在13个师中心客运站建成了客运站智能信息管理系统,率先在疆内实现师团客运站微机联网售票工作。建立了兵团物流公共信息平台建设工作,实现全兵团物流信息统一发布、GPS货物跟踪、在线服务结算、信用服务。

"十二五"以来,公路建养运管科技创新工作不断深入。公路质量安全监督站组织专家编写了《兵团公路施工工程标准化指南》,从机构架设和关键人员、管理制度、驻地、工地试验室和作业场(站)建设、施工作业和安全生产作业5个方面健全完善了适合兵团公路建设特点的标准,对兵团公路完善施工管理、规范施工工艺、减免质量通病和强化安全生产起到积极的推进作用。以兵团公路科学技术研究所为主研单位开展了《兵团垦区公路特殊路基处治适用技术与设计参数研究》《兵团干线公路沥青路面开裂机理与常温灌缝料研究》《极端气候与荷载对新疆沥青路面的综合影响机理和等效试验技术研究》《兵团低等级公路路基路面快速检测技术研究》《兵团垦区沥青路面厂拌热再生技术应用指南研究》《兵团快速通道关键技术研究》《梁式桥不中断交通运输更换支座的应用研究》等16项科研课题研究工作。《兵团垦区公路特殊路基处治适用技术与设计参数研究》和《极端气候与荷载对新疆沥青路面的综合影响机理和等效试验技术研究》两项课题获得国际先进;《兵团干线公路沥青路面开裂机理与常温灌缝料研究》和《沥青路面裂缝灌缝新材料研发》两项课题获得国内领先;《可储式沥青路面冷补(铺)沥青混合料开发及养护技术研究》获得国内先进。交通运输部西部项目《兵团垦区公路特殊路基处治适用技术与设计参数研究》成果获得2011年"中国公路学会科学技术二等奖"与"兵团科技进步三等奖";兵团科技局科技攻关项目《可储式沥青路面冷补(铺)沥青混合料开发及养护技术研究》项目成果获兵团2012年"科技进步三等奖"。

同时,积极推广新技术、新工艺,建立了"公路桥梁管理系统(CBMS)"与"路况评定管理系统(MQI)"两大养护管理业务系统,完成了兵团辖区内上万公里的干线公路技术状况评价(路况普查)与1000多座公路桥梁技术状况评价(桥梁定期普查)工作。针对公路路面早期出现的网裂、龟裂、轻微车辙现象,采用0~10mm玄武岩碎石改性沥青微表处理实验,路面早期病害得到有效控制处理;针对伊犁河大桥项目两端区冬春桥面雪水冻融,采用薄层沙滤系统对设备结构进行保障,提高了水质处理成效与处理水体利用率;针对热混合料冬季不宜使用缺点,采用低温筑路长效型可储式常温改性沥青混合料养护技术修补路面作业,促进道路全季节养护和废旧料的循环利用,提高道路使用质量及通行能力。

大力推进绿色交通运输发展,严格实行营运车辆燃料消耗量准入制度,加快推广清洁能源、新能源在公交车和出租汽车的应用,重点推进公交首末站内充电桩的规划建设工作,兵团公交车新能源车占比7.4%,推进道路货运转型升级,提高运输效率。组织实施无车承运试点工作,整合社会车辆15000辆,车辆里程利用率提高50%。推进兵团多式联运发展,加快推进第八师天业、第十二师三葛庄2家多式联运示范工程加快项目实施,开通示范线路11条,完成集装箱多式联运运量56363标准箱。加强交通运输基础设施建设项目实施过程中的环保工作,严格监管力度,认真分析制定措施,加大大气污染、水污染、噪声污染和土地污染的防治力度,初步实现了交通运输可持续发展。

兵团公路交通运输科技的发展不仅解决了兵团公路交通运输发展中的一些难题,促进了兵团公路交通运输的持续、快速、健康发展,进而培养和锻炼出一批交通运输科技管理人员和技术研究人员。

六、对外开放成就——交通运输企业走出国门

新疆位于亚欧腹地,丝绸之路经济带核心区,是通向中亚的大门。随着扩大对外开放和建设"一带一路",兵团交通运输"走出去"的步伐不断加快。1993年以来,自治区口岸运输管理办公室先后批准兵团11家运输企业承担涉外运输,2004年以来兵团又有一批路桥企业走出国门承揽国外工程,新疆新大地实业有限公司和北新路桥公司两家企业就是"走出去"企业的佼佼者。

新疆新大地实业有限公司坚持走改革之路,勇抓机遇,在深化企业内部改革的同时,不断解放思想,扩大对外开放。1993年8月29日,经新疆维吾尔自治区、兵团外事办批准,该公司28辆货车载着石河子八一糖厂的500吨砂糖首次驶出国门运往阿拉木图,承担起中哈国际公路货物联运任务,使新大地公司成为新疆最早从事涉外道路运输的3家企业之一。

从最初的只有30多辆小吨位货车承运机械设备、旅游购物团行李等物资,逐步发展到最高峰时期,拥有128辆涉外大吨位运输车辆,总吨位3550吨,每年运输涉外物资平均货运量10万吨左右,分别运往阿拉木图、德鲁目巴、塔尔迪库尔干等地,涉外运输占新疆维吾尔自治区涉外运输总份额的1/4。

在数十年从事涉外运输生产经营中,该公司坚持"不求做得最大,但求做得最优",努力在做精、做强、做出特色上下功夫。把涉外运输业务扩展到报关报检、国际贷款、仓储、自营进出口、国际跨第三国运输、公铁航空联运、向第三方提供物流信息服务等为一体的综合性国际物流企业。车辆保有数、运量、周转量、营运收入和职工收入每年递增8%~10%。

为打造"新大地"涉外运输品牌,形成核心竞争力,该公司首先从改革产权制度入手,理顺车辆产权关系,强化驾驶员对车辆产权与盈亏责任,一举消灭了长期困扰运输业亏损的局面。二是加强科学管理,车辆按照ISO9000质量管理体系运作,强化单位的服务功能,逐步改善运输结构,车辆安装GPS实施全程动态监控,切实提高了企业竞争力。三是坚持以人为本,主动为驾驶员和车辆提供在审验、办证、结算、交费等过程中的服务,加强对车辆和从业人员的技能、安全、服务质量、遵纪守法等教育培训,进一步提升员工素质,减少违章、降低事故,客户满意度不断提升。四是牢固树立用户至上的理念,奉行"顾客至上,质量第一"的企业质量方针,从劳动用工到优秀员工奖励,从安全生产到损失赔偿,从执业资格到护照管理,从日常管理到培训,都纳入质量保证的管理体系中,形成一套严密的管理制度和质量管理保证体系。企业靠完善的服务赢得驾驶员的信赖,驾驶员靠热情周到的服务和车辆技术保障获得了中外客户的满意。

多年来,该公司驾驶员克服语言不通、路况不熟、食宿不方便等困难,将货物全部安全、按时、完好地送达目的地,受到国外客户的好评,没有因损害货主利益而发生过一起投诉事件。如在新疆的口岸初期建设方面,该公司连续出动80多车次援建伊尔克什坦口岸建设;组织120车次分3批承运屯河集团在吉尔吉斯斯坦的全部建设物资和设备;与中外运合作方面,共出动80多辆车完成了中石油某基地至巴基斯坦的整体搬迁任务;承运克拉玛依炼油厂,援建哈萨克斯坦的第一批近千吨复压器油等。特别是2005年巴基斯坦发生强烈地震,中国政府向巴基斯坦灾区提供大量救灾物资,公司立即组织了30多辆大吨位涉外运输

车辆,紧急运送帐篷1300多顶和大量救灾物资。2010年巴基斯坦遭受百年不遇的洪涝灾害,该公司根据国家商务部和自治区、兵团的安排,立即组织30多辆涉外车辆,将近千吨救灾物资及时运送上去,圆满完成了代表国家形象的重大外事任务。体现了兵团人特别能吃苦、特别能战斗、有组织守纪律的优秀品质,受到了国家商务部、自治区、兵团的通报嘉奖。

在激烈的市场竞争中,新大地实业有限公司已成为新疆国际道路运输骨干企业之一和排头兵,被自治区道路运输管理局、乌鲁木齐市交通运输局分别授予"自治区道路运输行业文明业户"称号;被兵团交通运输局多次授予"兵团道路运输先进单位"称号;先后荣获"兵团文明单位""自治区文明单位"和"全国文明单位"称号。

北新路桥公司是兵团以路桥建设为主业的国有上市公司,自2004年以来,走过了与央企合作的"借船出海"、独立承揽工程的"造船出海"、主动开发新兴市场的"驾船出海"三个发展阶段。用改天换地的气魄,打拼14年,不断拓展海外市场,先后在巴基斯坦、吉尔吉斯斯坦、塔吉克斯坦、蒙古、柬埔寨、阿富汗、哈萨克斯坦独立承揽公路、桥梁、机场等项目施工任务,国际业务稳步壮大,座座桥梁彩虹飞舞,道道坦途纵横原野,北新路桥走出了坚定而扎实的脚步。主要代表性工程:

道路工程方面。2004年北新路桥首次走出国门,承建了巴基斯坦瓜达尔—吐尔巴特公路,以此打开了巴基斯坦的市场;2012年承揽的吉尔吉斯斯坦奥什—巴特肯—伊斯法纳道路升级项目,为公司首次承揽欧洲发展银行贷款项目;2012年中标的塔吉克斯坦艾尼—彭吉肯特—乌兹别克斯坦边境6号走廊道路修复项目,合同额1亿美元,是公司独立承揽的最大单体EPC项目;2013年承揽奥什—巴特肯—伊斯法纳18公里道路修复工程及奥什城市道路;2015年11月,中标中巴经济走廊的重要组成部分和亚投行在巴基斯坦的首个公路项目——M4高速公路项目IIA标段;2016年8月,中标亚行和亚投行在巴基斯坦投资建设的首个公路项目——M4高速公路项目IIIB标段;2016年,承揽蒙古扎布汗省陶松青格勒至乌利亚斯台114公里道路项目,为公司独立承揽的首个"两优"项目。

桥梁工程方面。2011年6月,中标米尔普大桥项目,是巴基斯坦目前最大的跨河钢筋混凝土桥梁,全桥长2.98公里,是连接米尔普和伊斯兰格尔两座城市重要的交通枢纽工程;2016年6月承揽塔吉克斯坦杜尚别第82小区立交桥项目,该项目是公司在塔承揽的首个市政桥梁建设工程,工期紧、施工难度大,项目于2018年11月交工。

民航工程方面。2006年12月,中标卡拉奇真纳国际机场滑行道项目。该项目为北新路桥承揽的首个民航类项目,为公司承揽此类型项目翻开了新的篇章。项目于2008年7月完工;2008年9月13日,中标木尔坦国际机场升级改造项目,合同金额17亿卢比,折合人民币1.49亿元,项目于2010年6月完工。2010年9月8日,通过发挥市场前沿优势,公司顺利承揽巴基斯坦第三个机场——伊斯兰堡新国际机场项目,合同金额1400万美元,项目于2018年5月完工。

市政工程方面。2009年2月承建巴基斯坦克什米尔城市发展项目,为公司海外首个施工总承包项目运营模式,巴国市场的拓展迅速驶入"快车道";2014年承建,2015年完工的塔吉克斯坦库尔干秋别和库里亚布城市修复项目,是市政项目,也是北新路桥独立实施的首个对外援助类项目。

隧道工程方面。2014年分包中国路桥的吉尔吉斯斯坦南北公路一期三标段隧道工程,是北新路桥海外承揽的最大单体隧道项目,隧道总长1.87公里。

通过十多年的摸索,这支修路架桥的建设铁军,从加强项目执行力度到深化项目成本管理,从市场开发到加强人才队伍建设,始终致力于改变以往项目管理僵化、被动的管理观念与管理方法等问题,增强项目班子的工作主动性,以"咬定青山不放松,拓展海外不言败,发展路桥最光荣"的决心,逐步熟悉和掌握了海外市场的特点和规律,深入了解当地的人文、地理、宗教习俗,积累了丰富的海外项目施工、外派劳务、国际贸易物流的管理经验,打造出一支具有丰富海外工程运作和管理的团队和具备高原、高寒、复杂地质条件下施工技术优势职工队伍,为立足海外市场奠定了坚实的基础。

在巴基斯坦,与国家公路局、民航局、灾后委等业主、设计施工单位建立了良好的合作关系,树立了优良的口碑。在阿富汗和柬埔寨,凭借企业优良履约能力赢得了业主的信任和使馆经参处的认可。在吉尔吉斯斯坦、塔吉克斯坦等国,北新路桥与中国路桥、中国建筑等央企在海外合作中建立了良好的合作模式和关系。修建了塔吉克斯坦库尔干秋别和库里亚布城市修复项目,艾尼—彭吉肯特—乌兹别克斯坦边境6号走廊道路修复项目,杜尚别第82小区环形路交叉处立交桥项目等。通过优良的工程质量和良好的企业作风树立了中国形象、公司品牌,打造出国际工匠精神。2017年8月29日,公司又收到塔吉克斯坦交通运输部颁发的杜尚别—库尔干秋别道路修复升级项目的中标通知书,中标价为4746万美元。

放眼全球,在北新路桥全体建设者的共同努力下,赢来了"激流勇进占鳌头"的局面。目前,公司在8个国家设立了境外办事处,活跃在以巴基斯坦为中心,辐射阿富汗、印度的南亚市场;以塔吉克斯坦、吉尔吉斯斯坦为中心,辐射哈萨克斯坦、乌兹别克斯坦、土库曼斯坦的中亚市场;以柬埔寨为中心,辐射老挝、缅甸的东南亚市场上。同时,不断开拓对外贸易市场,以公司在中亚、南亚各国驻外办事处为桥梁纽带,在喀什设有物流园区,开发并运营"云电商城"电子商务平台,扩大了为周边国家出口各类大型机械设备、零配件、施工材料,逐步形成由建筑产业链"走出去"带动上下游产业"走出去"的新局面。

责任与担当,字字千金。北新路桥公司秉承"诚实守信、追求卓越"的价值观,坚持"立足疆内、拓展国内、延伸海外"的市场战略,施工项目遍布国内18个省(区、市)和国外8个国家,合同履约率100%,质量合格率100%。先后荣获全国建筑业先进企业、全国守合同重信用企业、中国土木工程詹天佑大奖、全国市政金杯示范工程奖、中国对外承包工程信用AAA级企业、中国对外承包工程企业社会责任银奖、全国文明单位、全国先进基层党组织等百余项殊荣。先后4次被中国对外工程承包协会评为"对外承包工程AAA信用企业"。获得中国对外承包工程商会颁发"中国对外承包工程企业社会责任奖银奖企业"等荣誉,为企业深入扎根海外获得业主和民众支持奠定了深厚的根基。2014年9月17日,该公司承接了国家商务部下达的向巴基斯坦提供紧急人道主义物资援助任务,采购、运输一条龙,圆满完成集中换装131车4600吨物资。2015年8月,再次承担援外运输任务,为塔吉克斯坦受灾地区送去中国政府的援助物资,得到了商务部和中国驻塔使馆的高度赞赏。

七、党的建设与精神文明建设取得丰硕成果

兵团交通运输运输局党组始终紧紧围绕党的中心工作和兵团党委的重大部署,坚持不懈地用马列主义、毛泽东思想、邓小平理论、"三个代表"重要思想、科学发展观和习近平新时代

中国特色社会主义思想武装头脑,统筹谋划,不断夯实党建工作基础,有效增强了党组织的创造力、凝聚力、战斗力。

为打好机关干部思想基础,创建学习型、服务型和创新型机关,围绕不断加强党员干部队伍的政治理论学习,在坚持中心组学习制度同时,充实和完善机关政治业务学习制度,组织生活制度和党课教育制度,深入开展学习党的十八大、十九大精神大讨论活动,从严从实开好民主生活会,切实执行"三重一大"等制度,认真整改巡视反馈的问题,从而增强了党员干部的"四个意识",提升了党性修养、理论素养、政策水平、政治站位和政治觉悟,坚定实现新疆总目标和发挥兵团特殊作用的信心和决心。通过邀请兵团党校、国家行政学院著名的专家、教授做辅导,为党员干部进一步学习和掌握党的方针政策,正确分析和解决问题,提供了理论的帮助。坚持对标学习,组织党员学习现代市场经济知识、学习现代科学技术知识,在党员干部中营造出浓厚的学习氛围。通过持之以恒的学习,引导党员干部牢固树立自觉学习、终身学习的理念,提高党员干部的整体素质,努力适应了新形势、新任务的要求。

扎实开展党的组织建设,领导班子和机关作风建设进一步加强。深入开展党的群众路线、"三严三实"和"两学一做"专题教育活动,并不断巩固扩大教育活动成果,围绕"服务中心、建设队伍"核心任务,通过组织集中教育学习、局党组成员上专题党课,干部间交流学习体会,使党员干部充分认识到新时期优秀党员干部应有的特质,是新形势下加强党的思想政治建设和作风建设重要遵循,是严肃党内政治生活、严明党的政治纪律和政治规矩的重要抓手。按照中央八项规定精神和兵团党委制定的"26条规定",编发了《领导干部调研工作手册》,严肃财经纪律和"小金库"专项治理工作,加大在接待、公车、办公用房、会议文件和"三公经费"管理等方面的整改力度,建立起作风建设监督检查长效机制,进而推动作风建设深入开展。根据兵团党委统一部署要求,在全局党员干部中进行了"强党性、强法治、强责任、强基层"专题教育。围绕新疆社会稳定和长治久安总目标,着力推进党员干部政治坚强有定力、基层治理法治化,各项工作责任落实到位和基层基础不断巩固,推进"四个交通"发展,进一步增强维稳戍边的事业心和责任感、凝聚党员干部的内在力量。自觉践行做合格党员要求,使党员干部在思想上进一步坚定理想信念,增强党的意识,在工作上真抓实干,务求实效;在行动上坚决做到对党忠诚、个人干净、敢于担当,绝不做"两面人""老好人";勇做政治上强、能力上强、作风上强、心力上强的好干部,真正成为广大职工群众信得过、靠得住、离不开的贴心人、主心骨。

严格落实管党治党责任,守住干净底线,严格遵规守纪,切实担负起全面从严治党责任。认真落实党风廉政责任制,建立风险防控体系,制定了《进一步落实党风廉政建设和反腐败工作主体责任和监督责任的若干意见》和责任清单,落实了党员领导干部廉政"一岗双责"和主体责任,每年主动与14个师纪委签订联防共建协议。围绕基本建设领域设计变更和资金管理这个源头,重点开展兵团交通运输行业内审活动,加大对交通运输基础设施重点项目和专项资金的审计,完善公开透明的信誉评价制度,深化工程招投标等专项治理和纠风工作,廉政要求"十不准"全部进工地,确保了交通运输基础设施建设的质量和资金使用的安全。以探索综合执法、强化规范执法为重点,纠正行业不正之风。这些措施严明纪律,严明规矩,保持了行业风清气正的良好局面。从而使兵团交通运输干部职工队伍素质明显提高,行业形象和凝聚力大幅度提升,圆满完成了兵团党委赋予的各项任务。

坚持"两手抓，两手硬"，始终把精神文明建设作为全局工作的重中之重，不断加大投入力度，配齐精干人员，为开展精神文明建设、发挥作用提供了有力的组织保障。围绕培育社会主义核心价值观，强化爱岗敬业、明礼诚信意识，大力开展系列精神文明与文化建设活动。为进一步弘扬交通运输精神和兵团精神，提炼总结概括出新时期兵团交通运输精神和交通运输职业道德，统一制定和完善覆盖全兵团交通运输行业的管理、执法及从业人员9个行为规范。主动参与交通运输文化"五个一"工程，进一步实施交通运输文化建设"十百千"工程，倡导"书香交通运输全民阅读"，在全行业推广运用兵团交通运输视觉形象识别（VIS）体系，组织传唱《兵团交通运输之歌》和《兵团公路建设者之歌》，开展推选"感动交通运输人物"，评选"最美司机""最美售票员""最美养路工"等活动。积极参加兵团、交通运输部、新疆维吾尔自治区交通运输厅组织的纪念主题文化体育艺术活动，全行业14个师的交通局全部建立了廉政教育基地和"文化书屋"，使行业凝聚力不断增强。加强新闻宣传工作，探索用好新媒体传播手段，壮大舆论宣传阵地，完善信息发布、文化宣传和板报宣传制度，传播交通运输好声音、好信息、好典型、好故事。强化交通运输队伍建设，采取请进来，送出去等多种方式，开展技术规范、交通运输法规和交通运输执法培训，推进行业职业技能鉴定工作，有力地提高了行业整体素质。

紧紧围绕交通运输局中心工作，抓机关自身建设，创建文明、高效、和谐机关，扎实推进党员干部职工思想道德建设和精神文明创建工作。通过组织老干部开展重阳节交流座谈会、观摩重点项目、外出考察等形式，引导退休党员干部为交通运输事业发展建言献策。清明组织干部职工开展清明祭扫，认真开展纪念"七一"建党周年系列活动，组织重温入党誓词，有力地促进了局机关精神文明、物质文明、政治文明的共同发展。数十年坚持对口挂钩扶贫，帮扶第十三师柳树泉农场、第十四师一牧场，深入了解农牧场实际困难，落实精准措施，重点解决道路和水利问题，主动为其受灾产品销售伸出援手，现柳树泉农场已全部脱贫。

为落实自治区和兵团党委"访民情、惠民生、聚民心"工作决策，局党组派出的多个工作组，深入喀什地区图木舒克市51团连队和巴楚县乡村开展维稳和帮扶工作，加大对派驻团场连队和地方乡镇扶贫及基础设施建设支持力度，着力推进民族团结一家亲活动有序开展，组织局机关及事业单位全体干部职工与51团13连、18连农户开展一对一认亲结亲活动，切实为亲戚办好事办实事，进一步强化了民族团结，增进了各民族感情，促进了基层连队和乡村维稳、反恐、民族团结工作健康发展，基层组织建设、宗教事务管理、经济社会发展都取得了很大的进展。

改革开放以来，特别是兵团交通运输局单设以后，围绕构建学习型交通运输、文明交通运输、和谐交通运输，探索新形势下创建文明行业的新思路、新途径和新举措。以"服务人民，奉献社会"为宗旨，以培养"四有"职工队伍为主要任务，深入开展以"三学四建一创"为载体，以内强素质外塑形象为根本，以服务人民群众满意为标准，大力推进行业精神文明建设不断向纵深发展。树典型、学先进，培育精神文明中的亮点，努力提高服务质量。通过政治思想教育、法治道德教育、爱国爱岗教育以及文化体育活动，兵团交通运输系统职工的思想境界、行业风貌、精神文明都呈现出一片生机盎然的景象，涌现出一批具有代表性和示范作用的先进集体和先进个人，多次受到交通运输部、人力资源和社会保障部等国家有关部门的表彰奖励。如：第二师、第六师、第七师、第八师交通运输局先后获得年度全国交通运输行业文明单位称号;兵团奎屯客运司、兵团三运司驾驶员培训学校、石河子运输公司、第九师公路养护所,先后荣获交通运输部"全国交通运输系统先进集体"称号。兵团路政系统多家单位被交通运输部授予"全国交通运输依法行政示范单位"称号;五家渠市公交客运管理处、石河子旅客运输服务中心开发区客运站、新建旅客运输(集团)有限公司一师分公司、第一师客运站、第二师公路养护管理所、第五师精博公路管理处庆达拉收费站、第八师石河子公共交通运输有限责任公司12路公交线路等多家兵团路政单位获得全国交通运输行业文明示范窗口称号。兵团北新路桥建设股份有限公司荣获交通运输部授予的"全国交通运输行业抗震救灾先进集体"称号;兵团交通运输局交通运输战备办公室荣获兰州军区授予的"交通运输战备工作先进单位"称号;第三师运输保障营被兰州军区授予"交通运输专业保障队伍先进单位"称号。兵团奎屯客运司经理吕进元先后荣获人事部、交通运输部"全国交通运输系统劳动模范"称号,交通运输部"全国交通运输行业文明职工标兵"称号,2009年当选"新中国成立以来感动交通运输人物";丁雨城、张新荣、黄艳梅荣获人力资源和社会保障部、交通运输部"全国交通运输系统劳动模范"称号;李建新、梅国强被授予"全国交通运输系统先进个人"称号;宋荣强、张树鹏、蒋文勇和黄江英获得全国交通运输行业文明标兵称号;王忠、樊增国、依米提·买买提被交通运输部授予"全国交通运输行业文明建设先进工作者";蒋文勇荣获交通运输部授予的"全国交通运输行业精神文明建设先进工作者"称号;马爱国、李建国荣获交通运输部授予的"全国交通运输文明执法标兵"称号;唐素珍、张元珍荣获交通运输部授予的"全国交通运输系统巾帼建功标兵"称号;兵团勘测规划设计院高工李烨、兵团公路科研所高工彭琴、公路科研所工程师武新成荣获交通运输部授予的"十一五"全国交通运输行业优秀科技人员称号,充分展示了兵团交通运输行业的良好风貌。

总结兵团交通运输40年改革开放发展里程,我们深深地认识并体会到:一是只有坚持紧跟中央、自治区和兵团党委的决策部署,把握兵团交通运输行业面临的形势和任务,把加快推进交通运输发展作为第一要务,才能精心谋划、狠抓落实推动兵团交通运输科学发展。二是只有坚持解放思想,转变观念,把握兵团交通运输发展的主要矛盾,科学制定和探索适应兵团交通运输发展的规划和思路,才能为兵团交通运输确立发展方向。三是只有坚持以人为本,把不断满足职工群众对交通运输的需求作为出发点,把为兵团经济社会提供安全、便捷、经济、高效的运输服务作为交通运输工作的归宿,才能走出一条适合兵团交通运输发展的路子。四是只有坚持抢抓战略机遇期,乘势而上,把科学规划、前期工作和项目储备作为交通运输工作的先行,不断加强制度建设,努力苦练内功,才能抓住机遇、抢占加快兵团交通运输发展的制高点。五是只有坚持"路运并举",把推进公路建设与公路养护、公路建设与道路运输的良性互动,把统筹垦区、团场干线与通营连公路建设、养护与道路运输发展作为同等重要工作,才能实现兵团交通运输全面、协调和可持续发展。六是只有坚持不懈地加强公路建设市场监管,把推进市场诚信体系建设、建立信用评价体制和规范项目管理作为工作的重要抓手,才能增强兵团公路建设管理水平、不断提高工程质量。七是只有坚持不懈地深入开展科学性预防性养护,全面落实养护管理责任制,推进干线公路日常养护市场化、不断加强安保工程建设和危桥改造作为工作重点,才能推动兵团公路养护全面开展、确保公路的安全畅通。八是只有坚持不懈完善已形成的兵团客货运发展思路,把推进物流信息平台应用和客运网络化建设,把调整和优化道路运输结构,转变增长方式和加强节能减排作为工作的重要环节,才能提高兵团道路运输业的服务能力、不断提升竞争力。九是只有坚持改革开放,不断创新体制机制,把大力实施"科教兴交""人才强交""依法治交"战略和加强文明行业创建作为交通运输发展的动力,才能确保兵团交通运输又好又快发展。

回顾改革开放40年的发展成就,无比自豪;展望新时代建设交通强国目标,充满信心。当前和今后,兵团交通运输发展要深入贯彻党的十八大、十九大精神和习近平新时代中国特色社会主义思想,全面落实第二次中央新疆工作座谈会战略部署,以发挥兵团"稳定器、大熔炉、示范区"功能为宗旨,按照"加快发展、保障民生、综合协调、有效衔接"的原则,以深化改革为动力,以建设"综合交通、智慧交通、绿色交通、平安交通"和"交通强国"为方向,继续加快完善综合交通运输基础设施网络,持续提升运输服务能力和品质,推进科技进步和信息化建设,提高安全监管和应急保障能力,全面深化行业改革,不断满足兵团维稳戍边和发展壮大的要求,充分发挥交通运输"先行官"的作用,为维护新疆社会稳定和实现长治久安提供有力的交通运输保障。

奋力谱写新时代大连交通改革发展新篇章

大连市交通局

一、综述

1978年党的十一届三中全会做出实行改革开放的历史性决策以来，大连交通运输工作进入了全新发展的时期。40年来，全市交通运输事业在交通运输部和市委、市政府的领导下，以邓小平理论、"三个代表"重要思想、科学发展观和习近平新时代中国特色社会主义思想为指导，积极推进改革开放，交通发展成效显著。特别是实施东北老工业基地振兴战略以来，大连交通运输工作进一步解放思想，紧紧围绕全面振兴发展的主题，全面加强运输结构调整、交通运输行业监管和和谐交通运输建设，促进了公路建设、道路运输、城市公交、出租汽车、长途客运等各项工作又好又快发展，为全市经济和社会发展提供了重要支撑，为大连"两先区"建设提供交通助力。

（一）1978—1995年坚持放开搞活，交通事业加快发展

党的十一届三中全会后，大连交通事业步入新的发展时期，到"八五"期末的1995年，初步形成以高等级公路为骨架，干支结合，纵横交错的公路网，交通运输市场化运行机制基本建立，步入健康发展轨道。一是大力加强交通基础设施建设。全市公路里程增加到4043公里，全部为有路面公路；公路桥梁由707座1.97万延长米增加到1594座4.2万延长米，分别增长125%和113%，桥涵配套率达到87.8%；晴雨通车里程增加到3924公里，增长196%；公路密度由30.77公里/百平方公里增加到32.20公里/百平方公里。全市初步形成城市出入口一级路，市到县二级路，县到县油面路，80%以上乡通油路的公路网，公路建设跃居全省前列。二是放开市场促进运输业健康发展。逐步取消从事客货运输限制，客货汽车陡增，运输市场空前繁荣。全市道路客运汽车达到686辆，增长163%；客位达到38476个，增长255%；客运线路增加到468条，增长307%；其中省际客运班线2条，跨区市班线177条，乡镇客运班线242条，乡镇通车率达到100%。全市货运车辆迅猛增加到51280辆，是改革开放前的4.3倍。1995年完成道路客运量4603万人、周转量85962万人公里，比1978年分别增长75.29%和82.06%。道路货运量和周转量分别实现865万吨、20003万吨公里，分别增长33.49%和14.05%，适应了地区间的经济文化交流和全市经济社会发展的需要。建成金州汽车站和大连汽车站，大大提高了客运服务质量和水平。

（二）1996—2003年坚持服务大局，提高交通发展质量

"九五"起，全市交通系统主动适应大局，服务大局，为经济建设和社会发展，特别是城乡

一体化进程的快速推进,提供高质量服务。

基础设施建设方面。全力抓好以重点项目和乡乡通油路为重点的公路网化建设。全市公路建设投资65.89亿元,先后完成全长123.5公里的大庄高速公路、223公里的东西大通道、英那河特大桥、海皮线一级公路、黑大线改扩建、旅顺南路一级公路改扩建工程等一批省、市重点工程。乡乡通油路工程全面完成,结束北三市15个乡镇不通油路历史。建立从市到各区市县的交通工程质量监督机构,交通基础设施建设水平和质量得到显著提高。截至2003年底全市新增公路里程444公里,总里程达到4487公里,其中一级公路261公里,二级公路1687公里,比1995年分别增加169公里和840公里,增长184%和99%,公路密度由每百平方公里32.2公里增加到36.69公里,平均好路率达到80.6%,提高2个百分点。形成以沈大高速公路、大庄高速公路、东西大通道、黑大线、海皮路为主骨架的便捷快速的公路网,对县域经济和城乡一体化协调发展起到极大的拉动作用。

交通道路运输方面。突出抓好政策引导和经营行为规范,严格控制车辆盲目增长,引导运输企业向规模化、集约化方向发展,运输服务质量明显提升。全市营运载货汽车达到63332台,比1995年增长23.5%,厢式货车和城市货车实现从无到有,分别发展3446台和275台,逐步形成搬家、民用液化气、家电等专业化品牌配送车队。建立了统一的汽车维修救援中心及网络,设立"96122"呼救电话,汽车维修救援服务水平全面提高。班线客车达到2580辆,比1995年增加276%,客运线路达到879条,增加411条,增长87.8%,其中跨省线路47条,行政村通车率98%。全年客运量8963万人,旅客周转量26.6亿人公里,货运量1.6亿吨,货物周转量34.3亿吨公里,比1995年分别增长94.7%、209.3%、84.97%和1615%。海事大学至河口的轨道交通试验线二期、香炉礁至金石滩快轨通车,结束了我市没有快速轨道交通的历史,提升了城市交通的档次。驾驶员培训工作依法纳入交通行业管理,理顺了职能交叉问题。

(三)2004—2012年坚持科学发展,全力助推东北振兴

全市交通系统抓住中央振兴东北老工业基地战略、全省"五点一线"沿海经济带建设和大连率先全面振兴等发展机遇,推进交通事业实现新突破,有力支撑全市经济和社会的发展。

一是建立"四网一环"公路格局。高速公路建设全面推进,建成沈大高速公路、丹大高速公路及其延长线、土羊高速公路、大窑湾疏港高速公路、沈大与丹大高速公路、长兴岛疏港高速公路、皮口至炮台高速公路、庄河至盖州高速公路、大连湾疏港高速公路,使高速公路贯通各区市,直达主要港口,相互连接,形成网络,总里程达到460多公里,公路集疏运快速通道初步形成。规划里程占全省60%,共计新改建643.9公里的我市滨海公路2009年与全省一并全线贯通;完成国省干道、县乡级普通公路改造大修2100多公里,其中一级公路720多公里,路网服务水平进一步提高;新建农村公路5500多公里,公路通达深度进一步加大,全市所有行政村通油路,自然屯通油路比例达到70%;公路里程大幅增加,路网等级提高,结构明显改善。全市公路总里程达到9013公里,是2003年的1倍多,公路密度达到69.6公里/百平方公里,增长90%,其中,高速公路达到534公里,一级公路达到690公里,增长164%,二级公路达到2435公里,增长44%,三四级公路达到5354公里,二级以上公路占总里程的40.6%,由高速公路网、经济干线网、区域连通网、农村公路网和滨海公路组成的"四网一环"公路网布局,促进了城乡一体化发展,公路交通由被动适应经济社会发展转变为积极拉动和促进经济社会

发展。

二是优化结构,调整运力,交通运输事业得到长足发展。长途客运线路达到889条,平均日发1.41万个班次,辐射16个省及省内所有市、重点县,行政村通车率达到100%。2012年长途客运量达到1.12亿人次,旅客周转量63.5亿人公里,比2003年增长25%和138.7%,初步形成以高速公路和干线公路客运为骨架,以城乡汽车客运站为节点,以近郊长途客运线路公交化服务为支撑,以旅游客运为补充,辐射周边,连接城乡的道路客运网络。公路货运运力结构进一步优化,运输车辆达到11.4万台,增长80%,城际快运线路通达全国90多个大中城市,农村物流配送网络覆盖123个乡镇,1000多个村屯。运输生产能力大幅提升,2012年公路货运量达到2.5亿吨,增长56.25%,货物周转量351.4亿吨公里,是2003年的10.24倍。机动车维修能力达到850万台次/年,全市驾校67所年培训11万人。大连至金石滩快轨三号线全线营运,建成快轨三号线开发区至金州九里段续建工程,旅顺南路快轨全线贯通,BRT线路开通运营,公交车辆达到5673台,车辆万人拥有率24标台,城市公交出行分担率达到45%,位居全国前列,群众出行更加安全、便捷、舒适。不断采取有效措施,切实提高出租汽车行业管理和服务水平。全市出租汽车达到13339台,日客运量约60万人次,成为城市公交的重要补充。

(四)2013—2018年坚持砥砺奋进,超前引领振兴发展

一是全力加快交通基础设施建设,助推大连"两先区"建设进程。党的十八大召开后,全市交通系统在市委、市政府强有力领导下,抢抓交通发展的黄金时期,始终保持适度超前规模,以前所未有的力度和决心加大交通基础设施建设,取得丰硕成果。十八大期间完成交通固定资产投资超过330亿元,再攀历史新高,全市公路总里程超过1.3万公里,比2012年增长44.23%,公路密度超过110公里/百平方公里,增长58.04%,公路规模、路网结构、路域环境发生深刻变化,村屯通油路比例、黑色路面铺装率等多项指标进入全国先进行列,初步形成以高速公路为骨架、国省干线为支撑、综合客货枢纽为依托,与经济社会发展相协调,功能布局完善、服务品质精良、四通八达、高效顺畅的交通基础设施网络,为全市经济社会发展提供了强有力的支撑,全力推进大连"两先区"建设。

二是全面提升交通运输服务水平,努力打造人民满意交通。始终坚持将保障和改善民生作为运输服务的出发点和落脚点,全面提高交通运输管理和服务水平,规范运输市场秩序,努力构建更加便捷高效的运输服务体系,让更多的交通发展成果惠及百姓,推进交通运输服务质量和水平再上新台阶。2017年底完成公路客运量、旅客周转量0.76亿人、46.48亿人公里,与2012年底相比分别增长4.9%和6.4%(2013年统计口径调整,按可比计算),完成公路货运量、货物周转量2.86亿吨、391.34亿吨公里,增长38.9%和39.8%(按可比计算),有力助推了全市经济社会发展。

二、基础设施成就

(一)公路

1978年以后,交通运输工作结合当时大连地区"公路技术低、部分路面破损严重、缺桥少

涵"等情况,提出"线型标准化、路面黑色化、桥涵永久化、路树林荫化、养路机械化"的公路建设目标,开始了"以技术改造为基础,以桥涵建设为重点,加快黑色路面修筑"为内容的公路建设。1981年,复县长兴岛斜拉桥竣工交付使用,这是当时全国十余座斜拉桥中主跨径最大的一座,具有跨越能力大、结构简捷、新颖美观的特点。1982年9月29日,周水子南桥建成通车,它是新中国成立后大连市第一座大型公路、铁路立体交叉桥,是大连市区连接旅顺北路干线的交通运输枢纽。1985年以后,全市把修建乡道作为发展交通运输事业的重点,发动群众采取民办公助的办法,大力整修新建乡道。"七五"期间,全市乡级公路基础建设补贴投资2465.8万元,新建乡级公路319.1公里,乡级公路提升为县级公路71.6公里,修建沥青路面119.7公里,新改建桥梁168座4376.1米,加宽改造路基(8.5米以上)245.5公里,好路率达到74.4%。这一时期是大连公路建设投资规模最大、项目最多、交通运输条件改善最明显的时期。1987年10月,沈大公路大连境内后盐至金州路段后盐立交桥竣工通车,其中后盐立交桥全长533.49米,桥面净宽22米,是当时大连最大的公路桥梁。1990年,新金县在老路改造中,按山、水田、标路综合治理方针通盘安排,在全国第一个完成县级以上公路改造,被辽宁省政府授予"1990年公路文明县"称号。截至1991年9月,庄河县蓉花山镇小峪村公路正式通车,标志着全市1564个村全部通路通车,全市村级公路达到2376公里。1993年起,全市开始推进了干线公路和公路网化建设。1994年,全市县际通油路工程全面完成。1996年,由大连市自己设计、投资的全长123.5公里的大连至庄河一级公路建设工程开工,并于1998年9月2日全线竣工通车,对拓展市区经济辐射能力,培育新的经济增长点,加速黄海沿线的经济发展,产生重要深影响。1999年8月,旅顺南路一级公路改扩建建设工程竣工通车,该工程的建成,促进了旅顺口区经济布局的加快调整和全市旅游业的发展。2000年6月,海皮公路一期工程正式竣工,全市"乡乡通油路"的公路建设目标提前五年圆满完成,全市128个乡镇全部通上油路。2001年9月,全长223公里的"北三市东西大通道"工程竣工,进一步改善了大连市区与北部黄、渤海之间陆路交通运输,完善了全市"三纵三横"的公路布局,促进了北三市开发建设和区域共同发展。同年10月,旅顺北路机场段南移二期工程竣工通车,缓解了机场周边道路拥挤状况。2002年9月,黑大线改建工程和海皮公路二期工程竣工,进一步改善了大连中部地区特别是普兰店市的交通运输条件。2005年,国道黑大线全国文明样板路创建工程获得一等奖。同年,完成了城八线瓦房店段、盖亮线金州和瓦房店段、鹤大线庄河段、海皮路三期等国省干线改扩建及大修工程。2006年,完成国道鹤大线庄河段、普兰店段、金州段二级路大修,省道盖亮线、城八线长兴岛内段、瓦房店元台至莲山段一级路改建,消除了国省干线超期服役现象。同年,建成金七线一期、兴唐线兴隆堡至莲山段、瓦交线、双西线、锦双线等一批一级公路。截至2006年底,提前一年完成大连市"村村通油路"工程。该工程始于2003年,耗资11.34亿元,完成村通油路619条、3079公里,全市所有738个行政村全部通上油路,乡级以上公里全部实现黑色化,桥涵配套率达到100%。2007年,新改建兴唐线莲山至安波段、双西线潘大桥至马场段、复红线、庄龙线、锦双线等一级公路108公里,我市一级公路总里程达617.5公里。这些公路的建设和改造,使我市公路等级状况又上新的台阶,路网的服务水平进一步提高。

十八大以来,大连市着眼全域发展需求,建成一批重大交通设施。长山大桥建成通车,彻底改变了大小长山岛间的交通状况,成为拉动长海县经济社会发展的强有力引擎;全面互联互通的高速公路网络直达主要港口,贯通各区市;丹大快铁、长兴岛铁路顺利通车,有力助推了黄、渤海两翼的发展;202路轨道延伸线路、地铁1、2号线相继开通,金普城际铁路年底贯通,轨道交通运营里程位居东北第一;机场快速路等一批重点路桥陆续完工,构建起大运量的快速交通主通道。渤海大道一期工程、旅顺中部通道加快推进,全市路网结构等级和道路通行能力将进一步得到提升。助推农村地区发展,拓展通屯油路毛细分支。市委、市政府将通屯油路建设列入党的群众路线教育实践活动重点工作和全市重点民生工程,从政府层面出台了关于加强农村公路建设养护管理工作的实施意见,每年安排6亿专项资金支持。5年来新建通屯油路3700多公里,自然屯通油路比例达到94%,全市所有民族乡镇率先实现自然屯通油路目标,农村公路通达深度和畅通水平全面提升,极大地改善了农村地区出行条件。特别是修建扶贫农村公路800多公里,带动低收入村快速脱贫致富,有力促进了贫困地区的经济发展。一条条新修的柏油路,像一根根毛线血管,将广大偏远农村村屯串联起来,通屯油路已经成为广大农民群众的致富之路、希望之路。适应产业布局需求,推进普通公路升级改造。进一步加大普通公路建设力度,5年累计实施各级公路新改建、大中修6500多公里,在加快鹤大线、黑大线、长长线、丹东线等国省干线大中修,全面提升干线公路路况质量和服务功能的同时,集中力量升级改造了兴唐、复大、大盐等县级公路,创建了鹤大线、永青线等省级精品通道工程,大连市公路网状况发生根本性变化,路网结构不断改善,路网等级不断提高,为沿线地区经济和产业集群发展注入了强大动力。坚持公路建管养并重,打造大连公路亮丽品牌。紧紧围绕"畅通、安全、舒适、优美、和谐"目标,开展预防性养护工程、示范路创建工程、绿色精品工程、安全设施完善工程等一系列建设活动,累计创建国家、省级示范路和绿化精品工程1000多公里,打造出鹤大线、黑大线、庄林线、城八线、海皮线等一批精品示范工程,道路安全性、服务性、美观性进一步提升。以"精品化、生态化、景观化、品质化"为特点的大连公路养护管理工作,在全省综合检查评比中连续26年排名第一,为辽宁省国道养护管理工作进入全国前列做出了突出贡献。强化质量安全监督,创建平安交通品质工程。坚持工程质量安全零容忍,严格关键环节控制管理,全力打造品质工程,最大限度减少人员和财产损失。通过责任登记、问题倒查、风险评估、挂牌督办、监管联动制度和隐患三查报备、风险评估论证、施工远程监控等监管措施,全面开展交通建设工程质量监督检查整治,县级以上公路优良率实现100%,质量鉴定优良率达到历史最好水平,涌现出了庄河市鹤大线、金州新区台杏线等一批优质工程,长山大桥被评为大连市首个国家级"平安工地"示范工程。

(二)高速公路

沈(阳)大(连)高速公路北起沈阳,南至大连,途经辽阳、鞍山、营口、大连四大工业城市,沟通大连港、营口港、鲅鱼圈港三大港口和鞍钢、辽化、辽河油田等许多特大型企业,是东北地区的一条主要公路干线。东北地区的这条运输大动脉,地处辽东半岛,是辽东半岛经济圈的沈大高速公路轴心,具有重要的政治、经济、国防意义。1984年6月27日开工,1990年9月1日建成通车,全长375公里,投资22亿元,路面宽26米,分四车道上下分向行驶,全封闭、全立交,设计时速为120公里,年运货能力为8000万吨,客运量1.3亿人次。沈大高速公路是中国大陆兴建最早的高速公路。当年被誉为"神州第一路"。2002年5月28日,沈大高速公路正式开始进行改扩建。2004年8月29日,沈大高速公路改扩建工程竣工,全路段为八车道,也是中国内地第一条全程八车道的高速公路,投资75亿元。沈大高速公路于2008年完成与土羊高速、丹大高速、长兴岛和大窑湾疏港高速链接,2011年完成与长皮高速链接,大连市境内可以直接连通到旅顺烟大轮渡、大连湾港、大窑湾港、皮口港、长兴岛工业区等各大港口。改扩建工程后的沈大高速公路在全国标准最高,可以与发达国家接轨。整个路面共铺了6层,有73厘米厚。这种路面的动稳定性好,抗磨能力大,抗车震能力是其他高速公路的6倍,防止了路面开裂变形。扩建改建后的新沈大高速日通车台次可以达到13万~15万台次,通行能力提高6倍。同时,从4车道到8车道,宽度大增的沈大路让各种车辆不必在路上拥堵。此外,沈大高速还将借鉴欧美的办法,积极退耕还林,大面积地发展混交地和牧场,从而以更宽阔的视野、更长远的眼光和更高的标准来规划沈大路两侧的绿化带,把绿化产业带的规划范围扩大放宽到两侧500米到2000米的空间。服务区共有6个,分别为:井泉、甘泉、西海、熊岳、复州河和三十里堡服务区。沈大高速公路由辽宁交通建设投资集团高速公路运营管理有限责任公司管理,在大连区域内下分大连分公司和金普分公司,主要业务分为养护、收费、通信和经营工作。沈大高速公路的车流量为2.5万台/天,日平均交通流量折合标准车(小客车)1万台,日平均货运量为4万吨,日平均客运量达4万人次。

  丹大高速公路是国家高速公路网鹤岗至大连的重要组成部分。丹大高速公路大连市境内168.780公里,2005年9月建成通车。2003年7月开工建设丹大高速公路延长线,全长18.07公里,项目概算总投资9.7亿元,起点位于金州区董家沟镇缸窑村,与丹大高速公路相接,与大窑湾疏港高速公路相交,终点与沈大丹大高速公路连接线对接,工程于2008年8月16日交工通车。丹大高速公路延长线是实现沈大丹大高速公路连接的重要组成部分,有效延伸丹大高速公路至开发区与金州城区,带动沿线经济、社会快速发展。

  沈大与丹大高速公路连接线项目起于土城子村北约600米处,与大连土羊高速公路相接,在沈大高速公路K356+900处与沈大路相交,设金州南互通立交,然后依次跨越集装箱汽车专用线、黑大公路、鹤大公路、长大铁路金州编组站,在大连机床集团铸造有限公司附近两次跨越金窑铁路,与大庄高速公路延伸线相接于大连市开发区赫山西路与淮河西路交叉口北,路线全长10.103公里。全线设置互通立交1处。由省交通厅投资,大连市负责征地动迁工作。工程已于2005年8月开工建设,2008年8月交工通车。项目概算总投资8.5亿元,省与市签订征地动迁补偿投资协议金额1.03亿元,实际完成投资额1.94亿元。

  大窑湾疏港高速公路。起于大窑湾港区港铁二号路,经开发区9号路、10号路,上跨轻轨和5号路,下穿3号路、大庄西段高速路,大连大学东侧至关家店上跨鹤大线,再经二十里堡北侧跨铁路及黑大线,终点与沈大高速公路(K323+000)相连。全长29.3公里(港区7公里、金州区18.98公里、开发区3.3公里)。全线设置互通立交3处,收费站3处(含主线收费站1处)。由省交通厅投资,大连市负责征地动迁工作。工程于2005年8月开工建设,2007年10月交工通车。项目概算总投资18.74亿元,省与市签订征地动迁补偿投资协议金额1.81亿元,实际完成投资额2.67亿元。

  土羊高速公路作为大连市第一条自行组织设计和建设完整的高速公路,是交通部制定的《国家高速公路网规划》同江—三亚国家高速公路网的一部分,土羊高速公路的建成,标志着大连地区横向高速公路的陆续建成正逐步形成全地区高速公路的网络布局,有效地延伸了烟大轮渡国家重点项目。该项目起于大连市甘井子区大连湾街道土城子村,途经革镇堡、营城子、长城、三涧堡,西至旅顺口区羊头洼新港。全长57.44公里,其中54.3公里为双向四车道高速公路;3.14公里为一级路。全线设置互通立交6处,隧道3座,收费站7处(含主线收费站1处)。工程于2005年11月开工建设,2008年8月16日交工通车。项目概算总投资35.2亿元,实际完成投资额34.9亿元。

长兴岛疏港高速公路东起瓦房店市炮台镇,经复州湾镇、谢屯镇、泡崖乡,西止长兴岛临港工业园区广福村,全长35.31公里,全线共设置互通立交5处,隧道1座;收费站5处(含主线收费站1处)。由省交通厅投资,大连市负责征地动迁工作。工程已于2007年9月开工建设,2010年10月交工通车。项目概算总投资16.3亿元,省与市签订征地动迁补偿投资协议金额1.79亿元,实际完成投资额1.77亿元。

皮口至炮台高速公路全长44.015公里,总投资15亿元(含动迁费37222万元)。起点位于普兰店市皮口镇,终点位于瓦房店市炮台镇与沈大高速公路连接,并与长兴岛疏港高速公路相连。该项目由省交通厅负责工程建设,我市负责征地动迁工作,于2009年9月开始实施征地动迁,10月施工单位进场施工,2011年10月28日提前1年完成交工通车任务。该项目征地动迁共涉及普兰店市、瓦房店市5个乡镇(街道),22个行政村,共征用土地5582.4亩,居民动迁100户、46个企事业养殖户,高压电力铁塔12处,电力通信杆690根,光缆14万延米,果树18万株。皮炮高速公路是连接沈大和丹大高速公路的重要组成部分,是皮口港和长兴岛临港工业区连接的快速交通干道。该项目将沈大和丹大高速公路过往车辆通过高速公路直接进入皮口和长兴岛港口,有效带动沿线普兰店和瓦房店市经济、社会和旅游业发展,大大推动了大连城市发展规划和高速公路网络化的形成。

庄盖高速公路在我市辖区内全长50.3公里,总投资23亿元(含动迁费29390万元)。起点位于庄河市昌盛街道鹤大线交接处,跨丹大高速公路,终点位于庄河市桂云花乡与盖州市接壤处。该项目由省交通厅负责工程建设,由我市负责征地动迁工作。2009年8月30日省与市签订征地动迁补偿协议,9月开始正式实施征地动迁,10月开工建设,项目于2012年9月交工通车。项目总占地面积5,264亩,征地动迁共涉及5个乡镇(街道)13个行政村,征用土地5264亩,动迁居民227户、企业4家(含养殖场)、改移电力线路104处、通信线路105处、水利设施14处、各类树木182440株。庄河至盖州高速公路是东北区域骨架公路网规划布局"五纵、八横、两环、十联"中的"联八"线,即两端分别与国家高速公路网已经通车的鹤岗至大连高速公路丹东至大连段、沈阳至海口高速公路沈阳至大连段相连通,也是辽宁省沿海"五点一线"经济区配套交通基础设施项目之一。该项目穿越庄河步云山温泉区,将庄河北部山区与丹大和沈大连接起来,是庄河经济再次腾飞的交通主干线。

大连湾疏港高速公路全长4.492公里,其中省厅管段2.368公里,工程总造价2.4亿元(含动迁费9999万元),大连港集团负责投资建设2.124公里。起点位于大连湾港,上跨振连路、振兴路和轻轨三号线,由互通立交连接至沈大与丹大连接线高速公路。工程主线建设标准为全封闭双向4车道,路基宽22米,建设大桥2座、收费站1处。工程于2009年5月开工建设,2012年11月交工通车。大连湾疏港高速公路在全省首次实行代建管理模式,即由大连市交通局成立工程建设指挥部,代省交通厅具体负责工程建设的施工管理和征地动迁任务。项目征地动迁涉及甘井子区1个街道,共征用土地267.6亩,动迁房屋7102平方米,动迁企业9家,通信电力线杆36根(基),各类树木2548株。大连港疏港高速路是大连湾港至丹大与沈大连接线重要陆路疏港通道。该项目的建设有利于大连港口群的发展,符合大连市总体规划的要求,完善了港区与高速公路网的衔接,有利于路网结构的优化和地区经济发展,继大窑湾港和土羊高速公路建成使用后,是大连港区疏港公路的"点睛之笔"。

大连至庄河高速公路机电系统分两期实施:一期工程为大庄高速公路123.5公里机电系统安装项目,二期工程为大庄高速公路西段16.77公里机电系统安装项目。由大连市投资建设。工程于2005年4月开工建设,2008年8月交工。项目概算总投资0.94亿元,实际完成投资额1.05亿元。

(三)交通基础设施

1989年4月,金州汽车站竣工。1990年12月,大连汽车站主体工程完成,日客运量9600人次,车辆250台次。1994年7月,大连汽车站正式营业,该站由原大连长途客运公司北岗桥汽车站和唐山街个体客运站组成,实行独立核算,自主经营。这是大连第一个全方位对社会客运车辆实行统一进站和有偿服务的客运设施,进站线路146条,日发车737班次,日均客流8500人次,对我市改善客运服务和加强客运市场的宏观调控有着积极意义。1998年,由大连运输集团公司投资兴建的大连市旅游汽车站正式投入运营,拥有旅游客车82台,日发车27班次,填补了东北地区旅游汽车站建设的空白。1999年,大连黑石礁汽车站建设工程破土动工,金州北乐汽车站、庄河汽车站、保税区南汽车站先后投入使用,进一步改善我市客运条件和交通环境。从2006年开始到2007年12月,和平广场、香炉礁、兴工街三大公交枢纽站正式投入使用,极大地方便市民换乘公交车出行,结束了大连市没有城市公交枢纽站的历史,标志着大连市城市公共交通发展水平达到新的高度。近年来,大连市通过陆续建成金州中心汽车站、皮口陆港客运中心、大长山客运站、大连湾、庄河综合客运枢纽和广鹿岛客运站、长兴岛客运交通枢纽,促进各种运输方式有效衔接、便捷换乘。依托物流园区、配送中心、配送网点等网络,全力打造现代城市配送体系,大连铁成物流市场、升运物流园区等一批具有公共服务属性的货运枢纽(物流园区)投入运营。华林公交枢纽、泉水停车场投入使用,河口公交枢纽年内建成,我市历史上第一个集长客、高铁、地铁、公交、出租和水运、航空、P+R等8大服务功能于一体的大型综合客运枢纽——大连北站综合客运枢纽年底前开工建设,将从根本上改变落后局面,极大提升城市品位和现代化运输服务水平。

三、运输服务成就

1978年以来,由于大连积极贯彻执行放宽、搞活、鼓励多家经营的方针,全市运输市场空前活跃,全民、集体、个体一起上,营运车辆猛增,客、货运量成倍增长,呈现出以专业运输为主,机关企事业单位、城镇街道、农村集体和个体(含联户)等多种运输力量相互竞争、相互补充、蓬勃发展的新局面。改革开放为道路运输行业的发展提供了强劲的动力。大连市交通运输管理部门解放思想,深化改革,合理调节运力投放,努力优化运输结构,积极培育市场体系,使道路运输业逐步成为遍布城乡各领域的大行业,基本上达到了货畅其流,人便其行,为城市经济建设和社会发展创造了良好的交通运输环境。

(一)客运服务

1988年9月,大连市将原市交通公司划分为市公共电车公司、市第一公共汽车公司、市第二公共汽车公司3个独立法人资格的国营企业。改革后，划小了核算单位，落实了责任制，把社会效益、经济效益与个人效益挂钩，调动了职工的积极性，促进了城市公交事业的快速发展，初步解决市民"出行难"的问题。到1992年，全市道路客运汽车达到2457辆，比改革开放初增加2196辆，增长8倍多，客位由10830增加到67131个，增长5倍多，货运车辆迅猛增加到36390辆，是改革开放前的2倍多。1992年完成道路客运量6999万人、周转量244835万人公里，比改革开放初期分别增长了1.6倍和4倍多。道路货运量和周转量分别实现11470万吨、291998万吨公里，分别增长了16.7倍和15.6倍，适应了地区间的经济文化交流和全市经济社会发展的需要。1993年，新开辟省际超长途客运班线2条、省内市际班线2条、市内跨区市班线17条、乡镇村屯客运线路41条，运输能力大幅度提高。1996年，为保障旅客出行，调整了部分客运线路的运行时间、班次，新增通达边远山区和村屯的客运车辆，提高了乡镇村屯的客运能力。2004年和2005年，先后对大连至夏家河子和大连至开发区客运线路进行"四统一"（统一车型、统一调度、统一管理、统一核算）的集约化改造，推动了道路客运行业的快速发展。2006年7月，旅顺南路线路开始实行集约化改造，并于2007年7月31日正式通车，市民享受到了更加舒适、快捷的客运服务。2004年7月，全长11.64公里的201、203路有轨电车线路改扩建工程竣工通车。同年9月，对大连城市公交发展具有里程碑意义的香炉礁至金石滩的快速轨道交通三号线全线建成通车，为市民增添了一种新的交通运输方式。这是当时我国一次性建成通车里程最长、造价最低、设备国产化率最高的城市快轨交通线路，也是大连建市以来投资最大的城市基础设施之一。2007年，201路有轨电车完成线路改造并与203路全线贯通运营，新开通北海工业园区至姚家、辛吉街至陆港物流基地以及长兴岛、长海县大长山岛、庄河王家岛等公交线路，改善了城郊及海岛区域的百姓出行状况。2008年1月，全长13.8公里的兴工街至张前路的快速公交线路正式通车，进一步方便线路周边居民出行。同年7月，快速轨道交通三号线开发区至金州段建成并投入试运行，全市轨道交通线路的长度达到88公里。大连市城市公交行业目前已实现了大公交、小公汽、有轨电车、无轨电车、快轨、快速公交等多种公交方式的全面有序发展，城市万人拥有公交车辆达到24标台，市民出行公交方式分担率达到45%，公交服务和管理处于全国前列，市民出行更加方便、快捷、舒适。十八大以来，大连市坚持优先发展城市公共交通。作为全国首批15家公交都市创建城市，市委、市政府将公交发展纳入财政保障，推进公交事业快速发展。结合地铁和快轨开通实际，及时根据群众需求优化公交线网，新增公交线路49条、公交站点134处，更新公交站牌788个，延长快轨、地铁运营时间，缩小行车间隔，市民出行更加方便、快捷。协调推进港湾式车站和公交专用道建设，实现公交地铁无缝衔接。创新发展定制公交、社区巴士、地铁商务快线、机场商务快线等多元化服务方式，推进近郊线路公交化改造，大连至金州公交化线路实现正式开通运营，解决市民"最后一公里"出行问题。不断加大运力保障，更新公交车辆3892台，主城区公交车辆达到4457台，实现清洁能源化（2017年底），城市万人拥有公交车23.8标台，主城区公交线路达到189条，公交车站500米覆盖率由90%提高到93%，公交出行分担率达到45%，公交满意度位居全国前列。建设公交智能化系统工程，公交集团车辆全部安装车载智能终端，实现智能调度，"大连交通"手机APP正式上线，方便市民出行。推进交通一卡通互联互通，大连市成为首批全国互联互通100个城市之一。

1986年7月21日，经市政府批准，成立了大连市出租车辆客运管理所，依据国家现行政策,对出租车辆客运市场进行监理,初步扭转了客运出租汽车经营中的混乱局面。1992年,大连市城市出租汽车营运许可证号牌由无偿提供给企业和个人使用转为有偿使用,我市也是全国继深圳之后第二个拍卖出租汽车营运许可证号牌得城市。同年,"蓝灯的士"跻身全国出租汽车十大企业之列。1995年,大连大汽企业集团成立,客运出租汽车已成为城市公共客运交通的重要组成部分,客运出租汽车行业两次在全国会议上介绍我市出租汽车管理经验。2000年,全市累计改造双燃料车1100台,出租汽车行业被辽宁省委、省政府授予文明行业称号,"蓝灯的士"当选辽宁省消费者协会组织评选的"我最喜爱的地方品牌"。2001年11月26日,由中央宣传部、中央文明办、国家经贸委、国务院纠风办、全国总工会联合召开的贯彻《公民道德建设实施纲要》动员会暨第七届全国职工职业道德"双十佳"表彰大会上,大汽企业集团被授予全国职工职业道德建设十佳单位荣誉称号。同年,大连市出租汽车管理处被国家建设部授予全国建设系统精神文明建设先进单位称号。2003年3月,大连市出租汽车管理处、市出租汽车总公司获"辽宁省五一劳动奖状",出租车驾驶员顾庆泰、王淑英等获"辽宁省五一劳动奖章",大连万达汽车出租公司、市出租汽车总公司被评为省文明出租汽车企业,市出租汽车管理处获全省同行业唯一"先进管理单位"称号。2004年3月,市9家出租汽车公司自愿组合的大连滨城出租汽车企业联盟成立,标志着大连出租汽车行业开始走向集约化管理的道路。2015年,随着网约车新兴业态的出现,出租汽车行业面临新老业态融合发展的新局面。大连市交通局结合大连实际,坚持深化出租汽车行业改革,2016年在全国首批出台深化出租车改革实施意见和网约车管理细则,平稳做好网约车辆网上登记、网约车经营许可和从业资格考试等相关工作,10个平台获得省级线上服务能力认定,9家平台取得市网约车平台经营许可,近5000人取得市网约车从业资格,推进新老业态平衡融合发展。同时合理兼顾传统巡游车企业、驾驶员及乘客利益,持续优化车型结构,年均更新出租车800台以上,投放巡游车运力500台,按照省蓝天工程要求,新增更新出租汽车全部为双燃料出租车。创新管理模式,建立机场、北站和火车站3个返程搭载点,科学调整运价,有效缓解打车难题,满足市民多样化需求。建立大连市出租汽车服务管理信息中心,市内四区9000余台出租车全部加入信息系统,96126手机叫车APP软件上线,为社会各界提供全方位信息服务。

(二) 货运服务

1984年12月,根据国家和省市相关精神,大连市取消了对从事客货运输的限制,打破了部门、行业和所有制的界限,放开运输市场,使各种经济成分的经营者均可从事道路运输、运输服务和机动车维修业,运输市场空前繁荣。1985年,大连市开始将集装箱运输纳入道路运输行业管理,北方集装箱运输有限公司成为全市最早的集装箱运输企业。1986年1月,大连运输公司所属原物资转运站、零担货栈和大连第二运输公司所属原联运公司合并成立了大连联运公司,成为全市最大的专营联运企业。1992年,为进一步促进大连深化改革,扩大开放、适应社会主义市场经济的需要,大连市交通局制定下发了《关于进一步放开运输市场的意见》,在全市全面放开运输市场。同时,面临运输市场激烈竞争的新形势,市交通局不断研究市场、分析市场、掌握市场,充分发挥国有企业自身优势,促进其积极探索建立与之相适应的经营机制,较好地完成各项生产任务。随着运输市场的放开,打破了部门、行业和所有制的界限,各种经济成分的经营者均可从事道路运输、运输服务和机动车维修业,经营范围的进一步放开推动了运输市场的进一步繁荣。1994年,为适应集装箱运输业发展需要,进一步完善集装箱运输交易所功能,大连市交通局将集装箱中转站纳入行业管理,促进了城际快运业的发展。1995年11月,大连市交通局在金州区建立的全市第一家汽车综合性能监测站投入使用。1996年,大连蓝天汽车修配厂成立了全市第一家汽车俱乐部,标志着大连汽车维修救援业务的开始。1996年11月将全市机动车驾驶员培训纳入交通运输行业管理。1997年7月,大连运输集团成立,该集团以东北地区最大的国有独资大型交通专业运输企业大连运输公司为核心企业,标志着大连公路运输企业踏上了现代企业制度改革的新台阶。1998年,大连白云汽车修配厂建起了全省首家占地1万平方米的机动车维修有形大市场。1999年,大连市交通局投资1500余万元,新建旅顺交通运输服务中心、庄河交通综合服务中心、瓦房店复州城货运服务中心等3个设施比较配套的道路运输有形市场,并先后破土动工了泉水货运、大件、土石方、汽车租赁及零担货运等有形市场建设项目。年内泉水货运交易中心服务楼建成,实现配货7765.8万吨公里,完成交易额2000余万元。同年,大连汽车综合性能检测中心、瓦房店检测站、开发区检测站建成并投入使用,全市交通运输系统建成8个汽车综合性能检测站,基本形成覆盖全市的汽车综合性能检测网络。同年,根据局部地区运力大于运量的实际,对线路客运车辆和集装箱运输车辆进行了营运审批控制,促进其适度发展。2000年,辽宁省汽车综合性能检测中心站在大连正式挂牌投入使用,成为继上海、南通、济南之后全国第四家国家级汽车综合性能检测中心站。2002年11月,城市货的正式投入运营。2003年,大连市汽车维修救援中心成立,使用省电信局批准的特服电话96122,运用GPS卫星定位系统在统一调度和指挥下开展汽车维修救援业务,形成覆盖全市城乡的汽车维修救援服务网络体系。2006年,大连保税区物流园区项目建设进展顺利,全年监管进出口货值超过7亿美元,有45家企业在园区内开展业务。大连陆港物流基地完成投资2亿元,建成多个平台,进驻厂商1000余家,开通配货专线上百条。

十八大以来,全市不断提升运输行业管理和服务水平。坚持"路运并举",充分利用交通基础设施建设成果,全面推进交通运输行业发展。加快培育重点物流企业和物流园区项目建设,按期完成22家重点企业阶段性培育目标,占全省应培育企业52%,其中:年营业收入超亿元3家,超5000万元7家,超3000万元12家。坚持升级运输装备水平,甩挂运输初见成效,多式联运稳步推进,港口集疏运能力显著提升。机动车维修服务不断转型升级,打造出滨城车大夫、绿色维修等特色服务品牌。加强驾培市场监管,不断提升驾驶培训质量,认真落实国家标准,指导驾校完善基础设施,建立合理进出机制,强化过程监管和信誉考核,构建竞争有序、健康发展的驾培市场。科学超前研判,及时调配运力,文明周到服务,全面做好重要节假日和全市大型活动运输保障工作。

(三)运输装备

1988年10月,大连运输公司设计制造的DYQG540P型组合式超重型挂车投入使用,这是当时全国最大吨位的货运汽车,承运重大物件一次运输能力最高达450吨。1990年10月24日,由大连汽车配件制造厂和吉林工业大学等单位共同研制的新型6P125ZQ型柴油机通过国家验收,这是"七五"时期国家重点科技攻关项目,填补了我国卧式增压用柴油机的空白,具有国际80年代水平。同年10月30日,大连客车厂与重庆公路科研所等单位承担的国家

"七五"重点科技攻关项目JT6120新型客车通过国家级鉴定,鉴定认为该车已达到国际80年代同类产品水平,可替代进口产品。2000年5月17日,我国首台低地板现代有轨电车DL6WA型有轨电车正式出厂上线试运行。

四、行业管理成就

(一)法治建设

1986年以来,先后颁布地方性交通运输法规、规章32件,内容涉及公路、水路客货运输、交通运输安全管理、公路管理、地方港口及货源管理以及机动车维修行业管理等方面,为依法治交提供了依据,管理手段由改革开放初期的单纯依靠行政手段,逐步向依靠行政、经济、法律的综合手段过渡。1997年,大连市交通局制定下发《加强货运车辆投放调控管理的通知》《关于加强道路运输证管理的通知》和《线路营运客车更新管理规定》,进一步规范运输市场。并根据交通运输部《道路货物运单使用和管理办法》,在全省率先恢复道路货物运单制度。2003年以来,加强城市公共交通的规划和建设,出台了《优先发展城市公共交通运输实施意见》,确立了公共交通在城市交通中的优先地位,明确了政府主导、政策扶持、有序竞争、优先发展的基本思路和目标,城市公交步入优先发展轨道。近年来,我市交通事业得到快速发展,原有的法律法规不能完全适应新形势和新情况。对此,交通局加快了地方道路交通运输立法步伐,填补了地方道路交通运输立法空白。

1.出台了首部机动车驾驶培训地方性法规

大连市从1996年开始把机动车驾驶培训纳入交通行业管理以来,在国家没有出台机动车驾驶培训管理专门法律和行政法规的情况下,行业管理面临诸多新的课题,存在培训机构随意删减培训内容、缩减培训学时、招生行为不规范、教练车技术标准不统一、违法驾驶陪练增多等问题,严重影响了驾驶培训质量。针对这些问题,交通局根据有关上位法,起草制定了《大连市机动车驾驶培训管理条例》,经市人大审议和省人大批准,于2006年2月1日实施。该《条例》是全国驾驶培训行业首部地方性法规,对驾驶培训管理主体及培训机构、教练员、学员的权利义务做了具体规定,为维护机动车驾驶培训市场秩序,提高培训质量,预防和减少道路交通事故,保障培训有关各方当事人的合法权益,促进行业健康快速发展提供了法规支撑。

2.修订公交条例贯彻公交优先发展的原则

《大连市城市公共客运交通管理条例》自1995年实施以来,在促进城市公交事业发展等方面发挥了重要作用。但随着公交事业的快速发展,该《条例》的多数条款已满足不了现实需要。近年来国务院明确了城市公交是社会公益性事业,并制定了一系列关于优先发展城市公交的相关政策,但由于政策比较原则,实施过程中缺乏法律强制力。为将"公交优先"的政策落到实处,更好地服务于市民安全便捷出行,交通运输局对《公交条例》进行了修订,并报市人大审议和省人大批准,于2007年12月1日实施,将优先发展城市公交政策法制化,使大连市成为全国首个通过立法建立优先发展城市公交长效机制的城市,为大连市全面贯彻落实国家优先发展城市公交战略奠定了坚实的法治基础,对城市公交的全面优先发展具有十分重要的意义。

3.修订出租车条例规范出租汽车行业发展

多年来,大连市十分重视出租汽车行业的发展。1997年颁布实施的《大连市客运出租汽车管理条例》对规范出租汽车行业管理,促进出租汽车行业稳定发展发挥了重要作用。随着经济社会的快速发展,大连市的出租汽车行业与全国其他城市一样也出现了一些新情况、新问题,《出租汽车条例》的大部分条款已满足不了出租汽车行业稳定发展的实际需要。2010年对《出租汽车条例》进行了修订,这是2008年国家大部制改革以来全国首部修订的出租汽车地方性法规。修订后的《出租汽车条例》确立了交通主管部门统一管理出租汽车行业的体制,增加了出租汽车经营权、出租汽车收费标准、出租汽车驾驶员资格以及出租汽车经营者、驾驶员和乘客权利等条款,加大对违法经营的处罚力度,对加强城市出租汽车行业管理,提高出租汽车服务质量具有十分重要的意义。

4.制定轨道交通条例构建轨道交通法律体系

自2002年起,陆续建成开通了快轨3号线及其延伸线,202路轨道延伸线,地铁1、2号线等轨道交通线路。市政府2002年出台的《大连市城市轨道交通管理办法》,从规范的内容和法律效力上都难以适应我市轨道交通事业快速发展的需要。2013年制定出台了《大连市轨道交通条例》。这是辽宁省首部关于轨道交通方面的地方性法规,大连市也成为全国首个在轨道交通正式运营前出台地方性法规的城市。《轨道交通条例》在规划建设、运营安全、应急管理和法律责任等方面都做出了具体规范,既突出地方特色,又具有较强的针对性和操作性,对推进我市轨道交通事业快速发展具有十分重要的现实意义。

(二)管理体制改革

1981年2月,旅大市改为大连市,旅大市交通局更名为大连市交通局。局内设办公室、计划处、财务处、审计处、科技工业材料处、企管处、劳动人事教育处、公安处、老干部处、组织部、宣传部、纪委(监察室)、团委、驻开发区办事处、机关党总支。局属事业单位:公路运输管理处、公路管理处、航政管理处、车辆购置附加费征收稽查处、驻开发区办事处、交通职工中等专业学校(交通培训中心)、技工学校、交通大酒店、交通工程质量监督站、交通规划勘察设计院。企业单位:运输公司、中转货运公司、长途客运公司、汽车站、联运公司、海运公司、集装箱轮船公司、客车厂。交通部北方集装箱运输公司和邮电部邮政运输局大连水运分局党的关系在大连市交通局。1995年交通局核定编制67名。

2001年12月,大连市交通局与大连市公用事业局城市客运部分、大连市口岸委、大连市仓储局、大连市经委交通处合并为大连市交通口岸管理局。内设办公室、法规处、综合规划处、计划财务处、科技处、安全处、外事处、港口管理处、空港管理处、仓储管理处、客运管理处、交通公安处、人事教育处、党委办公室、监察审计室、老干部处,编制90名。局属事业单位:公路管理处、公路运输管理处、城市客运交通管理处、出租汽车客运管理处、机动车驾驶员培训管理中心、高速公路管理处、仓储行业管理处、船舶修理管理处、交通工程质量监督站、交通规划勘察设计院、公用事业职业技术学校、交通部电视中专大连分校(交通培训中心)、技工学校、车辆购置附加费征收稽查处。企业单位:交通运输集团有限公司(集团)、航运集团有限公司、第一公共汽车公司、第二公共汽车公司、公共电车公司、现代轨道交通有限公司、公共汽车联营公司、明珠公用卡股份有限公司、交通广告有限公司、联运公司。

2004年10月,大连市交通口岸管理局更名为大连市交通局。内设办公室、政策法规处、规划处(战备办)、财务处、科技处、安全处、外经处、综合处、交通公安处(后划转至市公安局)、人事教育处、党办、纪委(监察室)、老干部处,编制89名。

截至目前,大连市交通局内设办公室、政策研究处、法制处、规划处(大连市国防动员委员会交通战备办公室)、基本建设处、综合运输处、科技处、安全生产监督处、财务处、审计处、组织人事处(机关党委)、行政审批办公室,编制67名。下设8个局属事业单位,大连市道路运输管理处、大连市道路客运管理处(大连市轨道交通管理处)、大连市出租汽车管理处、大连市公路管理处、大连市高速公路管理处、大连市交通工程质量与安全监督站、大连市机动车驾驶员培训管理中心、大连交通技师学院(大连市交通口岸职业技术学校)。

(三)投融资体制改革

近年来,交通系统充分认识深化融资体制改革的重要性和紧迫性,把融资工作与其他工作协同推进。完善融资体制建设,创新机制,积极争取财政资金,有效缓解交通领域资金压力,同时加强监管,积极防范债务风险。改革开放以后,尤其是十八大以来,大连市交通局严格执行国务院《关于加强地方政府性债务管理的意见》,无举债情况发生。同时严格执行《财政部关于进一步规范地方政府举债融资行为的通知》《财政部关于坚决制止地方以政府购买服务名义违法违规融资的通知》等文件要求,杜绝举债搞基础设施建设,严把项目申报关口,充分论证新建项目前期工作,继续发挥相关领域专家学者作用,科学、全面的论证项目实施的必要性和可行性,严格按照工程项目审批流程报批工程项目,依法开展交通基本建设。加强投资事中事后监管,加强项目建设管理,严格投资概算、建设标准、建设工期等要求,严格按照项目建设进度下达投资计划,确保政府投资及时发挥效益。积极探索交通投融资体制改革,拓宽融资渠道,吸收利用社会资本进行交通基础设施建设。2015年6月,经市政府批准,我局会同市财政局和大连市建设投资集团有限公司,开展202路轨道线路延伸工程及快轨三号线PPP模式转型工作,分别于2016年12月完成PPP合同签署,2017年5月完成项目特许经营协议签署,从而实现存量资产置换83.17亿元,有效缓解市财政压力,形成良性投资循环;按市场化模式运作,以企业投资为主,建设大连北站综合交通枢纽,该项目已于2017年开工,计划2021年完工;推进我市公交场站项目建设体制改革,探索市场化模式建设公交场站,为我市公交场站项目的可持续发展提供有力保障。

五、科技创新成就

改革开放40年是实施"辽宁沿海经济带"国家战略,以及实施新型城镇化发展的重要阶段,大连市作为"一带一路"海上丝绸之路建设的排头兵,处于可以大有作为的战略机遇期。面对经济社会和交通发展的新形势、新需求,必须大力发展交通科技创新,充分发挥科技创新对交通的支撑和引领作用,依靠科技进步、技术创新和教育推广,全面提升交通建设与管理的总体科技水平,为突出大连市作为欧亚大陆桥出海口、东北亚国际航运中心、国际物流中心、区域金融中心的带动作用提供支撑。紧密结合国家层面实施"创新驱动发展战略"和行业层面"四个交通"发展的战略需求,从推动科技创新转型升级、加快推进科技创新能力建设、推进信息化智能化发展、加强标准化建设、深化行业培训教育改革等方面,以破解关键技术难题、支撑"四个交通"建设为导向,并根据政府交通运输部门职能转变与中央与地方事权责任划分等新形势新要求,积极发展信息服务化交通、数字化交通、可视化交通。大力发展建设交通信息云平台、监管中心、电子政务等科技交通项目。推动普通公路建设中沥青再生及改性等新技术的推广使用。积极推进交通"运输方式、出行结构、交通服务、交通发展、交通排放"5个转变,加快建设绿色、循环、低碳、高效的交通运输体系,落实绿色交通城市创建各项工作目标,实现大连市交通事业全面、快速、可持续、和谐发展,目标在2020年基本形成安全、便捷、高效、绿色的现代综合交通运输体系。

改革开放40年来,大连市交通局牢固树立创新发展的理念,提高交通运输发展内在质量。通过加强理念创新、科技创新和管理创新,不断增强交通运输发展的内在质量。理念创新,就是按照科学发展观的要求,不断提升创新发展理念,坚决冲破一切妨碍创新的思想观念,坚决改变一切束缚创新的做法和规定,坚决革除一切影响创新的体制弊端,激发行业的创新活力。1988年,大连客车厂研制成功电热张拉蒙皮技术并通过鉴定,提前7年实现我国大中型汽车关键技术,荣获辽宁省交通厅科技进步成果一等奖,大连市科技进步二等奖,交通运输部科技成果三等奖。1989年,大连第一个公交线路闭路电视监控系统建成,对2路汽车实行全程监控。2001年7月15日起,大连市在65条公交线路上试用公交IC卡,当年共发售45万张,累计使用2570万人次。2003年3月,大连市货运信息服务网正式启用,先后荣获国家"倍增计划"优秀奖,2001—2003年度市电子信息技术推广应用一等奖。积极开展交通基础设施建养技术研究和应用,先后进行了公路中修同步纤维封层技术、废橡胶粉改性沥青技术、硫磺改性沥青温拌技术、旧沥青路面厂拌热再生技术、聚酯纤维沥青混凝土在路面改造工程中应用、花岗岩用于SMA骨料的试验研究以及SBS改性沥青、路面灌缝工艺等推广应用,总体上达到国内先进水平,提高了公路建设养护质量和科技水平,增强了交通科技对交通基础设施建设养护工作的支撑力度。

同时,大连交通系统建成了覆盖营运车辆动态管理、汽车租赁管理、出租汽车车载识别、汽车客运站站导信息等行业管理信息系统,建设了动态监管平台,全市道路货运、客运、公交、出租等营运车辆安装卫星定位装置达4.1万辆,实现了对道路运输车辆运营过程的动态监控。先后建设完成国家级重点项目2个,一个是作为国家首批公交都市创建工作重要内容的大连城市公共交通智能化应用示范工程,总投资4680万元(其中交通运输部投资1000万元,市财政投资3680万元);另一个是作为交通运输部首批十五家试点城市之一的大连市出租汽车服务管理信息系统,一期项目总投资4100万元(其中交通运输部投资800万元,辽宁省交通厅投资600万元,市财政投资2700万元)。大连市交通局组织了6批交通科技项目计划,列项目67个,科技经费投资3586万元,围绕交通工作重点,支持交通信息化建设与服务、电子政务建设与服务、交通运输安全与运营管理、交通可持续发展技术等。同时,加快推进公交智能化项目建设,完成行业监管平台建设,建设两条电子站牌示范线路,安装改造车载终端2459台,改善公众出行环境,提高了行业监管能力。建设完成了出租汽车服务管理系统,安装完成市内9000余台出租车车载终端,完成了数据中心、指挥中心、呼叫中心等3个中心建设,与相关单位、企业对接,形成了"三屏三热线"(指挥屏、电脑屏、手机屏,96126、83638119、12328)共同为社会服务的机制。公交线路查询系统、公交集团"大连掌上公交"等手机APP应用投入运行,方便市民查询公交线路、车站、车辆位置和到站信息等。按全省统一部署,推广应用了道路客运联网售票系统,方便旅客出行购票;完成了普通公路应急指挥中心建设,提高大连市普通公路路网运行监管能力和突发事件的处置能力,提升大连市普通公路管理水平。通过交通信息化,进一步提升了综合交通体系的科技内涵,促进科技成果转化,为公众提供通畅、便捷、安全、经济的交通服务。

近年来,大连市交通局牢牢把握住科技教育和创新驱动的原则,在交通建设、运输发展和行业管理中加大科技成果的应用,重视人才培养,切实提高交通发展的根本动力。重点是在公路建设、养护管理和工程质量监督中进继续扩大新技术、新工艺、新材料和先进设备的应用,进一步提高工程质量,推进资源节约、生态保护、循环利用;加大信息技术在道路运输管理中应用的深度和广度,建立和完善公路主枢纽信息中心、公交智能调度中心和运输信息公共服务平台,促进货物运输市场的电子化、网络化,为企业经营提供周到、满意的运输服务。运用现代信息技术整合各种交通资源,加强运输组织和运力调配,提高车辆实载率、降低空驶率;推进电子政务系统建设,不断完善"大连交通"门户网站,加快建设和完善出租车呼叫中心、货的呼叫中心和车辆紧急救援系统,推进危险品、集装箱、货的、出租车、公交车、长途客车等各类客货营运车辆 GPS 监控指挥系统应用,加强行业监管,为市民和企业经营管理提供可靠的交通安全保障。管理创新,就是要用创新的思路和办法,加快政府职能转变,提高交通运输行业管理效能和服务水平。要把宏观调控、诚信监管、维护市场秩序作为重点,加快完善有利于发展现代交通运输业的管理体系,全领域、全过程地加强行业管理工作。要强化依法治交工作,充分发挥市场配置资源的基础性作用,加快建立以诚信为主要内容的信用体系和以服务为主要内容的市场动态监管体系,形成根治"黑车"的长效机制,打击不正当竞争和各种违法经营活动,维护合法经营者和旅客、货主的权益。与此同时,坚决贯彻落实交通运输部绿色交通建设部署,推进重点企业节能减排示范,推进甩挂运输和绿色维修工程建设,开展营运车辆燃料消耗量检测和监督管理。大力推进新能源和清洁能源车辆在交通行业应用,全市公交、出租及货运行业现有新能源和清洁能源汽车 12760 台。公路新改建和大中修工程中进行了废橡胶粉改性沥青等技术应用,减少了废弃物排放。开展了公交及出租车行业规划等软课题研究,为交通可持续发展提供智力支持。开展绿色交通城市创建工作,获国家节能减排专项资金补贴 4869 万元,实施后节约能源 4.1 万吨标准煤,替代燃油量 6.74 万吨标准油,减少二氧化碳排放 30.2 万吨。

六、开放合作成就

改革开放初期,大连市没有一家外商投资的道路运输企业,随着交通部 1993 年颁布的《中华人民共和国交通部外商投资道路运输业立项审批暂行规定》的出台,大连市积极引外商及港澳台资企业,截至目前共有外商投资和港澳台资企业 252 户,车辆 1213 台,涵盖了普通货物运输、集装箱运输、集装箱中转站、危险品运输等多项经营范围,促进了先进运输技术的引进,在全市道路运输行业中发挥了带动和示范作用。1996 年,大连市第一公共汽车公司与香港冠忠巴士集团合作经营 3 条线路,引进资金 1860 万元,购进 75 台高档大客车,全部更新这 3 条线路营运车辆。大连市第二公共汽车公司与香港优达公司合资经营 405 路公交线路,引进外资 900 万元,购置空调大客车 30 台,开辟了东北地区第一条空调线路。截至 1999 年,全市利用境外资金合资合作的公交线路已达 13 条,车辆总数为 400 台,公交线路总长 52.2

公里。

为拓展城市道路运输的辐射范围,2016年大连交通运输集团办理了全市第一张国际道路运输经营许可证,其下属20台车辆办理了国际道路运输证,并代表大连、辽宁参加中蒙俄国际道路货物运输试运行活动,标志着大连市交通运输行业落实"一带一路"倡议迈上新台阶。大连作为"一带一路"特别是21世纪海上丝绸之路建设的排头兵和主力军,此次中蒙俄国际道路货物运输试运行活动开展是构筑辽满欧、辽蒙欧、辽海欧海陆大通道建设的先行先试的重要举措,是大连市道路货运企业采取公路运输的方式实现集装箱国际运输的首次尝试,对丰富城市进出口货物的联运形式具有十分重要的借鉴作用。

2018年5月18日,由中国交通运输部和俄罗斯联邦运输部共同主办,辽宁省交通运输厅、大连市政府、大连海关共同承办的"中俄国际道路运输试运行活动暨TIR运输首车发车仪式(大连—新西伯利亚)"在大连港国际邮轮中心举行。此次试运行一是落实了两国元首达成的共识,推动了"一带一路"倡议同"欧亚经济联盟"的有效对接,促进了中俄经贸往来,为中俄经济走廊提供道路运输服务支撑,为丝绸之路经济带沿线国家开展互联互通建设提供示范作用。二是通过在中俄国际道路运输走廊试点实施TIR公约,加快实现TIR公约在中国的推广应用,进一步促进通关便利化。三是通过实现两国间的国际道路运输,完善相关法规、标准体系,促进了国际道路运输便利化。减少了国际道路运输的运输时间,为中俄间农副产品提供了铁路运输无法提供的冷链运输服务,实现了运输周期更短、运输效率更高。四是解决了两国铁路轨道标准不同而产生的运输成本较高、周期较长、通达度不够的问题,实现了门到门运输服务。此次试运行线路全长5500公里。线路贯通大连、沈阳、满洲里、新西伯利亚等19个中俄城市,是我国目前国际道路运输线路里程最长、途经城市最多、风景最具特色的线路。中国与欧洲之间铁路运输平均运输时间为28天,此次国际道路运输可以至少减少一周的时间,体现了公路运输快速、便捷、门到门的比较优势,具有良好的发展空间。

七、党的建设与精神文明建设

40年来,大连市交通部门紧紧围绕经济建设这个中心,着眼交通强国、大连经济社会发展、东北老工业基地振兴和"两先区"建设等工作大局,充分发挥交通在推进社会进步和振兴发展中的先行官作用,以"服务群众,奉献社会"为宗旨,以创建文明行业为主线,全面加强思想道德建设、党风廉政建设、民主法治建设、行业风气建设和综合治理工作,努力塑造各级领导班子政治坚定、紧密团结、锐意改革、清正廉洁、能够开创工作新局面的新形象,树立行业管理干部严格执法、公正清廉、优质服务的新形象。十八大以来,大连市交通局将深入学习习近平新时代中国特色社会主义思想作为政治责任、政治任务,牢固树立"四个意识",在"三个推进"上持续发力,确保中央、省、市决策部署落地生根。坚持问题导向,班子以上率下,以身作则,务实担当。加强班子、队伍、基层组织建设,树立正确选人用人导向。交通系统各级党组织以习近平新时代中国特色社会主义思想为指引,坚持以社会主义核心价值观体系建设和培育行业核心价值观为主要内容,围绕交通中心工作,有的放矢地开展职工思想政治工作,广泛开展"讲文明、树新风、促和谐","学先进、树新风、创一流","争做城市文明先行者传播者"大讨论等系列主题实践活动,进一步提升交通行业广大干部职工的思想道德素质和文明意识。特别是2014年11月6日,《人民日报》头版"今日谈"栏目刊发关于我市出租汽车行业的评论文章《一元钱的文明》，文中围绕作者在大连打车过程中遇到的两件文明小事，高度评价了我市出租汽车行业的文明程度，全市交通系统以此为契机展开了以"争做城市文明先行者传播者"为主题的大讨论活动，发动全系统对行业文明和交通精神进行广泛、深入、充分的研讨，引领广大交通干部职工和行业从业人员从本职工作和身边小事做起，提高文明素质，促进交通行业文明水平全面提升。组织开展党的群众路线、"三严三实""两学一做"等专题学习教育讨论，组织干部职工参观关向应纪念馆、大连现代博物馆、周恩来纪念馆等爱国主义教育基地，教育引导职工明礼诚信、爱岗敬业、无私奉献。

近年来，大连市交通系统先后有多个单位、部门被评为部、省、市文明单位，多名个人被评为劳动模范、服务标兵等先进个人。其中，大连公交集团被评为全国文明单位，运管处南关岭检查站、大连公交集团被评为全国文明示范窗口，运管处被评为交通运输部先进单位，质监站、高速处、公路处、驾管中心、公交集团被评为全省文明单位，大连交通战备工作荣获沈阳军区先进单位，运管处、公交集团等单位被授予"全国巾帼文明岗"，车管处、公交集团等单位"全省交通行业十一五建功立业先进集体"，公交集团、甘井子区公路管理段等单位被评为"辽宁省工人先锋号"，大连市出租汽车有限公司被授予"全国五一劳动奖状"，旅顺公路段工会被授予"全国模范职工之家"，旅顺公路段郭家沟道班和瓦房店公路段马场道班被授予全国"工人先锋号"。王兆龙同志荣获全国五一劳动奖章，王友明、曾光、张文伟、贾晓虹等同志被交通运输部评为先进个人，张建辉、陈栋、姜公盛、葛文斌等同志荣获"辽宁省五一劳动奖章"，王淑英、刘晓东等同志被评为"辽宁省劳动模范"，全系统有近百人次获得大连市"劳动模范"称号或"五一劳动奖章"。市民排队乘车、蓝灯的士、顾庆泰爱心车队等已成为交通行业精神文明建设的精品工程和大连的文明品牌。2014年，全市交通系统开展了"十佳百强"大型评选和表彰活动，在公交、出租汽车、道路货运、驾培等行业全面挖掘推举100个先进典型并做了广泛宣传，充分发挥榜样的力量来带动全行业提升文明服务水平，有效树立了交通各行业的社会形象。在2017年大连市创建第五届全国文明城市活动中，交通系统广大党员干部牢固树立新发展理念，切实增强"四个意识"，坚定"四个自信"，按照市委、市政府决策部署，认真履职尽责，圆满完成了各项工作任务，并涌现出了一批先进典型。大连市交通局荣获文明城市创建集体突出贡献奖，秦海群记二等功，朱元元、张国萍记三等功，王宽峰、范子明等10余名同志荣获嘉奖或先进工作者奖励。质监站、客管处荣获2017年全省文明单位。2018年，以创建公交都市示范城市、出租汽车行业争创全国一流等为契机，在全系统开展"城市文明、交通先行"文明创建主题活动和全市出租汽车行业"最美司机"推选活动，汇聚行业发展正能量，提升交通行业优质文明服务水平，努力营造交通带头引领、社会广泛参与的共创文明氛围。主动在全市主流媒体曝光出租汽车行业不文明服务行为，宣传行业政策、便民举措、优秀事迹等，大汽、爱心、公交三家巡游车企业和曹操专车网约车企业向社会郑重承诺，率先叫响"文明服务我先行"的口号，取得良好社会反响。

跨越发展的岛城交通

青岛市交通运输委员会

一、综述

以党的十一届三中全会为起点的中国改革开放走过了辉煌的40年。40年,青岛交通发生了巨变。

(一)向大交通综合管理体制机制迈进

1.组建市交通委员会,综合交通运输管理体制基本确立

2004年7月青岛市委、市政府调整交通管理体制,将原市交通局的职能,原市经济委员会承担的青岛港行政管理与协调铁路、公路、水运、航空等运输企业之间衔接和联合运输职能以及空港管理职能合并,组建市交通委员会。

2.组建市交通运输委员会,进一步完善交通运输管理体制

2009年,青岛市委、市政府实施新一轮机构改革,将市交通委员会更名为市交通运输委员会,加强了综合运输体系规划协调、推进区域和城乡交通运输一体化、指导城市地铁和轨道交通运营等职责。

3.理顺邮政监管和铁路建设管理体制,积极构建"大交通"管理格局

2012年,青岛市邮政管理局成立,邮政管理局局长兼任市交通运输委副主任。2013年,市政府成立市铁路建设管理指挥部,指挥部办公室设在交通运输委,主要负责铁路建设期间的组织、管理、协调,以及铁路建成后的运营、监管等工作。2014年4月,在市铁路道口安全委员会办公室加挂市铁路建设办公室牌子,承担相关工作。

4.深化交通运输综合管理体制改革,逐步构建"一城一交"的大交通综合管理体制机制

2017年12月,市委、市政府印发《青岛市深化交通运输综合管理体制改革方案》。市交通运输委牵头推进全市交通规划、建设、运营、管理与服务,统筹协调公路、港口、民航、轨道交通和邮政行业发展。建立交通运输综合执法体制,组建市交通运输综合行政执法支队。深化公路管理体制改革,合理划分市、区(市)交通运输管理事权,将公路管理体制由市级垂直管理调整为市、区(市)分级管理。推进事业单位分类改革,逐步剥离市交通运输委所属事业单位的生产经营职能。

(二)交通基础设施面貌焕然一新

40年里,交通基础设施建设历经改革开放起步阶段的瓶颈期,到1983至1992年期间交

通事业全面展开阶段,到1992年邓小平南方谈话和中国共产党十四大召开后跨越式发展的"黄金时期",逐渐从无到有,由弱变强,走上快速、健康、科学发展的新道路。40年后的今天,青岛市交通基础设施面貌焕然一新,以国际化空港、现代化海港为辐射中心,以铁路、高速公路为骨干,与城市交通系统紧密衔接的综合交通运输体系得到进一步完善,有力支撑了城市总体发展战略的实施。

1.公路网络体系日臻完善

党的十一届三中全会以后,青岛成为我国第一批沿海开放城市之一,青岛的城市和经济得到迅速发展,青岛市公路建设开始加大投入,公路建设出现了崭新的局面,公路路网规模快速扩容,公路等级路面等级不断提升,从改革初期没有高等级公路、公路路况差、标准低的状态,到2002年逐渐形成了高速公路、普通国省道、农村公路多层次全方位发展格局。之后,青岛市委、市政府围绕着早日实现全面建成小康社会的目标,对公路建设继续加大攻坚力度,公路建设进入创新发展、优化结构新阶段。近年,随着胶州湾大桥、胶州湾隧道、龙青高速公路等一批重大项目的建成,全市形成了覆盖全域、城乡一体、干支匹配的公路网络。2017年底,全市公路通车总里程16151公里,密度146.5公里/百平方公里。国省道里程3046公里,其中高速公路里程818公里,所有乡镇实现半小时上高速公路,市域一小时经济圈质量持续升级。

2.铁路末端将变为铁路枢纽

自2010年,青岛铁路建设进入高峰期。海青铁路、铁路青岛北站、青荣城际铁路、青连铁路、济青高铁、董家口疏港铁路、潍莱铁路等铁路项目相继开工建设。

2013年12月31日,海青铁路工程竣工。2014年1月10日,铁路青岛北站开通运营。2016年11月16日,青荣城际铁路全线开通。

截至目前,青岛市境内现有铁路8条:胶济铁路、胶济客运、胶新铁路、蓝烟铁路、胶黄铁路、大莱龙铁路、海青铁路、青荣城际铁路,总里程403公里。在建铁路项目有济青高铁、青连铁路、董家口疏港铁路、潍莱铁路。在建铁路项目顺利建成后,境内铁路里程将达到666公里,其中高速铁路里程125公里、快速铁路里程257公里,使青岛由铁路末端变为铁路枢纽。

3.海港网络布局初步形成

十一届三中全会以后,青岛港进入大规模投资建设时期,港口基础设施不断完善,到2010年底,青岛市基本形成了以胶州湾港群为核心,一般性小型港口为补充,结构较为合理、配套较为齐全的港口体系。"十二五"以来,青岛市大力推进青岛港转型发展和做大做强,加速构建"一湾两翼"的港口布局:老港区向国际邮轮母港转型;前湾港区成为国内最大集装箱码头群,建成投产亚洲首个全自动化无人码头;董家口港区形成亿吨通过能力。2017年青岛港货物、集装箱吞吐量分别达到5.1亿吨、1830.86万标准箱;外贸吞吐量达到3.70亿吨,港口吞量居世界第七大港、集装箱吞吐量居世界第八大港,青岛港口面临着更广阔的发展前景。

4.航空迎来大发展机遇

新机场建设取得重大突破。青岛胶东国际机场成为"十二五"期间,全国唯一获批立项并开工建设的干线新机场,定位为区域门户机场、环渤海地区的国际航空货运枢纽机场,标志着青岛市在构筑立体大交通网络上又迈出了重要一步。目前青岛胶东国际机场正在全面建设实施阶段,预计2019年建成,青岛流亭国际机场实现转场运营。现运营机场青岛流亭国际机场为4E级民用国际机场,近年通过不断提升航班运营成效,持续优化航线网络,2017年底,有空中航线 186 条、通航城市 106 个,全年机场旅客、货邮吞吐量分别达到 2321.05 万人次、23.21 万吨,均位居全国千万级机场第 15 位。

(三)大力实施公交全域统筹,推动公交都市创建

2013 年 11 月,青岛市成功申报为第二批公交都市建设示范工程创建城市。2015 年 7 月,印发《青岛市实施公交全域统筹工作方案》,初步构建起城乡相连、镇村相接、全域覆盖的公交网络化布局。先后出台《关于优先发展公共交通的实施意见》《青岛市轨道交通条例》《青岛市公交都市创建五年行动计划》等一系列政策法规,为公交都市创建工作提供了制度基础。青岛交通运输委员会联合市财政、物价、国资、审计等部门出台了公共汽电车运营服务计划、运营服务考核、运营财政补贴、运营成本规制等一揽子政策,在国内同类城市中率先创新公共交通运营管理体制机制,切实保障城市公共交通健康可持续发展。积极落实惠民政策,实施中心城区公共交通一小时换乘优惠,日均刷卡 70 万笔,每年向市民让利 2 亿元。对 60~64 周岁老年人及中小学生实行半价乘坐市内公共交通工具政策。对残疾人、残疾军人、伤残警察、政府重点优抚对象、65 周岁以上老年人和现役军人等特殊群体实行免费。目前,全市新能源公交车达到 4320 辆,占比 40%,同步规划建设 900 余个配套充电桩;绿色公交车(新能源和清洁能源车辆)数量达到 8487 辆,占比 79%,累计减少碳排放约 18 万吨,公交车"老、旧、冒黑烟"状况得到根本扭转。对不同规模和功能的枢纽场站,分别采取社会资本开发、政府财政投资等模式进行建设。近年来市区新建深圳路等多处公交场站。目前,市区拥有公交停车场 140 个,总面积 97 万平方米,停车位 5844 个,公交车进场停放率达到 81%。

(四)深化出租行业改革,助推行业健康发展

1979 年 4 月,组建了客车出租专业公司,标志着青岛市现代出租客运行业发展的开端。1986 年,为促进出租客运行业健康有序地发展,青岛市交通行业主管部门将出租汽车纳入交通行业管理。1986 年 9 月 4 日,交通局、物价局联合颁发了《关于统一客运出租(内宾)价格的通知》,第一次对出租客运价格制定了标准。1987 年 6 月 15 日,青岛市标准计量局、交通局、物价局三部门联合颁布了《青岛市出租汽车里程计价器管理暂行规定》,实施计价器收费规定管理,规定凡在本市从事汽车出租客运的全部安装计价器。1994 年 9 月 2 日,青岛市人民政府发布了《青岛市出租汽车客运管理暂行办法》,第一次以政府令形式规范了客运出租汽车的管理。2001 年 4 月 25 日,《青岛市出租汽车客运企业监督管理规定》出台,全市客运出租企业开始了全面的整合,至 2002 年 4 月底,市区出租公司数目由原来 92 家减至 26 家,公司平均出租车拥有量由原来 83 辆增至 297 辆。2006 年,稳步实施政策调整,理顺行业管理体制。针对青岛市首轮出租汽车经营权有偿使用到期的实际情况,客运出租行业管理部门根据各级文件精神和要求,制定了以保证从业人员职业稳定、收入稳定、投资者合法权益和免缴出租车经营权使用费为主要内容的"三保一免"政策,将经营权由个人持有转变为政府特许给客运出租企业经营。首批经营权到期合同签订率达到了 99.9%,之后经营权到期的车主随到随签,顺利实现了行业政策调整的平稳过渡,从根本上确立了客运出租企业的市场主体和管理主体地位,为规范管理,保持稳定,提升管理和服务水平打下了坚实的基础。同时,客运出租行业管理部门积极探索研究客运出租行业规模化发展、公司化经营的新思路新模式,对新增出租

汽车运力全部采取公开招标,实行公司化经营的模式。2013年,青岛市出租汽车服务管理信息系统建设方案,并被交通运输部列入国家试点城市之一。2017年1月1日,正式实施《青岛市网络预约出租汽车营运服务管理暂行办法》,成为山东省第一家颁布实施对网络预约出租汽车进行管理的城市。

(五)优化结构调整,促进货运行业转型升级

40年来,青岛市货运行业集装箱车保持稳定增长,形成了甩挂运输运作新模式和新思路,推进货运行业"互联网+"战略,加快"一带一路"第四方物流青岛模式的推广应用,完成会员管理单位签约和线上资源整合,开展运费垫付、统一投保货物险等手段,整合青岛市货运企业,改变货运行业散、小、多、弱的局面。加快全市危货道路运输电子运单制度的推行,细化和完善危货道路运输安全网格化管理,利用信息化手段对业务过程数据、卫星定位数据、运政数据等进行综合分析,静态与动态监管相结合,明确企业风险等级和薄弱环节,实现监管方式从"拉网式排查"向"精准监管"方向转变。以上合峰会保障工作为契机,推动全市危货运输车加装4G视频监控和防碰撞预警系统,实现对危货运输行驶过程的可视化和科技化监管。经申报成为"全国绿色货运配送示范城市建设示范工程"22个城市之一。自此,青岛市货运行业从收费管理向利用数据信息进行智能化服务监管转型。

(六)驾培行业实现创新发展和率先发展

2005年,根据《中华人民共和国道路交通安全法》,青岛市将普通驾驶员培训纳入道路运输行业管理。

2011年青岛市交通运输行业在全省率先实施计时培训管理系统,行业管理步入信息化轨道。2011年起开展驾培企业质量信誉考核和"红飘带"诚信驾校、"红飘带"诚信教练员评选,建立政府组织引导、企业自觉参与、典型示范带动的工作机制,加强行业规范化建设和品牌建设。

2012年出台驾培行业地方性法规《青岛市机动车驾驶员培训管理条例》,进一步加强和完善了驾培行业法规体系建设。

2014年联合工商部门出台了《青岛市机动车驾驶员培训合同》示范文本,有效解决学驾纠纷,维护学员和驾校双方的合法权益。推行"先培训、后付费"新模式,提升驾校服务水平,满足社会个性化、差异化学车需求。

2016年,与市公安局联合印发《关于推进机动车驾驶人培训考试制度改革的实施方案》,构建运作规范、流程合理、便民利民的驾驶人培训考试新模式。

2018年出台了《青岛市人民政府办公厅关于进一步加强驾驶员培训行业管理的通知》,明确了新时代交通运输发展中驾培行业的新任务、新要求,推动青岛市驾培行业在新时代交通运输发展中创新管理和率先发展。

青岛市现有各类机动车驾驶员培训机构73所,其中市内三区26所,其他区市47所,教练车6000余辆。驾校教练员6600余人,其他从业人员980人,行业规模位居全省前列。

(七)轨道交通迈上快速发展新轨道

2015年5月19日,市轨道交通运营管理处设立,机构为市交通运输委所属的公益一类事

业单位,规格为处级,经费财政拨款,具体承担轨道交通运营日常管理工作。

2015年7月24日,山东省第十二届人民代表大会常务委员会第十五次会议审查通过《青岛市轨道交通条例》,自2015年9月1日起施行。《条例》旨在加强轨道交通管理,保障轨道交通建设和正常运营,维护乘客和经营单位的合法权益。

2015年12月16日,山东省首条地铁线路——青岛地铁3号线北段开通试运营,青岛由此正式迈入"轨道交通时代"。2016年12月18日,青岛地铁3号线全线通车。

2016年3月5日,山东省首条有轨电车线路——青岛市城阳区现代有轨电车示范线开通试运营,青岛是山东省第一座开通有轨电车的城市,也是全国第九座开通现代有轨电车的城市。

2017年11月23日至25日,青岛地铁2号线一期工程(东段)通过试运营基本条件评审。12月10日,地铁2号线东段开通试运营,青岛进入地铁出行双线换乘时代。

2018年4月23日,青岛—海阳城际(蓝色硅谷段)轨道交通工程,即青岛地铁11号线开通试运营,青岛地铁线网运营里程超过百公里,11号线的开通实现了即墨、崂山与主城区的便捷连通,轨道交通成为驱动蓝色硅谷等沿线区域发展的新动能,为沿线各重点发展区域、综合交通枢纽和旅游区之间的群众出行提供了方便舒适快捷的交通服务。

2018年6月,为更好的保证上合峰会期间地铁运输组织,组织青岛地铁缩短高峰期地铁行车间隔,加密运行班次,峰会期间实现保障运能109万人/日,有力保障市民出行需求。

截至2018年7月底,青岛地铁共运送乘客1.59亿人次,现代有轨电车共运送乘客179.41万人次;地铁线网最高日客运量出现在2018年4月30日(五一节假日第二天),达67.8万人次;有轨电车最高日客运量出现在2016年3月6日(开通后第二天),达6430人次;当前轨道交通客运量比较稳定,青岛地铁日均48.73万人次,有轨电车日均2000人次。

(八)维修行业结构更优化,服务更优质

40年来,全市机动车维修行业快速发展,业户数量由1987年的800余户增加到2017年底的3200余户。

颁布实施了《青岛市机动车维修服务规范》。《规范》是青岛市交通运输行业首部地方性服务标准,为规范机动车维修经营服务行为、提高维修服务质量、减少维修纠纷提供了强有力的标准支撑。连锁、快修、专业化经营服务成为行业发展的主要方向,全市连锁、快修业户数量达180家。同时,注重从业人员素质的培养,定期举办全市技能大赛,选拔出一大批优秀技能人才。建成"机动车维修质量监督与服务网"、机动车维修公众号、青岛交通APP维修板块3个信息平台,方便车主查询相关信息。指导成立了社会公益性组织"青岛汽车维修企业诚信联盟",并定期举办维修服务公益活动,发挥其行业诚信引领示范作用。

(九)现代物流业发展突飞猛进

近年来,青岛市紧紧围绕建设东北亚国际物流中心,不断提升物流业发展水平。青岛市被国家列为山东半岛物流区域中心城市、省内唯一的全国性综合交通物流枢纽和国家一级物流园区布局城市、"一带一路"新亚欧大陆桥经济走廊主要节点和海上合作战略支点,连续多年获全国物流中心城市杰出成就奖和最佳投资环境奖。2016年,青岛"一带一路"跨境集装箱海铁公多式联运工程、胶州湾国际物流园获全国首批示范项目,被列为全国首批现代物流创新发展试点城市。

物流经济运行量质齐升。社会物流需求加速扩大,物流运行效率显著提升,物流业成为经济支柱产业。2018年,全市物流业增加值将过千亿元,社会物流总费用占GDP比重降至13.5%以内,海铁联运箱量达到百万箱,继续保持全国港口首位。

物流基础设施日益完善。建成"千万平方米"物流园区工程,规划建设胶东空港等5大物流园区和6个物流中心。胶州铁路物流园、西海岸智慧物流园、宝湾物流中心等货运枢纽投入使用。在董家口港区布局铁路物流园,实现港口、铁路和物流深度融合。

产业发展环境持续优化。出台全市物流业发展规划、物流大通道建设计划,制定物流业降本增效政策措施。构建"胶黄小运转"港站互联模式,成立全国首个地方性多式联运发展联盟。在全国率先建立物流统计核算体系,在省内率先发布物流业景气指数。

企业发展层次不断提高。国家A级物流企业达到77家,拥有中创等16家全国百强物流企业,海程邦达等30家全国先进物流企业,思锐等8家中国物流品牌价值百强企业。全市80%物流企业建立内部管理网络系统,智能仓储、无人机应用等成效初显。

(十)基层党建工作水平全面提升

青岛市交通运输委党委共有党组织226个、党员2234名,具有点多、线长、面广、单位类型多、工作性质差异大的行业布局特点。改革开放以来,特别是党的十八大以来,青岛市交通运输委党委始终将党建工作作为首要政治任务,按照中央部署,深入扎实开展了党的群众路线教育实践活动、"三严三实"专题教育、"两学一做"学习教育、基层组织建设年活动推进"两学一做"学习教育常态化制度化等,全面提升了基层党建工作水平。

二、基础设施成就

1978—2018年,中国改革开放走过轰轰烈烈40年。40年里,交通基础设施建设历经改革开放初期起步阶段的积极探索、大胆尝试,到1983—1992年期间交通事业全面展开阶段,到1992年邓小平南方谈话和中国共产党十四大召开后跨越式发展的"黄金时期",逐渐从无到有,由弱变强,走上快速、健康、科学发展的新道路。

(一)公路建设实现快速飞跃式发展

青岛历届市委、市政府高度重视公路建设发展,坚持"民生为本"的发展理念,深入推进各项改革,青岛市公路建设实现快速飞跃式发展,取得了翻天覆地的巨大成就。截至2017年底,全市公路通车里程达到16150.6公里,公路密度达到146.5公里/百平方公里。其中:高速公路14条818.4公里;二级及二级以上公路4096.5公里,占总里程的25.4%。全市已形成了以国省道为骨干,农村公路为补充,覆盖全域,城乡一体,干支匹配的公路网络。

1.青岛公路建设起步阶段(1978—1982年)

1978年,青岛市公路通车里程仅为380.7公里,全市没有高等级公路,三面环海的青岛只有一条宽8米的小白干线公路可供进出通行,进出青岛市区非常困难,公路建设成为严重制约青岛这个沿海开放城市发展的瓶颈。党的十一届三中全会以后,青岛成为我国第一批沿海开放城市之一,青岛的城市和经济得到迅速发展,青岛市公路建设开始加大投入,公路建设出现了崭新的局面。

2.青岛公路建设加快阶段(1982—1992年)

(1)瞄准经济社会发展,布局等级公路建设。1987年12月,全长31公里的308国道青岛段建成通车,这是青岛市第一条一级公路,开拓了青岛第二条出入口道路;1990年湛流干线公路建成通车,开拓了青岛第三条出入口道路。之后,相继开工并建成了西元庄公铁立交桥、流亭立交桥、烟青一级公路等,结束了青岛无高等级公路的历史。以1990年10月全长83公里的烟台至青岛一级公路新建通车为代表,青岛通向各县市的道路全部达到二级公路以上标准。

(2)立体公路建设。流亭立交桥1989年4月28日开工,1991年6月22日建成通车,建成时是全国规模最大的立交桥。作为进出青岛的陆路门户,它的建成对青岛地区乃至山东半岛的经济社会发展发挥了巨大的作用,彻底扭转了公路交通在青岛大交通中的落后面貌,自此青岛公路走向了高速发展的轨道。

3.青岛公路建设全面推进阶段(1992—2002年)

随着改革开放的不断深入,在公路建设面临着更重任务、更高需求,路网规模快速扩容,公路等级路面等级不断提升,逐渐形成了高速公路、普通国省道、农村公路多层次全方位发展格局。

(1)高速公路从无到有逐渐到形成网络。1992年邓小平发表南方谈话之后,中共山东省委明确提出青岛要成为全省对外开放的"龙头"。公路要大发展,要高起点,就要大规模修建高速公路,这在当年是一个超前的决定。1993年12月18日,全长318公里济青高速公路正式开通,其中青岛段全长42公里,从这一刻起,青岛结束了没有高速公路的历史,实现了高速公路零的突破。

1995年底,全长68公里的环胶州湾高速公路建成通车,青岛成为全国同类城市中唯一独立建设运营高速公路的城市,同时建成了当时全国最长的跨海大桥——女姑口跨海大桥和最长的西流公路高架桥。

1999年,山东高速公路通车里程在全国率先突破1000公里,同年青岛市高速公路总里程突破200公里。2000年12月,青银高速公路青岛段举行通车典礼,该公路被列为青岛的迎宾路,对促进青岛的改革开放,改善投资环境和促进旅游事业发展都具有重要意义。

(2)国省道公路网加快建设。随着经济社会的全面发展,按照市委、市政府部署,青岛交通公路部门提出"抓辐射、治梗阻、保畅通、促开发"的总体规划,到"八五"末,青岛已经实现了市区与所属县市二级以上公路连接,国省道建设已开始逐步领先于青岛的城市建设和经济发展。1998年,青岛公路高质量地组织实施了"三年加快"路网建设,公路网结构得到全面优化提高,通过改建大中修,2000年前后,青岛市国省道实现了基本消灭砂土路面的目标。

(3)农村公路实现村村通目标。青岛农村公路第一轮建设高潮是20世纪六七十年代,建设标准比较低,建成后缺少必要的道路养护。1998年亚洲金融危机发生后,青岛市响应国家号召,对农村公路进行了较大规模投入。到2001年底,全市对农村公路建设共投入资金近10亿元,验收接养县乡公路2293.5公里,初步实现村村通公路的目标。

4.青岛公路建设创新发展阶段(2002年至今)

2002年以来,青岛市委、市政府围绕着早日实现全面建成小康社会的目标,对公路建设加大攻坚力度,公路建设进入创新发展、优化结构新阶段。

(1)高速公路建设进入快速增长期。2003年底,随着沈海高速青岛段的通车,中国第一条贯通南北的大环海高速公路——沈海线全线贯通。青岛高速公路的里程也由此突破了500公里。

2007年,青(岛)新(河)高速公路、青(岛)兰(州)高速公路青岛段、威(海)青(岛)高速公路青岛段、荣乌高速公路青岛段等高速公路的通车,标志着青岛市高速公路网络的全面完善,实现了青岛市高速公路突破700公里和全市"县县通高速"的重要目标,"一小时经济圈"基本建成,形成青岛高速公路建设史上的第三个高峰。2011年6月30日,胶州湾大桥和隧道建成通车,2015年9月,青龙高速公路实现通车,青岛市高速公路已突破800公里,实现所有乡镇半小时上高速公路,青岛"一小时经济圈"持续升级,使青岛真正进入了大青岛时代。

"十三五"期间,青岛继续加快完善"三纵四横五连"的高速公路网。积极推进新机场高速公路一期工程、龙青高速二期(青岛段)、董家口疏港高速(董家口至五莲),实施青银高速(原济青高速段)公路青岛段拓宽改造、省道7601疏港高架段扩容改造等工程。

(2)普通国省道结构升级。从2001年开始,青岛市对普通国省道展开新一轮投资,普通国省道开始结构升级。"十五"期间,实施路网改建项目70项,改造公路765公里。"十一五"期间,完成平度S804线大中修工程等80个项目,大中修总里程1313.7公里,普通国省道公路综合质量优良率由58%提升到80%,综合质量指数由62达到了88%。"十二五"期间,新建双积公路等普通国省道114.4公里,改扩建国道204、省道209、214、218等135公里,建设大沽河堤顶路217.5公里,完成青银高速公路青岛收费站迁移拓宽工程。全市国省道公路中二级及以上公路达2939.2公里,所占比重达到93%。

(3)从村村通公路到村村通油路。2003年,青岛市委贯彻中央关于全面建设小康社会的总体要求,在全市初步实现村村通公路的目标后,根据交通部提出的"修好农村路,服务城镇化,让农民兄弟走上油路和水泥路"的建设目标,决定从2003年起实施全市行政村通油(水泥)路工程。截至2012年底,10年期间全市累计完成投资33.3亿元,新改建农村公路7112公里,全市农村公路通车里程达到13051.58公里,其中县道1475.52公里,乡道2066.47公里,村道9509.59公里。农村公路优良路率为71.45%,其中县道55.97%、乡道67.98%、村道74.64%。到2010年底,全市所有具备条件的行政村实现通油(水泥)路。

(二)港口竞争力进一步增强

港口基础设施不断完善,竞争力进一步增强。十一届三中全会以后,青岛港进入大规模投资建设时期。老港区、黄岛港区、前湾港区、董家口港区相继加速发展,让青岛港的吞吐量实现了跨越式发展:1987年青岛港口吞吐量突破3000万吨;2010年,青岛港实现吞吐量3.5亿吨,集装箱完成1201万标准箱;2017年,青岛港实现吞吐量5.1亿吨,集装箱完成1830万标准箱,均居全国沿海港口第5位。

1978—2000年,完成老港区六号码头改造工程、"六五"计划重点建设项目——青岛港八号码头工程、中国首座20万吨级原油码头——黄岛油区二期工程、青岛港前湾港区一期、二期工程、青岛前湾港区主航道扩宽工程等重点建设项目。这些大型建设项目增强了青岛港的物资集散能力,提高了青岛港航运地位。1996年12月16日,国内唯一可停靠第五代集装箱船舶的集装箱专用泊位——前湾二期工程3号泊位落成,可接卸5250标准箱集装箱船舶,也为集装箱西移创造了条件。1996年,青岛港的通过能力超过亿吨,青岛港向着亿吨大港的目标迈出关键一步。1998年11月26日,前湾20万吨级矿石码头落成,青岛港通过能力突破亿吨。

"十五"期间(2001—2005年),先后完成了前湾港三期集装箱码头、青岛港液体化工码头、积米崖货运码头、薛家岛轮渡二期以及竹岔岛-张屯、灵山岛-龙门顶、斋堂岛-琅琊、田横岛-绿岛等陆岛交通码头建设。前湾港南港区开始开发建设,董家口港区基本完成规划研究。顺利实施了外贸集装箱航线西迁前湾港区的战略举措,优化了港区功能布局。争取国家批准了"区港联动"试点,制定发展意见,建成保税物流园区,正式封关运营。

"十一五"期间(2006—2010年),完成了黄岛港区青岛港原油码头三期工程、前湾港区青岛港招商局国际集装箱码头工程、董家口港区鲁能通用码头工程等13个重点码头项目,青岛港外航道扩建工程等3个基础设施项目,青岛港新增泊位31个,新增码头通过能力8644万吨,新增集装箱通过能力645万标准箱。开工建设前湾港区集装箱码头四期工程5#-8#泊位等7个码头项目。启动董家口港区建设,相继开工建设山东液化天然气(LNG)项目码头及陆域形成工程董家口港区、防波堤、董家口港区航道工程等项目。到2010年底,形成了以胶州湾港群为核心,一般性小型港口为补充、结构较为合理、配套较为齐全的港口体系。青岛港总泊位达到102个,其中万吨级以上泊位达到66个,年综合通过能力达到2.1亿吨。

"十二五"以来(2011年至今),大力推进青岛港转型发展和做大做强,形成以胶州湾港群为核心、董家口港区初具规模的港口发展格局,港口国际竞争力进一步增强。老港区逐步转移干散货作业,建成邮轮码头,开通首条母港航线,可停靠目前世界最大的邮轮"海洋绿洲号",逐步从货物装卸港向国际邮轮港转型、从邮轮经停港向邮轮母港升级。董家口港区建成我国第一个40万吨矿石接卸码头,创造了最大的码头、最深的码头水深、最先进的环保系统、最先进的信息化操作系统、最大的岸桥五项世界纪录;建成30万吨级原油码头,顺利完成了"新尼卡"油轮首靠作业;建成山东液化天然气(LNG)项目码头一期工程,是华北最大的天然气站之一;完成董家口嘴作业区进港航道工程和琅琊台湾作业区航道扩建工程,形成世界港口航道水深最深、超大型船舶通过能力最强的主航道之一;完成董家口港区防波堤工程和西防波堤二期工程,新增7.7公里深水防波堤。"十二五"期间,累计新增泊位18个(万吨级以上18个),新增码头通过能力8496万吨,新增航道19.2公里、深水防波堤7.7公里。2016—2018年上半年,青岛港董家口港区航道工程(董家口嘴作业区进港航道)、青岛港董家口港区港投通用一期工程等13个工程通过竣工验收。港口总泊位达到121个(万吨级以上泊位84个),青岛港口在建设辐射全球的国际海港枢纽道路上面临着更广阔的发展前景。

(三)铁路实现跨越式发展

铁路实现跨越式发展,铁路基础设施建设,尤其是高速铁路建设取得重大进展,铁路网络规模进一步扩大,基本形成"两站八线"的高效集约化铁路输送体系。截至2017年底,市域内铁路里程403公里,密度3.9公里/百平方公里,铁路车站18个;铁路客运量达到3178.7人次,货运量达到6021.2万吨。

改革开放初期,青岛市境内只有胶济铁路、蓝烟铁路,铁路发展较为缓慢。1991年兴建了胶黄铁路,1995年开通。2003年12月建成胶新铁路并投入运营,是中国东部沿海地区南海便捷大通道的重要组成部分。

"十五"期间(2001—2005年),完成了胶济线电气化改造、胶黄复线及电气化改造、胶新铁路等工程。

"十一五"期间(2006—2010年),铁路建设进一步提速,新建铁路57公里,电气化改造165公里,铁路密度进一步加大,增强了半岛城市之间铁路联系。新建了胶济客运专线,完成了胶济铁路电气化改造、蓝烟铁路电气化改造、胶黄铁路复线及电气化改造工程。开工建设铁路青岛客运北站、青荣城际铁路、海青铁路和胶新铁路电气化改造工程。扩建改造了铁路青岛客站,完成了青岛集装箱中心站、黄岛站及港内铁路应急扩能改造工程、青岛动车运用维修设施。到2010年底,青岛市基本形成了"一环三放射"的高效集约化铁路输送体系。市域内铁路营业里程发展到252公里,密度达到2.3公里/每百平方公里。

"十二五"以来(2011年以来),青岛市铁路建设处在高潮期,实现了飞速发展,累计新建铁路168公里。至2015年底,市域内铁路里程403公里,铁路车站18个。青岛客运北站建成投入运营,成为山东省最大的铁路客运枢纽站;青荣城际铁路建成通车,与胶济客运专线、太青客运专线等衔接,形成山东沿海地区通往全国各地的快速客运网络;海青铁路建成通车,与德龙烟、黄大、胶黄、青连铁路形成一条贯通南北的沿海大通道;胶新铁路电气化改造完成,极大缓解了运能运力紧张的矛盾;青连铁路开工建设,是山东半岛城市群城际铁路网主骨架和我国"五纵五横"综合运输大通道南北沿海运输通道的重要组成部分,将大大缩短山东半岛与长三角地区的时空距离;济青高铁开工建设,青岛到济南的行车时间将由现在的最快2小时30分钟缩短至1小时,青岛蓝色经济区龙头带动作用再获提升。董家口港区疏港铁路开工建设,成为连接青岛港董家口港区与外界的大动脉,对于充分释放董家口港区强大吞吐能力,加快建设世界一流的海洋港口具有重大意义。济青高铁、青连铁路、董家口港区疏港铁路、红岛站、青岛西站将于2018年底建成通车或投入使用。

(四)青岛机场开启发展新篇章

青岛流亭机场为4E级民用国际机场,是中国十二大干线机场之一。建成于1944年,1987年完成一期扩建,2004年完成二期扩建,2005年升格为国际机场。截至2017年底,流亭机场空中航线186条、通航城市106个,其中:国际航线27条、通航23个城市,国内航线157条、通航81个城市。机场旅客、货邮吞吐量分别达到2321.05万人次、23.21万吨,均居全国千万级机场第15位。

"十一五"期间(2006—2010年),青岛流亭机场更名为青岛国际机场集团有限公司,加强了国际航线的开发。完成三期扩建,扩建航站楼5.6万平方米(地上部分)、停机坪10万平方米、货运库8900平方米,完成飞行区跑道滑行道加厚工程。到2010年底,青岛国际机场形成了由青岛辐射全国、向世界延伸的空中交通网络,成为华东地区重要的区域性枢纽机场。拥有3400×45米跑道一条,航站楼面积(地上)12万平方米,站坪面积44万平方米,站坪机位45个,其中货机机位4个,货库面积1.98万平方米。2010年青岛国际机场成为中国(不含港澳台)第十五个千万级机场,航空旅客吞吐量达到1110.1万人次。

"十二五"以来(2011年以来),青岛(流亭)国际机场完成了飞行区沥青混凝土道面专项处理、机坪扩容、服务保障用房建设、安检通道改造、桥载设备替代 APU 项目等地面保障能力内涵式挖潜扩容工作,扩建机位 16 个,增加机坪近 9 万平方米、客机坪和货机坪 E 类联络道各 1 条,地面保障能力由 1200 万人次/年提升到 2000 万人次/年。

新机场建设进程取得重大突破,2014 年青岛胶东国际机场立项获国务院和中央军委批复,2015 年先后完成可研、总规、初设等国家层面手续报批并开工建设,定位为区域门户机场、环渤海地区的国际航空货运枢纽机场,标志着青岛市在构筑立体大交通网络上又迈出了重要一步。青岛胶东国际机场开工建设以来,至 2017 年底航站区非影响区幕墙和屋面达到闭水条件,影响区完成主体结构施工;飞行区完成土方施工,启动水稳施工;GTC 和高地铁代建完成主体结构施工,累计完成投资 188 亿元,预计 2019 年竣工。

(五)公共交通进一步实现创新融合

推进实施公交都市创建"311"工程,即坚持路权、信号、场站"3 个优先",线网布局"1 个优化",政策规划"1 个落实",基本实现公交全域统筹。截至 2017 年底,公共交通机动化出行分担率达到 53%。青岛市区公交线路总长度 6932.1 公里。城市轨道交通获批 9 条、里程位居全国第 7;在建线路 6 条、里程位居全国第 4。截至 2017 年底,地铁运营有效长度达到 44.872 公里,全年累计客运量 6579.42 万人次。3 号线全线开通后日均客运量 17.45 万人次,2 号线(一期)东段日均客运量 9.50 万人次。

"十五"期间(2001—2005 年),城市公共交通发展迅速,城市轨道交通的前期工作不断深入,地铁南北线北延伸线、东西线预可行性研究报告通过评估,轨道交通线网规划完成修编。

"十一五"期间(2006—2010 年),建成并投入使用隆德路、湖岛新村等正式公交停车场和奇峰路、刘家下庄等临时场站共计 24 处,新增停车面积 17.7 万平方米。开工建设深圳路、延安一路——王村路公交停车场。市区累计更新公交车辆 2664 辆,国Ⅲ排放标准的公交车达到 70% 以上。轨道交通建设工作全面启动,建设规划获得国家批准,开工建设一期工程 M3 号线,二期工程 M2 号线正在积极推进前期工作。到 2010 年底,青岛市基本形成以常规公交为主体,出租车、轮渡为补充的公共客运交通体系。

"十二五"期间(2011—2015 年),常规公交车辆加速更新、配套设施不断完善,2013 年成为国家公交都市建设示范工程第二批创建城市。政府采购市区累计更新、增加公交车辆 2822 辆,全部为新能源和清洁能源车辆;市区建成仰口、白沙湾、高新区、新街口等正式公交场站和四川路、沙岭庄、世博园等临时场站共计 56 处,新增公交停车面积 44.3 万平方米;建成青岛薛家岛电动汽车智能充换储放一体化示范电站,成为全国重点的国家智能电网综合标准化试点工程。轨道交通建设步入快车道。3 号线(24.8 公里)基本完工,2015 年底北部区段(12.6 公里)试运营;2 号线一期工程(25.2 公里)、11 号线一期工程(58.4 公里)、13 号线一期和二期工程(68.9 公里)全面开工建设;1 号线、7 号线一期工程、4 号线、6 号线一期工程加快开展前期工作;2016 年 3 月,城阳现代有轨电车示范线建成并试运营;轨道交通近期建设规划(2013—2018 年)获国家发改委批复,新一轮轨道交通线网规划修编工作基本完成。

(六)物流设施体系建设日益完善

青岛市初步形成以海港、空港、陆路三大物流系统为支撑的区域性现代物流枢纽。前湾港南港区等5个千万平方米物流园工程圆满收官。重点建设董家口港区物流园、前湾港南港区物流园、胶东空港物流园、胶州湾国际物流园、即墨国际陆港物流园等5个物流园区；辛安物流中心、楼山物流中心、龙泉物流中心、新河物流中心、同和物流中心、店埠物流中心等6个物流中心。推进胶州、董家口、即墨铁路物流园及宝湾物流中心、山高西海岸智慧物流园等通用集散、多式联运型物流货运枢纽建设。

三、运输服务成就

（一）客运服务

近几年，道路旅客运输工作以服务民生、保障安全、维护稳定为工作重点，强化客运安全管理，深入进行质量信誉考核，不断提升道路客运服务水平。监督指导客运行业始终把顾客满意作为检验客运服务成效的标准，围绕服务抓创新促发展，延伸服务链条，提升服务品质，不断拓宽服务群众的领域。圆满完成2012年第三届亚洲沙滩运动会、2013年全国城市规划年会、2014年青岛世界园艺博览会、亚太经合组织（APEC）第二次高官会议、2015年世界休闲体育大会、2016年国际教育信息化大会、2017年全国游泳锦标赛、2018年上合组织青岛峰会等国内外大型会议活动的组织服务保障工作。

1.以专业化服务争创行业标兵

把质量信誉和安全服务作为基准面，客运企业加强站场环境、营运车辆、作业状态的实时监控和动态管理，构建人防、技防、物防"360安全管理体系"，把惠民服务作为标准线。一是在汽车站为出港旅（游）客提供女士专属化妆室，特需乘客专属售票、候车、乘车绿色通道，"邮寄儿童"、免费WiFi等温馨服务。二是落实道路客运班线实名制管理工作。方便群众，积极推进多元化售票，依托微机售检票系统，已经建成网站售票、移动终端售票、自助机售票、电话订票、外点订票等多种方式，所有客运站均已实现联网售票，联网覆盖率达100%，为旅客提供更便捷、更丰富的购票选择渠道。同时，网络、手机购票平台和自助售（取）票机，以及覆盖所有车站交通枢纽和长途班车的免费WiFi，让乘客出行更便捷、更温馨。三是着力强化服务软实力，实施服务标准化管理，用制度来规范服务行为；通过向社会公布交通服务热线和客运企业监督电话，搭建了客服热线、短信平台、网络在线服务等多途径业务受理和监督平台，全面加强与顾客的互动。四是开展智慧出行，让出行环境更加便捷。为解决市民"开车堵，公交累，打车贵，停车难"的出行难题，交运集团按照"贴近市场、服务群众、数据可控、平台共享"的原则，打造了全国首个由专业综合交通企业自主研发并投入运营的道路交通互联网服务平台——"交运行"，提供联网售票、定制公交、定制校车、出行信息查询、小件快递、分时租赁以及旅游包车等服务业务。

2.以公益化服务勇担社会责任

道路旅客运输行业作为一个社会化的服务行业，始终坚持以改善民生为出发点和落脚点，以公益化服务勇担社会责任。2014年开始，"情满旅途"被确立为全国春运常态化主题，并入选交通运输部全国"十大交通运输文化品牌"。青岛市以交运集团为代表的骨干客运企业，积极开展公益活动，传递社会正能量。建立"爱心驿站·环卫之家"，为环卫工人提供休息、饮水、免费早餐，及赠送御寒防暑物品、送票返乡、免费查体等服务，在今年成为山东省唯一被中宣部命名的"全国学雷锋活动示范点";开放"爱心驿站·的士之家""爱心驿站·市民之家"为出租车驾驶员、市民提供休闲场所;在各汽车站设立"爱心基金",资助特需旅客回家;建设"爱心妈妈小屋",为孕期哺乳期女员工、女乘客提供便利;组织"爱心义捐"、发起"爱心支教",助力希望工程;推出"爱心义运",免费接送高考中考学生,免费运送爱心物资和滞销农产品;设置"爱心陪伴",温情服务空巢老人;提供"爱心托管",照顾放学后无人照看的学童;开放"爱心公厕",缓解城市如厕难;建立"爱心招领",搭建找寻失物免费平台。开辟"爱心岗位",近三年解决了8000多个就业岗位,极大缓解了社会就业压力,在汽车站设立"劳动力服务中心"、举办招聘大集,为外来务工人员及市民免费提供用工信息、政策咨询、用工登记等服务。

3.以标准化服务创造优美乘车环境

按照交通行业标准《汽车客运站级别划分和建设要求》加强场站建设,提升服务品质。青岛市共有二级以上道路客运汽车站12个,其中,一级客运站5个(青岛长途汽车站、青岛汽车东站、青岛汽车北站、黄岛长途汽车站、平度汽车站),二级客运站6个(青岛公路客运总站、青岛沧口长途汽车站、莱西汽车站、胶州汽车站、西海岸长途汽车站、西海岸汽车总站),三级站有即墨汽车客运总站、即墨商城汽车客运站。采用明察与暗访相结合的方法,建立了对客运站动态巡视检查制度。车站运营以"情满旅途"服务品牌为根本,开展经营创新、管理创新和文化创新,以安全、规范、有序、快捷的服务标准,使每位进站乘车的旅客体会到家的温馨和旅途的愉悦。2002年投入使用的青岛汽车北站与青岛国际机场近在咫尺,是进出青岛的必经之路,区位优势明显,依托该站资源和周边公交线路,有效促进青岛市区东部和北部的发展,促进城乡发展和城乡互动融合,成为青岛北部不可或缺的换乘枢纽,不仅让车站发展充满活力,更带动周边区域的经济快速发展。2006年青岛汽车东站正式启动,车站按照交通部一级客运汽车站标准建设,日发送能力2000余个班次,接发旅客60000余人次,占地面积66000平方米,建筑面积23000平方米,停车场车位300余个,促进青岛东部交通发展。2007年底,作为青岛市迎奥重点工程项目之一和2008年为老百姓办的实事之一的青岛汽车站改造工程正式上马,已经运行了16年的青岛汽车站老站房完成了它的历史使命。2008年7月底,封闭改造完成,改造后的青岛长途汽车站新增建筑面积9000余平方米,设计发送旅客增加至360万人次,同时以其人性化的服务、智能化的管理、严密的安全措施、完善的功能博得了社会各界的青睐和好评。

(二)货运服务

1.多式联运服务网络进一步完善

全市多式联运线路达到37条(其中管内25条,管外7条,过境5条),海铁联运箱量持续保持全国沿海港口首位。中亚班列作为上合组织成员国与"一带一路"沿线国家实现资源共享的重要交通工具,开行密度由初期的每周1列逐步增加到每周3列。青岛"一带一路"跨境集装箱海公铁多式联运入选全国首批示范工程,在前湾港与胶州铁路集装箱中心站之间开行"胶黄小运转"班列,将港口功能向内陆延伸,打造"前港后站、一体运作"海铁联运模式基础上,开行即墨—黄岛班列,即黄班列被列入中国铁路货运列车运行网络。中韩陆海联运青岛通道稳步发展,成为精密仪器、大型高精尖设备进出口的首选物流运输方式。

2.道路货运产业平稳发展

截至2018年8月,全市共有道路货物运输企业11154户、营运货车约89423辆,货运站场10家。其中,全市5辆车以上货运业户共3354户,厢式货车9112辆,集装箱车14944辆、危险品车3054辆,拥有百辆车以上货运企业118家。一是全市道路运输产业总量稳中有升,2017年完成货运量24716万吨,货物周转量5159117万吨公里,货运生产值同比增长9.6%,增长比位列全省首位。二是甩挂运输和专线快运等运输方式快速发展。货运企业发展以物流业和快递业为增长点,运输企业能较快适应货运市场变化,拓展服务领域,全市挂车达19032辆,通过发展甩挂运输和专线快运等先进运输方式提高行业竞争力。重型、专用货车发展迅速,重型货车达到36875辆,专项运输货车达到32558辆,全市100辆以上货运企业达到118户,货运户均拥有货车8辆,骨干货运企业数量有所增加,货运车辆保持稳定增长,大吨位车辆发展较快,小吨位车辆快速减少,全市道路货物运输运力结构得到进一步优化,集约化程度有了一定提高。

(1)科技化手段提升监管能力。进一步深化细化货运行业管理工作,推动"互联网+"战略,在全省率先实现了对危化品运输车辆的科技管控,电子运单系统、4G视频监控系统实现了对运单和驾驶员的动态监管。一是优化升级青岛市现有监控平台功能,由市财政出资为全市危货运输车辆安装具有4G视频实时监控、车辆运行主动预警、驾驶员驾驶行为分析、全天候卫星定位监控功能的成套升级车载监控设备,实现危货运输过程4G视频实时监控,增加驾驶员疲劳驾驶面部识别等功能,有效降低事故发生率,提升道路运输安全生产水平。二是创新监管方式,推进危货电子运单制度取得新进展。青岛作为全省推广电子运单六个地市之一,运管部门积极与安监、公安、环保、质监等部门进行对接,推动电子运单系统落地。市安委办专门组织召开危险货物道路运输电子运单协调工作专题会议,确定各相关部门协调配合,围绕电子运单系统,实现对危险化学品的源头监管及动态监管。同时,组织举办了全市道路危险货物运输电子运单系统培训,各级运管机构、各危险货物运输企业共计337人参加。目前,危货运输企业已完成系统信息采集,并在全行业范围内进行试运行。

(2)大力推进货运行业新模式。在普货行业中,推广"一带一路"第四方物流平台,建设无车承运系统平台,促进货运行业良性发展,降低托运人的保险成本。经过一年的探索,青岛市无车承运人试点工作已初见成效,初步促成了青岛港国际物流与北京正和赢时、招商局、中国人保、一汽启明、北汽福田、上实集团、邮储银行等多方资源的战略合作意向。实现车货匹配业务全程网上流转,实现运行的网络化、集约化、标准化、高效化,完成了5000余辆车在线试运行。依托无车服务中心对外统一进行运费垫付结算,使车主提早收到运费、降低财务成本,促进货运行业良性发展;同时,与中国人保研究制定了平台货运险,由平台对货运统一投保,费率降至万分之一点五,为国内行业最低值,降低了托运人的保险成本。

(3)甩挂运输稳步发展。青岛市甩挂运输试点工作从2009年开展以来,现已培育发展了交运集团公司、中国外运山东有限公司、青岛天人物流集团有限公司、青岛长运集团有限公司4家甩挂试点企业。2012年,交运集团公司、中国外运山东有限公司被省交通运输厅列为省级甩挂试点单位,目前正积极申报国家级甩挂试点单位。青岛市甩挂运输试点企业进行了积极的实践探索,形成了一些甩挂运输运作新模式和新思路,通过试点积累了丰富的经验,促进了青岛市甩挂运输平稳有序发展。从发展前景看,青岛市所处地理位置优越,区位优势明显,港口外贸进出口量大,发展甩挂运输具有得天独厚的优势,发展潜力较大。2012 年 12 月 28 日,省交通运输厅审核确定并公布了交运集团公司为市级甩挂运输运营中心(省内各地市只确定 1 家企业承载甩挂运营中心建设),作为青岛市甩挂运输与省其他地市甩挂运输运营中心的重要对接平台,有效加强青岛市甩挂运输试点企业资源整合、信息沟通,进一步促进青岛市甩挂运输规模化、网络化发展奠定了坚实基础。

(4)开展城市绿色货运配送示范工程创建。2018 年,交通运输部办公厅、公安部办公厅、商务部办公厅下发了《关于公布城市绿色货运配送示范工程创建城市的通知》(交办运〔2018〕75 号),青岛市成功申报成为全国城市绿色货运配送示范工程创建城市。通过此次城市绿色货运配送示范工程建设,青岛市力争建成"集约、高效、绿色、智能"的城市货运配送服务体系,为促进城市可持续发展提供有力支撑。探索形成独具特色的城市绿色货运配送发展模式;建成一批现代化、标准化、集约化的城市货运枢纽,形成若干集聚效应强的干支衔接公共货运枢纽站场;培育一批运作高效、服务规范、开展甩挂运输和实施共同配送的物流企业;更新一批标准化、专业化、环保型运输与物流装备,新能源和清洁能源车辆占营运载货汽车比重大幅提升;打造功能健全、资源集约协同共享的物流信息平台;城市货运配送效率显著提升,物流成本、能耗水平和污染物排放明显降低。

四、行业管理成就

(一)法治建设

改革开放 40 年来,青岛市交通运输委围绕交通运输中心工作,完善地方交通立法体系,推进行业管理体制改革,加强交通执法队伍建设,加大行政执法监督力度,依法行政和法治政府建设取得明显成效。

1.完善依法行政制度体系

(1)加强制度建设,发挥立法引领。1997 年 7 月 24 日青岛市第十一届人大常委会第二十二次会议通过、自 1997 年 9 月 1 日起施行的《青岛市出租汽车客运管理条例》是改革开放以来第一部地方交通法规。之后又相继出台了《青岛市机动车驾驶员培训管理条例》《青岛市轨道交通条例》等 7 部交通法规。制定了《青岛市公共汽车乘坐规定》《青岛市民用机场净空保护管理办法》《青岛市网络预约出租汽车经营服务管理暂行办法》等 10 部政府规章。

(2)立改废释并举,提高立法质量。废止了《青岛市客运出租汽车经营权有偿使用若干问题的规定》等 6 件规章、9 件市政府规范性文件。

(3)加强规范性文件管理,做好规范性文件审查备案工作。全面落实规范性文件统一登记、统一编号、统一公布制度"三统一"制度,加强规范性文件制发管理。在交通运输委网站上设立规范性文件公布专栏,定期公布交通运输委现行规范性文件目录。

2.依法全面履行政府职能

(1)进一步简政放权,转变政府职能。深入开展行政审批制度改革,截至 2018 年 6 月底,我委共取消 9 项行政审批事项,将 3 项审批事项调整管理方式,承接 2 大项行政审批事项,下放行政审批及相关服务事项 29 项。

(2)深入推进放管结合,强化事中事后监管。深入实施"双随机、一公开"监管,建立了

"一单两库一细则"制度,制定了随机抽查工作细则。

(3)提高服务质量和水平,优化政务环境。推进"互联网+行政审批"工作成效显著,全面落实行政审批"两集中两到位",积极推行"容缺受理、容缺审查"便民服务举措,优化办理流程。

3.健全行政执法体制机制

(1)严格行政执法程序,规范行政执法行为。督导执法单位全面落实行政执法全过程记录制度、公示制度和重大执法决定法制审核制度等三项制度,行政处罚、行政强制等行政执法行为实现了全程留痕。

(2)加强执法队伍建设,提高执法人员素质。全面落实行政执法人员持证上岗,对全委行政执法人员和行政执法证件进行了清理、公示,共清理执法人员107人,执法证件120件。

(3)强化行政执法监督,提升行政执法水平。每年组织开展全市交通系统执法评议考核和行政执法案卷评查活动,进一步规范执法行为,提高执法水平。

4.完善矛盾纠纷多元化解机制,推进行政决策科学化、民主化、法治化

(1)规范重大行政决策程序。制定出台了《青岛市交通运输委员会重大行政决策合法性审查程序规定》和《委主任办公会议题合法性审查程序规定》,进一步明确了重大行政决策和委主任办公会议题合法性审查的程序、内容和时限,确保重大行政决策内容、程序合法合规。

(2)加强行政决策合法性审查。2012年以来,共对各类请示、报告事项,及经济合同、重点项目实施方案等实施合法性审查256件,其中经济合同165件,决策事项91件。

(3)加强行政诉讼、行政复议工作。2013年至今,组织协调并完成18件行政诉讼应诉工作,受理并处理6件行政复议,在2014年6月份青岛市试点相对集中行政复议权后,协调完成4件行政复议答复工作。

5.加强普法宣传教育,全面提高政府工作人员法治思维和依法行政能力

(1)普法从领导干部做起,做学法表率。每年至少组织4次委领导班子集体学法,举办2期法制专题讲座、每季度开展1次法律知识学习并组织考试,每期考试优秀率均达100%。

(2)普法从执法人员做起,执法先知法。把交通行政执法人员培训作为全年依法行政工作重要内容,建立了完善的法治培训体系和专项经费保障。

(3)普法从执法办案做起,执法促普法。全委6个执法单位全部建立了"谁执法谁普法"的普法责任制,并积极建立健全执法过程中的"法律告知"制度,建立对外法治宣传固定阵地。

6.青岛市交通运输法治现状

(1)法规政策。交通运输地方性法规8部、政府规章4部,规范性文件17件。

(2)行政审批。有行政审批事项28项,其中交通运输委1项,港航局13项,运管局10项,公路局、高管处4项。

(3)执法机构。共有6个执法单位,分别是公路局、运管局、港航局、交通监察支队、高管处、质监站,共有1452名执法人员。

(4)行政处罚。有行政处罚事项509项,其中公路路政40项,道路运政139项,港航执法100项,交通监察115项,交通工程质量监督109项,轨道交通6项。

(5)治超站点。省政府批准公布的全市Ⅰ、Ⅱ类治超检测站共有6处,临时治超点22处。我市年发送量20万吨以上的重点源头单位有9家,5万吨至20万吨的重点源头单位有23

家,有执法人员派驻或巡查监管。

(二)管理体制改革

青岛市交通运输委员会是青岛市政府主管公路、水路、海港、空港等交通运输行业的工作部门。行业管理的重点单位有青岛港集团、青岛国际机场集团、青岛公交集团、交运集团、地铁集团等企业,协调青岛火车站、青岛西车务段、青岛海事局等单位。

1.组建市交通委员会,综合交通运输管理体制基本确立

2004年青岛港口、机场下放青岛市属地化管理前,原市交通局主要负责公路建设和道路水路行业管理。2004年7月青岛市委、市政府调整交通管理体制,将原市交通局的职能,原市经济委员会承担的青岛港行政管理与协调铁路、公路、水运、航空等运输企业之间衔接和联合运输职能以及空港管理职能合并,组建市交通委员会。为市政府工作部门,正局级规格。市交通运输委下设公路管理局、港航管理局和道路运输管理局,均为副局级规格,局长分别由市交通委员会副主任兼任。原市交通局所属事业单位,划归新组建的市交通委员会管理。市交通战备办公室设在市交通委员会。

2.组建市交通运输委员会,进一步完善交通运输管理体制

2009年,青岛市委、市政府实施新一轮机构改革,将市交通委员会更名为市交通运输委员会,加强了综合运输体系规划协调、推进区域和城乡交通运输一体化、指导城市地铁和轨道交通运营等职责。建立全市综合运输体系的职责分工,市交通运输委员会牵头,会同市发展和改革委员会等部门建立全市综合运输体系协调配合机制。市交通运输委员会会同有关部门组织编制综合运输体系规划,承担涉及综合运输体系规划有关重大问题的协调工作。

3.理顺邮政监管和铁路建设管理体制,积极构建"大交通"管理格局

2012年,青岛市邮政管理局成立,邮政管理局局长兼任市交通运输委副主任。邮政管理体制由中央垂直管理调整为中央和地方双重管理、以中央管理为主。市交通运输委主要统筹协调本地邮政行业规划与交通运输规划的衔接,促进邮政与交通运输资源的整合。2013年,市政府成立市铁路建设管理指挥部,指挥部办公室设在交通运输委,主要负责铁路建设期间的组织、管理、协调,以及铁路建成后的运营、监管等工作。2014年4月,在市铁路道口安全委员会办公室加挂市铁路建设办公室牌子,承担相关工作。

4.深化交通运输综合管理体制改革,逐步构建"一城一交"的大交通综合管理体制机制

2017年12月,市委、市政府印发《青岛市深化交通运输综合管理体制改革方案》。市交通运输委牵头推进全市交通规划、建设、运营、管理与服务,统筹协调公路、港口、民航、轨道交通和邮政行业发展。建立交通运输综合执法体制,将分散在市交通运输委机关处室、执法队伍、事业单位的行政执法职责、机构和人员编制整合,组建市交通运输综合行政执法支队。深化公路管理体制改革,合理划分市、区(市)交通运输管理事权,将公路管理体制由市级垂直管理调整为市、区(市)分级管理。推进事业单位分类改革,逐步剥离市交通运输委所属事业单位的生产经营职能,撤销市交通运输委所属市旅游航空服务中心、市公路职工培训中心等机构。

(三)投融资体制改革

2009年7月,成品油价税费改革带来的政策变化,对交通建设融资形成了严重冲击,以交

通规费为基础的传统融资模式不复存在,交通建设资金需求与缺口之间的矛盾更为突出,这也是全国交通行业面临的共性问题和严峻挑战。为积极适应改革变化,保障市交通事业持续健康发展,按照市委、市政府的战略部署,市交通委结合青岛交通实际,做出了整合交通资源优势,搭建投融资新平台的重大战略决策。2009年7月29日,重组后的青岛交通开发投资中心(副局级事业单位)正式揭牌,在全省率先搭建起了以交通优良资产为支撑、资产运营为主体、多元化经营的交通投融资新平台。交通开发投资中心由交通委财务处处长任法人代表主持工作,全面承担起了交通建设投融资任务,投资71.04亿元建设了青龙高速公路,承担了市铁路建设出资人职责,设立了青岛市琴岛通卡股份有限公司,贷款融资89.75亿元用于交通建设项目,全力推动了青岛交通事业的快速发展,得到了中央、省、市领导和社会各界人士的广泛关注和高度评价。

2012年,国家相继出台了一系列清理规范政府融资平台政策,原有交通投融资平台受到诸多限制,融资难度不断加大。为此,市交通运输委积极适应国家投融资政策、形势变化,不断创新,提出了从土地收益源头按合理比例提取交通建设资金的新思路。在市财政、国土等部门以及各区市的大力支持下,经市政府批准,在全国交通行业开创先河设立了交通建设基金。根据《青岛市交通建设基金提取管理办法》,自2012年起全市范围内出让土地按土地出让合同金额的6%提取交通建设基金,专项用于非经营性普通公路项目、经营性收费公路项目资本金、偿还公路建设债务和交通投融资平台进行融资。交通建设基金的设立对建立完善交通投融资长效机制,保障青岛市交通运输事业持续健康发展具有重大意义,在全国交通行业也起到了示范和引领作用。同年,按照"匹配战略、主业突出、管理现代、带动力强"的原则,拟定了青岛交通发展集团组建方案,经市政府批准,2012年5月18日交通发展集团注册成立,作为交通投融资新平台与交通开发投资中心合署办公,承担交通建设投融资任务。

2013年以来,市交通运输委以"多措并举筹措资金,确保完工项目、续建项目、债务偿还和新增市重点项目,坚决守住不发生系统性债务风险底线"为指导思想,专门成立了交通建设筹融资工作协调推进小组,推进交通建设融资工作。2014年8月,开展了"金融合作促进月"活动,交通运输委主要领导带队走访各大金融机构以及市金融办、银监局等部门,介绍青岛市交通建设情况,积极争取资金和政策支持。2015年,报经市政府批准,与市财政、发改、金融办等部门合作,公开面向全市金融机构融资。通过专家论证,综合比较,征集"成本最低、条件最优"的融资方案。通过努力,争取金融机构授信共计208亿元,利用资金90亿元,有效缓解了交通建设资金极度紧张的困境,避免了信访、诉讼和资金链断裂风险的发生,平稳化解了危机。

近年来,适应国家投融资政策的调整,交通建设资金主要通过财政部门统筹解决。市财政部门已安排交通建设基金28.82亿元、地方政府债券资金34.85亿元、用于公路、铁路建设,安排65.56亿元政府置换债券用于置换交通建设存量债务。"借、用、还"一体化的财政管理机制初步建立,长期困扰和制约交通运输事业的资金难题,有望得以逐步破解。

(四)技术政策及标准建设

1.完善体制机制

成立青岛市交通运输标准化委员会,组织领导统筹协调全市交通运输行业标准化工作;

成立青岛市交通运输标准化技术委员会,组织交通运输领域国家标准、行业标准和地方标准规范宣贯培训和推广,有力推动标准化工作开展。

2. 加强顶层设计

在全国同类城市中率先编制《青岛市交通运输标准化"十三五"发展规划》,梳理青岛市交通运输行业发展对标准化工作需求,明确五项原则、六大任务、十个推进工程、四项保障措施。编制完成《青岛市交通运输标准体系》,有效促进地方标准与国家、行业标准协调衔接。

3. 创新开展工作

发布机关政务管理规范及配套软件,提高机关政务管理能力和服务水平。编制完成《青岛市交通运输标准化管理信息化研究报告》,研究开发青岛市交通运输标准化管理信息系统,提升青岛市交通运输行业标准制修订管理水平。

4. 引领行业各领域标准化工作深入开展

截至2018年11月,青岛市交通运输委员会及相关交通运输企业共参与制定国家标准27项、行业标准15项、团体标准8项、地方标准规范55项,列入全国社会管理和公共服务标准化试点项目2项,列入国家级服务业标准化试点项目1项,列入省级服务业标准化试点项目1项。

(1)公路。普通国省道:加强标准化工作管理体制机制建设,成立标准化工作领导小组,制定下发标准化工作实施方案;制定发布《路养联合巡查工作制度》等4项相关工作制度及办法。高速公路:发布实施《青岛市高速公路收费人员服务规范》等3项青岛市地方标准规范,其中《青岛市高速公路收费人员服务规范》升级为团体标准,《青岛市高速公路服务区服务管理规范》升级为山东省地方标准;"青岛高速公路服务标准化试点"被列入省级服务业标准化试点项目;"青岛市高速公路综合服务标准化试点"被列入全国第四批社会管理和公共服务标准化试点项目。

(2)道路运输、城市客运。制定发布《青岛市公交线路优化导则》等19项青岛市地方性标准规范,为道路运输行业实现标准化管理,不断提升道路运输质量和服务水平,提供了有力保障。

公交集团参与制修订《公共汽电车线网设置与调整规则》等35项标准。其中8项国家标准,6项行业标准,5项团体标准,16项地方标准规范。交运集团参与制修订《城市公共汽电车驾驶员操作规范》等7项标准。其中,国家标准1项,行业标准1项,地方标准5项。

(3)港航。青岛港引航站开展雾天引航标准化工作,进行了多次雾天通航实验,引航船舶实现安全靠离泊。对通航实验数据进行统计分析,积极对接海事管理部门和港口企业,进一步完善集装箱班轮雾天引航操作规范。

青岛港共主导编制修订25项国标、行标。2018年,作为主编单位参与编写了《集装箱门式起重机远程控制系统技术条件》《集装箱岸边起重机远程控制系统技术条件》两项中国港口协会团体标准,两项标准的发布实施填补了港口行业标准空白,对引领码头智能化技术具有深远影响。

青岛机场修订完善《服务标准体系》《服务监察细则》等多项服务规章,通过对服务制度、服务流程、服务监察等工作的标准化管控,提升服务管理的精细化水平;对标国际机场协会机场服务质量测评标准,通过找差距、补短板,持续提升服务质量。

（4）质量监督。完成《青岛市公路工程质量监督工作标准化指南》等多项标准规范的编制工作。制定《青岛市水运工程混凝土预制构件施工管理规范》，填补了青岛地区水运工程建设管理的空白。

（5）轨道交通。"青岛市城市轨道交通公共服务综合标准化试点"被列入全国第五批社会管理和公共服务标准化试点项目；编制发布地方标准规范2项；建成标准信息化平台，实现标准全过程信息化管理。

（6）安全生产及信息化建设。2018年2月26日《公路隧道运营企业安全标准化基本规范》作为行业标准正式发布，填补了中国公路隧道运营企业安全标准化工作的空白。完成《青岛市交通运输GIS-T平台技术规范》等5项青岛市地方性标准规范的编制工作。

五、科技创新成就

近年来，青岛市交通运输委围绕科技创新，以强化行业管理和优化公众服务为着力点，以企业需求为导向，促进企业科技创新，发挥科技示范引领作用，打造协同创新联盟，加强行业标准化建设，创新助力交通管理与服务提质、增效和升级。

（一）科技创新体制改革

1.科技发展的宏观管理与统筹协调能力得到强化

坚持以需求为导向、应用为根本，积极组织交通运输企业申报省交通运输厅科技计划项目。完成"对艾默美的C200型沥青拌合站燃烧器进行改造——重油改天然气项目"，将燃烧重油沥青拌和机组改为燃烧天然气沥青拌和机组，节能减排效果显著。2016年以来，组织相关交通运输企业申报科技项目60个，《基于手机信令和浮动车数据的城市高快速路路网运行状态分析技术研发》等16个项目列为省级计划项目。

2.跨行业、跨部门的协同创新能力得到提升

2016年10月27日，青岛市智慧交通发展联盟成立。该联盟由青岛市城市交通、公共交通管理机构，高等院校，科研院所等单位自发联合组成。其宗旨在于通过搭建一个平台，纵向促进政、产、学、研、用、资的一体化发展，加速交通科技成果转化推广应用；横向促进全行业经济、技术、管理水平、经济效益不断提高，推进智能交通产业规模化发展。

此外，青岛港集团与清华大学、中国科学院软件研究所等单位签订合作协议，通过联合共建实验室、联合推进国家级示范工程建设，加快国产化信息技术的应用与推广，在实现科研院所成果、创新资源、创新能力向港口企业转移转化的同时，加快提高青岛港自主创新能力。自2010年以来，共获得323项国家级专利（其中发明专利34项），获得33项软件版权。

（二）科研能力建设

1.行业重点科研平台建设得到强化

深入贯彻落实《交通运输科技"十三五"发展规划》，2017年向交通运输部申报"青岛市综合交通管理与服务大数据开放实验室""青岛市智慧交通发展联盟"、智慧交通、"交运公共交通网联化"等5家协同创新平台。

2018年，采用政企合作模式建设的"青岛市综合交通管理与服务大数据实验室"即将正式投入运行。通过共同探索智慧交通领域"众智、众包、众创、众筹"的发展道路，动员社会各方力量参与到青岛市智慧交通建设，在公众服务、行业治理、协同创新、标准规范等领域实现新的突破。同时通过政企合作，实现政企优势资源的深度融合，共同打造交通信息服务产业生态，形成政府、市场、公众多方共赢的发展格局，支撑交通运输行业在综合交通出行信息服务、社会治理能力等方面的能力提升。

2.行业企业技术创新能力逐步提高

青岛港坚持创新发展。一是创新组织体系建设。2016年青岛港进一步修订技术创新战略《青岛港全面创新管理办法》，进一步优化技术创新组织体系。二是人才队伍建设。至2017年底，有国家序列职务职称的3661人，高级技师、技师、高级工等高技能人才6440人。三是科普体系建设。与国内各大港口集团、港机制造龙头企业、技术关联产业等建立技术交流平台，与阿里巴巴签署战略合作备忘录，建成国内港航企业首家专有云平台；与上海海事大学、武汉理工大学持续开展设备履职管理和VR/AR虚拟/加强现实安全培训等技术开发应用研究等。

青岛公交集团在公交乘车付费方式、智能调度、智能科技公交方面取得了众多科技创新成果。变革了付费方式，1996年，青岛公交总公司与电子研究所共同开发的接触式IC卡收费系统投入使用，青岛成为全国最早实施公交IC卡收费系统的城市之一，公交IC卡的使用是青岛城市公共交通乘车付费方式的重大变革。初创智能调度。2003年，国家公交智能调度示范线在青岛公交集团501路线建成投入运行，并在香港路沿线安装10块电子站牌，成为全国公交智能调度示范线路。建设智能科技公交。按照"智能车辆、智能场站、智能平台、智能管理、智能服务"五大体系建设目标，青岛公交集团升级智能调度系统，基本实现了公交智能调度的市区全覆盖，实现了营运数据的实时监控；安装公交车载自动抓拍系统，提高了公交运行速度；实施"互联网+公交"，拓展公交信息服务功能，开通微信公众号，实现与乘客的零距离互动，推出多款公交实时查询平台，提供全方位的公交出行"一站式"信息服务；完善城市公共交通移动支付体系建设，全面推广普及城市公共交通"一卡通"，加快其在不同交通方式中的应用和跨市域的互联互通，公交IC卡已经与潍坊、日照和烟台3个城市实现互通互联；完善公交车信息化设备，安装了车载GPS、固定IC卡机、手持式IC卡机、移动电视、智能投币机等终端，实现了车内服务自动化。

交运集团自主研发了叮叮巴士公交导盲系统、"交运行"客运综合出行平台、旅游运能融通平台等一系列信息平台。2017年6月，在交运温馨巴士31路公交车上开通了银联云闪付、支付宝、微信、三星/华为/小米支付等多种"移动支付"方式，成为国内第一条支持多种"移动支付"方式的公交线路。交运集团创新打造了国内首个由交通运输企业建设运营的众创空间和孵化器——"交通谷"创客工场，2016年6月成功打造并投入试运营，同年11月3日正式启用，占地4500余平方米。先后成立了青岛市双创金融综合服务站、中国（青岛）—东南亚高端人才环流平台、山东交通学院产学研基地、青岛市未成年人社会课堂、青岛市大学生创新创业实践课堂——交运青创学院、青岛科技大学大学生实践基地等专业化、特色化服务平台和实践基地。首次在国内大规模采用了以换电模式与电池租赁相结合的纯电动公交车应用发展新模式，在国内首创了电池租赁模式，一举解决了困扰纯电动公交车发展的一系列难题。

(三)重大科技创新成果及推广应用

1.科技成果

近年来,青岛市交通运输行业科技创新成果丰硕。

(1)青岛港。青岛港集团获得国家省市的科技成果奖励50多项。其中《现代港口综合物流信息平台研究与实施》获"十一五"全国交通运输行业信息化优秀项目,《基于作业资源动态调配的集装箱码头智能配载研究与应用》获中国港口科技进步奖和青岛市科技进步奖,《港口地理信息系统(GIS)数据管理及关键技术研究与应用》获中国港口协会科学技术奖,《现代港口综合物流信息平台研究与实施》获山东省省科技进步奖,《港口业务运营系统信息安全体系建设》获中国航海学会科学技术奖。2013年以来,累计完成重点创新攻关项目1600余项,全部应用于港口生产经营管理实践,取得了显著的经济效益和社会效益,获得了国家、省、市级的科技成果奖励50多项。2017年,青岛港自动化码头荣获世界智能制造大会"中国智能制造十大科技进展"奖;《智能集装箱码头信息物理系统工程》荣获中国港口协会科学技术奖一等奖;《集装箱码头自动导引车(AGV)分布式浅充浅放循环充电技术及系统》《自动化集装箱码头高速ARMG精准定位系统研究与应用》荣获中国航海协会科学技术一等奖;《全智能集装箱自动化码头设备技术创新与应用》荣获中国设备管理创新成果特等奖;《自动化岸边装卸系统关键技术的创新与应用》荣获中国设备管理创新成果一等奖。

(2)交运集团。《新能源电动汽车发展的战略决策与实施》获得2012年全国交通企业管理创新成果三等奖;《以提升核心竞争力为目标的营运车辆科技信息化管理构建与实施》获得2013年全国交通运输企业科技创新成果一等奖;《构建以预防为主的纯电动公交车智能安全监管平台》获得2014年全国交通运输企业科技创新成果一等奖;《立足创新、强化管理,打造公交车辆管理新模式》获得2015年全国设备管理创新成果一等奖。

(3)青岛市交通规划设计院。青岛市交通规划设计院承担的《近海环境公路桥梁的混凝土耐久性和施工技术研究》获中国公路学会三等奖、山东省科学技术三等奖,实用新型专利8项。承担的《青岛市交通运输能耗与碳排放统计监测体系建设》项目,是领先全国同类城市建成的交通运输能耗与碳排放统计监测体系,具有研究范围广泛、指标全面、功能丰富的特点;首次领先全国同类城市开展创新研究,编制完成5项交通运输能耗与碳排放统计监测体系建设研究及管理文件的编制及发布工作;首次领先全国同类城市,实现了交通运输行业重点领域生产营运车辆能耗动态实时监测;首次建成领先全国同类城市的能耗与碳排放统计监测平台。

2.成果转化

与科研机构加强沟通合作,积极争取科技成果在交通项目中的转化应用。

(1)由交通运输部科学研究院和青岛市西海岸新区交通运输局合作实施的"高效绿色综合运输枢纽建设与运营"科技示范工程,将旅客换乘量预测技术、换乘区域设施及设备配置技术、协同运营技术、信息平台的构建技术和安全与应急保障技术应用于青岛西站综合客运枢纽示范工程上,达到显著提高综合客运枢纽运输效率及一体化水平、减少换乘时间和提高突发事件反应能力的效果。

(2) 以青岛港自主知识产权实现全智能决策、全系统管理的全自动化码头,开创了全自动化集装箱作业的新纪元。2013—2015年青岛港先后成立智能自动化码头攻关小组和智慧港口攻关小组,历经多年的艰苦努力,2017年5月11日,载箱量13386标准箱的集装箱船"中远法国"在青岛港全自动化集装箱码头106泊位靠泊作业。与传统码头不同的是,整个码头现场"空无一人",生产作业却在自主开发的智能控制系统的指挥下如"行云流水"般顺畅。此举意味着当今世界最先进、亚洲首个真正意义上的港口全自动化集装箱码头在青岛港已经具备作业能力,实现了全自动化码头从概念设计到商业运营,标志着中国港口跨入第四代集装箱作业的全新时代。2018年4月21日,青岛港全自动化码头单机平均效率再次刷新世界纪录,达到42.9自然箱/小时,装卸效率远远超越人工码头平均水平,船舶准班率保持100%。以青岛港自主知识产权实现全智能决策、全系统管理,颠覆了传统集装箱码头作业模式,开创了全自动化集装箱作业的新纪元。荣获全球自动化码头峰会"全球自动化集装箱码头建设杰出成就奖"和"自动化码头最佳效率奖"。2018年5月,作为唯一的港口企业参加在北京中国国际展览中心举办的第十四届中国国际交通技术与设备展览会。以图、文、展牌和视频宣传片播放等方式向国内外参会嘉宾全面介绍青岛港自动化码头建设成果。

六、开放合作成就

2017年6月3日,青岛公交集团与青海省德令哈市签订协议,取得该市新能源现代有轨电车项目运营权。这是青岛公交集团取得的第一个省外有轨电车项目经营权。

德令哈市是青海省海西蒙古族藏族自治州州府所在地,市区海拔2980米,地处"一带一路"经济带的重要节点上。德令哈新能源现代有轨电车线路,包括T1线T2线,一期工程线路总长约14.23公里,全线共设车站20座,设车辆基地和停车场各1座。项目建成后将成为目前世界上海拔最高的有轨电车线路,也是西部地区第一条有轨电车项目。

德令哈新能源现代有轨电车采用的是和青岛有轨电车示范线同样的EPC项目,也是由北京城建设计发展集团承建,这也是继青岛有轨电车示范线之后第二个采用该模式的有轨电车项目。项目选用由中车四方机车车辆股份有限公司建造的无接触网供电方式的车辆。

青岛公交集团用推广城阳有轨电车示范线成功模式,为德令哈有轨电车线路提供运营组织、管理方面的技术、经验、咨询等业务,推行有轨电车管理规范"青岛标准",协助该市运营好有轨电车,开发有轨电车市场。

七、党的建设与精神文明建设

(一)党建工作

青岛市交通运输委党委共有党组织226个、党员2234名,具有点多、线长、面广、单位类型多、工作性质差异大的行业布局特点。改革开放以来,特别是党的十八大以来,青岛市交通运输委党委始终将党建工作作为首要政治任务,按照中央部署,深入扎实开展了党的群众路线教育实践活动、"三严三实"专题教育、"两学一做"学习教育、基层组织建设年活动推进"两学一做"学习教育常态化制度化等,全面提升了基层党建工作水平。

1. 坚持打牢根基,将管党治党责任全面落实到基层

全委基层党组织遵循"处长强则机关强、机关强则基层强、基层强则交通强"的理念,认真落实"一岗双责",积极探索新时期基层党建工作与中心业务有机融合的新思路新方法,搭建"一图两库"服务平台,将党建和业务工作实行路线图式的管理、督促和考核。建立党建与业务工作数据库,全面摸清交通运输底数和发展现状。创新专家(顾问)库汇智平台,深入推进咨询专业化、决策科学化。实现党建工作与业务工作同部署、同推进、同检查、同落实,让"软指标"变"硬任务"真正落实落地。

2. 坚持拓展载体,激发基层党组织的内在活力

在组织生活制度执行方面大力实施"标准化+"进行细化量化,坚决落实基层党建重点任务,基层党组织"三会一课""六簿一册"和组织生活会、主题党日执行率达100%。自2014年以来,坚持每年举办10期"交通大讲堂",邀请知名专家学者做专题讲座,教育引导广大党员学思践悟、知行合一,不断增强"四个意识"。坚持每两月开展一次市民双月恳谈会,每季度开展一次纠正"四风"评议,广泛听取人大代表、政协委员、服务对象、社区群众等对交通运输的意见建议,从党组织工作成效和党员作用发挥看效果、让党员群众作评价。

3. 坚持榜样引领,发挥党支部战斗堡垒作用和党员先锋模范作用

突出强调"一个支部一个堡垒,一个党小组一块阵地,一个党员一面旗帜",大力培育党建品牌,全交通运输委有32个基层党组织有了较为成熟的党建品牌,市高速公路管理处"高速先锋行"、市公路管理局城阳分局"心路相通"等党建品牌被青岛市直工委列为青岛市机关名牌。积极探索总结支部工作法,总结出运管局驾培处党支部"四个一四提升"工作法,交通规划设计院"三项激励"工作法,公共服务中心"五个一"工作法等支部工作方法,基层党组织在急难险重任务中攻坚克难的能力进一步增强。加强对社会组织党建工作指导,市道路运输协会被中组部授予"全国创先争优先进基层党组织"荣誉称号。大力实施党员"学管带联"行动、先进典型"十百千"工程,"交通之星"推选在基层不断创新延伸,公路局开展"公路之星"推选,运管局评授"红飘带党员示范岗",港航局推选"航运服务之星"。实施过程中涌现出"最美中国路姐"、全省"最美运管人"等一大批优秀个人和群体。

4. 坚持深入基层,转作风解难题办实事强保障

党员干部牢固树立以人民为中心的发展思想,坚持做到"节假日在一线、重要事件在一线、极端天气在一线",自觉刻印"坚持道德高线、守住纪律底线、不碰违纪红线"意识,发扬"勇于担当、甘于奉献"精神,广泛开展行风在线、网络问政、大走访、大调研等活动,找问题,解难题,办实事,提升交通形象。建立各级领导班子成员联系基层制度,组织开展调研全覆盖,认真听取基层意见。委机关积极选派第一书记,到省定贫困村、市定经济薄弱村和党组织软弱涣散村驻村帮扶,为群众解决实际困难。建立党务公开配套制度,在青岛市交通运输委网站开辟党务公开专页,营造了发扬党内民主的良好氛围。建立健全考评机制,细化量化考评指标,确保党员队伍的先进性和纯洁性。深化党内帮扶机制,加大党内关怀力度,各级党组织普遍开展了走访、慰问、帮扶活动,努力为困难党员、群众排忧解难。

(二)精神文明建设

改革开放40年来,文明交通成为青岛交通运输行业的金字招牌。

1. 准确定位,文明创建成为统领各项交通工作的"总抓手"

改革开放以来,青岛交通行业达成了共识:文明创建是一项凝心聚力、内强素质、外树形象的系统工程,它既是实现交通物质文明、精神文明统筹发展的重要内容,又在促进交通全面协调可持续发展中发挥着举足轻重的作用。它出凝聚力,出向心力,出战斗力,出生产力,是有效整合交通各种资源、凝聚各方力量,建设能打硬仗、善打胜仗的交通干部职工队伍,全面提高交通建设、管理、服务水平,提升行业形象和竞争力的重要途径和"总抓手"。作为统领交通各项工作的"总抓手":一是在组织领导上,强调实施"一把手"工程。提出了"一把手不重视精神文明,就不能总揽全局;分管领导抓不好精神文明,就是不抓大事"的理念,形成了上下联动、左右齐动、全员参与的创建格局。二是在工作思路上,提出了"围绕中心、服务大局,虚功实做、有为有位"的工作理念,坚持创建工作与各项业务工作一起部署、一起考核、一起奖惩,实现创建工作与业务工作的有机融合、互促并进。紧紧围绕促进交通中心工作,提出并开展了"五大创建活动",即:深入开展文明行业、文明子行业创建活动;开展优质廉政工程创建活动;开展高速公路文明大通道、文明样板路、文明样板航道、文明航线和文明客运线路创建活动;在全市交通企事业单位开展以安全效益为主题的文明建设先进单位创建活动;在各窗口部门和单位开展文明机关、文明单位、文明示范窗口和青年文明号创建活动。三是在创建载体上,提出了"交通工作开展到哪里、创建活动就延伸到哪里、文明之花就盛开到哪里"的创建理念,并以实施平安交通、质量过硬、廉洁勤政、务实高效、优质服务、文明诚信六大品牌创建活动,统领交通各项工作,实现创建工作与业务工作的无缝对接,真正使"总抓手"落到实处、见到实效。

2. 文明出行,着力增强交通运输行业的社会满意度

在深化主题实践活动方面,开展了文明售票、文明驾驶、文明乘务服务活动。在文明出行倡议方面,按照交通运输部《文明出行倡议书》要求,开展多种形式的倡议活动,在青岛长途汽车站、公交车和出租车上,开展了文明出行和形象标识宣传,提高了从业人员和市民文明出行的自觉性。在开展文明出行周活动方面,开展了"公交出行宣传周"活动,广泛动员城市公共交通企业和社会公众积极参与,共同营造"低碳交通、绿色出行"的城市公共交通文化,促进了文明出行大造声势、形成风尚、取得实效。在志愿服务活动方面,广泛发动干部职工,招募志愿者,开展志愿服务活动,引导公众文明出行,做好交通运输服务工作,讲解礼仪和安全知识,加强社会公德、文明准则的宣传。在文明出行引导方面,利用车站、港口、码头、高速公路服务区等旅客集散地和汽车、轮船等交通运输工具,积极开展文明出行引导活动,播放文明出行公益广告,发放文明出行倡议书、文明旅游标识。把涉外旅游交通运输工具的文明出行宣传引导作为重点,纳入日常工作程序,形成常态化机制。车站、港口、码头、公路收费站等交通运输场所普遍建立志愿服务队,设立交通运输志愿服务引导员,教育引导公众文明乘车、乘船。在制作播放公益广告方面,充分发挥车辆、车站、枢纽等交通运输文化载体和宣传阵地的优势,精心制作倡导文明服务、文明出行的公益广告,以微电影、动漫、漫画、图片等形式,通过车站场所、交通工具、广播电视等媒介广泛传播,深入宣传交通运输行业提供文明服务、引导文明出行的理念。按照中央文明办印发的"社会主义核心价值观"文明出行公益广告内容和要求,结合青岛交通运输工作实际,专门设计制作了文明出行公益广告,在全市交通运输车站、场站、收费站、机场、火车站等服务窗口,开展了大张旗鼓的宣传,营造了文明出行的良好氛围。

3. 创建引领，着力增强从业人员的自豪感和归属感

（1）以创建文明行业引领行业服务。始终将弘扬文明自己、关爱他人、奉献社会的"红飘带"精神，作为文明行业创建工作的主线，连续多年开展了"学习雷锋、弘扬红飘带精神，创文明行业"系列竞赛活动，以文明引领服务，以文明促进服务，行业文明服务、优质服务水平进一步提升。青岛交通运输委继续保持全国、全省交通运输文明行业，三市四区交通运输行业和道路运输等五个子行业全部建成文明（子）行业的荣誉，委属10个单位成为青岛市级文明服务示范窗口。

（2）以创建文明单位提升行业文明。坚持把文明单位创建作为细化、固化文明行业创建的发力点和着力点，始终将文明行业创建的标准、要素和内涵体现到单位的服务水平、文明程度上，激发干部职工文明创建的思想自觉和行动自觉。截至目前，青岛交通运输行业126个所属单位和二级单位获得市级以上文明单位称号，其中17个单位荣获全国、省级文明单位和文明行业称号。全市交通行业有92.19%的单位获得县级以上文明单位荣誉称号。青岛交通运输委继续保持省级文明单位，并被青岛市委、市政府命名为创建全国文明城市突出贡献单位。

（3）以创建服务品牌助推行业文明。目前，交运集团的"情满旅途""温馨巴士"荣登"全国驰名商标"排行榜，青岛港的"诚纳四海"、公交集团的"日新巴士"、铁路的"海之情"和"阳光家园"入选山东省优秀服务名牌，高管处的"畅行达远"获得青岛市服务名牌。

（三）行业先进典型

1.青岛高速公路东收费站创建全国青年文明号

青岛高速公路东收费站2011年5月被交通运输部、共青团中央授予全国青年文明号。该站充分发挥团员青年先锋模范作用，积极开展"青年文明号"创建活动。

作为青岛市对外服务的重要窗口，青岛东收费站始终坚持围绕中心、服务大局。积极开展了优质服务、温馨服务、延伸服务，全面提升行业的文明度和美誉度，擦亮窗口形象。为奥运会、世园会、上合峰会等重大交通保障活动、交通运输节点提供高质量、高水平的交通服务保障。

青岛东收费站将教育人、培养人作为创建工作的出发点，把创建工作与争当岗位能手、培树先进典型有机结合，以人为本，不断提高青年素质，创建"学习型"收费站。

收费站职工讲奉献，积极开展"青年志愿活动"。收费站始终把"青年志愿活动"作为团员青年联系社会、奉献社会的一种有效途径，建站以来，团员青年积极投身到青年志愿者队伍中，将服务从收费窗口向全社会延伸，不断扩大窗口的影响力。

2.夏庄高速公路收费站被授予"全国巾帼文明岗"称号

夏庄高速公路收费站于2015年被授予"全国巾帼文明岗"称号。该站女职工们充分发挥"巾帼不让须眉"的大无畏精神，用她们的牺牲、坚守、执着、拼搏赢得了广大司乘的肯定，圆满完成了APEC会议、啤酒节、世园会、上合峰会等多项重大交通保障任务。

该站重视人才的培养，重视典型的树立。设立"服务明星""服务标兵"的竞争平台，开展良性竞争，带动了全站职工工作积极性。

夏庄收费站女职工结合岗位，以"用心服务、以道达远"为宗旨，开展各种便民、利民活动。

帮助农民工联系返乡汽车、帮助智障青年找到回家的路,拾金不昧,帮助司乘人员灭火,弘扬了正能量。为方便司乘人员,发挥聪明才智,手绘导流图,发放给司乘人员,受到广大司乘人员的欢迎。

通过丰富多彩的创建活动,真正实现社会发展需求,服务人民、奉献社会。

3. 最美中国路姐:张瑜

张瑜,青岛东收费站收费员,2015年被评为最美中国路姐。她爱岗敬业,工作踏实,服务优质,业绩突出,思想政治觉悟高。

她不断提高自身的业务水平,积极参加高管处、分处组织的收费业务、礼仪服务等多项培训,不断积累各个层面的知识,增加自己的知识储备,提高自身的服务技能。特别是机场路分处试点新服务礼仪规范期间,张瑜同志作为试点工作首批服务标兵,对新手势反复揣摩、深入研究,对新手势的推行发挥了应有的作用。

作为单位最美路姐工作室的成员,她时时刻刻起到了模范带头作用,认真完成工作室的各项工作,研究制定培训课件,不断研究培训技能和技巧,带领工作室成员积极钻研业务,经常为了工作放弃休息时间,爱岗敬业,无私奉献,用自己的行动展示了路姐的风采。

张瑜工作之余还坚持用爱心服务社会、用爱心奉献社会。她以"奉献、友爱、互助、进步"的志愿者行动精神为指引,积极参与讲文明、讲道德、助贫助困、保护环境等各类志愿服务。

4. 最美中国路姐团队:机场路分处服务礼仪小分队

机场路分处服务礼仪小分队由9名来自于青岛高速一线青春亮丽、业务精湛的女收费员组成。她们敢为人先,通过不断摸索实践,创建了入口"3+1"出口"4+1"新服务礼仪,并最终形成了《青岛市高速公路收费人员服务规范》。2016年1月1日,该《规范》作为青岛市地方规范正式颁布实施,2017年12月8日,《高速公路收费人员服务规范》作为行业团体标准发布实施,是青岛市交通运输系统第一个团体标准。

2016年,机场路分处服务礼仪小分队被中国公路学会评为第三届"最美中国路姐团队"。2016年6月,最美中国路姐工作室成立,小分队作为工作室主要力量、新服务规范的先头兵,立足岗位,发挥引领示范作用,肩负起服务规范的培训工作,通过对入职人员及在岗人员高标准、严要求的培训,使收费人员能够以最完美的服务手势和最好的精神面貌服务司乘,充分展示青岛高速良好形象和风采。

5. 最美中国路姐:益敏

益敏,青岛东高速公路收费站站长,2017年被评为最美中国路姐。

作为收费站的站长,她把责任扛在肩头,奉献在岗位。无论是收费站的收费工作,还是站务管理;无论是职工的衣食住行,还是职工的所想所为,处处都亲力亲为。世园会、机电大修、上合峰会,各项保障任务她都主动在站值守,全面调度,做好重大任务的保障。

她勇于创新,主动作为,将一些好的想法融入工作中,为收费站建设注入了新的活力。2015年为了适应新形势下的服务与畅通,她着力于服务规范改革,积极参与新服务手势试点、"1211"理念的创立工作。多年的一线工作经验成为益敏的宝贵财富,她将司乘通行需求与收费职工需求结合起来,为青岛高速"员工—司乘双高满意"管理模式的创建积累了最切实可靠的经验。

生活中她是知心姐姐,职工们的喜怒哀乐都牵动着她的心,职工不论遇到工作、还是生活上的困难,第一个想到的准会是她,她经常与职工谈心谈话,在工作中帮助他们克服困难。

益敏没有轰轰烈烈的壮举,也没有响亮的豪言,她用自己的实际行动诠释着"奉献"与"责任",打造着青银路上最优秀的窗口和最亮丽的风景线,展示着最美中国路姐的美。

6.山东省劳动模范宋国栋(公路局)

宋国栋,男,1973年3月出生,政治面貌:中共党员,文化程度:大本。参加工作时间:1995年9月,任胶州市公路管理段养护科科长。由于工作突出,2007年被评为胶州市"优秀共产党员",2008年被青岛市公路管理局评为"先进个人标兵",2009年被胶州市委市政府评为"优秀科长"。2012年5月荣获青岛市劳动模范称号,2013年4月28日获山东省劳动模范称号。

7.王洪勇荣获"全国五一劳动奖章"

王洪勇2001年2月参加工作,现任青岛市华鲁公路工程有限公司设备部部长。他岗位专业知识及基本功扎实过硬,是公路工程建设和抢险救灾任务中的"急先锋"。先后荣获CCTV《状元360》"金牌机械王"状元,交通运输部"全国交通技术能手",山东省"杰出(优秀)青年岗位能手"荣誉称号及山东省"富民兴鲁"劳动奖章和"全国五一劳动奖章",并被评为青岛市劳动模范。

宁波交通再续辉煌

宁波市交通运输委员会

一、综述

1978年,党的十一届三中全会的春风吹暖中国大江南北,作为东南沿海国防前哨的宁波,由此翻开了改革开放的历史新篇章,宁波交通事业也进入了一个跨越发展的黄金时期。经过40年的艰辛探索和不懈努力,宁波舟山港从区域性内河港发展成为国际性深水大港,集装箱吞吐量全球第四,货物吞吐量全球第一;沿海货船运力占全国比重约12%。

2008年改革开放30年时,宁波交通运输经历了由小步到大步、由粗放到集约、由传统到现代的发展历程,实现了由"瓶颈制约"到"基本适应"的转变、由单一运输体系向综合运输体系发展的转变,开辟了交通发展的新纪元,为推进现代交通业全面、协调、可持续发展积累了宝贵经验。

2018,宁波交通又经历了10年的发展变化,彻底改变宁波交通的末端地位,基本建成长三角南翼综合交通枢纽;形成以港口为龙头、城市为中心,公路、铁路、水路、空路、管道等多种运输方式协调发展的综合性立体现代化交通运输网络体系,率先实现交通现代化。截至2017年,宁波市实现地区生产总值9846.9亿元,完成一般公共预算收入1245.3亿元。宁波市经济运行总体平稳、稳中向好,结构调整积极推进,效益效率稳步提升,新经济发展态势良好,社会民生持续改善,为建设国际港口名城,打造东方文明之都,确保高水平全面建成小康社会打下坚实基础。

改革开放40年来,宁波经历了翻天覆地的发展变化,交通在其中发挥着至关重要的作用。百尺竿头须进步,天高海阔待远航。回顾历史,一部交通发展史就是一部宁波改革开放史。

(一)综合交通事业发展势头良好

1.港口生产

2017年宁波舟山港货物吞吐量10.1亿吨,比上年增长9.5%,成为全球首个"10亿吨"大港,连续9年位居世界第一。其中,宁波港域完成吞吐量5.5亿吨,增长11.1%。宁波港域全年完成铁矿石吞吐量8388.5万吨,增长9.9%,煤炭吞吐量5985.7万吨,增长10.9%,原油吞吐量6578.3万吨,增长4.6%。全年宁波舟山港集装箱吞吐量2460.7万标准箱,增长14.1%,吞吐量居全球第四位、全国第三位,其中宁波港域完成集装箱吞吐量2356.6万标准箱,增长13.9%。年末宁波舟山港集装箱航线总数达243条,其中远洋干线117条,近洋支线74条,内支线20条,内贸线32条。全年完成海铁联运40万标准箱,增长60%。

2.交通基础设施

2017年宁波市完成交通固定资产300亿元,再创历史新高。交通基本建设投资完成260.7亿元,比上年增长7.6%。其中公路建设投资194.7亿元,增长7.9%。新建公路里程199.7公里,年末全市公路总里程达到11217.4公里,其中高速公路495.8公里。全年宁波港域新建成泊位6个,其中万吨级以上泊位2个,年末万吨级以上生产泊位106个。

3.综合运输

"十二五"期间,全市年完成道路营业性客货运量9430万人和2.29亿吨,分别占综合运输比重达61.6%和50.8%,完成道路营业性客货运周转量65亿人公里和368亿吨公里,道路运输总周转量年均增长率为6.5%。2013年,成功申报创建公交都市示范城市。2015年8月份正式获批全国16个综合运输服务试点示范城市之一。

进入"十三五"开局的2016年,"宁波舟山港—浙赣湘(渝川)"集装箱海铁公多式联运示范工程入选国家多式联运示范工程,获得省交通运输厅建设国家交通运输物流公共信息平台宁波示范区的批复。

2017年全社会完成货运量5.3亿吨,比上年增长13.5%,货物周转量2713.5亿吨公里,增长18.1%。其中,水路货运量2.1亿吨,货物周转量2281.8亿吨公里,分别增长15.5%和19.9%;公路货运量2.9亿吨,货物周转量431.7亿吨公里,分别增长14.3%和12.1%;铁路货物运输量2446.3万吨,增长2.8%;民航货物吞吐量17.0万吨,增长12.1%。全年完成全社会客运量1.1亿人次,增长1.5%。其中,公路客运量4302万人次,下降10.6%;水路客运量185.2万人次,增长8.9%;铁路客运量5366万人次,增长14.2%;民航客运量939.1万人次,增长20.5%。

4.公共交通体系

2017年宁波市共有公交标准运营车辆9914标台,比上年增长6.7%;运营线路1213条,增长5.4%。轨道交通流量快速增长,全年轨道交通完成客运量11233.4万人次,增长12.7%。年内新增公共自行车网点284个,新投放公共自行车4922辆,全市共有公共自行车网点1866个,公共自行车45165辆;全年租车总量3702.9万辆次。年末全市共有出租车6407辆。交通运输、仓储邮政业,物流增加值占服务业增加值比重达到11.1%。

(二)建设"交通强市",扛起新时代使命担当

宁波交通在改革开放不同历史阶段的发展特征主要表现为,一是改革开放初期的宁波港崛起,2004年提出的"两港体制"改革促成宁波舟山港一体化建设掀开崭新篇章;二是公路建设成绩显著,从四自公路打破"瓶颈制约"到水陆运输突飞猛进;三是铁路交通告别末端,宁波铁路进入新的一轮快速发展时期;四是航空运输走向国际,历经40年民航事业的发展,宁波空港已成为华东地区重要航空口岸。

2018年交通运输部和浙江省交通运输厅提出交通强国战略纲要、交通强省战略研究,宁波交通必须紧跟步伐、加快进度、谋划形成交通强市战略框架,以便在新一轮发展中强化与上级规划、要求的衔接联动,掌握工作主动。立足宁波城市的战略定位、产业特色和比较优势,围绕交通自身强和强城市,从全国领先、群众满意、支撑有力等角度出发,打造安全、便捷、高

效、绿色、经济的现代化综合交通运输体系,既要对全国、全省交通发展有示范意义,又要对宁波市的经济社会发展起到引领支撑作用。

(三)宁波交通改革开放40年的基本经验

港口与城市,历来是互为表里,相互依存。"港兴则城兴"。宁波港的发展,带动了宁波经济的腾飞,宁波经济繁荣又推动了港口发展。

1.港口建设得到跨越发展

自1978年3月,浙江省北仑港建设指挥部成立后,从此宁波港口进入大规模开发建设时期。宁波利用得天独厚的自然资源,积极推进深水化、大型化、专业化、现代化的码头建设,率先在国内建成10万吨级、20万吨级矿石码头,25万吨级原油码头,第六、第七代超大型集装箱码头等一批具有国际领先水平的深水泊位群。1984年,宁波市被列为进一步对外开放的沿海港口城市。

到1991年,全港拥有500吨级以上生产性泊位45个,最大的为10万吨级矿石中转泊位和15万吨级的原油接卸泊位。从20世纪80年代至90年代的这10余年间,码头泊位增加33个,其中万吨级以上泊位就建起21个,这个建设速度是空前的,也是全国少有的。从1979—1991年,港口建设共投资8.8亿元,为前30年总投资的3.5倍。

2.港口业绩蒸蒸日上

改革开放以来,宁波港口生产经营呈跳跃式上升。1978年港口货物吞吐量仅214万吨。1985—1991年,每隔3年上一个千万吨台阶,1985年首次突破1000万吨大关,1988年跃过2000万吨,1991年达到3000万吨,特别是国际集装箱业务从无到有发展迅速。1991年已达3.5万个标准箱。

宁波港的崛起,还带动了腹地经济的发展。宁波港处于全国交通发达的长江三角洲区域,有长江与内陆腹地相连接,服务浦东,服务长江三角洲地区,服务全国,宁波港开辟了一条"黄金水道"。我国不少地区以及世界各地的物资通过宁波港的水陆、水水中转,源源不断地输向腹地,腹地的经济发展又给港口提供了充足的货源,形成了以北仑港为枢纽组成的沿海与长江"T"型联合航运体系——"江海联运"。进长江的铁矿砂经北仑港减载中转或经铁路转运内地,进口原油经水上过驳后中转运内地各炼油厂,促进了我国内陆腹地的发展。因为互惠互利,宁波港与内陆腹地尤其是长江沿岸城市建立了良好的长期合作伙伴关系。

3.宁波舟山港赶超成就传奇

21世纪初,时任浙江省省委书记的习近平同志就曾指出:"浙江港口可以发展成为全国之最甚至世界之最。"

2005年12月20日,习近平同志在出席宁波舟山港管理委员会授牌仪式时说:"今后的大手笔建设,一个浓墨重彩之处,将是在港口建设方面。港口建设的重点,将是在宁波、舟山一体化之举。"

2006年1月1日,"宁波—舟山港"名称正式启用,当年,宁波舟山港货物吞吐量首破4亿吨,集装箱吞吐量首破700万标准箱,习近平同志在穿山港区集装箱码头亲自按下了第700万箱起吊按钮。从此,宁波舟山港进入了飞速发展的崭新时代。

2009年,宁波舟山港首次跃居全球第一大海港并保持至今。

2015年5月,习近平总书记到浙江调研,对浙江提出了"干在实处永无止境,走在前列要谋新篇"的新要求。当年8月,浙江省委、省政府做出组建浙江省海港委和浙江省海港集团,加快推进海洋港口经济一体化、协同化发展的战略决策。同年9月29日,随着宁波舟山港集团揭牌成立,宁波舟山港迈出了实现一体化的重要一步,当年全港集装箱吞吐量首次突破2000万标准箱。

2016年,浙江省海港集团、宁波舟山港集团实现深化整合,宁波舟山港股份有限公司注册成立,宁波舟山港实质性一体化圆满收官,当年全港货物吞吐量突破9亿吨。

2017年是宁波舟山港实质性一体化后的第一个完整营运年。6月,浙江省第十四次党代会提出了"加快把宁波舟山港建设成为国际一流强港,打造世界级港口集群"的新要求。在全省港口有机融合的大背景下,宁波舟山港的核心竞争力进一步增强,货源集聚效应进一步显现,提前三年完成了全省海洋港口发展"十三五"规划确立的10亿吨目标。

改革开放40年以来,宁波交通在基础设施、运输服务、行业管理、科技创新、对外开放、党的建设与精神文明建设等各方面均取得了长足的进步与发展。各项管理工作顺利推进,全行业先进集体以及个人荣誉层出不穷,获得省部级"文明单位""全国工人先锋号""全国劳模",全国"安康杯"竞赛活动优胜企业和"和谐劳动关系企业"等等荣誉,同时,党政工团各条战线的先进个人也不断涌现,凝聚行业发展正能量。当前,宁波大交通正发生着深刻的变化,深化行业发展也会面临新的情况。宁波交通正站在新的起点上,以改革激发活力,以创新引领发展,朝着设定目标扎实工作,砥砺奋进。

二、基础设施成就

改革开放40年来,宁波综合交通基础设施规模不断扩大,着眼"大交通"网络构建,推进基础设施建设总体上实现了各个阶段的规划目标,交通基础设施建设成就斐然。

(一)铁路建设发展势头良好,彻底改变宁波铁路末端地位

1.铁路建设不断加快

铁路作为国民经济大动脉,随着宁波经济的快速发展,得到了前所未有的重视。1978年9月,为开发利用北仑港,沟通港口与铁路的联系,国家计委批复同意修建北仑铁路。1983年12月,北仑铁路建设工程破土动工,1985年12月建成通车,1987年3月投入运营。1991—1993年,铁道部投资4990万元对萧甬铁路进行扩能技术改造,对关键区段的车站增延股道、更新信号设备,新建和接长铁路桥梁等。扩能技改后的萧甬铁路,货物列车的牵引定数由原来的2200吨提高到3000吨,年通过能力从原有的750万吨提高到1200万吨。1997年12月萧甬铁路复线工程开工,2002年5月建成投入运营,宁波铁路运输能力大幅度提高。1992年10月,由慈溪市政府筹资1.37亿元建造的浙江省第一条地方铁路——余慈铁路动工,1996年底建成通车,1997年2月投入运营。余慈铁路的建成,改变了慈溪市无铁路的历史,为慈溪地方经济的进一步发展创造了良好环境。甬台温铁路彻底改变宁波铁路枢纽末端地位。1997年6月,宁波市成立宁波铁路建设指挥部,标志着宁波铁路建设拉开新的序幕。

2.正式迈入高铁时代

2004年10月,国家发改委批准甬台温铁路项目。甬台温铁路全长282.4公里,其中宁波

境内 93.3 公里,设计时速 200 公里(预留时速 250 公里),属双线、电气化、国家 I 级铁路干线,是国家沿海铁路大通道浙江境内控制性项目。2005 年 10 月甬台温铁路动工,继后建成甬台温铁路,完成萧甬铁路电气化改造等工程,杭甬客专开工建设,铁路枢纽开工建设,铁路"十一五"规划目标实现。2007 年 11 月,铁道部与宁波市政府签订《关于加快宁波地区铁路建设与发展会谈纪要》,这是铁道部首次与省级以下地区签订合作建设铁路协议,宁波铁路进入了发展的"快车道"。基本建成"内联外通、南客北货"铁路枢纽体系,正式迈入高铁时代。

2018 年 6 月 27 日上午,全省大通道建设推进部署会议在杭州召开。大通道是现代化浙江的发展轴线,2018—2022 年重点推进大通道建设重点项目 70 个,估算总投资约 1 万亿元,五年计划完成投资约 7500 亿元,2018 年重点推进重大项目 44 个,重点打造沪嘉甬铁路、杭温铁路、杭绍台铁路、金甬舟铁路、杭衢铁路、铁路杭州西站综合交通枢纽、杭州萧山国际机场综合交通枢纽、杭绍甬智慧高速公路、龙丽温高速公路、京杭运河浙江段航道整治工程等大通道十大标志性项目。

(1)沪嘉甬铁路。沪嘉甬铁路,起自沪杭客专嘉兴南站,初步研究经嘉兴市南湖区、海盐县,跨杭州湾至宁波接入宁波西站,全长约 130 公里,总投资约 294 亿元。同时向北积极谋划实施沪杭城际铁路,向南重点谋划实施沿海高速铁路(宁波经台州、温州至福州),形成贯通浙江省沿海的高速铁路大通道。该项目是我国"八纵八横"高速铁路主通道沿海通道重要组成,是支撑大湾区建设、快速连接上海与海西经济区的通道主轴。

(2)金甬舟铁路。包括金甬铁路和甬舟铁路,分段组织实施。金甬铁路起自金华义乌,经金华东阳和绍兴嵊州、新昌至宁波奉化,全长 185 公里,总投资 290 亿元,国铁 I 级双线,设计行车时速 160 公里,预留时速 200 公里,计划于 2020 年前建成通车;甬舟铁路西起宁波,途径宁波北仑,跨越金塘、西堠门等水道,至舟山本岛,全长约 80.8 公里,总投资约 248 亿元。金甬舟铁路是连接宁波舟山港与义乌国际陆港的快捷通道,是我省打造义甬舟开放大道道和实现市市通铁路的标志性项目。

此外,铁路宁波站综合交通枢纽全面建成投用,货运北环线实现全线开通,铁路"南客北货"格局形成。沪嘉甬铁路被列为全市"一号工程"和"四梁八柱"之一,前期工作取得突破性进展,项目获铁路总公司原则认可,预可编制完成待审。义甬舟开放大通道建设全面启动,甬金铁路、甬舟铁路是义甬舟大通道的重要支撑项目,因包含宁波动车所,也是宁波枢纽功能补强的重要项目。宁波至余姚市域铁路开通运营,利用既有铁路以政府购买服务方式开行市域动车组在全国尚属首创。按照市政府与上海铁路局框架协议确定的目标和原则,与路地各相关部门密切配合,扎实推进项目前期和建设,顺利实现宁波至余姚市域铁路于 2017 年 6 月 10 日开通试运行,开通至今日均运输旅客 2600 人次,被国家五部委列为国家市域铁路改革创新示范项目。

(二)公路建设步伐突飞猛进,出行环境进一步得以改善

1978—2018 年是新中国成立以来宁波公路建设最快最好的时期。在改革开放的新形势下,加快公路交通建设成为经济社会发展的头等大事,"若要富,先修路"、"小路小富、大路大富、高速路快富"等理念逐步深入人心,宁波市掀起了一轮又一轮公路建设的高潮。1978 年,宁波公路里程仅为 1921 公里,一、二级公路为零。到 2017 年总里程已达 11235.7 公里,其中

高速公路513.89公里、一级公路1238.8公里、二级公路809.2公里、三级公路1561.6公里、四级公路6875.6公里,公路密度达到每百平方公里114.5公里。

1.世界第一跨海大桥飞架杭州湾

2008年5月1日,杭州湾跨海大桥建成通车。至此,杭州湾天堑变通途,宁波上海之间不用再绕行杭州,江浙沪,打通了2小时交通圈。时任中共中央政治局常委、中央书记处书记、国家副主席习近平为大桥通车专门发来贺信。他在贺信中指出,大桥的建成通车,对于完善华东地区交通布局、优化发展环境,对于提高浙江对内对外开放水平、实现率先发展目标,进而推动长江三角洲区域共同发展,都具有十分重要的意义。2018年5月1日,大桥迎来通车10周年。10年来,大桥共通行各类车辆1.2亿辆,日均3.28万辆。经相关机构研究计算,与从杭州绕行相比,走大桥缩短了运输时间,提高了运输效率。如果按每辆车节省1.2小时计算,各种车辆运输时间共节约1.4亿小时,走大桥已为社会减少能耗成本114.57亿元,减少二氧化碳排放量约396.95万吨。

2.高速公路构筑成网

截至2017年底,全市高速公路总里程达到514公里;完成公路新改建里程571公里(新建350公里),公路总里程达到11236公里;综合运输枢纽新增2个(宁波梅山公路集装箱综合场站、慈溪市客运中心站),总数达到7个。目前已建成杭州湾跨海大桥杭甬高速连接线,开工建设杭甬高速复线一期、石浦高速连接线、奉化综合客运枢纽等重大工程。

宁波交通人以习近平总书记"建好、管好、护好、运营好"农村公路的重要批示精神为统领,打造"畅通、美丽、安全、通达"的新型农村公路,"四好农村路"建设走在全省前列,全面启动美丽经济交通走廊创建行动,明确在"十三五"期间全市创建美丽经济交通走廊"1311"的总体目标,创新性提出了"畅、安、舒、美"的旅游风景线、科创产业线、生态富民线、历史人文线、港口经济线等五大线路,并出台实施意见和考核办法。东钱湖旅游度假区"美丽公路+风景钱湖"整体面貌初具规模。在全省率先召开创建工作现场会,象山、鄞州区获评全省第一批"四好农村公路示范县(区)",余姚获评第二批。目前已完成美丽交通经济走廊创建592公里(62条),其中精品示范走廊248公里(13条),分别占省定任务的25%和39%。杭州湾跨海大桥、象山港大桥获评2016年度浙江最美公路;杭州湾跨海大桥南接线等6条公路获评全省"最美绿化通道"。农村公路安保工程全面完成,853个穿镇公路"道乱占"问题整治完毕,实现县道以上桥梁检测全覆盖。

3.大力创建品质工程,实现质量安全水平新提升

通过深化施工标准化、质量通病治理等专项行动,使高速公路、普通国省道和大中型水运工程的主要构件钢筋保护层厚度合格率等指标达到90%以上,项目一次验收合格率达到100%。同时引导建设项目从设计阶段开始强化工程外在品味的研究与设计,注重与周边环境相协调的景观设计,努力提升工程的外在品味。推行公路工程设计标准化建设,例如在江北甬余线、S309奉化溪口改道工程试点成功的基础上在石浦高速新桥连接线等工程下部结构全面推进钢筋笼的模块化设计与整体吊装施工,在明州大道奉化江特大桥、胜陆公路余姚江特大桥上采用钢混叠合梁结构,加大钢结构的推广力度,钢筋集中加工配送基本全面实现,为推进工程建设工厂化生产、装配化施工的现代工程建设奠定基础。

4.做好设施养护管理

圆满完成宁波市普通国省道营运期巨灾保险首年试点工作;创新桥隧管养手段,建立桥

梁电子身份证,对辖区内的桥梁安装二维码和 CBMS 桥梁巡查微信小程序,开展辖区内桥隧管理规范化抽查,建立起农村公路桥隧改造数据库;着力提升普通国省道路况水平。

(三)沿海港口内河新建改建泊位等基础设施建设数量攀新高

截至 2017 年底,宁波共有生产性泊位 329 个,其中沿海泊位 322 个,内河泊位 7 个。其中,万吨级以上泊位 106 个。共有港口危险货物泊位 109 个,其中万吨级以上泊位 69 个。全市共有客运泊位 19 个,其中市直辖 3 个、北仑 7 个、宁海 2 个、象山 7 个。水运工程重大项目进展顺利。实施"十百千"工程推进机制,成立重大项目建设服务组,现场服务、协调解决重大问题 25 个。大榭实华二期 45 万吨原油码头等 7 个项目通过竣工验收;大榭中油二期油品码头和中宅水域整治工程开工建设;梅山港区 6-10 号集装箱码头等 9 个续建项目顺利推进。水运民生工程全年投资 3075 万元,建成象山石鹤汽渡等 10 个陆岛交通公共服务均等化项目。

2017 年,宁波舟山港成为全球首个货物吞吐量超"10 亿吨"大港,集装箱吞吐量达到 2278.3 万标准箱,实现年内两位数增长。截至 2018 年 7 月,集装箱吞吐量已超越深圳港,跃居全球第 3 位。货物吞吐量在全球首破 10 亿吨大关,同比增长 9.6%。大榭开发区刷新国内超大型油轮和省内超大型集装箱船舶靠泊记录。穿山集装箱码头成为全球第三个"千万级"集装箱单体码头。港口对外辐射能力进一步提高,新开辟"一带一路"国际航线 16 条,累计达到 86 条。

(四)成为长三角南翼重要空地交通枢纽

宁波栎社国际机场始建于 1984 年,该机场距市区仅 12 公里,位于城市发展的黄金地段,通往机场的高架路与甬金高速出口相连接,客流往返与物流运输均十分便利,实现区域与高速路的无缝对接。机场处于国内航线网络和东北亚、东南亚航线网络的中枢节点区域,既可以成为内陆城市旅客的"出海口",也可以作为东北亚及其他地区旅客进入中国的"桥头堡"。未来,机场将深化与综合交通运输体系的融合,大力发展空铁联运、空陆联运,建立完善的集疏运体系,成为区域性枢纽机场。

宁波机场在用航站楼于 2002 年 10 月份启用,候机楼总面积 4.35 万平方米,机坪面积 19 万平方米,停机位 20 个,现飞行区跑道长 3200 米,配备有国际先进的通信导航和航行管制设备,达到 4E 级标准,可满足波音 747 等大型飞机起降。机场地下车库达 1.34 万平方米,地面停车场 4.73 万平方米,可同时停靠 869 辆小车和 12 辆大客车。近年来,宁波机场运输生产指标屡创新高,航班量、客货运呈现出"总体情况良好、发展势头更好"的态势。因 2015 年宁波地铁 2 号线竣工,机场已与火车、汽车客运中心紧密相连,形成快速而立体的交通网络,进一步扩大了机场对周边地区的辐射能力。2015 年 12 月,宁波机场三期扩建工程正式开工,该工程总投资 77 亿元,按照年旅客吞吐量 1200 万人次、货邮吞吐量 50 万吨的能力设计建造。建成后,宁波机场将建成集航空、地面快速交通和轨道交通于一体的立体化综合交通,实现多种交通方式的综合集成,成为长三角南翼又一个重要的空地交通枢纽。

(五)推进宁波邮政业改革发展向更高层次迈进

党的十一届三中全会开启了改革开放新时期,国家和地方政府把邮电通信放到优先发展的重要地位,宁波邮政通信迎来了难得的发展机遇。在业务发展上,1986年,邮政储蓄和国际、国内特快专递邮件业务先后恢复和开办,业务种类更加丰富。在能力建设上,建成南站邮件转运站,设立宁波邮政运输站,网运能力得到提升。1998年9月10日,按照国务院体制改革的有关要求,实行邮电分营,宁波市邮政局正式挂牌成立。2000年10月24日,成立宁波邮区中心局,各类邮件全面实施中心局体制封发。2008年1月9日,宁波市邮政储汇局从邮政局剥离,独立成立中国邮政储蓄银行宁波分行。2010年1月1日,宁波邮政速递物流业务从宁波市邮政局剥离,实行分业经营、独立运作。2014年,中国邮政集团公司启动法人体制调整,宁波市邮政局更名为"浙江省邮政公司宁波市分公司"。2015年,中国邮政集团公司实施法人体制调整,将集团公司对各省(区、市)邮政公司的管理体制,由母子公司两级法人体制改为总分公司一级法人体制,浙江省邮政公司宁波市分公司更名为"中国邮政集团公司宁波市分公司"。

(六)城市交通体系逐步完善

宁波市在全省率先出台轨道交通运营管理条例,并首创公交都市办与治堵办"两办合一"的体制机制。建成宁波南综合客运枢纽信息服务与协同管理平台、公交智能化应用示范工程,市区公交全面实现移动全支付,交通联合一卡通与全国165个城市联网通用。全省首个轨道商业街区"东鼓道"投入使用。

1. "四位一体"的公交体系逐步完善

2018年,加速完善"新城、招宝山街道两个中心分布"的"以轨道交通为骨干、常规公交为主体、出租汽车为补充、公共自行车为延伸"公共交通新格局。以轨道交通为骨干,协调做好轨道交通2号线二期、3号线、5号线各阶段建设任务。以常规公交为主体,新增37路、346路两条线路,优化调整370路等8条线路,实现了与轨道交通的无缝对接。此外,庄市公交始末站于9月全面建成并投入使用。

2. 以出租汽车为补充,推进区域出租车运营管理信息化建设

实现电召系统在区域出租车的全覆盖。以公共自行车为延伸,完成公共交通最后一公里的覆盖,截至2018年6月累计投放43065辆公共自行车,建成1691个租赁点。

3. 轨道交通开启新纪元

宁波市轨道交通业务于2003年起步,十几年来,始终以科学发展观为指导,按照市委、市政府的决策部署,以"发展轨道交通就是发展经济、建设轨道交通就是建设城市、运营好轨道交通就是改善民生"为根本目标,全面实施规划、建设、运营、开发"四位一体"发展战略,以规划为龙头,以建设为主体,以运营为目标,以开发为依托,统筹推进各项工作。2014年5月30日,宁波市首条轨道交通线路,宁波轨道1号线一期开通试运营,开启了宁波轨道交通从无到有的历程。2015年9月26日,轨道2号线一期开通试运营,与1号线一期形成"十字"形骨架,标志着宁波初步迈入轨道交通网络化运营时代。2016年3月19日,宁波轨道1号线二期正式投入试运营,实现宁波原市六区(海曙、江东、江北、鄞州、镇海、北仑)轨道交通全覆盖。截至2018年6月轨道交通累计投资50.5亿元,建成轨道1号线计长46.165公里,轨道2号线28.35公里。

三、运输服务成就

(一)客运服务

1.城市客运

(1)轨道客运。宁波市正在运营的是轨道交通1号线全线和2号线一期,运营里程75公里,日均客流约30万人次,列车正点率99.96%,运行图兑现率100%,远优于国家标准,设备安全、总体平稳,2015年、2016年及2017年乘客满意度分别为:91.0%、90.9%、92.1%。

宁波轨道交通接驳设施先行,统筹各区、各部门力量,累计建成16个公交首末站,90余个公共自行车网点,14个P+R换乘停车场等接驳设施,方便了市民优先选择轨道交通出行。2018年6月,轨道交通运营车数354辆,运营里程78.84万列公里,客运量1013.47万人次,日均客运量33.78万人次,同比上升16%,环比上升0.5%;实现客运收入2469.2万元。截至2018年6月轨道交通累计客运量5873.64万人次,同比增加9.7%;运营里程456.17万列公里,同比增长14.3%;实现客运收入13619.75万元,同比增加9.4%。

宁波轨道交通起始运行4年多的时间里,宁波地铁运送客流量3.2亿人次(其中轨道1号线一期19576.22万人次人次,轨道2号线一期12662.84万人次)。

(2)公交客运量。2018年6月,全市公交运营车辆总数8936辆,同比增加8.2%;运营线路1229条,同比增加3%;行驶里程4112.6万公里,同比增加0.6%;客运量4989.5万人次,6月日均客运量166.3万人次。其中,市六区(含奉化区)客运总量3587.7万人次,日均客运量119.6万人次;县市区客运总量1401.9万人次,同比下降0.6%,环比上升8.5%。上半年全市公交累计客运量30132.8万人次,同比下降4%,运营线路1229条,运营线路长度21812.9公里,同比增加分别为3%和5.2%;行驶里程24435万公里,同比增加0.9%。上半年市区(不含奉化)公交累计客运量20166.8万人次,同比下降3.5%,运营线路496条,运营线路长度9792.2公里,同比增加分别为3.1%和1.5%;行驶里程14641.5万公里,同比增加0.8%。

(3)出租汽车客运。截至2018年6月全市出租汽车运营车辆总数6292辆,因余姚5月份注销100多辆出租汽车,全市出租汽车同比减少1.8%;双燃料出租汽车5685辆,同比增加19.4%;累计载客量7006.7万人次,同比下降9.9%;累计行驶里程37136.3万公里,同比减少3.9%。上半年市区(不含奉化)出租汽车运营车辆总数4627辆,与去年持平;双燃料出租汽车4180辆,同比增加27.2%;累计载客量4566.6万人次,同比下降9.6%;累计行驶里程25335.5万公里,同比减少1.4%。

(4)公共自行车客运量。2018年6月,全市共投入运营公共自行车网点1691个,投放公共自行车43065辆,租赁IC卡总量约53.8万张,租车量253万辆次,同比减少24.8%,环比减少4.1%;6月日最高租车量12.13万辆次,日均租用量8.4万辆次。其中,市六区(含奉化区)投入公共自行车网点1381个,投放公共自行车37265辆,租赁IC卡总量约52.86万张,租车量236.4万辆次,同比减少22%,环比减少6.5%;6月日最高租车量11.05万辆次,日均租用量7.88万辆次。上半年全市公共自行车共投入运营网点1691个,同比增加1.1%;投放公共自行车43065辆,同比减少0.3%;累计租车量584.1万辆次,同比下降27.1%。上半年市区(不含奉化)公共自行车共投入运营网点1351个,投放公共自行车36915辆,同比分别增加7.7%、

0.8%；累计租车量1274.9万辆次，同比下降27.9%。

(5)宁波空港运输服务成就。1984年夏，根据当时中国改革开放的总体战略，国务院、中央军委批复庄桥机场为军民合用机场，当年11月16日机场开通历史上首条宁波至上海航线，由此拉开宁波民航的发展史。庄桥机场通航前的筹备和建设，全市各部门通力协作，东航部队大力支持，仅用2个月时间即建成占地9400平方米，总投资90万元的整个航站工程。机场通航条件虽然具备了，但机场设备设施之简陋，工作、生活条件之艰苦，在现今看来是不可想象的。由于刚通航，宁波通往各地的航班较少。至1990年年初，宁波先后开通至上海、北京、广州、厦门、武汉等5条航线。庄桥机场的启用，开创了宁波民航从无到有的历史，1984—1990年，在探索发展的6年中，筚路蓝缕的宁波民航人为宁波走向世界开启了通天之路。在1993年全国民航夏秋季航班协调会上，宁波机场和宁波市政府合作，主动到会上推销机场的发展前景和具备的各种优势，吸引了10余家国内航空公司加盟宁波机场。同时，在台州、新昌、舟山等县(市)，机场设立机票代售点。

2004年4月28日，宁波栎社机场公司揭牌，宁波栎社机场正式移交宁波市政府管理，成为浙江省第一个正式下放地方政府管理的机场。2005年12月17日，宁波栎社国际机场命名揭牌，宁波成为长三角地区继上海、南京、杭州之后的第四个国际机场。2010年5月7日，民航系统的领导、专家和国内外航空物流业界人士齐聚宁波航空发展论坛，共同商讨宁波加快打造中国长三角地区国际空港物流枢纽发展的大计，掀起了宁波市聚全市之力、集各方之智发展宁波空港事业的高潮。宁波市设立的宁波机场补助资金，对机场的航线发展起到了积极作用。仅在2013年，宁波机场就新开多条航线，并新增丽江、长春、宜昌等通航点。

2017年11月17日，浙江省机场集团有限公司挂牌，集团注册资本金100亿元，整合全省机场，着力打造民航强省。宁波机场集团成为省机场集团的全资子公司，宁波市国资委成为省机场集团的四大股东之一。在战略布局中，宁波机场被定位于大型骨干机场。从"群雄争霸"转向"雁阵齐飞"，大集团化成为机场发展的主流模式。在机场现有T1航站楼的西侧，一座贝壳状的建筑雏形渐现，这就是建设中的机场三期工程主体——T2航站楼。T2航站楼分4层，其中地下一层连接机场交通中心。三期工程按年旅客吞吐量1200万人次、货邮吞吐量50万吨的能力设计建造，未来将成为宁波城市新门户。

2.农村客运条件根本改善

农村客运班线从无到有，网络不断完善，城乡客运一体化加快推进，全市基本形成了县城至乡镇、乡镇至行政村的二级客运网络。农简四轮和农用中巴车彻底退出了农村客运市场，客运车辆已全部达到中级以上标准。截至2017年底，拥有农村客运班线426条，建立简易车站以上客运站527个，农村港湾式停靠站点4000余个，全市100余个乡镇3000余个行政村中除海岛、高山村外全部通客运班车。

3.铁路客运能力迅速提增

1978年，宁波市境内旅客发送量为243.9万人，20世纪90年代始，宁波铁路客运不再局限于宁波至杭州和上海。1993年7月，宁波至包头直通旅客列车开行；1997年4月，宁波至合肥特快旅客列车开行；翌年10月1日，宁波至北京、广州、吉林3趟直通长途旅客列车开行。至此，宁波铁路客运有了直通华北、华南、东北地区的旅客列车。

1978年，宁波铁路客车每日仅开行4对，到2017年，宁波旅客列车每日到发达到172对，其中高铁148对,40年期间增长了43倍。经过铁路6次大提速,客车运行速度由每小时60公里提高到2007年的每小时110公里,到现在高铁的每小时300公里。过去宁波到上海旅行时间需要7个多小时,现在只需2个小时就能到达,同时新型空调客车投入使用,客运服务实行优质优价,为旅客提供了舒适的旅行环境。改革开放还搞活了宁波铁路的客运市场。从1997年起,宁波铁路先后开行了宁波至南京、武夷山的假日旅游列车和宁波至阜阳的民工专列。2000年9月,宁波至杭州城际列车开行,每日2对,翌年1月增至5对;2003年1月,宁波至成都、贵阳直通旅客列车开行,每日各1对;2005年4月,宁波至上海特快城际列车开行,每日2对,是年8月增至4对;2006年9月,宁波至西安直通旅客列车开行,每日1对;翌年4月,宁波至武昌直达特快旅客列车、宁波至南宁直通旅客列车开行,每日各1对;2008年9月,宁波至南昌直通旅客列车开行,每日1对;是年12月,宁波至北京直达特快旅客列车开行,每日1对;2009年4月,宁波至重庆北、成都直通旅客列车开行,每日各1对;是年9月,甬台温铁路建成通车,首次开行宁波至上海南、温州南、福州方向动车组列车,每日19对,后逐步增至28对;翌年4月,宁波至厦门动车组列车开行,每日3对,后增至7对。2010年,宁波日办理至广州、南宁、成都、重庆、贵阳、西安、郑州、武昌、福州、厦门、南昌、北京、吉林等直通华南、华北、西南、西北、东北等地区大城市的旅客列车共有50对,年发送旅客1020.3万人次。到2017年,旅客发送量达到6950.9万人,40年期间增长了28.3倍。

(二) 货运服务

1. 以集装箱吞吐量跨越2000万标准箱为标志,港口综合实力显著提升

宁波与世界90个国家(地区)、560个港口实现通航。货物吞吐量达到5.2亿吨,跃居世界第四;集装箱吞吐量突破2000万标准箱,超过韩国釜山港,上升至全球第五。多式联运快速发展,海铁联运增幅位列全国6个集装箱海铁联运示范通道之首,长江经济带大宗物资江海联运基地的地位更加稳固。波罗的海交易所发布宁波"海上丝路指数",中国航运指数首次走出国门。

2. 国家级综合交通枢纽地位不断巩固

(1)综合运输枢纽建设全面推进。建成余慈综合交通枢纽中心。"十二五"期间,宁波进入29个国家一级物流园区布局城市、37个国家级流通节点城市和首批16个国家级综合运输服务示范城市行列。杭甬运河宁波段300吨级航道全线开通,500吨级船舶实现试通航。

(2)公路货运有效降低行业成本。2011年,完成《宁波市交通物流基地布局规划(2011—2020)》的修改。制定《宁波市交通物流重点联系企业评定办法(试行)》。抓好物流组织模式的创新,引导物流企业转型升级,制定《宁波市甩挂运输试点工作实施方案》,引导试点单位探索集装箱双重甩挂、干线甩挂和港区短驳甩挂模式。积极打造宁波货运精品专线,推广实施"5F"管理法,培育慈溪公铁联运广州专线等7条货运精品专线,促进零担干线运输企业转变发展方式。

2012年,市场主体培育不断深化。制定出台《宁波市交通物流重点企业评定办法》和《宁波市交通大物流扶持引导资金实施意见》。成功承办全省甩挂运输试点工作现场会,推广宁波试点经验。加强物流供应链管理,开展制造业联动项目试点,积极推广第三方物流企业供应链管理典型经验。完成集装箱类通用软件(一期)开发,9家企业完成集装箱类通用软件验

收。陆续形成双重运输、小箱拼车、供应链管理等创新业务模式,并与银行合作物流金融服务。引导发展经济节能车型,在北仑试点应用LNG集卡车。发展农村物流,积极推进农村物流发展,在宁海开展交邮合作试点,开发城乡物流管理平台。

2013年,扶持培育北仑集运基地、空港物流园区、宁波金洋化工等重点物流基地和龙头企业。先进物流模式深入推广,金洋化工物流列入部级甩挂运输试点。与宁海邮政合作共建了农村物流配送网络,建成了城乡物流公共信息平台,2个乡镇配送中心、80个农村货运网点实现运作,三级农村物流网络初步构建。北仑集运基地基本建成,为3000辆集卡车提供配套服务。搭建政企服务平台,组织开展银企对接会,缓解物流企业融资难题。物流行业动态监测制度初步建立,与国税部门建立数据共享应用机制,动态监测报告和价格指数发布进一步扩大。

2014年,积极提升物流信息化水平,发展城市配送体系,落实宁南贸易物流园区城市配送中心一期133亩用地;推进物流企业联盟,探索专线合作和股权合作两种联盟模式;在全省首创"无车承运人"经营模式。每季度编制交通物流重点联系企业动态监测报告。定期通过报纸、网络等渠道公开发布宁波市公路货运运价指数8期,有关企业已将运价指数应用于经营活动中。

2015年,道路运输企业向集约化、公司化经营迈进,一批集约化、现代化运输企业迅速发展壮大。甩挂运输试点全面推开,部级试点项目数量位居全国城市第一。营运货车大型化发展趋势明显,车辆总载重吨位增长近60%。中小物流企业加快整合,多个中小物流企业联盟实体组织成立并开始运作。建成物流园区、物流中心15个,物流基地骨架网络基本成型。宁海县积极整合交通邮政,开展农村物流发展试点,累计建成3个乡镇物流集散中心、130个行政村物流服务点,开通城乡货运公交线路15条,并启动城乡物流公共信息平台建设。

2016年,宁海"货运公交"入选2016年全国农村物流发展先进案例,万联港等5家企业入选国家无车承运人试点。抓国家平台示范区建设,进一步促进交通物流转型升级。完成平台与企业ERP系统接口改造等项目立项,开展了与国家物流平台互联对接、物流园区车辆进出电子报备等项目建设,3家制造企业、10家物流园区、一批物流企业通过平台实现互联、交互,提升了物流园区、集装箱行业的管理和监测水平。

2017年,货运车辆平均载重吨位较"十一五"末增长17.1%,车辆大型化发展趋势明显。在省内率先引入危运市场准入专业安评。开展货运场站清理整治工作,共清理注销货运场站1026家。完成了道路物流平台、航运物流平台两个项目接口开发,完成集装箱堆场公共提箱预约系统开发,12家堆场接入系统。集装箱堆场公共提箱预约系统得到欧盟委员会、中国气候代表等重量级领导的专题调研和高度称赞。深化宁海"交邮合作"模式,开展农村物流服务站点提升工程,扩大城乡物流运力投放,累计新投入配送车辆35辆,宁海农村物流入选"宁波改革"情况交流。中通物流网络联盟成为全省典型,新增2家新三板挂牌物流企业。宁波(镇海)大宗货物海铁联运物流枢纽港入围国家首批示范物流园区,象山现代物流园区公共服务中心完成竣工验收。完成浙江省中小企业网络化联盟公路甩挂运输主题性试点项目(中通物流胜速快运联盟甩挂运输试点项目)等交通运输部甩挂试点项目验收。无车承运人试点成效明显,共计7家企业列入部、省试点,其中6家企业获批"无车承运人"资质,约汇聚社会车辆1.7万辆,有效降低了行业物流成本。

(3) 铁路货运能力快速增强。改革开放前,宁波地区铁路到发的大宗货物主要以煤炭、钢铁、水泥为主,且数量较小。随着镇海发电厂、浙江炼油厂、镇海港、北仑港等一大批大型工程相继建成投产,水泥、煤炭、钢铁、木材、矿石、石油制品、化肥等货物运量成倍增加。1978年宁波地区货物到发量仅为233.7万吨,其中,宁波地区到发的煤炭、钢铁、水泥、化肥、矿石等大宗物资仅为98.6万吨。1990年始,日开行货物列车增至12对,年货运量905.9万吨。2000年,日开行货物列车增至22对,年货运量924.7万吨;2005年,日开行货物列车增至29对,年货运量2007.2万吨;到2007年达到了1383.4万吨,期间到发量增长14倍。2010年,到达货物以水泥和钢铁居多,分别为255万吨和141.9万吨,次为化工品;发送货物以金属矿石和煤炭制品居多,分别为1112.9万吨和471.4万吨,次为石油和化工品。到2017年,日均办理货物列车增至41对,货物到发量达到2816.6万吨,期间增长了12.1倍。2017年,到达货物以水泥、钢铁和化工品居多,分别为171.6万吨、72.9万吨和30.5万吨;发送货物以铁矿石、煤和石油居多,分别为1050万吨、350.2万吨和75.5万吨。2017年所有大宗物资总量达到了1847.9万吨,比1978年增长了18.7倍。

(三)运输装备

2012年,全年淘汰老旧客车700辆,中高级客车比重达到80%,货运重型车、厢式车比重达到31%和25%。LNG清洁能源车型进一步普及,北仑累计投入229辆LNG集卡车,居全省之首。全市道路运输万元营业额能耗同比下降8.5%。全市公交运力总规模达到6144标台,出租汽车5834辆。

2013年,全面实施营运车辆燃料低消耗限制标准,鼓励发展LNG等能耗车型,全市新增LNG货车116辆,总数达到410辆,并逐步向客运行业推广;推进营运车辆标准化、专业化发展,淘汰老旧客货运车辆3400辆。全市营运货车重型车比例已达到33%,甩挂运输拖挂比达到1:1.71,中高级客车比例达到80%。全市公交运力总规模达到7149标台,出租汽车6360辆,分别同比增长16.8%和9%。

2014年,鼓励引导运输企业走绿色低碳之路,全市淘汰营运黄标车1.7万辆,新增清洁能源车150辆,全市营运客货车单位能耗下降0.5%和0.9%。公交运力总规模达7445标台,万人保有量15标台,绿色能源车比例达39%,车辆使用年限保持在6年以内。出租车总数达到4627辆,双燃料车占比为65%。累计投放公共自行车2.1万辆。

2015年,营运客车向大型化、舒适化发展,客运班车和包车高级车辆分别占比66%和98.8%,中大型客车分别占比60.3%和97.3%;全市营运货车稳步增长,大型化发展趋势明显,总数已达78410辆,车辆总载重吨位增长近60%。全市公交车辆8635标台,累计新投放出租汽车1039辆。公交车、出租汽车黄标车淘汰累计1829辆,清洁能源公交车、出租汽车比例分别达到31.6%、63%。公共自行车平均每年可减少碳排放量约1.7万吨,营造了绿色环保的出行氛围。

2016年,全市新增及更新公交车1104辆,投用新能源公交车770辆。全市共有营运货车66527辆、总载重吨位849882吨,同比分别下降9.35%、0.49%。经营业户平均拥有营运货车为1.9辆,较上年略有增长。

2017年,全年新购新能源公交车1125辆,全市清洁能源和新能源公交车占比提高2.7个百分点。班车客运、包车(旅游)客运中高级车辆占比分别达到66%、98.8%,呈现高级化、大型化。

截至2017年底,宁波邮区中心局共有邮件牵引车2台、推式悬挂输送机1套、带式输送机125套、信函分类理信机2套、信函分拣机2套、包裹分拣机1套、报刊分发流水线2套。截至2017年底,全市邮政共有生产用汽车412辆,投递摩托车和电动自行车846辆,投递电动三轮车157辆。其中,宁波市本级有生产用汽车145辆,投递摩托车和电动自行车348辆。

四、行业管理成就

(一)法治建设

宁波市的交通法治及行政执法工作,紧紧围绕全市交通现状、发展目标及工作任务,以全面贯彻落实国务院《全面推进依法行政实施纲要》为主导,以全面建立和推行交通行政执法责任制为主题,以责任执法、规范执法、素质执法、科技执法、纪律执法为抓手,重视和加强宁波交通法治、交通行政执法队伍、交通行政执法行为规范、交通行政执法监督和交通法治宣传教育等各项工作体系建设,不断提高全市交通各级、各部门依法行政的能力,着力提升依法治交水平,为宁波交通实现现代化目标管理提供法律保障。

1. 交通法规规章制度

40年来,宁波充分利用"较大的市"拥有立法权的优势,加快地方交通法规建设步伐。1996年11月市十届人大常委会第二次会议通过了《宁波市公路路政管理条例》,宁波交通史上第一部法规诞生。1997年8月市十届人大常委会第三十四次会议通过了《宁波市出租汽车客运管理条例》;2005年5月市十二届人大常委会第十二次会议通过了《宁波市公路养护管理条例》,这是全国第一部关于公路养护管理的法规。《宁波轨道交通运营条例》于2017年3月1日起施行,规范了宁波市轨道交通运输运营管理秩序。在加强大力宣贯的同时,推进完成了《轨道运营服务规范》《轨道乘坐规则》等有关配套制度建设的制定工作。根据市人大常委立法计划,大力推进实施《宁波市出租汽车客运管理条例》(修订)立法调研论证工作,在宁波区域范围分片区开展立法调研、市区集中综合调研,充分征求相关行业管理部门、从业主体、从业人员的意见和建议。同时,继续开展了全市集装箱道路运输管理、公共自行车运营管理等方面立法调研论证,进一步加快了宁波交通法治体系建设步伐。

2. 交通运输政策法规体系研究

重点编制了公共交通、物流发展、智慧交通、生态交通等重点领域的立法规划。逐步推动完善宁波地方性交通运输法规体系,修改、废止与交通运输改革不适应的法规规章,填补地方综合交通运输管理、运营安全监管等方面立法的缺失。根据交通运输行业规章实施情况,积极争取将部分规章提升为地方性法规。推进跨行业跨部门行政执法信息共享,包括交通、交警、海事之间的执法信息联网,加大非现场执法力度。积极探索了"互联网+"执法模式,形成"人员信息、证件管理、在线考试、档案数据、装备在线"五位一体网络管理模式。加强交通运输执法基础设施建设,突出资源整合、队伍整合、管理整合,重点推动交通运输综合行政执法体制改革,探索建立以"区域设所"的基层综合交通管理机构,整合充实基层执法力量。在重点场站、火车站、服务区等交通窗口开展了法治文化阵地建设。

3.交通运输执法案卷管理评查

每年开展行政处罚、行政许可"双十佳"执法案卷评比,并通过评查发现问题、原原本本反馈问题、强化督查整改等方式,执法案卷质量逐年提升,在2017年市政府法制办的双十佳执法案卷评比中,宁波交通运输系统获评优秀的案卷占了近40%。根据《宁波市交通运输法律顾问团工作规则》,有序开展法律顾问团在行政决策、行业管理、规范性文件制定、合同签订等交通领域的专题研究、风险评估、咨询服务等工作,拓展法律顾问参与交通事务咨询范围,进一步发挥法律顾问在促进依法办事、依法决策,增强法律风险防范能力,提高交通运输依法行政水平等方面的作用。

由此,初步形成了具有宁波地方特色的交通法规框架体系。与此同时,不断加强交通行政执法行为规范和执法监督制度建设,交通行政的执法水平不断提升,为宁波交通事业的健康、快速发展提供了有力的法治保障。

(二)管理体制改革

改革开放以来,宁波交通行业以国务院、交通部有关文件精神为指导,在市委、市政府的直接领导下,各项管理体制改革工作逐项落实,稳步推进,取得了较好效果。

1.港口管理体制改革以来的港口发展情况

宁波港口由原来的3个港区发展为甬江、北仑、镇海、大榭、穿山、梅山、象山、石浦等8个港区,成为一个集内河港、河口港和海港于一体的多功能、综合性的现代化深水大港。

港口管理体制改革以来,极大地调动了各方的积极性。宁波市政府大力支持港口发展,明确宁波港集团公司继续享受宁波港务局原有的优惠政策,宁波港集团上缴给宁波市的所得税,作为港口建设发展基金,用于港口建设,形成资金投入保障制度并优先解决港口建设所需岸线、土地资源。2009年开始由市财政每年出资1000万元支持宁波港口海铁联运发展。港口管理部门为港口经营主体创造公开、公平、公正和规范有序、高效运作的市场环境,大力培养和发展港航业,加强服务市场管理,规范经营行为,提高港口通关效率,不断改善口岸服务环境。围绕港口加快建设集疏运网络,新建穿好高速、大榭疏港高速、沿海中线等主要疏港道路。协调落实浙江高速路网对进出宁波的集装箱车辆给予正常价格7折的优惠政策,促进港口集装箱业务发展。宁波港集团以市场为导向,积极参与市场竞争,加速港口建设,不断提高作业效率,投资舟山、温州、太仓等码头,建立车队、船队、堆场企业,从一个码头装卸企业积极转型发展成物流供应链组织者。2010年9月29日,宁波港股份公司在上海证券交易所成功上市,向建设成为国际一流的港口企业迈进了一大步。宁波引航站内部管理、队伍素质、技术水平、工作效率、服务能力和外部环境都取得了显著进步,引航员几年来收入水平也大幅增长,在全国各地的引航机构处于中上水平。中联理货有限公司宁波分公司也成功开拓宁波市场。2012年起,宁波舟山港成为全球港口货物吞吐量第一港。2014年,宁波舟山港完成年货物吞吐量8.7亿吨,同比增长7.9%,继续保持世界排名第一;完成集装箱吞吐量1945万标准箱,同比增长12%,箱量首次排名全球第五。2017年宁波舟山港货物吞吐量雄踞全球首位,承担了长江经济带原油、铁矿石进口总量的90%、45%和长三角1/3国际集装箱运量,联通世界100余个国家600余个港口。

2.交通行政体制改革有关情况(2011年至今)

(1)市交通委机关。2011年宁波市政府机构改革实施以后,市交通运输委员会的管理职能等有部分调整。在2009年5月市政府建立加快宁波港海铁联运发展联席会议制度,联席会议办公室设在市交通局(港口管理局)。2012年市编委甬编〔2012〕60号文件明确交通运输委增配宁波港海铁联运发展联席会议办公室专职副主任(副局长级),具体负责海铁联运有关工作。2013年7月,市政府甬政办发〔2013〕165号文件将"加快宁波港海铁联运发展联席会议制度"更名为"加快宁波海铁联运发展联席会议制度",联席会议办公室继续设在市交通运输委员会(港口管理局)。

2013年4月,市编委甬编〔2013〕19号文件明确是交通运输委员会为全市轨道交通运营的行业主管部门,承担轨道交通运营监管职能,主要负责起草有关轨道交通运营的地方性法规、规章、规范性文件和政策;负责编制轨道交通运力总体发展规划;协同相关部门提出轨道交通运营票价建议;组织城市轨道交通线路试运营评审工作;监督管理轨道交通运营安全生产和应急工作等。同时划入原由市安监局承担的港口危险化学品安全监管职责,增加公共自行车系统建设管理职责。

2016年4月交通运输部以交办水函〔2016〕329号复函市政府,同意设立中国航海日论坛(宁波)组委会及其办公室。2017年市编委甬编〔2017〕11号文件明确在交通运输委港口管理处增挂航海日论坛综合处牌子;明确在市港航管理局增设航海日论坛事务处,办公室增挂航海日论坛公共关系处牌子。

(2)事业单位。2011年8月市编委甬编〔2011〕23号文件批复建立宁波市城市客运管理中心,为市交通委所属承担行政职能的事业单位,主要负责城市公交、客运出租汽车、市域客运的行业管理。机构规格相当于行政正处级,内设机构8个。2013年4月,市编委甬编〔2013〕20号文件批复同意宁波市城市客运管理中心更名为宁波市城市客运管理局,并增加轨道交通运营管理职责和城市公共自行车系统规划、建设和运营管理的职责,同时增加内设机构2个。2014年11月,市编委甬编〔2014〕60号文件批复同意宁波市城市客运管理局更名为宁波市公共交通客运管理局,机构规格由相当于行政正处级升格为相当于行政副局级。根据2015年1月市编委办甬编办函〔2015〕4号印发的宁波市公共交通客运管理局机构编制方案,宁波市公共交通客运管理局内设机构9个。

2012年7月,市编委办甬编〔2012〕37号文件批复同意宁波市现代物流规划研究院增挂宁波市交通发展研究中心牌子,增加全市交通运输发展战略和规划研究、交通经济运行分析研究、交通运输和现代物流行业标准化技术归口等职责。

2012年8月,市编委办甬编办函〔2012〕138号文件将宁波市高速公路管理处更名为宁波市交通发展前期办公室,为市交通委所属公益二类事业单位,机构规格相当于行政正处级,内设机构2个。

2013年9月,市编委办甬编办函〔2013〕86号文件同意设立宁波市高速公路管理中心,为市交通委所属公益二类事业单位,承担政府还贷高速公路建设资金的筹集和建成后的运营管理等职责,机构规格相当于行政正处级。

2013年12月市编委甬编〔2013〕64号文件批复同意宁波市道路运输管理处更名为宁波市道路运输管理局,宁波市公路管理局、宁波市道路运输管理局、宁波市港航管理局三家事业单位的机构规格由相当于行政正处级升格为相当于行政副局级。根据2014年市编委办甬编办函〔2014〕21、22、23号文件印发的宁波市公路管理局、宁波市道路运输管理局和宁波市港航管理局机构编制方案,宁波市公路管理局挂宁波市公路路政管理支队牌子,内设机构12个、派出机构1个;宁波市道路运输管理局为参照公务员法管理的事业单位,挂宁波市道路运政支队牌子,内设机构10个,派出机构3个;宁波市港航管理局挂宁波市航道管理局牌子,内设机构10个,派出机构2个。

2016年9月国务院正式批复宁波市行政区划调整方案。根据市政府甬政办发〔2016〕180号文件印发的《关于进一步完善市与相关区交通运输管理体制的实施意见》,从2017年1月起,原海曙区、原江东区、江北区和高新区行政区域内由市级交通部门承担的道路旅客运输、道路货物运输、客货运站(场)服务、汽车租赁、机动车驾驶员培训、机动车维修、巡游出租汽车等业务经营的行政审批及事中和事后监督检查等职责(除法律法规明确或确需应由市本级保留及实施的管理职责外)、航道管理(除杭甬运河宁波段大隐浦口至甬江明州大桥段、奉化江鄞奉交界至宁波市区三江口段外)、水路运输管理、港口管理等职责,下放给属地政府及交通运输部门承担。原鄞州区承担的公共汽车经营许可、日常管理、监督检查、绩效考核等职能由市级交通部门承担。2017年7月市编委办甬编办函〔2017〕41号相应调整了市交通委和下属相关事业单位的编制,撤销了市道路运输管理局在海曙区、江东区和江北区的3个派出机构。

(三)投融资体制改革

为适应国家投融资体制改革,鼓励和引导社会资本参与宁波市交通基础设施和公共服务建设,2015年市交通委成立了PPP融资项目推进工作领导小组,领导小组下设办公室,PPP办公室具体承担市级交通运输重点项目PPP推广运用日常工作。在PPP领导小组领导下,PPP办公室积极主动适应国家投融资体制改革,切实履行好职责。2017年承担了杭甬复线宁波段一期项目PPP试点工作。该项目投资估算181亿元,是目前为止浙江省单体投资最大的高速公路项目,也是市政府确定的宁波市第一个高速公路PPP试点项目。面对PPP相关法规政策缺乏,PPP办公室坚持有利于争取上级支持、有利于政府风险可控、有利于社会资本长期运营和确保合法合规等四条原则,强化政策学习融通、注重调研和经验借鉴、加强与相关部门沟通,形成了规范的PPP项目实施方案,成功将本项目列入了财政部第三批PPP示范项目、国家发改委和交通运输部PPP示范案例,争取到了交通运输部42.49亿的资金补助,并通过公开竞争一次性招标成功,引入社会资本130亿元,得到了市委、市政府、市人大的充分肯定,也是"两学一做"的成果。该项目的成功落地,为推进交通投融资改革,充分发挥政府投资的引导作用和放大效应,打通投融资渠道,挖掘社会资本潜力,有效缓解交通投资项目融资难融资贵问题做出了成功探索和实践。

(四)技术政策及标准建设

改革开放40年来,宁波交通在技术政策与标准建设领域以贯彻落实五大发展理念,深化交通运输基础设施供给侧结构性改革,健全完善公路水运工程技术政策和标准体系,高质量高标准推进公路水运品质工程建设。2012年发布《关于推进公路水运建设工程质量安全标准化管理的实施意见》后,每年组织制定全市公路水运工程品质工程建设实施方案,明确具体建设目标和任务。先后发布了《质量安全标准化建设实施大纲(编制要点)》《宁波市公路水运工程质量安全标准化管理考核办法》《宁波市公路水运工程监理工作标准化建设实施意见》《宁波市公路水运工程工地试验室标准化建设实施意见》《宁波市公路工程招标文件质量安全标准化建设专用条款》等16个品质工程制度性文件。建立完善公路水运技术监管体系，结合宁波实际，提出了贯彻落实《关于进一步加强高速公路、普通国省道软土地基勘察设计与施工管理的意见》《浙江省普通国省道干线公路工程设计变更实施细则》的若干意见，制定《交通建设工程从业单位生产经营红线、黄线》。组织编制《公路工程施工风险源辨识手册》《公路桥梁工程施工安全风险评估指南》《公路隧道工程施工安全风险评估指南》及《公路路堑高边坡工程施工安全风险评估指南》，形成"一个手册三个指南"的研究成果，并在明州大道等省市重点工程中开展试点，不断发展公路水运工程品质工程技术政策和标准体系。

五、科技创新成就

改革开放以来，宁波交通全面进入现代化建设关键时期，交通科技发展迅速。公路、水路、铁路、民航、公交等领域科技应用得到提升，杭州湾跨海大桥系列关键技术、LB多向变位桥梁伸缩装置、智能交通技术、交通安全、绿色生态技术、软科学决策支持研究等服务于行业发展实际，取得较好的经济和社会效益。此外，在人才培养、技能培训、员工教育等方面也取得一定成绩。至2017年底，全市交通行业多个项目成果获得国家、部（省）、市科技进步奖。

（一）科技创新体制改革

宁波市交通设计研究院原系交通直属事业单位，该单位的前身系1988年9月成立的宁波市交通设计处。1993年6月，更名为宁波市交通设计研究院，增加交通工程的勘测设计、技术咨询、技术服务等职能。2008年9月，单位转制为有限公司，称：宁波市交通规划设计研究院有限公司。其业务范围调整为：公路与城市道路、桥梁、隧道、港口、码头和市政工程及其配套设施的规划，勘察测量设计和课题研究，公路行业、市政行业工程的技术咨询、技术开发、技术转让服务，工程监理，工程检测，工程招标代理。宁波市交通设计研究院是科技创新体制改革的典型产物。

（二）科研能力建设

改革开放以来，宁波交通制定国家和省部级工法11项，起草或参与制定国家、行业及地方标准4项；获得国家科技进步二等奖1项，中国建设工程鲁班奖（国家优质工程）1项，中国土木工程詹天佑奖1项，中国公路学会科学技术奖10项，中国港口协会科学技术奖27项，宁波市科技进步奖3项。设立了宁波市交通规划设计院有限公司孙钧院士工作站，宁波市交通工程建设集团建省级企业技术中心等。

（三）重大科技创新成果及推广应用

改革开放以来，宁波交通系统的重要科技创新成果，有获得国家技术发明二等奖的LB模块式多向变位桥梁伸缩装置，有获得国家科学技术进步奖二等奖的强潮海域跨海大桥建设关键技术，有获得中国公路学会科学技术特等奖的大吨位50米预应力混凝土箱梁整体预制和梁上运输架设技术、杭州湾跨海大桥混凝土结构耐久性成套技术研究与应用，有获得中国公路学会科学技术奖一等奖的杭州湾跨海大桥,钢管桩设计、制造、防腐和沉桩成套技术,有获得中国测绘学会科技进步奖二等奖的跨海长桥全天候运行测量控制关键技术,有获得中国航海科学技术奖三等奖、中国港口科技进步奖三等奖的吹填粉煤灰渣形成陆域结合高真空击密法加固软土地基技术,有获得中国港口科技进步奖二等奖的宁波港集团生产业务协同管理信息系统、宁波港超大油轮在航立驳作业技术、宁波港口EDI系统,有获得中国港口科技进步奖三等奖的宁波港集团集装箱码头实时业务管理系统,有获得中国铁道学会科学技术奖一等奖的CTCS-2级列车运行控制系统列控中心设备技术,有获得铁道部重大科技成果二等奖的FZK-CTC型分散自律调度集中系统技术,有获得中国铁道学会科学技术奖特等奖的列车调度指挥系统(TDCS)技术。

1. 轨道交通主要科研项目成果及推广应用

(1) 再生能馈装置研制及应用(新线管理部在集团完成的项目)。为了将轨道交通列车的再生制动电能充分吸收利用,宁波轨道交通牵头相关单位通过技术交流和考察调研,开发研制出再生制动中压逆变型能馈装置。该装置挂网后运行良好,节能效果明显,是国内首例以该拓扑结构挂网的能馈装置,并形成示范性工程应用,在国内城市轨道交通行业起到带头示范作用,技术水平达到国内领先,将在宁波轨道交通3号线开展推广应用。

(2) 双向变流器的研制。各地铁公司研究再生制动能量回馈的方式,通用的方法是牵引供电采用整流机组,制动回馈采用独立的再生制动能量回馈装置。随着科技的进步,IGBT技术得到高速发展,宁波轨道交通牵头相关单位研制出可以完全替代二极管整流机组+能馈装置的轨道交通牵引供电双向变流设备,有效减少建设资金的投入,减少设备房使用面积,具有较高的性价比。双向变流器具备母线恒压控制能力,有效抑制牵引网压的波动,有利于列车的安全运行。同时掌握适用于地铁运行的大功率变流设备研制及系统保护与控制技术。该项目获得了一项国家实用新型专利和一项发明专利。

(3) 专用轨回流科研。国内绝大多数城市轨道交通均采用正极接触网或者接触轨供电、负极通过钢轨回流的方式。这种回流方式要求走行轨对地绝缘安装,但受施工、环境条件等各方面因素影响,已开通线路对地过渡电阻值远远低于设计要求的$15\Omega \cdot$公里(经统计,普遍数值在$0.8 \sim 3\Omega \cdot$公里),所以部分牵引电流由走行轨泄漏至道床,并由道床流经结构钢筋及沿线水管、油气管道等金属管线,将造成结构钢筋及沿线管线的腐蚀,具有较大安全隐患。宁波轨道交通提出专用轨回流系统,从源头考虑,从系统角度彻底解决杂散电流泄漏。通过研究分析及深入论证,完成了专用轨回流系统可行性分析报告,于2016年4月13日通过了专家评审。丁荣军院士等行业内专家一致认为采用专用轨回流供电系统能从根本上解决杂散电流腐蚀问题,属于国内首创,具有很好的社会、经济价值。并将在宁波轨道交通4号线采用专用轨回流系统。

(4) 城市轨道交通供电智能化管控系统研发。国内城市轨道交通供电安全生产管理系统大多都能实现接触网的可视化自动验电接地、两票系统管理、电气设备防误操作的功能,宁波轨道交通在此基础上研发了具有接触网自动验电、放电和接地功能的可视化接地柜,彻底解决了接触网残压困扰。目前该套系统在1号线正式投入运行,属于行业领先地位。该项目获得了一项国家实用新型专利。

2. 邮政主要科研项目

(1) C-STAR信函分拣机光电管系统改造。宁波市邮政局于1998年引进安装,1999年初试运行。在使用过程中,C-STAR 信函分拣机由光电管原因引起的故障占了整个系统故障的 2/3 以上,尤其是动态卡塞。经过多年运行,静态卡塞现象逐渐增多(高达 0.19%),影响正常通信生产。2002 年 2 月—2003 年 3 月,宁波市邮政局网络运行部实施 C-STAR 信函分拣机光电管系统改造项目。该项目通过自制红外光电管控制系统,改造 C-STAR 信函分拣机光电管控制板,使光电管的数值达到最佳状态(相当于光纤短路状态),信件卡塞率降低到 0.04%(比原先降低 4 倍左右),提高信函分拣效率;提高光电管抗干扰、抗振动、抗灰尘能力,减少设备维修费用及时间,使分拣机的部分零部件实行国产化。在 2009 年度浙江省邮政公司科技进步成果评选活动中,该项目获科技进步三等奖。

(2)全省机要业务处理系统。邮政机要局是与政府部门相关的核心保密部门,是国家重要文件传输的主要途径。随着机要通信业务的不断发展,原机要业务系统(单机版)已无法满足新业务需求,急需开发全省集中的机要业务处理系统。2008 年 4 月—2009 年 1 月,宁波市邮政局组成机要系统开发团队,研发机要业务处理系统,实现机要邮件实物流与信息流合二为一,并实现机要通信业务处理系统的全省联网。该系统主要采用 JAVA 技术架构,后台采用 ORACLE 数据库,使用 Eclipse 作为主要开发工具,通过终端 WEB 浏览器访问方式实现各项业务功能。2009 年 8 月,该系统在省机要局、宁波、温州、金华等 4 个机要局双机试运行,9 月 15 日正式运行。2010 年初,全省机要业务处理系统上线运行。在 2011 年第一届浙江邮政企业创新成果评选活动中,该系统获创新成果三等奖。

六、对外开放成就

(一)国际合作交流

1.宁波海铁联运有力促进多式联运快速发展

宁波海铁联运起步于 2009 年,9 年来,宁波海铁联运高增长态势日益强劲,运量持续增长,线路不断增多,腹地不断拓展,正在由培育期逐渐走向高速发展期。宁波—华东地区海铁联运通道被列为全国首批六个示范通道之一;上饶—宁波五定班列延伸至鹰潭,并被列为全国"百千快捷班列";宁波舟山港—浙赣湘(渝川)集装箱海铁公多式联运被交通部列为第一批多式联运示范项目。2017 年通过交通运输部验收的宁波港海铁联运物联网项目是国家发改委等部委确定的国家物联网七大应用示范工程之一。2017 年宁波市完成集装箱海铁联运 40.05 万标准箱,居全国第 4 位,增速继续保持全国 6 个示范通道前列,确立了南方海铁联运第一大港的地位。9 年来,共完成 119.85 万标准箱,年均增长 97.9%。沿"一带一路"、长江经济带沿线,基本形成了南北两条线同步发展的格局,其中北线经宣杭线深入西北腹地;南线经浙赣线深入西南腹地。截至目前,开通海铁运业务城市达到 15 个省市、自治区的 42 个城市,内陆无水港达到 15 家,常态化运行班列 12 条。海铁联运业务涉及 11 个铁路局,实际从事各类海铁联运业务的企业超过 200 家。货物的外贸占比达到 95%以上。

2."一带一路"促进港口与沿线国家经济合作

宁波拓展"一带一路"沿线主要国家和城市客货运航线,形成通达全国、联通全球的航空运输网络。

自 2015 年开始,"中国航海日"活动已永久落户宁波,宁波舟山港集团公司在每年"中国航海日"（7月11日）期间主持承办"海丝港口国际合作论坛",积极打造海上丝路沿线港口之间的交流与合作平台,加强海上丝路沿线港口之间合作、共商共建和优势互补。每届都有来自"一带一路"沿线超过30个国家或地区,近百家港口单位,逾350位嘉宾参会。论坛同时举办相关主题展览,每届都有逾20家港航单位参展。随着2015年、2016年连续两届海丝论坛的成功举办,其业界影响力不断提升,国内外越来越多的港口、航运和物流等相关单位越来越踊跃地参加到了论坛活动中来。宁波市已被国家列为"一带一路"的重要支点城市。

2013年9月和10月,中国国家主席习近平在出访中亚和东南亚国家期间,先后提出共建"丝绸之路经济带"和"21世纪海上丝绸之路"的重大倡议,得到国际社会高度关注。"一带一路"相应的经济圈也随之出炉,其中"丝绸之路经济带"圈定涵盖新疆、重庆、陕西、甘肃、宁夏、青海、内蒙古、黑龙江、吉林、辽宁、广西、云南、西藏13省、自治区、直辖市。"21世纪海上丝绸之路"包含上海、福建、广东、浙江、海南5个省、直辖市。浙江省被正式确定为"一带一路"重要经济带之一。

2015年3月28日,国家发展改革委、外交部、商务部联合发布了《推动共建丝绸之路经济带和21世纪海上丝绸之路的愿景与行动》,着重强调推进浙江海洋经济发展示范区、福建海峡蓝色经济试验区和舟山群岛新区建设,加大海南国际旅游岛开发开放力度。加强上海、天津、宁波舟山、广州、深圳、湛江、汕头、青岛、烟台、大连、福州、厦门、泉州、海口、三亚等沿海城市港口建设,强化上海、广州等国际枢纽机场功能。以扩大开放倒逼深层次改革,创新开放型经济体制机制,加大科技创新力度,形成参与和引领国际合作竞争新优势,成为"一带一路"特别是21世纪海上丝绸之路建设的排头兵和主力军。宁波作为重要的沿海港口城市,首次被国家正式列为"一带一路"的重要支点城市,着力加强港口建设,积极对接"一带一路"国家建设。

（二）企业"走出去"

2015年10月,宁波航运交易所与英国波罗的海交易所正式签订合作协议,海上丝路宁波出口集装箱运价指数（NCFI）的四条航线指数（宁波—欧洲线、宁波—中东线、宁波—地东线、宁波—地西线）在波罗的海交易所官方网站正式发布,这是英国波罗的海交易所首次发布其他机构的指数。随着"海上丝路指数"的发布,宁波在世界航运领域的影响力正在逐步扩大,宁波国际城市化水平进一步提高。同时,一大批"一带一路"相关项目正在积极有序推进中,中国—中东欧投资贸易博览会连续两届在宁波举行,"中国航海日"永久落户宁波,申洲织造、海天、中策动力等企业境外产业园建设进展顺利。

2015年12月,宁波市委、市政府印发了《宁波参与"一带一路"建设行动纲要（2014—2020年）》（以下简称《行动纲要》）,作为宁波今后一段时期参与国家"一带一路"建设的纲领性文件。《行动纲要》重点阐述了四大战略重点与六大主要任务。战略重点分别为建立港口合作组织、深化对外经贸合作、推进跨境贸易电子商务、扩大人文交流合作。主要任务包括以强化港口经济圈国际港口合作为目标,加快推进海丝国际港口合作服务组织建设;以构筑港口经济圈多式联运枢纽为依托,加快建设江海联运服务中心;以增强港口经济圈产业国际竞争力为重点,加快推进多边经贸合作;以提升港口经济圈城市国际化水平为导向,加快推进人文交流合作;以促进港口经济圈跨境贸易为核心,加快推进跨境电子商务试验区建设;以实现港口经济圈"五通"为内容,加快推进体制机制创新。《行动纲要》还设置了5个方面24个指标,分为2014年、2017年和2020年3个时间节点,同时,形成了六大工程,共计48个建设项目计划表,总投资超过2000亿元。

七、党的建设与精神文明建设

(一)党建工作

1.全面落实从严治党主体责任,干部队伍面貌展现新气象

改革开放以来,宁波交通历届党委积极组织动员系统各级党组织,掀起学习贯彻党的各及代表大会精神和新时代中国特色社会主义思想的热潮,比如组级开展集中收看、十九大代表现场宣讲、干部集中轮训和专题学习研讨等活动。制定"两学一做"学习教育常态化制度化实施方案,出台从严锻造"宁波交通铁军"实施意见,搭建做优"交通夜党校""交通大讲堂"等特色教育平台。开展"打通中梗阻、提升执行力"专项行动,对系统排查出的101个"中梗阻"问题实施深入整改。坚持"深挖掘、树典型、强带动",系统内涌现"两代表一委员"15名,特别是宁波公交总公司36路驾驶员陈霞娜成功推选为党的十九大代表,成为全省唯一一名交通系统代表。不断完善内控制度,理顺3家下属单位经济责任审计职责权限。深入开展"双随机一公开"执法监督,强化行政执法督察。强化党风廉政建设主体责任落实和整治"四风"力度,配合市纪委开展执纪监督,对4家下属单位开展全面从严治党履责情况巡察。

此外,工会、共青团、妇委会、对口扶贫、交通战备、统计、老干部、后勤服务等工作也都取得了长足进步,为交通运输事业发展做出了重要保障。40年来交通运输委共获市级以上各类荣誉和先进称号1000余项。

2.深入学习贯彻党的十九大精神,开启交通强市建设新征程

改革开放40年以来,宁波交通人认真贯彻落实各级交通主管部门有关精神文明创建的要求,坚持以邓小平理论和"三个代表"重要思想、科学发展观、习近平新时代中国特色社会主义思想为指导,以交通改革发展引领社会发展为中心,以"服务人民,打造满意交通"为宗旨,以全面动员,全员参与,全力塑造交通行业文明象,为百姓提供文明、优服务为目标,行业创建氛围浓郁,实现了行业全覆盖,并取得了显著成效,涌现了一批模范典型和文明单位,为交通运输的大发展提供了强有力的精神保障和支撑。

交通运输是国民经济战略性、基础性、引领性、服务性产业,习近平总书记在十九大报告中首次提出建设"交通强国"的战略目标,这是以习近平同志为核心的党中央站在党和国家事业发展全局高度做出的战略部署,是新时代赋予交通运输行业的历史使命。党的十九大以后,习近平总书记再次对"四好农村路"建设做出重要指示,这也是继2014年、2016年两次批示讲话之后,习近平总书记再次对"四好农村路"做出重要部署,充分展示了总书记深厚的为民情怀和以人民为中心的光辉思想,充分体现了农村公路在我国决胜全面小康历史进程中的重大意义。李克强、张高丽、汪洋、马凯等领导相继对"四好农村路"和交通运输事业发展做出密集批示指示,全行业正迎来前所未有的重大历史性机遇。全国交通运输工作会议提出了建设交通强国的总体思路,要求紧紧抓住高质量发展这个关键,推动"四个着力",构建"八个体系",从2020年到21世纪中叶分"两步走",最终全面建成世界领先、人民满意、有效支撑的交

通强国,进入世界交通强国前列。交通运输部领导2017年在宁波调研考察时指出,宁波的工作一直走在全国、全省前列,表示将全力支持宁波交通运输发展,同时也殷切希望宁波市能走出一条发展新路子。全省交通运输工作会议提出要全力打造交通强国示范区,构建"四港、三通道、四枢、三体系"格局,其中宁波国际性综合交通枢纽成为"四枢"之一。在宁波市经济工作会议和市"两会"上,从打造"大通道枢纽城市"的站位出发,明确提出了建设"交通强市"和"交通强国示范城市"的目标要求。上级有部署,市里有要求,交通行业有行动。

首先,建设交通强市,宁波有坚实基础和独特优势。一是区位优势明显。作为古代海上丝绸之路的"活化石"和长江经济带的龙头龙眼,宁波已确立为全国性综合交通枢纽和国家级物流节点。二是港口特色突出。宁波舟山港货物吞吐量雄踞全球首位,承担了长江经济带原油、铁矿石进口总量的90%、45%和长三角1/3国际集装箱运量,联通世界100余个国家600余个港口。三是运输门类齐全。"五位一体"对外交通和"四车一体"城市公交格局全面形成,是全国少有的集综合运输服务示范城市、公交都市示范城市、海铁联运示范通道、绿色交通示范城市于一体的城市之一。四是发展亮点较多。交通经济对地区生产总值贡献度显著,港航物流指数、甩挂运输、无车承运人、国省道巨灾保险等国家级试点和平台众多,城乡交通统筹水平在全国名列前茅。五是潜在需求旺盛。根据综合判断,随着一系列重大战略的深入实施和经济社会持续快速发展,交通运输需求将不断被激发,规模将持续扩大。可以说,宁波交通已经具备了由量的积累转向质的提升的坚实基础,完全有能力迈入建设交通强市新阶段。

(二)精神文明建设

交通行业是个民生行业,与百姓的出行息息相关,同时又是一个窗口行业,点多面广,涵盖公交、出租汽车、轨道交通、汽车站、火车站、机场、码头、服务区等多个出行的窗口,为百姓创造良好的出行环境,提供优质的服务,营造文明出行良好风尚,对于巩固文明交通成效,提升城市文明水平都具有重要意义。近年来,交通运输委在市文明委的指导下,在文明出行助推行业文明创建等方面做了一些探索。

1.以文明礼让为引领,助推出行文明

公交、出租车是流动的城市窗口,为了让这张名片亮起来,交通运输以公交车、出租车的礼让斑马线作为突破口,制定礼让标准和规范,2011年率先在市公交总公司试点开展了"文明礼让斑马线"活动,要求公交车驾驶员按照"5321"操作规程实施礼让,对做得好的司机进行正向激励,如今公交司机在斑马线前礼让成为一种自觉行动。在此基础上,2012年在出租车行业开展"文明礼让斑马线"活动,1000多辆出租车加入了礼让的行列。2013年推出"万名交通人礼让"活动,号召干部职工在工作和生活中主动践行文明礼让要求,树立文明礼让意识,争做文明有礼的宁波人。通过系列斑马线礼让活动的开展,市民对城市客运行业的满意度有了较大提升,市民对公交服务的投诉量下降了40%以上,城市客运行业发生的各类行车事故和有责死亡事故与之前同比也分别下降了19.8%和25%,市公交总公司也于2015年被授予全国文明单位称号。

2.以优质服务为目标,提升出行品质

机场、铁路、汽车等客运场站是外地游客到宁波的第一个城市印象,交通运输委将品牌服务作为切入口,依托南站"3561服务班"、客运中心站"衷心服务班"、铁路"5590"服务台、机场"阳光服务班"等行业文化品牌,提高服务质量和服务水平,提升旅客的出行品质。如:推广3561班组"三帮、五点、六不、一心"的3561工作法,在做好各项基础性服务工作的基础上,推出了"出行晴雨表""流动双语售票窗""3561班服务信箱""军人驿站""母婴哺乳角"、爱心义卖等服务项目。在机场推动"阳光""向日葵""心悦""木兰"及"芝兰"等服务品牌建设,在春节、端午节等多个传统节假日推出系列特色服务和主题活动,为旅客提供温馨、舒心的乘机服务体验。服务窗口的标化,服务品牌的创建,以点带面,带动了客运场站的服务品质的提升,为市民出行创造良好的交通条件。

3.以志愿服务为载体,改善出行环境

以"千人交通志愿团"为依托,积极组织开展志愿服务活动,为市民的交通出行提供便捷的服务。目前注册交通志愿者已超过1200名,不仅改善了交通行业社会形象,还提振了交通队伍精神面貌。"千人交通志愿团"在春运、清明运等节假日运输中广泛开展各类交通专项志愿服务活动,如公交导乘、车站码头秩序维护、文明出行劝导、弱势群体服务、公益宣传等服务。市公交行业在春运期间推出"农民工专线",推出"大学生寒假专线""和谐春运"广场志愿服务、春运凌晨接驳专线、便民早班车等志愿服务举措。出租车行业组织出租车司机及品牌车队开展"温暖除夕夜""触摸春天""爱心送考"等公益活动,机场组织"跟着阳光去旅行"系列志愿活动,探索志愿服务新途径,提升了宁波交通的社会美誉度。

4.以最美创建为平台,构筑出行之美

近年来,宁波交通系统开展了以人物美、窗口美、行风美为主要内容的最美行业创建,并把最美行业创建融入全市文明出行整体布局当中。在出租汽车行业,开展了"诚信服务,文明行车"主题活动创建最美方向盘,推广"夏慧星工作法",寻找服务之美,塑造品牌最美。在公交车行业,开展了"文明服务、最美公交"活动,评选出了821路等9条最美公交线路,张杰等19名最美公交司机,客运中心站等10家最美公交场站。推广以全国劳模、全国五一劳动奖章获得者、最美公交司机陈霞娜命名的"五心"服务工作法,2017年7月陈霞娜还被中央电视台《焦点访谈》栏目进行了报道。在高速服务区,开展了美丽服务区创建活动。全面落实"四改八提升"要求,打造私家车出行的温馨驿站。2014年初宁波境内8对服务区全部通过省里星级评定,在全省率先实现星级文明服务区全覆盖,杭州湾南岸服务区成为全省唯一一家五星级服务区。

5.以服务争效为契机,构建城市客运新亮点

随着乘客素质的不断提升,文明程度不断提高,对宁波地铁的服务要求和服务内容的期盼也在与时俱进。4年来,宁波地铁的服务工程师们不断探索,增强市民乘客的获得感。4年来,运营分公司严格落实"三逢"安检原则,营造安全、和谐的出行环境,查获违禁物品40余万件。在深入推进规范化服务的建设中,宁波轨道交通在提升车站服务环境、员工服务形象及服务技能的基础上,不断探求服务创新举措。最初简单的问询引导服务,到各车站配置爱心雨伞、伞套、医药箱免费供乘客使用,从宁波火车站"畅行岛"服务台、城隍庙站"城客之家"、鼓楼站志愿者服务中心和志愿者之家的设立,再到图书借阅、行李打包、安检篮等,宁波轨道交通的常规服务已增至28项。轨道志愿者已从2014年的3000人增至如今的6000多人。面对乘客多样化的需求,建立了红领巾服务队、和美服务队、"阳光boys"服务队、"春泥"服务队

等特色8支特色服务队。车站升级优化了关爱女性特色服务,开展了"关爱女性,向尴尬SAY NO""关爱孕妈"等行动。为方便乘客出行,设计制作了《安全指南》《出行指南》,并在全线投放公益雨伞。以各类节假日为契机,陆续开展春运保障、三八妇女节主题活动、母亲节主题活动、关爱环卫工服务活动、关注乘客健康出行义诊活动、中高考免费乘客活动等服务提升活动。2017年国内轨道交通行业首个服务型机器人"小轨"和首个由本土企业自主研发的轨道交通行业机器人"小D"相继亮相樱花公园站和宁波火车站,实现智能化服务的一次探索,创新轨道与乘客的沟通渠道,提升车站的科技服务质量,吸引乘客。新华社、人民网、《宁波日报》等15家各级媒体纷纷到现场报道,对宁波轨道交通"试水"智能化服务给予了肯定。为倡导市民绿色出行,4年来,宁波轨道交通始终坚持开展"进社区、进学校、进企业"三进公益活动,向市民、学生宣传轨道交通小知识、倡导绿色出行、普及安全小知识。4年来"三进"活动逾220场,车站坚持开展站长开放日活动,4年来共开展数百次。在不同节点,推出不同样式的主题列车。其中,"海底世界"为主题的3D专列深受大小朋友们的喜爱,在市内风靡一时;"东钱湖"为主题的旅游专列,让乘客和市民领略东钱湖多姿多彩的风景,感受宁波旅游文化;以宁波海上丝绸之路文化为主元素的"海丝文明"号专列,响应"一带一路"倡议,让更多人能够了解和关注宁波的"海丝文明"。2018年3月,为认真贯彻落实宁波市"六争攻坚、三年攀高"行动,宁波轨道交通运营分公司作为重点服务窗口单位,针对性提出了"零距离、零时限、零缺憾"的服务理念,实施"三零"行动,打好"服务争效"攻坚战,力争通过全体员工的努力,打造一支业务精湛、服务优质的轨道铁军,助力"名城名都"建设。

(三)行业先进典型

宁波大交通改革开放40年来,始终突出交通精神文化建设,树立构筑行业核心价值之理念。一是通过提炼行业精神引领人。以3561服务班等先进典型所代表的窗口服务精神为基础,组织交通核心价值理念大讨论,总结、提炼、丰富新时期宁波交通精神。二是选树先进典型激励人。成功培育了3561服务班、96520举报投诉受理中心和陈霞娜、夏慧星、金艳婷、胡建东等一大批先进集体、先进个人、优秀楷模。三是实施品牌战略感召人。全市交通系统共创建成功全国、浙江省和宁波市级文明单位33家、全国交通行业文明示范窗口2家。

陈霞娜是宁波市公交总公司36路驾驶员,党的十九大代表。20年来,她在平凡的工作岗位上,潜心钻研服务技能,用真情服务各方乘客,践行了"满意没有终点站"的服务承诺。在多年来的公交服务工作中,陈霞娜总结出了一套"五心"服务法,被广大乘客称为"贴心人""好闺女",受到了社会各界的高度评价,事迹多次被全国、省市级媒体刊载,是宁波交通服务行业的明星、标杆。她独创的"五心服务法"(待老年乘客热情细心,待儿童乘客爱护关心,待特殊乘客照顾爱心,待外地乘客真诚耐心,对待普通乘客和气贴心)在全市公交行业成为推广学习的典范。干一行爱一行,爱一行精一行。在陈霞娜的身上,体现了一名党员牢记党的宗旨,全心全意为人民服务的高尚品质,展现了公交人孜孜不倦的追求与奋发向上的精神风貌。

八、结语

改革开放40年,宁波交通建设"累累硕果",一个以宁波为起点,无缝连接长三角,直达全球的交通网络正在形成,并为宁波未来的发展进一步奠定了基础。宁波舟山港极大促进了城市对外开放,提高了城市国际竞争力,港口及关联产业对全市经济贡献度已达40%。公路里程从不到2000公里猛增到12000公里、铁路告别末端地位、航空运输走向国际,使宁波成为全国性综合交通枢纽,极大方便了群众出行、贸易往来、人文交流,极大地推动了城市化、市民化进程,庞大的基础设施投资也有力拉动了GDP增长。交通经济从单纯的拉货运客,壮大到涵盖国民经济9个大类、行业企业近4万家、从业人员超过21万人的庞大产业,极大地推动了全市经济快速发展,解决了大量劳动就业。

东海之滨的宁波正以豪情满怀的大手笔构筑交通运输美好的明天。宁波交通人将不忘初心,牢记使命,不断加大建设力度,不断提高管理水平,不断提高服务质量,以大手笔构筑交通发展的大格局,为经济社会的高质量发展,满足广大群众更加美好生活之需,豪情满怀,砥砺前行。

蓄势乘风大发展　鹭岛明珠放异彩

厦门市交通运输局

厦门地处台湾海峡西岸中部、闽南金三角的中心,是东南沿海重要的中心城市,港口及风景旅游城市。特殊的区位彰显了厦门交通的重要性,它不仅关系着厦门经济社会的发展,而且对于加强闽南、对台经济合作与交流,具有十分重要的枢纽作用。

1980年,借着改革开放的东风,厦门被设立为经济特区,由此拉开了经济特区发展的序幕。40年来,在市委、市政府的坚强领导和交通运输部、省交通运输厅的正确指导和大力支持下,厦门交通人与时俱进、求真务实、科学发展、不懈奋斗,在改革开放的热潮中先行先试,勇当"桥头堡"和"排头兵",成就了厦门交通运输行业的一片锦绣山河,推动了厦门经济社会的快速发展,为构筑海峡西岸经济区重要中心城市、21世纪海上丝绸之路的战略支点城市、国际性综合交通枢纽提供了有力的支撑和先导条件。

一、改革开放,积极探索交通发展的"厦门经验"

在改革开放的春风吹拂下,厦门紧跟改革开放的每一次脉动,牢牢把握改革开放不同时期的每一次战略机遇,走上了一条不平凡的跨越发展之路。厦门交通运输从经济社会发展的"薄弱环节"美丽蝶变为"坚固基石",从经济社会发展的"瓶颈行业"华丽转身为"动脉行业",在实践中探索了交通发展的"厦门经验"。

(一)厦门交通发展的历史进程

从1979—今,厦门交通运输发展走过了40年的发展历程。这期间有创业的艰难,有道路的曲折,有奋斗的辛劳,有改革的风险,有拼搏的坚韧,有成功的喜悦。回首改革开放40年,厦门交通发展大致经历了起步发展(1979—1990年)、突破发展(1991—1995年)、全面发展(1996—2002年)、科学发展(2003—2008年)和跨越发展(2009—2018年)5个阶段。

1.起步发展阶段(1979—1990年)

1978年12月党的十一届三中全会做出了把全党全国的工作重心转移到经济建设上来的战略决策,这是我国交通事业发展的历史拐点。1979年党中央、国务院决定在深圳、珠海、厦门、汕头试办经济特区,1980年10月国务院批准在湖里区划出2.5公里作为经济特区,至此,厦门作为首批四大经济特区之一,站在了改革发展的前沿。

厦门市抓住了历史发展机遇,不断解放思想,加快发展交通基础设施建设,不断开拓、创新、释放市场活力,推动公路水路运输快速健康发展。1980年1月恢复了厦门至中国香港的定期客班轮,80年代初期陆续开通了直航新加坡、日本、中国澳门等地的不定期货轮,同时由中外合资经营的白鹤客车出租公司、联发汽车运输有限公司相继成立,并引进各类客车投入客运。为使厦门的交通适应经济特区建设的发展,1983年建成了净空条件好、设备先进的高崎国际机场,并成立了"厦门航空有限公司",开辟了国内外16条航线,每周近70个航班,客运量从1985年的15.86万人次增至1987年的50万人次。1984年新建的东渡港区一期工程4个万吨级深水泊位正式投入使用,开辟国际航运线18条,通往五大洲近百个港口。截至1985年,全市已实现区、街有道路,乡乡通公路,岛内形成四通八达的公路网,交通便利。全市有机动车1.9万多辆,其中客货汽车达8373辆,年货运量472.66万吨,客运量545.18万人次。客货汽车运输四通八达,市内交通十分灵便。

"七五"期间,随着经济特区建设步伐的飞跃前进,厦门的交通运输再次有了较大的发展,已形成颇具优势的立体网络及与之相适应的交通工业和配套完善的交通管理体制。完成营造长2200米、宽23.5米,全国第一座跨海高(崎)集(美)公路大桥,以缓解高集海堤超负荷的状况;推进路网路面黑色化,改善通车条件,建成岛内一级公路6.1公里(双涵至石鼓山段),324国道同安城关二期改线建成通车。完成东渡港区二期工程包括集装箱码头和煤、油专用码头等工程,使港口的年吞吐量达到800万~1000万吨;1988年底动工的位于厦门火车站北站集装箱货场,总投资2000万元,建成后可与东渡集装箱码头相连接;厦门国际机场兴建4万平方米的停机坪,可同时停放20架大中型飞机,并延伸跑道550米,增辟经停日本到美洲,或经停沙加利、曼谷到欧洲和中东等的国际航线。

2. 突破发展阶段(1991—1995年)

1990年12月党的十三届七中全会召开,审议并通过了《中共中央关于制定国民经济和社会发展十年规划和"八五"计划的建议》,这是全党全国人民政治生活和经济建设中的一件大事,标志着社会主义现代化建设进入一个新的发展时期。交通部提出了建设公路主骨架、水运主通道、港站主枢纽和交通支持保障系统(即"三主一支持")的战略构想,为加快交通发展指明了目标和路径。1992年召开的党的十四大,明确提出要加快广东、福建、海南等地区的经济发展,并把加快闽东南地区开放开发写入党的十四大报告,这是首次把"闽东南地区"与长江三角洲、珠江三角洲、环渤海地区并列为"经济开发区"。福建省委省政府及时做出了加快闽东南开放开发的战略部署,提出了要以厦门经济特区为龙头,力争用20年左右时间把闽东南建设成为率先实现现代化的地区,由此,厦门又获得了新一轮发展的重大契机。

1991年12月19日,厦门大桥通车,这是当时全国第一座,也是最长的一座跨海大桥,全长达2070米,日通行能力达2.5万辆次,解决了厦门的"岛城之困",助力厦门经济特区实现了真正的腾飞。此后,厦门交通的发展也宛如新通车的大桥一般,开进了飞速驰骋的跑道。1991年,厦门一中门口第一座高架桥建成通车,长130米,双车道。1993年厦门市公路局下放为市管单位,同年交通局成立路桥投资发展有限公司,为厦门交通建设松绑放权,增加活力起到重要组织保障作用。1993年,厦门对岛内主干道厦禾路全面扩建,拓宽路幅44米,拥有6个机动车道,建成海沧海新路、马青路。1994年7月1日厦门第一座全互通立交桥石鼓山立交桥通车。1995年1月,国道324线一级路扩建工程厦门段通车。1995年9月9日全省最宽公路同集路通车,成为厦门连接各地"交通大动脉",为福建经济发展做出重要贡献。1995年,厦门港正式开通夜航,船舶全天24小时可随时进出港。投资5000多万元建设厦门港联检报关中心,口岸联检、报关单位集中办公,"一个窗口对外",提供一条龙优质服务。港口的运输业务处理也逐渐与国际惯例接轨,集装箱营运启用了国际通用的"三单",加快了单证周转效率。"八五"期间,厦门新建投产了东渡港区二期工程4个泊位和2个千吨级泊位,以及高崎港区2个千吨级泊位,完成港口建设总投资额约5.78亿元,新增设计吞吐能力445万吨。

3. 全面发展阶段（1996—2002年）

1996年,厦门市交通委员会组建,主管全市交通运输工作,市口岸办与市交通委合署,市航空港管委会办公室并入交通委,负责统一协调、管理各交通口岸单位,在全国较早实现了"大交通"管理体制。自此,厦门建立和完善运转协调、行为规范的交通行政管理体系,交通运输事业迈进了专业管理的快车道,开启了全面发展阶段。

1996年11月8日,厦门高崎国际机场3号候机楼开始启用,特区航空业务的发展有了坚实后盾。1997年12月15日福建省首条高速公路泉厦、厦漳线通车。开工建设厦门环岛公路,1998年8月24日,环岛路黄厝段辅道建成国内首条彩色道路。1999年12月30日,海沧大桥建成通车。这座矗立于厦门西海域的大桥是世界第二座、亚洲第一座特大型三跨全漂浮钢箱梁悬索桥,不仅是厦门现代化的重要标志,更证明了中国的造桥技术已达到世界水平。1999年厦门湾10万吨级航道正式启用,使厦门港跻身全国少数几个拥有10万吨级航道的港口行列。2000年底,全市公路通车里程数已达1051.22公里,路网密度达68.36公里/百平方公里,居全国前列。2001年厦金首次直航,第一艘祖国大陆直航金门的厦门客轮"鼓浪屿"号停靠金门料罗湾。

4. 科学发展阶段（2003—2008年）

2002年党的十六大以来,党中央提出了科学发展观、构建社会主义和谐社会等一系列重大战略思想,为交通系统在新的历史发展阶段实现科学发展指明了方向。而厦门交通在历经改革开放20多年的赶超发展,与厦门经济社会发展需求的差距逐步缩小,厦门交通进入"科学发展"阶段。这一阶段,厦门交通部门认真贯彻落实科学发展观,着力推进交通全面协调可持续发展,努力促进交通发展方式"三个转变",即交通发展由主要依靠基础设施投资建设拉动向建设、养护、管理和运输服务协调拉动转变;由主要依靠增加物资资源消耗向科技进、行业创新、从业人员素质提高和资源节约环境友好转变;由主要依靠单一运输方式的发展向综合运输体系发展转变。

这一阶段,是厦门市综合交通运输发展投入最多、成效最大的几年。厦门交通部门坚持发展是硬道理,注重以规划引导发展,以改革促进发展,与市规划局联合编制了《厦门市城市综合交通规划》,提出了"构建枢纽型、开放性和一体化的综合交通运输模式"及"形成与城市发展相协调、以公共交通为主体的城市交通发展模式"。在"以港立市"的战略思想指导下,市交通现代化步伐不断加快,从海、陆、空3个方面全方位地推进交通建设,在交通体系建设方面不断加大投入,通过构建城市快速通道、城际连接通道、海空港国际连接通道,初步形成了以港口为龙头,公路、铁路、民航为骨干,运输转场为枢纽的立体交通体系,极大地突破了厦门作为一个海岛城市的交通瓶颈,综合运输能力进一步增强,城市公共交通较大改善,现代物流业快速发展,交通行业管理及服务水平有效提升,农村公路建设成效显著,为厦门市加快岛内外一体化建设、推进海西重要中心城市建设提供了有力支撑和基础保障。

2003年,厦门港集装箱年吞吐量突破200万标准箱,至此,厦门港已成为中国沿海第七个吞吐量超过200万标准箱的港口,并正式跻身世界集装箱30强港口行列。2004年,厦门实行公交管理体制改革,市交通委增加了公交行业管理智能。同时,加强了综合交通规划工作,通过统筹考虑各种交通基础设施的规划建设和各种交通运输方式的协调发展,推动建立各种运输方式布局协调、衔接顺畅、优势互补的现代综合运输体系。2005年9月30日,福厦铁路正式动工兴建拉开了厦门铁路建设的大幕,厦门铁路建设由此进入飞速发展的快车道。2006年1月25日上午8点,一架波音757的起飞,是两岸春节包机厦门航点首航,也是厦门与台北57年来的空中破冰之旅,拉近了两地间的距离。2006年,厦门港货物吞吐量7792万吨,集装箱402万标准箱。2005年12月31日厦门市率先全省实现辖区内行政村全部通水泥路,总里程358.4公里。2004年10月4日全长43公里的环岛公路全线贯通。2008年7月1日集美大桥建成通车,2008年9月1日杏林大桥建成通车;同一天东渡疏港路改造及高架桥全线贯通。2008年8月31日,快速公交系统(BRT)一期工程3条线路正式运营通车,是中国首个采取高架桥模式的BRT系统。单日客流量高达30万人次,标志着厦门城市公共交通从此进入一个崭新的历史阶段。2008年9月,厦门五通—金门航线开通,成为"厦金第二航线",航程仅9.7海里,是距离金门最近的大陆海上客运航线。五通客运码头距离厦门机场仅7公里,在码头即可完成乘机手续并交运行李,为旅客提供"一票到达,无缝接转"的海空联运服务。

5.跨越发展阶段(2009—2018年)

2009年,国务院出台《关于支持福建省加快建设海峡西岸经济区的若干意见》以及批准厦门经济特区由厦门本岛扩大到全市行政辖区范围。2010年厦门进行机构改革,组建市交通运输局,将原市交通委员会的职责划入市交通运输局,原合署办公的口岸办划入市政府办公厅。自此,厦门交通事业在新的领导班子带领下,持续推进新一轮跨越式发展。

这一阶段是厦门市以科学发展观为指导,统筹城乡发展、加快岛内外一体化建设的关键时期,也是厦门市综合交通运输发展承前启后、全面建立现代综合交通运输体系的关键阶段。厦门市交通运输行业按照市委、市政府的部署,努力抢抓中央加快海西建设战略以及厦门特区扩大到全市和两岸经济合作框架协议的签署等重大历史机遇,落实先行先试,谋划"十二五"综合交通运输发展专项规划,推动综合交通运输跨越式发展,加快实现发展方式转变,朝着厦门市发展海湾型城市的战略目标迈进,初步构建了以"便捷、绿色、和谐"为特征的综合交通运输体系,较好地适应了经济社会发展的需要。

2009年9月25日,经过4年多建设,贯通城市南北的城市主干道——成功大道全线开通,大大缓解了岛内各条道路的交通压力,将厦门岛最南与最北的行车时间控制在15分钟到20分钟内,成为厦门名副其实的"交通大动脉"。2009年,货物吞吐量首次突破亿吨大关,达1.11亿吨,成为海西首个亿吨大港,集装箱吞吐量达468万标准箱。2010年4月26日,翔安隧道和福厦动车同日通车。翔安隧道是中国大陆地区第一条深海隧道,是中国大陆完全自主设计、施工的第一条海底隧道,全长8.695公里。工程从开工到建成通车历时4年8个月。它的建成通车使厦门出入岛形成了从海上到海底的全天候立体交通格局,厦门岛与翔安区的车程由1.5小时缩短至8分钟。福厦动车正式开通,标志着厦门进入高铁时代。2011年6月1日环岛干道全线通车,缓解环岛路的交通压力。2011年9月8日海翔大道全线通车,为岛外各区交通提供便捷通道。2012年12月31日厦安高速公路通车,2015年2月17日厦成高速公路通车,2016年6月10日厦安高速公路罗溪连接线通车,3段高速公路通车为厦门拓展腹地加强往来起到极其重要的作用。2013年12月28日厦深铁路通车,串连起厦门、汕头和深圳3个经济特区,进而把珠三角、海西、长三角连接起来,形成东部沿海"黄金走廊"。厦门空中自行车道于2017年1月26日正式投入使用,是全国首条、世界最长的空中自行车道。厦门市地铁1号线于2017年12月31日开通试运营,标志着厦门进入了"地铁时代"。厦门逐步打造起"两环八射"的现代立体交通运输网络,正朝着内外两环串起岛内、8条射线辐射闽南金三角区域的目标前进。2017年,厦门港货物吞吐量完成2.11亿吨,其中集装箱吞吐量完成1038万标准箱,厦门港在世界集装箱港口的排名从2005年的第24位上升至2017年的第14名。

(二)"厦门经验"凝结改革发展宝贵财富

回顾改革开放40年来厦门交通的发展历程,是厦门市交通运输事业快速发展的40年,也是探索交通运输事业科学发展规律的40年。其间,积累了许多的宝贵经验,值得认真总结。

1.坚持解放思想,推进改革创新

改革创新始终是交通建设发展的动力和源泉。40年来厦门交通得以又好又快地发展,正是因为在体制机制、管理方式、科技技术等方面不断解放思想,改革创新。一是改革管理体制。1988年10月,厦门机场成为中国民航第一家下放地方政府管理的机场,实行企业化经营;1998年,厦门港在全国港口中率先实行政企分离,成立了厦门港务集团有限公司,实现了港口经营市场化,增强了港口竞争力。二是创新管理模式。1999年,市公路局推行公路养护招投标改革,引入市场竞争机制,为公路养护管理注入了生机和活力;2005年9月1日,实施公路通行费年费制征收办法,对本市籍机动车辆征收通行费年费,新的收费方式缓解了进出岛交通拥堵,促进了岛外地区经济发展。三是推进技术创新。厦门路桥集团组织研发了"三跨连续钢箱梁悬索桥成套创新技术",1999年成功建成亚洲第一、世界第二的三跨连续钢箱梁全漂浮体系悬索桥——海沧大桥,项目节约投资约7.84亿元,达到国际先进水平。2008年建成的集美大桥,海上箱梁施工采用了国内外最先进的"短线匹配法节段预制悬拼"工艺,施工规模全国第一,目前该工艺已获批"国家级工法",集美大桥成为该项工艺的"样板工程",向全国推广。经过不断深化改革,完成了企业管理体制、公路管养模式、投融资体系等重大改革,使交通运输管理拥有强大引擎和持久动力。

2.坚持规划先行,适度超前发展

交通要发展,规划要先行。在改革开放40年的发展历程中,厦门交通进入投资最多、发展最快、变化最大、成效最显著的新时期。从1979至今的恢复发展、突破发展、全面发展、科学发展和跨越发展的5个阶段中,都可以看到厦门市交通运输事业从擘画蓝图到逐步实现这一过程的前瞻性和系统性。1986年,时任厦门市委常委、副市长的习近平主持编制了《1985—2000年厦门经济社会发展战略》,这是全国经济特区中最早编制的一部经济社会发展战略规划,其中,就为厦门交通发展绘就了宏伟蓝图。厦门强化城市道路的规划工作早在1990年就开始进行,当时甚至为2010年以后的厦门交通编制了城市交通规划、城市公交规划。多年来,厦门交通运输部门坚持规划先行,以更宽的思路和更远的眼光来谋划更高的层次的交通发展,先后制定了厦门市交通运输行业的"十一五"发展规划、"十二五"发展规划和"十三五"发展规划,得到了市委市政府的支持,厦门市交通发展的蓝图更加清晰,步骤更加明确。实践证明,把交通发展的长远规划和阶段性目标结合起来,扎实做好每个阶段的每项工作,就能使交通发展的蓝图逐步变成现实,从而为交通的长远发展奠定坚实的基础。

3. 坚持惠民利民,加快基础设施建设

交通发展事关人民群众的切身利益,因此厦门交通发展始终突出惠民利民,坚持以人为本,强化交通的公益属性,使交通发展更多地惠及广大人民群众,为人民群众带来实实在在的好处,努力为人民群众提供高效、便捷、通畅的交通服务。40年来,厦门交通始终坚持城市交通基础设施适度超前、优先发展,贯彻落实市委市政府补齐民生短板的工作部署,以服务和保障民生为出发点和落脚点,以解决交通基础设施落后问题为导向,以提高交通公共服务设施的均等化为目标,积极拓宽融资渠道,大力推进交通建设,着力补齐交通基础设施领域短板,努力提升城市综合交通承载能力和服务水平。以高快速公路、城市主干路和国省道为骨架,城市次支路和农村公路为筋脉的路网体系初步建成,以厦门北站和厦门站为依托的"一横两纵"铁路线网空间格局基本形成,港口码头建设更加完善,机场枢纽地位不断上升,带动了交通运输业的整体发展。

4. 坚持抢抓机遇,实现高质量发展

纵观改革开放40年的发展历程,厦门交通运输事业的发展离不开党和国家重大战略决策的利好。1979年成为全国首批四大经济特区之一,1992年加快闽东南地区开放开发政策的提出,2009年《关于支持福建省加快建设海峡西岸经济区的若干意见》的出台以及批准厦门经济特区由厦门本岛扩大到全市行政辖区范围的决定,2017年明确厦门为全国十二个最高等级的国际性综合交通枢纽之一,这一系列的重大战略政策为厦门交通的发展带来了千载难逢的历史机遇。厦门交通行业牢牢抓住发展机遇,及时采取积极措施,加大投入力度,使厦门交通运输实现了跨越式发展。40年的实践证明,机不可失,时不再来,要抓住机遇,珍惜机遇,用好机遇,牢牢把握战略机遇期对交通发展尤为重要。

5. 坚持担当作为,重视队伍建设

改革开放40年来,交通行业广大干部职工始终保持高标准、严要求,脚踏实地、真抓实干,发扬特别能吃苦、特别能战斗、特别能攻关、特别能奉献的精神,始终保持良好的精神状态和工作作风,弘扬服从大局、崇尚实干、争创一流、乐于奉献的交通精神,战胜了一个又一个困难和挑战,取得了一个又一个成功和胜利。尤其是近年来,党员先锋行动在交通系统开展得如火如荼。系统各单位党组织共成立了98支各级"党员先锋队",设立210个各级"党员先锋岗",以及1200辆"党员先锋车",涵盖交通工程建设、地铁、公交、航空、通讯、邮政、海空救助、交通执法等方方面面。通过"亮明身份兑承诺、岗位练兵强素质、坚守一线优保障"三步走和"党员亮徽、岗位亮牌、项目亮旗、网络亮标"四方式,充分展现了交通运输系统海、陆、空一线行业全体干部职工的良好精神风貌,展现"两学一做"成效。

6. 坚持安全至上,确保行业稳定

安全稳定是政治任务,也是交通行业和谐发展的基本要求。多年来,厦门交通管理部门始终将综治安保维稳作为交通行业的基础性工作,强化综治责任落实,夯实安保维稳基础,确保了交通运输行业安全生产及安保维稳形势持续保持安全稳定。在工作中逐步建立和完善交通公共安全责任体系,全面落实行业安全监管和企业主体责任,连续开展"安全生产年"活动,通过不断加大安全源头监管,把客运和危险化学品运输作为监管重点,重点开展严厉打击非法运输等专项行动,实施治理超载超限等安全隐患治理,交通基础设施的安全性、可靠性明显提高。不断完善交通应急体系和工作机制,成功组织了多次重大工程改造和抢险抢修,增强了应对突发事件的快速反应和处置能力。同时,以维护出租汽车行业稳定为重点,不断推进和谐行业建设。突出交通工程建设施工安全管理,推进行业安全管理规范化、标准化进程。这些扎实的工作,为交通快速发展营造了和谐的发展环境。

二、厦门交通改革开放40年辉煌成就

(一)基础设施建设发展突飞猛进

改革开放40年来,厦门陆续拥有了第一座跨越海峡的公路大桥、第一条快速干线、第一条海底隧道、第一条轨道交通、第一个自动化码头……在改革开放的春风里,厦门交通运输部门充分利用特区先行先试的政策优势,在基础设施方面不断加大投入、追跑赶超,实现了从量变到质变的跃升。

1.铁路建设落后局面明显改观

鹰厦铁路是厦门铁路建设历史的发端,1957年建成,境内线路长41.3公里,省内与外福线、漳龙线、漳泉线等支线相连,对外通过鹰厦铁路干线贯通全国。鹰厦铁路承担着厦门铁路运输唯一动脉的重要使命,发挥了保障国防建设、海防斗争和社会经济发展等重大作用。至1978年,厦门市一直只有这条国家铁路网"末梢"的鹰厦铁路。1993年12月,鹰厦铁路完成电气化改造,1999年12月海沧支线建成通车。

在改革开放后的20多年中,厦门只有鹰厦铁路这一条铁路,铁路建设长期落后于全国各省市,严重制约了厦门经济的发展。2005年9月30日,福厦铁路正式动工兴建拉开了厦门铁路建设的大幕,厦门铁路建设由此进入飞速发展的快车道,大戏好戏连台,成果丰硕。龙厦铁路、厦深铁路建设陆续展开并相继建成:2010年4月26日,福厦铁路开通运营;2012年6月29日,龙厦铁路竣工通车;2013年12月28日,厦深铁路建成开通。厦门市境内增加了3条、单线总里程约95公里的高等级铁路。新建福厦铁路(福厦高铁)于2017年9月30日全线开工建设,预计2022年建成通车。

同时,厦门铁路站场建设也不断完善配套。厦门北站2007年9月28日动工,2010年4月26日与福厦铁路同步建成投用;厦门火车站2012年12月29日开始改扩建,2016年1月24日全面完成并恢复运营;前场铁路大型货场2012年9月展开施工,2016年12月竣工投产,东孚货运编组站升级改造也同步完成;厦门北动车运用所2014年12月28日开始建设,2017年12月底投入使用,客车整备所迁建于2018年底完成。

目前,厦门地区已经形成了客运以厦门北站与厦门站并重、配套动车运用所和客车整备所检测维护保障,货运以前场铁路大型货场、东孚编组站为基地支撑的较为完整的铁路运输体系,厦门市成为东南沿海重要的铁路枢纽中心城市的格局已经基本形成。

2.公路建设实现新跨越

改革开放前,由于长期处于两岸对峙前沿,厦门公路建设一直停留在较低水平。公路通车里程短,路面等级低,通行能力差。全市公路总里程仅603.5公里,只有8条干线公路,绝大多数是三、四级公路和等外公路,市区道路里程不足200公里,出岛仅有一条海堤。

厦门经济特区成立后,公路兴建和改建逐步提上议事日程,厦门境内国道319线东渡至

石鼓山段、省道205线双涵至石鼓山段、国道324线同安城关改线等工程相继改造完成,初步缓解厦门岛内外道路交通紧张状况。至1989年底,全市公路通车总里程达到803.50公里,比改革开放初期增加近200公里,公路密度为47.43公里/百平方公里。但绝大多数仍是等级较低、路面状况较差的四级公路和等外公路,道路通行状况明显滞后于特区经济发展的需要。

进入90年代,厦门公路面貌和总体实力开始发生根本性变化,专养公路里程达390.22公里,各项养护指标均居全省前列,已基本达到"畅、洁、绿、美"的标准,厦门公路在全省确立不可动摇的龙头地位,同时跨入全国先进的行列。绿化工作也取得丰硕成果,公路绿化覆盖面积达到518万平方米,公路绿化里程达到716.31公里,全市公路绿化率67.9%。至2000年底,全市公路通车里程数已达1051.22公里,路网密度达68.36公里/百平方公里,居全国前列。高级路面达475公里,次高级路面171公里,桥梁205座,总长达14989.79米,公路绿化面积达621万平方米,绿化率达100%,干线好路率93.7%,优良率75%。县乡公路建设也得到快速发展,达全市公路总里程的56.03%,实现乡镇与行政村100%通公路。

"十一五"以来,厦门公路驶入快车道,以仙岳路、成功大道"十字"形快速路为基础,依托跨海通道,形成3条放射干线,分别在城市扩展的西、北、东3个不同方向上与区域快速交通走廊相衔接,初步形成"一环、三射"的厦门城市快速路主骨架,"大交通"格局雏形初现。

2009年以来,随着厦门市不断加大对交通基础设施的投入,公路交通事业迅猛发展,迎来前所未有的发展机遇。通过全面推进"两环八射"快速路网建设,加速推动快速路和普通道路的转换衔接,完成一批重要通道和节点改造工程,打通断头路,全市道路路网系统承载力和运行效率得到进一步提升,公路建设得到全面推进,重点工程项目取得重大进展,现代综合交通体系已初步成形。作为国家公路主枢纽城市,厦门已建成以高速公路和国、省干线公路为骨架,县乡公路和镇村道路为筋脉的路网体系。

截至2017年底,全市建成公路通车总里程(不含自然村道)为2199.7公里,其中国道206.7公里,省道236.7公里,县道413.1公里,乡道769.7公里,村道573.5公里。按技术等级分,厦门市高速公路里程126.6公里,一级公路420.1公里,二级公路212.5公里,三级公路174.9公里,四级公路1248.6公里,等外公路17公里。列入市公路局专业养护的隧道17座,大型桥梁137座,路灯13.31万盏,大型互通式立交22座,人行天桥、地下通道73座,道路面积1508万平方米,绿化面积830万平方米。厦门公路形成了高等级道路占专养里程比重高、设施规模总量大、社会对公路养护管理需求高这三大主要特征。

值得一提的是,厦门公路在道路建设过程中始终坚持"历史人文融入自然、发挥地域特色"的理念,注意保留历史遗迹、挖掘地域文化,以"生态特色、文化特色、地域特色"创造了高品位的城市道路景观,成为展示厦门社会经济发展和文明形象的重要窗口。

3.港口建设蓬勃发展

基础设施是港口发展的前提条件。40年来,厦门港通过对比新加坡、中国香港等先进港口,不断加大码头、航道等基础设施的建设力度,以适应和满足船舶大型化要求。通过长期持续的努力,厦门港的基础设施水平已达到甚至超越国际上基础设施建设发展成熟的港口,带动了港口航线密度和港口吞吐量的稳定增长。

(1)码头建设持续发力。改革开放之初的1980年,厦门全港仅有生产性泊位22个,最大靠泊能力3000吨。到1984年底,东渡港区一期工程历时9年建成,厦门港最大靠泊能力一举从3000吨级跃升至5万吨级,开始跻身国内先进港口行列。

1993年6月28日,招银港区起步码头3.5万吨级多用途码头基槽挖泥工程正式开工,8月18日,港区疏港公路举行开工仪式,拉开了招银港区港口设施全面建设的序幕。1993年11月10日码头水工主体工程开工,1994年11月30日码头主体工程竣工。1995年1月25日,码头通过福建省交通基本建设工程质量检测站验收。招银港区3号泊位(起步码头)3.5万吨级多用途码头,沉箱带卸荷板重力式结构,长263米,前沿水深-12.5米。1995年4月交通部批复同意3.5万吨级码头临时接靠国际航线船舶作业。10月11日,该码头接靠第一艘5000吨级货轮"浙育"号,标志着招银港开始试行运作。

厦门港海沧港区2号泊位(3万吨级集装箱泊位)于1997年正式投入试运营,国际货柜码头、海润集装箱码头、嵩屿(一期、二期)集装箱码头、远海集装箱码头和新海达集装箱码头等大型专业化泊位陆续建成投产,具备了同时停靠5艘20万吨级集装箱船舶的能力,进一步满足集装箱运输快速增长的需求。

截至2018年,厦门港共有生产性泊位165个,其中万吨级以上泊位76个。全港货物年吞吐能力达到1.7781亿吨,集装箱年吞吐能力达到1033万标准箱,旅客年吞吐能力达到1938万人次;汽车年通过能力达122万辆。

(2)航道建设快速发展。厦门港进港航道自湾口外东碇岛附近20米等深线处起,经青屿水道至鼓浪屿西南海2号灯浮附近为主航道,由主航道通向各港区的航道为支航道。2004年,10万吨级航道二期工程竣工,主航道和海沧支航道已疏浚到底标高-14米至-14.5米、底宽300米,可满足第六代集装箱船和10万吨级油轮乘潮通航的要求。东渡支航道至象屿码头掉头区航段已按底标高-10.5米、底宽200米建设,象屿码头掉头区以北航道底标高-8.5米;招银港区支航道底标高-10.1米、底宽200米,后石港区支航道已开挖至底标高-13.9米、底宽250米。主航道扩建四期工程于2017年9月提前投用,厦门港的主航道已具备"双车道"通航能力,结束了厦门港主航道在大型船舶双向通航时需单向封航6小时的历史。现厦门港主航道全航段满足吃水15.5米的20万吨级集装箱船与15万吨级集装箱船组合全潮双线通航,局部航段满足运营20万吨级集装箱船全潮双线通航要求,大大地提高了生产效率,减少了企业运营成本。良好的港口硬件基础设施,吸引了大型船公司,尤其是海洋联盟不断增加集装箱班轮航线加挂厦门港。

4.民航建设成绩斐然

厦门机场伴随着特区的建设应运而生。1980年11月厦门特区管委会第一次办公会议做出修建厦门机场的决定,1982年1月厦门机场动工建设,1983年10月正式通航,首辟厦门至上海航线,揭开了我国地方发展民航的第一页。

厦门机场实行分期建设。1982年1月10日,一期工程在原高崎机场旧址破土动工,于1983年10月22日正式启用。1992年7月20日,二期扩建工程动工,1996年11月8日机场三号候机楼(T3)启用,候机楼面积为12.15万平方米,年旅客吞吐量近900万人次,成为当时全国机场最大、设施最先进的候机楼。机场飞行区等级达到4E级,拥有1条3400米长跑道和1条3300米长的平行滑行道及7条联络道;停机坪总面积达到25万平方米,可同时停靠37架大型飞机。2011年三期建设项目动工。2011年10月22日厦门机场T4候机楼举行奠基仪式,2014年11月11日进行T4航站楼试航测试,2014年12月28日投入运营。至此,厦门高崎国际机场迎来双楼运营:T3运营厦航、南航及境外航线航班,T4运营山航、东航、海航、春秋航空、国航等其他航空公司的国内航线。两座航站楼的旅客吞吐量相当,既提升了旅客候机的舒适度,也使相关流程更为顺畅,年旅客吞吐能力由原来的1500万人次上升至2700万人次。

"十二五"期间,厦门提出建设厦门新机场。这是厦门市推进跨岛发展战略的重大举措。厦门新机场(建设中)位于福建省厦门市翔安区大嶝街道大嶝岛与小嶝岛之间,用地规划约25平方公里,其中填海造地约17平方公里。新机场的飞行区等级为4F级,跑道长度3800米,属国际最高等级,能满足空客A380、波音747等大型飞机的起降要求。航站楼采用一个主楼和6个辐射式指廊相结合的创新构型,外观上,提取"大厝"出挑飘逸的屋顶作为设计元素,有着浓浓的闽南味。

建成后的翔安新机场也很高大上,到2025年,旅客吞吐量可达4500万人次、货邮吞吐量75万吨、飞机起降量39.1万架次。厦门翔安新机场被定位为我国重要的国际机场、区域性枢纽机场、国际货运口岸机场、两岸交流门户机场。

新机场主体工程预计2023年基本完成。目前新机场9平方公里造地、专用运砂航道及配套工程等项目已开工建设。新机场地下综合管廊主体工程完成近半,在8个路段综合管廊中,已有6个主体完成过半,其中翔安东路综合管廊大嶝大桥过海段(电力舱)于6月28日顺利贯通。据称,地下综合管廊项目建成后将为厦门新机场建设提供水、电、气、通信等基础保障,可以说是未来新机场建设的生命线。翔安新机场片区机场大道(原迎宾大道)项目已开工建设。这条路虽然只有7.1公里,但却是未来进出新机场的重要通道之一,主要建设内容包括路基、路面、桥梁、下穿通道、雨水、污水、电力、电信、燃气、给水及照明等工程。

5.邮政建设取得重大进展

1978—1998年,厦门邮电合一。1985年,厦门全市有自办邮政局、所22个,报刊门市部、集邮门市部各1个,邮政代办所2个,报刊零售亭4个,报刊发行站607个。

1998年10月28日,厦门市邮政局正式对外挂牌,成为自主经营、独立核算的社会公用服务企业。2007年12月,福建省邮政管理局厦门办事处成立,负责监督管理厦门、漳州、龙岩等地区邮政普遍服务和邮政市场。2012年10月18日,厦门市邮政管理局揭牌成立,成为继深圳之后福建省首个、全国第二个成立的市(地)邮政管理局。2015年6月26日,全国首个基层区级邮政管理机构——厦门市翔安邮政管理局揭牌成立;2015年9月2日,厦门市第二个县区级邮政管理机构——厦门市海沧邮政管理局正式揭牌成立。

2015年,厦门修订出台了《厦门市邮政设施专项规划》,加速推进邮政基础设施建设和业务网点科学布局步伐,以期实现全市所有行政村"村村直投到户",完成"村村通邮"的目标任务。

2012至2018年6月,厦门市邮政分公司先后投入2110余万元对32个邮政支局、14个邮储网点、16个投递部(站)进行标准化改造,新增开办新民、刘五店等6个邮政局(所),杏林湾、翔城等8个邮储网点和西柯投递部等10个投递部(站);建立鼓浪驿站、南普陀邮局等多个主题邮局;建设、改造邮政便民服务站985个、邮政报刊亭220座;增设6个营揽投部,完成厦门全区"一轴两向六点"的包快专业营揽投网络布局。目前,厦门邮政有邮政支局所87个,投递部(站)27个,邮政储蓄网点49个,自助银行25个,自助机具93台,邮政便民服务站424

个,报刊亭106座,信筒信箱196个,11891处投放标准信报箱61.44万个,并完成洪塘、汀溪等2个空白乡镇网点建设。

与此同时,基础网络布局的优化使邮政寄递业务覆盖地区更广、寄递速度更快。投递邮路总里程从1985年的3607公里延伸至2017年的15326公里(其中农村邮路10642公里),投递段道从186条增至467条,2017年邮区中心局邮路总里程达9985公里,邮路总条数达63条。1988年,邮电部邮政总局在厦门建立国际邮件交换站,与世界上200多个国家和地区通达邮政。厦门邮政同时还承担着闽南地区的邮件中转及对台通信任务。两岸邮政于2008年11月4日签订了《海峡两岸邮政协议》,厦门邮政率先通过空运或海运直航开启了两岸信件、包裹往来;2018年厦门对台邮件交换中心正式挂牌,台湾进口大陆全境的两岸速递邮件可在厦门国际邮件互换局办理入境通关手续,成为两岸邮件往来的主要中转地和集散地。

2018年6月,全市共有许可快递企业110家,备案分支机构573个。共备案包括城市快递末端综合服务平台在内的人工末端网点938个,其中备案快递末端网点649个,公共投递服务站289个。已建成备案智能快件箱2855组。

6.公共交通基础设施建设不断加强

城市公共交通基础设施,是公共交通服务城市建设、经济发展和广大乘客的基本要件。多年来,厦门积极推进城乡一体化和城市公共交通发展,持续加大投入,不断完善公共交通基础设施建设。

(1)公交场站及配套设施建设稳步发展。1980年起,厦门城市公交先后兴建市区各县及近郊、远郊主要站点乘客候车廊,但大部分站点车站只是简陋地设置一根电线杆、一块铝皮板作为站牌指示。1995年起开始建设不锈钢广告式候车廊,仅用了一年多时间就在全市兴建了85座新式候车廊。"十二五"以来,先后建成投用第一码头、会展中心等一批公交枢纽站、首末站27个,配套建设21个加油站和8个加气站,为公交线网的优化提供了基础条件支撑。"十三五"期间还将新增公交场站用地10万平方米以上,进一步完善公交场站布局;同时,加快综合客运枢纽建设,全市各区至少规划建设一个综合客运枢纽,以实现常规公交与高铁、长途客运、出租客运等运输方式的无缝衔接,并通过客运枢纽的综合开发,增强公交发展后劲。

(2)快速公交(BRT)建设领先国内水平。2007年厦门市共投入30多亿元,建设全国首条高架BRT线路,并于2008年9月1日建成投入运营。2015年以来有陆续加大投入进行运能提升改造。目前,BRT快线线网总长度66.6公里,其走向和线长分别为:快1路,第一码头至厦门北站,线长35.6公里;快2路,第一码头至同安枢纽,线长45公里;快3路,第一码头至前埔,线长11.5公里;快5路,前埔至同安枢纽,线长38.5公里;快6路,前埔至厦门北站,线长26.5公里;快7路,为第一码头至前埔的高峰区间线。

与国内其他城市相比,厦门BRT采用独立路权的封闭车道,其中岛内约25公里、岛外约10公里繁华路段采用高架专用道,岛外其他部分为硬隔离的地面专用道,全线不受地面信号灯影响。BRT全线共有42个车站(高架站26个,地面站16个),采用地铁售票模式,保证了乘坐的快速、准点、舒适。

(3)轨道交通建设实现零的突破。2012年5月,厦门市城市轨道交通近期建设规划获批,成为全国第30个获批准建设地铁的城市。厦门地铁2022年目标网由1、2、3、4、6号线共5条线组成,线路长度约224公里,共设车站133座(其中换乘站12座);远景线网由10条线路组成，总长度404公里，支持厦门城市"一岛一带"空间布局形成，线网布局将体现"双中心+强环联系"的网络形态。2013年11月13日，厦门地铁1号线一期工程正式开工建设，2015—2016年，地铁2号、3号、4号、6号线陆续动工。

2017年3月12日，厦门地铁1号线全线贯通，全线车站主体封顶。1号线起自镇海路站终于岩内站，全长30.3公里，共设24座车站，除跨海段集美学村站为高架车站外，其余均为地下车站。自12月31日开通试运营以来，运营情况总体安全平稳有序，乘客反映良好。截至2018年6月20日，累计进站客运量1759.5万人次，日均10.23万人次，总开行列车48625列次，运营里程141.3万列公里，运行图兑现率100%，正点率99.95%。

值得一提的是，厦门地铁采用"一线一景""一线一色"的布置手法，用一种元素或表现手法统一线路各站点的装饰风格，强调一条线的共性，体现整体性，同时区别每条线路各自的主题和蕴意，形成各线主体风格统一、全网形式多样的线路文化体系，对于厦门城市文化的对外展示和表达起到十分重要的作用。地铁1号线贯穿厦门岛内和集美两大片区，是南北轴线的主要干道，自镇海路站起一路可遥望鼓浪屿万国建筑博览群、中山路骑楼群、集美学村嘉庚建筑群等极具闽南乡土特色的建筑群，以本地最具代表性的传统建筑风格体现厦门最单纯、质朴的城市风貌。同时，1号线最具特色的就是跨海段的无敌海景，作为最美海景地铁，央视曾对其有1分31秒的报道介绍。在具有63年历史的高集海堤、集杏海堤上的1号线跨海段利用了原有老鹰厦铁路的线位，以高架和地面方式跨海，既减少工程风险，节约投资，也能让市民及游客领略无敌海景的魅力。

（二）运输服务成就硕果累累

改革开放以来，厦门市交通发展的质量和效率显著提高，运输服务和管理显著改善。努力实现运输方式由相对分散向综合高效转变，实现客运"零换乘"和货运"无缝衔接"；出行结构由个体交通和公共交通并行向公共交通主导转变；交通服务由保障型向优质型转变；交通发展由粗放型向集约型转变；交通排放由高耗低效向低碳环保转变，基本建成更安全、更通畅、更便捷、更绿色、更和谐的现代综合交通运输体系。

1.客运服务能力持续增强

道路客运发展进程全面加快。1984年，厦门市道路客货运输的专业公司和社会运输部门客车1828辆，全年客货运量除省属单位外，地方运输部门客运量达271.96万人、周转量3226.02万人公里，其中汽车客运量153.64万人、2823.02万人公里，其他机动车49.19万人，非机动车客运69.13万人。截至2017年，全市客运站7个，长途客运企业7家，旅游客运企业65家（其中2家既为旅游客运企业，也为长途客运企业），旅游（包车）客运车辆1675台、长途客车280台，公路客运量4335.8383万人、旅客周转量253294.3016万人公里。

长途客运积极转型升级。为应对高铁、顺风车等出行方式的冲击，厦门市鼓励客运企业避开与高铁同方向的线路，将原有线路延伸到区域管辖的县市（远离动车站点）或增加途中停靠站点；鼓励企业走精品线路运营，大车换为小车，适当加密班次以提升出站率；指导企业做好长线接驳运输，节约运行成本。同时，拓展客运站旅游包车集散功能，鼓励客运站化整为零，与轨道交通、公交等运输形式结合，满足旅客对出发地点便捷性的需求。

旅游客运实施精细化管理。2014年开始，采取先调研后投放的方式，对旅游客运市场存在的运力总量不足、运力结构不合理、企业安全基础薄弱、企业规模小等问题进行针对性的解决。2014年、2015年开展的市际旅游包车运输经营权招投标工作取得了良好的效果：企业小、散、弱现象有效改善，企业数由原来的82家缩减到65家；车辆车龄和经营范围结构比例得到进一步优化，运力供给更加符合市场的需要。同时，为推动旅游客运的安全发展，综合采取部门双随机检查、部门内双随机交叉检查、跨部门双随机检查、"回头看"专项复查、动态监控"日研判"等形式，不断提升行业安全生产水平。近年来，安全生产事故持续下降。

铁路客运快速发展。1978年，厦门站仅有开行到福州、鹰潭、上海方向的3对旅客列车，全年发送旅客28万人次，日均770人次。福厦铁路和厦门北站开通后的2011年发送旅客1060.55万人次，日均2.9万人次。龙厦、厦深铁路开通、厦门站完成改扩建后，2017年发送旅客2644.38万人次，日均7.24万人次。

港口旅客吞吐量大幅提升。1983年厦门港旅客吞吐量仅为9.9万人次，2000年达到28.8万人次，之后保持快速发展，2017年，达到858.9万人次。厦门国际邮轮中心码头2008年建成并投入使用，年旅客接待能力达150万人次。从2015年起，厦门市财政每年安排2亿元以上资金，用于培育邮轮经济发展。2016年接待邮轮79航次，旅客吞吐量20.09万人次。2017年，受国内外政治因素以及市场供求关系变化的影响，邮轮接待量及旅客吞吐量略有下滑，分别为77航次、16.18万人次。

2. 货运服务有了长足发展

道路货运更加规范有序。1984年，厦门市道路客货运输的专业公司和社会运输部门货运汽车拥有量达3250辆，全年客货运量除省属单位外，地方运输部门货运量达1304万吨、周转量20100万吨公里。截至2017年，货运企业及业户3157家（含危货企业40家），营运货车42084辆（其中危货车辆1205辆），完成公路货运量20650.2898万吨、货物周转量1919251.3820万吨公里。2013年9月，国务院印发《大气污染防治行动计划》，鼓励绿色出行，厦门市交通运输管理部门立足行业实际，2015年着手开展淘汰老旧高能耗车辆工作。截至2017年8月底全面完成厦门市营运黄标车的淘汰工作，共计淘汰营运黄标车万余辆。2017年1月，厦门市物流企业福建联冠汇通物流科技有限公司经省交通运输厅审核，取得无车承运人试点资格，在2017年试点期间，该企业运营的"空车汇"完成年度整车运单20419单，货运量418664吨。此外，为更好地规范道路危险货物运输市秩序，厦门市建立健全危险货物运输运力发展长效机制，鼓励道路危货运输企业实行集约化、规范化、专业化经营。2014年开始采用危货运力报废更新的方式，推进老旧危货车辆提前退出市场。2016年，根据《厦门市危货运力十三五规划》，按照每年7%的增长率给予运力投放，并结合企业的安全生产标准化达标、质量信誉考核、安全监管、车辆违章等方面进行综合评估，对优质企业予以扶持。

铁路货运量稳步上涨。厦门辖区的铁路货运统计自1991年开始，当年货运发送量为162.1万吨，总装车数为30959车。2017年发运量793.75万吨，总装车数12.57万车，比1991年上升了4.89倍、4.06倍。

港口货运迈入全国前列。1978年全港货物吞吐量仅为150.01万吨。1994年，全港货物吞吐量突破千万吨，完成1140.6万吨。1997年，全港货物吞吐量达到1753.7万吨，首次跨入全国十大港口行列。2006年，厦漳港口首次整合，货物吞吐量得到迅猛发展，当年完成7792.1万吨。2009年，厦门港跨入亿吨大港行列，完成货物吞吐量1.11亿吨。经过5年的发展，厦门港再次取得突破,于2014年突破2亿吨大关。近几年来,厦门港口货物吞吐量继续保持增长势头。

集装箱运输实现从无到有。1983年,厦门港首次启动集装箱运输业务。在改革开放春风的吹拂下,厦门港用两个17年创造了集装箱从零到一千万的辉煌历史:第一个17年,从1983年的3292标准箱发展到2000年的突破100万标准箱;第二个17年,从2000年的108万标准箱发展到2017年突破1000万标准箱。2018年,集装箱吞吐量继续保持较快增长,上半年已完成516.6万标准箱,同比增长7.6%。2018年6月底,厦门港集装箱班轮航线共计146条,其中国际航线88条、内支线12条、内贸线46条、海上丝绸之路国家航线53条,月航班数1021个。

3.运输装备日新月异

截至2017年12月31日,厦门拥有运输车辆保有量59658辆(含教练车),其中,公交车4536辆,出租汽车5630辆,旅游(包车)客运车辆1672台、长途客车353台、教练车5383辆、营运货车42084辆(其中危货车辆1205辆)。改革开放40年来,厦门交通运输装备的变化实现了从高能耗向低碳节能、从简陋狭窄到舒适宽敞、从车型单一向选择多样化的转变。

(1)公交车强化节能减排。20世纪70年代,铰链式通道车是城市公交的主力车型,1993年开始投入、使用双层巴士;1995年开始试行空调车;1998年开始逐步淘汰通道车,新车选型以单车、中巴为主;目前,新投放车辆以10.5米和12米大容量环保型的车辆为主,确保市民乘坐舒适。2012年以来,累计投入21亿元,新增更新公交车辆2867台。与此同时,厦门大力推广新能源和清洁能源公交车。1999年开始引进大容量、高科技、环保型的车型;2003年在全省范围内率先引进10台尾气排放达欧Ⅲ标准的大容量金龙客车,并开发应用全国首创的多媒体监控系;2006年大量投放大型中高级空调车,新购置的柴油公交车辆排放均为国Ⅲ及以上排放标准;2008年开始在公交车上安装了汽车三级CAN总线,从技术手段上增强了节能减排的效果;2010年开始推广清洁能源CNG公交车;2011年开始投放油电混合动力公交车;2014年开始投放LNG液化天然气公交车;2015年试点运行10台6.6米纯电公交车,此后不断配套建设充电桩,并逐步加大纯电动公交车投放比例。截至目前,全市共有清洁能源、新能源车辆2666台,已超过全市公交车总量的60%。

(2)出租车管理走在全省前列。1983年10月,厦门首批36辆出租汽车正式投入营运。1993年,人力三轮车全面淘汰,出租汽车规模不断扩大,从初始阶段的菲亚达、进口二手车到波罗乃茨、伏尔加,再过渡到拉达、夏利。1993年开始更新投放普通型桑塔纳轿车。1997年后投放市场的出租汽车均为排气量1.6以上的桑塔纳、捷达、富康和红旗等车型。2005年9月投放市场的1000辆出租车中有900多辆是北京现代索纳塔,2007年新投放的2604辆出租汽车全部使用环保节能的LPG双燃料出租汽车。2012年推动2197辆2007年投放的出租车提前更新为CNG双燃料出租汽车,同年完成832辆汽油单燃料出租车加装CNG燃料装置的改装。2014年起逐步投放纯电动出租汽车。截至2018年6月全市共有CNG双燃料出租汽车5008辆,纯电动出租汽车954辆。值得一提的是,进入21世纪后,厦门出租汽车的科技含量得到大幅提升,一直走在福建省前列。2001年全面启动出租车卫星定位调度报警税控系统安装工作,2003年3437辆出租车全部安装了车载终端;2005年起,在新投放的1000辆出租汽车上安装E通卡POS机,2007年在新投放的2604辆出租汽车上增加安装摄像探头;2014年在新投放的400部出租汽车上增加安装全程录像、硬盘存储等功能。

（3）轨道交通运营车辆标准化。厦门轨道交通1号线目前投入载客车辆19列，采用标准B型空调车辆，六辆编组，全长118米，定员载客量1460人/列，超员载客量2062人/列。全线单程运行时间约52分钟，最高运行时速80公里/小时，平均旅行速度35公里/小时。

（4）客运车辆节能降耗。2013年9月，国务院印发《大气污染防治行动计划》，鼓励绿色出行。厦门市积极响应绿色交通城市建设要求，鼓励淘汰老旧高能耗车辆，推广应用高效、节能、环保的道路客运车辆。2013年初登记备案的黄标客车共计396台，到2016年11月28日，厦门市全面完成营运黄标客车淘汰工作。通过政策引导，调动企业使用新能源汽车的积极性，2016—2017年，累计投入12台新能源旅游客车，填补旅游客运市场新能源客车空白。

（5）客货运船舶规模发展迅速。"十三五"以来，厦门港持续优化营商环境，在省、市行业扶持政策的叠加效应下，航运市场取得快速发展，船舶运力结构朝着年轻化、大型化、专业化发展。2018年7月，全市共有各类国内航运企业74家，国内运输船舶389艘，合计254.78万载重吨，运力规模较2008年增长近3倍。其中集装箱及多用途船舶达到101艘74013标准箱，油品运输船77艘10.2万载重吨，各类客船139艘22367客位。

4. 城市交通服务注重以人为本

（1）公交发展成果全民共享。厦门公交在站点覆盖率、线网密度、出行成本等指数方面均进入全国前五，综合排名与上海并列全国首位。同时，厦门公交以干净整洁的车容车貌、文明友好的乘车氛围，深受广大市民和来厦游客的好评。截至2018年6月，厦门共有公交线路402条，线网总长达到7273公里；共有公交车辆5281辆，均为空调车，万人拥有公交车辆16.62标台；2017年公交客运量达到8.43亿人次。

近年来，厦门市每年用于补贴公交事业的各级财政补助资金近10亿元，保障公交票价贴近民生，目前全市常规公交最高票价2元，厦门中近80%的线路实行全程1元票价；对刷卡人群再给予优惠（普通卡8折、学生卡5折）；取消空调收费；劳模、烈属、65岁以上老人等特殊群体免费乘车，成为全国公交出行成本最低的城市之一。

同时，通过优化调整线网，不断完善公交覆盖保障。目前全市所有的交通枢纽、产业园区、校区、AAA级以上景区和万人以上居住区都开通了方便直达的公交线路，并实现了火车站、机场、码头等重要交通枢纽的对外交通与城市公交之间无缝衔接。"十二五"以来，厦门市大力推动城乡公交一体化改革，打破了城乡二元结构，实现全市范围内公交统一规划、统一政策、统一票价、统一运营模式和服务标准，并根据城市发展和道路建设情况，大力推动"村村通公交"工程，岛外建成区已基本配套公交线路，具备通车条件的行政村100%通达公交，实现了公交服务惠及最偏远区域。

此外，厦门公交还创新服务形式，满足群众多样化出行需求。全市创新开通了15条社区公交线路，先后开通了公交直达专线、高峰专线、大站快运、环岛观光巴士、定制公交、环形线、工业园区专线等各类特色公交线路，以及农村寄宿制学校周末班车，采用差异化的车型、票价和服务，满足群众个性化的出行需求。

（2）出租汽车投放逐步规范。1983年10月，厦门首批36辆出租汽车正式投入营运。1986年，出现了第一辆个体出租汽车。1993年，人力三轮车全面淘汰，出租汽车形成国有、集体、合资、个体等多种经济类型共同经营的多元化局面，经营企业60家。2002年之后，出租汽车企业进入了震荡调整期,不断地合并、重组、创立,在调整中走向规模化运营。

1994年,厦门市政府出台《厦门市客运出租小汽车管理办法》及《厦门市客运出租小汽车经营权有偿使用办法》后,明确通过公开拍卖或招标拍卖方式投放出租汽车,对营运期满的出租汽车进行注销。1999年,以"旧车报废后在经营权拍卖中一次性优先购买权"的方式投放出租汽车1904辆,该政策一直延续至2002年底。2005年7月,首次采用以服务质量为主要竞标条件的招投标方式,投放1000辆出租汽车经营权,新投放的1000辆出租汽车按照公司要求统一喷色,同时对全市2646辆旧出租汽车进行统一改色,使全市出租汽车面貌焕然一新。2007年,延续2005年投放政策,采取以服务质量为主要竞标条件的招投标方式,如期完成了1904辆到期出租汽车的更新投放,并在岛内新增300辆出租汽车的投放工作,岛外四区197辆出租汽车先后投放市场。

(3)厦门地铁注重优质运营。厦门地铁的服务理念是精于细节,创造感动。针对乘客出行需求,厦门地铁提供了一系列便民服务,如便民百宝箱,为乘客准备了云南白药、创可贴、绷带等医用药品,针线包、老花镜、绑带等日常备品;风雨无忧,在车站为乘客准备了共享雨伞租借服务;全线母婴台,在每个车站的无障碍卫生间为需要给小宝宝换尿布的乘客提供了折叠母婴台;地铁换零,在客服中心设置了工作人员为乘客提供大额兑零服务;爱心一对一,对出入地铁、行动不便的乘客,提供专人护送无障碍预约一对一服务;准妈妈服务,准妈妈可以办理《孕妈妈优享通行证》,享受安检、进出站、搭乘优享服务;并设有服务热线24小时接听来电。为使乘客更及时、便捷地了解地铁列车动态,方便乘客出行安排、避免错过班车,1号线在站厅层设置了语音广播,为乘客提供资讯播报,播音方案采用女声普通话、闽南语、英语三种语言依序播放。

(三)行业管理水平取得新进展

为了适应交通事业蓬勃发展的需要,40年来,厦门交通管理部门始终坚持立足市情,用创新的方法解决交通发展中存在的问题,在管理体制、投融资体制方面做过多次改革,不断强化行业法治建设,在交通工程中持续推进标准化建设,行业管理水平在发展实践中取得了较大的提升。

1.法治建设成效明显

(1)交通行业管理办法相继出台。2001年6月1日,厦门市政府出台《厦门市公路建筑控制区管理办法》,明确了公路建筑控制区的划定标准,对区域内禁止的行为及处罚也做出了具体规定,为快速发展的公路路网建设提供了有力保障。2001年11月,厦门市人大常委会审议通过《厦门经济特区出租汽车营运管理条例》,至此厦门出租汽车行业管理走上了法治化轨道。2004年5月31日,厦门市交通委制定出台了《厦门市出租客运经营行为违章记分考核办法(试行)》规定出租车企业违章记分累计值将作为出租客运经营权竞拍资格审查和服务质量招投标的依据之一,在行业内起到了积极的推动作用。2012年3月1日,厦门市政府出台《厦门市大型桥梁隧道管理办法》,以满足城市大型桥梁隧道规范化管理的现实需求。

(2)制定权责清单、深化行政审批制度改革。近年来,厦门市交通运输局按照职权法定、权责一致、科学分类的原则,梳理了由市本级实施的具体行政行为共计306项权责事项,为推进交通运输局行政权责依法公开,强化行政权力监督和制约,规范权力运行提供了体制机制保障。2014年以来,在党中央、国务院关于精简审批事项的工作部署,厦门市交通运输局大力加强事中事后监管,努力提升管理服务水平,促进了交通运输持续健康发展。2014年以来,市交通运输局共承接上级下放委托审批事项18项,取消审批事项6项,调整市级前置审批事项10项,调整行政审批中介服务事项3项,废止并取消部分职业资格考试费、车辆营运证工本费、机动车驾驶员培训许可证工本费等涉企收费项目共计26项。同时,市交通运输局注重创新监管手段,运用"双随机""双公示"等执法模式,加强事中事后监管,提升行业管理能力和服务水平,积极营造公平有序的交通运输市场环境。持续发力推进"放管服"改革,为企业"松绑",为市场"腾位",为交通运输长远发展奠定了坚实基础。

2.管理体制改革不断深化

(1)公路管养体制改革。厦门公路的改革步伐一直走在全省公路系统前列。1993年1月1日,福建省公路管理体制改革迈出历史性一步,厦门市公路局下放给厦门市政府领导,归口市交通局管理。体制上的松绑给厦门公路的发展注入强劲活力,厦门公路局加快公路管养步伐,积极推行机械化养路,公路面貌和总体实力开始发生根本性变化。1998年起,厦门市公路局在全省率先对公路养护体制实行大刀阔斧的改革,深化公路运行机制,推行并实现事企分离、管养分离、干管分享、建管分离改革。2008年,全省第一个专业化桥隧管理机构——厦门市公路桥隧维护中心成立,隶属厦门市公路局管理,积极推动并促成了《厦门市大型桥梁隧道管理办法》和《厦门市隧道管理暂行规定》的颁布和实施。经过近20年来的改革,人员、机构进一步精简,职能层次进一步提高,实现了宏观管理、高效管理。

(2)港口管理体制改革。早在1985年,时任厦门市委常委、副市长的习近平同志提出了"放水养鱼"的改革探索,将港口企业的利润留成优先用于完善基础设施建设,进一步激活了厦门港。1988年,厦门港在全国港口中率先实行政企分开,成立了厦门港务集团有限公司,实现了港口经营市场化,增强了港口竞争力。2004年初,省委、省政府做出"建设对外开放、协调发展、全面繁荣的海峡西岸经济区"的重大战略决策。为加强厦门湾各港口间的联系与合作,厦、漳两市及漳州开发区以港口合作为突破,进行探索和尝试。5月开始,厦门港和漳州招银港区实现船舶调度信息共享。8月,由香港招商局集团和厦门港务集团联合投资建设招商局漳州开发区第四区码头泊位。除港口建设外,"两市三方"酝酿如厦漳跨海大桥等重大基础设施建设。2005年11月25日,省政府第44次常务会议决定:打破行政区划界限,解决厦门湾各港口多头管理问题,理顺厦门湾港口管理体制。2005年12月31日,厦门港口管理局正式挂牌成立,原厦门市港务管理局、原漳州港务管理局撤销。2006年1月1日,厦门港开启新一轮管理体制改革,实现厦门湾港政、规划建设、港口引航管理、港口生产统计分析、港口航道执法、水路运输行政管理"六个统一",实现了南岸三港区"资源共享、优势互补"。2010年8月,省委、省政府再次做出重大决策,对厦门、漳州港口资源进行全面整合,将漳州行政区划内的古雷、东山、云霄、诏安4个港区并入厦门港。8月31日,厦门港口管理局漳州分局正式挂牌成立。原厦门港、漳州港整合,对外统称厦门港。最终实现港政、航政、运政的统一管理,率先在港口局层面实现"同港同策",率先于2015年整合港政、航政、运政的执法队伍,成立全省首个港航综合执法支队。

(3)厦门机场管理体制改革。1988年10月,厦门机场成为中国民航第一家下放地方政府管理的机场,属地化使厦门机场率先走上了企业化和市场化道路。厦门机场的管理模式在国内机场中具有典型意义。一个中小城市的机场,却能突破2400万的吞吐量和保持良好的赢利状况。厦门空港的"三个中心"(投资中心、利润中心、成本中心)管理模式在全国机场体制改革的探索方面先行了一步,不仅使厦门机场建立了现代企业制度,而且使非航空业务收入占到机场总收入的35%。厦门机场在航空业内创造过很多第一,《中国民航报》已将这些成果统称为"厦门机场现象"。

(4)交通综合行政执法改革。2011年5月,福建省委编办、省财政厅、省人社厅、省交通厅、省公务员局五部门联合下发《关于印发福建省交通综合行政执法改革方案实施意见的通知》,正式拉开了福建省交通综合行政执法改革的序幕。2011年8月,中共厦门市委编办印发《关于组建厦门市交通综合行政执法支队的批复》,同意组建厦门市交通综合行政执法支队,隶属市交通运输局,依法承担厦门市道路运政、公路路政、治理超限运输等行政监督、检查、处罚等职能。2013年1月厦门市交通综合行政执法支队正式履职,执法职能的相对集中,避免政出多门、多头执法,形成了全面覆盖的交通综合行政执法体系,有效打击了交通违法现象。仅改革第一年,支队案件量接近改革前路政、运政部门案件量的两倍,并呈逐年上升趋势。2013—2018年,支队办理案件数达到5.5万多件,罚款总额过亿元。在维护路产路权方面也取得新成效,2013—2018年共办理路政案件23653起,有力维护了道路"畅、安、舒、美",保障道路交通安全。值得一提的是,厦门市交通执法支队在依法行政建设上始终走在全省前列,率先全面落实执法全过程记录制度、执法决定法制审核制度、执法公示三项制度,又在全省率先全面推行"交通执法系统双随机一公开"执法新模式。

(5)公交行业管理改革。2004年公交体制进行改革,公共交通场站(含公交枢纽站、首末站)、中途停靠站的统一建设、经营和管理、维护主要归口市政部门负责管理。2006年,厦门将分属交通、市政的三家国有交通运输企业整合为厦门公交集团,并逐步开展了民营中巴退市工作,目前厦门公交集团负责运营全市97%的公交车辆,基本实现了一体化和专业化管理。2014年,在厦门市实施的新一轮政府机构改革中,将公交场站行业管理职能从市政部门重新划归交通部门,解决了车、站分离的问题,实现了全市公交运营和公交场站的统一管理,公交行业管理体制得到进一步理顺。

3.投融资渠道不断拓宽

改革开放初期,底子薄、财力弱,资金短缺一直是厦门交通基础设施建设的"瓶颈"。为此,不断拓宽融资渠道,放宽市场准入,积极引导社会资本进入交通建设发展领域。

(1)利用国内外银行贷款。20世纪80年代初,厦门机场率先申请利用科威特贷款约1800万美元,仅利用18个月就建成了国际机场,1993年又追加贷款约1800万美元,用于机场二期扩建工程;1989年,利用世界银行贷款3600万美元,建设东渡港区二期工程;之后利用亚行贷款4135万美元,建设东渡港区三期工程;海沧大桥采用国家、地方和外资相结合的方式解决资金难题,使用日本进出口银行贷款1.3亿美元及国家开发银行贷款3亿元人民币和商业银行贷款8300万元人民币;翔安隧道更是开创福建省基础设施银团贷款之先河,成为厦门第一个真正意义上的银团贷款项目。

(2)利用资本市场直接融资。1996年,厦门机场A股上市,募集资金2.3亿元;1999年,厦门路桥A股上市,募集资金5亿多元;2005年,厦门国际港务股份公司H股上市,募集资金13亿港元。

（3）利用港澳台资金参与交通建设。1996年，厦门港务集团与香港和记黄浦合资建设海沧国际货柜码头，利用港资7140万美元；2001年，厦门航空港集团与台湾台勤、华航、长荣、远东4家公司合资建设货运站，利用台资1.1亿人民币；2003年，厦门交通国投与香港百源投资公司合资建设梧村汽车站改造项目，引进港资5600万元人民币；2005年，厦门港务集团与马士基集团合资建设并经营嵩屿集装箱码头，利用外资8.4亿元。

4.技术政策及标准建设进步明显

改革开放40年厦门交通事业蓬勃发展，促进了地方经济高速增长和城市形象提升。"两环八射"的建设催生了一批适合本地特点、难点的工程技术政策和标准，同时这些政策和标准也为高质量工程建设和养护管理提供了有力的保障，为后续建设提供了宝贵经验。

（1）工程建设方面。海沧大桥建设针对大桥的技术特点和难点进行了大量的试验研究并制定施工标准。如针对大体积混凝土施工，研究制定了《锚定大体积混凝土施工技术规程》。针对锚定预应力锚固系统关键技术，研究编制了《锚定预应力锚固系统的试验研究机技术规程》。在贯彻执行交通部《公路工程质量检验评定标准》的基础上，结合海沧大桥的具体要求，编制了《厦门海沧大桥工程质量检验评定标准》。翔安隧道在海底隧道注浆堵水，海底较弱底层技术，海底工程耐久性研究，结构安全性评价，超前地质预案等进行了30多项研究、攻关，取得重要施工操作成果、施工控制关键技术，为翔安隧道建设提供了强有力的技术支持。并在贯彻执行交通部《公路工程质量检验评定标准》的基础上，结合翔安隧道的具体要求，编制了《海（水）底隧道工程质量检验评定标准》。集美大桥建设时采用短线匹配预制，上行式架桥机拼装工艺，箱梁节段的预制，拼装施工质量、工艺及线型控制，制定了确保工程质量、安全的规程。

（2）工程养护方面。为进一步适应新时期厦门市公路的建管养工作，市公路局在管好、养好公路的基础上，进一步加强了公路系统养护技术方面的建章立制工作。依据《公路隧道养护技术规范》《厦门市大型桥梁隧道管理办法》《厦门市隧道暂行管理规定》等制度、办法和要求，分别制定、细化了涉及隧道、桥梁和路灯等方面的养护管理工作实施细则，通过采取科学有效的技术措施和管理手段，为公路各项服务使用设施和分系统的检查、维修、排险等提供执行标准和规章制度，确保公路设施处于良好的技术状态，延长使用寿命。同时在海沧大桥养护管理工作中引进消化吸收国外桥梁养护系统、经验，制定了《厦门海沧大桥养护管理系统（手册）》，进一步加强了对海沧大桥的养护管理工作。

（3）工程设计方面。从海沧大桥开始将桥梁的艺术、景观设计纳入结构外观设计，和周围景观相协调统一。创出了交通建设新亮点，从此以后，厦门的交通结构外观在建设中，一并纳入艺术、景观建设内容同步实施，实行一票否决。

（四）科技创新成果丰硕

改革开放40年来，交通行业致力于科技创新和科研能力建设，不断加强节能新技术、新工艺、新技术的推广应用，提升行业信息化管理水平，充分利用物联网、云计算等新技术和服务模式为交通信息化服务，加快"互联网+交通"的深度融合，以信息化带动行业转型升级，提高安全应急保障能力，提升行业可持续发展水平。

1.科技创新体制改革迈上新台阶

根据交通运输部关于信息化建设工作的部署和有关要求，厦门市交通运输局积极探索用

"智能化构建现代化的城市综合交通运输体系"的行业发展新思路,于2015年初组建成立了市综合交通运行信息指挥中心,负责全市综合交通运输行业的数据采集分析、运行监测、信息应用和投诉服务等工作。2016年指挥中心基本完成平台一期建设,初步形成厦门市交通运输行业智能管理框架。

(1)强化数据共享。建立跨部门信息传递与数据共享机制。建立统一的标准规范,开展交通信息化建设,并对既有信息化管理系统进行升级改造,进一步实现互联互通、数据共享。

(2)加强业务创新。建立健全市交通运输信息化建设统筹协调机制,明确各级交通运输管理部门信息化工作职责,特别是在信息化规划、项目前期工作、项目资金补助、目标考核等关键环节落实工作流程以及涵盖的职能管理部门,实现信息化项目规划和立项逐级审批、项目建设方案逐级审查和报备、项目补助资金集中管理和逐级申请、项目实施目标逐级考核,以此为抓手,辅以其他措施,有效推动全市交通运输信息化工作的统筹协调管理。

(3)完善管理制度。制定和完善信息化建设与运行维护管理、信息资源采集及共享利用、信息系统安全管理等一系列规章制度,加强信息化建设全过程管理,建立业务部门和管理部门共同参与信息化建设的工作机制,实现信息化系统与交通业务的深度整合,提高信息化投资效率,避免重复建设和资源浪费。

(4)推行目标考核。按照市经信局管理办法对信息化项目开展工作考核。考核指标包括信息化项目建设、运行维护、数据质量、系统安全、资金筹措使用等,保障全行业信息化工作顺利开展。

(5)注重科技创新。加快物联网、新一代移动通信、遥感遥测、北斗卫星导航、手机信令、云计算、大数据管理、下一代互联网等现代信息技术在交通运输领域的集成创新与应用。重点开展交通物流、交通信息服务、交通诱导、公共交通综合调度、客运枢纽管理服务、主动安全预警等领域创新技术集成与推广。加快推进电子不停车收费、金融IC卡和移动支付在交通领域的推广应用。着力推进先进物流信息技术在甩挂运输、多式联运、城市物流配送及仓储、交通电子口岸等领域的应用。

(6)重视人才培养。建立健全信息化专业技术人员的培训学习、继续教育制度,加强专业技术人员培训;积极创造条件,支持鼓励信息化专业技术人员参加资质和水平认证;采取技术咨询、科研攻关、短期聘用等方式,充分利用社会智力资源为交通运输信息化发展服务。

2.科研能力建设有了新突破

为促进交通运输转型升级、提质增效,厦门市交通运输局先后与同济大学、华侨大学、北京航空航天大学、北京工业大学等科研实力雄厚的科研院校开展"政产学研用"深度合作,充分利用交通行业管理部门的信息资源,结合科研院所的交通大数据应用技术水平、学科优势,加快推进交通大数据科研成果的落地转化。

2017年,针对厦门轨道交通1号线的开通,为分析轨道1号线对城市公共交通客流的影响,联合同济大学交通运输学院成功申报2017年度福建省交通运输厅科技项目。该项目依托厦门市综合交通运行信息指挥中心,跟踪分析轨道交通运营初期公交客流与出行特征变化,判断轨道交通运营对常规公交客流影响,提出并应用公交客流动态监测与即时分析方法与技术,为公交系统优化提供决策支持。同年,与北京航空航天大学、中国公路工程咨询集团有限公司签订战略合作协议,共同围绕厦门市智慧交通和综合交通的发展需求,开展预先研究和技术开发。

2018年,针对海沧大桥交通拥堵问题,与华侨大学联合申报2018年度福建省交通运输厅科技项目。该项目以海沧大桥为例,综合运用出租车、网约车和公交车的GPS、公交IC卡刷卡、卡口等多源信息,对途经海沧大桥的人流、车流进行时空特征分析研究,并提出基于公交优先的海沧大桥疏堵方案。为提升厦门市公交服务质量,与中咨数据有限公司、北京工业大学联合申报2018年度福建省交通运输厅科技项目。该项目依托厦门市综合交通运行信息指挥中心,对公交GPS、IC刷卡等数据实时分析,通过厦门城市公交服务指数研究,描述全市公交运行状况,为厦门市公交战略规划、线路调整、缓堵措施研究和相关政策的出台提供依据。同年7月,与华侨大学、北京易华录信息技术股份有限公司签订战略合作协议,共同围绕厦门市城市综合公共交通的发展需求和规划研究,开展技术合作和人才培养;共同组建厦门市城市综合公共交通研究中心,推进信息化手段在公共交通、行业管理等领域的应用,为我市综合公共交通规划、研究与建设提供服务。

3.重大科技创新成果及推广应用有了新进展

(1)强化大交通数据整合,实现信息共享互通。依托系统平台的建设,实现大交通数据的整合接入。指挥中心平台项目一期已投入运行,平台一期基本实现7大类60项交通运输行业数据的汇集,累计接入覆盖国省干道、城市主干道、四桥一隧和重点枢纽等3500多路视频资源,不断提升路网保障可视化水平;此外,纵向衔接部、省行业监管平台,整合交通运输内部信息系统,外联市公共安全管理平台等,信息共享与互联互通程度得到进一步深化。

(2)搭建交通业务支撑体系,强化行业监管能力。目前,已建成指挥中心平台一期,整合交通系统现有的零散分布的30多个信息化系统资源,形成全市统一的综合交通信息指挥环境。具体包括建立交通信息发布与服务投诉系统,为公众出行提供咨询、投诉、失物查找等服务;建立交通运输行业运行安全与动态监测系统、综合交通运营调度指挥系统,实现对重点营运车辆的动态监测、监督以及应急事件的快速响应、联动处置;建立综合交通运输基础设施管理系统和交通数据分析与决策支持系统,汇聚交通运输行业静态和动态信息数据,为交通管理及决策提供技术保障。

强化"两客一危"重点营运车辆动态监管。建设厦门市重点营运车辆动态监管平台,将长途客车、旅游包车、危险品运输车等重点车辆纳入系统进行统一监管,为道路运输车辆的交通安全运行提供有力的支撑和保障。平台提供周报、月报的基础数据,如在线率情况统计、各类报警情况统计等,为公安、建设、安监、旅游等各相关职能部门提供信息共享服务,作为督促运输企业整治和处罚的依据。目前,针对客运车辆超范围经营和夜间2~5点禁行等违规行为的整治和处理取得较好的成效。

率先建立网约车服务平台,助力运输安全监管。在传统巡游出租车监管的基础上,在全国率先建立网约车监管平台,完善厦门市出租汽车行业监管系统,实现对网约车行业事前、事中、事后全过程的动态监管目标:一是建立驾驶员事前审查机制;二是健全对驾驶员及车辆的事中监管措施;三是完善网约车运输服务质量考评,推进事后追查和联合监管机制。目前共接入7家网约车平台6大类、32小类数据,实现网约车的数据对接、监控、访问等,进一步规范出租车行业管理,提升了交通监督服务能力和执法效率。

建立城市轨道行业监管系统,完善监管服务。厦门市轨道行业监管系统包含四项重点建设内容：一是实现与轨道运营生产系统的数据资源对接；二是面向轨道运营服务质量监督、安全生产监督、轨道交通执法、轨道交通运行应急处置等关键行业监管职责开发业务管理系统；三是开发公众信息发布系统，通过 API 向各类社会化服务系统提供轨道线路运行状态、换乘指引、轨道与地面公交及 BRT 接驳、综合交通接驳、应急广播等综合信息；四是实现与指挥中心的系统对接，支撑综合交通疏运协同。

建立交运通移动执法信息系统，提高监管效率。厦门市交运通移动执法信息系统一期、二期主要实现了服务工单办理、数据分析、综合查询等功能。通过本项目建设，为 20 辆执法车安装了车载设备，为 140 位执法人员配备了对讲设备，实现了执法车辆以及人员的实时监控，有效提高执法队伍的硬实力，建立了一体化的移动执法体系，及时掌握交通综合执法现场的实时状况，将交通执法工作核心由完善执法信息管理提升为辅助交通执法工作决策分析，内外勤相辅相成，简化了现场执法工作，规范了执法流程，大大提高了执法效率。仅 2017 年，支队共查处道路运政案件 7617 起，共纠正制止路政违法违规行为 5327 起，罚款约 3600 万元。

（3）强化交通服务保障体系，强化行业服务水平。创新 12328 交通运输服务监督电话管理模式，为市民提供交通运输服务监督专业渠道。市 12328 电话系统已实现与市运管处、市执法支队、市公路局路网中心及出租车协会、市公交集团等单位的无缝对接，实现工单在系统内自动转派且全程可追踪；实现与省 12328 监督电话系统对接，逐步形成部、省、市三级联网运行的数据分析系统；实现与市长专线、市公共安全平台 110 转办件的业务流转。厦门市 12328 交通运输服务监督电话自 2016 年上线运行以来，处理满意率始终保持在 97% 以上，2018 年上半年满意率提升至 98.80%。

建设智慧交通保障系统，强化行业监测预警。以 2017 年金砖会晤为契机搭建智慧交通保障系统，实现人员资质审核系统与公安局市公共安全平台实时对接，实现客运、货运、出租、网约车从业人员背景审查，截至 2017 年底，累计审核已达 14.2 万余人次，并排查出 1.8 余万人次不合规或可能存在隐患人员。落实车辆营运保障系统建设，接入部、省二级"两客一危"车辆数据，初步实现"车辆一动、视频跟踪、全程监控"。会晤保障期间从人员资质审核、营运车辆、路网监测等三大方面监测厦门市交通运输态势及营运车辆运行情况。

打造"智慧港口"，提升厦门港口服务水平。近年来，厦门港逐步实现港口主要大型设备桥吊、龙门吊远程操控改造工程，实现"操作远程化、蓝领白领化"，为传统集装箱码头改造升级提供可复制、可推广的"厦门港模式"。国内首创、国际一流的厦门港集装箱智慧物流平台（该项目获交通运输部示范工程和中国港口协会科技进步一等奖）上线运行，通关环节从"让企业跑"变成"让网络跑"，厦门港口岸通关时间缩短 40%，国际贸易单一窗口报关率达 99%，报检率达 100%，均为全国最高，逐步实现从"智能港口"到"智慧港口"的转变。

推进交通大数据辅助决策，提升交通疏运保障。建设节假日运力运量统计分析系统，在节假日及重大活动期间动态分析各交通运输行业的疏运信息，打破部门间的信息壁垒，及时掌握客运、铁路、航空、水路运输实时动态，协调公交、BRT、出租、直通车、保障车等城市交通运输方式，大幅提升厦门市客流疏运组织保障能力。

（4）实现无人化全自动码头操作，提升港口科技含量。2016 年 3 月全国首个自动化码头——厦门远海自动化码头投入使用，集装箱装卸、堆存等码头功能均由中央控制室计算机控制操作一系列自动化机械设备完成。3 台自动化双小车岸边集装箱起重机（STS）、16 台自动化轨道吊(ARMG)、18台自动导航运载车小车(AGV)、8台自动化集装箱转运平台(AGV-mate)等多种自动化设备都是中国制造,采用电驱动,与同规模传统集装箱码头相比,综合碳排放量减少20%,运营成本降低20%以上。具备精准高效、低成本、安全性高等领先优势,真正实现集成先进系统,掌握核心科技,将"中国制造"的名片递向全世界。

(五)开放合作程度日益加大

1.做大做强"小三通"

厦门发挥对台区位优势,积极作为,先行先试,做大做强"小三通",努力推进海峡两岸直接"三通"。

货运航线首先破冰。1997年,启动厦门—高雄集装箱试点直航,运送集装箱累计超过300万标准箱。2002年,启动了厦金航线的货运业务;2007年,开通了厦门至澎湖的货运直航航线。

厦金航线保持高速发展。2001年1月2日,180名台商搭乘金门县渡轮"太武"号抵达厦门港客运站,拉开了两岸客运直航的序幕,开通了厦门—金门海上客运直航,即厦金"小三通"航线,加强了海峡两岸的交流合作。2008年开通五通码头—金门水头的厦金第二条航线,经过数轮运力更新升级,航班持续优化,客运量快速增长,2014年以来年客运量均突破160万人次,约占闽台"小三通"客运总量90%,截至2018年7月已累计运送旅客1692.7万人次。厦金"小三通"自开通以来,保持高速发展,成为台胞出入大陆最方便、最经济的"黄金通道"。

两岸客滚脉动持续发力。2009年9月"中远之星"轮开通厦门至台湾本岛的航线,成为两岸首条常态化运营的客滚班轮航线。开通以来,"中远之星"轮在推动两岸车辆互通、海运快件、甩挂运输等对台海上运输业务上不断取得突破,有效促进两岸客滚码头脉动,成为台—厦—蓉—欧通道的重要保障,是福建省对台工作的主要亮点之一。

空中直航取得突破进展。2005年春节开始,厦门航空公司作为大陆6家获准参与节日包机直航的航空公司之一,圆满完成了节日包机直航任务,2008年7月4日开始,成为获准参与周末包机的航空公司;2006年春节开始,厦门机场成为两岸节日包机的新增航点,2008年7月开始,成为周末包机的大陆航点之一。

两岸邮件往来日益频繁。2008年11月4日,两岸邮政签订了《海峡两岸邮政协议》,厦门邮政率先通过空运或海运直航开启了两岸信件、包裹往来;2018年厦门对台邮件交换中心正式挂牌,台湾进口大陆全境的两岸速递邮件可在厦门国际邮件互换局办理入境通关手续,成为两岸邮件往来的主要中转地和集散地。

对台物流枢纽初具规模。2016年4月起,厦门外轮代理公司通过整合台湾—厦门间现有海运直航航班资源,实现每周至少六天六班、点对点海运快件航班(以普通货运船舶运载快邮件)常态化运作,并推动两岸创新口岸监管模式,加强海运快件平台与邮政、快递企业的合作。2018年1~7月完成570标准箱。同时,加强跨境业务线上、线下服务平台建设,完成了进出境邮快件监管处理中心二期建设;建设象屿跨境电商产业园;建设运营厦门国际贸易单一窗口,整合形成了跨境电商综合服务平台。随着厦门成为新一批的跨境电子商务综合试验区,将借鉴台海快件的成熟经验,拓展运行厦门至"一带一路"沿线国家尤其是东南亚的直达快件。

2.国际交流合作日益密切

改革开放以来,厦门充分利用区位优势,不断强化港口、机场的主导地位,积极建设公路、铁路辐射主通道,一步步拉近与世界的距离,国际交流合作越发紧密。厦门市交通运输局从海、陆、空三方面全方位地推进交通建设,在交通体系建设方面不断加大投入,通过构建城市快速通道、城际连接通道、海空港国际连接通道,初步形成了以港口为龙头,公路、铁路、民航为骨干,运输转场为枢纽的立体交通体系,积极打造国际化综合性枢纽城市。

邮政交流通达各地。1988年,邮电部邮政总局在厦门建立国际邮件交换站,与世界上200多个国家和地区通达邮政。进入21世纪后,厦门邮政事业发展迅猛,国际小包快递业务2013年为23万件,2017年迅速增加到1819万件。

厦门港开启全球交友模式。厦门港目前已跻身全球第十四大集装箱港行列,先后与美国巴尔的摩港、德国杜伊斯堡港、乌克兰伊利乔夫斯克港、西班牙拉斯帕尔玛斯港、韩国木浦新港、韩国平泽港、韩国光阳港、美国埃福格莱兹港、比利时泽布鲁日港、马来西亚巴生港、美国迈阿密港、爱尔兰科克港、澳大利亚弗林德斯港等13个港口结成国际友好港。

打造金砖+"一带一路"国家物流新通道。厦门中欧班列自2015年8月开通至今,已稳定运行厦门—汉堡、阿拉木图、莫斯科三条中欧国际货运班列线路,并进入铁路运行图,货物通达欧亚大陆罗兹、汉堡、杜伊斯堡、布达佩斯、阿拉木图、莫斯科等10余个城市,是国内唯一由自贸试验区开出的中欧班列。开行3周年来,厦门中欧班列的市场售价、单柜货值、重载率、本地货物比率、海铁联运货物比率、直揽货比率等多项指标位居全国前列,是目前中国运行质量领先的班列之一。截至2018年7月31日,厦门中欧班列累计开行347列、24350个标准箱,累计货值8.90亿美元。班列通过海铁联运延伸服务东南亚地区,推进与东盟国家物流对接,实现海上丝绸之路与陆上丝绸之路无缝连接。2016年12月,厦门中欧班列列入"中欧安全智能贸易航线试点"计划,成为该计划的首条铁路运输试点线路。2017年3月,中欧"安智贸"首列开行,厦门冠捷电子货物获波兰"安智贸"认定。

跻身国际航空中转枢纽。厦门机场作为我国五大口岸机场之一、东南沿海重要的国际机场。通航的国际及地区28个(含地区城市5个),开通国际及地区航线35条(含地区航线7条),洲际航线8条。9个小时到悉尼、13小时飞洛杉矶。便捷的空中桥梁,让厦门插上了腾飞的翅膀,全力奔向世界。2018年1~5月,厦门机场国际及地区航线共完成旅客吞吐量155.52万人次。越来越多的国际及地区航线不仅满足老百姓"看世界",也带动厦门成为重要的国际航空中转枢纽。目前,每个月在厦门中转的中外旅客已经达到数万人次,且保持高速增长态势;厦门已成为国内中转澳洲第三大枢纽和中转东南亚、北美的第四大枢纽。

(六)党的建设与精神文明建设硕果累累

改革开放的40年,是厦门市交通运输系统党建和精神文明建设工作不断适应新形势,落实新任务,探索新路子,积累新经验,开创新局面的40年。

1.党建工作扎实开展

40年的实践,体现了历届交通运输局党政领导班子坚持解放思想、实事求是,结合厦门交通运输系统实际,以改革创新精神,为推进党的建设新的伟大工程所做的大胆探索;体现了全市交通运输系统各级党组织和领导班子加强党的先进性建设、提高执政能力的工作历程;体现了全市交通运输系统各级党组织和广大党员干部为民服务、担当作为的丰硕成果。

(1)基层基础不断夯实,组织活力明显增强。组织格局不断适应社会变革的需要,管理体制更加优化。经过40年的发展与变革,交通运输党工委下辖直属单位8个,部属单位10个,省属单位6个,民营企业1个,较好地落实了省部属单位属地管理有关规定和非公企业党建工作有关要求,促进了整个厦门市交通运输系统党建"一盘棋"统筹发展与资源共享共建,筑牢了厦门市交通运输系统党组织战斗堡垒。

组织设置不断适应党员队伍的需要,组织体系更加优化。针对部分系统单位党员分散、人员难集中、党建与业务工作"两张皮"等问题,推行支部的设置依据党组织班子成员分管处室(部室)的情况,实行支部建在处室(部室),增强了党建工作的渗透力、辐射力和影响力。2015年5月,成立了交通运输团工委,深入开展了"以党建带团建,以团建促党建"工作,坚持联动联抓,互促互补,促进了基层组织的优化组合和力量聚合。

基础建设不断适应推进工作的需要,活动阵地更加优化。普遍创建了"党员活动室",为党组织开展活动提供专用场所,增强了党员的归属感,充分发挥了场所文化的引领激励、教育规范功能,进一步提高党建工作水平。

(2)队伍素质不断提高,党员作用明显增强。党员教育培训机制更加完善,党员队伍素质不断提升。交通运输党工委每年举办系统党务纪检干部培训班和入党积极分子培训班,并根据需要在全系统开展理论宣讲。同时,把党内集中性教育与经常性教育相结合,创造性地开展了1984年开始的整党、1989年开始的全党坚持四项基本原则教育、1998年开始的全党"三讲"教育、2001年开始的"三个代表"学习教育、2005年开始的全党先进性教育、2007年开展的干部作风建设年活动、2008年的继续解放思想大讨论活动、2013年开始的党的群众路线教育实践活动、2015年开始的"三严三实"专题学习教育,以及2016年开始的"两学一做"学习教育等,党员队伍的整体素质明显提高,活力明显增强。

干部任用监管机制更加完善,干部整体水平不断提高。在干部选拔任用上,严守《党政领导干部选拔任用工作条例》和"四项监督制度"等有关规定,落实群众"四权",民主推荐、民主测评、任前公示已经成为选拔干部的必要程序,逐步探索形成了一套民主化、科学化和规范化的工作体系,有力激发了干部活力。在干部监督管理上,认真落实干部谈话提醒、领导班子成员述职述廉、经济责任审计、在企业和社团兼职审批、领导干部个人有关事项报告、年度考核、能上能下以及激励干部担当作为等制度,促进领导干部勤政廉政。

党员担当作为意识更加强烈,先锋模范作用得到充分发挥。交通运输系统党员在急难险重任务面前,能勇挑重担,积极作为、善于作为。例如,2016年9月15日3时05分,当年全球最强台风"莫兰蒂"从厦门登陆,厦门树倒了、墙塌了、路淹了、水停了、电停了……全市公路路树倒伏近20万株,全市交通运输陷入停滞状态。市交通运输局领导干部带队、党员干部带头夜以继日奋战在一线。3天内累计投入公路抢险人员7273人次,各种抢险设备和大型运输车辆2745台(辆)次。17日午后全市公路已恢复通车。18日10时,共计恢复公交线路329条,线路恢复率达99.4%。同时,系统党员干部踊跃参与到社区灾后恢复重建工作。面对严峻的灾情,系统广大党员冲锋在前,体现了良好的职业精神和专业素养,为灾后重建的"厦门速度"

贡献了交通运输保障。又如，2017年金砖国家领导人厦门会晤期间，交通运输党工委联合市委组织部、市委非公企业和社会组织工委，在交通系统开展"厦门会晤党员先锋行动"。全系统1万余名共产党员通过"亮明身份兑承诺、岗位练兵提素质、坚守一线强保障"三举措和"党员亮徽、岗位亮牌、项目亮旗、网络亮标"四方式，示范带动系统6万职工奋战在交通运输服务保障一线，圆满完成了厦门会晤期间交通运输各项服务保障任务，受到交通运输部、省交通运输厅以及市委、市政府领导的表扬和充分肯定。全系统共有13个单位和98人被表彰为厦门会晤筹备和服务保障省、市级先进集体和先进个人。

（3）工作机制不断完善，组织管理明显增强。落实"两个责任"，推进全面从严治党。一方面，坚持"五抓五看"，从严落实主体责任，制定党工委全面从严治党主体责任清单；另一方面，每年年初，印发年度交通运输系统全面从严治党工作要点，层层签订责任书，采取定期检查、定期通报、限期整改等方式，督促落实全面从严治党主体责任。同时，党工委书记和纪工委书记每年分别找局属单位党组织书记和纪检组织负责人谈话，班子成员与分管部门（单位）负责人谈话，并提出具体要求。

坚持"四下基层"，深入夯实作风建设。为深入学习贯彻习近平总书记在福建工作期间倡导的"信访接待下基层、现场办公下基层、调查研究下基层、宣传党的方针政策下基层"，进一步促进交通运输党工委领导班子成员深入基层、深入群众、掌握实情、推动工作、解决问题、促进和谐，增强班子成员作风建设实效，明确了领导班子成员分管和挂钩联系的单位，制定印发了《厦门市交通运输局领导干部"四下基层"八条规定》和厦门市委交通运输工委、厦门市交通运输局《进一步贯彻落实中央八项规定精神执行细则》，有效推动了人力、物力、精力、财力"四力"向基层下沉，形成了关注一线、帮助基层、为民务实的工作氛围，有效提升了基层党建工作水平。

实行"一案一整改"，强化权力监督制约。为扎实落实习近平总书记关于"深入推进全面从严治党，必须坚持标本兼治"的要求，积极发挥查办案件的治本功能，有效防止案件的发生，厦门市委交通运输工委建立了"一案一整改"工作制度。对工委直属单位发生的违纪违法案件，开展典型案例剖析，通过深刻剖析案件发生的深层次的原因，找出发案规律，深挖案件反映出的思想教育、监督制约、体制机制等方面存在的问题，有针对性地完善制度、强化监管，切实做到以案促教、以查促建、以查促管。

（4）党建创新不断突破，改革成效明显增强。信息化促进全面从严治党主体责任落实落地。充分利用"互联网+"，搭建了市交通运输系统全面从严治党主体责任信息化平台，在工委领导班子中开展落实全面从严治党主体责任全程督促和纪实，促进责任落实落地。2018年，该举措在局属单位推广。下一步，将在系统单位推行。

依托"厦门党建e家"平台提升党建工作成效。借助"厦门党建e家"信息化平台，党组织和党员可以通过电脑网络平台或手机微信公众号，方便快捷地做好支部"三会一课""主题党日活动"、民主评议党员等组织生活、接转组织关系、交纳党费、发展党员、党内统计等工作，加强了对基层党组织和党员的管理和服务，实现了党建管理的精细化、规范化、智能化和科学化，把全面从严治党要求落实到每个支部，落实到每名党员。

多措并举助推党建与业务融合发展。支部依照党组织领导班子分工与分管处室（部室）

而划分,利于班子成员做到"五抓五看",落实"一岗双责";支部党日活动与文明交通督导等交通运输行业志愿服务项目紧密结合,使党日活动融入了交通运输元素;党组织开展"党建富民强村"等结对帮扶主题实践活动,立足交通运输业务,发挥交通运输职能特点和优势,帮扶结对村居办实事好事,履行交通运输职能部门社会公益责任。

2.精神文明建设遍地开花

40年来,厦门市交通运输系统精神文明建设不断提升,创建成效日益凸显。近3年来,省级集体荣誉176项,部级集体荣誉2项,国家级集体荣誉30项,省级个人荣誉266人次、部级个人荣誉7人次,国家级个人荣誉17人次。

(1)营造和谐温馨的文明氛围。厦门是全国知名的文明城市和旅游城市,厦门公共交通也不仅仅是一个服务的品牌,还是一个文明的窗口、一张城市形象的名片。从20世纪90年代起,厦门公交就在全国率先倡导文明让座和分车门有序上下客,乘车让座行为已蔚然成风,成为厦门公交一道美丽的风景线。近年来通过公交车、出租车、公交站、客运站、道路桥梁的现场宣传栏、车载电子屏、语音播报以及手机客户端等多种多样的资源,广泛宣传社会主义核心价值观、文明交通和文明旅游,对广大交通参与者的公共文明行为进行正面引导和激励提升。至2017年,车身制作公益广告的公交车1473台,占比43.05%,有灯箱候车亭站点布设公益广告472座,占比60%。在金砖国家领导人厦门会晤期间,全市主要、次要路段候车亭广告替换成公益广告。

(2)开展交通特色志愿服务活动。厦门市交通运输系统于2016年整合了厦门交通志愿力量及原公交集团"小黄帽"志愿服务品牌,成立了"小黄帽"文明交通志愿服务联盟,协调建立志愿服务轮值制度、志愿者骨干培训制度、一对一制度等机制,每月固定开展志愿主题活动。一是以"小黄帽"文明交通志愿服务联盟为主力,深入开展"公交礼让斑马线""公交排队礼让日"等志愿者督导、引导活动。其中,梧村公交站"小黄帽"志愿服务驿站,坚持开展"公交排队礼让日"活动,该站乘客排队上公交已渐成气候。二是以重点区域游客疏运为主要内容,开展"去哪儿,我帮您"志愿服务活动。其中,市交通执法支队志愿服务队,立足厦门火车站、北站,在严格执法之余,为旅客送去温馨服务,好人好事层出不穷。三是围绕道路环境美化保洁,开展文明施工、垃圾不落地宣传督导。志愿者通过文明交通微信群,随时抓拍路面问题,并转相关责任部门及时处理。四是厦航牵头的白鹭志愿联盟担负起全市4000名志愿者礼仪培训任务,把空中服务礼仪延伸至地面,全面展现厦门的文明形象。五是组建并培训了一支路文化青年志愿者讲解队,编写了统一的解说词,加强以环岛路、文曾路、环岛干道等为代表的路文化宣讲,从中选拔优秀讲解员于厦门会晤期间向十多家中央级媒体介绍环岛路的建设和管养情况,更好地宣传展示"多彩厦门"公路文明新内涵、新风貌。

(3)提升交通行业服务质量。交通运输行业主管部门和公交集团、出租车企业以《福建省交通运输厅关于修订福建省道路旅客运输企业质量信誉考核办法实施细则的通知》为基础,结合《厦门市公交运营服务质量考评办法》开展公交车服务质量考评,督促企业就存在问题进行整改,并及时反馈。与此同时,大力开展文明行车专项整治行动,重点整治公交车越线停靠、不按道行驶、斑马线不礼让、乱变道、乱调头、乱鸣喇叭、闯红灯、开车接打手机等不文明违规行为。开展出租车服务质量考评,集中整治出租车拒载、绕道、议价、甩客等现象和非法营运等问题,对严重违规的驾驶员给予停岗再培训,对诚信考核记满20分的驾驶员直接列入"不诚信名单"。此外,不断简化12328电话办理流程,缩短受理时间,提高工作效率,当前限期内办结效率达100%,服务满意度达98%。

3.行业先进典型成为典范

(1)打造了一支优秀的厦门公交服务队伍。目前,厦门日公交客运量为230万人,出行分担率达到33%,得益于厦门公交优秀的服务队伍。厦门公交司机的卡通形象是"巴叔"。"巴叔"是闽南语的"BUS"的谐音,有邻家大叔的亲和与质朴。厦门公交集团在全市近7000名公交驾驶员中长期推行星级评定和动态管理,驾驶员的星级由其服务水平决定。目前,全市四、五星级驾驶员占总数的近29.5%。厦门市公交行业先后荣获国家级荣誉6个,打造出47个"工人先锋号"、9个"巾帼文明岗"、26个"青年文明号"、1个"敬老文明号";涌现出全国劳动模范公交售票员罗碧珍、中国优秀外来务工青年公交喷漆工曹西刚、全国无偿献血金奖快1路公交司机方锡康、福建省五四青年奖章获得者2路公交司机林晓蕾、福建省五一劳动奖章获得者3路公交司机吕战锋等一大批鼓舞人心、催人奋进的先进人物典型。

(2)涌现了一批默默奉献的鼓浪屿投递部"爱心邮路"员工。厦门市邮政分公司鼓浪屿投递部位于美丽的鼓浪屿,是福建省唯一一个城市全步班邮路。该投递部现有员工10人,他们以"传递感情、传承文明、构建和谐"肩负着厦门邮政人的发展使命。自2009年组建首条爱心邮路以来,连续17年无用户投诉、连续17年全面完成上级下达的各项质量指标,至今没有出过一次工作差错,不断刷新了福建邮政服务的记录。投递质量同样优异,每月的银企账单投递回收率都达到100%。17年来,他们都在业余时间帮扶岛上的孤寡老人,为其读书送报、打扫庭院、浇花除草,为空巢老人带去温暖和关爱,还把周三和周六定为部门风雨无阻的爱心日。

为打造"传播正能量"的氛围,该投递部在每周三开设《道德讲堂》,《道德讲堂》原本是员工间分享身边的好人好事,交流学习历史典籍心得的部门培训,但由于越来越多的居民和游客参与其中,逐渐演变成了对外开放日,成为宣传邮政、弘扬正能量的窗口。来厦门旅游的一对年轻夫妇在道德讲堂上聆听了投递员的爱心事迹后,由衷地感叹道"没想到在这里还能见到这样一群当代的活雷锋!"

(3)"中远之星"成为两岸交流的闪亮名片。对台客滚直航航线上的中远海运(厦门)有限公司所属"中远之星"轮,在对台海上直航中取得了令人欣喜的成绩,已成为两岸海上直航中不可替代的重要力量,成为一张海上流动的宣传名片。

"中远之星"轮海上航程只有半天、夕发朝至,"闽台一日生活圈"逐步成形。在助力闽台两地贸易往来、人员交往和文化交流上,"中远之星"轮打造了一条快速便捷的海上绿色通道。

"中远之星"轮营运七年多来,航线开拓和业务开拓上,创造了两岸海上直航的诸多"第一"。"中远之星"轮成为连接两岸的一条重要纽带,被两岸媒体称誉为"见证两岸关系的和平发展,合民意、顺天理"。

作为常年运营于两岸之间、被两岸旅客亲切地誉为"海峡巴士"的船舶坚持高标准、严要求,想旅客之所想,急旅客之所急,体现"中华情、同胞爱",为两岸旅客提供最贴心的服务,成为一条名副其实的连接两岸的"亲缘线"和"连心桥"。

无论是业界人士还是普通游客,无论是来自沿海还是内陆,越来越多的两岸民众以"零距离"接触的方式,通过"中远之星"这一窗口亲身感受了中远海运的服务品质和品牌魅力。

三、厦门交通的发展展望

党的十九大提出了建设交通强国的目标,未来3年将重点聚焦交通精准服务脱贫、综合交通基础设施联网提升、运输服务升级、推进绿色发展、强化安全发展五大方面。厦门市也将按照"交通强国"的要求,继续加快推进交通事业的建设步伐。

初心不改,未来可期。当前,厦门已跻身全国12个最高等级的国际性综合交通枢纽之列,围绕打造国际性综合交通枢纽的目标,厦门市将加快交通基础设施建设,强化民生服务保障,推动物流产业转型升级,服务厦门"五大发展"示范市建设。

(一)总体目标

围绕"美丽厦门战略规划"、国民经济和社会发展"十三五"规划纲要任务要求,着力打造"一个枢纽":国家综合交通枢纽,并在建设"21世纪海上丝绸之路"中发挥重要门户作用;加快形成"两个交通圈":厦漳泉区域"1小时交通圈"和厦门市域"半小时交通圈",服务民众便捷出行;初步建成"三个城市":厦门国际航运中心、东南区域物流中心城市、绿色交通城市,到2020年,在全省率先便捷、高效、绿色、安全的现代化综合交通运输体系,进一步增强中心城市的集聚辐射功能。

(二)具体目标

1. 着力完善"开放互通、区域融合、山海一体"的现代综合交通运输基础设施网络

"十三五"期间,五年计划完成投资约2500亿元,形成厦门"三横三纵"综合运输通道,加强与国家及省级运输大通道的衔接;形成以翔安新机场、厦门北站等综合客运枢纽和前场大型货场、海沧港区等全国性物流中心为核心,以轨道、道路、公交网络为依托的枢纽体系,实现多种运输方式有机衔接。到2020年,全市建成公路通车总里程(不含自然村道)超过2200公里,普通国省干线公路优良率不低于85%;铁路干线里程达到168公里,建成4条城市轨道交通线路,通车总里程约140公里;厦门港货物吞吐量达到3.4亿吨,其中集装箱吞吐量达到1300万标准箱;翔安新机场基本建成,旅客年吞吐量达到2900万人次以上。

2. 基本形成便捷舒适的公众出行服务体系

形成以公共交通为主导,多种交通方式相协调的出行模式,适度发展小汽车,鼓励发展慢行交通。到2020年,符合通车条件的建制村公交车通达率达到100%,中心城区城市公交站点500米覆盖率达100%,公共交通机动化出行分担率超过55%。

3. 基本形成经济高效的现代交通物流服务体系

进一步优化供给侧结构,切实提升运输服务供给侧的质量和效率,有效降低物流成本;拓展中欧、中亚班列的物流新通道,逐步优化物流通道布局,拓展闽西北、江西等物流市场腹地,实现物流业从产业支撑到支柱产业的跨越式转变。到2020年,实现物流业总收入2000亿元,物流业增加值占服务业增加值在GDP的比重达到我国沿海发达地区水平,邮政业务总量

达到110亿元,运输装备技术水平显著提升,运输效率进一步提高,营运货车实载率达到75%。

4.实现交通运输智慧绿色平安发展

加快"互联网+交通"的深度融合,以实施综合交通运行信息指挥中心(二期)为抓手,推动交通大数据融合,加强挖掘、深化应用;安全和应急保障充分有力,资源利用和节能减排成效显著。到2020年,交通运输事故死亡人数比2015年下降5%以上;实现一般灾害情况下公路抢通时间不超过24小时,公路应急救援到达时间不超过2小时,海上100海里内飞机应急到达时间不超过1.5小时;清洁能源、新能源公交车比例达到60%,交通运输CO_2排放强度比2015年下降7%。

(三)重点工作

1.构建内外互联综合交通体系

推进机场、铁路枢纽、航运中心等重要对外交通枢纽建设,推动交通基础设施互联互通。加快翔安新机场建设,完善机场配套设施。加快福厦客专建设进度,推进城际轨道交通规划与建设,到2020年,建成动车运用所和普速客车整备所,进一步提高沿海通道能力,提升厦门铁路枢纽地位,密切与沿海、内陆地区的联系。

2.全面提升城市道路网承载力

每年新建城市道路90公里以上,力争到2020年城市路网密度达到8公里/平方公里,交通承载能力明显提高。到2020年,建成翔安机场高速公路南段、第二西通道、同翔大道南段等项目,开工建设第二东通道、翔安机场高速北段、滨海东大道等项目,加快推进第三东通道、厦沙复线、同南高速等项目前期工作,基本建成"两环八射"快速路网,进一步密切城市各组团快速通道联系。完善高快速路、国省干线与城市干道重要节点的衔接,完成片区路网体系,提升路网通行能力。加快建设"四好农村路",每年完成农村公路建设30公里以上,重点提升农村公路设施品质,加强通村公路建设,实现建制村"村村通双车道",切实改善农村路网服务水平,助力乡村振兴。

3.打造具有吸引力的公共交通系统

深入实施公共交通优先战略,大力发展集约、低碳交通方式,推进轨道交通、中运量公交系统、公交枢纽、公交专用道、停车换乘场站、公交场站等公共交通基础设施建设。到2020年,新建"一纵一横"公交专用道约25公里,开工建设2座公交生产生活基地,建成海沧新城交通枢纽及T4航站楼配套公交枢纽、翔安上庄公交首末站等6座首末站。持续优化常规公交线网,做好与轨道交通及其他方式的衔接,提升岛外新城、重点片区公交覆盖面。到2020年,城市公共交通机动化出行分担率达到55%。

4.运用大数据推进智慧交通发展

按照"互联网+交通"的战略思想,强化顶层设计,完善智慧交通基础支撑体系、应用系统和服务体系建设,加强对交通大数据的采集、分析、挖掘和应用,实现全市交通信息的可视化管理、一体化集聚和精细化应用。到2020年基本建成大交通信息共享服务平台,形成以交通信息系统整合、信息资源共享开放为导向,以综合交通信息数据互联互通、动态监测、决策支持、应急调度和信息服务为核心的智慧交通发展格局。以5G网络应用和创建5G试点城市为契机,积极引进物联网、车联网和智能辅助驾驶等先进的信息技术,发展5G智能交通示范应用,结合BRT升级改造,开展智能车联网系统示范项目,试点智能辅助驾驶、节能行驶策略、夜间城市智能配送等先进技术,提升厦门市交通运营及城市物流配送的安全、高效、节能水平。

改革开放四十年 深圳交通再出发

深圳市交通运输委员会

一、综述

改革开放40年以来,深圳作为改革开放的排头兵、试验田,在交通领域不断改革探索、先行先试,始终牢记邓小平同志和党中央"杀出一条血路"的郑重嘱托,大力发扬"拓荒牛"的精神,筚路蓝缕,栉风沐雨,开拓进取,勇立潮头,全市交通运输面貌发生了翻天覆地的变化,基本建成了现代化国际化一体化的综合交通运输体系。

(一)率先建立"一城一交"的大交通管理体制

作为全国最早开展交通运输大部门制改革的地区之一,深圳自20世纪80年代起,认真贯彻中央关于深化行政管理体制改革的部署要求,不断改革探索、先行先试,先后经历了传统的分散交通管理体制,到统筹各种交通运输方式的综合交通管理体制,再到一体化大交通管理体制,初步建成了权责明确、管理统一、监督有力、运转高效的管理模式。通过改革,实现了全市交通运输工作的统筹管理,提升了交通运输的整体效率和服务水平,交通运输对经济社会发展的支撑和保障作用日益突出。深圳交通运输大部门制改革起步早、理念新、力度大、成效明显,为在交通运输行业进一步推进大部门制改革积累了经验、提供了示范。中央编办、交通运输部对深圳大交通管理体制改革给予高度评价。

(二)深圳港成为世界集装箱大港

40年前,深圳是一个小渔村,港口为零,直至1979年,蛇口港才开工建设深圳第一个3000吨级泊位。1991年,全港完成货物吞吐量1664万吨,比改革开放初期的1979年增加了约80倍,并跃入全国沿海10大港口行列;2000年,全港货物吞吐量5697万吨,其中集装箱吞吐量399万标准箱,成为我国第二大集装箱干线港。经过近40年的建设发展,深圳港已成为华南地区集装箱枢纽港、世界第三大集装箱港口,成为深圳乃至华南地区最具规模、最重要的对外贸易门户。2017年,深圳港集装箱吞吐量完成2521万标准箱,连续5年排名全球第三大集装箱港口。目前深圳港共开通国际集装箱班轮航线245条,通往100多个国家和地区的300多个港口。

(三)深圳机场成为国内主要机场

从1989年正式开工建设深圳第一个机场以来,近30年间深圳机场从无到有,用自身的跨越式发展,实现了与特区发展的"比翼齐飞"。1991年10月12日,深圳机场正式通航;第二年航线就增至几十条,并实现160多万人次的客流量。1993年3月23日,只用了2年4个月深圳机场口岸通过国家验收,创造了多个"最快"——国内建设速度最快的机场、吞吐量增长最快的机场、国内唯一一个一年半升格为对外开放口岸的机场。目前,深圳机场飞行区等级4F,现有一组远距平行跑道,222个停机位,45万平方米航站楼,约28万平方米货运区,具备年旅客吞吐量4500万人次、年货邮吞吐量115万吨的保障能力。2017年,深圳机场旅客吞吐量4561.07万人次,同比增长8.66%,位居全国第五,其中国际旅客吞吐量295.4万人次,同比增长32.4%;货邮吞吐量115.90万吨,同比增长2.93%,位居全国第四。截至2018年6月底,深圳机场通航城市168个(国内120个、国际44个、地区4个)。

(四)国家铁路枢纽基本建成

特区成立之前,深圳只有1911年建成通车的广九铁路,铁路运能相对较低。深圳墟(现为深圳火车站)还只是东海之滨一个十分简陋的三等小站,车站候车室仅有300多平方米,一扇窗口、二条股道、露天候车室的4条木凳是车站全部设施。特区成立后,广深铁路运量不断提高。2000年,广深铁路成为中国第一条三线并行、全线封闭、全线电气化的铁路干线;2011年广深港高铁广深段正式开通;2013年,厦深铁路全线通车运营;2018年广深港香港段正式运营。目前,深圳铁线路形成了广深铁路+平南平盐铁路、广深港客专+厦深铁路"双十字"布局,铁路枢纽形成了深圳站、深圳北站、深圳东站、坪山站、福田站"两主三辅"布局,铁路总里程达156公里。目前,深圳通过高快速铁路,3小时可达长沙、厦门,5小时可达武汉、福州,8小时可达杭州、郑州,10小时可达北京、天津、西安。

(五)现代化路网体系基本建成

1979年深圳仅有公路720公里,无一级公路,二级公路也只有3公里,路面形式以碎石路面和沙石路面居多,水泥路面仅有0.9公里,沥青路面仅有20公里。建立特区后,深圳市加快了公路建设步伐。1991年12月完成深圳第一条高等级公路。深圳市自行规划、投资、建设、运维的第一条高速公路——梅观高速公路1995年建成通车。在近40年的发展中,深圳系统改造新建了深南大道、北环、滨河大道、滨海大道、宝安大道、龙岗大道、南坪快速等城市干线道路,建成广深(G4,深圳段)、惠深、梅观、机荷(G15)、盐排、盐坝、南光、龙大、水官、清平、广深沿江(深圳段)11条高速公路,正在建设外环、东部过境两条高速公路,基本形成了以东、中、西3条城市发展主轴为骨架,东西均衡、南北协调、周边连贯的"七横十三纵"高快速路网体系。目前,深圳市道路总里程6890公里,其中高快速路450公里。

(六)物流产业成为城市支柱产业

1979年,以蛇口港区开工建设深圳第一个3000吨级泊位作为深圳物流业开端标志。近40年来深圳物流业服务于深圳经济高速发展,一批运输企业、仓储企业、货代企业涌现出来,以市场为导向实现了由传统运输到物流管理、再到现代物流的不断跃升。深圳作为国内首个将现代物流业作为支柱产业的城市,物流产业规模始终保持高速增长,支柱产业地位不断巩固。2000年编制了国内第一部物流规划《深圳市"十五"及2015年现代物流业发展规划》;

2006年,成功举办国内第一个物流博览会——深圳国际物流与交通运输博览会;2010年市现代物流发展工作领导小组职责全部划归市交通运输委员会,深圳成为国内首个由交通运输部门承担物流业发展职责的城市;2017年,全市实现物流业增加值2276.39亿元,同比增长9.76%,占GDP比重10.15%,增速连续10年高于同期GDP增速;2017年,全市实现快递业务收入375.5亿元,同比增长25.86%,完成快递业务量25.95亿件,同比增长26.90%,分别居全国城市第二、第三位。

(七)国内领先的公交都市基本建成

深圳地铁自1992年7月开始筹建,2004年12月28日正式开通运营第一条线路。20世纪70年代深圳仅有一条公共汽车线路,2台车,12名职工,首台公交车是从侨社开往东门。1983年以前,深圳出租小汽车无固定场站,主要集中在火车站周围路边停靠候客。经过近40年的发展,截至目前深圳地铁已开通运营线路共有8条、总长285公里。截至2017年底深圳市共有公交线路992条,公交车辆17430台,新一代公交候车亭4756座,公交专用道规模达到987.2车道公里,3家公交专营企业实现公交车100%纯电动化。截至目前,深圳市共有巡游出租汽车经营企业79家、网络预约出租汽车服务平台10家,全市在营运巡游出租汽车19220辆、纯电动车辆13885台,共有在岗巡游出租汽车驾驶员约3.7万名、在岗网约车驾驶员约2.3万名。

(八)智慧交通引领管理服务手段创新

2009年,深圳在全国率先成立智能交通专门机构。2013年,深圳正式成立交通运行指挥中心,智能交通建管体制进一步理顺,为深圳市智能交通发展提供了坚实的体制保障。自2012年以来,陆续建成深圳市道路交通运行指数系统、视频联网监控系统、深圳市实时在线交通仿真平台、交通运输行业GPS及智能化监管平台、巡游车行业监管平台、网约车行业监管平台、深圳公交管理决策支持系统、深圳地铁实时客流监控系统、宜停车系统等60个信息化系统,打造了智慧治理、智慧设施、智慧运输、智慧公交、智慧政务和智慧服务六大应用板块,初步实现了数据关联、全面感知、智慧监管、精准服务。

深圳市交通运输改革开放所取得的成就,得益于坚持改革开放不动摇,率先引入市场机制,在公路建设和养护等领域采取多渠道筹集资金,公开拍卖出租车营运牌照,推动海、陆、空、铁等领域开展国际合作交流,鼓励企业"走出去";得益于坚持创新引领不动摇,率先建立了"一城一交"的大交通管理体制,实现公交车100%纯电动化,10年间建成60个信息化系统,"绿色交通""智慧交通"走在全国前列;得益于坚持服务初心不动摇,心系民之所虑,简化办事手续,推动行政许可从"全网络"办理向"无人审批"跨越,国内首创出租车智能终端计价,投放无障碍出租车,开创宜停车系统解决路边临时停车难题,发放网约车驾驶员证、网约车平台经营许可证,规范网约车市场……

深圳交通运输发展的每一个变化、每一点成就,都凝聚了中央、省、市各级领导的亲切关怀,汇集了各行各业的鼎力支持,展现了几代交通人矢志不渝、顽强拼搏的燃烧岁月和敢吃螃蟹、敢为天下先的精神风貌。

展望未来,任重道远。深圳交通人将以习近平新时代中国特色社会主义思想为指导,对照国家"交通强国"战略要求,坚定走"枢纽支撑、品质锻造、智慧引领、绿色共生"的深圳交通发展之路,分三步建设交通强国先锋城市,保障深圳率先建设社会主义现代化先行区。到2020年,深圳将全面建成更具时代引领性的品质交通,打造现代化、国际化、一体化的综合交通运输体系和高品质、高效能、高融合城市交通运行体系,支撑深圳基本建成现代化国际化创新型城市和高质量全面建成小康社会。到2035年,深圳将全面建成更具竞争力辐射力的国际综合交通枢纽,成为粤港澳大湾区互联互通的核心引擎,海空双港综合优势更加凸显,对外运输通道更加完备,具有强劲的国际国内辐射带动能力,以轨道为主体、慢行交通为常态的高品质公交都市全面形成,城市交通出行服务更加多元化、个性化、智慧化,有力支撑深圳建成可持续发展的全球创新之都和实现社会主义现代化。到21世纪中叶,深圳将全面建成交通强国先锋城市,高效配置国际要素资源,引领未来城市发展潮流,强有力支撑深圳成为代表社会主义现代化强国的国家经济特区、成为竞争力影响力卓著的创新引领型全球城市。

二、基础设施成就

(一)公路

深圳撤县设市时(1979年1月),仅有公路720公里(包括地方公路339公里),无一级公路,二级公路也只有3公里,低等级公路较多,四级公路占总里程的56%,等外路占总里程的43.5%。路面形式以碎石路面和沙土路面居多,只有水泥路面0.9公里,沥青路面20公里,木桥、危桥居多。公路建设年投资几万元,公路抗灾能力差,省养公路好路率7.9%。落后的公路交通,严重制约了经济发展。

建立特区后,深圳市在公路建设和养护采取了一系列优惠政策和灵活的措施。采取了由公路部门组织建设、政府和有关部门组成指挥部组织建设、中外合作合资建设、股份制建设及区镇地方政府组织建设等多种模式建设公路。

1979—1985年,深圳多渠道多形式筹集资金,大力进行公路建设。投资2264万元对沙土路进行升级改造,改建公路75.77公里,基本消灭了木桥和危桥。

"七五"期间,投资10401万元新改建公路118.4公里,修建水泥路695公里、沥青路119公里,实现了镇镇通油路,村村通水泥路的目标。1988年1月,107国道深圳段黄田至北环路口一级公路改建工程正式动工,1991年12月完成。这是深圳修建的第一条高等级公路。

"八五"期间,主要对各出口主干线和区、镇连接公路进行升级改造,共投资16.556亿万元新改建了高等级公路201.67公里。

1990年初,深圳开始规划建设高速公路网,同时积极探索高等级公路投融资体制改革,成立深圳高速公路股份有限公司专门进行高速公路投资建设和经营管理。

1995年建成通车深圳市自行规划、投资、建设、运维的第一条高速公路——梅观高速公路。

1999年全线建成机荷高速公路,首次引入"菲迪克"条款精神,结合中国公路建设实际,自行编写项目管理手册,严格质量、工期、造价管理,管理经验、建造质量受到交通部的肯定,被《南方日报》誉为"广东第一路"。

随着特区的快速发展,深圳公路网规划建设布局持续提升,形成以东、中、西3条城市发展主轴为骨架,构建东西均衡、南北协调、周边连贯的综合公路网络。2003年深圳编制完成了《深圳市干线道路网规划》,提出了城市化地区一体化的道路功能分级体系,将干线道路系统分为高速公路、快速路、干线性主干道3个层次,重点规划高速公路和快速路。并在此基础上,制定了全市"七横十三纵"的高快速路网总体布局方案。

2016年开工建设了深圳市最长的高速公路——外环高速公路,总长90公里,其中深圳段75公里,亦是深圳市首个PPP项目,由深圳市专业投资平台公司与深圳高速公路股份有限公司共同投资。

在近40年的发展中,深圳系统改造新建了深南大道、北环、滨河大道、滨海大道、宝安大道、龙岗大道、南坪快速等城市干线道路,建成广深(G4,深圳段)、惠深、梅观、机荷(G15)、盐排、盐坝、南光、龙大、水官、清平、广深沿江(深圳段)11条高速公路,正在建设外环、东部过境两条高速公路,基本形成了以东、中、西3条城市发展主轴为骨架,东西均衡、南北协调、周边连贯的"七横十三纵"高快速路网体系。目前,深圳市道路总里程6890公里,其中高快速450公里。

高快速公路网是深圳市高速发展的推动者、见证者。随着高速公路网的形成,城市发展得到延伸和拓展。梅观、机荷高速组成深圳外围交通大十字架,建成后沿线的荒山野岭迅速成为高新企业集聚地,吸引了富士康、华为等一批国内外知名企业落户并发展壮大;水官高速、龙大高速、南光高速将原关外各区连成协同发展的网络;广深、惠深等高速公路便利了深圳与周边城市的连接;盐坝高速公路带活了东部海滨观光;广深沿江高速公路成为前海深港现代服务业合作区重要门户。

(二)机场

过去27年间,依托城市经济的快速发展,深圳机场从无到有,用自身的跨越式发展,实现了与特区发展的"比翼齐飞",航线网络通达国内外160余个城市,运送旅客超过4.5亿人次,成为深圳连接世界的窗口,书写了民航发展史上的"深圳奇迹"。

1981、1982年的时候,深圳领导班子根据特区发展的前景,意识到要建一个国际机场,并且很快成立了机场工程可行性研究领导小组。

1985年3月,经机场工程可行性研究领导小组组织专家研究论证,报经市政府讨论同意,确定黄田为深圳机场场址。

1988年5月,深圳市政府成立深圳机场建设领导小组暨深圳机场公司。12月28日,深圳机场在深圳市宝安区黄田村举行了隆重的奠基仪式。

1989年5月20日,深圳机场建设正式开工。当时建设的航站楼即为后来的B航站楼,总建筑面积为3.8万多平方米,候机楼为3层。

1991年10月12日,深圳机场正式通航。深圳机场的建成启用,标志着深圳特区现代交通事业揭开了新的一页。通航首年,深圳机场仅开通了一些大城市的航线;第二年航线就增至几十条,并实现160多万人次的客流量。

1993年3月23日,深圳机场口岸通过国家验收。从开工奠基到顺利实现通航,第一代航站楼建设只用了2年4个月,当时创造了多个"最快"——国内建设速度最快的机场、吞吐量增长最快的机场、国内唯一一个一年半升格为对外开放口岸的机场。

1999年1月20日,2号航站楼(现A号航站楼)正式投入运营,面积7万平方米,当时采用"双子楼"的方式,与第一代航站楼即B航站楼同时使用,航站楼面积总计达到11万平方米。A、B楼及两楼中间的"深圳"大字,也成为不少深圳人的城市记忆。

2004年1月15日,深圳机场1号候机楼更新改造工作如期完成,同年7月26日,深圳机场第二跑道正式启用,深圳机场从此迈入双跑道运行时代。同时,T3航站楼钢结构正式封顶,扩建工程完成了又一关键工程节点。深圳机场扩建工程是深圳建设国家综合交通枢纽城市的重要内容之一。第二跑道作为扩建工程的重要组成部分,满足了F类飞机适用要求。深圳机场第二跑道的建成并投入使用,开启了深圳机场双跑道运行的新纪元,提高了机场基础保障设施能力和航空运输能力。T3航站楼是深圳机场扩建工程的标志性建筑,总建筑面积为45.1万平方米,是深圳市单体建筑面积最大的公共建筑。

2013年11月28日早上7点53分,深航ZH9853航班从深圳机场一跑道起飞,深圳机场新航站楼正式投入使用,也标志着服务深圳22年的老航站楼退出历史舞台。此次转场是中国国内机场迄今为止最大规模的航站楼转场。

2014年5月18日,深圳机场迎来首架"巨无霸"A380,标志着深圳机场正式迈入了超大型客机运营时代。南航A380在深圳正式投入运营,进一步推进了深圳机场国际化的步伐。A380这张"城市名片",将对深圳发展临空经济、提升深圳的国际地位发挥积极的推动作用。

2014年11月12日,深圳机场正式启动实施双跑道独立离场(向北)试验运行,深圳机场双跑道运行模式由"一起一降"优化至"两起一降",跑道运行效率得到极大提升。

2016年8月18日,深圳机场实施双跑道独立平行离场(向南)试验运行,标志着深圳机场从此迈入"双跑道独立运行时代",有效推进高峰小时航班容量从原有的48架次逐步提升至50架次以上。

10月13日,深圳国际快件运营中心正式启用,进出口快件实现"一站式"快速通关。中心建设有自动化分拣系统,可以借助科技手段实现快件上线、查验、下线、放行、扣仓、装车等作业链条全程自动化,快件通关效率将大幅提升。此外,进出快件中心的全部快件及运输工具还将建立电子底账,实现"入区建账、出区核放、硬件联网、实时监控",更好地满足信息化监管的要求。同时,也为深圳机场国际货运业务的未来腾飞提供更好的硬件设施、更优的通关环境和更强的快件集聚能力,为加快打造"亚太快件集散中心"发挥重要的助推作用。

2018年5月29日,深圳机场实施双跑道相关进近(向南)试运行。此次投入试运行的双跑道相关进近(向南)运行模式,是深圳机场继此前实现双跑道隔离运行及独立离场运行后,实施的第三种跑道运行模式。该模式不仅可以有效分流深圳机场进港航班,缩短进港航班的空中等待时间,进一步提高深圳机场航班运行效率,同时,也有利于盘活紧张而有限的空中资源,进一步释放深圳机场双跑道运行效能。

目前,深圳机场飞行区等级达4F,有一组远距平行跑道,222个停机位,45万平方米航站楼,约28万平方米货运区,具备年旅客吞吐量4500万人次、年货邮吞吐量115万吨的保障能力。2017年,深圳机场旅客吞吐量4561.07万人次,同比增长8.66%,位居全国第五,其中国际旅客吞吐量295.4万人次,同比增长32.4%;货邮吞吐量115.90万吨,同比增长2.93%,位居全国第四。截至2018年6月底,深圳机场通航城市168个(国内120个、国际44个、地区4个)。

(三) 铁路

20世纪80年代起,由于中国进行改革开放,深圳成立了经济特区,珠三角地区经济迅速发展,进口货物和旅客大量增加,原有广深铁路单线难以满足运输需要。1983年6月25日,国务院批复《广深铁路改造设计任务书》,同意扩建广深铁路复线。

1984年2月27日,广深铁路复线工程开工建设,并于1987年1月26日建成通车,成为当时广东省第一条复线铁路。

20世纪90年代起,深圳多次对线路进行提速改造,广深铁路的提速经验后来被陆续推广到三大干线(京广铁路、京沪铁路、陇海铁路),为后来的中国铁路大提速打下了基础。

1990年9月,铁道部向国家计委报送了《关于广深铁路技术改造项目建议书的报告》,并于1991年12月28日动工建设,通过原有的复线和准高速改造时废弃的路基和施工便道,并新建了部分线路,在广州东站至平湖站区段建成了第三线,长65.5公里。1994年12月22日修建后的广深铁路正式开通,成为中国第一条准高速铁路。1996年,广深铁路启动平湖至深圳区间20公里的第三线,并于2000年9月16日建设完成,广深铁路成为中国第一条三线并行、全线封闭、全线电气化的铁路干线。

2004年10月,铁道部正式批准立项建设广深铁路第四线,并于2007年4月18日新建完工,自此广深铁路成为中国第一条全程封闭、四线并行的铁路,实现高速旅客列车与普速客车、货物列车的分线运行,大大提升了综合运输能力,而广深城际列车的运行密度也因此得以大幅提高。

2004年,结合国家中长铁路网规划,经积极争取,实现广深港客专、厦深铁路、深茂铁路引入深圳,深圳形成"双十字"铁路布局及"二主三辅"铁路客运枢纽布局体系,深圳成为华南地区重要的铁路枢纽城市。

2005年,广深港客运专线开工建设,2011年7月建成开通至深圳北站,2015年12月建成开通至福田站,2018年9月23日建成开通至香港西九龙站。

2015年,结合新一轮国家中长期铁路网规划和深圳铁路枢纽总图提出深圳客运系统形成"南北终到、东西贯通、互联互通"的规划目标,即形成南北方向的京广深港客专、京九客专、京九铁路、广深铁路以始发为主;东西向的厦深铁路—深茂铁路,以及深圳至肇庆铁路通道、深圳境内通道、坪山至深汕站东西贯通;各条线路互联互通的铁路布局,标志着深圳枢纽定位为国家综合铁路枢纽。

(四) 地铁

1998年12月深圳地铁一期工程举行开工奠基典礼。2004年12月28日正式开通运营第一条线路,使深圳成为中国大陆地区第5个拥有地铁系统的城市。

2011年6月28日,深圳市轨道交通蛇口线、龙岗线暨二期全网开通试运营仪式。轨道交通二期工程形成了178公里"四横三纵"的地铁网络结构,深圳步入了全新的轨道交通网络化运营时代。

2011年7月,4号线首次使用"大小交路"的行车安排,为深圳首创。

截至2018年8月16日,深圳地铁已开通8条运营线路,已建设共168座车站,全市地铁运营线路总长285千米,轨道运营总里程301.1千米,轨道交通总里程居中国第4,构成覆盖深圳市罗湖区、福田区、南山区等6个市辖行政区的城市轨道网络。2017年,深圳地铁全年客运量16.5436亿人次,日均客运量逾453万人次;2018年7月20日,全线网客流首次以616.39万人次创下历史新高。

(五)港口

深圳港是伴随着改革开放、腹地内经济发展建设而成的,港口投资建设过程中呈现出明显的阶段性、地域性和专业性,主要表现为:

第一阶段(1980—1991年),以蛇口开山填海为标志,对后方配套设施及自然条件较好的西部蛇口、赤湾、妈湾及东部下洞、沙鱼涌等港口进行了开发建设。到1991年底,共建成500吨级以上泊位67个,其中万吨级以上泊位13个,主要为散杂货泊位。受地质条件及施工水平影响,蛇口、赤湾、沙鱼涌的码头结构以直立式为主,妈湾及下洞的码头结构以混凝土高桩为主。第一阶段的大建设有效保障了工业原材料及城市建材的运输。1991年,全港完成货物吞吐量1664万吨,比改革开放初期的1979年增加了约80倍,并跃入全国沿海10大港口行列。

第二阶段(1992—2000年),为适应经济全球化及全球制造业向我国转移的需要,确立了以集装箱运输为重点的发展方向,新建了盐田、赤湾等专业化集装箱港区。到2000年底,共建成500吨级以上泊位128个,新建泊位以万吨以上为主,其中专业集装箱泊位14个,多为5万吨级以上泊位,码头结构主要为避免地基沉降,以高桩结构为主,且由于所受弯矩较大,多选用钢管桩结构。赤湾突堤码头结构采用了大直径预应力钢绞线混凝土大管桩全直桩方案,开创了建港应用科技攻关成果迅速转化为现实生产力的经验。2000年,全港货物吞吐量5697万吨,其中集装箱吞吐量399万标准箱,成为我国第二大集装箱干线港。

第三阶段(2001—2017年),港口建设以专业化、大型化和功能提升与整合为方向。实施了西部集装箱港区的资源整合,对盐田、蛇口及赤湾进行了扩建,并新建了大铲湾港区,建设了国内第一个LNG专用码头,同时通过建设铜鼓航道、西部公共航道及多个物流园区、保税港区等配套工程,提升了港口的功能。

至2017年底,深圳港共建成500吨级以上泊位129个,其中万吨级以上水泊位74个,大型集装箱专用泊位47个,客运轮渡泊位19个。全港总货物设计吞吐能力22032万吨,集装箱设计吞吐能力为2175万标准箱;客运设计通过能力771万人次。2017年,全港共完成货物吞吐量2.41亿吨,集装箱2520.87万标准箱,稳居世界第三大集装箱港口。

三、运输服务成就

(一)客运

1.公交

1975年底,深圳最早的公共汽车公司,宝安县深圳镇人民汽车公司成立,属于集体所有制企业,其行政上由宝安县深圳镇革委会领导,业务上由深圳镇人民汽车公司统一经营和管理,主要是以公共交通服务为主。创建初期公司仅有一条公共汽车线路,2台车,12名职工。

1983年,"宝安县深圳镇人民汽车公司"改制为市属国有企业,更名为"深圳市公共汽车公司"。此后,集办公、运营、维修、住宿于一体的香梅北公交综合车场、福田南综合车场、梅林中巴教练场、清水河公交综合车场等一系列具有代表性的公交综合场站陆续投入使用,为深圳公交行业发展起到了极大的推进作用,标志着深圳市公共汽车公司逐步过渡到多元化经营、集团化发展的新阶段。

1989年,深圳首次提出公共汽车无人售票,1992年11月,公共汽车公司10路、203路在全国率先实行无人售票。公共汽车无人售票改革成功,标志着深圳城市公共交通向国际化标准迈出了历史性的一步。

1996年11月,深圳市公共交通(集团)有限公司全国首次启用公交非接触式IC卡系统,解决零钞短缺、难兑换的问题,开创了全国公交行业电子支付的新时代。

1997年深圳建设第一条公交专用道,同时也是全国第一个开放公交专用道的城市。自2010年以来全市公交专用道年均增长19%,基本已成规模、成网络运营。目前深圳市共设置公交专用道1016车道公里,设置率达到7.8%。公交专用道的建设与开放,让高峰时段公交速度稳步提升,公交乘客出行更加快捷;公交效率得到较大提高,节约了政府的财政补贴;有效缓解城市交通压力;对城市减排,打造国家低碳生态示范市具有积极意义。

2005年4月30日,深圳市首条绿色无障碍快速公交线——"捷运巴士"J1线正式开通,J1线是深圳发展快速公交的重大尝试,开通后将为全市实施"公交优先"战略进行有益探索,同时也是政府部门实践科学发展观的具体体现。

2007年4月20日,巴士集团在宝安国际机场隆重举行了空港快线开通剪彩仪式,6条连接机场与深圳各区的新巴士线路正式开始运营。巴士集团首次将GPS智能调度系统应用在空港快线当中,根据航班到港、离港的实际情况,同步调整车辆发车密度和服务时间,并以"准航空式"服务,将空中服务延伸至地面交通,真正全方位实现"空中地面的无缝对接"。

2008年9月16日,第三届"深圳市公共交通周及无车日活动"在福田交通枢纽中心正式启动,启动仪式上宣布开通4条深圳市首批公交快线,另有已规划的13条快线、67条支线也将于征求市民意见后分批实施。

2008年12月26日,深圳市巴士集团、西部公汽公司、东部公交公司先后举行发车仪式,标志着深圳市三层次公交线网首批36条公交线路正式开通,其中支线29条、快线6条、干线1条,并以颜色划分。三层次线网规划的基本理念是通过改变目前单一化的公交服务模式,根据客流需求特征的不同,设置更具针对性的公交服务,从而提升公交运输效率,逐步实现"网络分层次、线路分等级、车辆分颜色",形成"三个层次、三级线网、三种颜色"的多模式、一体化、高品质、功能清晰、服务优秀的公交服务体系,充分满足广大市民不同层次的公交出行需求。

2009年,深圳公交行业特许经营改革发展顺利,圆满实现"100%统一车身标识、100%线路经营权移交"的目标。

2011年7月,深圳巴士集团全面改造"深圳通"车载终端设备,率先全国实现公交车、出租车全面支持刷手机乘车。巴士集团顺利完成公司所属3716台公交车、50台纯电动出租汽车的"深圳通"车载终端设备改造,市民持装有"手机深圳通"SIM卡的手机,便能刷手机乘坐巴士集团所有公交车。

2011年8月5日,在比亚迪公司举办了第26届大运会新能源车交接仪式,标志着为大运会服务的新能源汽车正式投入示范运营。这是继北京奥运会、上海世博会、广州亚运会等重大活动后,集中示范新能源汽车数量最多的一次。这些新能源汽车在大运会结束后也将继续服务深圳。

2012年9月22日,深圳市首条纯电动大巴线路车辆全线投放启动仪式在巴士集团西丽车队举行。巴士集团226线纯电动大巴车辆全线投放,成为深圳市首条纯电动大巴线路。本次巴士集团226路全线投放纯电动大巴是从中等规模分散运营到较大规模集中运营的转折点。

2016年1月4日,东部公交首批开通8条定制品质公交线路,开启e巴士品质公交的营运序幕,标志着东部公交"互联网+新能源+传统公交"的公交运营创新模式成功落地,重新定义了市民等乘公交车辆出行的新概念,有效解决了市民上下班乘车难问题。

2016年4月26日,为满足市民多层次出行需求,有效解决"最后一公里"问题,西部公汽创新服务品种,开通全市首批2条社区微巴线路,通过走街串巷的方式,为轨道、快线、干线、支线等不同层次的地铁公交线网提供无缝接驳和喂给服务,实现公交网络向社区的延伸。

2016年12月5日,"国内首批纯电动双层大巴投放运营仪式"在深圳市莲花山公交总站举行,深圳巴士集团将全国首批3台比亚迪K8S投放在深南大道、滨海大道的113路公交线,途经市中心、地王大厦等城市地标、商业中心区和景区景点,为市民出行、出游提供便利,这是深圳巴士集团的创举,也是深圳地面公交新形象的开端。

2017年1月19日上午,深圳交委、巴士集团和滴滴出行签署战略合作框架协议,三方将以巴士集团与滴滴出行合资成立的滴滴优点科技公司为载体,携手搭建全市开放性的综合交通大数据平台,提升交通管理智能化水平,优化深圳市民出行体验,共同打造智慧交通产业发展生态圈。

2017年7月27日,深圳巴士集团主办,深圳市深圳通有限公司承办的"创新融合,绿色共享——全国交通一卡通互联互通深圳市试点开通仪式"在福田交通枢纽举行,标志着深圳加入了全国互联互通之列,正式接入全国交通一卡通互联互通系统。

2017年12月,深圳巴士集团"阿尔法巴智能驾驶公交"在深圳市福田保税区全球首发。福田保税区智能驾驶巴士示范基地现有4台阿尔法巴智能驾驶巴士和3台纯电动常规微巴,1条智能驾驶公交试运行线路,1条微巴区内循环线路B962。截至目前,安全试载人数超过8000人,安全测试里程超过12000公里,安全无事故,大大提高了深圳在全国乃至全球智能驾驶汽车领域的品牌效应和影响力。

截至2017年底,深圳市共有公交线路992条,公交车辆17430台,日均客运量453.3万人次(含互联网定制公交)。新一代公交候车亭4756座,基本实现全市主干道全覆盖;公交站点500米覆盖率达100%。全市公交专用道规模达到987.2车道公里。公交场站总数达到486个,场站面积226.3公顷;3家公交专营企业实现公交车100%纯电动化(少数应急运力除外),全市已建成新能源公交充电站255座,充电桩4496个。

2.出租车

1979年1月26日,广东省革命委员会办公厅下发《关于组建宝安、珠海小汽车出租公司的通知》,批准组建深圳第一家出租小汽车公司——宝安小汽车出租公司。1979年12月正式成立,工商注册名称为"深圳市小汽车出租公司"。

1983年1月6日,深圳市人民政府办公厅印发《关于整顿我市营运小汽车会议纪要》,首次明确要求全市营运小汽车须在1983年1月20日前一律安装收费计程表,否则不准参加营运。按此规定,全市出租小汽车均安装了日本制造的手动机械计程表。

1988年9月28日,市政府交通办公室组织了第一次出租小汽车营运牌照公开拍卖。此次拍卖以28辆为一批,采取明标明投、限价限批的办法。竞投者的资格范围:在深圳经济特区注册的国营企业、集体企业、内联企业、个体联户和有特区常住户口的居民。共拍卖营运牌照140个,5家企业中标,每家企业获得牌照28个,每个牌照成交价19.4万元。

2011年8月12日至23日,第26届世界大学生夏季运动会在深圳举办,这是年轻的深圳第一次承办世界级综合性体育赛事。按照深圳市委市政府的统一部署,市交通运输委员会成立了大运会交通服务赛事运行领导小组,下设赛事交通服务总调度中心(包括7个调度分中心和5个专项服务团队)。交通服务保障团队满腔热情、周到细致的服务,获得了国内外嘉宾的高度评价,现任国际大体联主席加里安盛赞大运交通保障团队为"梦之队"。

2013年4月22日上午11时,深圳首家"的士驿站"(的士码头)正式开张,为解决出租车驾驶员营运时期"吃饭难、如厕难、停车难"等问题做出积极探索。

2013年10月,鹏程电动公司完成新增500辆纯电动巡游车投放任务,车辆规模达到800辆,成为全球最大的纯电动巡游车经营企业。该阶段我市共推广应用纯电动巡游车850辆。

2013年12月30日,深圳2013年十大民生工程——100辆无障碍出租车正式投放使用。

2016年7月28日,交通运输部等7部委联合颁布《网络预约出租汽车经营服务管理暂行办法》,网约车正式纳入管理范围。2016年12月28日,经深圳市政府六届六十四次常务会议审议,《深圳市网络预约出租汽车经营服务管理暂行办法》开始施行。2017年1月19日,深圳首张网络预约出租汽车驾驶员证正式颁发,距《深圳市网络预约出租汽车经营服务管理暂行办法》公布实施仅15个工作日,同年4月7日,深圳发放首批网约车平台经营许可证。

2018年,取消传统计价器具,改用车载智能终端,通过纯电动出租汽车车辆数据换算实现计程计时的城市。逐步实现巡游出租汽车由政府定价向政府指导价转变,为建立动态价格机制奠定技术基础,促使网约出租汽车和巡游出租汽车两种业态融合发展。相比传统计价器,智能化车载设备的计程计时功能更精准、可靠、灵活、经济。

2018年,根据《"深圳蓝"可持续行动方案》"2018年基本实现巡游出租车纯电动化"的要求,预计年底深圳市纯电动巡游车将达到约2.2万辆。截至2018年7月底全市出租车指标数合计20963个(含100个无障碍车指标),其中已经完成推广的纯电动车指标数为17875个,电动化率达到85.27%。

3.长途客运

深圳经济特区成立初期,深圳汽车站仅有客车33辆,35条线路,日发班车38班次,长途旅客运输经营单位只有12家。随着特区的发展,深圳人口逐步增加,政府大力鼓励多种经济成分的企业经营道路运输。20世纪80年代中期,深圳市长途旅客运输市场的经营单位达120多家,车辆增至2000多辆。

1988年实行"站车分家"改革,将车站与运输企业分开,大大促进了公路客运行业的发展。

1993年以后,深圳汽车站、罗湖汽车客运站等一批现代化的永久性场站相继建成,提高了深圳市公路客运的设施水平。

2004年,运发集团在深圳运输行业中率先建设了GPS安全监控中心,对公司所有营运车辆进行24小时动态监控,严查严处违规驾驶行为。

2005年深圳实现了全市42个公路客运站场联网售票,方便了市民出行。2018年实现了全市道路客运车辆车载视频100%全覆盖,全面提升了道路客运行业的安全技防水平。

2016年1月24日,"温暖回家"——欢送来深建设者返乡活动在深圳汽车站举行。截至2018年,深圳运发集团股份有限公司已连续12年承办"爱心福彩"免费运送来深建设者返乡活动,累计平安运送4万多名外来建设者春节返乡,践行了"努力做强企业,积极回馈社会"的理念。

2011年8月11日,正值深圳第26届世界大学生夏季运动会即将开幕之际,福田汽车客运站香港国际机场预办登机服务正式开业,通过香港机场往来深圳,可在深圳享受办理登机牌、行李托运、清关及出入境手续等一地两检免下车的验证一站式服务。

截至2018年,全市共有注册道路客运企业86家,其中班车客运企业33家,旅游包车企业74家(21家同时经营班车客运和包车客运)。全市道路客运车辆5575辆,其中长途客车1899辆,旅游包车3676辆。

(二)货运物流

深圳物流业与深圳外向型加工业相伴而生,发展大致经历了自发生长、重点扶持和转型升级3个阶段。

第一阶段:自发生长。1979年以蛇口港区开工建设深圳第一个3000吨级泊位作为深圳物流业开端标志,30余年来深圳物流业服务于深圳经济高速发展,蛇口港、盐田港、妈湾港、赤湾港以及深圳机场等大型物流基础设施兴建,一批运输企业、仓储企业、货代企业涌现出来,以市场为导向,实现了由传统运输到物流管理、再到现代物流的不断跃升。1993年,全国第一家以物流命名的现代化物流企业——深圳深九国际物流有限公司注册成立。1994年,开建了全国第一个"物流园区"——平湖物流园区。

第二阶段:重点扶持。2000年,深圳市委第三次党代会上正式确定现代物流业为深圳第三大支柱产业,并编制了国内第一部物流规划《深圳市"十五"及2015年现代物流业发展规划》。2002年,市政府印发《关于加快发展深圳现代物流业的若干意见》,随之港航、空港、物流等系列资金扶持办法相继制定和实施,并编制了《深圳市现代物流业发展"十一五"规划》《深圳市贯彻实施国家〈物流业调整和振兴规划〉方案(2009—2012年)》,极大地推动了深圳现代物流业进一步发展,顺丰速运、腾邦物流等一批重点物流企业快速成长为行业翘楚。2006年,成功举办国内第一个物流博览会——深圳国际物流与交通运输博览会。2010年市现代物流发展工作领导小组职责全部划归市交通运输委员会,深圳成为国内首个由交通运输部门承担物流业发展职责的城市。

第三阶段:转型升级。2011年,深圳市交通运输委员会牵头编制《深圳市现代物流业发展"十二五"规划》,提出要依托海陆空铁综合交通优势,大力发展高端物流业,努力把深圳建设成为具有国际资源配置功能和国际商务营运功能的全球物流枢纽城市、具有产业支撑功能和民生服务功能的全国优秀物流服务都市、亚太地区重要多式联运中心和供应链管理中心以及与香港共同建设国际航运中心。2013年,深圳市交通运输委员会牵头编制了《深圳物流业转型升级研究》报告,提出深圳物流业发挥市场在资源配置中的决定性作用,加快促进六个"转变"、导向六个"领域"、实施六大"举措"的转型升级之路,再造互联网、大数据时代深圳物流业综合竞争新优势,打造深圳物流经济的"升级版"。2014年,随着"互联网+"时代的来临,在深圳市认真落实国家"一带一路"倡议及自贸区战略之际,深圳市交通运输委员会出台了全国首个规范和促进电商物流业发展的地方政策性文件《关于促进深圳电子商务物流业发展的若干措施》,编制了《深圳物流业转型升级研究》报告,引导深圳的物流业转型升级,促进电商和物流业融合发展,为全国物流业调整和振兴做出先行探索与示范。2016年,为谋划深圳市现代物流业未来5年的发展,编制了《深圳市现代物流业"十三五"规划》,提出建成以全国物流创新发展示范区、国际物流合作引领区、国际多式联运中心、全球供应链管理中心、深港共建国际航运中心(两区三中心)为内核的,具有全球竞争力和影响力的国际化物流枢纽城市。同年,深圳市被国家发改委评为全国现代物流创新发展试点城市。2018年,被交通运输部、公安部、商务部3部委评为绿色货运配送示范工程创建城市。

经过多年发展,深圳现代物流业发展取得显著成绩,物流业规模不断扩大,实力不断增强,新兴业态不断涌现,支柱产业地位进一步巩固提升,为全市经济发展和产业转型升级发挥了重要作用。

四、行业管理成就

(一)管理体制改革

作为全国最早开展交通运输大部门制改革的地区之一,深圳自20世纪80年代起,认真贯彻中央关于深化行政管理体制改革的部署要求,不断改革探索、先行先试,先后经历了传统的分散交通管理体制,到统筹各种交通运输方式的综合交通管理体制,再到一体化大交通管理体制3次管理体制的改革,初步建成了权责明确、管理统一、监督有力、运转高效的管理模式。通过改革,实现了全市交通运输工作的统筹管理,提升了交通运输的整体效率和服务水平,交通运输对经济社会发展的支撑和保障作用日益突出。

1.构建了横向整合、纵向贯通的管理体制

大部门制改革不仅是将原有部门进行"物理组合",核心要义是通过一系列"化学反应",打破此前的条条框框,形成有机融合的整体结构。横向上,统筹铁路、公路、水路、航空等各种运输方式,构建以职能定位为基础的"大交通"管理体制;纵向上,整合分散在交通、规划、交警、城管等多个部门的职责,统一特区内外交通运输管理体系,构建以权责一致为基础的纵向一体化管理体制。通过交通管理职能和组织架构的彻底重组,解决了各种运输方式的衔接问题,实现了管理资源的整合和管理职能的统一。

2.建立了决策权与执行权相对分离的运行机制

深圳市综合交通管理体制改革将执行部门从决策部门剥离,重新设置了决策层、执行层和服务层的组织机构,明确职责划分,改变过去上下层级职能同构、机构设置一般粗,且各自集决策与执行职能于一身的状况,既促进了交通运输发展的专业化水平,也使行业主管部门将更多的精力放在战略规划和政策制定上。通过决策权、执行权、监督权的合理分解,实现权力的科学配置和规范运行,从而使决策更科学、执行更迅速、服务更高效。

3.实现了交通运输资源的有效整合利用

现代交通运输系统是一个综合性系统,既包括道路、枢纽、场站、停车设施、安全设施等静态要素,也包括车流、人流、物流、信息流等动态要素,二者紧密结合、统筹管理,才能保障系统的高效安全运行。深圳通过引入"交通资源观"理念,在整合陆、海、空、铁各种运输方式等动态交通运行组织职能的基础上,强化了对静态资源的管理和统筹,将行业发展战略、政策、规划、标准和道路网络体系、接驳枢纽、附属设施等城市交通静态资源管理职能进行集中统一,实现交通动静资源有机整合,提升了城市交通的整体运行效率,促进交通运输发展向质量效益的转变。

4.健全了部门间高效畅通的协调联系机制

交通运输事务"点多、线长、面广、体大、事杂",交通运输部门即使实现了职能整合,也需要加强与有关部门的沟通协作。深圳市交通运输委与国土规划部门、城管部门、交警部门及各区政府之间按照"逐级、动态、过程型"的联动模式,在交通规划、道路建设、道路管养、交通管理及执法等方面构建了高效的沟通协调机制。通过构建"部门统筹、多方联动"的工作机制,密切配合、加强沟通,最大限度调动一切积极因素,形成推进综合交通运输体系建设的工作合力。

(二)法治建设

1.综合交通运输法规体系不断健全

1992年7月1日,第七届全国人民代表大会常务委员会第二十六次会议通过了《全国人民代表大会常务委员会关于授权深圳市人民代表大会及其常务委员会和深圳市人民政府分别制定法规和规章在深圳经济特区实施的决定》。自此,深圳拥有了特区立法权,并开始了波澜壮阔的特区法治建设。作为特区法治建设的重要组成部分,交通运输法治建设自深圳拥有立法权以来,主要经历了3个历史阶段:以规范特区内交通运输市场经济秩序为主的初创阶段(1992—1999年);以统筹特区内外、加强市场秩序管理的发展阶段(2000—2009年);以满足公众不断增长的出行需要的提升阶段(2010年至今)。经过40年的努力,深圳涵盖"海陆空铁邮"的综合运输法规体系从无到有,并不断完善,为特区交通事业的健康发展提供了强有力的法治保障。

2.交通运输依法行政能力和水平不断提升

涵盖"海陆空铁邮"的综合运输法规体系是交通运输行政管理部门依法行政的基础和保障。40年以来,深圳交通运输部门"内强素质、外树形象",狠抓依法行政能力建设,大力提升行政管理水平。通过逐步健全执法机构,大力提升执法能力,推进交通形象规范化建设,加强队伍建设,提高整体素质。通过实施联合执法,确保综合监管成效,整治交通运输市场秩序。通过充分运用市场机制,运用政府有形之手引导行业健康发展,交通行业改革创新稳步推进,硕果迭出。

进入2010年,随着法治国家建设进程的不断推进,对依法行政的能力要求越来越高,要求交通运输行政执法必须直面困难、开拓创新,在执法方式、执法技能上有所突破,走出一条有深圳特色的执法监管之路。在市委、市政府的正确领导下,在市法制部门的大力支持下,市交通运输委进行了有益探索。

(1) 建立强制执行工作机制。2013年以来,市交通运输委在全国交通运输系统率先建立了申请法院强制执行工作机制,指定法院统一受理、各基层法院具体执行,法官提前介入、"鹰眼查控网"专线查控,对不履行处罚决定的当事人进行存款、房产、车辆、股权、证券查封与划扣,并采取限制出境、高消费等强制措施,行政处罚执行率从此前的30%提升到目前的85%以上,执法权威得以维护。

(2) 建立联合扣证工作机制。为进一步加大打击非法营运的力度,2011年10月,深圳出台了《深圳经济特区道路交通安全管理条例》,在国内率先明确授权交警部门可以对多次从事非法营运的司机实施扣证、吊证处罚,随后交通交警部门设立联办窗口,依法对非法营运当事人实施扣证、吊证处罚,加大了违法成本,强化了执法效果。

(3) 试点社会诚信管理。2016年以来,国家和省制定了系列政策文件,加快构建以信用为核心的新型市场监管体制,构建守信联合激励和失信联合惩戒协同机制。深圳市交通运输委积极主动沟通协调有关部门,依托市、区两级社会诚信管理信息平台,将交通运输违法当事人的违法记录纳入征信系统,通过发挥诚信体系的约束功能,实现源头治理。

(4) 加大科技执法创新。2012年,深圳市交通运输委坚持"以智能化促进执法现代化、高效化",开发建设了"交运通"系统,运用GPS,通过执法人员管理、执法车辆管理、扣车场管理、重点区域管理等九大系统功能的集成,实现了三级智能化指挥调度,改变依靠人力紧盯、区域固守的传统执法模式,实现了交通执法的"快速打击"和"精确打击",监管效率明显提升。2014年,深圳在总结经验基础上,改变传统道路停车管理靠人工值守的模式,在国内率先采用移动通信技术付费,极大地方便了市民,实施效果良好,受到了北京、上海、广州、香港及美国纽约等国内外大城市的关注。2015年,"网约车"发展迅速,网上撮合、网上调度、网上支付,与传统营运行为迥异,这对"互联网+"时代下行业主管部门的监管能力提出了挑战,市交通运输委大胆创新,建立了网约车综合监管平台,实现了从业许可网络全流程办理,通过数据共享,实现营运监管、诚信评价全链条信息化管理,监管效果明显提升,得到了交通运输部和广东省人民政府相关领导的肯定。

(三) 投融资体制改革

1. 基础设施

(1) 公路。建立特区后,深圳市在公路建设和养护方面采取了一系列优惠政策和灵活的措施。采取了由公路部门组织建设、政府和有关部门组成指挥部组织建设、中外合作合资建设、股份制建设及区镇地方政府组织建设等多种模式建设公路。在公路建设和养护费用方面采取多渠道筹集资金,如养路费收入留成规定用于公路改造的资金、有偿转让经营权、发行股票等。同时,实行公路养护经济体制改革,推动内部经济承包责任制,发挥养路费的使用效益,调动广大公路职工的积极性,使好路率持续稳定上升。公路建设得到地方政府的重视支持,区、镇政府在征地、拆迁、青苗补偿和资源费方面给予"三包一免"(包征地、拆迁、青苗补偿,免征资源费)的优惠政策,降低了工程造价。对省养公路过境路段和地方公路进行改造上采取了"民办公助"(即以地方政府投资为主,公路部门按公路里程适当补助建设资金)的方式进行建设。近年来,公路建设也不断创新融资体系,2016年开工建设了深圳市首个PPP高速公路项目——外环高速公路,该项目被列为省市重点建设工程,全面推行标准化管理,力争打造为"品质工程"示范性项目。

(2)港口。深圳港是国内最早按市场经济规律"自筹资金、自我建设、自主经营、自负盈亏"的港口。率先探索采用租让土地使用权入股并吸引外资及通过股票上市以吸引境内外资金等模式筹集建设资金。由于经营机制灵活,吸引了丹麦、日本、新加坡、英国等外资,以及港资的参与,其中港资更是占总投资的2/3。企业通过多渠道、多元化融资格局,有效地解决建港所需的大量资金,从而推动企业不断向前发展。

(3)地铁。2004年1月,深圳市政府与港铁公司签署原则性协议,港铁轨道交通(深圳)有限公司将以"建设—运营—移交"的BOT模式,投资建设龙华线二期工程和运营龙华线全线30年。

(4)空港。深圳机场是国内最早按市场经济规律"自筹资金、自我建设、自主经营、自负盈亏"的机场之一。1988年5月,深圳市政府成立深圳机场建设领导小组暨深圳机场公司,12月28日,深圳机场在深圳市宝安区黄田村举行了隆重的奠基仪式。

1998年4月10日深圳市机场股份有限公司成立,是由深圳市机场(集团)有限公司(前身为深圳机场(集团)公司)独家发起,经深圳市政府批准以社会募集方式设立的股份有限公司,4月20日公司股票在深圳证券交易所挂牌交易。

2.运输服务

1975年底,深圳最早的公共汽车公司,宝安县深圳镇人民汽车公司成立,属集体所有制企业,于1983年改制为市属国有企业,更名为"深圳市公共汽车公司"。

1988年9月28日,市政府交通办公室组织了第一次出租小汽车营运牌照公开拍卖。此次拍卖采取明标明投、限价限批的办法,共拍卖营运牌照140个,5家企业中标,每家企业获得牌照28个,每个牌照成交价19.4万元。

2004年底,深圳市公共交通(集团)有限公司通过股权多元化改造,引入香港九龙巴士控股有限公司战略投资者,成功改制为中外合资的股份制公司——深圳巴士集团股份有限公司。

2005年1月,深圳市公共交通(集团)有限公司引进资源,成立中外合资、国有控股的深圳巴士集团股份有限公司,是全国第一家按照现代企业制度成功运作的中外合资公交企业。

2007年,由于深圳出租小汽车运力不足,市政府决定投放2000个红色出租小汽车营运牌照,经营年限12年。根据1995年5月1日起施行的《深圳经济特区出租小汽车管理条例》,上述2000个营运牌照的出让,以公开拍卖方式进行。经过多轮竞拍,最终每个营运牌照以54.25万元的价格成交,竞得企业20家。这是深圳出租小汽车营运牌照第一次按照《中华人民共和国拍卖法》进行的价高者得的公开拍卖。

同年3月,深圳市出台《公交行业特许经营改革工作方案》,正式启动了公交行业特许经营改革工作。历时近4年,将全市38家公交企业整合为3家公交特许经营企业,公交发展实现了由过度竞争向适度竞争模式的成功转变。

2008年,深圳出台实施了成本规制与财政补贴制度,对公交行业实施6%成本利润率的政府财政兜底补贴。这是深圳首次以制度形式固化了政府对公交的补贴模式,为深圳公交由完全市场化运营向公益型运营转型提供保障,使得公交票价平均降幅达25%~30%,线路由388条增至856条,出行分担率由45%提升至53%。

2011年,深圳充分借鉴伦敦等国外城市的先进经验,广泛收集市民建议,设计了新一代公交候车亭样式。公交候车亭的建设采用BOT模式,由BOT企业负责公交候车亭的建设、维护、日常管养(政府零投资),并提供不少于25%的版面用于公益宣传。

(四)技术政策及标准建设

1. 基础设施

公路建设方面,1999年全线建成机荷高速公路,首次引入"菲迪克"条款精神,结合中国公路建设实际,自行编写项目管理手册,严格质量、工期、造价管理,管理经验、建造质量受到交通部的肯定,被《南方日报》誉为"广东第一路"。改革开放至今,深圳共出台公路、市政相关规定、规范300余条。

港口建设方面,为减少维护对生产的影响,提高码头作业效率,多年来港口建设以高标准投入建设,并不断研究学习先进施工技术。其中多项技术的运用属国内首例,如盐田三期工程中在国内首次大量运用的斜桩全截面嵌岩技术和钢轨铝热焊接无缝接头技术等。

2. 运输服务

(1)出租车。1994年《深圳经济特区出租小汽车管理条例》颁布实施,是国内最早的出租小汽车行业管理地方性法规。20多年来,虽然经过4次修正,但《条例》许多内容已不适应当前出租车行业改革与发展的需要。比如出租车牌照"有偿使用、公开拍卖"制度就饱受争议,反对意见认为以拍卖方式配置经营权容易抬高牌照价格,导致出租车企业成本大幅上升。2016年,国务院办公厅就出租车行业健康发展下发指导意见,提出新增出租车经营权全部无偿使用。根据国务院文件精神和深圳实际,2017年4月27日,经市人大常委会会议审议,决定暂停适用《深圳经济特区出租小汽车管理条例》部分条款。

2016年,深圳市交通运输委员会以规范互联网预约出租车为切入点,围绕行业改革"六化目标",即经营权使用无偿化、资源配置市场化、车辆投放纯电动化、经营业态融合化、运营服务互联网化、行业治理多元化,积极探索行业改革新道路。2016年12月28日,深圳市人民政府出台并开始实施了出租汽车行业改革的"三个文件",分别是《深圳市人民政府关于深化改革推进出租汽车行业健康发展的实施意见》《深圳市网络预约出租汽车经营服务管理暂行办法》《关于规范私人小客车合乘的若干规定》。"三个文件"的出台标志着深圳市出租汽车行业打开了改革新篇章,进入了改革新征程。

2018年6月15日,深圳市公共交通局发布了《市公共交通局关于统一深圳出租汽车驾驶员考试和证件有关工作的通知》,统一了深圳市巡游出租汽车和网络预约出租汽车驾驶员考试和相关证件,此文件的发布,打破了深圳市巡游车及网约车驾驶员的流通壁垒,进一步推进了深圳市网巡一体化工作。

(2)物流。深圳将物流业确立为支柱产业之后,明确交通部门为物流业的主管部门,并建立了市级的管理协调机制。2002年,深圳市政府出台国内第一部物流业发展指导性文件《关于加快发展深圳现代物流业的若干意见》,明确提出了促进现代物流业发展的项目认定、投资立项、用地优惠等政策。

2004年,深圳设立了国内第一个物流业发展专项资金,出台了《深圳市现代物流业扶持资金管理暂行办法》。为更好地扶持现代物流业重点领域与重点企业,陆续制定了包括《深圳市现代物流业发展专项资金管理暂行办法》《深圳港航产业发展财政资助资金管理暂行办法》《深圳航空业财政奖励资金管理暂行办法》等一系列专项资金管理办法及相应扶持政策。2014年,市政府发布《关于促进深圳电子商务物流业发展的若干措施》,成为全国首个规范和促进电商物流业发展的政策性文件,延续了深圳在全国物流行业政策导向中的开创性作用。深圳物流业政策的制定一直走在全国前列,出台了第一个物流发展政策文件,第一个物流专项统计制度,第一个电商物流发展文件,奠定了深圳物流业高质量发展的基础。

五、科技创新成就

2009年深圳交通运输大部制改革以来,深圳市交通运输委员会通过近10年的创新、探索、实践,以数据采集和分析应用为主线,逐步实现了对海陆空铁各交通运输行业的智能化管理,建设了近60个信息化系统,在智慧交通发展上取得了显著成效,打造了智慧治理、智慧设施、智慧运输、智慧公交、智慧政务及智慧服务六大应用板块,初步实现了数据关联、全面感知、智慧监管、精准服务。

(一)智慧治理

1.深圳市道路交通运行指数系统

2012年深圳启动道路运行评估指标体系实施方案及发布应用的研究,在详细调研对比国内外先进经验基础上,建立了基于行程时间比的道路交通运行评价指标体系,开发了深圳市道路交通运行指数系统,实现对道路交通运行状态的实时监测。

系统从上线运行至今,经历了4个阶段的扩展升级,已实现了实时交通运行监测、多维分析、在线报告生成、短时预测、公交评估、数据分级共享等功能,为研究拥堵产生机理、分析交通系统存在问题、制定改善和治理方案等工作提供定量化的分析手段和依据,在量化支持决策、辅助交通管控、引导市民出行等方面发挥了重大作用。

2.深圳市实时在线交通仿真平台

深圳市实时在线交通仿真平台传承于深圳市20多年历史的多层次、一体化交通模型体系,于2017年5月份建成投入使用。系统基于交通大数据平台,通过多源数据融合、大数据分析和机器学习实现数据清洗与校核、动态交通OD估计、模型参数标定,实现道路流、密、速状态的实时还原和高精度推演,还原城市交通流状态。有效提升交通规划、动态分析和仿真评估技术水平,有效推动交通管理由粗放式管理向精细化管理、"预防式"管理转变,提升政府部门管控水平。

3.视频联网监控系统

2015年起,深圳市交通运输委员会通过自建、整合、共享等多途径构建了覆盖深圳市海陆空各交通方式的视频联网监控系统,并已实时接入了8万多路视频资源。实现对全市地铁站、机场、客运场站、港口、口岸、高速公路、城市路段等重要场站枢纽、主要通道、交通节点和交通集散地分场景进行全面可视化监控,实时掌控交通运行状况。该系统建成后发挥了重要作用,特别是在早晚高峰、恶劣天气、重大节假日以及大型活动日,为主管部门在运行监测、应急指挥等方面提供了重要的技术支撑。

(二) 智慧设施

1. 基于二维码的智慧设施管理应用

为全面提升交通设施管理信息化、智能化水平,深圳市交通运输委员会将二维码技术应用于道路与交通设施管理,为每一项设施编码并制作设施二维码,面向公众推送实时交通信息,提供设施评价和报修功能,发挥公众在设施管养工作的积极作用,进一步提升设施管理效率与质量。

2. 深圳市快速路综合信息采集管理系统

2009年深圳交通运输大部制改革以后,深圳市交通运输委员会承担全市海量设施的管养工作,为了"摸家底、矢量化、直观化、打基础",深圳市交通运输委员会率先开展了道路信息综合采集管理工作,并建立基础数据库,为下一步精准化管理提供数据支撑。

深圳市快速路综合信息采集管理系统于2016年12月正式竣工验收。该系统通过外业采集车,利用"激光点云"技术,将全市4大类(道路设施、交通管理设施、公共交通设施及交通关联设施)、34小类所涵盖的625项设施属性数据采集下来,并转化为二维矢量图,实现了对高精度二维矢量图及360°全景影像数据进行可视化管理。

3. 智慧交通管理系统

智慧交通管理系统(交运通)由移动终端软件(交运通、Web网站系统)和智慧交通管理系统两部分组成。

巡查人员或执法人员通过交运通终端采集并上报案件,上报的案件进入智慧交通管理系统后自动流转至养护企业或执法队伍进行处置。做到第一时间处置问题、第一时间解决问题。系统建成至今,全委共受理智慧交通案件328万件(日均1587件),办结率为99%;各辖区巡查里程共1740万公里(日均8413公里)。深圳市交通运输委员会派至城管案件120681件,城管派至深圳市交通运输委员会案件129940件,比例为0.9∶1。

(三) 智慧运输

1. 深圳市交通运输行业GPS监管平台

为了加强交通运输行业的安全监管,深圳市交通运输委员会通过开发交通运输行业GPS监管平台,利用信息化手段,掌握全市营运车辆动态运行情况,作为GPS数据基础平台为其他业务系统提供数据支撑,目前已有超过13万营运车辆接入该系统,包含"两客一危、普货重载、驾培、公交、出租"等六大类营运车辆。

2. 货运车辆智能化监管平台

货运车辆智能化监管平台通过行为识别技术与人脸识别技术,对驾驶员的驾驶行为进行实时监控报警,最大限度的保障司乘人员安全。该平台实现了两大创新:一是政企合作模式的创新,即"政府搭台、企业唱戏、百姓受益";二是监管模式的创新,即"智能抓取、实时预警、后台监控"。同时,为进一步提升深圳货运行业智能化监控水平,保障行业安全生产,制定了货运车辆智能化监控设备技术要求,进行试点、修正和完善,最后形成深圳地标进行行业推广。其主要功能包括驾驶行为智能监测和货运企业及驾驶员考评。

3. 泥头车盲区监测报警系统

为加强泥头车安全管理工作,确保人民群众生命财产安全,坚决遏制泥头车致人伤亡等恶性事故的发生,市交委利用人工智能技术,开发建设泥头车盲区监测报警系统,实现对泥头车右侧盲区行人的自动监测和报警,提示司机和行人主动避让以避免事故发生。

4. 深圳港危险货物电子监管平台

为全流程监管危险货物从船上到港口、从港口到堆场、从堆场到运输的各个环节,实现全要素可追踪可倒查,深圳市交通运输委员会于2016年底建成深圳港危险货物电子监管平台,2017年4月正式投入使用。

该系统整合了现有港航管理19个信息系统的安全监管信息资源,具备隐患排查治理、应急管理和行政管理3大类共65项子功能。其中,主要功能包括企业档案管理、安全标准化管理、港航从业人员管理、安全评价报告备案、应急预案备案、隐患排查及治理、应急管理、灾害天气应对信息报送等。使危货运输从安全监管计划到隐患排查再到隐患整改,实现了安全隐患闭环管理。同时绘制了深圳港全港一张图,涵盖了所有港口码头、危货堆场实时信息。系统还接入了全市所有危险货物运输车辆GPS信号,通过电子运单进行管理,点开一辆危运车,可以掌握"运什么、运多少、在哪里、去哪里、怎么走、开多快、谁开车、谁押运"等全面信息,通过轨迹回放功能,可以直观看到运输路线,实现危险品货物运输监管。

(四)智慧公交

1. 巡游车行业监管平台

通过系统可以对任意车辆进行定位、跟踪、轨迹分析和追溯;通过网格化管理,系统还可对每一片区的巡游车进行聚类统计,甚至看到每一台巡游车的详细信息,包括车牌号、主副班司机姓名、照片、车辆类型,运行速度,营运里程和收入等。由此,可从点到面掌握每名驾驶员、每辆巡游车、每个企业乃至整个行业的营运状况,有效保障该行业的健康发展。

2. 深圳公交管理决策支持系统

2016年,深圳市交通运输委员会对全市16027辆公交车GPS数据、月均2.7亿条乘车IC卡刷卡数据以及公交运营数据深入挖掘分析,于2017年4月建成了深圳公交管理决策支持系统。该系统综合利用数据融合和挖掘算法,通过公交IC卡数据、公交GPS定位数据,研判每条IC卡刷卡记录的上车站点和下车站点,并根据各线路的刷卡率进行精细扩样,进而得到各线路车辆的公交客流指标和出行特征,通过系统图文展示,提供不同时间粒度、不同空间维度的查询分析功能,为公交线网优化和行业监管考核提供依据,有效提升了公交行业管理的感知能力、判断能力和行动能力。

3. 深圳地铁实时客流监控系统

截至目前,深圳共开通了8条地铁线路,共计198个站点,通过客流信息系统,可以清楚了解地铁总体线网、线路、站点以及区间客流的实时客流情况,动态掌握线网客流拥挤状态及站内区域客流分布。

系统能够清晰展示8条地铁线路的客流情况,并对地铁线路总体指标进行实时统计,包括累计进出站量、在网人数以及各线路、区间、站点的客流拥挤排名。为行业统计分析提供有效手段,行业管理部门可依据该系统数据分析功能开展客流管控、应急处置等。

4.腾讯乘车码

腾讯乘车码是一种可以用来乘坐公共交通工具的二维码,应用于地铁、公交、BRT、索道等多个场合;现已上线深圳、广州、上海、合肥、郑州、合肥等80余个城市,并全面应用于深圳地铁8条线路的198个站点。

(五)智慧政务

全国首创网约车许可申办"全网络、全自动、零现场、零费用"的"互联网+"政务服务新模式,实现了信息数据化、部门协同化、审批智能化、监管一体化,有力促进了网约车等新业态的规范管理和健康发展。

深圳市网约车监管平台根据许可事项相关法律实质性要求,立足但不拘泥于现有业务办理模式和办理流程,通过以网络实名认证为基础,网上入口替代实体窗口;以数据结构化为核心,用电子数据替代纸质材料;以功能性共享为支撑,用数据交换替代人力奔波;以系统自动审定为目标,用自动审核替代人工签批。推动行政许可从"全网络"办理向"无人审批"跨越。还通过平台政企共建,行业部门共管,诚信政社共治,还可以把网约车许可从事前准入向事中监管和事后评价全面深入推进,实现许可与监管一体化融合。

监管平台上线以来,共受理了超过28万次申请,发放网络预约出租汽车驾驶员证34969张、车辆运输证34142份,申请人足不出户在家一键申请,节约时间为47万小时,节省67万升油耗,减少155吨碳排放。

(六)智慧服务

1.宜停车系统

宜停车系统是深圳市交通运输委员会在交通需求调控、缓解"停车难"民生热点问题上的创新性探索。该系统利用泊位自动感知、移动互联及大数据应用等技术,打造"判定精准、使用方便、结算便捷、技术稳定"的路边停车智慧管理平台。自2014年推出该平台以来,已对全市12000多个路边停车泊位进行动态监管。总用户超过176万。

系统建成以来,获得了多个奖项(智慧民生服务优秀案例、最受用户喜爱政务服务奖、十大金奖民生实事等),该路边停车管理模式还赢得了国家审计署驻深圳特派员办事处的推荐推广。

2.信息发布平台

信息发布平台所体现的公众出行信息服务是智慧交通的重要组成部分,也是建设民生型、服务型政府的重要体现。深圳市交通运输委员会通过"四屏一热线",即手机屏、电视屏、电脑屏、户外诱导屏以及12328交通服务热线进行公众信息发布工作。

"交通在手"作为交通运输行业专业APP,建设于2013年,是由深圳市交通运输委员会向市民推出的综合交通信息服务项目之一。"交通在手"全面的功能服务、海量的数据汇集、核心技术优势、高强的用户黏度和精准的统计分析,为市民提供最全面、多模式、全链条的综合交通信息服务。

六、开放合作成就

(一)物流

1.国际合作交流

(1)搭建国际物流交流合作平台。深圳国际物流与交通运输博览会已连续成功举办12届,展览面积6.5万平方米,吸引了UPS、DHL、FedEx、德国汉堡港、赫伯罗特船公司、意大利塔兰托港、西班牙巴塞罗那港、瑞典哥德堡港、俄罗斯铁路集装箱、韩国仁川港等国际知名物流企业前来参展,招徕了有荷兰、比利时、爱沙尼亚、拉脱维亚等国家物流企业展团,国际参展商比例达30%,已成为中国交通运输与物流领域及深圳市展会中国际化程度最高的展会之一,规模仅次于德国慕尼黑国际物流展,稳居亚洲第一、世界第二。

(2)举办铁水联运与跨境运输高峰论坛。由深圳市交通运输委员会主办的,以"'一带一路'中欧班列的机遇与挑战"为主题的铁水联运与跨境运输高峰论坛,吸引了国际道路运输联盟、拉脱维亚铁路、中铁集装箱运输、重庆市物流办、朗华供应链等"一带一路"沿线国家及地区的物流企业,和国内中欧班列承运人、铁路、港口、航运公司、跨境运输企业参加,针对目前中欧班列运营中双向货物如何平衡等热点话题进行深度对话交流,共同推动"一带一路"铁水联运、跨境运输、中欧班列的转型升级和创新发展,为沿线国家地区企业创造更多合作机遇。

2.企业"走出去"

随着改革开放的不断深化和国家"一带一路"倡议的深入实施及"走出去"战略的不断推进,深圳物流领军企业成为战略实施的重要力量。招商局集团形成了"深圳总部+全国网络+全球布局"的物流发展格局,已在斯里兰卡、尼日利亚、法国、比利时、美国、巴西及韩国等国家,投资运营34个港口,并在白俄罗斯投资建设100万平方米的商贸物流园,打造跨亚欧大陆桥商贸物流战略节点。朗华供应链开通了深圳—明斯克—马拉舍维奇—杜伊斯堡中欧班列,开辟了深圳通往丝绸之路经济带及欧洲腹地稳定、快捷、安全的物流大通道。顺丰速运致力于提供便捷可靠的国际快递与物流跨境服务的一站式行业解决方案,国际快递服务已覆盖美国、欧盟、日本、韩国、东盟、巴西、墨西哥、智利等53个国家及地区,其中,南亚片区网络覆盖范围已超过90%;国际小包服务网络已覆盖全球225个国家及地区,逐步成长为国际性大型综合速递企业。

(二)空港

改革开放以来,深圳空港建设对外开放格局不断扩大,对标国际标准,开启了国际航空枢纽建设的新征程。

1993年5月16日,南航深圳—新加坡国际航线开通,标志着深圳国际机场正式对外开放。

2000年5月25日,深圳创建国际卫生机场签字仪式在深圳机场举行。

2011年1月19日,深圳机场首条洲际客运航线深圳—悉尼航线盛大起航,深圳成为中国内地继北京、上海、广州之后又一个通航澳大利亚的城市。

2015年11月11日,深圳机场口岸24小时通关正式实行,极大改善了国际业务通关环境,进一步提升了深圳机场作为深圳市对外窗口的服务功能。

2016年,国家"十三五"规划明确了深圳机场国际航空枢纽新定位,深圳机场开启了国际航空枢纽建设的新征程,国际业务迎来了发展的黄金期。

2017年9月19日,深圳机场与国际航空运输协会共同签署"未来机场"项目合作谅解备忘录。此次合作备忘录的签署,标志着深圳机场正式加入"未来机场"项目,未来将与国际航空运输协会,会同迈阿密、希思罗等机场一起,共同研究"未来机场"发展方向,在新技术、新业务、新模式的应用,机场业务流程的重塑,以数据为基础的协同决策等方面展开探讨和合作,形成实施路径并推动落地,提升航空旅客出行体验。

2017年10月13日,深圳国际快件运营中心正式启用,进出口快件实现"一站式"快速通关。

2017年,深圳机场全年航班起降34.04万架次,其中国际航线3.10万架次。截至2018年6月底,深圳机场通航城市168个,其中国际城市44个。

(三)轨道交通

1.从"政府推动"到"自发开拓",深圳地铁服务输出步入"快车道"

近年来,深圳地铁积极试水海外市场。自2014年首次"出海"埃塞俄比亚轻轨项目以来,短短4年间,足迹已延伸至非洲、东南亚等地。截至2017年12月,深圳地铁集团已有11个正在实施及商洽的国际项目。

其中,亚的斯亚贝巴轻轨项目是国内轨道交通企业首个落实"走出去"战略,跨出国门并成功落地、扎根的项目,对未来深圳地铁提升运营服务的国际化水平、拓展新的利润增长平台、进一步提高企业竞争优势,促进稳定、可持续发展具有重要意义。同时,该项目的落地,也形成了亚的斯亚贝巴城市交通的新格局,推动亚的斯亚贝巴成为非洲撒哈拉以南第一个拥有现代化城市交通的城市。

而以色列特拉维夫红线项目的正式落地,则标志着深圳地铁运营服务输出已经步入"快车道"。以色列轻轨红线项目是深圳地铁集团落地的第三个海外项目,也是深圳地铁首次参与发达国家轨道交通运营与维护的项目,同时也是中国轨道交通企业首次中标发达国家的项目,标志着中国企业在发达国家轨道交通运营市场已具备较强的国际竞争力。作为深圳地铁海外战略的重要标志性项目,以色列轻轨红线项目的顺利实施意味着深圳地铁已由最开始的在"一带一路"倡议下,由政府推着走逐步转变为由企业主动出击中高端市场,自发开拓市场并生存下去,在鼓励更多有实力、有经验的国内优秀轨道交通企业走出去方面,起到了良好的示范作用。

2.深圳与港铁公司互利互补合作

2003年6月,中央政府与香港特别行政区共同签署了《内地与香港关于建立更紧密经贸关系的安排》(简称"CEPA"协议)。在"CEPA"协议的推动下,香港与内地逐步实现服务贸易的自由化。

2004年3月,成立港铁轨道交通(深圳)有限公司(以下简称港铁(深圳)公司),是港铁公司全资拥有的附属公司,现主要负责投资、建设深圳市轨道交通4号线二期项目及运营4号线全线30年。

2009年1月,作为改革开放的前沿,深圳市政府与港铁公司正式签署了《4号线特许经营协议》,引进港铁公司投资修建轨道交通4号线。此后,和香港互利互补的经贸合作关系在更高层次和更广阔的领域逐渐展开。

作为CEPA正式实施以来深港两地的第一个大型基建工程以及国内首个以建设—运营—移交(BOT)模式投资建设的轨道交通项目,轨道交通4号线是深港两地合作发展的一个重要里程碑,不仅为深圳带来了快捷优质的轨道交通服务,也进一步深化深港两地的紧密连通。

(四)港口

改革开放40年来,深圳港开放合作取得丰硕成果,水平不断提升。

1.深港两地港口紧密合作

从20世纪80年代到2010年的30年间,深圳港口企业已陆续完成由港资企业投资运营。西部港区包括蛇口、赤湾、妈湾、海星、招商港务等码头,由招商局港口(香港)统一经营管理(控股70%以上);大铲湾港区由现代货箱码头有限公司(港资控股65%)和盐田港集团投资运营;东部盐田港区则由和记黄埔盐田港口投资有限公司(港资控股50%以上)和盐田港集团投资运营。

1992年,邓小平视察深圳等地,发表南方谈话,推动深圳成为头一批迎接香港制造业北移的重点地区之一,由这里开始建造了世界级的珠三角出口加工基地。香港对深圳发展提供了关键的起步推动,形成了举世闻名的"前店后厂"两地合作模式,为今后的发展和合作奠定了良好基础。此后,深圳凭借自身工业特别是高新技术产业的高速发展,又逐步成为香港转口贸易的采购基地。

2003年《内地与香港关于建立更紧密经贸关于的安排》(CEPA)签订后,2004年,深圳市政府与香港特区政府签署了《加强深港合作的备忘录》及合作计划协议。协议涉及的合作包括经贸、科技、口岸通关等众多领域,深港合作由此进入新阶段。

2005年7月,深圳首次提出"深港创新圈"概念,2006年又将加快建设"深港创新圈"写入市委市政府1号文件,2007年5月21日双方签署了《"深港创新圈"合作协议》。深圳与香港逐步形成了互补和互惠共存的关系,两地经济关系由单向转为双向。在港口合作方面,深港两地港口在服务、航线、货物等方面不断深化合作、合理分工,使两地港航的发展趋于合理。一方面,深圳港的发展弥补了香港港航业发展空间不足的缺陷,另一方面,香港为深圳港的发展提供高端的航运服务。以深港两地港口合作为平台,两地在国际金融、贸易、物流和信息业等高端优势服务业的交流与融合进一步加强。

2012年12月初,习近平同志考察了前海深港现代服务业合作区,勉励深圳深化与香港合作,努力相互促进、互利共赢。

改革开放近40年来,深港合作由早期的"前店后厂"、以制造加工业为主,发展到深港全方位融合,共建"国际大都会"。随着前海深港合作区改革的深化,深港两地将在贸易、物流、创新、文化及金融服务业的发展中深度合作。在"一国两制"的框架下,深圳与香港将创新合作机制,加强深层次融合,共同致力于祖国的统一和民族的伟大复兴。

2. 成功举办泛太平洋海运亚洲大会

通过举办泛太平洋海运亚洲大会，与全球海运港航精英聚首探讨当前航运市场的机遇和挑战，为未来发展建言献策，提高深圳港的国际影响力。

泛太平洋海运亚洲大会是世界航运界享有盛誉的年度盛会之一，2007—2017年，美国商业日报在深圳已连续举办了11年泛太平洋海运亚洲大会。每年都吸引全球30多个国家和地区的货主、贸易、航运、物流、供应链等企业高管600余人前来参会，外宾占比70%，国际化程度较高。

会议上，许多航运领袖担任演讲嘉宾，演讲主题主要聚焦亚洲泛太平洋航运市场，根据当前全球经贸形势，对航运市场发展做出判断，并指明未来发展方向；围绕航运业如何面对挑战、走出困境等热点问题做出解析；围绕船东和货主如何提升效率、降低成本、创新发展等建言献策。让与会者展开思想的碰撞，引发心灵的共鸣。

历届会议上深圳市政府领导都会对中外嘉宾致辞，宣传深圳港近年在绿色港口、技术创新等方面的发展成就，呼吁中外港口、航运企业把握机遇，进一步加大在深圳投资力度，更深度参与深圳海运市场发展，完善海运航线和网络布局，推动深圳海运业乘势而上，形成共赢双生局面。

会后深圳港与参会的国际友好港代表共同签署《深圳宣言》，与世界港口共同倡导加强港口前沿技术的应用和协作，全面提升港口绿色低碳化、信息化、智慧化水平，继续深化港口链和继续强化港口经济的合作，推进各方优势互补、合作共赢。

由于历年来泛太平洋海运亚洲大会的成功举办，吸引了越来越多来自全世界各国的港航业精英，其世界影响力逐步提高，鉴于11年来泛太平洋海运亚洲大会在深圳召开获得的良好效果，深圳市交通运输委员会于宝明主任与IHS海事与贸易高级内容总监Peter Tirschwell签署了2017—2021年泛太平洋海运亚洲大会赞助协议。这意味着深圳获得了2017—2021年泛太平洋海运亚洲大会的独家主办权，继续成为今后5年泛太平洋海运亚洲大会的独家举办城市。

3. 推动友好港签约，进一步推进国际港口的合作交流

为了增进航运机遇和双边贸易，并进一步增加国际地区之间的友好关系，深圳港自2007年开始与国际港口建立友好港关系，至今已成功签约韩国仁川港、里加自由港等24个国际友好港。

4. 鼓励港航产业"走出去"，深度融入全球产业链、价值链

深圳港积极响应国家"一带一路"倡议，加强对国外港口的投资和合作经营，不断壮大深圳港的国际竞争力。其中，盐田港集团积极落实市委市政府"走出去"发展战略，响应加大"一带一路"沿线国家投资的号召，2016年5月，启动马来西亚皇京港项目相关前期工作，同年10月，会同中国电建、日照港与皇京港项目开发企业马来西亚凯杰公司，四方签署了《马六甲皇京港综合深水码头合作备忘录》。2017年5月，盐田港集团与和记港口签订《全球港口及物流相关领域投资合作之战略合作框架协议》，双方达成首个海外合作项目。招商局港口深入研究"一带一路"沿线国家及欧美、拉美、澳洲等区域市场交通基础设施领域潜在投资机会，稳步推进全球战略布局。目前已在斯里兰卡、尼日利亚、多哥、吉布提、摩洛哥、科特迪瓦、法国、比利时、马耳他、土耳其、美国、巴西及韩国等18个国家和地区，投资运营34个港口。

七、党的建设与精神文明建设

(一)党建工作

1.思想政治建设不断强化

一直以来,坚持把思想政治建设放在党建工作首要位置,创建学习型党组织,从严从实做好"三严三实"专题教育,大力推进"两学一做"学习教育常态化制度化,通过切实优化内容、创新方式、强化效果的措施,不断提升党员队伍思想政治素质水平。一是学习内容看齐中央,注重与时俱进。坚持向党中央看齐,全面学习贯彻中央会议精神和领导人重要讲话精神。把学习邓小平理论、"三个代表"重要思想、科学发展观、习近平新时代中国特色社会主义思想作为党组织学习的重点。近年来,与时俱进,加强学习习近平总书记系列重要讲话精神,党的十八大和十八届三中、四中、五中、六中全会精神,《党章》《准则》《条例》等党内法规,社会主义核心价值观,省市党代会精神,以及交通专业知识等内容,及时为党员"换血""补钙",以适应时代对党员的新要求,适应交通工作的新要求。二是创新学习模式,增强学习效果。始终坚持通过党组带头学、直属机关党委安排学、支部集中学、党员认真学的学习模式,做到人员、时间、内容、效果"四落实"。各级领导干部带头组织开展所在党组织的学习,发挥带学促学的作用。特别是通过2016年以来的"两学一做"学习教育,广大党员先锋模范带头作用进一步凸显,立足岗位做贡献的意识进一步增强。三是建设多形式平台,拓展学习教育覆盖面。通过集中轮训、主题教育、专题讲座、专家讲学、外出培训、网络培训等方式,进一步拓展学习教育的内涵和外延,使党员能够选择合适的方式,时时处处开展学习。采取"请进来"的方式,组织开展"十八大""十九大"专题讲座10次,交通学习论坛25期,交通专题培训32期。采取"走出去"的方式,组织全委广大党员共4批200人次赴革命老区、红色学院进行现场学习培训,赴港培训20期,赴清华大学、北京大学等高校培训10期3000多人次。持续举办"读好书、送好书"活动,为党员领导干部发放图书40多种1万余册。积极适应"互联网+"的新常态,组织党员参加网上考学活动,达到了参考率、合格率两个100%的目标,实现了党员培训的全覆盖、常态化。

2.党组织建设持续标准规范

目前,交通运输委党组织在委各单位部门全覆盖。坚持将组织建设作为加强党建工作的基础,主动适应新形势、新常态,积极探索新时期基层组织建设和党员管理的新机制、新方法,认真落实机关党建标准化建设要求,不断夯实党建工作基础,提升党建规范化水平。

一是队伍建设不断优化。坚持党员队伍和党务干部队伍两手抓、两手硬,着力激发党内工作活力,高标准高质量培养和发展党员,不断发展壮大党员队伍,年轻党员和高学历党员比例持续上升。2015年顺利完成96个基层党支部集中换届,配齐配强各支部班子。定期举办基层党支部书记和党务干部培训,多次邀请市直机关工委领导授课,不断提升党务干部业务水平。

二是机制体制不断完善。制定并下发了《关于进一步加强基层党组织规范化建设的通知》,从工作机制、党员教育、党员管理、党员发展、制度建设、场所建设、作风建设、资料管理等8个方面,对党建工作进行了规范化建设、规范化管理,交通运输委党建工作科学化水平明显提升。

三是行业党建取得突破。按照"抓党建促行业"的"党建+业务"双运行的工作思路,成立了出租车行业党委,行业党建工作取得新突破,为进一步拓展交通运输委党建工作新局面、实现业务党建两手抓打下了组织基础。出租车行业党委自成立以来共吸纳党员137名,新发展党员10名,组建行业主管部门党总支1个、出租车企业党支部5个。行业党组织影响力和党员模范作用进一步凸显。出租车行业党委做法被全国党的建设研究会机关党建研究专业委员会评为优秀案例。

四是日常管理更加规范。按照《党章》要求,严格落实民主(组织)生活会、批评与自我批评、"三会一课"、民主评议党员等党内组织生活制度。同时,加强对党员的日常管理和监督,开展党员组织关系排查工作,进一步核查了党员身份信息,摸清了失联党员和流动党员底数,理顺了党员组织关系,确保把每一名党员都纳入党组织有效管理之中。制定《深圳市交通运输委员会直属机关党委实行党务公开的实施办法》。成立交通运输委直属机关党委党务公开工作领导小组,制定交通运输委党务公开指导目录,指导和监督各基层党组织开展相关党务公开工作,实现了交通运输委直属机关党委党务公开工作的全覆盖。

五是规范党费收缴使用工作。严格落实党费按月交纳制度,每笔的党费使用均经党委会议集体研究,每年党费的收入及使用情况均向全体党员进行公示,做到公开透明。

3.党风廉政建设抓实抓牢

交通运输委认真贯彻落实中央和省市关于党风廉政建设和反腐败工作的部署,紧紧围绕交通运输中心工作,加强重点领域、重点岗位监督,持续完善具有深圳交通特色的防腐保廉体系,扎实推进党风廉政建设,忠诚履职、勇于担当,为推动深圳交通运输事业发展提供了坚强保障。

一是建立健全交通廉政制度,积极构建防腐保廉体系。以制度保障廉政和业务双轨同步运行。打造了"1+8"廉政制度体系。"1+8"廉政制度体系同样以建设一个廉洁机关为总目标,重点在干部管理、工程建设、道路养护、行政审批、政府采购、产业资金资助、行政执法、监督执纪等八大方面建立健全相关制度。

二是深入开展廉政教育,筑牢防腐拒变防线。加强党纪、政纪、法纪教育。每年举办"三纪"教育讲座,深入剖析交通运输委在党风廉政建设等方面存在的问题,强化党员干部廉洁从政和拒腐防变意识。多次邀请国内知名专家做纪律教育专题讲座,党员干部从中深受启发,纪律和规矩意识进一步增强;开展党员干部警示教育。组织党员干部观看《黑瞳》《蜕变的初心》《"村蝇"之害》等警示教育片,引导广大党员干部从中吸取教训、引以为戒;组织编印"红脸出汗"内部警示材料共4期;组织廉政学习教育活动。连续举办了五届廉政知识竞赛,达到以赛促学、以学促廉的效果。举办两期党风廉政建设工作宣传展,廉洁自律意识进一步入脑入心。

三是坚持抓早抓小防微杜渐,强化对领导干部的监督管理。加强谈话提醒工作。完善了谈话提醒工作机制,进一步强化各级党组织责任担当。已开展谈话提醒164次,及时纠正了党员干部在思想、纪律、作风等方面违规却不违纪的轻微问题;加强约谈函询诫勉工作。对党员干部存在的苗头性、倾向性违纪问题,通过廉政约谈、书面函询、诫勉谈话等形式,及时批评教育、督促整改;加强领导干部监督管理。组织副处级以上领导干部认真做好个人有关事项填报工作,随机抽查核实部分领导干部信息。

四是持续加大考核问责力度,充分发挥震慑警醒作用。开展领导干部述廉考评工作。每年开展领导干部述责述廉考评工作,各部门"一把手"代表班子述责述廉,全体处以上领导干部均要当众述责述廉;严肃开展问责工作。严格落实《中国共产党问责条例》,用好问责利剑,敢于动真、敢于碰硬,督促各项工作落实到位;做好纪检监察信访投诉工作。建立信访投诉快速处理机制,明确信访投诉件办理流程和时限,实现信访投诉件的规范办理。

4.服务意识进一步加强

党的十八大报告要求各级党的组织:"以服务群众、做群众工作为主要任务,加强基层服务型党组织建设。"为深入贯彻落实党的相关要求,以民生实事为切入点,大力加强服务型机关建设。

一是扎实开展党的群众路线教育实践活动。围绕"为民、务实、清廉"主题,按照"照镜子、正衣冠、洗洗澡、治治病"的总要求,顺利完成党的群众路线教育实践活动3个环节19个步骤的规定动作,制定了交通运输委"986"制度体系建设(9大类86项)和强化执行100项重点制度。在聚焦反"四风"问题的基础上,注重与交通民生相结合,22项反"四风"举措和28件民生实事全面落实,取得一批实实在在的惠民成果。

二是深入开展"书记项目",打造基层服务型党组织。在福田交通局、南山交通局开展以"1个基层管理单元设立1个党小组"的试点,探索建立党小组挂点街道和党员进驻社区的工作机制,每个街道办由一个党小组对口负责,每个党员负责挂点所在街道1~4个社区工作站。党员干部"带项目、带资金、领任务、送服务",主动服务,主动作为,接地气、惠民生,受到社区居民、学生家长的肯定,多次得到辖区政府的表扬。

(二)精神文明建设

坚持以精神文明创建活动为载体,着力打造人文交通,营造团结紧张严肃活泼的人文氛围,不断提升行业精神文明建设水平。

1.打造丰富多彩的人文交通

组建深圳交通合唱团,先后荣获首届深圳合唱节金奖、第二届"合唱节"成人组金奖第一名,并受邀参加深圳机关首届文化节开幕式演出。大力倡导每名干部职热爱一项体育活动,组建委工会15支运动队和基层工会44支运动队,连续10年开展"交通杯"篮球、羽毛球等系列文体赛事,超过5000名行业员工参加。每年组织在"广东扶贫济困日"开展捐款活动,共计捐款100多万元。每年春节、"七一"组织对新中国成立前入党的党员和病困党员走访慰问,共慰问593人次,发放专项慰问金59万余元。每年在出租车行业开展"中国梦·我的梦"等系列演讲比赛。

2.常态化开展志愿服务送爱心

制定交通运输委"文明出行"志愿行动方案,每周六下午组织志愿者在全市236个交通场站、枢纽及地铁站等行动点开展志愿行动,至今累计共有26批次1635人次参加,共指挥违规车辆447辆,劝导违规行人1490人次,引导左行右立2886人次,协助购票1663人次,提供问询等服务8845人次。大运会期间,组织公交行业企业4000多名"红马甲"走上街头,在公交首末站和华强北等重点区域全天候开展"文明出行",在全市公交候车亭发布"文明出行"公益广告3000多幅。在出租车行业组建共产党员车队、爱心车队、巾帼文明车队32支,常年开展"学雷锋日""爱心送考"等义务接送活动,组建以来共提供免费接送服务10810车次、16989人次,失物招领价值超过1.5亿元。

3.文明交通助力创全国文明城市

从守法率、市民感受度、交通设施完善度、人行道无障碍度4个方面,每月开展交通文明指数调查,对各区交通文明程度进行量化打分并排名通报,不断提升深圳市交通文明建设水平。统筹行业做好深圳市全国文明城市创建工作,制定《深圳市交通运输行业创建第五届全国文明城市攻坚行动工作实施方案》,分六大业务板块,细化工作任务,量化评分分值。成立综合巡查小组,对公交、出租、机场、地铁、码头、道路设施等进行检查,每周收集巡查情况汇成《每周一报》,共检查11000多次,发现问题8504处,针对问题快速做出反应,立即整改。顺利完成2017年全国文明单位复查迎检工作。

(三)行业先进典型

每年在出租车行业开展"十佳企业""十佳车队长""百名优秀司机"和"最美巴哥巴姐""最美的哥的姐"的评选活动,形成了创先争优的交通服务氛围。近年来,行业涌现出"全国五一劳动奖章"获得者张翔,金鹰公司管理干部李晓春,归还失主500万元的拾金不昧驾驶员"广东好人"李东英以及2013—2015年广东省"最美爱岗敬业交通人"李清平等先进人物代表。2011年以来,交通运输全行业共获得国家级先进集体90个,先进个人98名;省级先进集体154个,先进个人227名;市级先进集体193个,先进个人327名。